JN175296

日本障害児教育史

［戦前編］

N A K A M U R A　M a k i o

中村満紀男

編著

明石書店

第一回　全国盲唖教員会集合写真

明治四〇年五月一一日、東京盲唖学校
（筑波大学附属視覚特別支援学校提供）

全国盲唖教員会出席名簿

東京聾唖學校助手　長谷川みれ君
私立松江盲唖學校教員　山本茂樹君
元東京盲唖學校教員　石川さの君
東京聾唖學校教諭　遠山邦太郎君
私立東海訓盲院長　榛葉政太郎君
私立高杉盲唖學校長　鵜川芳太郎君
足立晢造君
私立福島訓盲學校教員　長澤正大郎君
東京市教育會長　尾崎行雄代理
私立長岡盲唖學校創立者　金子徳十郎君
私立福岡盲唖學校教員　安部久次君
私立長崎盲唖學校教員　中尾榮君
私立長岡盲唖學校教員　高取易太郎君
私立高田訓矇學校教員　宮越辰太郎君
私立岡山盲唖學校教員　葛山覃君

東京聾唖學校助手　井上まさ君
元東京盲唖學校教員　榎本ふつ君
私立松江盲唖學校教員　福田よし君
私立中越盲唖學校教員　平野藤太郎君
私立佐賀盲唖學校監掌　宮崎信夫君
私立豊橋盲唖學校長　司守職君
私立大阪盲唖學校教諭　目黒文十郎君
私立鹿兒島盲學校長　南雲惣次郎君
私立愛媛盲唖學校教員　宇都宮直記君
私立長野盲唖學校長　小林照三郎君
京都市立盲唖院　杉浦直之丞君
私立鳥取盲唖學校教員　戸田信貞君
京都市立盲唖院囑託　塚田秀苗君
私立下関盲唖學校教員　梶間雅一君
東京聾唖學校訓導　大塚米藏君

東京聾唖學校助手　中川まき君
私立長崎盲唖學校教員　妻木末君
私立神戸訓盲院長　左近允ますゑ君
東京盲學校訓導　秋山末君
同　高岡みつ君
私立中越盲唖學校教員　姉崎惣十郎君
私立神奈川縣盲人學校教員　飯島萬治郎君
日本盲人協會長　山岡熊治君
臺南慈惠院教員　秋山英一君
東京盲學校雇　鹽野平次君
盲人鍼按協會長　千葉勝太郎君
東京盲學校卒業生　關根才吉君
私立新潟盲唖學校教員　高橋幸三郎君
私立埼玉和協會訓盲學校教員　岡本政三君
東京聾唖學校卒業生　川田佐雄君
同　柿崎宏平君
東京盲學校書記　大山春翠君

東京聾唖學校囑託　橋本靜君
東京盲學校教諭　石川重幸君
東京聾唖學校教諭　石川倉次君
東京盲學校長　町田則文君
文部省視學官　服部教一君
文部省普通學務局長　田所美治君
東京聾唖學校長　小西信八君
佛國大使館譯官　アンドレイ君
同武官　ベルタン君
同通事　福井利吉君
日本盲人協會理事　森恒太郎君
私立大分盲唖學校長　森清克君
私立岩城訓盲院教員　根本介藏君
東京聾唖學校書記　前田長雅君

東京聾唖學校雇　久松眞三君
同訓導　栗原辰三君
聾唖技藝會監督　青山武一郎君
東京聾唖學校訓導　高眞忠成君
東京盲學校教諭　岸高丈夫君
東京聾唖學校訓導　藁谷貞吉君
同囑託　中島昇三君
同雇　荒井芳平君
同　三浦浩君
同囑託　横江榮雄君
私立新潟盲唖學校教員　内田虎雄君
東京聾唖學校卒業生　柿崎靖君

日本精神薄弱児愛護協会　第四回総会

昭和一三年五月八日　藤倉学園本館前

写真向かって右より

　前列：田中正雄、脇田良吉、岩﨑佐一

　中列：岡野豊四郎、川田トク、脇田てつ子、川田貞治郎、奥田三郎、水野重幸

　後列：久保寺保久、藤本克己、澤田広憲、渡辺実、林蘇東

（社会福祉法人藤倉学園提供）

日本障害児教育史【戦前編】

まえがき

編者・中村　満紀男

本書の目的は、近代以降の日本の障害児教育の歴史を辿り、それぞれの時代的与件において問題の所在と本質を探ることにより、今後の障害児教育の改善とその方向性に関する示唆を得ることである。したがって、日本の障害児教育の失敗を単に列挙することではなく、成功を誇ることでもない。また、問題の責任を特定部分に押しつけることではなく、責任を曖昧にすることでもなく、共同責任を懺悔することではさらにない。このような書き出しでまえがきを始めるのは、このいずれかが、これまでの障害児教育の歴史や現状に関する多くの著作の特徴だったからである。本書がこのような次元から編者が脱出しようと試みることを可能にしたのは、二つの要素である。一つは、大戦後から七十年という一つの時間的区切りが、敗戦直後から最近まで私たちを呪縛してきた桎梏を多少とも相対化して、戦後だけでなく戦前の歴史に向かい合うことができるようになったことである［ちなみに、編者は昭和二〇［一九四五］年三月生まれで、ソ連の辺地に抑留されていた父親を、同年一二月に病死で失っている］。

この数年の間に、日本および外国の伝統的な近代史・現代史あるいは戦後史の解釈とは異なる歴史研究書や啓蒙書が刊行されるようになった。そのなかには、戦後の刷り込み歴史観を裏返しただけのように思われる著作もないではないが、欧米先進国を標準とし、日本がそれから逸脱した結果、大戦の勃発と敗戦およびその責任は全面的に日本にあり、戦前の歴史はそれへの準備過程であったとするこれまでの多くの歴史的常識は、再検討する必要があることを教えてくれた著作も少なくなかった。その一つが、一九四八年に刊行されたヘレン・ミアーズ（Helen Mears 一九〇〇－一九八九）『アメリカの鏡・日本』（アイネックス、一九九五）だった。彼女こそ、本物のリベラルである。

もう一つの要素は、平成二三［二〇一一］年三月一一日の東日本大震災と東京電力福島第一原子力発電所の事故、そしてこれらと科学との関係である。社会科学的観点から障害児教育の研究に従事してきた編者からすれば、三月一一日の事件と事故は、科学の実績と在り方に対する途方もない疑義を提起してくれた。日本の障害児教育史研究の在り方もその例外ではありえなかった。この問題は未解決のままであるが、日本人の特性ゆえに、解答を見いだす前に忘れ去られるのではなかろうか。

ともかく、古河太四郎の小学校における聾唖児の教育に端を発する日本の約一五〇年の障害児教育の歴史を再考する作業を始めた。今から六年前である。しかし、歴史研究は一筋縄ではいかない。自己を能弁あるいは雄弁に語る人もいれば、寡黙あるいは何も語らない先人もいる。大戦前には時流に乗って活躍し、大戦後には船を乗り換えて活発な活動を継続する人もいれば、何ゆえにか、戦後は口を閉ざして語らなくなった人もいる。研究でも同じで、研究対象を実体以上に超人として描き出すことを好む研究もあれば、先人への敬意をもちながら事実の丹念な発掘に終始する研究もある。また、研究は時代の雰囲気を反映する。その雰囲気が、理解や解釈に大きな影響を与えるのである。この「時代の雰囲気」を超越することは、おそらく困難である。超越することは不可能なまでも、再考することは可能かもしれない。

さらに、この研究はいくつかの点でタイミングが良かった。第一に、これまでの研究成果がかなり蓄積され、その恩恵を受けることができたからである。大戦後において初めて学術的なレベルに達した、アカデミズムと教育現場の先人がこれまで地道に築いてきた障害児教育史の研究成果を基盤とし、先行研究を活用させていただいた。巻末に示した典拠文献によって分かるように、その始点は昭和四〇年代（一九六〇年代後半）にあり、日本の障害児教育史研究が学問的基盤に立って開始されたことを意味している。

第二に、本書は、明治時代の比較的早い時代に開設され、近年、創立百周年を迎えた盲学校や聾学校が、新たに史資料を収集・整理して集大成した記念誌が刊行した。昭和五三年には早くも、『京都府盲聾教育百年史』（盲聾教育開学百周年記念事業実行委員会編集部会編、盲聾教育開学百周年記念事業実行委員会発行、一九七八）が刊行された。本書は、三段組の四二〇頁という量と、史資料を駆使した質とを兼ね備えた比類なき学校記念誌である。ほとんどの記念誌では学術的であるよりも先人への敬意や追慕が中心であるが、創設者およびその後継者の意図とその実現への教職員の苦闘や生活の実情が描かれている記念誌もある。二一世紀初頭の盲学校と聾学校の小規模化や特別支援学校化を考えれば、百周年記念誌と比肩できる記念誌が今後刊行されることはおそらくないであろう。

第三に、関係史資料のデジタル化とその公表、そして先学によるリプリント化の急速な進捗である。国立国会図書館は、二〇一二年、膨大な所蔵資料をデジタル化してインターネット上での公開を検索機能とともに開始したことも、本書の成立に大いに寄与している。このデジタル化と公開は、歴史的研究には革命的である。歴史的学術文献のデジタル化と公表は、これまで日本はかなり立ち遅れていたが、ここ数年の公開方法は開放的であり、誰もが同等の立場で資料を入手できるがゆえに革命的である。インターネット資料の利用・活用の方法は新たな研究上の問題を生むであろうが、少なくとも史資料の所在と利用の公開性という点で、国立国会図書館等の資料のデジタル化と公開は画期的である（ただし、実用には画質が悪い）。その一方で、先学が団体や個人の遺した史資料を復刻し、公刊したことにより、参照が容易になった恩恵も本書は享受することができた。

本書は通過点に過ぎず、次代に引き継ぐ役割をもっている。そもそも、上記の歴史的認識は編者個人のものである。それ以外の研究課題では、一つは、全国および地方の障害児教育関連資料の体系化に基づく検討と分析が不十分である。研究の進捗の程度では、障害間ではかなりの差異がある。もう一つは、日本独自の障害児教育の観点が未確立である。ことに、明治時代の自由民権運動の崩壊後、過度な中央集権国家として歩んできた日本として、障害児教育について自立した観点を確立できなかったのではないかと思う。大正期における民主制への憧憬、大戦後の占領軍による民主制または社会主義への傾倒はあった。しかし、いずれも自前の獲得による結果ではなかったどころか、虚構に過ぎなかったし、その学問的検証も十分に行われているとはいえない。

なお、本書では、戦前の朝鮮および台湾における特殊教育の成立と展開については触れていない。その理由は、作業の順序として、日本の特殊教育に関する既成の評価を再検討することから始めなければならなかったためである。もう一つの理由は、その再評価を相対化して分析するうえで、欧米の植民国による植民地での特殊教育政策に関する検討が不可欠であり、その作業が必要なためである。現時点では、とくに後者の用意が整っていない。

最後に、用字・用語についての原則を述べる。本書では、現代社会において使用されていなかったり、忌避されていたりする障害に関連する用語や表現を用いているが、これは、歴史的用語としての使用であり、現代用語に替えることによって元の含意を失うことを避けるためでもある。また、先の大戦についての表記は「大東亜戦争」とする。「大東亜共栄圏の宣伝」に関わる表記は、昭和二〇年九月一〇日のGHQによるいわゆるプレス・コード三〇項目の言論統制により、使用が禁じられた一つである（江藤［一九八九］）。「太平洋戦争」はアメリカ人が命名し、「第二次世界大戦」は戦争の文脈が異なる名称である。最近、一部で使用されている「アジア（・）太平洋戦争」も違和感が残る。最後に、年の表記は元号を用いた。その理由は、少なくとも昭和時代までは、日本人は元号で物事を考えてきたという意味においてである。

本書は、諸般の事情により、当初立案した計画どおりには完遂できなかったが、ともかく、戦前編をこのような形で公刊できることになった。昭和四〇年代から特殊教育史に関する学術的な研究に開拓してきた若き先学の業績がなければ、本書は成立しなかったであろう。何事も開拓者あってこそ、後続も可能となる。本書も、今後において、この分野に関係する研究者・教員・保護者・教育行政、そして障害者の方々に寄与できることがあれば幸いである最後に謝辞を記しておきたい。本書の執筆に際しては、多数の県立図書館と大学図書館の資料を閲覧させていただいた。また、閲覧以外の照会に対してご協力いただいた図書館等の名前を挙げて、感謝に代えさせていただく。

長野県立長野図書館、長野県立文書館、奈良県立図書情報館、岩手県立図書館、岩手県総務部法務学事課、新潟県立図書館、長岡市立中央図書館、静岡県立中央図書館、沼津市立図書館、岡山県立図書館、大阪市立中央図書館、長崎県立図書館、額田記念東邦大学資料室、横須賀市立教育研究所、筑波大学附属視覚特別支援学校資料室、飯塚希世氏。

また、福山市立大学に赴任以来、六年間にわたって大量の資料入手のために、附属図書館司書・道上真紀さんには、文字どおり、ひとかたならぬお手を煩わせた。そのご協力がこのような形でまとまったことに安堵している。福山市立大学での在職期間に、本書を完成させることができたことにも感謝したい。ここに改めて、寄稿していただいた方々を含めて、心より謝意を申し上げます。

本書の着想は、明石書店の大江道雅氏の励ましから始まった。元来、アメリカ合衆国障害児教育史研究を専門としてきた編者に、本書を構想させる緒は大江さんとの会話にあった。それから六年間、辛抱強く完成を見守ってくださった大江さんは、本書の陰の生みの親である。また、編集部の松本徹二さんにはこれほどの大著を美しく編集し、緻密に作業することにより、本書を完成させるうえで一方ならぬご尽力をいただいた。併せて深謝するしだいである。

日本学術振興会科学研究費補助金「日本障害児教育史研究の批判的・総合的検討による教育史像の革新と現代的意義」[平成二三〜二六年度、基盤研究B、課題番号二三三三〇二七八]は、本書の基盤をつくってくれた。現在の実践に直結するわけではない本研究のような地味な研究テーマが科研費補助金に採択されたことは、感謝の念に堪えないが、先人の特殊教育をめぐる苦闘をある程度明らかにしたことで、応分の責めは果たせたと思う。

なお、本書は平成二九年度日本学術振興会の研究成果公開促進費を交付されたことにより、刊行することができた。

関係者各位に敬意を込めて感謝申し上げる。

二〇一七年六月

本書の骨格となった論文一覧（筑波大学リポジトリ等で閲覧可能）

中村満紀男・岡典子（二〇一一・三）新しい日本障害児教育史像の再構築のための研究序説『障害科学研究』三五、四九－六三頁。

中村満紀男・岡典子（二〇一一・三）日本の初期盲唖学校の類型化に関する基礎的検討──明治初期から一九二三（大正一二）年盲学校及聾唖学校令まで『東日本国際大学福祉環境学部研究紀要』七（一）一－三三頁。

岡典子・中村満紀男・吉井涼（二〇一二・三）日本の初期盲学校の創設理念とその達成状況に関する検討──高田・福島・東海三校の比較『障害科学研究』三六、一－一七頁。

中村満紀男・岡典子（二〇一二・三）新潟県内盲唖学校五校の経営困難問題と社会的基盤との関連──大正一二年勅令までの高田校と長岡校を中心に『障害科学研究』三六、三五－五一頁。

岡典子・佐々木順二・中村満紀男（二〇一三・三）大正十二年盲学校及聾唖学校令の教育の質の改善に対する効果──公布前・後の盲唖学校の実態比較『障害科学研究』三七、一一九－一四三頁。

中村満紀男・岡典子（二〇一四・三）第二次世界大戦前と後の日本の特殊教育における不連続性と連続性に関する試論『福山市立大学教育学部研究紀要』二、七三－九〇頁。

岡典子・中村満紀男（二〇一四・三）大正時代中期までの中国地方初等教育界における劣等児問題への認識と対処『障害科学研究』三八、一五－三二頁。

中村満紀男・岡典子（二〇一六・三）師範学校附属小学校特別学級設置勧奨に関する明治四〇年文部省訓令第六号の政策的再評価『福山市立大学教育学部研究紀要』四、六九－八三頁。

執筆分担は、目次と分担箇所に明記してある。それ以外は、岡典子の協力を得て中村が執筆したが、最終的な責任は中村にある。

目次◉日本障害児教育史【戦前編】

第二章　義務教育からの障害児排除の制度と小学校における盲唖児および劣等児の教育の試み

——明治二〇年代前半（一八九〇年代）～明治三〇年代（一九〇〇年代前半）

第三章　明治時代末期における文部省特殊教育政策の模索と官立東京盲唖学校の発展　261

――明治二〇年代前半（一八九〇年代）〜明治三〇年代（一九一〇年代前半）

中村満紀男・岡典子

第四章　大正一二年盲学校及聾唖学校令による特殊教育制度の成立と実施遅延　301

――明治三〇年代（一九〇〇年代）～大正時代末期（一九二〇年代前半）

中村満紀男・岡典子

第七章　小学校における特殊教育の確立を阻害した教育界の背景　583

――明治三〇年代（一九〇〇年代）～昭和一〇年まで（一九三〇年代前半）

凡例

一．用字・用語について

歴史的用語　本書では、当時一般に使用された障害に関連する用語や表現を歴史的用語として使用している。また、盲唖児は盲児と聾唖児を、盲聾唖児は、盲と聾の重複障害児をさす。

著作からの引用　原文のままを原則としているが、句読点がない文章は現代の読者には読みづらいので、句読点を適宜、加えている文章がある。

人名　原則として旧字体を用いる。

年号の表記　元号を用いた。しかし、現代においてはむしろ西暦が多数例となっていることから、元号の西暦との対照表を用意した。

二．文献について

文献の並列法では、邦語文献は、著者名を、無署名の場合は記事表題を、五十音順で、英語文献はアルファベット順で配列している。

単行本は発行年を、定期刊行物のうち雑誌は発行年月、巻号・掲載ページを、新聞は発行年月日を示したｎｄは刊行時期不明を、ｃはおよそを示す。

「国会図書館ＤＣ」は、国会図書館デジタルコレクションを示す。

復刻版が複数ある場合、原則として出版年が古い版を優先して示す。

元号・西暦対照表

（元号）	（西暦）
慶応　四年（～九月四日）	一八六八年
明治　元年	一八六八年
明治　二年	一八六九年
明治　三年	一八七〇年
明治　四年	一八七一年
明治　五年	一八七二年
明治　六年	一八七三年
明治　七年	一八七四年
明治　八年	一八七五年
明治　九年	一八七六年
明治一〇年	一八七七年
明治一一年	一八七八年
明治一二年	一八七九年
明治一三年	一八八〇年
明治一四年	一八八一年
明治一五年	一八八二年
明治一六年	一八八三年
明治一七年	一八八四年
明治一八年	一八八五年
明治一九年	一八八六年
明治二〇年	一八八七年
明治二一年	一八八八年
明治二二年	一八八九年
明治二三年	一八九〇年
明治二四年	一八九一年
明治二五年	一八九二年
明治二六年	一八九三年
明治二七年	一八九四年
明治二八年	一八九五年
明治二九年	一八九六年
明治三〇年	一八九七年
明治三一年	一八九八年
明治三二年	一八九九年
明治三三年	一九〇〇年
明治三四年	一九〇一年
明治三五年	一九〇二年
明治三六年	一九〇三年
明治三七年	一九〇四年
明治三八年	一九〇五年
明治三九年	一九〇六年
明治四〇年	一九〇七年
明治四一年	一九〇八年
明治四二年	一九〇九年
明治四三年	一九一〇年
明治四四年	一九一一年
明治四五年（～七月三〇日）	一九一二年
大正　元年	一九一二年
大正　二年	一九一三年
大正　三年	一九一四年
大正　四年	一九一五年
大正　五年	一九一六年
大正　六年	一九一七年
大正　七年	一九一八年
大正　八年	一九一九年
大正　九年	一九二〇年
大正一〇年	一九二一年
大正一一年	一九二二年
大正一二年	一九二三年
大正一三年	一九二四年
大正一四年	一九二五年
大正一五年（～一二月二六日）	一九二六年
昭和　元年	一九二六年
昭和　二年	一九二七年
昭和　三年	一九二八年
昭和　四年	一九二九年
昭和　五年	一九三〇年
昭和　六年	一九三一年
昭和　七年	一九三二年
昭和　八年	一九三三年
昭和　九年	一九三四年
昭和一〇年	一九三五年
昭和一一年	一九三六年
昭和一二年	一九三七年
昭和一三年	一九三八年
昭和一四年	一九三九年
昭和一五年	一九四〇年
昭和一六年	一九四一年
昭和一七年	一九四二年
昭和一八年	一九四三年
昭和一九年	一九四四年
昭和二〇年	一九四五年
昭和二一年	一九四六年
昭和二二年	一九四七年
昭和二三年	一九四八年
昭和二四年	一九四九年
昭和二五年	一九五〇年
昭和二六年	一九五一年
昭和二七年	一九五二年
昭和二八年	一九五三年
昭和二九年	一九五四年
昭和三〇年	一九五五年
昭和三一年	一九五六年
昭和三二年	一九五七年
昭和三三年	一九五八年
昭和三四年	一九五九年
昭和三五年	一九六〇年
昭和三六年	一九六一年
昭和三七年	一九六二年
昭和三八年	一九六三年
昭和三九年	一九六四年
昭和四〇年	一九六五年
昭和四一年	一九六六年
昭和四二年	一九六七年
昭和四三年	一九六八年
昭和四四年	一九六九年
昭和四五年	一九七〇年
昭和四六年	一九七一年
昭和四七年	一九七二年
昭和四八年	一九七三年
昭和四九年	一九七四年
昭和五〇年	一九七五年
昭和五一年	一九七六年
昭和五二年	一九七七年
昭和五三年	一九七八年
昭和五四年	一九七九年
昭和五五年	一九八〇年
昭和五六年	一九八一年
昭和五七年	一九八二年
昭和五八年	一九八三年
昭和五九年	一九八四年
昭和六〇年	一九八五年
昭和六一年	一九八六年
昭和六二年	一九八七年
昭和六三年	一九八八年
昭和六四年（～一月七日）	一九八九年
平成　元年	一九八九年
平成　二年	一九九〇年
平成　三年	一九九一年
平成　四年	一九九二年
平成　五年	一九九三年
平成　六年	一九九四年
平成　七年	一九九五年
平成　八年	一九九六年
平成　九年	一九九七年
平成一〇年	一九九八年
平成一一年	一九九九年
平成一二年	二〇〇〇年
平成一三年	二〇〇一年
平成一四年	二〇〇二年
平成一五年	二〇〇三年
平成一六年	二〇〇四年
平成一七年	二〇〇五年
平成一八年	二〇〇六年
平成一九年	二〇〇七年
平成二〇年	二〇〇八年
平成二一年	二〇〇九年
平成二二年	二〇一〇年
平成二三年	二〇一一年
平成二四年	二〇一二年
平成二五年	二〇一三年
平成二六年	二〇一四年
平成二七年	二〇一五年
平成二八年	二〇一六年
平成二九年	二〇一七年

第一章　野心的な近代的特殊教育構想と限定的な実施

——明治時代初期（一八七〇年代末）〜明治三〇年代前半（一八九〇年代末）

社会の動き

極東（Far East）という、元来、ヨーロッパからみて埒外に位置していた日本が、近代国家として出発した一九世紀第4四半期は、日本の周辺諸国が欧米列強から侵食されつつあった時代である。日本が欧米列強の植民地化を回避し、そのための諸制度構築を最大目的としなければならない極度に困難な時期であった。近代化と西洋化は幕末から始まっていたが、日本の開国自体、植民地化と独立国家の岐路に立っていたのである。日本が名実ともに独立国となったのは、明治三二年に領事裁判権が、明治四四年に関税自主権が、発効することによってであった。独立国家を目ざして当初の殖産興業から富国強兵へと国家の基本方針が定められ、政治的安定と統一国家が強力に推進された。ヨーロッパ列強による侵食を防ぎながら、同時に近代国家の内実を建設する有力な方法として、主としてアメリカ合衆国に範をとりながら国民学校制度の構築に大きな資金と労力をかけた（竹中［二〇一三］一一八－一二三頁。アメリカ教育情報の受容については橋本［一九九八］参照）。その結果、約三〇年後、日本は非欧米圏で唯一、近代的学校制度を確立することになる。そして、特殊教育のうち盲児と聾唖児の教育は、学校制度の末端としてではあったが、紛れもなく近代国家を構成する一部分として、少数の中央および地方政府の高官ならびに小学校教員や聾唖者、地方名望層によって提起され、ほそぼそと開始されることになる。このささやかな動きは、鍼按業盲人にも拡大し、盲学校創設運動を点火する。欧米諸国の特殊教育に触れた最初の日本人は、江戸末期以降の渡航者や留学生であったが、彼らは一様に先進国の特殊教育制度に驚嘆し、衝撃を受ける。この人々のなかに、国内外ともに緊張した諸条件のもとで、現実に特殊学校の創設を計画した知識人が存在したことは、その意図を含めて敬意に値する。しかし明治中期になると、そのような斬新性が、国家政策全体のなかでしだいに埋没し、形骸化していくことにも衝撃を受ける。第一章では、これまでそれほど評価されてこなかった明治初期の障害児をめぐるさざまな教育的模索とその意義について、これまでの研究を参照しながら再検討することにする。

第一節　明治初期における高官による野心的な特殊教育の構想と挫折

一．明治五年学制における小学「廃人学校」構想とその画期性

（一）明治五年学制における小学としての「廃人学校」規定

幕藩体制が崩壊して、新しく構築すべき社会体制の選択をめぐって社会的・政治的に混乱が大きかった明治五年八月二日、欧米の制度と思想を参考にした日本最初の学校教育法「学制」が太政官から布告され、近代的学校制度が盛り込まれた。その趣旨は国民皆学であり、国民それぞれの立身・治産・昌業を期待したのであった。極東の後進国・日本が近代国家建設の礎として、また、欧米列強の侵略から日本を防衛する防波堤として、ヨーロッパおよびアメリカ合衆国の発展の源を教育の普及に見いだして、身分の別なく国民皆学の学校制度を構築しようとする意欲と期待に満ちた「必す邑に不学の戸なく家に不学の人なからしめん事を期す」という学事奨励ニ関スル被仰出書（学制前文）の文章は、教育の機会均等を実現する根拠として、これ以降も、しばしば引用されることになる。[1] 学制は、「其の規画余りに宏大にして画一に失したるの弊は之ありと雖も、当時の国情を回顧すれば寧ろ一大英断として之を讃称すへき」（西村［一九一三・四］五頁）法制であり、「国民一人の漏れなく、教育の温光によって啓培せんとする大精神が、維新匆忙の際と雖も、忘れられなかったのである」（森田［一九四一・二］二五頁）。[2] たしかに、「学制」は短時間のうちに立案された一方で、一貫性がなかったり、法律としては瑕疵が目立ったりした（竹中［二〇一三］三－一四頁参照）。また、実施責任者においては逡巡もあったであろうが、西村や森田のような後世の人々が感じたように、明治初期における「学制」の斬新性と先進性の訴求力こそ、評価すべきではなかろうか。

このような「学制」のなかに、障害児の教育に関する規定が盛り込まれていた。「学制」の第二一章「小学」は、国民皆学の基礎学校である。「小学」は上等下等から構成され、国民すべてに開放された基礎教育の機関であり、境遇等に

応じて各種の小学の設置が想定されていた。すなわち、幼稚小学（六歳までの小学校入学前の男女）、女児小学（教科以外に手芸指導）、村落小学（辺地の農民子弟対象で簡易課程、夜間でも可）、貧人小学（仁恵学校）、小学私塾（個人宅での教授）があり（乙竹［一九三九］二七一－二七二頁）、これらの小学の一つが廃人学校であった。「学制」は小学の一範疇として、「廃人学校アルヘシ」と規定したのである。

これまでの研究では、廃人学校規定の意義については一般に否定的である。第一に、廃人の語の理解、第二に、廃人学校の中味、第三に、学制における廃人学校の意義と位置づけにおいてである。

第一の「廃人」という表現に対する拒否的反応は、現代的な語感からの否定であるように思われ、当時の用語法に基づけば、廃人は、身体の機能を喪失した廃疾者あるいは不具廃疾者を意味していることは明らかである。[3]具体的にいえば盲、聾、肢体不自由の人々を指していたと思われる。福澤諭吉（一八三五－一九〇一）の『西洋事情』に次ぐ当時の知識人の愛読書であった（東京盲学校［一九三五］五頁）明治二年の村田文夫（一八三六－一八九一）の『西洋聞見録』では、盲人を指して「廃人」と述べている（村田［一八六九］二一五頁）。やや後に、アメリカの諸事情に通じていた手島精一（一八五〇－一九一八）は、教育すべき対象として盲・聾唖・痴者を挙げている（手島［一八八四・三－四］）。

そこで第二に、廃人学校の中味であるが、この時期の日本人は欧米先進国の先例を摂取しようとしたのであるから、これら諸国の障害者に対する学校教育の先例とは盲学校と聾唖学校に限られるとみてよい。それ以外の、肢体不自由児のような子どもに対して先進国では病院または施設内で教育は行われてはいても、その機関の性格は社会事業または医療に属していたし（Cho［二〇〇四・三］）、教育に関係する日本人の情報源に入ってこなかったから、医療社会事業における肢体不自由の教育は廃人学校の対象には含まれていなかったと思われる。明治一二年の文部省年報でも、廃人学校の見出しのもとに、試験中の後の楽善会訓盲院について記述している（文部省［一八七九］四〇頁）。

第三に、学制のなかに廃人学校を規定した意義であるが、これまでは、立法者の「消極的な態度」や関心、「明確な認識」の欠如、「内実のない空文あるいは開明政策の装飾」（加藤［一九六七］一六六－一六七頁）という否定的評価が定説である。廃人学校の設立実績が、後述の熊谷實彌の盲人学校しかなったためでもある。

盲聾教育開学百周年記念実行委員会編集部『京都府盲聾教育百年史』（一九七八）が、障害児学校の記念誌としては画期的な著作であることは「まえがき」で述べたが、この記念誌では、廃人学校について、加藤よりもさらに否定的である。このような評価とそれを導出する歴史観は[4]、これまでの廃人学校規定に関する評価の典型であるので、『京都府盲聾教育百年史』の岡本稲丸による廃人学校に関する評価を引用する。引用文中のかっこは、これ以降、引用者による補足文である。

（廃人学校という日本人にとって）経験のないこの教育に対する認識の不足、「廃人」というわが国特有のことばで表現された障害児観、そして何よりも富国強兵という底の意図からすれば、参考にされた欧米の原典や啓蒙書によって盲聾学校などの存在を知っていたはずの（学制立案の）編者達が体裁を整えるために（廃人学校アルヘシという）この一句を修飾程度に挿入したとしか考えられない。「アルヘシ」はそんな消極性を端的に示している（四〇頁）。

学制立案者の体裁や修飾、開明政策の装飾、あるいは国家の体面（西村［一九一三・一〇］六頁）であったとしても、廃人学校規定の否定と肯定の立場では、その意味するところはまったく逆である。肯定する立場からは、「（盲唖の）可憐なる幾多同胞のため」「世の志士仁人が奮って（盲唖教育という）斯業に力を致し」「家に不学の人無き理想の境地」（西村［一九一三・一〇］六頁）に到達することを切望する動機となったのである。実際、廃人学校規定によって自ら対応しようとした地方当局があったことから理解されるように（『京都府盲聾教育百年史』四〇頁でも記述）、学校開設の結果は別にしても、廃人学校規定は、それに呼応する人々を生むことになる、明治政府内に存在した野心ある計画であったといえるのではなかろうか。同じように、学制における「幼稚小学」の実例が一つもなかったからといって、廃人学校の規定の意義を完全に否定することはあり得ないだろう。

「廃人学校」規定の従来の評価を改めるべきであると考える理由について、以下に述べる。

「廃人学校」規定を、学制改正案の一つだった日本教育令草案と繋げて理解し、盲唖学校創設計画が地方に影響を及ぼし（いずれも後述）、廃人学校が参考にしたと思われる欧米先進国の状況と関連させて考察すれば、学制の「廃人学校」規定には、定説とはまったく逆の評価に至る。そこで、最初に欧米先進国の状況と関連させて、廃人学校規定を肯定的に評価すべき理由について述べる。

（二）学校体系の一部としての廃人学校規定の画期性

一九世紀末における盲学校・聾唖学校は、機能的に学校ではあっても、通常の学校体系の一部に含まれてはおらず、学校制度の一部として運営されていた国は先進国であっても、イギリス（イングランドとウェールズ）以外は皆無であった。イギリスでは、盲児・聾唖児の義務教育規定を「一八九三年初等教育（盲・聾児）法」（Elementary Education [Blind and Deaf Children] Act 一八九三）として実現したものの、学校規模は小規模で、盲児と聾唖児が一緒の学校であり（河合［一九九一・九］一〇七－一〇八頁）、学校教育の質は高くなかった。

当時、障害児の教育が学校教育として最も振興していたアメリカ合衆国ですら、盲学校と聾唖学校は制度的には社会事業であった。盲学校・聾唖学校の行政管轄が州慈善局から州教育委員会に移管される初例は、一八七五年、マサチューセッツ州であり、明治五年の学制頒布の三年後だった。しかし、それ以外の州では、社会事業から学校教育への行政移管の動きは、二〇世紀初頭のアメリカのごく一部で生じるだけであり、全国に拡大することはなかったのである（安藤［二〇〇二］四五、四八頁）。

つまり、障害児の教育が世界で最も進んでいたアメリカにおいてすら、盲学校・聾唖学校は学校制度に含まれていなかったのに対して、日本では廃人学校は学制において小学の一部とされた。小学は中学を経て大学に至る非単線型学校階梯の一部であり、学校間の相互の関係は不明であるが、少なくとも廃人学校が社会事業ではなく「廃人小学」として小学に属し（竹中［二〇〇六］三九、四六頁）、これら学校全体の一部をなしていた。このことは、学制が廃人学校（盲学校・聾唖学校）を学校制度に位置づけようとした意図に基づいており、実に野心的で革新的な学校教育構想であったとみなすことができる[5]。こうして、廃人学校規定は、日本の特殊教育計画の出発点となる。

このように、障害児の学校を学校制度構想の一部として立案した政府内における高官の存在とその意欲的な考え方は、後に、盲唖学校設立構想が提起された地方に見られた県令・知事の積極的な支持に何らかの影響を与えていたと推測される。このような学制評価とその妥当性[6]は、つぎの学制改正過程でさらに鮮明となる。

以上のような頒布前後の経過をみれば、学制における廃人学校は、先進国にも存在しなかった、盲学校・聾唖学校を教育当局が管理し、全学校体系のなかに明確に位置づけるという意図があったと評価できるのであり、そのような意図こそ、後世は汲み取るべきではなかろうか。

このような革新的な意義をもっていたはずの廃人学校は、つぎに述べるように、教育令草案が結実しなかった後は、しだいに学校としての制度的位置は矮小化されていく。明治二三年の第二次小学校令において、盲唖学校は小学校に類する各種学校に位置づけられたが（第二章第一節参照）、この小学校令改正は、盲唖学校を内務省の救済事業の枠組みから文部省の教育事業へと編入する法制度への第一弾であり、結果として両者の中間的な性格を付与された[7]。しかし、教育事業への転化は簡単には進まず、「盲唖院」が明治三一年の内務省官制における地方局の感化救済の所掌事務（営造物）に含まれ（第二章第二節）、そして内務省補助金によって、感化救済的性格が強化され、さらに宮内省からの寄付金によって慈恵的な性格まで付与されることとなった。盲学校・聾唖学校が学校教育として公知されるのは、大正一二年三七五号勅令「盲学校及聾唖学校令」まで待たなければならなかった。

恤救規則[8]的考え方や盲唖院営造物論は、障害者を社会の重荷とみなす。それゆえ、欧米において近代的な考え方の一面である、障害者が社会に寄与したり、社会の一員として活動し得る存在であるという発想には至らず、したがってまた、障害者が教育によって開発可能な対象であり、市民としての権利と責務の主体にもなりうるという思想形成を妨げることになる。ヨーロッパ近代とキリスト教という文脈で存在していたわけではない日本において、正義や公正および個人という観念は欠如しており、その定着も妨げられることになる。

それにもかかわらず、本章第六節で述べるように、明治初期に盲児や聾唖児（盲唖児）の教育を小学校で試みたり、盲唖学校を設置しようとする構想が各地で生じるのは、欧米の情報流入だけでは説明できない。盲唖児の教育や運動の主体には、欧米の先端的情報に縁遠い人々が多いからである。このような人々は、小学校に通学してきた、あるいは地域で無為に過ごしている盲唖児に対して、いたいけない存在に対する、恕、そして仁に高められた日本人が培ってきた感情を触発されたのであろう。その象徴が古河太四郎である。このことについては、後述するように、岡本（一九九七）によって示される。

二　田中不二麿の日本教育令草案における盲学校・聾唖学校・改善学校の明示的規定およびその意義

（一）日本教育令草案における盲学校・聾唖学校・改善学校創設の提案

障害児を学校で教育しようという構想は、明治時代初期の欧米における現地視察をした政府高官の感銘（加藤［一九六七］一八六―二〇四、二四一―二五八、三四四―三四七頁）を背景に生まれたのは、間違いない。視察記では、彼らが初めて目にする西洋文明に対する驚嘆ぶりが活き活きと描かれているが、彼らの一部が初見できた欧米の文物のなかに、障害のある子どもや大人、そして、彼らの学校や社会事業施設があった。彼らは、一様に、欧米文明に感嘆し、欧米諸制度の導入の必要性を痛感するのである。その典型は、慶応二（一八六六）年の福澤諭吉『西洋事情　初編（巻之一）』における唖院・盲院・痴児院の簡潔かつ要を得た説明であろう。この先見的な説明では、「唖院ハ唖人ヲ教ユル学校ナリ」とし、盲院は盲人の学校、「痴児院ハ児童ノ天稟智恵ナキ者ヲ教ユル学校ナリ」とする（福澤［一九六六］八二―九四頁）。もっとも、中野善達が紹介しているように、すでに万延元年遣米使節（一八六〇年）の武士たちは、ニューヨーク盲院を「盲人学校」、ニューヨーク聾唖院を「唖学校」あるいは唖の「学館」、フィラデルフィアの盲院と聾唖院を「盲聾を教ふる館」とし、「学校所」と表記している（中野、中野・加藤［一九六七］五二一－六二頁）。これらの武士は、初めて見る盲啞児の学校や教育に驚嘆したのである。

このような訪米者の感銘は、学制を改正する教育令立案過程にも反映され、具体化されることになる。田中不二麿（麻呂）（一八四五－一九〇九）は、文部大丞および文部大輔時代の二回の実地視察（『理事功程』『米国百年期博覧会教育報告』）およびフランクリン・B・ハフ（ホー）（Franklin B. Hough　一八二二－一八八五）『米国学校法』（文部省）の翻訳等により（井上［一九六三］三一一－三一二頁）、アメリカの障害児教育の実情と精神を理解し、明治一一年の日本教育令草案において盲学校・聾啞学校・改善学校規定の挿入を試みた。

注目されるのは、太政大臣・三條實美（一八三七－一八九一）の派遣事由書には明記されていないのに、田中が明治四年の欧米訪問前に、「欧米各国中最も善美なるもの」について、実態把握と良否および利弊を検討し、将来の実験をも考慮して、「講究すべき目的」のなかに、「啞院法則之事／盲院法則之事／癲院法則之事／痴児院法則之事」を含めていることである（森川［一九八七］九〇－九三頁。加藤［一九六五・三］四九頁。田中［一九〇七］七〇六頁）。また、用語法が同じであるので、各院に関する田中の情報源は、彼の「学政顧問」であった福澤諭吉（竹林［一九三七・三］四八六頁。小川［二〇〇〇］五三頁）をはじめとする、『文部省雑誌』『教育雑誌』を含む先人による欧米情報であったと思われるが（加藤、中野・加藤［一九六七］二五九－二七七頁参照）、田中は、これらの障害児学校を、少なくとも「欧米各国中最も善美なるもの」に含めて、その重要性を学校体系において認識していたことになる。

田中が帰国後に作成した日本教育令草案では、盲学校・聾啞学校・改善学校は、小学・中学・大学・師範学校・専門学校の一環として位置づけられており（第一八章）、「盲人を教導」する盲学校と「聾啞者を教導」する聾啞学校（第二六章）は分離し[9]、改善学校は「不良の児童を訓誨する所」（第二七章）となった。しかも、田中の改正案に対してさまざまな程度の影響が指摘されている学監、デイビッド・マレー（David Murray　一八三〇－一九〇五）の「学監考案日本教育法」（井上［一九六三］三一四－三一八頁）には、障害児・非行児の学校の記述は一切ない[10]。すなわち、草案におけるこれらの案は、田中等のアメリカ見聞の成果と彼の選択的摂取の結果なのであり、その案が草案に盛り込まれたことは、田中構想に対して政府内外に草案支持者が存在したことを推測させ、明治五年「学制」よりも明確で積極的な障害児学校規定を起案させたと考えることができる。田中は、これらの学校を欧米先進性の象徴と理解して、その実現を試みたのである。

なお、盲学校と聾唖学校の道府県設置義務およびその分離が法定されるのは大正一二年、改善学校に関連する法律として感化法が公布されるのは明治三三年であった。

(二) 世界最高・最新レベルのアメリカ盲・聾唖教育等の視察と構想転換

この田中構想を高く評価すべき意義がさらに明らかとなるのは、視察記録における「院」から教育令草案における「学校」への呼称の変更に象徴される、視察と成案までの変化過程である。明治四年末から五年前半、明治九年四月から一〇年初めの二回のアメリカ滞在（橋本［二〇〇〇］二六頁）における田中の特殊教育（「特殊教育」については第二章参照）に対する理解と認識の深化は、『理事功程』と『米国百年期博覧会教育報告』の記述に明瞭に示されている（加藤［一九六七］二四一－二五九頁）。それは、特殊教育機関の学校的性格の再認識であり、学校としての位置づけであり、それは日本には存在しない特殊教育の制度に関する情報を田中が正確に摂取し、学校・実践を実見し、選択的判断をした成果であった。

『理事功程』巻一では、唖院と懲戒学校（reform school）、とくに唖院について、やや詳しく取り上げている。この記述では、短文ながら注目すべき点が二つある。一つは、マサチューセッツ州における唖院の管理が州教育局によることへの着目である。彼のこの着目は、日本教育令草案において「唖院」から「聾唖学校」と変更された伏線として重要である。マサチューセッツ州は、前述のように、盲院と唖院の管理を、州社会事業局ではなく州教育局とする当時のアメリカ国内では例外的な州であった。

第二の注目点は、マサチューセッツ州内には唖院が大小、数カ所あるとし、ノーサンプトンのクラーク聾唖学校

(Clarke Institution for Deaf Mutes）に最高の評価を与えていることである。当時のマサチューセッツ州内には、クラーク聾唖学校以外には、一八六九年開設の口話法学校であるボストン市公立学校のホーレス・マン聾唖学校（Horace Mann School for the Deaf 一八七七年五月、ボストン聾唖学校（Boston）School for Deaf Mutes に改称）しかなかった。[11] 田中がアメリカを訪問した頃の同校の生徒在籍数は四四、平均出席数が三一（*Reports of the Superintendent of Public School*（*of Boston*）［一八七三］八頁）という小規模な聾唖学校だった。アメリカ最初の聾唖学校である「アメリカ聾唖学校」の一八七七年の生徒数は二三三人（*61st Annual Report of American Asylum*［一八七七］一〇頁）、クラーク聾唖学校は四五名（*5th Annual Report of Clarke Institution*［一八七二］二一三頁）、アメリカ最大規模の聾唖学校は、イリノイ州立聾唖学校（Illinois Institution for the Education of the Deaf and Dumb）の四八四人（一八七七年）で、小西信八が明治三〇年三月に同校を訪問した時には、七三八人（一八九七年）であった（木村［二〇〇八］三〇頁）。この時期のイリノイ州立校は、口話法運動拡大期にあって、守旧派（手話法）の牙城として口話法運動から攻撃を受けていた。小西は、イリノイ州立校を世界一の聾唖学校として評価し、口話法運動から攻撃されている州立校長に同情している（小西［一八九七・六］五五－五六頁）。

クラーク聾唖学校は、一八六七年、アメリカ最初の口話法聾学校として開設され、一九世紀末以降のアメリカにおける手話法の駆逐に重要な役割を果たした。日本における口話法の導入に決定的な役割を果たした川本宇之介（一八八八－一九六〇）が大正一一年から一二年にかけて六カ月滞在し、帰国後の川本の議論に疑念をもった大阪市立聾唖学校教諭・大曽根源助が昭和四年九月に訪米し（昭和五年三月に帰国）、一カ月半滞在したのが、このクラーク聾学校である（荒川［一九七〇］三六二－三七三頁。大曽根氏帰朝［一九三〇・七］）。[12] 田中のアメリカ訪問時には、クラーク聾学校は創設後、一〇年しか経っていない、まだ揺籃期にあった口話法聾学校に、田中がいち早く注目したのである。また田中は、米国百年期博覧会教育報告では、指文字とサイン法に加えて口話法を紹介し、全国の唖院設置状況も紹介している（米国百年期博覧会教育報告［一八七七］六一－一二頁）。最新すなわち最良とは限らないが、田中において、最新の情報を選好する日本人の面目躍如である。[13]

田中は、盲院ではマサチューセッツ州のパーキンス盲学校（Perkins Institution and Massachusetts School for the Blind）に注目している。パーキンス盲学校については、校長のサミュエル・グリッドリィ・ハウ（Samuel Gridley Howe 一八〇一－一八七六）の所論である、盲人と晴眼者の可能性は同等であり、盲人を廃人とするか社会的貢献者とするかは教育機会の整備次第であるとの主張を取り上げ、アメリカ盲教育の水準はヨーロッパを凌駕しているとする（文部省［一八七七］四－六頁）。ハウは、ヨーロッパから導入した慈善事業としての盲教育を、一九世紀第4四半期には学校教育へと脱皮させ、その社会的基盤を構築して世界の盲教育をリードした功績者であった（中村［一九八七］六〇－六四頁ほか）。

田中は、盲教育の意図をどのように理解していたのだろうか。「殆ント無用ナル盲者ヲ転シテ、社会中有用ノ人タラシムル」ためであり、その目的達成には、「教育ニ非スシテ抑モ何ソヤ」（文部省［一八七七］五－六頁）として、教育こそ唯一の手段であると考えていたのである。明治四年九月の工学頭・山尾庸三（一九三七－一九一七）による太政官宛建白書における「無用ヲ転ジテ有用トナシ、国家経済ノ道ニ於イテ、万一ノ裨補無クンバアラズ」と類似の意味であった。

この考え方は、ヨーロッパの盲唖教育の制度と考え方が伝えられた幕末から明治時代初期において、日本人に驚嘆と深い感銘を与えた。上述の村田文夫『西洋聞見録』イギリス訪問記録にも、ほぼ同じ語句と文章がある。「（盲人に対して）西洋ノ如ク工芸ヲ教ヘ恒産ヲ授ケバ無用ヲシテ有用トナシ廃人ヲシテ全人トナサシメ」（村田［一八六九］二一五頁）ることができる。[14]したがって、無用から有用へという考え方は、盲教育に関心をもっていた当時の知識人には共通していたといえる。そして重要なことに、これらの知識人は、日本にはすでに、音曲や鍼按によって無用の盲人を有用化する教育事業が盲人の自治的生活組織である当道座[15]内で営まれていたことに言及していないことである（渡邊［一九〇六］三－四頁）。より正確にいえば、彼らは当道座内での盲人の教育を知らなかったか、あるいは、彼らが欧米で見聞し、絶賛した盲院での教育との関連から「当道座」の教育を評価していなかったことになる。

初等教育制度ですら、これから創設するという明治時代初期の日本の状況からいえば、社会が提供する教育によって盲児が自活手段を獲得して、社会に寄与するという発想には、日本人が着想し得なかった新鮮な響きがあり、無用－有用に関する山尾や田中らの所論は、現代的観点から否定的にみられてきたが、当時としてむしろ建設的であったと評価すべきであろう。そして、このような西洋への憧憬は、日本の盲人の多くが、鍼按によって職業自立を達成していた現実には、ほとんど触れていないことにも、留意しておくことが必要であろう。このことと、東京の楽善会訓盲院における盲人の職種選択の模索または混乱は、無関係ではないように思われる。

こうして田中は、アメリカ視察において世界最高レベルの盲教育の先進性と、着手されたばかりの口話法による聾教育の先端性に対する感応力をもち、その意義を明敏に理解した。田中は、さらに帰国した後に、アメリカ国内でも一部の州でしか達成されていなかった先進的な盲・聾唖児の学校教育計画を教育令草案に盛り込み、日本全体の到達目標として盲学校・聾唖学校の実現を期待したのである。

以上のように、『理事功程』から『米国百年期博覧会教育報告』では、盲院と唖院の教育的性格について、田中の認識が深まっていることが明瞭である。「学校」と「院」の違いを理解して、校名に「学校」を選択したのは田中だけでなく、後述する京都府知事・槇村正直もまったく同じだったことは興味深い（岡本［一九九七］一五一頁参照）。

田中が盲院・唖院に留まらず、さらに進めたのが、痴院と改良院の呼称であった。それにもかかわらず、取り上げた障害児関連の教育機関のなかで教育令草案に記載しなかったのは痴院であった。まず「痴院」について、田中は代表的な学校を取り上げて、教育法を含めて詳細に記述している（文部省［一八七七］一二一－一八頁）。田中が「痴院」で述べている内容は、「痴院」の全体的状況、教育方法、白痴診断法、運動の身体的・精神的効用、作業活動の効果と意図、白痴の程度別分類、脳の器質と機能の障害による白痴分類、痴の原因と遺伝性と多岐に亘る。痴院は、マサチューセッツ州とペンシルベニア州の事例が示されており、前者はハウが校長の、後者はフィラデルフィア近郊エルウィン（Elwyn）にあったアイザック・ニュートン・カーリン（Isaac Newton Kerlin 一八三四－一八九二）施設長の「痴院」(Pennsylvania Training School for Feeble-Minded Children）であろう。以上の記述では、ハウの所説の受け売りが多い。しかし、当時のアメリカ「痴院」は創設当初の学校構想から変貌して施設化しており、一九世紀末の大規模・隔離化の準備段階にあった。カーリンが主導する施設化の動向に抵抗し、学校的性格を堅持しようとしていたのがハウであり、マサチューセッツ州の「痴院」(Massachusetts School for Idiotic and Feeble-Minded Youth)であった（中村［一九八七］二六六－二六九頁）。当時のアメリカのトレンドからすれば、時代遅れになりつつあったマサチューセッツ州「痴院」を、田中はなぜ詳細に取り上げたのか、[16]また、その教育的意義を認めながら「痴院」を教育令草案に盛り込まなかったのかは解明されていない。

最後に、田中は、軽度の刑法犯罪少年に対する社会復帰を目的とする感化教育施設「改良院」を詳細に紹介している（文部省［一八七七］一八－二二頁）。注目されるのは、無教育が犯罪児童を発生させるとの立場から、「教育ヲ除キ他ニ策無キヲ信ス。教育ヲ以テ改良ノ目的ヲタッシタル例ハ、実ニ枚挙ニ遑(いとま)アラスト」（二一頁）と強調している。この立場はアメリカでも日本でも珍しくないが、草案における「改良学校」に結実することになる。

しかし、明治一二年九月二九日の教育令（太政官布告第四〇号）では、これらの革新的な規定は法制局段階で、明治一〇年の西南戦争によって生じた財政上の理由（水野［一九九七・六］七八頁）からすべて消失する。これ以降、小学校教育からの障害児の排除は徐々に明確に規定されるようになり、明治時代初期の積極的な障害児教育の実施志向から逆転していくのである。

なお田中は、明治二五年一一月七日の第四回東京盲唖学校卒業証書授与式に来賓として出席している（東京盲唖学校卒業証書授与式［一八九二・一一・一二］一二五頁）。

田中の先進性を語る場合、幼児教育における功績は欠かせない。明治七年一一月開設の東京女子高等師範学校の創設・運営および明治一〇年一一月の附属幼稚園の開設に、中村正直（敬宇・一八三二－一八九一）とともに尽力している（小川［二〇〇〇］）。

（三）文部省および地方当局の盲唖学校に対する関心——文部省年報における盲唖児の記載と不就学者統計

文部省の障害児に対する教育政策的課題では、もちろん「特殊教育」あるいは「障害」という範疇があったわけではないから、その時々の教育政策のリーダーの関心によって、対象や取り上げ方は変化するのであるが、とりわけ、学制という学校教育政策の構築時期であった明治初期においては、田中不二麿によって、盲学校・聾唖学校・改良学校の創設が提起されたことはすでに述べた。しかし、盲唖児に限定されるものの、彼以外に課題意識をもつ官僚が存在しなかったわけではなく、消失したわけでもなかった。それは、文部省年報に「盲唖学校」（大正一三年度の第五二年報からは「盲学校及聾唖学校」）という記述が総説的に記載され続けることからも理解できる。

地方当局についても、廃人学校に対する関心がなかったわけではないと思われる。明治初期の揺籃期は、小学の設置と就学制度に着手したばかりであったから、廃人学校の創設に直ちに着手するという行為には結びつかなかったものの、「廃人学校」に対応しようとした府県は、少数であっても比較的広範囲であったからである（加藤［一九六七］一七〇頁）。広島県は、明治七年に、「将来学事進歩ノ方法及意見」において、盲・聾唖・白痴の教育の内容・方法や教材教具の基準を設けるように要望している。「唖聾痴盲教育ノ方法、未ダ其設ケナク、故ニ或ハ小学校ノ傍ニ於イテ適宜ニ之ヲ教授スト雖モ、書籍等別ニ用品アルコトヲ知ラザレバ、必ズ費日ノ損失アルベシ。願ワクハ文部省ニ於イテ夫々教則ヲ制セラレ、速ヤカニ布達アランコトヲ」（文部省［二、一九一四］二二九－二三〇頁）。明治八年にも同じく今後の課題として、女子師範学校や就労女児の教育とともに、「唖聾痴盲ノ学」にも着手したい旨を述べている（文部省［三、一九一四］三五四頁）。明治一〇年の大阪府では、「唖者ハ已ニ小学ニ於テ教フル者多シコレヲ一所ニ集メテ盲人ヲ加ヘ廃人学校ヲ開カントス其方法ハ予メ設クルモ未タ着手ニ至ラス」（文部省［五、一九一四］一九五－一九六頁）という状況であり、盲と聾唖の廃人学校を設置することに意欲的だった。一一年には鹿児島県で廃人学校の設立が計画されていた（加藤［一九六七］二八〇頁）。

明治二四年の文部省年報から、それまで各種学校の項目に埋没していた盲唖学校は「盲唖学校及各種学校」という見出しが付けられて半ば独立し、説明文が加えられる。不就学の内訳も、明治二六年の第二〇年報から、貧窮・疾病・その他と区分されて記載されるようになる。この二つの変化は、明治二三年の小学校令において盲唖学校が小学校に類する学校と位置づけられたこと（第四〇条）、就学猶予・免除規程が規定されたこと（第二一条）の反映と思われる。

ついで明治二九年の調査から、文部省は「始メテ学齢児童中ノ盲唖者ヲ調査シ」て、学齢児童中の盲唖者数を公表した。その結果、全国で四二〇三人の盲児（うち、三五人は学校在籍）、四二三八人の聾唖者（うち、一三〇人は学校在籍）、そして全国で一七人の盲聾唖児がいることが報告された（文部省年報［一四、一八九七］三五頁）。明治二八年現在、官立一、公立一、私立二の盲唖学校に就学していた盲唖生（盲児と聾唖児）は、一三五人であった。この盲唖学校在籍生徒数と学齢の盲唖児数との関係は明確ではないが、盲唖学校就学者の年齢は、学齢を超えている者が多いことから[17]、猶予・免除規程にもかかわらず、小学校に就学していた盲唖児は少数ながら存在したといえる[18]。このことは、第三章（師範学校附属小学校）・第七章（一般の小学校）でも取り上げる。なお、明治二九年の文部省二四年報調査から（文部省［一八九七］三五頁）、道府県別の学齢盲唖児数も示されるようになる。

さらに、就学率の向上と不就学児の減少が文部省の政策目標となり、明治三三年小学校令の改正によって、就学猶予・免除規程の整備に対応して就学猶予と免除が区分され、その事由の内訳を明確に記載するようになる。盲唖学校の各地での開設と盲唖教育の方法的確立が進行すると、文部年報における学齢の盲唖児数の記載は、盲唖学校が未設置あるいは大正一三年度以降に県立移管が進んでいない県では、盲唖教育が達成されていない教育課題であることを示唆することになる。とくに盲唖児はその大多数が不就学であることが文部省年報に記載されることは、誰がその責任主体であるべきかという重要な問題は未解決であったが、未着手または対処が不十分な政策上の課題としての認識が、文部省内にあったことを示していたといえよう。

第二節　京都と東京における初期訓盲院・聾唖院の構想と盲唖院の成立

一　地域基盤に基づく盲唖学校の設立構想

（一）京都市における地域を基盤とする盲唖院設立までの過程と条件

最初に、大正一二年までを中心として創設された盲唖学校の一覧を巻末に別表として示す。この盲唖学校には、創設の計画段階で終わった事例や確実な情報が残っていない盲唖学校を含んでいる。この別表を概観することにより、盲唖学校の創設を企図した先人の趣旨や目的、担い手とその属性や範囲が多種多様であること、しかし、しだいにその方向性が一定してくることが理解される。盲唖学校の変化の方向性とは、入学児の年少化、学校的性格、公立化、そして盲・聾分離を含む教育の独自性であり、同時に、地方間および学校間の差異が拡大してくることである。

それぞれの盲唖学校あるいは創設者がその教育において何を目ざしたのかは、学校の対象児に集約される。それは障害の状態であり、年齢であり、ジェンダーであり、属する社会階層である。これらに着目して検討することとする。東京の盲唖学校は、外国人聖職者の主導に対して、日本を代表する知識人や官僚が賛同して、キリスト教慈善を目ざして始まり、その後、山尾庸三がイニシアティブをとって外国依存から脱却して学校計画を再編する運動であったのに対して、日本最初の盲唖学校となる京都の盲唖院は、小学校教員・名望家から発して府知事、そして地域社会の支持を得た運動であった。京都の盲唖院については、中野善達・加藤康昭（一九六七）の先駆的研究、鈴木力二（一九六八）の史料集、中江義照（よしあき）（一九七二）、盲聾教育開学百周年記念実行委員会編集部（一九七八）『京都府盲聾教育百年史』、そして、この百年史を基盤とした岡本稲丸（一九九七）の古河太四郎伝を基軸とした京都盲唖院史の諸研究がある。いずれも、いわゆる京盲文書[19]に基づく研究である。古河の表記については、大阪時代以降は、古河本人が再起の願意をもって古川と称していたというが（岡本［一九九七］）、本書では、彼の戸籍名に従い、原則として古河で統一する。

古河太四郎（一八四五－一九〇七）の聾唖教育の着手、盲教育への拡大、そして、盲唖院設立までの過程は、加藤（［一九六七］三五五頁、［一九七二］三一頁）が土着型あるいは日本型と命名したように、日本の盲唖教育の初例にふさわしく、聾唖児に対する教師としての琴線と発意と有能、地域の名望家、親の願望と期待、教育界の支持、地方高官の先見、役所の協力とが、みごとに結合した産物であった。その意味でも、日本の盲唖教育の誇るべき初例である。古河の場合、先例がなく、教育の手がかりとなる外国情報もなかったから、聾唖児の教育法の開発と教育の計画および制度、勤務先の小学校および関係当局と支援者との交渉等、すべて彼個人の器量に依存していたことを考えると、古河の偉大さは自明である。幸いにして、官民とともに前例なき古河の功績を讃えてきた[20]。

古河太四郎伝については、岡本稲丸により、ほぼ万全の研究に至る（岡本［一九九七］）。この著作は、精細かつ先人への敬意に満ちた前人未踏の研究となっている。古河は、京都最大の寺子屋・白景堂の四男として生まれ、明治二年一〇月上京第一七番組小学校（明治五年五月上京第一九区小学校、明治八年六月待賢小学校と改称）の開校とともに、その算術師（教師）になる（明治七年六月まで）。しかし間もなく、釈迦谷新池を開発する農民に協力したことに関連して罪に問われ、二年間服役した。獄中、いじめられる聾唖児を獄窓から目撃したと伝えられている（盲聾教育開学百周年記念実行委員会編集部［一九七八］一一頁。岡本［一九九七］四二－四六、四八－五〇頁）。出獄後、無為に過ごしている区内の聾児三人（うち二人の姉弟は富裕な商家の子ども）にも教育を受けさせたいとの上京第一九区長で京都一の砂糖問屋、熊谷傳兵衛（一八三四－一九一四）の古河への働きかけで、聾唖児の教育が開始される。明治七年七月、小学校訓導となった古河は、第一九校（後の待賢小学校）に瘖唖教場を開設し、明治一〇年には、府職員・半井真澄の盲の長子の教育にも着手する。

こうして、小学校教員・古河という立場は、その構想する教育に絶対的な枠組みを設定させる。すなわち、学齢の聾唖児であり、盲児である。学齢は、年長あるいは成人と異なる教育の在り方を要求することになる。こうして、古河の盲唖教育の基準は小学校教育であり、その意味で、古河の目ざす教育は、明治二〇年代以降に創設される、職業教育を主たる目的とするほとんどの盲唖学校とは異なる点があったと考えられる。いいかえれば、日本の盲唖教育は、学齢盲唖生（後に就学免除対象となる）と学齢を超えた不就学の年長・成人の盲唖生という、通常の初等教育とは異質な要素から構成されることになったのであり、この事実が、盲唖学校に独特のラベルを与えることになる。

京都の盲唖院については、府立時代（一一年五月二四日）、市立時代（二二年一二月）、盲・聾唖分離（大正一四年四月）、そして府立への復帰（昭和六年四月）の時代があるが、本書では京都盲唖院と通称することにする。

(二) 東京府の熊谷實彌の盲人学校とその条件

熊谷實彌に関する情報はほとんどない。この熊谷の盲人学校こそ、学制「廃人学校」唯一の事例であるとされている学校である（加藤［一九六七］一七五－一八〇頁。文部省［四、一九一四］一八、七〇頁）。明治九年二月二五日、筑摩県出身の平民で盲人の熊谷實彌は、士族・平野知雄と連名で、戸長および学区取締の署名とともに、「盲人私学開業願」を東京府に提出し、三月五日に東京府権知事・楠正隆が開設を認可している。学校の場所は熊谷の自宅、校名は盲人学校、教員は旧名古屋藩で漢学を修めた上記の平野知雄、授業時間は午前八時から一二時までであった。学習する学科は、教科の順序によらないで小学学科を学ぶ小学変則（学制小学第二八章）、習字、算術であり、習字や算術では盲に対応した指導法を工夫していたようである。

本校の教育目標は、校則から要約すれば、しっかりした考えをもち、品行がよく遵法心と協調性があり、礼儀を失わないで社会的貢献ができる盲人への育成であったと思われる（東京都立教育研究所［一九七二］四五六－四五七頁参照）。熊谷におけるこの社会的側面に関する重視は、後に明治二〇年代においても提起されるものであるが（第三節参照）、当事者自らが当時の盲人の実態を認識し、それを教育によって改善する必要性を考えていたものとして注目される。

熊谷の盲人学校は、盲生約二〇人を集めたが、一年あまりで廃業したといわれる（加藤［一九六七］一八〇－一八一頁）。生徒の年齢は不問、授業は午前中という条件から考えて、熊谷は、鍼按業や邦楽を修行中の年長盲児または若年盲人を対象に、明治時代という新しい社会に対応できて、社会の一員として行動できる基礎的教養をもった盲人の育成を志していたと思われる。また、想定していた教育内容が小学変則であったことからすると、職業技術の習得に限定されない教育を期待していたように思われるし、東京の区内には、そのような職業教育を超えた盲教育を支える知識人が弱体ながら存在していたのかもしれない。

二　欧米情報による盲唖学校の設立構想——楽善会訓盲院

（一）キリスト教慈善事業としての楽善会訓盲院構想

楽善会訓盲院は、楽善会結成から訓盲院設立計画立案までの前史と、訓盲院設立計画最終段階から実際に訓盲院の発足以降の歴史とでは根本的に異なる。楽善会の結成と訓盲所設立案における共通項は、日本内外のキリスト教徒による運動であり、後に、地方で設立されるキリスト教徒中心の訓盲院の原型になるタイプとなる。

昭和一〇年に刊行された東京盲学校六〇年史には、創設の経緯が詳細に記録されている（東京盲学校［一九三五］一七頁以降）。明治八年五月二二日、西欧文化を吸収した日本の代表的な知識人、古川正雄（一八三七－一八七七）、津田仙（一八三七－一九〇八）、中村正直、岸田吟香（一八三三－一九〇五）、中村の同人社の教師で医療宣教師・ボルシャルト（Burchardt・正確な人名綴りと所属教会不明、二二－二三頁）、スコットランドの長老派教会であるスコットランド一致長老教会（United Presbyterian Church of Scotland）派遣の医療宣教師、ヘンリー・フォールズ（Henry Faulds 一八四三－一九三〇）の六人がフォールズ宅に集まり、初めて盲教育について相談し、楽善会を結成した。古川が会頭となり、岸田が書記となった。

このように、楽善会の当初の訓盲院構想は、H・フォールズを楽善会結成の主導者とする、まさにキリスト教慈善の考え方[21]であったといってよく、職業教育に秀でていたフォールズの故国・スコットランドの盲教育の状況（Phillips［二〇〇四］六四－六七頁）さえ反映していなかった、盲教育の原初的で、狭い考え方であったといえよう。当初はフォールズのキリスト教布教のための訓盲院開設が楽善会の基本的趣旨であったが、古川正雄を始め、日本人の会友もこのような聖書中心の教育の趣旨を支持していたのであり、その手段として新約聖書約翰第九章盲人の箇所を、ハウが開発したボストン・タイプの凸字のカタカナとローマ字で表記した聖書を製作し、これによって教育する学校が検討されたといえる。日本人は全員がキリスト教徒であり、岸田以外は、福澤諭吉との関係が深かった。この後、会員は増えていくが、楽善会運営の中核は上記の六人だった。

このように、教育の具体的な設定はキリスト教布教に偏っていたが、これらの日本人知識人における教育の考え方やその基盤にある盲人観はきわめて近代的だった。そして、このような思想が、盲教育運動を推進していたのである。たとえば、中村正直はその一例である。神の前の平等や敬神愛人というキリスト教の教えと近代国家に不可欠な自主自立の国民育成（「人民ノ一新」）の一般化として盲人の教育を行うというのである（小川［二〇〇四］四四五－四六三頁。高橋［一九六六］一七五－一八八頁）。要するに、近代的人間観に立脚し、その開発手段が教育であった。キリスト教は近代の思想を学ぶ、当時の主要なチャンネルだった。しかし、これら知識人における盲教育論のレベルは、情報源を超えることはなく、具体性にも欠けており、日本の盲人の実情や歴史と対照することもなかった。中村の盲教育の趣旨は、まもなく述べるように、訓盲所を設立する過程でやや具体化し、キリスト教色を薄めている。

上記の日本人四名は、訓盲所を創設するために、明治八年六月一九日、東京府知事に対して開設趣旨を説明し、家屋・土地の提供を申請した。知事・大久保一翁は、この企図自体には賛意を示すものの、外国人主体の企図であることに難色を示すとともに、府には提供できる家屋の余裕がない旨を回答した。創設者は、計画再検討の過程で、必要な建物の検討をしているが、対象数五〇人、寄宿制、教員二人、小使六人を想定し、その必要経費を計上している。

五カ月後の明治八年一一月に再度、外国色を薄めて東京府に申請しているが、教育計画はなおも洗練されていない。盲唖児が放置されたままだと、生涯にわたって「憂愁無聊（ぶりょう）」であるが、教育を受けることによって、字を知り、書を読むという慰みと楽しみが得られるというのである。無用と有用は、そのような意味において対照されているのであり、後の山尾庸三の明快さとは比較にならない。ともかく、一二月六日に日本人四名は「訓盲会社条例」を設けたが、そのなかで、彼らが考える訓盲院構想が、多少明らかになる。目的は盲人の「教訓及ビ扶助」であり、具体的には、盲人の「霊才及ビソノ善徳」を発達させること、音楽と歌唱、盲人用書物で読むことを言語によって教えること、何らかの職業を教えること、そのための教場と宿泊所を設けることであった。モデルは欧米であり、社員には外国人も想定していた。月に二度の定例会合場所には、フォールズの築地病院が挙げられていた。この条例は、用語に「バイロー」(bylaw: 細則)や「モーション」(陳説)」、会長の発言は日本でも英語でもよい等、細部にわたって欧米色が残っていた。なおこの条例は実行されなかった。

明治九年は「訓盲院建立の基礎立ちたる一大時期」(東京盲学校［一九三五］三六頁)となる転換期だった。新会員の加入を要請したからである。加入を承諾したのは、前島密（一八三五－一九一九）、杉浦穣（一八三五－一八七七）、小松彰（一八四二－一八八八）[22]、後述の高津柏樹（一八三六－一九二五）である。中村正直を中心にして訓盲院設立募金のための「訓盲所設立勧進広告文」を作成した。この段階でキリスト教色は回避されている。

一つは、発起人(楽善社会幹)であり、当初のキリスト教徒のみの創設メンバー四人に、前島・小松・杉浦が加わっている。もう一つは、訓盲所の設立基盤と教育である。設立の趣旨から、中国古代の事例に言及したり、キリスト教および西欧の影響を薄めて、キリスト教・仏教・イスラム教に関わりなく民間による事業とする。それとともに、教育の趣旨は、廃疾者を「人世有用の教育」によって「自営独立」「有用智徳の民」にするとして大きな変化を示し、キリスト教色は消失している。また、廃疾者のなかで盲人を優先したのは、他国と比べて失明者が多数であるという理由からだった(東京盲学校［一九三五］三六－三九頁)。「広告文」は広い教養に裏づけられた長文であるが、山尾の建白書ほどの明確なアピール性は薄い。

(二) 訓盲所設立認可と山尾庸三の参加

明治九年二月二七日の三度目の東京府に対する申請では、広告文と規則を添付して申請し、三月一五日をもって訓盲所設立の認可が、権知事・楠正隆より下された。三月二六日には、かねて古川正雄の加入勧誘を受けていた山尾庸三が正式に参加することになった。これ以降、楽善会訓盲院創設計画は、新加入者の山尾がイニシアティブをとるようになり、これまでのキリスト教徒中心の運営とは趣を異にする展開となる。そのため、楽善会の変質を認識したフォールズは、楽善会から脱退する（東京盲学校［一九三五］四一頁）。しかし楽善会生みの親であったフォールズは、訓盲院への期待を持ち続けていたようで、開校を翌月に控えた明治一三年一月一二日、津田仙とともに楽善会訓盲院を訪問し、「大いに此（訓盲院）の建築の美なることを歎賞した」という（東京盲学校［一九三五］九六頁）。他方で、日本人は盲院創案者のフォールズへの深謝の念を持ち続け、明治三一年三月一五日、欧米留学の途次にあった小西信八は、イギリス中部・フェントンのフォールズ宅を訪問している。フォールズは、彼が蒔いた種が結実した様子を小西から聞いて感激したという（小西［一八九八・七］一三頁）。

山尾庸三の登場は、キリスト教布教を最終目的とするキリスト教慈善による学校ではなく、日本人自身による、日本の風土に合った訓盲院へと学校設計を変更し、具体化したという意味で大きな功績がある。これは第三節で述べるが、ここでは「無用を転じて有用となす」という山尾の盲唖教育構想の具体を知る手がかりに限って、二点を示しておきたい。

その一つは、対象児の選択である。明治一三年二月一三日、初めて訓盲院に通学を許可された生徒は、嶋（島）村貞吉と福田きよだった。訓盲院開設を広報したものの入学を希望する生徒を把握することができず、山尾が経費を負担して人力車による送迎[23]で通学を開始した盲生の一人、嶋村は明治元年四月一七日生まれであったから、間もなく一二歳であり、もう一人の福田は明治六年四月二七日生まれの七歳近い生徒だった（東京盲学校［一九三五］九六－九七頁）。嶋村の年齢は他の一般の盲学校では最小年齢に相当し、職業教育を開始する年齢であるが、福田は京都校以外には存在しない年少盲児だった。したがって、当面の教育は、職業教育を直接の意図としない、小学校程度の基礎的教育で実施されることになる。

もう一つは、職種選択である。明治一三年五月制定の大内青巒が草案を作成した「楽善会訓盲院規則」第三条では、学課と技芸を教えることになっていたが、具体的に記載されていなかった。第一三条では、さらに明確に開設当時の状況を反映して、まだ職種が決まっていないが「自営自立」(第一条)をめざして、「成るべく他人の力を仮たず単身従事し得べき手術工芸等を授くるを要す」としている(東京盲学校［一九三五］九九、一〇〇頁)。職業(準備)教育は、訓盲院創設の趣旨の根幹に関わる事柄であるから、上記規則制定間もない五月一八日には、大内考案の器具を用いて、盲児の封筒製作を開始し、九月には唖生にも課した。一〇月には、封筒三万四〇〇〇枚を内務省駅逓局に初めて売却し、純益金を生徒に分配している(一〇五、一一二頁)。しかし生徒の技量は上がったものの、需要の減少と材料代高騰により、利益はわずかで(一一六頁)、職業としての見通しは不透明だったが、明治一五年になっても、封筒製造は継続している(一三四頁)。

明治一三年六月末の開業後六カ月のまとめでは、前島密が、按摩導引術の利害及び方法を医師に照会中であるという記事があるから(一〇五頁)、楽善会全体として、職業教育の具体化が急がれていたことが窺われる。一四年一〇月からは、山尾庸三の経費負担で箏曲の、一一月からは会友の拠金で、按摩導引術・鍼治の指導を開始している(一一五頁)。このように、生徒が年少であったことにもよるであろうが、楽善会訓盲院が盲生の音曲や鍼按への従事を念頭におくようになったのは明治一四年秋であり、それまでは、具体的な職業像については試行錯誤であったのである。その理由は、音曲はともかく、鍼按を盲人の主たる職種として選択することに、訓盲院側には何らかの躊躇があったのかもしれない。小西校長が述べているように、鍼治、とくに按摩は、「概シテ窮困無学ニシテ」「只雇主ノ命ニ従ヒ、治療ノ法トシテ施スノ術ヲ知ラス。同シク軽侮ヲ免レス」(東京盲唖学校卒業証書授与式［一八九二・一一・一二］一二五頁)という社会的評価があったとみられるからである。

明治一三年一二月二四日の会友総会において、盲唖児の学ぶ職種について重要な決定が下される。箏曲・按摩・鍼治がわずかな期間で教育効果を上げたことから、明治一五年から院費による教員一名の雇用と生徒の増加によって助教補一名の増員を決定したのである。一五年一月、東京府知事宛の私学開業届には、盲生は、音曲と鍼按、唖生には裁縫が掲げられている（一一六、一一九頁）。明治一三年六月一日に、唖生徒二名の通学許可）。二月には、適任者不在の図画を除いて、箏曲、鍼治、裁縫担当教員を雇用した（一二九頁）。しかし、教授体制が安定せず、鍼治は教員が不在となり、技量も低下したが、箏曲と裁縫は進歩したという。

しかし鍼治が安定して、職業教育の主柱になるのは、明治二〇年になってからである。訓盲院が文部省直轄校になって、主幹・矢田部良吉が医科大学長・三宅秀に「鍼治の効害並に之を盲人の手術として危険の恐れなきや否や」について照会し、助教授・片山芳林が「確答スルニ甚ダ苦慮」した回答書であったが、「針治モ亦一定ノ病ニ在リテハ稍ヤ見ル可キモノ無キニ非ラズシテ、而シテ毫モ其ノ害アルニ非ラザルナリ」と鍼治の無害性・安全性・有効性について医学的に限定して確認した（東京盲学校［一九三五］一六九－一七〇頁）。そして、奥村三策（一八六四－一九一二、明治一九年一〇月、東京盲唖学校按摩助手、一二月、同嘱託）という稀代の鍼按家の出現によって、上記の回答書は、実地に証明されることになる（松村［二〇〇四］参照）。

聾者には、上記の封筒製造のほかに、明治一四年六月には、「凸文書籍及び凸画団扇等の製造」を試行しているが、経費的な問題があるとしている（一一五頁）。明治一六年一月に始めて図画を教えている（一三四頁）。鉛筆画の開始は明治一七年二月、水筆画は四月である（一四四頁）。

第三節　京都・東京の盲唖院のセンター化と地方盲唖院開設の遅れ

一．京都の小学校教員・古河太四郎の偉大な功績

（一）古河太四郎の盲唖教育の地域基盤に基づく着手と東洋的な精神基盤

上述したように、古河は、勤務先の第一九小学校（待賢校）に瘖唖教場を開設する。この活動開始は、彼個人だけの

発意ではなく、地域の名望家の誘導があり、さらに、槇村正直知事の積極的なリーダーシップがあった。それゆえ、府役所の迅速で正確な調査、通学の便宜に見られるような円滑な準備がなされたのである。まさに、京都盲唖院は加藤（一九六七）のいう土着型であった。

小学校の枠組みにおいて聾唖児、そして盲児の教育を計画することは、聾唖院（聾唖学校）や盲院（盲学校）による聾唖・盲教育とは根本的に異なる発想に立つ。第一に、欧米における盲院・聾唖院の創設は義務教育の確立期以前の出来事であるから、初等教育との関連はない。欧米の盲院・聾唖院の創設意図は、職業教育とキリスト教教育にあった。第二に、盲院・聾唖院はコミュニティ基盤の次元が異なり、広域（アメリカの場合は州レベル）であるが、小学校は学校区という近隣空間となる。第三に、盲・聾唖院の財源が当初は慈善であるのに対して、小学校では公的資金となる。この結果、第四に、公共性において、盲院・聾唖院と小学校は異なる次元に立つ。前者は救貧ないし防貧であり、後者は国の体制によって異なるが、社会秩序の維持であり、アメリカの場合は共和制を維持するための次代の育成である。

京都盲唖院の場合、結果として府立形態となったので、すべてが小学校の枠組みで構成されることはなかったが、東京の楽善会訓盲唖院と比べると、その違いは歴然としている。京都盲唖院に対する市民の感情は、日本最初の盲唖教育事業というだけではなく、地域で生まれ、地域が支える側面は残存する。しかし、東京の盲唖院には、類似する支持感情は希薄である。地域基盤という点から考えてみると、古河が日本で初めて創業する盲唖学校の枠組みとその基盤について、欧米由来の近代的盲唖教育情報を参照できる環境になかったこともたしかであるが、輸入情報を利用せずに自ら創案することを選択したとみるほうが自然であろう。岡本稲丸は、加藤康昭の土着型説をさらに深めて、古河の盲唖教育への動機を東洋的基盤にあったことに求めて、東洋的な自然の愛情、慈悲に求め、「東洋的ヒューマニズム『仁』極意」である「惻隠の心」を、実践で会得したと推測する（岡本［一九九七］六四二－六四六頁）。さらにいえば、戦後の糸賀一雄の共感思想が「多分に東洋的であり日本的である」との小松原次郎の指摘（岡山県精神薄弱者育成会［一九八八］四八頁）は至当であり、京都にはそのような精神的な淵源があるのかもしれない。

他方で、地域基盤は、脆弱な財政基盤をも意味した。それゆえ、京都盲唖院が府立形態であるのは当初の約一〇年余に過ぎなかった。この時期は、大阪府立模範盲唖学校が一年足らずで廃校になったように、官立・公立を問わず不安定な時期であった。また「府立」は、当時は京都府が必要財源に責任をもつことを意味しなかった。府の支出も、変則的な交付が行われたし、寄付金は安定歳入源にはならなかった。こうして、児童数は順調に増加したにもかかわらず、歳入額に合わせて教職員の数を減少させる必要があった。明治一九年から二三年三月まで、古河院長以下教員四名に対して俸給が文部省から支弁されたのは（京都市立盲唖院［一九〇三b］五頁）、京都盲唖院の財政的な困難に対する時限的な緊急対応だった。文部省支弁の開始は、ほぼ小西の東京盲唖学校着任の時期になる。なお、古河自身が「特恩」とした東京盲唖学校教諭としての辞表は明治二二年であり、内閣総理大臣・三條實美宛が二二年一一月二五日、受理が一二月三日だった（国立公文書館蔵）。こうして、京都校の借財と経営困難の責任をとって、古河は辞職する（岡本［一九九七］二六五頁以下参照）。

（二）古河太四郎の教育方法の独創性

古河の教育方法については、今日において、そして歴史的な先例として高く評価されているが、岡本は、当時の先進国情報と対照させて評価している（盲聾教育開学百周年記念実行委員会編集部［一九七八］四九−五九頁。岡本［一九九七］六二七−六七六頁）。楽善会訓盲院では、創設の発端が欧米にあったために、教育方法も、欧米から導入することになる。日本でも、盲人自身が文字の読み書き法を開発してきたし、江戸後期には備後国安那郡八尋村（現在の広島県福山市）の箏曲の名手、葛原勾当（一八一二−一八八二）のように、ひらがな、数字、句点を触覚で識別できる木刻文字で日記をつけた盲人もいた。

古河は、盲人文字では日本の過去の盲人が開発した文字を参考にしたと思われ、試行錯誤しながら種々、模索してきた。松脂・紙撚（こより）・木刻・打出・針跡文字である。中村望齋が「盲唖教育に関する当時の教授法は一切氏に因りて創始」

（京都市立盲啞院［一九〇三］四一頁）されたとするゆえんである。古河は、木刻の凸文字、日本全図と京都の地図板、算盤、計数器、方位磁針を開発した。

聾啞児の言語指導法についても、日本の教員としては珍しい独自性が溢れている。小畑の整理（一九八五・一一）にしたがって述べると、指導法については、「手勢法」と「示諭手勢法」に大別される。「手勢」は「事物を象徴し連合していく精神過程と身体運動を統合した姿勢」、すなわち手話表現である。また、「示諭手勢」は「抽象語の手話表現」を意味するものと考えられる。古河の指導法は、指文字（五〇音手勢、五〇音字形手勢）、数詞の手指記号（手算法）、空書（画掌法）を含む手話表現を使用するものである。小畑によれば、古河の言語教育は、「発音（音声言語）、読解、筆談・作文（書記言語）等を音声や筆談に手話・指文字（身振り言語）をまじえた指導で、口話と手話の連合法であった」。

しかし、古河の独創的教育方法は、当時の盲啞教育関係者には理解しがたかったようである。楽善会訓盲院の初代院長だった大内清巒は、教育開始にあたって京都盲啞院の古河太四郎の実践を、教育の責任者だった高津柏樹とともに、京都府知事・槇村正直の案内で視察した。その時の感想を、後年、大正二年に発表している。そのなかで、古河の教育方法や教具を、あまりに盲児や聾啞者だけに通用するように開発し過ぎていているとして「動物の教育をするよう」だと批判し、より一般的な方法や教具を活用すべきであると主張している（大内［一九一三・二］一〇－一一頁。加藤［一九六七］二三五－二三七頁）。大内は古河の功績や熱心さには深い敬意を払っているのであるし、大内の批判や主張の観点は、障害のない人と盲人・聾啞者との連続性にあることは明白である。しかし、大内は、古河が開発した盲児用に工夫されたトイレ・運動場、身振りサインを利用した聾啞児の算数指導法や盲人専用算盤を例示して、古河が用いた教育方法・教具や環境が通常性とはかけ離れていることが、盲児・聾啞者の常人とは異なる特別視に繫がることを危惧していたように思われる。大内のこの批判は、専門家と門外漢の間に生じる普遍的な問題であるように思われる。また、大内の身振りサインに対する違和感も、口話法導入への伏線の一つとして興味深い。

なお古河は、京都教育会では幹事を務めたり、帝国教育会の前身である大日本教育会の会員でもあった。京都教育会雑誌に盲唖教育関係の記事がときどき掲載され、盲唖教育事業の存在を知らしめる結果になったのは、京都教育会における彼の存在と無関係ではないだろう。初期の府教育会だけでなく、当時は唯一の全国組織だった大日本教育会の活動家であったことは、当時の盲唖教育関係者には古河や伊澤修二（一八五一－一九一七）・小西信八以外ほとんどいなかったであろう。

二．東京の楽善会における政府高官・山尾庸三による訓盲院教育計画の設計変更

西欧文化に影響を受けた開明的な日本人集団によるキリスト教的慈善に基づく訓盲所設立計画において、楽善会の発足から訓盲院の開設までに時間を要したことは、この創設計画が観念的だったことを示唆する。元来、盲学校と聾唖学校の創設は、山尾庸三が明治四年九月に太政官に対する建白書「盲唖学校ヲ創立セラレンコトヲ乞フノ書」において、楽善会関係者に先んじて提案していた。楽善会が、その出発時点から山尾を勧誘しなかったことは、フォールズが楽善会のリーダーだったことから理解されるように、山尾がキリスト教徒ではなく、訓盲所の事業の趣旨が異なっていたためであったであろう。明治八年六月ごろ、ボルシャルトに勧誘されて会合に参加したものの、その後は来会せず、結局、会員にならなかった人物には、西周（一八二九－一八九七）と森有礼（一八四七－一八八九）がいる（東京盲学校［一九三五］一九頁）。彼らも、楽善会訓盲院事業計画に何らかの違和感をもったのであろう。

さて、名文として知られる山尾の建白書の要点は、以下のように表すことができる（東京盲学校［一九三五］六－七頁[24]）。

盲唖者は窮民であり、他者に依存して生存しているのが現実である。欧米では、彼らは元来救恤の対象であるが、学校教育によって文学・算術・工芸・技術を教導している。その成果として、技芸や学問では大家のレベルに達した盲唖者が世界に存在する。その実現手段は教育であって、盲唖者にまで教育が及んでいることは、欧米における教育隆盛の象徴である。そこで日本でも、盲学校と聾唖学校を別個に創設し、外国から教師を招いて男女別に教育

し、工芸を指導し、結婚を認め、社会の一員として「自主ノ権ヲ得テ」生活させていくことは、他の障害ある窮民にも適用できるモデルとなる。この分野で、いずれは欧米に追いつくことができる。盲唖者は、「無用ヲ転ジテ有用トナシ、国家経済ノ道ニ於テ」貢献できるようになる。盲学校・聾唖学校の二校を民間の力で創設したい。

政府内で山尾の建白書がどのような反応があり、処理されたのかは不明である。

ところで、明治九年二月二七日、楽善会の東京府に対する三度目の訓盲所開設申請に添付された楽善会規則の原文は不明であるという（東京盲学校［一九三五］四〇頁）。修正された楽善会規則は、これ以前の訓盲会社条例に示された楽善会の精神とは異質といってよいほど違っている。[25] この変更は、訓盲所の目的と性格、教育内容等、訓盲所の根幹にかかわっているところから、山尾の加入による修正と理解するのが自然であろう。そこで、山尾の登場によって、訓盲所構想がどのように変化したのかを整理することにする。

楽善会規則の「訓盲院設立ノ目的」では、盲人の道徳・知性の発達と「工芸技術」により自立を図ることと明記されている。訓盲院は自立の意欲なき盲人の保護所ではなく、自立心ある貧窮盲人の学校である（第一条）。教育内容については、第一科と第二科の二つに分けられており、第一科では、普通学（凸字での書き方を学習）、理学と儒教経典学習等[26]（ことばでの指導）、和洋楽器と歌唱、職業教育を指導する。以上では、無料生徒は一八歳以下とし、自費生はこの限りではない。第二科では、手工の指導と休日での道徳の講義で、四〇歳以下の盲人とするが、自費生はこの限りではない（第二条）。授業料および衣食費は楽善会負担とし、手工教育等で得た稼ぎは訓盲資金に加えて、残額は個人が積み立ててよい（第三条）。運営経費は、楽善会友と外部からの寄付金とする（東京盲学校［一九三五］四四－四七頁）。

ここで注目しておく点がいくつかある。第一に、訓盲院開設趣旨からキリスト教慈善色が一掃されていることである（明治九年八月六日には、僧侶の高津柏樹が楽善会会合に出席する）。第二に、職業自立が明確な目的として設定されるとともに、教育内容が普通学と職業教育の二本立てになっていることである。これは、一部の盲唖学校を除けば、明治二〇年代以降の教育課程の大半は職業教育となり、普通学は最小限となることを考えれば、初期の盲学校では普通学が軽視されていなかったのは、京都盲唖院の規定とともに重要な点である。

山尾が建白書の教育計画をより具体化した文書が、明治一〇年一二月八日の会友の集会で提案した「意見書」と「規則追補」である（東京盲学校［一九三五］六五－八六頁）。「規則書」は学校建築計画から教育の構想、教育対象、資金、教材の印刷物の入手法、教員と待遇、手工用の材料と費用、訓盲院運営経費の試算に関する提案であり、「規則追補」は、楽善会の組織と資金獲得に関する提案であった。まさに、山尾あっての楽善会訓盲院事業の具体化と方向づけであった。

ここでは、山尾がどのような盲唖教育を構想していたのかに焦点を当てて整理する。楽善会訓盲院がキリスト教慈善を目的に結成されたために、山尾はオリジナル・メンバーではなかったが、それゆえにこそ、外来性を修正し、日本に定着する盲唖学校を構築できたと評価できる。放置しておけば無用な存在を有用化すること自体は、欧米由来の発想ではあるが、その発想から、キリスト教色を外して、独立近代国家の出発と絡めたのが山尾の考え方であった。ただし、近代化における有用の具体的な内容には、前近代における盲人の職業であるとみなしたためか、当初鍼按が入っていなかったように、復古的な発想はなかった。また教育内容では、小学校を基準としたことは、彼の有用論は、経済的な損得論の次元ではなかった。

こうして訓盲院は、実際に開設する時点では、キリスト教慈善事業ではなく、小学校を基準とした教育機関への転換が完遂される。明治一三年の開業時点での楽善会訓盲院規則では（東京盲学校［一九三五］九九－一〇二頁）、教育課程と教授方法、対象盲児の年齢ともに小学校に準拠していた（第三・六・一一条）。注目すべきは、職業教育の種類が「予メ其品類ヲ定メ難シ」として、決まっていなかったことである（第一三条）。つまり、最初の時点では、技芸科の職種として、伝統的な盲人の職業であった鍼按・音曲を、自明なものとして設定してはいなかったのである。訓盲院教育の小学校準拠と伝統的職業の非選択は、盲学校教育の社会的位置を評価するうえで重要な意味をもつ。楽善院側が、鍼按選択に対する何らかの懸念または偏見があったことを推測させる（欧米の盲院を視察した知識人が、当道座に関心をもっていなかったとの推測はすでに述べた）。京都盲唖院が、旧当道座と協力しながら、鍼按・音曲の職業教育に力を入れたのとは対照的である。

それでは、山尾が教育後の盲唖者の有用性を何に求めたのであろうか。社会的な存在として、具体的にどのような盲唖者のイメージをもっていたのであろうか。それを資料的に跡づけることは難しい。その一つの理由は、山尾が盲唖学校の計画案を提示し、実行し、金銭も負担して支えたのは、楽善会訓盲院という日本の盲唖学校の初期段階に過ぎず、文部省移管後は、とくに聾唖者の学校教育・社会事業の、いわば後見人的な役割に退いたからである。

ともかく、欧米に範を求めた知識人は、自国の伝統的な盲人の職業を顧慮することがなかっただけでなく、欧米先進国を唯一絶対の基準とし、それ以外の選択肢を求めなかった。これは、早急な近代国家基盤の構築という時代の要求からして、やむを得なかったともいえるが、欧米基準の行動様式がこれ以降も基本となり、現代まで続く淵源となったといえよう（結章も参照）。

三．地方高官と障害当事者主導による設立運動とその挫折

（一）大阪府立模範盲唖学校と府高官の支持

明治一二年一月開設の大阪の府立盲唖模範学校は、明治初期における第二の盲唖学校創設となる。公立としても京都に次ぐ事例であり、盲唖学校の基準を小学校におくことを明示した日本初例の盲唖学校である。まさに「模範」と名乗るにふさわしい（河野［二〇一〇］四六頁）。明治一二年七月の大阪府の「模範盲唖学校則」では、第一条において指導法の独自性は認めるものの「其教ヘキ学科ハ普通ヲ旨トスルヲ以テ、概ネ小学師範学校ノ教則」に基づきつつ、「実地ニ付更ニ新法ヲ求ムベシ」（大阪府教育委員会［一九七一］四一六頁）とラディカルである。この先進的な盲唖学校を推進したのが、渡邊昇知事（一八三八－一九一八。一八七二－一八七七まで権知事、一八八〇まで知事）と府学務課長・日柳政愬（くさやなぎせいそ）（一八三九－一九〇三。「まさのり」とも）である点も、事例としては少ないが、地方高官が主導または積極的に支持する類型の

一つである。この八カ月という短命に終わった盲唖学校の創設から廃校までについて、中江義照が二つの校史において活写し（中江［一九六〇］、［一九七〇］）、河野勝行の近作（二〇一〇）があるので、それらを参考に描写する。

日柳政愬（三舟）の父・燕石（一八一七－一八六八）は博徒で、勤王派の優れた漢詩を遺している。安政二年ごろ、アメリカを賞賛して詠んだ漢詩のなかに、「盲人模索して猶ほ学に堪ふるがごとし、一程親しく鐫（え）る凸字の書」（読み下し文は中江［一九六〇］一頁）が含まれている。アメリカ見聞の著作によって得た情報であると思われるが、その重要性を認識しているのである。政愬もまた、単なる地方の学務官僚ではない。香川の大地主の家柄で、医学を学び、文学に転じた。明治五年、大阪府大属として学務を担当していた（三善［二〇〇〇］四〇八－四〇九頁）。

渡邊昇知事は大村藩上級武士の家柄で尊皇攘夷論者であった。知事の兄の清（一八二五－一九〇四）の長女が、後に石井亮一の妻となる筆子（一八六一－一九四四）である。渡邊知事の下、小学校の整備の後、幼稚園から商法学校に加えて盲唖院まで整備が計画されたという。その後、明治一一年の盲唖学校創設の準備は、つぎのように迅速だった（大阪府教育委員会［一九七二］四一五－四二七頁。中江［一九六〇］三－一四頁）。

五月六日　一〇日間で六歳から二〇歳までの盲唖者調査について知事名で指示
五月一〇日　京都府知事に教授用諸器械入手を知事名で依頼
六月六日　五月六日の調査未提出に対する学務課による催促
七月　模範盲唖学校則制定
八月五日　学校則頒布
八月九日　生徒募集、男女各二〇名、合計四〇名
一〇月三日　法円坂町の府立大阪師範学校内に盲唖学校設置の通知
一一月五日　開校式

一一月八日　　授業開始（生徒数四〇名、うち盲生一五名）

教育課程が小学校に準拠したこと、入学年齢の下限が小学校と同じだったことは、大阪の盲唖教育の動機が、小学校教育の拡大にあったことが分かる。この点も、京都と類似していた。また、教材教具を京都から入手したように、京都盲唖院の盲唖教育を基本にした。当初の教育の中心は遠山憲美（第三章参照）であった。

しかし、府立盲唖学校は、明治一三年五月三〇日、府会の議決により、府立中学校とともに廃止される。教員は二名、生徒は盲生二名、唖生一一名だった。渡邊知事はすでに五月四日付で元老院議官に転出していた。六月三〇日の府立模範盲唖学校廃止後、日柳は学務課長を退職し、本校を私立大阪盲唖学校として維持することになる。当初は寄付金も集まったが、しだいに先細りとなり、教育の需要はあったにもかかわらず、本校は一五年には廃絶した（大阪府［一九〇三］一三三－一三四頁。中江［一九七〇］八－一五頁）。職業教育が希薄なことが、職業教育を要望していた鍼按業盲人をはじめとする広範な支持基盤を欠くことで、本校が永続できなかった一因とも考えられていた（大阪府［一九〇三］一三四頁）。

（二）聾者・松村精一郎の金沢盲唖院創設と地方の支持基盤

盲唖学校の草創期において注目されるのは、石川県の聾唖者・松村精一郎（一八四九－一八九一）の私立金沢盲唖院の創設である。松村は、六歳で罹患した天然痘の後遺症として、聾唖のうえに下肢障害が生じた障害者である。松村研究は、古くは北野与一（一九七九・一〇、一九八五、一九九七）の開拓的で行き届いた論文・著作があり、近年では日本聾史学会の橘勇一ら（橘ほか［二〇〇六］六八－七〇頁、［二〇〇八］八六－八八頁、九六－九九頁。橘［二〇〇九］六二－六四頁）により進められている。松村と金沢盲唖学校創設運動は、日本の誇るべき遺産であり、その意義について、これら先行研究を参考にして明らかにしたい。

松村は、地方の知識人だった。明治一一年から約一〇年間に、以下の地誌に関する翻訳と著書を刊行している。

明治一一年九月　松村精一郎訳（藤田利勝校閲）『万国地誌階梯　完』江島伊兵衛
明治一四年二月　松村精一郎訳（藤田利勝校閲）『校訂　万国地誌階梯』江島伊兵衛
明治一九年三月　松村精一郎訳（荒井郁之助校閲）『万国地誌階梯（冊訂）上・下』白楽圃
明治二〇年　松村精一郎訳『新撰万國地誌階梯　校訂　上・下』江島伊兵衛

これらの翻訳は、サミュエル・A・ミッチェル（Samuel Augustus Mitchell 一七九二－一八六八）の著作、The new primary geography、一八七三を原書としている。なお、校閲者の藤田利勝は、東京外国語学校教員から青森県師範学校長、同じく荒井郁之助（一八三六－一九〇九）は、幕府海軍奉行、開拓使仮学校初代校長、中央気象台初代台長を務めた蘭学・数学・測量に通じた人物である。次に出てくる山本も、翻訳の著書がある。

また、明治一四年二月には、松村精一郎編（山本義俊校閲）『万国地誌階梯附録字解』白楽圃が刊行されている（同じ校閲者で同じ書名の図書が、明治一五年一二月、草野肇編として、白楽圃から刊行されている）。明治一九年三月には、松村精一郎『江山勝概　上・下』が松村本人を刊行人として出版されている。明治二〇年の著書以外は、国会図書館デジタルコレクションで閲覧することができる。

松村は、富山県福光町では宮永荻園、金沢では永山亥軒と稲坂謙吉に学び、上記の翻訳でも、荒井をはじめ、地方と東京の当時の知識人の助力と愛顧を得ることができたのである。明治一一年秋、上京して中村正直の同人社に学び、後述する栗本鋤雲の知遇を得る（北野［一九七九・一〇］一一－一二、四頁）。また、松村には、聾に加えて下肢障害があったというから、移動にも困難があったものと思われ、これらの困難を乗り越えて精力的な活動をしていたものと推測される。いずれも異例としかいいようがない。

明治一二年六月に東京遊学からの帰途に京都盲唖院を参観したことが、松村が盲唖院の設立を計画するきっかけになったものと思われるが、師匠の中村正直が楽善会訓盲院の発起者であったから、楽善会情報も当然、得ていたであろう。さらに、京都校訪問時に、たまたま視察中の楽善会訓盲院の大内院長と高津に遭遇していたことも有益だったであろう。

松村自身とその創設運動が注目される理由は、聾者という障害当事者の創設運動であったこと（北野［一九九七］一五頁）、そして、その運動に対して幅広い支持者の広がりがあったという点においてである。明治一〇年代前半という時期は、江戸時代の身分制を否定した新しい時代の開放的な雰囲気になって間もない時期であったためか、知識人や上層の態度は重度の障害者に対して驚くほど受容的で協力的であり、後のように出身学校や学問の属性化が見られない。刊行された訳書の校閲者を含めて、短期間に地方の学問師匠および東京の日本を代表する知識人と交流関係が成立していることは、松村が意思疎通がそれほど容易でなかった聾啞であったことを考えれば、松村自身に何からかの、人を引きつける強力な魅力があったことを想起させる。後述するように、松村の創設運動の時期は、地方の小学校教員が聾啞児の教育に自主的に着手するという現象がみられた時期でもあり、学校教育に対して、近代国家の夜明けという新しい時代への強い期待が社会に広く浸透していたであろうことも、松村の活動には間接的に順風になったのかもしれない。

松村の学校対象には、聾啞児が含まれていたという点でも特筆すべき事例であった。その理由は、明治期において創設計画が少ない聾啞学校の早期の設立例であること、創設者自身が聾啞等の障害者であり、彼が盲啞院創設を計画・実現するイニシアティブをとったこと、職業教育に偏らない教育の理念を掲げたこと、県高官・篤志家の支持を受けていたことにある。彼は、福澤諭吉による「知識ヲ交換シ世務ヲ諮詢スル」交詢社の社員に列していたが、社員になるには、二六人いる常議員のうち二人の推薦を得る必要があった。このうちの一人は、旧幕臣で著名なジャーナリストだった栗本鋤雲（一八二二－一八九七）と推測される。また、松村が教えを受けていた、明六社発起人・同人社主宰者の中村正直と栗本は楽善会会友だった。中村はいうまでもなく当初からの、栗本は明治一三年九月一日からの会友だった（東京盲学校［一九三五］一一一頁）。栗本が楽善会に加入し、盲啞教育に関与するうえで、松村論文「盲啞院設立ノ議」の『交詢雑誌』での発表が明治一三年一〇月であったという時間的経緯からみると、松村との接触がむしろ、栗本の盲啞教育への関心を喚起したのではなかろうか。

さらに、交詢雑誌掲載の松村論文「盲唖院設立ノ議」には、盲唖院創設の意義を理解し、支持を訴える編集部の紹介文が付されている。このことは、交詢社幹部のなかに、聾唖者・松村および盲唖院創設の意義を理解する人がいたことを示す。[27] 加えて、福光町の地主で実業家・谷村友吉も、松村の活動を支援していたという。それだけでなく、石川県令・千坂高雅（一八四一－一九一二）をはじめ、石川県師範学校教諭の梅田九榮（一八五三？－一九一八）も関与している（社会的エリートとしての梅田については第六節参照）。さらに興味深いのは、後に、岡山県知事となり、小学校で巡回講習による盲唖児の教育制度を創設した檜垣直右（一八五一－一九二九）が、この時期に石川県学務課長として在職していたことである（金沢大学五〇年史編纂委員会［一九九九］四七頁）。

松村の「盲唖院設立ノ議」（松村［一八八〇・一〇］）は、教育は人を育て、教育事業の再生産や新たな社会活動を生むことの力と意味を十分に例証することできることを雄弁に示している。それが彼の場合のように自己教育の結果[28]であったとしてもである。盲唖者は「良智良能ニ至テハ、毫モ完人ト異ナルコト」がないどころか、優れたところもあるのであって、教育によって智徳を発達することによって、「自営自活」の人となることができる、と松村は強調する。そこで、金沢に盲唖院を創設して盲唖者にも文明の恩恵を享受させ、一家一郷の負担にならず、国家に貢献したいというのが、松村の主張であった。こうして明治一三年六月、金沢盲唖院が創設される。

中央政府の一部にせよ存在した、学制や日本教育令草案に込められていた障害児の教育に積極的な理念と熱意は、ある時期までは地方高官にも感応する力があり、彼らによって共有されていたと思われる。その一例こそ、石川県令・千坂高雅であり、聾者・松村精一郎の金沢盲唖院創設に協力した人物である。千坂県令のもとで檜垣直右は二等属だった。後に檜垣は、福島県書記官として在任していた明治三一年二月には福島訓盲学校開校式に出席し、同校長を兼務した福島第一尋常小学校長・宇田三郎（一八六七－一九〇七）と同席している（磯［二〇〇九］九八頁）。檜垣は岡山県知事時代に、巡回講習制度による小学校における盲唖教育の振興に貢献し、朝鮮総督府京幾道長官時代には、済生院盲唖部発足に対する何らかの関与が推測される（檜垣については第二章を、宇田については第一章第六節を参照）。内務省官僚間における森正隆（一八六六？―一九二一）との関係は不明であるが、森は、茨城県・宮城県・秋田県の知事として、着任したそれぞれの県における盲唖学校創設の中心人物であった。

金沢盲唖院は短命に終わるが、その教育的・社会的意義が地域社会の少なくとも一部で認められていたことは、後の石川県教育会の前身となる金沢教育社が、金沢盲唖院を明治一五年四月に継承したことでも分かる。だが、この継承もまた一六年九月に教育社の解散により閉鎖され、つぎの盲唖学校が上森捨次郎によって明治四一年一月、金沢市公会堂に私立金沢盲唖学校として再興されるまでに、約二五年間の空白が生じるのである。

以上のような、松村精一郎の福光町・金沢市・東京等における交友関係は何を意味するのであろうか。地方における学問の師匠、東京における当時の日本を代表する知識人を含む人々（そのなかには、旧幕臣で新政府高官への立身を謝絶した小栗鋤雲もいる）、金沢市における県令および教育界のエリートと福光町の有力者・谷村友吉（愛知県農会、一九三―二九四頁）。谷村を除けば、松村とかなり年齢が離れた人々である。松村の聾唖という障害を考えれば、聴者側としても、意思疎通が容易であったとは思われないが、それでも、きわめて協力的な対応をしてきたのである。松村には、聾唖という障害を超える並々ならぬ、驚嘆すべき魅力があったとしか推測できないのである。

（三）大阪と金沢の盲唖院短命の理由

それでは、大阪と金沢の盲唖院が、高邁な開設意思を掲げ、かつ、創設者の堅固な素地がありながら、なぜ成功しなかったのであろうか。この疑問は、京都と東京の盲唖院の経営が安定していたのかという問題を対照させれば、理解は容易であろう。この時期において、最先発二校とも、上述したように、資金獲得と事業業績において成功というレベルに達していなかった。公立はもちろん、官立ですら安定した財源を確保したことにはならなかったからである。

楽善会訓盲院でも、資金不足は、山尾庸三をはじめ、会友からの臨時的な支出で対応されてきた。教育需要においても、生徒の獲得は簡単ではなかった。同時に、生徒数が増加することは、必要資金の増加に連動したから、実態の根本的な改善は困難だった（この状況は、明治三〇年代の盲唖学校でもまったく変化がない）。京都盲唖院でも府立とは名ばかりで、寄付金に依存していた。しかし、寄付金は初期こそ多額の収入になり得ても、安定した財源にならないことは、ほぼ普遍的な現象だった。

したがって、大阪と金沢の私立二校が成功することは、もともと困難であっただろう。創設者が教育の必要を理解しても、教育の需要は現実には乏しかった。盲児でいえば、一〇代前半になって自活の必要性が目前の課題にならなければ、そして、教育内容が鍼按技術の獲得でなければ、教育が必要であるとは理解されなかったであろうし、貧困層には教育資金がなく、盲学校に入学しなくてもその代替としての徒弟制はなお健在であった。聾唖児の場合は、第一次産業が豊富に存在した当時において、経済的に自活すること自体はそれほど困難ではなかったために、教育の必要性は盲児よりもさらに潜在化していたと考えられる。

社会的構成員としてのアイデンティティを教育によって聾唖児に成立させようとする松村と、後述するように、意思疎通の方法はもちろん、糊口の手段を超えた何かを小学校教育に期待する聾唖児の親との間には、連続する繋がりが見いだせたかもしれない。しかし、この時期の聾唖院に対しては、そのような教育の必要性が強く、また広範に求められていたとは思われない。

この結果、盲唖院に対する教育需要は顕在化しなかったであろうし、盲唖院およびその事業の社会的必要性も、知識人を中心とする一部の人々の範囲においては認識されるだけに留まったものと思われる。まして、松村のような議論は、知識人には説得力をもっていても、社会に対する広範で深甚な訴求力には欠けていたであろう。したがって、公的経費であれ寄付金であれ、盲唖院が、安定的に資金を獲得することは困難であったということになる。

大阪模範盲唖学校の場合は、金沢とはやや事情を異にする。それは、大阪校の場合は、府に財源を依存していたからである。盲唖学校の最初期においては、支持者が広範に存在するわけではなかった状況において、盲唖学校側の開設趣旨がいかに優れていても、近代社会構築のための新しい公共事業の山積に直面していた府会や社会に、盲唖学校の維持を期待するのは困難だったのである。

（四）各地における盲唖学校設立の試み

(1)　盲唖学校創設に関連する諸要素

ここで、全国各地の盲唖学校設立を述べるにあたり、明治初期の盲唖学校創設の初期の事例を含めて、盲唖学校の創設と維持にいかなる要素が関連したのかをまとめたのが、表1-3-1である。事例を示しながら、簡単な説明を加えたい。盲唖学校の実際の創設では、単一の要素によって実現することは少数例であり、たとえばキリスト教布教を目的とする横浜基督教訓盲院と初期の函館訓盲院が典型的な例である。

それ以外は、主要な要素はあってもそれ単独だけでは盲唖学校創設は実現できなかった。設立主体別の類型化は単純すぎるし、経営困難は盲唖学校共通の課題であっても、社会の無理解に原因を求めるのは安易すぎる。財源と支持基盤が狭く、弱体だったり、資金調達の資源が地域に乏しいことも、創設者を悩ませた。収入の安定した見通しが困難であったために、必要な教員は無償の善意に依存するほかはなく、良質の教員を獲得できない、教育成果が上がらない、という悪循環に陥った。しかしそれだけでなく、学校経営の仕方が巧みでない場合も多かったように思われる。学校効用の現実的意義とアピール不足、学校理念の問題、設立計画の時期尚早あるいは未熟である。一定の財政基盤、訴求力のある理念、現実の社会的効用、当事者にとっての必要性と意思、経営方法とその知識技術、教育資源、以上の要素を入手するチャンネル等が揃った盲唖学校は永続できたのである。

一般に盲唖院（学校）創設に必要な条件は、主導者、教場、校長・教員、教材・教具、寄宿舎、運営資金であったから、実際の盲唖学校創設では、表1-3-1に示した諸要素が組み合わさって実現することになる。具体的な組み合わせは、主導者、学校対象、時代、地域等によって、大いに異なることになる。

盲唖学校創設運動において多く見られる要素はキリスト教であり、主導者または協力者のキリスト教信者を見出すの

表 1-3-1　盲唖学校創設に関連する諸要素

要素		行動主体・動機	事例
宗教	キリスト教	布教	横浜基督教訓盲院
		信徒	高田訓矇学校、東海訓盲院
	仏教	寺院	岡崎盲唖学校
医療		医師	（横浜）鍼治揉按医術講習学校
教育		小学校教員	第十九校瘖唖教場、小樽盲唖学校、徳島県師範附属小学校唖生部
		小学校長	福島訓盲学校、長野盲人教育所
		師範学校長・教員	高田訓矇学校、三重県師範学校附属小学校盲生学級
行政		県知事・地方高官	金沢盲唖院、群馬県教育会附属訓盲所
		文部省高官	田中不二麿
地域社会		名望家および住民	長岡盲唖学校
		実業家	長岡盲唖学校
		自由民権運動	拾石聾唖義塾、中郡盲学校、新潟盲唖学校
当事者	視覚障害	鍼灸按業盲人	福島訓盲学校
		社会的アイデンティティ	神戸訓盲院
	聴覚障害		金沢盲唖院
	親		長岡盲唖学校
近代国家		政府高官・知識人	楽善会訓盲院

に枚挙に暇がないほど、多数の例がある。上記の教会系盲唖学校以外に、高田訓矇学校・福島訓盲学校・楽善会・東海訓盲院は、主導者のなかにキリスト教信者が含まれている。

それでは、キリスト教の何が、盲学校創設に関与した人々にアピールしたのだろうか。下級武士がイニシアティブをとるようになった明治時代になっても、社会的身分差や男女間の超えがたい格差はなおも堅固に残っていた。しかしキリスト教では、下層の人々にも隣人愛・同胞愛により救済が語られ、また、その実践があるなかでは、神の下では格差は存在することはなく、出自・性差を超えてすべて平等であった。しかもキリスト教運動では言説だけでなく、格差を是正する平衡機能があった。このようなキリスト教の教えと実践は、日本の近代化を進める指導的な立場の人々には深い衝撃と感動、そして参加への意思を生んだものと思われる。それは、楽善会訓盲院の日本人会員に象徴的である。キリスト教における問題摘出と対応の明確さや積極性は、仏教にはみられなかった。

(2)　各地における盲唖学校の創設と途絶

ここでは、あまり情報のない盲唖学校の創設事例を取り上げることで、明治初期の盲唖学校設立が、社会のある部分には相当な熱気をもっていたことにふれてみたい。

東京の盲人でキリスト教徒、出版業を営んでいた飯島静謙は、明治一三年一月七日、楽善会訓盲院を訪問して、「自分輩学間用に製せし地球儀其他木刻塗物様の五〇音等の諸器」寄贈を申し出て、訓盲院はそれを受け入れた（東京盲学校［一九三五］九六頁）。また、彼は「四cm×三cmの瓦片に文字が浮き出し」た瓦文字を製作し、これは、筑波大学附属視覚特別支援学校に現存しているという（http://www.nsfb.tsukuba.ac.jp/shiryou/syozou.pdf）。楽善会訓盲院が活動を開始したのが一月五日であるから、七日に飯島が訓盲院を訪問しているということは、訓盲院の情報は関心をもつ人々にはよく知られていたことが分かる。なお飯島は、高橋吾良『諸教便覧』（明治一四年一一月）、アレクサンダー・ウィリアムソン（Alexander Williamson 一八二八－一九一〇）選、董樹棠原著、奥野昌綱訳『基督実録（Life of Christ）』（明治一五年刊の）の出版人であった（いずれも、国会図書館DC）。彼は、明治一一年に京橋区日吉町に訓盲学校を開設している。飯島は相当の教養人と思われ、上記の教具等の自作から、彼の訓盲学校で読み書き、地理等の基礎的教育を行っていたことが分かる。

岩手県盛岡市でも、明治二〇年代に盲人教育運動があった（岩手県教育委員会［一九八一］一三九七－一四〇〇頁）。明治二三年の夏までに、市内三戸町川村金藏宅で盲人学校開校式が挙行された。しかもこの盲学校は、盛岡市の鍼按業盲人がイニシアティブをとった学校設立に端を発しながらも、仙台で始まった東北地方での盲人教育ネットワーク構築を意図した運動に参加するまでになる（盲人学校［一八九〇・八］）。東北盲人教育岩手分会［一八九〇・九］）。詳細は不明であるが、県南部にも存在した盲教育需要のもと、この運動には、当初から県知事および県高官、政治家や自由民権運動家、盛岡市長等、地方の有力者が支持者に加わっていた。明治二三年一二月には、上記とは異なる盛岡市の盲人三名により、鍼按と学術の研究を目的とする市内八日町の盲人教育会設置届が県知事に提出されているが（岩手県教育委員会［一九八一］一三九九頁）、二三年の二つの教育機関との関係は不明である。

だが他方で、岩手県教育会内部には、盲学校設立に対する熱心な期待が存在した。明治二三年九月の記事は雑報欄での紹介にすぎないが、上記の東北盲人教育岩手分会の動静を伝えた後、四行にわたって、盲学校の実現とその事業に対する期待を切実に希望している。この記述からみると、これらの盲学校は継続しておらず、途絶したようである。

明治三一年に愛知県の寒村、塩津村拾石に開設された拾石聾唖義塾も注目すべき事例である。本校は、「その存在がかなり長い間無視され、抹消されてきた」(愛知県立豊橋聾学校［一九七八］四五頁)学校であるが、聾唖義塾の展開と類似した盲唖学校の例は現在でも少なからずある。

拾石聾唖義塾が注目されるべき理由は二つある。第一は、初期のほとんどの盲唖学校設立運動では盲生の教育が目的であり、唖生の教育は、創設過程あるいは創設後まもなく追加されるのが通例だったが、拾石聾唖義塾は聾唖児教育だけを目的とした。盲生の場合は職業自立と社会的アイデンティティの形成が教育上の問題であったから、教育開始年齢は高く、おおむね一〇代前半であったのに対して、唖生の場合は、コミュニケーションができないことや孤立に対する憐憫の情から出ており、学齢期の始めから小学校教師の関心の対象となる。しかし、このような動機は、明治初期に限られていたのである。聾唖教育の必要性が広く認識されるのは、就労問題が浮上してからである(第四章第一節)。なお、本校の創設は、当地の資産家・木俣峯吉によるものであるが、義理の娘の唖者・かよ(一八八五－一九〇一)は、明治三〇年四月に東京盲唖学校に入学、三二年四月に退学し、三四年四月に逝去している(愛知県立豊橋聾学校［一九七八］二三－二五頁)。

第二は、拾石聾唖義塾規則第二条において、「教科ハ尋常小学校ノ程度ニ準ス」としていることである(愛知県立豊橋聾学校［一九七八］三〇頁)。当時、教育課程の基準を尋常小学校におくことは、地方の盲唖学校としてはほとんどなかったと思われる。比較的創設年が近い明治三三年創設の東海訓盲院では、修身、国語(点字を含む)、算術、講談、体操(松井［ｎｄ］一四、一八頁)という、基礎教科としては最低限度の内容だった。このように、聾唖義塾の教育を小学校に準拠した理由は、創設者と初代校長が初等教育者であったことによるものであろう。なお、校名といい、校長を塾長と称したことから、慶應義塾との関連が推測される。

四．新しい盲人・聾唖者観の模索

学校創設計画において精粗や陳腐または革新の差はあっても、いかなる計画であれ、同時代における盲人や聾唖者に対する見方の変更を提起したように思われる。京都訓盲院では、唖児に対する憐憫に基づきながらも意思の疎通方法を開拓することによって、より充実した生活の享受を確保しようとした。楽善会訓盲唖院では、教育によって無用から有用へと盲唖児の社会における存在意義を向上させようとした。それには、国家や社会にとっての負担軽減というこれまで指摘されていた側面はもちろんある。しかしそれは、これまで指摘されてきたように否定的な含意ではない。盲唖者を単なる依存的存在から脱却させることによって社会との関係を変化させようという創設者の積極的な意図は、明治初期においては、肯定的な意義をもっていたように思われる。

とりわけ、キリスト教を基盤とする訓盲院創設の場合には、キリスト教教育を前面に明示する。創設者は、放置しておけば安逸で退廃した生活に陥ってしまうと危惧して、盲人にキリスト教的教育を行うことによって、彼らの精神状態を変えて、有意義な生活を送らせようとした。その典型的な例が、横浜基督教訓盲院と初期の函館訓盲院におけるキリスト教伝道の盲教育である（第四節参照）。

しかし、同じキリスト教を基盤としていても、岐阜訓盲院の第二回卒業生で第二代院長だった小坂井桂次郎（一八八一－一九六六）のように、鍼按業に従事する盲人の堕落した生態に陥らないための訓盲院教育を志向する。それは、彼が徒弟時代に経験した旧態依然とした修業の方法、世間から非難される日常生活、そして社会的劣等視を変革しようとする盲教育の提起であったといえよう。彼の考え方の一端は、血・涙・汗を流す「三流の覚悟」に示されている（岐阜県立岐阜盲学校［一九九四］一四、七三－七四頁）。小坂井は、盲生徒の一人ひとりがこの覚悟をもって学業と技術を学んでこそ、社会から敬意を払われる職業人・社会人に成長できると考えたのである。

第四節　明治二〇年代を中心とする多様な動機に基づく盲唖学校設立の試み

岡　典子・中村満紀男・吉井　涼

一．キリスト教徒による盲唖学校設立と仏教の役割

すでに述べたように、盲学校の創設や運営にキリスト教との関係は切り離せないほど、キリスト教徒が関与した例は数多い。キリスト教徒が中心となって盲学校またはそれに発展する活動を開始した主な事例は、横浜・函館・岐阜で生まれた。いずれも、キリスト教の宣教活動が盛んな地域であった。[29]

（一）メソジスト派（横浜・函館）と聖公会（岐阜）による訓盲院の創設

横浜訓盲院の出発は、明治二二年九月、メソジスト派の宣教師、ギデオン・フランク・ドレイパー（Gideon Frank Draper 一八五八－一九五一）による盲成人の一時的救済ホームであった。事業の名称は、彼の母親、シャーロット・ピンクニー・ドレイパー（Charlotte Pinckney Draper 一八三二－一八九九）の発案によって「盲人福音会」とされた（今村［一九八二］五一頁。北海道函館盲・聾学校［一九九五］七頁）。「盲人福音会」は、キリスト教慈善という大前提以外に最初から明確な計画があったわけではなかったように思われるが、明治二四年頃には教育を導入し始めた。明治三三年には、私立学校・横浜基督教訓盲院に改称されているが、盲児の教育機関へ転換するのは、大正一三年、横浜訓盲院に改称して以降である（第八章参照）。

函館訓盲院は横浜訓盲院と同じメソジスト派から出発し、アメリカ在住者の「匿名婦人団体」の経営となり、経営困難から財政基盤を変更せざるを得なくなる。横浜から函館に転任したギデオンの母親、シャーロットにより、横浜訓盲院と同じプロセスで、明治二八年一〇月、函館訓盲会が開設された。函館訓盲会も横浜の盲人福音会と同じ趣旨のキリスト教慈善であったと思われる。実際の運営は、高齢のシャーロットに代わって、宣教師夫人のマイラ（Maira Enid Haven Draper 一八五九－一九三五）が運営していたという。シャーロットは明治三二年に昇天し、ギデオンが転任した後の三四年には、函館訓盲会は「匿名婦人団体」に継承され、後任宣教師のJ・W・ワドマン（J.W. Wadman）の夫人、メイム・ハントレス・ワドマン（M.H. Wadman）が院主を務めて、校名も、函館訓盲院と改称された。

岐阜訓盲院は、明治二四年一〇月二四日の濃尾大震災への聖公会による救済活動の延長として発展した盲教育事業である。キリスト教宗派による慈善事業としては、横浜基督教訓盲院と同じであるが、その教育計画もまた、当初から堅固で洞察力のあるものとはいえなかったが、しだいに整備され、キリスト教主義に基づく教育は、昭和一五年四月一日の県立移管まで堅持され、有能な卒業生を輩出するなど、顕著な成果を挙げるに至る。

盲学校開設に至るまでには、聖公会救済活動の内部には、訓盲所設立において、とくに盲女児に対する訓盲事業を重視する意見があったという（中西［二〇一二］二七－二八、二九頁）。だがその実体は点字習得によるキリスト教伝道にあったといってよい。岐阜聖公会は、濃尾大震災後まもなく鍼按（指術）伝習所を岐阜市内の鍼按業盲人に委託して開設したというから、当初は盲の児童の学校という構想はなかったようにみえる。この委託事業は効果がなく、経営実態にも問題があったので明治二六年末をもって廃止した（財団法人岐阜訓盲院［一九一九］一四－一九頁）。伝習所の効果に関するこの否定的な評価は、キリスト教伝道の失敗に関する評価であろう。というのは、伝習所の教育内容は、指術（鍼按術）の伝習と「邦語の凸字を以て福音を教ふること」であったからである（岐阜県立岐阜盲学校［一九九四］一八六頁）。

その反省のもと、主導者であるイギリス人の伝道師、アーサー・F・チャペル（Arthur F. Chappell 一八三〇－一九四五）ら、岐阜聖公会の有志により、「岐阜聖公会訓盲院」が開設される。運営責任者である院長には、岐阜県尋常中学校の教諭を明治二一年六月に重度の眼疾のため退職し、[30]受洗して伝道師となっていた森巻耳（一八五五－一九一四）に託された。森は、明治二七年八月から翌年三月まで東京盲唖学校において、妻・しげ（一八五六－一九三五）とともに盲教育法について研修を受けるという準備期間があった（財団法人岐阜訓盲院［一九一九］一四－一九頁）。そのために、東京・京都の盲唖学校を参考にすることができたこと、森自身が高度な教育を受けて、その意義を理解していたこと、そして、創設運動のなかに鍼按業の盲人がいなかったことは、職業教育を念頭におきながらも、普通学を重視した盲唖学校の骨格を築くことを可能にしたのである。しかし、普通学と職業教育の両立を図ろうとする盲唖学校は、初期においてはむしろ例外だった。このことは、岐阜訓盲院のような条件が揃っていなかった盲唖学校の創設例と比較すれば明らかとなる。

(二) 横浜基督教訓盲院の慈善性と函館訓盲院・岐阜訓盲院の世俗化

横浜基督教訓盲院は、メソジスト派の経営として継続される。その特色は、断片的ではあるがいくつか例示できる。後の資料ではあるが、横浜訓盲院は、多くの私立盲唖学校が県立移管にはなったものの教育の質の抜本的改善を順調に進めることに苦闘していた時期に、年少盲児のみを入学の対象とするという方針に基づき、体育を含む基礎的教育を重視し、注目された（石川［一九三〇］三七二頁）。しかし他方で、横浜訓盲院は日本において、アメリカのパーキンス盲学校と同等の位置につくことはなく、全国の盲学校をリードする位置には到達しなかった。地域との土着的な関係も希薄で、キリスト教的慈善教育事業という枠内で自己完結していたといえよう。中等部鍼按科を開設したのが昭和六年度であるから（石川［一九三〇］三七二頁）、創設後しばらくの間、職業自立を目ざさなかった例外的な盲学校であった。

なお小西信八は、盲学校におけるキリスト教という旗幟は、生徒を集めるうえで不利であると明言している。「基教ヲ喜バザル者ハ、自然入学ヲ好マザル、亦止ムヲ得ザル次第ト存ジマス」（東京盲唖学校第一一回卒業証書授与式［一八九九・五・二五］二〇頁。生徒卒業［一九〇一・四・二二］四五一頁）。経営資金が限られていたという問題もあったであろうが、キリスト教を標榜することは、入学需要を増やすうえで必ずしも有利とはいえなかった。

函館訓盲院は横浜基督教訓盲院と同じ趣旨から出発しながら、盲唖学校に転身した。その転機は二つあった。一つは明治三五年四月、卒業生で教員の篠崎清次（一八八一－一九一七。三七年に院長）の主導による唖生部の設置である。もう一つは、創設後二〇年近く経った明治四五年における経営形態の変更であった。同年三月に函館訓盲院後援会が設立され、四月には函館盲唖院と改称した。唖生部の設置は、創設時における盲人慈善事業という計画からの変更であり、後援会の設立はキリスト教のみに基盤をおく体制からの脱却であり、函館盲唖院の世俗化であった。その結果、大正三年には、篠崎院長が函館教育会から表彰を受け、四年に函館区役所から一〇〇円、五年には道庁から一二〇円の補助を受けるようになる。この転換期に、篠崎院長は三六歳で死去する（篠崎［一九六六］五－九頁）。まさに、函館訓盲院が、「慈善事業形態から教育事業形態へと性格が移行」する時期であった。大正一三年には経営が財団法人に変更されることで世俗化は完了する（北海道函館盲・聾学校［一九九五］七、一一頁）。

岐阜聖公会訓盲院は資金的には比較的恵まれた出発であったが、生徒数の増加や教育課程の整備等とともに必要経費も増加していった。そこで、創設後約一〇年を経た明治三八年三月に、財団法人として、校名も岐阜訓盲院と改称した。財団法人は、聖公会信徒だけでなく、「広ク慈善家ノ金品寄附」（岐阜訓盲院規程第三条）に支持基盤を拡大することとなった。しかし、管理は聖公会、主任（院長）は聖公会信徒というキリスト教事業である方針は堅持されている（財団法人岐阜訓盲院［一九一九］一九－二一頁）。しかし、ミッション・スクールと世俗性との間で苦慮しながら経営がなされたようである。後者の努力の一つが、日露戦争における失明軍人を受け入れたことである（二一－二二頁）。

注目すべきことは、キリスト教徒によって創設された学校は、盲学校だけであったことにある。函館校の啞生部設置は、キリスト教団体経営から離れた時代の篠崎による経営方針の変更による。欧米の場合、聾啞院の開設には、キリスト教聖職者が関与しているのに対して、日本の場合は、そのような通例とは異なるが、その理由は、日本の聾啞児の宗教的環境が仏教であったという環境に加えて、キリスト教の教義を聾児に伝えるには、言語指導の技術が必要であり、そのためにますます伝道が困難であったことにあったと思われる。それに対して、言語獲得に困難のない盲児に対しては、前橋盲啞学校にみるように、公的機関になってからも、キリスト教的教育が行われ続けたという（群馬県盲教育史［一九七八］一八四、一八九－一九一頁）。

(三) 神戸市における盲人による盲学校の創設

(1)　左近允孝之進による神戸訓盲院の創設

左近允孝之進（一八七〇－一九〇九）は二六歳の時に失明した中途失明者であり、明治三八年に神戸訓盲院を開設し、四年後には結核のため三九歳で病没した人物である（兵庫県社会福祉協議会［一九七一］。安在［一九九一・三］。塚崎［二〇〇四］。山本［二〇〇五］。増田［二〇〇七・一二］）。左近允については、未だに全貌が把握されていないにもかかわらず、その先駆性ゆえに異彩を放った人物であると評価されている。その一つは、いち早く点字出版社「六光社」を設立して、日本最初の点字新聞『あけぼの』をはじめ広範な点字出版事業を行ったことであり、もう一つは、彼が五カ月（安在［一九九一・三］七八頁）という短期間ながら東京専門学校（早稲田大学の前身）で高等教育をうけた経歴のある盲人であったことにあろう。彼の言動から推測すると、高等教育を経験することによって、職業教育以外の、あるいはその基盤となる高度な教育の必要性を認識したと思われるからである。先天盲あるいは早期盲である場合、周囲も本人も職業教育に関心が直接的に焦点化する、あるいはせざるを得ないのが通例であったから、左近允の訓盲院における教育方針は尚更ユニークだったといえよう。しかしそれは同時に、盲人が自活を迫られている窮乏状況を直接あるいは短期的に解決する方法としては、彼の計画の弱点ともなった。

左近允は、音曲や鍼按術を習得して「糊口の道を立つる」を基準とするだけの日本の盲教育では、盲人が社会活動をするうえで十分でないと考え、教育の効用を、「希有の器量を備へ非凡の識見」をもつ盲人の育成に求めた。現状では、「無用無益の廃人不具者として見捨てられたる盲人」を、今は少数例に過ぎないが、「独立自営の民」に高めることによって「天下の大経済」となることができるというのである。

ここで彼がいう「独立自営」は自活力の育成だけではない。盲教育の目的が経済的な負担の解消だけでは十分とはいえず、盲人を通常の社会構成員として育成することを目ざした点に、彼の非凡さが見いだせるであろう。彼が権利とみなした「家庭を組織し子女を教育」し、「一家の風儀を維持し子女を薫陶するに足るべき資格」が社会構成員として不可欠なのであり、そのような資格は教育によってこそ形成される。その結果、盲人も「国家の良民」「社会有用の人物」になることができるというのである（左近允［一九〇五］七一－一〇頁）。これは、教育の価値において晴眼者と盲人の同等性を指摘した主張であった。

こうしてみると、彼が点字の習得や出版事業を重視したのは、まさに個人的な「糊口の道」だけでなく、社会的な存在としての盲人育成を目指したためであるということができる。そのような盲人に対する教育の提供は「社会の義務責務」（左近允［一九〇五］一六頁）なのであった。教育の効用と教育機会の社会的根拠、そして、点字での出版活動は、一九世紀末以降、アメリカの盲学校では常識となっていた。そして、社会の一員としての盲児の育成もまた、アメリカ盲教育の到達点だった。左近允の活動は、これらの最高レベルの考え方に到達していたのである。なお、これらの主張を掲載した『盲人教育』は本文が一八頁の小冊子であるが、それなりの反響があったのであろう、翌月には再版が刊行されている。

明治三〇年代末の日本では盲唖学校は公的資金によって運営される事業ではなかったから、盲唖学校ではことのほか、校長は、教育者としてだけでなく盲唖学校経営者としての手腕も不可欠であった。生徒は貧困層が多かったから、生徒に対する経済的な援助が必要だった。たとえば、明治四二年には、神戸訓盲院の寄宿生一五名のうち自費生は三名しかいなかった（兵庫県社会福祉協議会［一九七一］二〇七頁）。左近允による点字出版活動の着手はかなり早く、明治三八年四月には、木製の点字活版印刷機を完成し、その後、鉄製の活版機へと改良しているが（増田［二〇〇七・一二］二七頁）、この経費も自弁であった。

左近允の盲教育に関する基本的な考え方はまことにそのとおりであったし、『あけぼの』をはじめとする出版活動も、先駆的で非凡な成果を挙げたと高く評価できる。しかしながら、官立・公立の盲唖学校ですら寄付金調達なしには運営できなかった時代にあって、経営戦略なき盲唖学校は存続できなかった。また、私立盲唖学校で経営が安泰の事例は存在しなかったであろうが、それでも、存続のための経営戦略を開発する事例もあったのである。しかし神戸訓盲院は、キリスト教徒のサークル以外に組織的な財政基盤をもっていなかった。そのために、深刻な資金難と高邁な理念との間で、左近允は苦闘せざるをえなかったのである。長生すれば左近允の理念と活動は、つぎの森泰藏の鍼按教育と相補した神戸訓盲院として開花したと思われるが、その早世のために挫折することとなる。

(2)　森泰藏による神戸盲人技術学校の創設

左近允と対照的な考えに基づいて盲学校を経営したのは、彼と同じく青年期に失明した森泰藏（一八七四－一九四七）であった（兵庫県社会福祉協議会［一九七一］。兵庫県立盲学校［一九九五］、［二〇〇五］）。彼は、大阪盲唖院の第一期生として卒業後、直ちに明治三九年四月に神戸訓盲院に鍼按科教員として就職したが、彼の独自性は、神戸訓盲院で教えながら同年八月一五日には神戸盲唖教育協会（大正一二年神戸盲唖院と改称。昭和二〇年、戦火により焼失）を設立して盲人保護にあたったことである。それは大半の盲人が困窮のため、修学困難という現実に対処するためであった。この協会が食費・被服費・学費を補給した盲人は昭和五年時点で二一名いた。また協会は、治療実習、職業紹介、点字図書の発行と閲覧、点字用紙の原価販売も行っていた。

明治四二年一一月に左近允孝之進が逝去して増江夫人（一八六七－一九一九）が神戸訓盲院の設立者となり、森が補佐したが、森は四四年三月には訓盲院を退職し、すでに設立していた盲唖教育協会を母体として、八月、神戸盲人技術学校を開校し、校長となった。森の退職は、増江夫人との経営方針をめぐる対立のためであったとされている。神戸盲人技術学校は、大正一三年には神港盲学校と改称し、神戸訓盲院の後身である神戸盲学校とともに県立代用校なり、大正一四年四月、両校が統合のうえ県立に移管されたために廃校となった。

森の神戸盲人技術学校は校名が示すように、盲人の職業自立を重視した学校であり、最大生徒数は一五〇名に達したというから、財源を後援会会費と篤志家の寄付金によっていた本校の経営方針には、大きな社会的な支持があったことを意味する。森は、普通教科の教養を軽視はしないが、盲人の適職としての鍼按の知識精通と技術の徹底的な修得こそ、盲人の自立には必要であるとの体験的処世哲学（兵庫県社会福祉協議会［一九七一］二三九、二四一－二四二頁）を貫徹しようとしたのである。森のこの経営方針は、盲唖学校が社会的に定着するには必要な過程であり、要素であった。しかし、盲唖学校が社会事業との混同視から脱するには、左近允が主張したような、より高次な社会構成員としての教育が必要となる。自立について、糊口を超えた問題とする認識と盲人の社会的向上は、高等教育の機会のあったキリスト教牧師・熊谷鐵太郎（一八八三－一九七九）にみるように（熊谷［一九〇六］八〇－八二頁）、高い教育歴のある盲人には共通の関心事であった[31]。

（四）盲唖学校創設における仏教の役割

盲唖学校創設において、これまで、キリスト教の盲（唖）学校創設への積極的関与と結実に比べて仏教の関与が乏しかったようにみられてきた。しかし、このような理解は研究方法上の問題によってもたらされた結果でもある。それは、盲唖学校に対してキリスト教と同一の関与の仕方と結果を前提とし、キリスト教との類似性において、仏教の貢献を理解しようとするからである。キリスト教は指示的で、明示的な規範をもつのに対して、仏教にはキリスト教とは異なる関与の仕方があったのではなかろうか。たしかに、仏教僧侶が盲唖学校の創設運動の中心になっている例は、明治末期以降を除けば見出しがたい。しかしそのことが、盲唖学校の創設に対して、仏教が関与しなかったことを意味するわけではない。

実際には、仏教僧侶が創設過程に関与した例は少なくない。キリスト教の創設運動では特定宗派が担うか、それ以外の参加様式は創設運動の一部として機能するものの、キリスト教徒が果たす重要度はさまざまであった。これに対して仏教は、明治末期までは、特定宗派寺院に拘ることもなければ、キリスト教でさえ排除しない形で、盲唖学校創設運動の一部となっていた。

たとえば、新潟県の高田・柏崎（中越）・新発田の盲学校では、主導者がキリスト教徒だった。高田校の眼科医・大森隆碩（一八四六－一九〇三）は、高田中学校卒業の旧士族キリスト教徒とともに、明治二一年四月に開校したキリスト教系高田女学校創設の中心となった（高田市史［一九五八］七六四頁）。中越盲唖学校の医師・宮川文平は内村鑑三に私淑し、内村も信頼を寄せた人物であり、新発田校の城戸新石は聖職者であった。しかし、盲唖学校の責任者がキリスト教徒であっても、それが特定宗派による独占的な事業ではなく、キリスト教伝道が目的ではない盲学校の場合、仏教寺院は、進んで教場を提供して、盲学校創設と運営に協力しているのである。しかし、この逆のパタン、すなわち、仏教徒が盲学校創設の中心で、キリスト教会を学校とする例はみられない。

財政状態を初め諸資源においてまったく脆弱な最初期の盲唖学校において、学校の場を提供した寺院は多かったのであり、このような形態での仏教の貢献はこれまで過小に評価されてきたのではなかろうか。このような形態での仏教の盲唖教育に対する貢献は、新潟県だけに限られているわけではない。

明治二三年の群馬県・上毛盲目衛生会、明治三〇年の長野県上田の盲人講習会、明治三六年の大阪盲唖院、明治三八年の徳島県師範学校附属小学校盲唖学級、明治三九年の栃木県野洲盲唖学校、明治四〇年の千葉県木更津訓盲院と福島県須賀川町の鍼按講習会、明治四三年の三重県師範学校附属小学校盲生学級、上田鍼按講習所に至るまで、財源難による開校以降の教場の確保に苦慮した盲唖学校に対して、寺の学校の場としての提供は、揺籃期の盲唖学校には貴重な資源となったであろう。

また、仏教僧侶が、地域の知識人・有力者として協力すること自体が、盲唖学校創設の社会的有用性に一定の信用証明を与えたことになったと思われる。とりわけ学校創始や軌道に乗るまでの困難な段階において、学校の場所や施設・設備の提供といった事業に対する地域社会の支持にも注目すべきであろう。

教場の提供以外にも、盲唖学校創設において、仏教僧侶が貢献した例には、明治一三年の金沢盲唖院、明治四二年の鳥取盲唖学校、明治四四年の秋田市の盲導院、明治四五年の秋田県立盲唖学校がある。

二　医師の大森隆碩と杉本直形による高田訓矇学校創設の計画と難渋

医師と鍼按業盲人が協力して盲学校を創設するのは、日本的な創設パタンである。その初期の事例である新潟県高田に明治二二年に創設された盲人矯風研技会附属訓矇学校[32]から取り上げ、その特徴を明確にするために、時期的には約一〇年後に同じ県内で創設された中越盲唖学校および長岡盲唖学校等と比較する。

本校の創設に先立ち、明治二〇年一月三〇日に「訓盲談話会」の発会式があったが、明治二二年一〇月、校名として「盲人矯風研技会附属訓矇学校」が決定され、最初の学校設立申請が県に提出された（この時期が、創立年とされている）。「同年（明治二二年―引用者）八月ヨリ盲児ヲ募集シ、会員山本貞定丸山謹静外数名ヲシテ、私塾的教授ヲ開始シ、弾琴教授ヲ沖野勝芳ニ嘱託ス」（私立高田訓矇学校［c一九〇七b］一頁）とあるから、二二年の秋には鍼按と音曲等の教育が開始され、明治二三年四月には、上越教育会員による定期的な指導が行われたとみられる。県に対する四回目の設立申請によって明治二四年七月二二日に認可がおりたが、この時点ではすでに学校は存在し、試行的な指導も行われていた（新潟県立高田盲学校記念誌編集委員会［一九七七］一〇－一一頁）。

高田訓矇学校は、もともと鍼按業盲人がもっていた自己研修の意欲に対する眼科医・大森隆碩ら医師の協力によって、教育会・師範学校、地域に支持基盤をもち、訓盲談話会から盲人矯風研技会を経て、訓矇学校として実現した。しかし盲人は、高田校の評議員として貢献した丸山謹静（一八五六－一九一六）以外は、経営において主導的な役割を果たすことは少なくなり、教員として寄与することになる。

明治四四年に市制を敷いた高田は、中頸城郡地方の産業の中心ではあったが、近代産業に乏しかった。明治三二年に創設された新潟県第二師範学校（高田師範学校）と、存続に幾多の苦難を経験した高田中学校とを擁する教育の町であり、明治三八年に陸軍第一三師団が配置（大正一四年廃止）されたことは、地域経済には大きな存在となった。

他方で、高田町は新潟県内でもいちはやく西洋医学を導入し、多くの名医が育った地域であったという（森川［一九九〇］三八三頁）。そのような医学の基盤が高田訓矇学校の設立に寄与したことは、高田近辺で医籍をもつ三〇人ほどの医師（森川［一九九〇］三八四－三八五頁）の中から、訓盲談話会の発起人全一四人中八人が占めていることから理解できる。また、県立移管前の高田盲学校長四人のうち三人は医師（うち二人は眼科医）だった。

高田訓矇学校は昭和二四年に県立移管するまで一貫して経営難に悩まされた盲学校であるが（平成一八年三月に廃校）、その創設計画は、野心的な構想に基づいていた。それは学校目的に明らかである。高田訓矇学校の目的は「普通教育ヲ授ケ、以テ智識ヲ開発セシメ、且ツ勉メテ自活ニ必要ナル技術ヲ学ハシムル」ことであり（私立高田訓矇学校［c一九〇七a］一頁。河合［一九九一・九］三二八頁）、その後、「普通教育」の重視には動揺がなく、一貫している。明治二〇年に訓盲談話会から改組された盲人矯風研技会発足の趣意書には、「一科ノ学事ヲ研究シ、各自ノ智識ヲ開発シ、以テ将来ノ生業ニ資スルノ道」の必要性が認識されおり、さらに盲であっても「心事未夕必ラスシモ盲セス」という有名な節のあとで、「之（盲人）ヲ導キ、之ヲ教ユレハ、則チ智識才能ヲ開発」するとも述べている。この文言は、明治二四年六月三日の四度目の学校設立願でも繰り返される（河合［一九九二・九］三二八、三二九頁）。

教材は、旧新潟県立高田盲学校には、カタカナの凸字で印字された明治二三年五月一日発行の『訓矇雑誌』第二号「塙検校伝」が保存されていた。この雑誌は、毎月一日と一五日に刊行されることになっていた。編輯人は浅草区須賀町一四番地の比田虎雄、印刷兼発行人は同じ住所の大庭伊太郎となっている（鈴木［一九八五］）。また、寄金を続けたダンロップ牧師（表1－4－6）により、明治二六年一月に聖書が寄贈されており、ローマ字の凸字の「ルカ伝福音書」が所蔵されていた。また、使用年月は不明であるが、ローマ字いろはとアラビア数字の凸字もあり、おそらく、上記の「普通教育」の趣旨を実現する教材として利用されていたのであろう。

こうして、盲唖学校の創設では、鍼按業盲人の立場から、盲人の専業というべき鍼按術を旧来のまま維持するのではなく、新時代に合わせて改良・向上を図ることで生業として強化するとともに、社会の進歩に遅れないための教育が構想されている。また、盲人が「社会ノ厄介視」されてきたこと、対応しなければ今後も「厄介視」されるであろうことに対する敏感な自覚が盲人側にあり、それを解消するためにも普通学課重視が明示されているのであろう。

しかし、普通学課重視や新しい社会に対応できる盲人の育成は、日本の最初期の盲学校構想や規程でも実質的に掲げられたものであった。東京の楽善会では明治九年六月に、「訓盲院設立ノ目的」、盲人の「善徳才智ヲ発達セシメ、及ビ之レニ工芸技術ヲ授ケ、自営自立ノ人タラシメンコト」が新たに加えられた。そして、一八歳以下を対象とする第一科では、普通学課と職業を教えるものとされた（加藤［一九六七］一三三頁）。明治一一年五月から始まった京都の盲唖院では、普通小学校の下等小学四ヶ年に準じて普通学課を指導しようとした（加藤［一九六七］三二四頁）。明治一二年七月の大阪府の「模範盲唖学校則」ではもっとラディカルで、第一条において指導法の独自性は認めるものの「其教ヘキ学科ハ、普通ヲ旨トスルヲ以テ、概ネ小学師範学校ノ教則」に基づきつつ、「実地ニ付、更ニ新法ヲ求ムベシ」（大阪府教育委員会［一九七一］四一六頁）としている。

最初期盲学校におけるもう一つの普通学重視の理由は、最終的な教育目的としての自活力の育成は堅持しつつも、年少盲児を教育すること自体に理想が置かれていて、そのうえで、あるいはそれと並行して技芸教育を構想していたためであろう。しかし、早くも明治一三年四月には京都盲唖院で「普通学科教則」が改正され、親の要望に応じるために「普通学科ヲ教授シ、卒業ノ上ハ、工学ニ就カシメ、自己食力ノ便ヲ得セシムル」ことが目的となったが（加藤［一九六七］三五五頁）、それでも、普通学科の修了が職業教育の前提となっていることは重要である。

これ以降、日本の盲唖学校の目的は、学科と職業の間でのバランスが設立者や時代によって変更されることになる。これは、他の盲唖学校でも問題となる。普通学と職業教育のバランスは、対象（盲か唖および年齢）、設立時期、設立基盤（キリスト教か否か）によっても考え方が異なるが、松村精一郎の金沢盲唖院、拾石の聾唖義塾、森巻耳の岐阜訓盲院、横浜訓盲院、左近允孝之進の神戸訓盲院等においても課題となり、存続の岐路を分ける要素にもなった。

ところが、高田訓矇学校の高尚な理念は、実現するうえで二つの問題をもっていた。一つは、野心的な理念を日常の教育に具体化し、成果として新しい盲人を世の中に出すということ、もう一つは、それを実現するための経営の方法と体制の構築だった。第一の問題では、本校は、普通教育中心の、智識の開発を可能とする教育体制を伴っていなかった。担当教員の入れ替わりが激しいか、充足されなかったために、普通教育を本校の特長にできなかったのである。また、非常勤の校長に代わって学校を運営する普通科教員の勤続期間が短期間であった。本校に中核となる教員が就任したのが、明治三八年四月の宮越辰太郎であった。彼が最初の専任校長になるのは大正四年二月だった。

したがって、高田訓矇学校では教育の質には期待できず、盲学校の教育成果の指標となる卒業生数が少なく、卒業生を安定的に送り出すことができなかった。表1-4-1にみるように、とくに学校の評価を定める創設から約一〇年間に卒業生を出せない年度が集中しており、卒業生数も全体として少数だった。不定期で少数の卒業生しか出せない盲学校は、教育活動が不振であることを社会に示すから、盲児やその親を吸引することができず、入学生の安定的供給は困

表 1-4-1　高田訓矇学校の卒業状況（明治 28 ～ 45 年）

明治	28	31	34	35	37	38	39	41	42	43	44	45
男 / 女	2/0	2/1	1/0	1/0	2/0	1/0	2/1	2/0	4/0	3/0	2/1	2/2

出典：新潟県立高田盲学校記念誌編集委員会（1977）。

難となる。高田校では、盲学校における教育と徒弟制度との間で、円滑な共存あるいは移行ができなかったのではなかろうか。

それにしても高田校の経営難は際だっており、廃校の危機を一度ならず経験した。財政的な困窮を示す事例の枚挙には暇がないほどである。それを例示してみると、明治二四年七月三〇日に任用された普通科教員が東京盲唖学校で研修を希望したが、学校はその経費を支出できなかった。その教員は翌年三月には辞職し、後任は資金がなく補充できなかった。同年四月には「訓盲談話会」発起人の一人、最古参の本校支持者で地域仏教界の指導者だった姫宮大円（一八四〇－一八九九）が、五月には会計庶務担当の高橋啓治郎が辞職して学校が機能不全となり、六月には校務一切を高田米南教校（大谷派仏教学院）に委託した（新潟県立高田盲学校記念誌編集委員会［一九七七］一二頁）。

高田校では学校経営と教務の体制が確立していなかったために、教育上重要な情報の入手も遅れ、教育界の助言も実現できなかった。点字の採用では、鍼按科教員・丸山謹静が明治二六年六月に東京盲唖学校を訪問した際に、すでに明治二三年に翻案されていた点字を紹介されている。また本校「名誉教師」・松本常は、明治二八年の四月と六月に、東京盲唖学校と横浜基督教訓盲院・横浜弘道会附属講習学校（淺水十明［一八六〇－一九四三］の鍼治揉按医術講習学校と思われる）の視察後に、点字指導を含めて指導面の抜本的な改善を提言していた（新潟県立高田盲学校記念誌編集委員会［一九七七］一三、一四頁）。しかし大森隆碩校長自身が、東京盲唖学校と横浜基督教訓盲院を視察後に教科書の全面点字化を決定したのは、松本の提言から二年半、丸山の紹介から四年半が経過していた。

高田校において教育改善ができなかったのは、基本的には資金不足のためであろうが、具体的な教育改善は、教育の成果産出や効率化だけでなく、地域社会において寄付金の提供を生み出す指標であっただけに、学校経営上の判断を問われる課題であった。そのような認識を可能とし、実行できる体制が本校にはなかったのであろう。

高田校では、他の盲学校と比べると、社会的にアピールする活動も不足していたのではなかろうか。当時の新潟県において唯一で全国的にも先進的だったはずの盲教育事業に対して、県高官による本校視察がみられないからである。この種の視察は、他の盲（唖）学校では、補助金および社会的意義の獲得の予備的作業として、さまざまなチャンネルを活用して注力した活動であった。県知事が初めて本校を視察したのが明治三四年五月であった。本校が初めて公的補助金を得たのは、開校後一〇年目の明治三三年六月、中頸城郡からの一〇〇円であり、最初の県補助金は明治四〇年になってからだった。めぼしい近代産業もなく、財政難が続いた高田町（市）からの寄付獲得はさらに困難で、最初の市補助金は明治四五年になってからだった。開校して二四年目の大正二年になっても、事態の抜本的な改善は困難だったようである。第四回全国盲唖教育大会に、旅費調達ができず誰も参加できなかった。数カ月間にわたり職員給料の未払いが生じ、下付された郡補助金により、俸給と借金の返済等を精算した（新潟県立高田盲学校記念誌編集委員会［一九七七］一五、一六頁）。

このような経営ならびに教育の状況に対して、設立願を認可した県当局の評価を一覧にしたのが、表1-4-2である。このような県の評価がやむを得ないほどの財政状況だった。高田訓矇学校は、創設者の大森と杉本が、高邁な意図をもって、高田町だけではなく「新潟県下一円ノ為ニ設立シタ」はずであったが、卒業生を初めて出したのは開校して六年目、設立が許可されて四年目の明治二八年五月であった。在籍者数と日々出席平均の出席者数をみると、明治二二年在籍者一五人（出席生一一人）、二三年一五人（一〇人）、二四年一五人（七人）、二五年一三人（六人）、二六年一三人（七人）、二七年一七人（七人）と出席生が漸減する。その原因について、創設者は、盲生徒の怠惰、父兄と盲人自身の教育の重要性に対する意識の低さに求めている。また、保護者の中には、学校で学ぶよりも稼げとの罵言を与える人もいたという（私立高田訓矇学校［一八九五］「全科卒業式悉皆記」中の「学事報告」。新潟県教育委員会［一九七〇］七八九頁）。

それでは、本校の寄付金の調達はどのような状況にあったのだろうか。『自明治三四年度至同四二年度義捐金収入簿

表 1-4-2　新潟県学事年報の高田訓矇学校に関する県の評言（明治 25 ～ 35 年）

明治	開校後	新潟県学事年報の高田訓矇学校に関する評言	記載頁
25	3 年	元二三有志者ノ設置ニ係リ、資力充分ナラサルヲ以テ、未タ進歩ノ状況ヲ見ス	p.43
26-27	4-5	実質的な言及なし	
28	6	本校ハ資力薄クシテ萎微振ハス。目下振作ノ状況ヲ見ス	8
29	7	其他ノ状況ハ前年ト大差ナシ	5
30	8	其他ノ状況ハ前年ト大差ナシ	8-9
31	9	前年ニ異ナラス	8
32	10	元来本校ハ設立維持ニ資力微々タルヲ以テ、未タ充分ニ規模ヲ改ムルコト能ワス為ニ、進歩ノ状ヲ現ワサヽルナリ	8
33	11	(衰退状況には変化がないとしつつも、郡補助金と篤志家の寄付があったのでー引用者) 漸次振興スルニ至ルヘシ	8
34	12	設備等ノ状況ハ前年に同シ（停滞ー引用者）	15

出典：新潟県学事年報（明治 25 年度～ 34 年度）

新潟県訓矇慈善会』は一五枚の毛筆手書きの文書で、明治四二年三月三日、新潟県訓矇慈善会の解散に伴って整理されたものと思われる。この資料によって本校の財政状況を整理してみたい。「新潟県訓矇慈善会規則」によれば、会員は名誉会員（資格不明）、終身会員（二〇円以上納金）、正会員（年に三円以上）、賛成員（一カ月五銭以上）からなる。

この慈善会は高田師範学校長・阿多廣介、教諭の宮下宰文と小学校長・中村大道[33]により、明治三四年五月に発案・結成されたとされ、事務局は高田師範学校に置かれた。しかし、慈善会発足の時期と知事・柏田盛文（一八五一－一九一〇）の本校視察が重なっているのは偶然とは思えない。柏田は有能な教育官僚として聞こえていた湯原元一（一八六三－一九三一）を同道して、本校を視察したのである（慈善会加入月は二人とも三四年五月）。柏田は文部省次官の経歴をもち、湯原は後に東京女子高等師範学校長や東京音楽学校長等、教育（学）界の大物となる。教育に強い関心をもつ二人は、かなり強力に小学校への就学を奨励し、県内学齢児就学率を格段に向上させていた。視察は通常、周到に準備されて組まれる行事であるから、訪問先の選択も意図があると思われる。高田訓矇学校の成績がよければ、一般児童の就学奨励政策にとってマイナスではないから、本校は県補助金の対象となりえたであろう。しかし、湯原の義援金額が三円の少額で、一度だけの寄付だったことに、本校の成果に対する彼の低い評価が現れているように思われる（柏田は二〇円）。県は補助金を支出しないが、認可校を放置もできない。そこで柏田は、県師範学校長に対して何らかの本校支援策を示唆し、その具体化が新潟慈善訓矇慈善会だったのではなかろうか。新潟県が本校に補助金を出すようになったのは、何と明治四〇年と遅かったし、中越盲唖学校よりも少なかった（表1-4-8）。ちなみに長岡聾唖学校への県補助金は創設の翌年、明治三九年であった。

表1-4-3は、明治三四～四二年度までの寄付の金額と人数（一三一人、四団体）を示した。「義捐金」「特別義捐金」の表現は史料のままであり、書類の書き方から判断すると「特別」は一時金のみ、義捐金は一時金とともに毎月の会費が想定されていたものと思われる。

ところで、二〇円以上の寄付者三〇人のうち、四件を除きすべて明治三四年度の寄付である（この他に、記入年月日不明一がある）。つまり、比較的多額の寄付者は初年度に集中し、それ以降はほとんどいなかったことになる。全期間を通じた総額は一〇七七円六〇銭だった。

表1-4-4は、明治三五～四一年度における慈善会入会者数、寄付者数と寄付金額を年度別に整理したものである。この二つの史料を合わせてみれば、慈善会が順調に機能したのは初年度だけで、この期間の後半は機能していることを疑わせる状態だったことがわかる。「義捐金収入簿」に記入されている最も遅い退会月は三九年一二月である。寄付金額と寄付者数の整理によって、慈善会の機能が著しく低下していたことがさらに明確になったことになる。

表1-4-5は、義捐金寄付者が、義捐金以外に各年度に継続的に寄付した回数を整理したものである。ほとんどの会員は、義捐金を寄付しただけか、その後に一～二回寄付しただけであることがわかる。入会月と違って、退会月は書かれていない会員が多い。その一方で、二割ほどの会員は七年間に四回以上、継続して寄付している。約二割の会員のうち、社会的属性を把握できる会員は、高田師範学校が五、上越教育会員一、高田中学校一人である。これらの教員は、多い人で年間三円、少ない人で六〇銭を継続的に寄付している。五人の高田師範教員のなかには主唱者の宮下のほか、教育者・学者として著名な平野秀吉（一八七三-一九四七）も含まれていた。社会的属性が把握できない人々は、確実な収入のある高田近隣の人々と思われるが、ほとんどの会員が年間三円を寄付した。

表 1-4-3　義捐金・特別義捐金納入者の寄付金額（明治 34 ～ 42 年度）

金額（円）	100	50	40	20	10	5	4	3	1 ～ 2	30 ～ 60 銭
人数	1	5	1	23	3	1	1	51	7	42

出典：新潟県訓矇慈善会（c1909）。

表 1-4-4　新潟県訓矇慈善会寄付者・寄付金額と入会者数

年度	明治 34	35	36	37	38	39	40	41
寄付者数（人）	48 人	40	34	28	20	15	4	0
寄付金額（円）	236.750	71.700	55.800	48.200	39.100	25.000	7.000	0
慈善会入会者数（人）	90 人	13	7	1	0	0	10	0

注：入会年月記入なし 3。
出典：新潟県訓矇慈善会（c1909）。

表 1-4-5　訓矇慈善会年度会費納入状況（明治 35 ～ 41 年度）

納金回数	0	1	2	3	4	5	6	7
人数	52	28	13	8	10	4	7	2

出典：新潟県訓矇慈善会（c1909）。

新潟県訓矇慈善会会員を男女別にみると、男一二〇名に対して女一一名であった。女性会員は全会員数の八・四％を占める程度であるが、高い割合の女性寄金者は新潟県内では高田校にだけみられた現象だった。女性会員の寄付金額の最高額は二〇円一人、三円四人、六〇銭六人であった。

新潟県訓矇慈善会員の社会的属性が把握できるのは一部の会員に過ぎないが、表1－4－6のとおりである。ただしこの表には、本校に関心をもった人を示すために、訓盲談話会発起人の大半を含めて寄付（金額）とは関係ない協力者も含まれている（たとえば実業家の入村四郎作は、義捐金三〇銭にすぎない）。また、島地黙雷（楽善会会員）・姫宮大円以外にも仏教僧侶と思われる名前が含まれている。

教育界と医師界が本校の主な支持基盤であり、他方で行政や実業界からの支持は弱体だった。上述のように高田町は県内でも早くから西洋医学が発展した地域であり、鍼按業盲人に対する協力も熱心だったし、救済事業に関心を示す医師もいた。また、教育の町でもあった。このような歴史的・社会的な要素が、盲唖教育の背景となったのであろう。逆にいえば、社会的基盤の広がりが弱く、県に対する影響力を含めて社会的な働きかけが弱かったといえよう。この点は、長岡校や新潟校と対照的

表 1-4-6　新潟県訓矇慈善会会員の社会的属性

教育界	高田師範学校	阿多廣介	明治 35.2.13 まで高田師範学校長、山形師範教諭から昇任
		宮下宰文	教諭（数学）
		岩永五郎一	教諭、明治 34.7.25 香川県師範学校長
		本多龜三	教諭
		津久井徳治郎	教諭
		華岡青洋	校医
		齋藤喜次郎	
		平野秀吉	教諭（国語・漢文）
		秋庭鉾一郎	教諭
		近森出来治	教諭（音楽）
		岩原(廣野)諦観	授業嘱託
		神山末吉	教諭（音楽）
		佐藤栄三郎	教諭 (美術)
		山極九十郎	教諭（普通体操）
		荒木龜三郎	書記
		白井知崇	弓術教師
		小林郁四郎	授業嘱託
		太田秀穂	高田師範学校教諭(修身・英語)、明 38.1.10 高田師範学校長
	高田中学校・高等女学校	小倉右馬	古語教師
	高田中学校	関根萬司	私立女子技芸専修学校を創設
	上越教育会	遠山千里	会長（中頸城郡長）
		水野速瀬	岡島校校長兼訓導
		真保義超	水野の後任で後に本校名誉教師
		野口正之	第一小学校初代校長、卒業式に出席
		原田貞元	
		鷹見爽鳩	
		井手正信	卒業式に出席
	第二小学校長	中村大道	
	第二小学校長	染谷鐵丸	
	中頸城郡視学	島田則正	東京府小学校長に転出
	郡立高等小学校長	新倉慶次郎	
		安西廣文	
	高田高等小学校長	宮越久馬太	第二回全国小学校教員会議に上越教育会代表として出席
		阿部喜十郎	
	師範附小・第二小学校長	東城清次郎	
		吉川純三郎	短期間、関根が創設した私立女子技芸専修学校長
医師	社会事業家	瀬尾原始	
		瀬尾玄弘	卒業式出席
		中野千里	高田病院に 38 年間勤務

<table>
<tr><td rowspan="11">医師</td><td>高田訓矇学校評議員、第四代校長</td><td>小島彦造</td><td>眼科医、明 45.6 私立高田産婆看護婦講習会を創設。私財を提供。高田脳病院理事、市会議員</td></tr>
<tr><td rowspan="2">高田訓矇学校評議員</td><td>宮川環</td><td>高田病院副院長、開業、各校の校医。高田産婆看護婦養成所の創設に関与。市会議員、市会議長、市医師会長</td></tr>
<tr><td>細谷暢庵</td><td>視覚障害者、鍼按師、産科医（県と内務省より認可）</td></tr>
<tr><td rowspan="18">訓盲談話会発起人</td><td>大森隆碩</td><td>設立者、眼科医、キリスト教系高田女学校創設に関与</td></tr>
<tr><td>杉本直形</td><td>高田訓矇学校第二代校長</td></tr>
<tr><td>小池玄育</td><td>卒業式出席</td></tr>
<tr><td>秋山祐哉</td><td></td></tr>
<tr><td>小林重明</td><td></td></tr>
<tr><td>水野道貞</td><td></td></tr>
<tr><td>鷹見盛保</td><td></td></tr>
<tr><td>山本貞治</td><td></td></tr>
<tr><td rowspan="10">その他</td><td>岡田諦賢</td><td></td></tr>
<tr><td>平野恵海</td><td></td></tr>
<tr><td>和田玄誉</td><td></td></tr>
<tr><td>姫宮大円</td><td>指導的な仏教僧侶、仏教系高陽女学校創設に関与</td></tr>
<tr><td>石黒良継</td><td></td></tr>
<tr><td>溝口良繁</td><td></td></tr>
<tr><td>疋田新二郎</td><td></td></tr>
<tr><td>丸山謹静</td><td>盲人、本校鍼按科教員、鍼按業盲人の代表格</td></tr>
<tr><td>薬剤師、経理担当</td><td>植木文治郎</td><td>高田町会議員、本校評議員、多額の寄付。44 年間、本校に貢献</td></tr>
<tr><td>高田訓矇学校第三代校長</td><td>宮越辰太郎</td><td>3 校で授業生、代用教員→明 35.4.17 本校教員→ 1915.2.10 同校長</td></tr>
<tr><td rowspan="5">行政</td><td>高田市長、高田訓矇学校評議員</td><td>倉石源造</td><td>民権系の鳴鶴社に参加</td></tr>
<tr><td>新潟県知事</td><td>柏田盛文</td><td>就学率向上に尽力。慶應義塾出身。鹿児島県会議員・議長、旧制四高初代校長、民権系の衆議院議員、千葉県知事、文部次官、茨城県知事の後に新潟県知事</td></tr>
<tr><td>新潟県視学官、新潟尋常中学校長</td><td>湯原元一</td><td>柏田までの 3 代知事の下で教育行政推進、就学督励のため柏田知事と県内を行脚。東京大学医学部に学んだ後、各地の中学・高校の教員・校長、東京高校初代校長</td></tr>
<tr><td>新潟県属、郡長</td><td>渡辺新吉</td><td>西蒲原郡長・中頸城郡長で新潟県出身</td></tr>
<tr><td>中頸城郡長</td><td>中村正彦</td><td>県外からの導入官僚</td></tr>
<tr><td rowspan="8">実業家・政治家等</td><td>地主</td><td>森本義質</td><td>北海道開拓を試行</td></tr>
<tr><td>実業家、衆議院議員</td><td>高橋慶次郎</td><td></td></tr>
<tr><td>東京・楽善会会員</td><td>前島密</td><td>頸城郡下池部村出身</td></tr>
<tr><td>政治家・実業家</td><td>高橋文質</td><td>郡会議員、県会議員、衆議院議員、高田新聞・上越電気会社創設</td></tr>
<tr><td>実業家、教育事業</td><td>清水宜輝</td><td></td></tr>
<tr><td>県会議員、実業家、地主</td><td>入村四郎作</td><td>上越銀行専務</td></tr>
<tr><td>仏教僧侶</td><td>島地黙雷</td><td>明 24.10 本校のため慈善演説会、楽善会友</td></tr>
<tr><td>キリスト教牧師</td><td>J.G. ダンロップ</td><td>カナダ・メソジスト派牧師、7 年以上にわたり毎月 3 円寄付</td></tr>
</table>

出典：新潟県立高田盲学校記念誌編集委員会（1977）、新潟県訓矇慈善会（c1909）、帝国教育会（1908）。

だった。

しかし、別の言い方をすれば、財源としては十分ではなかったものの、総額で六〇銭から二〇円近くまで金額は多様ではあるが、高田訓矇学校は、新潟県立図書館「新潟県立図書館新人物／雑誌記事索引データベース」ではヒットしない程度の高田地域の人々の支持が、とくに初期において確実に存在したのである。

盲唖学校は制度上、正統性に欠けるインフォーマルな学校であり、しかも明治二〇年代前半には日本国内でも前例の少ない珍しい学校であった。高田訓矇学校は、盲学校の設立時期が他の地域よりも早かったために、社会の理解が得られにくかったことに加えて、近代産業の勃興からは離れた地域にあった。そのうえ高田は、「長い間領主の特別の保護を受けた城下町の気風もあって、新興の気勢に欠け、大産業を起こすに至らなかった。特に士族らは、他（の）地方で就職する者が多く、在地産業が起こらなかった」。商業でも明治になって「営業が自由になると、たちまち苦しい立場におかれた……町で資本をもつ豪商も、多くは地主を兼ねていたために積極性に欠け」た。商業は小資本であった（高田市史編集委員会［一九五八］六五〇、六六三頁。新潟県高田市教育会［一九一四］四四一－四四二頁）。

以上の経済的・社会的背景とともに、これまでほとんど指摘されなかったが、高田訓矇学校経営の在り方に問題があったように思われる。創設運動時代は、大森が並行して別の社会的課題にも応えようとしていた時代であった。高田女学校に関与した約一〇年間の歴史は、鍼按講習会から盲学校の設立計画と申請、開校と初期の資金難の時期と重なっている。これ以外にも、大森は医師会の結成や産婆看護婦学校の設立・維持問題に急を要する課題として相対していた。

高田訓矇学校の大森は直面していた課題が多過ぎたためか、盲唖学校がある程度安定した収入を確保できる経営上の工夫が不足しており、財団法人への転換もなかった。訓矇学校開設願が四度目の申請によって実現したことは、当時、全国でも前例のほとんどない盲学校開設という申請に対する県側の懸念もあったであろうが、計画の練度と人脈の構築および計画立案上の資源不足は否めない。新潟訓矇慈善会は教育界の発案であり、その目標額は年間四六円にすぎなかった。この慈善会には一七人の師範学校教員が加入したが、阿多校長の離任以降、新たに会員になったのは一人にすぎず、阿多校長の離任後まもなく退会したのは五名で、離任後も継続して会費を納入した記録がある教員数は六人だった。師範学校のような学校では、校長や幹部教員は短期間で転勤し、現実問題として会費の継続納入は困難であるから、慈善会事務局の機能がきわめて低下するのは当然であった。

資金難は訓矇学校教員の安定的確保と十分な教育体制に支障をきたした。野心的な構想を実体化できず、寄付を呼び込める経営上の理念と成果のアピール性の薄さも、経営困難を生んだのではなかろうか。その原因は、経営陣に周到な資金獲得を含む創設計画がなく、計画立案の資源に乏しかったことは否めない。つまり、学校設立者と経営者、教務責任者の担当区分や分担の執行体制がない盲唖学校の場合は、結果として学校経営は頓挫することになる。高田訓矇学校では、医師界と教育界に他校よりも広範な支持層があったにもかかわらず、その特長を体制化できなかったのである。

創設の担い手と過程が類似していた中越盲唖学校の創設経過と成果はどのようであったか。後出の表1-4-7で示すように、創設時期がかなり違うこと、唖生も教育対象だった以外は、高田訓矇学校と酷似した盲学校創設の経過と趣旨であった。中越盲唖学校長で眼科医の宮川文平（一八六一―一九三一）と鍼按業盲人の協力、財政基盤の弱さ、創設者の背景としてのキリスト教、創設者の産婆看護婦学校創設がそれである。異なる点は、宮川が県会議員であり、経営上も宮川個人の役割がより大きかった点にもみられる（高橋［二〇〇四］）。

中越盲唖学校の特徴は、学校が立地する社会的基盤が高田校よりも弱く、小規模でありながら、その成果が関係当局から高く評価されていることである。本校は財政基盤が脆弱で、医師・宮川文平・久平兄弟の個人的貢献に依存していた。自前の学校を用意できなかったために、九年間に専福寺→妙行寺境内七面堂税務署跡→下町民家→連隊区司令部跡→柏崎神社大門図書館跡地へと転々とし、最終的には郡（町か?）から下付された建物を学校とした。しかし県からは、明治四四年に、「稍狭隘ナレトモ相当ナル設備ヲ有スル」と高く評価されている（新潟県［一九一一］七頁）。補助金では、中越盲唖学校として県の開設認可を受けた明治四一年度に郡から一一四円を得ている（表1-4-8）。その後は、町・県・村・国と補助金が増加している。

明治四三年度には三年課程から五年課程に延長し、翌明治四四年度からは唖生を受け入れた。大正二年一月現在で、生徒数は、盲生が二〇名、その年齢範囲は一〇～一四歳が五名、一五～一九歳が一二名、二一歳・三六歳・四〇歳が各一名だった。これに対して唖生は四名に過ぎず、平均年齢が他校に比べて一五・二五歳と高かった（高橋［一九九三］六八－六九頁）。唖生が少数にとどまっている理由が唖生教育の不完全な体制の対応にあることは、学則の教育課程をみれば理解できる。盲生の普通科の教科は修身、国語、算数、地理歴史、理科、唱歌、体操であり、技芸科も按摩と鍼治の課程が整備されているが、唖生の普通科は修身、国語、算数、図画、体操だけで、技芸科は裁縫だけだった（高橋［一九九三］六八－七〇頁）。つまり、本校は、限られた資源を鍼按灸の資格取得（明治四五年七月に県指定校）と基礎教科教育に集中した盲部を主体とした学校であったといえよう。県の比較的高い評価や補助金は、盲生部を対象としたものと思われる。

三．聾唖児の親・金子徳十郎による長岡聾唖学校の創設と安定経営の努力

（一）新潟県盲唖学校五校の全体的な状況

新潟県は、他県に比べて、それぞれの地域に盲学校または盲唖学校を擁する数少ない県だった。最初に、各盲唖学校の創設経過と規模や財源等の全体的状況を示したのが、表1－4－7である。開拓者はつねに最初の苦難を経験せざるをえないし、各校創設の時期と立地条件が異なるから、全五校を同等には比較できないけれども、経営の状況とその理由を探る資料にはなる。

表1－4－7から、新潟県内の盲唖学校の創設と展開について要約的に述べてみる。

鍼按業盲人の関与は、学校創設までは長岡盲唖学校以外の四校ではすべてみられるものの、学校開設後は教員として寄与することになる。

新潟県内盲唖学校においてもう一つ目立つことは、医師の主導または関与である。医学・生理学の学習は盲人が鍼按

表 1-4-7　新潟県内盲唖学校五校の創設経過と展開

	高田訓矇学校	長岡盲唖学校	中越盲唖学校	新潟盲唖学校	新発田訓盲院
創設年	明 22	明 38	明治 39	明 40	明 43
創設の経過	鍼按業盲人の自己研修動機に対する眼科医・大森隆碩（キリスト教徒）ら医師の協力。訓盲談話会→盲人矯風研技会→訓矇学校。地域の支持基盤として医師や教育会・師範学校があったが経営困難続く	聾児の親で薪炭商・町会議員だった金子徳十郎により、地域の盲唖児のための教育機関創設へ。中越地方の伝統的および新興の名望家、実業家、行政、教育者の支持	眼科医で地方政治家、キリスト教徒・宮川文平と刈羽郡鍼灸治組合による柏崎鍼按講習所の共同経営から、宮川による中越盲唖学校の単独経営	鍼按業盲人に対する医師の協力から、伝統的および新興の名望家、実業家、県行政官、教育界、民権家も参加	キリスト教牧師と地方名望家・医師および鍼按業盲人による企画
対象と目的	盲人子弟、普通教育と自活に必要な技術*1	盲唖の子女の自立、普通科と技芸科*2	盲*3	独立自営のための盲唖子女の教育*4	失明者の普通教育と専門教育*5
展開	県立移管昭和 24 年 3 月 31 日。平成 18 年度で廃校	大正 11 年 4 月 1 日、県立長岡聾唖学校	大正 11 年廃校	大正 11 年 4 月 1 日、県立新潟盲学校	大正 11 年廃校

＊1. 私立高田訓矇学校（c1907a）、1 頁。 2. 新潟県立長岡聾学校百年史編集委員会（2005）、38 頁。 3. 高橋義昭（1993）。 4. 新潟県立新潟盲学校（2007）、351 頁。 5. 清水中四郎（1936）、476 頁。表現は要約している。

灸術を習得するうえで必須な内容であったから医師の協力は、鍼按業の盲人には一般に不可欠な学習内容であった。長岡盲唖学校では元来の創設趣旨が聾唖学校開設にあったために、学校創設過程では医師や鍼按業盲人の関与が重要な要素ではなかったのである。

しかし、新潟県の盲唖学校創設の時期が、高田校を除いて明治三八年から四三年までに集中しているのは、鍼灸按に関する営業免許下付の県規則が変更となり、鍼灸按に体系的な学習が必要となり始めたためであろう。元来、明治一八年三月の内務省達「鍼術灸術営業差許方」は、鍼灸の営業許可と取り締まりを各府県に委ねていた（按摩はこの通達を援用）。したがって、規定並びに所掌機関であった警察による取り締まりは、府県により差があったようである。新潟県では、明治四四年の内務省令に先行して、明治三八年八月一一日発新潟県令第三〇号「鍼灸治営業取締規則」を改正している。これによって、従来どおり、県の試験（徒弟制における一年以上の修業証明書が必要）合格者（新潟県令四七、四八号『新潟県報』六四七号、三四－三六頁）に加えて、「（県知事が指定する）公私立学校其ノ他ニ於テ修業シタル者ハ其ノ合格証書若クハ修業証書」（『新潟県報』八〇六号、七七頁）によって、営業免許状が取得できるようになり、実質的に盲学校での教育が必要となってきたのである。[34]

明治四四年八月一四日、内務省令「按摩術営業取締規則」（第一〇号）および「鍼術、灸術営業取締規則」（第一一号）が公布され、翌四四年一月一日から施行されることになった（内務省［一九一一・八・一四］）。この内務省令は、従来の鍼按灸営業鑑札交付の方法を抜本的に変更するものであった。従来、地方長官に委ねられていた営業鑑札交付に関する全国統一基準を設定したこと、営業鑑札が、徒弟制を基盤とする従来の試験合格者に加えて、知事が指定する学校または講習所の卒業者に交付されるように変更されたことである。

試験についての規定は、按摩術と鍼術・灸術とではやや異なっている。按摩術の場合は、甲種受験者は四カ年以上の修業を必須とし、乙種受験者は二カ年以上の修業者で盲人のみを対象とし、簡易試験に合格することが必要だった。鍼術または灸術の場合は、受験資格には四カ年以上の修業が必要であり、盲人に対する特例規定はない。

この内務省令の改正により、鍼按灸業従事者の養成方法が、従来の徒弟制から盲学校での養成中心へと劇的に変化する方向性が確立された。この省令は、すでに盲学校が設立されていた地方では学校指定を実現できるような条件整備を促進し、早くも明治四五年には指定校が誕生する。盲学校がない地方や地域では、やや対応は複雑となる。従来の養成方法は、徒弟制に基づく親方による個人指導と講習会であったが、それと比較して、盲学校のほうが、人体生理の体系的・理論的学習、勉学への専念、同じ目的と類似の境遇にある盲児集団での学習と生活という条件を備えていて効率的であるのは明白だった。指定校としての条件を備えるべく、盲学校が教育体制を整備すれば、徒弟制との養成における格差はますます拡大する。そのうえ、盲学校の存在あるいは創設と、従来の鍼按灸業を成立させていた徒弟制とでは、両者間には利害が一致しない部分があり、競合関係になる場合もあり得た。というのは、盲学校の創設は、従来、親方の収入源でもあった徒弟としての盲児が盲学校入学によっていなくなるか、激減することになり、長年の養成方法である徒弟制を崩壊あるいは弱体化させる可能性があったからである。実際に、徒弟制のもとに存続してきた盲人親方が、一致して盲学校の設置と維持を支持したわけではなかった。それゆえ、盲唖学校の設立が鍼按家主導でなかった場合には、彼ら親方は盲児の盲唖学校への就学には好意的でなかったという（加藤［一九七二］三六頁）。

これら五つの地域の社会経済的状況は、盲唖学校の創設と維持に背景的な要因となる。人口の変化は、単純に市や町の盛衰を示す絶対的な指標になるとは限らないが、一般に人口の増減は、その地域の発展度を推測する一指標にはなる。明治一二年と大正三年の人口増減は、高田が一万八一九〇人から三万七六一人、新潟が三万六六八七人から九万一六〇四人、長岡が一万一八六八人（明治一七年）から四万八八〇人、柏崎が一万一一八四人から九七九八人、新発田が一万二四二六人から一万七八一三人であった（新発田市史編纂委員会［一九八一］一五五頁。新潟県［一九一四］二五頁）。[35]それぞれの地域が市制をしいた年は、新潟（明治二二）、長岡（明治三九）、高田（明治四四）、柏崎（昭和一五）、新発田（昭和二二）である。このなかで長岡、高田、新発田は城下町であり、廃藩置県によって藩士や商家はそれまでの職や生活を失い、人口は町外に流出した。長岡は戊辰戦争で戦場となった。

新潟県内の経済的発展では、明治二〇年代初頭と明治四〇年前後との二〇年間という差は大きく、その恩恵を大いに受けた地域と変化に乏しかった地域が生じた。新潟市と長岡市は経済的発展の恩恵を享受したグループであり、県内産業経済をリードする大実業家が居住していた。新潟市は県内でいち早く明治二九年、長岡市では明治三五年に、それぞれ商工業活動の拠点として商業会議所を設立した。この二市を中心に、明治末期から大正時代初めにかけて、時代の需要に合わせた県内の代表的企業が輩出し、石油関連会社のように全国規模に発展する会社も出てきた。工業では重化学工業化への転換が始まり、紡織や食料品でも工場制生産が進行した。港湾や鉄道網の整備は新潟市を県内の、長岡市を中越の中心地とした。長岡市の商業活動は規模を問わず県内商権の過半を制し、明治期後半には中越の商工業の中心となっていた。このような変化は雇用を創出するとともに、大地主や有力商人・事業家による企業投資や資産形成を進展させた。

一方で人口は、就業機会の減少と生活苦により減少する町村から、商工業が盛んな新潟市や長岡市に流入し、第一次世界大戦後に急速に進む物価高によって生活困難となる人々が急増し、低所得層が形成されることになる（新潟県［一九八八ａ］二二六－二二七、二五二－二五三、六六四－六六五、六八四－六八五、七七三－七七五、七八一、七八五頁。［一九八八ｂ］二四三－二四五頁）。

表 1-4-8　新潟県内盲唖学校５校の歳入額・内訳と生徒数（明治 43 年〜大正５年）

		歳入額					生徒数							
							盲生				唖生			
							普通科		技芸科		普通科		技芸科	
		授業料	寄付金	補助金	その他	合計	男	女	男	女	男	女	男	女
新潟盲唖学校	明治 43	0	20	1400	38	1458	28(2)	8(1)	3	1(1)	10(3)	11(8)		
	大正 3	0	26	1500	53	1579	26＊	12＊	27(6)	12(2)	12(10)	11(7)		
	大正 5	0	385	1740	139	2264	31(7)	15(4)	4(26)	(12)	20(16)	16(10)	(20)	(10)
長岡盲唖学校	明治 43	55	803	1200	2	2060	33(6)	2(1)	12(32)	(2)	17(8)	5(3)	(10)	(5)
	大正 3	44	722	1360	112	2238	22	2(1)	3(22)	2	20(15)	12(9)	(13)	(9)
	大正 5	44	535	1280	400	2259	18(2)	2(1)	6(18)	2(2)				
中越盲唖学校	明治 43	0	420	416	33	869	6(3)	(2)	(6)	(2)				
	大正 3	0	310	500	521	1331	11(4)	4(1)	3(11)	(3)	4(1)	1	(2)	(1)
	大正 5	0	691	550	72	1313	12(1)	4(2)	4(8)	1(3)	3(1)	1(1)	1(1)	1
高田盲学校	明治 43	0	268	400	1	669	13(3)	7(2)						
	大正 3	0	199	410	121	730	12(2)	6(1)	(12)	(6)				
	大正 5	0	212	390	1	603	9(1)	7(2)	(9)	(7)				
新発田訓盲院	大正 5	0	183	0	0	183	6		(6)					

注：新潟県学事年報を一部改作。普通科の括弧内は 14 歳未満、技芸科の括弧内は兼修者の数を示す。
＊兼修者のみ。

新潟県の盲唖学校五校の創設と維持はまさにこのような近代における経済的・社会的変動期と関連していた。長岡校と新潟校は、後述するその寄付者・支持者から理解できるように、まさにこのような時代の産物であった。

新潟県内の盲唖学校五校はすべて私立学校であったが、その経営基盤には相当な違いがあった。表1-4-8は、明治四三年度から大正五年度までの県内五校の歳入額とその内訳および児童数を示したものである。この表によって、学校間で歳入額・補助金の額に大きな差があることがわかる。補助金に対しては依存度が非常に高い新潟校と、依存度は大きいものの他の収入源にも依存している学校とに分かれる。しかし、新潟校の経営が困難な状態にあると単純にいえないことは、各校の基本財産額を参照すれば理解できる。県内五校の大正元年時点での基本財産額は、高田校が四三三〇円、長岡校は二七二〇円、新潟校は三万円、中越校は六〇〇円だった（北越新報社［一九一二］二三九頁）。学校基本財産額を事業継続年数で除してみれば、高田校は二二年間に蓄積した一年当たりの平均基本財産額は約一九七円、長岡校は五年間に五四四円、新潟校は三年間に一万円、中越校は五年間に一二〇円となる。この額から、新潟校の学校基本金額が突出していること、高田校の校史は長いが学校基本金額が低いことが分かる。

表1‒4‒8で示された生徒についてみると、普通科と技芸科を同時に兼修する生徒が多いことが目立つ。これは、四〜五年間で普通課程と職業課程を同時に履修するという、非正規的学校の特徴であり、いずれは修正されるべき履修方法ではあった。また、唖生の大半が学齢段階で普通科に就学するようになったのは注目すべき変化である（盲生は一部に過ぎない）。盲生は就労適齢との関係で就学年齢が決定されがちであるのに対して、唖生では、一般児童の就学率の高まりの影響とともに、コミュニケーションを初めとする基礎的教育の必要性が親に認識されて、就学年齢が低下したためと思われる。

(二) 金子徳十郎による長岡盲唖学校の創設とその基盤

長岡盲唖学校は、聾唖児の親、金子徳十郎（一八六五‒一九四五）が長岡聾唖学校として創設を構想し、実現させた日本では珍しいケースである。また、学校支持者からみて、日本の近代化が進行した時代の産物であるという意味でも重要である。金子は、長男・進太郎（一八九一‒一九六三）を同郷の小西信八の東京盲唖学校に入学させてから、小西校長の説得を容れて盲唖学校創設に取り組むことになるが、実現過程では高田校にはない幅広い人脈と広範な支持基盤に恵まれていた。それは高田訓矇学校創設の明治二〇年代初めと長岡聾唖学校創設の三〇年代末という時間的な差と、高田と長岡との産業基盤の違いにみられる。しかし、この違いを活用した人こそ金子徳十郎であったといってよい。そのうえ、長岡校は高取易太郎（一八七二‒一九四五）[36]という指導の中核となる人物にも恵まれた。

表1‒4‒9は、長岡盲唖学校に寄付した人々のうち、社会的属性が判明した支持者についての情報である（約一〇名の寄付者は不詳）。なお、寄付記録が見あたらない少数の創設協力者を含んでいる。

表1‒4‒9から、長岡盲唖学校の支持基盤がかなり明らかであろう。高田校と異なるのは、寄付者の社会的属性がきわめて広範であり、なかでも同時代の県内および日本の経済発展を反映した実業界およびその姻戚とみられる人々が結集している一方で、医師の関与がほとんどないことである。実業家は、地主や豪農でもある人がほとんどであるが、新

表 1-4-9　長岡盲啞学校への寄付者および協力者の社会的属性

小金井権三郎	小林虎三郎の外甥、小金井良精の兄。福澤諭吉の時事新報入社。雄七郎（虎三郎の弟）の賛助を得て友共社（読書団体）を組織。自由党衆議院議員
大橋佐平	博文館創業者、北越新聞・越佐毎日新聞、総合雑誌『太陽』を創刊、共同印刷、共同通信社設立者
秋庭半	長岡町長
近藤久満治	牛搾乳業、長岡商業会議所発起人
須藤善造	染物業で会議所発起人
山田音二郎	坂ノ上小学校長。後に本校兼務校長
小野塚貫吉	表町小学校長
伊佐與一郎	小学校長
丸田龜太郎	長岡盲啞学校開校後に唱歌教授。小野塚校長逝去後、大正８年古志郡四郎丸小学校長転出まで兼任校長
近藤健治	小学校長
渡邉藤吉	会議所発起人。北越製紙の創業者の一人、金子・小野塚校長の募金訪問に応諾。六松は養父
渡邉六松	唐物商で大地主。長岡産業界の長老。長岡鉄工所、長岡鉄道、寺泊海陸運の創設に尽力、宝田石油の大株主。金子・小野塚校長の募金訪問に応諾
波多野傳三郎	県会議員、衆議院議員（改進党）、福井県知事。その後、石油業界で活躍
大草重正	古志郡教育会代表、盲啞学校設立の可否を検討してきた
渡邉寛	長岡盲啞学校会計監督
牧野忠篤子爵	最後の長岡藩主。開校式に出席
阿部	古志郡長。開校式に出席
大倉廉平	長岡町役場書記。本校の事務に多大な助力
川面松衛	新潟県女子師範学校長。寄宿舎設置を助言
小野塚喜平次	日本最初の政治学研究者、東京帝国大学総長
大橋新太郎	佐平の創業した博文館を総合出版社に発展。多くの会社経営に関与、衆議院議員、東京市会議員等
大橋省吾	東京堂社長、佐平の三男、新太郎の弟
川上佐太郎	米穀商、長岡米穀株式取引所理事で会議所発起人
田村文四郎	県内一の紙商で会議所発起人。北越製紙創業者の一人。令終会を創設、悠久山公園の整備
高橋九郎	区長、篤農家。治水事業・土地改良、副業・果樹園芸の導入、県下初の信用組合設立、衆議院議員
殖栗順平	鉱業で会議所発起人
山口萬吉	西洋雑貨商、石油産業を企業化。会議所発起人
山田又七	長岡鉄管・宝田石油創業者、社長、長岡鉄工所組合設立、会議所発起人
山口政治	北越水力電気・北越製紙の取締役、日本石油の監査役。市会議員
山田権左衛門	誠之社（商業結社）構成員、福澤諭吉の影響
山口達太郎	資産額で県内一の地主、県内最大の投資家・事業家。県内有力企業の大株主、衆議院議員
小林友太郎	実業家で石油事業に従事、栃尾鉄道を創設、中越自動車社長
小林富次郎	ライオン株式会社の前身、小林富次郎商店を創業。クリスチャン
佐藤惣吉	金融業等の実業家で地域の発展に尽力した篤志家
佐藤務	村会議員、村長、県会議員、政友会、六日町の地主
松田周平	書籍商で会議所発起人。取引勘定を２カ月勘定に改め、商業発展の基盤を作る。米穀・石油取引所を設ける。長岡女子師範学校設立に尽力
金井助三郎	度量器の技術者で実業家。越後度量器合資会社を設立
神谷正治	医師、神谷病院経営。
鷲尾庄八	製油業で会議所発起人。長岡商業会議所副会頭
長部松三郎	醤油醸造業で会議所発起人、六十九銀行頭取
覚張治平	書籍商で会議所発起人、北越製紙創業者の一人
野本恭八郎	豪農山口家の生まれ。大正記念互尊文庫の資金を市に寄付、市民の図書館とした。日本互尊社を創立。誠之社（商業結社）構成員、福澤諭吉の影響あり
佐藤行雄	素封家、徳行家。取締役・監査役（先代か？）
岸　宇吉	第六十九銀行頭取、鉱業、会議所発起人
星野伊三郎	洋反物商、長岡銀行、会議所発起人

小野塚喜三次	本校商議員
太刀川藤十郎	本校商議員。質営業、会議所発起人
遠藤清平	本校商議員
長部栄吉	本校商議員。宝田石油・長岡鉄管監査役。松三郎のいとこ、市会議員、大正勧農組合運営
木村清三郎	本校商議員。石油業、低湿地の埋め立て事業、市会議員、衆議院議員（政友会系）、市長として工場用地を造成し、工業都市長岡の実現に尽力

注：太字は長岡商業会議所設立発起人（松本 [2008]）。

出典：新潟県立長岡聾学校百年史編集委員会（2005）資料編、9-13、18 頁。

表 1-4-10　長岡盲唖学校への 2 回以上寄付者氏名（明治 38 年度～大正 9 年度）

	寄付回数	延人数	合計額	住所
高橋大吉	2	10	10	南魚沼郡
山口政治	2		120	市内
大橋新太郎	2		400	東京市
山口達太郎	2		506	東京市
小林友太郎	2		150	市内
小西信八	2		15	東京市
牧野忠篤子爵	2		200	東京市
サルタレル財団[37]	2		100	朝鮮
松田周平	2		＊	市内
深尾貞太郎	2		60	市内
川上佐太郎	3	1	350	市内
木本金作	4	2	10	市内
小川清松	4		80	市内
山口誠造	4	5	100	市内
長尾玉圃	5		35	市内
渡邉辰子	5		20	市内
渡邉藤蔵	5		20	市内
渡邉藤次郎	5		20	市内
渡邉六松	6	2	350	市内
渡邉藤吉	6		250	市内
順孝團	11	1	120	市内
小野禪牛	12	1	19	三島郡
小林富次郎	13	1	717	東京市

注：＊公債と株券
出典：新潟県立長岡聾学校百年史編集委員会（2005）資料編、9-13 頁。

興国日本の発展するエネルギーを近代産業への投資とそのための基盤（たとえば商業会議所の設立）やシステム構築（たとえば取引決済方法の革新）に注いだ人々であり、明治三六年一月の長岡商業会議所設立認可願の発起人三八人のうち約四割に当たる一五人（表中太字）が、本校への寄付または創設協力者に名を連ねている。それ以外では、市（町・郡）長・政治家と教育家が目立つ。

表1－4－10は、明治三八年度から大正九年度までの一六年間に二回以上の寄付者氏名を整理した。

安定した寄金の確保はどの盲唖学校でも苦慮しているが、長岡盲唖学校でも継続性が低下している。明治三八～四二年の寄付件数は年平均一二・二件、四三年度一六件、四四年度二〇件、四五～大正元年度一八件、大正二年度二二件、三年度一三件、四年度五件、五年度七件、六年度九件、七年度六件、八年度九件、九年度一六件と漸減する。しかし長岡校に特徴的なのは、第一に、複数回寄付者が一〇四件と多く、寄付総件数二〇〇件の半数を占める。それ以外に、寄付回数は多いが寄付総額が多額でない例が散見され、宗教的動機や地域救済的な動機も窺われる。第二に、市外、とくに東京市在住の長岡出身者で実業成功者の寄付があることである。

ここで、実業界や地主等からの寄付が長岡校よりも目立った新潟盲唖学校の財政基盤を参照してみる。新潟盲唖学校はその創設過程と展開過程において異なる要素によって成立したという点で新しいタイプであった。第一段階は高田校のように、鍼按業盲人と医師の協力による創設計画と運動であった。第二段

表 1-4-11　新潟盲唖学校の主たる支持者

前田恵隆	学校設立者。財団理事。元小学校長。民権運動家。寺の長男として出生新潟師範講習所卒、小学校長を歴任後、老人を組織化
鏡淵九六郎	学校設立者。財団理事。医師
長谷川一詮	学校設立者。財団理事。医師。市医師会常任理事
荒川柳軒	学校設立者。医師。市会議員、市参事会員
涌井良平	初代校長、市教育会役員
西潟為蔵	財団法人理事。民権系政治家、新潟日報社長
高橋助七	財団理事（西潟理事の後任）→専務理事。実業家（海運・遠洋漁業、直江津米穀取引所・商業会議所設立）、新潟市会議員・参事会員
荒川潔	財団理事、医師、柳軒の長男。市会議員
鈴木久蔵	財団監事
田代三六吉	財団監事
鍵富三策	財団評議員。新潟県三大財閥当主
八木朋直	財団評議員。県高官から第四銀行国立銀行頭取を 20 年務めた。市会議員、市長、県会議員
白勢春三	財団評議員。銀行・鉱業・電力を中心とする実業家、新潟三大財閥の当主
斉藤喜十郎	財団評議員。新潟県最大の財閥当主、衆議院議員、貴族院議員を務める
山中樵	財団評議員、第三代校長
中野貫一	新潟県を代表する実業家の一人。中野財団としての寄付も多額
山口達太郎	資産額で県内一の地主、県内有力企業の大株主、県内最大の投資家・事業家、衆議院議員
田代三吉	実業家。新潟県海運業の発展、新潟港の開発、県内有力企業の役員、新潟市会議員、商工会議所議員
日比谷平左衛門	紡績実業家、綿業専門銀行・日比谷銀行創立。日清紡績・鐘淵紡績の創設に貢献・役員
山本梯次郎	台湾製糖常務、その後、社長となる。元二高教授。その後、政治家として活躍
増田義一	苦学して東京専門学校を卒業。実業之日本社社長、大日本印刷社長、衆議院議員も務める
大倉喜八郎	実業家、日本の中堅財閥・大倉財閥の総帥

出典：新潟県立新潟盲学校（2007）。

階は長岡校のような実業家や名望家が主たる支持基盤に加わって盲唖学校創設運動が具体化された。表1－4－11がそのメンバーである。なお、表の太線以下の七人は、校舎新築時の寄付者であり、中野が一五〇〇円、山口が五〇〇円、田代が二〇〇円、それ以下が一〇〇円を寄付している。本校以外の寄付者の場合は、当地域に関係する人物の寄付であったが、新潟校の場合は、新潟市が県の経済・政治の中心であるために、県内全域および新潟市近辺出身者から幅広い支援を受けることができた。そのために、新潟県三大財閥の当主が学校評議員として顔をそろえている。

　新潟校は、他校に比べて圧倒的な学校財産をもち、経営陣には初代・高橋助七（一八五七－一九三三）のような実業界から献身的な人物もいたし、教員の勤務期間も安定していた。したがって県の評価も高く、上記の寄付による校舎新築に関連して「前年新築セル新潟盲唖学校ハ、其ノ設備良好」（明治四四年度）とされた（新潟県［一九二六］七頁）。こうして新潟盲唖学校は、県内における盲唖学校の後発校であったために、先発校ほどは社会的意義を社会に説得する苦労もなく、経

表 1-4-12　長岡盲唖学校の寄付金と補助金（明治 38 年度～大正 9 年度）

年度		明38-42	38	39	40	41	42	43	44	45-大1	2	3	4	5	6	7	8	9
寄付金（円）		5813.98 / 5015.68	年平均 1162.796					545.76 / 435.76	652	814	662.74	248	68	330	580	278	455	1093
補助金	県			300	300	?	100	500	700	700	?	?	?	530	650	620	750	1200
補助金	市			150	300	?	500	500	500	700	?	?	?	750	750	750	950	1250
補助金	国　内務省					200		100	200	200	150	150	150	額?	額?	額?	?	50
補助金	国　宮内省																	100
補助金	国　文部省					100										50		
補助金	郡							150										

注：寄付金欄のうち 2 段になっているのは、資料の数値の違いによる。株券・治療代無料は除き、公債による寄付は額面で計算。大正 8 年に貧困生に月 5 円給付、校舎建築費 1000 円の中野財団による寄付は計上していない。
出典：新潟県立長岡聾学校百年史編集委員会（2005）資料編、2-6、9-13 頁。

営の財源にも恵まれ、さらに県庁所在地としての地の利もあって、とりわけ盲教育では新潟県の代表校となったのである。

長岡校では実業界からの金銭的な支援以外にも、地域における大小さまざまな協力がみられた。経常費とは別に基本金を募るべきとの経営上の助言（渡邊六松）、東京盲唖学校・小西校長への懇切な紹介状（小金井代議士）、長男・進太郎の東京盲唖学校入学の際の保証人（博文館・大橋佐平）、進太郎の「傍観生」としての小学校への受け入れ（小野塚校長）、盲唖学校創設計画に対する協力（町当局）、盲唖教育実例の演示（有力者宅）。これらは、単純に金子が町（市）会議員という地域有力者であるだけでは説明できない。金子は、商人として地方政治家として問題解決の方法・スキルと人脈をもっており、結束力と求心力がある長岡地方で、それらを生かして盲唖学校創設構想を周到に工程化した。それと同時に、彼の計画を実現すべく助力した多数の人々が地域社会に存在したのである。この長岡の例は、官治主義によって貫徹されていた戦前日本において、地域に基盤をおく数少ない盲唖学校の事例であった。

ところで寄付件数の低下は、当然、寄付額の低下を意味する。表1－4－12は、創設から県移管の三年前までの長岡校に対する寄付金と各種補助金の状況を示したものである。初期の寄付金額は年度ごとに明記されていないので正確な額ではないが、発足当初の六年以降は激減している。その減少分を補うには公的補助金に依存するしかないわけであるが、本校の場合、新潟県と長岡市の補助金交付は非常に早く、開設の翌年には実現し、しかも増額が比較的順調であったことは、高田訓矇学校と比較すれば明らかである。公的補助金の獲得において上記のような人脈の強弱が影響しなかったとはいえないが、公的補助に対する盲唖学校事業の適格性が問われたのであろうと思われる。

学校経営と教育の安定度を計る一つの指標は、良質の教員の供給と勤続年数である。高田校では鍼按担当教員は問題なかったが、普通科教員が定着しなかった。経営困難の後で教育を再開した明治二七年九月から明治三八年四月に、後に校長となる宮越辰太郎が着任するまで、四人の教員の名前が記載されている（新潟県立高田盲学校記念誌編集委員会［一九七七］一一－一二頁）。一方長岡校では、最初の鍼按科教員は二年足らずで新潟盲唖学校に転出し、盲生普通科・唖生裁縫科担当教員が一年超で退職している以外は最短でも勤務期間は四年六カ月以上となっていて（新潟県立長岡聾学校百年史編集委員会［二〇〇五］資料編七頁）、恩給制度がある小学校教員に比べて、待遇が劣る盲唖学校教員の獲得が容易ではなかった状況において、比較的安定しているといえる。

しかし、財源と経営者・教育担当者に比較的恵まれたようにみえる長岡盲唖学校でも、当初の県の評価は厳しいものだった。明治三八（一九〇五）年の創設時には、「開学日尚浅ク、其ノ成績未タ見ルヘキモノアラサルナリ」（新潟県［一九〇五］一六頁）、「其ノ状況、亦大差ナシ」（新潟県［一九〇七］一六頁）という評価は、まもなく好転する。表1－4－11に示したように、多額の県補助金がその評価の具体的な表明であろう。

新潟県当局の盲唖学校に対する評価が少なくとも懐疑的でなくなるのは、盲唖学校が四校に増加した明治四一年以降である。しかし県学事年報は、生徒・教員数の増加を述べたあとで、学齢盲唖者のうちで教育を受けている盲唖者の割合が一割にも達せず、「少数ニ過ギサルハ頗ル遺憾」であるとした（新潟県［一九〇八］九－一〇頁、［一九〇九］一一頁）。この指摘内容は、行政当局の責任転嫁に過ぎないのであるが、学校創設による生徒数の増加の次なる課題は、入学生徒の年齢を学齢に近づけることになる。

なお、長岡校は県内盲唖学校のなかで唯一授業料を徴収した学校である（表1－4－8参照）。ただし、生活困窮家庭から徴収することは困難なので、実際には奨学金指定寄付（たとえば大正五年度大橋新太郎の四〇〇円）で対応したのか、徴収の意図が何かを示す資料はない。

四．市域外の盲学校創設と挫折――東海訓盲院

（一）静岡県掛川町の東海訓盲院

創設は明治三〇年代初めにはなるが、都市から離れた地域に設置された盲学校として静岡県の東海訓盲院がある。掛川町は都市には存在する各種資源に乏しく、新奇性の強い事業構築には有利とはいえない地域に創設された盲学校の事例である。この事例は、盲唖学校と地域社会、発展条件等、都市に集中して開設される特殊教育学校の日本的特徴を考えるうえで、好適な一例である。東海訓盲院が発展した静岡盲学校史については、短編ながらよく編集された『六〇年誌』（一九五八）がある。また、東海訓盲院成立史については創設期の資料を活用した足立洋一郎の研究（一九九六）があり、松井豊吉（一八六九－一九四六）の活動の機微を簡潔に活写した永田泰嶺（一九九二）の小文は松井の波乱に満ちた生涯の伝記となっている。

東海訓盲院は、明治三一年に静岡県掛川町に開設された。創設過程では、地域の開明的な主導者と熱心なキリスト教徒が主導したが、その後は、経営困難に直面する日本の私立盲唖学校の典型であり、廃校を覚悟しなければならない段階も生じた。東海訓盲院は、存続するために創設地・掛川を離れ、盲唖学校として静岡市近辺に移転することになる。

掛川は、もともと人口規模自体が小さく、人口増加も緩慢である。この人口増加は、経済的・社会的変化の結果であったから、寄付金を継続的に発生する地域資源の程度は、私立盲学校の存続にとっては重要な要素を占めていたはずである。掛川町は、江戸時代には掛川宿として栄え、明治時代には小笠郡行政の中心であり、伝統的な農村・商業の地域の中心地から土地開拓や茶業の開発への転換努力が顕著な地域でもあった。明治時代中期において、顕著な経済的な

発展はみられなかったが、掛川町が属する小笠郡は人口では県内五番目の規模ながら一人あたり国税および県税負担額では県内一三郡で飛び抜けて一位を占め、小笠郡は比較的豊かな農業地帯だった（掛川市史編纂委員会［一九九二］四〇六－四〇七頁）。

盲学校の経営に関連する別の要素は、盲学校創設の趣旨であり、それを喚起して、地域社会に対して寄付を喚起する人材の存在であり、経営の方法である。それは、地域資源の問題だけでなく、経営者が寄付の自発を喚起するだけの教育理念や財源獲得計画を周到に用意するといった経営の巧みさもまた、盲学校の経営難を軽減する手段であったと思われる。

初期盲学校の時代には、経営者・設立者・校長は専任ではないことが多かった。東海訓盲院では町会議員が設立者であったが、キリスト教徒・松井豊吉が実際の責任者であった。寄付は盲学校側が地域の人々に寄付金を求めて成立する行為であって、寄付行為を組織化することはどの学校でも大なり小なり行われたが、財政的な知識と技術のある後援者がいることで、経営難の程度とその打開が可能となる場合もあった。

（二）東海訓盲院の開設趣旨とその実現に関連した問題

東海訓盲院の発足とその後の数年間は比較的順調であったといえよう。それは、創設が順調に進む諸条件として、発起者の開設趣旨と理解を求める運動、それに積極的に賛同する地域有力者、その人物による周囲への働きかけによって獲得された広範な支援者が揃っていたうえに、創設と資金獲得の方法では戦略に長けていたからである。本校には、一時は失明状態を経験したことがある松井豊吉、盲学校創設構想に賛成した掛川町会議員・飯塚仙太郎（一八六七－一九三六頁）というキーパースンが存在した。飯塚は獣医で乳牛飼育も行っていた開拓的人物でもあった（高室［一八九六］一二〇－一二一頁。鈴木［一九八二］三五頁）。松井と飯塚は、彼らの創設への熱意をつぎのように具体化した。

第一に、明治三〇年六月には、訓盲院の開設趣旨の理解を得るために、新聞や郵便という当時の主要情報メディアを活用した（東海訓盲院［一九〇〇・一二］）。第二に、さまざまな公的な場で積極的に事業の理解を得ようとした。松井は、一〇月には袋井の青年大会で盲教育について講演を行い、一一月には小笠教育会で講演するとともに引率生徒三人に実演させて事業の理解を得ることに努めた（静岡県立静岡盲学校［一九五八］四三頁）。明治三一年三月一二日に開院式を行ってからは演説会を主催したり、松井が演説する機会を設けた。三一年の半年間だけで松井の演説は八回を数える（足立［一九九六］一三三）。

第三に、創設事業の着手と実現への活動が実に迅速であった。松井は自発的に入学を求めてきた女生徒に七月一二日から点字を指導している。八月一日には予備科を開始する傍ら、盲人組合や鍼按業者、各学校、近隣町村への訪問を開始し、事業賛助を求めた。

第四に、事業賛助の訪問活動で効果が生じ始めるのは、地縁や人脈が最大限利用されたからであろう。八月に開始した松井の訪問活動では、訪問相手と「意志の疎通を欠い」ていたし、「運動は効なく天を仰いで死を待つという場合もしばしばであった」が（松井［一九三八］。静岡県立静岡盲学校［一九五八］四三頁）、しだいに著名な有力者の支持を獲得するようになる。これはおそらく、掛川町の有力者、飯塚仙太郎の直接間接の紹介の結果であったと思われる。初代院長の小田信樹（一八四四－一九一〇）は元幕臣、牧之原開拓士族で子弟教育に熱意をもっていたが、中央政府および県の官職に招かれたほどの人物であった。

表1－4－13の創立委員と事務委員・飯塚仙太郎の社会的属性に示されるように、東海訓盲院初期の支持基盤には、小笠郡を中心とする県西部の人的資源を結集した錚々たる顔ぶれが揃った。本校の設立が申請から四〇日足らずで許可されているのは、創立委員の陣容と彼らの有形無形の働きかけを推測させる。県補助金の申請は明治三一年度に否決されたが、翌年度には可決され、同じく郡補助金も決定された。当地出身の著名人や県知事の学校訪問も、他の盲学校に比べて格段に早かった。開校前の明治三一年一月には、当地出身の陸軍軍医総監・足立寛（一八四二－一九一七）が訪問したことは、この事業の正当性の宣伝には有効であったし、近隣の名望家、行政各レベルの長および議員を経て知事と代議士に

表 1-4-13　東海訓盲院の創立委員等の社会的属性

役職	氏名	生没年	社会的属性
	岡田良一郎	1839-1915	代々庄屋の家に生まれ、二宮尊徳の弟子となり、遠江報徳社（後の大日本報徳社）創設、私塾・冀北学舎を設立し、高度な英語教育も行う。全国最初の資金貸付機関（信用組合）を設立、初代掛川中学校長。文部大臣や官・私立大学の総長・学長を務めた岡田良平は長男、法学者で各種大臣を務めた一木喜徳郎は次男。
	丸尾鎌三郎	1856- ?	豪商の家に生まれ、豪農で茶業の開拓者・政治家・丸尾文六の養子となる。養蚕・鶏卵生産、公衆衛生、小学校舎寄付、銀行創設、池新田初代村長を 10 年務める
委員長	河野槍次郎		駿東郡長、富士郡長、田方郡長を歴任
	松浦五兵衛	1870-1931	素封家に生まれ、代々庄屋を務めた松浦家の養子となる。村長、郡会・県会議員の後、衆議院議員に 9 回当選、衆議院副議長も歴任。各種実業団体を主催し、農業・茶業・林業の振興に功績。静岡新報社長を 40 年務める
	蜷川親善	1856-1905	江戸生まれ、授業生、訓導、校長。掛川尋常小学校校長。掛川最初の幼稚園を私立として開校した一人。いったん閉園した後に、掛川尋常小学校附属として再開したときの校長で、附属幼稚園主事。死去に際し町葬
	大庭豊太郎		郡会議員、掛川町長
	舟木国次		師範学校卒業後 2 年間小学校教師→医学校、医師、三到病院を創設した一人、その後、開業
事務委員	杉山東太郎	1871- ?	素封家の生まれ、村長、郡会・県会議員、衆議院議員。立憲同志会
	丸尾曉益	1843?-1917	代々の眼科医の家系、復明館眼科医院を経営
会計監督	平尾平十		地主で自由党系政治家。大池村村長、県会議員、江尻町長、清水市市会副議長。県茶業組合連合会議員
	仁科栄太郎	1867- ?	村収入役、山名信用組合結成、県会議員
	米山久弥		静岡県師範学校長
	林文平		静岡県庵原郡視学、『学事法全書』の共編者
院長	小田信樹	1844-1910	元幕臣。梨園義塾を創始して近隣の子弟を教育。横地校を創設。牧之原開拓士族。中央政府・県の役人を務めたあと、郡会議員・参事会員。初代訓盲院長の時に、渋澤榮一に乞われて北海道開発会社の経営に参画
	鈴木康平	1853-1906	医師、三到堂院長、第二代訓盲院長
	堀内信吉、鵜殿長道、林金一郎、宮川正、樋口養源については不明		
事務委員	飯塚仙太郎	1867- ?	掛川町議、獣医、乳牛牧畜を開拓

事業への理解を求めるとともに、影響力のある人々に創設委員への就任を要請した。

第五に、郡内には、盲教育事業受け入れの土壌があったように思われる。小田信樹にみられるように教育に熱心な地域であり、何よりも開校前および直後からの入学申し込みは盲教育に対する期待が大きかったことを示す。しかしその反面で、鍼按業盲人が登場しないのは珍しい。

最後に、松井の教育理念が優れていたことである。これは、高田校や福島校と共通するが、本校の盲人教育の目的は、「自助ノ精神ヲ発揚シ自立ノ道ヲ得サシメ、音楽及鍼按術ノ技芸教育ヲ授クル」ことにあった。掛川校でも福島校と同じように自活以外の要素を教育目的としていたのである。それでは「自助の精神」とは何か。その答の一つは「点字の普及と技芸の教育」という小文に求めることができる。松井は点字習得により、盲人が「自ら書き、自ら読み得る」ことで彼らに「希望と喜悦」を獲得させようとした。点字の教育は「普通教育を意味した」が、「普通教育なくして技芸教育の実を挙げることは困難」であり、独立の生活をするうえで晴眼者に必要な「普通智識」以上のものが必要であり、それは技芸教育の「基を作る」からであった（点字の普及と技芸の教育［一九〇二・二・五］）[38]。

松井は、盲人について七つの「憂」を指摘した。晴眼者に対する劣等、無智・品性の欠如、依存、旧習墨守、鍼按技術の低下、父兄の教育無用論、貧困である。こうして、教育を技芸教育に限定せず、社会において晴眼者に伍して生活する意識と誇りをもった盲人を育成するには普通教育が必要であり、自助の精神が形成されるというのである（松井［一九〇〇］四-五）。この松井の考え方は、見事に福島訓盲学校長・宇田三郎の理念と照応し、高田校発足期の志向とも関連している。

しかし、東海訓盲院の勢いは、最初のわずか四年ほどに過ぎなかった。その主な原因は、直接には発足当初には予測しなかった推進源を失ったからである。小田院長は在職一年で北海道にわたり、松井は明治三四年四月、経営方針やキリスト教信仰上の問題で突如辞職し（静岡県立静岡盲学校［一九五八］八、四七頁）[39]、飯塚も横浜に去った。

もう一つの原因は資金不足である。明治三九年三月を以て本校の主たる財源であった東海訓盲院慈善会の寄付金契約が終了したが、その更新は日露戦争直後の状況では困難であり、寄付金の減少と物価騰貴があった（静岡県立静岡盲学校［一九五八］九、四七-四八頁）。大正六年一月一五日、安倍郡安東村北安東（現在の静岡市葵区）に移転するまでの約一〇年間は、本校は、筆舌に尽くしがたい困難な経営状態を経験する。それは、推進源に欠けた寄付金に依存する大半の盲唖学校の典型であった。

県の評価によれば、本校の成果は認められているものの、「年々経費不充分ナルヲ以テ諸般ノ設備未ダ充分整頓スルニ至ラス」（静岡県［一九〇六］六-七頁）[40]とされ、その後もほぼ同じ評価が続く（静岡県［一九〇七］七頁、［一九〇七］六頁、［一九〇八］六頁、［一九一〇］四頁、［一九一一］五頁、［一九一二］七頁）。

静岡県当局は、遅くとも明治三九年度統計書から「学齢児童中盲唖者」を、各郡および静岡市別の盲者と唖者の男女別に県統計書で公表し始めるが（静岡県［一九〇六］七頁）、県内では学齢盲児全数の一割ほどの盲生しか就学していなかったことになる。

静岡県は、本校に対して明治三三年度から郡の一〇〇円とともに補助金三〇〇円を出していた。これは、明らかに政策の矛盾であった。県は、有意義な教育事業として東海訓盲院に補助金を出しているが、現状では資金不足で十分な効果が上がらない。さらに就学して教育を受けるべきなのに不就学のままの盲者が在籍者の七〜八倍もいる。唖者に至っては教育されないまま放置されている。つまり、不就学盲唖者数の公表は、盲唖教育の抜本的な拡大が県教育政策上の課題であることを暗黙に、あるいは間接的に認識しはじめたことを示すのではなかろうか。明治三九年八月には、東海訓盲院に対して、県は（郡も）、「経営上改革するに非ざれば補助を与え難し」（静岡県立盲学校［一九五八］四八頁）との内諭により、県と郡が補助金を支出する条件として経営方法の改善を要求している。

しかし、東海訓盲院の経営困難の間接的で本質的な問題は、寄付金に依存する経営体質を支えるだけの資源を地域がもっているかどうかであり、推進源が存続していれば、その後の展開が変わった可能性がないとはいえないが、経営困難は続いたであろう。したがって、学校を創設できても、生徒の増加とともに急増する経費を生むだけの資源が、学校が立地する地域に存在しない場合、深刻さの程度は別にして経営困難は不可避だった。そのような資源をもつ地域への移転が、本校のつぎの展開となるのは必然だったといえよう。

掛川の場合は、一時的に失明を経験した松井豊吉の教育による盲人の社会的地位の向上への期待という意味では、高田・福島のケースと連続する。しかしそれを実現するには、資金と人材が必要であった。しかし経営困難は、創設とは異なる経営のキーパースンの不在または喪失とも関連があった。高田校では、創設するうえでは高田町の医師の後援があり、上越教育会と高田師範学校等もそれぞれの仕方で協力した。しかし高田校は、教育界の助言を実現できるだけの経営体制を構築できなかった。

掛川校の松井は、磐石な基盤を構築する前に経営から手を引かざるを得なかった。理由や事情は異なるが、それぞれの自前の理念を実現するまでには至らなかったのである。特定個人の献身的あるいは自己犠牲的活動がなければ初期盲学校は確かに存続できなかったのではあるが、そのような個人的役割に埋没することが盲学校の経営難の一因にもなったのである。

第五節　楽善会訓盲院の官立東京盲唖学校への移管と京都盲唖院の苦難

一．卓見としての文部省移管と国家装飾論

（一）小西信八時代

(1)　楽善会訓盲院

楽善会訓盲院の教員は、禅僧である高津柏樹だった。彼は明治一二年七月、「教授」に任ぜられた。教監（一〇月六日に初代院長）の元曹洞宗僧侶の大内清巒（一八四五－一九一八）が明治一六年末に「家事多忙」のため辞任の後、約二年間、訓盲唖院（明治一七年五月改称）が文部省直轄校になるまで院長心得を務めた。高津は明治四四年に京都府宇治の黄檗宗（おうばくしゅう）管長となった経歴からみるように後に逸材となる人材であったし、訓盲院教員としても教材の開発や工夫（牟田口［二〇〇七］四頁）に努めた、教師としての資質も優れていたと思われる（高津［一九二〇］。鈴木［一九八三］）。しかし、訓盲院というまったく未知の分野を開拓し、同時に社会を説得する教育成果を提示できたという根拠は見当たらない。しかしこの問題は、楽善会の経営形態から考えて、その主導的立場にはなかった高津の責任ではないであろう。楽善会訓盲院の場合、一八三〇年代のアメリカへの盲教育の導入に際して、盲教育のヨーロッパ的特徴を徹底的に批判して、社会的盲人の育成のための盲教育論を構築する端緒を切り開くパーキンス盲院長のサミュエル・G・ハウに対応する人物も、ポストもなかったのである。

楽善会による文部省への直轄願は明治一八年一〇月、認可は一一月二一日だった。それにしても、楽善会訓盲唖院の

文部省移管＝官立化は、盲唖学校が国家の装飾であろうとも、皇室が愛顧し、あるいは外国王室が訪問し、上層夫人が支援する学校であったという事実があっても（東京盲学校［一九三五］一五〇－一五四、四〇七－四一三頁）、時宜を得た卓見であった。国家の装飾[41]としての盲唖学校は、世界史的にみて、何ら日本だけの例外的な事象ではなかった。一九世紀末の世界において、各国の盲学校や聾唖学校は、イギリスではroyalという語を校名に冠したりするように、何らかの装飾性を帯びていたであろう。アメリカ合衆国のような共和制国家においても例外ではなく、盲学校や聾唖学校の創設と存続の論拠を、共和制体制の正当性に求めたのである。こうして、盲学校・聾唖学校が存在することによって、それぞれの国の正当性の根拠の一端とすることは、当時においては、日本が後進国であったために国家としては当然の行為であった。

楽善会訓盲唖院の文部省移管は、政府に影響力のある山尾庸三らの着想であろうが、楽善会訓盲院が私立校のままであったり、官立移管が遅延したりした場合には、日本の盲唖教育の進展はさらに遅れたし、弱体のままであったであろう。このことを推測すれば、官立化は賞賛すべきアイディアであっただけでなく、実現するタイミングの捉え方もまた絶妙だったといえる。これは、遅延を重ねた後の盲唖教育令の発布と比較すればよく理解できる。さらに、盲唖児のナショナル・スクールがなかった近隣諸国の盲唖教育の実態と比較すれば、さらに納得がいくであろう。

文部省移管の直接の動機は財政問題に尽きる。寄付金や会友の負担に依存し続けることは、生徒数の増加や教育課程の充実等、事業の拡大に伴って必要資金が増加することから安定性を欠いていたことを、山尾は運営責任者として身を以て熟知していた。それと同時に、楽善会という私的団体の経営では、会友が名士や政府高官であっても寄金への要望が増加しているだけでなく、盲唖学校事業の公共性を担保できないと考えたものと思われる（東京盲学校［一九三五］一五一頁）。その意味では、明治四年の「建白書」における官財に依存せず、天下好善の人によるという彼自身の方針を、山尾は個人的にはともかく、経営の方法としては根本的に撤回したことになる。日本が、かつて彼が滞在したことのあるイギリス・スコットランドのキリスト教社会と違って、進んで多額の寄金を善行として人々に促す社会的慣習に乏しい社会であったことも、彼の判断の背景にあったと思われる。

直轄学校・訓盲唖院が東京盲唖学校と改称された明治二〇年一〇月五日という時期は、日本の近代国家としての方向性が固まった時期であり、文部省の直轄学校が最も基本的な学校だけに限られていた時代であった。その後、諸分野の発展に伴い、直轄学校の種類と数は急増するようになる。東京盲唖学校は、直轄学校になったことにより、戦前日本の盲唖教育のナショナル・センターとなり、地方の盲唖学校の究極の理想像となり、教員を新設校に供給する役割を果たすことで、大日本帝国の盲唖教育のシンボルともなった[42]。朝鮮や台湾からも留学生がきた（生徒卒業［一九〇二・五・二八］五八六頁）。東京盲唖学校およびその後身も、英語やフランス語の学校案内を繰り返し発行することにより、盲唖教育のナショナル・センターであることを国外に発信する努力をした[43]。また、明治末期までは卒業式に文部大臣や代理が自ら出席し、訓示を述べるような格式の学校であり、その後も、皇后が時折行啓したり[44]、外国の王室・高官が訪問する学校だった（この点は、京都盲唖院と同じであった）。さらに、卒業式や入学式の記事が逐一、官報に掲載されることで、本校の存在および盲唖教育の広報がなされた。そして、地方教育雑誌における本校が発信する失官原因調査等の盲唖教育関連情報の掲載もまた、官報と同様の効果があったものと思われる。

楽善会訓盲唖院の官立移管は、盲唖教育事業が人民相互の情誼によるのではなく、国が責任を持つ方針を打ち出すという意味で画期的だったといえる。しかしその責任の所在は、地方当局が責任を持たず、国が直接統治する官治主義にあり、戦前においては変化がなかったことは、地方における盲唖教育の公共化の遅れと特殊教育の沈滞をもたらしたことにも、同時に留意しておかなければならない。

官立移管を東京という地域に即して考慮するとき、東京府内における公的盲唖学校への創立は、楽善会訓盲唖院の官立移管に代償されてしまったように思われる。官立東京盲唖学校だけで、東京府の盲唖教育需要を賄えないことは明白だったはずで、結果として、昭和二年創設の東京市立聾学校、昭和九年の府立聾唖学校を待たなければならなかったが、いずれも聾唖学校であり、東京の盲学校は大戦後まで、公立学校はなかったことになる。

(2) 官立東京盲唖学校としての出発と教育者による盲唖学校経営

楽善会訓盲唖院が官立東京盲唖学校になって、山尾庸三等の役割は、大きく変わった。山尾が、キリスト教慈善および外国人の主導による経営志向を廃して、キリスト教的色彩を払拭し、日本人による経営へと転換したことは、楽善会内部と上層社会の支持を受けたことで、楽善会訓盲唖院の教育事業の定着を確立したのである。しかし、官立校になってからは、山尾および楽善会は、いわば後援者という背景に退くことになる。この大きな転換に際して、文部大臣・森有礼（一八四七－一八八九）から適任者選抜を依嘱された東京女子師範学校長・高嶺秀夫（一八五四－一九一〇）の推薦により、事実上の校長として抜擢されたのが、東京女子師範学校教諭・附属幼稚園監事（後の主事）であった小西信八であった（小泉［一九三七・三］一二〇頁）。明治一九年一月二三日、楽善会訓盲唖院専務として雇用された。官立校の格式は相当に高かったようで、小西は直ちに校長職に就くことはなかった。官立校は、重圧も相当あったと推測される。制度が安定せず、学校の存続も必ずしも安泰ではなかったから、成果と効用を社会に誇示する宣伝が必要だった。

明治一八年一一月二一日、楽善会訓盲院は訓盲唖院という名称で文部省への移管が文部大臣に承認され、院長は、文部権少書記官・平山太郎（一八四九－一八九一）が兼務した。一九年一月二三日、文部一等属・大窪實が主幹となり、同年一二月二一日、東京帝国大学理科大学教授兼教頭の矢田部良吉（一八五一－一八九九）が後任の主幹となった。二〇年一〇月五日、訓盲唖院は文部省告示第九号により、東京盲唖学校と改称され、矢田部は校長を兼任することになった（二三年六月辞任）。小西は幹事となり、二三年一〇月一一日に校長心得、二六年九月一一日に校長となった（東京盲唖学校一覧［一八九二］）。時に四〇歳であった。

小西は、その能力だけでなく、人格によっても敬愛された人物であり、評価は公平、ユーモアと反骨精神をも備えて、権威を振りかざすようなことはなく、全国盲唖学校のリーダーとして牽引した。また、強力なリーダーシップで管理する型ではないが、学校経営者としても優れていたと思われる。彼は右腕として良教員を嘱望していたが、千葉県茂原尋常小学校長の石川倉次（一八五九－一九四四）を推薦された（鈴木［一九六一］参照）。しかし石川の固辞に会って難航したが、明治二〇年一二月九日、石川を助教諭兼書記（薄給だった）として、妻・さのを本校雇教員（和服・造花）として、ともに招いた（小西信八先生存稿刊行会［一九三五］五一頁）。明治二一年末の陣容は、尋常科は教諭・助教諭各一名、雇教員一名だけであり、実技系の雇教員が四名、嘱託教員が五名という陣容から出発した（東京盲唖学校［一八八九］二四－二五頁、巻末）。

東京盲唖学校はここに初めて、専門教員からなる盲唖学校として出発することになる。小西は、盲唖学校教員の活動を引き立て、日本訓盲点字の撰定では石川倉次を督励した。しかも、然るべき人を引き立て、自分の手柄にするようなことはなかった。たとえば、石川重幸（一八五七－一九二九）著『盲人教育』（育成会）の出版では、巻頭には高官や上司が「序文」を書くのが当時の慣習であったが、小西は、「序」として短歌を一首詠うだけで著者の前面に立とうとはしなかった。また、女学校等からの鍼按教員派遣のような細々とした依頼にも適切に対応することで、東京盲唖学校の社会的位置の確立に貢献したのである。さらに、東京立地と官立・直轄校の立場を活かして、教育関係者や上層の人々を卒業式に招くことで、教育成果と盲唖学校の意義を社会に広く周知させたことも、彼の功績であった。また、古河太四郎を日本・盲唖教育の開拓者として、また、京都盲唖院を初例として深い敬意を払いつつも、講義録を交換したように（生徒卒業［一八九三・四・二〇］二四五頁）、協力関係を重視しながら競いあった[45]。小西は、東京盲唖学校が明治四三年に盲聾分離するまで、日本の盲唖教育のセンターとして、その基盤を構築したのである。

(3)　児童の特徴と卒業生の進路

盲唖学校を運営するにあたって、何より、入学対象となる盲唖児の数を把握することが困難だった。神道家の楽善会友・浦田長民（一八四〇－一八九三）が東京府に依頼した調査から一五歳未満の盲唖児数をみると、以下のとおりだった（東京盲学校［一九三五］九八頁）。

区部（男女）　　郡部（男女）　　合計

盲児　八四　四二　四九　二七　二〇二（男一三三、女六九）名
唖児　三四　三二　一七　一七　一〇〇（男五一、女四九）名

この時期に正確さは期し難い調査ではあるが、府内には三〇〇名ほどの対象児がいたことになる。このうち、楽善会訓盲院が職員を派遣して就学を勧めても、これに応ずる者は一〇人に一～二名だったという（九八頁）。

東京盲唖学校の生徒の年齢は意外なほど高い。明治三〇年代前半に至って、やっと定員の二倍ほどの入学希望者が殺到するようになったという。それでも明治三五年五月の卒業年齢をみると、盲生では尋常科が平均二二・五歳、唖生では一七・四歳で、平均在学期間はそれぞれ四・四年と五・九年であった。盲生の卒業年齢が高いが、それは、入学志願者のうち、年齢が高い者を優先する（生徒卒業［一九〇二・五・二八］五八六頁）という生徒入学許可の方針によるところが大きい。しかし、入学年齢は年々低下し、在学期間は長期化していった（生徒卒業［一九〇一・四・二二］四五一頁）。

楽善会訓盲唖院時代から東京盲学校・東京聾唖学校分離までの間の児童数の推移は、以下のとおりである。

楽善会訓盲唖院が文部省直轄学校となり、東京盲唖学校と改称するのが明治二〇年一〇月、小西信八が校長となるのは、二六年九月である。表1－5－1の児童数の変化によって、小西時代が本校の基盤構築期だったことがわかる。また、児童数が増加しないのは、退学者が多かったからであった（表1－5－2）。東京聾唖学校の資料によると、開校以来昭和五年三月までの入学者数は一五一七（男九〇四、女六一三）名に対して、卒業者数は七四一（男四五六、女二八五）名に過ぎず、退学者数は六二五（男三五七、女二六八）名もあった（東京聾唖学校［一九三二］一二三頁）。退学者が多いのは、教育の効果が生じるのを親が待てないか、入学時の年齢が高いために、成人期に達してしまい、就労の必要が出て来るからであろう。

そこで、入学者の年齢について初等部までについて、大正一三年、昭和六年、一六～一七年の在籍児童の年齢範囲を整理したのが表1－5－3である。

この情報は、年齢の範囲なので明確には把握できないが、児童の年齢が顕著に低下していることは分かる。盲唖教育機会の拡大と予科設置、そして、聾唖児の場合は口話法の普及や言語習得の必要性によるものと思われる。したがって、聾唖児のほうが入学年齢の年少化は明瞭にみられる。

盲生数が唖生数を上回るのは明治一六年までで、それ以降は、唖生数が盲生数の二倍近い数となる。小西の理解によれば、盲生の保護者は、鍼按により生活が容易で、会話も可能だから教育の必要性を痛感しないためであろうとしている。男女差は、盲唖生ともに大きいが、とくに盲生で顕著である。この男女差は戦前までほぼ変化がないが、唖生のほうが小さくなる。生徒の出身地は、東京が多く、関東地方出身者が総数の大半を占めるが、それ以外の出身地は、全国に及ぶ（明治三五年には三府三四県、清国と台湾から各一名）。また、通学生が寄宿生をやや上回る。以上の傾向は、時期によってもあまり変わらない。本校は、京都盲唖院とほぼ同規模の日本最大で、教員養成課程までの全課程を擁する日

表 1-5-1 東京盲唖学校児童数（明治 13 〜 42）

	盲生			唖生			
	男	女	合計	男	女	合計	総計
明 13	7	1	8	4	1	5	13
14	12	2	14	8	1	9	23
15	13	4	17	8	3	11	28
16	14	4	18	10	5	15	33
17	13	5	18	14	5	19	37
18	11	4	15	15	6	21	36
19	10	2	12	17	6	23	35
20	13	1	14	21	14	35	49
21	19	2	21	27	13	40	61
22	22	7	29	31	13	44	73
23	18	5	23	33	15	48	71
24	20	4	24	30	18	48	72
25	26	6	32	36	24	60	92
26	40	6	46	43	22	65	111
27	34	5	36	39	23	62	101
28	34	6	40	35	27	62	102
29	39	4	43	44	37	81	124
30	53	8	61	60	43	103	164
31	60	9	69	80	59	139	208
32	53	9	62	91	57	148	210
33	50	8	58	102	65	167	225
34	52	10	62	110	72	182	244
35	58	10	68	118	78	196	264
36	60	13	73	115	82	197	270
37	57	15	72	126	88	214	286
38	57	17	74	121	95	216	290
39	67	21	88	105	94	199	287
40	85	24	109	117	91	208	317
42	104	27	131	133	105	238	369

出典：東京盲学校（1937）147 頁、東京聾唖学校（1939）182 頁。

表 1-5-2　東京盲唖学校退学者数（明治 13 〜 22）

	盲生退学者数			唖生退学者数		
	男	女	現員	男	女	現員
明 13	0	0	8	0	0	5
14	0	0	14	0	0	9
15	1	0	17	1	1	11
16	0	1	18	2	1	15
17	2	1	18	1	0	19
18	7	2	15	4	1	21
19	7	3	12	4	5	23
20	3	1	14	2	0	35
21	4	0	21	6	4	40
22	9	0	29	3	3	44

出典：東京盲唖学校（1889）32-33 頁。

表 1-5-3　東京盲学校と東京聾啞学校初等部・予科の児童年齢

	東京盲学校				東京聾啞学校			
	予科		初等部		予科		初等部	
	男	女	男	女	男	女	男	女
大正 13			6.1 ～ 15.6	8.6 ～ 14.4			11.3 ～ 22.3	11.2 ～ 19.7
昭和 5	5.2 ～ 7.1	6 ～ 6.8	6.8 ～ 18.5	8.3 ～ 20.3	4.1 ～ 10	4.1 ～ 9.8	7.11 ～ 14.11	6.6 ～ 18.9
昭和 16-17	6.8 ～ 12	8.1	8.7 ～ 17.7	9.2 ～ 16.4	5.4 ～ 6.9	4.4 ～ 6.11	7.2 ～ 14.1	7.1 ～ 14

出典：東京盲学校（1925）134 頁、（1931）116 頁、（1941）140 頁。東京聾啞学校（1925）26 頁、（1931）71 頁、（1942）172 頁。

本唯一の盲啞学校の性格を維持する。

卒業生は学校における教育成果の普遍的な指標であったから、卒業式で小西は、卒業生一人ひとりの氏名を挙げて、成績と努力を讃えながら、その進路を列席の来賓に紹介した。小西校長報告の巧みな点は、成果を詳細かつ具体的に誇示しながら本校が当面している課題に対する支援を列席している政府高官や教育関係者に明示的に懇請することであった。たとえば、日本点字翻案後完成間もない卒業式では、参列した来賓に最新の点字を配布して、「盲人ト常人トノ溝渠ヲ撤去スルコトニ尽力アランコトヲ」と述べて、盲教育と卒業後における盲人に対する理解と支持の獲得に努力している（東京盲啞学校第三回卒業証書授与式［一八九一・一二・一三］一三三頁）。また、謝辞や当時の知識人の教養であった詠歌を卒業生にさせることによって、教育の成果を来賓と社会に誇示したのである。

卒業生のなかで、学校教育をうけることによって、それまでにはない境遇を開拓する例が出てきた。盲人がより高度な正規の学校教育を受けることにより、盲啞児の教育の在り方を熟考させることになった。京都校・東京校以外の盲啞学校は、職業技術の伝達と向上が中心であり、その科目以外に若干の教養的な内容が追加されていたにすぎなかった。そのような意味で、福島訓盲学校を創設した一人、長澤正太郎（一八七七－一九一五）の存在は、職業教育のみに直結しない教育の意義を認識させたという点で重要であったのではなかろうか。彼は強度弱視であったが、一六歳で正規の盲学校教育を了えた、当時の盲人としては珍しい例に属していたといえよう。小西はつねづね、卒業生に、就職した土地で盲（啞）教育を創めるように、と諭していたというが、その努力が結実した例を挙げれば、長澤正太郎（福島県）、長岡重孝（名古屋）、南雲總次郎（鹿児島）等、多数いる。

前橋で私塾を開き、点字と一般教養を教えた瀬間福一郎は、東京盲唖学校の鍼按科（按）、尋常科、鍼按科（鍼）をそれぞれ明治二八年、二九年、三〇年の三月に卒業している。長崎盲唖院の創設者の一人で教員を務めた野村宗四郎は京都盲唖院の明治二五年卒業生であった。東京盲唖学校では、函館訓盲院の教員・篠崎清次（篠崎［一九六六］五頁）、中学校教員でその後失明することになる岐阜訓盲院の森巻耳（一八五五－一九一四）は六カ月、東海訓盲院の松井豊吉は一年間、長野盲人教育所の花岡初太郎（後出）も学んでいる。小西校長は、規則にはない研修生として盲人を受け入れることで、盲唖学校創設へと結実することを援助したのである。

盲学校で教育を受ける機会があったことが、卒業後に盲児を育てる職種を選択し、彼らの経済的手段とアイデンティティを育成していったことは、後にも、福岡の小島留蔵（一八七七？－一九三八）、岡山の葛山覃（かつらやまひろし）（一八八九－一九四六）、岐阜の小坂井桂次郎（一八八一－一九六六）のような補佐あるいは二代目の校長となる盲人によって例証できる。彼らは鍼按の営業鑑札を保有する障害当事者ではあったが、職業維持のみに関心を限定させず、より基礎的な教育の重視と、健聴者あるいは晴眼者との同等性、したがって自らの社会的構成員としての意識と自覚をもって盲生を育成したものと思われる。

このような意識と社会活動は、鍼按業を生活の糧としなかった盲人についてはさらに特徴的であろう。中村京太郎（一八八〇－一九六四）や熊谷鐵太郎（前出）にその典型的な例をみることができる。中村は東京盲唖学校を卒業（明治三一年三月尋常科、三三年三月鍼按科）し、盲学校で教科担当の教員を経験したあと、好本督の援助により、大正一一年に点字毎日の創刊に関与する。そして、熊谷については前述したが、苦学の末に東京盲唖学校を卒業（明治三七年三月尋常科、三九年三月鍼按科）し、キリスト教聖職者の道を歩んだ。

鍼按技術においても、富岡兵吉（明治二二年七月鍼按科［按］、二四年三月同［鍼］卒．一八六九－一九二六）は、帝国医科大学第一病院按摩手雇として雇用されたことにより、盲人の能力と東京盲唖学校の存在意義を世に知らしめた。

本校の盲生・唖生の卒業後の進路については、明治四〇年三月の『東京盲唖学校卒業者現状一覧』以降、概覧や一覧により、把握できる。ほぼ毎年、教育の成果と動向が年次報告のような形で公表されるのは、日本では本校に限られる。

盲唖生の進路については、職業自立という抽象的な目標を具体化することでは、限られた数の職種の選択をめぐって盲唖学校・本人・親との間で葛藤と逡巡があった。唖生では、技芸科における職種間での適職選択の問題があり、技芸以外の進路への希望は、盲生にも聾唖生にも生じた（京都校でも同様の問題に逢着していた）。最終的には、盲生の伝統的職業、唖生の手工的な職業に帰着せざるを得ないことが多かったけれども、とくに盲生の場合は、音楽あるいは鍼按にすべての盲生が適職というわけではなかったから、鍼按以外の適職確保という職業問題が早くから生じていたのである。この進路問題についても、小西は、卒業生一人ひとりの状況に言及して、盲唖教育の意義と課題を列席者に紹介した（東京盲唖学校卒業証書授与式［一八九二・一一・一二］一二五頁。［一八九四・五・三］三六頁。［一八九五・三・一八］三三五頁。東京盲唖学校第一回卒業証書授与式［一八九九・五・二五］二〇頁）。

なお、日本の盲唖学校を支えた東京盲唖学校および京都盲唖院を卒業した教員については、第四章第三節で述べる。

(4)　学校財政状態と慈善性の残存

財政状態は官立校にしては、意外なほど貧弱であった。財源は、債券・株券・貯金総額六万三五九円からの利益金三四〇〇円であり、直轄校になっても時々慈善会を開催して、資金を得る必要があった（東京盲唖学校卒業証書授与式［一八九二・一一・一二］一二五頁）。そのために、校長・矢田部良吉の努力により、楽善会時代の基金四〇〇〇円を五万円まで増加し（小西［一九〇二・一二］二八頁）、基金の拡大による利益金の増額を目ざすものの、利益金の増額に応じて政府支出金は減額される傾向にあったために（明治二四年度一〇〇〇円削減、二五年度一〇二六円削減、明治二八年度の政府支出金はわずか九〇〇円、明治三一年二九〇〇円）、慈善会の開催は、欠かかすことができなかった（生徒卒業［一八九三・四・二〇］二四四頁。東京盲唖学校卒業証書授与式［一八九四・五・三］三八頁。東京盲唖学校卒業証書授与式［一八九五・三・二八］二三五頁。東京盲唖学校第一回卒業証書授与式［一八九九・五・二五］二一頁）。このような財政状態に対して、小西は、生徒一人当たり経費が通常学校より多くなる理由について説明しつつ（東京盲唖学校卒業証書授与式［一八九六・四・

二三］三六二頁）、慈善依存を否定しながら、慈善に頼らざるを得なかったのである。

このような財政状態であったから、小西は財政基盤を確立した人物として、矢田部良吉の名前を繰り返し挙げて称揚し、感謝している[46]。また官立化は、正教員給与の確保だけは悩まなくてもよいだけで、経営難自体は続くことになる。これは、京都盲唖院も同じであった。また、職業に結びつく職種別の教員雇用が望ましかったが、資金不足によってできなかった。まして、授業料無償化という学校側の構想（生徒卒業［一八九三・四・二〇］二四四頁。［一八九五・三・二八］三三五頁。東京盲唖学校第一一回卒業証書授与式［一八九九・五・二五］二一頁）は夢でしかなかった。京都盲唖院では実現していた盲・聾唖の担当教員の専任化も、生徒数に対応した教員増も実施できなかった（東京盲唖学校卒業証書授与式［一八九六・四・二三］三六三頁。東京盲唖学校第一一回卒業証書授与式［一八九九・五・二五］二一頁）。なお、明治三三年度から授業料は全廃となっただけでなく、政府支出金も約一万円になった（生徒卒業［一九〇〇・五・二五］三六七頁。［一九〇一・四・二二］四五一頁）。小西校長の宣伝の巧みさによる。

⑸　教育の目的と内容

ところで、小西信八は、教育目的の設定について、慎重に、設立過程や教育の成果、そして社会的受容性を見定めながら変化させていったように思われる（前田［一九九四］五八－五九頁参照）。当初は、楽善会の発起人が予定していたヨーロッパ啓蒙思想の吸収と山尾庸三等の有用化とを混合させている。人間がもっている固有の智徳を啓発し、意思疎通と交流を可能にし、とくに、自営の道を獲得することを重視しており、社会の厄介者にならず、国家経済に寄与するというものである。したがって、盲唖生徒に「高尚の文学理学」は教授困難であるだけでなく、本人にも有益でないから、彼らの学習する内容は、簡易小学科に加えて、地理歴史の大要程度で差し支えないという（小西［一八九〇・一一］八一頁）。盲唖学校に設置されている尋常科とは、小学校尋常科ではなく、盲唖学校技芸科に対応する名称ではあるが、盲生の場合は、書画を除けばほぼ一般の小学校の「高等小学科以上ニシテ」、唖生は「尋常科ニ稍近キ」程度にすぎなかった（東京盲唖学校卒業証書授与式［一八九五・三・二八］三三五頁。生徒卒業［一九〇〇・五・二五］三六六頁。生徒卒業

［一九〇二・五・二八］五八六頁）。より初歩的な教科学習の程度と聾唖生徒の相対的に長い在学期間（後述）は、言語および難解で複雑な漢字学習の困難さとによるという。

しかしとくに盲生の場合、学科程度の方向性としては、尋常中学校程度を目ざすようになる。その理由は、中学の学科履修が可能なこと（東京盲唖学校卒業証書授与式［一八九五・三・二八］三三五頁）、生徒の年齢が高いことや（生徒卒業［一八九三・四・二〇］二四四頁）、卒業生を地方盲唖学校教員として派遣するために、より高いレベルの教育を提供する必要性であった（東京盲唖学校卒業証書授与式［一八九四・五・三］三六頁）。

なお、寄宿舎生活においては、一つの家族として運営し、その生活基準は「務メテ良家ノ庭訓ニ近カランコトヲ期スル」ことにあった（生徒卒業［一九〇一・四・二二］四五一頁）。

さらに、本校では、職業相談や保証人になることも、現実に学校の任務となっていた。それゆえ、保護者の相談において必要な事業として明らかとなったのは、学齢盲唖児の教育だけでなく、成人盲唖者に対する職業教育、高齢盲唖者に対する社会事業であり、これらは、将来の国の責務として提示されている（東京盲唖学校第一一回卒業証書授与式［一八九九・五・二五］二〇頁）。小西が、学齢盲唖児の教育と社会的必要性が高い中途失明の成人盲教育とを分けて考えていたのである。盲学校における寄宿舎や教育機関としての在り方については、とくにパーキンス盲学校を先例としたのであろう。

そのほか、教員養成、体操場等の施設・設備、一定の教育水準維持のための教科書編纂の課題を挙げている（東京盲唖学校第一一回卒業証書授与式［一八九九・五・二五］二一頁）。

（二）凸字から点字へ

日本の盲唖教育の第二段階は、小西の登場、石川倉次の招請によって拓かれる。小西と石川は、実際には面識があり、二人は、明治一七年一月二七日に虎ノ門の工部大学校で開催された「かなのくわい」（カナの会）で初めて会ったという（小川［一九九五］二〇頁）。石川は、ブライユ点字の翻案を明治二三年一一月一日に成し遂げたことによって、楽善会訓盲院が追求してきた凸字から脱却した。この盲人用文字の転換は画期的なことであり、基礎的教科から職業教育まで、学習の効率を一挙に高めただけでなく、読み書きの手段を盲児に提供することになった。これは、石川倉次の努力はもちろんのこと、小西のイニシアティブがあったためである。

楽善会時代でみたように、盲人用文字について発足当初から念頭にあったのは凸字であった。それを、小西は後年、「創業以来種々ノ工夫アリシカ、皆実用ニ適セス。即チ、書クコトヲ得シムレハ、自ラ読ムコト能ハス。読マシムル方法ヲ与フレハ、自ラ書クコト能ハス」と述べている（東京盲唖学校第三回卒業証書授与式［一八九一・一一・一三］一九頁）。

公立学校における盲教育に貢献したイリノイ州立盲学校長、フランク・H・ホール（Frank H. Hall 一八四一－一九一一。Allen［一九一一］）開発の点字タイプライターと点字原版製作機がシカゴで開催のコロンブス万国博覧会に出品されていたのを、同地出張中の手島精一の連絡により知った小西は直ちに注文したが、銀貨相場暴落のため予算の二倍の価格となり、購入が困難となったが、丸善の好意で使用できたという（東京盲唖学校卒業証書授与式［一八九四・五・三］三六頁）。

画期的な点字翻案を活用して、教育普及と教育水準の維持・向上に利用したのは、明治二五年三月の点字印刷物の第四種郵便物としての認可である。京都盲唖院との講義録の交換や本校から卒業生への送付は、従来、第一種郵便物の扱いだったために、経費負担が困難になっていたために、決して「小事」ではなかったのである（生徒卒業［一八九三・四・二〇］二四五頁）。また、左近允孝之進は、明治三八年五月に、自分が興した六光社から『盲人点字独習書　全』を刊行している。本書は、点字の最も基本的な独習書であるが、副題に「一名　点字教授法（点字教科書練習板附属）」とあるように指導書でもあった（左近允［一九〇五］、［一九一〇］）。

（三）聾唖児のコミュニケーション

聾唖生は、平均年齢は盲より低かったが、在学期間は、聾唖のほうが長かった。その理由は、ひとえに聾唖児の言語指導の困難さのためであり、聾唖尋常科の学習程度が低いのも、同根である。八歳から一二歳で入学してくる聾唖生に対して、健聴児では小学校入学前に了解している事柄が多い、「テニヲハ及動詞ノ過去未来ノ区別ノ如キは最モ困難ニシテ最モ必要トス」（東京盲唖学校卒業証書授与式［一八九五・三・二八］三三五頁）という日本独特の事情があった。また、無数の漢字、各種の文体、男女別の表現、口語と文語の学習も、盲児の点字に対して、聾唖生には比較にならないほどの困難と負担になるという（［一八九五・三・二八］三三五頁。生徒卒業［一九〇〇・五・二五］三六六頁）。そのため、聾唖生の尋常科平均在学期間は、規定の在学年限五年に対して、盲生では平均在学期間が平均三年三カ月であるのに対して、六年六カ月と、かなり長期とならざるを得なかった（東京盲唖学校第一一回卒業証書授与式［一八九九・五・二五］二〇頁）。そのうえ、保護者はこの期間を待てず、半途（中途）退学をさせるために、せっかくの成果も水泡に帰すという（東京盲唖学校卒業証書授与式［一八九五・三・二八］三三五頁）。技芸科でも、聾唖生の平均在学期間は、盲生の四年七カ月に対して、聾唖生は図画科で五年四カ月、裁縫科で七年六カ月と長かった（東京盲唖学校第一一回卒業証書授与式［一八九九・五・二五］二一頁）。

口話法の導入についても、小西の柔軟で現実的な思考様式が現れている。小西は後に、口話法導入に対する消極性ゆえに川本宇之介に批判されたが（岡本［一九九七］六六〇－六六一頁。清野［一九九七］五九頁。前田［一九九四］五七頁）、小西が口話法を一方的に排除し、手話法や指文字だけを擁護したことはまったくないといってよい。小西は、口話か手話かという二分法的な方法を採ることはなく、聾唖児の口話法への適性を個別的に的確に判断して、口話法の採否を決めていたように思われる。その一つは、小西がアメリカ留学をした時期は、口話法が聾唖児の言語指導法の主導権を奪取しようとしていた時期であった。彼は、アレクサンダー・グレアム・ベル（Alexander Graham Bell 一八四七－一九二二）と面会し、その所説も理解している。さらに、手話法を採用しているイリノイ州立聾唖学校も訪問し、校長とも面談し、加えてアメリカ口話法運動の中心メンバーの一人、シカゴのメアリ・T・マコーウェン（Mary T. McCowen 一八四九－一九三〇）経営の私立口話法聾唖学校（後に、シカゴ公立聾学校、シカゴ市立師範学校附属学校）等も訪問している。ま

表 1-5-4　小西信八の盲唖学校小学校附設論の提案（引用文中かっこ内文章は引用者）

明治 23.10.7	小学校令第 40 条・41 条（盲唖学校が小学校に類する各種学校となる）		
明治 26.12.30	盲唖教育	福島県教育雑誌、30、p・13-14（7-15）	筆記
	福島県五郡連合教育会での講演。長澤正太郎同伴。（小学校教師は）点字は 3 日間で習得できるから、試みて欲しい。盲生の存在は、他の子どもにも有益なはず		小西信八
明治 31.2.1	福島訓盲学校、福島第二尋常小学校内保嬰学校の一室で開校式		
明治 31.9.29	小西信八、欧米視察から帰国		
明治 32.4	東京盲唖学校第十一回卒業証書授与式	教育時論、508、p・19-21	小西信八
	各府県ニ於テ福島県ノ例ニ倣ヒ、公立小学校ノ一室若クハ数室ヲ充用シ、追々訓盲教唖ノ事ニ着手アランコトヲ切望致シマス		

た小西は、ベル父子の情報を伊澤修二から得ていたし、聾唖生の発音教授を伊澤に委託しており、明治二二年には「発音及視話法」を文献上でも詳細に検討している（小西［一八八九・二］）。また小西校長は、卒業式の報告のなかで、発音指導とその困難、身振りの有用に実際にふれている（小西［一八九〇・一一］九四－九六頁）。小西は、田中不二麿や伊澤修二、後の川本宇之介とは異なって聾唖教育者であり、アメリカの聾唖教育を参観するまでに約一〇年の指導者としてのキャリアをもっていたのである。この教職経験は、言語指導法の選択には決定的な要素であり、手話法と口話法の言語指導法上の長短比較だけでなく、就学期間が限定されている聾唖教育における現実性、卒業後の利用可能性についても、日本の環境を考慮したうえで言語指導法を検討することができたのである。

（四）盲唖学校の小学校附設論

盲唖学校の小学校附設論は、小西が提起した問題であり、各種教育会にも反響があり、文部省政策にも反映される。しかし、彼の盲唖学校の小学校附設論の趣旨は、附設する学校が、一般の小学校と師範学校附属小学校とでは同じ意図ではないように思われるが、附設論全体が、あるいはその変化に連動して教育界や文部省に受容されているわけではない。ここでは、明治三三年小学校令改正までの小西の最初期における盲唖学校附設論の趣旨を述べるに留めて、その変化および背景については、第二章で検討することとする。

小西の盲唖学校の小学校附設論の最初期の希望をまとめたのが、表１－５－４である。これをみれば、小西の附設論は、最初は思いつきだったように思われるが、盲唖学校の普及が遅々として進まない事態を前にして、公立小学校に盲唖教室を設けることを期待して、教育機会の拡大を目的として提案されたことが理解できる。

おそらく盲唖学校の小学校附設論は、幼稚園の小学校附設からの着想だったのではなかろうか。幼稚園を小学校に類する学校機関とすることは、実現可能性は別にして、制度的な違和感は少ないだろう。そのうえで、小学校に類する学校という法文に盲唖学校を追加したのであろう。なにより、小西の前職は、東京女子高等師範学校附属幼稚園の監事だったのである。

（五）盲唖分離提案

小西校長は、明治三二年七月二一日、文部大臣に「東京盲唖学校ヲ盲学校聾唖学校ノ二校ニ分設スルニ付キ上申」を提出する（東京盲学校［一九三五］二二六－二二九頁）。この盲唖分離問題は、もともと京都盲唖院が聾唖児、楽善会訓盲院が盲児の教育を志向したように、当初から盲唖児の教育を考えるわけではなかった。また、盲児と聾唖児とでは教育方法が異なることから、元来、自明の問題であったが、それが切実な課題になるには、創設後、一定の期間が必要であるように思われる。それは、生徒数の規模である。東京盲唖学校で、盲唖分離問題が公式に提起されるのは、明治二八年三月の卒業式であった。生徒数は一〇三名で盲生徒三七（男三三、女四）名、聾唖生徒六六（男四一、女二五）名であった。小西校長はこのなかで、男女と年齢の多少に加えて、盲生徒のための工夫と聾唖生徒に対する工夫が相反するために、「教授管理共ニ本校教員ノ苦心焦慮スル所」と述べている（東京盲唖学校卒業証書授与式［一八九五・三・二八］三三五頁）。このことは、教員の盲唖分担につながる問題であり、それぞれの分野の指導上の専門性の分化と確立を意図したのである。

（六）盲唖の痴鈍児・白痴児問題

小西信八は、比較的早くから盲や聾唖に加えて知的障害を併せもつ生徒や白痴の問題に言及している。明治三八年の教員練習科唖生部の講義のなかで「痴鈍聾唖児」の措置について言及し、スイス・チューリッヒ市聾唖学校の鑑別法と学校編制・指導法、そして真の白痴児の入学拒絶方針を紹介している。そのなかで、小西は、東京聾唖学校では、「痴鈍聾唖児」が半途（中途）退学となっていること、通常の聾唖学校から独立した施設とすべきであることを述べる（小西信八先生存稿刊行会［一九三五］二三二頁）。なお、明治四二年三月一日には、石井亮一に「痴児教育講義を嘱託」している（東京盲学校［一九三五］二六一頁）。

これらの言及をどのように理解すべきかについて断定するだけの資料をもたないが、白痴児の教育に対する小西個人の関心があったことは確かだろうと思われる。しかも、明治二九年四月には、文部大臣代理の文部省高官が参列している卒業式において、卒業式報告の主題ではない聾白痴と白痴の救済について、これらを「取扱フ事亦本校ノ試ンコトヲ希望スル所ナリ」（東京盲唖学校卒業証書授与式［一八九六・四・二三］三六四頁）と言及していることは、文部省内の一部に、東京盲唖学校の機能に白痴教育を加えるような計画を考えた時期があったのではないかと推測される。というのは、この言及に加えて、小西が明治二九年一二月から三一年九月までの欧米出張の任務は、盲唖教育の研究に加えて、「白痴孤児及貧児ノ教育法研究」も兼ねていたからである。この任務内容は、盲唖教育という本務以外の分野であるうえに、小西が自分の興味だけで決定できることではなく、他の留学生には、このような留学による多面的な使命は課されてなかったからである。

（七）小西信八の功績――盲唖教育の基盤構築

こうした小西の努力を別の表現で示すならば、盲人の社会的地位の向上に要約できるであろう。そして、その限界を認識したとき、「盲唖教育は慈善にあらず」という境地にたったのであり、平田（［一九九七］一〇頁）が示唆するごとく慈善の二元性を理解したうえで、慈善の高次化たる権利を論拠としたのではなかろうか。たしかに、小西の権利論は、権利主体と二つの義務主体という西洋的な脈絡に沿って述べられている。「盲唖ノ教育ハ、慈善愛好家ノ道楽事業ニアラス。盲唖モ均シク国民教育ヲ承ケル権利アルヲ以テ、父兄ニハ其子弟ヲ就学セシムル義務アルヲ知ラシメ、国家ハ之ヲ国家事業トシテ督励スルニ至ルマテノ設備ノ必要ヲ、国民一般ニ覚悟セシメ」なければならない（生徒卒業［一九〇一・四・二三］四五一頁）。

しかし他方で、小西の権利論は、樋口ほど積極的ではなく、川本ほど明解ではないようにもみえる。小西と樋口および川本との間に権利論の差があるとすればその理由は、世代の差でもあったかもしれないが[47]、権利論という西洋由来の思想が日本社会にどの程度受容されるか、また、慈善という感情が西洋社会に堅固に定着している現状についての認識の差があったのではなかろうか。というのは、小西において、慈善と権利は対立概念ではなく、慈善はキリスト教社会には不可欠の要素であり、むしろ慈善が発展した状態が権利であるという意味で、慈善感情、すなわち慈悲は、権利の基盤であったと考えられるからである。ただし、一般に日本人の権利論は、アメリカ人からの援用の結果にすぎない。現代に至るまで、「権利」という用語を使用すれば無条件に発言者の主張を高く評価する傾向があるが、一般に、西洋社会由来の概念を日本語に翻訳するだけでは、その実体を理解することはできない。権利はその典型的な例である。欧米においては、第一に、生命や財産の多大な喪失に象徴される権利獲得の長い過程があり、第二に、権利享受が、社会的貢献への義務や責務とセットになって初めて成立しうることを考えると、要求する社会的根拠としての権利は、反射的にその享受者にもきわめて厳しく権利に応じた責務を要求する概念であることを理解しておく必要がある。

小西信八がその人格と相俟って、官立校としての権威性と人脈を活用して、盲唖教育の基盤形成に尽力したことはすでに述べた。小西は、卒業式において、苦労して卒業まで辿り着いた盲唖生に対するはなむけのことばは、慈愛溢れる言辞だけではない。晴眼者・健聴者との厳しい競争と営利一辺倒の実社会や軽侮と不利な待遇の可能性を示唆し、「忍耐、誠実、勤勉、及節倹ハ、立身ノ武器」として、恒心とともに厳しい生活への備えを説いている（東京盲唖学校第一回卒業証書授与式［一八九九・五・二五］二二頁）。また、明治三三年の卒業式では、聾唖者の卒業後の困難な生活を詳しく述べるなかで、保護者の団結による「父兄会ノ如キモノヲ起シ……中産以下ニシテ余裕ニ乏シキモノ、為ニ切実ノ計画」を期待している（生徒卒業［一九〇〇・五・二五］三六六頁）。

最後に、小西の欧米盲唖教育に対する受容上の態度をみると、町田や樋口とは異なるように思われる。小西は、他の先覚者同様、欧米教育情報の獲得には貪欲だった。子ども時代から久しく親しい関係にあった教育学者・篠田利英（一八五七―？）が留学している時にも、欧米盲唖教育情報はもちろん、アメリカ特殊教育先覚者の写真の入手さえ、依頼している（篠田［一八八八・一一］。篠田［一八九七・六］五六頁。篠田［一九三八］）。しかし、欧米情報の位置づけは、日本人にとって同じではなかった。町田に典型的なように、欧米（ことにドイツ）情報は絶対的な目標であった。それに対して小西にとっては、欧米情報は、きわめて重要ではあったが、日本の国情に合わせて実体化させるべき資料であった。それは、口話法絶対論者から非難された口話法の限定的受容の仕方や、フレーベル法導入における小西の訳語「積木」案出に象徴的である（倉橋・新庄［一九三四］三五一頁）。

盲唖教育の基盤形成期における小西信八の洞察力ある粘り強い活動は、明治初期における創意ある古河太四郎の苦闘とともに、小西信八が日本の盲唖教育史上、不可欠な傑物であることを如実に示した。小西は古河とは違って、独創的な着想があったわけではないし、盲唖教育は、自分が最も献身したかった分野ではなかったかもしれないが（小泉竹雨庵［一九三七・三］一二〇頁）、小西は、自分に課された盲唖教育の歴史的課題を誠実かつ見事に果たしたのである。教師として、東京盲唖学校の教え子一人ひとりの行く末を案じたことは、初期の卒業式での卒業生紹介によく示されている。また、自己を顕示せず、人格が備わっていたこともあり、友人・知己にも恵まれた。さらに小西には、卒業生等に関する批評をみれば、人を見抜く眼力も備わっていたと思われる。歴代の盲・聾唖官立校の校長に対する教え子や社会の敬意は、それぞれの個性に対応したものであるが、小西に対する深い敬意は、他の校長にはない深い人間味がある。

さて、小西信八の功績は関係箇所で述べてあるが、それを要約すれば、官立盲唖学校を、初等教育から教員養成までの全課程を擁するナショナル・センターとして機能させ、官界・教育界の人脈を活かして、近代日本の盲・聾唖教育の制度的・実践的・理論的基盤を構築したことであり、盲・聾唖教育の人材を育てたことに求められる。前者には、学校教育の一環としての盲唖学校の制度化、専門的教員養成のための教員練習科設置、当事者意識を具体化させる同窓会雑誌刊行や団体の結成への直接間接の貢献があり、とりわけ、研修生受け入れによる非制度的な専門家養成は、他の方法では代替できない意義があったのではなかろうか[48]。

長岡藩の藩医の次男として生まれた小西は、一五歳のときに北越戦争に遭遇した故郷に深い愛着をもっていた。逝去の二カ月前にも、周囲の諫止があったにもかかわらず、最後の長岡訪問を敢行したという。それにしても、開拓期における日本の盲唖教育は、適任者を得たのであり、社会的な役割を十分に果たした小西の一生であった。

二．京都盲唖院の発展と苦難

（一）生徒数と卒業者数の推移

東京盲唖学校と並んで、とくに西日本の盲唖学校の創設と維持や小学校における盲唖教育に貢献したのは、京都盲唖院であった。古河の苦難とその後の展開については、『京都府盲聾教育百年史』（一九七八）、とくに岡本稲丸（一九九七）に詳細である。

創設期から危機段階を経て発展する明治三〇年代半ばまでの児童数の変化を盲唖別に見たのが、表1-5-2である。創設して四年目から児童数が急増しており、事業の急速な発展の時期であると推測されるが、同時に、児童数の急増への対処は容易な問題ではなかった。というのは、教室増設と教員の増員を必要とし、財源の確保が必要となるからである。しかも、新奇性の高い教育事業であるから当然、指導経験者もいない。それゆえ、盲唖児童の急増は盲唖教育事業への社会的期待を示すと同時に、それに見合う教育成果を実現する条件が伴わない場合には危機を招くことになる。盲児と聾唖児の増加率は近似しているので、本校への期待は全体として高まっていたことになる。

古河が退任したのは、まさに京都盲唖院がそのような分岐点にあった時期だった。盲唖学校長には、安定財源の構築による経営が得手の人と教育・指導が得意の人がおり、多くの場合、この二つを兼務しなければならなかったし、この二つは関連し合っていたが、古河は明らかに教育開発が得手のタイプだった。日本には、前者のタイプはほとんどおらず、教育界出身でなかった長岡盲唖学校の金子徳十郎がその少数例であろう。

京都盲唖院は、明治三五年五月に半途退学者調査を行っているが、明治一一年五月創業から明治二九年までの一九年間で半途退学者二六〇名のうち、盲生徒が男子六九、女子二七名、聾唖生徒が男一一一、女五七名であり、全体の約六五％が聾唖生徒である。しかし、三〇年から三五年までの半途退学者は五〇名程度に激減し（京都市立盲唖院［一九〇三］九〇頁）、一年当たりの半途退学者は、以前の六割程度となった。表1–5–5の生徒数の推移でみたように、半途退学者が多かった明治一八年には一四七名を記録したものの、明治二二年には在籍者数が半減し、京都市立盲唖院の不安定な時期だった。半途退学者の増減は、学校経営の安定と関連していたといえよう。

（二）教育成果としての卒業生の活躍

盲唖学校の教育成果を示す普遍的な指標の一つは、卒業生の数とその活躍である。京都盲唖院でも卒業生の数とその活動に示される。京都盲唖院は、開設が最も古く、また、人材が集約された盲唖学校として、東京盲唖学校に次いで、盲唖学校が設置されていない地方ではその創設運動を主導し、盲唖学校が既設の地域の盲唖学校には教員を供給した。

各地で盲（唖）学校創設の際には、日本最初の事例として、参観や資料送付の請求があった。大阪模範盲唖学校の日柳政愬、金沢盲唖院の松村精一郎のほか、高知県の浪越四郎、徳島県の五寳翁太郎、岡山県の松浦善太郎らは本校を参観・研修の機会があり、兵庫、愛媛、和歌山、滋賀、鹿児島、函館へは資料や器械が送られた（盲聾教育開学百周年記念実行委員会編集部［一九七九］五九頁参照）。

京都盲唖院の最初の盲唖学校創設への寄与例は、長崎盲唖院の創設である。明治二五年鍼按

表 1-5-5　京都盲唖院　年度別盲唖児童数
（明治 11 ～ 35 年）

年	盲	聾唖	合計数
11	17	35	62
12	18	41	59
13	21	52	73
14	18	41	59
15	33	70	103
16	37	79	116
17	40	89	129
18	50	97	147
19	40	67	107
20	41	65	106
21	42	51	93
22	38	37	75
23	47	46	93
24	49	58	107
25	44	62	106
26	41	60	101
27	45	65	110
28	45	69	114
29	33	80	113
30	38	97	135
31	37	110	147
32	50	125	175
33	56	136	192
34	66	149	215
35	67	162	229

注：35 年は 10 月現在。
出典：京都市立盲唖院（1903）73-74 頁。

科卒業生の野村宗（惣）四郎は京都盲唖院で二年八月の間、按摩術科助手を経て（京都市立盲唖院［一九〇三b］五四頁）、長崎市で開業し、鍼按講習所を開設した。明治三一年五月一四日、長崎慈善会総会で京都盲唖院に準じて、「独立自活ニ必須ナル教育ヲ施ス」ことを目的とする盲学校の創設を決定した。野村宅を仮校舎として発足し、野村の按鍼講習所は閉鎖した。教員の長石安次郎は明治三一年、京都盲唖院で研修している（平田・菅［一九九八］）。長崎校が九州盲唖教育の拠点になったのは、長崎は明治期においては三府五港の一角であり、また、高等教育の拠点が当初長崎におかれたように、その重要性において歴史的な経緯があったがゆえに、長崎慈善会のような盲唖教育を創始する社会的基盤があったからでもあろう。

京都盲唖院は、長崎校の野村宗四郎以外にも、つぎのような卒業生を、各地の盲唖学校教員として送り出している（京都市立盲唖院［一九〇三b］八〇頁）。

山本清一郎（彦根）、関本健次（宮崎）、山本傳三郎（福井）、小林宇三郎（兵庫）、上田つな（島根）、和田文右衛門（金沢）、大都菊松

さらに京都盲唖院は、島根県の小学校訓導・福田与志（よし・ヨシ　一八七二－一九一二）を教員として受け入れて、島根県における盲唖学校の創設者に育て、岡山県と徳島県の訓導の研修を受け入れて、盲唖教育の着手に貢献した。

卒業生の数と就労実態も、教育成果を分かりやすく示す普遍的な指標である。本校では、二五年間の実績を明治三六年に公表している（京都市立盲唖院［一九〇三a］下之巻五二－五五頁。［一九〇三b］六八－七九頁）。それによれば、卒業生数は、盲では、男四一、女二五名、聾唖では男一一七、女五九名であった。卒業生の地理的分布は、東端は岐阜と富山まで、南は鹿児島で、東京盲唖学校ほど広範囲ではなく、島根県・愛媛県・高知県は空白県となっている。就労職種でみると、盲では、死亡八名および不詳者一名を除くと、按摩鍼治営業が最も多く三一名、ついで音曲師匠が一四、訓

盲教員が七、按摩業二となっている（上記卒業生数と一致しないのは資料のままである）。聾唖では、盲と異なり、職種は多様である。死亡者一四名と不詳者一名、本校で専修中の一五名を除くと、家事六、訓唖教員四、農（業）三、商業二、労働二、宿屋一、温習一、権衡（秤）一名以外の三八名は、多様な手工技術か絵画的技術を要する一七種の仕事に就いている。

京都盲唖院の教育の趣旨は、本校が「授ケル」「普通ノ教育」は小学校生徒に提供されている国民教育の恩恵の盲唖生徒に対する拡大であり、その目的は、「一層常人ニ接近セシムルコトヲ期」することであった（京都市立盲唖院［一九〇三b］一四、一五頁）。障害を逸脱とみて、障害児を障害のない子どもへの近接・近似を目ざすことは、まさに近代特殊教育の目標であった。その具体化を、本校助手の中垣内久二郎に語らせているように、国民である唖者が国家に貢献できるのは、学術の研磨・品行・独立自活、すなわち、職業自立に基づく社会生活であり、それは、常人に劣ることはないという（京都市立盲唖院［一九〇三b］五二－五三頁）。彼のこの境地には、意思と感情の疎通が可能で、品行正しく、教養もある聾唖者としてのアイデンティティと自信が溢れている。中垣内は、いわば模範例であるがゆえに、本校創設二五年記念誌に掲載されたといえるが、その限りでは京都盲唖院の教育事業は成功したと評価できるものであった。

（三）研究と出版

研究と出版では、京都盲唖院が東京盲唖学校と同等の成果を挙げたことは、優れた教員を擁していたことの例証である。京都盲唖院が明治三六年に刊行した『盲唖教育論　附瞽盲社会史』は、日本で最初の盲・聾唖教育に関する概論書であり、教育については、定義、原因、心身状態、教育の意義と制度が、教授については、盲では普通科と技芸科に、聾唖では言語指導法、普通科と技芸科に分けて論述されている。盲については上之巻として八四頁が中村望齋により、聾唖については下之巻として一四二頁が渡邊平之甫（一八六二－一九一〇）により、分担執筆された（大阪市立盲学校［一九七〇］七二－七三頁）。内容は、外国情報の紹介が多いものの、日本の経験や情報で補強される努力がされている。また本書には、付録として、当道座の歴史と制度に関する『瞽盲社会史』(全六四頁)が併載されている(京都市立盲啞院［一九〇三ａ］)。渡邊は明治三九年には『盲啞教育』を刊行し、没後の大正二年には渡邊編『古川氏盲啞教育論』が文部省図書局から刊行された。

(四) 将来達成すべき課題の認識

京都盲啞院は創設後二五年間の経験をもとに、今後の課題を列挙しているが、幼稚園の設置等、画期的な提案があった(京都市立盲啞院［一九〇三ｂ］一三二－一三八頁)。最初に、八項目の提案を示せば、以下のとおりである。

盲啞分離　幼稚園の設置　中等課程の設置　発音教室の別置　木工科の再開
修学旅行の実施　給費制度による就学促進　聾啞卒業生保護会の結成　教育設備の増設

この提案は、以下のように整理できる。

給費制度は、貧困層の盲啞児を対象とする就学機会の普及を目的としており、自活力の獲得を目ざしている。幼稚園と中等課程の設置は単なる教育期間の延長ではない。幼稚園に入学させることによって、家庭での放置状態を解消し、予備的教育を行い、教育成果を高めることを意図している。また中等科は職業課程ではなく、普通学科の上級課程であり、盲啞生徒にも中等課程の機会を提供しようという提案である。木工科は経費不足のために休止している職業教育課程の再開であり、聾啞卒業生保護会の結成は、卒業後、働く場の提供によって自立生活を確保しようとする提案である。盲啞分離は説明不要であり、発音教室は記号(手真似)教授の児童と空間的に分離した教室を設定することにより、口話法児童を手話法児童から分けることによって、口話法の成果を低下させないための工夫であって、大正末期以降に口話法が拡大するなかで、聾啞学校が苦労した問題である(この時代に京都盲啞院に勤務した島根県の福田与志は、この影響を受けて、明治二九年五月、「発音ノ見込アル生徒ニハ可成視話発音ニテ教授ス」としていた。島根県立松江ろう学校［一九九五］四〇頁）。修学旅行の実施では、社会経験の拡大を狙い、教育設備の増設は、入学者の増加に伴い、入学謝絶、寄宿舎の教室への代用等、充実を図る必要があることによる提案だった。

日本で最も歴史のある盲唖学校として、現実の必要性に対応した提案だけでなく、幼稚園計画は相当に先見的であった。また、学科中心の中等課程は、とくに聾唖児には戦前では縁遠かった。

第六節　小学校における聾唖児の自生的な指導の試みと盲唖学校創設の条件

岡　典子・中村満紀男

一．小学校校長・教員による障害児に対する指導の試み

（一）各地の小学校教員による障害児の自生的な指導の試みとその評価

ここで通常教育とは、小学校という教育の場や教育形態だけでなく、教員の意識や行動を含むものとする。これまでの日本の障害児教育史研究は、大正一二年勅令という結果を最終的・必然的かつ肯定的な方向として理解してきたように思われる。つまり、これ以前は障害児の教育を勧奨する法制度がなかったばかりか、障害児を就学義務の猶予・免除の対象としたために、すべての行政官や社会、あるいは学校が、障害児等に対する教育に一貫して関心を払わなかったであろうという暗黙の前提を設けて理解してきたのではなかろうか。いいかえれば、教育機会からの障害児の排除という法制度が、地方教育行政はもとより、小学校教員の意識や行動を緊縛し、教育関係者は一律に障害児等を小学校から排除し、障害児の教育には関心をもた（て）なかったはずだという前提である。

義務教育自体の強化は、保護者に対する強力な就学督励と貧児に対する経済的援助や補助的教育機会の提供によって、就学率は格段に上昇した。同時に障害を理由とする就学免除規程の確立は、障害児に対しては小学校への就学を自動的

に免除してよいという認識を生んだのである（村田［一九九七］一八－二二頁）。

しかし、このような政策プロセスは、明治期当初から教育関係者が障害児教育にまったく関心をもたなかったことを意味するわけではない。このことは、小学校の教員や校長、師範学校長の盲唖学校創設運動への関与や学業・健康の点で標準から外れた児童に対する小学校における実際の対応から理解できる。小学校には、通学可能であれば学業の遅れや行動上の逸脱・病弱のために進級できなかったり、他の子どもの指導の妨げとなる子どもは相当数いたはずである。もちろん、彼らが就学しても適切な教育が提供されたとは必ずしもいえなかったのではあるが、通学という事象は、教育に対する願望や要求が親にあったということであり（まして、授業料の負担は軽微ではなかった）、受け入れる学校の校長や教員には、何らかの教育的対応等について（成功しなかった場合が多かったであろうが）、一斉教授とは異なる教育形態の必要性が認識されていたと思われる。

子ども時代の一定期間を教育の専門機関である小学校で過ごすことが社会的慣習として構想される明治時代初期よりも前の時代において、障害児の親のなかに、積極的に教育機関に子どもを通学させ、その効果に期待した者がいることがすでに江戸中期にみられた。明治前半期の小学校において、障害をはじめとする何らかの逸脱状態にあった子どもに必ずしも拒否的でなかった事情には、近世の庶民教育における障害児に受容的な慣習が部分的にせよ存在していたことと関連があったものと思われる。江戸中期の寺子屋では唖児や肢体不自由児・盲児の受け入れと、学業が順調ではない寺子に対する補充的な指導があった歴史的事実は、これまでも確認されてきた（乙竹［一九二九］、［一九七〇］。加藤［一九六七］一一八－一九九頁。加藤［一九七四］五七八－五八八頁。安藤［一九八四・二二］。清水・飯塚・伊藤［一九九四］六八四－六八六頁。太田［一九一五］）。三〇〇人前後の子どもが通学した神戸（当時は寒村）の間人（はしうど）氏の寺子屋では、「不具者」も入学対象としており、江戸末期には聾唖生が四名いたという。また間人塾では、師匠の生徒管理を補助する生徒役員はすべての寺子が交代で務めることになっていたが、「虚弱者及び低能生、不具者等は除外」（神戸小学校開校三〇年記念祝典会［一九一五］七九、九〇頁）していたという慣例も、障害等の生徒の在学があり得たことの傍証であろう。

寺子屋への通学が社会的慣習であった地方もあったようで、伊勢地方では、零細農民層や下層貧民層はおろか、「非人」層も受け入れていた寺子屋があった（梅村［一九九一］四六－四七頁）。藩校の武士子弟に対しても、正統的でない課程による学習が存在していたという（小川［二〇〇五］八八頁以下）。

以上のような障害や低い学業成績の子どもに対する自生的な対応はその段階で留まり、彼らを対象とする独自の学校開設やカリキュラムの設定を進めるという発展はなかったのであるが、教職としての教師の心情の発露というべき対応は、近代国家になってからの、とくに初等教育教員による障害児への対応に連続しているものと思われる。明治時代の初期においても、初等教育機関に、聾唖児が通学する事例が広い地理的範囲において確認できる。明治時代初期は、学齢児童の就学率が男女平均して三五～五〇％、女子は一八～三二％に過ぎず（文部省［一九七二］一九三－一九五頁）、学校制度も整備されておらず、授業料の負担があり、就学督促が厳しくなかった時代であった。そのような時代に、聾唖児の親の教育に対する期待や願望に応えて、それを実践的に高めようとして聾唖児の教育に取り組んだ小学校の教員が各地にいたことは驚くべきことである。まさに明治五年の学制序文、太政官布告第二一四号の国民皆学の精神の効果は、わずかな数の障害児の親と学校の教師ではあっても、強力に存在したというべきである。後に盲唖学校の教師たちによってしばしば語られる、就学を拒む盲唖児の親たちの状況とは対照的だった。聾唖児童等が就学した地域を、後の県名で一覧にすると以下のようになる。

京都府（明治七年）、石川県（八年）、福岡県（八年）、大阪府（一〇年）、徳島県（一四年）、
熊本県（一四年）、大分県（一五年）、徳島県（一五年）、福島県（一五年）、
茨城県（一六年）、大分県（二二年）、広島県（二二年、不具児）

その初例は、明治七年、古河太四郎による京都の上京第一九区校の聾唖児であった。古河は他の子どもにいじめられ

ている姿を獄窓からみたことが、彼の聾唖教育の発起点であったという逸話は、とりわけ聾唖というコミュニケーション障害が小学校教師の同情と関心を生んだ点で示唆深い。明治八年には、第九大区加賀国向粟ヶ崎小学校の教師金岩安二郎が唖の女子一人を担任して成果をあげ、第八大区能登国磨知小学校の教師吉田守貞が唖の女子一人を指導し（中江［一九七二］三一〇頁）、三潴（みずま）県石門小学校（現在の久留米市立長門石小学校）の教員・亀山壽平が聾唖児を指導した（福岡県教育百年史編さん委員会［一九八〇］九四六頁）。明治一〇年の文部省年報の大阪府報告では、前述したように、「唖者ハ已ニ小学ニ於テ教フル者多シ」（文部省［五、一九一四］一五九頁）というから、ある程度の数の聾唖児が小学校に通学していたと推測される。

明治一四年には徳島県佐古町作新小学校訓導・箕村喜佐太郎（一八五二－？）[49]が唖生の教育を行い、「小学校の科業を習得せしめ」た功績で県属より金一五〇円を賞与された（徳島県教育会［一九二〇］一六一九頁）。なお、箕村の指導成果は、後述する五寶翁太郎の先駆となる。同年八月一四日、熊本県白水小学校の上野又十は、九歳の聾唖男児・梅田武橘の指導を授業の前後と空き時間に開始した。その結果、実物と文字、数と文字の連合を学習し、日常の事物の名称を漢字で理解するようになり、筆談も堪能になった。上野はさらに、苦労して読話を習得させ、数概念も理解させたという。上野は、四〇〇人ほどの集落にいた別の男女の聾唖児を入学させ、教育を行った。このうちの一人を筆製作に従事させた（上野［一八八九・九～一〇］、［一八八九・一二］）。

明治一五年には大分県日田郡東学校の宿理政太が、唖生に対して名称、文字・数、数え方等を指導した（熱心な教育者［一八八九・四］。SH［一八九〇・四］）。同年、徳島県海部郡由伎（岐か）の小学校では、唖児がいて文字により指導を試みており、福島県磐前郡三函の小学校にも唖児がいて、一般の児童とは別に指導をして、物の名称や簡単な算術を理解し、姓名を書けたという（加藤［一九六九］三五二－三五三頁）。明治二二（一八八九）年には大分県中津町金谷尋常小学校の稲荷山洵吾が、アレクサンダー・M・ベル（Alexander Melville Bell 一八一九－一九〇五）の視話法（visible speech）により、発音を指導した（北条［一八九一・一〇］。八坂［一九七七］一六－二〇頁）[50]。明治三〇年前後には、小学校や貧児施設にいた唖児の存在が、島根県の小学校訓導だった福田与志の盲唖学校創設の動機になっていた（福田与志伝［二〇〇五］七頁）。小樽の量徳尋常高等小学校首席訓導だった小林運平（一八六五－一九一六。平中［一九九七］二一－二三頁）や徳島県の五寶翁太郎（一八六三－一九三九）は、盲唖学校創設以前に学校や下宿、寺を借りて個人的に指導していた（徳島県立盲学校［一九八〇］一一頁）。大正期半ばになっても、群馬県では唖児または盲児が校長の好意で在籍する小学校があり、県学務当局は黙認していたという（群馬県盲教育史［一九七八］四三、一八三頁）。

明治時代の前半の小学校では、聾唖者に対する受容的な雰囲気があったことは注目されるべきである。これは、小学校教員に限らなかった。明治一六年秋から翌年一月までの短期間ではあったが、後に高名な国語学者となる茨城県師範学校教諭時代の大矢透（一八五一－一九二八）は二〇歳前後の唖者に発音を指導して、「二字三字連ナレル物名等ヲ発音」できるようになったが、（唖者本人の）事故のため指導は終結したという（大矢［一八八四・一〇］）。

なお、このような教師の感情を喚起させた遠因は、聾唖児の親の願望であったと推測される。というのは、熊本の上野又十の場合には親の入学と教育への懇願があり（上野［一八八九・九］一〇頁）、小樽の小林運平の場合にも、小学校への入学と教育への願望を聾唖児の親が教師に明示している。また、時期は下るが、明治三〇年代の岡山の聾唖児は上層に属していたが（加藤［一九九四］二一九頁）、この時期の低い就学率と授業料[51]が有料だったこと、厳しい就学督促がなかった時代であったことを考えれば、経済的に余裕のあった親が、小学校に通学させたと考えられる。国民皆学の精神に対する聾唖児の親の痛切な願望と期待があり、それを実践的需要に高めようとした教師が、明治時代初めに各地にいたことも驚くべきことである。まさに明治五年の学制序文、太政官布告第二一四号「学事奨励ニ関スル被仰出書」における「邑ニ不学ノ戸ナク家ニ不学ノ人ナカラシメン事ヲ期ス」の精神の効果は、障害児の親と学校の教師に対してわずかな数であっても存在したというべきである。

小学校教員が教育を試みた障害児が、ほぼ聾唖児だけであったことには、どのような意味があるのだろうか。これは、小学校に通学してきた障害児のほとんどは聾唖児だったということではなかろうか。盲児は通学困難であるうえに、指導の試行に躊躇をもたらすほどの教育方法の異質性を、教師にも親にも感じさせたであろう。したがって、盲児の親にとっては、せいぜいのところ、一〇歳過ぎに、鍼按業の親方に徒弟に出すことが辿り着く結論であったように思われる。後に、小学校において盲唖児の教育が提唱され、部分的に行われた時に、聾唖児は学齢に近く、盲児は学齢を超えていた年齢であったのは、このような事情があったためと思われる。つまり、小学校附設盲唖学校での教育では、聾唖児には学齢児としての義務教育の拡大であるのに対して、盲児の場合は、非義務教育の機会の拡大であったのではなかろうか。

それ以外の、障害がかなり明白な児童の小学校への通学事例は分からない。[52]肢体不自由の児童については、以下の事例がある。明治二二年三月、文部省・小杉視学官が広島県の小学校を視察した際に、教育会員と視学官との間に、つぎのような質疑応答があった（小杉視学官演説［一八八九・四］一八頁）。文部省ですら、実際にはかなり柔軟に考えていたのである。

会員（橋本拓一）　片手片足の不具児が体操科の授業ができないが、体操科を省くことができるか、試験はどうするか、修了証書はどうするか。

小杉視学官　普通教育は普通の智識を得させることが問題であって、師範学校養成とは異なる。そのような障害があっても、授業ができない教科は試験を省略し、修了証書は通常の書式で差し支えない。

（二）小学校の校長と教員による小学校内での盲唖学校開設と教育

(1)　はじめに

明治三〇年代以降においては、明治初期に散見された個々の訓導が聾唖児に教育的関心を示す段階を超えて、集団としての盲唖児の教育形態に結実する。ここでは、小学校長や教員が協力あるいは主導して、小学校内に盲学校を開設し、その後の盲学校あるいは盲唖学校に発展したケースを検討する。

明治三一年二月、福島町の福島第一尋常小学校に開設された私立福島訓盲学校、明治三三年三月、長野市長野尋常小学校南支校（後の後町小学校）に開設された長野盲人教育所である。この二つの盲学校の成立過程はやや異なる。なお、福島校における宇田三郎、長野校における渡邊敏（一八四七－一九三〇）の二人は小学校長であるが、教育界のエリートというよりも社会的エリートとして評価すべきであろう。彼らは、県師範学校が大衆化する以前の、町や村から選抜された時代の旧士族出身（二人とも二本松藩）の師範学校卒業者であり[53]、展望をもって盲学校を創設する計画を立案し、地域社会を動かす力があった存在であったからである。このような例は、他の地方にもみられる。

少し時代は遡るが、金沢区時代の松村精一郎による金沢盲唖院の教育事業に協力した石川県師範学校教員・梅田九榮は、明治四年一一月創設の金沢中学校（金沢藩設置の中学東校と西校を統合）に入学したものの翌年廃校となり、小学校訓導を経て、明治七年七月、小学校教員養成を目的とする石川県集成学校創設とともに入学した。この学校は一一月に石川県師範学校と改称される。梅田は、その第一期生として卒業証書第一号を受けた。梅田は、小学校訓導、県師範学校附属小学校訓導、師範学校教諭、小学校長、県工業学校教諭を経て明治四〇年に退職した。さらに退職後、明治四一年創設の上森捨次郎（一八五九－一九一九）が経営する私立金沢盲唖学校の教員として尽力した（梅田［一九一五・二］。梅田九榮氏逝く［一九一八・二］）。明治初期の地方における最高の教育を受けた梅田が、松村精一郎の盲唖学校に協力して約三〇年の時を超えて、再度、上森の盲唖学校に協力する行動は、時代からすると東洋的な憐憫や仁恕のもとに、まさに社会的エリートとしての貢献であったといってよい。また、梅田が盲唖学校に関与した時期が上森の私立金沢盲唖学校時代に限られ、その後身となる石川県教育会附属私立盲唖学校の移管前までであることに、移管の不分明な経緯[54]に対する彼の不同意が反映されているように思われる。

このほか、甲府市の手塚語重校長（明治一六年、山梨県師範学校卒業）と沖縄県渡慶次小学校の興那嶺惟俊校長（明治三一年、沖縄県尋常師範学校卒業）も、初期の師範学校卒業生であり、その貢献を既定の枠組みを超えた次元で表現したとみられる。

もう一つの類型は、訓導が小学校内に盲唖学校を設置したケースで、徳島市と北海道小樽区で行われた。いずれの学校も異なる形態ではあるが、小学校の外部に盲唖学校を展開する経過を辿る。

ところで、小学校を基盤とする盲唖学校における教育の特徴は、小学校教育を基準として構築されたことにある。その典型である明治三九年三月改正の私立長野県盲唖学校規則では、第一条に「本校は小学校の課程に準拠して盲唖の子弟を教育し自活せしむべき基礎を作る」(長野県立盲学校［二〇〇〇］一〇頁)ことを目的として掲げている点に明瞭である。ほぼ同じ時期の福島訓盲学校でも、学年と課業は小学校に準じている(海野［一九七五］八‐九頁)。この特徴と対照的なのが、鍼按業盲人が開設した盲学校である。大正四年一二月に開設が認可された杉山鍼按学校の目的は、鍼灸按とマッサージの指導だけを設定していた。たしかに、実際の学科課程では小学校の教科が配列されているのであるが、小学校課程との関連づけはされていないし、入学児の年齢も規定されていない(豊島区史［一九八二］二六〇‐二六二頁)。

これら二つの類型では、小学校教科の有無や多少だけが問題なのではなく、教科教授にどのような意味づけをしているのかが問題であろう。小学校型では、比較基準を晴眼児においており、晴眼児への近接が目標であったと思われ、他方で、鍼按学校型では鍼按技術の習得が第一義であって小学校教科は教養であった。これは是非の問題というよりは、入学者の学習需要の内容と学校側の教育に対する考え方の差であろう。

(2)　福島訓盲学校——鍼按業盲人の盲学校創設に対する宇田三郎校長の協力

福島訓盲学校は、長年、盲学校創設を企図していた鍼按業盲人グループに、小学校長・宇田三郎が協力して、明治三一年に福島訓盲学校として実現したケースである。福島町は県庁所在地として県行政の中心地であるが、福島県北部および宮城県南部の繭を主産品とする農産品の流通拠点である以外に産業は乏しく、明治時代中期になっても人口は二万人足らずの町であり、市制移行は明治四〇年だった。

福島県は、それぞれの地域に小規模な盲学校が五校も開設された。創設とその後の状況については、共通点が多いことを菊池が明らかにしている（菊池［一九八六・三］）。創設時期が明治四〇年前後、創設における盲人の主導的な役割（磐城は教育界）、教育界の協力と地方行政の支持、寄付による脆弱な経営状態である。県内盲学校五校のなかで、福島訓盲学校長・宇田の指導性と後述する学校構想の斬新さは顕著であった。なお福島県では、聾唖学校の設置が遅れた県であり、福島訓盲学校が福島盲唖学校になったのは昭和四年、私立二本松聾唖学校創設が大正一五年である。

福島訓盲学校の設立計画は、盲人グループ、澁木重庵（一八五八－一九二一）・長澤正太郎（一八七七－一九一五）とキリスト教徒の高橋金七（一八七一－一九一三）[55]によって、明治二五年には具体化していた。三人のうち、澁木と高橋は鍼按業を営んでいたが、長澤正太郎は、日本最高の盲学校である官立東京盲唖学校で正規の教育を受け、かつ若年で卒業した、当時の視覚障害者としては珍しい例であった。福島町の富裕な商家[56]の長男として生まれ、官立東京盲唖学校の前身である楽善会訓盲唖院に入学し、明治二五年三月に官立東京盲唖学校の鍼按科（按）、二六年三月に尋常科と鍼按科（鍼）を卒業している。

盲人グループのリーダーであった澁木重庵も、単に盲学校創設という夢を描いていただけの人物とは思われない。優れた技術と意欲をもった鍼按家であり、鍼按業組合の責任者を務めた経歴と漢学の素養の持ち主だった。澁木の長年の盲学校創設に対する考え方は、福島県教育会の機関誌『教育福島』掲載の「訓盲事業」から窺うことができる。この掲載は、福島県教育会で活動をしていた宇田の盲学校創設運動の戦略と思われる。澁木によれば、盲人はそのままでは人であって人でなく「心なきに至れば」獣同然である。しかし、心があればそれだけで「人の資格は充分」であり、それを達成する手段は、学識技芸を獲得できる教育以外にないという（澁木［一八九八］五－七頁）。

明治四年、明治政府が当道座の保護政策を廃止した状況において、近代社会という新しい状況に適応し、視力なき人間としての矜持と自らの努力で自活・自立を目ざすという高邁な精神の育成を、澁木は教育に期待したのである。澁木のこのような考え方は、教育によって育まれたようである。彼は、鍼按に関連する医学だけでなく、長年、漢学の素養を深めてきた（創立百周年記念誌部会［一九九八］二一－二二頁）。このような環境が、当時の伝統的な徒弟式で育った盲鍼按家よりも広い見識を、澁木のなかに育てたものとみられる。

福島訓盲学校の目的は、「技芸及普通教育ヲ授ケ自立ノ道ヲ得シムル」ことであり（私立福島訓盲学校［一九〇六］九九頁）、「普通教育」が技芸の同列に位置づけられているところに、小学校長が関与した痕跡を求めることができる。福島訓盲学校の課程は一年課程の予科（点字と修身）と四年課程の本科からなり、本科は普通科と技芸科に分かれた（この時代には両科兼修が可能）。明治四三年度『福島県学事年報』では、卒業生男六名のうち二名、女二名のうち一名は兼修生と明記されており（福島県［一九一〇］五八頁）、四年制の普通科・技芸科から短期間に卒業生を出すには、兼修が可能な制度でないと不可能であった。兼修制度は、鍼按業の盲人親方や盲生の生活現実との共存を可能とする妥協的な産物だった。本校生徒が生活費補給のために放課後に生活費を稼いだ（後述）ということは、親方の元で修業して、ある程度の技術をもっていたということであり、当然ながら生徒の入学年齢も高くもなる。

県による本校評価は、宇田らの努力にもかかわらず、芳しいものではなかった。明治三八年度の福島県学事報告では、「設備其ノ他ニ於テ、遺憾ノ点少ナカラス」、その理由は「僅カニ有志者ノ寄附金」による資金不足のためであった（福島県［一九〇五］七頁。［一九〇六］四頁）。評価が好転するのは、彼が早世する明治四〇（一九〇七）年度からであった。代わって低い評価の対象は、明治四〇年創設の石城訓盲院と明治四一年創設の郡山訓盲学校となった（福島県［一九〇七］五頁。［一九〇九］四頁）。四三年度からは県内全盲学校で改善が認められ、四四年度では「年ト共ニ、設備ノ改善教員ノ配置内容ノ充実ニ努力セシメアルノ結果、逐次年、其成績ヲ挙ケツ、アリ」（福島県［一九一一］四頁）。なお県の評価と連動する県補助金は、福島校に対して創設後六年目の明治三九年度から開始された。

福島校の卒業状況をみると、明治三五年三月に最初の普通科卒業生二名を出した（宇田三郎［一九〇二］一二頁）。福島校創設後七年にして男五四、女五名、九年目で男七二、女九名の卒業生を出している。卒業生が出るには入学者が多い必要があるが、入学数を左右する要素には保護者の貧富がある。その点で福島訓盲学校が高田訓矇学校より有利だったことはなく、大半の生徒の保護者は経済的に余裕がない階層で、生徒はおおむね、「貧家の子弟にして夜行按摩を営業

表 1-6-1 福島訓盲学校の年齢帯別の退学・在学状況（明治 30 ～ 34 年度）

年度	30		31		32		33		34	
	退学	在学	退学	在学	退学	在学	退学	在学	退学	在学
10 代前半	1	2				2				2
10 代後半						1				3
20 代前半	1	2	1	2		1				1
20 代後半	1		1	1						1
30 代	1				1	1		3		

し」ていたうえに、「自ら衣食する」うえで「補助を要するもの少からず」という状態だった。それゆえ二四名の生徒中一〇人の「貧困生」には年額五円の補助をしていた（宇田三郎［一九〇二］）。

入学者の年齢は明治三五年時点で一一歳～四二歳までいたが、『私立福島訓盲学校報告書第一回』（一〇二頁）に、短期間ながら明治三一年度から三四年度までの情報がある。生徒数は一四名、一九名、一七名、二二名と順調に増加しているが、生徒の入学時の平均年齢を算出してみると、二一・四歳、二三・九歳、二三・二歳、三六歳、一八・三歳となっており、入学年齢が単純に低下するわけではなかったことがわかる。そこで、年齢帯別に在学・退学の状況が分かるように整理したのが表1－6－1である。死亡・放校・年齢不詳の生徒四名は除いてある。

表1－6－1から、しだいに退学者が減少していること、年齢が低い生徒ほど在学を継続する傾向があることが分かる。これも、本校の創設趣旨に対する社会的信頼が、時間とともに獲得されていったことを示しているといえよう。

教育成果においては順調にみえる福島校の学校運営ではあったが、歳入はどのような状況にあったのだろうか。表1－6－2は明治三一年度から三四年度までの歳入と歳出の状況を、表1－6－3は明治三八年度から四四年度までの予算額または決算額を示している。

福島校の歳入額が異例なほど少ないのは、本校は授業料を徴収しないし、財源が定期および一時の寄付金のみであったからであるが、支出が少ないからでもある。明治三四年までは教員給与はごく僅かで、三五年度からは前年度までの四倍増になっている。三五年度の予算において教員一人分のみ月額一二円を当てているが、この額は小学校教員の給与額に相当

表 1-6-2　福島訓盲学校の歳出・歳入の状況（明治 31 年度～ 35 年度）

	年度	31	32	33	34	35（予算額）
歳入（円）	総額（円）	76.575	135.968	266.900	396.144	332.000
	維持会費	37.300	73.750	122.750	168.000	244.000
	一時寄附金	39.190	59.830	135.880	195.459	92.000
	雑収入	0.085	0.035	0.065	19.015	
	前年よりの繰越		2.353	8.201	13.670	
歳出（円）	教員及集金人報酬	22.000	33.700	46.400	49.350	204.000
	備品費	0.810	5.540	6.470	13.083	消耗品費に含む
	生徒諸費	12.178	15.040	23.530	30.600	36.000
	消耗品費	1.599	3.467	9.470	11.046	42.000
	生徒給与費	3.770	3.400	35.280	44.330	50.000
	諸雑費	1.665	11.620		7.363	
	研究会補助				1.030	
	基本金に繰入	25.000	55.000	131.200	223.855	564.71
	翌年度繰越	2.353	8.201	13.600	15.487	

表 1-6-3　福島訓盲学校の予算額または決算額（明治 38-44 年度）

年度	38	41	42	43	44
予算額または決算額（円）	443	1041	803	773	765
寄附金（円）				320	313
その他（円）				3	2
県補助金（円）				450	450

出典：私立福島訓盲学校、102-103 頁。私立福島訓盲学校一覧表、22 頁。福島県学事年報、明治 38 年度、188 頁。40 年度、204 頁。42 年度、178 頁。43 年度、58-59 頁。44 年度、58 頁。

するものの、それ以外の嘱託教員（福島第一小学校教員と開業医）は無報酬であった（宇田［一九〇二］）。福島町の経済的環境からいえば収入源の急増は見込めなかったから、設備その他の点で問題あるとの県の厳しい評価に対応する改善も困難であった。このような努力にもかかわらず、本校の事業が軌道に乗ってきた明治四〇年代初め、学齢盲児七三名中四名のみしか教育機会がなかったが（福島県［一九〇九］一一頁）、彼らのなかには、本科普通科と技芸科合計八年を修了できる境遇の盲児はほとんどいなかったであろう。就労適齢から逆算すると、表1―6―1でみたように青年～中年期盲人に混じって入学が目立ってきた一〇代前半に就学する盲生が多かったのも当然であった。

それでは、本校を支えたのはどのような人々であったのだろうか。これを、維持会員の動向によって分析してみる。各年末の維持会員数の変化は明治三一年五九、三二年八三、三三年末一三一、三四年末一七六、三五年二五二名と五年間で順調に四・三倍増加し、寄付金額も会員数の増加に対

表 1-6-4　福島訓盲学校維持会員の職業等（明治 34 年 12 月現在）

	教育界（校長・教員）			官界等	実業界	地域
	師範学校	中学校・高等女学校等	小学校			
男（人）	18	17	25	18	25	41
女（人）	3	5	7	4	0	10
		裁縫女学校 1 含む	商業補習学校 1 および郡・県視学経験者 1 含む	県庁・郡および町役場関係者と高官夫人、市会議員	病院 2、建設 1、新聞記者 1 以外は銀行	若松・二本松以外は福島町

注：この他の会員は、氏名以外記載なし 1、キリスト教団体 2。

応していた（宇田［一九〇二］二三頁）。「私立福島訓盲学校報告書　第一回」には、定期的に寄付をする維持会費と一時義捐金の寄付者名簿がある。正規会員である維持会員の四年目時点での職業等を整理したのが表１－６－４である。

維持会員一七六名のうち性別がわかるのは一七三人（男一四四、女二九）であり、女性は全体の一七％弱である。当時、女性がほとんど進出していない実業界や政界・行政等を除いて教育界と地域の維持会員に絞ると、女性の割合はさらに高まり、二三％となる。維持会員を分野別にみると、教育界が七五名で最大となる。初等教育界が四二％で、師範学校と男女中等学校教員が残りを二分する。つぎに多いのは一般の福島町居住者で五一名となる（町外者二名を含む）。女性は一〇名で二〇％弱となる。女性の寄付者の割合としては、他の盲学校と比べてかなり高い。キリスト教団体の会員は二件である。

福島校支持者で目立つのは、実業界の内容に偏りがあることである。ほとんどが銀行関係者（三行）である。その理由は、後に、明治三八年度から岡山県小学校で巡回講習による盲唖教育を実施した檜垣直右知事が当時福島県書記官として、株式会社福島県農工銀行の創設に尽力したからである。彼は、訓盲学校の維持会員・一時義捐金寄付者であり、訓盲学校開設式典にも参加しているように、盲唖教育事業に関心をもっていたのは確かであった。妹から彼の家族と思われる女性三人も維持会員になっている。県高官夫人の維持会員参加も、彼の奨励によるものであろう。

寄付金のもう一つのカテゴリーである一時義捐金は、維持会員とは異なる様相が看取できる。一時義捐金は、見学・視察等の際の寄付金であると思われるが、概して訪問者の地理的・社会的範囲が拡大していることは興味深い（最も遠隔地は明治三一年三月の宮崎県視学二名)。明治三四年度には、青森を除く東北全県から、教育関係者以外にも、訪問者があった。また郡長や町・村長の訪問もある。県会議員二五名の訪問も、本校が県庁所在地にあった利便性のためであろう。

いずれにしても、宇田三郎の提起した教育理念は、教育界の支持もあって、相応の支持を受けていたとみることができる。

それでは、福島第一尋常小学校長・宇田三郎は、どのような考えで訓盲学校創設運動に関与したのであろうか。宇田は、二本松藩学問御用掛の家に生まれ、福島県師範学校、東京師範学校卒業生であった。長野県更級郡水原小学校長を経て、福島第一尋常小学校長に招聘された。

訓盲学校長を兼務した宇田が、いかなる盲学校創設計画においても難儀した学校開設の場を尋常小学校内に提供しただけの協力者の域を超えていたことはたしかである。彼は盲唖学校創設の企画に賛意を示したばかりか、県教育界と地域において寄付金の調達に奔走したからである。しかし宇田の活動が、彼のすぐれた時代認識に基づいていることを見逃すと、彼の真意を理解できなくなる。盲教育は、宇田にとって、明治という新しい時代と社会に対する教育者として対応すべき課題だったのである。その意味で、明治初期から中期にかけて、散発的に存在したことが知られている中央政府および地方のエリートに共通していた精神が、宇田にも確実に存在していた。

したがって、宇田の盲教育に対する考えは、澁木重庵よりももっと広く、深くなる。宇田は、白痴瘋癲者、不良少年、盲生唖者もまた、「文明の余沢として何人も教育を受け得る」時代であり、教育方法もすでに解決済みであるとして、法律上は就学免除対象である彼らの教育機会の正当性を認めている。

上記の学校目的に即していえば、宇田もまた、同時代の関係者と同様に盲生の自活力の形成は不可欠であると考えるが、自活力の形成自体は、人間としての「品性を陶冶する」ことと一体となって初めて実現するというのである。この骨子は東海訓盲院の松井豊吉にも通じる。宇田が盲児の教育において経験した最大の困難は「智識を彼等に付与する」ことではなく、「徳性を涵養する」困難であった。盲生は貧しい家庭出身が多く、家庭教育が欠如していたためである。このような意味で、彼らの放置は、本人にも国家社会にも損失であると主張したのである。宇田のこのような主張は、教育（学）・心理学・盲教育の最新の知識に裏づけられたものであった（宇田［一九〇〇ａ］）。なお、宇田の徳性重視は、彼の教育論の特徴であり、まもなく述べる子守教育でも開陳される。子守児童の境遇から生まれた品性の欠如とその矯正は一般的な課題だった（長田［一九九五］一三四－一四一頁）。

さらに宇田は明治三〇年には、時期尚早との反対論にもかかわらず、生糸商人が主導して創設した（羽田［一九八四］一五一頁）商業補習学校の校長を兼務し、さらに明治三三年には夜間課程を開設し、自ら校長となった（宇田［一九〇〇ｂ］四－六頁）。福島町の商業補習学校の創設では、羽田が指摘するように、当時の主要産業だった生糸商人が主導したであろうが、宇田は、教育専門家としての見識に基づいて商業教育を行おうとしたことは、つぎのように明瞭である。「万国を相手に商売する」には世界の動向を理解し、対応を判断できる学問が必要であり、品性と道徳を備え、精神的要素の卓絶した「文明的商業家」の育成は「目下の急務」「立国の基礎」であるという時代認識のもと、「商業教育の必要」において主張した（宇田［一九〇〇ｂ］）。このような商業家を、彼が強烈な自負心をもっていた教育という方法で実現しようとしたのである（宇田［一八九八］八－九頁）。日本が最もグローバルな時代だったといわれる大正時代（井上［二〇一一］）よりも二〇年も前に、宇田は、万国で商業に従事するビジネスマンに必要な先見性を備えさせようとしたことに驚嘆する。彼のこの見識によって、自活力を鍼灸術の伝習に限定せず、基礎的教育と一体となって初めて形成されるとする宇田の盲教育の考え方は、障害や貧困が子どもの健全な成長を妨げるという関心に留まることなく、商業教育論にみるように彼の持論の展開であったことがわかる。

さらに宇田は、盲教育の教具開発にも関心をもっていたようである。彼は、福島県富岡町の和算家、三九歳にして両眼を失明した関根熊吉[57]が案出し、明治三四年末に完成した盲人用算盤の『関根訓盲算盤説明書』を、三六年、宇田を発行人として刊行した。この小冊子は、官立東京盲唖学校長の小西信八（一八五四－一九三八）と宇田が「序」を書いている（小西の序は名文である。関根［一九〇三］一－五頁）。関根は、明治三四年に宇田の計らいで福島訓盲学校に入学し、明治三五年に点字科を卒業したことになっている（創立百周年記念誌部会［一九九八］四九頁）。

宇田三郎校長が障害や貧困に関心をもったのは、それが子どもの健全な成長を妨げる問題であるとの認識があったからにほかならない。訓盲学校の最初の教室は明治二八年に開設されていた福島保嬰（子守）学校内におかれた。福島第一尋常小学校の校長として宇田は、町立福島保嬰学校長も兼ねたのであるが、彼は、「此等可憐の童女を拾集して、幾分か道徳の光明を与え、幾分か必須の智識を授くる」ことを「慈善事業[58]」の一部として、彼女たちの生活を「自衛」しようとした（宇田［一八九八］）。この小文を書いたとき、宇田はすでに訓盲学校の設立運動に参加していたと思われるが、この文章のなかに窮民、貧児、犯罪人、白痴者、廃疾不具も挙げられている。

福島訓盲学校の開設場所が福島第一尋常小学校内であったことは、教場と経費上の問題もあっただろうが、県内五郡連合教育会における小西信八の講演（小西［一八九三］一四頁）における盲児・晴眼児共学論が影響しているかもしれない。なお、開校式は福島第二尋常小学校内の福島保嬰学校で行われたこと、最初の設置計画では、福島町立高等女学校教員の渡辺ワカ[59]（保嬰学校創設者の一人）を校長として福島第二尋常小学校内に開校が予定されていたことから（創立百周年記念誌部会［一九九八］二二頁）、宇田の訓盲学校への関与は、必ずしも宇田個人の孤立した運動ではなく、少なくとも教育界のある程度の後援があったものと思われる。なお高等女学校は当初、第一尋常小学校にあったという。

宇田は四〇歳で早世したが、校長としては評価が高かった。戦前期福島県初等教育の有力な教育者だった須田赫二は、宇田は「福島第一の校長」で「誠に洪量にして洒脱、而も識見高く」「先見」があり、「性格の異なった部下をよく統制しその部下から絶対の信頼を受けていた」。この部下から、後に多数の有力な実践家が生まれた。また、県視学就任を懇請されたが、長野県の渡邊敏を意識して彼とともに日本の「小学教育を護らん」と謝絶し、小学校長を続けたのである。さらに、訓盲学校の澁木重庵をガイドした宇田の姿を、しばしば福島町の街頭で見かけたという（須田［一九三四・六］五五－五七、五七－五八頁）。

なお、宇田については磯直道（二〇〇九）の評伝がある。

(3) 長野盲人教育所の設置と渡邊敏・鷲澤八重吉の尽力

盲唖学校創設に対する小学校長・教員の貢献と小学校内開設という意味において福島訓盲学校との類似性をさらに進めたのが、長野市長野尋常小学校・長野高等小学校および長野市立長野高等女学校長（渡辺敏全集編集委員会［一九八七］八六一頁）だった渡邊敏である。渡邊は長野近代教育の源流形成者の三大恩人の一人とされているが、その理由は、商業・工業補習（夜間）学校、中等女子教育、子守学校、幼稚園・保育所、盲唖教育、学業不振児教育の創始、女生徒に対する袴の着用、高山研究と登山の開拓、図書館開設、考古学資料の発掘、同和教育等、実に広範な分野で先進的な活動をしたからである（中村［一九八七］六頁。長野県特殊教育百年記念事業会［一九七九］五五頁）。この渡邊の事業拡大の方法は「ヒドラ主義」といわれたという。彼は長野尋常高等小学校を基幹として、一般の社会や学校内の「了解が得られない時機には、成るべく経費をかけず、学校の一部に創設して」その存在と経費が認められるようになったら独立するというものであった（中村［一九八七］八頁）。

もう一つは適材適所主義という人材登用と最終責任は渡邊が引き受けるという方法だった（渡辺敏全集編集委員会［一九八七］七三七、七五八頁）。明治二九年に長野校で日本最初の「晩熟生」学級を担当した鷲澤八重吉（一八六五－一九〇二）は、明治二二年に徳島尋常師範学校附属小学校訓導から、渡邊が長野尋常小学校主席訓導に招請した人物であった（中村［一九八七］八頁）[60]。

明治三三年四月、長野尋常小学校南支校内に長野盲人教育所が設置され、明治三四年六月六日には私立学校令により私立長野盲人学校として認可されるが、渡邊の盲人学校長兼務が認められなかったために、校長は、長野県師範学校在学中に失明し（明治二七年四月入学、二九年退学）、明治三一年四月に東京盲唖学校に入学し[61]、勉学していた花岡初太郎（一八七四－一九二三）に変更された。

渡邊の構想は先見の明があり、十分に練られた計画であったと思われるのは、財政基盤の確立、聾唖学校の増設方法、小学校教育との制度的連続性である。長野盲人学校も他の私立盲唖学校同様、資金不足による経営難を免れなかった。花岡は盲人学校の本務では無給であり、病院マッサージ師と女学校講師で得た月一六円で生活していたという。そのため、財政基盤の確立は、盲人学校においても存廃を左右する普遍的問題であった。そこで渡邊らは、明治三四年に長野市から年二〇〇円の支出を獲得するとともに、明治三五年には、小西信八、篤志家の宮下甚十郎、信濃毎日主筆の山路愛山（一八六五－一九一七）等に協力を要請し、皇太子長野行啓訪問を旗印に、長野市長を会長とする経営母体として長野楽善会を結成したのである（長野県長野盲学校［二〇〇〇］九－一一頁。長野県長野ろう学校［二〇〇三］八頁。長野県特殊教育百年記念事業会［一九七九］五二－五六頁）。

聾啞学校については規約によって楽善会事業に含めておいたうえで、明治三六年四月に、先行していた長野盲人学校に附設する形で長野啞人教育所を開設し、明治三九年四月には両校を合併して、私立長野盲啞学校としたのである。しかも渡邊は、聾啞教育教員の準備も怠らなかった。明治三六年四月の啞人教育所開設に合わせて、長野尋常小学校訓導の關山國雄を東京盲啞学校に一年間派遣していたからである。

盲人学校時代でも普通科には重きが置かれており、その内容は修身・国語・算術・講談・唱歌・体操と広かった。長野盲啞学校では、「私立長野盲啞学校規則」（明治三九年三月改正）において「小学校の課程に準拠する」ことが明示されており、カリキュラム編成では小学校教育と連続させたのである。たしかに盲啞学校の最終目的は「自活」ではあるが、小学校課程はその「基礎」として位置づけられた（第一条）。このような小学校と関連づけた規定は、盲人主導の盲学校開設では見られない。

対象児は「学齢児にありては就学免除の許可を得たる者に限る」（第一一条）と規定されていたのは、学齢外の盲児も対象としていたことを意味する。また、入学者の年齢規定は、盲生は一〇歳以上、啞生は八歳以上であったが、緩やかで小学校よりも年長になっているのは、入学者の実態として高い年齢の徒弟盲児の存在を念頭において、盲教育が成立しやすい現実に対応させたものと思われる（長野県長野盲学校［二〇〇〇］一〇、一一、一三頁）。

渡邊らの活動は、盲・聾啞児の教育は教育方法が開発されていてどの地方でも可能な段階にあること、社会事業ではなく小学校教育制度内で実施できることを証明したのであり、限られた地域内ではあったが、義務教育制度の不完全さを是正したことになる。また長野盲唖学校の成功は、障害児の就学義務を免除していた小学校制度の欠陥を補うだけに留まらず、就学義務の免除制度とその制度が前提としている枠組みに対する間接的な異議となっていたといえよう。

盲唖学校の最初の専任校長は、明治四一年四月、小林照三郎が就任するが、それまでは尋常小学校長が兼任した。この措置は、まさに渡邊がいうごとく、世間が納得する実績を築くまでの暫定的な措置であった。また、盲唖学校の小学校内開設はその有用性を証明し、独立した盲唖学校を永続的に開設するための方便であって、統合教育的な発想は優先されてはいなかった。

長野盲唖学校は、大正二年、鍼按灸の内務省指定校として県から認可された。大正一三年には長野市に移管されて市立長野盲唖学校となり、二〇年以上の資金難から解放され、県の代用校にも指定された。辛酸を嘗めた他の盲唖学校よりは相対的に困難は少なかったように思われるが、それでも、恒常的な資金難、毎年のように繰り返される学校移転と教室借用、極度に低い就学率、盲児の多くが徒弟制に縛られ、午前のみ勉学で午後は就労という盲唖学校共通の体制は、本校でも変わらなかったのである。

それでも本校の歴史は、盲唖学校の永続を可能とする条件を示していると思われる。創設者の強固な意思と将来展望、広範な社会的支持および堅固な財政基盤とそれを獲得するための社会的説得力のある活動、有能で熱意ある実践家の獲得である。

(4)　小林運平の盲唖私塾と小樽盲唖学校の開設

北海道小樽区量徳尋常高等小学校首席訓導・小林運平は、宇田と渡邊とでは、初期の師範学校卒業生であることを共通とするが、それ以外の点では異なる。宇田と渡邊は、彼らが盲学校創設の協力者であり、創設後は盲学校長を兼務、小学校長を本務として継続したが、小林は、教員を本務としたまま小樽盲唖学校を創設し、その経営にあたったからである。小林については、平中忠信の見事な労作があり（平中［一九九六］、［一九九七］）、北海道小樽盲学校記念誌（一九九九七）がある。平中の研究は、小林の出生地で最初の教職の地である秋田県県北から北海道各地、そして小林の子孫まで追跡し、彼の活動の全体像を描き出している。

小林は秋田県大館に生まれ、秋田県師範学校を明治一五年に卒業後、北秋田郡内で訓導を務めた後、明治二九年四月から北海道の小学校で教員となった。明治三五年には、在籍数七六二人（明治三四年度）の小樽区の中心的な小学校であった量徳尋常高等小学校首席訓導となる。明治三六年三月の入学申込者のなかに三名の聾唖児がいたことが、小林が盲唖教育に進むきっかけとなった。小林は、教室と下宿で聾唖児の教育を開始したが、指導を求める聾唖児が増加したため、明治三八年一〇月七日、下宿に盲唖私塾を開設する。それは小樽区立盲唖学校の開設を期待してのことであったという（平中［一九九六］一八頁、［一九九七］二七頁）。

明治三八年に小林が制定した「盲唖私塾々則」では、彼は一般の学童にさえ教育が行き届いていない現状を認識しつつも、「盲唖子弟とてまた棄てがた」いという感情を基盤とし、「及ぶ限りは教え試みん」としたのである（平中［一九九六］一八頁、［一九九七］二八頁）。聾唖児の受け入れを校内に諮ったものの、教員たちに受け入れられなかった量徳尋常高等小学校・住吉貞之進校長も、古河太四郎に通じる、おそらく同じ心情の次元にいたであろう。住吉校長の後援は、宇田や渡邊の活動に共通する要素である。

ここで三つの点に触れておきたい。一つは、一般の子どもにさえ教育が普及していないという言葉は、障害児の教育は時期尚早という周囲の反応を小林が感じたことを表していると思われる。そしてこの言葉は、盲唖教育を通常の教育とは異質と見たり、教育事業ではなく慈善・慈恵事業と見たりする考え方を示唆しており、このような考え方は、第二章でみるように、明治初期よりも明治後期あるいは大正初期に県学務当局において強まってくるのである。

もう一つは、小学校訓導・小林の障害児に対する始点が聾唖児であったことである。第五節でみたように、この時期の小学校で指導が取り組まれる障害はほとんど聾唖に限られていた。明治三三年の第三次小学校令による学校からの障害児排除政策が確立するまでは（そしてその後も）、障害があっても通学できる子どもは、とりあえず学校にいたのかもしれない。ことばが話せないために他児と社会的関係を結べずに孤立し、ある場合には虐められている聾唖児の姿をみて、教育によってことばを身につけさせ、このような事態を何とか改善したいという気持ちが教師に生まれたものと思われる。当然ながら、小学校の教師には、聾唖教育について何の知識もスキルもないがゆえに、憐憫の情のままで終わったことがほとんどであったであろうが、ごく少数の教師は、自発的・積極的に聾唖児の指導を試みたのである。小林は、明治三四年に刊行されたばかりの伊澤修二の『視話法』により、発音を指導している。このこともまた、彼の動機の内容と国内での聾唖教育情報伝達の早さを推測させる事実である。なお小林は、伊澤修二や石川倉次から、指導を受けていた。

第三点は、小林が、私塾で教えようとした内容は、聾唖児には発音、言語、読み方、書き方、綴り方、視話法、算術等、盲児には点字、国語、算術（平中［二〇〇七］二八頁）であったことも、すでに述べた小学校長や教員との類似性として指摘しておきたい。すなわち、小林の教えようとしたのは道具教科の中核であり、小学校の教科との連続性が濃いという点である。

小林は、小樽盲唖学校開設後も小学校教員を続けていたが、開設して約四年後に小学校教員を辞職し、小樽盲唖学校の経営に専念する。その経営は、寄付金に依存していたから、有能な教員であったという妻・千代の給与があっても、子どもが多かった小林家の生活は苦しかったという。しかし、開設時には約八〇〇円の寄付金を調達し、明治四〇年には寄付調達組織として普通・特別・名誉の賛助員を設け、明治四二年には財団法人として（平中［一九九七］二九－三一、五五頁）、より安定した経営基盤[62]を確保したのは賢明だった。しかしそれは、小樽教育界三羽烏といわれたという小林の教員としての声望もあったであろうが、医師、教員、実業家、新聞社社長といった後援者の小林の事業に対する理解と支持、そして、経営方法に対する彼らの適切な助言によっていたのである。このような教育界以外からの支援も、上記の他の盲学校で観察されたことである。また、小樽が経済的発展期にあったこと、道内には函館盲唖院以外に盲唖学校が実質的になかったことも、小樽盲唖学校が成功した一因であったと思われる。

(5) 五寶翁太郎（徳島市新町尋常小学校）による盲唖教育

徳島市の小学校訓導・五寶翁太郎（一八六三－一九三九）については、長年の功績にもかかわらず、初期の活動の正確な時間的経緯がいまなお確定できない例であるが、[63]小学校の教師として聾唖や盲の学童の教育に献身した事実だけは確認できる。五寶は、明治一七年一二月に徳島県師範学校高等科を卒業した。彼もまた初期の師範学校卒業生である。

徳島県において、組織的な盲唖教育が開始される以前の経緯があり、小樽の小林と類似した状況があった。五寶は、明治二七年に徳島市新町尋常小学校に入学した唖児を経験していた。すでに述べた小学校における唖児に対する同情と関心は、なお継続していた。同じような状況は、島根県で盲唖学校を創設する福田与志も経験することになる。

五寶の盲唖教育は師範学校附属小学校に継承され、かなり長期にわたって維持される。しかしその功績は認めたうえで、そのような形態が、拡大と充実の制約になったことも後述される。

(6) 手塚語重と甲府市琢美尋常高等小学校内盲人教育所

甲府市では、明治三〇年代後半に、鍼按を教育内容とする盲人学校が、愛知県盲唖学校（名古屋校か？）卒業生で旧穴山村出身の嶋津源義（源藏か）により設立されていた（巻末別表を参照）。しかし、甲府市立琢美小学校長・手塚語重は県視学時代から盲人教育に関心をもっていて、県内に盲学校がないことを嘆いていたというから、明治四二年七月四日に、校内の一部を使用する許可を得て盲人教育所を開設したとき、山梨県には盲人が利用できる教育機関は実質的に存在しなかったと推測される（山梨県教育委員会［一九七八］四六一－四六二頁。田中［一九六五］一六一頁。甲府市琢美学校同窓会［一九二四］一六九－一七〇頁）。なお手塚は、明治四一年五月に、帝国教育会主催で開催された第二回小学校教員会議に、山梨県教育会代表として参加しているから（帝国教育会［一九〇八］五頁）、山梨県の初等教育界の幹部だったことがわかる。

手塚の盲人教育所に関するおおよその情報は、県教育会雑誌と新聞報道で把握できる。手塚は、明治四一年五月に小西信八の講演を聞き、また、東京盲唖学校を視察する機会があり、さらにその視察では、元巨摩郡視学で面識のあった東京盲唖学校訓導・石川重幸（一八五七―一九二九）に相談したことが、盲人教育所を設立する契機となった。興味あることは、甲府に戻ってから、市内の（鍼按業盲人の）組合長とも協議していることである。

点字版やテイラー式算術版の購入経費は、地元の実業家や名望家、そして琢美学校同窓会が負担した。授業は毎日開講するのではなく、土曜日の午後一時から四時、日曜日の午前一〇時より正午までという限られた時間であった。学級は甲乙に分けて、甲組は男七名、女二名で尋常二年程度、乙組は男七名、女五名で尋常一年程度の授業を行った。年齢は、一四歳から三二歳の年長から成人であり、鍼按修業中の盲人であったものと思われる。教育内容は、修身、点字での読み書き、唱歌で、乙組での読み書きは、通常よりも大きな点字版を使用した。指導者は、手塚以外に三人の訓導が協力した（盲人教育の開始［一九〇九・七］。甲府市の盲人教育（上・下）［一九〇九・七・二六―二七］。琢美学校の盲人教育［一九一〇・三］）。

盲人教育所は、大正二年三月、生徒数が減ったために閉鎖したという。明治四三年の卒業生は四三名いたが、四五年には五名に激減した（田中［一九六五］一六一頁）。盲生の通学時間は鍼按の営業時間と重なったし、土曜日と日曜日の琢美小学校の教師の協力にも限界があったであろう。こうして、生徒は鍼按業の親方の下で修業する形態に戻っていったのであろう。

手塚校長には、盲人には鍼按技術だけではなく、普通学をも重視すべきであるとの認識があったし、新聞記事によると点字の読み書きにみられるように、教育効果も顕著だった。しかし、盲人教育所盲生数の急減は、鍼按業の親方の協力が得られなくなったことを示すものと思われ、また、修業中の盲人に代わる一般の年少盲児教育の需要開発にも、成功しなかったのであろう。こうして、小学校教育関係者の発意と地域の尽力によって成立した土曜と日曜のみ開設された小学校内盲人教育所は、鍼按業盲人の支持を得られず、永続化に向けて拡大されることもなく、短期的な試行で消滅することになった。甲府に永続的な盲学校が開設されるのは、大正八年を待つことになる。

(7) 與那嶺惟俊と沖縄県渡慶次尋常小学校特別学級における盲唖教育

沖縄の渡慶次小学校における與那嶺惟俊（一八七七－？）による盲唖教育については、ほとんど断片的な情報しかなかったが、曽根信一（一九八三）、末吉重人（二〇〇四）、とりわけ戸崎敬子（二〇〇七・一）により、かなり詳細に解明されているので、これらを参考にしながら、別の資料を加えて記述する。なお與那嶺の試みは、県知事の後援や県教育会、県師範学校長との活動とも関連する。

與那嶺惟俊は中頭郡中城村生まれで、明治三一年に沖縄県尋常師範学校を卒業し、三七年には浜尋常小学校訓導兼校長となった。この在任時に、日露戦争遂行上、「教育上特に著しきもの」として賞を受けた四校長の一人が、與那嶺だった（中頭郡初等教育沿革［一九一一・九］七頁。戸崎［二〇〇七・一］一八頁）。與那嶺は、前任校・與勝尋常小学校訓導時代に、沖縄県教育会機関誌『沖縄教育』に、「作物病理の一二節」を三回にわたって連載し、また、作詞者未詳の「少年兵士吟」および「陸軍々歌」の作曲、「日露戦争数へ歌」の作詞・作曲を同誌に投稿した（與那嶺［一九〇四・一二］、［一九〇四・四］、［一九〇四・九～一〇］）。これらが評価されたものと思われる。

沖縄県の初等教育が低い就学率から脱却するのは、明治三〇年代後半からであり、とりわけ那覇区の小学校は、明治四四年には九九％を超える水準になっていた（沖縄県［一九一四］二五頁）。明治三六年一月三日の琉球新報における記事「学齢児童中の盲唖者」は、県教育統計を収集・作業過程で得た情報であり、不就学者を減らそうとする県当局の意図を示す一環ではあろうが、「教育家及ひ医学者の大に研究スヘキ問題」（末吉［二〇〇四］一九五頁。琉球政府［一九六六］一八八－一八九頁）が、盲唖教育の着手に県当局が持続的な意思をもっていることを示したものとは思われない。というのは、沖縄県統計書において不就学者のうち盲唖者の統計を示すのが明治四四年版からであって、他県より相対的に遅いことは、県当局の盲唖教育に対する関心の低さを間接的に示すと考えられるからである。また、大正二年度の県統計書「教育ニ関スル施設一班」の総説において、県当局は、以下のように、就学免除者の教育を完全否定しているからである（沖縄県［一九一四］一－二頁）。

不就学者ノ多クハ発育不良、不具廃疾、瘋癲、白痴及保護者赤貧ニシテ到底就学セシムル能ハサル者等ニ過キス

したがって、県の就学督責対象は、不就学の原因が発育不完全や不具廃疾等、個人的問題にある児童が多いにもかかわらず、「保護者ノ赤貧」に原因がある不就学を減らそうとすることになる（沖縄県［一九二三］九頁）。しかし、大正一三年に、大分盲唖学校卒業生でキリスト教徒の高橋福治による沖縄訓盲院が私立盲学校として認可を受ける段階になると、不就学は発育不良や不具廃疾以外に、貧困を原因とする者も「相当アルヲ以テ就学歩合ノ向上ニツキテハ努力スルノ必要アリ」（沖縄県［一九二七］一頁）と、盲唖児の就学に対する県当局の否定的な調子は弱くなっていく。

與那嶺の盲唖教育の開始時期は未だ確定していないが、学齢の盲唖児を対象としていたこと、その多くは唖児であったこと、したがって、その教育はコミュニケーションの成立から始まったこと、勤務校で自ら指導していることは明らかである。しかし與那嶺の盲唖教育に対する熱意が並々ならぬものであったことは、自費での半年におよぶ東京盲唖学校での研修に象徴的である。

與那嶺の献身は深い敬意に価するものではあるが、それが、教育界の、あるいは堅固な社会的基盤のうえに成立した企画ではなかったといわざるをえない。[64]與那嶺や鈴木邦義（一八七一－一九四五）県知事（在任一九一六年五月四日－一九一九年四月一八日）、あるいは小川鋠太郎・県師範学校長（一八九六・六－一八九九・六）の盲唖教育に対する関心は、教育関係者等における線にはなっておらず、点にすぎなかったといえよう。しかし、これらの活動や希望には鍼按業との接点が見当たらず、また、教育内容が初等教育そのものであったことは、小学校教育からの延長として構想されたのであろう。

二　盲唖学校創設への教育者の関与

最初に、盲唖学校創設に関与した初期師範学校の卒業生を一覧にしたのが、表1-6-5である。彼らの精神とエネルギーは、小学校で聾唖児の教育を試行した教員とともに、まさに時代の賜物であったといえよう。この精神とエネル

表 1-6-5　盲唖学校創設に関与した初期師範学校卒業生

氏名	師範学校名	卒業時期	関与した盲唖学校等	その他
檜垣直右	東京師範学校	明 7.1	岡山県巡回講習による盲唖教育	岡山県知事
渡邊敏	東京師範学校	明 8.10	長野盲人教育所・唖人教育所	7 歳より二本松藩黌に通い、漢籍を学ぶ。明治元年、藩主が朝廷に帰順し、師範学校に入学するまで、一家四人を扶養する苦難の生活
箕村喜佐太郎	徳島期成学校（徳島県師範学校の前身）	明 8 ？	五寶翁太郎の聾唖教育の先駆	徳島県佐古町作新小学校訓導時代に聾唖教育、「新民部落」のほか、貧児・子守・劣等児の教育にも献身
住吉貞之進	官立新潟師範学校	明 9	小樽盲唖学校	量徳尋常高等小学校長。小林運平首席訓導の盲唖教育活動を支援
大東重善	東京師範学校	明 9.10	群馬県教育会附属訓盲所	群馬県師範学校長、群馬県第二部長
中垣安太郎	官立長崎師範学校	明 10.4	長崎盲唖学校	盲唖教育慈善会創立委員、福岡県視学
小川鉦太郎	東京師範学校	明 13.7	盲唖教育への関心を喚起	沖縄県師範学校長
小林運平	秋田県師範学校	明 15	小樽盲唖学校	小樽区量徳尋常高等小学校主席訓導、小樽盲唖学校長
手塚語重	山梨県師範学校	明 16	琢美尋常高等小学校内盲人教育所	甲府市琢美尋常高等小学校長
羽田貞義	長野県師範学校	明 16.2	群馬県師範学校附属訓盲所	群馬県師範学校長
五寶翁太郎	徳島県師範学校	明 17.12	徳島県師範附属小学校唖生部	徳島県師範附属小学校訓導
宇田三郎	福島県師範学校		福島訓盲学校	福島尋常小学校長
	東京師範学校	明 19.10		
北野孝治	長崎県師範学校	明 18.7	長崎盲唖院	長崎市勝山小学校長
中村能道	東京師範学校	明 19.10	長崎盲唖院	福岡県高等女学校長
相澤英次（二）郎	東京師範学校	明 19.2	三重県師範学校附属小学校盲生学級	三重県師範学校長。10 歳で叔父の西周宅に寄寓し、森林太郎と学ぶ。近藤真琴の攻玉社に 3 年 2 カ月、中村正直の同人社に 1 年間学ぶ。
阿多（三木原）廣介	東京高等師範学校	明 23.4	高田訓矇学校	高田師範学校長
鷲沢八重吉	明治 15 年東京府小学初等科、明治 16 年神奈川県小学中等科教員免許状		長野盲人教育所・唖人教育所	長野尋常小学校で晩熟生学級、長野市尋常小学校で盲人教育所担当
	東京師範学校	明 19.10		
里村勝次郎	高等師範学校	明 21.4	宮城県師範学校附属小学校唖生部	宮城県師範学校長
渡邊千治郎	高等師範学校	明 26.3	徳島県師範学校附属小学校盲唖学級	徳島県師範学校長
與那嶺惟俊	沖縄県尋常師範学校	明 31	特別学級（盲唖教育）	沖縄県渡慶次小学校小学校長
和田喜八郎	高等師範学校	明 33.3	北秋田郡教育会で点字講習	高等師範学校生徒。後に、沖縄県師範学校長、北海道函館師範学校長、秋田県師範学校長
赤松則文	北海道札幌師範学校	明 41	旭川盲唖学校	旭川区役所学事主任
三村安治	長野県尋常師範学校	明 25.3	長野盲人学校・唖人教育所	長野市後町小学校長
星菊太	高等師範学校	明 28.3	東海訓盲院	静岡県師範学校長
			北海道札幌師範学校特別学級	北海道札幌師範学校長

出典：伊藤勇（2015.5）13 頁、佐々木（1992）163-250 頁、信濃教育会（1935）、戸崎（2007）。

ギーは、地域によって時期は異なるが、ある時期までは、初等教育関係者を中心に照応関係を示していたのである。この例は、視学や師範学校長を中心に、感化救済関係者を含めて、盲唖教育に対して多大な関心を示した時期でもあり、盲唖教育が、実現しなければならない社会の課題として教育関係者間で認識されていたことを示すものである。

また、宇田三郎校長、北野孝治校長、渡邊敏校長がともに有能な校長であっただけでなく、教育界での活動が広範であったことも付言しておく必要があるだろう。宇田と渡邊の見識ある幅広い教育活動はすでにみた。北野は退職時には特別俸二四〇円を給され、表彰歴も多く、奏任官待遇となった。自著「トラホーム予防心得」五〇〇〇部を市内小学校に配布したり、育英事業、オランダ通詞の著作発見と紹介、郷土研究に優れた業績を遺した（長崎県小学校職員会［一九二五］三、一〇八、一一七、一一八、一二六頁。長崎市立勝山小学校［一九五三］二〇、三四頁）。長崎盲唖院の創設は明治二九年には長崎慈善会の計画が先行していたが、北野は明治三一年の東京出張中に盲唖教育の必要性を認識して「取調復命」したという（長崎県小学校職員会［一九二五］一〇九頁）。

表1-6-5のように、この時期の小学校校長や教員は、自発的に、あるいは盲唖学校創設関係者に要請されて、校長を兼務したり教育内容の一部を分担したり、寄付金を調達したりしたのである。表1-6-5に示した以外にも、組織ではなく、個人として教育関係者が主導あるいは協力した例は多い。鳥取盲唖学校の遠藤董は初等教育界をはじめ、女子教育・図書館開設に尽力した人物であり、私立熊本盲唖技芸学校の伊津野満仁太は黒髪小学校校長時代に失明した人物である。

教育者の関与は、盲唖学校の創設径路によって異なる。鍼按講習所タイプの場合は医学系の教育内容が中心であり、受講対象者は、鍼按業の親方のもとにいる徒弟としての年長もしくは二〇歳前後が多い盲人であり、教育の方法は、基礎教育的な内容はほとんどないか、副次的となる。基礎的教育の関与が強化されたのには、いくつかの理由があると思われる。最も重要なのは、点字の導入による教育方法の根本的変更であろう。石川倉次の点字五〇音翻案が採択されたのが明治二三年一一月一日であった（「日本訓盲点字」としての完成。官報掲載は明治三四年四月二二日の彙報欄、東京盲唖学校「生徒卒業」の末尾に掲載）。日本点字の開発は、鍼按術の修得法にも甚大な影響を与えることになる。それまでの生理・病理系の基礎知識および専門技術の暗記による習得を、鍼按灸教科書に基づく学習あるいは点字による講義内容の記録に代えていくからである。

鍼按術の養成過程が徒弟制から学校教育に転換していったことは、鍼按術教科書の流通で推測できる。明治三五年一一月に刊行された奥村三策の『普通按鍼学』は一年余にして完売したから（奥村［一九〇四］増訂第二版例言）、鍼按術を指導する教師にも、とくに修業途上の盲生徒には渇望されていた著作であったといってよい（松井［二〇〇四］六七－九一頁参照）。このような教科書の出現は、鍼按業を志す盲の児童や青年が点字の読み書きを習得することを必要とする。そして、新しい技術である点字の読み書きに最適な学習の場は、親方や兄弟子による伝統的な伝習ではなく、学校ということになる。そして、点字による読み書き能力を身につければ、学習内容は、鍼按術に限定されることなく、基礎的な教育内容の学習とその意義づけに必然的に拡大することになる。このような事態を洞察したのが、左近丞孝之進や日本盲人会らの盲人であった。それゆえ、左近丞孝之進が点字製版と出版事業に邁進したのは、実に先見の明があったというべきである。

三　小学校校長・教員の盲唖教育への関心が発生した基盤と拡大しなかった理由

小学校の校長や訓導、師範学校の校長や教諭が、盲唖学校の創設や運営に自発的に協力した例は数多い。しかし、明治三〇年代までの時期では、その役割は異なる。小学校の場合、小学校教員の関心の対象となったのは、小学校に通学していた聾唖児であった。聾唖児が聴児とのコミュニケーションおよび交流が成立せず、孤独に陥っている状況に対して、彼らの聾唖児に対する指導の動機は、教師としての憐憫という原初的な感情から発している。他方で盲児、とくに全盲児の場合は、通学手段と指導方法に対して教師は聾唖児よりも距離感が大きく感じられたであろうから、教育の意義に連接する契機（たとえば、福島訓盲学校に結実する鍼按業盲人の盲学校創設運動）を必要としたであろう。障害の種類によって、学校創設や教育着手の発端は異なるとしても、教育の必要性と可能性がいったん認識されれば、障害児に教育機会を提供する方法の案出に対して、彼らは、教育ないし社会的エリートとしての役割意識から、学校創設への運動を開始するという新しい段階に進むことになる。このような段階に至るのは、小学校の校長や教員が多く、師範学校教員の場合は、盲唖学校を創設するのではなく、非常勤の教科担当教員として協力することが一般的である。盲唖学校創設に関心をもつのは、次の時期である。

それでは、このような盲唖児に対する教育的関心は、なぜ初等教育界に広がらなかったのであろうか。前述した明治七年の広島県による要望のように、盲・聾唖・白痴の教育の内容・方法や教材教具の基準がなかった。点字翻案も、まだ暫く先の出来事だった。すなわち、盲唖児に何をどのように指導するのか、その指導の成果の見通しはどのようなものであるのかの情報を、小学校ではもっていなかった。そもそも、小学校教員は、国民皆学の点から盲唖児にも教育機会を提供することは理解できても、それが当の盲唖児にいかなる意味があるのかを保護者に説得することは、障害のない子どもですら就学させようとしない「頑愚ノ父兄」（文部省［六］一七八頁）が存在していた時代では、困難であっただろう。

個人的な篤志をもつ教員とそれに共感し、協力する人々の存在だけでは、盲唖学校の増加は難しい。すでに取り上げた教育界の篤志家は、師範学校を卒業した小学校教員には地域の名士の子弟が多いという時代の人々だった。しかし、就学率の向上に伴って小学校教員の需要が増加することになると、師範学校卒業生だけでは対応できず、不足分は、非正規的あるいは補完的な教員養成によって補充された。また、小学校教員の待遇は良くなかったから、師範学校入学者にも、教員の社会的地位も初期とは変化を生じてきた。そのうえ、過大学級、二部教授、就学率の向上に伴う対処困難な指導問題の増加等が、小学校教員を緊縛していた。モラールが高まるような環境におかれなかった小学校教員が、学齢の障害児であっても、彼らに教育的関心を向ける可能性は低くなったといえる。こうして、盲唖学校の創設と運営に、教育界の教員の協力は欠かせなかったが、小西信八は、とくに聾唖教育の教員の質と量、給与の安さについて、懸念している（小西［一九一八・一二］七頁）。

年長から成人の、学齢を超えた附設盲唖学校の生徒に対して、小学校教員が、盲唖生徒に対して彼らの教育意欲を昂揚させることを期待するほうが無理であろう。まして、小学校に在籍していない盲唖学校の年長ないし成人の生徒に同情はしても、自らの課題と考えるはずがなく、社会事業とみなすほうが自然である。

盲唖学校生徒のうち、学齢盲唖児は半数にも満たなかったであろうし、初等課程がない盲唖学校も少数ながらあった。このことは、これらの盲唖学校では、盲生徒は徒弟でもあったことを意味する。ほとんどの盲児は貧しい家庭出身だったから、住居は親方の家に寄宿した。寄宿舎があった場合でも寄宿費は概して自弁だったし、授業料が有償の盲学校もあったから、盲生徒は、授業がない時間、夜間あるいは放課後に鍼按業で働きながら通学する生徒が大半だった。「生徒は率ね貧家の子弟にして、夜行按摩を営業し自ら衣食するも、補助を要するもの少なからず」（私立福島訓盲学校一覧表［一九〇二］二三頁の備考欄）というように、親方のもとで徒弟関係にある盲唖学校生徒は、学校以外の時間は働くことが必要だった（群馬県盲教育史［一九七八］一七五頁）。ただし、一定レベルの技術に達している生徒に限定することが多かったようである。こうして、盲児がフルタイムの生徒であった盲唖学校は、ある時期までは、むしろ京都・東京等、一部の盲唖学校であったであろう。

第二章　義務教育からの障害児排除の制度と小学校における盲唖児および劣等児の教育の試み

——明治二〇年代前半（一八九〇年代）〜明治三〇年代（一九一〇年代前半）

社会の動き

明治二〇年代は、国内では、自由民権運動の弾圧と教育勅語渙発による国権の統一、大日本帝国憲法の公布、国会の開設等で近代国家の体裁を整える一方で、対外的には朝鮮半島を舞台にした日清戦争が起こる。この戦争により、莫大な戦費調達のために明治時代前半の自立的な経済政策を放棄せざるを得なくなり、その影響は、国民生活に及ぶことになった。他方で、国民皆学を目ざしたはずの小学校は、就学しない子どもが極めて多数であったために、文部省は就学の強制と除外から構成される義務制を強化する政策をとるようになる。その到達点は、明治三三年の小学校令改正による就学義務の猶予・免除規程であり、障害のある児童は就学免除、発達不完全児童は猶予、貧困児童は免除または猶予の対象となった。貧困児を除いて、その形式が現在まで続く法制度がこの時点で設けられた。明治三〇年台後半、日本の就学率は世界一となる。しかしそれは名目に過ぎず、教育の質を伴っていなかった。なかでも貧困は、戦前の日本社会の改革を妨げた病根であった。家族の貧困は、貧困児童に対する公的・私的支援制度も貧弱だったために、就労せざるを得ない学齢児童の教育の機会均等と学習への専念を妨げただけでなく、貧しい家庭環境は、栄養・休息・文化等の欠如によって子どもの心身状態の改善をも損なうことになった。他方で、初等教育界では、盲児と聾唖児の教育機関を小学校に開設する法制度ができた。また、通常の教育課程を履修できない学業劣等児童に対する指導も開始されるようになる。しかしいずれも、初等教育界の一部の対応にすぎなかった。

第一節　義務就学の強化と猶予・免除制度の整備による障害児と貧困児童等の排除

一．義務就学の強化および就学猶予・免除規程の確立の一体化とその意味

(一)　就学義務の強化政策における除外対象

(1)　障害児の就学制度の後退と除外の確立

障害をもつ児童を特例扱いにして、就学義務の履行を強制しないとすることが法令上初めて定められたのは明治二三年の第二次小学校令である。しかし実際にはその一〇年前に、類似の方針は実施されていた。明治一四年一二月二八日、太政官布告の教育令改正第一五条において、学齢児童の就学を保護者に督励するために「就学督責ノ規則」を府知事県令が起草し、文部卿が認可することを規定していた。その基準として文部省は、明治一四年一月に「就学督責規則起草心得」（文部省達第三号）を公布し、第八条で小学校三箇年の課程未修了で就学不可能な学齢児童として、本人の病疾、家族の疾病で他に看護人がない者、本人の廃疾、一家貧窶の者を例示した。

この基準に基づいて文部省の許可を得て府県が起草した「就学督責規則」については、安藤房治が整理・分析している（安藤［一九八九・四］）。安藤の示すように、各府県が定めた就学督責規則の文言は同一ではなく、たしかに就学を督責するうえでの地域差を考慮した内容となっている。青森県のように、「居住の人家稀疎殆んど無煙の僻郷にして就学の方便なき者」も、就学不能の理由の一つだった（安藤［一九八九・四］一一頁。各県には就学義務免除地域が存在した）。また佐賀県のように、他の猶予対象者の猶予期間は一年であるのに、廃疾者だけは猶予期限がなく、無期限猶予、すなわち免除として処置された例もある（佐賀県［一八八六・九・四］）。

しかし、地方高官は例外なく、「就学督責規則」に基づく排除のみを一律に重視していたのかといえば、必ずしもそうではない。大阪府の就学督責規則（明治一四年一二月一九日甲二六三号達）では、骨子は他県と同じ疾病・廃疾・貧困であるが、就学不能の条件を具体的に制限し、就学を実現させようとする努力が窺われる内容となっている。第三項「廃疾ノ者」では、「一目ヲ失シ、或ハ一肢ヲ全フセサルカ如キモ、日用進退ニ差支ナキ健児」の場合は、就学不能ではないとした。また、就学不能の項目を列挙した後に、これらの児童が不就学を認められるのは、彼らに対する「学校等ノ設備ナキ場合ニ限ル」というのである（古屋［一八八五］三〇四－三〇五頁）。

大阪府のこの規則は就学督責規則の少数例に属したとは思われるし、どの程度の効果をあげたのかは分からない。このような柔軟な法規定を大阪府当局が布達した背景には、わずか八カ月しか存続できなかった大阪府立模範盲啞学校

（第一章参照）を創設した熱気が、府庁内に残っていたことが推量される。

学校管理に関するほとんどの著作は、小学校令の関係条文を敷衍するだけであるが、国内および朝鮮の中学校長や京都府師範学校長を歴任した柴崎鐵吉は、明治三八年刊行の『学校管理法－法規適用』において、心身発達が不完全か、偏りのある子どもを特殊児童として一般児童と異なる扱いが必要であるとする。身体的な特殊児童のうち虚弱児は体操科を免除し、近視や重聴（難聴）の児童は座席の配慮を考える。心意上の特殊児童のうち「非常の下愚」以外は相応の発達が可能であり、その扱い方は研究する必要がある（柴崎［一九〇五］一五〇－一五二頁）。要するに、柴崎は、障害のある生徒を杓子定規に小学校から排除するというのではなく、特殊児童の教育の提供の仕方については、比較的柔軟に考慮すべきであると考えていたといえよう。

しかし、何を障害というのかは元来流動的であり、盲や聾唖や低能のような明白な障害のない子どもの場合、就学の機会があるか否かは、制度の法文によって一律に規定されるわけではなく、校長や教員の意思に左右される場合も多かったものと思われる。このことは、昭和戦前期にさえ、小学校に盲や聾唖の子どもが通学していたという記録からもいえることである（辻本［一九四二］五一－五六頁）。

小学校への就学とその継続を妨げる条件は、極言すれば、家族の貧困と本人の障害および病気に集約できる問題であった。戦前の日本は、これらの条件をもつ学齢児童が、小学校において質の高い教育やその機会の享受を著しく妨げる事態を、結局解決することができなかったのである。近隣に小学校がないとか、通学が不可能な地域に居住している児童を含めて、通学と学習が困難な状態や境遇の学童は、小学校に就学する必要がないとしたのであり、この児童のなかに障害児が含まれていたことには議論の余地がない。

義務教育対象から一定範囲の児童を除外したのは、欧米先進国にも共通する事項であった。日本は、近代統一国家として基本的制度を模索していた段階にあり、財源をはじめとする基礎的資源に乏しく、近代国家成立のための根幹的政策を優先しなければならない状況にあった。それゆえ、日本が、義務教育制度を成立させるために国家として児童の親に「督責」することも、障害や病気のため就学困難と思われる児童を「督責」から除外したことも、近代国家の政策上の判断としては、何ら異例のことではなかった。

したがって、明治五年に、中央政府の学校制度計画「学制」において、社会階級と性別を超えて国民皆学を構想し、廃人学校の開設という高邁な理想を構想していたにもかかわらず、その後まもない明治一〇年代前半において、障害児を就学対象から除外する規定を設けて、この時期に当初から障害児を明確に小学の対象外とみていたことは、明文化の有無はともかく、すべての地方において、ほぼ共通理解であったであろう。また、この時期の小学校の設置と教育、就学の状況、教育予算・学校と教員の質・量の資源等を考えれば、就学対象から障害児の除外を明記する県があったことは意外ではない。とくに小学校という新規の社会制度を導入し、整備することが、国家的課題として優先されていたからである。

(2)　小学校からの障害児排除制度と盲唖児教育の実態との矛盾

だがこの局面で、明治初期からの国民皆学という高邁な理念と、一定範囲の児童群を排除するという義務教育制度政策上の実効化との齟齬が発生することになる。障害児にも国民皆学を実現しようとする教育界の進取性は、明治三三年の第三次小学校令以降、一定範囲の児童群の排除が合法化されることによって、阻害されることになる。

しかしながら、日本の弱体なインストラクチャーの制約に対応した現実的で独自な盲唖学校形態によって、盲児と聾唖児の教育が開始されたこと、それを教育界の有志が支えるという現象において、就学免除制度の矛盾もまた明らかとなる。すなわち、教育方法の開発によって、盲児と聾唖児の教育は可能であり、晴眼児や健聴児に近い教育成果が挙げられることが立証されたこと、外国では盲・聾唖教育制度は確立されていることが留学生等の情報から明白となってきたことから、就学免除制度の欺瞞性が明白になったのである。ここに、盲人と聾唖者もまた国民ではないのかという小西信八の問題提起が生じることになる。

他方で、盲人の伝統的な職業教育制度である徒弟制による鍼按技術の伝承制度は、盲人自身にとって自活するための自衛手段であった。しかし、国民教育の一環としての小学校教育あるいはその代替としての盲学校の必要性を認識しなかった盲人鍼按業者がいたために、鍼按の徒弟制は、結果として、学齢盲児の公教育の成立を遅らせる役割も果たすことになった。

また、義務教育制度確立過程における障害児等の除外は、近代国家の政策として異例ではなかったのではあるが、日本における対処が義務教育発祥のキリスト教欧米社会と比べると独自な点があり、それには理由があることも理解しておく必要があろう。そもそも、欧米主要国における盲・聾唖・白痴児の教育は、その実体が慈善的教育であったにせよ、義務教育制度確立前に先行して実施されていたのが通例であり、アメリカに典型的なように、その民間教育事業に公共性を認めたのである。

また、欧米先進国における義務教育制度確立は、障害児の就学免除で終結するわけではなく、障害児教育にも影響を与えたのである。一つは、義務教育学校への就学に代わる特殊学級・特殊学校のような補完的な制度が、障害児に用意される場合が多かった。第二は、義務教育の進行あるいは確立は、盲・聾唖・白痴児の教育に影響を与えて、事業の慈善性を希薄にし、通常の義務教育を基準とするようになる。第三に、いったん教育が可能となる方法が確立し、教育成果が明白になれば、北欧やイギリスのように盲・聾唖児を義務教育の対象に包含される国もあり、あるいは、事実上、それと同等にみなすアメリカのような国もあった[1]。

障害児の教育が義務教育よりも先行して実施されたり、義務教育において対象から除外された障害児の教育に対する代替策が用意されること、障害児を同胞や隣人として扱い、その教育的救済に協力することと、キリスト教倫理とは歴史的にみて切り離せない。しかし日本は、欧米とは異なる宗教的・文化的な基盤に立っているばかりか、義務教育の出発自体、欧米先進国よりも大幅に遅れていた。そのうえ、義務教育を構築する資源が後進国として絶対的に不足していたために、障害児の教育に対する補完や代替は、弱体にならざるを得なかったし、私立形態の障害児教育事業の公共性を認めることもなかった。

しかしそれでも、教育界のリーダー、中央・地方の一部高官、地域社会は、遅々とした歩みではあったし、乏しい資源ながらも、小学校や私立学校で盲唖児の教育を試みた事例を確認できる。また彼らが、鍼按という伝統的な資源を活かして盲唖教育の構築に協力したことが、日本が、非欧米圏で唯一の特殊教育制度の萌芽を構築できたことに結実するのである。

ところで、特殊教育という用語はどのように使用されていたのだろうか。教育雑誌をみれば、個々の障害についての言及は比較的散見される。しかし、一定範囲の児童群を対象に、その教育・学校制度や教育の意義が特殊教育として取り上げられるのは、明治三三年第三次小学校令以降の時期のようである。通常の教育に対置される特殊教育または特種教育あるいは特別教育は、時代によって必要とされる対象や内容が異なり、しばらくの間、学齢貧困児の教育が特殊（特別）教育の主要な内容だった。障害関連の児童を対象とする場合でも同様であり、劣等児のようにその時代に必要な、通常の指導を超える特別な対処を必要とする児童の教育が特殊教育だった。要するに通常教育を基準として、それ以外の教育が特殊教育だった。特殊教育は流動的に使用されたのであり、基準が拡大すれば、かつては特殊教育に含まれていた教育も通常教育に移動する。重要な点は、最初から「特殊」に必ずしもネガティブな意味があったわけではなかったことである。なお、「盲学校、聾唖学校其ノ他特殊教育ヲ為ス学校ニ関スルコト」全体を文部省の一つの課が担当するようになったのは、昭和四年七月以降である（表8-3-1参照）。

このような過程において、第一に、欧米先進国の特殊教育の情報が留学生と文献によって伝えられ、第二に、小学校教育制度が確立し、標準的な教育の内容・方法では対処できない児童群が発生し、その共通項として心身の問題があることが認識され、第三に、盲唖教育が小規模ではあっても設立するようになった段階において、障害を中心とする教育の問題が教育雑誌等で特殊教育として取り上げられることになった。

一定範囲の子ども群を対象に特殊教育が取り上げられる初期の例は、明治三四年一一月、『教育時論』であろう。ここでは、盲者、唖者、痴者とそれ以外の障害児の教育、感化教育が必要なことには「多弁」は必要でないから、先進国の事業を調査すべきであるとされる（特殊教育制度を調査すべし［一九〇一・一一］）。同じ『教育時論』の明治三九年七月号（特殊教育の奨励を望む［一九〇六・七］）も、孤児・不具者・不良少年と、やや範囲は異なるが、特殊教育を重要な教育問題とした初期の例の一つである。

『教育時論』の問題提起が、実践分野の需要から発しているのに対して、学術的な傾向が強いのは児童研究会の発足だった。明治三五年一二月四日、心理学者・元良勇次郎を会長として誕生し、四五年五月には学会となった。三六年末には一五〇名を超える程度だった会員数は、四二年三月には一二〇七名に達している。また、『児童研究』は第六巻から児童研究会の機関誌となった。障害児や特殊教育に対する児童研究会の関心は、当初から明瞭に示されていた。四〇年一〇月の第一回大会では、六件の発表には「白痴に就いて」（石川貞吉）、「教育病理学」（富士川游）、「児童の精神異常」（三宅鑛一）が含まれていた（日本児童研究会第一回総会［一九〇七・一一］）。その後の毎年の大会発表には障害関係が含まれ、機関誌では有益な特殊教育関連の海外情報が掲載された（日本児童学会沿革（1〜4）［一九四一・一一］、［一九四二・一］、［一九四二・三］、［一九四二・五］）。児童研究という観点から、初等教育界に相当の影響を与えたことは確かである し、特殊教育関連情報の掲載も多いが、小学校の特殊教育に決定的なほどインパクトを与えたといえなかったのは、日本児童研究会（後に学会）の主流が初等教育ではなかったこと、掲載時期が実践現場で劣等児の処遇が問題になる時期よりも、やや早かったことにあるのかもしれない。

明治四四年三月、「某大学教授」を名乗る桂流生は、教育学の諸分科を分類して、教育学通論、補助学科（心理学、倫理学等）、教育史、教授法・学校衛生等、特種教育の五部門に分けたうえで、三段階に分けて読解すべき日本語の著作を紹介している。特種教育については説明がなく、乙竹の『低能児教育法』（明治四一年四月）、『不良児教育法』（四三年一一月）、富士川游・呉秀三・三宅鑛一の『教育病理学』（四三年二月）、榊保三郎の『教育病理及治療学　上・下』（四二・四三年）を挙げている（桂流生［一九一一・三］一四頁）。少なくともこの範囲を「特種教育」としていることになる。明治末期には、教育学体系において特殊教育を下位分野として位置づける立場が教育学者にあったことは注目される。

（二）明治一九年、二三年および三三年小学校令における就学義務の猶予・免除規程の確立と障害児の排除

保護者が小学校へ子どもを就学させることが義務となった明治一九年四月一〇日の小学校令（勅令第一四号）以前は、明治一二年の学制改正法である教育令から明治一八年八月一二日の教育令（第三次）（太政官布告第二三号）まで、就学させるのは保護者の責任だった。保護者の「責任」で就学できない場合であっても、保護者は、「事故」を管理者である学務委員に「陳述」（教育令第一五条但書）することが必要だった。第二次（明治一三年）および第三次教育令では、「已ムヲ得サル事故」でなければ就学させる責任が生じた（それぞれ第一五条と第一一条）。「事故」の内容については明示されていないが、上述のように心身の障害は「事故」に当然含まれていたであろう。

明治一九年の第一次小学校令では、就学させることが保護者の義務となり、これは現在に至るまで続いている。就学義務を猶予する条件も設定されるようになる。「疾病家計困窮其他止ムヲ得サル事故」（第五条）のために就学できない場合は、知事の許可と期間を定めて就学の猶予が認められた。これ以降、保護者の義務の猶予または免除に関する規定が整備される。明治二三年一〇月七日の第二次小学校令（勅令第二一五号）では「貧窮」「疾病」「其他已ムヲ得サル事故」を理由とする就学の猶予または免除について、市町村長が判断し、監督官庁が許可することになる（第二一条）。

明治三三年八月一八日の第三次小学校令（勅令第三四四号）では、手続きは二三年と同じであるが、免除対象と猶予対象に分けられている。免除は「瘋癲白痴又ハ不具廃疾」、猶予は「病弱又ハ発育不完全」、「保護者貧窮」は免除または猶予となった（第三三条）。この明治三三年の規定によって、就学免除・猶予制度が確立し、この制度に基づいて一定範囲の障害児を学校教育から排除する教育的・社会的慣習は、昭和五四年度養護学校義務制実施前まで続くのである。

以上のような、就学猶予・免除規程が整理され、確立してきた過程はこれまでによく知られていた事実である。この規程のうち「瘋癲白痴又ハ不具廃疾」に属する障害児をもつ保護者は、小学校に就学する法律上の義務を免除されたことになるが、この規程は、一般に小学校教育を用意する市町村の公的責任を免責したことになったと理解されていると思われる。そこで、障害児および貧困児童の就学猶予・免除問題を、異なる観点から検討してみる。

第一に、就学猶予・免除規程が確立するまでは、小学校制度の確立のうち、できるだけ多くの学齢児童を小学校に就学させることが時代の課題だった。そして、就学率と出席率が高まり、安定的に小学校に就学する学齢児童が多くなって、就学問題が一段落した段階で生じたのが履修問題、すなわち落第や原級留置、学業不振の問題であり、就学猶予・免除規程の確立は、その前段階であった（中村［一九八五・三］参照）。

第二に、小学校令では、盲唖学校に関する規定が含まれるようになる。就学免除規程によって、学齢の盲唖児童に対する公的な教育責任が完全に抹消されるのであれば、明治二三年および三三年の小学校令における盲唖学校規定は不要のはずである。しかも、一〇年間の間隔のある二つの盲唖学校規定を比較すれば、盲唖学校の正規性は、一〇年後の小学校令改正では進展していると見られる。小学校令における盲唖学校規定の意義については、第二節で検討する。

第三に、就学義務を免除した障害児、とくに盲唖児教育に対する公的団体あるいは私人の態度や行動である。政策という具体的な指標で評価すると、障害児教育あるいは盲唖教育では、目立った成果はないようにみえるが、小学校に対する小学校令と同じく、盲唖学校に対する盲唖教育令の公布が検討されたように、盲唖教育政策への模索は潜在化していたと見られる。盲唖学校の創設運動は明治三〇年代後半には顕著となるが、盲唖教育に対する教育界の支持には地方によって大きな差があった。同じように、盲唖学校の創設運動と維持に対する民間の対応力の低さにも注目する必要がある。ほとんどの盲唖学校は財源不足のために経営困難に陥る。県税や市税による経営を行わない場合の代替事業とそれを支える社会原理（キリスト教を基盤とする組織的慈善と権利論）が日本では行動原理となっていないために、地域社会による少額寄付以外に持続的な財源を持たない盲唖学校は、経営に行き詰まることになる。

こうして、制度や法律の完全性を追求すれば、義務に対する猶予および免除を規定することは、法制度上は当然であったかもしれない。あるいは、資源に制約がある一方で、優先政策事項を絞ることも、近代国家を目ざす後進国としては、必要な過程であったともいえよう。とりわけ貧困児童に対する就学奨励は、さまざまな努力のわりに効果が乏しかった。

貧困児童対策の一つであった子守教育は、自然発生的に生じたものと推測される。たとえば、明治初期の新潟県における子守学校（学級）は、教員有志の自発的な活動として開始されている（新潟県教育百年史編さん委員会［一九七〇］六二一―六二七頁）。大阪府の児傳（こもり）校、群馬県の保児教育所、山形県の児護学校（佐賀県教育史編さん委員会［一九九一］七八八頁）も同様の例であろう。趣旨は同一であっても、子守教育の担い手や成立時期、そして、特別教育による小学校教育への補完的接続の状況は、地方によって異なるようである。[2]

この個々の教師や学校が、明治中期から子守教育を試みてきた事例のなかに、小学校に盲学校や聾唖学校を設置した福島県福島町の宇田三郎校長や長野市の渡邊敏校長の子守学級設置による教育の試みがある（第一章参照）。

しかし、制度化された子守の学校や特別学級には、自発的な事業とはやや異なる文脈が必要だった。対象数が多くなれば、資金と教員および教場、教授時間の確保等、教員の個人的な判断では対処できないからである。教育の狙いは、実用と速成を旨とし、広く日常生活への有用性を重視し、机間を広くとり、玩具を備える等の工夫があった。特別学級制度としての子守教育と貧困児童への拡大、そして劣等児・低能児への発展は、第三節で述べる。

二　県統計書における不就学者および盲唖児統計とその意義

統計は、国家統治上重要な情報であり、各種の実態を示す情報でもあり、近代国家としての指標の一つでもあった。そのような統計情報が各県ごとに明治一二年から刊行されたのは後進国としては驚くべきことであるが、その様式は、ほぼ共通様式である。そのなかで、小学校就学者について、就学者数とともに不就学者数が郡市および男女別に記載されている。しかし、各府県では、明治三四年度統計[3]から、不就学を就学猶予と免除に分けて、その事由別に記載を始める（たとえば大阪府［一九〇三］三五〇頁、兵庫県［一九〇三］二六九―二七〇頁）。すなわち、猶予は貧窮・疾病ごとに、免除はさらに「其の他」の事由を加えて、郡市別および男女別に記載されている。このような記載が、明治三四年頃から記載されるようになった直接の要因は、いうまでもなく明治三三年の第三次小学校令における就学義務の猶予と免除に関する理由の区分であり、この区分は、規定上は、積極的に就学を奨励する対象と就学を要求しない対象を国が峻別したことを意味する。

しかし、就学義務の免除対象のなかに障害児が算入されることによって、国や県が障害児の教育に関心がなかったとか、教育責任を放置したと言い切ることはできないだろう。たしかに、第三次小学校令の規定どおりに対応した県が多かったであろう。しかし、内務省の指示によると思われるが、県統計書には、学齢不就学児数とともに、学齢盲唖者数を郡市別・男女別に記載するようになる。さらに、これらの盲唖者が「修業」、すなわち、盲唖学校に就学しているか否かも記載されている（例外的に、小学校就学児がいたかもしれない）。この県統計書における盲唖者記載の始期は県によって違いはあるが、たとえば愛媛県では明治三四年度から、三重県では三五年度から記載されるようになる（愛媛県［一九〇三］一四一－一四二頁。三重県［一九〇四］三〇四－三〇五頁）。

このような記載をすることの意図は、必ずしも国や県が自ら積極的に盲唖児教育に着手することを意味したわけではなく、学齢盲唖児の存在を数値的に示すことで、盲唖教育事業の計画を立案するように何者かに慫慂したのかもしれない。しかし、少なくとも（いずれは）実施すべき教育課題としての認識を政府がもっていたことを示すといってよい。そのことを端的に示す別の根拠は、第二節で示す小学校令における盲唖学校の規定である。

毎年、県統計書における不就学の学齢盲唖児数[4]という客観的な数値（正確さはともかく）を示すことは、明治三〇年代にはようやく全国的に盲唖学校創設の波が起きる時期であったから、学齢盲唖児が法的措置に留まらず、実体的にも不就学状態であることは、盲唖学校が存在しないことによって生じるし、教育可能であっても法令上は不就学対象であり続けているという矛盾があることを意味した。こうして、県統計書の不就学の盲唖者数の公表は、盲人・聾唖者および盲唖学校関係者に対して、明治三〇年代末に始まる盲唖学校創設と盲唖教育令公布に対する要求運動のきっかけを与える結果になったと思われる

第二節　明治二三年および三三年小学校令における盲唖学校の位置の変化と小西信八の構想

岡　典子・中村満紀男

一．明治二三年小学校令における「小学校ニ類スル各種学校」としての盲唖学校――学校教育機関としての認知

（一）小学校における盲児・聾唖児の教育の意義と多義性

日本の小学校では、盲児・聾唖児の教育が小学校の課題として主体的に認識されることは、現在に至るまで、ほぼ例外的現象であった。感覚に障害がある子どもは、制度としても小学校教育の側からも教育対象として認識されず、したがって、小学校以外の非正規的制度である盲唖学校において教育するのを当然視されるようになったのは、いかなる理由からなのであろうか。この点では、たとえばアメリカの大都市の公立学校が、盲唖児を含む障害児を、コミュニティの子どもの一部として教育対象に包含し、拡大していったのとは基本的に異なる。

たしかに明治時代の小学校が障害児を教育することは通例にはならなかったが、しかし、当初から障害児を排除したわけではなく、学校で聾唖児の教育をむしろ積極的に試行した例が存在したことは、第一章で述べた。その後も、小学校で盲唖児の教育はみられたのである。明治三〇年頃の福島県福島町と長野市等の小学校内においても、盲児および聾唖児の教育が学校教育の一環として実施されたし、明治三〇年代末の岡山県では、檜垣直右知事によって小学校を教育の場とした巡回講習による盲・聾唖教育が実施された（本章第三節）。そして、明治四〇年文部省訓令第六号による師範学校附属小学校特別学級において、一時的にせよ、より広範に障害児の教育が展開されることになる（第三章）。これに加えて、官立東京盲唖学校長・小西信八の小学校における盲唖児の教育構想があった。

また、就学免除規程ゆえに自動的に障害児を学校教育の対象としないという考え方は、教育の実際に関与していた人々には抵抗があったものと思われる。たとえば、明治三六年二月の京都府郡視学会では、「学齢児童中不具者の取扱

方如何」が問題として上がっている（郡視学会問題［一九〇三・三］）。「不具」がどのような子どもを示すのか、明らかではないが、京都府の地方教育行政に関与する職務者が、法律上は就学免除の対象である「不具」児について、小学校教育の対象外として機械的に処理したわけではないことは注目されるべきであろう。

これらの類型の意味は必ずしも同じではない。明治時代初期の小学校における聾唖児の自然発生的な指導は、国民皆学という近代国家建設の社会的熱気と教育者としての初心の発露が合成した結果であろうが、盲唖教育の普及という意識で実施したわけではなかろう。それに対して、盲唖教育の普及を大目的としたのが、福島町と長野市の例である。長野市の盲人教育所から始まった長野盲唖学校は、[5]県営移管後に独立校舎が完成する昭和九年一〇月まで、市内の小学校の一部を使用していたという（中江［一九七二］三一五頁）。このように、盲唖教育の資金と教員という資源獲得が困難な状況を打開する便宜的な方策として小学校を活用した例には、松本市立松本盲人教育所が昭和二年三月まで松本尋常高等小学校（源池部校舎）内で、上田市の上田鍼按講習所が創設の明治四三年五月から戦後の昭和二二年三月まで、上田女子小学校や上田中央小学校の一部で、長岡市の長岡盲唖学校が明治三八年四月から大正九年七月まで、坂之上尋常小学校で行っていた例がある（中江［一九七二］三一五頁）。

小学校に盲唖学校を附設する構想は、後述する小西信八の所論がよく知られているが、京都盲唖院でも、明治四〇年一〇月の「京都市盲唖教育革新ノ議」において、盲唖教育改善計画が完了する第四期の一つとして「市内二三カ所ニ盲人学校及聾唖学校ノ分校ヲ設ケ以テ盲聾唖ノ初等教育ヲ授クルコト」を挙げている（京都市盲唖院［一九〇七］、高橋・平田［二〇〇五］一一九頁）。[6]これは、盲児と聾唖児に対する初等教育の普及の方法として提案された計画であろう。就学を妨げている要因として、寄宿舎経費を支出できない盲唖生の貧困があり、自宅からの通学を導入することによって、教育機会を阻害する原因を軽減できるからである。

しかし他方で、小学校における盲唖学校は制度外であったから、年長の盲唖生や盲成人が職業教育のために昼間に小学校に通学するという、小学校としては異例の事態がしばらく継続したという現実も発生した。上記の小学校に間借りした盲唖学校や徳島県師範学校附属小学校が、そのような例である（後述）。

（二）明治二三年小学校令――「小学校ニ類スル各種学校」としての盲唖学校

明治二三年一〇月七日勅令第二一五号の小学校令が盲唖学校と関連するのは、以下の条項である。

第四〇条　市町村ハ幼稚園図書館盲唖学校其他小学校ニ類スル各種学校ヲ設置スルコトヲ得此場合ニ於テハ第三六条第三七条及第三九条ノ規程ヲ適用ス

第四一条　私立ノ小学校幼稚園図書館盲唖学校其他小学校ニ類スル各種学校等ノ設立ハ其設立者ニ於テ府県知事ノ許可ヲ受ケ其廃止ハ之ヲ府県知事ニ上申スヘシ

盲唖学校の設置・廃止許可は府県知事の権限に属し（第三六・三七・三九条）、私立小学校にも適用され（第四一条）、設置者は市町村の組合立でもよいこと（第三七条）も、小学校令で決められている。

明治二三年小学校令における盲唖学校を小学校の一種とみる規定について、盲唖学校が、制度上、学校の一部に入ったことを、盲唖教育関係者の多くは、盲唖学校を一校でも増やす方策として歓迎していたと思われる。ところが、この評価とはまったく逆の立場もあった。盲学校・聾唖学校制度が確立された時代に下したこの規定に対する川本宇之介の評価は、きわめて低い。それは、以下のような理由からである。

小学校令におけるこの規定により、盲学校が小学校の一種とみなされる端緒を開き、盲唖学校という用語を使用した。このことにより、盲学校と聾唖学校の「併合設置を恰も当然なるかの如く認め」たことが大きな影響を与えて、その後、（盲学校あるいは聾唖学校ではなく）盲唖学校が開設されたとする。加えて、実際には、初等教育も職業教育も行っている盲唖学校が、小学校に準じる学校であるはずがなかった（川本［一九三五］一八八頁）。また、盲学校は初等教育と技芸教育の兼修を当然のこととしたため、「盲学校は一般に其の程度が低く、中等教育を授くると言ふ如きとは、殆ど考へられなかった」（一九〇頁）。大正一二年盲唖教育令までは、「其の内容は、顕著なる発展充実を見ることなく、たゞ、量即ち学校数並に生徒数」が増加したに過ぎないというのである（一九〇頁）。

川本のこの主張に基づけば、明治三三年小学校令改正による小学校への盲唖学校附設論も、時代錯誤であることになろう。たしかに、明治三三年小学校令改正の成果は、第一章の表1-5-1にみるように福島訓盲学校の一校だけにすぎない。しかし、明治三三年小学校令を、三三年の小学校令および明治四〇年文部省訓令第六号と繋げて考えれば、盲唖学校数の目覚ましい増加はみられなかったものの、学校事業としての盲唖学校の創設と性格づけについて、初等教育界や社会に対するアピールにはなったのではなかろうか。そうでなければ、強力ではなかったにせよ、後述する県教育会の盲唖教育への協力は生じなかったように思われる。

川本のこのような批判は明解で、川本らしいといえなくもないが、彼には大正一二年盲唖教育令を自分の功績とする牽強付会の傾向があり（第四章で詳説）、当時の盲唖教育の条件という歴史的現実や零細盲唖学校での苦闘を考慮に入れていない主張であった。第一章で述べたように、明治一一年の日本教育令草案ではすでに盲・聾分離が明示されているし、小西校長も、明治二八年の卒業式で盲唖形態を解消できず、継続せざるをえないことに苦慮していると述べていた。

それゆえ、日本で盲唖学校という形態が多いのは、小学校令に基づく面もあったかもしれないが、モデル校だった京都校も東京校も、盲唖学校形態をほぼ当初から採用していたのは、盲・聾唖を分離するのに必要な資源が不足しているためでもあり、同時に、盲・聾唖が分離するだけの生徒規模を実現できなかったためでもある。まして、「当然」のように盲・聾形態をとったわけではなく、盲・聾唖を分離すれば生徒数が少なくなって、とくに聾唖学校を設置するほど児童が集まらないから、その設置はおそらくさらに少数となり、聾唖児の教育機会は減少したと推測される。

その意味では、教育上は不利な条件ではあるが、盲唖併置は盲唖教育の普及には必要な過程であったといえる。盲・聾唖部が併存する有害よりも、盲・唖の児童数が増加することが重要な段階であった。学校と児童の数的増加は、盲唖教育の成果が社会的に承認された結果によって生じるのであり、それが学校制度としての確立に連動し、その結果、盲・唖の自然分離につながることになるであろう。

また、兼修問題の解消は、単純には解決できない現実の困難があった。兼修とは、初等教育段階の基礎教育と鍼按等の職業教育とを同時に履修することである。学校の需要者たる貧困な盲唖児の家族からみれば、経費がかからない、できるだけ短期間の履修が望ましかったこと、入学年齢が高かったために限られた教育期間では兼修でなければ、職業教育に加えて若干の初等教育課程を履修できなかったことによる。そのうえ、兼修が望ましいと考える盲唖教育関係者はいなかったから、盲唖学校制度の定着と教育・学習の社会的認知、基礎的教育の有用性の認識が進めば、しだいに改善・解消される問題であり、事実、そのよう進行していった。こうしてみると、川本の批判は机上の空論というほかはない。

現実条件を考えた場合、法令の裏づけがない盲唖学校であるよりも、大きな制約があるとしても、盲唖学校が小学校の一種となることによって、多くの利益があったと考えられる。小学校令のもとに開設される盲唖学校の場合、教員や教育課程等、学校としての諸条件が法令によって規制されることになり、その意味でも、盲唖学校が小学校に類する各種学校に位置づけられたことは、少しでも「学校」に近づいたことになる。

明治二四年一一月一七日文部省令第十八号は、小学校令第四二条に基づいて、「幼稚園図書館盲唖学校其他小学校ニ類スル各種学校及私立小学校ニ関スル規則」を定めている。教員の資格と任免（市町村立校と私立校）、生徒に対する体罰禁止と教員の犯罪に伴う解職、学校休業日数の制限、市町村の学校管理権、私立校に対する文部大臣の閉鎖命令権に関する規定を、盲唖学校にも適用するというものである（文部省普通学務局［一八九二］九六－一〇〇頁）。

とりわけ盲唖学校に関して重要なのは、省令第一八号の一二条の説明文である。第一二条は盲唖学校等の各種学校に関する規則を府県知事が決定するように求めたものであるが、そのなかでこれら各種学校の教員は「特別ノ堪能」が必要であり、「殊ニ盲唖ノ児童ニ特殊ノ技芸ヲ授クル者」のように、小学校教員には適材がいない場合、府県知事は「便宜免許状」を交付できる方法を考慮してよいことを明示している。また、校長は必置ではないとも述べている。府県ではこの指示を承けて、盲唖学校等の設置廃止の手続きを定めている。たとえば宮城県では、明治二五年三月三〇日に県令第一九号として公布している（宮城県教育会中央部［一八九二］一七二－一七三頁、二九六－二九九頁）。

二．明治三三年小学校令における小学校附設盲唖学校規定の意義

明治三三年八月一八日勅令第三四四号小学校令改正において、盲唖学校は、「小学校ニ類スル各種学校」（第五条）として、学校開設や教員等の規定も第二次小学校令から引き継がれた。第三次小学校令が盲唖学校について新しい局面を迎えたのは、第一七条第二項「幼稚園、盲唖学校其ノ他小学校ニ類スル各種学校ハ之ヲ小学校ニ附設スルコトヲ得」の規定である。この規定により、公立および私立の小学校に盲唖学校を附設することが可能となった。

盲児の小学校への就学は、京都盲唖院の中村望齋が、学齢になったら「普通の児童と共に小学校に入れ十歳に」なったら盲学校に転校させるのがよいという説を紹介している。しかし彼は、この形態は「随分困難の事情多く、亦我邦の現状に於て許さゞる所あらん」（京都市立盲唖院［一九〇三］一七－一八頁）とする。彼の見解における困難と現状が、盲児を受け入れてくれる小学校がないということなのか、一〇歳以後、職業教育を目的とする、転校させるべき盲学校がないことを指しているのかは明記されていない。

ちなみに、明治三四年末現在の国内の盲学校数と児童数を示したのが、表２－２－１である（京都市立盲唖院［一九〇三・二］三二－三三頁を改作）。盲学校数は全国で一五校（盲唖学校含む）、盲児数は三六一名（佐土原盲唖学校の盲唖合計二一名を含む）であり、地域別盲学校設置数および盲生徒

表 2-2-1　明治 34 年の盲学校数と児童数

地方	校名	児童数
北海道	北盲学校	8
	函館訓盲院	16
東北地方	福島訓盲学校	17
関東地方	東京盲啞学校	62
	横浜基督教訓盲院	14
中部地方	高田訓矇学校	17
	長野盲人学校	26
東海地方	岐阜訓盲院	19
	東海訓盲院	12
	豊橋盲啞学校	13
	名古屋盲学校	12
近畿地方	京都市盲啞院	66
	大阪盲啞学校	7
九州地方	長崎盲啞学校	51
	佐土原盲啞学校	21
合計	15 校	361

出典：京都市立盲啞院（1903.2）32-33 頁を改作。

数は、北海道二校（盲生徒数二四名）、東北地方一校（一七名）、関東地方二校（七六名）、中部地方二校（四三名）、東海地方四校（五六名）、近畿地方二校（七三名）、中国および四国地方は未設置、九州地方二校（七二名〔佐土原盲唖学校二一名は盲唖合計数〕）にすぎなかった。このうち、関東地方では東京盲唖学校の盲生徒数が六二、近畿地方では京都盲唖院が六六、九州地方では長崎盲唖学校が五一名であり、この生徒数を考慮すると、全国的に盲学校の設立は顕著に遅れており、地域間のばらつきも大きかったことが分かる。

表2−2−1をみると、中村望齋のいう困難とは、学齢盲児を積極的に受け入れてくれる小学校がないことも困難の一つではあったが、一〇歳になって転校する盲学校が実際にはほとんどない現状を指していることが分かる。

しかしこのような現実を、小西信八は熟知していたはずだから、小西の小学校附設論は、より高度な意図を内包していたと考えるのが自然であろう。たしかに、盲唖学校の小学校附設論には、いくつかの段階があったと思われる。なかでも、教育機会の拡大が遅々として進まないなかで、経費がかからずに比較的簡単に実施できる方法であるというのが、附設論の最大の理由ではあろう。しかし、ドイツの例でも、「聾唖児や盲児と一緒に教育をしたほうが相互に利益」があり、初等学校で「日常普通一般の指導に特別な指導を加え、それを牧師や両親・兄弟姉妹が共同して授けることによって補えばよい」と考える専門家もいた（荒川〔一九七〇〕一一三頁）。これを含めて、附設論については、つぎに検討する。

三．小西信八の盲唖学校の小学校附設論とその意義

（一）小学校および師範学校附属小学校附設論の提起

盲唖学校は、明治二三年小学校令において、小学校に類する各種学校として、明確に学校教育機関の位置を獲得し、三三年小学校令では小学校に附設することが可能となった。この法改正の枠組みに入った盲唖学校は、文部省が管轄する学校のなかでも正規性が高まり、学校として具備する条件は、より厳格になる。このことにより、盲唖学校の社会的地位が高まることになり、寄付金の調達にも有効となるはずだった。しかし、私立小学校が盲唖学校を附設する必然性

はなかったし、公立小学校も同じであっただろう。とすると、かねて盲唖学校の小学校附設論を唱えてきた小西信八の意図は、最初から県立盲唖学校の設置は困難であるから、暫定的な措置として、小学校に盲唖学校を附設し、早晩、盲唖学校を独立させるという展望において、盲唖教育を普及する単純な便宜的手段であったのだろうか。この着手と展開の仕方はすでに、長野市において、渡邊敏が実行したヒドラ主義であった（第一章第六節参照）。つぎに小西の附設論を明らかにする。

小西の附設論の提起と十数年間にわたる展開およびその意義については、加藤康昭（一九八一）の優れた研究があり、適宜、参照することとする。第一章で掲載した表1-5-1では、小西信八の盲唖学校の小学校附設論のうち、明治三三年小学校令改正までの素朴な期待に過ぎなかった提案を述べた。そこでその後の附設論の展開を、他の論者を加えて整理したのが、表2-2-2である。

まず、明治三三年小学校令における盲唖学校の小学校附設規定に関する小西の評価は、「本邦盲唖教育史上新紀元ヲ開キタルモノナリ」という最大限の評価であった（生徒卒業［一九〇一・四・二三］四五一頁）。しかし、小学校令第一七条に盲唖学校を小学校に附設できるとの規定が明記されても、実際に盲唖学校を附設する小学校が増加したわけではなく、長野市後町小学校に盲人教育所が設置されただけであった。明治三四年末の調査で教育機会のあった盲唖児は、一五道府県の盲学校・聾唖学校・盲唖学校に在籍する八〇七（盲三四〇、唖四六七）名に過ぎなかった（生徒卒業［一九〇二・五・二八］五八七-五八八頁）。また、これらの盲唖学校は、京都・東京・大阪の三府と長崎県を除けば、生徒数はほとんど一〇名台の零細な学校であった（うち二校はその後、廃絶）。

そこで、小西は、従来の附設論にさらに三点で改訂を加える（生徒卒業［一九〇〇・五・二五］、小西［一九〇〇・九］、［一九〇〇・一二］、［一九〇三・五a］、［一九〇三・五b］、［一九〇三・五c］、［一九〇三・六］、［一九〇三・七］、［一九〇四・一］、［一九〇四・二］、［一九〇四・三］、［一九〇五・四］、［一九〇六・六］、［一九〇六・七］、［一九一八・一一］）。

第一に、附設する小学校は、一般の公立小学校よりも、師範学校附属小学校に転換し、その内容も、附属小学校で盲唖教育を行うだけでなく、師範学校生徒に初歩的な盲唖教育の技術を習得させ、附属小学校盲唖学級の担当訓導が本務の合間に、卒業生徒の勤務する小学校における盲唖教育の指導監督を行うというものである。[7]第二は、法律によって教育機会からの排除が合法化されている不当性を主張するために、教育の提供を国家の義務とし、教育の享受を盲唖児の権利とする理論的根拠を提示することで、盲唖教育の慈善性を否定したことである。

第三は、盲唖学校を小学校に附設することの有益さを拡大したことである。附設方式は、師範学校生徒には教育学研究の実験材料となり、小学校の「普通生徒」による盲唖生徒に対する否定的態度が肯定的な態度に変容することが期待できるという。盲生徒では、「普通生徒」と同じ教室で指導を受ける場合が多く、晴眼児は自ら奮励するようになるというのである。東京盲唖学校卒業式挨拶では、列席の師範学校長に上記の附設論を弁じるとともに、学齢児中の盲唖児の数と割合を印刷して配布する入念さであった（生徒卒業［一九〇〇・五・二五］三六六－三六七頁）。これに加えて、盲学校と聾唖学校の府県による分担・協力方式も提案する（生徒卒業［一九〇一・四・二二］四五一頁）。これは、それぞれの盲または聾唖の生徒を府県の間で相互委託する方式で、経費負担も一校分で済むうえに、盲唖分離も実行できるはずであった。

盲唖学校の小学校附設論の着想は、小西の独創なのであろうか。小西は、古河太四郎の事績には敬意を払っており、古河の盲唖教育の出発点が待賢校という小学校にあった経緯は熟知していたはずである。また、本章ですでに述べた国内各地の小学校における散発的な聾唖児指導の試みも知っていた。二〇世紀転換期のアメリカの公立学校で実施されていた口話法聾唖教育の情報も、アメリカのシカゴ滞在中に当然入手していたし、東京盲唖学校や教育博物館所蔵分のパーキンス盲学校年次報告も読んでいたはずだから、一八五〇年代にパーキンス盲学校長ハウが夢想した公立学校における盲児教育論（中村［一九八七］一七七－一七八頁）も知っていたであろう。

小西の附設論を理解するうえで参考になるのが、東京市養育院附属小学校における盲唖児の教育である。養育院での盲唖教育は、養育院在籍の盲唖児に対する単なる教育機会の提供という当初の計画を超えて、附設論に連動して変容し

表 2-2-2　盲唖学校小学校附設論の展開（引用文中かっこ内文章は引用者）

<table>
<tr><td>明治33.3.18</td><td colspan="5">小学校令（小学校に盲唖学校を附設できる）</td></tr>
<tr><td>明治 33.4</td><td colspan="4">長野市後町小学校内に長野盲人教育所開設</td><td></td></tr>
<tr><td rowspan="2">明治33.5.25</td><td>生徒卒業</td><td>官報</td><td>5066</td><td>366-367</td><td>小西信八</td></tr>
<tr><td colspan="4">各県に盲唖学校設置することは経済的に困難であるから、師範学校附属小学校に盲唖を分離した教室を設け、師範生徒の研究材料とし、卒業後は盲唖児の親の相談相手となり、小学校内で空き時間に指導を試みることを、卒業式に列席の県師範学校長に協力を要請。盲児は普通児と一緒に指導が可能であり、盲児の有能さを知ることで、普通児には愛情と敬意が生まれる。</td><td></td></tr>
<tr><td rowspan="2">明治 33.9</td><td>盲唖教育</td><td>奈良県教育会雑誌</td><td>49</td><td>6,8（1-10）</td><td>三重県教育会での講演</td></tr>
<tr><td colspan="4">盲唖児の親は租税を払いながら、自分の盲唖児に教育機会がない。シカゴやロンドンの先例を参考にして、各府県の師範学校附属小学校で盲唖教育の研究を行い、小学校で盲唖分離して教育を行うようにし、教生が赴任した小学校で校務の傍ら教授する。他の児童には同情心を育てることができる。</td><td rowspan="2">小西信八</td></tr>
<tr><td rowspan="2">明治 33.12</td><td>盲唖学校を分設するに付意見</td><td>東京市教育会時報</td><td>4</td><td>60-61</td></tr>
<tr><td colspan="4">盲と聾では教育方法も教科の方法も異なるうえに、年齢や性別の違いもある。盲と聾を同じ教場に置くことは両者に有害であるし、アメリカでも例外である。欧米では、盲と聾を分離するのが一般である。経費も、分離してもほとんど変わらない。</td><td>小西信八</td></tr>
<tr><td rowspan="2">明治34.4.22</td><td>生徒卒業</td><td>官報</td><td>5337</td><td>451-454</td><td></td></tr>
<tr><td colspan="4">各府県が、盲学校または聾唖学校の設置を分担する案を提言。明治 33 年小学校令における盲唖学校の小学校附設規定を実行するように、卒業式列席の全国連合教育会委員に各地での協力を要請。盲唖分離。教育を受ける権利とそれを実現するための保護者および国家の義務。教員養成の必要。</td><td>小西信八</td></tr>
<tr><td>明治 36.4</td><td>各師範学校附属小学校に盲唖教室を設置すること</td><td colspan="3">第五回内国勧業博覧会審査官列伝　前篇 , p.35-36</td><td>小西信八の紹介</td></tr>
<tr><td rowspan="2">明治35.5.28</td><td>生徒卒業</td><td>官報</td><td>5667</td><td>585-588</td><td></td></tr>
<tr><td colspan="4">師範学校附属小学校に盲唖学校を附設する自説を述べ、小学校令改正の盲唖学校附設規定とその福島と長野の実例を紹介し、列席の関東連合教育会委員に協力を要請。盲唖を分離すべきである。</td><td>小西信八</td></tr>
<tr><td rowspan="2">明治 36.5</td><td>盲唖教育ニツイテ</td><td>奈良県教育会雑誌</td><td>66</td><td>5 − 9</td><td>県教育会講演</td></tr>
<tr><td colspan="4">福島町と長野市の小学校で盲教育を行っている。長野では唖教育にも拡大。設備や金銭が必要なわけではなく、教師に指導と学習の意欲があれば可能だから、小学校令に基づいて、参会の教員も始めて欲しい。</td><td>小西信八</td></tr>
<tr><td rowspan="2">明治 36.4</td><td>北海道小樽区立量徳尋常高等小学校に唖生 3 名入学希望</td><td rowspan="2">財団法人小樽盲唖学校概覧　明治42年12 月</td><td rowspan="2" colspan="3">高橋淳子・平田勝政『知的・身体障害者問題資料集成：戦前編』1 , p.230-231, 不二出版</td></tr>
<tr><td>住吉貞之進校長、訓導・小林運平に教務の傍ら、指導させる。指導に困難を来すも、伊澤修二『視話法』により、発音と簡単な談話を幾分習得。その後も唖生の入学希望者増加し、明治 38.10.7、盲唖私塾を自宅に開設。明治 39.6.3、小樽盲唖学校開校式。</td></tr>
<tr><td rowspan="2">明治 36.5</td><td>盲唖雑録</td><td>奈良県教育会雑誌</td><td>67</td><td>22-26</td><td rowspan="2">小西信八</td></tr>
<tr><td colspan="4">ヨーロッパ・アメリカの盲唖教育事情。とくにロンドンには、小学校に附設された訓盲所が 8 箇所、唖学校は 19 箇所、痴児の特別学校 30 箇所ある。</td></tr>
<tr><td rowspan="2">明治 36.5</td><td>小学校に盲唖学校を附設するにつき参考書（承前）</td><td>奈良県教育会雑誌</td><td>68</td><td>（17-21）</td><td>小西信八</td></tr>
<tr><td colspan="4">米国ウィスコンシン州ミルウォーキー市公立小学校附設聾唖学校の成立過程と A.G. ベルの所説の紹介を詳述。ミルウォーキー市は、通学制口話法の聾教育を公立小学校で実施。ウィスコンシン方式は、寄宿制聾唖学校よりも経済的に格段に有利かつ効率的で家庭の著大な影響力も受けることができ、実験段階を過ぎて、イリノイ・オハイオ・ミネソタ・カリフォルニアの諸州でも導入へ</td><td></td></tr>
</table>

明治 36.6	小学校に盲唖学校を附設するにつきて	教育実験界	11 (12)	45-48	記者
	1．小学校で空き時間に学校近辺の盲唖生を集めて教師が代わる代わる指導し、片手間で指導できなくなったら専任教員を雇う。2．良法は、師範学校附属小学校に盲唖教育部を附設すること（宮城県師範学校の先例あり）。理由①一般の小学校よりも教員や教室に余裕がある。②附属小学校は教育の研究所で、不具者も研究の対象。③附属小学校は模範小学校であるから、盲唖学校の小学校附設はまず、附属小学校から実施して普及させるべき。④盲唖教育所を附設して、教員に練習させ、おおまかな方法を習得させる。⑤軽侮されがちな盲唖生に附小で十分な敬意を払って丁重に扱うことは、附属小学校児童の品性陶冶上、重要な価値。小学校に盲人教育所を附設した例は長野と福島にあり、成功している。ロンドンの小学校附設の状況は、明治 36.5「盲唖雑録」に同じ。				小西信八
明治 36.7	小学校に盲唖学校を附設するにつきて（承前）	教育実験界	12 (1)	47-50	記者
	明治 36.5『奈良県教育会雑誌』68 号小学校に盲唖学校を附設するにつき参考書（承前）」と同文				小西信八
明治 37.1	小学教師諸君に望む	日本之小学教師	6 (61)	6-8	速記
	視察したロンドンの小学校における義務教育としての盲・聾唖・白痴の状況。国内でも福島・長野・仙台・黒石の小学校で盲唖児を教育				小西信八
明治 37.2	小学校に盲唖学校を附設するについて	むつぼしのひかり	7	8-11	小西信八
	明治36.6『教育実験界』11 (12)「小学校に盲唖学校を附設するにつきて」p.45 と同文				
明治 37.3	小学校に盲唖学校を附設するについて	むつぼしのひかり	8	1-6	
	明治36.6『教育実験界』11 (12)「小学校に盲唖学校を附設するにつきて」p.45 と同文				
明治 37.5	岩手県連合教育会で二戸郡教育会「本県師範学校附属小学校内に盲唖教育を開始せしめ其の教育方法の範を示されんことを建議の件」提案	岩手学事彙報	688	38	二戸郡教育会
	盲唖生「盲唖教育に就き」	岩手学事彙報	691	5-13	盲唖生
	盲唖者の教育を権利、国家の義務として盲唖学校を小学校に附設するように改正すべき。当面、師範附属小学校に盲唖学校を附設して教育方法を研究するとともに、教生に指導し、普通教育を小学校で、職業教育を東京で行うようにすべき				
明治 38.4	盲唖教育は慈善事業にあらず	日本之小学教師	7 (76)	46-47	小西信八
	盲唖児も国民、当然国民普通の教育を承ける権利あり。財務者はどこでも横柄。経済の許す限り、普通の小学校に一つの盲唖教室を附設してほしい。校長の誠意と熱心に期待				
明治 38.8	教育思潮	大分県教育雑誌	242	55	
	『日本之小学教師』76 掲載の小西の小学校附設論を紹介				
明治 38.8	第 5 回全国連合教育会で盲及聾唖教育に関する法令を発布し且府県師範学校附属小学校に盲及聾唖教育の機関を附設せられたき事を文部大臣に建議	帝国教育会沿革志		121	
明治 38.12.1	徳島市新町尋常小学校訓導・五寶翁太郎				
	新町尋常小学校内に私立徳島盲唖学校設置				
明治 39.6.25	小西信八氏の盲教育談（上）	教育時論	763	26 (26-27)	記者
	小学校の教師が点字等の符号を少数の盲唖児に指導したり、初めは学校の附属として行う				小西信八
明治 39.7.15	小西信八氏の盲教育談（中）	教育時論	765	26 (26-27)	記者
	教育を受けるのは盲唖児の権利。慈善性批判				小西信八
明治 39.10.31	独逸ニ於ケル新小学校編制法	官報	7003	843-844 (840-844)	服部教一
	補助学校・補助学級とマンハイム学校組織が主題であるが、付録「身体ノ不具病弱等ノ児童ノ為ニ設ケタル特別学校又ハ学級」の一部に、ベルリンの小学校で聴覚障害児の特別学級が設置されていることを紹介している。				
明治 39.11	独逸に於る盲唖教育の普及を述べ併せて我日本ノ盲唖教育制度に及ぶ	教育公報	313	24-20	服部教一
	唖教育を普及させるために小学校で唖児教育を行うことになり、教員不足に対応するために、師範学校に唖教育の専門教員を配置するとともに、師範学校に唖学校を附属させ、師範学校生徒に唖教育の理論と実地とを授けた。唖児は小学校で				

明治 39.11	聴児と教育をうけるほかに、教員宅で特別指導を受けた。この予備教育の後に、唖学校に進学したり、職業教育を受けた。しかしその後、この方式では十分な教育成果が得られないことが判明したために、師範学校附属唖学校は分離・独立し、小学校における唖教育は衰退する。				
明治 39.12	独逸に於る盲唖教育の普及を述べ併せて我日本ノ盲唖教育制度に及ぶ（承前）	教育公報	314	8-12	服部教一
	府県立盲学校・唖学校を設立するのは時間がかかるから、師範学校または小学校に盲または唖の専門教員と一教室を配置することを府県の任意として実施する。施設・設備の完備を図る前に貧民の盲唖児を公費で教育する途を講じ、早く盲唖学校を設置することを期待する。官立校では教員養成を行う。				
明治 40.4.17	文部省訓令第６号（師範学校附属小学校特別学級設置の勧奨）				
明治 44.7.18-24	第三回全国盲唖教育会	第三回全国盲唖教育会		13	群馬
	盲児をして普通小学校児童と共に或程度迄普通教育を受けしむる方法なきか（時間不足に付討議せず）				
大正 1.11.15	聾唖教育の理想	人道	91	3-4	小西信八（インタビュー）
	聾唖教育が盲教育より不利な点を３点挙げ、その上で、振興する方法を提示している。適切な教員不足が聾唖教育不振の第一であるので、師範学校で聾唖教育法を指導して、卒業後に赴任した小学校に聾唖児を入学させ、校務の空いた時間に指導をすれば、聾唖教育は可能である。豊かなアメリカでは、聾唖学校が各州にあるが、大都市の小学校にも通学制聾学校があり、英国にも導入されている。日本の師範学校でも着手されつつある。				
大正 3.8.11-8.15.	東洋盲唖教育会議	内外盲人教育	3 秋	40-41	中村京太郎
	討論題「普通官公私立学校に於いて聾唖児童を普通児童と同一学級若しくは同一校舎に於いて教育するの利益如何」「討論題として花をさかせ」た。10 歳～ 12 歳以上は、別校舎で指導。提案者は不明だが、小西信八か、また、討論題の聾唖児童は盲唖児童の誤りか。				
大正 4.7.21-24	第五回全国盲唖教育大会	第五回全国盲唖教育大会報告		2	東京聾唖学校（小西信八）
	「各師範附属小学校ニ盲若ハ聾唖教室ヲ附設シ師範生ニ訓盲教唖ノ大要ヲ知ラシメル得失如何」。「小学校令第一七条末項「小学校ニ盲唖学校ヲ附設スルヲ得ベシ」トノ法文ヲ活用セシムル方法」。師範学校生徒に盲教育の初歩の教育を行うことの可否に修正案。六〇名の出席者中三五名が修正案を支持、提案保留となる。				
大正 7.11	聾唖の教育は慈善に非ず	帝国教育	436	5-8	小西信八
		聾唖界（大正 7.12）	19	5-14	
	盲唖児も国民であるから、国民教育を受ける権利があり、国家は教育する義務があるというアメリカの考え方を紹介し、盲唖教育は国家の義務であるとする。これまで盲唖教育を民間に任せていたイギリスでは、ロンドン市で小学校に盲唖学校を附設し、学用品支給のみならず、学校通学を助ける者を用意している。ニューヨーク市では市内に盲学校があるにもかかわらず、盲児を小学校に入学させ、学用品を支給し、盲専門の教員を配置して点字を習得させ、通常学級に措置している。盲児を東京養育院の小学校に入学させるか、東京市養育院の児童を東京盲唖学校に入学させる試みは未着手。				
大正 8.7	聾唖教育と慈善との関係	聾唖界	20	1-2	小西信八
	ニューヨーク州 1896 年慈善法改正における聾唖教育の除外により、聾唖者は、「国民の一人として教育を受ける権利ある者と公認」されたが、日本の聾者にもこの機運の到来を期待する				
大正 10.4	今後の盲唖教育制度に対する私見	高知教育	465	11-14	高知県師範学校附属小学校・成岡秀喜
	小学校で盲唖教育を実施し、普及させる				
大正 11.2-6,8-9	欧米の特殊教育 1-7	児童研究	25 (6) ～ 25 (10), 25 (12), 26 (1)		樋口長市
	低能児・性行不良児・怠惰児・犯罪児・盲児・弱視児・聾児・重聴児・言語障碍児・不具児・病弱児の教育について、欧米で展開されている小学校教育や社会事業・病院における諸制度について視察の結果を詳述				

年月	題目・内容	掲載誌	巻号	頁	著者
大正 13.2	全国盲唖学校長会議に対する文部大臣の諮問「盲唖児童の就学奨励に関する適当なる方案如何」への答申案「四. 教育機関の改善」「二. 小学校に盲唖児を収容し適切なる教育を施すこと」				全国盲唖学校長会議
	全国盲唖学校長会議	日本社会事業年鑑（大正 13 年）		p.136-137	
大正 13.5	特殊児童の教育保護	児童保護研究会			樋口長市
	特殊児童の概説を主とし、そのなかで特殊学級その他の教育についても触れている				
大正 13.9	欧米の特殊教育	目黒書店			樋口長市
	特殊教育の概説書であり、特殊学級を中心に教育的措置について言及				
昭和 5.3	盲唖教育上より将来の小学校教育を論ず	岩手教育	8（3）	4-11	岩手県立盲唖学校・山本忠壯
	将来の構想として、教育、経済性、通学、家庭と社会の影響等の諸点から、小学校併置論を主張。中等段階で、県の中央盲学校・聾唖学校で教育				
昭和 57.7	聾唖教育の普及に就いて	聾唖教育	10	13	八戸盲唖学校・釜蒄忠作
	師範学校に読唇口話及手話の簡易な科目を設置し、市町村小学校に収容している聾唖児童に初歩的な教育を行い、それ以降の教育は県立聾唖学校で行う				
昭和 7.5	第 12 回全国小学校女教員大会	教育女性	8（6）	30	群馬県・白石はな
	群馬県では盲聾唖学校２校では通学に困難なので、各都市に１校設置するか、小学校に附設する提案				

た可能性と重要な意義があり得たと思われる。養育院附属小学校における盲唖教育の経緯については、伊藤の研究（伊藤［一九九五b］八三四－八三六頁）に依拠しながら、小西の意図の変化を推測することにしたい。

もともと養育院は、明治二九年五月に、盲唖児六名を東京盲唖学校に通学させた。この方針は、明治三四年には、唖生の院内附属小学校における教育へと変更される。児童の社会階層の違いが養育院唖生に与える心理的悪影響への考慮もあったかもしれないが（伊藤［一九九五b］八三四頁）、唖生を養育院附属小学校で教育する形態に転換される。三四年にすでに、盲児・唖児が「普通の児童と共に教育」できる、教育するという小西の主張が養育院資料に明記されており、当初は養育院附属小学校の教員が予備的訓練を経て、唖生を担当した。明治四一年には、三九年三月に東京盲唖学校教員練習科を卒業した聾唖者・岩田鎌太郎が担当している（岩田［一九〇八・一二］）。伊藤［一九九五b］八三五頁。小西校長の岩田に対する期待については、小西信八先生存稿刊行会［一九三五］一五七頁参照）。大正四年度までは、院内附属小学校で、盲生を含めて、唖生教育も行われたというが（伊藤［一九九五b］八三六頁）、その後の展開は、東京市立聾学校が巣鴨に移転する昭和三年以降、盲児と同じように、養育院外での教育に切り替わったものと思われ、昭和八年度にはその一～二名の東京市立聾学校への通学が養育院年報で確認できる。

養育院の盲児についても、明治四一年から院内附属小学校で教育が提供され、少なくとも大正四年度までは、唖生の教育とともに継続されていたという。しかし盲児教育の計画は、大正四年一二月に開設が認可された杉山鍼按学校において実施されることになり（伊藤［一九九五b］八三六頁）、その事実は、東京市養育院年報で確認できる。ただし、その数はわずかで一～二名にすぎない。ともかく、附設論を発展させた小西の院内附属小学校における盲児の教育は終焉を迎える。杉山鍼按学校については、第四章で述べる。

そもそも、小西の盲啞学校附設論は、教育機会の拡大のきっかけとしての便宜的な形態であると同時に、盲啞学校創設までの経過的措置として提案されたものであることは明らかである。しかし、小西の小学校附設論は広く受容されたとは言い難い。言い換えれば、考え方としては比較的抵抗がなかった関係者と、ほとんど反応しなかった関係者に分かれるように思われる。反応しなかったのは、とくに盲児の職業教育に関心をもつ関係者であっただろう。初等教育関係者には、教育機会の提供と心身の発達が盲啞児に適用されただけだったから、受け入れやすいテーマだった。

小西の小学校附設論が現実に広く実現しなかったことによる新たな彼の対応を、整理してみると以下のようになる。師範学校附属小学校における盲啞教室附設論は、内外の先例とともに、盲児に教育機会を用意する方法としての経済性・現実性が強調され、盲啞児の劣等性というラベル軽減の機会にもなるし、普通児の道徳性の向上にも有益である。このような教育機会の用意は、盲啞児にとっての権利、親と国家の義務として正当化される。

小西には、アメリカのハウ校長に存在したような、後の統合教育に連なる要素があることは、加藤康昭（一九八一）が指摘している。しかし、盲啞児のいかなる教育形態が、小西が最終的に目ざした教育形態であったのだろうか。彼の主張からだけでは、明確には把握できないが、ともかく小西信八の盲啞学校小学校附設論は、盲啞学校の代替以上には、同時代には理解されなかったし、受容されなかったのである。

（二）小学校附設論の展開

ところで、盲啞児教育の小学校附設論は、同時代において徐々に拡大する。明治三七年五月の『岩手学事彙報』には、二戸郡教育会の岩手県師範学校附属小学校における盲唖教育開始の建議（岩手連合教育会問題［一九〇四・五］）があるほかに、「盲唖生」投稿論文が掲載されている。それは、小西とほぼ同一の論旨であるうえに、附設論の弱点である職業教育についても補足されている（盲唖生［一九〇四・五］）。さらに、文部省留学生・服部教一は、ドイツ国内での師範学校附設論の隆盛と衰退という先例を踏まえたうえで、日本の現状において実行可能な案として盲唖教室の師範学校附設論を提案する。それは、小学校附設をする学校は、県師範学校附属小学校にするのか、一般の小学校にするのかは、府県に任せ、貧困盲唖児の公費での救済を優先し、盲唖教育普及のために教員養成に注力することである、という内容である（服部［一九〇六・一一～一九〇六・一二］）。

樋口長市の欧米視察時による小学校附設論は、小西や服部と変わることはない（樋口［一九二二・二～一九二二・六、一九二二・八～一九二二・九］、樋口［一九二四 a］一八三－一八八、一九〇－一九四、二〇三、二一一－二一三頁。樋口［一九二四 b］一〇〇、一五〇－一五五、二〇四－二〇六、二一一－二一四頁）。しかし、地方の教員からの提案は、異なる観点をもっている。そのなかで、高知県師範学校訓導の提案は、盲唖教育普及を目的とする小学校における盲児の教育案であって平凡である（成岡［一九二一・四］）。だが、岩手県立盲唖学校の教員・山本忠壮（一九〇七－?）は、将来の構想としながらも、教育機会の普及、経済性や通学可能、家庭、社会の影響等を考慮した二段階での盲唖教育形態を提案している（山本［一九三〇・三］）。第一の初等段階は小学校附設論であり、第二の職業教育段階では、寄宿制の学校に生徒を集中させて教育するというものである。師範学校を卒業して二年目の盲唖学校新米教師が、現在の寄宿制盲唖学校における制度・教育・人格形成上の問題を明確にしたうえで、通学制と寄宿制の長短を理解しつつ、日常の児童生徒に対する観察から辿り着いた結論であった（山本は後に、岩手県初等教育界の指導的存在になった。俳人でもある）。なお、県都に一校のみでは通学できないので、各都市に一校設置するか、小学校に附設するという提案もあった（第二回全国小学校女教員大会［一九三二・五］）。これらは、寄宿制盲唖学校が少数しか設置されていなかったために、それ以外の学校形態を想起することがなかったこれまでにみられない新鮮な提案だった。

こうして、小学校での盲唖児教育論で最も注目すべきことは、寄宿制形態を定型として前提とするのではなく、児童の居住する地域の小学校への通学形態が考慮されていることである。これは、山本（教職経験二年）や白石のキャリアから推測して、盲唖教育界の指導者が欧米で見聞したような情報に基づく提案であるとは考えられず、日本の初等教育界に元来あった自然な考え方なのかもしれない（明治三九年の三校長建議には類似した案がある）。しかし現実には、初等段階に限っても、教育の経済性、専門的知識と技術をもった教員と教育の場の確保等の問題により、小学校通学制の案は表面から消えていったのであろう。学校形態が独立学校・寄宿制形態または小学校附設・通学制形態の岐路選択は、戦後の特殊教育再建過程において再度生じるのであるが、現代において、いかなる教育形態へ転換していくのかは、以上のような歴史的経緯を把握したうえで、盲児・聾唖児の社会的位置、資源の存在、専門性の確保、最終的な教育目標の設定等を総合的に考慮するのかによるであろう。

（三）盲唖教育界の消極

こうして、小西の小学校における盲唖児の教育計画には、いくつかの側面がある。一つは、盲唖教育を学校教育の一部とみなすための段階であり、第二は盲唖教育の機会を少しでも拡大するための方策であり、第三は、盲唖教育の特殊性を薄めたり、一般の子どもとの同等性を実現するための方策である。したがって、明治末期に盲唖教育令の実現が目前に見えてきた時期以降は、盲唖教育関係者には、教育機会の拡大ならびに自分たち独自の盲唖学校構築に重点が移り、盲唖教育の社会的次元や学校教育としての向上に類する問題は、優先されなくなる。明治四四年の第三回全国盲唖教育教員会では、小学校児童と、ある程度まで盲児と普通教育を受ける方法はないかが提案されたが、時間がないために討議しなかった。この提案者は「群馬」としか記されておらず、確定はできないが、当時の群馬の盲唖教育は群馬県師範学校附属小学校の訓盲所しかなく、群馬県の盲教育を支えてきた東京盲唖学校卒業生の瀬間福一郎による提案であろう。この訓盲所は、県教育会である上野（こうずけ）教育会訓盲所を訓令六号によって継承したものであり、教育会訓盲所の創設時に県第二部長（教育・軍事・社寺担当）として尽力した大東重義は東京に転じていた。大正二年一二月の県会では、師範学校を担当する県内務部長は、附属小学校の設置趣旨から同校内での盲教育の実施を否定する発言をしていた（群馬県盲教育史編集委員会［一九七八］一三頁）。瀬間の提案は、その直前の時期であり、訓盲所経営の安定のための方策を求めていたのであろう。しかし、時間切れという議事上の処置に、盲唖教育界の附設論に対する関心の低さが表れている。この時の全国大会の議長は、奇しくも盲唖教育の小学校附設論に否定的な町田則文だった。

師範学校附属小学校を含む小学校附設論が再度、そして、全国盲唖教育大会で実質的に不支持という結論で最終的に決着をみるのは、大正四年七月の第五回全国大会における小西信八の二つの提案だった（第五回全国盲唖教育大会［一九一五］二〇頁以下）。「各師範附属小学校ニ盲若ハ聾唖教室ヲ附設シ師範生ニ訓盲教唖ノ大要ヲ知ラシメル得失如何」と「小学校令第一七条末項『小学校ニ盲唖学校ヲ附設スルヲ得ベシ』トノ法文ヲ活用セシムル方法」（表2-2-2）である。この全国大会の議長は小西自身だった。第一提案は、すでに述べたとおりである。この制度の効果として、小西は、文部省に委託した師範学校長に対する調査結果を示し、その有効性を主張している（表3-2-1）。これは、明治四〇年訓令第六号による盲唖児特別学級の拡大提案であった。

この提案に対して、東京盲学校長の町田則文は、文部省に発布を要請している盲唖教育令による盲唖学校設置との矛盾から、真っ向から反対する。師範生徒に対する盲唖教育の基礎の教授はいいが、二、三名の盲唖生を入学させても、教室の隅にいて性質がひがむだけであろうともいう。大会報告書に記録されている第一提案に対する参会者の発言は、町田のみである。

ついで、第二提案については、東京盲学校の石川重幸が、第一提案と関連しているから、一つの問題にすることを提案している。ところが小西議長は、この種の会における小西の通常の発言は簡要であったのに、珍しくイギリスとアメリカにおける視察結果を詳細に述べ、かつ自験例により補足して、小学校における盲唖教育の実施により、盲唖学校だけではカバーできない盲唖教育の需要に応えることが可能なことを示唆した。

小西の二つの提案に対して、参会者のなかで賛否を述べた者の意見は、以下のとおりである。

原案に反対　町田則文（東京盲学校）

原案に賛成　根本介藏（朝鮮・済生院）普通児は、指導しだいで盲児には親切にする。山間僻地の小学校では有用な方法

修正案①福田玉吉（松江盲唖学校）師範生徒に指導、地方の小学校で一〇歳位まで教育、その後は盲学校に就学。

森清克（大分盲唖学校）構想には賛成

②山岡熊次（日本盲人協会）師範生徒に指導のみにして、提案保留すべし。福田案は研究が必要。

この山岡修正案について採決した結果、出席者六〇名中、三五名が賛成しただけで、提案は保留という形で決着したが、事実上の否決だった。こうして、盲唖学校の小学校附設論について、盲唖教育界は支持しないという最終的な結論が出た。その理由は、単純化していえば、つぎのように説明できるだろう。一つは、大正初期の盲唖教育界では盲唖教育の正統的な制度は、盲学校・聾唖学校もしくは盲唖学校という認識で統一されていた。第二に、盲唖教育界が盲唖教育令の発布を文部省に要請してきたのは、ほかならぬ盲唖児の専門的な教育機関としての盲学校・聾唖学校の設置であり、小西の第二提案である盲唖学校附設論は盲唖教育令運動と矛盾するという理由である。こうして、盲唖学校の不足と経営困難、貧困ゆえの就学率の低さと離学の多さという現実から、盲唖教育令の発布こそ最大の目標とみなされていたのであろう。小西が盲唖教育令の発布を阻害する行動をするはずがないから、小西の提案は、盲唖教育令と相補的かつ新しい盲唖教育の次元を目ざしたものと思われる。一つは、盲唖教育令発布によっても漏れるであろう盲唖児に対して、近隣の小学校における教育機会の提供であり、もう一つは、盲唖児、とくに盲児の教育を小学校で行う新しい制度

の導入であった。とくにアメリカで同時代に展開されていた通学制学校運動による教育を受ける権利と通常の生活環境の提供である（加藤［一九八二］に詳しい）。小西のとくに第二提案は、ドイツ情報に偏った机上学の町田には着想できなかったのである。

しかし、頓挫した小西の方策を引き継いで、新たな精神を吹き込んだうえで再生と開花を試みた人物がいた。ほかならぬ、小西信八の後任の東京聾唖学校長・樋口長市である。彼は、昭和一四年の最後の著書『特殊教育学』で「共学」と「共生活」を提案している。その詳細は、第四章第三節で述べる（樋口［一九三九］三〇二頁、第四章第三節および伊藤［一九九三・一一二］参照）。

四．檜垣直右・岡山県知事の小学校における盲唖教育政策

（一）檜垣直右知事と巡回講習による盲唖教育計画

檜垣直右（一八五一－一九二九）は山口県萩出身の行政官である。彼は明治五年、師範学校（後の東京師範学校・［東京］高等師範学校）に入学し、明治七年一月、第二回の卒業生として小学師範学科を卒業した。愛媛県等の師範学校長や文部省の課長を経て内務官僚に転じる。二等属として檜垣が明治一六年七月、石川県に赴任したのは、金沢盲唖院の経営を松村精一郎から継承した金沢教育社が解散する最末期だった。また、知事に次ぐポストであった書記官として福島県に赴任していた明治三一年二月一一日、福島訓盲学校の開校式では、知事代理の県書記官として挨拶をし、彼は福島第一尋常高等小学校長で福島訓盲学校長を兼ねていた宇田三郎と同席している。宇田は、東京高等師範学校の明治一九年一〇月東京高師小学師範学科卒、鷲澤八重吉（長野市盲唖教育等に貢献）および中村能道（長崎盲唖院創設に関与）と同期卒業である。

檜垣は、富山県知事を経て、明治三五年二月一〇日から三九年七月二七日まで岡山県知事となる。岡山県知事時代に檜垣は、日本では実施されたことのない方式で、盲唖教育の普及を図る。それは、巡回講習よって簡便な指導方法を訓

導に伝習して、小学校において盲唖児を指導する方式であった。檜垣方式は短命だったが、実践方法とともに、特殊学校か通常学校かという教育実施形態、教育成果、基礎教育と職業教育に関連する問題提起が潜在していた。

表2-2-3は、明治三〇年代半ば以降の約一〇年間の岡山県小学校における盲唖教育に関連する事項を、加藤（一九七四）ほかを資料として整理したものである。この表から理解できるように、岡山県の小学校における聾唖教育は、檜垣知事の前任者・吉原三郎（一八五四―一九一六）知事（一九〇〇・一・一九―一九〇二・二・一〇）の時代から始まっていた。岡山県における就学率の急速な向上は、吉原知事の功績だった。吉原は、明治三三年一二月一八日、八月の小学校令改正を承けて「就学督責訓令」を発する。ついで、三四年二月一五日にも、就学率九〇％を目ざして、駐在巡査による戸口調査の際に、就学を勧誘するようにとの通牒を発して（岡山県教育史刊行会［一九六一］一九四頁）、全国で下位の就学率を上位に上昇させたのである。この就学督責策は、檜垣時代にも引き継がれる。

加藤によれば、岡山県幹部による盲唖教育の構想は、元来は、盲唖学校設立であったというが、小学校での盲唖教育という方法を選択したのは、檜垣知事だった。檜垣も県立が望ましいとしながらも、日露戦後の経済的・社会的に困難な状況において、盲唖教育の意義が理解されていない段階では、盲唖教育の価値を社会が理解することが先決で、県立校の設立はそれ以降の課題であるとの立場であった（加藤［一九七四］一五頁）。

ところで、吉原知事時代の聾唖児の小学校在籍の三例五人のうち、女児は上層子弟である。それ以外の家庭状況は不明であるが、聾唖児の小学校への就学は、就学督責策にもよるだろうが、当時の聾唖学校の設立状況を考慮すれば、親の教育への期待もあったと考えるのが自然であろうから、経済的に余裕のある家庭の子どもであろう。

しかし、表2-2-3から明らかなように、檜垣知事時代における盲唖教育関連の活動は、吉原知事時代とはまったく異なる、新しい段階へと展開している。一つは県の行政ライン、もう一つは教育会の活動である。この二つは関連し合っているが、必ずしも同一ではない。松浦善太郎・山本厚平等の訓導の行動には、上意下達ではない自発的な動機がある。「国民皆学」という国民教育の実現という県行政の目標は、県教育会にとっても異論はなかった。したがって、郡

表 2-2-3　岡山県小学校における盲唖教育に関連する事項

知事在任	明治	事項
33.1.19		
吉原知事	34.4 ～ 38.3	都窪郡茶屋町尋常小学校に聾女児在籍
	34.9 以前	上道郡高島尋常小学校に聾児在籍
	34.9 ～？	上道郡成始尋常小学校に聾児三人在籍
35.2.10		
檜垣知事	35.8	岡山市と各郡が実施している「貧窮者児童就学奨励法」が官報に掲載。盲唖児は対象となっていない
	35.9	和気郡長、管内小学校長に対する諮問「盲唖其他不具者に対する実況及其教育方法」
	36.4 ～ 41.3	和気郡日生尋常小学校に盲児在籍
	37.4	都窪郡大高尋常小学校訓導・山本厚平、東京盲唖学校教員練習科に入学
	37.6	県教育会、37 年度に実施すべき事業案に「盲唖教育の事業に着手すること」を挙げて、会誌発行回数を減じて実施することを検討
	37.12	上道郡成始尋常小学校訓導・松浦善太郎、郡視学・校長と同道し、京都盲唖院で四日間、盲唖教育の研修
	38.1	県教育会役員会、翌年度の事業として、盲唖教育事業の着手を検討。盲唖教育実施のために、盲唖児の数、親の資産状況等の調査を各郡に依頼
	38.2	岡山県訓令六号で「社会的教化ニ関スルコト」の一つとして、「盲唖者ニ特別教育ヲ施スコト」
	38.4 ～？	都窪郡早島尋常小学校に「唖者」三人在籍
	38.6-10	山本厚平、県内で巡回講習を実施
	38.5	郡市連合教育会で邑久郡提案「学齢児童中の盲唖者に対する簡便なる教育方法如何」が討議。小学校教師対象の県による巡回講習計画があるようなので、調査のうえ報告。38 年度県教育会事業として「盲唖教育施設方法調査研究すること」に決定
	38.6	武井悌四郎・県師範学校長、九州四国学事視察の一環で長崎盲唖学校訪問
	38.7	山本厚平、岡山県盲人会を組織
	38.8	『戦時岡山県教育状況』時局に対して施設したる事項の一つに「盲唖教育」。また、「戦時に於ける教育上の施設概目」の「社会的教化に関すること」の一つに「盲唖者に特別教育を施すこと」(訓令六号と同じ)。ただし、学齢児童の皆就学を目ざせば盲唖児童も国民教育の対象であり、小学校教員に対する短期講習による簡易な指導法によって実現する計画とする
	38.8	第五回全国連合教育会報告において、「第 11 号　盲及聾唖教育に関する法令を発布せられんことを其筋へ建議する事」「第 12 号　各府県師範学校附属小学校に盲唖教育の機関を附設すること」　二件は「同種者に付両条を斟酌して当局へ建議する案として決定せり」。
	38.10	知事訓示「盲唖児童に対しても講習終了次第速かに其教育を開始せられんことを望む」
	39.2	山本厚平、私立岡山盲唖院を創設
	39.4	岡山盲唖院理事会で、岡山県盲人会を盲唖院に所属させるとともに、盲唖院に第三部を開設し、学齢盲唖児を対象とする自営自活の教育を行うことに決定
	39.5	郡市連合教育会で川上郡教育会提出談話題「各郡市に於る盲教育の状況承りたし」
	39.12	私立岡山盲唖院、県より閉鎖命令
39.7.28	39.8	盲唖教育講師として平岩繁治が着任、講習を開始
寺田知事	40.2	県教育会附設盲唖院設置費 500 円を予算に計上。同時に岡山市と各郡に寄付割当により約 3800 円の収入計画
	40.4	東京盲唖学校で教授法の講習を受けた県男女師範学校教諭が、師範学校最上級学年生徒に指導
41.7.20	41.11	県教育会附設盲唖院開設
	43.4	岡山県盲唖学校と改称

出典：加藤（1974）。貧窮者児童就学奨励法（1902.8.4）45 頁。岡山県立岡山盲学校（1958）1 頁。

長による小学校長への指示にも肯定的で、一部訓導の盲唖教育への指導の関心にも、学校長あるいは郡教育会は支持的であったように、教育界は就学免除対象である盲唖児の小学校における教育自体には否定的でなかったといえよう。

しかしながら、具体的に何をどのように指導するのかという基本的問題が、明治三九年五月段階でも挙がっていたことは、県の方針が明確になっていなかったことを意味する。それは、県の方針自体に矛盾があったからではなかろうか。盲唖教育推進という点についてみると、郡長諮問（三五年九月）、山本厚平の教員練習科入学（三七年四月）は県の方針によるし、教育会の盲唖教育事業への着手の姿勢も、県の示唆があったであろう（県知事は、県教育会の名誉会長である「総理」であった）。盲唖教育を国民教育の完成という問題意識で捉えていることでは一貫しているが、三八年二月の訓令六号では、盲唖教育は、学校教育ではなく社会的教化として行うこととしている。この社会的教化には、補習教育・徒弟教育・青年教育等が含まれていた。ところが、三八年八月には、国民教育として、小学校教員に簡易な指導法を習得させて学齢盲唖児童の教育を小学校において実施する計画に前進している。この方針は、一〇月に檜垣知事によって再確認されている。

盲唖教育の着手と推進の方針は、三八年内までは、ほぼ順調だったと思われるが、翌三九年二月には、山本厚平が失明軍人と遺家族の盲唖者を対象とする私立岡山盲唖院を創設し、四月には、対象を拡大して学齢盲唖児を対象とする自活自営を目的とする新しい教育事業を開始する。しかも、盲唖院の理事長は、県の内務部長・東園基光（一八七五－一九三四）であり、顧問は、三九年一一月に県教育会長に選ばれた關新吾（一八五四－一九一五）だった（岡山盲唖院理事会［一九〇六・四・二〇］）。これらのポストは盲唖院の名誉職であっても、事業拡大を決定した四月の理事会にはこの二人が出席しているから、盲唖院が少なくとも県と相反する方針をとることはあり得ない。關は教育界の出身ではなく、元内務官僚で福井県知事の経歴があり、山陽新報社長を務めていた。盲唖院の機能拡大は、小学校における盲唖教育の補充なのか、発展なのか、即断できない。

宇野築港問題における県会との深刻な対立が持続した時期には、檜垣知事にとって盲唖教育どころではなかったことは容易に推測される。しかし結局、この巡回講習制度は、宇野築港問題で休職となった檜垣の後任、寺田祐之（一八五一－一九一七）知事（一九〇六・七・二八－一九〇八・七・二〇）によって廃止されてしまう。しかし廃止時期は、寺田知事の着任時説もあるが（岡山市史［一九三八］四九三八頁）、加藤は明治三九年度末としている（加藤［一九七四］一九、二〇頁）。寺田時代では、巡回講習方式から師範学校生徒に対する盲唖教育教授法の指導によって、小学校において盲唖教育を実施する形態に転換している（加藤［一九七四］一九頁）。

小学校における盲唖教育は、小学校教育段階に限定して考えると成功であったとしても、山本厚平の盲人会組織および盲唖院開設から推測すると、鍼按業盲人の教育需要との関係はどのようになっていたのだろうか。というのは、小学校における盲児教育に対して、盲人の関与がまったく見えてこないからである。

しかし、巡回講習制度による小学校における盲唖教育は注目すべき成果を挙げていたのである。一時は八九小学校に百余人（中江［一九七二］三一五－三一六頁）、明治三九年五月現在で八四校・一九六人（加藤［一九七四］一七頁）、四〇年三月現在で一二二人の盲唖児が入学した。それだけでなく、優れた学業成績を挙げる盲唖児が出現する一方で、中途退学する盲唖児もいた（加藤［一九七四］二〇－二一頁）。この方式で教育機会があった盲児のなかには、明治三九年一月、日生小学校に入学し、四一年三月に卒業した岸本重太郎がいる。彼は後に、岡山県盲学校で教鞭をとることになる。

（二）巡回講習制度の廃止と盲唖教育のその後

岡山県の巡回講習制度に基づく小学校における盲唖教育は、政争もあって途中で失速し、政策としては失敗ということになった。しかし、檜垣方式による盲唖教育は、檜垣の休職とともに雲散霧消してしまったわけではなく、その余韻のように、おそらく檜垣知事も予見しなかった教育成果があった。ある時点で成果があった制度でも、推進役を失うと成果が消失するのであるが、上意下達的な推進力が弱くなった段階に、聾唖男児一名、女児二名が六年間の教育により、二人が全学科「甲」の成績で卒業したという。この担当教師・雪吉光壽は、師範学校卒業後間もなかったから、専門的な知識と技術があったとは思われない。また、盲唖児の小学校教育への就学を県が推進せず、すでに盲唖学校が開設されていたにもかかわらず、郡部の小学校では、かなりの数の聾唖児が大正中期までは就学を継続したという（いずれも、加藤［一九七四］二〇、二一頁）。二人の時期はやや異なるが、雪吉光壽や岩手の山本忠壯のような青年教師の事例や、教育の場として小学校を選好した聾唖児とその親および小学校教員の事例は、盲唖教育に必要な諸条件や教育の場と責任主体を検討するうえで有益である。

岡山県では、明治四一年一一月、愛媛県と同じように、県教育会が主導する盲唖学校・岡山県教育会附設盲唖院が成立し、初代の院長には、上記の県教育会長・闞新吾が就任した。五年課程の独立自活に必須なる基礎のための教育を行うことを目的とし、盲児は一〇歳以上、聾唖児は八歳以上を対象とした。財源は県の補助金と教育会の寄付金によった。明治四三年四月には岡山県盲唖学校に改称し、大正三年四月には寄宿舎を設置した。大正一三年度に県代用校となり、昭和二年に県立移管され、岡山県盲唖学校となったが、盲唖分離は、戦後の昭和二三年度まで遅れた。

檜垣および寺田知事の小学校における盲唖教育政策に関する評価は、内在的に考えようとすると、それほど簡単ではない。檜垣が上記の官僚生活においてある程度の盲唖教育の知識をもっていたとすると、盲唖児の教育を小学校段階だけで終了しようとしていたとは思われない。彼は、財政困難と盲唖教育に対する社会的無理解という状況において、檜垣方式を数年間実施して、その後に盲唖学校を設置しようとしていたのか、あるいは、別の方式で盲唖児の職業教育に繋げていこうとしていたのか、それを判断する資料がない。

檜垣方式の一端は、小学校で盲唖児を指導した教師により、部分的にその実像が報告されている（武岡［一九〇八・二～一九〇八・三］）。彼は、教師の熱心と持続によって、劣等生よりも「成績進歩の速なる」ことが可能であると述べている。聾唖児の指導については、実物および絵画と文字を使い分けることによって修身科・国語科・算術科の指導をかなり詳細に示している。盲児の指導は聾唖児に比べると容易で、算術科でも読み書きでも教具を自作している（点字の読み書きの予備的指導はしている）。盲児指導では、一年目は困難でも、二年目になると普通児と同じように進歩するという。結論として、熱心であれば、「何人でも出来得る」し、劣等児指導にも応用できる部分があるという。

また、檜垣方式に関する評価を公表した人物に、第二代の県盲唖教育講師・平岩繁治がいる。平岩は、明治三九年八月二六日に書いた「岡山県事業トシテノ盲唖教育状況」を『神奈川県教育会雑誌』に投稿している。彼は、八月二日に着任したばかりであったが、前知事の開発した県盲唖教育講師の巡回講習会によって盲唖指導法を伝授された小学校教員による盲唖教育について、高い評価を与えていた（平岩［一九〇七］）。ところが、明治四〇年一月になると、檜垣方式を批判して、盲唖学校設置案に転換する（加藤［一九七四］一九、二〇頁）。彼の変化の背景には、県当局の盲唖教育政策の模索と変更があったことを加藤は指摘している。岡山県は、県教育会と協力して、教育会附設の盲唖学校経営を任せたのである。平岩は、檜垣方式の評価を一八〇度転換させることによって、岡山盲唖院に自分の働き場所を用意したのである。またこれ以降、平岩ほど、職場を変えた盲唖学校教員はいないであろう。

五．盲唖学校における社会事業的性格の復活と反発

小学校制度がしだいに整備されるにしたがって、障害児は、小学校から消失するようになる。しかし、小学校の法制度が確立する前には、小学校の教師が障害を理由として当初から障害児を排除する仕組みはなかったし、障害児が実際に学校から排除される理由は、教育するうえでの資源の欠如のためであっただろう。しかし、しだいに障害児を小学校から排除することが制度上の前提となってくる。

他方で、障害児が小学校の教育対象外となった時期の盲唖学校はほとんどが私立であり、民間からの寄付金に依存していた。そしてそのことが、盲唖学校の教育事業的性格を損ね、社会事業的性格を温存させることになった。しかも社会事業的性格への傾斜は、制度化されることになる。明治三一年一〇月二二日に公布された勅令二五九号による内務省官制において、第一条「賑恤及救済」は内務省の所管であり、道府県知事を監督することになった。また、第五条の七において地方局の所管事項として、「府県立以下ノ貧院、盲唖院瘋癲院及育児院其ノ他慈恵ノ用ニ供スル営造物ニ関ス

ル事項」が明記されたからである[8]。それゆえ内務省は、この枠組みにおいて、特殊教育に類する事業について、それに注目するだけでなく、地方の篤志家やその事業をモデルとして紹介し、他の地方への奨励に努めることも任務となったのである。それが、明治四三年の『感化救済小鑑』や『地方経営小鑑』(内務省地方局［一九一〇a］、［一九一〇b］)である。

この制度の枠組みのもとでは、国・地方からの公的資金は、盲唖学校の社会事業的性格の維持に効果があったし、皇室からの資金は慈恵性を付与した。これらの資金交付は、盲唖学校に対する提供者側の一種の社会的な評価が反映された結果であった。ここに盲唖学校は、所管庁と慈恵性に束縛されることになった。とはいえ、人民相互の情誼と無告の窮民への限定という明治七年以来の救済の局限が修正され、国の責任を部分的に認めたという意義があったことも認識しておく必要がある(名和［二〇〇七・三］参照)。こうして、盲唖学校の教育的性格付与に拘り、小学校と関連づけようとした小西信八の闘いは、困難が倍加することになったのであるが、彼の主張の展開も、この文脈のなかで理解する必要がある。

学校教育への移行が比較的順調だった盲唖学校の歳入源を例としてみたのが、表2-2-4の小樽盲唖学校の場合である。小樽盲唖学校は、明治四二年に財団法人の要件を満たして、経営基盤の安定化に一応は成功した。たしかに官庁からの支出は一二年間で六倍以上に増加しているが、ほとんどが教育当局以外の官庁・部局からの支出であった。この経営難が、盲唖学校の事業の性格を、教育とも社会事業ともつかずあいまいにした。それは国と地方の助成政策にも、所轄官庁の二重性にも原因があった。

大正一二年の盲唖教育令は、学校としての盲学校・聾唖学校を確立するはずであったが、この勅令中にある代用校制度は事業性格上の曖昧さを払拭するにはほど遠かったのである。

明治三三年の第三次小学校令において障害児の就学義務が免除され、小学校教育における障害児の除外規定が明瞭になったことにより、これ以降、県学務当局の盲唖教育に対する公式的見解が、盲唖学校は県や市町村の教育当局が営む教育事業ではなく、民間団体が営む社会事業中の教育事業とする県も出てくる[9]。県学務当局の障害児排除に対する考え

表 2-2-4　明治末～大正期小樽盲唖学校に対する補助金（円）

	明 43	明 44	大 1	大 2	大 3	大 4	大 5	大 6	大 7	大 8	大 9	大 10
宮内省											100	300
奨励賞与	150		100						50			
道庁補助	200	70	170	100	200	200	200	200	200	380	350	350
小樽区補助		150	150	200	200	200	200	200	250	250	400	700
恩賜慈恵財団補助					140	160		200	220	300	330	500
内務省補助		150	150	100	50	50	50	50	50		50	
文部省補助									50			50
合計	350	370	570	400	590	410	450	650	820	930	1230	1900
備考	道庁賞与		道庁奨励						文部省賞与			

出典：小樽盲唖学校概覧（1922）4-5 頁。

方の強化とその慈善性が強調されるようになる。

二つの例を挙げてみる。一つは群馬県議会である。複数の県議会議員は、補助金の出所について教育費から支出すべきであると質したが、県当局の答弁は盲唖学校が私人的な事業であり、慈恵事業であるから、慈恵救済資金からしか支出できないという頑な態度で終始した。この慈恵性に関する議論は大正五年から一一年まで続くが、議員側の認識は比較基準を一般の児童におくことによって、教育の意義において深化する（群馬県盲教育史［一九七八］二四二－二五九頁）。

それに対して県当局は、盲唖児の教育の意義を認めたとしても、「憐ムベキ盲唖ノ如キモノニ教育知識ヲ授ケルトイウ事柄ヨリ如何ニシタラ生活ヲ安穏ニシテ行ケルカヲ主トスルガ至当デアル」（群馬県盲教育史［一九七八］二五九頁）という教育目的の糊口的次元を超えられなかった。この答弁の翌年、大正一二年盲唖教育令により、盲児・聾唖児にも「普通教育」が認められたから、この県当局者の認識は、盲唖教育における発展をまったく反映していなかったのである。なお群馬県議会は盲唖学校をめぐる議論の発展として、大正八年一二月一八日に「不具者ノ教育機関ヲ」と題する県当局に対する建議を満場一致で採択している（群馬県盲教育史［一九七八］二五一－二五三頁）。

盲唖教育を一般の教育とは異質とする考えは、佐賀県でもみられた。明治四四年三月の佐賀県内務部学務課の「教育上特ニ留意スベキ施設要項」と題する訓令において、「五、特殊教育ニ関スル件」として以下の四項目を列挙している（佐賀県教育史編さん委員会［一九九〇］五七一－五七九頁）。

一　盲唖教育並ニ下流社会即チ労働者ノ幼児ヲ保育スル幼稚園ノ如キハ共ニ慈善者又ハ慈善的団体ノ施設ニ依ルベキコト

二　盲唖学校ニハ特ニ盲唖ノ教育ニ必須ナル器械ノ完備ヲ要スベキコト

三（幼稚園の施設設備－略）

四　市町村内学齢児童中ノ盲唖者ニ対シテハ特別ナル教育施設ヲ漸次計画スベキコト

この第一項にみられる、階級によって教育を分けることは、明治政府の出発点であったはずの国民に等しく（少なくとも最低限の）教育を提供するといった革新性が、二〇世紀初頭には微塵も残さず消失していて、盲唖教育は幼稚園保育とともに、教育政策では非公共的な傍流を強制され、社会底辺層に対する社会政策の一部になっていることを示している（高橋［一九九二］六七頁も参照）。

しかし、佐賀県学務当局の盲唖教育に対する政策は矛盾していた。第四項で、市町村の責任においてではあったが、学齢盲唖児に対する特別教育の意義を認めたことになっているからである。この指示は、盲唖学校を小学校に類する各種学校とする小学校令の規定を受けたものではあったが、盲唖教育の実績を認めざるを得なかったことにもよるのであろう。国内の盲唖教育はすでに三〇年を超える歴史があったし、群馬県では明治三八年から、佐賀県では三九年から、何らかの形で県が関与して盲教育を行ってきたのである。

学務当局のこのような教育の考え方は、すでにみたように小学校においては篤志ある校長や教員の指導への意欲とは逆行し、学制期の官僚の革新的構想や盲唖院において蓄積してきた教育実績あるいはその支持者の考えからは逆転した現象であった。一九世紀末までの日本ではそれほど顕著でなかった盲児・聾唖児に対する慈善的教育観が二〇世紀初頭の県当局において前面に出てくるのは、盲児と聾唖児の実態に関する周到な検討によるのではなく、盲唖児の能力に対する県当局の無関心と無知から生じた結果であるといえる。

しかもこのような理解は、行政当局だけでなく、初等教育界にも及んでいた。たとえば「初等教育研究雑誌」を冠する月刊誌『小学校』は、明治四一年七月の巻頭言で、初等教育界が対処すべき課題として「低能児の問題」を指摘している（巻頭言［一九〇八・七］）。それと同時に、類似の問題として「不良少年感化事業及び盲唖教育及び白痴教養」（白痴教養以外は原文に傍点）を挙げ、なおかつ、盲唖教育は小学校ではなく慈善事業と見なすべきであって、なおさら白痴教養は慈善事業に属すると主張する。巻頭言筆者の判断基準は、「国家の人物経済問題」にとっての価値におかれているから、筆者の重視は、低能児よりも「優等天才児」に求められることになる。まさに明治期前半までの初等教育界のほうが、盲唖教育に対する共感は強かったのであり、明治末期になると障害児を小学校教育から排除する法制度の効果が顕著になっていたといえる（なお、明治四五年一月号の巻頭言では、「低能」の多義性に基づく混乱から、専門家の「精確なる鑑定」に基づく「相当の処置」に期待している。巻頭言［一九一二・一］）。

第三次小学校令の公布から間もない明治三六年に、日本最初の盲唖学校だった京都盲唖院の教員は、国および県学務当局による障害児の排除の前提となっている根拠について全面的に否定している。中村望齊は盲人について、渡邊平之甫は盲唖者について、「常人」と同等の教育可能性と教育の実績を明示している（京都市立盲唖院［一九〇三］二〇－三二、四五－五五頁）。また彼らは、教育当局の政策や考え方の否定にとどまらず、それに対抗する考え方を提起するようになる。神戸訓盲院長の左近允孝之進は、「権利」という表現によって、盲人と聾唖者が教育を受けることの正当性を主張しているのは注目される。日本にはなかった欧米由来の「権利」概念を彼らがどの程度理解していたのかは、今後さらに究明する必要はあるが、彼らの記述内容からすると、日本的土壌のなかで元来の意義を敷衍して提起しているように思われる。

渡邊平之甫は、聾唖者に関するドイツ法の変遷を辿りながら、聾唖者が「普通人」と同等の権利・義務を有する条件として「普通人と交際し得る」ことと「生存上必要なる智識と心力」を挙げて、これらは「完全の教育」によって実現可能であると主張し、この記述の七年前の明治二九年に公布された民法第一一条における「聾者、唖者」の準禁治産者指定の廃止を要求した。「聾者、唖者、盲者」が第一一条から削除されたのは、公布から八三年後の昭和五四年になってからだった。

しかし二〇世紀初頭において、「障害」が日本の社会のすべての局面において排除されていたとするのは速断にすぎる。たとえば、上記の神戸訓盲院の経営困難のなかで死去した左近允は、「由来我国に於ても、盲人に対する社会の同情、必すしも冷淡なるにあらず」として、むしろ問題は、社会が盲人の「教育に就ては未だ充分価値を知らさるもの多し」と考えていることにあるという（左近允［一九〇五］七頁）。

当時、このような社会啓蒙を担う主体はなお弱体だった。この時期に、官立校にやっと教員練習科が設置され（明治三六年）、西の拠点である京都校は存続危機を脱して再建途上にあった。小西信八ら校長が個人だけでなく、運動団体として盲唖教育関係者の盲唖学校教員会の第一回会合（明治四〇年）が結成されて、盲唖教育の義務化や盲唖分離の声が上げられる始点の時期だった。

六．小学校における盲唖教育の歴史的意義——便宜的措置から同等の教育への模索と蹉跌

小学校における盲唖児の教育形態には、各地の小学校における自然発生的な聾唖児の指導、社会的エリートに列する小学校長のリーダーシップによる変則的な盲唖学校の開設、小学校に類する各種学校としての盲唖学校、そして小学校への盲唖学校附設があった。小学校附設形態の具体化も提案されている。明治三九年一〇月二三日の盲唖学校三校長による盲唖教育に関する文部大臣宛建議（第四章）における簡易盲人学校・簡易聾唖学校は、普通科のみの盲唖学校を小学校に附設して尋常小学校に準じた教育を行い、職業教育は、盲人学校と聾唖学校でそれぞれ行う計画である。また、岡山県知事・檜垣直右が始めた巡回講習制度による小学校教員の盲唖指導は、一時期、広く実施されたが、政争による知事の休職により、短期間で中絶した。

しかし、小西信八の所論の影響が強い小学校における盲唖児の教育計画は、結局、広く普及することはなく、定着す

ることもなかった。これらの結果からいえば、小学校における盲唖児の教育は、大正一二年盲学校及聾唖学校令による盲唖学校に代替されるだけの存在に過ぎなかったのであろうか。

しかし、一定の基準と範囲においては、小学校における盲唖教育に影響がなかったわけではなかった。たとえば、明治四一年一〇月に開催された第八回広島県連合教育会では、県教育会は「盲唖児童に対する簡易教授の方法如何」という第七号議案を提出し、不就学の学齢盲唖児を小学校で可能な「特殊的教授法」を探るべく、調査委員を任命することを可決している。調査報告は、父兄勧奨による盲唖児童の登校、他の児童の世話による盲児の学校往復、盲生には聴覚を用いての、唖生には視覚を用いての理解できる程度の指導実施、教員は盲唖教授法を研究し、余力あれば特別指導を行うことを内容とした（第八回広島県連合教育会（一）［一九〇八・一一］五頁）。なお、この時期、広島県は盲唖教育の空白県であり、私立の広島県盲学校と広島県聾唖学校が開設されるのは、大正三年九月である。

明治四一年の広島県教育会調査提案は、きちんと履行された。広島県師範学校附属小学校訓導の佐藤秀之助が、「盲唖簡易教授の方法」と題して、翌四二年五月から、県教育会機関誌『芸備教育』に連載を始める。佐藤は国語科教員であったから、この報告は、国内の盲唖教育の到達度と小学校教育の範囲を超えることはなかったが、問題の所在を十分に把握しており、当時の上級の小学校教員の有能さを示している。

佐藤の提案は、盲・聾分離による指導と教員の余力の範囲における特別な盲唖教授法という限定的ではあったが、現実的であったといえよう。佐藤によれば、盲人の教育可能性は「普通人」と変わらず、「盲人根生（ママ）」は天賦の能力を発揮させない「不具者扱」の結果であるという。残存感覚の活用のもとに、各教科について簡潔に説明を加えている（佐藤［一九〇九・五］、［一九〇九・七］）。また、盲唖者を「普通人と同一学校に収容して普通人と同一に扱ひ、互に接せしむること」は教育上も人道上も有益であるという（［一九〇七・八］四頁）。盲人簡易教授法の結論として、とくに力を入れるべきは点字教授であって、それ以外の指導は、普通児童とほぼ同じで、比較的容易であるという。なお、点字と点字用具についても相当詳しく説明している。

つぎに、佐藤は唖人教授法を説明する。唖人が普通人と異なるのは、聴覚欠損のための唖であり、その結果、意思疎通と知能の発展を妨げるから、適切な教育が必要であるという。唖人教育法は、手真似法、指文字法＝マニュアル法、発音法、聴音法、合併法を挙げて、主に手真似法を詳細に説明する（佐藤［一九〇九・八］四頁）。手真似法が当時の標準的言語指導法であったからである。

佐藤は、普通児とともに教育することを小学校附設として論じているが、盲児については、普通児から分離しての特殊教授は数週ないし数カ月で、それ以外は普通児とともに指導し、それで不足する部分は特別指導によるとする。唖児については、手真似によって簡易な言語を習得させるための特別教授を行い、その後は、附帯する教授を行う。佐藤がしばしば限定句を用いているのは、教師の「余力」と熱心さであった。佐藤がいうように、当時は盲唖教育の教授細目さえ存在しない時代であったから、[10]彼の提案は、現実的であったといえよう（佐藤［一九〇九・九］四頁）。なお、同じ号で、佐藤は、上記の盲唖学校三校長建議の学校編制・学科・校舎と教具・教員および盲人保護法案も紹介している。

第三節　劣等児教育の曙光と低能児問題

一．劣等児問題成立の背景

(一) はじめに――劣等児問題の発生とその多義性

(1)　劣等児への教師の個人的関心から初等教育問題への変化の条件としての学級制度の変化

小学校において学業の劣等や低能が教育上の問題として浮上するまえに、関連する項目が、教育界の内外で話題となっていた。岡山県教育会雑誌を例にとると、この時期の主題は以下のとおりである。

小学生徒の過労（一八九〇・九）、脳力（森［一八九一・七］）、小児観察（［日本教育研究会］一八九二・一）、歯と知慧との関係（一八九二・七）、注意力（有岡［一八九二・七］）、就学児童成績と出席日数（一八九八・八）、教育衛生講義（三宅［一八九九・六］）、学校衛生の目的（一九〇〇・一二）、福井市の優良児学級（中原［一九〇一・一］）

岡山県教育会雑誌で取り上げられた記事は、これ以外に、不就学・子守教育のような貧困に起因する問題や、視力・トラホーム予防や言語（吃音・方言）等の学業に関連する記事が多い。個々の教師が劣等児にもつ関心は、比較的早くから生まれていたとみられる。教育会雑誌に劣等児関係の記事や論文が掲載されていないことが、実践が行われていなかったことを意味するとはいえないが、劣等児関係記事の掲載は、少なくとも明確な問題への関心を示すことは間違いない。大分県では早くも明治二二年六月に、後のモラロジー提唱者・廣池千九郎（一八六六－一九三八）が「性質遅鈍及意行不正」の児童調査を試みているが、この対象児には劣等児が含まれていたであろう（廣池［一八八九・九］）。

明治二三年五月、東京で全国教育者大集会[11]が開催されたが、そのなかで「五分間実験談」があり、教授法三件のうちの一つが「算術科に劣等生の多きを矯正する方法」であった。この会合に参加した大分県の教員・宇野九八郎はこの問題が「何人も疾くより注目」した問題であるとして、劣等生の発生する原因を分析している（宇野［一八九〇・八］二〇－二二頁）。明治二四年には、愛知県尋常師範学校附属小学校では、尋常科一年生について智力発達の試験を実施している（智力発達の試験［一八九一・九］）。しかし、劣等児に対する教育的関心が初等教育全体として要求されるには、単級学校や学級数が少ない小学校では生じることはなく、多数の学級を擁する小学校という制度上の変化が必要条件であった。

学級制度の変化は時期によって、また、地域によって大きく異なる。最初は、単級の小規模小学校が多かった。年齢と男女を問わず、一教室に多数の通学児童を収容するから、年齢・行動・能力あるいは学力差等が存在する前提で教育が行われた。単級学校の維持経費は安く、児童の近隣に開設されたので、財政力に乏しい村や経費を負担する保護者には好評だったという。複式教授も多く活用された。しかし教員は慢性的に不足していたうえに、質の問題もあった。明治一九年の小学校令では、四年制尋常小学校に代わる三年の簡易課程である小学簡易科「小学校ノ学科及其程度」を定めた文部省令第八号では、六カ月以上一二カ月以内の温習科という変則的な課程を設置し、既習の学科を温習（復習）・補修（補習）することで、初等教育の普及を図り、教育の効果を低下させないようにした。しかし、これらの対処や工夫は、教育効果とは連動しなかった。

明治二四年一一月一七日の文部省令第一二号「学級編制等ニ関スル規則」第一条では、全校児童を一学級に編制する小学校を「単級ノ学校」、二学級以上によって編制する小学校を「多級ノ学校」と定義し、二学級以上の学級編制では、「児童ノ年齢及学力ヲ斟酌」することとした。以上の段階では、就学率の普及が目的だった。こうして、児童の学力が制度上問題になるのは、「多級ノ学校」ということになる。

この点から、明治末期が制度上重要な画期となるのは、就学率が九〇％を超えて年少期の一定期間を小学校に就学する社会的慣習がほぼ確立したこと、多級小学校が標準的な形態になったこと[12]、明治三三年には義務教育の修業年限が四年、四〇年には六年となったこと等の理由からである。同年齢の児童によって構成され学級編制と、同一の内容が同時に教授され、進級には課程修了が必要となる課程制とで成立している小学校制度において初めて、学力に象徴される個人差が注目されるようになる。学業不振が個々の教師や小学校ではなく、小学校全体の問題になるのは、これ以降の時期、すなわち明治末期以降となる。

(2)　劣等児問題における学力の意味の変化

劣等生あるいは劣生[13]という名称は、主に学業不振の小学校児童に対して大戦前の日本の教育界で便宜的に使用された歴史的総称であり、一定の条件のもとで成立した小学校における指導問題と教育政策上の課題をもって劣等児問題となる。その条件とは、戸崎（二〇〇〇）によれば、明治三〇年代前半（二〇世紀初頭）における義務教育制度の確立、同一年齢の児童から構成され、一人の正教員が担当する学級概念の明確化、学級の複数化と児童に教授すべき指導内容の基準化（明治二三年小学校令改正）、教授の形態・方法に対する教員の関心であった（戸崎［二〇〇〇］二八−二九頁）。

学業の劣等という学力を指標とする児童の教育問題は、時代によって問題と構造が異なる。劣等児問題の成立期では、義務教育制度確立とともに、就学しているか否かという量から、通学率の向上とともに、一定の教科内容を履修しているか否かという質の問題も、教育政策において重視されるようになる。

それに対して、劣等児教育が全国に拡大する大正期では、学力の社会的・教育的意義は成立期とは異なる様相をもつ。それは、学力が、中等教育への進学競争における必要条件となり、その高低が小学校を評価する基準となり、小学校児童の学力向上が劣等児の救済にも結果するようになる。また、大正期における学力の向上は、新教育の蔓延によって生じた学力低下への対応でもある。新教育は、児童観の刷新や生活重視、個別性の差異等、重要な転換を初等教育にもたらしたが、これらの刷新が、教育方法に連動しなかったために、外面だけの変化に終わりがちだったからである。そして、劣等児教育の成立期から大正期の拡大期までの劣等児問題に共通するのが、貧困であった。この貧困は、個々の児童の家族の貧困であり、社会の貧困とそれに規定される学校教育の貧弱である。

(3)　義務教育制度における必然的現象としての劣等児問題の成立と独自性

ここでは、全国の小学校で劣等児教育に着手される発端の時期にあたる明治時代末期における劣等児問題をとりあげる。劣等児問題が成立するには、いくつかの教育的・社会的条件が必要だった。学業の劣等とは、規定の期間に標準学習内容を履修できない持続的な状態であるから原因は多義的であり、学齢という制度と履修すべき教科課程を前提とする。また、半途（中途）退学が子どもと保護者の個人的問題ではなく、在学を継続し、課程修了に至る義務教育制度の完全実施が、国家的・社会的問題となる必要がある。さらに、学校教育を提供する側の条件整備も関与する。通学可能な地域への学校設置と授業料、教員の量と質等である。初等教育が子どもや家族の生活に有利であるとの保護者の判断、そして、初等教育以上の教育歴が必要な労働力を求める需要者を含む社会の高い期待も必要条件である。

劣等児問題は、障害児の教育に派生する教育活動のなかでいち早く着手され、ようやく学校設立が盛んになってきた盲児や聾唖児の教育、精神薄弱児等の保護教育問題とは根本的に異なる社会的意義をもっている。劣等児は、正規の義務教育対象であって就学義務の免除対象ではないこと、また、劣等は、発生原因が多様であったため、発生規模が大きかったことなどから、政策的にも実践的にも対処が必要であり、小学校教育の機能を維持・向上するうえでも、優先度の高い教育課題であった。

こうして、劣等児問題は、学校内だけで解決できる問題ではなく、子どもの就学・在学を阻む貧困、経済的発展によるより高度な教育への要求、教育歴の生活向上の効用、保護者の教育への関心と深く関連していた。しかし、劣等児問題がそれぞれの地域で問題になるまでには、どの県でもほぼ一定の順序性がある。最初しばらくは就学義務の履行強化、貧困による不就学問題への対処、教育や指導の心理学的基礎、教員の学力が問題になり、その後になって、劣等児教育が初等教育界共通の課題になってくる。

ところで、義務教育制度の確立段階において学業不振児の処遇問題が成立するのは、すでに欧米先進国において普遍的かつ共通に観察された現象であったから、日本の義務教育でも直面せざるをえない問題であった。それにもかかわらず、戦前の日本では、欧米の先例であった劣等児教育を制度化したり、主流から何らかの分化を設けて計画的に対処したりする政策が貧弱だった。それでは、戦前日本の初等教育界において、劣等児問題がどのように認識され、改善・解決の方法が開発されるようになったのであろうか。

学業上の劣等児が存在することは、劣等の原因が何であれ、また、対応策の実施の有無にかかわらず、学業の劣等が目立つ児童が出現すれば、劣等でない児童との対比から、教員は当然気づくはずであり、まして、戦前の小学校教育が課程制を採用していたから、学年進級において劣等の有無は必ず認識され、進級か落第かの判断は教員が必ず直面する手続きだった。

小学校の教育課程に柔軟性がなかったわけではなく、小学校令第二二条では「児童身体ノ情況ニ依リ学習スルコト能ハサル教科目ハ之ヲ其ノ児童ニ課セサルコト」が可能だった。しかし、担任教師の判断だけでは変更できず、校長の了解が必要だった。したがって、この点だけからも、劣等問題は、教室内あるいは担任教師だけに留まることなく、事実上、全教員が共有する全校的な問題になっていたはずである。それゆえ、大規模校では必然的に発生していたのであるが、他方で、初等教育界における他の教育課題と同じように、一過性の流行現象にもなり得たのである（劣等児教育上唯一の根抵［一九一〇・一〇］）。

(4)　貧困児童等に対する就学促進策の波及と特別教授・特別学級の登場

①貧困児童に対する就学促進策

貧困は、小学校教育制度の機能や充実を左右する問題だった。一つは、個々の児童の家族の貧困であり、もう一つは、教員の給与を含む教育費を支出する市町村財政の貧困だった。後者については、問題が顕在化する大正期で述べることとする。

児童の家族の貧困は、就学および通学の継続と直結した。市町村や学校の貧困家庭対策は、さしあたり就学の実現に注がれた。就学督促が強化され、教師が不就学家庭を訪問して保護者を説得したり、また、就学率の高さを部落間で競争させたりした。各種の教育会の会合では、就学義務を履行しない保護者に対する罰則すら提案された。しかし、それでも就学させない保護者が少なくなかった。

とりわけ農村地区では女児の就学率が低かった。全国でも就学率の低さが最下位群にあった新潟県では、明治三二年、全国平均の就学率が約七三％に対して初めて六〇％に達したが、貧窮のため就学が猶予された児童が全学齢児童の三〇％もおり、不就学の女児は男児の三・五倍もいた（新潟県教育百年史編さん委員会［一九七〇］六一六－六一八頁）。

②特別学級・特別教育制度の貧困児童への拡大および劣等児・低能児への発展

明治三三年の小学校令は、日本の義務教育制度の根幹を確立する原則を定めた。義務教育の修業年限を四年とし、将来は六年に延長、就学義務の責任者としての親権者または後見人の明記、雇用による不就学の禁止、就学手続きの当局主導、義務教育の場の小学校限定、授業料の原則不徴収である。全体として、就学義務履行の厳格化が図られたのであるが、さまざまな対策が工夫された。名目上の就学率は高くなっても出席歩合は向上せず、また、従来のように就学を督促するだけでは実態が改善されなかったからである。とりわけ、不就学や欠席、中途退学に追い込まれる貧困児童に対する現実的な特別措置が、県主導で実施される。特別学級・特別教育制度がそれである。この措置が重要なのは、就学の継続のための弾力的で実用的な観点が、当初の貧困以外の「学力」や「発育不完全」に発展し、さらには、その実績が、明治四〇年文部省訓令第六号特別学級設置勧奨の源の一つになるからである。

特別学級・特別教育制度に関連する各県の規程について、市澤（二〇〇二・六）の研究に加えて、判明している各県情報を時系列で示せば以下のようになる。[14]

三二年四月　新潟県「学齢児童子守等ノ為就能ハサル者ニ対シ学級特設方」
三二年七月五日　長野県「尋常小学校特別学級規程」（県令第四六号）
三三年二月　大分県「尋常小学校特別学級規程」
三三年一二月　埼玉県「尋常小学校年長児童特別教育ニ関スル規程」
三三年五月　佐賀県「尋常小学校特別教授規程」（県令第三七号）
三四年四月二九日　秋田県「年長児童就学規程」（県訓令甲第三九号）
三四年一一月一日　青森県「尋常小学校特別教授ニ関スル規定」（県訓示第一八号）
三五年二月一一日　千葉県「特別学級設置ニツキ」（県訓令甲第一二号）
三五年七月五日　茨城県「尋常小学校特別教授規程」（県令第六一号）
四三年八月　高知県「尋常小学校特別教授施行」
四四年一〇月二五日　群馬県「尋常小学校特別授業施行ニ関スル通牒」
四五年二月六日　千葉県「学齢児童保護会・特別教授ニツキ」（県訓令甲第一号）

特別教授は、当初の就学率が男児の半分ほどにすぎなかった女児を主な対象として、就学率向上を目的として実施されたが、佐賀県のようにその効果が有効だった県と千葉県のように期待されたほどではなかった県に分かれる。[15] 家庭の貧困自体が改善困難だったから、抜本的解決策でなかったことは事実であろう。

特別教授は、障害等とは関係がないかのようにみえる。たしかに、「廃疾不具等ノ実際就学ニ堪エザルモノ」は特別教育から除外されたし（千葉県教育百年史編さん委員会［一九七一］三〇三頁）、ほとんどの規程に廃疾不具等の記述がないのは、彼らが就学猶予・免除の対象であることを前提にしているからであろう。

上記の特別教授関連の規程のなかで、長野県と茨城県の規程が障害児等の関連で重要である。長野県の場合は、文部省に照会して承認を得ているからである。長野県は、明治三二年五月、「尋常小学校特別学級規程設定方」について文部省に対して照会した結果、規定の一部を修正する以外は承認したことを、長田（［一九九五］一八一－一八二頁）が明らかにし、市澤（［二〇〇二・六］七〇－七一、七三－七四頁）が追認している。中嶋・河合（二〇〇九）は長野県における制定過程を詳述している。長野県特別学級規程で重要なことは、特別学級開設の対象が、「年齢等」だけではなく「学力及年齢等」（第一条）を理由としていることだった。

茨城県の規程の注目すべき点は、貧困とともにそれ以外の理由で就学困難な児童に対する教育的対応を規定していたことである（尋常小学校特別教授規程［一九一〇］七〇－七一頁）。「貧窮病弱又ハ発育不完全」就学猶予の者と、特別な事情によって満一〇歳以上で就学した者の場合、他の児童とともに（特別）学級を編制して、当該児童には「適宜ノ取扱ヲナシ、特別教授ヲ施スコト」ができるとした（第一条）。特別取扱には教員一人の配置（正規教授前に行う場合は不要）、日常生活に関係する教育内容の優先、正規の教授時間の前に行うことができること、校舎外で教授することも認められていた（第五・第七条）。この訓令では、学業劣等や学業不振という表現はないが、学業が遅れている児童を念頭において、実生活に効用ある教育内容および授業時数の削減、午前中までの授業が考慮されていた（第七・九条）。全体の規程から特別教授の対象は、就労している貧困児童であると思われる。

こうして特別教授の展開は、一部の県に限られるものの、年長という「年齢等」による不就学や半途退学だけでなく、

「学力」（長野県）はおろか「病弱又ハ発育不完全」（茨城県）による不就学や半途退学の児童をも特別教授の対象とし、特別学級の編制を制度化することに進んだのである。さらに、授業時間および修業年限の短縮や実用的で簡易化された教科課程、教科書を用いない教授法の導入、日常の生活習慣の育成によって、就学しやすく、かつ修了も容易であるように計画されたのである。これらの規程によって、県内に迅速に発育不完全児童の特別学級が設置されることはなかったが、このような法制度の実績は、明治四〇年文部省訓令による師範学校附属小学校特別学級設置勧奨に繋がったように思われる。

このような特別措置には、すでに小学簡易科という先例があった。しかし、それ以外の特別教育または特別学級に関する文部省および県の規程は、貧困児童や子守を対象とした就学免除・猶予児童を対象とする就学促進制度であり、修業年限短縮等の特別措置も継承されている。この特別学級児童のなかに、劣等児が含まれていたことは容易に想像されるが、半日小学校（二部教授）や夜間教授、あるいは補習形態の特別教育または特別学級は、劣等児を対象とした学級ではないし、関連規程も劣等児を対象とはしていない。長野県特別学級規程でいう「学力」および明治三六年「小学校令施行規則」改正における「教授上特別ノ必要アルトキ」は、就学猶予または就学免除あるいは半途退学のために帝国臣民として普通教育に欠ける児童を対象としているのではなかろうか。[16]

(5)　明治時代末期における劣等児問題の意義――試験制度と義務教育年限の延長

学業の劣等が顕著な児童の存在は、教育開始後、教師が気づく現象だった。しかしその原因になると、多様であり、多元的であった。栄養と衛生の状態や文化的環境が劣悪で家族の学業に対する関心が低かったり、遠距離通学が必要で、欠席が多い子どもが少なくなかった。また、学級児童の人数が過大であったうえに、全学年が一教室の単級学級、または複数の学年児童が同じ教室にいる複式学級も珍しくなく、教員の資質にも大きなばらつきがあった。軽度の各種障害から白痴まで、児童の心身障害の種類と程度もさまざまだった。学業劣等の原因はこれらが関係していて、実に多様であり、個人的な努力では改善しようがない問題も多かった。

ともかく、課程制と進級試験における合格によって規定されている小学校制度は、明治初期から努力されてきた就学率の向上と出席率の改善が、明治三三年、そして明治四〇年の修業年限の延長を契機として、就学免除となるほど明確な知的発達の遅れが見られない児童において、大量の学業不振児の発生という現象に逢着したのである。とりわけ大規模小学校の場合、学業不振に対応を迫られたのであり、有能な校長は、率先して改善に取り組むことになる。

(二) 日常的配慮から特別学級開設までの対応

(1) 明治四〇年前後における劣等児教育問題の曙光

全国的にみれば明治四〇年前後は、劣等児関係の著作が発表されはじめた時期だった。織田勝馬・白土千秋『小学児童劣等生救済の原理及び方法』の刊行が明治三九年一月、文部省留学生・服部教一「目下独逸ニ行ハル新小学校編制法」、同じく文部省留学生・槇山榮治「マンハイム小学校組織調査報告」の官報掲載が、それぞれ明治三九年一〇月三一日と四〇年一二月一一日、乙竹岩造『低能児教育法』(目黒書店)の刊行が四一年四月だった。これらの著作や外国情報が発表される前と後では、全国規模の教育雑誌に掲載された劣等児教育に直接関係する著書・論文の量には大きな違いがあり、明治三〇年代末期までの時期では、発表数はまだ少ない。

奈良県教育会常議員総会では、明治三〇年五月の、算術科の成績不良とその対応法が話題になったが、同じトピックが九州教育大会でも出たという(算術科の成績悪しき所以［一八九七・八］)。なお、奈良県では生駒郡小学校長会(［一八九八・六］)でも翌年に同じ問題が出ているから、かなり一般的な指導上の課題であったことがわかる。

栃木県では、明治三四年、高等科六〇名の担任・岡安末吉が、読書・作文・算術の三科目のみ、児童の同意を得たうえで優劣組に二分して、教材分量(読書)・記述程度(作文)・数の大小(算術)を「遅鈍なる児童」に対応させて指導した成果を、欧米先進国の学説に一切頼ることなく発表している(岡安［一九〇一・六］)。神奈川県師範学校教諭の佐藤善次郎は、算術科教授の三つの誤り一つとして、「劣等児を度外視すること」を挙げて対応法を要領よく述べている(佐藤

［一九〇二・三］四二―四三頁）。

東京市教育会では、明治三七年秋頃から初等教育の改善のために、「学校事業研究会議」を開催しているが、一一月の第二回研究会議では、「小学校に於ける劣等児童取扱法」について三橋傳藏と金成龜次郎が提案している（三橋・金成［一九〇四・一一］）。

しかし、明治三九年以降、全国教育雑誌において、とくに劣等児に関連する論文・記事が急増し、執筆者にも地理的な広がりが出てくる。発表された内容は劣等児の原因や教育に関する概説と大雑把な指導指針が示された時期である。また、樋口長市（一八七一―一九四一年度に東京高等師範学校附属小学校では、小林佐源治が低能児教育に着手する。また、樋口長市（一八七一―一九四五）らが研究者として登場し、長野県の小学校や岩手師範学校附属小学校等の実践が脚光を浴び、明石女子師範学校附属小学校主事の及川平治（一八七五―一九三九）[17]らが新しいタイプの実践的研究者として活躍を始める時期でもあった。理想の小学校教師像として劣等児の指導を研究することも挙げられるようになり（橋本［一九〇八・九］）、日本の小学校における劣等児・低能児教育の曙光の時代であった。

京都府では、明治三〇年一〇月下旬に開催された両丹教育会参加者のなかに、劣等児の学力補充の必要性を認識し、それを放課後に行うことを課題とした教員がいた（両丹教育会景況［一八九八・一］二二頁）。また、京都府教育会では明治三四年度に統計部による調査研究「不完全なる心意を有する児童に関する調査」を終了していたという（研究部報告［一九〇四・五］一八頁）。

京都府教育会は、組織内に劣等児に関心を寄せる教員がおり、それが、小学校教員・脇田良吉（一八七五―一九四八）の白川学園[18]開設に繋がる。脇田は、他の教員とは異なる関心をもっていた。脇田は、初等教育界での問題状況、初等教育における学業や行動の標準的状態から逸脱した子どもに対する小学校教員としての関心、低能あるいは精神薄弱の状態の原因の多元性・多様性、そして、社会的・国家的問題としての精神薄弱問題という諸観点に立っている。これらの観点については、すでに竹中暉雄（一九七一・六）、萱田洋一郎・玉村公二彦（一九八八・三）、玉村公二彦（二〇〇四）によって取り上げられている。精神薄弱児施設の運営については第一〇章でとりあげるので、ここでは、初等教育における問題に限定する。脇田が関心をもつ児童の状態は特定範囲の児童というよりも、横断的であった。明治三〇年代前半には劣等児に対する補習教育を行っていたようで、市内の特殊児童に対する教育問題への関心が、明治三八年一〇月、脇田らによる淳風小学校内「春風倶楽部」の組織と、校内外の「特殊児童」に対する指導へと発展し（脇田［一九〇六・二］）、京都府教育会の白川学園の開設に結びつく源となる。脇田が「春風倶楽部」趣意書で提起した心身発達不十分の児童と性行不良傾向の児童（脇田［一九三五］一三頁）の問題は、初等教育固有の課題であったから、初等教育界では、いずれは対処しなければならなかった。結局、脇田が指導上の困難を経験した子どものなかでも、小学校教育と通学制学校という形態では実施困難な「中間児」と「変態児」（脇田［一九一二・一〇］八五一頁）を対象に、寄宿制の小規模の学園という形態で白川学園を経営することになる。日本の社会および教育の現実と進むべき方向の両者を凝視して、障害児の教育と保護を計画するという彼の問題意識は、初期から一貫している。一方で、京都府教育会の関心は、貧児や不就学、継続的な就学ができない子ども、そして学業上の優劣児童であった。そして、しだいに「優等児」問題に関心の重点が移っていくように見える。

(2)　教師の常識としての指導上の配慮から学校規程へ

劣等児に関する初期の著作である織田勝馬・白土千秋『小学校児童劣等生救済原理及び方法』（一九〇六）には、たしかに明治期を席巻した児童観や教育方法に対する反省が示されている。それは、個性と称された個人差を考慮に入れない明治期の指導であり、「形式的鋳型的教育」は「現今の一大欠点たる」との認識があった（三頁）。また、本書では、学業劣等を現象として理解し、全頁の四分の一ほどを割いて、学業劣等の原因追究を遺伝的・身体的・環境的（個人および文化および物理的）観点から整理している。しかし、教授法での指摘は、一時一事、教材単純、教授個別、反復練習（一三六―一四二頁）や、劣生の座席の優生の隣席配置（一四八―一五三頁）程度である。これ以降の劣等児指導に関する実践研究は、この形式程度に留まる。劣等児教育において、児童同士の相互的影響が方法として意識されるのは、すでに言及した及川平治以降であろう。

なお著者の一人、織田は、東京高等師範学校文科を明治三二年三月に乙竹岩造と同期卒業で、福岡県福岡師範学校教頭（明治四一年に初代小倉師範学校長。平田［一九七九］）、もう一人の著者・白土が実質上の著者と思われるが、彼は福岡師範学校卒業生で、附属小学校訓導時代の著作と思われる。白土は、その後、小倉師範学校教諭、福岡県内を中心に、郡立実科女学校・県立女学校・県立中学校の校長を務めた。彼は早くから「修養団」運動に参加していたが（小幡［一九九五］三二〇頁）、大正期までは勤労教育、昭和初期以降は神政復古へと展開する。社会の改善を共通項としながら、その時期の先端的な活動に関心をもった人物だったのであろう。その一つが劣等児教育だった。

ところで、学業劣等はつねに小学校に存在する日常的な出来事であり、一斉指導を妨げる状態であったから、まったく対応をしない教師はほとんどいなかったと思われる。すでに述べたように、地方によって劣等児問題に着手する時期に違いがあるが、最初の段階で行われる対応策にはほとんど違いはない。明治三〇年代末期近くなると、劣等児に対する何らかの対処が必要であるとの認識が広く個々の教員に生じるようになる。

劣等児問題でも、外国情報への依存が強い（田口［一九〇五・一二］）。鳥取県教育会雑誌では、知能検査やマンハイム・システムの紹介は他県よりも早かったが、簡単な情報に過ぎないし（マンハイム式の学級編制［一九〇八・一］）、外国情報の紹介が具体な劣等児指導に結びつくわけでもない。

比較的早くから劣等児教育の前提的な素朴な提案が、それほど深化されたものではないが提示されている。山口県と島根県の初期における劣等児指導で共通するのは、劣等児に対する教師の同情と共感である。学業の劣等が否定的なラベルとなっているために、劣等児に対する心理的配慮と指導（山田［一九〇四・二］）、劣等生の特性に対する注意（居田［一九〇四・七］、廣中［一九〇四・一二］）が喚起されてもいる。島根師範附属小学校訓導は、劣等児の達成感と学級児童との共感関係を重視するとともに、児童の学習への興味減退・希薄こそ学業不振の最大の問題であると考え、特別指導による予習と優等児との組み合わせを指導の要件とする（花田［一九〇七・五］）。

綿密な机間巡視、座席の優等生の隣席や教師に近い席への配置、賞賛する機会を多くし、自信をもたせること、教材の工夫、休憩時間や放課後での指導等である。そして、具体的な指導の工夫であり、発問法や教材であった。発問は多くし、平易かつ明確に行うとか、教材では、平易さ、数多さ、配列の適切さ、興味を喚起することである（名取郡第二部学事会［一九〇五・一二］四五頁）。このような例は数多く発表されている。

放課後または始業前の指導等の補習による特別教授や学級編制だけでなく、学校生活自体への参加を成立させる前提としての劣等感や学校への恐怖心に対する心理的対応、教科学習以外の場での自信形成や興味喚起の工夫、保護者の学校活動への関心形成も、通常、考慮されていた（劣等生取扱法［一九〇四］、劣等生の救済策［一九〇四・三］、平岡［一九〇六］）。

このように、明治三〇年代後半になると、どこの地域でも劣等児に対して、特別な実践というほどではないが、少なくとも彼らに何らかの配慮をする指導は一般的になっていたといえよう。[19] また、劣等児が生まれる教科は、算術と国語であることも共通理解になっていくから、標準的な対処法だけでなく、学業劣等の主要科目である算術科と国語科に分けての工夫が列挙されている（銀峯［一九〇五・五］。和田［一九〇四・七］。ワイエス生［一九〇六・五］九頁。京都府第二部学務課［一九〇六］四〇―四一頁）。そして、この指導上の留意は、優秀児にも同時に適用される。また、過大学級であっても指導の工夫によって、成果があがることが理解されるようになる（渡邊［一九〇六・一一］、松岡［一九〇五・二］）。さらに、心身の発達が標準的でない児童の存在にも気づくが（特殊児童の教育の一［一九〇七・五］）、即座に指導法の改編に結びつくわけではないものの、この認識が、個別性への対応が準備されていくことになる。学業劣等が分析的に検討されて、貧困という環境問題や難聴という身体の故障に起因する理解も深められていく（京都府第二部学務課［一九〇六］一一八―一二一頁）。

一部の学校では、劣等児取扱に関する原則を規程化する。長崎県西彼杵郡長崎小学校では、「劣等児取扱規程」を作成する（劣等児取扱規程［一九〇三・六］）。その内容は、日常的指導の範囲を出ない。座席の配置、劣等児に対する教師の態度、劣等児の心理的特徴との対応、運動・遊戯の重視、家庭との協力である。取扱を詳細に定める学校も出てきた。京都市聚楽尋常小学校長の廣田虎之助は、劣等児に対する日常と学校での取扱法を述べている（京都府第二部学務課［一九〇六］二八－二九頁）。

ただし、実際にどの程度、実行されていたかどうかは別である。それは、大きな教員格差が存在したからである。劣等児の発生には教師の指導に責任があることも、劣等児問題を意識する教育関係者には一般的な見解だった。それゆえ、学校で取扱規程を作成することは、校長のリーダーシップを示すとともに、教員の能力差があるために、学校全体のガイドラインを作成する必要もあったのであろう。

明治後半期には、それぞれの責任範囲で対応がなされていたといえよう。実験学校・初等教員養成学校としての師範学校の反応は早かった。小学校児童における学力の優劣に対する教授上の対処について、早くも明治三二年一〇月に一地方で、一つの対応を示している。北海道と東北地方の師範学校附属小学校主事の会議で、岩手県と青森県を除く主事等により、協議と打ち合わせが行われたが、打ち合わせ事項一七のうちに「学力優等及び劣等生徒の処置」があった（第二地方部師範附属小学校主事協議会［一八九九・一〇］）。これは、学力問題に対する師範学校側の洞察を示す相当に迅速な対応だった。

郡としてまとまった劣等児指導に関する指針を設けたような宮城県名取郡の例がある（名取郡第二部学事会［一九〇五・一二］）。名取郡の内規準案は、実践や研究会での討議の蓄積を背景にしていることと詳細である点に特色がある。研究では、劣等の種類とその原因、取扱方、訓練の考え方、その他の注意点に整理され、取扱実施については、その必要な過程を踏んだうえで、使用する教材や教授の時数と教授時間について校長の了承を得ておくことが述べられている。研究項目のなかでの中心は、「取扱方」であり、下位項目は、学級編制、座席配置と互助、休憩時間の児童に対する態度、正科の教授以外の時間の過ごし方、特別教授の諸形態、発問法と教材、その他の配慮事項である。名取郡の案では、劣等児だけの特別学級編制を想定しない前提で、さまざまな工夫を掲げている。なお、名取郡案では、「生来心身の異情に因る」「根本的劣等児童」は、この指針における工夫では対処できないことから、「全く特種教育の範囲にある」としている。これらの児童は、低能（精神薄弱）児を指していると思われるが、彼らは、小学校教育の範囲ではないとの趣旨である。

明治末期には、学校単位で劣等児の取扱原則を用意する学校が出てくる。秋田県北秋田郡木戸石尋常小学校では「劣等児取扱方法」において、教科ごとに注意事項を定めているが、初歩的範囲を出ない（秋田県北秋田郡木戸石尋常小学校劣等児取扱方法［一九〇七・七］）。

(3)　一部の県における劣等児教育の着手

学業劣等は、子守学級で問題になったように、都市では貧困地区で生活する児童にも現れた。明治三八年四月、東京市万年尋常小学校（三六年創設）は、低能児の特別学級を開設する。この学校は、貧困層の子弟を対象とする東京市直営の「特殊尋常小学校」（大正一五年に区営となる）であり、貧困からの脱却を目ざした学校であった（別役［一九九五・一〇］一六八頁）。学業不振が、先天的な原因以外の問題によって生じることが経験的に知られてきて、その主要な一つが貧困であったから、本校の特別学級は、この種の学業不振の典型であったといえよう。また、校長のイニシアティブによる特別教育の類型でもあった。三八年には、医学的な検査を経て、学業成績を勘案して、全校児童二三〇名から尋常科二・三学年の三四名を選抜して、「特別学級」を非公式に開設し、午前と午後の二部授業を実施する。その指導法は、「遊戯、感覚運動的訓練、個別指導」が、程度を下げた学科指導とともに行われ、開設半年後には、九名が通常学級に復帰した。しかし、三九年度末で閉鎖されることになる。

別の早期の例としては、群馬県館林町館林尋常高等小学校の特別学級がある（柳本［二〇〇〇］、重栖［二〇〇二］）。この特別学級は、明治三九年に第二学年以上の劣等児により編制され、翌四〇年からは、優等男児（桜の組）、優等女児（柳の組）、普通中佳良児（桃の組）、普通生（梅の組）、劣等生（菊の組）の能力別編制替えされた。なお、詳細な「成績不良児童取扱法研究」と題する成績不良原因調査と分類、各科教授法、訓育および養護等に分けて、児童ごとに詳細な指導の狙いと成果を提示している（群馬県内務部第三課［一九一〇］二五一‐二八〇頁）。この学校運営は、橋場兼吉校長によるものであり、全国大会にも派遣された名の知れた校長だった。この能力別特別学級は大正一〇年までつづく。

しかし、日本で最も早い劣等児教育は長野県で生まれた。つぎにそれを詳述する。

二　長野県における劣等児に対する取り組み――松本尋常小学校の場合

中嶋　忍・河合　康

(一) 劣等児教育を開始した要因

長野県松本尋常小学校（現在の松本市立開智小学校）は、明治二三年四月に落第生学級を設置して教育を開始し、これが日本の知的障害学級の初期形態として位置付けられてきた。しかし松本尋常小学校では、落第生学級設置以前の明治二一年から、成績が不振である劣等児に対する取り組みを開始しており、日本で最初に劣等児教育に取り組んだといえる。

劣等児教育を始めることになった背景には、三つの要因が考えられる。その一つは、廃藩置県によって誕生した筑摩県が明治五年に出した『学校創立告諭書』である。その時に県の参事（後に権令となる）であった永山盛輝が告諭書の制定を指導した。この告諭書では、「（前略）従前学校ノ設ケ等十分行ハレ兼候ヨリ雄飛ノ才徳ヲ存スル者モ若クハ池中ノ物ト相成候義モ可有之ト憂慮ニ不堪候（後略）」（長野県教育史刊行会［一九七二］六〇六頁）とあるように、学校が多く設立され教育を行わなければ才能のある者を発掘することができないとして、永山は教育政策に力を注いだ。そして筑摩県は「（前略）他ニ率先シテ報国ノ実ヲ顕サシメ（後略）」（長野県教育史刊行会［一九七二］六〇六頁）と記していて、教育分野において他府県を牽引して国のために尽くすことを目指していた。

このような教育政策の実現に寄与したのは長野県の「養蚕・製糸業」の発展で、これが二つ目の要因である。長野県の養蚕業は、明治中期に繭産額が全国一位となり、その後も成長し続けた。製糸業は、岡谷・諏訪地域や上田地域・松本地域など全県下に多くの生糸工場や製糸工場が作られた。養蚕・製糸業により長野県では、農村民の生活を安定させることができて、保護者にとっても子どもの就学を比較的容易にさせたことと、学校建設を可能にさせたことが考えられる。そして長野県の就学率は明治九年に六三・二％となり、全国一位（全国平均三八・三％）を記録した。

第三の要因は、松本尋常小学校の校風及び体制が挙げられる。松本尋常小学校は明治五年に筑摩県学が設立され、翌年にこれを改め学制による小学校となったことと、筑摩県庁が置かれたことにより教育の中心小学校として特別な存在とされたことで、多くの優秀な人材を育成する責務から優等児教育を実施した。加えて松本の小学校体制は、本校（松本尋常小学校）と独立校を認めない各部校という一校体制であって、大規模校として松本の教育を長い間支えていた。したがって在籍児童はもとより教職員に対しても、他町村の小学校よりも厳格さが求められていた。

（二）特別指導の試みと学力による学級編制の導入

三つの背景要因によって大規模校において就学率が向上した結果、松本尋常小学校では様々な児童が在籍することになり、主に指導面で問題が生じた。これに対して明治二一年に二つの試みがなされた。一つは四月一四日の職員会において「（前略）一年生ノ年令壱拾歳以上ナルモノアリ　右ハ特別ニ教授シテハ如何云々」（協議会日誌［明治廿一年］二一年四月一四日付）と記されているように、一年生で年齢が一〇歳を超えた児童に特別に教授してはどうかという提案がなされていた。もう一つは、九月一七日の学校日誌に「此日二年（生）中算術不成績ノモノ各組ヨリ合セテ五十人丈撰ビ出シ第五時目ニ於テ一年生ノ空席ヲ借リ習字時間ノ若干ヲ取リテ算術ノ練習ヲナス（後略）」（日誌（異動録）［明治廿一〜二四年度］二一年九月一七日付）とあるように、二年生で算術不成績の児童を各学級から合計五〇人を選び出して、第五時間目に行っていた習字の時間を使って算術練習を実施することを決定した記述が残っている。これらの指導の考え方は、松本尋常小学校において劣等児教育の最初の動きであった。

松本尋常小学校では「大試験」と呼ばれる学年末認定試験が行われ、これに及第できなければ進級できなかった。この大試験で及第できなかった者は、たとえば明治二一年度末で九一人（受験者数一三二〇人）、二二年度末で八六人（受験者数一三三三人）であり、これらの児童が落第生とされた。落第をなくし児童全体の学力を向上させるために松本尋常小学校では当時、信濃教育会（長野県の教職員の教育研究団体）で論議されていた学力によって学級を別けるかどうかという複数学級の編制方法について検討された。検討の末、学級編制は児童の学力によって分ける方法（以下「学力別学級編制」と称す）を明治二三年四月から導入した。

この理由について同年四月一日の学校日誌に「各組々ヘ優劣ノ生徒ヲ平等ニ混入シテ教授スルモノ　一ハ各組ニ等差ヲ立テ優等生ヨリ順次甲乙丙ト編入スルモノ是レナリ（中略）即チ管理ノ利ヲ捨テ、教授ノ便ニヨリ従来ノ編制ヲ改メ左ノ如ク分ケタリ」（日誌（異動録）［明治廿一～二四年度］二三年四月一日付）とあり、「管理ノ利」という管理上の利点よりも学力を一定にすることが「教授ノ便」につながるとする教授を行う上での利便性を考えて、効率的な指導による学力向上を目指していたことがうかがえる。

学力別学級編制は、一学年に男子一学級と女子一学級と男女混合一学級の三学級、二学年に男子四学級と女子四学級の八学級、三学年に男子四学級と女子三学級の七学級、四学年に男子三学級と女子三学級の六学級、の合計二四学級が設けられた。このほかに「落第生」と称する学級が男女一学級ずつ設置されたことが同日の学校日誌に記されている。

（三）落第生学級と劣等児学級の実際

落第生学級は、学力別学級編制の実施と落第生対策の観点から知的障害学級の初期形態とされてきた。しかしこの学級は、劣等児全員を対象とした温習的なものではなく、前年度末の大試験で落第した者のために再試験が行われ、この試験に及第することを目的とした予備校的な学級であったといえる。再試験については、たとえば明治二二年四月二九日の学校日誌に「此日昨年度大試験ノ節得点五〇点以上ニシテ一科二〇点未満ノ為メ落第シタルモノ、再試験ヲ執行シタリ（後略）」（日誌（異動録）［明治廿一～二四年度］二二年四月二九日付）という記述があり、落第生で各教科において及第点を得ていて一教科のみ落第点であった児童（以下「落第児童a」称す）だけに受験資格が与えられた。

この基準については、①各学年試験の評点が二五点以上で平均点五〇点以上を獲得している、②加えて品行点が二五点以上である、という者を普段の品行と学業状況を斟酌した上で修了あるいは卒業と認定すると『検定準則決議案』で規定されていた。ただし落第の中で一科目のみが不成績（不合格）であった者は、その科目に限り一カ月以内に再試験を行うとも決議案に規定されていた。これらの者が落第児童ａであり、再試験に及第させるには、試験対策の教授を行う必要があった。この目的を果たすためには「（前略）落第生ノ中一科不合格ニ（ニシテ）総約点合格ナルモノニ限リ一教室ヲ設ケテ別ニ教授シ再試験ヲ施スベキモノ（後略）」（日誌（異動録）［明治廿一～二四年度］二四年四月一日付）と二四年四月一日の学校日誌に記されているとおり、落第生学級を設置して試験勉強に備えていた。加えて同日の学級の編制一覧には「落第再試験生」と記されていた。この二つの点から落第生学級は期間限定の予備校的な学級であったと考えられる。

一方で落第児童ａ以外の児童については、学級説明の続きに「（前略）総約点不合格ノモノ或ハ二科不合格ノモノハ直チニ各組へ編入セリ其編入ノ標準トシテ前々学期即チ二二度ノ大試験成績ト前年度ノ大試験成績トヲ平均シテ其点数ヲ定メ適当ノ組へ編入セリ」（日誌（異動録）［明治廿一～二四年度］二四年四月一日付）とあり、総得点が不合格または二教科以上が不合格の児童（以下「落第児童ｂ」と称す）を過去二年の大試験成績の平均を基にして学力相当の学級へと編入するようになっていた。

このように学力別学級編制での各学級は、同校の教員であった平林早次郎が著した『松本小学校沿革史　稿本残片』に「（前略）同学年の児童を分級するに学力順を以てした。即ち甲乙丙丁戊……とへる学級を作り順次最下の学級は殆んど低脳児を以て組織し（後略）」（平林［一九〇九 または一九一〇］二一枚目右）と記され、学力の低迷した者が集まった学級（以下「学力最下位学級」と称す）に落第児童ｂを含む劣等児が存在していた。したがって現在の知的障害学級の初期形態は、各学年の学力最下位学級であった。

（四）学力重視の弊害

学力別学級編制の実践は学力最下位学級での問題が現れて、その結果四年間で終了することになった。この背景については、次の二点が『劣等児童取扱方法』に示されていることから考えられる。

一つは、この学級の児童が他学級の児童から受けた軽侮によって、自信を失って自暴自棄を起こしてしまったことである。もう一つは、学級が学力別であるにもかかわらず教授内容及び進度が学年同一と決められていたため、学年内の統一を保つことができなくなったことである。これらの問題は訓育上の障害となっただけでなく、教員間でも学級の受け持ちを嫌がったことにより、結局実践が構想どおりにいかなったのである。加えて教員は成績の不振を怠学によるものと捉えて、厳しく指導を行えば改善可能と信じた結果、児童の発達状況に即した教育方法になっておらず、ただ「落ちこぼれ」の烙印を付与するのみであったと考えられる。

そしてこれらの問題は、従来の学力を平均して学級を編制する方法へと変更せざるを得ない事態になった。更に学級名称は、それまでの「甲乙丙丁」から「第一・第二」へと同時に替えられたことが明治二七年四月一日の学校日誌に「（前略）各学級ノ学力ヲ平均ス（中略）学級名ヲ甲乙丙云々トセシカ今回ハ第一第二ト称スル（後略）」（日誌異動録［明治廿五年四月〜二八年］二七年四月一日付）と記述されており、学力別学級編制が終了した。

児童の学力に対応する指導を明確化させる方法は、学級編制だけではなく、各学級内の座席順にも関わっていた。それは、明治一五年の長野県『小学各等科試業法』の第六条「臨時試業ハ其試業ノ得点ニヨリ席次ノ陟降ヲ為スヘシ」（小学各等科試業法［明治一五年］）によって試験結果で席替えを行うとし、一九年五月二六日や一一月一二日の学校日誌に席替えを実施したことが記録されていた。そして学力別学級編制を導入した二三年四月一五日の学校日誌には「生徒着席ノ順序ヲ身長ニ改メ学力ノ順序ヲ机面ニ貼付スル（後略）」（日誌（異動録）［明治廿一〜二四年度］二三年四月一五日付）とあり、座席を身長順にしたが机面に成績の札をはって学力がわかるようにしていた。ただ、学級編制が終了した二七年六月二七日の学校日誌に、「机面（ニ）成績順ヲ帖スルハ種々障害有之ニ付自今之レヲ廃シ別ニ表ヲ製シ室内見易キ壁上ニ帖付スル（後略）」（日誌異動録［明治廿五年四月〜二八年］二七年六月二七日付）とあり、座席は身長順と変わりがないが、成績の札をやめて一覧表にした。そして座席は三七年三月一一日の学校日誌に「席順ハ学力順ニヨル（後略）」（日誌

〔明治三六年度〕三七年三月一一日付）とあり、学力順が復活された。

（五）学力別学級編制廃止後における劣等児への指導方法

学力別学級編制終了後の劣等児は、教室内のなるべく前方で教師の付近に席を置いて教師の指導や関わりを増やし、必要に応じては放課後、特別に教授を実施するなどの方法で教育をされていたと『劣等児童取扱方法』に記述されていた。しかしこのような対策を行うのは各学級の担任であり、個人の裁量に任されていた。これにより教員によって指導にばらつきが生じて、再び劣等児の問題が浮上した。この問題を学校全体のものとするため明治三八年五月一二日には、指導方法などについて実態把握の調査を行う決議が部長会でなされた。この調査結果は五月二〇日の主任会で報告された。調査では体格不良や品行不良といった児童も対象にして、次の九つのものが挙げられた。それは、

学力劣等児を教室内の教師机の周りに集めて指導すること、
体格不良児は学校医の診断結果により停学措置がとれること、
品行不良児について教員は日常的に把握すること、
学力劣等児について各学年で適宜研究すること、
校長と部長は常に研究・観察を行うこと、
学力劣等児に対しての残稽古を指導の一法としたこと、
各教科ごとに対象児の表を作成して教授時に注意すること、
学年末に学力劣等児を各部長に報告すること、
考査簿に学力劣等児という標記をすること、

というものであった。このような指導方法は、個別的に各学級内で実施されていた方法を小学校全体として再確認したものであった。それでも劣等児は改善されず、三八および三九年度末には落第した児童や保護者に対して校長及び部長が注意を行ったと学校日誌などに記述されている。

一方で児童の落第は、各学級の担当教員の裁量によって判断されていた。この問題を解消するために部長会は、「落第生ノ標準ハ各学年限一定シ置キ間際ニ至リ不公平ノコトナキ様注意スルコト」（校会記録［明治三九年度］四〇年二月二七日付）を四〇年二月二七日に決定した。これに対して低能児の進級については、「（前略）低能者ニシテ其学年ニ止メ置クモ別ニ其効ナキモノハ証書を授与スルコトナクシテ上級ニ編入ス」（全般ニ亘ル決議記録［明治三八年度］三九年三月一四日付）と記されているように、留年させても学力向上などの効果が認められない者に、修了証を授与しないで進級させることを三九年三月一四日の部長会で決定した。このように劣等児は、適切な教育を受けられないまま教育課程を修了してしまう状態であったことがうかがえる。

（六）劣等児教育研究と劣等児学級の設置準備

小学校全体で行われた劣等児対策の効果が上がらない中で明治四〇年度には、「（前略）特別学級（成績不良生徒ヲ以テ編制セルモノ）　本学級ハ本年度研究事業ノ一トシテ設置シタモノ（後略）」（部会記録男子部［明治四一年度］四一年四月七日付）とにあるように、劣等児教育を小学校の研究事業とするための学級を設置することを決定した。ただしこの事業が二三年時のものと異なるのは、劣等児についての実態把握を行ってから開始したことである。それは、四一年一月一六日の職員会で学級編制調査委員会を設置し、一月二〇日の部長会で現状が報告され、その後の三月五日の学級調査会議と三月一六日の主任会によって学級編制案が示された。

編制案は、①尋常科一年生の最下成績の児童の中から学級定員の三〇人を選抜し、男子部尋常科二学年に一学級を設置すること、②受持教員は志望者とするが、志望の無い時には校長が指名すること、③教授内容は基本的内容とするが、進度は通常学級と同一にすること、というものであった。そして注目すべきは劣等児の原因を種類別にした点であった。これは「低脳（白痴ニ近キモノ）　不良（比較的不良ナルモノ）　故障（発育後レ又ハ欠席多キモノ）（原文と書式を変更）」（校会記録［明治四〇年度］四一年三月一六日付）と記されているように、①就学免除対象の「白痴」に近い「低能（低脳）」、②学習などの理解に時間がかかる「不良」、③身体の発育不良や欠席が多い「故障」、の三種類が示された。そして三種の児童は、低脳と不良の者を特別学級（尋常二学年）へ編入させ、故障の者を原級留置（尋常一学年）とする方法をとった。低脳と不良の者を進級した形にしたのは、周囲に劣等児ということを伏せて学校全体に混乱を起こさないという配慮であった。しかし実際には、一学年の修了証書を授与されていなかった。これに加えて「現在尋二落第生ニシテ普通脳力ノモノハ普通学級ニ劣等脳力ノモノハ特別学級ニ編入スルモノトス」（校会記録［明治四〇年度］四一年三月一六日付）と示しているように、二年生の落第児も学級の対象とした。これらを基に劣等児学級は四月に設置され、教育が開始された。

（七）劣等児学級担当者による劣等児教育の研究

実際に学級の初年度と明治四二年度を担当したのは、長野県師範学校を卒業したばかりで新任の輪湖卓三であった。輪湖は劣等児教育研究に力を注ぎ、職員会での発表や『成績不良児童特殊教育状況』（著者・年代ともに不詳であるが、内容から明治四一～四二年にかけて輪湖卓三が執筆したと推定）をまとめた。この中で劣等児については、知能面に障害がある低能などだけではなく視覚や聴覚・身体面などに障害があることが学習困難の要因となっているとした。そこでひとりひとりの児童の状況が異なるという見解を示し、そのためには指導に工夫が必要であることを論じた。

翌四三年度担当は田中清長であり、『成蹟不良児学級児童調査書』をまとめた。田中は、児童の言動や過去及び現在の状況などの環境的要因から、様々な人が自己の持つ尺度によって判断したものを劣等児としたのみで、一般化された基準がないと論じた。

そして四四年度担当の西村寛一は『成績不良児童学級に対する受持教員意見書（五学年末）』を記した。西村は輪湖の劣等児観に近く、この教育の必要性を説いた。しかしこの学級は四五年三月で廃止された。その理由としては、劣等児にとって分離教育が最良と考えて実施したが、六学年は一般児童と一緒に教育して義務教育を締め括り、社会へ送り出そうという教育的配慮によるものであると論じた。

（八）明治三〇年代の不就学問題と長野県の教育政策

一方で長野県では明治三〇年代に入り、就学率の低迷が問題になった。そこで県は、学齢児童の就学督促に力を入れることにした。しかし、明治一九・二三・三三年の小学校令では就学の猶予・免除規定があり、貧困や疾病などを理由とする就学猶予と「白痴」・「不具廃疾」などを理由とする就学免除に整備されていった。

そこで県は、『尋常小学校特別学級規程設定ノ件』を作成し長野県教育の現状を説明する中で、①就学義務が生じた児童の就学を督促する、②就学猶予が満期となった者を直ちに就学させる、③就学免除の事由がなくなった時は必ず就学させる、④就学させた者は中途退学させないように努める、という点を基本理念として不就学児童を就学させようと、三二年四月～六月にかけて文部省に申請し発布を許可された。そして七月五日に『尋常小学校特別学級規程』（長野県県令第四六号）を発布した。その後規程は、三三年九月一日に一部改正（同第六二号）され、三四年四月五日に再び改正（同二五号）された。この規程により県内の小学校には、特別学級が設置されるようになった。この規程で県は、貧困など家庭の経済的問題や児童の疾病・発育不全などを抱えるために不就学となっている児童に対して一人でも多くの者に教育を提供することが可能となった。

松本尋常高等小学校（明治二五年に高等科が設置され松本尋常小学校を改称）のある松本町（現在の松本市）では、県令第四六号の規程に基づいて明治三三年二月二日に『特別学級編製議按』が提出され、通常の尋常科では就学困難な中途退学者を含む不就学児童に教育の機会を与えようとした。この中には障害のある児童が含まれていたと考えられる。また添付の『特別学級設置ノ趣旨』には、次の内容が示された。

教育課程については、毎日午後三時間ずつの授業により三カ年で課程を修了させることであった。学級数と対象児については、男女混合で一～三学年に各一学級を設置し、通常学級では困難な者を収容することとした。編入基準については、対象児に出席を促して尋常三学年で中途退学及びそれ以上の学力があるものは試験を行って卒業を認定し、それ以外の者は相当の学級に収容することであった。就労している児童については、雇用主と相談して就学を促すことと定めた。

そして松本尋常高等小学校では、実際の運営のために『特別学級教科課程表』と『特別学級表』が定められた。課程表には、修身科（二時間／週）・読書科（六時間／週）・作文科（二時間／週）・習字科（三時間／週）・算術科（五時間／週）の実施教科の内容が示されていた。学級表には一学級に男女各二〇人で計四〇人を定員として、全体三学級で一二〇人を収容予定とするとして示された。

（九）不就学児童対象の特別学級の内容

特別学級の開始については、明治三三年三月二日と六月一日の学校日誌及び校長日誌に「特別学級開始」と記述されていた。この六月開始の前日、五月三〇日には「特別学級生教授来月一日ヨリ施行ニツキ該生ニ由校ノ通知ヲナス」（日誌［明治三三年］三三年五月三〇日付）という督促を行っていた。また担当者は六月一日の校長日誌に、上條貞・百瀬三七・輪湖幸十・等々力茂登太郎（等々力は学校日誌で記述されていない）・吉田昌智の教員を任命したとあり、彼らはすべて尋常科の各学年などの主任であった。

実際の授業については六月開始日の学校日誌に「午後一時ヨリ三時間」とされ、また『特別学級教案』（六月一日から七月二〇日までの授業内容が記録されている）によると、月曜日から土曜日まで行われていた。そして実施教科は算術科・読書科・作文科の三科目であり、前述の教科課程表に示されたものと異なり、修身科と習字科が行われていなかった。その上に教科別の一週間の実施時間は、算術科が八時間、読書科が六時間、作文科が四時間で、教科課程表のものより時間をかけていたことがわかる。

そして学級名称は、「甲・乙・丙」が使われていた。三教科の内容から見ると甲組では、基礎的学習を行った後に応用問題も学習して、社会で発揮できる実用的な能力を養おうとした。また乙組は甲組と同様の内容が多かったが、復習などの時間を増やして、着実に身に付けさせることを行った。これらに対して丙組は、数字や文字、単語・短文などの基礎学習に加えて前回の練習を繰り返し行うことで学習内容の定着を図り、基礎学力の向上を目標としていた。

(一〇) 在籍児童の実際

一方で、特別学級では長期欠席している者がいて、たとえば明治三四年の担当者であった望月弥一郎が登校督促を行っていたことが、『特別学級欠席生督促模様』に残されている。これによると欠席理由は、大別すると次の三点があった。

一点目は、「（前略）竹細工ノ弟子ニ入ル（後略）」（望月［一九〇一］一枚目右）というように職人に徒弟として入っていたり、「（前略）諏訪製糸家へ工女ニ遣ハス（後略）」（望月［一九〇一］一枚目右）というように製糸工場に女工として行っていたりなどと就労を理由とするものであった。

二点目は「（前略）長女故母ノ手傳ヲナスニ甚使ナリ且ツ弟妹四人モアレバ子守ヲナサシムル（後略）」（望月［一九〇一］一枚目左ニ二枚目右）などというように、兄弟が多いことで保護者が就学させることを拒否したというものであった。しかし保護者の中には、「（前略）父ノ申スニ本年ハ卒業期故本人モ一二月ハ帰リ（中略）出校サセ来年三月迄ニ是非科別ノ御教授ヲ受ケ卒業致サセ（後略）」（望月［一九〇一］四枚目左）とあるように、女工として就労しているが尋常科を卒業させたいと考える者もいた。

三点目は、「（前略）耳疾ノ為メ醫師ノ治療ヲ受ケ（後略）」（望月［一九〇一］三枚目右）というように身体の疾病が要因で登校していない、また「（前略）二年卒業迄出校為（中略）不勉強ニシテ且ツ虚言多ク行末頼ミナキ者ト認メシニ付近々元籍へ戻ス見込ミ（後略）」（望月［一九〇一］三枚目左）と記されているように、特別教育を行っても教育効果が上がらなかったというものであった。

このように特別学級は、就学困難な児童に就学機会を与える目的のものであったが、実際には家庭の経済的問題による児童の就労や、保護者の反対などが就学を困難にする要因であった。その中で、現在でいえば軽度の障害があると考えられるような児童は、この教育方法でも効果が得られずに通常教育へと戻されてしまっていた。

第三章　明治時代末期における文部省特殊教育政策の模索と官立東京盲唖学校の発展

――明治二〇年代前半（一八九〇年代）～明治三〇年代（一九一〇年代前半）

社会の動き

外国からの独立を確保するための諸条件の早急な構築を、後進国としての弱体な資源という環境下で実現するという大状況と、欧米先進国には存在する義務教育制度を補完する機能が希薄であるという明治末期の日本社会の現実において、政府は、障害児の教育への対応を迫られていた。国内統一の後も、日清戦争、日露戦争という日本の存続を賭けた大事件のなかで、近代国家構築のための教育課題は、文字どおり、山積していた。一方で、「大逆事件」のように社会秩序の動揺が顕著になった時代であった。農村青年を供給源とする陸軍でさえ、軍紀が乱れ、綻んでいたのである。そのような状況のもとでは、障害児、わけても盲唖児の教育という課題は、明治初期とは異なり、文部省、とくに中央政府にとって政策上の優先順位は低下していったものと思われる。まして、それ以外の学業劣等や低能と称された児童の教育について、文部省が政策の俎上に載せたようには見えない。初等教育の制度が明治三〇年代に確立し、かつ義務教育年限を延長することによって新しい初等教育の段階に進行したのであるから、障害児の教育も無縁ではなかったはずであるが、それほど画期的な政策としては示されていない。

しかし政策順位の低下や政策として現れていなかったことが、文部省が障害児の教育に課題意識をもっていなかったことを意味するとは限らない。このような課題意識を検討する場合、政策における当該の課題の有無の次元だけを抽出したり、その当否を現代的価値基準から議論したりしても、ほとんど意味がない。障害児の教育が国費を伴って政策化されるには、政策構想から立案、そして実施までの各段階において、文部省および政府内部に対して説得可能な政策的インパクトをもっていることが不可欠であるから、その段階と政策的意図を解明することが必要である。

このような時代状況において、これまでの研究ではその政策的・歴史的意義がほとんど評価されなかった、師範学校附属小学校特別学級における盲唖児や劣等児の教育に関する文部省訓令第六号の意義について、明治末期当時の条件と状況に即して分析することとする。

なお、道・府・県立師範学校は、昭和一八年の師範教育令の改正により、すべて官立に移管され、かつ専門学校と同格の教育機関に昇格し、長年の制度上の格差が解消された。この経緯があったために、師範学校は戦後の学制改革によって占領軍の指示もあり、国立大学に昇格する基盤がある程度存在していたのである。

第一節　はじめに

中村満紀男・岡　典子

一．明治三〇年代の国会における盲唖教育問題と文部省盲唖教育政策の欠如

明治二〇年代までは、盲唖教育は文部省の政策立案が必要な課題にはなっていなかった。政府内には、障害児に対する教育を、慈善救済事業とみる立場と、可能な限り学校教育に包含していこうとする立場とがあり、ことに後者は、欧米視察において特殊教育に実地に触れる機会があった教育学者により継続されるが、明治初期よりも、その影響力は弱まっていったものと思われる。それは、近代国家建設の過程において、また、帝国主義時代においても、初等教育は必要最小限に限定されたし、それに対応して教育学者と教育者の役割も増大しなかったからである[1]。

そのうえ、地方の一部で擬似的学校教育として開設され、細々と営まれていた少数の盲唖学校が有効な教育方法と一定の教育成果を提示してみても、文部当局は、盲唖教育を具体的にどのような学校制度において展開すべきなのかについて確信が持てなかったものと思われる。それは、内務省との調整が不可欠だった経費等の問題も大きかったが、それと関連する要素として、点字や手話等の通常教育との方法的不連続性があったものと思われる。また、明治二〇年代には、盲唖学校創設運動は、一部の地方の問題にすぎず、全国的な問題としては意識されていなかったし、その組織もなかったのである。

このような状況において、文部省の盲唖教育政策に関する定見が確立されていなかったことが、国会の答弁において明らかとなる。明治三〇年代の盲唖教育では、障害当事者や教育関係者による社会的運動が、盲唖教育制度の要求の正当性と事業の有効性を拡大することによって、政策的インパクトを強めていたのである。その一つの象徴は、明治三二

年から三三年以降の衆議院における盲唖教育に関する建議や質問である。

この時期に文部省の盲唖教育政策に関する所見が披瀝された一つは、明治三二年一二月一日の文部省所管に関する予算委員会において、京都府選出の衆議院議員・野尻岩次郎（一八五八－一九二九）による質問に対する文部省の答弁であった。野尻が質問した明治三〇年代初めは、盲唖学校が急増し始めるという意味でタイミングが良かった。明治一〇年代で九校、二〇年代で一四校、三〇年代は四五校ほどの創設または具体的な創設計画があり、そのほとんどが私立校だった。野尻は、急増しつつある盲唖学校またはその設置計画を念頭に、国が援助する意思の有無を問うたものであった。

この質問に対する政府委員、普通学務局長・澤柳政太郎（一八六五－一九二七）の答弁は、澤柳にしては要領を得ない内容で、府県に対する模範提示のために官立東京盲唖学校を設置しているとし、地方の盲唖学校に対する対応は将来の問題であるという内容であった（第一四議会帝国議会衆議院［二〇一五・一・三］四一頁）。官立東京盲唖学校の模範提示は、東京盲唖学校官制第一条に規定された東京盲唖学校の任務を復誦しているに過ぎない。このような答弁では、「放任主義」（加藤［一九七四・三］一四頁）と酷評されてもやむを得なかった。

明治三三年二月には、盲唖教育の普及と実施に必要な政府案の提案を要求する「盲唖教育ニ関スル建議」が、京都府選出・野尻岩次郎ほか六名の提案により、衆議院第一四議会で可決された（帝国議会衆議院第一四議会［一九八〇］五五八－五五九頁）。二月一三日、野尻議員の盲唖教育に関する建議の内容は、盲唖学校設立に対する国庫補助と教員養成であった（第一四議会帝国議会衆議院［一九八〇］三九三頁）。

明治三三年二月一三日、野尻岩次郎ほか六名「盲唖教育ニ関スル建議案」委員会における質疑において、雨森菊太郎委員が「盲唖教育に関する文部省の方針」を質問した。文部省普通学務局長・澤柳政太郎による答弁は、文部省は盲唖教育について一定の方針をもっておらず、欧米各国の制度を調査中というものだった。なお、野尻議員も何らかの方針をもっていたわけではなかった（衆議院事務局［一九〇〇・七・二三］八一一－八一三頁）。

しかし、澤柳が盲唖教育について明確な制度設計をもっていないと衆議院で答弁したのは、彼が盲唖教育に関心をもっていなかったからではなかろう。というのは、彼は、文部省普通学務局長時代に、卒業式で東京盲唖学校をしばしば訪問しており、盲唖教育の必要性と立ち遅れは熟知していたはずである。まただいぶ後になるが、大正五年には、小学校教育の重大な欠点として特殊教育機関の不備を指摘し（澤柳［一九一六・四］二頁）、大正七年一一月には、国家が国民に義務教育制度を設けている以上、相当の盲教育の制度が必要である（澤柳［一九一八・一二］四頁）と述べているからである。後に日本の新教育運動を牽引する澤柳が、盲唖教育に関心をもたないことはあり得ない。したがって、この時点で文部省内では、盲唖教育に関心がないのではなく、その関心を具体化し、明確な盲唖教育の制度案として固めていなかったことを意味しているものと思われる。

政府が盲唖教育政策をもっていなかったことを示すもう一つの事例は、明治三四年一二月二〇日の第一六帝国議会衆議院予算委員会第一分科会における安藤龜太郎議員の質問に対する文部大臣・菊池大麓の答弁である。安藤は、小西信八・東京盲唖学校長の働きかけがあったとみえて、県師範学校附属小学校（の一部）としての盲唖学校を含めて地方における盲唖学校設置案の可能性を、文部大臣に尋ねた。その答弁で菊池は、盲唖学校設置の問題は地方の問題であるから、何の計画もないとしたが、後刻、答弁を補足して、明治三四年度から地方に盲唖学校が設置されることを見越して、（東京盲唖学校で）盲唖教育の教員養成を開始するとした（実際には、東京盲唖学校教員練習科は三六年度から開設）（第一六議会帝国議会衆議院［二〇一五・一・三］六三、六四頁。加藤［一九七四・三］一四頁）。

結局、政策（この場合は、後述する盲唖教育令公布）は実施の決断が遅れたり、実施の適期を逃したりすると、その後の内外の環境の激変により、多様で多元的な教育課題がつぎつぎと山積してしまい、盲唖教育は国家の命運を左右する重要性がないと判断されて、実施すべき政策の優先順位から遠ざかってしまったのである。まさに安藤議員による地方盲唖教育の実施以外の質問を見れば、明治三〇年前後に山積していた教育課題は、明治初期の一極集中的な教育資源の投資方法の矛盾が露わになり、初等教育から実業教育・高等教育に至るまでの教育上の政策課題は、多様・多元かつ深刻であったことが分かるが、これについては、本章第二節で後述する。

二．県師範学校附属小学校における特別学級の種類

県師範学校附属小学校に開設された特別学級等には、明治四〇年以前に開設した附属小学校独自の判断による特別学級、明治四〇年文部省訓令第六号に基づいて開設した特別学級、大正一〇年以降に開設された研究学級がある。

ここで検討する師範学校は、明治三〇年一〇月九日に公布された師範教育令第三条と第四条に基づいて、各府県に設置された初等教育教員の養成を目的とする、府県税または地方税を財源とし、地方長官が管理する道・府・県立師範学校（以下、県師範学校）を中心とする。師範学校において、後述する明治四〇年文部省訓令第六号が、道府県師範学校附属小学校において特別学級を設置して「盲人、啞人又ハ心身ノ発育不完全ナル児童」の教育を行うよう勧奨したために、明治四〇年だけに焦点が当てられがちであるが、その前後にも師範学校附属小学校で障害児関連の特別教育が行われているから、附属小学校特別学級がすべて、文部省訓令第六号に基づいているわけではない。明治末期における県師範学校の役割は、元来、それぞれの県または地域の初等教育教員の養成とともに、その地域で必要な教育上の課題について実践的研究を行うことであった。附属小学校は従来の授業「児童教育の方法を練習せしめる」ことに加えて、「小学校教育の諸般の事項を研究する」ことを任務とするようになっていた（滋賀県師範学校附属小学校［一九〇二］二頁。奈良女子高等師範学校一覧［一九一九］八〇頁）。この研究機能は、日本の師範学校附属小学校の固有な機能として期待されていた（槇山［一九一〇］序、一頁）。

第二節　明治四〇年文部省訓令第六号による師範学校附属小学校特別学級の設置勧奨

岡　典子・中村満紀男

一．明治四〇年文部省訓令第六号の経緯

（一）文部省訓令第六号の中心的趣旨

最初に、文部省訓令第六号公布の経緯を整理する。訓令六号は、文部大臣・牧野伸顯（一八六一―一九四一）が、明治四〇年四月一七日付で発した文部省令第一二号「師範学校規程」（官報［一九〇七・四・一七］四七五―四八一頁）と同時に発表した、「規程」の「改正ノ要旨ト施行上注意スヘキ事項ノ一班トヲ挙示」したものである（官報［一九〇七・四・一七］四八二―四八三頁）。表題はないので、これまで慣例的に「改正ノ要旨ト施行上（ノ）注意スヘキ事項」と称されてきた。一二号省令は、「近年我邦教育ノ進歩」、ことに教育界長年の課題であった義務教育年限延長が、即座に教員の大量養成に連動する問題（官報［一九〇七・四・一七］四八三頁）であったための師範学校規程の抜本的な改正であった。したがって、訓令六号は省令一二号の解説であり、今日の通達または通知に位置する法令の一部ということになる。

訓令六号における特別学級に関連する文章は、以下のようになっている。

又附属小学校ニ於テハ、規程ニ示セル学級ノ外、成ルヘク盲人、啞人又ハ心身ノ発育不完全ナル児童ヲ教育センカ為特別学級ヲ設ケ、之カ教育ノ方法ヲ攻究センコトヲ希望ス。蓋シ此ノ如キ施設ハ、従来未夕多ク見サリシ所ナリト雖、教育ノ進歩ト文化ノ発展トニ伴ヒ、将来ニ於テハ、其ノ必要アルヲ認ムルヲ以テナリ。

冒頭の附属小学校における「学級」とは、省令第一二号師範学校規程の「第四章附属小学校及附属幼稚園」において附属小学校および附属幼稚園の設置および学級編制に関する留意事項を示したもののうち、単級・複式学級編制および二部教授を指していると思われ、その実践研究を行う他に、師範学校が特別学級の設置を設置するように期待したものである。特別学級の教育は、現状では普及していないが、将来、教育が改善され、文化が発展した段階では必要になるというのである。

また訓令六号は、経費を増やさずに、かつ、教員の質を低下させずに、迂回的な養成方法を活用して教員不足にいかにして対応するかの趣旨を詳細に述べている（四八三頁）。

訓令六号の本来の課題である教員養成と、盲児・聾唖児・発育不完全児（以下、盲唖児等）の特別学級設置に対する期待とでは、異なる印象をうける。前者の教員養成が実務的かつ即時的対応が必要な項目であるのに対して、特別学級設置は新規の施策であったからである。そのうえ、特別学級の対象に措定されている児童は、就学免除対象の盲唖児と就学猶予対象の発育不完全児という、異なる文脈に置かれていた二種類の障害児を対象にしていた。それゆえ、間もなく述べるように、特別学級設置には二つの異なる源があったと考えられる。

（二）特別学級対象の盲唖児と発育不完全児

まず、盲唖児の教育には二つの問題があった。一つは、全国的に盲唖学校が設立されてきているが、大半は零細な私立校であったために経営が安定せず、県立移管が、盲唖教育関係者および教育会関係者の一致した要求となっていた。第二は、盲唖児は教育可能で、教育効果があることは盲唖学校で実証されていたから、盲唖児に対する就学免除措置は政策としての妥当性が疑われていた。かくして、この二つの課題に対する対応として、盲唖教育令の立案・公布が必要な状況にあった（これは、大正一二年までずれ込むことになる）。

これに対して、「心身ノ発育不完全ナル児童」は、盲唖児とは異なる問題状況にあった。彼らのある者はすでに小学校に就学しているものの、指導困難と教育効果において学業上の問題がある児童であり、また、仮に就学猶予となっても、時間が経過すれば「発育不完全状態」が緩和されて就学できる可能性がある児童であった。この時点での「心身ノ発育不完全」は、端的にいえば、身体虚弱や病弱、あるいは就学免除対象である「白痴」よりも軽度の精神薄弱（痴愚・魯鈍）の児童を標的にするよりは、学業不振、すなわち、劣等児を指していたものと思われる。もちろん、身体虚弱や疾病が学業劣等と密接に結びついている児童を含んでいるが、身体虚弱や病弱を主たる標的として附属小学校特別学級で教育上の対処を課題とするには、健康が社会的課題になる時代であることが必要条件であり、それは、昭和初期の高知・岡山女子・島根女子および島根の各県師範学校において観察される。

二　文部省による特別学級設置勧奨の意図

(一)　特別学級設置勧奨規程

(1)　特別学級対象としての発育不完全児と盲唖児の合体

文部省が特別学級の条項を挿入したのは、公的盲唖学校設立の要求を巡る状況と劣等児問題に関する実践的問題とが別個の問題として存在していたものを、初等教育上の課題として政策に載せたということであろう。もともと源が違うこの二つの問題を結合させる制度的・実践的な準備は、明治時代末期には整いつつあった。

劣等児については、第二章で述べたように、学力に問題がある児童（長野県）や発育不完全児童（茨城県）の特別学級編制を含む規程が県令として制定され、しかも、長野県令は文部省の承認を得ていた。他の県令は、特別学級または学校の対象として子守を想定していたが、学力不足・発育不完全・子守は、貧困を共通項としていた。また、県によって差は大きいが、初等教育界では、流行と揶揄されながらも、また、紹介や表面的な概説が多いものの、県教育会雑誌には、劣等児や低能児を冠したかなりの数の論考を見出すことができる。つまり、劣等児教育問題は、地方の初等教育界と一部の教育行政がイニシアティブをとっており、文部省にとっても何らかの政策的対応が必要な圧力となっていたといえよう。

盲唖教育については、明治二三年小学校令改正（第四〇条、四一条、九四条）において盲唖学校を小学校の一種と見なす段階を経て、明治三三年小学校令改正（第五条、一七条）において小学校が盲唖学校を附設できることが規定されており、少数ながらその実例（福島・長野）も生まれた。しかしこれらは例外であって、拡大しなかった。そこで小西信八は、機会を捉えて盲唖教育の場を拡大する手段として、小学校附設論を宣伝したことは、第二章で見たとおりである。

(2)　服部教一と第六号訓令

劣等児教育は、小学校教育において対象児童数の多さから、明治末期には実践上の重要課題になっていた。それだけでなく、その解決法が明治時代後期から文部省留学生により伝えられており、しかも、盲唖学校と劣等児教育のその両方の課題に通じている文部省留学生がいた。それが、服部教一（一八七二－一九五六）である。

服部教一[2]は明治三五年四月に文部省第三課勤務となり、明治三七年一〇月一五日から留学生活が始まるが、ドイツ滞在時に、最新の障害児教育関連情報をもたらした。一つは、小学校の新しい学級編制法であり（服部［一九〇六・一〇・三一］）、もう一つは盲唖教育情報である（服部［一九〇六・一一～一二］）。しかも服部は、後者のなかで、県立盲唖学校設置までの暫定策として、県の判断による師範学校等への盲唖学校附設も一案であるとしていた（服部［一九〇六・一二］一二頁）。

師範学校特別学級設置奨励規定の発案者について、服部教一であるとする説がこれまで支配的である（杉浦［一九七八］一二三－一二四頁。中村［一九九〇ａ］一九一頁。市澤［二〇〇二・六］八三頁）。しかし服部が、訓令六号を公布する政策を主導したという意味であれば、その説にはいくつかの疑問があり、総合的にみれば、服部説（もしくは鈴木治太郎［一八七五－一九六六］合体説）は支持しがたい[3]。もちろん服部情報は、文部省が利用する契機の一つとなったかもしれないが、後述するように、附設論自体は既知の情報であった。

疑問の一つは、時間的な整合性である。明治四〇年四月一七日の訓令第六号公布時には、服部は同年一月帰国後まもない時期であった（市澤［二〇〇二・六］九四頁、帰国日は不明）。行政の仕組み、しかも当時の通信手段からすれば、帰国後直ちに服部が、訓令六号の起案を主導する可能性はほとんどないだろう。

第二に、師範学校附設論は、服部のドイツ報告という特定の「点」ではなく、盲唖学校の通常学校への附設論という「線」でみると、服部の師範学校への盲唖学校附設論は新しい着想でも何でもなく、日本国内での源は、東京盲唖学校長・小西信八による、少なくとも明治二七年の提案まで遡ることができる（小西［一八九四］一三－一四頁）。この附設論は、小西が繰り返し主張していた提案であり（加藤［一九八一］）、アメリカのウィスコンシン州でもドイツと同じような小学校における通学制の聾唖教育を見聞してきた（小西［一九〇三・五c］一七─一八頁）。しかも訓令六号は、明治二三年と三三年の小学校令改正における盲唖学校の小学校に類する各種学校規定および小学校附設規定との繋がりでみる必要があり、師範学校附設案は、これらの展開である。この小学校令改正を外部から文部省に強力に働きかけたのは小西なのである。

明治三七年には、岩手県二戸郡教育会が、県連合教育会で「本県師範学校附属小学校内に盲唖教育を開始せしめ、其の教育方法の範を示されんことを建議の件」を提案している（岩手県連合教育会問題［一九〇四・四］）。明治三八年八月の全国連合教育会は、信濃教育会が提出した、各府県師範学校附属小学校に盲唖教育機関を附設することを一二号議題とし、九月二三日には、文部大臣宛に、「盲及聾唖教育に関する法令を発布し、且つ、府県師範学校附属小学校に盲及聾唖教育の機関を附設せられたきこと」（第八）を建議している（第五回連合教育会［一九〇五・一〇］一五頁）。

第三に、先行研究の服部説では、小西と川本宇之介の関係をまったく考慮に入れていない。先行研究が根拠としている川本は、口話法の導入に消極的とみた小西を執拗に批判していたといわれる（第一章第五節参照）。また、川本著『総説特殊教育』（一九五四）には、明治・大正期の箇所で日本の盲唖教育の基盤を構築した最大の功労者である小西は、ほとんど登場しない。彼の著書は、少なくとも小西および東京盲唖学校記述については偏りがある著書であり、服部や鈴木治太郎の六号訓令に関する功績をめぐって、川本の主張にだけ基づいて判断するのは妥当でない。なお、川本が、文部省嘱託を辞して東京聾唖学校教諭に転籍するのは、小西校長の退職間近い大正一三年九月である（東京聾唖学校［一九三五a］三一〇頁）。

第四に、ドイツにおける聾唖学校の師範学校附属小学校附設制度の消滅である。この制度は、ドイツの南部領邦で一八二〇年代に導入され、一八四〇年代にピークに達し、一八七〇年代には衰退していた（荒川［一九七〇］二〇二、二一一─二一六頁）。この制度は、師範学校生徒に簡易聾唖教育法を習得させ、初等学校における聴児と同じ教室での教育（荒川のいう「聾唖児教育の一般化運動」）を前提にしていた。服部がドイツ聾唖教育を視察した時期では、師範学校附設制度は三〇年以上も前に失敗とみなされており（荒川［一九七〇］三二四頁）、服部自身もそのことを確認している（服部［一九〇六・一一］一三頁）。

したがって、服部がドイツで政策として失敗とされていた師範学校附設案を提案したのは、附設の意図を限定したうえでのことであり、小西信八の小学校附設論や師範学校附小附設論と共通する部分がある。日本で本格的な盲唖学校の創設の見込みがたたない明治三〇年代末期では、服部の附設論は、「一人の教員と一教室があれば不完全ながら教授はできる。一時師範学校に附設しようが、其他の学校に附設しようが」、文部省の指示を待たずに、府県の任意で「貧民の盲唖児を公費で教育を受けしむる途を講じる」（服部［一九〇六・一二］一二頁）ことを優先したのである。

（二）県師範学校における特別学級開設の条件

先行研究で、訓令六号に関する政策的評価が低いのは、師範学校附属小学校において特別学級開設が可能となる条件を考慮に入れていないことと関連している。師範学校は、立地する県のそれぞれの地方において、一般および地方独自の教育的要求に対応する必要があった。しかし、各師範学校が法令上規定されていた使命を拡大あるいは延長して行う、盲唖児等の特別学級開設は、実際にはそれほど簡単な手続きではなく、そのような新しい教育事業を開始するには、県師範学校および附属小学校の発意と、設置者である県当局の承認という二つの条件が必要だった。

学校側の条件としては、師範学校長の理解と承認、附属小学校の責任者である主事の主導、そして実践者である特別学級担任の確保が特別学級を開設できる条件であり、どれが欠けても特別学級開設はできなかった[4]。師範学校附属小学校は、師範学校学則で学級数と学級編制が決められており、児童数も決められていた。文部省訓令第六号公布前に劣等児教育に着手した岩手県師範学校附属小学校では、師範学校学則第三三条により、学級編制は、第一学級が尋常一年から六年までの単級学級、第二学級が劣等児学級で三年から六年までの数学年が混合する学級、第三から第八学級までが尋常一年から六年までの学年別学級、第九および一一学級は高等科一・二年の男女別学級と、学級数十学級で単級学級

一、数学年混合の学級が一、その他は学年別学級、一学級児童数は五〇名程度であることが決められていた（岩手県師範学校一覧［一九〇九］八三、二〇一―二〇二頁）。京都府師範学校では、学級編制は単級、多級および二部教授の三種類が設定されており、附属校の学級数は単級と多級の一五学級、代用校が二部教授を実施した（京都府師範学校一覧［一九一〇］七二―七三頁）。

このように、特別学級設置に対する師範学校長・附属小学校主事・特別学級担任のすべての肯定的な意思がなければ、規定の学級数の編制をやり繰りして特別学級を設置したり、県学務当局に学級増設または学級編制の変更を要請したりすることはありえないことだった。

さらに高いハードルは、県当局の態度であった。師範学校の運営資金は、師範学校令第四条によって地方が負担するのであるから、特別学級を設置するか否かは、県当局の判断によることになる。[5]したがって、学級増設等のような経費増を伴う措置の場合は、師範学校長や附属小学校主事の判断だけで特別学級を増設することはできなかった。たとえば大阪府天王寺師範学校附属小学校規則第三条では、「前項ノ外、特別学級ヲ設ケントスルトキハ、学校長ニ於テ其ノ理由ヲ具シ、知事ノ認可ヲ受クヘシ」と明記されている。「前項」とは、児童定員および学級数の規定である（大阪府天王寺師範学校［一九〇八］八〇頁）。

三　文部省訓令第六号に先行する県師範学校附属小学校特別学級における教育

文部省訓令第六号は、明治四〇年以降の特別学級設置だけに焦点が当てられがちであるが、それ以前にも、訓令六号とはかかわりなく、師範学校附属小学校で特別教育が行われていた。したがって、師範学校附属小学校に開設された特別学級等について、明治四〇年以前に開設した附属小学校独自の判断による特別学級、明治四〇年文部省訓令第六号に基づいて開設した特別学級、その後に開設された研究学級に整理して検討する必要がある。

明治四〇年文部省訓令第六号以前に師範学校附属小学校五校に開設された特別学級の種類と時期および存続期間は、

下記のとおりである。括弧内は開設時の校長等である。大分と高知について、詳細は不明である。

大分県師範学校（土肥健之助校長）天才児（優秀児）　明治三四年
高知県師範学校（廣瀬為四郎校長）天才児（優秀児）（高等科男子五〇人、複式学級。将来は白痴に近い劣等児童の特別学級を予定）　明治三五年
宮城県師範学校（里村勝次郎校長、吉野清三郎主事、菅原通訓導）唖生部　明治三五年一〇月～三八年度（廃止後は、菅原が私立仙台唖人学堂を創設）
岩手県師範学校（小林鼎校長、瀬島亦人主事、太田代久穂訓導）劣等児学級　明治四〇～四四年度
大阪府師範学校（村田宇一郎校長、鈴木治太郎主事）特別教室（劣等児）　明治三九年。四〇年度から特別学級、大正五年度廃止

出典：小学校の天才教育（一九〇一・四）、鈴木（一九〇七・六）、戸崎（二〇〇〇）三四－三五頁、中山（一九九一・二）、附属小学校に天才学級設置（一九〇一・四）、船寄・土井（一九九一）二三頁、宮城県師範学校附属小学校（一九〇四・二）、六〇年史編集委員会（一九七四）七－九頁。

上記二つの師範学校附属小学校で、天才児ないし優秀児教育が着手されており、訓令六号の対象とは一致しない。しかし明治末期には、これら英才児教育は教育課題の一つと目されていた。乙竹岩造（一八七五－一九五二）が『穎才教育』（一九一二a）を刊行したり、その必要性が教育界で話題になった課題であった（たとえば、全国各市小学校教育会［一九一〇・六］三二頁）。

これに対して劣等児教育は、初等教育界が必要とする教育課題に直接対応していた。就学率の向上による児童の増加と学級当たり児童数の増加、児童の能力差の拡大、教員の指導力の格差、二部授業、貧困児童の増加によって、日本的

ヘルバルト式教授法の機能低下が顕著になり、劣等児の指導困難問題が発生する状況が生じていた。したがって、県師範学校自身の自発的判断により、県当局の同意を得て、地域の小学校が直面していた学業不振問題を取り上げて対処しようとしたと考えられる。特別学級を編制しないで、劣等児教育の指導法開発に努力した附属小学校は存在したものと思われる。その一例が、明治四〇年に「二部教授と劣等児童の取扱法」をまとめ、尋常一・二年生の国語と算術の補習指導を隔日に行った岡山県女子師範学校附属小学校である（岡山県女子師範附属小学校［一九〇七・七］）。

ところで、師範学校附属小学校の機能という観点から考えれば、盲唖と心身発育不完全の児童の教育は、小学校教育の必要性において源が異なる問題であり、それぞれの学級設置の意味は次元が異なる。盲唖児は、就学義務の免除対象であり、小学校に入学する機会はほとんどないから、小学校で教育の必要性が発生することもない。また、附属小学校に盲唖特別学級を設置するのは、中村（一九九〇ａ）が指摘するように附属小学校の内部的必要性からではないし、盲唖学級の教育成果は小学校教育に寄与する部分は多くはないから、特別学級設置は、県内に盲唖学校がない状況に基づくのである。したがって、師範学校側が、附属小学校に恒久的な盲唖学校の設置を意図していたとは考えられない。

それゆえ、盲唖児の特別学級を開設した師範学校附属小学校は、担任確保等に並行して、開設すべき特別学級の計画を立案していたと考えられる。それを、宮城県師範学校附属小学校唖生学級で検討する。宮城県師範学校の唖児数は、開設当初の三五年一〇月には六名だったが、三七年初めには一一（男八、女三）名に増加した。里村勝次郎校長の期待では、附属小学校尋常科四年間の後は、工業学校（男）か裁縫学校（女）に進学して技芸を習得することだった。これは重要な点で、里村は、盲児の教育は隣県福島県の福島町で実施しているから、唖児に絞ってその初等教育だけを附属小学校で行おうとしていたのである（里村は、明治三五年一二月、千葉県師範学校長に転出）。なお、言語指導法は併用法のように思われるが、最初は手真似で、可能ならば発音法へ進むことを期待していた。また、唖生部を附属小学校に開設することにおいて「最も苦慮せることは、一般児童と唖児との関係」だった。一般児童による唖児虐待を恐れたためである。そこで、併設前に数カ月かけて不具者に対する心得や同情の素地を形成した（唖児教育に就て［一九〇二・一〇・一

六］、宮城県師範学校附属小学校［一九〇四・一二］。

菅原通（一八六二―一九三八）訓導は、明治一四年に宮城県師範学校卒業、県内で校長兼訓導を勤務の後、哲学館（東洋大学前身）で学び、再度、県内および東京で教職についた。明治三一年四月、京北中学監督舎取締兼嘱託教授として就任時に、東京盲唖学校近辺に居住し、登下校の盲唖学校の生徒の姿をみており、小西信八と歌の会合等で交流があったという。明治三四年五月、東京盲唖学校訓導となり、三五年九月、宮城県師範学校附属唖生部担任に任命され、三九年三月の唖生部廃止後に開設した仙台唖人学堂を、大正三年五月の宮城県立盲唖学校の開設まで経営した功績者である。なお、菅原は県立盲唖学校講師を大正六年三月まで続けた。その後は、仏教僧侶の生活を享受したという（宮城県立盲唖学校［一九三九］一六―一七頁。宮城県教育委員会［一九七六］七〇一―七〇三頁）。

四．文部省訓令第六号による特別学級

（一）明治四〇年訓令第六号に基づく師範学校附属小学校特別学級等の開設

（1）明治四〇年代初頭に開設された附属小学校特別学級

訓令六号に基づいて明治四〇年代初頭に、師範学校附属小学校に開設されたと思われる特別学級の種類と時期および存続期間、開設時の校長等は、下記のとおりである。

明治四〇年度

北海道札幌師範学校（星菊太校長）盲唖教育（入学は聾唖児のみ）三月九日開始、明治四二年度廃止↓大正一二年、特別学級（精神薄弱児か）

福岡県女子師範学校（園田定太郎校長、友納友次郎訓導）特別学級（午前級三一名の劣等児、午後級は低能児三名と聾唖児二名）明治四一年一月開設、間もなく廃止

明治四一年度

宮城県師範学校（堀義太郎校長、高野松次郎主事、佐々木清之丞訓導）一三学級（低能児学級）　明治四一年度廃止

東京高等師範学校（嘉納治五郎校長、佐々木吉三郎主事、樋口長市第三部主任、小林佐源治訓導）特別学級[6]　昭和二〇年度廃止

群馬県師範学校（羽田貞義校長、下平末藏主事、正木時雄訓導）附属訓盲所（特別学級）→大正三年前橋市訓盲所（桃井小学校）→大正四年九月私立前橋訓盲所→昭和二年群馬県立盲唖学校

長野県師範学校（原龍豊校長）補助学級　明治四三年度廃止（訓導転出のため）

兵庫県姫路師範学校（野口援太郎）特別学級（劣等・低能）

徳島県師範学校（渡邊千治郎校長、小林隆助主事、五寶翁太郎訓導）盲唖学級　昭和三年度廃止（県立盲唖校設置）

高知県師範学校（豊田潔校長、猪野久米治訓導）盲唖部（唖児のみ）、専門教員不在　昭和三年三月廃止（昭和四年四月県立）

明治四二年度

和歌山県師範学校（古市利三郎校長、近藤為治主事、金谷末松訓導）聾唖部（四月当初は低能学級[7]）→大正四年四月紀伊教育会附属盲唖学校→大正七年四月和歌山県立盲唖学校

三重県師範学校（相澤英次郎校長、中山哲三訓導）盲生学級→大正八年一一月三重県慈善協会附属三重盲唖院→大正九年四月私立三重盲唖院→大正一〇年四月私立三重盲唖学校→大正一四年三月三重県立盲唖学校

明治四五年度

奈良女子高等師範学校（野尻精一校長、眞田幸憲主事、齋藤千榮治訓導）特別学級（劣等・低能）　大正一四年度廃止

出典：浅尾（一九六七）七〇－七三頁、市澤（二〇〇二・一二）一一九頁、北沢（一九六七・五）九頁、群馬県立盲学校（一九六七）四〇－四一頁、高知県教育史編集委員会（一九六四）一二四頁、高知師範学校略史編集委員会（一九七四）

七五頁、高知大学教育学部附属小学校（一九七七）五九、九六頁、篁南生（一九二二・一）三－四頁、小松（一九九四）、齋藤（一九一三・一一）五五頁、杉浦（一九七八）三五－四〇頁、辻本（一九二四）一－三頁、徳島県立盲学校記念誌編集委員会編（一九八〇）、戸崎（二〇〇〇）三四頁、友納（一九一〇）六五一－六五二頁、中村（一九九〇b）、北海道教育大学附属札幌小学校（一九七七）、北海道札幌師範学校（一九三六）二〇頁、松本（二〇一八・三）、三重県立盲学校創立六五周年記念誌編集委員会（一九八四）三－五頁。

小林佐源治訓導時代の東京高等師範学校特別学級の児童は附属小学校内からではなく、小石川区の小学校から選抜しており、劣等児とは明らかに異なる「低能」児童であり（中村［一九九〇b］二二－三〇頁。小林［一九〇九・一］）、精神薄弱児であるとみられる（その後の対象児は劣等児）。なお、狭義の低能は、後に精神薄弱と称されるようになるが、低能（広義）も広く使用されており、広義の低能は「高能」に対応する用語としても使用される幅広さと曖昧さを含んでいた。たとえば、宮城県師範附小の「低能」児は「学業成績不良児」で、学級は促進学級だった（小松［一九九四］七一頁）。なおこれ以外に、特別学級形態ではなく、特別指導が実施された師範学校附属小学校はあるが記載していない。

(2)　盲唖児の特別学級

訓令六号に基づいて開設された一〇校のうち、七校は盲唖児を対象としていた。これらの県のうち、明治四〇年四月時点で盲学校・聾唖学校が設置されていたのは北海道だけであるが、函館と小樽の盲唖学校は創立されたばかりであって、盲唖学校の効用は不透明な段階だった。こうして、訓令六号による特別学級設置勧奨は、遅々として進まなかった盲唖教育・盲教育・聾唖教育が空白だった地域における拠点構築としての意図があったことになる。徳島の場合、発足当初は「特殊教育児童ヲ以テ編成シタル学級」であったものが、大正二年の「徳島県師範学校規則改正」では「盲唖児童ヲ以テ編成シタル学級」に改正され、対象児の焦点を明確にしている。

ただし、上記の七校すべてが新設されたのではなく、群馬県師範学校は、すでに創設されていた県教育会附属訓盲所を継承した。徳島県師範学校では、小学校訓導・五寶翁太郎（一八六三－一九三九）による私立盲唖学校を師範学校が継承した。これらは、廃校を避けたり、事業を継続したりするためであったと思われる。

こうして、師範学校に盲唖学級を開設した主要な成果は、教育機会を盲唖児に提供するか、既設の盲唖学校を消滅させないためであった。これによって、盲唖教育の空白地域を減らそうとした校長や主事、担任の熱意、そして県当局の努力は評価されるべきであろう。そして、師範学校長の動きは偶然ではなく、小西信八・東京盲唖学校長の働きかけにほぼ集約される。

群馬県師範学校附属訓盲所を直接主導したのは、群馬県師範学校長の後に群馬県第二部長に就任し、県教育会長を長年務めた大束重善（一八五六－一九三五）だった。小西は、各種の教育会活動で大束と交流が深かったし、徳島県師範学校長の渡邊千治郎（一八六九－一九四二）は、群馬県師範学校教諭時代に大束の薫陶を受けた。三重県師範学校長の相澤英次（二）郎（一八六二－一九四八）は、文字どおりの社会的エリートで、西周・近藤真琴・中村正直の門下生だった（佐々木［一九九二］一六七－一七七頁）。中村が官立東京盲唖学校の前身・楽善会訓盲院の主要な担い手だったことは、相澤は、門弟時代から承知していたはずである。群馬県師範学校長の羽田貞義（一八六四－一九三三）は、県第二部長・大束のもとにいた。北海道札幌師範学校長の星菊太（一八六七－一九一九）は、岡山県師範学校長在職時（明治三六年五月一日－三七年一二月六日）の県知事が、小学校における巡回講習による盲唖教育を進めた檜垣直右（一八五一－一九二九明治三五年二月－明治三九年七月知事在職）であった。また星は、後に静岡県師範学校長時代に、小西の依頼で東海訓盲院廃校の危機を救うことになる。これらの校長は、明治四〇年以前の宮城県師範学校・里村勝次郎を含めて（小西信八先生存稿刊行会［一九三五］一五四頁）、すべて東京高等師範学校卒業生という線でも繫がっていた（表1－6－5参照）。

しかし、七つの盲唖学校のうち、永続し、比較的順調に県立移管にまで至ったのは和歌山県師範学校・徳島県師範学校・高知県師範学校の附属小学校三例のみであり、開設期間は、徳島が二三年、高知が二〇年、和歌山が七年間だった（高知については、ほとんど情報がない）。北海道札幌師範学校附属小学校特別学級は約二年で廃止された。県教育会から引き継いだ群馬県師範学校附属訓盲所は前橋市に移管され、和歌山県では県教育会附属に継承され、三重県は、県慈善協会附属となった。群馬県師範学校と三重県師範学校の後継校は、その後も、経営主体の変更を繰り返し、苦難の歴史を経験した。

おそらく、師範学校特別学級の主導者には、創設時点において盲唖教育令の公布が間近いとの期待があったと推測され（そのような報道は、たしかに繰り返された）、県立盲唖学校創設までの経過的機関として盲唖児の特別学級が期待されていたのではなかろうか。それゆえ、師範学校から離脱してからの盲唖学級が廃校に直面する状況を、創設者が予測できなかったことを非難することはできない。彼らが、初等教育との関連が薄い盲唖学級を、師範学校附属小学校内に開設するうえで関係者を説得するには、相当の努力が必要だったはずである。

しかし、和歌山県師範学校の聾唖部と徳島県師範学校の盲唖部については、本校が存続し続けたことが、独立の盲唖学校設立を妨げたという現実も、指摘しておかなければならない。県当局にとっては、本校の存在が、盲唖教育に関する県の責任を果たしているという口実になったからである。しかし本校は、師範学校附属小学校の一部のままでは、予算上も盲唖児数の増加に大きな制約があり、小規模な盲唖学校では、児童定員も教員数も増員することはできず、施設・設備が貧弱であることを免れなかった。また、師範学校という枠組みでは、徳島県師範学校附属小学校の盲・唖別の二学級が最大限に可能な体制であり、通常は教員数の制約のために盲または聾唖のいずれかの部門しか開設できなかったであろう。

また、とくに盲生学級にあっては、附属小学校という初等学校に職業を学ぶために盲成人が通学する状況が長年続いたということは、初等学校としては尋常な風景であるはずはなく、それがまた、盲唖学校への就学の範囲を狭め、教育の質の向上を妨げる結果をも生んだと思われるからである。いずれの問題も、盲唖学校側の責任ではないのであるが。それゆえ、特別学級の名称も、「聾唖部」「盲唖部」を名乗ったり（高知と和歌山）、「附属訓盲所」（群馬）と称したりした。札幌と千葉は、独立学級を編制したかどうかは不明である。

以上の情報を補足するために明治四二年、小西信八・東京聾唖学校長が、文部省で開催された師範学校長会議におい

表 3-2-1　師範学校長に対する附属小学校における盲唖児教育調査（明治四二年）

		盲	聾唖	
対象児		群馬、千葉、三重	北海道、埼玉女子、群馬女子、宮城、岐阜、和歌山、徳島、高知、沖縄	
特別学級設置・専任教員		群馬、三重	北海道、埼玉女子、宮城、岐阜、和歌山、徳島、高知、沖縄	
普通児と教育を実施		千葉	群馬女子	
盲唖児は通学を喜ぶか		喜ばない	喜ぶ	
		沖縄	北海道、埼玉女子、群馬女子、宮城、岐阜、和歌山、徳島、高知	
普通児の盲唖児に対する態度		軽侮	同情	
		沖縄	北海道、埼玉女子、群馬女子、宮城、岐阜、和歌山、徳島、高知	
教育の結果		不良	良好	
		北海道・沖縄	埼玉女子、群馬女子、宮城、岐阜、和歌山、徳島、高知	
附属小学校における盲唖児教育の所見	1	教員が盲唖教育の知識を得て、盲唖児に教育を行う	北海道、埼玉女子、千葉、栃木、奈良、三重、静岡、静岡女子、岡山、高知、福井、沖縄	小学校での盲唖教育に賛成
	2	特別学級設置を希望	新潟、高知、山梨、山形女子（か）、島根、徳島、鹿児島	
	3	将来、特別学級を設置すべき	京都女子、神奈川、群馬女子、茨城女子	
	4	小学校で盲唖児教育を行うべき	大阪（天王寺）、埼玉、栃木女子	
	5	普通児とともに教育し、盲唖児に必要な指導	京都、千葉女子	
	6	専門の訓導がいれば盲唖教育を実施	新潟	
	7	盲唖学校附設は可	東京（豊島）、東京女子、長野、宮城、香川、愛媛、愛媛女子、福岡女子	盲唖学校での教育に賛成
	8	小学校での盲唖教育は不可能	大阪女子、長崎、三重女子、愛知第二、山形女子、広島女子、和歌山、佐賀	
	9	小学校での盲唖教育は別敷地	東京（青山）	
	10	盲唖教育の予定なし	滋賀	

出典：第五回全国盲唖教育大会報告（1915）。

て、附属小学校における盲唖児の教育の実態調査を文部省に依頼した調査項目と結果（表3－2－1）を参照してみたい。表中の表現は原文のままではない。

この表における特別学級を開設した師範学校名は、おおむね前述した特別学級調査と一致しているが、一部の師範学校特別学級については情報がない。また、短命の特別学級も含まれている。

各師範学校長が評価する盲唖児の特別学級の成果は、調査項目に関する限り、肯定的であることは歴然としている。しかし、その実体は微妙であろう。第一に盲唖児の教育方法はほぼ確立していて、成果もあることが明白であるのに、公的制度が存在しない教育分野について所見を求められる場合、教育研究の専門家である師範学校長としては、おおむね肯定的態度へと誘導されるであろう。したがって、教育が可能か否か、教育の成果はあるかないか、という設問には肯定的に回答しがちであろう。しかし、初等教育段階だけではなく、盲唖教育の最終目的と達成可能性を認識すると、回答内容は変化する可能性はある。また、附属小学校経営責任者である主事対象の調査であれば、結果が変化する可能性はある。ともかく、この調査は初等教育界の指導者で師範学校の責任者は、師範学校附属小学校を含めて、小学校における盲唖教育には必ずしも否定的ではなかったという程度の情報であろう。

(3) 発育不完全児の特別学級

この範疇に入る師範学校附属小学校は、福岡県女子師範学校の午前級三二名の劣等児、宮城県師範学校一三学級（劣等児学級）、東京高等師範学校特別学級、長野県師範学校補助学級、奈良女子高等師範学校であった。劣等児の特別学級の開設数がごくわずかであり、東京高等師範学校と奈良女子高等師範学校を除けば、教育的・社会的な必要性を考えれば、意外にも実に短命であった。

明治末期という時点では、低能児はともかく、劣等児の処遇問題は、就学免除対象である盲唖児の教育とは異なる初等教育界の重要課題であったはずであった[8]。このことは、全国ならびに地方の各種教育大会での議題で示すことができるし、後述する岐阜県内の劣等児をめぐる状況でも明瞭である。それにもかかわらず、師範学校附属小学校で劣等児の特別学級が編制されなかったのはなぜであろうか。

それを明確に示すことは困難であるが、以下のように整理できるだろう。そして、これらは相互に関連している。第一に、明治末期の劣等児問題は、「劣等」の意味を含めて、あまりに漠然とした指導問題だった。劣等児問題は、たしかに初等教育界の普遍的な課題ではあったが、劣等の発生に関係する変数が多様すぎた。しばしば指摘されたのは小学校教員の指導力であり、過大学級であり、劣等と鑑別する時期が安易で早すぎるし、劣等の医学的チェックもなかった（奚信生［一九〇七・一一］）。劣等の原因が、学級の児童数、教員の指導能力から児童の生育環境、身体状態まで多様すぎるために、特定の障害や明確な状態に焦点化した教育とは異なり、対処法が拡散してしまい、劣等児が増えてしまった。

第二は、劣等児に対する指導は、少なくとも常識的な対処法は、小学校で全体的に実施されていたように思われる

〔里村［一九一〇・八］七一頁〕[9]。たとえば、岐阜県師範附属小学校が作成した劣等児童救済法内規（後出）における劣等児の座席配置、指導内容の変更、児童との質問・応答の際の配慮、自習時の補助、各教科指導時の配慮、家庭との協力、放課後の特別教授、劣等児の自信・快状態の保持、愛情等は、個別性を考えた日常的な指導の典型例であろう（山梨県北巨摩郡塩崎小学校［一九〇九・八］も参照）。同時に明治末期は、それぞれの地方では、有力な校長や学校が、特色ある学級編制法を弾力的に展開し始めていた時期でもあり（小林［一九一二・五〜一九一二・六］）、詳細な総論的記事をまとめることができる教師も出てきた（な・ち生［一九〇六・一〇〜一九〇六・一二］）。

第三に、劣等児の指導法のうち、学級編制を伴う方法は、保護者からの反対だけでなく、教員の一致した同意を得ることが困難だったこともあって拡大しなかったと思われる（千幹［一九〇八・八］）。そしてこの問題は、児童の学力差や能力差を念頭においた新しい指導法（後述）において、対処できると考えられるようになる。

上記の明治四一年度に開設された附属小学校特別学級のうち、宮城県では一年限りで廃止になったのは、低能児童の実態、教育の方針と方法等、まさにあいまいさのためであったように思われる（宮城県の低能児童教育方針［一九〇八・二］）。

特別学級は新しい教育事業であり、その新奇性と教育的・社会的意義に感応する教師群を生み出すことは、これまでもあったし、後にも現れるが、奈良女子高等師範学校附属小学校もその一つである。特別学級に直接・間接的に関係した担任を含む教師をみれば、燦然たる顔ぶれである。担任の齋藤千榮治（一八七八―?）、齋藤諸平（一八八二―一九六七）、清水甚吾（一八八四―一九六〇）、池田小菊（一八九二―一九六七）等、そして主事には眞田幸憲、木下竹次（一八七二―一九四六）がいた（浅尾［一九六七・五］。高橋・荒川［一九八七・三］。松本［二〇一八・三］参照）。

ところで、特別学級が学則に規定されても、実際には開設されなかった例もある。岐阜県師範学校附属小学校の場合は、規定学級数として特別学級を数える規定となっている。明治四一年四月一日　岐阜県令第一八号[10]岐阜県師範学校学則第六三条において、児童数は七五〇人、学級数一二と規定されているが、「盲唖生徒及心身ノ発育不完全ナル児童ニ教育ヲ施ス為学級ヲ設クルトキハ其ノ生徒、児童並ニ学級ノ数ハ前項ノ制限外トス」としていた（岐阜県師範学校［一九〇九」七二頁）。

岐阜県では上記の対象児のうち、盲唖学級を設置する必要はなかった。岐阜県では、すでに明治二七年三月九日に岐阜聖公会訓盲院が開設されており、明治三九年には財団法人の経営となり、私立学校令による私立岐阜訓盲院として着実に発展していたからである。

それでは、発育不完全児の特別学級についてはどうだろうか。訓令第六号公布の前後の時期において、岐阜県内では、劣等児の教育問題が醸成されつつあった。『岐阜県教育雑誌』には、服部教一のドイツ報告が官報から転載されていた（服部［一九〇六・一一～一二］）。また、明治四〇年六月に開催された岐阜県教育会総会において、常議員会提出の討議題「劣等生救済の方法如何」では、白痴救済にも触れながら、劣等児に焦点を当てた対応法が熱心に議論されている。なお、討議に入る前の会員による十分間演説の最初の発表者は、学級教授の弊として劣等児童救済の方法に触れている（岐阜県教育会総会記事［一九〇七・七］一一、一九－二二頁）。それ以外にも、この時期の県内では、劣等児ないし低能児の教育や扱いが多く取り上げられている。

附属小学校の動きだけに焦点を絞ると、『岐阜県教育雑誌』明治四一年二月号は、附属小学校が作成し、数年前から実行してきたという劣等児救済法内規を掲載している（岐阜県師範学校附属小学校劣等児童救済法内規［一九〇八・二］）。また、校内研究会では、「低能児教育、盲唖教育、複式教授等にも」研究会をおいて研究しつつあったという（附属小学校近況［一九〇九・五］）。しかし、岐阜県師範学校附属小学校では、劣等児学級が開設されることはなかった。岐阜県女子師範学校が明治四四年度から、加納町に開設されることが関係しているのかもしれない。加納尋常高等小学校では、明治三八年から劣等児教育が行われており、本校が女子師範の代用附属小学校になり、「遅進児」学級も設置されるからである。

（二）明治四〇年前後の教育政策の優先順位

当時は、国の存続をかけた日清戦争における勝利と日露戦争で敗北しなかったことが国際的な劣等感を払拭した時代であり、紡績業を中心とする軽工業が発展し、軍事上の必要から重工業の基礎が築かれるようになりつつあった時代でもあった。一方で、国民所得が改善されるようになり、義務教育の就学率も飛躍的に向上するようになった。教育を受けることが生活の向上に繋がると理解されるようになり、児童期の一定期間、学校就学に専念する社会的慣習が確立し、教育期間が中等段階まで拡大しはじめていた。[12]

このような産業的・社会的な変化に対応するような学校体系の構築と内実化が、国の政策として進行することになった。明治後半期の重要な教育上の課題として、実業教育の振興・分化と階層化、就学促進策に対応した二部教授や貧困児童の特別教育、小学校の増設、中等学校の増設、高等学校の創設、公立小学校教員給与の改善、官立の専門学校や実業専門学校の創設と拡大、幼稚園制度の開始、義務教育六年制と授業料原則不徴収、官立の高等商業・工業学校の新設・再編、帝国大学の増設、公立の専門学校等が、教育政策へと連動していた。戦費捻出のために財源難が窮迫するなか、教育費は増加していたのである。[13]

また、明治三六年には文部省廃止論が生じたように、文部省の立場は政府内において強固なものではなかった。それゆえ、新たに県の負担が増える教育政策は内務省が反対し、採用は困難であった。盲唖教育令の公布遅延はまさに県の負担増加を嫌う内務省・大蔵省の反対によるためだったと考えられる（小西［一九〇五・四］四七頁）。日露戦争の前後には、教育費の削減圧力があり、新規の教育事業は中止になったし（時局と教育［一九〇四・九］）、盲唖学校創設にも影響したのである（たとえば、福岡県立福岡盲学校［一九八〇］一五頁）。大正期になって、教育費削減の圧力は、ますます高まるばかりであった（泰仙［一九一三・一］）。このような状況において、文部省が採用できる教育政策は限定されていたはずである。

五．明治四〇年文部省訓令第六号の政策的再評価

（一）師範学校附属小学校特別学級の成果と文部省訓令第六号

最後に、明治末期から大正期における師範学校附属小学校特別学級の成果と、それが一般化されなかった制約につい

てまとめることとする。

特別学級の短命の理由は、制度上の問題と特別学級設置自体の問題に分けることができる。そもそも特別学級は、内務省系統の県当局から設置を示唆されることは期待できないから、師範学校長、とくに附属学校主事のイニシアティブによる企画であった。師範学校長の在職期間は短く、主事の在任期間も一般に長くはなかった。したがって、特別学級について長期的な経営方針を立てることはできないし、校長や主事が転任すれば方針も変わる。また、特別学級担任に進んで就こうとする教員は、各県初等教育のセンターである附属小学校には多くはなかったであろう。さらに、特別学級は永続的な制度ではなかったし、教生実習と実験学校という師範学校附属小学校の制約があった。

特別学級が短命だった別の理由は、劣等の多義性とあいまいさ、原因の多元性・多様性も大きかった。それゆえ、劣等の理解と対処の仕方は教員によって異なり、エネルギーは分散する。その結果、劣等児問題の所在はうやむやになる。かくして、初等教育界で劣等児問題に再度、焦点が当たるのは、別の要素が必要となる。一つは、多様な能力に対応できる分団教授の精緻化やドルトン法等の登場、第二は、中等学校への進学熱のような学力向上を保護者が要求する教育的・社会的状況、第三に、重度（低能）と軽度を区分できるような劣等状態の科学的分類による指導対象の焦点化である。その時代は、初等教育界全体でいえば大正末期であり、師範学校附属小学校に特別学級編制の時代が再び到来することになる。そして、通常の小学校でも、劣等児教育で著名な小学校が登場することになる。

第二に、特別学級の成果の評価は、学校、あるいは障害・問題ごとに異なる。盲唖についていえば、師範学校附属小学校の盲唖部は、元来、県が設置すべき盲学校・聾唖学校の代替か、その一時的な継承機関であった。各県において盲唖の特別学級が空白を埋めたという意味では、重要な貢献があったことは評価されてよい。しかし、盲唖部存続の時間的な長さと経営・実践・教育の質とから考えた場合、盲唖の特別学級に関する評価は簡単ではない。既に述べたように、盲唖の特別学級が、初等教育機関にはそぐわない職業教育機能を必要とし、初等学校内で盲成人や年長の聾唖者を教育したりするのは、あまりに便宜的過ぎた。限られた予算で運営される師範学校内では、盲唖部の教育的必要に対応した発展が阻害され、児童生徒数が少数のまま、貧弱な小規模機関であり続けたことは否めない。

問題は、児童生徒に限らない。教員は、他校への転出の流動性に欠けるうえに、附属小学校の他教員との交流は乏しく、校内で孤立しがちであり、他県の盲唖教育教員との交流や研修の機会もなかったであろう。徳島県師範学校における盲唖部の貧弱な設備や教材（杉浦［一九五四・一］六九頁）は、当時の盲唖学校全体に共通する問題だった。責任の所在の判断は難しいが、とくに盲唖部の場合、附属小学校附設は目的ではなく盲唖教育普及の手段のはずであったから、附設段階から県立の独立校への発展の在り方が設定されるべきであった。たしかに、徳島県は、師範学校附属小学校盲唖部に長い間、頼りすぎたのである。

師範学校附属小学校の劣等児教育においては、率先して特別学級を経営した教師のなかに、本来の専門ではないはずの劣等児教育や低能児教育においても有能さを遺憾なく発揮した教師が生まれたことは、初等教育界の質の高さを例証したものである。指導上の創意工夫が教育雑誌で発表されることで[14]、それなりの貢献をしたと思われる。しかし制度上は、いささか問題があった。それは、東京高等師範学校附属小学校特別学校が明治四五年三月三一日に二学級編制になって補助学級になった以外は、ほとんどの附属小学校特別学級は一学級体制であり、したがって専任教員は一名で、職業教育担当教員が追加される程度であった。

こうして、盲唖学級の場合、文部省にとって訓令六号は、盲唖教育界をはじめ、教育界による盲唖教育令公布の圧力を弱める障壁になったし、実際に特別学級が開設された県では、やや変則的ではあるが、前例のない形態において県立盲唖学校を設置しているという口実になったであろう。また、県当局にとっては、独立した県立盲唖学校の創設を最初から実現するのは不可能であるものの、県教育会附属として数年間、運営してその成果を顕示し、その後に県立移管することを計画していたものと思われる。和歌山県では、商業・工業学校においてその先例があったからである。

その一方で、劣等児特別学級については、少数・短命であったこと、劣等の多義性・多元性により、その効果を十分に発揮できなかったが、東京高等師範学校附属小学校特別学級である補助学級のように、初等教育界で最も読者が多かったといわれる（柳田［一九二一・三］八八頁）附属小学校初等教育研究会機関誌『教育研究』での発表を通じて、日本の劣等児・低能児教育のセンターとして役割を発揮し続ける成果にも繋がったのである（もっとも、柳田謙十郎はこの雑誌に高い評価を与えていない）。

改めて文部省訓令第六号の評価を試みれば、明治末期において日露戦争後の「戦後経営」としての教育課題や財源難という時代の制約や条件のなかで、文部省が可能であったのは県師範学校に特別学級の開設を希望することであり、むしろ開設希望を出したところに、文部省内に特殊教育への関心をもつ官僚がいたことを示す。こうしてみると訓令第六号は、困難な状況のなかでその時点で文部省として可能な範囲での法的アクションであり、盲・聾唖そして劣等・低能にまで広がる障害児等の学校教育の着手へと初等教育界を動かす契機を作ったと見ることができる。また、さまざまな制約があるなかで、特別学級を開設し、維持することを決断した師範学校側の判断と、県知事・県学務官僚の理解こそ評価すべきであろう。

（二）明治四〇年代の文部省の劣等児・学齢障害児調査と政策的意義

しかしながら、文部省訓令第六号は、それ単独で理解され、評価されるべきではない。戸崎はすでにこれ以降の文部省の動きを長野県の資料を中心に指摘しているが（戸崎［二〇〇〇］三五―三八頁）、この調査や調査委員会の設置等を含めて、文部省の施策における以下のような活動間には、有機的な関連があったと考えられる。

四〇年四月一七日　師範学校附属小学校特別学級編制に関する文部省訓令第六号
四一年五月　第二回小学校教員全国会議で、帝国教育会、発育不完全児の特別学級の設置と編制を提案
四一年一〇月二七日　文部省普通学務局長、劣等児取扱方法の全国調査（発普四三二号）
四二年五月　文部省、第七回全国連合教育会に対し、優劣児の学級編制および座席の配置について諮問

四四年一〇月二五日　文部省普通学務局長、学齢障害児の全国調査（発普五〇六号）
四〇年一月　帝国教育会、訓盲と教唖の調査部を設置し、訓盲教唖の具体策を検討
四二年三月　訓盲教唖の方策について成案
四四年一〇月一〇日　文部省、盲唖其他特殊児童教育取調委員会第一回会議

文部省は、長野県の照会（第二章第三節参照）に触発された可能性はあるが、明治四〇年文部省訓令第六号以降に、劣等児教育の実態に関する全国調査を行っている（岩手県教育委員会［一九八一b］七七八、七八〇、七八三－七八五頁。戸崎［二〇〇〇］三五－三六頁。岐阜県教育委員会［二〇〇三a］四七八頁）。岩手県では、明治四一年一〇月二七日発普四三二号として、文部省普通学務局長による劣等児取扱方法に関する調査実施依頼が、知事宛に通牒されている（劣等児取扱方法ニ関シ回報ノ件［一九〇八・一二・一九］）。この調査は、明治四〇年訓令第六号の延長線上にあると考えられる。調査項目は以下のとおりである（戸崎［二〇〇〇］三六頁も参照）。

1．特別学級の設置趣旨、2．劣等児童の識別方法、3．編制法、4．教員配置、5．学年別児童数、6．年齢、7．他の教授との関係、8．学校医との関係、9．開始以来の成績、10．児童と保護者の反応、11．その他参考となる事項

さらに、明治四一年の文部省調査は、同年五月に開催された帝国教育会主催第二回小学校教員全国会議における発育不完全児対象の特別学級設置の可否と編制に関する帝国教育会提案（第六章第三節参照）、明治四二年五月開催の第七回全国連合教育会における優劣児の存在を前提とした学級編制および座席の配置に関する文部省諮問事項（第七回全国連合教育会［一九〇九・六］。会務雑事［一九〇九・七］。第六章第三節参照）と連動しているのは明らかである。当時の帝国教

育会の会長は辻新次であり、文部省と密接な連絡のうえでの帝国教育会提案であろう。

その後、明治四四年一〇月二五日、文部省普通学務局長により、岩手県知事宛で学齢児童について調査（発普五〇六号）を行っている（学齢児童ニ関シ調査回答ノ件［一九一二・一・九］）。この調査も、全国調査の一環である（藤岡［一九一一・一二］四頁。戸崎［二〇〇〇］三六－三七頁。岐阜県教育委員会［二〇〇三a］四七九頁）。文部省からの調査依頼事項は、以下の三項目である。

1．学齢児の就学義務猶予・免除者の事由別数（身体不具からは、盲・聾唖を除いた身体不具のみ）

2．公私立小学校（師範学校附属小学校を含む）児童中の低能児童数

低能欄には、精神発達が著しく不十分で、二回以上進級できないような、教育上特別な取扱を要する児童を記載

身体不具欄　盲唖を除く身体不具のため教育上特別な取扱を要する児童

3．低能児童だけの特別学級編制を実施していれば、別表に記載

岩手県からの文部省宛回答には、つぎの四点からなる興味深い資料が添付されている（乙と取扱の二点については、岩手県教育委員会［一九八一b］七八三－七八五頁に所収）。

甲号表　就学義務猶予・免除者の事由別数（明治四四年四月一日現在）

乙号表　県内小学校における学年・男女別就学者数（明治四四年一〇月一日現在）

丙号表　県師範学校附属小学校における低能児取扱（明治四四年一〇月一日現在）

丁号表　低能児の取扱を行っている県内小学校とその方法（明治四四年一〇月一日現在）

また、明治四四年一〇月一日現在の岩手県小学校在学児童に関する学年別・男女別の心身障害について、各郡からの報告を集約した乙号表を整理したのが表3-2-2であり、表のような障害児が在籍していた（岩手県教育委員会［一九八一b］七八三-七八四頁）。この数は、明治四四年尋常小学校在籍者数の三・七三％に、高等小学校では一・二％に相当する（巖手県［一九一六］二、二〇頁）。

なお、各障害に共通しているのは、学年進行とともにこれらの障害児の在籍数が減少することであり、尋常小学校一年の障害児を一〇〇とすると、尋常小学校二年で九一、三年七六、四年六四、五年五五、六年三六、高等小学校一年一〇、高等科二年生は三に減少する。

表 3-2-2　岩手県内学校在籍の障害児

障害	総数		在籍児童の最高学年
	男	女	
低能	1778	1440	高等小学校 2 年 15（男子のみ）
白痴	48	12	尋常小学校 5 年 5（男子のみ）
癲癇	18	12	高等小学校 2 年 2（男子のみ）
身体不具＊	171	106	高等小学校 2 年男 5、女 2

＊盲・啞を除く

岩手県の小学校で実際に就学している障害児等のうち、最も多いのが低能児であるが、男児では在籍障害児童全体の八八％、女児では九二％を占めており、しかも、一般の在籍の男女数ほどの顕著な差はなく、上級に進むに従って在籍者数を減じながらも、高等小学校まで在籍していた。これを、全国と東京市、岩手県について整理したのが、表3-2-3である。全国調査は明治四四年の文部省調査の結果であり、東京市の数値は、東京市に設置された尋常小学校在籍の低能児に関する調査会（後述）の調査結果である。乙竹は委員の一員であった。なお、全体の調査を通して、低能児とは、精神発達の遅れのため進級が連続して二年できなかった児童を指している。乙竹はこの基準をドイツに倣って設定したとしているが（乙竹［一九一二b］二九九頁）、アメリカ東部州の公立学校でも同じ基準を用いていたし、知能検査が利用される前の時期であったから、常識的な判断であったものと思われる。しかし、回答者側の受け取り方はさまざまであったようで、白痴や低能が該当なしの小学校もあれば、十数名と回答した小学校もあったという（藤岡［一九一一・一二］五頁）。明治四四年の文部省照会の「低能」定義に釈然としなかった藤岡は、三宅鑛一を訪ねて直接指導をうけているが、さすがに三宅は、白痴・痴愚・魯鈍という区分

表 3-2-3　全国・東京市・岩手県の小学校在籍の低能児数

		尋常科						高等科			合計
	学年	1	2	3	4	5	6	1	2	3	
全国	男	15,214	13,038	12,150	11,017	9,766	7,044	2,330	947	114	71,720
	女	13,014	11,185	10,563	9,463	8,031	5,571	937	368	52	59,184
東京市	男	168	91	74	55	45	12	調査せず	445		
	女	152	53	52	42	40	14		355		
岩手県	男	409	347	318	254	226	156	15	0	0	1,778
	女	310	335	256	227	184	114	0	0	0	1,440

出典：乙竹（1912 b）339-348 頁。岩手県教育委員会（1981b）783-784 頁。

を示し、白痴以外が低能であろうとしている。藤岡の三宅訪問が明治四四年であり、アメリカの教育心理学者、ヘンリー・H・ゴダード（Henry H. Goddard　一八六六－一九五七）が魯鈍（moron）区分を提案したのがその前年（一九一〇年）だった。なお、低能児教育の権威とされた乙竹の特徴は、情報がドイツ由来と机上学にあった。それゆえ、アメリカ情報の入手が遅れたし、低能児教育では、指導内容では重要事項の選択、方法では「能く理解し得る様に反復丁寧に繰り返へ」す（乙竹［一九一二・四b］五頁）程度を越えることができず、制度上の知見の輸入に留まっていたのである。

全国および東京市の調査でも全体として岩手県の調査結果と類似しており、学年進行にしたがって低能児の在籍が減少しているが、異なる点がいくつかある。一つは、全国の結果では、男女差が尋常科第六学年から大きくなり、高等科ではさらに顕著となることである。もう一つは、東京市の小学校では、低能児の在籍が尋常科低学年で大きな割合を占めていることである。全国および岩手県では全体の二割強であるのに対し、東京市では四割前後となっている。

この低能児の在籍の事実は、当時においては、在籍が座席の場の確保に過ぎなかった可能性もあるが、保護者の学校教育への何らかの期待を示唆しているし、教育行政は学校への就学を奨励しているのであるから、将来においても低能児が通学をやめる可能性は低かったであろう。まして、「身体不具」児童の場合は、保護者と児童の就学と通学の継続に対する意欲が相当存在していたことが推測できる。しかし、低能児に限っていえば、在籍していても、彼らに適切な教育を提供する可能性があった特別学級は、全国でわずか二〇～三〇校に四〇～五〇学級程度であったと推測されている（戸崎［二〇〇〇］三八頁）。

これらの調査や教育会活動から理解できることは、文部省が、就学猶予・免除の障害別数と実際に小学校に在籍している障害児の障害別数を調査することによって、つぎの段階として総合的な政策を模索していたことである。この政策には、白痴のような障害児の一部は学校教育の対象としないことを含んでいたと推測される。明治四一年の調査は劣等児を対象としており、四四年調査の主な目的は、実際の在籍数と対応の調査から、低能児であったとみられる。

貧窮児は、岩手県の調査では、就学猶予と免除を通じて最大集団であったが、この児童群の解決は文部省の政策だけでは困難であるから、就学援助と子守学級あるいは貧児学校を模索していたと考えられる。そこで、就学免除児のうち制度化する方向が関係者間で一致していたとみられる盲・聾唖児については、明治四〇年一月に帝国教育会は訓盲と教唖の調査部を設置して、具体策を検討し、四二年三月には成案を得ていた（第四章第二節参照）。

文部省は、明治四四年一〇月一〇日、盲唖其他特殊児童教育取調委員会の第一回会議を開催した。委員は下記のとおり、それぞれの分野の代表的人物が任命された。

委員長　田所美治・普通学務局長
委員　建部・文部参事官、中川・内務書記官、小西・文部視学官、服部教一・文部視学官、槇山栄次・文部視学官、町田則文・東京盲学校長、小西信八・東京聾唖学校長
戸野・東京市教育課長、乙竹岩造・東京高等師範学校教授、藤井利誉・東京女子高等師範学校附属小学校主事

調査事項は以下のとおりであった（特殊教育調査会［一九一一・一〇］。戸崎［二〇〇〇］三七頁）。

盲唖その他の特殊教育に最も適切な実施と教育の方法等を調査する
調査は、盲唖児童より着手し、低能・白痴・てんかん等の児童に拡大する

国内外の盲唖その他の特殊教育の調査を行う
文部省に提出された特殊教育に関連する議論や意見を調査する
孤児・不良児等の不就学児童の教育を調査する

以上の事項において盲唖教育から着手予定とあるように、特殊教育分野内で政策立案の優先順位を設定しており、その後、低能・白痴・てんかん、孤児・不良児等に拡大する意向をもっていたことが明らかである（これら、すべてを学校教育の対象とすることを意味したわけではないと思われる）。

ところで、盲唖教育の現状に関する文部省の問題意識はどのようなものであったのだろうか。普通学務局長・田所美治（一八七一－一九五〇）は、内務省から官僚のキャリアを始めたが、文部省に移籍した若い時代から入学式等の行事の際に、上司と同道して東京盲唖学校を訪問しており、また、職務上、全国の状況も把握していた。田所は、上記の調査委員会の設置に関連して、盲唖教育を含む日本の特殊教育の水準について率直な評価を述べている。田所は、盲唖教育の現状について、公立校の少なさ、未設置県の多さ、経営基盤の脆弱、学齢盲唖児就学率の低さ、欧米先進国と比べて盲唖教育の義務教育制度の対象外を列挙し、盲唖教育以外の低能児や白痴等の特殊教育の不振にも言及して、盲唖教育令を公布し、少なくとも各県に一校の盲唖学校の設置と低能児等の教育への着手を課題としていた（田所普通学務局長談［一九一一・一〇］、特殊教育の調査［一九一一・一〇］）。そして実際にその一環と思われるが、低能児等教育の実態も調査している（特殊児童教育［一九一二・五］）。また、低能児教育について、就学児童の二割に達するとして、一定の方針の策定が必要であると考えていた（低能児教育方針［一九一六・一一］）。なお田所は、貴族院議員として大正末期における口話法運動の主要な担い手となる。

こうして明治末期には、文部省は、劣等児と低能児の教育改善を検討しはじめていたと考えられるが（明治四五年には東京市の低能児特別教育調査会に文部省視学官が参加）、少なくとも岩手県に限っては、その指導は、放課後（一部で始業前）の指導や座席の配置等の工夫に過ぎず、教員や経費の増加を伴う何らかの制度化は困難であることを認識したであろう。しかし、この予備的な段階があって初めて、文部省は、大正後半期における劣等児・低能児教育政策が始動できたのである。

第三節　盲唖教育における東京盲学校および東京聾唖学校の分離と先導

一．東京盲学校および東京聾唖学校の分離とその意義

東京盲唖学校において、盲唖分離は楽善会訓盲唖院としての開設当初から認識されていた課題であった。明治一三年六月一日の記述に、聾唖および盲教育を先導した国の経緯が明記され、盲唖教育を同じ校地・学校で実施している先例はなく、盲唖学校という形態は、経済的理由による「全く便宜の処置」であって、教育的・科学的な根拠はなく、盲唖併置は、教育上有害であるというのである（東京盲学校［一九三五］一〇六－一〇七頁）。

東京盲唖学校は当初盲学校・楽善会訓盲院として出発したが、明治一三年六月に聾唖児を受け入れた。本校に先行する京都盲唖院の出発は瘖唖教場であったが、明治一〇年には盲児を受け入れている。巻末の別表によれば、これが最も古い盲唖教育の例となるが、学校として創設する計画では、明治八年の遠山憲美の「盲唖訓聾設立ヲ促ス建議意見書」[15]では盲唖二院構想であるが、古河太四郎の教育計画では盲唖生となっている（盲聾教育開学百周年記念実行委員会編集部［一九七八］二七－三〇頁）。この古河の例が、日本の「盲唖学校」の先例になったことになる。その後、明治一二年創設の大阪府立模範盲唖学校、一三年創設の金沢盲唖院は、先例に範を求めたのであろう。なお、鍼治業盲人中心の学校計画では、ほとんどが盲学校である。これに対して、聾唖児対象の学校設立計画は明治期では限られており、明治二七年の秋吉基治による熊本聾唖学校（第四章で後述）、明治三一年の拾石訓唖義塾、明治三五年の宮城県師範学校附属小学校唖生部（三九年に私立仙台唖人学堂）、明治三七年の延岡聾唖私塾、明治四二年、和歌山県師範学校附属小学校唖生部だ

けである。また、この五校のうち、聾唖児だけの学校として存続した学校は一例もない。
盲唖併置の教育上の不都合はその後も主張されるが、併置校が存続する理由は、明治一三年の指摘において言い尽くされている。日本の盲・聾唖教育においては、まさに後進性の残滓を大戦前まで解消できなかったのである。

二．東京盲学校および東京聾唖学校の先導

(一) 町田則文の主導による盲教育雑誌の定期刊行および全国組織の結成と盲教育学の方法的限界

日本の盲唖学校が古河太四郎の創意に始まり、小西信八、そして地方における盲唖学校創設運動の先駆者の時代から、組織としての盲唖学校改善運動と盲唖学校の全国的な拡大に移行するのは、明治四〇年代からである。活動基盤における組織と全国という二つの条件を満たすのは、明治四〇年の第一回日本盲唖学校教員会であった。この会は、明治四四年の第三回以降、全国盲唖教育大会と称されるようになる。

京都盲唖院は、東京盲唖学校とともに、日本の盲唖教育の普及に貢献したが、唯一の官立盲唖学校としての東京盲唖学校の影響力は、比較にならなかった。たとえば、大正一四年の予算額では、東京盲学校の予算額は六万六九五四円、京都市立盲学校は二万一五五四円、教員数では東京盲学校が専任一四名、嘱託二四名、京都市立盲学校の教員が一四名、生徒数では東京盲学校が一九九名、京都市立盲学校が一一四名だった(東京盲学校［一九二五］一二一－一二三、一三五、一四〇頁。文部省普通学務局［一九二五］一二頁)。二校におけるこの違いは、これらの数値を遙かに超えていた。それは、東京盲学校が、日本唯一の幼稚園(昭和二年九月開設)から教員養成機関・教員練習科(明治三六年設置)まで全体系を整備していたこともあるが、影響力の確立と拡大の功績が、校長・小西信八を源泉とし、後継者・町田則文にあることには、誰しも異論はないであろう(むろん、間接的には中央集権体制と官公立における序列が反映している)。

小西の持論であった盲唖分離が実現して、明治四二年に東京盲学校が創設され、教育学者・町田則文がその初代校長となり、在職期間は、明治四三年六月三日から昭和四年三月六日までの一九年間に及ぶ。この間、官立盲唖学校として

の有利さを存分に生かして皇室および社会上層の支持を継続し、盲学校の全国組織化と盲教育雑誌の定期刊行により、盲学校の制度化と国内外の盲教育情報の共有に努めた。さまざまな時代の制約のなかで、小西や全国盲学校関係者の期待に十二分に応えたといえよう。

町田は、明治一一年七月、東京師範学校中学師範学科を卒業しており、小西の先輩に当たる。業績と経歴では、日本を代表する教育学者の一人であり、明治二五年一一月から二九年五月まで東京高等師範学校附属小学校主事を務めた。茨城県中学校教諭・校長、愛媛県と埼玉県の師範学校長、女子高等師範学校教授、台湾総督府国語学校長[16]を歴任した。また、研究者として晩年まで勉学を怠らず、まさに篤学者の名にふさわしく[17]、同時に、教育者としての責務も十分に果たした。しかし、四人の子息は早世しており、私的には順風満帆というわけにはいかなった(町田則文先生謝恩事業会[一九三四]一－七頁、年譜)。

町田は、公的には全国盲教育会議の定例化に努力し、また、明治四四年七月に開催された第三回全国盲唖大会出席者の要望に応えて、四五年五月、念願の盲教育専門雑誌、『内外盲人教育』第一巻春号を季刊誌として創刊し、大正九年一〇月まで三五号を刊行した。大正五年六月からは、文部省の刊行助成を受けていることは、実績と効用が認められたといえよう(町田[一九一二・四]七頁)。

しかし刊行の趣旨は、関係者によってやや意図がずれている。町田は外国の盲教育の著書翻訳といい(町田[一九一二・五]一頁)、大分盲唖学校の森清克は教育における教育会雑誌を想定して、知識交流の場や盲教育が進むべき方向性を探り、日本の盲教育の発展を目ざすと考え(森[一九一二・一一])、岐阜訓盲院の森巻耳は両者の中間を期待しているからである(森[一九一一・五])。結果として、町田の編集方針が中心となり、外国情報、それも翻訳の情報が多く、森清克の希望も部分的に満たされてはいるが、決定的に欠如しているのは実践性だった。これを補おうとしたのが、大正一四年五月結成の「日本盲教育同志倶楽部」だった(第八章参照)。なお、研究実践上の交流の場として、大正一〇年七月からは帝国盲教育会総会が開催され、機関誌『帝国盲教育』創刊号は同年四月に刊行された。

町田の輸入学的文献学者としての特長は、弱点でもあった。彼の努力が、既成教育学の踏襲による外国情報を基準とする盲教育学の構築努力に注がれたことは、『内外盲人教育』『帝国盲教育』の紙面構成と彼の執筆内容をみれば一目瞭然である。ドイツ・オーストリアを主とする盲学校教育の翻訳であり、巻頭口絵には、欧米盲学校の写真が飾られる。町田の意図は、これを灯台として日本の盲教育の目標を提示したものと思われる。彼の盲教育の成果には方法的限界があったことは歴然としている。東京盲学校にせっかく盲幼稚園を設置しながら、大正九年、「盲児童の観察」(町田［一九二〇・六］)を文献的に著すのみで、実地に研究する方向に向かうことはなかった。もっとも、盲幼稚園の開設(第八章参照)は彼の晩年にあたり、病気がちの時期ではあった。こうして、日本聾唖教育会『聾唖教育』は『帝国盲教育』と比較して、「外国の翻訳紹介は少なく、一歩一歩着実に試みられるつ〻ある研究」が多いとの評価に基づけば(丸川［一九二九］一五二頁)、この表現の逆の評価が『帝国盲教育』にあてはまることになる。

(二)「失明児を有せらる〻父母並に盲学校教員の心得」(大正元年一二月)

町田の初期の功績のなかで、大正元年一二月に発表された「失明児を有せらる〻父母並に盲学校教員の心得」は、主に家庭における親の養育上の指針と盲学校教育の社会的・教育的意義を明示した文書であり、一二月六日に広く配布された(東京盲学校［一九一六］一〇、九〇頁と九一頁の間)。官立東京盲学校という日本の盲教育センターが頒布したという点でも、重要な意義がある。

かつて明治四年に山尾庸三の盲唖学校設立建白書が、良民としての自立が教育によって可能であることについて、主に社会の必要性から述べたのに対して、大正元年の「心得」は、明治末期という時点での国内外の盲教育の成果と具体的課題を反映した画期的文書であった。「心得」は、明治三〇年代以降からの盲学校の増加、官立東京盲学校の分離・独立、盲唖教育令が公布間近という時期に発表されたことからも重要である。すなわち、明治期の揺籃期を経て、盲学校経営と実践の蓄積を経たうえで、全国的に発展しつつある日本盲教育の方向性を示したといってよい。

「心得」前文では、盲児は親の愛情と心配を受けるべき対象であり、教育と訓練によって社会的存在として幸福になり、有用になりうるが、教育と訓練が欠ければ、盲児本人も不幸であり、生涯において他人の「厄介者」になることを警告している。

「心得」の基本的観点は、盲児が晴眼児と同等に発達し得るが、特別な必要性があることである。一六項目では、早期からの心身の積極的で自発的な活動と玩具等の環境整備、身辺処理の自立、活動性の向上、身体的健康への注意、感覚刺激の重視、精神的自立心、情緒的安定、盲学校への学齢での入学、後に心理学でブラインディズム（blindism）と称されるようになる盲児特有の習癖行動の抑止が目ざされることになる。

たしかに、「心得」一六項目の内容は画期的ではあった。しかし、部分的には経験的に知悉している内容はあっただろうが、そのほとんどは、実際に実践的に開発した結果ではなく、外来情報に依拠していると思われる。とりわけ、早期から晴眼児と同じ活動を晴眼児とともにさせるという発想は、自前で得たわけではないし、体系的な養育の内容を構築できたわけでもない。東京盲学校蔵書にあるアメリカのサミュエル・ハウからの流用であろう。

なお、大正版心得は、三〇年後の昭和七年四月、幾分改訂されて発表されることになる（第八章）。

（三）東京聾啞学校と小西信八

小西信八校長については、すでに各章の関係箇所で記述したので、重複は避ける。要約的に述べれば、明治三六年の教員養成課程「教員練習科」の設置、明治四二年四月一六日、直轄諸学校官制改正による東京盲学校の設置、四三年四月一日、東京聾啞学校長に任命、四三年一一月一五日、東京聾啞学校規程の制定である。教員練習科の設置意義は別に述べたが、発足当初は、盲啞学校数が少なく、練習科修了生の就職は楽観できなかったという。また、東京盲学校の設置により、盲・聾分離が実現し、東京聾啞学校は四三年に誕生し、東京盲学校は新設移転した。東京聾啞学校規程の意義は、初めて文部省令第三〇号として示されたことで、聾啞教育の基準が法令の裏づけを得たという意味で重要だった。

内容的には同じであっても、たとえば聾唖学校の目的が、これ以降、全国の聾唖学校の基準となったのである（東京聾唖学校［一九三五］二六四頁以下参照）。このほかに、大正二年一一月一日には、東京聾唖学校で「聾唖倶楽部」が結成され、「全国聾唖者の大同団結をなし、兼ねて知徳を研き職業に励み、幸福に致す」ことを趣旨とし、将来の構想は全国の本部になることだった。部長は小西が務めた。

第四章　大正一二年盲学校及聾唖学校令による特殊教育制度の成立と実施の遅延

——明治三〇年代（一九〇〇年代）〜大正時代末期（一九二〇年代前半）

社会の動き

大正デモクラシーという時代相は確実に特殊教育にも反映したが、大正デモクラシーと特殊教育の関係は第六章で取り上げることとして、本章では、大正一二年の盲学校及聾唖学校令に焦点を当てて検討することとする。関係者待望の盲学校及聾唖学校令の公布が、期待よりも大幅に遅れて、大正一二年八月に実現した。この法律は、現在に至るまで、障害児の学校教育制度の骨格を築くことになっているという意味で、日本最初の特殊教育法であるという以上の意義をもつ。一つは教育目的において義務教育と障害対応の教育という二重性を備えた。第二は、教育の内容と方法の相違を理由とする分離的制度で、自宅と一般の児童生徒から離れた学校で教育をうける形態であり、寄宿制でかなりの期間、生活する児童生徒も多い。第三に学級サイズは小さく、学校全体でも通常の学校よりは規模が小さく、親和的な学習・生活空間である。第四に、学校の設置義務は道府県が負い、自宅のある地域社会とは離れている。

この法律の画期的な特長だった盲学校と聾唖学校の県設置義務および盲学校と聾唖学校の分離は、付則において七年間の猶予期間があり、代用校制度も認められていた。また就学義務は課されなかった。しかし、盲児と聾唖児の教育は、紛れもなく学校教育に昇格することになったために、関係者において自信と士気を高めることになったし、就学免除制度の合法性も揺らぐことになった。また、この法律には直接関連はないが、同じ時期に聾唖教育において聾唖児の言語指導法は、手話法から口話法へ転換することになるが、十分な検討を経ることなく、聾唖教育を革新するものとして官民一体となって促進された。他の分野でもよく観察されるが、特殊教育には全体主義的な傾向があり、聾唖教育界は、ほぼ口話法一色になったうえに、手話法学校は孤立を強いられた。しかし口話法は、実際には聾唖教育を革新する特効性をもっていなかったのである。

第一節　盲人のイニシアティブと
広範な社会的支持基盤による私立盲唖学校の増設と経営困難

岡　典子・中村満紀男

一．全国各地における私立盲唖学校の増設およびその背景と類型

大正一二年までに盲唖学校および児童の数の推移を概観するために、明治四〇年および大正三年の数値を示したのが、表4-1-1である。対照のために、盲唖学校急増期に入りつつあった明治三四年時点の情報（表2-2-1）を加えてある。明治二〇年代までは少数で増加が緩慢だった盲唖学校は、三〇年代には、創設運動の数と創設運動の担い手は多様化してくる。なかでも、盲人が創設運動の主要な担い手となるが、その類型化は単純ではない。その理由は、明治三〇年代に盲唖学校創設運動が増加した背景が複合的であるためであり、その背景によって、担い手も異なってくるからである。明治三〇年代に盲唖学校創設の動きが急増した理由のうち、最初の四つは、盲学校・盲教育に関連している。しかし、盲唖学校形態をとる場合が多かったから、盲学校の増加理由は、間接的に聾唖教育の機会増加につながる。

第一の理由は、盲唖学校の教育成果に対する社会的評価が肯定的になったことであろう。明治三六年三月に東京盲唖学校に教員練習科が設置されたり、盲唖教育令の公布が近いという情報が流れた状況があったことを考えると、盲唖学校の存在意義は、社会的・教育的観点からみて不動のものになりつつあり、少なくとも盲唖学校・盲唖教育は、もはや実験段階ではないという評価は確立しつつあったものと思われる。

第二に、鍼按灸の営業資格の取得方法の変化である。伝統的には、徒弟制度により、親方のもとで奉公しながら鍼按灸の知識と技術を身につける方法が採用されてきた。しかし、「人体の構造と主要器官の機能」あるいは「消毒法の大意」のような鍼按灸に直結する内容の理解と知識は、徒弟制度よりも学校教育のほうがはるかに正確で、習得しやすい。

表 4-1-1　盲学校数と生徒数（明治 34 ～大正 11 年）

地方	明治 34 年		明治 40 年 12 月			大正 3 年 10 月		大正 11 年 11 月	
	校名	生徒数	校名	生徒数 盲	生徒数 聾唖	校名	生徒数(男/女)	校名	生徒数(男/女)
北海道			小樽盲唖学校	6	12	小樽盲唖学校	13/5	小樽盲唖学校	14/4
	北盲学校	8						旭川盲唖学校	11/7
	函館訓盲院	16	函館盲唖院	3	11	函館訓盲院	7/8	函館訓盲院	5/1
東北地方						東奥盲人学校	17/8	東奥盲人学校	報告なし
			米沢盲学校	17	-	米沢盲学校	17/9	米沢盲学校	13
			磐城訓盲院	15	-	磐城訓盲院	18/0	磐城訓盲院	22/8
						郡山訓盲学校	11/3	郡山訓盲学校	15/4
						置賜盲学校	8/4		
								山形盲学校	15/9
								荘内盲人教育会	8/1
						岩手盲唖学校	14/2	岩手盲唖学校	27/10
						会津訓盲院	8/4	会津訓盲院	14/5
						秋田県立盲唖学校	15/4	秋田県立盲唖学校	15/3
						羽陽鍼灸按講習所	16/9		
			仙台唖人学堂		6				
			東北盲人学校	7	-				
						宮城県立盲唖学校	10/2	宮城県立盲唖学校	34/17
	福島訓盲学校	17	福島訓盲学校	28	-	福島訓盲学校	28/5	福島訓盲学校	27/8
関東地方	東京盲唖学校	62	東京盲唖学校	107	217	東京盲学校	143/44	東京盲学校	136/55
			聾唖授産院		6				
	横浜基督教訓盲院	14	横浜基督教訓盲院	22	-	横浜基督教訓盲院	15/5	横浜基督教訓盲院	9/5
						横浜盲人学校	38/2	横浜盲人学校	35/10
						横浜盲人学校横須賀分校	8/3	横須賀盲人学校	8/2
						中郡盲人学校	15/10	中郡盲人学校	6/5
						千葉県教育会附属千葉訓盲院	12/1	千葉訓盲院	5/6
						東京市養育員附属小学校盲唖生科	5/2		
			同愛訓盲院	11	-	同愛訓盲院	54	同愛訓盲院	48/10
			鍼治講習所	32	-				
						盲人技術学校	77/10	盲人技術学校	?/21
								杉山鍼按学校	31/12
						木更津訓盲院	4/1	木更津訓盲院	4/0
						成田清聚学院	9/2	成田清聚学院	11/5
			茨城盲唖学校	12	?	茨城盲唖学校	15/5	茨城盲唖学校	15/5
								土浦盲学校	6/1
			下野盲唖学校	14		宇都宮盲唖学校	12/3	宇都宮盲唖学校	10/3
								足利盲学校	19/9
								大田原鍼灸按摩学校	報告なし
						埼玉訓盲学校	13/6	埼玉盲唖学校	14/4
			上野教育会附属訓盲所	20	-	前橋市訓盲所	13/2	前橋盲学校	20/4
								桐生訓盲院	4/1
								高崎鍼按学校	4/9
			盲唖懲治場	2	25				

中部地方			島津盲人学校	5	-				
								山梨訓盲院	報告なし
	高田訓矇学校	17	高田訓矇学校	18	-	高田訓矇学校	12/6	高田盲学校	11/7
	長野盲人学校	26	長野盲唖学校（後町小学校）	15	7	長野盲唖学校	17/5	長野盲唖学校	15/7
								訓盲学校（上田）	3/0
								松本市立訓盲院（源池小学校）	12/7
			長岡盲唖学校	31	13	長岡盲唖学校	28/2		
						中越盲唖学校	26/10	中越盲唖学校	20/15
			新潟盲唖学校	16	9	新潟盲唖学校	28/11	新潟盲学校	39/14
						新発田訓盲院	7/2		
						富山訓盲院	26/7	富山訓盲院	16/7
								高岡鍼灸按摩学院	11/3
						訓盲学舎（福井）	15/1	訓盲学舎（福井）	17/9
						金沢盲唖学校	20/4	石川県立盲唖学校	24/12
	東海訓盲院	12	東海訓盲院	12	-	東海訓盲院	10/6	静岡盲唖学校	27/16
						沼津訓盲院	8/0	沼津訓盲院	17/0
東海地方	岐阜訓盲院	19	岐阜訓盲院	22	-	岐阜訓盲院	33/8	岐阜訓盲院	64/17
			岡崎盲唖学校	8	12	岡崎盲唖学校	12/1	岡崎盲唖学校	15/11
	豊橋盲唖学校	13	豊橋盲唖学校	17	21	豊橋盲唖学校	19/10	豊橋盲唖学校	20/3
	名古屋盲学校	12	名古屋盲学校	24	21	名古屋盲唖学校	41/9	名古屋市立盲唖学校	55/29
近畿地方	京都市盲唖院	66	京都市盲唖院	79	158	京都市盲唖院	51/35	京都市立盲唖院	71/42
	大阪盲唖学校	7	市立大阪盲唖学校	78	134	市立大阪盲唖学校	67/22	大阪市立盲唖学校	113/34
						大阪盲人学校	30/7		
								大阪訓盲院	49/18
								大阪繃深鍼灸学校	30/5
								大阪マッサージ学校	報告なし
			神戸訓盲院	30	-	神戸訓盲院	24/6	神戸訓盲院	68/23
						神戸盲人技術学校	26/3	神戸盲人技術学校	82/10
								神戸盲唖学校	報告なし
						淡路訓盲院	16/9		
								奈良盲唖学校	9/4
						和歌山県師範学校附属小学校		和歌山県立盲唖学校	19/5
						三重県師範学校附属小学校盲生学級	13/4	三重盲唖学校	10/8
								神都訓盲院	9/3
中国地方						彦根訓盲院	12/5	彦根訓盲院	15/8
			松江盲唖学校	8	20	松江盲唖学校	8/3	松江盲唖学校	?/4
			下関博愛盲唖学校	11	3	下関博愛盲唖学校	23/3	下関盲唖学校	38/8
						岡山盲唖学校	19/4	岡山盲唖学校	20/2
						広島盲唖学校	12/8	広島盲唖学校	?/12
						鳥取盲唖学校	4/0	鳥取盲唖学校	3/2
四国地方						香川盲唖学校	23/12	香川県盲唖学校	19/20
			愛媛教育協会附属盲唖学校	5	20	愛媛盲唖学校	15/4	愛媛盲唖学校	24/11
			徳島盲唖学校（新町小学校）	6	12	徳島県師範学校附属小学校盲唖学校	17/3	徳島県師範学校附属小学校盲唖部	報告なし
						高知県師範学校附属小学校盲唖部			
						高知慈善盲唖学校	10/0		
								高知盲唖学校	15/10

九州地方	長崎盲唖学校	51	長崎盲唖学校	58	65	長崎盲唖学校	46/6	長崎盲唖学校	49/7
			慈恵盲唖学校	16	6	鹿児島盲学校	14/7	鹿児島盲唖学校	16/1
	佐土原盲唖学校	21	鹿児島盲唖学校	10	52				
			佐賀盲唖学校	34	57	佐賀盲唖学校	42/14		
			大分訓盲学校	18	-	大分盲唖学校	73/27	大分県立盲唖学校	114/67
								日向訓盲院	17/5
						柳河訓盲院	28/10	柳河訓盲院	45/4
						福岡盲唖学校	23/1	福岡盲唖学校	65/19
						熊本盲唖技芸学校	44/14	熊本盲唖学校	5?/15
			延岡聾唖私塾		4				
								沖縄訓盲院	4/6
計*	15 校	361	40 校			69 校		81 校	

＊盲唖合計生徒数、朝鮮および台湾の盲唖学校は記載していない。

出典：京都市立盲唖院（1903.2）32-33 頁を改作。内外盲人教育 3（冬）付録。愛知県統計書（1926）。東京盲学校（1922）。

徒弟制度が主流の時代には、篤志のある医師の協力があったが、しだいに困難になってきたのであろう。上記の医学的・生理学的内容は、明治四四年八月一四日内務省令第一〇号「按摩術営業取締規則」甲種試験の科目の一部である（内務省［一九一一・八・一四 a］）。同日の内務省令第一一号「鍼術、灸術営業取締規則」（内務省［一九一一・八・一四 b］）では、上記の医学的・生理学的内容「筋と神経脈管の関係」が付加される。

第三に、盲人鍼按家の全国的組織化と高等教育を受けた盲人の社会的活動である。鍼按業盲人のなかで技術の維持と向上に意欲をもつ人々は、旧来の徒弟制に代わる学校式養成方法によって、所与の目的を達成しようとした。また、上記の按摩術甲種は晴眼者にも開放されていたから、彼らによる按摩術業の浸食を危惧して按摩術盲人専業運動を提起する（杉野［一九九九］）。

もう一つの盲唖学校創設に尽力したのは、近代日本で初めての現象である高学歴盲人である。実際には、大学において正規の高等教育の機会があった障害者の詳細は不明であるが、[1]それを享受できた盲人はいた。彼らは、通常の盲人が進んだ鍼按業という進路とは異なる仕事に進むことで、盲人の可能性と社会的地位を実際に示して見せたのである。しかしそれにもかかわらず、戦前の大学等が、盲人を含む障害者に広く開放されることはなく、日本社会の障害者に対する高等教育は閉鎖的で、アメリカやイギリスに比べて著しく遅れていたことをも示すことになる。東京盲学校教諭だった岸高丈夫は、欧米の盲学校を視察して入手した盲人の高等教育の実情を紹介しているが、日本と英米の差が生じる理由や背景を究明することはなく、盲学校教育制度の改善に答を求めている（岸高［一九二〇・一〇］）。

第四に、当時の世界大国・ロシア帝国との日露戦争において、敗退することなく講和に持ち込んだことの間接効果である。日露戦争は、疑いなく明治期における有数の事件であった。日清戦争（明治二七年七月–二八年三月）の約一〇年後、明治三七年二月八日から明治三八年九月五日にロシア帝国との間に行われた日露戦争において日本が敗北しなかったことは、日本とアジアの植民地化の防止に対して、かけがえのない、複合的な意義を与えた。ロシアとの講和は、何よりも日本の存続を可能にした。また、開国前から進行していた東アジアにおける欧米列強の植民地化の進行を阻止した。さらに、不条理にも欧米列強の支配下に置かれていたアジア諸国に対して、植民地化から脱却することの可能性を示唆した。そして、欧米列強が、アジアにおける将来の対抗的存在として非ヨーロッパ・日本を意識する出発点となった。

日露戦争は実際には日本の勝利とはいえなかったといわれるが、日本の敗戦はロシアによる日本の植民地化を意味したから、この戦争に対する国民の危機感はひとかたならないものがあった。したがって、日露戦争の結果が明白な敗戦でなかったことは心理的には勝利を意味した。それゆえ、「戦捷記念」は、重要な教育課題を実現するためには大いに有効だったのであり、その一つとして、盲唖学校の創設が提案されたのである。また、日露戦争で失明した軍人に対する救済事業も、軍人が日露戦争で日本の存否にかかわる貢献をした人々であったから、社会的説得力をもつことになった。戦前に盲学校創設運動が開始されていた地域では、戦争勃発とともに、運動は休止状態になるが、戦争に勝利したという宣伝のために創設の運動の勢いは倍加することになる。福岡や石城（磐城）がその例である。

ところで、明治三〇年代後半以降にみられる盲学校の増加は、単純な状況ではなかった。第一に、たしかに学校数は増加するが、個々の学校の規模は、学科課程と職業課程を合わせても生徒数が一〇人台の学校が多かった。生徒数が少なければ教員数も少ないはずで、財源も乏しかったから、多様な年齢とキャリアの盲人に対応した多様な課程の提供、設備・学級・教員の改善や増強は困難だった。たとえば、生徒規模でみれば中規模に属する佐賀盲唖学校でさえ、明治四四年の佐賀県学務課の評価は、何年間も「設備内容共に未だ十分ならず」「盲唖の教育に必須なる器械の完備を要すべきこと」（佐賀県教育史編さん委員会［一九九〇］一六四、一七二、一八一、一九一、二〇一、二二五、五七五－五七六頁）と、学校や教育機関としての貧弱を指摘していたから、佐賀盲唖学校よりも零細な規模の盲（唖）学校における必須の教材教具の整備状況は、容易に推測できる。

第二に、表4-1-1にみるように、財政上の問題により学校の継続が円滑にいかず、中絶した学校が多かったことも推測される。第三に、名称から推測されるように、さまざまな役割をもった盲学校が存在していたことがわかる。

佐賀県学務当局のように、教育施設としての問題を指摘することは容易であったが、しかし、急増期の盲学校に対する別の評価も可能であろう。このような多様な盲学校は、盲児・盲人やその家族の必要に応じていた側面があったと考えられる。盲教育が無償でなかった以上、経費が少なく、経費負担の期間が短い教育形態を盲教育の需要者が選択することは、経済的に恵まれない盲児の階層にとっては当然であった。同じような理由から、自宅から遠隔地にある盲学校よりは、自宅から距離的に近い盲学校が選好されたと思われる。したがって、教育のより高度な質や学校規模は、盲教育の需要者には二次的な問題であって、経費負担の期間が短く、負担額が少ない盲学校が歓迎されたであろう（この現象は戦前まで残る。第八章の神都訓盲院を参照）。要するに、小学校に類する教育が完備している遠隔地の、教育期間の長い盲学校ではなく、小規模でより実利的で教育期間が短い盲学校が地方に増加したのは以上の理由による。しかも、零細な盲学校、とくに鍼按業盲人の主宰する盲学校では、経費の不足は、学校設置者が鍼按業による収入で補うことも多かったのである。

明治三〇年代の盲唖学校の種類について表4-1-1により整理すると、盲唖学校形態が二一、盲学校が一五、聾唖学校が三校となっていて、盲と聾唖では、学校数に偏りがある。しかし、都市盲唖学校に就学している聾唖児は多いし、小規模盲唖学校でも生徒数の過半を占める。つまり、この時期は、盲児に主に焦点が当てられてきたこれまでの時期とは違って、聾唖児教育の必要性が顕在化してきたこと、いいかえれば、聾唖者の生活問題がしだいに浮上してきたことの間接的な証拠である。

二　実業家・五代五兵衛の大阪盲唖院の創設構想と経営

一般的な類型に入らない事例の一つは、青年期初期に中途失明した実業家・五代五兵衛（一八四九－一九一三）の大阪盲唖院である。その意味は、五兵衛本人が盲人であったこと、実業家として大阪盲唖院を創設したこと、大阪盲唖院が教育・福祉・医療を事業とし、経営母体をも擁していたことである。実業家が盲唖教育を支援したことは、金額の多寡は別にすれば、一般的ではなかったとしても、現在のライオン株式会社の前身を創業した小林富次郎がいたように少数例では必ずしもなかった。しかし、盲人の実業家としての経歴を活かして事業として盲唖教育関連事業を行ったことは、他に例がないであろう。しかも五兵衛の事業計画自体もまた、教育・福祉・医療と、それらを円滑に運営するための経営体から構成される総合性をもっており、比類がなかった。瞠目すべきその斬新性については、藤井東洋男が名文をもって高く評価している（藤井［一九三八・五］）。

五兵衛の生涯については、福島彦次郎『五代五兵衛』（一九三七）およびその別冊（一九三八）に詳しい。また、五兵衛の社会活動は、松下幸之助（一八九四－一九八九）に対する大きな影響の淵源になったという（渡邊［二〇〇八・一〇］。小笠原［二〇一二・一二］）。地方名望家であった父・政楠（まさくす）は米相場で失敗し、和歌山から開院間もない大阪盲唖院の事務職に職を求めていた。その関係で三男・幸之助少年も、盲唖院にしばしば来ていたという。さらに、幸之助は六代目五兵衛が経営した五代商店の店員として七年間働いていた。政楠は三九年九月、校内で亡くなっている（大阪市立盲学校［一九八〇］三六、四三－四四頁。福島［一九三七］一四五－一五五、一六一－一六四頁）。

五兵衛は嘉永六年、米方三方を勤めた播磨屋六三郎（四代目五兵衛）の長男・市松として生まれたが、一七歳で風眼により失明した。二〇代前半で七人家族を養うために按摩に従事し、その後は、不動産業や金融業等を営むが、筆舌に尽くしがたい労苦多い生活を経験した。隠居後に、遅くとも明治三二年頃から、五兵衛の活動は盲唖教育が基本となり、校内の八畳間で妻とともに生活し、経営の指揮をとった。盲唖者を対象とする比類なき事業計画は、五兵衛の生活経験と着想から生じたものであろう（藤井［一九三八・五］三〇頁）。

明治三三年三月、大阪府から私立大阪盲唖院事業のうち、学校と病院について認可が下りる（授産場と有隣舎は認可不要）。院長は古河太四郎に依嘱した。ここでは、学校の記述が主になるので、正確には「私立大阪盲唖学校」が中心になるが、表記上は大阪盲唖院とする。学校については、以下のとおり、規定されていた。

学校目的　必須ノ学科及技芸ヲ授クル（第七条）、自活ノ道ヲ得セシムル（第一条）
入学年齢　八歳以上～一八歳以下
修業年限・授業時間　五年、週教授時間は一八時間
課程　尋常科と技芸科のうちの一科選択または二科兼修
　盲生　尋常科　国語、算術、講話、体操。技芸科　音楽、鍼治、按摩。
　唖生聾生　尋常科　読み方、習字、作文、算術、筆談、体操。
　技芸科　図画、彫刻、指物、裁縫。
授業料・入学料は無料、寄宿料は月五円（貧民は規定外）
生徒定員　盲・唖生ともに男三〇人、女二〇人

計画では、授産場は、自活できない盲唖者を対象に、炭団（たどん）製造と印刷を職種として想定していた（第四七条）。炭団製造は、盲者に用意された職種であったと思われるが、これについてはすでに藤井が指摘している（藤井［一九三八・五］三二頁）。有隣舎は、資金調達団体であり、商人や会社と特約して、商品を割引で購入できるようにする券を発行し、その売り上げ益により、盲唖院運営資金にしようとするものだった。

しかし、五兵衛の計画は順調には進まなかった。日露戦争があったし、割引買い物券が予期に反して売れなかったという。五兵衛がこのような資金調達法を採用したのは、通常の資金調達方法である寄付金の依存は、早晩、行き詰まると予測していたからにほかならない。それゆえ、より安定した資金調達手段としての割引券を案出したのであった。このことは、五兵衛起草の「盲唖院設立の必要を述べて世の慈善家諸君に訴ふ」に明らかである（福島［一九三七］二二－二六頁）。

資金調達がますます必要となったのは、生徒数の増加のためであった。無償の教育を提供するためには、生徒数の増加は、盲唖学校運営資金の増加に直結する。生徒数の急増は、以下のとおりであった（福島［一九三七］三二、三四、六二、八八、八九頁）。

三三年（開校時）　二五名
三四年八月現在　四五名、盲生（男四、女〇）、唖生（男二九、女一二）
三五年度末　一四一名（学級数　盲三、唖四）
三六年度末　一三七名、盲生三六（男三三、女三）、唖生一〇一（男七〇、女三一）、学級数　盲九、唖八
三八年度末　一六七名、盲生五〇（男三九、女一一）、唖生一一七（男六九、女四八）、学級数　盲八、唖七
四〇年度初め（市立移管時）　生徒総数一七一名、盲生七〇（男五五、女一五）名、唖生一〇一（男六一、女四〇）名

五年間で七倍増という生徒数の劇的な増加は、大阪盲唖院の教育的・社会的必要性の明確な証拠であり、その意味で、無償教育の提供という五兵衛の企画と古河を初めとする教職員の努力が結実したのであった。しかし現実問題として、生徒数の増加は学級数・教員数の増加となり、資金の確保がますます必要になった結果、五兵衛が避けたかった資金調達の方法である寄付金（賛成会会員制度）に依存しなければならなかった。明治三六年度より、大阪市から千二百円の補

助金が出るようになったが、必要額には遠く及ばなかった。こうして、大阪盲唖院は私的な教育事業ではなく、市が責任をもつ公共性をもつ教育事業になるべきことをも示すことになった。明治四〇年度からは、安定した経営が可能な市立移管へと進むことになるが、それは同時に、五兵衛の壮大な計画も未完のまま終わることを意味した。

教育計画だけをみると、教育課程から分かるように基礎教育は十分だったとはいえず、比較的平凡であった。また、とくに私立大阪盲唖院時代には盲生が比較的少数だったのは、短期間で資格取得可能な実技系の私立盲学校に生徒が流れたためではなかろうか。

三　盲唖学校創設における当事者運動の創始と広範な社会的・宗教的支持基盤および経営者の辛酸

（一）盲唖学校創設における当事者運動の創始と社会的支持の拡大

(1)　鍼按業盲人の組織化と盲教育の要求

大正四年一〇月、盲人鍼按協会（代表・千葉勝太郎）は、東京府に杉山鍼按学校設置申請を提出し、一二月に認可される。この学校は、東京市養育院と盲人団体との思惑が一致したことにより成立した。学校は、報徳会（会長・渋澤榮一）所有の建物を借りて開設される。当初こそ、主たる学校対象を養育院在院者としていたが（養育院からの委託生は継続される）、それ以外の課程も用意されるようになる。「修業年限二年の附属小学校按摩科が付設されていた」（伊藤［一九九五b］八三六頁）のは、下記の簡易科をさすものと思われ、まさに、基礎教育が簡易な課程であった。この小学校課程は、小学校令第三六条但書による非正規的な小学校であり、白十字会林間学校と同類だった。

しかし、鍼按学校の開設趣旨は、いうまでもなく本校は杉山和一の名を冠しているように、鍼灸按術「諸流ノ奥義ヲ研究教授スル最高専門所」を意図していた。修業年限は簡易科二年、本科三年、研究科二年を設けていたが、研究科以外は、基礎的な教科教育を用意しており、授業時間が午後のみ、すなわち、徒弟身分という以外は、盲学校と変わりなかった。大正六年には府から補助金を受けたほか、市から毎年補助金を受けて、内務省・宮内省・文部省からも資金を得ている。大正九年には、無試験按摩術営業資格を得たが、生徒数四〇名台の比較的規模の小さな盲学校だった（豊島区史編纂委員会［一九八一］二六〇－二六三頁。豊島区史編纂委員会［一九八三］三三六－三三九頁。東京都盲人福祉協会［一九八三］一四頁）。こうして、東京市養育院の盲児教育は、東京盲啞学校への委託、院内附属小学校での教育を経て、私立盲学校への委託へと展開した。小学校での盲教育という小西が期待するような方向には向かわなかったことになる。

⑵　東京盲啞学校同窓会と機関誌『むつぼしのひかり』『口なしの花』の刊行

学校という組織は、印刷物と切り離せない。資金提供者に対する学校運営と教育成果、課題等を定期的に案内する印刷物を発行する。それによって、学校の存在と運営の社会的意義を訴えて、学校収容力の一層の拡大や充実の必要性の理解を得て、そのための資金を新たに獲得するのが、欧米では通例である。すなわち、年次報告の刊行である。この印刷物は学校当局が発行するのであるが、中等教育以上の学校では、生徒が自主的に編集して発行することは日本でも一般に行われていた。中等部を擁する東京盲啞学校は日本唯一の官立盲啞学校であり、全課程を備えていた盲啞教育のナショナル・センターであったから、この学校に集まる盲啞者も、それなりの意識と自覚をもっていたであろう。それゆえ、生徒自身が、数少ない点字書を読むだけではなく、自分たちの思想や主張を発表する媒体を必要とするようになる。また、会務報告や自分たちの勉学や生活、あるいは教養に必要な情報、文芸的な発表の場を求めるようになる。こうして、「盲生同窓会」は明治二七年二月に「盲生同窓会報告」として第一号を刊行する。鍼按科卒業生の「鍼按学友会」にも『盲人世界』（明治二五年）があり、音楽科卒業生にも「楽々会」という組織があったという（土居［二〇一六］七頁）。

紆余曲折があったようであるが、長期的に発行されたのが、『むつぼしのひかり』である。明治三六年六月に第一号が刊行され、昭和戦前期まで、在校生の手により刊行されたという。「むつぼしのひかり」は東京盲啞学校の教員・石川重幸の命名であるといい、いうまでもなく「六つ星の光」である。明治三八年七月に左近允孝之進が開設した点字出版社の名称が「六光社」である。「むつぼしのひかり」は、六点の表音文字である点字と王座の象徴としての星座名を示していると思われ、当時の盲人エリートだった、執筆者・編集者・刊行者である東京盲啞学校卒業生がもっていたであろう希望と野心と意欲の象徴である。

注目すべきことは、盲学校が刊行する点字雑誌あるいは刊行物が比較的広範に存在したことである。その理由は、いくつか考え得る。一つは、盲学校への入学年齢は高かったから、中等部生徒の場合の年齢は二〇歳前後が多かったのではなかろうか。彼らには、そのようなエネルギーに溢れていたといえよう。第二は、盲生徒は、盲学校に入学して、いままでの生活において抑圧されていた鬱積が一挙に解放された生活を送ったものと推測される。ともかく、以下の点字出版物（誌名および創刊時期または現物の刊行時期）が確認されている（岸［二〇一一・一一・二九］。大塚［二〇一六・二］一一頁）。これ以外にも、多くの刊行物が盲学校から刊行されていたものと思われる。

東海訓盲院同窓会報告書（明治三六年頃）
岐阜訓盲院同窓会報告書（明治三三年）後に『星影』と改題
篤交会報（明治三六年）京都盲唖院「生徒会」
点字通報（明治三七年三月、隔日発行新聞、間もなく廃刊）名古屋盲唖学校慈善会（編集は外部委託）
点字世界（明治三九年）京都盲唖院盲生同窓会
あけぼの（明治三九年一月一日）六光社（神戸訓盲院）
北星（大正八年）小樽盲唖学校盲生学友会

丸川仁夫が鳥居篤治郎の協力を得て行った調査によれば、新聞は、日刊東洋点字新聞（発行部数千部）、週刊の点字大阪毎日新聞（二五〇〇部）の二紙、雑誌は一〇誌あり、宗教関係が三、鍼按関係が二誌、その他が五誌となっている。盲学校同窓会会報は、大阪・福岡・岐阜・豊橋の盲（唖）学校からも刊行されていた（丸川［一九二九］一五二－一五三頁。日刊東洋点字新聞については阿佐［二〇〇一・一］）。

聾唖者の雑誌も、ほぼ同じ経過と動機で刊行されたが、聾唖雑誌は、点字刊行物とは異なる点がある。第一に、通常の活字本である。第二に、識字力があれば一般の刊行物でも間に合う。それゆえ、点字刊行物ほど、聾唖生徒には切実性がないから、聾唖雑誌に求められる条件は、聾唖界の情報となる。

東京盲唖学校唖生同窓会は、盲生同窓会よりも早く、明治二六年五月に『東京盲唖学校唖生同窓会報告』を刊行した（東京盲学校［一九三五］二二二頁）。明治三九年三月に『口なしの花』と改題され、大正二年には盲・聾分離により、東京聾唖学校が移転したのに伴い、『殿坂の友』と再度、改題される（東京聾唖学校［一九三五］二四六、二四七頁）。『むつぼしのひかり』が点字版で劣化や表音文字であるため、墨字版を制作するのに膨大な労力を要するのに比べて、『口なしの花』と『殿坂の友』はすでに明石書店から平成二四年に復刻されている。『むつぼしのひかり』墨字版の刊行は困難をきわめ、平成二六年に最初の一〇号までが、社会福祉法人桜雲会から刊行された。

『口なしの花』の刊行は、形式上は『唖生同窓会報告』の後継誌であるが、唖生同窓会の解散と「再興」としての再出発であった。詳細は不明であるが、編集主任が、なおも「内部に瀰漫する毒瓦斯」が一掃されていないとしているところから、何らかの不祥事があったのであろう（岩田［一九〇七・一］原文頁なし［九五頁］）。同窓会の目的は「同窓の交誼を温め、相互の親睦を計り、兼て智識を交換し、心身を錬磨し、品性を修養」することにおかれている（［一九〇六・三］四六頁）。また、投書が歓迎されているが、「投書規定」の投稿目的は、同窓会目的に沿うものであった（投書規定［一九〇六・三］奥付）。

投稿の目的は、唖友を団結して相互通信に替え、彼我の交情を通じ、本会会報に掲載し、互に智識交換の便に供するものとす。

内容は、寄稿、会員および教員の消息、会員への連絡、投稿、文芸である。

日本聾唖協会は難産の末、大正四年一一月二五日、京都盲唖院で発会式が挙行された。中心となった三浦浩は二九歳、藤本敏文は二二歳、最年長の一人、横江榮雄でも三四歳という若さだった（桜井［二〇〇六］）。いかに聾唖教育の歴史が浅く、普及していなかったかがわかる。ともかく、聾唖者の全国組織が誕生し、『聾唖界』の発行母体ができたのである。そして、すでに地方には、東京聾唖倶楽部・京都聾唖倶楽部が結成されていた。

実際には、大正三年一月に東京で「聾唖倶楽部」が結成され、『聾唖界』創刊号も刊行されていた。そもそも、全国組織化の動きは、明治四〇年に遡るという。しかし東西の聾界リーダーの対立等の紆余曲折があり、正式には大正五年一月の『聾唖界』第一一号が、日本聾唖協会機関誌となった（聾唖界［一九一四・一］参照）。

（二）私立盲唖学校の経営困難——島根県盲唖学校福田与志の場合

繰り返し述べてきたように、私立盲唖学校で経営に困難がなかった学校は一例もない。そのため、校長の仕事は、学校が小規模だったこともあるが、学校管理よりも運営資金の獲得であった。そのような盲唖学校のなかで、女性が創設から経営まで主導した例は、後述する鹿児島県の佐土原すゑしかいないであろう。しかし佐土原の盲唖学校は中絶したが、島根県盲唖学校は大正一二年三月にいち早く県立移管を実現させた（盲・聾分離は戦後）。そこで、数少ない女性主導の創設例である福田与志による私立盲唖学校の創設以降の経過を一覧にすれば、表4-1-2のようになる。

明治三八年五月二〇日に開校した松江私立盲唖学校は、これまでの研究では、創設者の一人、福田与志が早世したこと、女性蔑視が強かった時代で、キリスト教徒としての彼女に対する警戒が社会にあったために経営に辛酸をなめたこと、校長を継続できなかったこと等を強調してきた傾向が強い。

実際には私立松江盲唖学校は、兄の福田平治（一八六六－一九四一）の社会事業計画の一部として創設されたと考える。平治は、表4-1-2のとおり、明治二九年に孤児施設・松江育児院を開設しているが、その事業計画は総合的で実効性のあるものだった。創設の発端や動機は、石井亮一の弧女学園と類似し、事業計画は平治が尊敬していた石井十次の影響があるように思われる。また、京都盲唖院で与志がたまたま会ったという岐阜訓盲院の森巻耳との親近性もある。

明治二六年一〇月、松江市は大洪水に見舞われ、親を失った孤児が多数発生した。その孤児救済に立ち上がったのが平治であり、永続的な救済を意図して開設したのが育児院である。当時の松江では、明治二〇年に訪日したイギリス聖公会の宣教師、バークレー・F・バックストン（Barclay Fowell Buxton　一八六〇－一九四六）を中心とする、いわゆる松江バンドの布教活動が盛んな時期であった。平治は、社会事業家としての精神的基盤をキリスト教に求め、妻・与志子（良子）とともに、バックストンから洗礼を受けた。

明治二九年の育児院創設にあたって作成された「松江育児院創設主意書」では、「松江育児院概則及細則」が定められており、目的は男女孤児の自立化（男子は軍役につくことも含む）、対象は五～一三歳の孤児・貧児・棄児（捨て子）・保護児（資産があるが養育者がいない子ども）であり、教育は普通教育・実業教育・高等教育を行う。財源は賛助員の寄付と実業に従事する児童の労働および院主の負担による。

普通教育は、第一期として七歳以上一〇歳以下は尋常小学校に通学し、第二期は一〇歳以上の児童で院内夜学校に通学する。高等教育は成績優秀な者を院費で教育を受けさせる。実業教育は、一〇歳以上の児童を院内実業部または院外工場で実業の練習を行わせて、将来の独立の基礎を作る。本院が経営する実業は[2]、煉習事業と補助事業とし、煉習事業は将来独立して従事する農工業関係の技術を院内または院外の賛助工場で学ぶ。補助事業は、院児教育に支障のない事業を行う。

平治はさらに、大正九年一一月には愛隣社も開設する。この施設は、高齢者・障害者等の「収容教護」が目的だった。大正一三年時点での収容者は男四、女五名で、その内訳は、老衰者男性一名、女性二名、不具者男性一名、女性の盲人一名、男性聾唖者一名、精神病者女性一名、白痴女性一名、病人男性一名であった（島根県内務部［一九二五］二二頁）。育児院は、このほかに労働者階級の子どもの保育のために、大正一四年三月から三〇人定員の幼稚園を開設している。

松江育児院創設から九年目の明治三八年五月、平治および与志と山本茂樹を「創立発企者」として私立松江盲唖学校

表 4-1-2　私立松江盲唖学校の創設と発展（大正 12 年まで）

明治5	6.5	清七といその次女として鳥取県鳥取町元大工町で出生。福田家は、油、運送等の商人
明治23	7.1	島根県尋常師範学校女子部を卒業
		八束郡本庄小学校訓導（不就学の聾女児が学校に遊びに来る）
明治29	6.1	福田平治、（松江）育児院開設
明治30	6.2	与志、成相伴之丞の紹介により、京都盲唖院で盲唖教育の研修（8 月 1 9 日まで）。成相は当時教生で、後に京都府の中学校、北海道庁立札幌中学校教諭等を務める
		福田平治、与志子（ヨシ子・良子）夫妻、イギリス聖公会バックストンより受洗
明治31	5	本庄小学校退職
明治32	1.3	日本聖公会松江基督教会で受洗
	3.2	京都盲唖院助教諭、本庄小学校の聾児の石橋ハルを入学させる？
明治33	4.2	京都盲唖院休職
	4.30	東京盲唖学校訓導（視話法を伊澤修二から学ぶ）
明治34	4	京都盲唖院復職
	5.1	視話法が適当な唖生を対象に発音科を別科として課外に指導。京盲時代の教え子に藤本敏之や三島邦三
明治35		松江育児院、財団法人となる（37 年か）
明治36		岐阜訓盲院の森巻耳と京都盲唖院で会い、キリスト教徒（聖公会）であることを知る
	4	松江育児院に盲教育部を置く
明治38	3	京都盲唖院を退職し、松江に戻る
	4.26	松江市長・福岡世徳、八束郡視学・永江真澄に生徒募集を依頼
	4.27	松江私立盲唖学校設立の認可を県に申請
	5	平治・与志・山本茂樹の連名で「創立主意書」
	5.8	県より、設立を認可
	5.9	学校設立、生徒募集広告を山陰新聞・松陽新聞に掲載
	5.20	母衣町 48 番地の民家に開校。校長・福田与志、聾唖部教師（手工）山本茂樹、盲部普通科教師井上久之丞。生徒盲児 4（男 1/ 女 3）名、唖児 7（男 4/ 女 3）名
	8.5	島根県私立教育会総会で、男女盲唖生の教育法を実演
	8.30	元松江税務署跡に移転
	12.9	県議会議員、参観
	12.10	県議会議長ら 4 名、補助金意見書を松永知事（1904.11-1908.3）に提出
明治39	1	松江育児院、鳥取に分院設置
	5.23	開校 1 周年記念の披露式。盲生 8、唖生 13、特別生 2（うち通学生 5）名
	12.9	竹原議長、盲唖学校補助意見書を知事に提出
明治40		県から年額 150 円の補助
	4.3	第一回卒業式
	5.1	私立松江婦人会盲唖学校となる。校長は、松永武吉知事夫人
	5.23	皇太子山陰行啓時に御使差遣
	9.27	閑院宮妃殿下訪問
	12.8	松永校長辞任、県立松江高等女学校長の黒井小源太が兼務校長となる
明治41	1	県より 300 円の補助金
	3.26	第二回卒業式
明治42	3.26	第三回卒業式
	4	県より 600 円の補助金
	5.8	県庁の一部を借り入れて聾唖部の教室移転、殿町校舎は寄宿舎となる
	6	四方文吉、桑原羊次郎、山内佐助らを発起人として山陰盲唖保護会結成、貧困盲唖児童に補助し、学校施設を後援。この発案は、皇太子山陰行啓御使差遣を記念して設立するとの与志による
明治43	3.26	第四回卒業式
	4.5	内務省より奨励金 200 円。教室は内中原の旧議事堂
	12	校舎建築費として明治 44 年度 1750 円の補助決議
明治44	3.26	第五回卒業式
	2.11	内務省より奨励金 700 円

明治44	7.18	兼務校長、黒井小源太が死去。与志が校長事務取扱となる
	7.31	県師範学校農業実習地の一部300坪の区有地に新校舎完成
	9.27	松江婦人会から山陰盲啞保護会の経営となり、財団法人私立松江盲啞学校と改称
	10.1	師範学校長、本田嘉種が兼務校長となる
明治45	3.31	寄宿舎建築補助として千円、経営費補助として県から600円
	7.20	寄宿舎完成
大正1	11.4	学校寄宿舎で与志死去
大正2	11	平治「故福田よ志子女史回顧録」刊行
大正3	3	鍼按の養成指定校となる
大正4	12.30	寄宿舎の増築完成
大正6	1.6	島根県師範学校長の兼務校長、本田嘉種辞任し、1.24、桑原羊次郎が校長となる
大正8	12.16	2年課程の按摩専修科設置、修了により按摩術の営業免許証授与
大正12	3.31	私立松江盲啞学校の県移管に伴い、島根県立盲啞学校と改称、校長は師範学校長、小山光彦が兼務

出典：島根盲啞学校（1923）。まつえ女性史を学ぶ会（2001）。島根県立松江ろう学校（1995）、(2006)。島根県立盲学校（1913）。

「創立主意書」を発表する。盲人と聾啞者は、教育によって常人と同じ学術技芸を修めて自活できる天賦の可能性があり、島根・鳥取の両県におけるその教育の場として開設するとしている（まつえ女性史を学ぶ会［二〇〇一］九－一〇頁）。なお、発起者の一人、山本茂樹は東京盲啞学校の聾啞部尋常科に明治二四年一〇月入学、三〇年三月卒業している。盲啞学校長は与志が担当するが、盲啞学校の運営は、育児院の教育事業の盲啞児対象の特化と考えられ、発起者の筆頭にある平治の社会事業全体の一部としての教育事業であろう。[3]

しかしこのような理解は、与志の功績を損なうことを意味しない。そもそも、与志の盲啞児教育への発心は、小学校訓導時代の聾啞女児および育児院にいた聾啞女児にあり、その後の京都盲啞院と東京盲啞学校での教育職は、松江盲啞学校開業のための準備期間であった。開業までのこの活動における堅忍不抜と開業後の資金獲得のための活動に、与志の類い希な強力な意志が推測される。そして、彼女の精神的な拠り所も、兄・平治と同じキリスト教であった。

経営をみるとたしかに順調であるとはいえないし、松江婦人会への経営主体と校長職の変更が与志の意思とは関わりないところで行われたようにも思われる。しかし、開設後間もなく、最低限の数ながら連続して卒業生を出していることは、県補助金の受納とともに学校経営が比較的順調であったことを示している。そして、明治四二年九月の「山陰盲啞教育保護会」の発足は、私立松江盲啞学校が地元ではそれなりの社会的信用の対象となっており、成果が認められていたことを示す。発起人のうち、四方文吉（一八六八－一九五七）は歯科開業医でキリスト教徒、多彩な活動で知られた名士であり、桑原羊次郎（一八六八－一九五六）は当時の松江の代表的な実業家で、日本美術に造詣が深く、広範な文化活動に従事した人物であった。また、発起人の一人、山内佐助も実業家である。桑原は、大正一二年の県立移管前まで最後の私立学校時代の校長を六年余も務めている。保護会の資産は大正一三年三月時点で、約八六一五円であり、県立移管後も貧困盲唖児の就学援助を行っていた（島根県内務部［一九二五］二八頁）。この経過からみれば、与志の盲唖教育事業は、当時から相応の社会的評価を受けていたのではなかろうか。すべての盲唖学校の創設と運営は苦難を共有しており、一段と困難があったとは思われるが、松江盲唖学校だけが苦労したわけではなかった。

しかし、与志には女性ということの不利は大きかったようである。彼女は比較的初期の島根県師範学校卒業で、当時の女性としては高度な教育を受けたエリートである。しかし、盲唖学校を与志が経営したことに対しては、敬意の対象になるどころか、女だてらに余計な仕事（石川［一九一三］三〇頁）と当地ではみなされたという。それは、つぎの逸話からも理解できる。明治四〇年五月、皇太子の山陰行幸に伴う本校への御差遣があるために、与志では校長に役不足であるとして、校長を松永武吉知事夫人に戴く。そのために、本校の経営を急遽松江婦人会とするものの、知事夫人の校長は、年末には校長を辞任する。それが夫の知事の休職に基づくものでないことは、その時期が明治四一年三月なので関係ない。そして、与志の苦労のもう一つの原因は、彼女がキリスト教徒であったことにもよるであろう。

ところで松江盲唖学校の教育目的は、明治三九年五月の本校規則では、「普通教育」（修業年限五年）と職業教育（鍼按［四年］以外は五年）であった。普通科の対象年齢を七歳以上一五歳以下としているから、年少児に対する普通教育を提供することは、小学校の課程を前提としていたことになり、本校は、基礎教育を重視する小学校類型の盲唖学校の系統に属する。東京盲唖学校ですら、教育と職業教育を二大目的としている時代に、与志は年少児に対する「普通教育」として基礎教育を提供し、聾唖児の手工科も、第二年から「指物ノ初歩」として指導したのである。しかし、中等部技芸科では極端に学科教育の時間数は減少する（島根県立松江ろう学校［一九九五］三八－四一頁）。この職業教育優先は、この時期としては一般的な通例であろう。

四．聾唖学校設立の遅れとその背景

聾唖学校数は盲学校数と比べてたしかに少なかったことは、表4‐1‐1からわかる。しかし、就学者数を比較すれば、聾唖児は、盲児と比較して相対的に増加している。大正八年度と一二年度、戦前のピークに近い昭和一〇年度の就学盲唖児数を文部省年報により比較すると、表4‐1‐3のとおりである（文部省［一九二七］一〇二‐一〇三頁）。昭和一〇年度は、初等部と中等部の児童生徒数である。

就学数でみると、大正八年度では聾唖児のほうが圧倒的に多いが、盲児はその後、就学数をふやし、昭和一〇年度には、大正八年度の四・八倍になる。同じ期間の盲女児の増加率は三・九倍で、全体よりもやや低い。同じ期間における聾唖児の増加率は一・八倍であり、盲児と比べると増加率は鈍いが、聾唖女児の増加率は二・六四倍になっていて、彼女たちの自活問題が顕著になってきたことが窺われる。[4]

唖生の就労の困難に対する関係者の認識は、唖生の場合は盲生と異なり、唖者の就労先が第一次産業だけでは解決困難な時期までは教育の必要性はそれほど強くなく、したがって問題認識が遅れることになり、それに連動して聾唖学校の本格的な設立も遅れることになる。聾唖児教育におけるこのような日本の展開過程は、障害児のなかでも聾唖教育から着手されたキリスト教国では、いかに宗教的動機が強力で決定的であったかを理解させるものである。

表 4-1-3　就学している盲児聾唖児数
（大正8、大正12、昭和10年度）

			大8		大12		昭10	
盲児	公立	男	224	799	569	1,633	1958	3819
		女	95		220		918	
	私立	男	279		424		701	
		女	201		420		242	
聾唖児	公立	男	1202	2388	1326	2689	2069	4296
		女	411		445		1577	
	私立	男	486		546		379	
		女	289		372		271	

五．キリスト教・仏教と盲唖学校創設・維持との関連

（一）キリスト教と盲唖学校の創設

草創期の盲唖教育や精神薄弱児施設の開拓において、キリスト教徒の役割が不可欠だっ

たことは、よく知られている事実である（第一章・第四章も参照）。そのことは、この時期でも変わらず、キリスト教徒の貢献は大きい。明治三〇年代から大正時代末期までの盲唖学校創設運動において、主導的な役割かそれに近い学校主導者を巻末の別表から示せば、以下のようになる。

明治三〇年　（札幌）北盲学校（大沢銀之進）
明治三一年　福島訓盲学校（遠藤金七）、東海訓盲院（松井豊吉）、（長野県）盲唖学校（カナダ・メソジスト長野教会）
明治三六年　鹿児島慈恵盲唖学院（南雲總次郎）
明治三七年　同愛訓盲院（大儀見元一郎、和田秀豊）
明治三八年　松江盲唖学校（福田与志）、神戸訓盲院（左近允孝之進）
明治四〇年　東北盲人学校（折居松太郎）
明治四一年　彦根訓盲院（山本清一郎）、郡山訓盲学校（聖公会牧師・鯨岡寅吉宅）
明治四三年　日向訓盲院（クラーク宣教師、関本健次）、新発田訓盲院（城戸新石牧師）
明治四四年　（高知市）盲学校（土佐キリスト教会）
大正　四年　前橋盲学校（後藤源九郎、大森房吉）
大正　五年　庄内盲人教育所（寺田福太郎）
大正　九年　日本聾話学校（A・K・ライシャワー）
大正一〇年　沖縄訓盲院（高橋福治）
大正一一年　旭川盲唖学校（南雲總次郎）

（二）仏教と盲唖学校の創設

その一方で、ほとんどの国民が信徒であるはずの仏教の役割は、廃仏毀釈運動や神道重視という政策を考慮に入れたとしても、キリスト教ほど目立たない。しかし、特殊教育に対する宗教の役割に関するこれまでの評価は、キリスト教の寄与の仕方を基準としてきたことはすでに第一章で述べたが、明治末期以降、仏教僧侶による盲唖教育への具体的な貢献が結実する。キリスト教徒による盲学校創設への関与に比べて、仏教僧侶が、教場の提供など、主導や先導ではなく協力者として貢献した例は、巻末の別表に示すように実際には多かった。しかし明治三〇年代後半以降になると、仏教徒が盲唖学校創設の中心となる例が見られるようになる。

明治四一年開設の東京市の盲人技術学校と明治四五年一月開設の成田清聚学院は、仏教と鍼按業盲人との関係において類似している。盲人技術学校では、発端は鍼按業盲人にあるが、それが学校設立に至るには、寺院と名望層の援助が不可欠であった。後者も、発意は鍼按業盲人にあったが、盲人の側に学校創設をリードする人材がいないために、寺院が主役となる（三好［一九八〇］九頁）。しかし前者では、盲人技術学校に対して盲人の要求と必ずしも合致せず、鍼按業盲人が改めて杉山鍼按学校を創設するのは興味深い。

明治四一年には埼玉県川越町で仏教寺院が結集して和協会附属事業訓盲学校が、大正四年には福井県東藤島村の正願寺住職廣岡善壽（一八七五－一九五〇）により境内に福井聾唖学校が、大正八年には四日市仏教会により、西福寺に慈光園が開設される。大正一一年には保坂元哉（一八八二－一九三四）により、高崎聾唖学校が開設される。保坂は東京帝国大学法科に在学していたが、父親の死去により退学し、その後、社会事業（出獄人保護・徒弟夜学校）や海外布教に従事した。大正一〇年一〇月、東京聾唖学校師範科普通科に入学、大正一一年三月に卒業している（保坂・関矢［一九九一］）。大正一五年には福島県で武田喚随（?－一九三二）により、二本松聾唖学校が開設され、口話法が導入されている。

明治三六年六月、佐竹政次郎（一八七八－一九三二）により開設された岡崎盲唖学校は、仏教界の後援があった。佐竹は、岐阜訓盲院を経て東京盲唖学校で学んだという（岐阜県立岐阜盲学校［一九九四］二九頁）。豊橋で医師有志の後援を得て結成された点字普及会は、盲人教育慈善会に発展し、明治三三年三月には豊橋訓盲院が創設され、医師の鈴木講一郎（一八四六－一九一七）が校長となった。四月には、豊橋訓盲院は拾石訓唖義塾に併合して、私立豊橋盲唖学校となり、佐竹は盲部の担当となったが、経営が安定せず、三六年五月に豊橋校を辞職し、岡崎盲唖学校の創設に転じることになる（愛知県立豊橋聾学校［一九七八］五〇、五四－五五、六三、九三頁）。

岡崎盲唖学校では、明治三六年八月に県から開設が認可され、三七年一一月に西岸寺で開校式の挙行、三九年四月には真宗三河教校内への移転、四一年より大日本仏教慈善会から補助金があったというから、仏教の支援があったとみてよい（岡崎盲学校［二〇〇三］八頁。仏教徒社会事業研究会［一九二〇］二〇四－二〇五頁）。このほかに、創設時あるいは苦難時代における支持母体の一つとして仏教僧侶が関与した例には、鳥取盲唖学校（明治四三年開校）、広島盲唖学校（大正三年創設）、庄内盲人教育所（大正五年創設）、土浦盲学校（大正一〇年創設）、高崎鍼按学校（大正一一年創設）がある（鳥取県立盲学校［一九八一］四頁。広島県立盲学校［一九九五］三三頁。竹屋［一九八四］七頁。茨城県土浦盲学校［一九二四］。群馬県盲教育史編集委員会［一九七八］一九－二二頁）。

六．東京高等師範学校卒業生間のネットワーク

盲唖学校が創設されていくうえで、ネットワークが有効に活用された。その事例には、鍼按業盲人、キリスト教徒、内務省系地方官僚があった。なかでも、東京高等師範学校（その前身校を含む）はそのうちの一例である。本校は、当初は小規模な学校であったうえに（たとえば、檜垣直右の学科同期卒業生は一一人）、初等・中等教育界の指導者になることが期待され、当人たちの自負もあり、その一体性とネットワークは強固だった（後には、その弊害や「師範学校」問題が問われるようになる）。つぎの表4－1－4は、第一章で師範学校長等の盲唖学校創設等との関連をみた表1－6－5を、東京高等師範学校のみを抽出・整理した資料である。

本校卒業生のなかには、後に官界や実業界に転身する人々もいたが、元来は教育界を目ざした人々であるので、他の教育分野より著しく立ち後れていた盲唖教育の意義や必要性を理解しやすかった。小西信八や東京盲唖学校を中心に東

表 4-1-4　盲唖学校創設に協力した東京高等師範学校卒業生

	生没年	特殊教育との関連・接点	東京高等師範学校卒業年次等（明治）
檜垣直右	1851-1929	岡山県知事時代の盲唖巡回教師制度ほか	7年１月小学師範学科
渡邊敏	1847-1930	長野尋常小学校で盲・聾唖学校を創設、劣等児教育を実施	8年10月小学師範学科
大束重善	1856-1935	群馬県第二部長時代に県教育会附属訓盲所を創設	9年10月小学師範学科
町田則文	1856-1929	東京盲学校長時代に、教育学者の見識により、盲学校の学校的充実に尽力	11年7月中学師範学科
小西信八	1854-1938	東京盲唖学校長、東京聾唖学校長。形成期の盲唖教育の指導者として、盲唖教育の普及に尽力	12年5月中学師範科
小川鉦太郎		東京盲唖学校視察を県教育会で報告し、盲唖教育の必要性に対する関心を喚起。	13年小学師範学科
篠田利英	1857-?	揺籃期の盲教育において、アメリカ留学中に、小西信八に情報提供	15年7月中学師範学科
相澤英二郎	1862-1948	三重県師範学校時代に附属小学校に盲生学級を創設	19年2月小学師範学科
秋吉基治	1858-?	九州最初の熊本聾唖学校を創設	19年6月体操専修員
宇田三郎	1867-1907	福島尋常小学校長として、校内に福島訓盲学校を創設	19年10月小学師範学科
中村能道		福岡県視学。県教育会により盲唖教育慈善会の創立委員に選出され、福岡盲唖学校創設に尽力	
鷲澤八重吉	1865-1902	長野尋常小学校で、校長・渡邊敏に協力して、盲・聾唖学校を創設、劣等児教育を主導	
里村勝次郎	?-1923	宮城県師範学校附属小学校唖生部開設時の師範学校長	21年4月初等中学師範学科
羽田貞義	1864-1933	群馬県師範学校長時代に、県教育会附属訓盲所を継承	22年4月博物学科
阿多(三木原)廣介		高田師範学校長時代に、高田訓矇学校の経営を援助	
廣瀬(山田)為四郎		各地の県師範学校長を経て着任した京都盲唖院長時代に、画期的な盲唖教育改革案を提案	22年4月理化学科
渡邊千治郎	1869-1942	徳島県師範学校附属小学校に盲唖学級設置	26年3月博物学科
星菊太	1867-1919	静岡県師範学校長時代に、小西信八の要請で、極度の経営困難に陥っていた東海訓盲院の移転・再建の緒を作る	28年3月理科
樋口長市	1871-1945	東京聾唖学校長として、学校機能の充実に努力	32 年3月文科
和田喜八郎	1872-1936	東京高等師範学校生徒時代に、点字を秋田県内の教育会で講習。各地の県師範学校長	33年3月文科

出典：東京高等師範学校一覧（1919）。小川（1899.3）。佐藤久美子（1992）。福岡県教育百年史編さん委員会（1981）。

京高等師範学校卒業生に対して行われた、各地方での盲唖学校創設への協力と盲唖教育関連情報の伝播が、各種の教育会等、さまざまな公私の機会を通じて行われたと思われ、教育界指導者、とくに師範学校長としての彼らの有形無形の協力は、それぞれの地方における盲唖学校の創設に結果し、その功績は甚大だったのである。たとえば、宇田・中村・鷲澤は、明治一九年一〇月に小学師範学科を卒業した同期生で、三人ともに盲唖学校創設に関与したのは、まったく偶然とは思われない。

七、公的補助金の実施とその意義

ここで公的補助金とは、中央政府および皇室と地方政府（府県・市町村）が支出する金銭である。中央政府の補助金は、文部省・内務省・宮内省により名称はさまざまであるが、事業奨励のための補助金である。出所や時期によって、補助の意図も異なると考えられる。また、校長や教員に対する賞与金もあるが、これは個人に対する褒賞である。

出所がどこであれ、補助金は、盲啞教育事業の公共性に対する証明を意味するが、どの省庁が提供したかによって補助金の意味は異なる。文部省の場合は教育事業として、内務省の場合は慈善事業として、宮内省の場合は慈恵事業としての評価となる。中央政府の出所の異なる補助金を受けることはあったが、内務省や宮内省といった特定の省庁のみの補助金の場合は、年少盲啞児対象の教育事業という性格が弱い学校が多いように思われる。また、県の補助金はとくに大正一二年以降の場合は、元来は県立移管となるべき盲啞学校であることの間接的な意向表明となる。市町村の補助金は、金額は少額である。地方の補助金のほうが、いったん補助対象になれば継続される安定性は高い。また、補助対象になる学校とならない学校の差は、事業成果の評価と考えられる。補助金額は、県に盲啞学校の設置義務が課された大正一二年盲啞教育令の前と後では異なる。とくに、県立盲啞学校創設に対する県の意向が明白な場合は、補助金額は多くなる。それは県立移管への予告であるか、本来は県が担当すべき事業であることの間接的な意思表示となる。

八．盲啞学校の経営に挫折した人々

盲啞学校の創設を志した人々のなかで、その宿願を成就した人々よりも失敗した人々のほうが多かったと思われる。いまとなっては、歴史上の記録から漏れてしまった場合、その志を確認することはほとんど不可能である。本人が存命中に企図を実現できなくても、後世になって創設者として謝意が捧げられる人々の場合は、その功績を偲ぶ便(よすが)はまだある。盲啞学校閉鎖が、本人の意思に基づいているならともかく、場合によっては不名誉な盲啞学校の閉鎖命令もあり、本人が感じたであろう挫折の痛切さは容易に推測できる。

そこで、盲啞学校の創設や維持に挫折した人々の典型的ないくつかの事例を記録しておくこととする。ここでは、盲啞学校の創設に成功したにもかかわらず、学校を維持することができずに閉鎖され、創設者として後世から正当に評価されず、失意と無念の生活を送ったであろうその後の消息がつかめない人々を事例的に取り上げる。

(一) 秋吉基治

秋吉基治（一八五八－一九二二）と熊本聾唖学校については、わずかな情報しかない。熊本県教育会『熊本県教育史　中巻』（［一九三一］四六五－四六六頁）と熊本県立熊本聾学校の記念誌『八十年史』（一九九二）の佐藤久美子「開校以前のあれこれ」（五七－六五頁）がその主なものである。後者の秋吉の聾唖学校に関する主要箇所は、前者と同じである。

私立熊本聾唖学校は、元第五高等中学校助教授・秋吉基治により、明治二七年五月一〇日開設申請を行い、五月一六日に開設が認可されている。五月一八日には、『九州日日新聞』広告で男一〇名、女五名の生徒募集を行った。この日程から見ると、周到な準備があった計画であることを想像させる。九州で設置時期が最も早い、長崎盲唖院の設立が具体化されたのが明治二九年四月一八日の長崎慈善会総会、開設許可が明治三一年六月九日、実際の開校は一〇月二二日だったから（平田・菅［一九九八］二八－二九頁）、秋吉の聾唖学校が九州地方では最も早期の聾唖学校創設だったことになる。ところが、開設した明治二七年の一二月二二日には、都合によりという理由で廃止届が出されたという。

秋吉基治（季五郎または末五郎とも）は、体育の世界ではそれなりの履歴と実績をもった人物のようである。しかし元来は軍人志望で、明治一四年（か？）戸山陸軍学校に入学している（中森［二〇〇八］六四頁）。明治一九年六月には、東京高等師範学校体操専修員を卒業している。その後、明治二一年頃、第五高等中学校で助教諭（第五高等学校［一九三九］一〇八頁）、明治二二年に秋吉助教諭の主導で小島郷の運動場で野球を開始した（中西［一九六一］六五二頁）。第五高等中学校には、明治二四～二八年度に在職していた記録がある（高森［一九五七］四頁）。また、水泳に関する二つの著書がある。明治三五年八月には、京都の石敢堂から、本文七九頁、図版四八枚の『帝国遊泳術示教』を刊行している。本書は、水泳術の指導書であるだけでなく、競技会、負傷時の処置、技術認定等、広範な解説書であり、図版を多用して分かりやすい著書となっている。明治三八年六月と七月には、『踏海流遊泳術教科書』上・下二巻を京都・周文館から刊行している。上巻は技術書、下巻は指導用である。なお、本書奥付には、居住地と思われる京都市の住所が記載されている。[5] 明治三三年には、京都府一中助教諭時代に、彦根尋常高等師範学校で息子の公鎮とともに、水泳の講師をしていて、次年度以降も継続している（成宮・木村［一九九五・九・一〇］）。これ以外の情報は分からない。
秋吉の聾唖学校開設申請に対して、熊本県は、「本校（熊本聾唖学校－引用者）ハ種類稀ナル学校ニ候所、教科程度稍高尚ニ失スル感ナキ能ハサルモ、強ヒテ訂正セシムル程ニモ無、之殊ニ本人聊カ経験モ有之哉ニ相聞ヘ候付、此儘御許可相成可然」とのコメントを付している。申請書に付した規則書には、本校について重要な情報が多く示されている。この情報は、熊本県のコメントと関連する。

秋吉が計画した教育計画は、東京盲唖学校（東京盲唖学校［一八九二］）と京都盲唖院（京都市立盲唖院［一九〇三］）の先例を参考としながら、地方の必要性という観点から調整したものと思われる。それを、学校目的、入学唖生の要件、教科、一日の授業時間、修業年限について整理してみる。

学校目的

・熊本聾唖学校　普通ノ学科ヲ授ケ前途自営ノ道ヲ得シム
・東京盲唖学校　教育シ自立ノ道ヲ得シムルコト
・京都盲唖院　普通ノ教育ヲ授ケ兼テ独立自活ニ須要ナル技芸ヲ教フル

学校・教育目的については、京都校の影響が強いように思われる。初等教育と職業自立の二大目的に収束していくという意味では、京都校の目的設定には先進性がある。ただし、東京校の場合、日本唯一の官立校として、「盲唖教育ノ模範」を示すこと、すなわち、教育方法の開発が第一の設置目的であるという意味で、「教育シ」という表現になっているものと思われるが、当然、基礎教育は含まれている。

入学要件と修業年限

・熊本聾唖学校　およそ一〇歳以上、二〇歳未満。学齢の場合は就学免除者。修業年限は五年。
・東京盲唖学校　およそ八歳以上、一八歳未満。およそ五年。
・京都盲唖院　八歳以上（普通科［尋常科・高等科］）、技芸科は個別審査。五年（尋常科）。

教育課程と一日の授業時数
・熊本聾唖学校　読方、作文、習字、算術、会話、図画、体操、手工。六時間。
・東京盲唖学校　読方、習字、作文、算術、筆談、体操。五時間。
・京都盲唖院　修身、国語（読方・綴方・筆談・会話または手字・書方）、算術、体操、図画、裁縫、手工。

熊本聾唖学校に設置された図画と手工は、京都校尋常科でも設定されているが、東京校尋常科にはなく技芸科に設置された科目である。しかし、国語の表記は京都校とは異なる。明治二三年の小学校令で規定された小学校に設置された教科目は、修身読書作文習字算術体操であった。このうち体操は欠けてもよい教科目で、手工は追加することができる科目（第三条）、図画は高等小学校の科目だった（第四条）。

以上から、熊本聾唖学校の計画は、達成すべき目標と限られた資源のなかで開設できる科目、学校が開設された時期を考慮すれば、総合的に見てよく研究されていたといえる。学齢の入学志願者の要件に、就学免除者であることを明記した盲唖学校の例は、ほとんどない。秋吉は、教育課程では小学校に準じて設計しており、入学対象者も就学免除者としていることは、小学校制度との連続性を意識しているように思われる。

また、県の「高尚ニ失スル」とは聾唖教育の実態を把握していたうえでのコメントであるのか、疑問が残る。また、同じコメントにおいて、秋吉本人が聾唖教育に多少は通じているとの言及も、明治二七年という時点で、東京と京都にしか聾唖教育の実例がなかったことを考えると、秋吉が、東京高等師範学校在学中に、東京盲唖学校を見学したことはありうるであろうが、よく分からない。

秋吉の熊本聾唖学校は、開設から約半年後の明治二七年末に「都合之れあり」を理由として閉校届が提出され、廃校となった。生徒が集まらない、教育成果が上がらないとの理由が推測されているが（熊本県教育会［一九三一］四六六頁）、新聞記事を含めて、学校創設の経営組織や資金にはまったく触れられていない。学校を開設した場所である熊本市西子飼町三一番地は自宅と思われ、経営上の問題も大きかったと思われる。約一年半後に長崎市で盲唖学校の具体的な創設計画に着手されるが、その運動には、長崎慈善会という基盤、安中半三郎というリーダー、拙速を避ける計画の周到さがあったが、秋吉の場合、それを窺わせる情報はない。それに加えて、秋吉の計画の対象者が聾唖であったこと、熊本という地方都市での創設計画であったことも、聾唖教育のニーズが顕在化するには、やや時期が早かったのかもしれない。九州最初の聾唖学校は、こうして短命に終わった。

(二) 佐土原すゑ

女性による日本最初の聾唖学校を創設した佐土原すゑ（スヱ子・俊惠）の場合は、秋吉よりも、もっと情報が少ない。経歴も不明である。彼女の氏名が確認できるのは、明治三四年の『東京盲唖学校沿革略』に「教務雇」として、明治三二年三月三一日－明治三三年三月三一日まで雇用されていたという記録だけである（東京盲唖学校［一九〇一］七五頁）。なお、佐土原自身の語るところによれば、明治三一年一〇月に東京盲唖学校で授業方法の研修を開始し、舎監にも従事したという（佐土原すゑ子女史［一九三二・一〇・九］一四二頁）。教員練習科は明治三六年度から始まる事業なので、それ以前の盲唖教育法の学習には、研修という受け入れ以外に方法がなかったのである。

東京盲唖学校は文部省直轄学校として正規職員は、校長のほか、教諭および助教諭をそれぞれ三名という規定枠があり、それ以外は学校予算内の範囲で文部大臣の許可を得て講師または雇員を雇用できた（東京盲唖学校［一八九二］一八頁）。したがって、佐土原は、正規の教員ではなく、定員外の一年間の措置として、盲唖教育の研修を目的とした校長の処置であったものと推測される（時期は異なるが、高木慎之助[6]と吉川金造も同じ「教務雇」となっている）。

佐土原は、明治三三年七月七日に聾唖学校の開設認可を県から得て、鹿児島市清水町百四四番戸に学校を開設したというから、東京盲唖学校を辞職し、五月に鹿児島に戻って、相当早い経過の開校だった。早速生徒を募集して一九名の生徒が入学を志願し、七月一六日には開校した（佐土原すゑ子女史［一九〇〇・一〇・九］。佐土原学校聾唖生教育［一九〇〇・一〇・二八］）。この二つの記事が掲載されたのは、沖縄県教育会の機関誌『琉球教育』であり、本誌編集者は、沖縄県にも聾唖学校開設を期待してのことだった（沖縄県で盲教育に着手されるのは明治三九年、沖縄県中頭郡渡慶次小学校の與那嶺惟俊校長によってである。戸崎［二〇〇七］）。

『琉球教育』明治三三年一月九日号の記事は、佐土原の聾唖学校創設の動機と趣旨が詳しく記載されている。それによれば、夫と死別し（夫・喜次郎は東京で警察官をしていたという。有馬［二〇〇二］八三頁）、一人っ子も失い、生涯の仕事として、女手一人で夫の郷里・鹿児島に聾唖学校を開設した。聾唖児がことばをもたないために、意思疎通と情愛という対人的・社会的関係、就労、他者への経済的依存という幾重もの閉鎖された空間に置かれた聾唖児に対する彼女の憐憫と共感は、本校教育目的の筆頭に象徴されているように思われる。

「佐土原学校設立趣意書」に示されている佐土原の構想する教育目的は以下のとおりである。聾唖学校が一般に提起する目的とは異質な部分を含んでいるが、斬新ではある。

①教育によって、可能な限り、人生天賦の自由幸福を享受させる。
②修身教育により、倫理の要綱を認識させる。
③発音によって言語を習わせ、習字によって書き方を指導し、物事の形や状態により意味を理解させる（「形容に依り、意義を会得せしめ」）。これらによって物の道理を了解させる（「物理一般を了解せしむる」）。
④裁縫・造花・絵画・彫刻等を学ぶことにより、自活できるようにする。

佐土原聾啞学校にとって間が悪かったのは、南雲總次郎（一八七七―一九六〇）による鹿児島慈恵盲啞学校の活動と時間的に近接し、事業内容に重複する部分があったことである。南雲は明治一〇年八月、山形県米沢で出生し、一六歳の時、事故で失明した（有馬［二〇〇二］一六―一七頁）。米沢で修業して鍼按の営業免許を取得し、刻苦精励して東京盲啞学校に入学、明治三一年三月、東京盲啞学校尋常科を卒業、三三年三月には鍼按科を卒業した盲人である。東京盲啞学校は小さなキャンパスであるから、同じ学校空間にいた佐土原すゑ、そして彼女の境遇と将来の抱負を、南雲は耳にしていた可能性が高い。小西校長が卒業生につねに期待していたという就職地における盲啞教育の創始を小西は南雲にも語ったというから（有馬［二〇〇二］四三頁）、少なくとも佐土原の聾啞学校経営に小西が言及したと考えるのが自然であろう。さらに、県に学校開設申請をする際に、佐土原聾啞学校がすでに開校しているという情報を得ていたであろう。しかし、南雲に関する情報は本人の記述を含めて矛盾があり、正確さを期し難い。

南雲は、卒業後、小西信八校長の紹介で鹿児島市の病院にマッサージ師として採用される。明治三五年頃から盲啞学校創設を計画し、三六年二月に鹿児島慈恵盲啞学校を創設したが、大正一〇年四月に個人的不祥事により退職を余儀なくされた。そこで北海道に渡り、大正一一年五月に旭川盲啞学校の開設許可が下り、南雲が校長となり、昭和二九年まで北海道旭川聾学校長を務めた。昭和二二年には、稚内盲啞学校の創設に尽力した（小山［二〇〇一］四五―五六頁）。

このように、南雲は世間的には一旦挫折しかけたが、結果的には功成り名遂げ、現在でも創設者として敬愛されているのに対して、佐土原は、現在ではほぼ忘れ去られた創設者となっている（後述）。しかし当時はそれなりに認められた存在だった。明治四一年の頃、全国盲啞学校三六校中から、功績ある盲啞教育者五人のうちの一人に選ばれて、文部省から百円の賞与を得ている（名誉ある盲啞教育者［一九〇八・二］六七頁）。他の四人は、高田訓矇学校の杉本直形、福島訓盲学校の澁木重庵と長澤正太郎、長野盲啞学校の花岡初太郎で、いずれも、記念誌で先覚者と位置づけられている人物である。この記事での佐土原の学校は、鹿児島盲啞学校となっている（明治四〇年末の東京盲啞学校調では、盲児一〇名、聾啞児五二名　東京盲啞学校［一九〇七］）。

また佐土原は、明治三五年一〇月には『聾唖教授手話法』[7]を刊行し、四二年八月には再版を発行している。明治四四年七月刊行の松元四郎平[8]（?－一九二六）『鍼灸経穴学　附臨床治方録』では、奥村三策の序の後に、「鹿児島盲唖学校長佐土原俊恵」の名前で六月に序を書いている。松元は、佐土原の鹿児島盲唖学校の卒業生であるという。この序と上記の趣意書は、佐土原の非凡な筆力を窺わせる。

こうして佐土原は、聾唖児に加えて盲児の教育も手がけており、明治末期までは「入学者日に多し」（名誉ある盲唖教育者［一九〇八・二］六七頁）という状態であったようである。また、彼女は、大正三年一〇月八日から一二日まで鹿児島盲学校で開催された第二回西部盲唖教育会に、「鹿児島聾唖学校長」として出席しており、聾唖生「発音法は全廃せり」と答えており（第二回西部盲唖教育会報告［一九一五・二］二九頁）、明治三五年の『手話法』方式が堅持されていたといえる。

しかし、南雲との関係がよくなかったことを示す例は二つある。一つは、佐土原聾唖学校の教員・伊集院キク（キク子・きく）を、南雲が引き抜いたことである。伊集院は、京都盲唖院聾唖部尋常科卒業、同校で助手を二年一カ月経験した聾唖教育者であった（京都市立盲唖院［一九〇三］五三、八五頁）。その後、彼女は郷里・鹿児島に戻って、一旦は佐土原の学校で勤務するようになる（伊集院は、聾唖児対象の私塾を開いていたともいう。有馬［二〇〇二］八三頁）。その伊集院が南雲の盲唖学校に移籍したのである。

もう一つは、明治四二年に、南雲の学校と佐土原の学校が聾唖児対象という点で重複するので、南雲の学校は盲学校、佐土原は聾唖学校に特化することになり（鹿児島県［一九四三］四八三頁）、鹿児島慈恵盲唖学校の聾唖児は佐土原聾唖学校に引き取られることになった。南雲は、四〇年以上も後に、「あんなに口惜しいことはなかった」と当時を回想している（鹿児島県立鹿児島盲学校［二〇〇三］四九頁）。南雲の学校は、明治四二年一〇月に鹿児島盲学校と改称した。伊集院は再度、佐土原の学校に戻ったものと思われる。大正一〇年四月に南雲が校長を辞職し、川畑宗次郎が後任の校長となっていた慈恵校は、大正一〇年七月には再度聾唖部を設置して、鹿児島盲唖学校と改称した。この年に佐土原盲唖学校は県の閉鎖命令によって廃校となり、その生徒は鹿児島盲唖学校に継承された（鹿児島県学務部学務課［一九二六］三九頁。鹿児島県社会課［一九二三］二一頁）。[9]

以上のように、対象児の分担区分や学校名の不一致等、矛盾する点はあるが、南雲の学校は発展し、佐土原の学校は閉鎖されるに至った。明治三二年八月二日公布の私立学校令（勅令第三五九号）で規定された閉鎖命令は、以下のとおりである。いずれも不名誉な規定であるが、佐土原の盲唖院がどの条項に該当するのかは不明である。

第一〇条　左ノ場合ニ於テハ監督官庁ハ私立学校ノ閉鎖ヲ命スルコトヲ得
一　法令ノ規定ニ違反シタルトキ
二　安寧秩序ヲ紊乱シ又ハ風俗ヲ壊乱スルノ虞アルトキ
三　六箇月以上規定ノ授業ヲ為サヽルトキ
四　第九条ニ依リ監督官庁ノ為セル命令ニ違反シタルトキ

また、閉鎖命令に先だって改善のための変更命令があるのが通例であると思われる。この点についても、まったく不明である。

第九条　私立学校ノ設備授業及其ノ他ノ事項ニシテ教育上有害ナリト認メタルトキハ監督官庁ハ之カ変更ヲ命スルコトヲ得

南雲の学校の発展と佐土原の学校閉鎖という対照的な違いは何に起因しているのであろうか。両校ともに資金難であったことは明らかであるが、南雲の学校には評議員会という体制が当初からあり、地方名望層を含む支持者の拡大が可能だった。学校訪問者のなかには、子爵・税所篤（一八二七－一九一〇）や鹿児島県内務部長・関屋貞三郎（一八七五－一九五〇）、同・服部教一が含まれる（鹿児島県立盲唖学校［一九三六］四一頁。鹿児島県立鹿児島盲学校［二〇〇三］二一頁）。

これに対して、佐土原の学校には、後援者を含めて組織的な経営体制があったことを推測できる記述がない。南雲の学校では、大正五年認可の財団法人化のような経営安定の努力もあった。二校の背景の違いは、佐土原が女性であったことも理由の一つであろう。戦前の日本の風土では、女性の単独活動による盲唖学校創設運動は福田与志を除けば存在しなかったし、[10]盲唖学校の創設に成功した初期の師範学校卒業生である福田ですら、[11]県教育界における多少の基盤があったにもかかわらず、校長にはなれなかったのである。

幸いなことに、鹿児島県聾教育の創始者として佐土原すゑの功績と名誉は、昭和五四年になって再評価されるに至る。日本特殊教育一〇〇年、鹿児島特殊教育五〇年の記念誌において、佐土原の聾唖教育の創業と成果が詳細に紹介されている。それだけでなく、廃校処分となった佐土原の聾唖教育事業は、同校の教員だった石原ヱイが継承し、医師の夫の援助によって、地名にちなむ「西武学校」として経営の辛苦のなかで、昭和四年の県立移管まで存続していたという（鹿児島県［一九七九］二二一－二二九、一三六－一三七頁）。しかし、その「継承」はどのように理解されるべきなのだろうか。県の閉鎖命令によった後に、校名が引き継がれることはないし、校地も変更になっている。何より、佐土原のコミュニケーション方法は手話法だったが、石原は口話法のようである（九州日日新聞［一九二八・四・一五］二面）。

このことに関連して、県当局の聾唖学院に対する理解が、学務課と社会課とではかなり異なっていることは興味深い。大正一二年の『社会事業概要』では、「盲人保護事業」の項目で、財団法人鹿児島盲唖学校と石原の私立鹿児島聾唖講習所が掲載され、講習所は、大正一〇年六月の佐土原の鹿児島聾唖学校閉鎖後、一二月七日に創設されたという。修業年限は四年で、木工部・塗工部・裁縫部があり、三二名が在籍していた（鹿児島県社会課［一九二三］二一頁）。大正一五年九月の『鹿児島県教育概要』では、小学校に類する学校として財団法人鹿児島盲唖学校のみを取り上げ、盲児（男二四、女三人）、唖児（男一五、女九人）が、昭和四年には盲児二五名、唖児四八名と、聾唖児が増加していた（鹿児島県学務課

［一九二六］八、三九頁）。それに対して、社会事業に属するとみなされた私立鹿児島聾唖学院では、昭和四年現在で、卒業生五三名、男二〇名、女一三名が在籍し、「午前ハ科学、午後ハ作業ヲ授ケ将来処世ノ途ヲ得セシメツ、アリ」という（鹿児島県社会課［一九二九］一四－一五頁）。聾唖学院に就学している聾唖児数は、盲唖学校には及ばないが、相当の数に達していたのである。それぞれの学校の教育内容について極言すれば、鹿児島盲唖学校は県立代用校であるのに対して、社会事業である聾唖学院の主たる目的は、最初の校名が「鹿児島聾唖工業所」であることからして、職業教育が中心の聾唖学校であったと思われる。その意味では、職業教育中心の社会事業的性格の盲学校と類似していたものと思われ（第八章第八節参照）、就学数が多いことは、短期間で職業技術の得られる課程が、保護者から要望されていたものと推測される。同時に、教育の普及につれて初等教育の必要性も生じていたことは、一九七九年の記念誌でも示されており、上記の午前中の「科学」もそれに類するであろう。また、本校の維持が石原個人の意思によるものではなく、地域の広がりがたとえ強力ではなかったとしても存在していたことは、歴代校長の存在により示唆される（鹿児島県［一九七九］二七頁）。しかしながら、聾唖教育の専門的な教育がどの程度、充足されていたのかは疑問が残る。

継承性からいえば、行政上と言語指導法上の関連はないが、対象児の社会階層と学校の役割については、石原ヱイは佐土原すゑの意図を引き継いだといえよう。

（三）山本厚平

山本厚平は、岡山県の最初期の盲唖教育開拓者であり、私立岡山盲唖院を設置して、その運営と教育に従事しながら、明治三九年一二月二七日には、県庁職員の現地調査の結果、岡山県により私立学校令第一〇条に基づく閉鎖命令を受けた（山陽新報［一九〇六・一二・二九］）。また、第二章で述べた岡山県の檜垣直右知事による盲唖児巡回指導政策の一環として小学校訓導から盲唖教育に転身し、巡回講習講師退職は、檜垣の失脚とも関連があったと推測される人物である。日生（ひなせ）小学校訓導を経て都窪（つくぼ）郡大高尋常小学校訓導だった山本厚平は、明治三七年四月、檜垣知事の指示により東京盲唖学校教員練習科に入学し、翌年三月に第二回生として卒業した。同期には、高取易太郎、明治三九年に山本の後任となる平岩繁治、藁谷貞吉らがいた。山本は、明治三八年度から、一般の小学校教員に簡易な盲唖教育法を習得させるために開催された県内各地での短期講習会の岡山県盲唖教育講師を務めた。ところがこの制度は、檜垣知事の休職処分に伴って明治三九年七月または年度末に廃止された。後任として平岩が発令されているから、短期講習制度の廃止と山本の退職の関係は不明であるが、山本は県盲唖講習講師の職を去る。

山本は、明治三八年四月、巡回講習に従事しながら、七月四日、岡山県盲人会を組織している。岡山市内の盲人を集めて、相互親睦、盲人の学術・技芸の発達、後進子弟の保護・教導が目的だった（加藤［一九七四］二〇頁）。さらに翌三九年二月二五日、日露戦争の失明軍人と遺家族の盲唖者を対象に、普通の教育と独立自活のための技芸を教授する私立岡山盲唖院を創設した。理事長は県内務部長、顧問は県教育会長、愛国婦人会岡山支部の助力も得ていた（第二章第二節参照）。その後間もなく四月には、第二部を増設して教育対象を学齢盲唖児として自活自営の教育を開始し（岡山盲唖院理事会［一九〇六・四・二〇］）、修業年限三年の普通科・技芸科を設けて、児童数は二〇名に達したこともあるという（加藤［一九七四］二〇頁）。しかし山本の盲唖院は一二月には、経営紊乱を理由として県により閉鎖命令をうけて、廃止されることになる（加藤［一九七四］二〇頁）。

山本の盲唖院が私立学校の閉鎖命令を定めた規定のどの条項に該当するのかも、佐土原と同じく、不明である。その後の山本の消息は把握できないが、少なくとも大正末期以降の『東京盲学校一覧』の「卒業後状況」は「商業」になっている（東京盲学校［一九二三］八頁、［一九二七］一三頁、［一九二八］一三頁、［一九三六］六頁、［一九四一］六頁）。山本が東盲教員練習科に在学中の一年間は、県教育会機関誌『備作教育』に盛んに投稿していた。三八年一一月一三日には、東京盲唖学校を突然訪問し、一週間、寄宿舎に滞在した（客員会員消息［一九〇六・三］四〇頁）。訪問した理由は不明であるという。評価が定まらなかった時代の新しい仕事であった盲唖教育や盲人会、そして私立盲唖学校の創設等、未開拓の事業に果敢に乗り出した山本は、いかなる大志あるいは野心を抱いていたのであろうか。

第二節　各種教育会と小学校教育における盲唖教育に対する関心の動向

一．各種教育会における特殊教育問題の認識

盲唖教育令と学制初期および特殊教育令構想の時期を除けば、文部省が特殊教育関連の問題を政策課題とすることはほとんどなかった。組織として特殊教育を政策課題とするように運動したのは、全国的な教育会としての帝国教育会と地方の教育会（道府県・郡・市）だった。帝国教育会は、全国連合教育会のように全国の教育会を組織化して、その時々の重要な教育・学校の課題について政策化しようとした。地方の教育会の創設は、必ずしも一様な目的を目ざしてはないが（梶山・竹田［二〇〇五］三〇二－三〇三頁）、当初は自己研修的な自発的な組織であり、教師以外の会員も多い教育会もあった。地方の教育会の運営では、地方差は大きかったものと思われる。会員構成も異なり、きめ細かく、市や郡単位で結成され、活発な活動をしている地方もあれば、お座なりの活動にすぎない地方もあった。しかし中央集権体制の強化とともに、これらの教育会の役割は変質する。しだいに県単位の教育会ができて、県と地方の上下関係が形成されるようになる。同時に、県の教育行政の機能が付加され、教育政策の具現化や統制という機能も果たすようになり、中央集権的な末端の位置を負うようになる。県教育会では、知事や県学務官僚が名目上であれ、正副会長職につくようになる。このような経過のなかで、各種教育会の活動は、純粋に教育専門職による政策要求と教育行政側の実効的手段としての利用という二つの側面があったように思われる。

明治三八年八月の第五回全国連合教育会では[12]、盲唖教育令（京都市教育会提案）の発布と師範学校附属小学校における盲唖学校附設（信濃教育会提案）を文部大臣に建議した（第五回全国連合教育会議［一九〇五・一〇］一五、二〇頁）。盲唖教育令の公布は大正一二年までずれ込んだが、師範学校附属小学校における障害児特別学級附設提案は、明治四〇年の文部省訓令第六号として、盲唖以外にも対象を拡大して具現化されている（この訓令に対する肯定的評価は第三章で述べた。

なお、市澤［二〇〇二］八二―八四頁も参照）。

明治四〇年一月、帝国教育会は訓盲部と教唖部の調査部会を設置した（訓盲教唖調査部設置［一九〇七・三］七頁。帝国教育会の盲唖教育［一九〇五・一］）。文部省が盲唖教育令公布の好機を逸した後、文部省の意を受けて帝国教育会が盲唖教育令公布の準備を再開したと思われる。全国レベルでのこのような動きは、県教育会における盲唖当事者の運動の成果でもあり、全国大会の活動は、地方の教育会活動にも反映した。このようなプロセスが成立すると、それまで特殊教育関連の提議が公的になされたことがなかった県教育会でも、盲唖教育の確立と普及が徐々に政策課題として表面化してくる。

関係者念願の大正一二年盲唖教育令が公布されて以降の教育関係者による次の政策課題は、最初に、盲唖以外の障害児や個別的な指導を要する児童教育問題に拡大する。ついで、盲唖学校設置義務の七年間の猶予期間が切れる昭和六年以降における盲唖児就学義務制、そして、これらと並行しての学校制度改革における特殊教育の扱い方へと展開する。

最初に特殊教育の盲唖以外への拡大についてである。小学校教員会の全国組織化（太郎良［二〇〇九］）が図られた時期である大正一四年四月、堺市で開催された第二四回全国各市小学校連合会において、「二、低能児、病弱児、不具児等に関する特種教育令」の制定、「六、特種教育研究機関」の設置が建議された。これに対して、文部次官・松浦鎮次郎は、「異状欠陥児」について、「現時の実情に鑑み適当なる時期に於て実施すべきものと認め各々調査審議中」と回答している（第二四回全国各市小学校連合会ノ建議ニ関スル件［一九二六・六］七六―七七頁）。ついで、大正一五年四月、姫路市で開催された第二五回全国各市小学校連合会において、「国費を以て各市に特種児童教養所」設置の建議が可決されている（第二五回全国各市小学校連合会［一九二六・六］六六頁）。

昭和期に入ると、教育・保護の必要性が高かった精神薄弱児も、対象として取り上げられるようになる。昭和七年の文部省主催全国小学校長会議答申では、特殊学校設置・特殊学級の組織の促進が「教育の内容改善に関する事項」の一つとして答申された（文部省主催全国小学校長会議概況［一九三三・一］八一頁）。この提案において対象児は明示されていないが、主に精神薄弱児を指すものと解される。昭和一〇年五月の長崎県教育会総会では、長崎市部会から身体・精神薄弱児の特殊教育制度の制定建議があった（長崎県教育会総会［一九三五・七］六四頁）。昭和一一年と一二年の東京府連合教育会総会では、精神薄弱児の補導教養機関の設置が、東京市長と東京府知事に要望されている（第三八回東京府連合教育会［一九三七・二］七二頁。第三九回東京府連合教育会［一九三七・一二］一三頁）。さらに対象は拡大する。昭和八年の第二〇回全国連合教育会では、石川県教育会提出の「性格異常児童」の教育制度と義務化建議が、即決可決された（非常時教育方針を決議せる第二〇回全国連合教育会［一九三三・六］六〇、六七頁）。昭和八年の山口県熊毛郡教育会では、性行不良・遅進・虚弱・栄養不良等の異常児救済を、時局対策実施要項の一つとして提案している（熊毛郡教育会［一九三三・一〇］一〇五頁）。

とくに昭和時代に入って、特殊教育の対象としてクローズアップされたのは虚弱児である。昭和二年の石川県教育会総会、昭和七年の第一〇回全国連合学校衛生会、昭和九年の第三五回東京府連合教育会と全国小学校女教員大会、昭和一一年の第一五回全国連合学校衛生会総会で、虚弱児の教育や学級設置が建議または提案されている（井澤・今井［一九二七・九］六九－七〇頁。第一〇回全国連合学校衛生会総会［一九三二・三］九五頁。第三五回東京府連合教育会総会［一九三四・二］四五－四六頁。全国小学校女教員大会［一九三四・七］七七頁）。とくに学校衛生会では、広範な地域から、類似の提案があった。

昭和六年になると、盲唖教育令の道府県設置義務の猶予期間が切れるとともに、盲唖児の就学義務制が主要な要求事項となり、他の障害児にも援用されるようになる。新潟県教育大会で盲唖学齢児童の義務教育が決議された（新潟県教育大会［一九三一・一一］）。昭和一一年八月の山口県教育会総会（昭和一一年度山口県教育会事業報告［一九三七・四］一四二頁）、昭和一四年五月開催の第二〇回九州沖縄八県連合教育会において（昭和一四年度帝国教育会通常総会記録［一九三九・七］九六頁）、盲唖学齢児童の就学義務制を実施する建議が採択された。これ以降も、就学義務制の要求は、建議団体を拡大しながら続いていく。また、中央の動きと地方の関係は双方向となる。昭和一二年五月開催の帝国教育会通常総会では、文部省諮問「地方の実情に鑑み教育制度上改善を要する事項如何」に対する答申一八項目に、「五、特殊教育制度の拡充を期すること」が含まれ、帝国盲教育会提出の「速に盲唖学齢児童に対する就学義務制を確立せられむことを建議する件」は、「満場一致即決可決」だった（昭和一二年度本会通常総会記録［一九三七・六］一〇二、一〇五頁）。昭和一三、一四年五月開催の総会でも同じく帝国盲教育会提出の「速に盲唖学齢児童に対する就学義務制を確立せられんことを建議する件」が異議なく原案可決されているが、昭和一三年の提案者には、東北六県教育会代表宮城県教育会が加わっている（高橋［一九三八・五］八頁）。昭和一五年の総会では、帝国盲教育会からの宿年の義務制提案に加えて、財団法人聾教育振興会からも類似の提案があり、一括審議のうえ原案どおり可決された（昭和一五年度帝国教育会通常総会記録［一九四〇・七］八六頁）。昭和一六年も同様で、提案者は、日本聾唖教育会と帝国盲教育会の二つとなっている。なお、帝国盲教育会による盲唖学齢児童の義務教育実施提案は昭和一七年の大会までは確認できる（帝国教育［一九四二・六］四三頁）。

盲唖義務制の要求で重要なことは、就学義務制の実施だけでは盲学校・聾唖学校への就学者が増加しない現実があったために、就学奨励制度の実施と一体となった就学義務制が、盲学校・聾唖学校の関係者だけでなく、帝国教育会としての要求になったことである。

昭和一一年五月開催の帝国教育会通常総会では、帝国盲教育会提出の「速に盲唖学齢児童に対する就学義務制度を実施し相当の就学奨励金を交付せられんことを建議するの件」が即決可決となった（昭和一一年度帝国教育会通常総会記録［一九三六・七］九四頁）。

盛んな建議と審議抜きの即決可決の実体は、もちろん関係者の強い要求を示すものではあったが、実際にはそれほど単純ではなかったことについては、別に述べる。

表 4-2-1　広島県教育会の運営事業（大正 2 年度、単位：円）

	総　額	県補助	市補助	教員講習所	工業補習夜学校	商業補習夜学校	夏期講習費
収入	11215.107	1564.836	2520.000		123.000	130.600	
支出	10352.520			4557.409	1159.515	1121.980	600.825

二　県教育会における盲唖教育に対する関心

（一）県教育会が経営した事業

県教育会の性格変容とともに、元来は公的事業として然るべき行政主体（国・県・町等）が経営すべき教育事業を、県教育会が一時的あるいは事業が必要な期間において代わりに経営するようになる。その機能は、県あるいは市に移管されるまでの一時的な事業、試行的な事業に分けることができるだろう。たとえば、広島県教育会が大正二年度において経営していた事業は、①雑誌（機関誌）発行、②教員講習所（教員養成）経営、③補習夜学校六校経営、④夏期講習会（広島市二箇所）開催、⑤教育調査部における講究調査または事業の経営（通俗教育調査部講演資料印刷物の配布四回、通俗講演会五回）、⑥第九回全国連合教育会への代議員派遣であった。

これを収支会計でみると、以下のようである。補習夜学校の収入は授業料である。収入には、上記以外に「入所料及授業料」の項目で四九二九・二五〇円がある。会費収入は一二八八・〇九五円、雑収入六五九・八三六円を加えて収入総額となる。講習所と補習学校の支出総額に占める県と市の補助金の割合は五九・七三％となる（芸備教育一二八［一九一四・一二］二四－二五頁）。補習教育は、義務教育期間（二年）延長論と補習教育就学者前・後期合わせて一〇〇万人になりつつあった状況から見れば、義務教育四年制の補充機能があったとみることができる。このような多様な事業は教育会においてほぼ共通であるが、たとえば長崎県教育会では、外国語学校のような地方の必要性を生かした事業も運営していた。図書館を経営した県教育会も少なくない。このような、本来は県や市が引き受けるべき他の事業として、盲唖学校の設立と経営があった。

(二) 県教育会における盲唖教育への関心の持続とその意義

一部の県教育会が組織として関与した事業に、盲唖教育がある。しかし関与の仕方には、すでに示したように二つに区分できる。教育会が先導すべき事業として経営に関与する場合、そして、県当局と協議のうえ盲唖学校の県営移管までの移行期間を経営する場合である。しかし、この二つの区分の間には多様な関与の仕方がある。たとえば、教育会幹部が中心となって盲唖学校への援助または経営へと牽引する場合もあれば、県営移管を前提として教育会が名義貸しをする場合である。教育会が関与すべき教育課題は多かったから、そのなかから、わずかな経費を負担してまでも盲唖教育事業に着手すべきであるとの県教育会幹部の広い視野と先見性ある認識は評価されて然るべきであった。なお、県教育会が関与した特殊教育関係の経営活動は盲唖教育がほとんどであり、京都府教育会の劣等児・低能児教育事業への関与は例外に属する(研究課題としての県教育会の活動は少なくない)。

県教育会の関与の仕方は、盲唖教育にまったく関心を示さない県と盲唖学校を教育会が経営する県に分かれるが、そこにはどのような事情や理由があるのだろうか。教育界における盲唖教育事業への個人的な関与は、第一章ですでに述べたが、ここでは、教育界における盲唖児の教育に対する関心を、特定の範囲かつ二つの観点において検討してみよう。その範囲とは、県教育会というすべての県で結成された教育関係者の組織である。ただし、県によって教育の範囲はやや異なるが、小学校教育が中心である。したがって、小学校教育と初等教育教員養成機関である師範学校の校長および教員が、主な関係者となる。二つの観点とは、一つは県教育会雑誌における会員の盲唖教育に対する関心とその内容であり、もう一つは、その関心が盲唖学校の設立や経営あるいは継承にまで発展する事例である。

教育会が盲唖学校に関与するのは明治三〇年代が初めてではなく、すでに述べたように、明治一〇年代の松村精一郎の盲唖院を継承した金沢教育社、明治二〇年代の高田訓矇学校に対する上越教育会の協力があった。ここでは、明治三〇年以降の県教育会の多様な対応を整理したのが、表4-2-2である。

表4-2-2で示した県教育会の関与の内容をもとに類型化すると、以下のようになる。

表 4-2-2　県教育会の盲啞学校・盲啞教育への関与

時期	教育会	県教育会の関与		県立移管年等
		経　過	内　容	
明治27	大阪教育会［大阪府教育会の前身）	東区北大江尋常小学校長・清水常次郎ら、市立盲啞学校の設立について大阪教育会に働きかけ、大阪教育会は調査後の 11 月に市参事会に建議。さらに、市会議員竹谷伊太郎により、「盲啞学校設立ニ関スル建議案」を提出し、満場一致で、市に調査と提案を要請	市は、経費問題と国家的事業のため、市立盲啞学校は設立しないと回答	明治 40
明治30	秋田県北秋田郡教育会	高等師範学校生徒・和田喜八郎（後の秋田県師範学校長）により、近辺の盲人に点字指導	点字指導	明治 45
明治34	東京市教育会	調査部主任の報告。「不具者」を教育する東京市の学校として、盲人と啞人の寄宿制学校を一校設立する。痴人学校は、既設の痴人学校を補助してその成果をもとに方策を検討する。教職員や敷地についても提案	学科は高等小学までの課程と職業課程を設置し、定員は 100 人、入学年齢は 10 ～ 15 歳までとする	昭和 2
明治35	福岡県教育会	県教育会内に設立・直営構想はあったものの、学校設立を目的とする福岡盲啞教育慈善会を県教育会の事業として創立、明治 42 年社団法人、明治 43 年私立盲啞学校開校	直営案は、県教育会全体の支持を得られず、経営母体組織結成	大正 13
明治37	新潟県古志郡教育会	金子徳十郎による長岡盲啞学校創設計画の委譲を要請して県に設立計画を提出したが、県は不許可	盲啞学校設立に何らかの関与を模索	大正 11
	岩手県二戸郡教育会	県連合教育会において、県師範学校附属小学校内で盲啞教育を開始し、教育方法を範示する建議を提案	県師範学校附属小学校で盲啞教育の方法開発と範示を提案	大正 14
明治38	上野［群馬県）教育会	上野教育会附属訓盲所創設、明治 41 年、群馬県師範学校附属小学校に移管	附属事業として経営	昭和 2
明治39	石川県教育会	盲啞学校設立を決議	盲啞学校設立を提案	大正 11
	福島県教育会石城会	私立磐城訓盲院設立、大正 13 年財団法人化	支部教育会の創設・経営［法人化まで）	昭和 23
明治40	高知県教育会	1194 円の施設費下付を県知事に要望したが実現せず	盲啞学校設立を県知事に提案	昭和 4
	愛媛県教育会	5 月、県教育会盲啞学校設立を決議、10 月開校式	盲啞学校設立・運営資金提供	昭和 4
	香川県教育会	12 月、盲人の盲学校創設運動に県高官および教育会関係者を中心とする県盲啞教育会を結成、明治 41 年香川盲啞学校創設	経営母体結成に協力	大正 13
明治41	岡山県教育会	11 月、岡山県教育会附属訓盲院。明治 43 年、私立岡山盲啞学校と改称	附属事業として経営	昭和 2
明治45	千葉県教育会	4 月、千葉県教育会附属訓盲院を開設。盲人が中心になって創設した千葉訓盲院を継承	継承。県教育会事業として経営	昭和 8
	大分県教育会	4 月、大分県教育会附属大分盲啞学校。明治 41 年創設の大分県私立盲啞学校を継承	名目だけで経営に関与せず	大正 10
大正2	石川県教育会	4 月、石川県教育会附属私立盲啞学校を開設。明治 41 年上森捨次郎創設の私立金沢盲啞学校を継承	継承し、県教育会事業として経営	大正 11
	福井県教育会	6 月、福井訓盲学舎を創設・経営。大正 14 年、福井盲学校と改称	県教育会事業として経営	昭和 4
大正3	広島県教育会	広島盲啞教育慈善会経営による私立広島盲学校・私立広島聾啞学校を創設	経営資金の募集に協力	大正 10
大正4	紀伊教育会	4 月紀伊教育会附属盲啞学校を開設。和歌山県師範附属小学校から継承	継承し、県教育会として経営	大正 7
大正7	高知県教育会	3 月、高知県教育会議員会で齋藤嶋太郎提案の盲啞学校設置を県に建議する案を可決	設置の必要性のみ主張	昭和 4
	沖縄県教育会那覇区教育部会	鈴木邦義知事の主導。知事寄付金 100 円と教育会からの 50 円で運営	区教育会として、与那嶺惟俊に委嘱、運営費の一部を拠出	昭和 18

出典：石川県教育史編さん委員会（1974）534 頁。石川県教育史編さん委員会（1975）96-99 頁。井上卓美（1957）5 頁。岩手県教育委員会（1981）1398 頁。大分県教育雑誌 301（1910.3）37 頁。大阪市立盲学校（1970）。岡山県立岡山盲学校（1958）1 頁。沖縄盲学校（1983）20 頁。香川県立盲学校（1978）37 頁。群馬県盲教育史編集委員会（1978）10-13 頁。高知教育 429（1918.4）43 頁。高知県教育史編集委員会（1964）124 頁。鈴木（1988）17 頁。鱸（1972）37-40,54-61 頁。平盲聾学校記念誌編集係（1970）9 頁。辻本（1924）1-5 頁。中山（1991.2）85。新潟県立長岡聾学校（2005）11 頁。平田（1995）297-299 頁。福井県立盲学校（1963）1-13 頁。福岡県立福岡盲学校（1960）20-21 頁。藤井（1974）30-31 頁。

①．直営　群馬県、福島県石城、岡山県、千葉県、石川県、福井県、和歌山県
②．経営母体の結成に尽力　福岡県、香川県
③．設立・維持資金調達に協力　愛媛県、広島県
④．その他　大分県（名目だけ）、秋田県北秋田郡教育会（点字指導）、新潟県古志郡教育会・岩手県二戸郡教育会・
　高知県教育会（設立提案）、沖縄県那覇区教育部会（小規模実施）

しかし、県教育会の関与の深さはその類型だけでは把握できない。関与の内容を分析すると、つぎのように整理できる。①の直営グループの大半は、県立移管まで盲唖学校を維持していること、県の補助金が多額なこと、県当局と県教育会との関係から、県立校の代わりの役割を果たす半官半民的な学校であったとみられる。このグループには、②の福岡県と香川県、③の愛媛県も入る。教育会の役割は盲唖学校の維持には甚大であったと評価できる。以上の諸県では、県教育会の幹部、知事や学務課長等の県高官、そして師範学校長等において、盲唖学校の必要性に対する理解があったことは注目すべきである。広島では実業家の参加もあった。

府県知事の任免が、出身藩閥や支持政党と密接に行われたことは、よく知られている。選挙では露骨な介入がしばしば行われたし、各レベルの政治家や地方行政による学校人事への干渉も多かったので、県教育会がそれと無縁ではいられなかった。それゆえ、県教育会の支持政党が鮮明で、知事が属する政党と対立する場合は、県教育会と知事との関係は微妙となる。小西信八が、明治三四年四月の東京盲唖学校の卒業式で、各府県に盲唖学校を設置することを要請した際に、「地方又ハ政事上ノ感情に制セラレ互ニ疎通ノ途ヲ塞カサランコト」（生徒卒業［一九〇一・四・二二］四五一頁）を期待しているのは、そのような事情がつきまとうからであろう。

秋田県立盲唖学校は、県教育会の支援がなかったように思われる珍しいケースではなかろうか。秋田県立盲唖学校は、最初の県立校として高い歴史的評価が与えられている。県議会では、県立盲唖学校創設問題は、円滑に進行したことに

なる。しかし、森正隆知事の教育に関連する文章や演説が、県教育会誌に掲載されることは、訓示を除けばない（他の県では、しばしば掲載されるのが通例である）。県教育会雑誌を検索した範囲では、秋田県立盲唖学校の創設期または盲唖学校の動向に触れた記事は皆無である（盲唖教育に関する論文は、昭和期になってからは、いくつかある）。他の県では、このような現象はみられない。

（三）教育会における盲唖教育への関心の地方によるばらつき

盲唖教育に対する県教育会の関心にはかなりばらつきがあることは、上述したとおりである。しかし、その関心の所在は分析を要する。一つは、県教育会という県全体の教員会員を統括する組織の誰が、どのような趣旨から関心をもったのかという問題である。第二は、その趣旨の内容である。

明治初期から、とくに聾唖児に教育的関心をもっていた教員がいたことにはすでに触れた。教員個人の盲唖児に対する教育的関心は、その後も消滅したわけではないであろうが、県教育会雑誌における論文や記事として表面には出てこなくなる。すでにみたとおり、一部の県教育会における盲唖教育への関与では、県教育会の幹部、県高官、そして県師範学校長等の間に、盲唖学校の必要性に対する共通理解があったことから考えれば、一般の会員（教員）が、日常の実践対象にはほとんどなっていない問題である、盲唖学校の設立や維持に関心をもつことはありえなかったであろう。

それゆえ、県レベルで盲唖学校問題が提起される場合、県教育会の幹部が主導したと考えて差し支えない。彼らは、全国の教育会議にも出席する機会が多く、会期中に東京盲唖学校を視察する機会もあり、欧米や国内の情報が入手できる地位やキャリアをもっていたからである。また、会長や顧問を知事や県学務責任者に戴く県教育会の性格からして、県当局の意志を忖度することは不可欠だった。

たとえば、群馬県教育会である上野教育会の盲学校経営は内務部長・大東重善のイニシアティブであった。大東が、盲唖教育を始めたのは、盲唖教育についての情報をある程度もっており、教育を開始する意義を理解していたからであろう。それゆえ、日露戦争による群馬県出身の傷痍軍人の発生は、盲教育を開始する好機となった。大束は、深謀遠慮の人物だったというから、国の存続に貢献した傷痍軍人に対する同情や敬意はあっただろうが、日露戦後のこの時期が群馬県における盲教育の開始の好機とみたのであろう。この時期は、戦費拠出のため予算削減が全国で至上命題となっており、群馬県でも県立中学校の廃止が見込まれていた。したがって、新たな県支出を必要とせずに、傷痍軍人に対する社会的同情を背景に盲学校を開設するには、大束が、県師範学校長・県教育会長、県視学、そして第二部長まで、一三年余にわたって勤務していた経歴により、大きな影響力をもっていた県教育会に経営を依頼できたのである。また、小西信八・東京盲唖学校長、とりわけ同校卒業生で訓盲所の盲教育を担当していた瀬間福一郎の存在は、失明軍人対応の訓盲所が使命終了とともに廃止されるのを、盲人（児）対応の訓盲所・盲学校へと存続させるうえで功績があった（瀬間については香取［二〇一六］参照）。大束は三九年四月には依願免官していたが、盲教育に関心をもっていたから、失明軍人訓盲所の盲学校への転身を期待していたものと推測される（大束重善先生編纂所［一九三六］一〇三、一一四、一三二、一八七－一八八頁。略年譜、二一－三頁）。

なお、「日露戦捷」は、福岡盲唖学校のように創設計画の一時凍結を余儀なくされた事例もあるが、それを逆手にとって活用した例もあった。盲唖教育でいえば、福島県教育会石城会による附属石城訓盲院があり、岡山県における県立図書館開設がある。

しかし、県教育会が盲唖学校を経営する場合であっても、財源を会費と県補助金に依存する体制において、当初から永続的に盲唖学校経営を引き受けることは不可能だった。結果として、財源難から、県立移管が遅れた県もあったであろうが、県教育会の盲唖学校設立や維持への関与は、次代の展開を考慮しての企画であり、県師範学校附属小学校盲唖学級あるいは財団法人化としての経営が、県立移管の前に現れる。とくに後者の場合は、県の補助金は、財団法人化前よりも、大幅に増額されている。

県教育会が、盲唖学校や盲唖教育にまったく関心を示さなかった例も多い。大分県教育会では、盲唖学校設立は図書館とともに二大事業と称していたが、実際に金銭負担は皆無であり、名義貸しに過ぎなかった。しかし、財源のほとんどは県補助金によっていても、[13] 予算・決算は県教育会代議員会の審議事項であり、事務も県教育会の所掌事項であったが、盲唖学校長の森清克自身が、「県教育会附属」は名目上にすぎず、県教育会から資金援助を受けていないとしている（森［一九二二・一〇］一一〇頁）。大分県教育会代議員会の議論からも、県教育会が、附属機関として盲唖学校を経営する希望や意思は、みじんも感じられない（たとえば、第五回代議員会記事［一九〇九・六］三一頁）。

また、県教育会の盲唖教育に対する関心の濃淡は、県教育会が発行する学事関係職員録での掲載の仕方にも現れている。一つは、私立校時代はまったく掲載されない場合（愛知県）、第二は各種学校グループに掲載（静岡県）、第三は中等学校レベルの末尾に掲載（滋賀県）である。

県教育会が、その時々の教育課題について、先取的に対応してきたことは評価されてよい。したがって、県教育会の関心は盲唖教育や別に述べた劣等児教育に留まることなく、その他の障害児の教育にも拡大した。大正末期以降になると、虚弱児童の教育や健康教育にも県教育会の活動は拡大するが、このテーマについては、第九章で取り上げる。

三　全国および広域連合教育会と帝国教育会による盲唖教育令公布運動

(一) 地方教育会の盲唖教育に対する活動と盲唖教育令公布への展開

大正一二年盲学校及聾唖学校令の成立に至るプロセスについては、平田勝政の多元的で優れた詳細な研究がある（平田［一九八九］）。本節では、平田の研究を参考にしながら、全国および地方教育会と文部省の盲唖教育令公布に関連する動きを整理したのが、表4-2-3「盲唖教育令に関連する活動」である。

最も早期の例に属するのが、明治三五年一〇月の『岩手学事彙報』六三三号巻頭の「盲唖教育を府県事業として強行すべし」（［一九〇二・一〇］）である。この巻頭論文は、盲唖学校の必要性に関する県教育会による単発の意思表示でなかった点に、重要な意義がある。第一章で述べたように、盛岡市には、明治二三年に盲人によると思われる盲学校設立があったが、その後、中絶していた。「強行すべし」では、初等教育から高等教育まで各種の学校教育が整備されつつあるのに、盲唖児だけが教育機会に恵まれていない現実から、勅令によって盲唖教育を府県事業とすべきであることが主張されている。その主張は情緒的で、慈善性が濃い提案ではあるが、県教育会幹部のなかに、盲児だけでなく、聾唖児の教育の必要性を認識する人がいたことを示す。

さらに二年後の明治三七年五月には、後述するように、二戸郡教育会は、第一四回岩手県連合教育会討議題として、「本県師範学校附属小学校内に盲唖教育を開始せしめ其教育法の範を示されんことを建議の件」を提出する（岩手県連合教育会問題［一九〇四・四］）。盲唖教育問題は、盛岡市教育会でも提起されたという（盲唖教育に就き［一九〇四・五］五頁）。そして、『岩手県学事彙報』五月二五日号には、盲唖生が「盲唖教育に就き」を六頁にわたって発表する。この盲唖生は何者なのだろうか。というのは、盲唖教育について、岩手県内の状況とともに、東京盲唖学校卒業後の進路と収入額、国内外の盲唖学校の最新の情報が掲載されているからである。しかし、東京盲唖学校卒業生名簿には該当する可能性のある人物は見当たらない。しかし、つぎの内容項目をみれば、小西信八の主張そのものである。

学理的観点から唖ではなく聾唖または聾の使用、
欧米諸国の盲唖教育状況、盲唖児の教育の必要性、
盲唖児の教育機会からの排除の不当性、
小学校令における盲唖学校の小学校附設可能規定、
盲唖児の教育を受ける権利と政府の教育提供の義務に基づく義務教育の実現、
関連規定の改正の可能性、
師範学校における盲唖教育法の開発と生徒に対する指導法の教育による初等教育の普及、
東京における職業教育、近未来的の実現目標としての県師範学校附属小学校内盲唖学級の設置。

明治三八年八月の第五回全国連合教育会では、盲唖教育令（京都市教育会提案）の発布と師範学校附属小学校における盲唖学校附設（信濃教育会提案）を文部大臣に建議した（教育公報［一九〇五・一〇］一五、二〇頁）。盲唖教育令の公布は大正一二年までずれ込んだが、師範学校附属小学校における障害児特別学級附設提案は、明治四〇年の文部省訓令第六号として、盲唖以外にも対象を拡大して具現化されている。

（二）文部省の盲唖教育令公布報道

いずれにせよ、これらの教育会は、明治三八年ごろから、盲唖教育令の公布に関連する活動を行っていた。全国および地方教育会と文部省の盲唖教育令公布に関連する動きは、表4-2-3において太字で示してある。

これによると、明治三七年四月に、文部省が盲唖教育の普及方法を計画中との記事があるが（盲唖教育の普及［一九〇四・四］三二頁）、盲唖教育令の公布が近いことを異なる教育雑誌が報じた時期は、二つあることが分かる。一つは明治四〇年秋から四一年の秋にかけての時期であり、もう一つは、その約一〇年後の秋から冬にかけてであった。

「訓盲教唖令制定」という表題の短報では、「訓盲教唖に関しては、現行小学校令其他において片々たる規定の散在するも、到底不完全を免れざるを以て、当局者は之を改正して一律の下に規定し、其教育方法を改善せんとて、目下調査中なりといふ」（訓盲教唖令制定［一九〇七・一〇・二五］三〇頁）。また、遅くも明春（明治四一年）までには盲唖教育令は公布されるとの報道もあった（盲唖教育令［一九〇七・一〇］）。翌年にも、「文部省にては盲唖学校令を特に調査する所あり追ては義務教育を施さん方針なりと」（盲唖児童教育［一九〇八・一二］二二頁）と報道された。まさに盲唖教育に関する独立法令であった。なお、この盲唖教育令への準備は、明治三八年の第五回全国連合教育会および三九年の三盲唖学校長による建議と、帝国教育会の訓盲教唖調査部設置とが影響していると思われるが、後述する。

上記の『兵庫教育』の報道の約一年後、『教育学術界』は、「盲唖学校令は、曩（さき）に盲唖学生を義務教育の恩恵に欲せしむる目的を以て普通学務局に於て調査中なりしが、此程漸く脱稿し、目下参事官会議に付議しつつあるが、其決定を待ち不日発表せらるるならんと云ふ」(盲唖学校令制定［一九〇九・九・一〇］一二六頁)と報道した。内容的に整合性があり、文部省内での盲唖教育令の検討が大詰めであることを窺わせる。「遠からず盲唖教育に関する規定が文部省から出るとのこと」(田中生［一九〇八・一一］二〇四頁)と教育関係者が述べていることからみると、この情報は、教育界にかなり広がっていたのであろう。ところが、それから数カ月後の明治四二年二月になると情勢は激変する。盲唖教育令の起草は終わったのに公布しない理由について、地方の財政状況の悪化と各府県に数校の盲唖学校設置に対する効果への疑問であったとしている(盲唖教育令の行悩［一九〇九・二・五］三八頁)。

こうして、この問題は、文部省だけでは決定できない問題だったということができる。というのは、盲唖学校の設置状況を考えれば当然であった。明治四〇年一二月の時点で盲学校が設置されていない県は一八県、聾唖学校が空白の県は二八県もあったからである。これらの県に、学校形態はともかく盲唖学校を一挙に設置することは財政的に不可能だった。そのうえ、私立四校がその後消滅したように、私立盲唖学校の経営は苦境にあった。すでに県教育会雑誌の報道では、「自然、小学校教員を始め、師範学校教員等へも盲唖教育に関する智識を授けざるべからずとて、文部省にては目下、此点に関し調査中の由」(盲唖教育令［一九〇七・一〇］)とも伝えられていたのである。つまり、財政問題、盲唖教育の空白県、教員の確保等を考えると、盲唖教育令の公布を逡巡する状況があったのである。そのうえ、この報道の時期の半年前の四月一七日付で、文部省訓令第六号公布により、師範学校附属小学校における特別学級設置が勧奨されており、盲唖学級は、小西信八による盲唖学校の小学校附設論と連動していた。さらに、岡山県では檜垣直右知事により、明治三八年度から翌年夏まで、尋常小学校における盲唖児の教育が試行されていたのである。こうして、盲唖教育令の法文化はともかく、実態上は、やや混乱していたといえよう。

そして、明治三九年一〇月の牧野文部大臣から古河・鳥居・小西の三校長への盲唖教育計画作成の依頼(第三節参照)から明治末期までの盲唖教育令公布に関する事情は、明治四四年九月に東京市教育会『都市教育』が、つぎのように報じたような内容であろう(盲唖教育令調査［一九一一・九］)。

表 4-2-3　盲唖教育令に関連する活動

掲載または開催時期	盲唖教育令公布に関連する活動の内容	提案者	出典
明治 28.8.31	「（東京）盲唖学校内に師範部を設く可し」において、国税・地方税・公共的協同を以て、各地に盲唖学校を設立し、普及させるべき。そのための教員を養成すべき	木公生	教育報知 487、3 頁
明治 33.2.15	衆議院建議「盲唖教育ノ普及ヲ図リ且之カ施設ノ完備ヲ期スルハ目下甚必要ナリト信ス政府ハ宜ク其ノ方法ヲ案シ議会ニ向テ提出アランコトヲ望ム」（2 月 6 日委員会提案）	野尻岩次郎ほか 6 名	帝国議会衆議院議事速記録 16 明治 32 年
明治 35.10	本年中に盲唖教育令の公布により、「盲唖教育を府県事業として強行すべし」	岩手県教育会	岩手学事彙報 633、1-2 頁
明治 37.4	当局者に於ては今後一層該教育の普及を図らんとて過般来これが計画中なりといふ	文部省	奈良県教育会雑誌 76、32 頁
明治 38.9.23	文部大臣建議「第八、盲及聾唖教育に関する法令を発布し且つ府県師範学校附属小学校に盲及聾唖教育の機関を附設せられたきこと」。下記の 11 および 12 号議案を統合。小学校令第 17 条第二項による小学校附設または私立校のために準則を公布し、附小で例示するか、盲唖教育講習会を開催すべし。盲唖児に普通教育の一班を受けさせて国家有用の一員とし、併せて父兄に無量の苦痛を軽減する。	第 5 回全国連合教育会	教育公報 300、15、20 頁
	第 11 号議案「盲及聾唖教育に関する法令を発布すること」。	京都市教育会	
	第 12 号議案「各府県師範附属小学校に盲唖教育の機関を附設すること」。	信濃教育会	
明治 39.10.23	文部大臣宛建議　① 学校編制、②学科、③校舎と教具、④教員資格、⑤盲人保護法案と学齢盲唖児数調査・指導行政専門官の配置、義務制への準備。日本の現実を踏まえ、かつ、盲・聾唖教育の全体的制度をまとめた、当時、得られる最高の建議内容	古川・鳥居・小西の三校長	東京盲学校六十年史、250-259 頁．
明治 40.1.15	辻会長、訓盲教唖部調査委員を、伊澤修二、石川倉次、石川重幸、林吾一、遠山邦太郎、大儀見元一郎、好本督、瀧澤菊太郎、多田房之輔、小泉又一、東基一、白仁武に委嘱	帝国教育会	教育公報 316、8 頁
明治 40.1.18	辻会長、石川倉次、石川重幸、大儀見元一郎、好本督出席。小西・古河・鳥居の三校長建議の趣旨に基づき、将来方法の如何の方法に依りて研究調査すべきか、規程を設けるべきかを審議・決定。当日、小西より、5 月の全国教育家大集会に合わせて盲唖教育会を開催するが、帝国教育会長の名で訓盲教唖の条令を小学校令中に加えることを文部大臣に建議すること、帝国教育会図書館に盲唖関係図書を収集し、盲唖者の利用に便宜を図ることの意見		教育公報 316、7-8 頁
明治 40.2.13	帝国教育会訓盲調査部会および教唖調査部会、設置規程により正式発足		教育公報 317、7 頁
明治 40.3.11	辻会長、前島部長、石川倉次、石川重幸、遠山邦太郎、大儀見元一郎、寄藤、好本督、多田房之輔、鶴高、根本、山縣、小西出席。盲唖教育の普及のために教員養成が急務であり、時機を見て講習会を開催すること、師範学校規程の公布と同時に附属小学校に盲唖生のための特別学級を設置する趣旨なので、文部省に帝国教育会としてさらに要望することを協議。講習会開設方法については、石川倉次、石川重幸、遠山邦太郎、好本督、小西により協議。夏期講習会委員会で科外講演として盲唖教育		教育公報 318、15 頁
明治 40.4.8	訓盲調教唖調査部会・前島部長、小西幹事、伊澤、石川倉次、寄藤、好本、鶴高出席。盲唖教育法に関し訓令等を公布されるときは夏期講習会を開催することを文部省に建議することとその方法を協議（会場、講師、受講者は師範教諭または附小訓導。盲唖講習会が開催できない場合は、教育学に盲人教授法を入れること		教育公報 319、26
明治 40.5.14	盲教育規程発布建議	第 1 回全国盲唖教育教員会	第 4 回全国盲唖教育大会記事
明治 40.10.25	訓盲教唖令制定調査中	文部省	教育時論 811、30 頁
明治 41.7.10	盲唖教育令、年末に公布。盲と聾唖を分離		教育学術界 17(4)、113 頁
明治 41.8	小学校令中に規定せられたる外特に成文法規無く教育上に関する統一を欠く恐れあるより、該令制定に就き昨年来調査中なれば、本年末までに其発布を見るに至るべしと云ふ		兵庫教育 226、37 頁

明治 41.9.10	盲唖学校令、文部省普通学務局で脱稿し、「目下参事官会議に附議しつつある」		教育学術界 19（6）、126 頁
明治 41.11	遠からず盲唖教育に関する規定が文部省から出るとのこと（田中生）		教材研究　初等教育 6（11）、204 頁
	文部省にては盲唖学校令を特に調査する所あり追ては義務教育を施さん方針なりと		兵庫教育 229、22 頁
明治 42.1.1	松村局長は、「特殊教育に就て」で公費による盲唖教育の必要性を述べているが、教育令についてまったく示唆していない。	文部省・松村茂助普通学務局長	教育界 8（3）、73-74 頁
明治 42.1.19	学齢児童就学に関する報告（文部省交付）において、1.19 付京都府訓令第 2 号「学齢児童の皆就学を期するに付力を用ふへき方法」の三　特別教育として、「盲唖等の不具者もなるべく学校に収容し、正教科時間外に於いて、便宜適応の教育を施すこと」	京都府知事	帝国教育 321、44-45 頁
明治 42.1.22	訓盲調教唖調査部会に多田、根本、鶴高、小西、石川倉次、石川重幸、大儀見が出席し、第 7 回全国連合教育会に提出する問題を協議。二部会合同の報告として、①盲唖教育を義務教育（この箇所傍点）に準じて施設する可否、②盲唖教育準則を速に発布することを文部省に建議すること、③盲唖教育教員は小学校本科正教員資格をもち、盲唖教育について講演または練習した者とすべき、④公立盲唖教育教員は、年功加俸恩給等、小学校訓導と同一とすること→第 7 回全国連合教育会としての提出問題とその理由の原案は、盲唖教育に関する準則発布（「速に」削除）だけになる。ただし公費	帝国教育会	帝国教育 320、5、59 頁。6 頁（巻末）
明治 42.2.5	盲唖教育令の行悩み (公布への楽観的な予測は変化し、公布時期は未定との情報になる)	文部省	教育時論 857、38 頁
明治 42.6.10	第 7 回全国連合教育会建議の第二「盲唖教育に関する準則を発布し公費を以て相当の施設をなすべき途を開かれたきこと」原案は、「盲唖教育に関する準則を発布せられんことを其筋へ建議すること」第一類調査委員会で審議（委員長・棚橋一郎、委員に小西信八）	同盟教育会提出（第 7 回全国連合教育会）	帝国教育 323、46 頁、55-56 頁。324、111 頁。徳島県教育会雑誌 135、21 頁。137、22 頁。愛媛教育 265、37 頁
明治 44.4.17	文部省令第六号師範学校附属小学校に盲・唖、発育不完全の児童の特別学級設置を勧奨		表 8-2-1 参照
明治 44.5.	盲唖教育準則の発布と公費による相当の施設をなすべき	第 8 回全国連合教育会	大分県教育雑誌 315、34 頁
	第 8 回全国連合教育会　香川県教育会、不就学者のうち、「心身の不具疾病等」による者の過半数は貧困によることを明示		秋田県教育雑誌 239、57 頁
明治 44.7.18-24	盲唖共通①盲唖教育令の発布、②府県に盲唖学校設置、③盲唖教員の待遇を普通教員と同一に、④盲唖生徒の汽車賃半減、⑤文部省盲唖教育調査会または校長会を設置し調査研究・協議、⑥盲唖教育を義務化、⑦転校・卒業後の入学は無試験に、⑧新職業準則。盲①盲唖学校卒業生に無試験で開業免許、②鍼按教員は東盲師範科卒業生または適当な試験合格者。聾唖①手真似の統一、②発声困難な唖生に発音を教授すべきか、③教授法の統一、④発音法によらない乗算九々の方法、⑤最適の技芸科（都市とそれ以外、男女別）／群馬提出　小学校である程度まで盲唖児を児童と教育する方法（時間がないため討議せず）	第 3 回全国盲唖教育会	第 3 回全国盲唖教育会報告。帝国教育 349、78-81 頁。教育界 10（10）、111 頁
明治 44.10.10	第 1 回盲唖教育調査会 田所委員長、各府県に盲唖学校を 1 校設置を目ざし、白痴・瘋癲等の特殊児童の教育法に着手したい	文部省	表 8-2-1 参照
	特殊教育調査会 盲唖教育調査委員会（盲唖教育令に着手したが、時期尚早。低能児教育の要求もある）		

明治 44.11	牧野伸顕（39.3.27 － 41.7.14 在任）および後任の小松原（41.7.14 － 44.8.30 在任）文部大臣は、盲啞教育令の公布を実現しようとしたが、牧野時代には時期尚早、小松原時代には盲啞教育令の成案を得ていたが、経費問題で実現せず。文部省は、上記 7 月の盲啞教育会の建議を承けて、「時勢の進歩に鑑み」「調査に着手することゝなり」、次項の盲啞教育調査委員会を組織する大臣裁定を得たので、まもなく「全国同教育関係者中より委員の任命を見るに至るべし」。		都市教育 84、51-52 頁
大正 2.4	盲啞学校調査終了。（盲啞学校令の）発表日は未定だが、発表では、各府県に一個以上の盲啞学校設置を慫慂する考え	文部省	都市教育 103、46 頁
大正 2.10.25	勅令による盲啞教育令建議	第四回全国盲啞教育大会	第四回全国盲啞教育大会報告 25 頁
	文部省ニ於イテハ略規則ラシキモノ出来於レドモ発表期ハ未定 --- 早晩発表セラルヽニハ違ヒナシ	町田則文	第四回全国盲啞教育大会報告 19 頁
大正 3.10.8-9	盲啞教育令の速やかな公布、学齢盲啞児の就学を普通児同様に就学するよう市町村に通達することについて建議。このほかに、九州に官立盲啞学校を設置を検討することを議論	第 2 回西部盲啞教育会	内外盲人教育 3（冬）、26 頁
大正 4.7.21	盲啞教育令の公布は準備が整っているが、未解決の問題と緊縮財政の問題により、現状では実施できない	第五回全国盲啞教育大会、文部省督学官・生駒萬治	第五回全国盲啞教育大会報告 11-12 頁
大正 4.11.26	全国教育大会「特殊教育 [盲啞・低能・感化等] 分科会」。文部省諮問は適切な就学年齢。建議①適当な機関における異常児童の生理・心理・教育方法の系統的な研究、②特殊教育における調査事項の文部省による刊行、③特殊教育職員の資格・待遇	京都市・京都府教育会共催	表 8-2-1 参照
大正 5.6.1	決議事項のうち、県立盲啞学校設立と私立盲啞学校に相当の県補助を県知事に請願、盲啞者の就学を郡市長に奨励するように県知事に具申	新潟県下各盲啞学校協議会	内外盲人教育 5・春、55-56 頁
大正 6.5.22	「速かに県立盲啞学校を設置せられんことを再び北川県知事閣下に請願す」。議事に就学免除の盲啞児の就学を郡市町村に奨励するように県知事に請願	第 5 回新潟県下私立盲啞学校協議会	内外盲人教育6・秋、93 頁
大正 6.7.23-27	各府県に公立盲啞学校設置（内務・文部）、盲啞教育令発布（文部）、盲人・聾啞者数調査（総理・文部）、失明予防（内務）、「マッサージ」術特別取扱（内務）、盲啞教育視察委員設置（文部）に関する建議	第 6 回全国盲啞教育大会	第 6 回全国盲啞教育大会報告
大正 6.11.17	第 13 回関東連合教育会で「盲啞教育令を制定せられんことを文部大臣に建議すること」可決	下野教育会	都市教育 159、9、13 頁。東京教育 334、35 頁
大正 7.5.4-6	就学普及の徹底を期する方法として、「盲学校、啞学校、感化院、孤児院の如き特殊学校を興してそれぞれ適当なる教育を受けしむる事」	第 7 回全国小学校教員大会	表 8-2-1 参照
大正 7．7．21-23	公立盲啞学校設置をに貴族院・衆議院請願	第 4 回西部盲啞教育協議会	内外盲人教育 7・秋、29,31 頁
大正 7.11	盲啞特集①澤柳政太郎「盲啞教育の制度を設けるべし」②小西信八「盲啞の教育は慈善に非ず」次項の廣瀬ほか論文		帝国教育 436
	③広瀬為四郎「盲啞教育の将来」教育学者としての見識と京都校での聾啞教育の蓄積を反映した廣瀬の提案は構造的・多元的かつ先見的で、前例がないほど秀逸		
大正 8.9.18	文部省普通学務局第四課の水野が調査した盲啞教育令案について、町田則文・東京盲学校長に意見を求める	文部省普通学務局第四課・水野	町田則文先生伝 91 頁
大正 8.10.20	盲啞教育令を制定し公費を以て盲啞者を教育せしむること（10 月開催の第一回帝国連合教育会への提案）。可決されたのは、「盲啞教育令の制定せられんことを其筋に建議すること」	香川県教育会	帝国教育 438、83 頁。都市教育 182、16 頁
大正 8.11.25	盲及聾啞学校令草案を脱稿し法制局の手を経て近々公布なる筈	文部省	教育時論 1246、17-18 頁
大正 8.12			芸備教育 186、31 頁
大正 8.11.21-23	不具者低能児の特別教育機関を設置して適切な教授を行う等の建議可決	第四回大都市教育連合大会	表 9-2-1 参照

大正 8.12.1-3	1．訓育上の留意点①快活進取の心情養成、②独立自営精神、③奉公愛他の性情扶植、礼儀作法・清潔・規律の尊重、④趣味の向上・常識の発達、⑤身体強健元気旺盛意志、⑥男女共学に伴う弊害の除去、2．組織①学校組織❶幼稚園（幼稚科）3年❷初等教育は義務教育❸中等教育は 4 年❹実業教育は 2-8 年、②幼児または生徒の年齢❶幼稚科は 4-6 歳❷義務教育は 7-15 歳❸中等学校は 15-19 歳❹実業学校は 13 歳以上、③学校設置❶国立❷道府県または市立として各一校以上設置、私立の場合は相当の補助、現在の学校は府県立学校に代用することができる、④教員待遇は小学校または中学校教員の資格・待遇に準じること、3．職業科①盲❶鍼按と和洋音楽。晴眼者同業者よりも優れた技術❷将来は職業の種類を拡大するよう研究（例示＝ブラシ職ほか 11）、②聾啞❶職業科の種類を選択する基準（例示）❷男女別に挙げている、2 日目 1．盲啞教育令制定、2．貧困学齢盲啞者に市町村より相当の学資補給、3．文部省内に盲啞教育督学官の設置、4．海外視察者に盲啞教育者を加える。このほか、盲と聾啞を分離して教育することは目下の急務とする決議採択	第 1 回全国盲啞学校長会議	帝国教育 450, p.85-86 頁。教育時論 1249, p.20-21 頁
大正 8.12.2	中橋文部大臣挨拶を南次官が代読　盲啞教育は国民教育の完備という点で可成速やかに完成・確立する必要がある一つ。小学校令の免除規程は当時としては仕方が無かったかもしれないが、世界の列強と互角に対して行くには聖代の恨事あるいは教育施設の欠陥。文部省としても調査してきたが今や其の機が熟しつつあるので調査研究を一層進めて、一大欠陥を補いたい		教育時論 1249, p.21 頁
大正 9.6.1-20	①按摩営業者の既得権、②盲人教育令発布、③点字の公認、④点字国定教科書作成、⑤営業鑑札を免状にする、⑥帝国連合盲人団の結成	第 6 回全国盲人大会	教育時論 1268, p.18 頁
大正 9.11	盲啞教育令発布期成会結成。第 7 回全国盲啞教育大会決議により、20 名の実行委員を任命し、関係者に陳情等を行う	盲啞教育会関係者	帝国盲教育 2(3)
大正 10.1	帝国教育会主催　決議「戦後初等教育の改良法案」の一の 4 として「盲啞児・低能児・病弱児及不良児等ノ特殊教育機関ノ発達ヲ図ルコト」	全国師範学校附属小学校主事会	表 8-2-1 参照
大正 10.1.25	第 7 号議案「瘋癲、白痴、低能、盲者、聾者其他不具者の（ママ）に対し適当なる病院又は学校並に授産所を設置しむるよう努むること」等を可決	第 5 回大都市連合教育会	
大正 10.7	赤司普通学務局長、大正 10 年 11 月ごろ公布の予定	期成会実行委員	帝国盲教育 2(3)
大正 10.11.5	第 6 回全国社会事業大会　盲啞教育令の発布建議、満場一致可決	大分県立盲啞学校長・森清克	救済研究 9(11)
大正 11.1.22	赤司普通学務局長、大正 11 年 7 月ごろ公布の予定	期成会実行委員	帝国盲教育 2 (3)
大正 11.4	盲啞教育令促進会設置、期成会と協力して建議・関係者訪問等を行う	帝国盲教育会臨時総会	帝国盲教育 2 (3)
大正 11.6.10-12	小学校令同施行規則改正案の 5、就学のロ「瘋癲白痴不具廃疾及不良児童ニ対シテハ特別ナル法令ヲ以テ就学義務ニ関スル規定ヲ作ルヘキコト　貧困ノ為ニ就学スルコト能ハスル場合ニハ国家ハ其費用ヲ支給シ猶予又ハ免除（病気又ハ発育不完全ナルモノヲ除ク）ハ絶対ニ之ヲ許サザルコト　但シ其ノ支給方法ハ別ニ之ヲ定ムヘキコト（第 33 条）	第 9 回全国小学校教員会	表 8-2-1 参照
大正 11.7.30	乗杉第四課長、盲啞教育令は文部省全体の問題となっており、盲啞教育改善費二十万円を計上	期成会実行委員	帝国盲教育 2 (3)
大正 11.11	議題のうち、（5）特殊教育の完成　決議	第 7 回大都市連合教育会	表 8-2-1 参照
大正 12.5.19-21	小学校令第 33 条　瘋癲白痴又は不具廃疾及び不良児童に対しては特別な法令をもって就学義務に関する規定を作るべきこと、貧困を理由とする猶予免除の廃止	第 6 回帝国連合教育会	
大正 13.3.1-3	長崎市教育会「都市ニ於ケル特殊児童ノ教育ニ関スル適切ナル施設方法如何」	第 8 回大都市連合教育会	

・牧野文部大臣　盲唖教育令を発布する意向をもち、しきりに調査をしたが、時期尚早ゆえに廃案
・小松原文部大臣　再調査の後、盲唖教育令の成案を得たが、経費の関係上、公布を断念
・先日の全国盲唖学校長会議（四四年七月一八～二四日の第三回全国盲唖教育大会の誤りか－引用者）の義務教育建議を承けて、文部省は、時勢の進歩に鑑み愈々之が調査に着手、盲唖教育調査委員会を設置、全国の盲唖教育関係者から委員任命の予定

牧野伸顕および小松原英太の二人の文部大臣は、盲唖教育令の公布に努力したし、文部省内でも法案作成等、努力したが、結局、盲唖教育令の公布は先送りとなったことになる。

盲唖教育令公布の第二段階は、大正初期から中期に再度浮上する。大正二年一〇月の第四回全国盲唖教育大会で、東京盲学校長の町田則文は、盲唖教育令の原案はほぼできている旨の発言をしている。大正四年七月二一日、東京聾唖学校で開催された第五回全国盲唖教育大会で文部省来賓の生駒萬治督学官（視学官）が、「説話」のなかで盲唖教育令を取り上げて、盲唖教育令の公布は準備が整っているが、未解決の問題と緊縮財政の問題により、現状では実施できないと述べている（第四回全国盲唖教育大会報告［一九一三］一九頁。第五回全国盲唖教育大会報告［一九一五］一一頁）。

大正八年九月一八日、文部省普通学務局第四課の水野（常吉か）が調査した盲唖教育法令案について、町田則文・東京盲学校長に意見を求め、町田は二二日に回答したという（町田則文先生謝恩事業会［一九三四］九一頁）。年末には、「盲及聾唖学校令草案を脱稿し法制局の手を経て近々公布の筈なる」という情報が流れる（盲唖教育の励奨［一九一九・一一・二五］一七－一八頁、この記事は『芸備教育』に転載される）。一二月一日～二日開催の第一回全国盲唖学校長会議には、普通学務局長・赤司鷹一郎（一八七六－一九三三）と第四課長乗杉嘉壽（一八七八－一九四七）が出席して、盲学校および聾唖学校の組織や教員の資格・待遇、職業科について意見を聴取した。

二日目には、南弘次官が中橋徳五郎文部大臣の訓示を代読している。その要旨は、就学免除規程の改正および盲唖教

育の制度化に意欲を示したもので、以下のような内容である（全国盲唖校長会議［一九一九・一二・一五］二〇－二一頁）。盲唖教育は国民教育の完備という点で可成速やかに完成・確立する必要がある一つである。小学校令の就学免除規程は当時としては仕方がなかったかもしれないが、世界の列強と互角に対して行くには聖代の恨事あるいは教育施設の欠陥である。文部省としても調査してきたが今やその機が熟しつつあるので調査研究を一層進めて、一大欠陥を補いたい。

こうして、文部省の盲唖教育令公布は、かなり熟していた状況にあったといえるのである。

この二つの段階から、すでに明治四二年には、盲唖教育令の起草、参事官会議での検討、法制局でのチェックが済んでおり、大正初期の第二段階は、第一段階の繰り返しであったといえる。結局、文部省が、財源難の状況において内務省や大蔵省を説得できなかったことになるが、それは、盲唖児の教育事業を、感化救済事業（盲唖院）とみるのか、学校教育の一分枝（盲唖学校）とみるのかの対立でもあったが、法制度上は文部省に勝ち目はなかった。というのは、盲唖院は、明治三一年一〇月二二日に公布された内務省官制（二五九号）によって、官制上、内務省地方局の所掌事項の一つである感化救済事業に含まれたことは、すでに第二章で述べた。

実際に存在した訓盲「院」や盲唖「院」を名乗る呼称は、盲唖学校が教育事業ではなく、感化救済機関であるとの内務省の言い分の例証になりかねなかった。小西信八の盲唖教育慈善事業否定論や教育の機会に対する盲唖児の権利論は、まさに、教育事業としての盲唖教育の正当性の主張であり、内務省的枠組みに向けたプロテストであったのである。

大正一二年八月の盲唖教育令の公布以前に、上記の内務省の所掌と矛盾しないように改正されたのは、大正九年八月二三日勅令第二八五号だった。この改正によって、地方局の所掌だった賑恤・救済、児童保護、社会事業は社会局の所管となり、「第五条　七　府県立以下ノ貧院、盲唖院瘋癲院及育児院其ノ他慈恵ノ用ニ供スル営造物ニ関スル事項」という表記は姿を消し、同時に「慈恵」も表面から退いた。しかし、盲唖学校から、法制度上の社会事業的性格が解消されたわけではなかった。また、児童保護という全体的枠組みにおける障害児の保護は、内務省が所掌することになる。これらの障害児の保護は、内務省の関心事ではあったが、教育や保健・医療、社会事業の境界線にあったうえに、事業への関心が外発的であって、病弱・虚弱等、振興に転じた分野もあったが、とくに精神薄弱児の事業は遅々として進まなかった（内務省地方局［一九一九］。内務省社会局［一九二七］）。

（三）帝国教育会訓盲教唖部調査部の活動と全国教育大会での提案

ここで帝国教育会の盲唖教育に対する活動を取り上げる理由を説明しておく。帝国教育会は、形式上は一教育会であり、会員数は二〇〇〇名を超える程度の規模にすぎなかったが、日本唯一の全国規模の教育会であったし、会長をはじめ、幹部が東京市在住の教育界の大物であった。また、文部省との関係が深く、帝国教育会自身、国の教育政策に対する影響力のイニシアティブをとることにその存在意義があった。こうして、帝国教育会の活動の各方面に対する影響力は格段に大きかった。

明治四〇年はじめから四二年はじめにかけて、帝国教育会は、訓盲教唖調査部を設置して、盲唖教育の進展に積極的な活動を始める。その活動は、表4-2-3に示したとおりである。正式発足は、帝国教育会訓盲調査部会と教唖調査部会として、明治四〇年二月一三日、設置規程により発足したが、実際の活動は、明治四〇年一月一五日に、辻新次会長より、一二名の委員に委嘱された。伊澤修二や石川倉次、好本督ら盲唖教育の専門家と、教育学者で督学官だった小泉又一や教育界の重鎮・多田房之輔らである[14]。同時に、部会長等も規定に基づき委嘱されたようで、前島密が部長、小西信八が幹事となった。

規程上の部会設置目的は、盲人・唖人の教育に関する事項を調査研究することという漠然とした表現になっているが（会報［一九〇七・三・一五］七頁）、要するに、明治三九年一〇月の古河・鳥居・小西の三校長建議の具体化をどう進めるかが、明治四〇年一月一八日会議の焦点であった（出席者は、辻会長、石川倉次、石川重幸、大儀見、好本）。この会議では、小西から、小学校令に訓盲教唖の条項を加えるよう帝国教育会長から文部大臣に建議すること等の提案があった（訓盲教唖調査部［一九〇七・二・一五］七-八頁）。三月一一日の会議では、翌月に文部省訓令第六号の公布を控えていたため、文部省と師範学校に特別学級設置の必要性をさらに強調すること、教員養成が急務なので講習会を開催することが協議された（訓盲及教唖調査部［一九〇七・四・一〇］一五頁）。四月八日の会議では、文部省が盲唖教育法の訓令を公布する場合には、師範学校教諭または附属小学校訓導を受講者とする文部省主催夏期講習会の開催を文部省に建議することとした（訓盲教唖両調査部［一九〇七・六・一五］二六頁）。明治四一年一月二一日が訓盲教唖両調査部の最後の記事で、この会議では、六月、帝国教育会主催の全国連合教育会建議案が検討され、両調査部の合同案として、以下のことが決定された（訓盲教育唖両調査部報告［一九〇九・三・一五］五九頁）。

1. 盲唖教育を義務教育（原文は傍点）に準じて実施する可否
2. 盲唖教育に関する準則を速やかに発布するように文部省に建議
3. 盲唖教育教員の資格を小学校本科正教員とし、盲唖教育の知識または経験がある者
4. 盲唖教育教員の待遇を、年功加俸恩給（原文は傍点）等、小学校訓導と同一とする

帝国教育会の原案は、抑制的にはなったが、文部省への建議は「（二）盲唖教育に関する準則（原文は傍点）を発布せられんこと」になった。説明では、公費への依存を強調している（第七回全国連合教育会提出問題［一九〇九・三・一五］五頁）。さらに、六月一〇日の大会では、建議の第二項目として、「盲唖教育に関する準則を発布し公費を以て相当の施設をなすべき途を開かれたきこと」として採択された（会務雑事［一九〇九・七・一〇］一一頁）。

盲唖学校関係者は学校設置だけでなく、後述する三校長建議にみるように教員養成も重要な課題とみていたが、小西の明治四〇年一月一八日の提案には、帝国教育会図書館における盲唖教育関係図書の収集と来館の盲唖者に対するサービスも含まれていたことは（委員嘱託［一九〇七・一・一五］八頁）、その情報が海外視察の結果であろうが、日本の盲唖教育のリーダーの提案として注目される。

地方教育会の幹部は全国規模の教育会の代議員になることが多かったから、地方教育会の建議事項は、全国規模の教育大会に反映されることになる。その初期の一つは、明治四二年六月の第七回全国連合教育会であった（表4-2-3）。この後、盲唖教育令はしだいに建議事項に含まれ、建議の常連となる。

（四）他の就学免除児の教育的取扱への拡大

(1) 他の特殊教育児童の教育機会

盲唖教育令に関する文部省の動向を時期的に挿んで、盲唖教育令公布に関連する各種教育会の運動が展開されたことは、すでに表4-2-3で示した。興味あるのは、盲唖教育令公布運動の副産物であり、他の就学免除児童の教育の在り方、すなわち、特殊教育の在り方を提起することになることであり、盲唖以外の不就学者への認識と、不就学が個人的理由ではない貧困と関連していることへの認識である。したがって、盲唖教育令公布運動は、盲唖児教育の公的責任を合法化している法制度の廃止または修正に向かうことは、理の当然であった。そこで、小学校令第三三条における就学免除規程の廃止に焦点化されていく。第一項瘋癲白痴不具廃疾からの不具廃疾の削除、第三項保護者の貧窮の削除である。また川本宇之介は、盲唖児だけでなく、病弱教育については一つの官立校を模範学校として、府県立またはその連合で設置を義務化する提案をしている（川本［一九二〇・一〇］四三頁）。

(2) 東京市教育会における盲・聾唖・低能者教育計画

盲唖教育令公布運動は、盲唖教育以外の特殊教育の整備を提起することになり、それぞれの地域で改めてその必要性を認識させる機会となる。なかでも、東京市の特殊教育制度の実現が著しく遅れていたことは、関係者が慨嘆してきたことであった。しかし、無為無策というわけではなかった。東京市教育会は、遅くとも明治三四年には、特殊教育制度の策定に取り組んでいた（平田［一九九五］二九八-三〇〇頁。不具者教育に関する調査［一九〇一・七］。不具者教育に関する調査［一九〇一・八］。東京市教育会の不具者教育［一九〇一・一〇］）。表4-2-3で示したように、東京市教育会調査部主任の報告として、東京市の学校として、寄宿制の盲人学校・唖人学校を各一校設立し、痴人学校は、既設の痴人学校に補助してその成果をもとに方策を検討するという計画である。校長は、盲人学校・唖人学校にそれぞれ配置し、教職員や敷地についても提案した。学科は高等小学までの課程と職業課程を設置し、定員は、入学年齢は一〇～一五歳までの一〇〇人とした。

たしかに、小西信八の盲唖教育振興策（小学校附設と盲・聾分離）と東京市の計画の関連性は不明であるし（平田［一九九五］二九九頁）、小学校附設計画でもない。しかし、東京市教育会の成立経緯（別役［一九九五・一〇］一六〇－一六一頁）から考えて、特殊教育計画は市教育会独断の計画ではないと推測されるし、東京市には官立校以外に盲唖教育機関がなく、まして、教育会の計画内容をみれば、小西に相談がなかったとは考えられない。大正一二年までの東京府には、官立校（盲と聾唖各一校）と私立校四校（盲三、聾唖一校）しかなく、東京市内の私立盲唖学校の生徒総数[15]はわずか一五〇名だけが盲唖教育を受けている状態は正常とはいえなかったが、東京市もまた、盲唖学校開設の好機を見誤り、関東大震災に遭遇して、さらに対応が遅れる結果を招いたのである。そのため、学校が官立校以外になかった聾唖児に限ってみても（私立盲学校は四校あった）、大正三年から八年間の東京聾唖学校就学希望者数七七六名に対して、入学者数三〇三名で、入学希望者の四割以下しか入学できなかった。四度受験して入学できなかった聾唖児がいたという。また、入学年齢も遅かった（東京府社会事業協会［一九二三］二五二－二六一頁）。

東京市の特殊教育不在の間隙を部分的に埋める可能性があったのは、明治三三年一月に東京市に移管された東京市養育院であった。養育院には、収容数の増加とともに「徒食」を防ぐために、年齢・性別や自活能力に応じて分類処遇を行った。非行児対象の井之頭学校（三三年七月開設）、巣鴨分院内に附属幼稚園と小学校の設置（四二年三月）と異常児学級の開設（大正期）、虚弱児対象の安房分院（四二年四月開設）の開設である。附属小学校では、特殊教育を実施する意図があったと思われる。というのは、巣鴨分院には障害児の存在が確認されていたからである。たとえば、大正九年度の四～一五歳の入院児七八名のうち、低能七、盲一、不具一、聾唖一名がいた（東京市養育院［一九二二］四七頁）。しかし、院内附属小学校における盲唖教育は継続されず、近隣の聾学校・盲学校に委託することになる。

東京府において聾唖学校への入学難をかなり解消したのは、昭和二年の東京市立聾学校の創設だった。昭和七年度の同校生徒数は二二八名に達したからである（東京市役所［一九三九］四七頁）。

（五）方言と吃音の矯正問題

(1)　方言矯正と標準語指導

明治三〇年代末から敗戦まで、かなり地方差があるが、方言矯正－標準語習得運動が東北・山陰地方を中心に風靡した。方言（訛を含む）矯正には教育の国家統制や軍事的意味も付与されており、当時の教育上のトピックだった。しかし方言矯正問題は、師範教育において取り上げられていることから、文部省の方針だったことがわかる。明治三二年五月に宮城県師範学校附属小学校で開催された東北と北海道の第二地方部師範学校附属小学校主事協議会における主要な協議事項のなかに、「発音矯正」が含まれていた（第二地方部常範附属小学校主事協議会［一八九九・一〇］三六頁）。鹿児島県師範学校では、将来の小学校訓導である生徒に対して、以下のように、方言矯正の厳守を「校辱」という大仰ないい方で要求していることから、この問題の表向きの重大性が理解できる（鹿児島県師範学校［一九一一］二八頁）。

一．入学ノ当時不可ナルコトヲ懇諭シ之ヲ使用スルモノアルハ一種ノ校辱タルコトヲ知ラシム
一．文法講読ニ於テ方言ト普通語ノ別ヲ知ラシム
一．教場ハ勿論寄宿舎ニ於テモ方言使用ヲ厳禁ス

それゆえ、方言矯正は、小学校における具体的な実践課題になっていった。明治三一年度の奈良県教育会庶務報告では、方言に関する委員会を六回開いたことが報告されている（報告［一八九九・七］二九頁）。明治三五年九月には、岡山

県和気郡長は、管内小学校長に「方言鄙語矯正」について諮問し、それを承けて校長は「方言訛語矯正方法」八項目を提出した（和気郡通信［一九〇二・九］八三、八四－八五頁）。同じ号に、教員と思われる、方言矯正を支持する投稿もあり（並外居士［一九〇二・九］）、数え歌まで自作される（居森［一九〇三・七］）。もっとも、一〇年以上も前から、小学生のことばが野卑・粗野になっていると、他県教育会誌とともに注意を喚起していた状況が関連しているのかもしれない（小学生徒の言語［一八九〇・九］）。しかし、岡山県初等教育界の課題からは消えていく。

実際には、方言矯正運動には、熱心に行った地方とそうでない地方とが明瞭に区分されることは、県教育会誌での記載頻度からも分かる。それは、強制的な標準語への方言矯正に対しては、地方文化を根拠にかなりの抵抗が生じた地方があり、教育上の正当性は限定的だったからであろう。

明治三〇年代半ばに方言矯正に最も熱心な地方の一つは宮城県だった。宮城県教育会雑誌をみれば、伊澤修二の視話法（後述）を活用して、大正初期まで方言矯正の教育キャンペーンが展開されたことがわかる。方言矯正は、対象が特定の小集団ではなく、小学校全児童であったから、学校や教員が注ぐエネルギーは相当のものだったと推測される。しかし方言矯正問題は、昭和期になって郷土教育が教育課題となると、ほぼ雲散霧消する。

(2) 吃音矯正

方言矯正が政治的・社会的背景をもって小学校で着手されたのに対して、吃音矯正はまったく異なる文脈から成立した。吃音に悩む人々は、小学生から青年期までの幅広い児童と生徒であり、男子に多くみられた。吃音は、意思疎通や人間関係、指導・学習上だけでなく、適応上の支障なることが認識されていたが、何より本人にとって他者と共在することが苦痛であるから、人格形成にも妨げになった。それゆえ、吃音者が他の障害をもっていない場合、彼らに対する注目は比較的早かったのである。たとえば、明治二五年六月の岡山県教育会誌には、東京府の賀古医師が「匡正法」を開発して評判になっていて、近々、「吃匡正所」を開設する計画であるとの情報が掲載されている（吃の匡正法［一八九二・六］）。しかし、吃音が教育上の一課題であることは共通理解ではあったが、小学校教育活動のなかで対処すべき課題になることはほとんどなく、一時的なトピックにすぎず、他県への影響は限定的だった。

吃音矯正を理論的・実践的に開拓したのは、伊澤修二であることはよく知られている（第六章参照）。伊澤は明治期を代表する教育界の異材で、下級武士の出身ではあったが、幼小から英才教育を受けた初期留学生の一人であり、文部行政の基盤を構築することが期待された人物であった。障害児教育との関係は、明治二三年六月から三カ月、第二代東京盲唖学校長を務めた以外は、吃音矯正と聾唖教育との関係であり、後に低能児教育に発展する。伊澤と聾唖教育との関係は、英語が上達しなかったアメリカ留学中の伊澤がA・G・ベルから直接、視話法により指導をうけて視話法を修得し、それを吃音治療や聾唖児の口話法に適用したことに発する。

伊澤の視話法が貢献した対象は、事項によってやや異なる。第二章ですでに述べたように、初等教育界では、明治三〇年代半ばから地方の小学校で重要な課題になったのは方言矯正である。この矯正は、東京方言を標準語として習得することと連結して実行された重要な教育上の課題となっていた。もう一つは、吃音の矯正である。吃は小学生から成人までに及ぶ重大な問題であったから、第二章で述べたように、明治三〇年代から取り上げられており、大戦前まで問題となっている。それゆえ、明治末期の県教育会の課題にもなったから、初等教育の問題でもあったが、必ずしもトピックとして共有されるほどではなく、楽石社を源流としていくつかの地方に支部等が開設され、熱心な矯正運動が展開された（楽石社の事業の展開は、呉［二〇〇四］参照）。

伊澤は、東京高等師範学校長として、本校の大塚への移転と新築の完成間近で大病になり、明治三三年二月に校長職を辞する。伊澤は、死を覚悟したほどの大病快癒後に得た宗教的な境地「大命」により、官界や政界でのキャリアを諦めて、明治三六年三月二六日、自分の号を冠した楽石社を小石川の自宅に開設し、多彩な逸材・伊澤の最後の仕事となる。また伊澤は、公務から退くころから個人で夏期講習会を企画していたようである[16]。

楽石社に最初に設置された研究部門は言語研究部であり、伊澤が定めた楽石社規程によれば、音韻学・言語学の研究とその応用を任務としたが、視話法の伝習、日本語および英語・清国語・台湾語の伝習のほかに、方言と吃音の矯正

（伊澤の弟に吃があったという）、そして「唖子ニモノヲ言ハシム」こと、「発言法」を行うことになっていた（故伊澤先生記念事業会編纂委員［一九一九］二四二－二四四、二四八、二四九頁）。しかし開業してみると、この事業の優先順位の下位にある吃音矯正が需要の中心であったという（一五年後には、吃矯正者は五千人を超えた）。吃音矯正は、[17]有料の通所制教育・社会事業サービスであった。楽石社での外来通所サービスは、この時期では競合するサービスがないこともあって、相当な来談者があり、それなりの寄与を果たした。大正一〇年現在で、東京以外に、大阪分社・神戸支部・広島支部が開設されている（大原社会問題研究所［一九二二］二二三頁）。なお、楽石社の事業は、長野県師範学校生徒時代に伊澤修二の指導で吃が改善した松澤忠太に継承され、大正前期までに六千人の吃者に恩恵を与えたという。松澤は、学童に相当数の吃者がいるとみていた（大原社会問題研究所［一九二五］一七〇－一七一頁）。

しかしつぎに見るように、吃音矯正は、学校教育事業ではなく、社会事業として展開されたように思われる。吃音に対する対応が他の障害と異なるのは、注目が早く、対処の必要性が理解されながら、教師による日常的な配慮以上には特別な教育へと発展しなかったことである。しかし潜在的には、対象年齢が幅広い吃音矯正の教育的需要は、きわめて大きかったようであるが、小学校における正規の特別教育は、大正一四年度東京市深川区で行われたのが、唯一の事例ではなかろうか。区内の尋常四年生以上の吃音児約二〇名を八名川小学校に収容し、普通教科を指導しながら合間に吃音矯正を試行して好成績を挙げたという（東京市教育局［一九二七・三］五九頁）。しかし、大正一一年の京都市における藤井高一郎の調査で示されたように、多数ではないが確実に吃音児の教育需要はあったとみられる。

一方で、昭和初期には、視話法による吃音矯正は必ずしも有効でなく、吃発生の背景を考慮していないとする団体・吃音矯正普及会が結成される（辻［一九二七］）。時期は下るが、昭和五年八月、熊本で開催された日本聾唖教育大会で、聾唖学校の課題として吃音児の教育が取り上げられ、九月には、京都市立聾唖学校で四週間にわたり、小学校在学の三三名を指導したという（京都市立聾唖学校［一九三〇・一二］）。昭和六年には、東京市教育局が吃音児童調査を行っている（東京市教育局［一九三一・八］）。

それ以外は、吃の模倣をさせないことで吃を予防する努力をする程度で、抽出等を含む特別指導には至らず、実際の矯正は、小学校外の教育相談事業として展開したことも、吃音矯正の特徴である。小学校内で本格的な矯正が実施されなかった理由は、対象児が少数であったこと、盲（点字等）・聾啞（手話等）とは異なり、代替的方法が不可欠でなく、音声に代わる意思疎通の方法があること、机上での学習には支障がなく、小学校課程を修了できる能力があることにあると推測される。

また伊澤は、明治四〇年四月、楽石社に特殊教育部を開設し、知的発達に遅れのある低能児を対象とする通園制施設を設置した（第六章参照）。この部門の教員になったのが、脇田良吉である。

第三節　日本最初の特殊教育制度としての大正一二年盲学校及聾啞学校令の成立と盲啞学校制度の傍流化および口話法の導入

一．盲啞学校準則公布運動とその遅延

（一）盲啞学校準則運動の発端と経過

⑴　古河・小西・鳥居三校長による盲啞学校と盲啞教育の提案

明治三〇年代前半における国会での盲啞教育に関する論議を通じて、文部省には確たる盲啞教育政策がなかったことは第三章で述べた。

明治三九年一〇月二三日付け文部大臣宛三校長建議は、文部大臣・牧野伸顯の求めに応じて提出されたものであった。この建議は、日本の盲・聾啞教育創始者の大阪盲啞院長・古河太四郎と日本の模範盲啞学校の官立東京盲啞学校長・小西信八、日本最古の盲啞学校である京都市立盲啞学校長・鳥居嘉三郎の三人連名によることからして、当時、得られる最高の建議内容であったといってよい。その期待に背くことなく、日本の現実を踏まえ、かつ、盲・聾啞教育の全体的

制度をまとめ、総合性・斬新性を兼ね備えた優れた提案であった。また、この建議の源であった盲唖教育運動を基盤にした運動論的観点も備えている点も注目される。[18] 建議内容は、五つの内容で構成されているが、それを要約すると、つぎの五つとなる。

①学校編制、②学科、③校舎と教具・設備、④教員資格、⑤盲人保護法案と学齢盲唖児数調査・指導行政専門官の配置、義務制への準備

つぎに、それぞれの内容について検討する。なお建議では、学校の名称として盲人学校と聾唖学校を用いている。

①学校編制

・盲学校と聾唖学校を分離して、それぞれ普通科と技芸科を設置する
・各府県に盲人学校・聾唖学校を各一校設ける。師範学校附設もあり得る
・普通科のみの簡易盲学校・聾唖学校を小学校に附設する
・官立の盲学校と聾唖学校を設置する
・市町村立または私立による学校設置を奨励する
・成績のよい学校には国庫補助をする
・授業料は無償を原則とする
・普通の教育と独立自営の教育を行うことを学校目的とする
・技芸科の種類は地方の状況による
・入学年齢は七歳から二〇歳を原則とする
・学級定員は二〇名以下とする

原則を設けながら、地方の現実に対応した学校編制案であり、とくに小学校附設案はその意図が、盲唖教育の普及だけにあったのではないことを推測させる（小西の項参照）。

②学科

普通科のうち初等教育は、尋常小学科と高等小学科の課程・科目・修業年限は小学校に準じるが、盲学校では図画と裁縫を、聾学校では唱歌を除く。なお、普通科の尋常中学科は盲学校のみに設置しているのが注目される。課程・科目・修業年限は、尋常中学に準じる（図画は除く）。

技芸科は、盲学校では修業年限五年で、鍼按科では、鍼治・按摩（マッサージを含む）、手術と解剖、生理、病理を課す。音楽科では、箏と三絃、オルガン・ピアノ・バイオリンとし、随意科として琵琶・胡弓・尺八を課し、三年課程の研究科を設置する。聾学校では、科により修業年限が異なる。絵画科は修業年限四年、美術工芸の技能の習得をめざし、三年の研究科を設ける。裁縫科では修業年限五年、和服・裁縫とミシンの使用法を学び、洋服を課してもよい。木工科は修業年限五年とする。

簡易課程は尋常小学科として、盲学校も聾唖学校も尋常小学校に準じる。除外科目は、普通科と同じである。

③校舎と教具・設備

校舎は高等小学校の設備に準じること、教室は学級定員に対応させること、男女別寄宿舎と校長・舎監の住宅の設置は、盲学校・聾唖学校共通であり、盲学校には、音楽と鍼按指導用の教室と運動場を設置すること、聾唖学校には技芸科用教室を設置することとしている。簡易盲・聾唖学校については、校舎は尋常小学校の設備に準じ、教室は学級定員に対応させることを求めている。

教具については、技芸科必須の器械等のほかは、高等小学校に準じること、実物と模型品を完備することは、盲学校・聾唖学校共通である。盲学校用教具としては点字版と点字印刷機の設備が、聾唖学校用には、発音指導用の大鏡と小鏡、補聴器の用意を求めている。

④教員資格

盲人学校と聾啞学校では、校長の資格について、高等師範学校卒か大学卒、二年の当該分野の教職経験、または教諭・訓導で五年の当該分野の教職経験等、教諭の資格は高等師範学校卒で一年の当該分野の教職経験または経験豊かで成績良好な訓導、訓導は東京盲啞学校教員練習科卒または小学本科正教員で当該分野の二年の教職経験のある者とした。

技芸教員は、当該分野の専門家に嘱託すること、助手を配置することができるとした。

簡易型の盲人学校・聾啞学校の訓導兼校長および訓導は、上記と同じ資格としている。

⑤盲人保護法案と学齢盲啞児数調査・指導行政専門官の配置、義務制への準備

つぎの四項目が挙げられている。

❶盲人保護法案[19]

・官公立盲人学校の鍼治・マッサージ・按摩科の卒業生には無試験で営業を許可し、開業免状を下付する。私立学校の卒業生の場合は、無試験で営業許可するのが望ましい。

・営業免許は、これまでの府県ではなく、内務省が一般に通じる試験規則を発布すべきである。

・鍼按・マッサージの開業試験には、官公立盲学校鍼按科教員を試験委員に加えて実地の施術試験を行う。

❷全国の学齢盲啞児数をより正確に把握する。

❸盲啞教育視学の配置　文部省と府県に盲啞教育視学を加えること

❹国民教育制度の一環として盲啞児の教育を義務教育とするべく、地方で盲啞教育を普及して、義務制の準備をすること。

(2)　京都盲啞院長・廣瀬為四郎による盲啞教育制度の提案

大正七年、京都盲啞院長・廣瀬為四郎の盲啞教育制度に関する一二項目にわたる提案が、『帝国教育』一一月号に掲

載されるが（廣瀬［一九一八・一二］五六頁）、廣瀬の教育学者としての見識と京都校での盲唖教育の蓄積を反映して、その提案は構造的・多元的かつ先見的である。それを、最初に制度について整理すると、以下のようになる。

①初等教育六年、中等段階の普通教育または職業教育四年、高等教育の三年ないし四年課程
②国内数カ所に設置する初等・中等・高等教育をカバーする官立の盲唖学校と府県に設置する初等・中等教育段階の公私立盲唖学校
③官立校は、教員養成と盲唖者の生理・心理研究を行う[20]
④府県の公私立校は、国庫等の補助を受けるとともに、給費と貸与により就学奨励
⑤義務教育は漸次実施し、貧困の場合は学資を国庫または地方費により補助または支弁

廣瀬は、教育内容等についても提案が及んでいる。

①教育上第一に注力すべきは体力の育成である。体操、遊戯、相撲、労働、散歩、遠足・登山、旅行等、さまざまな鍛錬衛生に留意しなければならない。
②職業教育では新職業の開拓が必須である。
③道徳教育では、盲唖という障害が人格上の問題とは関係ないことを理解することから出発しなければならない。
④点字図書の増加により知識を向上し、盲学校等において学術講義を公開し、知識開発の便宜を図らなければならない。
⑤聾者の口話法の奨励は必要ではあるが、手話法を改良し、統一するほうがよい。手話法により、文字・ことばの理解を向上させることで、知能もまた開発される。
⑥盲唖の発生予防を進展させる。

廣瀬の提案の一部はすでに提起されていた案の反映であることも少なくない。しかし、教育会や盲唖者団体等の提案

が義務制の要求や個々の問題の改善に集中しているのに対して、廣瀬の提案は、学校制度の最も基本的な課題と直面している教育上の課題とに対応した内容になっており、その意味で異色である。彼は、明治二二年四月、東京高等師範学校理化学科を卒業し、その後は、各地の師範学校教員・校長を歴任してきたキャリアをもつ、元来は盲唖教育界の人間ではない（この点は、東京盲学校・東京聾唖学校長も同じであった）。しかし彼の場合、むしろ、盲唖教育界から離れた所に視座をおきながらも、盲唖者のアイデンティティを尊重し、学校教育全体からの盲唖学校の現状を再検討することによって、現実的で説得力ある提案となっている。加えて、官立校における研究機能の装備等、将来の改善方向を展望していることも、彼の提案が優れている点であり、後に見る大正一二年盲唖教育令には見られない特長となっている。

(3)　川本宇之介による特殊教育提案

これまでの研究では、大正九年夏から在外研究に出発する前の大正一一年九月までの間に、川本宇之介が中心となって盲唖教育令の草案を作成し、それが文部省社会教育課で原案が作成され、その後、改編されて盲学校及聾唖学校令として公布されたという前提で議論されている（平田［一九八九］三〇頁。藤川［二〇〇八・二］六六、七二頁）。とくに平田の研究は、詳細で意を尽くしているのであるが、川本草案説には研究方法上に問題があると思われる。たしかに川本自身が「草案を起こしてゐた」と主張している（聾唖の光［一九三五・一二］一九頁）。しかし、実際に彼が「草案」を示しているわけではないし、川本の著作にも草案の内容は示されていない。[21] 川本宇之介草案とは、平田（一九八九）が川本の戦前・戦後の川本の「著作・論文から推察」（三〇頁）して構成したものである。

しかし、川本草案と類似した内容は、川本が文部省に入省した大正九年七月以前に、明治三九（一九〇六）年の三校長建議、明治四〇年から四一年にかけての文部省の原案（第二節参照）、明治四二年の帝国教育会提案の建議、大正七（一九一八）年の廣瀬為四郎の提案（前述）によって主張されていたものがほとんどである。このことは、表4-1-2から一目瞭然であろう。川本の主張には、手前味噌あるいは自己正当化の傾向[22]があると思われる。

それでは、川本には、盲唖教育令に関連する功績がなかったのかといえばそうではない。元来、公民教育や職業教育の権威であった川本には、盲啞教育を教育制度全体や社会から捉える大きな視点がある。盲教育の改善についても、具体的な改善提案を行っているが、これは第九章で述べる。

川本の戦前の特殊教育に関する貢献は、特殊教育を盲啞教育に限定しないで、不就学者全体の解消という特殊教育制度から検討する観点をもっていたことであり、教育財政の観点から盲啞教育の義務化が実現可能であることを具体的に指摘していることである（川本［一九二〇・一〇］）。また、障害児が教育の機会を享受する根拠としての権利とその主体である児童、そして、教育を提供する責務を負っている主体である親、児童に対する義務と親が就学させることに対する国の強制について、川本は、日本人には珍しく正確に理解していたことである（川本［一九二五・二］）。さらに川本は、盲啞児だけに義務教育を限定していない。たとえば、病弱教育については一つの官立校を模範学校として、府県立またはその連合で設置を義務化する提案をしている（川本［一九二〇・一〇］四三頁）。これらの指摘は、官立盲啞学校の延長ではあるが、説得力があり、斬新だった。

しかしそれ以外の府県の盲啞学校設置義務と国の資金補助、人口五〇万人以上の都市にも設置義務、生徒の寄宿費等に対する府県の補助、学資に対する市町村の補助、教員養成と研究機関の設置等の提案は、すでに類似案があった。

ところで、川本が強調する「権利」意識を正確に理解することは、それが西洋由来であるために、日本人には理解困難だったし、それなりの歴史的理由もある（仁保［一九一一・五］）。元来、権利は、社会における独立した個人を前提とし、義務や責務と対となって構成される概念であるから、権利を享受するだけでは成立しない。すなわち、権利を享受する者は、市民としての義務や責務を果たすことを要求されていることが前提にされている。いいかえれば、市民としての義務や責務を果たせなければ、権利を要求する資格がないことになる。後藤新平は、大正一五年一〇月二四日、東京盲学校同窓会で「政治の倫理化につきて」と題する講演を行ったが、その一つのテーマが点字投票権に伴う義務の発生であった（後藤［一九二七・一］六一頁）。

（二）盲学校及聾唖学校令の公布までの経過

(1)　盲唖教育令公布好機の逸失と遅延の理由

盲唖教育令公布の遅延は、法律や政策の好機を逃すと、次々と国家的見地から実施を優先すべき教育課題あるいは社会的課題が続出することで、法律や政策は後回しになるという好例である。盲唖教育令の大正一二年八月二八日の公布自体、数日後の九月一日には関東大震災が発生したため、公布日が九月一日以降に予定されていれば、公布および施行が延期された可能性が高い。それほど、関東大震災は日本社会に極度の衝撃と甚大な被害を及ぼした大事件だったのである。

盲唖教育令の公布報道は、表4-2-3に示したように、明治末期からしばしば中央および地方の教育メディアには掲載されてきた。公布が遅延したのは、結局は、財政問題だったと思われる。国の出費増を嫌う大蔵省（十大家論叢［一九〇五・四］二五九頁）と地方費負担増に消極的な内務省である。そして、盲唖教育の制度化の教育的・社会的意義を、これまで文部省が説得できなかったことになる。

(2)　盲学校及聾唖学校令

最初に、日本最初の特殊教育法である盲学校及聾唖学校令（大正一二年八月二八日勅令第三七五号）の本文一〇条と五つの附則を示す。

第一条　盲学校ハ盲人ニ、聾唖学校ハ聾唖者ニ普通教育ヲ施シ其ノ生活ニ須要ナル特殊ノ知識技能ヲ授クルヲ以テ目的トシ特ニ国民道徳ノ涵養ニ力ムヘキモノトス

第二条　北海道及府県ニ於テハ盲学校及聾唖学校ヲ設置スヘシ

第三条　前条ノ盲学校及聾唖学校ノ経費ハ北海道地方費又ハ府県ノ負担トス

第四条　市町村、市町村学校組合及町村学校組合ハ盲学校及聾唖学校ヲ設置スルコトヲ得

第五条　私人ハ本令ニ依リ盲学校及聾唖学校ヲ設置スルコトヲ得

第六条　公立又ハ私立ノ盲学校及聾唖学校ノ設置廃止ハ文部大臣ノ認可ヲ受クヘシ

第七条　盲学校及聾唖学校ニ初等部及中等部ヲ置ク但シ土地ノ情況ニ依リ必要アル場合ニ於テハ初等部又ハ中等部ノミヲ置クコトヲ得

盲学校及聾唖学校ニ予科研究科及別科ヲ置クコトヲ得

第八条　官立ノ盲学校及聾唖学校ノ修業年限、入学資格、学科、学科目及其ノ程度並予科、研究科及別科ニ関スル規程ハ文部大臣之ヲ定ム

第九条　公立又ハ私立ノ盲学校及聾唖学校ノ設置廃止、修業年限、入学資格、学科、学科目及其ノ程度、予科、研究科、別科、教員資格、編成並設備ニ関スル規程ハ文部大臣之ヲ定ム

公立又ハ私立ノ盲学校及聾唖学校ノ教科書ハ学校長ニ於テ地方長官ノ認可ヲ経テ之ヲ定ム

第十条　公立ノ盲学校及聾唖学校ノ初等部及其ノ予科ニ在リテハ授業料入学料等ヲ徴収スルコトヲ得ス

前項ニ規定スル場合ヲ除クノ外盲学校及聾唖学校ニ於テ授業料入学料等ヲ徴収セムトスルトキハ公立学校ニ在リテハ地方長官ニ於テ、私立学校ニ在リテハ設立者ニ於テ文部大臣ノ認可ヲ経テ其ノ額ヲ定ムヘシ

附則

本令ハ大正一三年四月一日ヨリ施行ス

北海道及府県ニ於テ特別ノ事情アルトキハ文部大臣ノ認可ヲ受ケ当分ノ内道府県立以外ノ公立又ハ私立ノ盲学校又ハ聾唖学校ヲ以テ第二条ノ盲学校又ハ聾唖学校ニ代用スルコトヲ得

前項ニ規定スル代用ヲ為スコト能ハサルトキハ文部大臣ノ認可ヲ受ケ本令施行後七年以内第二条ノ盲学校又ハ聾唖学校ノ設置ヲ延期スルコトヲ得

当分ノ内盲学校ノ学科ト聾唖学校ノ学科トヲ併置スル学校ヲ設クルコトヲ得

前項ノ学校ハ之ヲ盲学校及聾唖学校ト看做ス

第一条では盲学校と聾唖学校の目的が示されており、普通教育と特別な知識技能の教育という、京都盲唖院と楽善会訓盲院が先導してきたその構成要件は、これ以降、踏襲される。道府県には盲学校と聾唖学校の設置義務（第二条）と経費負担（第三条）が課され、道府県以外にも、市町村または組合立（第四条）および私立校（第五条）による盲学校と聾唖学校の設置が認められたのは、これまでの実態を反映している。盲学校と聾唖学校の開設・廃止の認可権は文部大臣にあり（第六条）、初等部と中等部の設置が原則となり、予科・研究科・別科の設置は任意だった（第七条）。官立校の規程は文部大臣に（第八条）、公立・私立校に関する規程は地方長官によることになった（第九条）。授業料および入学料は、予科および初等部では無償となり、中等部等の授業料および入学料は認可を受ける必要があった（第一〇条）。

盲唖教育令では、日本の特殊教育史上、画期的な規定が実現した。第一は道府県の設置義務、第二は盲学校と聾唖学校の分離、第三は予科と小学部の授業料無償、第四は学校目的の同等性である（これらのことについては、後述する）。しかし、つぎの附則により、第一と第二の画期性は、かなり空洞化し、後述するように財政事情の悪い三県では大戦前には県営移管が実現しなかった。

附則では、第一項で施行日を大正一三年度からとしたほか、重要な事項が規定されている。道府県立校が設置できない場合は、市町村立または私立の盲学校・聾唖学校を道府県立校の代用校とすることが「当分の間」可能なこと（第二項）、代用校を設けることができない場合は、道府県立校の設置義務を七年間、猶予できること（第三項）、盲学校と聾唖学校を分離せずに、盲唖学校という形態を「当分の間」認めることとともに、盲唖学校を盲学校・聾唖学校として認めるというものである（第四項）。なお、法令上の「当分の間」には、いつまでという期限の制限はない。

(3)　盲学校及聾唖学校令立案過程

盲唖教育令の立案過程については、平田勝政（一九八九）による研究が詳細であるので、それを参考にしながら、その意義について、当時の状況に即して改めて検討する。

盲唖教育令が公布されるまでの経過をみれば、以下のとおりである（枢密顧問官審査委員会［一九二三・七・二八］盲学校及聾唖学校令外二件審査報告）。

・大正一二年七月一二日・一六日　文部大臣および文部省係官による盲唖教育令文部省原案の説明

・大正一二年七月二八日　穂積陳重を委員長とする枢密顧問官による審査委員会（一木喜徳郎・久保田穣・平山成信・石黒忠悳・有松英義・山川健次郎）により、文部省原案に修正を加える。①第一条の学校目的に国民道徳の涵養を追加、②盲学校および聾唖学校の設置義務は延期できるから、猶予期間を七年間と明示する。

この修正案に対して文部省は異存なく、地方財政の許す範囲でできる限り早急に設置を目ざしたい旨の回答。上記修正案を審査委員会全会一致した旨を枢密院議長に報告。

・大正一二年八月一日　盲学校及聾唖学校令と小学校令における盲唖学校規定との整合性を図るための小学校令修正（小学校令中改正ノ件［一九二三・八・一］）。小学校令により設置された私立盲唖学校で盲唖教育令によらない盲唖学校は、私立学校令によって設立されたものとみなされることになった。

この小学校令修正によって、盲唖学校は小学校に類する各種学校ではなくなり、小学校に附設することもなくなった。とりわけ重要なのは、盲学校および聾唖学校の初等部への就学者は尋常小学校に就学したとみなされることになった。すなわち、盲児・聾唖児は就学義務が免除された対象でありながら、盲唖学校に就学している盲児・聾唖児は、法律上は義務教育を履行しているとみなされたのである（昭和五四年養護学校義務制実施前の養護学校就学児童生徒に適用されたのは、これと同じ処理であった）。

入学年齢については、大正四年一一月の京都市における全国教育大会特殊教育部会に対して、文部省が「盲唖の児童を就学せしむべき適当なる年齢如何」を諮問し、乗杉督学官が説明している。その結果、七名の委員により、満七歳を可とする答申を提出した（全国教育大会［一九一六・一a］六五頁。全国教育大会［一九一六・一b］一六三頁。文部省［一九一八］五三一頁）。この入学年齢問題は、盲唖児では問題がやや異なる。唖児の場合は言語指導に時間を要するために、より年少での入学が望ましいのに対して、盲児では、鍼按で身を立てることが主目的であったから、就労する年齢から職業教育に必要な年数を逆算すると一〇歳程度で入学する例が多かったからである。しかし、緩慢ながら盲教育の普及とともに、教育の意義が高まり、より高度な教育を提供することが必要であると認識されることによって、盲唖児の教育開始年齢を、一般の子どもの入学年齢に近づける必要が出てきたということであろう。

しかし、現実はなかなか複雑である。とくに盲学校入学者の年齢は、義務教育年齢を超えた者が多かった。保護者の貧困が理由であるが、就学義務制が実現すれば就学者が増加するとはいえないであろう。就学奨励制度の整備が必要なゆえんである。

七年間の盲学校・聾唖学校設置を猶予することを規定した附則は、昭和六年度までで終了するはずであったが、結局、不景気のために延期され、大戦前には三つの県では、県立移管は実施されなかった。

二　盲学校及聾唖学校令の制度的・実践的意義と傍系的制度化

㈠　盲学校及聾唖学校令の制度的意義

第一の意義は、道府県の盲学校・聾唖学校の設置義務である。すでに述べてきたように、この勅令によって、盲学校・聾唖学校およびその教育は、内務省が所掌する人民相互の情誼に基づく感化救済事業ではなく、文部省が所掌する、地方当局が学校設置の責任をもつ教育事業であることを、法制度上、明確にしたことである。したがって、学齢盲唖児の教育は、一般の学齢児の小学校教育に近い根拠を得たことになる。

第二は、初等部と中等部の原則必置だった。また、盲学校・聾唖学校が、学校目的によって年少盲・聾唖児の教育が基本的機能であり、加えて学科課程が全国的に基準化されることによって、文字どおり、学校となった。また、各県内の学校体系では、各種学校や裁縫学校のカテゴリーではなく、中等学校に含まれることになった（愛知県聾学校［一九四〇］一二六頁）。

第三に、盲・聾分離が原則になったことである。盲・聾分離は、教育方法上からのかねてからの課題であったし、盲（児）と聾唖（児）に対する不正確で誤った認識のもとでもあり、学校的性格を明確にする手段でもあった。しかし、実際には附則で実施に七年間の猶予期間が与えられたほかに、校舎だけが異なるだけで、学校住所が同じである例を生んだ。この問題が解決するのは戦後になる。

第四に、学校目的が基礎教育と職業教育という二重性をもっていること、就学義務が課されず、完備した義務教育制度ではないこと、県営移管と盲・聾分離が遅れたこと、社会事業的な色合いが濃い「盲学校」が残ったこと、小学校のような地域を基盤とした学校ではないことは、一般の学校体系とは異なる学校であるとの印象を生みだした。そのうえ、後述するように、盲唖学校が主流の小学校・中等学校とは異なる傍流・傍系の学校であるために、小学校の教員・子ども・地域の関心対象外となり、中等学校とも異なる別系統の学校体系として理解されることになった。

（二）盲唖教育令による生徒数の変化および教育の実際への改善効果

(1)　教員資格

しかし、法制度上は、盲唖教育令は大きな効果があった。それは、従来のような恣意性が小さくなったからである。しかし、とくに中等部の普通課程については特段の規定がなかった。盲学校・聾唖学校の量的整備を図る時期において、やむを得なかったというべきだろうが、その後も、改善されることはなかった（現在も、この問題は解決されているわけではない）。

公立私立盲学校及聾唖学校規程（抄）（大正一二年八月二九日文部省令第三四号）

第一一条　左ノ各号ノ一ニ該当スル者ハ盲学校ノ教員タルコトヲ得

一　東京盲学校ノ師範部甲種ヲ卒業シタル者

二　文部大臣ノ指定シタル者

三　文部大臣ノ認可シタル者

第一二条　左ノ各号ノ一ニ該当スル者ハ盲学校ノ初等部ノ教員タルコトヲ得

一　東京盲学校ノ師範部乙種ヲ卒業シタル者

二　文部大臣ノ指定シタル者

三　文部大臣ノ認可シタル者

第一三条　左ノ各号ノ一ニ該当スル者ハ聾唖学校ノ教員タルコトヲ得

一　東京聾唖学校ノ師範部甲種ヲ卒業シタル者

二　文部大臣ノ指定シタル者

第一四条　左ノ各号ノ一ニ該当スル者ハ聾唖学校ノ初等部ノ教員タルコトヲ得

一　東京聾唖学校ノ師範部乙種ヲ卒業シタル者

二　文部大臣ノ認可シタル者

教育課程も、基準化されたので、それなりの改善はなされたはずであるが、実際には後述するようにそれほどでもなかった。

(2)　児童生徒数

児童生徒数でみると、大正一二年の盲唖教育令の施行日である大正一三年以前の数値は、大正一一年一一月現在の東京盲唖学校調査がある（東京盲唖学校［一九二二・一二］）。この調査は、報告を寄せない盲唖学校があるほかに、盲唖学校の数値は盲と聾唖を合わせての数値であるが、ほぼ盲唖教育令以前の国内盲唖学校の数値が得られる。この大正一一年の数値と、表8-8-1の大正一五年以降の盲児数を比較すれば、大正一二年盲唖教育令の効果が分かる。

大正一一年では盲唖学校児童生徒数は二七〇〇名程度であるのに対して、大正一五年では盲学校三四一〇人であることから、改善されていることが分かる。男女別の数では、大正一五年では男二五〇〇、女九一〇人であり、男女差が大きいが、この男女差は、大正一一年でも同じである。大規模校の大阪市立盲唖学校（男一一三、女三四）、東京盲学校（男二三六、女五五）、大分（男一一四、女六七）と女児の割合は少ない。つまり、大正一二年の盲唖教育令が劇的な効果があったわけではない。しかし第八章でみるように、盲児でも聾唖児でも就学数は改善されていくが、意外にも待望久しかった盲唖教育令が決定的な効果があったわけではなかった。

(3)　教員給与と校長職

盲唖教育令あるいは県立移管によって、盲学校・聾唖学校の教員給与が大幅に改善されたわけではなかった。滋賀県では、彦根盲学校時代の昭和二年、山本清一郎校長の給与は月に八五円、鍼按科教員は三八から五三円だった。大津尋常高等小学校の訓導兼校長の月給が一五五円で、上級の訓導が八一円、高等女学校の教諭が八〇から一一〇円であった。県立校になってからの昭和六年には、山本校長は五級で、県立校の上級教諭程度の給与だった（滋賀県教職員録［一九二七・九］一四-一五頁、［一九三一・六］二〇-二一頁）。

静岡県では、大正一一年の私立静岡盲唖学校時代では、四人の教員は三〇円から三五円であるが、この月給額は小学校の准教員または専科正教員の最下級の額となっている（静岡県教育会［一九二二］七、二七頁）。同じ時期の秋田県立盲唖学校は、校長が年俸で一三五〇円であり、他の県立校とはかなりの開きがあり、県内の実業系の町立中等学校よりもやや低い額であった。鍼按科教員の松田宇一郎の月給は、実業系中等学校教諭の下位クラスに相当した。給与額の位置は、職名「教師」とともに、変化がなく、低かったようである（秋田県教職員録［一九一六・一二］。［一九二二・八］）。

このような給与の格差は、日本最古の盲唖学校で最初の公立盲唖学校でもあった京都市盲唖院でも同じだった。大正一二年現在、盲唖院だけが月給制で一四〇〇円（年額一六八〇円）で、市立中等学校では商工専修学校長の千八〇〇円についで最低額だった。教員の平均給与額も同様で、盲部教員は月額六八円、唖部教員は七一・五〇円となっており、この額は高等小学校専科教員の六九円を上回るが、尋常および尋常高等小学校教員の七二・五〇円を下回っている（京都市役所学務課［一九二四］七二―七三頁）

私立校時代の給与は、それだけでは生活できない額であるが、県立校になっても、劇的に改善されたわけではないことが分かる。安定して確実な収入となることは、県立移管の結果であるし、昭和初期の小学校教員給与不払いのようなことはなかったであろう。また、給与額は、少人数の生徒数という学校規模や学歴等に基づく給与額計算のルールによって算出されていたものと思われる。

それゆえ、より給与の高い中等学校や企業に転職する盲唖学校教員がいたように、実技系のとくに技量の高い盲教員は、開業したほうがはるかに収入が多く、子どもに高度な教育を受けさせようとする場合、盲学校教員の給与では到底不足するから、盲学校教員を辞めて開業する例がみられたのである。

これは不当な扱いであるといえるが、別の見方もできる。たとえば中等部教員の場合、別に述べるように、一般の中等学校教員と比較した場合、学歴やキャリア、あるいは資質がかなり見劣りする盲唖学校教員が多いという現実があったからである。これは、盲学校と一般の学校を比較するだけの経験と情報をもっている樋口長市や妹尾熊男等が、このような教員の能力格差を指摘していることから事実であり、一方的にその不当性を非難して済む問題ではなかったのである。

(4)　低能の盲児と聾唖児の問題

盲唖学校における重複障害児に対する問題は、実際には開校以来からの古典的問題であったようである。すでに明治三八年の東京盲唖学校時代に、小西信八が「痴鈍聾唖児の中途退学を惜むこと切なり、早く特別の一院を希望す」(小西信八先生存稿刊行会［一九三五］二三二頁) と述べている (この時点では、盲・聾分離を先決問題としている) から、別組織の機関を考えていたのであろう。しかし各地の盲唖学校では、積極的な入学需要が少数あった以外は、どの学校も入学者難に遭遇していたし、入学前まで無教育状態におかれた盲唖児の発育不全状態は、先天性に由来するのか、環境不良によるものか、判断が難しかったであろうからである。

京都盲唖院でも、知的発達の遅れがある盲または聾唖の生徒の問題を早くから認識していたようである。明治三五年五月調査の半途退学者調査によると、半途退学者二六〇名のうち、盲生徒が男子六九、女子二七名、聾唖生徒が男一〇一、女五七名であり、約六五％が聾唖生徒である。このうち、「魯鈍、白痴」は半途退学者全体の一割を超える程度であり、盲が男女各三名に過ぎず、聾唖は男一八、女五名で、「魯鈍、白痴」の八割を占めている (京都市立盲唖院［一九〇三］八七－九〇頁)。言語発達の遅れの原因の診断が困難だったことにもよるであろう。

なお、この調査には、二つの注記があり、一つは、五年以上在籍している三五人の多くは、「白痴、魯鈍若クハ不勉強ノ為……成績不良」のためであるという。盲では、尋常科六年在籍が四人、七年が一人、鍼按術科では五年が二人、六年が三人、七年が一人である。聾唖では、尋常科五年在籍が一〇、六年が四、七年が八名、刺繍科五年が一名となっていて、五年以上在籍者全体の約六五％を占めている (京都市立盲唖院［一九〇三］八八頁)。

以上からいえることは、精神薄弱の盲唖生徒は聾唖に多いが、当初よりも少なくなっていること、したがって、精神薄弱の生徒入学は回避されるようになったこと、他方で、在籍期間が長いことから、入学時点で入学を拒否されるとは限らないこと、精神薄弱を伴う盲唖生徒は、経済的に困っていない家庭の子どもであったということであろう (貧困による半途退学者は三割近かった。京都市立盲唖院［一九〇三］［八九頁］)。

しかし、低い就学率と児童生徒数の少なさに悩む盲唖学校にとって、低能児問題は、それほど解決が簡単な問題ではなかった。名古屋市立盲唖学校では、大正三年一二月に「成績不良生の父兄を召集して懇談す」という記事があり、これ以降、毎学期、保護者との懇談を実施したという。また、大正四年七月の第五回全国盲唖教育大会で、大正三年八月に校長となったばかりの橋村徳一は、「低能生の取扱方法如何」を提案し所見を述べている（第五回全国盲唖教育大会［一九一五］）。また、五年の第六回全国盲唖教育大会でも、大阪校と日向校から、「低能ニ近キ盲生ノ取扱方法及教授法」が話題として提出されているから（第六回全国盲唖教育大会［一九一七］三頁）、学校目的にそぐわない盲児の扱いに苦慮する盲学校が多くなってきたことを示唆する。名古屋市立盲唖学校では、大正一一年七月の学則改正で修業年限二年の予備科（予科）を設けて、「精神検査」によって「普通能力以上の」聾生のみに入学を許可したという（愛知県聾学校［一九四〇］四六、九〇、九九、一六六頁）。

豊橋盲唖学校では、大正二年五月時点における創立以来一三年間の半途退学者調査によると、「魯鈍白痴」を理由とする退学者の聾唖児が男女各二の四名いた。また、半途退学の「理由不明」は長期欠席であり、盲児九（男七、女二）名いた。「家事都合」は盲男児五名、聾唖児一六（男七、女九）名いたが、その理由は家族との分離困難、貧困、年長であった（愛知県立豊橋聾学校八十年史編集委員会［一九七八］一六三頁）。長期欠席や家事都合にも「魯鈍白痴」が含まれているかもしれない。

(5)　盲唖教育の質

盲唖教育の質の問題は、長らく日本の障害児教育の弱点であった。この問題については、盲唖教育内部から自覚されることは少なく、外部から認識されることが多かった。それゆえ、教育の質の改善は盲唖教育令によって容易に解消できるような問題ではなかった。初代官立東京盲学校長の町田則文も、第二代官立東京聾学校長の樋口長市も、それぞれが師範教育学の著名な学者であったから、初等教育と比較して、その格差に嘆息し、それぞれの努力によってその差を埋めようとしたのである。

しかし、その差は容易に縮められなかったようであるが、その理由は複合的であろう。その第一は、いうまでもなく盲唖学校には財源が乏しかったことである。したがって、「県立」あるいは「盲聾分離」が達成されたり、校名が変更されたりしただけで、教育の質は私立時代から改善されなかった例（川本［一九二八］一七〇頁）が少なくなかったのである。明治末期、石川県金沢市の私立盲唖学校（上森捨次郎創設の学校と思われる）には、点字の印刷物が一冊もなかったが、転校した大阪市立盲唖学校にも「教科書も参考書も」なかった（大阪市立盲学校［一九八〇］四九頁）。明治四三年七月に開設された鳥取盲唖学校の大正四年入学盲生は、松江盲唖学校を実地調査して自校のあまりの教材・教具の貧弱さに、模型・標本、書籍や施設・設備の改善を校長に要求したという（創立七五周年記念誌編集委員会［一九八五］三六－三七頁）。体育の指導では、盲児に対する体育の基準がなかったという（赤坂［一九二六・四］）。

たしかに盲唖教育の質問題の根底には、日本の経済的な貧しさがあったことは事実であろう（日本の国民一人当たりGDPはアメリカの三分の一以下だった。Maddison参照）。明治期初期の日本は帝国主義列強諸国に対して殖産興業政策を採用し、その後、富国強兵政策へと拡張せざるをえない状況が続いた。しかし、日本の貧しさゆえにやむを得ない政策であったはずの資源の一極集中投資と民間依存は、明治三〇年代半ばの産業革命確立期以降には固定化し、日本社会のなかでいわば体質化する。それが、盲唖教育の分野内外で定着しつつあったということであろう。たとえば、日本の高等教育の構造とその改善過程に象徴的である。大学昇格問題において帝国大学側は、私立専門学校が「大学」に昇格することに反対するのであるが、それは、帝国大学が自らの既得権益を維持し、大学権益の拡大や公平分配に反対するという排除性をもっており、社会的属性の固定化と拡大に対応していた。この構造が、大学内部、大学と専門学校、専門学校内部（とくに高等商業学校）、専門学校と高等師範学校との間というように、ほとんど無限に構造化されていたのである。こうして資源の偏りは固定化し、戦時体制の進行はさらに、改善を困難にした。

盲唖教育の質改善を困難にした第二の要因は、改善の必要性を盲唖教育内部から認識する力が弱かったことにあろう。上記の盲唖教育に不可欠な教材・教具の整備は、指導側のイニシアティブではなく、生徒側の要求によって実現した。施設・設備の不足問題は専門性と関連するから、学校経営者と指導者の問題に帰趨する。小規模盲唖学校における教員と児童生徒間の関係は良好だったことを学校記念誌は伝えているけれども、学校として評価する場合、盲唖学校の施設・設備の貧弱さとその放置は、重大な問題だったはずである。全国大会で非常に基礎的な教育内容の指導法を話題にする学校があったことは、現実の指導レベルの低さを示す。大正二年一〇月の全国盲唖教育大会で私立鹿児島盲学校が、各盲学校・聾唖学校が「教育ノ方法並ニ教科課程ヲ同一トナス方針ヲ取ル事」を提案していることは、学校によって違いがあったことを意味する（第四回全国盲唖教育大会報告［一九一三］三、五頁）。言語指導上の困難がある聾唖学校は、盲学校以上にばらつきがあったであろう。

第三の要因として、このような盲唖学校やその教育の質における低位の状態を問題にしない社会の認識も挙げられる。盲唖学校は、その劣悪な状態が広く伝わらない孤立した学校であったということでもあろう。県教育行政は学事報告等で問題を指摘はするが、問題解決の手段は提供しなかった。

第四に、児童の保護者の貧困がある。家庭の貧困に基づく早期就職が至上命題であることは、解決し難いさまざまな問題を生んだ。年長児になってからの入学と就学率の低迷、基礎教育不要論[23]、学業と放課後における鍼按の「流し」営業との二重活動、「流し」における非ないし反教育的効果等である。このうち、とりわけ、親方のもとに弟子入りして盲学校に通学している徒弟盲生の場合、親方と盲学校とが友好的な関係をもつことは、利害が相反するために困難であり、その結果、盲教育には有益とはならなかった。盲生の盲学校への就学をめぐって盲唖学校と対立する鍼按業者がいたのは通例だったといえよう（赤坂［一九二六・四］一三頁。加藤［一九六五］。梶本・楠木［一九八〇］一六四頁。中村［一九九三］二一六頁）。盲児の通学年数および通学時間が長くなることは、従来の徒弟制度を盲学校での職業教育と折衷させて利用しようとする鍼按家（集団）には首肯しがたいことであったから、そのような環境におかれた盲学校では、教育の質の向上は困難となる。問題を複雑にするのは、技術指導では徒弟制のほうが優れているという評価があったことである。

当然といえばそれまでであるが、盲唖教育令が公布されただけで、その他の指導条件が変わったわけではないから、指導の実態はそれほど変化がなかったのであろう。盲唖学校が一つの完結した独立空間であることもあり、変化を生むのは、小学校よりもずっと困難だったであろう。

(6) 教科教育と鍼按教育の整備

盲学校及聾唖学校令は、盲唖学校を正規の学校の一部としたことにより、盲唖教育関係者のアイデンティティを確立することになった。しかし、盲唖学校初等部が初等学校の一種とみなされたことが、盲唖生を小学生と同等の学習を確保することを意味したわけではない。盲唖学校就学者としての教育成果は理念やかけ声では生まれるはずもない。そもそも、明治二三年および三三年小学校令において、盲唖学校が小学校に類する各種学校となったことは、盲唖学校が文部省管轄の公教育の枠組みに入ったことになり、東京盲唖学校や京都盲唖院では、小学校令に基づいて小学校とほぼ同じ教科を提供した。しかし、ほとんどの盲唖学校は、普通教育を最小限の教科に限定していた。それは、教育方法上の問題であったり、盲・聾唖のために学習できない教科であったという理由と、教員を雇用する経費がなかったという理由による。

このような事態を根本的に、少なくとも盲教育関係者の意識を変えるはずだったのは、盲学校及聾唖学校令であった。この法律により、盲唖学校が正規で同等な学校となった以上、その小学校との同等性を実現するのは教育であったからである。すなわち、同等という理念だけではなく、それを実現する教育内容を学校が具備する必要性が生じたことになる。こうして、盲学校及聾唖学校令は、教育課程と教育方法の開発を関係者に重要な課題としたのである。しかし昭和初期になっても、視察者から、盲学校における教具上・指導上の問題が指摘されている〔石川［一九三〇］〕。

(三) 盲学校・聾唖学校教員の養成

特殊教育の教員養成の必要性は、先進国での見聞による知識はあっても、実際にはそれぞれの教育の独自性が存在するという前提があること、そのような教員の需要が生じることによって初めて痛感される問題である。したがって、盲教育における日本点字の翻案と聾唖教育における一定のコミュニケーション方法の成立およびその指導法の必要性と、そして、盲唖学校の拡大が必要条件だったと思われる。石川倉次の日本訓盲点字が官報に掲載されたのが明治三四年四月二二日、国内に盲唖学校が増加するのが明治三〇年代後半だった。それゆえ、東京盲唖学校に教員練習科が設置されたのが明治三六年三月一〇日だったことは、おおむね順調だったといえよう。

官立校として、それもマイナーな盲唖学校において新しい制度を設けることはそれほど簡単ではなかったであろう。その先行例として参照されたのが、東京女子師範学校の一年課程の「幼稚園保姆練習科」であったと思われる。明治一一年六月に「幼稚園保姆練習科規則」が公布され、明治一二年開設したものの一三年には廃止された。その後、本科において「保育園保育術」「幼稚園実地保育」を修得することによって保姆資格も得られたが、明治二九年、再度、保姆練習科が設置されることになる（大岡［二〇〇九・九］一八三―一八四頁）。

東京盲唖学校教員練習科の課程は、卒業後二年間の盲唖教育に従事する義務がある月七円の給費生であった。入学基礎資格は、尋常小学校本科正教員免許状所有または同等以上の学力ある者で、年齢は男二〇歳以上、女一八歳以上の健康で品行方正ある者一〇名を定員とした。修業年限は一年、学科目は、第一・二学期は修身（一）、盲唖教育（八）、国語（三）、生理・衛生（三）、図画（三）、点字盤・補聴器等使用法（四）、唱歌（二）、体操（三［第一学期のみ］）で（括弧内は各学期の毎週時数）、第三学期は修身（一）以外は、毎週二六時数が盲唖教育の実地授業だった。なお、東京盲唖学校と京都盲唖院の卒業生は、入学上、優遇された（東京盲学校［一九三五］二三八―二四四頁）。

教員練習科は、東京盲学校と東京聾唖学校分離により、明治四三年一一月に師範科に改組され、整備される。盲学校の師範科は、普通科・音楽科・鍼按科に、聾唖学校の師範科は、普通科・図画科・木工科・裁縫科に分化・再編される。師範科の普通科以外の職業教育科では、盲唖学校がますます増加し、教員需要も増大しつつある状況を反映して、地方盲唖学校卒業生をも対象とする。これは、盲唖児教育の成果を高次化することによって、地方盲唖学校および東京盲学校・東京聾唖学校の社会的意義を具体的に示す効果もあった（東京盲学校［一九三五］二六九―二七二頁。東京聾唖学校［一九三五ａ］二六六―二六八頁）。

大正一二年の盲学校及聾唖学校令によって、東京盲学校および東京聾唖学校の師範科は師範部となる。これらの教員養成課程修了者のなかには、卒業後に国内各地あるいは植民地（台湾・朝鮮）で、盲啞学校の創設あるいは中興の功績のあった人々が輩出することになる。その一例として、教員練習科時代の修了生の一部を以下に示す。

第二回　高取易太郎（長岡盲啞学校・長岡昭和学園長）、松谷富吉（神戸聾啞学校創設ほか）、平岩繁治（石川県立盲学校長ほか）、藁谷貞吉（東京聾啞学校・巣鴨聾啞学園長）、山本厚平（岡山県盲教育巡回指導講師）
第三回　小島留蔵（福岡盲啞学校）
第五回　小林卯三郎（奈良盲啞学校）、小杉あさ（東海訓盲院・静岡盲啞学校）
第六回　橋村徳一（愛知県聾学校長）、村上求馬（日本聾話学校）、金谷末松（東京聾話学院長）、安部久次（福岡盲啞学校）
第七回　森清克（大分県立盲啞学校長）、柴内魁三（岩手県立盲啞学校長）
第八回　葛山覃（岡山県立盲啞学校）

なお、教員練習科時代の卒業生数を、男女および障害別に示せば、つぎのとおりである（障害が付されていないのは、晴眼者または健聴者。飯塚［一九九五］八八一頁を一部改編）。

第一回（明治三七年三月）五名（男）
第二回（明治三八年三月）九名（男）
第三回（明治三九年三月）一二名（男）盲人六、聾啞者六
第四回（明治四〇年三月）　四名（男）盲人四
第五回（明治四一年三月）五名（男四、女一）盲人五
第六回（明治四二年三月）八名（男）

第七回（明治四三年三月）七名（男六、女一）盲人七
第八回（明治四四年三月）九名（男）盲人九

第七回卒業生男性六名のうち五名は、日露戦争での負傷または疾病による失明軍人であるが、全員が将校であった（東京盲唖学校［一九一〇］二三九頁）。これは、教員練習科の目的が、盲学校教員養成であったために、教員となることができる基礎資格の有無のためであったと考えられる。

教員練習科卒業生の最初の第一回生においては、卒業時期が、日露戦争に遭遇したこともあって、就職の見込みは厳しかったという（平岩［一九二三・二］一四六頁）。八回全体をみれば、いくつかの特徴が把握できる。それは、盲唖教育という新しい分野を志向する小学校教員、そして障害者、とくに盲人である。盲学校教員は、盲人にとって今まで存在しなかった新しい社会的地位を拓く可能性をもつ仕事となった。聾唖者の場合は、基礎資格の問題もあるが、聾唖学校の数が限られていたために、教職に従事する展望が乏しかったということであろう。

教員練習科・師範科・師範部と名称を変更するなかで、入学定員も増加していく。初期の教員練習科で有為な教員を選び出す自然な社会的選抜機能が働いていたことは、初期の卒業生から有能な教員が生まれたことによって例証できる。盲唖教育が、日本ではまだ新規性が高く、社会的意義があると考えた晴眼者や健聴者が東京盲唖学校教員練習科に入学し、有能でモラールの高い教員を獲得するうえで甚大な効果を得たのである。この時期の卒業生は、校長や次席、あるいは教員として活躍した。また、京都盲唖院をはじめ、他の盲唖学校でも、初期の卒業生の活躍は顕著に見られた。

しかし、このような養成の過程は、ほぼ初期に限定されていることが理解されなければならない。盲唖学校が社会的に認知され、新奇性が希薄になっていくなかで、教員養成部門は、初期のような有意な人材を惹きつける力が減退する。教員練習科も盲唖学校も、学校事業に関する世間的な認知が、ある程度得られる時期以降になると、最初期ほど、瞠目するような人材の発掘には至らなくなる。この時期の違いによる人材の質の問題は、校長職に就く人材についても適用

できるように思われる。

一方で、正規の教員養成機関が国内で盲・聾唖それぞれ一つしかなかったことは、その機関が教員養成を独占し、対抗する機関がなかったことを意味する。また、盲唖教育に関する研究者がほとんどいなかった状況では、盲唖教育への関心が、学校の増設と経営安定だけに焦点化される結果を是正できなかった。そして、元来は西欧由来の盲唖教育を、資源が限られ、かつ、盲人に関する独自の歴史的遺産をもつ日本に調整して、盲唖教育の在り方とその実践を追究することを妨げることになった。

(四) 県立移管の意義と限界——制度の空洞化と地方間・地方内格差の拡大

県立移管の進捗は二分された。早期に移管する県と代用校制度を維持し続ける県である。その状況は第八章でふれるが、早期に移管したすべての県は財政的に余裕があったわけではなく、盲唖学校の前史が充実していたかどうかである。たとえば、同じ山陰地方でも、島根県では県立移管が比較的容易だったが、鳥取県では時間がかかっている。これはまさに、盲唖教育の充実度が異なっており、相対的に充実している盲唖学校では、県当局の事業に対する理解度も蓄積があったということである。しかし、移管が遅れた後者グループのなかには、戦前には県立移管が完了できなかったほど、財政困難な県があったことはたしかである。

日本の草創期の盲学校・聾学校の経営主体は、地域社会に何らかの社会的支持基盤をもつ私的セクターであったが、それが大正一二年盲唖教育令により、道府県という地方行政拠点に学校設立主体が移行した。しかしこの集権化は、盲唖教育令制定運動の結果であることに留意しておく必要がある。戦前における道府県立盲学校と聾唖学校の設置は、運動側が求めて実現したものであり、地域社会に密着した盲唖教育の在り方は当初こそ、着想を与えたものの、実験的であり、一時的な試みに過ぎなかった。こうして、寄宿制と県立の盲学校・聾唖学校は、官民の合作だったのである。

しかしながら、日本の盲学校・聾唖学校は、アメリカにおけるような公立学校制度内に開設された特殊学級のようには展開しなかった。これは、日米の教育制度の相違によるものではあろう。しかしこのような日本の制度が、戦後特殊教育制度の構築において地域の障害児の教育問題の解決が市町村ではなく都道府県の責任に属する遠因になったという意味で興味深い。

盲啞学校は、道府県立による中央集権的で画一的な公教育の形態ではなく、さまざまな設立主体や支持者、教育の社会的根拠に基づく盲学校・聾学校の選択肢が可能性としてはありえたのであったが、結果としては道府県立を絶対的な目標として目ざした。それは、個人や小集団の努力ではいかんともしがたい経営難を、小規模盲啞学校は抱えていたからでもある。

特殊教育が中央集権化していく過程と、特殊教育の形態が盲啞学校中心となっていく過程は重複している。一部の特殊教育専門家による異論にもかかわらず、小学校特別学級としては開設されず、寄宿制盲啞学校という形態だけが盲児・聾啞児にとって唯一の教育形態となっていくのは、国家体制の完成のための中央集権化の確立という文部省を超えた問題を内包していたと思われる。日本において盲児・聾啞児の教育の場が、市の小学校特別学級ではなく、県単位の公的盲啞学校に収斂していく問題は、「なぜ市民的ニードが汲み上げられず、国家的ニードだけが貫徹されたかという問題」（辻村［一九七二］一頁）と連接すると思われる。そして、大戦後にもまた、再現されることになり、現在に至っている。それゆえ、国家だけの問題ではあり得ず、社会、そして国民の問題でもあることは明白である。それにしても、すでに明治四三年には日本の教育制度は「総てに国家の干渉か行渉って」いて、英国・米国と比べると「余程特異」であった（澤柳［一九一〇］九九頁）。澤柳政太郎はこれを日本の教育制度の特色の一つとして列挙するだけであるが、大隈重信になると日本の教育は義務の履行だけを教える「時勢遅れの国民教育」であって、権利の行使に関する教育、政治教育・市民教育もまた必要であるという見解を示している（大隈［一九一一］二八―二九頁）。

盲啞教育令の発布は、何度も期待を裏切られながら、まさに盲啞教育創始五〇年にして実現した画期的な法律であったから、盲啞教育関係者における喜びと感激はきわめて大きなものだった。それゆえ、関係者の大半はそこで満ち足りたと思われる。しかし、その画期性をどのように盲教育に生かすべきなのかを主張する教師もいたのである。大分県立盲唖学校の平岩繁治は、盲唖教育の向上・発展は人にかかっている、頭の改革が必要であり、理想の実行次第である、盲唖教育令によって待遇の改善を夢見るだけのような教員の一掃こそ必要であるとの見解に理解を示し、盲唖教育の徹底的な改革が必要であると考えていた（平岩［一九二三・一二］八四頁）。しかし、平岩自身、その後、校長として改革の痕跡を遺した事実を確認することはできない。この問題は、県立移管や盲・聾唖分離が運動の目標になって、その実現に伴う教育の改善が運動の目標の背景に隠れてしまうのと類似した状況であった。こうして、大正一二年勅令は日本の盲唖教育関係者の長年の願望の実現ではあったが、県立化と盲聾分離だけが到達目標になってしまった。まさに、自己矛盾の陥穽に陥ったのである。

（五）県立移管による地域社会の支持基盤の縮小と傍流的学校としての定着

盲唖学校はほとんど私立であったから、寄付金に依存せずに存続可能な盲唖学校はなかった。欧米のように多額の寄付を奨励する慣習に乏しい日本では、財政的に脆弱な小規模盲唖学校を少額の寄付で支えていたのは地域社会であったことは、新潟県や静岡県の盲唖学校で見たとおりである。しかし日本人の学校経営主体の指向性は唯公立であり、私立校としての特色と公共性および地域基盤を兼ね備えた財源混合型の学校経営という着想はない。とくにアメリカ視察者はこのような盲学校・聾唖学校の例を、とくに東海岸諸州で触れたはずであるが、そのような問題提起はない。こうして、零細な盲唖学校が首尾よく県立移管されて生まれた県立盲唖学校は、教職員の給与の確保に悩むことはなくなったし、給与水準も以前よりは改善された。しかし、零細時代に盲唖学校を支えてきた地域社会は果たすべき役割を完遂したかのように、少額寄附の中止とともに、盲唖学校を支える精神や情緒も同時に希薄化したのである。盲唖学校は、県行政に完全依存し、地域は関与しないという原型の一つになってしまった。教員もまた、教育上の孤立に敏感だったが、そのような危機意識が希薄化したものと思われる。

また、教育界が盲唖教育に同情を寄せていたこと、しかし、それは県教育会の幹部が中心で、しかも、地域によってかなりばらつきがあったことは、すでに述べたが、盲唖教育令のインパクトは、社会的にはそれほどの影響を及ぼしていなかったようである（平岩［一九二三・一二］八四頁）。

学校設立主体が道府県という地方行政拠点に移行したことで、それまで盲唖学校を支えてきた社会的基盤が弱体化する結果が生じたか、あるいは使命を終えたと理解されたと思われる。大正一二年盲唖教育令は、盲唖学校の盲学校・聾唖学校への近代化とその共通基準を確立した半面、何らかの特色をもつ私立学校を志向する盲学校・聾唖学校は、国内ではほとんど存在しなくなった。しかし他方で、少額寄付によって盲唖学校を財政的に支えるのは、慈善性の残存というジレンマの危険性があった。事業の公共性と地域基盤を両立する経営が必要だったのであるが、文部省・内務省支配の教育界において、このような経営者が生まれ、育つ環境がありえた可能性は大きくはない。

盲唖学校は、大正一二年勅令によって、学校教育の一部となったはずであるが、教育界の辺境に陥ることになった。給与は県立に移管されれば改善されたが、私立校だと県立校の六割程度だった。小学校ですら教員確保が困難だったが、その原因は給与と社会的地位の低さにあった。盲唖学校においてとくに教科専門の指導は、小学校等を退職した高齢の教員が担うことになった。教員中に兼任者が多いのはそのためである。生徒数が少ないために多くの教員を雇用する必要はなかったし、経営基盤が弱いために多くの教員を雇うことは論外だった。経営者も、事態の変化を理解せず、旧態的な指導体制を当然と考えていた。草創期には、講師は盲唖教育への関心を共有する貴重な貢献者だったが、状況が変わっても、退職教員に依存するという同じ事態が続いていた。このため、教科指導に関する専門性が深まることはなかった。研修の機会も限られており、年に一回の研究会がブロック単位で開催されても旅費が予算化されていないために、参加者は校長と主催校の教員に限られていた。

第四節　盲・聾唖教育政策確立による公教育化の強化と口話法への転換

一．就学義務の免除規程の改正による教育機会の拡大

盲唖教育令にだけ限定すれば、公布の時宜を逸したといえるだろう。というのは、明治三〇年代末には、盲唖児を就学義務の猶予・免除の対象としてあり続ける正当な理由が、私立盲唖学校が全国的に拡大することで、存在しなくなりつつあったからであり、盲唖児には、有効な教育の方法が開発され、教育の効果は歴然としていたからである。それゆえ、小学校令第三三条の第一項から、「不具廃疾」を削除する提案が必然的に生じることになる。同じ論理は「瘋癲白痴」のうち、適用可能な範囲についても提案される。

盲唖教育令実現後の盲唖教育関係者の要求は、当然ながら、空洞化を余儀なくされた県立盲学校の実現、就学義務化、そして盲・聾唖分離となった。盲唖教育令公布後最初の全国盲聾唖学校長会議は、大正一三年二月に開催された。文部大臣からの諮問は、「盲唖児童の就学奨励に関する適当なる方案如何」というものであり、学校側からすれば盲唖教育令の内容と矛盾した諮問内容であったが、答申案は、就学義務制の実施要望が二カ所で示されている。就学奨励の前提として盲唖児の実数把握が提案された。それ以外は就学奨励の法制化と就学奨励金の確保であった（大原社会問題研究所［一九二四］一三六－一三七頁）。これ以降、就学義務制の実施要望が政策要求の第一位となる。

大正一三年五月には、全国盲聾唖教育大会が開催された。この会議への文部大臣諮問は「盲唖者に対する最適切なる社会教育的施設方案如何」だったので、答申案には就学義務制関連の内容はなかった。ただし、文部省伊藤仁吉参事官から、改めて盲唖教育は義務教育でない旨の説明があった（帝国盲教育会第二回総会報告［一九二四］九－一〇頁）。

二．貧困盲唖児援助による就学促進と中途退学の改善

盲唖学校における就学奨励政策の必要性は、盲唖学校の発足当初から発生していた。その後、盲唖教育が拡大するにつれて、とくに盲児の教育では、寄宿舎等の生活費を捻出するために、学年が上級段階になると働かざるを得なかったのは、第一章で述べたとおりである。しかし、義務教育である小学校ですら一〇歳になる前に就労せざるを得ない児童がいて、夜間課程で補習するような時代がつづいたから、義務教育でない盲唖教育では、相変わらず、授業がない時間には、寄宿費その他を賄うために働かざるをえなかった生徒が少なくなかった。盲唖教育令公布の三年後、ある県立代用校でも、徒弟盲生徒は、午後から夕食時までと夕食後一二時までの間に、「流し」をしていた（赤坂［一九二六・四］一一頁）。盲児が経済的に困難な状態にあることは、盲唖学校ではいわば常識だった。「生徒の多くは徒弟又は苦学しながらの勉強で経済的に就学不可能となり退学しなければならなくなる者も多」かった（和歌山県立盲学校［一九六八］二八頁）。

昭和五年頃ですら、この状況は変化がなかった。茨城県立盲学校長に就任した今井信正も、苦学生の存在に驚き、大いに学業に支障があることを知った（今井［一九三三・六］一七－一八頁）。大阪府立盲学校では、昭和八年六月時点で、中等部および別科生徒二二〇名のうち一二六名が「苦学者」であり、一カ月の稼ぎ高（実収入）では、三〇円未満（一〇円未満）と六〇円未満（三〇円未満）の生徒がほとんどを占め、六〇円以上（三〇円以上）が六％、無収入は約五％であった（瀬戸山［一九三四］一一四－一一七頁）。

日本の貧困問題は、社会格差を拡大するとともに、小学校でも貧困問題が就学機会と教育期間を制約した。そのため、大正一三年一月二九日、「児童就学奨励金御下賜ノ御沙汰ニ対シ施設上ノ注意」（文部省訓令第一号）が出される。これは、皇太子の御慶事により皇室から下賜された百万円を道府県に配分し、分配された御下賜金に道府県の支出金を原資として、その利子をもって貧困児童の就学状況を改善しようとするものだった。昭和四年には、対象児に盲唖児も含まれるようになる。貧困が就学およびその継続を妨げる主要原因であることは熟知されていたから、従来から、学校ごとに奨学金制度を設けていた。その状況は、昭和六年度に、京都府立盲学校長の岸高丈夫と上記の今井校長により、それぞれ、貧困盲唖児に対する学資援助の全国実態調査が行われている（岸高［一九三三・六］一四－一七頁。今井［一九三三・六］一七－一九、二二一－二二五頁)。

それに加えて国庫補助制度が設けられたのである。しかしこの制度の効果は限定的だった。財源に限りがある就学奨励制度や学資補給制度では十分な対応できなかったのである。こうして、何より家庭の貧困こそ、盲唖児の就学率が低いことの最大原因であり、仮に就学を義務化しても、就学率の向上は期待できないことが、盲唖教育令以後に改めて盲唖教育関係者の共通理解になったのである。

三．聾唖学校における言語指導法の口話法への転換とその背景

(一) 口話法への転換とその実相——A・G・ベルの来日と伊澤修二の「視話法」

明治三〇年代は、口話法に関連する出来事から始まった。明治三一年には、アメリカで口話法運動を確立していたアレクサンダー・グレアム・ベルが来日し、東京盲唖学校・京都盲唖院・長崎盲唖学校を訪問して口話法を唱導した。同じ年の四月には伊澤修二『視話法』が刊行され、一〇月には増刷された。本書の出版は、伊澤が政治や行政の中枢から退き、間もなく楽石社を開設して吃音矯正事業に献身する前触れだった。また、すでに明治一九年五月には、伊澤修二の自宅で小西信八が吉川金造と江島安之助を伴ってアレクサンダー・メルビル・ベル（Alexander Melville Bell 一八一九－一九〇五）の視話法に基づき、一一回の伝習をし、成功している。伊澤は、メルビル・ベルの子息、グレアム・ベルからアメリカ滞在時に直接、視話法の指導を受けたことはすでにふれた（東京盲学校［一九三五］一五五－一五九頁）。

たしかに吉川金造ら、東京盲唖学校聾唖生の口話は、教育会等の集会での実演によって、聴衆を驚嘆させた。しかし、聾唖学校の言語指導法を手話法から口話法へと一変させるほどの運動にはならなかったのである。すなわち、聾唖者でも口話ができるということだけでは、口話法は、聾唖教育者にも、とくに有力者にも、それほど決定的にアピールすることはなかったのである。

小西信八が口話法に無関心であったわけでなかったことは、すでに述べた。併せて確認しておかなければならないこ

とは、口話法の前駆であった伊澤修二の啞子発言法における対象の限定である。伊澤は明治三六年一二月の楽石社開設時において、聾啞児の発音は「案外ニ容易」ではあるが、発音が困難な除外対象も明示している。それは、先天的に聴覚欠損の者、「性質至テ鈍キモノ」、「脳病ある者」であり、彼らに発言法を適用しても労多くして効果がないから、他の方法を採用すべきであると指摘している。また、楽石社に通所する聾啞児には、楽石社の指示を守って練習できる付添者の存在を求めている（故伊澤先生記念事業会編纂委員［一九一九］二四七－二四八頁）。

明治四〇年一〇月の京都盲啞院「京都市盲啞教育革新ノ議」では、完成段階の第四期事業として、「啞生学校ニハ別ニ発音主義ノ学校ヲ設クルコト」があげられている（京都盲啞院［一九〇七］、高橋・平田［二〇〇五］一一九頁）。手話法による聾啞学校のほかに口話法の聾啞学校を設置するという構想である。本校には、約一〇年前の明治三一年一一月に、グレアム・ベルが訪問しており、とりわけ口話法の影響が強かったものと思われるが、大正末期の聾啞学校のように雪崩を打つように口話法に代替するのではなく、手話法も堅持するという抑制が本校にはあったものと思われる。

日本最初の口話法聾啞学校は、キリスト教伝道として開始された。それゆえ、その結晶である日本聾話学校の設立は、直接、国内に口話法を拡大する影響力には乏しかったとはいえ、日本の聾啞学校が突如として、大正末期から口話法に転換したわけではない。そこで、口話法が拡大する前までの過程を、日本聾話学校と名古屋市立盲啞学校という二つの聾啞学校の動きから探ってみたい。

(二) キリスト教伝道としての日本聾話学校の創設と相対的な影響力

日本聾啞教育史における口話法最大の画期は、大正九年四月のキリスト教徒による日本聾話学校の創設である（エー・ケー・ライシャワー博士伝刊行会［一九六一］。日本聾話学校史編集委員会［一九九〇］）。ただし、この段階では正式な学校ではなく、大正一二年一二月に小学校の一種として認可される。学校「設立ノ目的」は、口話法による「心身ノ発達と善良ナル習慣ノ養成」をすることで、聾啞による「義務教育免除者ノ救済」を目的としていた（日本聾話学校資料［一九二三・一二・一五〕)。これ以降、日本の聾唖学校としては珍しいこの学校目的は堅持されることになる。以下、東京都公文書館所蔵の日本聾話学校資料をも利用して記述する。

この聾学校は名称のごとく口話法を標榜する学校であり、アメリカ長老教会宣教師で、明治学院高等部の教員でもあったオーガスト・カール・ライシャワー(August Karl Reischauer 一八七九－一九七一)、夫人のヘレン・シドウェル・ライシャワー(Helen Sidwell Reischauer 一八七八－一九五六)、そして、オハイオ州クリーブランド公立学校聾学校で六年間の教職経験があり、クリーブランド保姆養成所を卒業し、アメリカ福音教会の幼児教育宣教師として派遣されたロイス・F・クレーマー(Lois F. Kramer 一八九一－一九七六　依田・依田〔二〇〇五〕一二一頁)を中心に運営された日本最初の口話法聾学校であり、現在まで存続している。この間、村上求馬が小西信八校長から教員として推薦され、多忙なオーガストを支えて主事として実質的に校長の役割を果たし、口話法専門の教員・畑足子(一八七九－一九三八)とともに、本校の草創期を支えた。村上は、徳島県師範学校卒業生で訓導の資格をもち、明治四二年に東京盲唖学校教員練習科を卒業し、楽石社で吃音矯正に従事していた。

日本最初の口話法聾学校の設立過程は、よく知られている。大正三年、明治学院構内の自宅で生まれたライシャワー夫妻の三番目の子どもで長女であったフェリシア(Felicia)が、生後一カ月の時に罹患した風邪による高熱で失聴した。三歳の時に、養育について夫妻が面会した小西信八は、口話法によるアメリカでの指導と日本における口話法学校の設立を勧めたという。[24] そこで、ヘレンはフェリシアを連れて、当時のアメリカの口話法教育中心の一つで小西が訪米時に訪問した、シカゴのメアリィ・T・マコーウェンが主宰するシカゴ公立聾学校(シカゴ市立師範学校附属学校)で学ぶ。ヘレンは、日本に戻ってから上記の小西の期待に応えて、オーガストとともに口話法聾学校を開設する。また、口話法専門教員の用意もぬかりなく、楽石社で吃音矯正を学んだ経歴のある教会員の畑足子をクラーク聾学校師範部に留学させ、口話法指導法を習得させた(前田〔一九九三〕一〇六頁)。フェリシアはその後、クラーク聾学校に入学し、昭和八年には卒業して日本に戻っていたが、その後は、ボストンの写真館に勤務していたという(日本聾話学校史編集委員会〔一九九〇」一一、一九頁、口絵説明文）。

日本聾話学校設立願は、大正一二年一月二六日に「私立学校令及私立学校令施行規則実施ニ関スル規程第一條」に基づく申請であったが、「認可願」には、「小学校令及小学校令施行規則実施ニ関スル規程第一條」と修正されている。また、認可の起案は年末の一二月一五日だった（日本聾話学校資料［一九二三・一二・一五］）。

しかし日本聾話学校は、日本最初の口話法聾学校としての名誉があり、アメリカの支持者の寄付によって昭和二年に補聴器を入手した（日本聾話学校［一九九〇］三二頁）。しかしこれらの事実があっても、日本聾話学校は、国内の聾啞学校のモデルという点ではそれほどの影響力はなかったと思われる[25]。

数少ない特色ある私立校としての道を歩んだ日本聾話学校は、横浜訓盲院と同じく創設者がキリスト教宣教師であり、また、口話法を唱導するうえでは有効な実例だった。横浜訓盲院が高い評価を得ながらアメリカ本国でのパーキンス盲学校に比肩する位置を占めなかったように、少なくとも戦前の日本聾話学校は、予科教育を除けば[26]、クラーク聾学校のような影響力はなかった。それは、クラーク校におけるキリスト教倫理に基づく豊富な財政規模や広範な社会の支持基盤が、日本では弱かったことにあるように思われるが、元来、聾学校経営は伝道手段の一環であって、日本聾教育の改善は主な目的ではなかったことにもあろう。後者の点は、つぎに述べる名古屋市立盲啞学校（愛知県聾学校）の橋村徳一（一八七九―一九六八）との違いである。しかしながら、日本聾話学校には、現在に至るまで、創設者群の理想を実現しようとする意思が脈々と続いており、そこには、模倣できない、敬服すべき高み（たとえばクレーマーのいうインプレッション）を内包しているように思われる（依田・依田［二〇〇五］参照）。他方で日本には、創設者の意思を確認しつつ、継続しようとする学校事例には乏しい。

（三）名古屋盲啞学校における口話法の模索

日本聾話学校の国内の聾啞学校に対する影響力がそれほど強力でなかったのに対して、名古屋市立盲啞学校（愛知県盲唖学校・愛知県聾学校）の橋村徳一による主導は、はるかに説得力があった。それは、実践の蓄積、実践に基づく理論と方法化、その成果の公表・宣伝、そして、普及方法としての教員養成をセットとしていたからであり、文部省の後援を最大限活用することによって、名古屋市立盲唖学校の口話法に権威性をもたせたからである。

そして、橋村徳一の名古屋市立盲唖学校における口話法への転換は、樋口長市や川本宇之介のアメリカ聾教育視察によって外発的に触発されたものではなく、実践の内部から大正初期に生じていたことは、以下の経過からわかる（愛知県聾学校［一九四〇］）。

・大正二年一〇月一六日　伊澤修二来校して、吃音者の無料診療あり。職員一同に所感・激励の挨拶あり
・大正三年　吉澤訓導「吃音矯正法を応用して発音指導法を実施研究す」。以後四年間、1．呼吸の仕方、2．口形の作り方、3．発声の仕方、4．母音音韻の発声練習と読唇練習、5．単語の発声練習と読唇練習、6．短文の朗読練習と読唇練習により、無声教授法を有声教授法に改める
・大正四年七月二二日　第五回全国盲唖教育大会で稲村校長、「発音並に筆談を有効ならしむる方法如何」提案・意見
・大正五年九月　橋村校長、初めて読唇法を試行／読唇法を「実施研究す」
・大正六年三月　学則改正　技芸科に国語を加え、かつ技芸科の修業時期を一年延長
・大正七年一月一七日名古屋市立盲唖学校で「発音奨励法を定む」
　　一月　発音科用として聾唖読本巻一の編纂に着手
・大正九年四月　名古屋市立盲唖学校で口話法学級設置し、口話法だけによる教育開始
・大正一一年か　文部大臣、日本聾話学校視察（前田［一九九三］九九頁）
・大正一一年二月　樋口長市、留学時に参観した英米の小学校における聾児の口話法教育を紹介
・大正一三年七月　川本宇之介、欧米出張より帰国

・大正一四年一月　文部省後援本校主催聾教育口話法講習会（五日間）
・大正一四年二月『口話式聾教育』創刊（名古屋市立盲唖学校口話法研究会）
・大正一四年七月　橋村徳一『聾教育口話法概論』、川本宇之介『聾教育概説』
・大正一四年七月二二日　文部省主催第二回聾唖教育夏季講習会が名古屋市立盲唖学校で開催、日本聾口話法普及会結成。九月、岡田良平文部大臣が日本聾口話法普及会の顧問となる
・大正一四年一〇月一七日　日本聾唖教育会第一回総会が大分県立盲唖学校で開催され、文部省は「口話法教授に有効適切なる設備及方法並に注意如何」について諮問した。
・大正一四年　名古屋市立盲唖学校と日本聾口話法普及会の共催で、聾口話教員養成講習会が名古屋で開催
・大正一四年　西川聾口話教育研究所設立

こうして、日本聾話学校の開設が、日本の口話法運動を開拓したわけではなく、実際には、大正初期から口話法への転換が国内の聾唖学校において模索されていたのである。その口火を切った一人は、愛知県立名古屋盲唖学校の橋村徳一である。大正三年八月に校長に任命された時から、口話法による指導への模索を開始している。大正九年四月に口話法学級を一学級開設したが、純口話期まで達したのは、大正一三〜一五年頃であり（橋村・川本編［一九四二］七九－八〇頁）、大正一二年四月からは、前年七月に学則を変更のうえ、予科を発足させている（愛知県聾学校［一九四〇］一二〇頁）。口話法全盛の緒の時期であるが、市立校としての学校経営および口話法に焦点化した校内研究・実践体制にみる橋村の手腕は見事である。

このような口話法の模索や試行は、名古屋市立盲唖学校の橋村徳一だけではなかった。広島盲唖学校でも、段原小学校首席訓導・今井三六が大正六年三月に校長に着任して以来、発音法が試行されていた（広島ろう学校［一九六六］七、一七頁）。和歌山盲唖学校の辻本も、明治末期には口話法を試行していた。師範生徒だった池田小菊（第七章参照）がそ

の証人であるが、彼女の師範学校卒業は明治四五年三月である（松本［二〇〇五］九五頁）。

これ以降新設される聾唖学校は、口話法を採用することになる。大正期までに限定すると、以下の学校が設立された。昭和期の口話法聾学校創設状況は、第八章で述べる。

大正一三年四月　浜松聾唖学校（盲学校に併設、手話法）、香川県立聾唖学校（手話？）、福岡県福岡聾学校

大正一三年七月　長崎県立聾唖学校

大正一四年四月　神奈川県中郡聾話学校　明治四二年開設の中郡盲人学校内で一〇名の聾唖児で教育開始し、一五年七月、盲学校及聾唖学校令による聾唖学校として認可、昭和二年、新築移転。

大正一五年四月　京都聾口話学園、京都盲唖保護院内に開設。昭和四年六月、新町頭妙覚寺境内に新築移転。

大正一五年五月　大阪聾口話学校、耳科医師で大阪医科大学教授・加藤亨による（聾唖学校としての認可は、昭和三年一月）

大正一五年一月　二本松聾唖学校、福島県二本松の龍泉寺住職・武田喚随による（口話法）。聾唖学校としての認可・開校は一二月。

大正一五年四月　社会事業の一環として、篤志家による横浜聾話学院を開設し、横浜市第五隣保館内で授業開始。

大正一五年一〇月　東京聾話学院、金谷安敬・順夫妻により、豊多摩郡渋谷町に開設

神奈川県の中郡聾話学校は予科二年、初等部六年の口話法学校であり、昭和六年の児童数は四二名、教員は訓導一、代用教員五である（神奈川県社会事業協会［一九三二］一五二頁）。大阪聾口話学校は、名古屋市立盲唖学校とともに、口話法教育の拠点となった。創設者で校長の加藤亨は、耳科医としての専門性を活かして、聴力測定機器や補聴器の開発によって日本で初めて科学的根拠に基づく聴覚障害児教育を展開することになるが、第八章で詳述する。

京都聾口話学園は、純口話法による聾児の幼稚園として創設された。市立聾唖学校教頭・岡正文（第八章参照）により、当初は聾口話日曜学校として開設したが、聾唖児の親の要望や京都盲唖慈善会の理解のもと、京都盲唖保護院内に常設の学校となり、昭和三年四月には盲学校及聾唖学校令に基づく予科と初等科の京都聾口話学園と改称した（京都聾口話学園［一九二九・八］。岡［一九二九・一〇］）。その支持者は、官界・医師・寺院・名望層と広範であった。

二本松聾唖学校は、昭和六年に武田喚随逝去後、息子の喚三が校長となる。喚三は、愛知県聾学校の聾口話教員養成講習会第一二回（昭和一〇年から六カ月）を修了している（愛知県聾学校［一九四〇］四七一頁）。昭和二年以降、宮内省下賜金と文部省補助金を得て、昭和六年には福島県代用校となる。児童生徒数は、三〇～四〇人台であった。昭和七年には後援会を組織して、経営の安定を図るとともに、中等部を設置したが、中等部に進級する者は例外的で、予科二年と初等科六年に在籍していた（海野［一九七五］八七－八八、九二頁）。つまり、本校は、実質的に初等部だけの口話法学校だったといえる。昭和一九年、喚三の出征とともに福島県立盲唖学校に統合されて、その使命を終えた。

横浜聾話学院は、学校教育と社会事業の狭間で誕生し、その後、学校教育として展開された口話法聾学校としては例外に属する事例である（横浜市本町小学校聾部概要［一九二九・七］）。創設は、キリスト教徒の活動成果と思われるが、横浜聾話学院は、山崎善次郎・浅野壽三郎・久保田馬太郎・袴田集義らの篤志家により開設された。隣保館を教場として三五名の聾児がいたという。これ以降は、第八章で述べる。

東京聾話学院は、大正一五年一〇月に金谷安敬・順夫妻により創設され、昭和五年七月に荏原郡池上町に校舎を新築して移転し、昭和六年には東京聾話学校と改称した。生徒数は昭和初期には四〇人前後いたが、昭和一一年には九名となっており、一〇年代後半には消滅したと推測されている（根本［二〇〇九・八］）。

既設の盲唖学校では、手話法時代から在職していた校長の場合には逡巡があり、新任で異分野から転入した校長は、福岡聾学校長の渡邊一郎にみられるように（渡邊［一九三二・五］）、口話法を採用する傾向にあったように思われる。口話法が門外漢にアピールした主要類型に属する。

四．大正一四年文部省諮問に対する全国聾唖教育会の口話法答申と手話法・口話法問題の多元性

そして、口話法の正統性が絶対的になるのは、口話法が聾唖児の言語指導法として唯一正当であるとの文部省の保証がなされることによってであった。そもそも、大正一四年一〇月の文部省からの第一回全国聾唖教育会に対する諮問の説明自体が平衡を失っていた。口話法の検討を依頼する理由として、「現今外国に於ては口話を主とし手話を副或ひは全く用ひざる状態」を挙げている。この情報自体、本質的には偏っていたし、文部省自身がそのような情報をもっているはずがないから、川本から提供されたのであろうが、文部省の諮問「口話法教授に有効適切なる設備及方法並に注意如何」、それ自体は、手話法を否定的に評価していたわけではなかった。それゆえ、諮問案に対する答申案作成者にバイアスがあったことになる。それでは誰が作成したのか。

口話法運動飛躍の画期の一つが、大正一四年の口話法に関する上記の文部省諮問にあることは、誰しも異論がないであろう。答申は純口話法中心の指導の全面的採用と手話法排除であったが、それは、既定のプロセスであった。というのは、諮問案を一日で作成する任務を負った付託委員の顔ぶれをみれば、最初から委員選出のストーリーができていたことは明らかである。そして、口話法反対派を単純に除外するのではなく、諮問案の第一の「寄宿舎に於ける寄宿生の訓練上特に留意すべき事項」の、盲・聾唖ごとに答申案を作成する聾唖担当委員のなかに、手話法主義者と目される参加者を押し込めたのである。

口話法に関する諮問答申案作成委員は、つぎの一〇人で、議長（森清克・大分県立盲唖学校長）による選出である。順番は出席会員番号の順ではないので、選出順であると思われる（森［一九二六・三］）。括弧内は、資料のとおりである。

橋村徳一（名古屋市立盲唖学校）、川本宇之介（東京聾唖学校）、西川吉之助（滋賀県八幡町）、ミセス・ライシャワー（日本聾話学校顧問）、平岩繁治（石川県立盲・聾唖学校）、高取易太郎（長岡聾唖学校）、吉塚濱太郎（岡山聾唖学校）、

中尾榮（長崎盲唖学校）、今井三六（広島県立盲唖学校）、竹内源一郎（大分県立盲唖学校）

最初の三人は、いうまでもなく日本の口話法運動の中心メンバーである。ライシャワーは、口話法の日本における初例である。上述のように、今井三六は初等教育の専門家で、校長として着任後に口話法を試行していた。吉塚濱太郎は大正八年三月に校長として着任後、この全国会議の前年の大正一三年に口話学級を開設していた（岡山県立岡山聾学校［一九八八］四九頁）。平岩繁治校長は転勤が多く、石川校には一年半しか在籍しなかったが、基本的には口話法主義者あるいは時流主義者であったといえよう（平岩［一九三〇・九］参照）。竹内は開催校選出であろう。高取は、長岡聾唖学校の功績者であったが、同校を退職後、聾唖者保護施設・長岡昭和園を創設したから、口話法主義者であったとは考えにくい。長崎盲唖学校の中尾榮（一八七五－一九三〇）は長崎県聾唖教育および聾唖界を日本聾唖協会長崎部会長として牽引してきた人物であることは、平田・菅（一九九九・六）で詳細に紹介されている。彼の言語指導法の立場は、大正一五年時点では長崎県教育会教育機関調査会初等教育部報告[27]における中尾の「聾唖児の教授法は口話法を主とし手話法を副とすること」（教育機関調査会［一九二六・一〇］二七頁）という方針によって明確である（ただし、「口話法学級」以外では、やむを得ない場合には手話法を厳禁はしていない）、『口話式聾教育』で発表もしているので、中尾は、口話法支持者である。

こうして答申作成委員は、口話法主導の委員が主導権を握ったあげく、第七章第一節でみるように、口話法のみを正法とする、口話法推進と手話法排除に徹底した答申を作成し、総会で承認されたのである（森［一九二四］一六八－一七一頁）。尋常とはいえないと思われるのは、その根拠が自前でなく、外来性である点、口話法指導の準備が教員側にできていないこと、そして画一的であることに尽きる。しかし、口話法答申までの経緯や経過はどうであれ、日本の国情を基盤とした名古屋盲唖学校および大阪聾口話学校の口話法普及努力は、新しい社会運動として迅速に全国に拡大するのである。全体主義的で独断に満ちていた口話法運動については、第八章で述べることとする。

ところで、手話法・口話法問題の多元性について整理しておくことが必要である。というのは、コミュニケーション手段としての可能性と習得の順序、聴覚障害の程度、失聴年齢、聾の子どもをもつ親の心情、子どもの境遇、聾唖者のアイデンティティ、聴者社会との関係、関与する立場等々において、手話法あるいは口話法は、まったく異なる問題になるからである。そして、口話法が一世を風靡したのは、これらの問題の一部だけに焦点化されて、口話法の可能性が誇張された結果であろう。そこで、第八章で述べる昭和戦前期における口話法の聾唖教育支配の実相理解に必要な若干の説明を加えておくこととする。

口話法の指導上の問題は、手話法が自然的な身振りサインをもとにしたコミュニケーション手段であるのに対して、聞こえないまたは聞こえにくい話者の音声を読唇によって識別・判断し、聴者の音声にできるだけ近接した発声をさせることで成立する。この教育は、通常の教育にはないし、初等教育における学科課程とは関係のない指導内容である。また、言語という行動の特性ゆえに、早期の教育が望ましい。こうして、幼児教育が重視されることになる。

聾唖児の聴覚損失の程度と失聴年齢は、口話法の習得可能性に非常に重要な要素となる。全聾の児童でも口話法を習得した事例は口話法運動には決定的に重要ではあるが、それが一般化できるかどうかは分からない。運動の成立・維持の構成要件は少数事例の軽視または無視であるから、口話法が有効な児童選択がどの程度厳密に行われたのかは、小児の耳鼻科医学の普及程度とも関連する。

吉川金造の逸話に見られるように、聾児の親がスピーチを期待するのは自然な願望であり、口話法はそれに応える可能性がある。また、このような期待は、本来はどの親にも共有されているだろうが、それを維持できるかどうかは、親の生活状況が大きく関与するであろう。すなわち、口話法の階級性である。昭和一五年に、手話主義の聾唖者・藤本敏文は、「口話法は正しくブルジョアの専有物と謂ってよく……（その）起源の抑もが、有閑階級に於て施された」と明言する（藤本［一九四〇・三］五三頁）。

聾唖者のアイデンティティも、言語指導法の選択には重要な要素であろう。大戦後のかなり後の時期まで口話法の指導が聾学校教育で支配的であったから、手話法の使用は、教師がいる場面では抑圧的だったというが、言語指導法が、聾唖者のアイデンティティという観点からは評価されてこなかった。

どのような言語指導法が望ましいのかは、聾唖者が生活する聴者社会の態度によって大いに異なる。産業形態の変動によって生活手段を得る場が激変する時代にあっては、どのような言語指導法がより望ましいのかが問われたであろう。また、聴者との近似が要求される時代や社会では、それへの近接が特殊教育の目標となる。

言語指導法は、聾唖者に関与する立場によって、きわめて異なってくる。口話法運動では、いわば門外漢が支持することになるが、その理由は何なのだろうか。また、聾唖学校も、大半が口話法に移行するが、何を、どの程度理解したうえで、口話法への転換を採用したのであろうか。この疑問については、第八章で検討する。

第五章　初期精神薄弱児施設の創設と盲人および聾唖者の生活問題

――明治三〇年代（一九世紀末期）～大正時代（一九二〇年代前半）

社会の動き

日本の障害児の教育の始動時期は、障害の種類によって大いに異なっていた。明治初期に流入した欧米先進国の教育情報において、盲児と聾唖児は、学校教育の対象として理解されていた。聾唖児は、明治初期から一部の初等教育者自身が指導課題としていたし、盲児は、鍼按の徒弟教育が歴史的に存在していた。ところが、それ以外の障害児の教育情報の受容には取捨選択が働いていた。精神薄弱児の社会事業は、内村鑑三にみられるように早くから知られていたが、学校教育対象としては、欧米でも草創期であったこともあり、日本で着手する事業の優先度は低かったのである。こうして、精神薄弱児の教育は、明治三〇年代に感化救済事業という枠内で私的な施設事業として開始されることとなるが、施設事業でも小学校でも、対象となる精神薄弱児数がごく限られていたこともあって、施設事業と学校教育の交差がみられることはなかった。盲児と聾唖児の教育では、その教育の必要性が強く認識されるようになるのは、明治三〇年代である。時間の経過や障害種別間でそのような変化を生んだのは、どのような要因によるのであろうか。また、公的救済が限局された石井十次や留岡幸助のような各種の児童保護事業の創始者に対して深い敬意が払われたように、日本最初の精神薄弱児施設を創設した石井亮一に対する崇敬は、創設者としてだけに限定されていたわけではない。その類い希な学殖、高い人格と自己顕示への嫌悪、厳格な公私の区別、精神薄弱児に対する深い愛情と偏見からの保護は、さまざまな分野と年齢の人々から敬愛された[1]。日本社会におけるこの較差は、どのように理解されるべきなのだろうか。

教育の着手が他の障害時に比べて早かった盲唖児でも、障害のない子どもの教育と比べると、かなり様相が異なっていた。それは学校教育的性格に偏りがあった点にみられる。教育機会にたまたま恵まれた盲児の場合は、職業教育に重点があり、教育始期は遅く、入学年齢は一般の子どもの学齢が終わる年齢に近かった。聾唖児には、そもそも学校が少なかった。遅々として増えなかった盲唖児の学校が、しだいに拡大するのは、明治三〇年代になる。それは、聾唖児も盲児も学校に通学することが生活上必要になってきたからである。聾唖児と盲児に教育が必要となった理由は何だったのであろうか。

第一節　初期精神薄弱児施設における理念と実践

高野聡子

一．創設の経緯

国内で最初に作られた精神薄弱児施設は、明治二四年、石井亮一（一八六七－一九三七）が創設した滝乃川学園である。しかしながら、石井が本格的に精神薄弱児教育を開始したのは明治三〇年頃からで、彼はすぐに精神薄弱児教育に着手したわけではなかった。なお、滝乃川学園創設以降、大正時代までに白川学園（明治四二年）、桃花塾（大正五年）、藤倉学園（大正八年）、旧筑波学園[2]（大正一二年）の四つの施設が創設されるが、園長等の施設創設時の年齢は三〇～四〇歳で（表5－1－1）、彼らは様々な経験を経て精神薄弱児施設を創設した。

では、各施設はどのような経緯で創設されたのであろうか。創設の経緯を園長等の創設以前の経歴、精神薄弱児教育との関係から整理していく。

(一) 滝乃川学園――孤女教育から白痴教育へ

石井亮一は佐賀の生まれで、彼が九歳の時、大須賀家の養子となり、明治三一年、三一歳の時に石井家に復籍している（社会福祉法人滝乃川学園［二〇一一］一七頁）。そのため滝乃川学園で精神薄弱児教育に着手するまでは大須賀姓であった。

青年期の大須賀は官立工部大学校（現在の東京大学工学部の一部）の受験のため上京したものの体格検査で不合格となったためコロンビア大学への留学を希望し、英語を学ぶため明治一七年、一七歳で聖公会のC・M・ウィリアムズ主教（Channing Moore Williams 一八二七－一九一〇）が創設した私立立教大学校に入学する（社会福祉法人滝乃川学園［二〇一一］一八頁）。この立教大学校時代に、彼は日本聖公会の洗礼を受けている（社会福祉法人滝乃川学園［二〇一一］一八頁）。

また、立教大学校在学中から、立教女学校の英語の添削教師を務め、明治二三年六月の卒業と同時に立教女学校の専任

表 5-1-1　精神薄弱児施設創設時の園長年齢

施設名	創設年	創設時の園長等	生没年	創設時の年齢
滝乃川学園	明治 24 年。ただし精神薄弱児施設としては明治 30 年	石井　亮一	1867-1937	30 歳
白川学園	明治 42 年	脇田　良吉	1875-1948	34 歳
桃花塾	大正 5 年	岩﨑　佐一	1876-1962	40 歳
藤倉学園	大正 8 年	川田　貞治郎	1879-1959	40 歳
旧筑波学園	大正 12 年	岡野　豊四郎	1892-1964	31 歳

教師・教頭となった（津曲［二〇一二］四頁）。

女子教育に従事していた大須賀であるが、明治二四年一〇月、ウィリアムズ主教が孤児救済施設・東京救育院を開設したことを受けて、彼は立教女学校の教師、小宮珠子（一八四五－一九二八）とともに東京救育院も担当することになる（社会福祉法人滝乃川学園［二〇一一］四〇－五三頁）。[3]東京救育院は、貧児のための寄宿舎制の学校で、入所児は立教女学校附属小学校で学んでいた（社会福祉法人滝乃川学園［二〇一一］四〇－五三頁）。すなわち、大須賀は外国人キリスト教宣教師らが中心となって展開していた女子教育や貧児教育の分野で活躍する教師であった。

そして明治二四年一〇月二八日、大須賀の教育者としての転機となる濃尾大地震が発生する。地震発生後から各地の孤児院等が被災孤児の受け入れを進め、東京救育院もまた、被災孤児の受け入れを計画する（津曲［二〇一二］一〇－一二頁）。大須賀ももちろんそれに関わるが、彼はそれと同時に被災女性の人身売買の状況を知り、教育者として次のような決心をする。それは孤女のための教育施設、「孤女学院」の設立であった。この決心こそが「擂鉢山の誓い」[4]である（社会福祉法人滝乃川学園［二〇一一］九八－一〇〇頁）。

そして、明治二四年一二月三〇日、大須賀は「孤女学院」を女医・荻野吟子（一八五一－一九一三）の荻野医院内に仮開院する（津曲［二〇一二］一四－一六頁）。孤女学院は、女学校（幼稚部・小学部）、実業部、寄宿舎で構成され（津曲［二〇一二］二二頁）、東京府北区滝野川村に移転する明治二五年までに二〇名の孤女が入所していた（社会福祉法人滝乃川学園［二〇一一］一二二－一二五頁）。

大須賀はこの孤女学院での教育の実践を通して、入所児（孤女）の中に白痴児がいることに気づき、彼女のための特別な教育の必要性を認識し、白痴教育に取り組み始めるが、着手の時期について、白痴教育に着手した時期を当時の雑誌記事の分析から、津曲は、明治二七年頃と結論づけている（津曲［二〇一二］五〇－五一頁）。なお、白痴児とは、孤女の「太田とく代」で、尋常小学校四年程度まで修めたと言われている（御厨［一九四〇］三九－四一頁）。

白痴教育に取り組み始めた大須賀であったが、当時の日本では白痴児教育に関する文献がなかったため、彼は白痴児教育の教育方法を求めて、明治二九年四月一八日～一二月二三日、およそ8カ月間アメリカ合衆国で白痴児教育を学ぶ（なお、彼は明治三一年八月に再度、渡米）（津曲［二〇一二］五一－五二頁）。

アメリカで精神薄弱児教育の方法や施設運営の方法を学んだ大須賀は、帰国後の明治三〇年一月に孤女学院の組織を変更し、三月に「孤女学院」から「滝乃川学園」に名称を変え白痴教育に着手する（津曲［二〇一二］五三－五四頁）。これこそが、日本で最初の精神薄弱児施設の創設の始まりであった。

（二）白川学園——小学校教師からの精神薄弱児教育に対する問題提起

白川学園は明治四二年、脇田良吉（一八七五－一九四八）[5]によって創設された。脇田も、教育者であったが、私立学校の教師であった石井とは違って京都市の公立小学校の教師であった。彼の教員生活は、明治二三年三月、京都府加佐郡高等小学校第二課程を修了した後、明治二三年八月、京都府加佐郡俊明尋常小学校の雇教員から始まる（脇田［二〇〇九］一－三頁）。その後も京都府内の複数の尋常小学校に勤務し、明治二六年一〇月から翌年三月まで京都府師範学校の小学校教員講習会を受講し、明治二八年四月、小学校教員の免許状を取得する（脇田［二〇〇八・五］四九頁）。

教員免許取得後、明治三一年三月、脇田は京都市淳風尋常小学校に訓導として赴任し（脇田［二〇〇九］一－三頁）、ここでの教員生活が精神薄弱児施設創設につながっていく。彼自身は淳風尋常小学校勤務以降、およそ一〇年間を白川学園前史と位置づけ、次の二つの時期に分けている。それは、①「懐胎期」（明治三一年四月～同三三年三月までの一年間）と、②「胎教期」（明治三三年四月～同四二年三月までの一〇年間）であった（脇田［一九二六］一－二三頁）。①の「懐胎期」は「特殊学校」という教育の場の必要性を彼が認識する時期で、落第する子どもを目の当たりにし、「成績の悪い児童」のためには「特殊学校」が必要であると考えるようになる（脇田［一九二六］一－三頁）。

そして②の「胎教期」になると、教育の場のみならず教育方法も模索するようになる。明治三三年頃になると、脇田が勤務していた淳風尋常小学校に「成績不良組」という「特別学級」が設けられる（脇田［一九二六］三頁）。彼はこの特別学級の担当ではなかったが、この学級を担当した箕田助五郎（生没年不明）とともに研究を進め、脇田は落第者を彼の学級から出さぬよう「無落第主義」の教育を試みるものの、脇田も箕田も、期待するような教育効果を得ることはできなかった（脇田［一九二六］三頁）。すなわち、脇田は公立小学校の子どもの中に、進級できない子どもがいること、そしてその子どものためには、特別な学級ではなく学校が必要であるという考えを持った教師であり、この時点では精神薄弱児施設を設立しようという動機は見られない。

脇田が進級できない子どものための特殊学校の必要性を強く抱いていたことは、彼の次のような行動からも明らかである。彼は明治三八年二月一五日、京都府教育会研究部に「各府県庁所在地に一校もしくは数校の特別学校を設立する事を建議してはいかがか」と、提案を試みた（脇田［一九二六］四頁）。だが、視学は「外国にも例がないから、今少し研究してはどうか」と受け入れず、彼は京都市の視学等を顧問にして、明治三九年九月、淳風尋常小学校内に「落第生」や「低能児」を対象にした「春風倶楽部」を作る（脇田［一九二六］四－七頁）。

この春風倶楽部は、あくまで脇田の私的な教育活動であって、公的な教育活動ではなかった。そのため教育活動は始業前と放課後に行われた。だが、日中ではなく始業前や放課後に教育活動を行ったゆえに、とりわけ放課後の子どもの疲労はいなめず、彼は特殊学校の設置を強く願うようになる（脇田［一九二六］八頁）。さらに彼は、教育方法を求めて明治三九年一〇月に、東京府内の東京盲唖学校、万年尋常小学校、家庭学校、滝乃川学園、東京高等師範学校附属小学校、東京女子高等師範学校附属幼稚園、東京市養育院を視察するが、これらの学校や施設は、彼が目指す教育方法とは合致しなかった（脇田［一九二六］一八頁）。しかし、この視察時に、低能児学級をつくろうとしていた楽石社の伊澤修二（一八五一－一九一七）にも面会し、この出会いが後の白川学園（精神薄弱児施設）の創設に繋がっていく[6]。

視察から戻った脇田は、「低能児教育」などの「専門的研究」を行うため、明治四〇年三月教員を辞職し上京する（脇田［一九二六］八頁）。東京では、伊澤の楽石社特殊教育部、東京帝国大学実験心理学教室の元良勇次郎（一八五八－一九一二）の下で研究を行う（脇田［一九二六］一八頁）。元良等の下では、元良が進めていた富士見小学校の研究にも参加し、その他、定期的に滝乃川学園にも通った（脇田［一九二六］一八頁）。もともと、楽石社は子どもの吃音矯正を課題としていたが、元良と伊澤は「劣等児」の原因は注意散漫にあるとし、それを「精神繰練」によって改善できるという仮説を立てていた（玉村［一九九三・一二］四四－四六頁。脇田［二〇一三］四三頁）。

東京で一年間を過ごした後、明治四一年四月、脇田は京都府教育会からの依頼で成績不良児の調査、「低能児教育調査」を行い、これによって京都府における特殊学校の設立の機運が高まる（脇田［一九二六］一八頁）。そして明治四二年七月、京都府教育会の附属事業として白川学園が創設され、彼は学園の主任となる（ただし、白川学園はその三年後に脇田の個人経営となる）。

このように脇田は公立小学校の教師という立場から進級できない子どもの存在に気づき、特殊学校の必要性を強く感じるとともに、複数の教育機関の視察やそこでの教育経験を経て白川学園を創設したのであった。

（三）桃花塾――学校教育の矛盾と精神薄弱児施設の創設

岩崎佐一（一八七六－一九六二）もまた、脇田と同じく小学校教師の経歴を持つ。彼は大分県の生まれで、大分県南海部郡高等小学校を卒業し、明治二六年に雇教員として南海部郡東浦井尋常小学校に勤めた（桃花塾一〇〇年の歴史編集委員会［二〇一六］八頁）。

岩崎は、明治一五～同二七年（佐伯尋常小学校、南海部郡高等小学校、雇い教員の間）まで、地元の私立学校・鶴谷学館に夜間通っていたが、ここで英語教師として働いていた国木田独歩（一八七一－一九〇八）と出会う。国木田は、後に明治期を代表する詩人・小説家となるが、明治二六年一二月、岩崎に『教育と遺伝』という図書を薦める。岩崎はとくに、同書の付録「教育沿革史」に書かれていたヨハン・ハインリッヒ・ペスタロッチ（Johann Heinrich Pestalozzi 一七四六－

一八二七）の孤児教育に感銘を受け、生涯を教育に委ねる決心をした（岩﨑［一九三六・七］六五－六六頁。桃花塾一〇〇年の歴史編集委員会［二〇一六］八－一〇頁）。

その後、岩﨑は佐伯尋常小学校の準訓導となったが、辞職し、明治二九年、教育者になるべく大分県師範学校に入学し、勉学に励むことになる。この大分県師範学校時代に心理学者の高島平三郎（一八六五－一九四六）と医師の富士川游（一八六五－一九四〇）が紹介したG・スタンレー・ホール（Granville Stanley Hall 一八四二－一九二四）の児童研究に啓発され、明治三一年、日本児童研究会（明治三五年に日本児童学会）に入会し、雑誌「児童研究」を購読・発表し、後に終身会員になっている[8]（岩﨑［一九三六・七］六五－六六頁。桃花塾一〇〇年の歴史編集委員会［二〇一六］八－一一頁）。彼は後に、児童研究に興味を持った理由として、教育に生涯を捧げると決心したからこそ、児童研究に興味を持つことができたと振り返っている（岩﨑［一九三六・七］六六頁）。

そして明治四三年、師範学校卒業生の一〇年間の義務年限を終え、精神薄弱児の教育に専念するため、教員を依願退職し、上京し東京の救済事業の状況を視察することになる（桃花塾一〇〇年の歴史編集委員会［二〇一六］九頁）。雇教員時代から数えておよそ一五年間の教員生活であった。

岩﨑が教員を辞めてまで精神薄弱児施設を創設しようとしたきっかけの一つには、児童研究への興味があったと、彼は後に振り返っている（岩﨑［一九三六・七］六五－六六頁）。また一方で、岡本（一九八一）は、岩﨑が、師範学校卒業後の教員時代に石井亮一の『白痴児　其研究及教育』（一九〇四）を読んだこと、大分育児院を視察したことなどが精神薄弱児施設を創設するきっかけであったと指摘している（岡本［一九八一・三］一二五頁）。

しかし、それに加えて岩﨑の小学校令第三三条と第三八条に対する見解から、精神薄弱児施設を創設するに至った彼の動機の一端が見えてくる[9]。まず、小学校令第三三条に対する彼の見解を見てみよう。彼は、小学校令は義務教育を規定しているものの、第三三条では保護者の貧困を理由に、児童の就学の猶予・免除が許されていることを指摘する。彼は、保護者一般に児童の就学を強制する状況とはいえないと一定の理解を示すものの、貧困を理由とした猶予・免除は全くの矛盾で、猶予・免除の規定は義務教育という見地からみれば、その主旨を失墜していると述べる（岩崎［一九一三・一二］六四頁）。

さらに、小学校令第三八条の不十分さも指摘している。第三八条は、性行不良で他の児童の教育の妨害となると小学校長が認めた場合には、小学校への出席が停止できる。だが、岩崎は出席停止を命ぜられた不良児を処遇する条令が少しも規定されていないこと（岩崎［一九一三・一二］六四－六五頁）、また、彼らの処遇の場として感化事業の他適当な場所を見つけられないこと、小学校と感化院を「連絡する」段階にまでできていないことを指摘している（岩崎［一九一三・一二］六五頁）。

上記のような小学校令に対する岩崎の見解から、彼は現行法の矛盾によって小学校教育から抜け落ちてしまう子どもと彼らへの教育に対して問題意識を持っていたことがわかる。このような問題意識は、一見したところ同じく公立小学校の教師であった白川学園の脇田と似ているようにも見えるが、二人は違っていた。なぜなら岩崎の場合には、脇田が特殊学校の必要性を強く感じていたのとは違い、当初から精神薄弱児施設を創設しようとしており、これこそが岩崎の施設創設の特徴的な動機でもある。

ところが、岩崎は上京後、精神薄弱児施設を創設するには時期尚早と考え、大阪市東平野尋常小学校の教師となり、明治四三年七月、同小学校内に特殊学級を開設した（桃花塾一〇〇年の歴史編集委員会［二〇一六］九頁）。そして大正五年二月、岩崎は訓導のまま、大阪府知事の認可を得て、自宅（個人経営）で桃花塾を開設し（同年一〇月に移転）、三月に一三歳になる白痴児を預かって教育を開始する。なお、開設時より附帯事業として、子ども（精神薄弱児に限定しない）に関する相談を受ける「児童教養相談所」も設け、あらゆる子どもの問題に取り組もうとする（岩崎［一九一七・二］六頁、［一九三五・二］五頁。岩崎［二〇一三］六五頁）。

以上のように岩崎は、公立学校の教師という立場から公教育では対象とはなり得ない子どもの存在を意識し、彼らのための教育の場として精神薄弱児施設を創設しようとしたのである。

（四）藤倉学園——宗教活動から精神薄弱児教育へ

川田貞治郎（一八七九－一九五九）は、茨城県の生まれである。川田の場合には、石井（滝乃川学園）、脇田（白川学園）、岩﨑（桃花塾）、岡野（旧筑波学園）が学校の教師であったのとは違って、長らく宗教活動に従事していた。宗教と川田の関係は、幼少期のキリスト教への関心から始まり、上京後宗教活動に携わっていく。

川田が上京したのは、明治二九年、川田一七歳の時であったが、彼は父親と、医師になるとの約束を交わしていたため、当初は開成中学校に入学する。だが、キリスト教への関心から開成中学校を退学し、青山学院（この頃、キリスト教へ入信）と普及福音神学校（新教神学校）で宗教を学び、苦学生の海外留学を支援する日本力行会、東北学院で宗教活動に従事する。

しかし、川田は人間関係の難しさから東北学院を退職し、神奈川県にあった私立の感化教育施設、小田原家庭学園（創設者はキリスト者の典獄、有馬四郎助［一八六四－一九三四］）に主任として勤務する。ここで彼は不良少年を対象にした感化教育に従事する。しかしながら、不良少年として入所してきた中には、「低能」を理由に罪を犯していた者も存在しており、彼はこの小田原学園で低能児の存在を意識するようになる（高野・松矢［二〇一三］八七－八八頁）。

だが、明治四三年五月に小田原家庭学園が廃止となり、川田は郷里の茨城にあった水戸友会（キリスト教フレンド派の伝道所）で再び宗教活動に従事する。水戸友会での彼は、『フレンド』（歴史編纂）の翻訳を行いながら宗教活動に従事していたが、一方で尋常小学校において「低能児の調べ」（調査）を行う。すなわち、この頃から彼は低能児教育への関心を高め、低能児教育の方法を考案しようとする。そして、明治四四年に水戸友会を辞め、同年五月五日に彼が構想した不良少年と低能児のための教育方法、「心練」を『心練学』として刊行する（高野・松矢［二〇一三］八八頁）。

さらに、明治四四年八月一四日に茨城県渡里村に寄宿舎制の低能児教育施設、私立日本心育園を、小学校令第一七条小学校に類する各種学校として創設する。ここでは低能児を対象に彼が考案した「心練」を中心に教育を行ったが、欧米の教育方法の翻訳の域を出ない現状を危惧し、日本に即した教育方法の開発をしようと決心し、アメリカに行くことになる（高野・松矢［二〇一三］八九－九〇頁）。

そして川田は大正五年に日本心育園を一時休止し（結果的には閉鎖）、同年四月～大正七年一〇月までの約二年半、アメリカに滞在し、大学や精神薄弱児施設で精神薄弱児教育や施設運営方法を学ぶ（高野・松矢［二〇一三］九一頁）。精神薄弱児施設の園長としては、滝乃川学園の石井に次ぐ渡米であった（なお、白川学園の脇田もまた、大正八年六月から半年、アメリカで精神薄弱児施設等を視察している）。

そして川田は帰国後、藤倉電線会社（明治三四年創設、現在の株式会社フジクラ）の創設者で篤志家の中内春吉（一八六四－一九二〇）の寄附によって東京府大島に藤倉学園を創設する。以上のように川田の場合には、他の園長等とは異なり、長らく宗教活動に従事していた経歴を持つ。だが、川田もまた、他の園長らと同じく、短い期間ではあるが、感化教育施設で教育に従事する中で、精神薄弱児の存在と彼らのための教育方法の必要性を認識したのであった。

（五）旧筑波学園――自然と社会に調和した精神薄弱児教育への志

岡野豊四郎（一八九二－一九六四）もまた、茨城県の生まれである。彼は明治三九年、東京府立青山師範学校に進学し、子どもの頃から教師になることが夢であった（山田［二〇一三］一〇六－一〇七頁）。在学中はペスタロッチの教育論に影響を受け、精神薄弱児教育に関心を持ったといわれている。また、在学中には樋口長市（一八七一－一九四五）や滝乃川学園を訪問しており、直観教授に関心を示していた（椎名［二〇〇四・三］一五六頁。山田［二〇一三］一〇七頁）。

だが、岡野は大正三年三月、病弱な体質を理由に府立青山師範学校を退学し、石井亮一の紹介で東京市養育院に就職し、当院附属小学校知的障害児学級を担当する（椎名［二〇〇四・三］一五六頁。山田［二〇一三］一〇七－一〇八頁）。しかし、大正六年に東京市養育院を退職し、大正七年一月に孤児院・東京育成園に転職し同園の駒沢分園に勤務する。転職の理由について山田（二〇一三）は、「知的障害児」の教育の場の構想を持ち始め、経営方法の研究の目的による転職であったと指摘している（山田［二〇一三］一〇八頁）。

そして、岡野は大正一〇年五月に東京育成園を退職し、その後、隣保施設・マハヤナ学園に再就職しているが、一年間で退職し、大正一一年一二月、岡野は、西伊豆土肥村を施設開設地の候補にしていたものの、茨城県に戻り、姉の夫から精神薄弱児施設設立のための土地の提供（代金は「次第払い」）を受ける（山田［二〇一三］一一二頁）。

しかし、土地が確保できても園舎を建築するための資金が不足していた。そこで岡野は東京府池袋で郷里の茨城で仕入れた米や卵などの農産物を販売し、大正一二年四月一五日に旧筑波学園を設立する（山田［二〇一三］一一二－一一三頁）。また、創設の翌年には、東京少年審判所の少年保護団体の指定を受け、公的資金を確保しようとする（椎名［二〇〇〇・九］一一－一二頁）。

なお、岡野は東京市養育院時代から旧筑波学園を設立するまでの間に、精神薄弱児のための教育方法を「連関調和教育法」と名づけ考案している。これは、自然と社会に調和できる人間を育成することを目的とし、大正一〇年三月に日本児童学会で「連関調和教育法」を発表し、大正一一年一一月には、低能児が色、形、数字を学習する「連関調和数字盤」の特許を得ている（山田［二〇一三］一〇八－一一二頁）。

以上のように、岡野の場合には精神薄弱児施設の創設という目的をもって、社会事業施設での職員を経験した。彼が早い時期から精神薄弱児施設の創設という動機を持ったことは、大正期までに創設された精神薄弱児施設の園長らとは少し異なる点である。これが可能であった要因の一つとして、モデルとなる精神薄弱児施設がすでに国内にあったことが指摘できよう。例えば、岡野と滝乃川学園の石井との間には二五年の年齢差があり、旧筑波学園創設時の滝乃川学園は、精神薄弱児教育に着手してから二六年が経過していた。

滝乃川学園の創設から始まり、大正期までには五つの精神薄弱児施設が創設されたが、明治期から大正期までに精神薄弱児施設を創設した園長等に共通することは、各自の教育経験を通して、（対象は多少違うものの）精神薄弱児の存在と精神薄弱児教育の必要性を認識し、それらが精神薄弱児施設創設の動機になっていることである。しかしながら、一方で彼らに共通することは、精神薄弱児のための学校教育や社会事業制度の矛盾と欠陥を認めながらも、新たな法制度の制定、あるいは法制度の改革を試みることよりも、彼ら自身の教育経験や研究成果を活かして精神薄弱児教育を実践しようとしたことである。皆無であった精神薄弱児教育と精神薄弱児施設の運営を自らの問題や課題として取り組んだ先駆者らの事業は偉業であるが、精神薄弱児に対する法制度の欠落や未整備な状況は、後述するが精神薄弱児施設の多くが直面する経営難の問題につながっていく。

二　精神薄弱児施設の入所対象者と実際の入所者像

各施設ではどのような精神薄弱児を入所対象者とし、実際にはどのような子どもが入所していたのであろうか。ここでは年齢、性別、階層、障害の程度の視点から、各施設の入所者像に迫りたいが、当時は、精神薄弱に関する統一的な規定や基準はこの時期はなかった。また、精神薄弱の程度を示す用語として、白痴、痴愚、魯鈍（軽愚）などビネ知能検査の検査結果に基づき使用する園長（滝乃川学園の石井や藤倉学園の川田）も出てきたが、使用する改訂版や翻訳が異なったため、同じ障害の程度であっても用語が異なり、精神年齢やＩＱにも違いがあった。さらには、後述する白川学園の脇田のように、園長自ら「中間児」という用語を提案し自身の施設対象者を規定していた。

（一）滝乃川学園——保母養成機能と白痴教育の併存

滝乃川学園の明治三〇年の「募集条件」は、入所対象者は女子の白痴で一二歳以下であった（津曲［二〇一二］五五頁）。性別が女子であった理由は、先述のように滝乃川学園では、白痴教育のみならず孤女教育を提供していたことがあげられよう。また、明治三四年の入所者数は普通学部（孤女）が四〇名、遅鈍児部が一五名、白痴部が六名であり、白痴教育開始後の滝乃川学園では白痴よりも孤女が多かった（津曲［二〇一二］五九頁）。

滝乃川学園において白痴児が入所者の六割を占めるようになるのは、明治三五年頃からで（津曲［二〇一二］七四頁）、明治三八年頃も、白痴教育部だけでなく、保母を養成する「普通学部」が設置されており、寄宿舎も白痴部と普通学部それぞれに設けられていた[10]（津曲［二〇一二］六八-六九頁）。

保母養成の機能はそれ以降も継続され、大正元年の学園の目的において、精神薄弱児の「教育看護に従事する教師保母の養成」と明確に明記され、保母養成は白痴教育と並んで滝乃川学園の事業目的の一つになる（津曲［二〇一二］一〇二-一〇三頁）。

そして明治三八年、「明治三八年規則」では入所対象者の年齢がより限定される。その年齢は満五歳以上二〇歳以下（当分は一五歳以下）であった（津曲［二〇一二］六六-六七）。この年齢から、滝乃川学園は成人ではなく、幼少期から学齢期までの白痴児を入所対象者として想定していたことがわかる。ところで滝乃川学園が対象とした白痴とはどのような子どもであったのだろうか。

石井は、明治四二年の感化救済事業講演集で「精神薄弱のある者」の程度を、①第一白痴（極めてひどい白痴、軽度の白痴）、②白痴的痴愚、③痴愚、④低能の四つに分け、このうち低能は低能児教育の対象であると述べている（高野［二〇一三］六〇頁）。したがって明治末期の滝乃川学園では、精神薄弱児の中でも中度の痴愚や重度の白痴を対象にしようとしていたといえる（高野［二〇一三］六〇頁）。

痴愚や白痴を対象にしていたことは、大正元年の学園の目的からも明らかで、「精神薄弱なる児童（白痴・痴愚の状態にある者）の教育」が事業目的として明記されており（津曲［二〇一二］一〇二-一〇三頁）、ここに低能児の表記はない。

さらに、大正期になると滝乃川学園では、石井は彼の教育経験から教育好適年齢を六～七歳から一五～一六歳と考え、学園への理想的な入所者の年齢を六～一五歳に規定する（高野［二〇一三］一六〇頁）。しかし、入所者の年齢は大正九年度で一五歳以下が一四名、一六歳以上が二〇名と、一六歳歳以上は全体の約六割を占め、大正期の滝乃川学園では、すでに年長者の処遇問題が課題となっていたといえる。また、この時期の入所者の障害の程度は白痴（ＭＡ〇～二歳）一割、痴愚（ＭＡ三～七歳）七割、魯鈍（ＭＡ八～一二歳）一割であり、痴愚が多い（高野［二〇一三］一六〇頁）。

なお、この当時課題となるのは、触法の精神薄弱児やその状態に近い精神薄弱児の処遇である。石井は精神薄弱を併せ持つ不良少年を、「道徳的痴愚（生来性常住的不良児）」と呼び、精神薄弱児施設というよりは、「普通学校」で早期発見とその後の対応をする必要があると考え、滝乃川学園の場合には入所対象者には想定していなかった（高野［二〇一三］一二八頁）。

一方、明治末期の入所費用は入学金三円、学費月額一二円であった（津曲［二〇一二］六七頁）。津曲は、全額または一部免除の制度はあったものの、入園できる家庭が限定されたことは否定できないと指摘している（津曲［二〇一二］六七頁）。

（二）白川学園――学校教育における「中間児」

脇田が白川学園の入所対象者に想定したのは「中間児」であった。この中間児は彼が提案した用語である。では、どのような子どもを彼は中間児と呼んだのだろうか。

白川学園創設後、脇田は「教育上より見たる児童の分類」として子どもを「普通児」、「中間児」、「変態児」に分類し説明する（脇田［一九〇八・六］一一頁。玉村［一九九三・二］四七頁）。普通児とは、「身心」の発育状態が生活年齢相当で、その時代と境遇に適応する活動ができる者で、一等児～五等児に分けられていた（脇田［一九二六］六三－六四頁）。また、変態児とは、盲唖院、病院、感化院に入所するような重度で重複の障害児、白痴児を指した（脇田［一九二六］七〇頁）。

そして脇田は、中間児は普通児でもなければ、変態児でもない中間状態であると説明する。中間児は当時用いられていた低能児と同等の意味であるが、彼は低能児を使うことは「不適当」であると考え、あえて中間児を用いると述べる（脇田［一九〇八・六］一一頁）。その理由は、低能児には白痴、盲児、唖児が含まれ、その他落第生、劣等児も該当しており、低能児という範囲が余りに広く「混雑」しているからであった（脇田［一九〇八・六］一一頁）。

さらに脇田は、中間児を五種類に分けている。それは、①能力遅鈍性の中間児、心力の遅鈍な者で、心理学者によって明らかにされる。②精神異常性の中間児、精神の異常な者で、精神科医によって十分に研究される。③身体虚弱性の中間児、身体の虚弱な者で内科的性質を帯びている。④機関障碍性の中間児、機関の障害で、眼科、耳鼻咽喉科、外科などより見て障害のあるものだが、「啞」教育を受けるほどではない。⑤心性不良性の中間児、性格の不純なもの、犯罪学や倫理学から調査すべきであった（脇田［一九二六］七一頁。玉村［一九九三・二］四七頁）。一見して、④機関障碍性の中間児は変態児に等しくも見えるが、あくまで脇田は「啞」教育を受けるほどではない子どもを、中間児としたのであった。

また、脇田の「特別学級」に対する見解からも、彼の「教育上より見たる児童の分類」がより明確になる。彼は普通児と判断された子どもは学科の成績が劣ったり、「欠陥」があったりしても、必ず変化するため、そのような普通児を対象にするような「特別学級」は必要ないと捉えていた（脇田［一九〇八・六］一一三頁）。彼は「低能児」（中間児）のための独立した施設が無いのであれば「特別学級」は一時の策になると考え、普通児、中間児、変態児のために独立した施設があるべきで、中間児のための施設はどこにもないと指摘する（脇田［一九〇八・六］一一三－一一八頁）。したがって、彼は普通児のための学校、盲学校や聾学校といった変態児のための学校のいずれにおいても、適切な教育を受けることができない子どもを中間児として捉えていたのである。

では、実際に「中間児」が白川学園に入所していたのであろうか。白川学園の入所者数は、明治四四年で六名、大正三年で九名であった（高野［二〇一三］五四頁）。同時期の滝乃川学園の入所者数は（保母養成も含むが）、明治四四年六七名、大正三年に五七名であったから、創設期の白川学園は小規模であったといえる（高野［二〇一三］五四頁）。

また、明治四五年までの累計入所者数は一〇名で、障害の程度は「白痴」五名（うち「高度の白痴」三名）、「難聴児」二名、「不良児」二名、「精神異常児」一名であった（玉村［二〇〇四・一〇］一一八頁）。脇田は、大正元年に『低能児教育の実践的教育』を刊行しているが、この著書の中で、彼は白川学園の四名の入所児の教育内容と効果を報告している。玉村（二〇〇四）によれば、これら四名の入所児は、脇田の定義する中間児に相当し（玉村［二〇〇四・一〇］一一八頁）、彼が想定した「中間児」に対する教育が創設期の白川学園では行われたといえよう。

（三）桃花塾──精神薄弱児と性格異常児を対象にして

大正六年の桃花塾の設立の目的では、身体虚弱児、智能薄弱児、性格異常児、聴覚言語等の機関欠陥児、癲癇児、神経質児童など、すべて家庭はもちろん普通の学校においても、現今の組織では到底教育できない、いわゆる異常児を医者と教育者の協力で、各自の体質、個性に適応した教養を施すことを目的としている（岩崎［一九一七・二］八頁）。文字どおりであれば、桃花塾の対象は精神薄弱児のみならず病弱児や聴覚障害児等も含まれている。

しかし、桃花塾の規則や岩崎の記述を整理すると、岩崎は対象を限定していたといえる。大正六年の桃花塾規則（第一条）では、桃花塾の対象者を、心身の薄弱、特に性格異常の者およびこの傾向を有する児童としている（岩崎［一九一七・二］四頁）。また、年齢は六歳以上の男児（第四条）、「教養年限」は普通三年であった（第五条）（岩崎［一九一七・二］四頁。村井［一九八七］二三頁）。すなわち、桃花塾が想定した対象者は六歳以上の男児で精神薄弱あるいは性格異常になる。

岩崎が用いた用語を整理すれば、彼は障害のない子どもを「正常児」、超越的で特異な能力を発揮する子どもを「天才児」、「普通一般の児童」とは「全く心身の状態機能」が異なる、あるいは「五官」、「その他の部分に欠陥を有する」子どもを「異常児」に分けている（岩崎［一九一七・八］三九頁）。とくに異常児を対象にした異常児教育は「特種教育」と言われると説明し、異常児教育とは、「盲唖教育、感化教育、低能児教育、虚弱児、白痴児、天才児の教育」を総称した用語であるとも説明しながらも、異常児教育の一つである低能児教育は、人によって低能児の定義が異なるとも指摘し、それゆえ彼は桃花塾の対象をはっきりと提示するため「智能の薄弱」な子どもと、性格に異常のあるも子どもを対象にしたと述べている（岩崎［一九一七・八］三九－四〇頁）。なお、岩崎が桃花塾の対象として、「智能の薄弱」な子どもと性格に異常のある子どもの二つを挙げたことは、先に述べた彼の小学校令三三条と三八条に対する見解とも重なる。

それでは、桃花塾にはどのような子どもが入所していたのだろうか。創設期の入所者数は、大正六年で定員一五名のところ七名で（岩崎［一九一七・二］八頁）、大正九年には入所者が一八名になり、岩崎は借家からの移転を考えるようになり、障害の程度は、大半は痴愚、愚鈍の二階級であった（村井［一九八七・三］二三頁）。

なお、桃花塾の附属事業であった児童教養相談所の対象は、異常児であるかは問わず、一般児童の「教育養護」に対する方針、職業の選択、その他の教育の実際的事項について相談を受け、適当な「指定の道」を与えることを目的としていた（岩﨑［一九一七・二］九頁）。

入所費は実費（食費、日用品）を除いて無料で、桃花塾賛助会員の預金、監督官庁の助成金、篤志者の臨時寄付金で運営されていた（岩﨑［一九一七・二］九頁）。

（四）藤倉学園――すべての精神薄弱児・者を対象にして

川田はアメリカ滞在中、バインランド施設で精神年齢（ＭＡ）による分類基準と、ＩＱによる分類基準を習得し、それ以降それを精神薄弱の分類基準の一つとして使用する。彼が用いた精神薄弱分類基準は、精神年齢０～二歳を白痴、三～七歳を低能児、八～一二歳を軽愚（モロン）とし、さらに各段階を上、中、下に下位分類したものであった。一方、ＩＱ二五～四四を白痴、ＩＱ六一～七〇を低能児、ＩＱ七一～八〇を軽愚とした[11]。

このような精神薄弱分類基準を用いながら、藤倉学園が設定した入所対象者は、子どもから成人までの精神薄弱であった。それと同時に川田が重視したことは、彼が考案した精神薄弱児のための教育と保護の理論・方法である「教育的治療学」の対象であるか否かの判断であった。とくに、彼は見かけ上の精神薄弱児・者を教育対象者から除外するため、入所者に六カ月間の仮入所期間を設け、適格性を判断し、感化院や精神病院等など他機関に移す場合もあった。

一方、入所が認められた精神薄弱児の中には、精神薄弱を合わせ持つ不良少年も含まれていた。藤倉学園では後述する旧筑波学園と同様に、創設期から少年法保護団体の指定（委託）を受けており、川田は精神薄弱を合わせ持つ不良少年を「危険性精神薄弱児」と呼び、彼らの特性は「モロン」（軽愚）程度の精神薄弱に加え「感情性の異常」を有し、犯罪を起こすと捉えていた。精神薄弱を合わせ持つ不良少年に対する立場は、先述の滝乃川学園の石井と川田では異なっていた。石井の場合には、精神薄弱児施設での対応というよりも、普通学校での早期発見とその後の対応が必要であると捉えていたが、川田の場合には精神薄弱児施設の教育対象として捉えていた。

では、実際にはどのような精神薄弱児・者が入所したのだろうか。川田は治療教育の効果が期待できる年少（六～一八歳）での入所を理想としていた。とくに彼は、入所時の年齢を第一期（満六歳）と第二期（一二～一八歳）の二つに分け、六～一二歳での入所は教育を実施する理想的な年齢としていた。しかしながら、実際には六～一二歳よりも一二～一八歳末での入所者が多く、一八歳以上で入所する者もおり、理想どおりではなかった。そのため、川田は年少児の入所を実現するため、大正一一～一二年頃に、東京市養育院から七、八～一五歳の痴愚を引き受けている。なお、障害の程度は大正一三年までに入所した者の精神薄弱の程度は、白痴が一割、痴愚が四割、軽愚が二割、その他二割と痴愚が多かった。

入所者の社会階層は、必ずしも園費が払えるような階層を想定してはいなかった。創設時の藤倉学園では園費は基本的に無料で、相当資産を有する者から月額二五円を徴収することになっていた。大正一五年から園費は無料から、月額四五円に改定されるが、家庭の事情によって減額あるいは免除の対応がなされていた。減額と免除が可能であった理由は、中内の寄附金と設立後の寄附金による資産としての預金によって国債証券、有価証券、不動産が購入され、施設財源としていたからである。

（五）旧筑波学園——精神薄弱を併せ持つ不良少年への着目

大正一五年頃の筑波学園の入所対象者は、①六歳以上で小学校令第三三条の就学義務が猶予免除となった「心身薄弱児」（一般的な委託）と、②少年法に基づいて処分を受けた少年（少年審判所からの委託）であった（筑波学園［一九二六］二六六頁）。なお、①の「心身薄弱児」は、就学義務が猶予免除になっているだけでなく、旧筑波学園の入園審査に合格する必要があった。また、②の少年審判所からの委託は、創設時からではなく司法省の依頼で大正一三年から始まっており、椎名（二〇〇〇）は創設時の目的には感化はなく、委託を始めた結果、事業目的に感化が加えられたと指摘している（椎名［二〇〇〇・九］七頁）。入所費用は、①の「心身薄弱児」は月額三〇円（椎名［二〇〇四・三］一五七頁。山田［一九七九・一二］二〇頁）、少年法委託者は月額一五円であった（山田［一九七九・一二］二〇頁）。

では実際に、どのような子どもが入所していたのであろうか。山田は大正末期から昭和初期までの入所児を次の三つのタイプに分けている。まず、①少年法委託者で入所時年齢が一四～一六、一七歳、就学経験を有し社会に出た後に触法、②家庭からの直接委託で入所時年齢が一〇歳前後、障害が重く、就学経験がないあるいは就学しても一～二年で退学、③直接委託だが入所時年齢は一五、一六歳以上二〇歳前後、年長化のため家庭での養育困難が増したケースであった（山田［一九八〇・三］五九頁）。山田（二〇一三）は、入所児の私費・公費の比率を整理し、創設時から少年法による委託者が多かったものの、大正一五年度において少年委託者が急減し私費が増加していると分析し、少年法による委託は、昭和期以降は減少傾向になると指摘した（山田［二〇一三］一二〇頁）。だが、昭和期の入所者の私費と公費の人数を分析した椎名は、少年法委託者の比率は昭和期に入っても高かったことを明らかにしている（椎名［二〇〇〇・九］一二頁）。したがって、山田［二〇一三］と椎名［二〇〇〇・九］を整理すれば、旧筑波学園では少年法の委託者、すなわち公費の割合が高い施設であったといえる。なお、旧筑波学園の入所児数は大正一四年度末在籍数八名、大正一五年六月末一二名であった。

そして旧筑波学園の入所児の特徴として挙げられるのは、入所児の一部が地元の山口尋常小学校に通学していたことである（池本・津曲［一九八二・二］三七頁）。就学していた児童は、①学業面において成績が不良ではない、②私費生（個人委託）か公費生（少年法による委託）かは関係なく、③学齢段階を超過していた場合もあった（池本・津曲［一九八二・二］四六頁）。

大正期までに創設された精神薄弱児施設では、園長等自身の理念に従って入所対象者が想定されていたが、園長らの多くは年少での入所を理想としていた。だが、入所者の性別については滝乃川学園では女児、白川学園では男児というように若干の違いも見られた。さらに、精神薄弱を併せ持つ不良少年については、施設ごとに判断が違っており、例えば滝乃川学園では彼等の入所に対して積極的ではなかったが、藤倉学園と旧筑波学園では施設創設期より少年法の指定を受け、桃花塾でも学園の規則に受け入れを明記するなど、積極的な受け入れを試みていた。このような入所対象者の違いが起きた背景には次のような要因が考えられよう。それは、共通した精神薄弱と判断する基準や、精神薄弱の程度を区分する基準が当時設けられていなかったことである。滝乃川学園の石井や藤倉学園の川田は、精神薄弱の程度を判断するためにビネ知能検査を使用していたことが明らかになっているが、使用した知能検査（翻訳版）やその基準は異なっていた。また、白川学園の脇田が使用した「中間児」という用語に見られるように、自身の教育・臨床経験や研究に基づいた分類方法を採用する場合もあり、入所の可否は極めて施設ごとの判断に委ねられていたといえよう。

三．精神薄弱児施設としての教育と保護機能

大正期までに創設された精神薄弱児施設はいずれも二四時間の施設内での処遇を基本とし、教育と保護機能を備えた施設であったが、どのような教育や保護（処遇）が提供されていたのだろうか。

（一）滝乃川学園――退所から終生保護への変化

滝乃川学園の明治三八年の日課は、起床六時三〇分、朝食七時、朝の礼拝七時三〇分、学課八時三〇分（一学科三〇分程度、四時間）、昼食一二時であった。午後は一時より実業（労作）、夕方自由時間、一六時三〇分夕食、食後自由時間、二〇時就寝（白痴教育部）、二一時就寝（全員）であった（津曲［二〇一二］八五頁）。そして、およそ二〇年後の大正一五年度の日課は、起床六時、朝食七時、午前中は授業、午後は唱歌、遊戯、裁縫等、夕食五時、就寝は一九時（年長者は二一時）であった（高野［二〇一三］一六六－一六七頁）。したがって、滝乃川学園の日課は、明治期から大正期にかけて大きな変更はなく、午前中は学課を、午後は作業を中心とした日課であった。礼拝は入所者の随意であったが、毎朝夕に実

施され、日曜日には牧師による説教が行われた（高野［二〇一三］一三五頁）。

学課や作業は一斉に行うのではなく、集団を編成して行っていた。明治四三年頃は、予備科（幼稚園程度）、小学部、中学部、実業部に分けられており、これは入所者の年齢を基準にして分け、さらに各学部で精神薄弱の程度に応じて三〜四人の組みを作り対応していた（高野［二〇一三］一六六－一六八頁）。

ところで、石井は白痴といわれる障害の重い入所児に対する教育の効果をどのように捉えていたのであろうか。石井は白痴教育の必要性を述べれば限りがないと指摘するものの、彼が白痴教育に従事する理由を「国家」における白痴教育の利益の有無、ならびに「教育の結果」とは別に、「親が子を愛し、子が親を慕う」ような「情の上」からであると説明した（高野［二〇一三］一二四－一二五頁）。そして石井は、精神薄弱児教育は「全く無効」ではなく、必ずある程度の発達は期待できるとするものの、彼の精神薄弱児教育の効果の予測から「極めて少数なる極度の白痴」を除いていた。すなわち、石井は、後述する川田とは違って精神薄弱児教育の教育効果に対してより現実的であった（高野［二〇一三］一二五－一二六頁）。

終生保護機能の構想が、大正期の滝乃川学園において見られるようになる。石井は、滝乃川学園の構想の一つとして、ニュージャージー州等で展開されているような「コロニー」をあげている（石井［一九二三］二九七－二九八頁）。そもそも滝乃川学園では明治三九年から「懇切なる保護者」の下で「独立自営」を目指すため実業部を設けていたから、明治末期から滝乃川学園においても保護環境下の整備を前提とした退所は想定されていたといえよう。だが、石井は軽度の精神薄弱者に対してのみ「独立自営」を認めていたから、軽度以外の精神薄弱児（者）は施設内保護の対象となっていたと考えられる（滝乃川学園［一九一〇］一四八頁。高野［二〇一三］一二六－一二七頁。津曲［二〇一二］一一六－一一七頁）。

（二）白川学園——中間児教育の実践

創設直後の白川学園では普通科への準備を目的とした「予備科」と「普通科」を構成し、教育内容は小学校の教育課程を標準にし、障害に焦点をあわせた治療や矯正を行い、小学校の課程への接続として言語教授、遊戯、感覚練習等が行われ、小学校の教育課程に基づいて個別的に教授訓練が行われていた（玉村［二〇〇四・一〇］一一七頁）。また創設期の教授方法は、教師と児童の一対一で行われていた（玉村［二〇〇四・一〇］一一八頁）。

白川学園の教育と保護の内容については不明部分も多いが、脇田［二〇一三］は以下のように創設期の教育と保護を説明している。脇田良吉は中間児教育を「普通教育」の補助的役割に位置づけ、入所児についても可能な限り早期での「普通学校」復学を目標とし、初期の実践では読み書きや算術など教科学習を柱に、様々な感覚訓練の要素を取り入れた治療教育も試みていた（脇田［二〇一三］五一－五二頁）。しかしながら、入所者は中間児というよりも精神薄弱児が多く、期待したような効果は得られず、明治四二～大正一五年までのべ五二名の入所児の内、普通学校へ復学できた者は数名に満たず、入所は長期化していた（脇田［二〇一三］五一－五二頁）。創設期の白川学園において脇田は、実現は難しかったものの入所者の退所を理想としていたといえる。

（三）桃花塾──コロニー建設の構想

桃花塾は創設から七年後、大正一二年に移転し、職業訓練として園芸を開始する（岩崎［一九三五・一〇］二一五頁）。そして、この移転を契機に岩崎はコロニーという用語を使用して、「コロニー建設」を構想し、昭和九年の二度目の移転によってその具現化に着手する（岩崎［一九三五・一〇］二一五－二一七頁。村井［一九八七・三］二五－二六頁）。

岩崎はどのようなコロニー建設を構想し具現化しようとしたのだろうか。岩崎は、桃花塾の機能を「救護機構」という言葉で表現し、コロニーに次のような部門を想定した。それは、「教育治療部」「医科治療部」「職業補導部」「研究部」の四部門であった。とくに、「教育治療部」には、「教化部」と「保護部」が設けられ、「教化部」は、「普通教育課目」（小学校令に準拠）、「治療教課目」（言語教授、性能鍛練、治療体操）、「特殊教課目」（生活指導、作業教育）の実施が想定され、「痴愚級の者」「モロン級の者」「境界線級の者」の三組とした（岩崎［一九三五・一〇］二一六頁。村井［一九八七・三］二五頁）。また、「教育治療部」の「保護部」では、「普通保護の組み」（精神年齢四歳以下）、「中間保護の組み」（精神年齢が五歳以上に達する可能性あり）、「特別保護の組み」（取り扱いの困難な者）の三組に分、精神年齢が五歳に達すれば、先の「教化部」への編入を想定した（村井［一九八七・三］二二六頁）。そして「職業補導部」は、園芸部、養鶏部、印刷部、その他に分けた（岩﨑［一九三五・一〇］二二六頁）。なお、岩﨑正子によれば、この「救護機構」は「教育養護機構」という用語で、昭和一〇～三一、三二年までの桃花塾の部門構成となっていた（岩﨑［二〇一三］七一頁）。

岩﨑がこのようなコロニー建設を構想した背景には、彼が精神薄弱児の終生保護の必要性を認識していたからであった。彼は、「精神薄弱者は社会の第一線に立って、社会生活をしていくことが出来ない」ため、「社会の生存競争より免れ」、「一つの安全地帯に救護を計ることにしなければならぬ」と述べている（岩﨑［一九三五・一〇］二二七頁）。村井は、終生保護への転換の理由は明らかではないものの、当初は「異常児」を対象に家族的な経営を目指していたが、最終的には「精神薄弱児」に限定しコロニー建設へと転換したと指摘している（村井［一九八七・三］二二六頁）。

（四）藤倉学園――教育的治療学の体系化と実践

川田の代表的な業績は、藤倉学園での教育と保護の理論ならびに方法を「教育的治療学」と命名し、体系化を試行したことである。彼はこの「教育的治療学」について、精神発達の段階と特質が一人ひとり異なる精神薄弱児の教育として有用な理論と指導方法であることを探究し、体系化に際して実証性と科学性を重視した。そのため教育的治療学の体系化には、藤倉学園での実践事例の収集およびその検討に長時間を要し、結局のところ教育的治療学は実践の段階あるいは体系化の途上にあり、教育的治療学は未完のままである。だが、川田の「教育的治療学」の内容は藤倉学園における全ての処遇内容を網羅したもので、戦前期の精神薄弱児施設の教育と保護の内容や施設機能をひも解く理論と方法論である。

では、川田の「教育的治療学」が実践された藤倉学園ではどのような日課が組み立てられていたのだろうか。藤倉学園の大正九年の日課は、起床五時、起床後掃除、朝食、礼拝、九時教室での学課、昼食、午後は作業（庭つくり、草履作り、農場での作業）、夕方は掃除と自由時間、二〇時に就寝であった。日課の中でも藤倉学園では、入所者全員が朝夕に掃除を行った。また、午前の教室での学課は、年齢と精神薄弱の程度を基準にして集団に分け、①年少痴愚・軽愚を対象とした「治療教育をされし者」、②白痴を対象とした「治療教育の出来ないもの」、③年長精神薄弱者を対象とした「年齢を超過した者」（年長者）の三つであった。

①「治療教育をされし者」の対象は年少の痴愚・軽愚児であった。大正九〜一五年までの時間割を整理すれば、学課の内容は読み、計算、心練（川田が考案した身体的機能訓練）で、大正一五年度の時間割からは図画と唱歌が設けられていた。なお心練は、日常生活訓練を中心とする白痴に対しても実施されていた。

②「治療教育の出来ない者」の対象であった白痴は、学課教育というよりは保護教育の対象で①の「治療教育をされし者」が実施するような学課教育や、③の「年齢を超過した者」が従事した作業を行うことは困難であった。川田は、彼らが日常生活を学び、人生を通して従事できる職業を学ぶことによって、満足と「愉快」を味わうことを目的に、一見して保護（介護）にも見てとれる排泄訓練や日常生活訓練などを教育の一つとして位置づけていた。

③「年齢を超過した者」は作業に従事したが、創設期の藤倉学園は園舎から離れた場所に四万坪の農場を所有していたため、農業、牧牛、養鶏、養兎が行われていた。これらの作業は「労働教育」あるいは「実課」と呼ばれていた。対象は、治療教育の開始年齢を超えた「年齢を超過した者」であった。牧畜や農業では、牧夫と農夫が各一名雇用され自給自足の生活が指向され、作業の目的は、精神薄弱者に生涯の生活と趣味を実感させ、一生の安全を保障することであった。

ところで、川田は②「治療教育の出来ない者」である白痴に対する教育効果をどのように考えていたのだろうか。先に述べたように、滝乃川学園の石井の場合には、「極めて少数なる極度の白痴」を教育効果の予測から除いていたが、川田は白痴に対しても教育効果を期待していくようになる。時代は大正期ではないが、川田は昭和戦中期になると、「力の教育」（直観訓練、豆袋、担架、背負う、持つ、肩にかけるなど）を白痴に対しても行うようになり、その成果を学会で発表し、彼の教育的治療学に対する高い自負が見られる。

創設期の藤倉学園では、入所者の退所については方針を明確には規定していなかったが、保護環境下における退所を指向していた。川田はアメリカ滞在中から施設内保護に否定的で、施設において一定期間の教育を提供した後、保護環境下（家族やそれ以外の人が保護する環境）で生活することを構想していた。退所を理想とした一つには、藤倉学園の精神薄弱児施設としての有用性を社会に示すことであった。したがって、先の③「年齢を超過した者」の作業目的には、保護環境下での生活を想定し実施していたといえよう。

しかし一方で、創設期の藤倉学園では将来的な施設構想として、藤倉学園の年長者の「植民組織」とし、それとは別に東京府下に年少児のための「治療教育院」を創設することを構想しており、精神薄弱者の施設内保護についても検討されていた[12]。

（五）旧筑波学園——連関調和教育の具現化

旧筑波学園では、大正一二年頃の年報では、教育方針として「連関調和教育」があげられている。これは「忙しい環境」に調和ができる教育であり、よく調和の出来る人間をつくるためにその素因となるものを導く教育であった（筑波学園要覧［ｎｄ］二六八－二六九頁）。これを実現するためには、大自然の中での教育が必要であったが、旧筑波学園の当初の敷地は山林一五八七坪、耕作地八一二坪、建物敷地二〇〇坪であった（山田［二〇一三］一二一頁）。職員と入所児がともに開墾し、茶畑や桑畑にして生産収入を得て、養鶏や養豚のための敷地・小屋作りも行われ、施設構想の当初からあった連関調和教育法が具体化され、入所児の教育として行われていた（山田［二〇一三］一二二頁）。

また、大正一五年の学園年報では、授業時数は毎週二四時間、科目は算数、習字、国語、図工、手工、唱歌、体操、作業と記載されており（山田［一九八〇・三］六六頁）、教育の時間は、四月は午前九～午後二時、五～一〇月は午前八～午後一時、一一月一日～三月は午前九時～午後二時までであった（筑波学園［一九二六］二六七頁）。

そして先述のように旧筑波学園の入所児の一部が大正一四年以降、地元の山口尋常小学校に通学していたが（池本・津曲［一八八二・二］三七－三八頁）。昭和八年には、園内授業は尋常小学校四年程度、尋常小学校五年以上の学力がある場合には村立の小学校に通うという一定の規定があった（司法省保護課［一九三三］一二頁）。

施設機能については、大正一五年筑波学園年報では、心身薄弱児で不良少年は、矯正後は適当な職につく、心身薄弱児について知力体力の全治不能なる者は終生収容するものなりと、終生保護を明記しており、旧筑波学園の場合には創設当初から終生保護機能を全面に出していた（山田［二〇一三］一一九頁）。

大正期までに創設された精神薄弱児施設は、決められた日課や集団編成に従って生活を営み、日中の主な日課は読み書きなどの学課と作業であった。また、それぞれの施設では、園長の創設の理念や対象論を具現化した教育や処遇がオリジナルな名称を用いて行われ、とくに藤倉学園の川田の場合には掃除なども含め、藤倉学園で行われる全ての活動を「教育的治療学」として体系化しようとし、旧筑波学園の岡野の場合には、自然環境を活かしながら彼が考案した「連関調和教育」を行っていた。精神薄弱児施設における教育や処遇の効果は、一定期間の入所後、退所できるかどうかが一つの指標となるが、すでに滝乃川学園を始めとして各施設で年長入所者の終生保護問題に直面していた。滝乃川学園では、明治末期の時点で退所者を軽度の精神薄弱者に限定しつつあり、白川学園、桃花塾、藤倉学園も次第に退所（条件付きではあったが）から終生保護へと施設機能を変化させていく。しかし、旧筑波学園の場合には、創設当初から終生保護機能を想定しており、同時期の精神薄弱児施設とは異なる施設機能を当初から採用し具現化しようとしていた。

四．施設移転・拡張と経営方法

大正期までに創設された精神薄弱児施設は個人経営や財団法人による運営であった（白川学園は、当初は公的施設であったが、すぐに個人経営となる）。個人経営や財団法人であった理由は、精神薄弱児を直接処遇するような公費が無かったからである[13]。藤倉学園や旧筑波学園は少年法の委託によって公費の入所者を受け入れていたが、これもやはり精神薄弱児を直接処遇するための公費ではなかった。それでは各施設ではどのような財政状況で施設を運営していたのであろうか。施設財源と大きく関連する、施設の建物・設備の移転や拡張と関連させながら検討していきたい。

(一) 滝乃川学園――厳しい財政状況と財団法人化

滝乃川学園の前進である孤女学院は、先述のように荻野医院を仮院としてスタートし、明治二五年に東京府北区滝野川村に園舎を建築する。だが、この園舎は孤女教育のために設けたものであったため、白痴教育を展開するに際して、滝乃川学園は明治三九年に同区巣鴨村に移転する。巣鴨村時代は、精神薄弱児のための生活と訓練用の教室、研究室、農園、印刷所、保母養成部のための教室と寄宿舎が設けられた（津曲［二〇一三］二二六頁）。

このように滝乃川学園では石井が理想とした精神薄弱児教育を行うため、移転するのであるが、移転費用も含め滝乃川学園の財源は石井亮一とその妻、筆子の資産や個人的な借入金と支援者の寄附によって賄われていた。津曲（二〇一三）は、滝乃川学園の経済的困難は大正八年頃にはピークに達し、石井が学園閉鎖を決意するほどであったと指摘している。そのため、同年秋に滝乃川学園の財団法人化が発案され、発起人会が招集された（津曲［二〇一三］二二六－二二七頁）。

そのような中、大正九年三月に学園火災が発生し（園児六名の死亡）、石井は学園閉鎖を決意するものの、大正九年九月に財団法人化される。財団法人化によって、滝乃川学園は理事長を外部から迎え、石井は現場の責任者として学園長となった（津曲［二〇一三］二二七頁）。また、大正九年に東京府代用児童研究所が学園内に設置され（審査は大正一〇年より開始）、東京府からの補助金は学園の経営を助けた（社会福祉法人滝乃川学園［二〇一一］六三三－六四八頁）。

滝乃川学園の園費は、財団法人化以前の明治三八年度には月額二二円で、入学金三円であったが、財団法人化後の大正一〇年度は月額三〇円となり、園費の支払いは全額納入あるいは一部納入の方法があったものの、滝乃川学園の歳入予算の半分は園費であった。したがって滝乃川学園では、月額三〇円を支払えるような比較的裕福な社会層の入所者を、財団法人化後も想定しなければならなかったといえる（高野［二〇一三］一六二頁）。

だが、石井は年長入所者が作業をする農園と、重度の精神薄弱を持つ入所者の医療空間を確保するため、巣鴨を高値で売り地価の安い郊外への移転を計画する。移転先は東京府の多摩、谷保村で（現在の滝乃川学園の所在地）、昭和三年に移転するが、世界恐慌の余波を受けて巣鴨の土地が売却できず、借金を抱えてしまう。移転にともなう借入金が完済するのは昭和一二年であり、財団法人化後も滝乃川学園は極めて厳しい財政状況にあった（津曲［二〇一三］一二八頁）。

（二）白川学園——公的施設から個人経営への変化

白川学園は明治四二年七月三日に京都府教育会の附帯事業として百万遍知恩寺養春院内に創設される。[14] 明治四三年の財政状況は、歳入の八二・〇％は京都府教育会の支出金と寄附金で、歳出は四八・九％が園費（内、年間一七〇円が借家費）と、体制や設備の充実が望めない状況であった（玉村［二〇〇四・一〇］一二〇－一二一頁）。しかも京都府教育会の附属事業であったが十分な運営費を予算立てされておらず、創設から三年後の明治四五年には京都府教育会と折り合いがうまくいかなくなり、白川学園は脇田の個人経営となる（脇田［二〇一三］四四－四六頁）。個人経営後、大正三年には京都府から、大正四年には内務省から助成金を受けてはいたが、財政状況は厳しく、脇田は身の回りの品を売却し運営費に回したが、これを見かねて教員仲間らが白川学園後援会をつくるほどであった[15]（脇田［二〇一三］四四－四六頁頁）。

脇田は、大正八年六月から半年間、文部省の補助と学園後援会の寄附と内務省の助成によって、文部省の「低能児教育実態調査」と内務省の「感化救済事業実態調査」を兼ねてアメリカの学校や施設を視察するが、経済的理由から半年で打ち切りとなる（脇田［二〇一三］四六－四七頁）。帰国後、脇田は白川学園の移転・拡張を計画し、後援会の強化を計るとともに「白川学園拡張後援趣意書」が作成されるが、実現までには時間がかかった（脇田［二〇一三］四八頁）。そして、大正一一年借地ではあったが京都市の鷹峯に移転先が決定し、園舎建築のための寄附金獲得に奔走する。そして大正一四年、酒造業の堀野家の金鵄正宗から旧工場の建物寄贈の打診を受け、この建物古材を利用して園舎を建築し、大正一四年一〇月に移転する（現在の白川学園の所在地である）。

（三）桃花塾――コロニー建設の具現化と賛助会による寄附

桃花塾は岩崎の自宅（大阪市天王寺区細工谷）で事業を開始したが、入所児が増加したため、創設からおよそ八カ月後（大正五年一〇月）に、大阪市南区天王寺筆ヶ崎の民家に移転する。さらに、大正一二年には、大阪市東成区東生野町に移転し園芸事業を開始するとともに彼はコロニー建設を構想し、昭和九年に大阪府富田林市喜志、現在の桃花塾の所在地に移転する。創設直後の民家への移転を含めれば、三度の移転を経験しており、大正期までに創設された精神薄弱児施設の中で最も多い移転回数である。

桃花塾もまた、岩崎の個人経営であったが、大正五年一〇月の民家移転に際して桃花塾賛助会が設立される。賛助会員は毎月五〇銭以上五円以下の寄贈が規定されており、財政状況を見ると、大阪府から助成金（大正五年五〇円、大正六年と同七年は一〇〇円）があったものの、収入に占める寄附金（臨時寄附金、定時寄附金）の割合は高く、大正五年は約八八％、大正六年は約七〇％、大正七年は約八四％が寄附金であった（岩崎［一九一七・二］一〇－一一頁、［一九一七・八］六－七頁、［一九一八・八］五－七頁）。

大正九年一一月には、狭い生活空間での問題行動と近隣とのトラブルが生じるようになったため、移転のため土地を購入し、二度の台風など危機的状況を経て大正一二年六月に竣成する（岩崎［二〇一三］六七頁）。ここでは先述のように園芸や養鶏も入所児の作業に取り入れたが、近隣に住宅や店舗が増えたことから、岩崎のコロニー建設の構想とともに新天地への移転を計画する（岩崎［二〇一三］六九頁）。そして昭和九年に現在の桃花塾の所在地に移転する。

（四）藤倉学園――財団法人による運営と藤倉家による寄附金

藤倉学園は創設時より財団法人の精神薄弱児施設であった。理事長は、一八万円と四万坪の土地を寄附した中内春吉

（一八六四－一九二〇）で、彼は親族の藤倉家一族とともに、藤倉電線会社を創設し同社の基盤を築いた人物であった。そもそも、中内は東京府の井上友一知事（一八七一－一九一九）に「感化教育施設」の創設のための資金と土地の寄附を申し出たのであったが、東京府はすでに国立感化院武蔵野学院があったことなどから、精神薄弱児施設を創設するための寄附とすることを中内に提案し、快諾されたのであった。

財団法人の精神薄弱児施設を創設するため東京府は園長の候補者を探し、ここで候補にあがったのが、アメリカから帰国していた川田であった。川田は中内、井上知事等と会談し、具体的な「事業」には中内や東京府も干渉しないとの約束の上で園長になることを決心し、中内が寄附する東京府大島の土地や建物を視察し、大島の温暖な気候が精神薄弱児の生活に適していると判断し、大島での施設建設を決定する。

財団法人の起草は東京府が作成し、理事長は中内あるいはその家督相続人が世襲制でつとめ、監事は理事長が推薦することになり、理事長と監事は藤倉家の人物が就任していた。また、法人役員一一名のうち四名は東京府の官職で、東京府関係者らも多く含まれていた。したがって、藤倉学園は施設内の運営は理事で園長であった川田に一任されていたものの、財政面では藤倉家に支えられ、東京府関係者が役員に多く含まれていたことから部分的には公的な性格をもった精神薄弱児施設であった。

また、藤倉学園では先述のように大正一五年度から入所費が無料から月額四五円（減額、免除あり）となるが、理事長中内春吉の寄附金や土地建物、設立後の寄附金などが施設財源となり、大正一五年度の歳入内訳は、基本財産からの収入六八・五％、預金利子八・四％、入所費一九・一％であった。

（五）旧筑波学園――施設拡張と助成金の獲得

旧筑波学園は岡野の個人経営で、移転はなく施設設備の拡張が行われた。岡野は旧筑波学園を創設するにあたって、収入の内訳を委託費（入所費用）、作業、生産収入、助成金、寄付金として想定し、そのうち委託費（入所費用）は収入の八〜九割を占めると計画していたが、実際には委託費（入所費用）が収入に占める割合は六〜七割であった（山田［一九七九・一二］二〇頁、［二〇〇九］二一八－二一九頁）。岡野の見込みよりも委託費（入所費用）が低かった理由について、山田（一九七九）他は、岡野は入所者を二〇名に想定していたが、およそ半数しか入所しなかったこと、また、少年法の委託費は月額一五円で、これは個人委託（当初は五〇円であったが、月額三〇円となる）の半分の額となっており、公費の入所者を受け入れるほど経営は厳しくなったことをあげている（山田［一九七九・一二］二〇頁、［二〇〇九］二一八－二一九頁）。

また、創設年の大正一二年には経営を安定させるため、岡野は池袋駅前で農産物を販売し自主財源の確保を試みたものの、米の買い付けをめぐる金銭トラブルによってその後は行われなかった（椎名［二〇〇〇・九］三頁）。そして、岡野は経営を安定さるため各種の奨励金や助成金の導入を計画し、宮内省の下賜金（大正一五年〜昭和一五年まで）や茨城県、その他からの助成金を受けるようになる（椎名［二〇〇〇・九］三－四頁）。また、児童の居室など施設拡張のため恩賜財団慶福会に対して、大正一四年から助成金の申請をしたものの、申請が認められたのは昭和三年度と昭和六年度からで（その後昭和九年度から継続的に助成金を得る）、施設設備の拡充には時間を要してしまった（山田［一九七九・一二］二九－三〇頁）。

精神薄弱児を処遇するための直接的な公費がなったことは、大正期までに創設された精神薄弱児施設にとって厳しい財政状況をもたらす要因であった。いずれの精神薄弱児施設も、園長が理想とする施設運営や教育を展開するには、寄附金や助成金に頼るしかなかった。そのような中で、当初から財団法人の精神薄弱児施設として開設した藤倉学園は、その後の財政状況からみても、川田が「教育的治療学」を体系化するだけの環境が整っていたといえよう。多くの園長は精神薄弱児の処遇に従事する一方で、自ら寄付金や助成金を獲得しなければならなかった。また、大正期までに創設された施設の園長は精神薄弱児を処遇するための直接的な公費が無いことに気づきながらも、組織だって精神薄弱児に関連する法制度の改革や制定を訴えなかった。そのような動きは次の世代の園長らが担うことになる。

五．アメリカの精神薄弱児教育の受容と精神薄弱児施設への影響

大正期までに創設された精神薄弱児施設の園長の中には、滝乃川学園の石井、白川学園の脇田、藤倉学園の川田のようにアメリカに渡り、当地の精神薄弱児施設での教育方法や運営方法を視察したり、職員として経験したりする者もいた。それぞれの期間は以下のとおりで、①滝乃川学園の石井は二回渡米しており、一回目は明治二九年四月一八日～一二月二三日のおよそ八カ月間、二回目は明治三一年八月～明治三二年二月のおよそ半年であった（津曲［二〇一二］五二－六二頁）。②白川学園の脇田は、大正八年六月四日～およそ半年であった（脇田［二〇一三］四六－四七頁）。③藤倉学園の川田は、大正五年四月～大正七年一〇月までの約二年半をアメリカに滞在する。

このように明治中期から大正期初め、三人の園長が渡米したが、彼らの目にアメリカの精神薄弱児教育や精神薄弱児施設はどのように映ったのであろうか。また、アメリカ精神薄弱児施設の運営や処遇方法は、彼らの精神薄弱児施設にどのような影響をもたらしたのであろうか。三人の中でも、滞在中の動向や帰国後の施設運営への受容と影響について分析が進んでいる川田貞治郎についてここでは述べたい。

そもそも、渡米前の川田は、すでに低能児教育施設「私立日本心育園」（明治四四年開設）を郷里の茨城県で開設していた。私立日本心育園は、第三次小学校令の第一七条各種学校として認可を受け、大正三年の入所者数は四名と小規模施設ながら、彼が考案した「心練」を教育内容に取り入れ、二四時間を通した教育と処遇を行っていた。だが、彼は日本の障害児教育が欧米諸国で発表された教育方法の翻訳の域を出ない状況を危惧し、日本に即した精神薄弱児教育の内容と方法の必要性を強く感じ、アメリカ行きを希望する。私立日本心育園は彼が渡米するため一時閉園する（実際には帰国後、藤倉学園を創設するため、私立日本心育園は閉鎖となる）。

アメリカに渡った川田は精神薄弱児施設を視察するため、ペンシルベニア大学の野口英世（一八七六－一九二八）と面

談をしたり、キリスト教フレンド派の関係者らと会ったりして、精神薄弱研究所があるニュージャージー州の私立の精神薄弱児（者）施設・バインランド施設を滞在先に選択する。当時のバインランド施設は、アメリカの精神薄弱研究を主導していた、当施設の二代目の施設長エドワード・ランサム・ジョンストン（Edward Ransom Johnstone 一八七〇－一九四五）の時代であった。この時代のバインランド施設には精神薄弱研究部門があり、部長には精神薄弱の心理学とカリカック家等の家系研究で有名なヘンリー・ハーバート・ゴダード（Henry Herbert Goddard 一八六六－一九五七）が精神薄弱に関する研究を進めていた。川田は、精神薄弱の主因の一つとしてゴダードが研究していた遺伝法則に関心を持ち、ゴダードの精神薄弱遺伝の六タイプと、カリカック一族の家系研究にも触れる。さらに、精神年齢とＩＱによる精神薄弱分類基準も学ぶ。

そして、次に川田が選択したのはペンシルベニア大学であった。ここで彼は、心理教育クリニックを一八九六年に開設し『心理クリニック』を一九〇七年に創刊したライトナー・ウィットマー（Lightner Witmer 一八六七－一九五六）の講義を聴講し、医学部で精神病学や病理学を聴講した。バインランド施設で学んだ精神薄弱研究の整理と、さらなる知識を獲得した。

さらに、最後の滞在先として川田はペンシルベニア州立ポーク施設を選択するが、ここで彼は帰国費用のことも含め介護職員として勤務する。ポーク施設は先に滞在したバインランド施設と違って州立の精神薄弱者施設であった。施設長は医師のジェームズ・モアヘッド・マードック（James Moorhead Murdoch 一八六九－？）で、二〇〇〇人近い入所者を抱える大規模な終生施設であった。バインランド施設は四〇〇名程度であったから、大規模な終生施設を川田は経験するのであるが、大規模化は当時のアメリカ精神薄弱者施設の時代の潮流であった。彼はこのポーク施設で、終生保護施設の機能を有した施設運営や、自給自足の生活を経験する。

以上のように川田はアメリカの私立・公立の精神薄弱者施設と大学において精神薄弱に関する研究成果や、精神薄弱者施設の運営方法について習得したのであるが、彼はこれらを踏まえて彼の「教育的治療学」を具体的に構想する。例えば、彼は藤倉学園の入所者の鑑別において、ゴダードの精神薄弱家系遺伝論を用いた。また、ゴダードが作成したビネ知能検査による精神年齢とＩＱによる精神薄弱分類基準も、藤倉学園の入所児・者の精神薄弱の程度を把握するために用いるなどした。その他には、バインランド施設で使用されていた“O.K. Slips”を藤倉学園では「罰の紙」と呼び、入所児の責任や品性といった道徳的な訓練の一つとして行うなどした。[16]

しかしながら、川田はアメリカの精神薄弱者施設の運営方法を全て受容したわけではなかった。彼はアメリカ精神薄弱者施設がポーク施設のように大規模隔離時代を迎えた時期に滞在していたにもかかわらず、創設期の藤倉学園では終生保護施設に否定的で、彼は一定の教育終了後、保護環境下という条件を付けながらも入所者の退所を理想としていた。彼は、自身が滞在した施設と異なる施設機能論を展開したのであるが、その理由の一つは、彼が障害の重い白痴児に対しても彼が考案した教育的治療学によって退所できるだけの教育効果が得られると予測していたからであった。さらに、彼は日本の精神薄弱児施設数の絶対的な不足と、精神薄弱児・者が家族と暮らしている国内の実態を考慮し、日本での終生保護は難しいと考えていた。

とはいうものの、川田はバインランド施設のジョンストン施設長の施設運営方法には肯定的に捉えていたといえる。なぜなら、彼は先述のように、実現こそしなかったものの、創設期の藤倉学園で年長者のための終生保護施設と、教育機能を重視した年少児の施設と、精神薄弱研究所の設置を構想していたからである。この施設機能の分化は、まさにジョンストン施設長がバインランド施設で具現化していた施設運営の方法であった。[17]

以上のように川田はアメリカ滞在によって習得した内容を積極的に藤倉学園での処遇や教育内容に取り入れる一方で、アメリカ精神薄弱者施設の大規模隔離化については慎重であった。

初期精神薄弱児施設の理念や実践を、園長の施設創設の動機や経緯、入所対象者の理想と実際、教育と処遇内容、財政、海外の精神薄弱児施設の影響の観点に分けて見てきたが、まず園長の施設創設に至る動機には、対象こそ違うものの彼等の教育経験を通して出会った精神薄弱児の存在が強く影響していた。精神薄弱児のための教育制度や社会事業制度が未整備な時期に、彼らのような志を持った人物が、自身の家族とともに資産を削ってでも行動に移したこととその偉業は評価すべきである。

一方、各施設で掲げた入所者の対象論には若干の違いがあった。園長の教育経験によって重度の精神薄弱者を対象とするのか、あるいは精神薄弱を伴う不良少年の受け入れをどうするのか、といった入所の可否と判断は施設によって異なっていた。大正期までに創設された精神薄弱児施設が国内にわずか五カ所であったことを併せて考えれば、限られた精神薄弱児が精神薄弱児施設に入所し教育と保護を受けていたことになる。

さらに、旧筑波学園の岡野を除いた園長は、施設創設時には入所者に教育を提供した後、一定の条件はあるものの施設を退所することを想定していた。だが、実際にはそれら施設のいずれも、自給自足を基本とした終生保護施設に移行しなければならなかった。子どもの精神薄弱児だけでなく、成人の精神薄弱者に対する支援制度が何ら整っていなかったことの当然の結果である。だが、旧筑波学園の岡野は、創設時より終生保護機能を旧筑波学園の施設機能として重視しており、彼の場合には精神薄弱児教育に従事しようとする意思決定も他の園長に比べて早かった。石井亮一を筆頭とする他の園長との年齢差も考えれば、岡野には先に創設された施設の動向を的確に判断できるだけの材料があったといえよう。

そして初期精神薄弱児施設は、寄附金に支えられていた藤倉学園を除いて厳しい財政状況にあった。財政状況を解決するためには助成金や交付金を獲得するだけでなく安定した公費を受給することが一番の解決策であるが、当時、精神薄弱児を保護するための直接的な公費はなかった。また、初期の園長は相互に関係性が無かったわけではないが、公費を受給するための制度設計など行政に働きかけるような組織だった活動を展開しなかった。精神薄弱児施設相互の連携や組織としての活動は、次の時代に持ち越される。

第二節　聾啞者の生活困難問題の発生と聾啞学校の対応

佐々木順二

一．明治三〇年代における聾啞者の生活困難問題の発生

聾啞者の教育後の就労と社会参加をめぐる問題は、わが国の聾啞教育の草創期以来の課題であり、明治末期、聾啞学校卒業生の「保護問題」として聾啞学校の教師や家族のあいだで一層認識されるようになると、それから昭和戦前期にかけて、この問題への対処として、聾啞学校内に補習科や授産施設が設立されたり、聾啞学校とは独立に授産施設や職業紹介事業が設立されたりするようになった。

（一）聾啞学校卒業生を保護する先駆的事業

聾啞者あるいは聾啞学校卒業生を対象とした授産施設の始まりは、草創期の京都の盲啞院に既に見ることができる。明治一一年に開校した京都の盲啞院は、当初「普通学教授」を目的としたが、明治一三年四月の教則改正により、「自己食力ノ便」を与えることを目的に加え、工学科が開始された。中野・加藤（一九六七）によれば、工学科は、当時の手工業（銅器彫鐫・彫刻、和木・唐木細工、刺繡など）とその徒弟的労働条件を導入し、在院する一三歳以上の聾啞生と三〇歳以下の一般の聾啞者を対象に、生計補充的な賃金を支給しつつ職業教育をおこなった（中野・加藤［一九六七］三五五－三六三頁）。翌年には、校外に「製品売捌所」が開設された（盲聾教育開学百周年記念事業実行委員会編集部会［一九七八］六六頁）。つまり、同院の職業教育は、最初から授産的性格を伴っていた。

明治三〇年代前半には、盲啞院卒業後の聾啞者の保護問題が新たに顕在化する。この時期に聾啞卒業生の保護が問題となるのは、日清・日露戦争期における産業構造の変化が関係していると考えられる。すなわち、この時期には近代技術が普及し、賃労働者階級が急速に増大することにより、手工的熟練の必要を基盤として存在した「親方請負制」は動揺し、再編を求められた（大島［一九九二］五二－五三頁）。京都盲啞院の工学科の職業教育は手工業の徒弟制を手本とし

ていたため、産業構造の変化には対応しがたく、聾啞卒業生の就労は一層困難となったと推測できる。

明治三六年に、同院の課題の一つとして「聾啞卒業生保護会ヲ設クル事」が挙げられ、明治三八年頃に、卒業生自身が保護会設立をめざして会費の徴収を行っているのは（盲聾教育開学百周年記念事業実行委員会編集部会［一九七八］一二五、一二八頁）、このような聾啞卒業生の就労困難に対応するためであったと言える。

明治四〇年五月、京都盲啞院の盲聾校舎の分離が決まると、第二代院長鳥居嘉三郎（一八五五－一九四三）が、聾啞学校を付設した「聾啞村」を、郊外に建設する構想を打ち出した（盲聾教育開学百周年記念事業実行委員会編集部［一九七八］一二七－一二八頁）。この構想の実現は困難であったが、大正三年に、財団法人京都盲啞慈善会を設立主体として、卒業生および一般の盲者と聾啞者の保護を目的として、京都盲啞保護院が設立された。同保護院は、盲生には鍼灸按摩および音曲の教授、聾啞生には「絵画、木工、裁縫、その他の工業」の委託製作と販売品製造の作業場を提供した（丸川［一九二九］一五九－一六二頁）。

東京では、明治三四年芝区三田四国町に聾啞授産院、明治三七年小石川に日本聾啞技芸会が設立された。聾啞授産院は、木下兵三郎が創業したもので「もっぱら奉書紙を模造することを教える所」であった（小西信八先生存稿刊行会［一九三五］一五五頁）。他方、日本聾啞技芸会は、官立東京盲啞学校の彫刻・指物の嘱託教員であった青山武一郎を監督として、同校の卒業生によって結成された。青山武一郎（青山泰石）（一八六四－一九三三）は、明治一九年三月に、同校の前身である楽善会訓盲啞院の教師となり、明治三五年九月に退職した。青山が卒業後の聾啞生を「技芸家に世話をした処案外に成功」を収め、彼が退職したころの教え子約一〇名が、青山を中心として「技芸会なるもの」を作った。同会は、青山の自宅を本部に「職業の指導並びに紹介」、依頼に応じた出張製作を活動内容としたもので（丸川［一九二九］一五八－一五九頁）、一定の工芸技術を身につけた卒業生のための職業紹介所兼職業指導所であった。

このように明治三〇年代後半以降、我が国の盲啞教育の草創期以来の学校である京都の盲啞院と官立東京盲啞学校において、授産施設あるいは職業紹介所兼職業指導所の設立という形で、卒業生の保護問題への対応が取られた。これら

表 5-2-1　全国盲唖教育大会における聾唖者の職業および保護に関連する内容

年月	大会名	主な内容　＊は聾唖者の職業および保護に関連
明治 39 年 10 月	全国聾唖教育大会	＊鳥居：「聾唖の独立」を講演 ＊青山：聾唖技芸会について講演 ＊聾唖高等技芸学校設立の決議 ・盲唖教育令の詮議を文部大臣に陳情
明治 40 年 5 月	第 1 回日本盲唖学校教員会	・盲唖教育令の発布を文部大臣に建議
明治 41 年 4 月	第 2 回全国盲唖学校教員会	＊「聾唖に最適当なる職業」を審議 ＊普通教育を受けた聾者を官営工場が雇用することを各省局に請願 ＊「聾唖保護会を設立する方法」を討議後、調査を委員に付託 ＊「盲唖者相互の結婚に就て」調査委員に付託
明治 44 年 7 月	第 3 回全国盲唖教育大会	＊青山：「日本聾唖保護会」の立案報告 ＊目黒：「盲唖者相互の結婚に就て」報告。各学校で卒業者について研究することを決議
大正 2 年 10 月	第 4 回全国盲唖教育大会	＊辻本（和歌山校）:「聾唖卒業生に対する学校の保護法（附結婚の件）及職業」について議題提出
大正 4 年 7 月	第 5 回全国盲唖教育大会	＊京都盲唖保護院についての報告 ＊即位記念事業の方法に関する決議に、盲、聾唖、盲聾唖者への保護事業、学校附設の製作品販売店の設置を挿入
大正 6 年 7 月	第 6 回全国盲唖教育大会	＊吉村（福岡校）:「青春期盲唖生徒取扱の状況」「聾唖生卒業後実況及指導方法」「青年聾唖者中教育を授けたる者と否らざる者との差異」
大正 8 年 12 月	第 1 回全国盲唖学校校長会議	＊盲唖保護法案を求める建議 ＊「盲学校及聾唖学校に於て課すべき職業の種類」について答申
大正 9 年 11 月	第 7 回全国盲唖教育大会	・盲唖教育令発布期成会の成立

出典：丸川（1929）110-137 頁。第 4 回全国盲唖教育大会提案（1913）、第 5 回全国盲唖教育大会概況（1915）第 6 回全国盲唖教育大会（1917）、全国盲唖学校長会議録（1920）。

の事業では、京都にあっては元盲唖院長鳥居が、東京にあっては官立校の彫刻・指物の教師であった青山が指導的役割を担ったように、教師の果たした役割が大きかった。それと同時に、両校卒業生も、京都では卒業生自身が保護会の会費の徴収を行い、東京でも卒業生が聾唖技芸会の設立に主体的に関わったことを看て取れる。したがって、聾唖学校卒業生の保護事業の必要性に対する認識は、教師と聾唖学校卒業生のあいだで共有されたものであったと考えられる。

（二）全国盲唖教育大会での保護事業に関する議論

明治三九年には、日本聾唖技芸会の主催で、日本で最初の聾唖教育の集会である全国聾唖教育大会が開催された。表5－2－1は、同年以降の全国的な盲唖教育の集会において、聾唖者の職業とその保護について取り上げた内容を示している。

表5－2－1に見るように、聾唖者の職業とその保護に関わる議論の他に、明治三九年の大会以来、盲唖教育令の制定への要請がある。これは、小学校令により、盲唖学校は、明治二三年以来各種学校の地位にあり、「教育

の質量」の「発展」が阻止されてきた盲唖学校の状況を、「公的施策」（荒川［一九七四］一四二頁）によって打開することを意図した動きであった。

同大会中に、大阪、京都、東京の三盲唖学校長によって文部大臣に提出された盲唖教育令の起草案には、小学校令にはない、技芸科の学科程度に関する規定が含まれている。同大会での「聾唖高等技芸学校」設立の決議、第二回大会（明治四一年）での「聾唖者に最適当なる職業」に関する討議も、技芸科教育の一層の拡充という意図の現れである。これと並行して、「官営工場」への卒業生の雇用の要請、「聾唖保護会」設立に関する討議とその立案のように、卒業生の保護問題への関心が見られる（聾唖保護会については後述）。

聾唖者の結婚問題については、第二回大会に討議後、調査委員に付託され、第三回大会（明治四四年）で、官立東京聾唖学校校の目黒文十郎が、調査委員の逝去等により十分な報告ができないことを述べるとともに、各学校で卒業生について研究をすることが決議された（東京盲学校［一九一二］一六頁）。和歌山県師範学校附属聾唖学級の辻本與次郎は、第四回大会（大正二年）に出席した際に、卒業生の結婚問題と職業問題に対する学校による保護の方法について、議題を提出している。

一方、私立福岡盲唖学校校長の吉村誠は、小学校長から転任となって半年後の第五回大会（大正四年）に、初めて出席した。この大会では、京都盲唖保護院の院長となった鳥居嘉三郎が、同保護院について、盲唖院教師の杉浦に託して報告させており、吉村もこの鳥居の問題提起を聞いたものと思われる。第六回大会（大正六年）では、吉村自らが、盲聾の共通話題として「青春期の盲唖生徒取扱の状況」を、聾唖部談話題として「聾唖生卒業後の実況及指導方法」および「青年聾唖者中教育を受けたるものと否らざるものとの差異」を、それぞれ提出した。このように、全国の盲唖教育関係者との議論の中で、吉村は、聾唖卒業生の保護事業の先駆的実践に触れ、「青年聾唖者」あるいは「聾唖生卒業後」の処遇に関心を深めていった。

このように、東京盲唖学校、京都の盲唖院における卒業生保護の先駆的試みは、全国盲唖教育大会を通じて、全国の聾唖学校に知られることになると同時に、地方の聾唖学校が固有に直面している卒業生保護の問題と接続することになるのである。

二 「生活困難」の問題化と「自立」の提起——期待される人間像への近似の努力

大正期になると、明治三〇年代以降増加し始めた聾唖学校においても、主として教師と親が中心となって授産施設が設立された。すなわち地方の聾唖学校においても、資本主義化が進行する地域の社会経済状況の中で、卒業生の保護が問題として顕在化したと考えられる。

すなわち卒業生は、何らかの生活困難を経験していたと思われる。聾唖学校の教師が、親あるいは卒業生とともに聾唖者の「自立」を理念に掲げた授産施設を設立したのは、この卒業生の生活困難と関連していたと考えられる。

しかし、「生活困難」として語られる内容と、授産施設設立において掲げられた「自立」像は、教師、親、当事者である聾唖者のそれぞれの視点によって多義的であり、その「自立」に向けた具体的方法も多様である。ここでは、「生活困難」並びに「自立」について語られる内容と「自立」達成の具体的方法について、教師と聾唖者の双方の視点から検討することとする。

(一)「日本聾唖保護会」(案) にみる理念と事業内容

前述のとおり、第二回全国盲唖教育大会(明治四一年)では「聾唖保護会を設立する方法」に関する討議がなされた。討議後、調査を付託された委員の一人である前述の青山武一郎(日本聾唖技芸会会長)は、第三回大会(明治四四年)において、「日本聾唖保護会」の定款を提案・報告した。

同会の目的(第一条)は、「将来有望の聾唖者をして独立自営せしむる為め学術技芸を学修せしめ又は之を補助奨励し及独立自営の能力なき聾唖者をして済生の保護に頼らしむる」ことと掲げられた。同会の経済(第二条)は、「博愛有志の義捐金及官庁の補助金其他の収入を以て維持」（東京盲学校［一九一一］一五頁）されるとあるように、同会は、慈善的枠組みの中で寄付金を募るとともに、慈善・救済事業に関連のある内務省、宮内省、あるいは教育事業を管轄する文部省からの補助金を得ることで、その財政を維持しようというものであった。

同会の活動内容は、「保護」「事業」「慰安」の三つからなる。保護の内容は、まず、聾唖学校卒業生に「更に高等の知識を得せしむる為め東京に高等聾唖技芸学校」を設立することであり、他は、「貧困自給する能はざる者」への学資給与、「無職業者」のための職業紹介、工場設置、「孤児白痴及病者」の特別の保護、「不良者」の感化であった（東京盲学校［一九一一］一五頁）。

事業は、「独立自営を補助奨励する為め東京に模範の工場」を設置することを始め、製作品販売店の設置、毎年春と秋に慈善市を開設すること（収入は同会維持費に編入）、機関誌の発行である。そして、慰安は、「各種有益と認むる諸会」の参観、倶楽部の設置、表彰の実施であった（東京盲学校［一九一一］一五－一六頁）。

つまり、日本聾唖保護会は、聾唖者の「独立自営」を理念とし、それを実現するために、追加的教育機関の設置、聾唖者の働く模範工場と製作品販売店舗の設置を含む多岐にわたる方法を備え、さらに「独立自営」が困難な者への学資補助や就労機会の提供にも対応するように構想されたものであった。有益と認められる会（展覧会、博覧会等か）への参加は成人聾唖者の常識の滋養、倶楽部の設置は聾唖者同志の社会的つながりを通じた慰安を意図したものであったと考えられる。

この提案には、卒業生の「生活困難」を直接に示す内容は記されていないが、少なくとも「無職業者」「孤児白痴及病者」「不良者」という聾唖者の分類の仕方があったことを看取しうる。そしてこのように分類される聾唖者は、「独立自営」とは対局の状態にあり、その「独立自営の能力なき」状態は「保護」されるべきであると認識されていた。他方、「独立自営」とは、高等な知識・技能を有して自活するとともに、社会人として常識をもち、社会的つながりによって精神的安定を備えていることであったと言えよう。

青山による報告のあと、「会員は猶ほ各自之を研究することに決せり」（東京盲学校〔一九一一〕一六頁）と記録されているように、同会はその時点では設立に至らなかったが、同会が意図する内容は、全国の盲唖学校教師が自校に持ち帰って研究されることになった。

（二）京都盲唖保護院院長・鳥居嘉三郎における聾唖者の「生活困難」と「自立」への認識

青山によって日本聾唖保護会の提案がなされた三年後の大正三年、京都盲唖保護院が設立された。この時間的経緯から推察すれば、保護院の創立者である鳥居は、青山の提案した内容を念頭におきつつ、自校での卒業生保護の方法を研究することにより、保護院を設立するにいたったものと考えられる。

前述のとおり鳥居は、第五回盲唖教育大会で、京都盲唖保護院について、盲唖院教諭の杉浦に報告させた。すなわち、大正四年七月二二日の会二日目、杉浦は、鳥居の依頼であるとして二つの項目について演説したが、その一つが、京都盲唖保護院に関する内容であった。第五回大会の記録によれば、「鳥居先生は兼ねてより盲唖保護事業の計画をなされたるが、這般該保護院成立して院長となられ終身尽力せらるる趣、何卒諸君に宜しく…」（第五回全国盲唖教育大会〔一九一五〕九九頁）と杉浦の演説が要約されている。

また丸川仁夫によれば、この時杉浦に託された鳥居の草稿覚書には、「聾唖保護院必要ノ有無如何」「不必要トスレバ其理由」「必要トスレバ其理由（本院趣意書及規則）ノ批評ヲ乞フ」（丸川〔一九二九〕一六一頁）と書かれ、鳥居が聾者のための保護事業に実際に関わる立場から、こうした事業の必要の有無を厳しく問いかけていることがうかがえる。

同草稿にはさらに、盲唖保護院の管理職を一カ月務めてきて、盲唖院在職の時よりも「聾唖ガ実業界ニ遠ザカリシヲ感ズルヤ切ナリ」と述べ、「慚愧限リナシ」と盲唖院教師である自分を戒めている。世間は、聾者に対しては「賃銭モ一段安クセザレバ」注文してくれず、この事業を「学校風オ役所風」と見て「組シ易シ」とする現実を指摘し、こうした中で事業の成果を上げるために、院長である自分と院生に対して、それぞれ「余ノ修養」と「院生ノ修養」を定めている（丸川［一九二九］一六一頁）。

すなわち、自らは「小僧丁稚」となって「灰吹掃除」から始める覚悟であるとし、院生に対しては、「学校風」の脱却、「時間ノ観念」の自覚、忍耐力の養成、「活気意気込ミ」の養成、「研究工夫」に努め「特ニ観察力」を養成すること、注文主の希望への応対、「職人気質」の養成を求めている（丸川［一九二九］一六一－一六二頁）。

さらに、自身の「現今執務ノ要綱」として「注文取リ」「院生奨励」「仕上ゲニ注意スルコト」そして最後に「本院ヲ楽シキホームニスルコト」をあげている（丸川［一九二九］一六二頁）。

鳥居は、卒業生が実業界から以前より遠ざかっていること、聾唖工手の賃銭が低く評価されることを問題提起しているように、明治末期から大正初期の日本の経済状況において、聾唖者の就労困難が一層深刻化していると認識していたと思われる。そして鳥居は、保護院の事業が学校的、役所的なものであると実業界から甘く見られていると指摘し、聾唖者のための授産事業を、一般の事業所と伍し得る程度に経営していくことの必要性と同時にその困難さも認識していた。

この草稿覚書が読み上げられたのが七月二一日であるが、その年の九月には京都盲唖保護院院生心得が制定された。その心得の構成と内容は表5-2-2に示すとおりである。先の草稿の内容は、さらに整理、具体化され、心得の第一章と第二章に組み込まれていると言える。

心得の内容をまとめると、第一に、聾唖者が目指すべきことは「独立自活」であり、それは「学校風」から脱却すること、並びに「工人」としての資格を具備することによって得られるというものである。第二に、院生は、工人に求められる勤勉さ、機敏さだけでなく、人として生きていくために必要な正直、親愛、感謝の心を培うこと、そして保護院を楽しい吾が家としてのみならず工業界参入の拠点にしていくことを期待されたと言える。

鳥居は、聾唖者の「独立自活」、すなわち彼らが自活の方途を得ることを最大の目的に掲げた。前述のように、近代

表 5-2-2　京都盲唖保護院院生心得（大正四年九月制定）の概要

	下位項目	要旨＊
第一章　学校風を取り去る事	第１条　戦争の心得あるべき事 第２条　自動的創意的なるべき事 第３条　時間の延長を覚悟する事	実業界は刻々と変化し、競争が激烈な戦場である。心を入れ替えて自ら研究工夫しなければならない。就業時間も戦場のように制限がない。
第二章　工人の資格を具備する事	第４条　勤勉の徳を養う事 第５条　研究工夫をなすべき事 第６条　がらいきを研究する事 第７条　仕事に趣味を持つ事 第８条　奇麗に早く製作する事 第９条　製作の期日を誤らざる事 第 10 条　万事経済的になす事 第 11 条　製作上他人の手を借らざる事 第 12 条　注文主に従順なるべき事 第 13 条　如何なる物にても引き受けて製作する事	工人の具備すべき資格は、人よりも数多く作ること、流行の観察による研究工夫、とくにガライキの習得、仕事に趣味を感じること、美しさだけでなく製作の迅速さの追求、製作期日の遵守、金銭・物品・時間・労力を効率よく使うこと、製作は専心工夫して仕上がりまで自力でやり抜くこと、注文主の希望に従う忍耐力をもつこと、そしてどのような注文も引き受けることである。
第三章　聾唖の目的	第 14 条　聾唖と雖も普通人と伍せざるべからず 第 15 条　独立自活の意義 第 16 条　克己忍耐 第 17 条　習慣を造る事 第 18 条　精力を増大する事 第 19 条　節倹貯蓄	普通人と伍して職業に励み独立自活することが聾唖者最大の目的である。独立自活は、父母への奉養、妻子の扶養、老後への備えのための条件である。人は働いて食べるべき存在である。独立自活のためには、克己忍耐、習慣の形成、精力の増大、節倹貯蓄が必要である。
第四章　院訓	第 20 条　勤勉、機敏、正直、親愛、感謝。之れ我院の五大教訓なり	勤勉、機敏を以て工人の生命とし、正直を以て身を持し、親愛を以て人に交わり、感謝を以て此の世を楽しみ聖世に報いるようにする。
第五章　我院	第 21 条　楽しき吾家	我が院は諸君の楽しき家庭であり、働き場所である。諸君が我が院を拠点に独立自活の人となることは、至高の幸福である。我が院は、諸君の住家であり、城郭である。諸君は、我が院の盛衰を自らが背負うという自覚をもち、我が院の名声を世に博し、工業界に貢献する覚悟がなくてはならない。

＊要旨の内容は、佐々木の要約による。
出典：盲聾教育開学百周年記念事業実行委員会編集部会（1978）354-356 頁。

技術を伴った工場制生産が普及し、手工的熟練を基盤とした手工業が再編を迫られるという産業構造の変化の中で、聾唖者が「独立自活」を遂げるということは、そのような工場制生産に適合しうるような働き手となることであった。鳥居は、このような社会経済状況の変化における、聾唖者固有の生活困難を認識し、それに対処しようとしたのである。

なお、保護院は聾唖者と盲者を収容する施設である一方で、一般の事業所に伍していくことを、少なくとも理念上は掲げていたという点で、施設を拠点としながらも社会との連続性と社会への開放を志向するものであった。

前述の草稿覚書を、杉浦がどこまで「詳かに演説」したかは定かでない。しかし、先駆的な聾唖保護事業が、変動しつつある社会経済状況との葛藤の中で、独立自活の可能な工人を養成しようと努力している様子は、福岡校の吉村、和歌山校の辻本を初めとする全国から参会した聾唖学校の教師にも、同様な実践を自校でも開始させるに足る印象を与えたものと考えられる。

（三）東京聾唖学校の聾唖者教師・三浦浩における聾唖者の「生活困難」と「自立」への認識

三浦浩（一八八六－一九六四）は、官立東京盲唖学校の尋常科、温習科、そして教員練習科を卒業後、私立岡崎盲唖学校教員を経て、母校の雇（教務扱）となった。大正元年四月から一年間、出生地である秋田県で、秋田県立盲唖学校に勤めたのち、母校に戻り初等部正教員である訓導となった。昭和一〇年四月からは中等部の助教諭も兼ね、昭和一二年一二月から中等部助教諭専任となり、昭和三〇年一月に退職した。

三浦は三歳の時に失聴しており、藤本敏文（九歳で失聴）、岩田鎌太郎（一三歳で失聴）、山中忠太郎（一〇歳で失聴）といった当時の聾唖界、聾唖教育界で著名な聾者教師に音声日本語を習得してしばらく後に失聴した者が多いなかで（藤本［一九三二］七三頁）、失聴時期の早かった教師の一人である。三浦は終生、手話と筆談のみを自らの意思疎通手段としたと考えられるため、聴者との意思疎通の仕方という点でこれらの教師とは一線を画すると思われる。

三浦はそのような聾唖者であり、聾唖学校教師でもある立場から、聾唖者の「生活困難」を語り、その「自立」がいかなる条件で可能なのかを模索した人物であった。三浦は、官立東京盲唖学校卒業生の有志によって、大正一〇年に設立された東京楽善合資会社に出資者として加わり、その運営にも関与した。ここでは、同合資会社設立に至る三浦の認識を探るために、三浦の聾唖者の社会的地位に対する認識と、彼が聾唖者にいかなる資質を装備することを期待したのかを論じる。

(1)　聾唖者の社会的地位についての認識

①国家・社会の構成員たるべき聾唖者

明治三〇年代前半から四〇年代前半は、日本が、日露戦争（一九〇四－一九〇五）を経て、第一次世界大戦（一九一四－一九一八）に参戦し、帝国主義政策を強めていく時期である。三浦は、こうした時期に、聾唖教育が発展し、聾唖者の社会的地位が向上することへの「歓喜」を表現している。すなわち、「(日露）戦後国運の発展と同時に盲唖教育の好運気に満腔の歓喜」(三浦［一九〇九］五頁）を感じると述べ、また第一次世界大戦で日本がドイツ領青島を占領すると、「此国家の大事変と前後して……日本聾唖協会を設けて吾々同志者の、社会的地位を向上する様に尽瘁せられたのは、我等又満腔の歓喜を禁じ得ない」(三浦［一九一四a］一頁）と述べている。

三浦は、「国家益々多事なり、此間に処し此局に当たりて益々国光を発揮するは国民の双肩にあり」(三浦［一九一一］二〇頁）と述べるように、国家の発展は国民が支えるものであると認識していた。このことから推察すれば、三浦が「満腔の歓喜」を感じたのは、自分達聾唖者も、国民の一員として国家に貢献しているとの実感を得たからであろう。

一方で三浦は、聾唖者の生活困難をもたらす原因として、聾唖者をとりまく次のような社会的条件を上げている。すなわち彼は、「現今」の社会は「生存競争の激烈なる結果普通人でも自己一身をさへ支ふるに困難」であると認識しており、聾唖者が「徒に大言壮語しても実行は難しい」として、「一身を修むる」(三浦［一九一〇a］一三頁）ことに努力せよ、と後進の聾唖者を戒めている。また、「世人の同情」が「甚だ薄弱」であるために、例えば、聾唖者が「普通人」と結婚することは困難であると述べる（三浦［一九一〇a］一一頁）。日本の聾唖者の中から、ドイツの歴史家・トライチュケ(Heinrich von Treitschke 一八三四－一八九六）、ヘレン・ケラー、楽聖・ベートーベン（Ludwig van Beethoven 一八七七－一八二〇）といった偉人が生まれない原因の第一は、「世人が聾唖を不具者とあなどり顧みない事」(三浦［一九一六c］一〇頁）であると述べる。

このように三浦は、聾唖者が国家に貢献しつつあると認識しつつ、一方でそれを困難にする社会的条件として、生存競争の激烈さ、世人の聾唖者への否定的評価を指摘している。

この三浦の心情は、広く聾唖者が共有していたことは、大正一二年四月の日本聾唖協会第四回総会の決議や宣言に現れている。決議では、教育令公布運動の項目もあるが、第一項目は聾唖者の団結と品性の向上であった。なお、聾唖者会員からは会議参加のためのコミュニケーション手段が要求されている。とくに宣言は、盲関係や初等教育関係の大会とは大いに異なるもので、めざましく進展しつつある文化への積極的な参加を表明し、相互に助け合って品格と地位の向上に対する聾唖者の努力を社会に理解を求める内容であった（大原社会問題研究所［一九二二］二〇三－二〇四頁）。この時期から昭和初期にかけて、聾唖学校への就学数が急増する時期であった。

②教育された聾唖者の課題

三浦は、家族の「厚い恩」によって教育を受けられた自分のような聾唖者は、「言語に通じ、筆談で常人と意思を交ふること」ができ、「不自由を滅却」できるが、家が貧しくて教育を受けられなかった聾唖者は、自他の意思交換ができずとても不自由であり、大人数の中にいてもただ一人で居るのと同じで、何の楽しみもなく、「憐れ至極の者」であると述べる（三浦［一九一八］二頁）。また、職業上の地位については、東京聾唖学校卒業生の平均収入（二五円／月）が、「常人」のそれと比較しても大差ないとして、「教育された聾唖者の価値」を示し、聾唖教育の必要性を訴えている（三浦［一九一六b］一五頁）。

しかし、当初三浦は、教育を受けた聾唖者であっても次のような社会生活上の制約があると考えていた。第一に、聾唖者は「聞く事が出来ない」ことにより、普通人よりも知識の程度が低いと同時に、外界の事変に対する予防が不十分である。第二に、聾唖者は、聾唖者同志では「手話を以て…最も迅速に意思の交換」ができるが、「（声を発して―引用者）言ふ事が出来ない」ことにより、「社交上普通人と意思を交換するには遅鈍にして極めて不自由なる筆談」に拠らなければならず、寸時を争うような職業には従事できない。第三に、聾唖者は「一般に不健康」であるために短命であるから、長い時間をかけて成就するような職業には向かない。そして、第四に、聾唖者同志の婚姻は、「普通人との婚姻よりも極めて円満なる家庭」を築くことができるが、経済上の打撃、災害の予防の困難により、生活難との奮闘に直面せざるを得ない。

従って三浦は、「聾唖者の処世法」としては、「目的は単純にして普通人にも容易に成し得るもの」を選び、勉強、忍耐、信用によって「他人の同情」を獲得し、その「保護の下に於て自活の方法」を定めることであると述べる。

もっとも三浦は、このような「甚だ消極的」な処世法を述べた理由は、社会状況が複雑であるからであるとし、「苟も余力のある人は飽迄も奮闘して最後の大目的を成功せられる様」にと述べる（三浦［一九一〇ａ］一四頁）。彼は、日本でも前述の聾の偉人のような「著しく傑出した人々」が現れることを期待していたのである。そして、このような傑出した人物が現れるためには、「聾唖者自身が自分の才能と実力」とを信じ、「独立自営の念慮」を持って「自力奮発し勇往邁進」しなければならないと述べる。また、そうすれば「天人共に限りなき同情を以て其の及ばぬ点を助くる」としている（三浦［一九一六ｃ］一〇頁）。

三浦は、聾唖教育によって聾唖者が受ける恩恵を認めつつも、現実に聾唖者が社会生活を営むことの困難さを認識し、現実的な処世の指針を示したと言えよう。「傑出した人々」となる道も、目標の大きさの違いはあるが、それに到達するための基本的原理、すなわち目標に向かって自力で邁進すれば、周囲が認め助けてくれるという考え方は、同じであったと言える。

③聾唖者が身につけるべき資質

三浦が聾唖者が身につけるべき資質として掲げた内容は、精神面、身体面、知識・技能の面に分類することができる。まず、精神面では、勤勉、忍耐・辛抱、孝養、恭倹、善行、信用といった諸徳を大切にした。とりわけ、忍耐を重視していたことは、「蛍雪の功」「忍耐力の必要」といった記事でとくにこれを取り上げて書いていることから推察される。すなわち、「蛍雪の功」では、「何でも倦ないで、辛抱して勉強さへすれば、何事でもできるもの」であると述べ、辛抱の重要性を説いている（三浦［一九一五］二九頁）。また、「忍耐力の必要」では、複雑な文明社会の中にあって、「古今東西の賢哲や仁人や豪傑やの教訓を言々句々味ひ且よく固守するがためには、大いなる忍耐がなくてはならない」と述べるとともに、「自助論」（一八五八）を記したイギリスの著述家サミュエル・スマイルズ（Samuel Smiles 一八一二－一九〇四）の次の言葉で結んで、目的を達成するために忍耐が必要であることを示している（三浦［一九一六ａ］八頁）。

人宜しく志向を定め、功課を勉め、忍耐して成就の時を待つべし、学科の最も善きものは、其の進歩最も遅し。

続いて、身体面での「修養」に関しては、「健全なる身体‼」において「学業を勉めるにも家業を営むにも、身体を健全にして始めて十分に之をすることができます」(三浦［一九一〇b］三頁)と、身体の健康、衛生を重視した。そして、知識・技能面での「修養」に関しては、一貫して「智識を磨き技芸を治め」る必要性を説いている(三浦［一九〇六］一六頁)。とりわけ知識の錬磨の中には、三浦が聾唖者の社会生活にとって不可欠と考えた「筆談の能力」と「常識」(三浦［一九一四b］三七−三八頁)の習得も含まれていたと見てよいであろう。

三浦は、こうした精神、身体、知識・技能の各面における「修養」を積んで「立派なる人格」を備えてこそ、普通の人の中で社会生活を送ることができるし、「世人の尊信」(三浦［一九一九］三〇−三一)を受けることも可能であると考えた。そして三浦は、このようにして、社会にとって「有用の人」となることは、明治の「聖代」に聾唖教育が開始された「厚恩」(三浦［一九〇六］一六頁)に報いることでもあると考えた。

(2)　三浦浩の求めた「自立」像と聾唖者の授産施設との接点

三浦は、聾唖者も国民の一員として国家に貢献し、その恩恵に報いるべき存在であると認識する一方で、現実には、競争が激烈で複雑であり、そして聾唖者に対する同情の薄弱な社会を同胞達が生きて行くことの困難さも認識していた。従って、三浦が同胞達に期待した「自立」像は、基本的に単純で容易な職業において自活の方途を確立するとともに、普通の人のなかで社会生活を送るために、勤勉で忍耐強い精神、健康な身体、筆談の能力と常識を身につけることであった。

三浦は、このような自立像に近づかせるべく、社会から期待される資質を聾唖者に装備するように求める一方で、世人の同情や保護に期待する側面もあった。このように三浦は、聾唖者と社会双方への期待を抱きながら、聾唖学校教師を務め、日本聾唖協会や東京聾唖学校同窓会の役員の仕事に関わっていった。

大正一〇年に、横尾義智（一八九三－一九六三）を始めとする東京聾唖学校卒業生と篤志家が出資して、同校卒業生を工手とする東京楽善合資会社が設立された。この会社は、木材工芸品の製作・販売を行う会社として設立され、そこで働く工手もまた東京聾唖学校の卒業生であった。会社設立の時、当時、同校訓導であった当時三五歳の三浦は出資者として加わり、その運営に指導的な立場で関わった（失業の参苦を他に楽しい作業［一九二三］。佐々木・岡［二〇〇六］二九二－二九三頁）。

以上で見てきたように三浦は、聾唖者が経済的にも精神的にも自立していくことの困難さを自覚していた。そのために三浦は、聾唖者の自立がいかなる条件で可能なのかを模索し、聾唖者による聾唖者のための工芸会社の設立と運営に関わっていったと考えられる。そして、この会社の運営を通して、聾唖者が国家・社会に貢献し、その社会的地位を向上させていく一助となることを三浦は求め、同胞たちにも期待したと考えられる。

明治三〇年代前半以降、京都盲唖院と官立東京盲唖学校において、授産施設（京都盲唖保護院）あるいは職業紹介所兼職業指導所（日本聾唖技芸会）の設立という形で、卒業生の保護問題への対応が取られた。これらの事業の開始される経緯では、教師が指導的役割を担うとともに、卒業生も主体的に関わった。そしてこれらの卒業生保護の先駆的試みは、全国盲唖教育大会を通じて、地方の聾唖学校が固有に直面している卒業生保護の問題に接続することになった。

日本聾唖保護会の構想、京都盲唖保護院の鳥居の認識、並びに東京聾唖学校の聾唖者教師三浦の認識において想定される「生活困難」とは、第一に、競争が激烈な社会において就職ができず、就職できた場合でも、賃金が低いために経済的に困窮するという就労困難であった。第二に、このような就労困難の経験に起因する精神的苦痛から自暴自棄になったり不良化したりすることが想定されていた。

また、ここで取り上げた「自立」の内容は、第一に自活の方途を確立することであり、鳥居の場合、それは「工人」となることであった。自活するには、勤勉・機敏・忍耐といった資質を装備するとともに、知識・技能の習得も課題であった。第二には社会人としての常識を備え、正直・親愛・感謝といった道徳性を備えていることであった。また、三浦は、聾唖者としての立場から健康な身体、筆談による意志疎通能力の重要さを指摘した。

授産施設は、こうした「自立」像に聾唖者を近づけていくための方法の一つに位置づけられ、聾唖者の憩いの場となるだけでなく、産業界の中で一般の人々と伍していくための拠点としての役割を期待されたのであった。

三　盲唖学校もしくは個人学校を主体とした生活困難問題への対応——大正時代末期まで

大正末期には、盲唖児の就労・生活問題は共通の課題になっていた。大正一三年二月の全国盲唖学校長会議では、文部省からの就学奨励の方案に関する諮問への答申に、「卒業者後援機関を設けられたきこと」を含めており（第二回全国盲唖学校長会議［一九二四］一〇五頁）、五月の全国盲聾唖教育大会では、「職業の指導奨励をなすこと」があげられ、授産所・職業紹介所・相談所の設置が盲・聾唖共通事項として要望されている。また、盲唖者を対象とする方面委員の配置が、聾唖者については産業組合の設置が要望されている（大原社会問題研究所［一九二四］一三八頁）。

この時期に設立された施設ないし団体は、個人による職業教育（絵画、彫塑など）の補習および職業紹介をおこなうものと、聾唖学校の校舎の一部を利用して在校生の職業教育と卒業生の授産とを同時におこなうものがあった。前者は、日本聾唖技芸会、聾唖職業研究所成器学園等であり、後者は、株式会社聾唖工芸品製作所、和歌山聾唖興業会、日本聾話学校職業指導部（合資会社ローワ出版部）、広島県立盲唖学校技芸奨励会である。

このうち、福岡の事例「株式会社聾唖工芸品製作所」は珍しい企画である。福岡県盲唖教育慈善会は、福岡盲唖学校の経営する組織であるが、事業の一環として設置した「株式会社聾唖工芸品製作所」は、大正八年七月より営業を開始した、株式会社の形態をとる卒業生の就労機関である（佐々木・中村［二〇〇二］一一九－一二〇頁）。従業員は本校卒業生の聾唖者七〇名であり、将来は、聾唖職工全員を株主とするという構想であった（大原社会問題研究所［一九二〇］一二三頁）。和歌山校は、福岡校を参考に、産業組合方式による和歌山聾唖興業会を設立した（佐々木［二〇〇六］九一－一一頁）。

この聾唖学校の一角に設立された授産施設の理念・目的は、聾唖学校の卒業生を主対象として、彼らに自活の方途を与え、生活を安定させること、常人と伍して生活する自立心、常識、品性などを備えさせること、そして社会的孤立に陥らせないような生活の拠点を提供することであり、学校教育の延長ないし完成という側面もあった（佐々木［二〇〇六］一一一一二頁）。

これらの授産施設の支持・経営基盤は聾唖学校と共通であり、各地域の篤志家の支援を受けていた。独立採算制を採った施設もあったが、その維持は、福岡校や和歌山校でも困難な場合が多かった。昭和時代初期から昭和一〇年代にかけては、社会事業の枠組みの中で授産施設が展開され、戦時体制においては授産施設は、その枠組みに組み込まれていくのである。

第三節　盲人の生活状況と各種学校としての盲唖学校の補完的対応——簡易課程

岡　典子

一．盲人の生活困難解決方法としての鍼按徒弟制とその破綻

盲人の生活問題の解決や改善はつねに教育問題に還元された。日本では、盲児に鍼按と音曲を身につけさせることを徒弟制という方法により、盲人の貧困問題を解決してきた。たしかに徒弟制は、親方と徒弟双方に利益があった。親方は営業による収入だけでなく、徒弟の労力と納付金を生活の糧にできたし、貧困層の徒弟は多額の出費をすることなく、食を提供されながら技術を身につけて、いずれは自力で生活し、家族を養うこともできたのである。

しかし、すでにみてきたように、明治三〇年代後半以降に盲学校が増加してくるのは、徒弟制の限界を示していることにもなったのである。一つは、鍼按の医学的・生理学的な基礎知識と体系的な技術の修得は、徒弟制よりも学校教育の方法が格段に有利であること、また、学校の方が職業上の新しい動向に対応できることが明確になったことは、当の

盲人自身の盲学校創設運動の企図から理解できる。そして、明治四四年の内務省令は、営業資格の試験制度の上から、盲学校の有利性を決定的にした。もう一つは、一定期間、学校への通学に専念する社会的慣習が確立してきたことである。名目上の就学率が九〇％を超えて、義務教育が普及してきた時代がまさに明治三〇年代後半だった。このような時代に、学校教育の経験のないことは、営業するうえでも生活するうえでも不利になってきた。鍼灸按の営業は単なる施術だけで成立するわけではない、ヒューマン・サービスの側面があるからである。また、徒弟制には、多くの場合、さまざまな問題が含まれていた。それは、親方や兄弟子に対する隷属的な関係であり、彼らに品行に欠けた生活が散見されたからである。そのために、鍼按業には、世間からの軽侮的な感情がしばしば生じたのであった。それゆえ、すでに宇田三郎が課題としたような品性の改善、あるいは左近丞孝之進や熊谷鐵太郎のような盲人自身が提起したような社会的存在としての自恃心ある人格形成には、学校教育は不可欠と考えられるようになるのである。

二　生活手段の獲得と盲人の自主的活動

この過程において、盲人自身による組織が結成されている。一つは、鍼按業の盲人による団体で、吉田多市・志岐与市らによって明治三九年に結成された「大阪盲人会」がその例である。このような趣旨の団体は以前から存在し、盲学校を創設することによる生活手段の獲得と技術向上が目的だった。もう一つは、明治三九年結成の「日本盲人会」のように、キリスト教徒が中心となって結成された団体である。好本督、森巻耳、左近允孝之進等が中心になって設立し、キリスト教関連図書に限らず点字図書の出版を行い、教養を身につけることにより、社会的存在としての盲人育成に関心をもつ団体であった。明治四二年には、「日本盲人協会」が、山岡熊次（一八六八－一九二一）、高岡清次（一八七四－一九〇九）、森恒太郎（一八六四－一九三四）らによって結成された。この主唱者の共通点は、中途失明者で高度な教育を受けた点にある。山岡は日露戦争で失明し、高岡は東京帝国大学卒業後に失明し（高岡は夭折した）、森は県議会議員在職中に失明した。彼らの動機が出版に努力した点で好本らと類似しているが、彼らの主力は、点字月刊雑誌『日本盲人』や点字教科書の刊行にみられるように、教育上の、より現実的な需要に応えようとした。なお、森は盲天外を号とし、名村長として名高い人物で、私立愛媛盲唖学校の創設のきっかけをつくった。また、その著『一粒米』（一九〇八）には序文が二つある。一つは新渡戸稲造（一八六二－一九三三）の「序」、もう一つは坪谷善四郎（一八六二－一九二四）の「叙」で、いずれも著者への敬意と真情に溢れた文章であり、森の人物を示唆する。

全国盲人大会は明治三六年に初めて開催されたが、全国をまとめる母体があったわけではなかったために、その開催は不定期となる。大正三年の第五回大会の後、第六回は大正一〇年六月に開催されたが、その協議題は、生活手段の確保と安定のための鍼按関係事項からしだいに広がりをみせる。常設組織の設置、按摩業者の既得権獲得と鑑札の免状化、盲人教育令公布、点字の盲人用文字としての公認だった（大原社会問題研究所［一九二二］九二－九三頁）。

大正一二年三月には、大阪毎日新聞社で全国盲人文化大会が開催された。主催は関西盲人団体連合会で、九〇の盲人団体、参加者は代表三百名であった。その決議は、四八項目に及ぶが、まったく整理されておらず、各団体の提出案を羅列しただけのように思われるが、教育関係の要望がほとんどで、ついで鍼按や点字関連の事項がある。全国規模の常設盲人会の結成も要望されている（大原社会問題研究所［一九二三］二〇二－二〇三頁）。各地に盲人団体は存在したのであるが、そのネットワーク化がされていなかったのである。

大正末期に、大阪市民館に事務所を置く盲人倶楽部では盲人用教科書刊行会を組織し、大阪毎日新聞社慈善事業団の後援を得て、盲人用教科書を編纂し、さらに、中等科専門科目の教科書や一般の読み物・参考書の点字出版を計画中であったという（大原社会問題研究所［一九二三］二〇四－二一〇頁五）。

表 5-3-1　三重県盲唖者調査（明治 42 年 12 月）

		6 歳未満	6 歳以上 14 歳未満	14 歳以上 25 歳未満	25 歳以上	計
盲者	男	23	67	114	598	802
	女	28	50	110	640	828
	計	51	117	214	1,248	1,630
唖者	男	38	154	182	288	662
	女	21	145	150	229	545
	計	59	299	332	518	1,307

出典：内外盲人教育 2（夏）（1913.7）。

三　盲人調査による生活困難の実態

明治末期以降、いくつかの県で盲人調査が行われている。明治四二年一二月調査の三重県盲唖者調査がある（三重県盲唖者に関する調査［一九一三・七］）。本調査は、担当役所だった警察による調査と思われ、他県と同様に正確さは期待できないが、盲唖者の生活と職業についておおよその状況は分かる。

盲人と聾唖者では、年齢帯に現れた数的分布の傾向が異なり、盲では成人の問題になっている。すなわち、自活手段の確保が課題であった。なお、学務関係の調査では、明治四二年度の学齢盲児数は九二（男四九、女四三）名、学齢聾唖児数は二五一（男一三五、女一一六）名となっている（三重県［一九一一］三〇頁）。

なお上記調査は、職業調査も行っている。盲人については、無職者が八六一人（約五三％）、有職者が七六九人であり、盲であることが生活問題になっていることが明らかである。有職者のうち六二九人（八二％）が按摩鍼術業、ついで農業が七〇人、藁細工が三三人、それ以外は日雇労力と商業がそれぞれ八人、教導職が六、音曲師が五、その他が一〇人となっている。このように、盲が生活問題になっていることは、潜在的に教育によって手に職をつける問題となっており、鍼灸按術が最も可能性があることを示唆している。したがって、盲教育機関が整備されたり、鍼灸按術の営業資格を取得する方法が変われば、教育需要は大きくなることになる。なお、この時期の三重県では、県師範学校附属小学校に盲生学級という変則的な学校があるだけだった。したがって、上記の鍼灸按術の営業資格の獲得は、徒弟制によって得たものと思われる。

盲人の生活実態と比較して聾唖者の調査結果も興味深い。無職者は六〇四人、有職者は六〇三人となっている。職業の内訳は、おおむね農業が主となっていて、全体の七割を占める。つぎに四八人（八％）が漁業に従事している。日雇労力が四一人、製糸工女が一七人、工業が一一人、理髪業が九人、裁縫が七人、子守・下女が五人、その他が四〇人となっている。その他は、多様であるが、製作に関連がある仕事である。以上から、八割近くが第一次産業に従事していること、しかし、まだ五％ほどだが工業関係（製糸・工業）に従事していること、さらに少ないが、裁縫や理髪という将来開拓される職種に従事し始めていることが分かる。第一次産業への依存が困難になると、意思の疎通手段や集団における行動の調整が必要となり、これは、家庭では獲得困難であるから、教育需要が高まることになる。

鹿児島県における大正一〇年八月時点での警察官による戸別訪問調査では、盲について両眼と片眼（左または右）に区分し、失明時および現在の年齢、失明原因、失明前と現在の職業を明らかにしている。両眼盲に限定すると、男性の人数は一一七七人で無職者は五四八人（約四七％）、女性は一二五八人で無職者は八四〇人（約六七％）であった。なお、「鍼灸、按摩術」従事者は両眼盲で男一九〇人（一六％）に過ぎず、女性は三二人（二・五％）だけだった。ついで多い職業は農業で、男四二五人、女三五二人となっている。また、六歳から一五歳までの両眼盲者数は九七（男五三、女四四）人だった。片眼者になると、大半は農業であるが、何らかの職業に従事している者がほとんどとなる（鹿児島県警察部［一九二三］一七、三七－三八頁）。こうして、盲人の場合も潜在的には教育需要が明確に存在していたことが分かる。また、岡山県における大正一三年一月の調査では、盲人数は一四三八人、そのうち無職者が六九八人（約四九％）で、三重県の調査結果とほぼ同じである（岡山県盲人協会［一九三二］）。いずれの県の調査でも、全体の半数が無職であった。盲は生活困難に直結したのである。

四．盲教育関係者による盲人の職業問題と新職業の議論

ところで、盲人の生活問題は職業問題でもあるが、職業問題には、自活手段の確保と職業選択がある。また、職業問題は高度な教育機会とも関連する（第九章参照）。日本の盲人には伝統的に鍼按と音曲があり、盲人の自活と社会的な居場所を確保できた意義は計り知れない。しかし他方で、視覚障害ゆえに、たかだか数種類の職種だけに進路を限定されるのは当人には苦痛である場合があろう。また、音曲のなかでも邦楽は職業としての市場を喪失しつつあり、明治三一年創設の長崎盲唖学校は、邦楽を職業教育の二大柱の一つとしてきた代表的盲学校であったが、中等部音楽科への入学

者は減少し、昭和四年にはゼロとなった（中江［一九七二］三二〇－三二一頁）。さらに、少数ながら視覚障害に加えて他の障害をもつ盲児の進路・処遇問題もあった。この最後のグループの問題は、家族内か、救護問題のなかで対処されたものと推測される。

ここでは、大正期までの新職業問題の対処に限定して取り上げる。盲人の職業問題はどの国でも当面した一般的な教育的・社会的問題だった。しかし、日本と先進国ではその様相が異なっていた。日本では、鍼灸按以外の職業選択の問題であったのに対して、先進国ではブラシのような日用品製造以外の職業進出が課題であった。しかし、欧米では基本的に能力主義であったから、盲人が高度な専門職に従事する歴史は以前から存在し、少数事例ではあるがピアノ調律のような職種も成立し得た。日本の鍼灸按は、多くの場合、比較的収入が多く、零細な私立盲唖学校を支えた実技担当の盲人教員は、鍼灸按営業を兼ねることにより薄給を補っていた。それゆえ、その重荷から逃れるために教職から離れる盲人教員もいた。

この盲人の職業問題の歴史的研究では、平田勝政・久松寅幸（二〇〇三・六）がほとんど唯一の研究である。平田・久松を参考に、盲人の生活問題を検討する。いわゆる新職業問題は、明治四四年の全国盲唖学校教員会で、岡崎盲唖学校から「盲唖に最適当なる新職業を研究すること」が提出されたのが、最初期の一つであろう。この議案は盲唖共通ではあったが、提出者の岡崎校からは出席しておらず、会議への三二人の出席者のほとんどは盲教育関係者であった。検討の結果は、趣旨には賛成だが、「研究の方法につき多種の説に分れたれば（議題は）消滅す」となった。岡崎校は創設が明治三六年で、児童数は少数であり、最初の卒業生は四〇年に出しているから（岡崎盲学校［二〇〇三］八頁）、「新職業」問題を提起する段階にあったとは思われず、提案の趣旨は不明である。

「新職業」問題は、その後も毎年のように提案されている。大正二年の第四回全国盲唖教育大会では、東京盲学校からは、「盲学校に於て課すべき職業の研究」が、鹿児島盲学校からは「盲技芸として音鍼按の外に適当なる職業を求むるの可否」が提案されている（第四回全国盲唖教育大会提案［一九一三・七］）。鹿児島盲学校は、第五回大会でも「新技芸を課する方法を講ずる事」を提案している（第五回全国盲唖教育会概況［一九一五・一〇］九六頁）。

当然ながら、新職業問題は、全国大会だけではなく、地方の盲唖教育大会でも提案される。近畿や関東と並んで活発な活動が展開された大正三年一〇月の第二回西部盲唖教育会では、六校から参加者があり、盲児の職業問題では二件の提案と一件の談話題があった。児童の能力不足に基づく処遇問題も早くから認識されていた。長崎盲唖学校の提案は、「鍼案（按）灸にも適さず而も低能児にあらざる盲生の教育及救済法如何」というものであった（第二回西部盲唖教育会概況［一九一五・二］二七頁）。同じ議題は明治四一年に第二回大会全国盲唖学校教員会で、すでに討議されている。「音楽にも鍼按にも適せざる然かも白痴にあらざる盲人に授くる最も適当なる職業如何」であった（平田・久松［二〇〇三・六］三〇頁）。大正三年の会議では、協議の結果、「肉体上の欠陥を検査して之が治療を図り且其長所を発見するに努め以て其発達と利用とに努力すべし」が「決議」としてまとまった。職業問題も無縁とは思えないが、聾唖教育でも、訓育上で逸脱した聾唖児の対処問題が取り上げられている。大正二年の第四回全国盲唖教育大会では、「低脳児ならざる邪悪な聾唖生を善良ならしむる方法承りたし」が岡山盲唖学校から提出されている（第四回全国盲唖教育大会提案［一九一三・七］四二頁）。

日向訓盲院の談話題は「盲生の技術として鍼按音曲の外に適当なる技術ありや否やに就て承りたし」というものであった（第二回西部盲唖教育会概況［一九一五・二］二八頁）。後者については、採用するに足るものはないという結論を得た。いずれも、明確な方針は見いだせていない。

鍼按や音曲以外の職種の考慮を盲学校側に迫る盲児の心身状態は、高い能力の盲児なのか、あるいは低能に近いのか、明確に把握できない。ともかく、大正期までは、いわば新職業の模索の時代であったといえよう（平田・久松［二〇〇三・六］三二頁）。また、三重県の調査で示されているように、盲学校の職業教育に相応しいかどうかは別にして、盲人が、さまざまな職種に従事しているのも現実だった。この事実が、新たに文部大臣の諮問機関となった全国盲唖学校長会において新職業としての具体例の検討に結びつくことになる（平田・久松［二〇〇三・六］三〇頁以降）。

結局、この時期では具体的な職種まで取り上げられることはなく、諸外国の例が示されるのは、昭和戦前期となる。盲啞学校が主体となって開設した施設も、十分な需要に応えるほど用意できなかった。

盲啞教育と社会事業との関係は、それぞれが分立的に展開される場合と、基盤が十分でないために折衷的な事業として実施される場合があった。生活問題に対応する場合、最短期間で経費がかからない解決法が求められことになり、最も可能性があったのは鍼按関係のなかの、学校教育よりは社会事業の学校で基礎教育なしの鍼按技術だけを身につけるか、または、講習会で基本的な技術だけを習得して乙種按摩の資格を得ることだった。簡易技術を身につける鍼按学校は大都市にあったし、社会事業団体が主催する講習会も大阪等では開催されていた。

第六章　大正デモクラシー期における特殊教育の曙光と暗雲

――明治四〇年代（一九一〇年前後）～昭和初期（一九二〇年代）

社会の動き

先進国に比して著しく短かった義務教育の期間が[1]、明治四〇年に六年間に延長された明治末期に、初等教育における義務教育制度が確立し、就学率が九〇%後半に達した。そのうえ、先進国に先んじて後進国・日本が、世界一の就学率を実現した時期であった。また、明治末期の日本は、日露戦争にも敗北しなかったことで国際的な地位が顕著に向上した時期でもあった。しかし同時に、国際関係において日本は、これまで経験したことがない多国間との複雑な競合関係に突入することになった。

大正デモクラシーの時代は、開国以来、欧米列強による植民地化の回避と後進国からの脱却を目ざした延長線上にある。近代諸制度の欠如と乏しい諸資源のなかで中央集権を強化しながら富国強兵を実現するために、さまざまな分野において生じた歪みが顕著になり、改めて未解決の社会的問題が山積していることが認識された。しかし他方で、大正期には明治時代の桎梏から解放されて、自由の制約や堅苦しさが一時的に希薄になった時期であり、第一次世界大戦で戦勝国・連合軍に参加することによって、後進国・日本が「一等国」に昇進したという錯覚も生じた時代であり、戦前の日本の歴史のなかでも明るさが垣間見えた時代であった。

大正期は、国際関係においては、第一次世界大戦が総力戦の前駆となり、軍事力だけでは国家の存続ができないことが明らかとなり、また、景気の変動とその影響、社会主義国家の成立と階級闘争および労使紛争に象徴されるように社会秩序の混乱が顕著になった時代でもあった。国内的には富国強兵政策の矛盾が、不景気の連続による生活困難、教育・社会事業改善への投資困難、不安の増大という形で露呈した。こうして、名目上の大国・日本とその実体の乖離が明白となり、同時に、その縮小が困難であることも見通されてきた時代でもあった。

明治時代後半期には国内問題の打開策として大陸進出の契機となったが、このような日本社会の苦難を克服し、発展を維持するために、明治末期には、教育制度の改革の諸政策がそれぞれの学校段階で山積していた。初等教育もその一つであり、義務教育年限の延長に伴う小学校の増設と教員の増員、就学率および日々出席率の改善と学力の向上、そして財政困難という、解決困難な課題が並立していた。また、教育方法上も、機械的な一斉教授と暗記・詰め込み主義を抜本的に変更して、個々の児童の個人差に対応することが不可欠となっていた。このような状況において、児童の能力と学力の差異に対応する必要が顕著になった。しかし、劣等や不就学・半途退学の状況の背景には、児童の家庭の貧困があり、地方間格差も露わになったのである。明治期の児童観や方法体系を含めて、教育の全体構造が、現実の必要性と相容れなくなっていたこのような困難な時期に喧伝されたのが、「新教育」であった。初等教育界では、意欲と向上心に溢れた教師ほど、「新教育」に大きな衝撃を受け、日常の教育実践の根本的な再構成を迫られたほどの劇的な教育改革の時代が大正デモクラシーであった。

一方で、大正後半期は日本・特殊教育の発展期だった。大正一二年の盲学校及聾唖学校令によって関係者の宿願だった盲学校・聾唖学校の県設置義務と盲・聾分離だけでなく、小学校でも特殊教育関連の制度構築や実践が開始され、従来の日常的配慮のレベルを超えた指導の試みも出現する。小学校特別学級の開設は、劣等児だけでなく低能児にも教育が拡大され、林間学校や臨海学校の普及等も実現した。教育界は、新生・日本建設への対応の一つとして、競って画期的な特殊教育制度を提案したのである。

大正時代のもう一つの重要な出来事は、大正末期の一二年九月一日の関東大震災であった。これは未曾有の衝撃を日本社会に与えたが、新しい日本建設の好機となり得る可能性もあり得た。大正デモクラシーへの関心が全国民において高かったことは確かであるし、点字投票や普通選挙のような画期的な出来事もみられた。しかし結局、大正「デモクラシー」は制度化されず、部分的にしか定着しなかったことは、時代の経過とともに明らかになる。また、大正デモクラシーが、大戦への転換を阻止するほど実体化する基盤を備えていたかどうかも疑わしい。大正デモクラシーが、社会制度の諸改革よりは、重苦しく拘束的な明治時代から解放されたという気分であり、あるいは解放を望む願望でもあり、一種の流行に終わった面が強かったのではなかろうか。それは、教育の実体からもみることができる。明治期の小学校教育の抜本的な見直しの機運が生じ、学制全体の問題の所在が認識されたが、具体的な改善にまで至ることは困難だった。特殊教育においても制度化されるまでには至らず、大正デモクラシーの可能性は雰囲気に終わる面が強かった。

こうして、昭和初期以降、日本社会の戦時体制化は急速に進行する。大正デモクラシーは、敗戦へと続く苦難と破綻に向かう前夜となったのである。

第一節　第一次世界大戦の戦勝国への参入および一等国への昇格と特殊教育

一．日本の一等国への昇格と実体

日露戦争に敗戦しなかったことで、明治末期には日本が一等国になったことを誇る風潮が支配的になる。日露戦争後には、五大国であるアメリカ合衆国・イギリス・ドイツ・フランス・イタリアに、ロシアと日本を加えて七大強国という表現もあった（高橋［一九一一・四］）。極東の後進国・日本が第一次世界大戦の連合国に加わったために、それほどの犠牲を払うことなく戦勝国になって、欧米列強諸国に伍して、世界五大国の一員、すなわち「一等国」になったことは、明治開国以来五〇年における国内統一と国際関係の苦難のなかで、日本人の自尊心を大いに満足させた。明治初期以来、欧米列強との緊張関係と貧困という国内外の悪条件にもかかわらず、近代化路線が成功したという成就感と誇りにひとまず浸ることができたのである。これまでの国際的自立における苦難を回顧して、第一次世界大戦における戦勝国・五大国への昇進を扇動する新聞メディアもあった。

ただし、一等国論は実際には複雑である。師範学校を含めて中等教育以上の教育歴があって、先進国と日本の実情を比較できる知識をもっている社会人のなかには、一等国論を吹聴するどころか、一笑に付す者もいた。また、武力以外の点でも教育によって一等国となる必要があるという主張もあった。この考え方は、「軍備の対等、教育の対等」（下村［一九三六・八］。滋賀県教育会［一九三六・一〇］）として昭和一〇年代初めまで継続される。

高橋秀臣は、明治末期ですら日本の国民一人当たりの「富力」がイギリスのわずか一八％にすぎないことを示して、七大強国のなかで「我国は、列強中第一の貧乏国にして、他の強国に及ばざること、洵に遠きものあり」と慨嘆している（高橋［一九一一・四］二四―二五頁）。同じ頃、教育界の重鎮で、当時、東京音楽学校長だった湯原元一（一八六三―一九三一頁）も同じように、「一等国の実質何れに在るか」と疑う（湯原［一九一三・七］二一頁）。

その翌年、少壮の京都帝国大学法科大学教授・佐々木惣一（一九七八―一九六五）は、「嗚呼一等国」と題する小文のなかで、西洋において日本が一等国であることの実体が存在しないことを指摘し、日本が一等国になる条件として、武・財・智・徳の諸力における一等国的要素の装備が必要であるとし、「前途甚だ遼遠である」と断言する（佐々木［一九一四・二］一二頁）。同じ時期に書かれた国史家・小酒井儀三「強国の要素」も、佐々木とほぼ同じ論旨で、日本はまだ強国たる資質を完備していないとする（小酒井［一九一四・六］）。第一次世界大戦前においては、日本とヨーロッパ列強では「国力が殆ど比較にならない――外国に比すると実にミジメなものである」（水野［一九一五・三］八頁）という自覚に満ちていた。

さらに、医学・保健の専門家として子どもの健康と特殊教育の成立に苦闘していた精神薄弱児施設の創設者で医師の三田谷啓は、日本評価にはきわめて手厳しい。他者の惹句を引用しながら、日本は、言論の自由を圧迫する一等国、世界一の貧乏国、乳児と青年の死亡率の世界一とする（三田谷［一九二九・九］九九頁）。軍事的な実力を了知している陸軍少佐の態度も明確に抑制的であって、一等国論流行に対して、「其の実際を見れば決して一等国」ではないし、一等国論に見られるような「此の心が、我国民の風紀をゆるがしたのではないか」（友森［一九一四・六］七頁）と、昭和期陸軍軍人の認識とは異なっていた。

一等国論を利用して、教育を向上させようとする論理もみられる。昭和一二年四月二〇～二一日、名古屋市教育会主催の全国初等教育大会では、横浜市教育会が義務教育八年制の迅速な実施の建議案を提出したが、その根拠は「世界の一等国」としての条件欠如であった（全国初等教育大会［一九三七・七］一一〇頁）。そして、その論理は特殊教育においても展開される。まず、盲唖教育界が敏感に反応する。東京聾唖学校同窓会機関誌『口なしの花』は、いまや「世界の大国民となった、吾人は須らく偏狭な島国的根性を脱却して遠大なる大陸的思想を涵養せねばならぬ」のに、大国民としての言行になっていない現状を嘆いている（［一九一〇・一二］二頁）。また、東京盲唖学校教員練習科卒業生の村上求馬は、同じ号で富力・兵力が劣っている日本の現状から、国力を培養する手段として体育を提示している（村上［一九一〇・一一］）。ここにおいて、国力は、身体虚弱および精神薄弱とは反対概念となる。

日本の特殊教育を欧米の特殊教育の現状と比較すれば、「五大国に列して最近では世界三大国の一（つ）と称している」日本の特殊教育は「余りの貧弱さに物が謂はれなくなる」（城野［一九二三・一］一〇八頁）。また、滋賀県教育会が盲唖児童義務教育制度の実施を建議した根拠の一つは、「世界一等国の体面」であった（盲唖児童義務教育制度実施方建議［一九三六・一〇］九四頁）。

一等国論の変遷は、日本の国際的位置の変化を反映しているように思われる。近代国家揺籃期の日本は、欧米先進国の保護対象であり、イギリスは日本の後見役であったから、イギリスも、そしてアメリカも、日露戦争まではその国益の点から日本に好意的な立場をとっていた。しかし、明治末期になると、彼らは日本を東北アジアの利権の競争相手と見るようになる。大正初期には、上記の佐々木惣一は、欧米に形成されつつあった日本に対する違和感、警戒心や敵愾心を詳述し、日本と欧米との間に摩擦が拡大しつつあるその文明的・経済的・軍事的源を明示している（佐々木［一九一四・一二］）。

ほぼ同じ時期に、教育界の指導者の一人だった澤柳政太郎は、一等国論と関連させながら、欧米列強からみた日本という観点から、日本に対する評価が、明治維新から日露戦争前までの「各般の進歩発達に対して賞賛の辞を極めて」いた評価から、明治末期以降、日本人は好戦的で野蛮で非文明的な民族であり、日本人の謙遜や平和愛好も野心や禍心の隠蔽であると誤解する評価へと激変している状況を説明している（澤柳［一九一四・九］三－一二頁）。澤柳の趣旨は、これら排日という欧米的動向に教育者はどう対応すべきかにあった。

澤柳の講演から四年後、第一次世界大戦期の欧米を実地調査した文部省高官・乗杉嘉壽（一八七八－一九四七）もまた、日本の「国際的位地」に関する理解を澤柳と共有する。乗杉は次のように述べている。日本の欧米諸国との関係については、今後の日本の進路は、「現在の日本人が考へて居る如く安心し得べき地位でない（中略）将来は益々困難なる地位に立たねばならぬ。白人の或る者は東洋人を以て人道なく宗教なき野蛮人と見ている。日本国の如きも従来は存在を（白人は）認めて居なかったが、今や彼等の相手方と見らる丶に至った以上、米英各国とも大に競争して行かねばならぬ。（中略）全く生れ変って、死生を賭して奮闘すべき時期となった。然らざれば我大日本帝国の前途は危険である。特に教育に於ては茲に一大自覚を促さねばならぬ」（乗杉［一九一九・三］一一－一二頁、［一九二四］二八六頁）。

澤柳と乗杉が指摘する欧米の日本観の変化は、日本が庇護すべき属国から中国をめぐる競争相手として急成長するという事態の変化に対する欧米の狼狽でもあったが、競争相手が東洋に出現したことも彼らのプライドを損ねたのであろう。このような欧米の日本観は占領史観のもとで隠蔽されてきたが、一九一〇年代以降のアメリカでは、日本に対するこのような評価が一般的であったことを、ヘレン・ミアーズが大戦後に、日本人に教示することになった（ミアーズ［一九九五］）。

ともかく、日本人には、欧米の実体を構造的・多角的に理解し、その重層性を捉えることが得意ではなく、その典型が、日本に馴染みの深い海外の教育家に対しては親日、日本の利益にならない国や人物に対しては反日という一面的な理解に陥りやすかった。しかし、実体的理解に迫った知識人もいたのである。たとえば、大正八年一〇月には、中学校長や師範学校長を歴任した橋本文壽は、欧米における正義、人道主義や国際連盟の虚飾性を明らかにしている（橋本［一九一九・一〇］）。

教育学者・高山潔は、長野県師範学校を経て明治四四年三月、東京高等師範学校文科兼修体操専修科を卒業して、コロンビア大学ティーチャーズ・カレッジに留学したが、デモクラシーを標榜するアメリカで生活し、「教育の機会不均等を甚だしく暴露して居る」現実、そして、アメリカやイギリスが陰に陽に「日本の発展を抑へ……日本を二等国若くは三等国の地位に留め」ようとしている外交と軍事の現実を直視して、「空漠な平和論や、天国説に心酔」し、「徒に無用な形式に拘泥し、教授法の詮議立てにのみ没頭」して、次代を考えない日本の教育に警告を発している（高山［一九二〇・一二］八一、八九頁）。これが、大正九年八月稿であった。高山はまた、大正九年一月一〇日の国際連盟発足後間もない時期に、英米に支配された国際連盟の実体を明示していることには驚く。

戦線が拡大しつつあった昭和一〇年代になると、明治時代までは先進国に負の面を見ようとしなかった日本人も、中国大陸における中立国であったはずのイギリス（およびアメリカ）による中国国民党政府に対する援助を知って、欧米先進国の「紳士道」の欺瞞性を認識する（櫻井［一九三八・一］五－六頁）。しかし、こうした欧米のダブル・スタンダードや欧米の利害中心の世界運営は、第一次世界大戦後の戦後処理においてすでに見抜いており、欧米の富と力の源泉ともなっていることを実感してはいた（大倉［一九一八・一〇］七頁。雷風［一九一九・一〇］[2]）。

だが、そのうえで、日本に有益なように情報の理解と摂取、そしてその土着化に、成功することはなかった。多くの知識人は一面的理解を先導し、それを新聞・雑誌が広めた結果、欧米社会は、高い理念だけで成立しているわけではない、重層的な社会であるという理解に至らなかった。

その結果、日本人は、欧米先進国における高い理念と対照させて日本の遅れた現実に落胆し、欧米の理念に対する素朴な妄信に容易に陥るとともに、欧米先進国の理念に憧憬を抱く行動様式は現在まで続く根本的な問題である。たしかに、欧米列強に包囲されていた後進国・日本が、自立するのは困難を極めたし、分裂しないように皇室のもとで統一を保つには強権を発動する必要があった時期もあったであろう。しかし、一旦、特定の方向に動き始めると、新たな社会構造のもとで利害関係が確立・固定化し、日本社会の文脈を活かしながら、その弱点を修正する方向に転じることはほとんどできなかった。日本の社会的仕組みも、近代思想とそのもとにあるキリスト教思想も、入れ替え可能な問題ではなかったからである。

一等国論が欧米先進国に対する劣等感の裏返しであったことを別の角度から露わにしたのは、中国や朝鮮に対する日本の優越意識であった。このような感情が一等国論と同じ時期にでてきたことは興味深い。さらに、このような扇動的な感情に対して、諫言する県教育会雑誌があったことも、指摘しておくことが必要である。愛媛県教育協会の機関誌『愛媛教育』で、愛媛県師範学校教諭で歌人でもあった祝光次郎は、大正六年七月、京都帝国大学哲学科教育学教授法専攻を卒業したばかりの二七歳の青年であったが（大正五年には篠原助市が、四年には長田新が同専攻を卒業している）、中国に滞在する機会に、日本人が、肯定と否定の二極化した中国評価をもっていることを確認する。彼はそれぞれの評価を導き出す妥当性を理解しながら、否定的な評価には「軽侮」という心理作用が働いていることを洞察し、その危険性と将来への危惧を明示している（祝［一九一八・七～一九一八・九］）。

二．大正デモクラシーと第一次世界大戦

(一) 大正デモクラシー期における社会実相

大正時代中期までは、近代国家として初めて日本が経験する明るさのある時代であった。大正四年後半から大正九年初頭までの一時期にせよ、経済的な発展がみられた時代でもあった。重工業化への転換がみられ、都市への人口集中も進んだ。しかし一方で、インフレーションが昂進し、生活苦が進行した。大正七年には米騒動が拡大した。こうして、大正デモクラシーの時代は明暗二つの面が入り組んだ時代だった。つまり、明治期までの教育界や社会における努力にもかかわらず着手されなかったり、政策が十分に及んでいなかったりする分野に対する認識が改めて提起される好機であった。同時に、明治期までの重苦しさと大正期における生活が楽にならない時期に、デモクラシーが伝えられた。当初は、ごく一部を除けばデモクラシー礼賛の雰囲気に満ちていた。そして、教育ジャーナリズムでは、デモクラシーの本質と長短が比較的正確に解説されていた。

大正初期は、「一般の人心は確に一種の動揺（悪い意味でなく）――あるいは覚醒という方がよいかも知れぬ――を感じた」（原文のまま）時期であり、「あらゆる方面に於いて、萎靡として振はなかった」時期であった（淺萍生［一九一四・一］一二三頁）。尾崎行雄が「人材の欠乏、民心の腐敗」と嘆いたように（尾崎［一九一三・二］一頁）、希望とともに社会的混乱

も顕著な二面的時代だった。また、日清・日露という「二大戦争を経て俄に一等国」となり、「国民の気位が高くなった」が、「智識或は風俗」は発展していないし、「独り軍人の勢力が至る所に扶植せられたる結果、所謂武断政治が頭を挙げて、立憲政体の働きがよほど鈍くなった傾向がある」という「不具的国家」の時代となった（尾崎［一九一三・六］一頁）。

しかしながら、デモクラシーは昭和初期にはあえなく雲散霧消したのだろうか。たしかに、海外留学生活を経験するなかで、デモクラシーこそ世界の趨勢であることを実感し、その社会的背景と基盤を探り、公民教育を通じて日本の文脈に合致したデモクラシーの定着を図ろうと構想した、たとえば眞田幸憲のような教育学者もいたが（眞田［一九二四］緒言）、学説で終わった。

デモクラシーが日本で定着しなかったのは、政府や官憲の弾圧の単純な結果ではなかった。日本デモクラシーは、長らく学界・官界の定説であり、政党による議会政治を正当化していた美濃部機関説の排撃と社会的抹殺を支えることができなかった。美濃部機関説に関連させて日本社会の体質の問題を明確に剔抉した一人に心理学者で教育学者でもあった城戸幡太郎（一八九三－一九八五）がいる。彼は、美濃部機関説の奇怪な展開について、政治的・法律的・行政的観点から矛盾を追及し、また、美濃部機関説を敷衍することによって、この矛盾を生んだ背景として権力闘争を示唆し、政友党と軍部による政治勢力を激烈に批判している（城戸［一九三五・六］）。城戸の批判は、沈黙を守る憲法学者にも及ぶ。この論文はすでに日本の行方が確立してしまった昭和一〇年五月に書かれたが、日本が法治国家としての秩序がすでに毀損されている深刻な状況を、法務大臣・小原直（一八七七－一九六七）の訓示を引用する形で明示している。

さて、上述の大正期の欧米留学生は、明治期における留学生とは異なる態度で、欧米を相対化しつつ、欧米を再評価し、改めて日本の弱点は何か、何が課題であるのかを、大正デモクラシー期に再認識していた。上記の欧米諸国の教育の現状および高いモラールと日本との較差および国際関係に対する乗杉嘉壽の認識は、その後の日本の前途に対する暗雲を示唆している。ところで、第一次世界大戦が人類史最悪の人的・物的損失を生んだ結果、国際関係において軍事力だけの時代ではなくなっており、平和への希求が欧米の最大のトピックだった時期の乗杉の訪問であり、平和は今後の日本の進路選択にも極めて重要だったはずである（細谷［二〇一五］七三頁以降）。にもかかわらず、訪問時期がやや早かったからなのか、乗杉の文章に平和は出てこない。

類似の認識を得た欧米留学生は、乗杉だけではなかった。それは、貧困や障害ゆえに初等教育から排除されるという日本の現実が、訪問国では、日本ほど遙かに目立たなかったからである。彼ら留学生が衝撃を受けたのは、主流から漏れてしまう子どもに対する対応策が訪問国には存在するという事実だけではなく、排除をカバーする仕組みとその社会的基盤が存在することに対してだったと思われる。欧米先進国では、日本のように国や地方公共団体が対応しないと子どもが直ちに放置されるわけではなく、公的な救済ネットから漏れる子どもがいる場合には、民間が自発的にカバーしていたのであり、そのような活動には、公共的な役割を認めることが社会的共通理解となっていた。そして、このような観察は、自治と個人の関係につねに行き着いた。そしてこの経験は、乗杉にも田子一民にも川本宇之介にも共有されていたのである。

もっとも、欧米留学生が欧米滞在によってすべて同じような衝撃あるいは感銘を受け、改革心をもったわけではない。まもなく述べるように茨城県で自由教育弾圧に勤しんだ守屋源治郎（一八七七－一九三九）知事も、経済学を学ぶために三年間の留学生活を送っている。その後の経過を見れば、彼の留学は、抑圧の必要性を理解させたことになる。

（二）初等教育界における大正デモクラシーへの期待とその反動

(1)　新教育運動の斬新性およびその定着の部分性

大正期が日本の特殊教育の発展の時代であったこと、デモクラシーが特殊教育の発展に貢献したとするのが、これまでの研究の一致した見解である。特殊教育は、詰め込みや暗記主義、画一的な教育に特徴的な明治期の教育に対する反省、すなわち大正期の新教育運動の末端であった。子どもの発見であり、個別差への注目であり、児童の尊重であった。一定の鋳型にはめる教育を否定し、子ども自身のダイナミックな発達への自発性を信頼した。大正デモクラシー期にこのような新教育運動が現れたのは偶然ではない。それは、多くの教員自身が気づいていた明治期教育の限界への認識であり、世界的動向への反映でもあった。そして、旧式の児童観に基づく教育とは対照的な児童尊重に基づく新しい大正期教育論は、教員を魅了し、親にも歓迎され、小学校教育に反映されもした[3]（教育界におけるデモクラシー受容については、栄沢［一九九〇］参照）。

明治期のヘルバルト主義教育を単純に否定的に評価するのは簡単であるが、日本の教育界に内在化している諸要素と関連づけながら指摘するのは容易ではない。ヘルバルト主義の日本的受容における形式化があったからこそ、日本の初等教育制度は短時日のうちに達成されたと思われるからである。しかし、ここでは必要な範囲でいうと、山下（森）徳治（一八九二–一九六五）が昭和一四年に刊行した『明日の学校』において、明治期以来の日本の教育学の総括を参照することが有効であろう（山下［一九三九］九八–一三二頁）。

山下は、日本の教育学者としては異色である（宮崎［二〇〇〇・三］、前田［二〇一〇・一二］および高橋［一九九八］三八–四〇頁参照）。それは、日本の教育学者の情報源が特定国の限られた学者であるのに対して、山下は、主流のドイツだけでなく、広くヨーロッパを訪問し、書物だけでなく、直接、学者本人と議論していること、また、心理学界にも立ち入っていること、大正一五年、成立して間もないソビエト連邦を訪問し、昭和三年一一月には再度ソ連を訪問して、レフ・ビゴツキー（Lev Semenovich Vygotsky 一八九六–一九三四）に会っていること[4]（前田［二〇一〇・一二］一六〇頁、［二〇一二・一二］一三九頁）、そして、初等教育の実践経験があることである。

山下は、当時、国内の実践界に影響力があった思想や教育方法で名をなした人物を取り上げて、的確にその功績や問題点を指摘している。また、日本の教育の問題は教育方法が未発達であるとする評価も正当であろう（山下［一九三九］一二〇頁）。

新教育が教員や親に与えた影響は大きかった。たとえば、大正一三年三月の『岐阜県教育』では、新教育を特集して、教員と親に語らせている。陸軍中将・仙波太郎は、子どもを師範学校附属小学校に通わせていたが、新教育に強い興味をもっていて、新教育の成否が国家興亡を左右するとまで述べている（仙波［一九二四・三］）。小学校長の経験がある県視学は、新教育の理論は申し分ないとしながらも、子どもが自学自習をする条件が日本の小学校にはまったく整ってないとし、また、新教育の支持者にみられる軽薄さや形式主義を指摘する（宮脇［一九二四・三］）。条件や環境が整っていなくても、児童の自学自習の内面的な欲求に応えることは可能であって、それゆえ劣等生も発生しなくなると主張する校長もいた（大野［一九二四・三］）。師範学校附属小学校の訓導の一人は、児童の学習活動を全く放置するような誤解と理解の浅い現実を指摘する（梅澤［一九二四・三］）。別の訓導は、固定的で多様性を否定するような自由教育を恐れるし（野村［一九二四・三］）、附属小学校主事は、自学自習を唯一の形式とする新しい画一主義が発生する恐れを示唆する（堀［一九二四・三］）。

しかし、新教育がもっている新しさや雰囲気が一部の関係者には獲得されていたかもしれないが、新教育を構成する原理や要素が、小学校教育において実体化されていたわけではなかった。岐阜県教育会幹事の總山文兄（ふさやまふみえ）（一八七二－一九七三）は、中等教育入学難の改善を主題とした論文において、近年の新しい教育改革が初等教育界に限定されていて、中等教育では等閑に付されていることに疑問を呈している。つまり、新教育という、いま「世の視聴を動かして居る」動向が表面的で、「進歩した近代の教育思想」を反映していない危うさを指摘している（總山［一九二四・三］四頁）。

要するに、初等教育界は、児童の心身の多様性に対応する教育手段に乏しい明治期教育に限界を感じていたから、児童の個別性を前提とする新教育のもつ斬新性に魅力を感じたし、教育の結果を教授者ではなく、学習者の観点から見直してみるという発想の転換も獲得できたであろう。けれども、大方の教師は、新教育を方法化するまでの段階には至ることはなく、結果として、明治期の教育学説が、新しい流行である新教育学説に変わっただけの面が強かったのではなかろうか。方法化できたのは、一部の師範学校附属小学校と私立小学校、そして一部の特殊教育の実践家だった。大正中期に至って、中等学校への進学が小学校教育の課題になってくると、教材の実生活からの乖離、徳目の形式化、最終的な教育目標なき上級校進学、点数主義が残存し続けるのである（三輪田［一九一九・一〇］）。

⑵初等教育界におけるデモクラシーと自由の理解

デモクラシーについて、教育界でさまざまな見解があったのは事実である。しかし、ヨーロッパ由来の自由の原義について、それが心身に根づいていない日本人が、自由に伴う責任と個人および社会について一体的に理解し、行動することは不可能に近く、皮相な受容になりがちだった。それゆえ、自由が、明治時代の窮屈な時代からの解放感と結合し、拡大すると、全体の動向に同調する傾向が強い国民性とも相俟って、初等教育では自由を謳歌する人々が出現する。千葉県師範学校附属小学校の手塚岸衛（一八八〇－一九三六）の「自由教育」が一時、広く受け入られた背景には、このような時代の雰囲気があったことは確かである。

教育界では、大正デモクラシーはどの程度、安定した動向だったのだろうか。大正デモクラシーを主張し、あるいは礼賛する人々はたしかに多く存在していた。大正デモクラシーに期待する人々も非常に多かったことも推測される。全国規模の教育雑誌にも、県教育会雑誌でも、大正デモクラシーの文字は溢れるばかりの時期があった。しかし同時に、国家発揚の立場からは、朝鮮はもちろん中国に対する優越感を主張する人々もおり、危険思想に対しては、徐々に厳しい態度をとる人々がいて、その延長線上に、デモクラシー批判が出てくる。したがって、大正時代は、全期間を通じてデモクラシー礼賛の雰囲気があったとは言い難い。たとえば、大正中期にさえ時代の暗さと沈滞を暗示する記事もある。高知県中村の教師は、「何故の沈黙ぞ」と題して、時代の暗さを語っている（上田［一九一八・一〇］）。愛媛県初等教育界のある幹部は、危険思想として一定範囲の著作を排除する政策や風潮に対して、中等教育レベル以上の青年から「危険を除かうとして却って危険に導く」愚を戒めている（小渓［一九一九・八］）。

大正デモクラシーには地方差があったともいえよう。大正末期、東京市の初等教育のリーダーの一人だった藤岡天來（眞一郎）は、初等教育教員を新教育消極派と積極派に分けている。彼は、「明治時代の最も古き教育法」は「唾棄すべきもの」とし、当時は、新教育への過渡期にある混沌状態にあり、新教育傾倒者が「衒学的若しくは宣伝的のもの」にならないように戒めている（藤岡［一九二三・五］）。

初等教育界にあって、大正デモクラシーに対する態度で多いのは、総論は賛成だとしても、そのまま直輸入はできないだろうという態度だった（雷風［一九一九・二］。鴨堂［一九一九・三］。島田［一九一九・六］。S・N生［一九一九・六］。松本［一九一九・六］）。それは、デモクラシーの日本への適合問題だったが、この時点では国体との整合性に関する疑問は、少なくとも県教育会雑誌では示されていない。それよりも興味深いのは、デモクラシー情報が急に流通するようになった国際政治上の意図に対して、日本人が慎重に忖度していることである。

大正デモクラシーにも流行の側面があったことは、動的教育、自由教育、学習法等の「新しい方法」が基準となって、教育現場を席巻している状況に象徴的である。著者名からこの時期には珍しい女性教員と思われる投稿は、同時代に対して極めて批判的である（高田［一九二五・六］）。彼女が児童中心主義の「生粋」と称された授業を参観すると、「教師は隅の椅子に腰をかけたまゝ、ほとんど一口も聞かない。子供は喋りたい放題に喋って、とうとう一時間過ぎた……子供は何を得たか」。このような授業が蔓延したのである。高田は、「流動しつゝある教師の人格と、流動しつゝある児童の人格とが、常に接触しつゝ、真理に向って無限の進展をなして行く」ような教育を求めていた。彼女にとって、このような授業は児童中心主義の「はき違ひ」にすぎないことを、繰り返し弾劾する（飯田生［一九二六・九］も参照）。後にも触れるが、初等教育界全体がデモクラシー礼賛に同調的であり、かつ構成員にそれを強要する構造があったのである。もちろん、風向きが変われば逆風となる。

また、大正デモクラシーに関連して、日本のデモクラシー成熟度が低いことを示す事件が学校で頻発する。将来のデモクラシーの担い手に一番近い存在であるはずの中等教育学校生徒の付和雷同的な騒擾事件が多発したことは、その象徴である。もっとも学校騒擾の多発については、これまでの「固陋の教育」の限界であり、「新時代に適合すべき新教育の機運が、もう何時までも圧へつけられて居るものではない」という側面もあった（三浦［一九二六］七五頁）。

三．内務省による自由教育弾圧と文部省の荷担

欧米留学生の驚嘆や国内の大正デモクラシーの明るい雰囲気と自由は、堅苦しく抑圧的な明治時代とは相当異なって

いた。自由は、大正デモクラシーにおける標語の一つでもあった。しかし、大正デモクラシーが最も高調した時代に、自由と相反する教育事件が続発する。これらの事件は、内務省、反自由主義、国家主義という共通項があった。また、政党政治とも関連していた。自由に関する曲解、内務省の弾圧方針と国の政策化、そして文部省の弱体までを示す事件でもあり、日本社会の未成熟な民主制の表徴だった。

それが小学校教育において露呈したのが、内務省官僚が主導した、大正一〇年末の手塚岸衛の自由教育をめぐる石下事件と大正一一年三月の水戸教育会講演会事件という茨城県で起きた事件であった。大正一〇年一二月、茨城県結城郡石下町の小学校教員が主催し、千葉県師範学校附属小学校主事・手塚岸衛（一八八〇－一九三六）らを講師とする自由教育研究会開催に対して、手塚の自由教育を自由主義と曲解していた茨城県知事・守屋源治郎が中止させた。守屋は、内務官僚としての経歴は短かったが、大正一〇年一月には、県内務部長として水戸中学校長・菊池謙二郎（一八六七－一九四五）舌禍事件を演出していた（志村［一九八二・三］）。舌禍事件で校長を辞職していた菊池は、自由教育を研究する必要性を認めていた。大正一一年三月五日、彼が会長を務める水戸市教育会主催により、手塚の自由教育講演会を企画し、県および市当局の開催中止命令にもかかわらず、強行して実施する。

文部省は、この時点では少なくとも手塚の自由教育を問題視していなかったが、大正一三年六月一一日に文部大臣に就任したばかりの岡田良平（一八六四－一九三四）が八月七日の地方長官会議訓示で述べた新教育批判は、守屋の主張と軌を一にしていた（志村［一九八二・三］）。岡田は、就任早々であるために「文政各般ノ重要問題ニ就キ具体的成案ヲ開示スルノ時機ニ達セサル」といいながら、「時局ニ顧ミ急ヲ要スル諸問題ニ関シ所懐ノ一端ヲ開陳スルニ止メ」た五項目のうちの二項目が、新教育と学校劇の抑圧だった。この二項目は、京都帝国大学総長等を歴任はしたが生粋の文部官僚であるうえに、文部大臣として再任である岡田が述べるのだから、新教育と学校劇の抑圧は、文政の重要問題のなかでとくに「急ヲ要スル」項目であったはずである。岡田は、文部大臣一期目には、「臨時教育会議を設置し明治教育体制の忠実な継承と整備に異常な熱意をもって取り組んだ」（阿部［一九七七］九六頁）。それゆえ、上記の「急ヲ要スル」二項目は岡田にとっては宿願だった。

こうして岡田文相以降、内務省主導の「自由教育」弾圧は新教育弾圧へと昇華したうえで、政府の方針となる。この訓示の後間もない大正一三年九月五日、長野県松本で川井訓導事件が起こる。川井訓導事件の全体的構造は、内務省主導の自由教育弾圧が、文部省も共謀する国の政策に昇格したことを意味する（川井訓導事件については、樋口長市と関連させて第九章で取り上げる）。

自由教育弾圧事件や岡田文相の五項目で暗示されたのは、方法としての管理統制・倫理の教え込み・精神主義であり、新教育とは逆行する抑圧的な考え方だった。明治期における小学校教育の問題の解決法としては、説得力がない。それゆえ、地方教育会の指導者のなかには、学校劇の教育的意義を理解したうえで、その着実な展開を指向する立場もあった。岡山県教育会機関誌『備作教育』の巻頭言（活堂［一九二四・八］一頁）では、「詰込主義、模倣主義の弊に目醒め、創造教育芸術教育の振興を図らんが為の一方法として真摯なる児童劇が悪からう筈がない。然るに、文相の（学校劇取締に関する）訓示に一も二もなく、これが（学校劇の）全廃を図らんとする」、「狼狽して其措置に迷うて居るものも」初等教育界には多かった現実を示している。つまり、学校劇は、活堂（田中筆次）が戒める「浅薄」「浮調子」「右顧左眄」する初等教育界の流れの結果でもあった。

初等教育界におけるこのような悪弊は同じ『備作教育』ではすでに五年前に、本誌編集に従事していた岡山県師範学校教諭・柳田謙十郎（一八九三―一九八三）の「評論」に明示されていた（柳田［一九一九・九］）。彼は、初等教育界の風潮と、それを革新するのに必要な自覚および精神を主張する。すなわち、「教授方法上の末梢的問題のみ」に注目し、「すぐ教壇上で役に立ちそうなことばかりを要求して居る風潮は……可成りまで根強く流れている」。教師の「低級な知識欲、貧弱な学問的精神」は、教育書のなかで「最も低級な価値を持ったものが一番多く、しかも一番売れてゆく」事実によって明らかである（一九頁）。

これ以降、これまで以上に異色のキャリアを辿ることになる後の哲学者は、文字通りすべての人々が「すべて皆自己に目ざめ、自我の人格に生きやうとして」いることを、世界に響き渡るデモクラシーの叫びとし、「立憲的公民」と個人・国民として自我と自己に生きるために「教育の民主化」「教育の人格化」によって、「自立的精神生活」あるいは「創造的主義生活」を教員に求めたのである（二二頁）。

そして、柳田の論稿は一層、ラディカルになる。大正八年一二月、県教育会誌にデモクラシーの自覚としての「社会改造の叫びと教育」を発表する（柳田［一九一九・一二］）。「権威圧迫に対する自由解放の叫び」「奴隷道徳に対する人格道徳の叫び」「屈従生活に対する自律的自主生活の要求」「不公平、不正義に対する公平、正義の主張」「虚偽的形式的生活に対する真我的実質生活の主張」が強調される。具体的には、「人種平等の提議」「労働時間の短縮」「官僚思想の撤廃」「閥族政治の打破」「婦人参政権、母性保護の問題」「普通選挙問題」「資本主義社会組織問題」といった、当時の国内の社会的・労働的・政治的課題が国際的視野をもって列挙された。そして、「あらゆる過去の不公正な不自由な非人道的制度乃至慣習を根本的に破壊して、其処に新しき自由の天地、新しき公平正義の世界、新しき人道の世紀を建設せん」として、小学校教師に対して、学校に閉じこもらずに、学校を出て民衆と労働者を導き、暁鐘を鳴らすように扇動したのである。

さらに根本的追究が展開されようとしたとき、柳田は岩手県師範学校に大正九年三月末をもって転任となり、同時に、『備作教育』編輯委員も辞任することになる。大正九年一月号掲載予定だった「教育の危機将に到らんとす」（［一九一九・一二］一六頁）は予告で終わったのである。

しかし、柳田の過激な主張は、第一次世界大戦の戦後景気後の格差と生活苦、労使紛争と大正七年の米騒動の全国的波及を背景にしていた（柳田［一九五一］六二－六四頁）。岩手県師範学校への左遷は、その過激な思想ゆえであったことは間違いないであろうし、彼自身、自分の論説が「浅薄な議論と上すべりな考察」（柳田［一九二〇・三］一頁）であったことも、おそらく彼の真意であったように思われる。

しかし左遷にしては、岡山県教育会機関誌の「巻頭短語」と転任の挨拶欄まで提供され、離任に際して読者の男女教員から「丁寧な」手紙が寄せられていた。さらに、同じ号の冒頭論説の著者は、民本主義の吉野作造（一九七八－一九三三）の「所謂国家思想の動揺に就て」だった。また、岩手県師範学校への転任では、勝山信司・岡山県師範学校教頭が岩手県師範学校長に昇任して、昇級を約束して柳田を招いてくれた、と本人は述べているが（柳田［一九五一］六五－六六頁）、岡山県師範学校からの転出理由としては脚色であろう。ともかく、本誌編集部にも読者の教員にも、柳田に共感を寄せる人々がいたことが窺われる。

柳田は岩手県にわずか二年の滞在で、大正一一年三月には教育界を離れ、京都帝国大学哲学科に選科入学する。京大で西田哲学に傾倒した後、大戦末期には日本精神主義に走り、戦後はマルクス主義者となり、平和運動を先導することになる。

しかし、内務省・文部省によるこのような自由主義弾圧の一方で、初等教育界では教育改造論が提起されてもいた。たとえば、すでに大正九年に、新教育の担い手の一人、鰺坂（小原）國芳が『教育改造論』において、異なる解決策を提案しているが、もちろん文部省との間に接点があろうはずがない。上記の柳田も現状への埋没を戒め、「偉大なる建設、偉大なる人間建築」のために、「根本的なる大破壊」に立ち上がるように小学校教員に求めている（柳田［一九二一・七］八七頁）。

澤柳政太郎や小原國芳、そしてそれ以降の教育改革論者は、結局、公立小学校の改革を諦めて、私立小学校の創設に向かうことになる。しかし私立小学校は、昭和初期には財政的に立ちゆかなくなり、一部のみが残存することになる。明治初期にはさまざまなレベルの私立学校が開花したが、中学校－高等学校－帝国大学という立身出世の経路が確立するのに連動して、官尊民卑が末端の教育制度であった特殊教育にまで貫徹したのである。

このような初等教育界にあって、大正末期に、現状と行方に楽観的でなかった一人に長田新がいる。大正一二年六月、長田新は、林間学校に関連して、日本の教育界について辛辣な批評を下している。「明治の初年と違って実行力の極めて薄弱になった衰退的の現代の日本の教育者」、「明治の中年より大正にかけては日本人の頭はいやに保守的形式的になった」、「近頃意気地のない日本の教育者……たゞ口先で児童に説く……泣き言か若しくは横着者の遁辞である」(龜島・石原［一九二三］序)。自由主義・国家主義といった立場を問わず、大正末期から昭和初めには、大学や高等師範学校に属した知的エリートのなかに、日本の現状と行く末に不安と危機感をもっていた人物もいたのである。

四．大正デモクラシーと特殊教育

(一) 大正デモクラシーと特殊教育の親和性

教育界において、大正デモクラシーと新教育運動に横溢していた精神・感情と特殊教育の振興とは親和性があったことは、これまでも指摘されてきた(平田［一九八五・七］。［一九八七・六］。阪本［二〇一四］)。大正デモクラシーが特殊教育と親和性をもったのには、いくつかの局面がある。一つは、障害児が教育の機会または適切な教育が提供されていないことへの社会的な意識である(阿部・小野［一九二一］一七頁)。このなかに、これまでほとんど教育機会のなかった精神薄弱児等が含まれる。もう一つは、児童の尊重や自発性への認識である。その例をいくつか挙げてみよう。

大正四年四月、日本児童学会員で東北在住の有志等を中心に東北児童学会が結成された。注目されるのは、この研究会は、日本児童学会員だけでなく、県および市当局、第二高等学校、県師範学校の関与があったこと、二日目の講演四題のうち、二題は、三田谷啓「精神薄弱児童の鑑識」、三宅鑛一「精神異常児童について」であったこと、児童学参考品展覧会の出品資料に「精神病者及び健康者の親族異常」「入院せる精神病者の子及び親子」「ハルレ補助学校授業時間割」が含まれていたことである(宮城県教育委員会［一九七七］七六－七九頁)。

大正八年に徳島県師範学校附属小学校の訓導は、「デモクラシーと教育」において、教授上のデモクラシー、教育上のデモクラシーとして個別教授を挙げて、それが個人の充実、個性尊重、独創、創造力を育成するという。そして、対象児童に劣等・低脳・白痴の救済を含めるのである(中西［一九一九・五］)。

京都市壬生尋常小学校訓導の藤井高一郎は、京都市社会課の委託を受けて、大正一一年三月末現在で、市内尋常小学校の特殊教育児童調査を行った人物であるが、第一次世界大戦後に社会的・個人的に最も影響があったものとして、「デモクラシー」および「文化主義」を挙げて、教育との「深大」な関連を特殊教育の促進にみている。デモクラシーの特徴として最大の公平性をみる藤井は、特殊児童に対する学校教育からの排除を、「反『デモクラシー』的」で、「非人道的な容易ならぬ事態」とする。デモクラシー思想が浸潤している現在、「特殊児も普通児と同様に一個の国民である以上、其の教育の機会と方便とを漏れなく享有し、均等に教育の恩恵に浴するのが当然である」。藤井はまた、一国文化の最高水準を進めると同時に、最低の標準（特殊児童）を向上させることにより、日本の「総合的文化を創造し、向上」させなければならない、とも主張し、デモクラシーとともに、特殊教育の向上・発展の社会的意義を明示する（藤井［一九二二］緒言）。なお、「序」においても、社会課の名前で、藤井の言葉が要約されている（藤井［一九二二］序）。

小澤恒一（一八八三－一九六三）は、福島県師範学校附属小学校主事時代の大正一二年に特別学級（低能児）を開設した教育学者であるが、彼の特殊教育論も、時代の風潮を反映しているとみられる。彼は、主に教育方法を中心に研究しながら、大正一五年には、上古時代の史料により『我が国民性の新研究』（一九二六）を上梓しているように、「日本の国民性と国民生活に根挿した」「国民教育」を日本の独立と存続を担保する条件として希求していた。ただし、小澤のいう国民教育学は近藤壽治（一八八五－一九七〇）の『日本教育学』（昭和一〇年）の国民教育とは異なり、小澤自身は「偏狭な国粋主義」（一一頁）とは関係がない。

小澤は、明治以来の六〇年間における初等教育の量的な発展への努力を評価しながら、その実体を追究する。日本の教育は、日本国民の社会生活の要求に立脚した独自性を欠如しているだけでなく、新教育の具体化である特殊児童、すなわち、貧困児童、病弱・虚弱児童、不良児童、低能児童の教育に着手していない、と指弾する（小澤［一九二六・一一］）。小澤は、本論文執筆時に早稲田高等学院主事に転じていたが、この論文の大半を低能児教育に当てて、重要なことに、「低能」呼称の「非人道性」[6]を指摘したうえで、低能の心理的・行動的特性、愛情と小動物や植物の世話や栽培、一般の児童との行動や教育の連続性、生活による教育、教師論を論じている。小澤は、輸入学者ではなく、子どもの現実と生活に焦点を当てた教育学者だった。

大正末期に倉敷小学校の名を知らしめた齋藤諸平は、劣等児教育と現代との意義を論じるなかで、「デモクラシーと劣等児教育」として、彼らに「最も合理的で自然的な方法」による指導によって、「全体の国民に教育の機会と方便とを平等に享有せしむることは最も大切なこと」であるとし、将来は、このような考え方が普遍的であるべきだ主張している（原［一九二三］三八頁）。

小澤の時代からしばらく経過した昭和五年度から一〇年度まで、福島県師範学校附属小学校で特別学級を担当した安部丑亥も、低能児の特別学級教育が、個性教育の展開、個性尊重の結果であり、低能児も個性として認められたことに基づいているとしている（安部［一九三六］一七頁）。

劣等児教育でも、その成立・発展が、大正デモクラシーの時代風潮と関連があったことは、一般に認められている。劣等児童の人格尊重・同情的取扱、教師との信頼関係、児童への干渉回避、児童の過失に対する寛容等とともに「毎時間一回は笑はすべし落胆せしむるべからず」（花田［一九〇九・九］）とした島根県師範附属小学校訓導（後に県視学官）、花田金之助はその典型である。明治的教育における個人差の無視と画一主義の弊害に対する認識と嫌悪があり、その反動として児童尊重・個人差の重視・個別的取扱（天野［一九七九］）という大正的教育の本質があってこそ、劣等児教育は成立・展開した。

しかしながら、事はそれほど単純ではなかろう。というのは、県教育会雑誌で個性を表題とする論文・記事の多さが、劣等児教育や低能児教育に必ずしも結びつかなかったからである。劣等児教育が低調だった県の教育会雑誌には、個性やそれに関連する外国人名は登場する。個性尊重や教育の個別化は、教育学説上の流行として表層だけの変化で終わり、劣等児教育も画一化する可能性が当初からあったように思われる。劣等児教育は、大正末期にピークを迎える前に下火になりつつあった（澤柳［一九一六・三］九頁）。流行は算術科でも生じていたから（徳永［一九一九・一〇］四〇－四一頁）、特定分野の問題ではなかったのである。

（二）大正デモクラシーと盲唖教育

すでに日本の特殊教育の主要部分として展開されていた盲教育と聾唖教育では、新教育に対して二面的な反応がみられた。一つは旧来の盲唖教育であり、それほど敏感な反応はみられない。大正期では、東京高等師範学校教授の樋口長市（東京聾唖学校長就任は一四年）の欧米視察において、幼児教育に限定すると、ボストンの盲幼稚園とフィラデルフィアの聾幼稚園、オハイオ州コロンバスの白痴院を訪問している（樋口［一九二一・一一］）。幼児教育の様子は記されているが、早期教育の意義については明確には論じていない。また、モンテッソーリ幼稚園をハリウッドで参観した文章があるが、聾唖を含めて障害との関連は記述されていない（樋口［一九二二・四］）。障害児の就学前教育については、第八章で取り上げるが、東京盲学校では昭和二年、東京聾唖学校では昭和三年に、予科が初等部の前段階として開設されている。盲および聾唖の幼児教育に対する樋口の反応は、初めて知った制度一般のレベルであった（ただし、学齢以降の盲唖教育については、後述するように樋口の主張はまったく異なる）。

それに対して、盲唖教育のなかでも、大正デモクラシーに反応した人々がいた。それは、口話法運動関係者である。口話法運動の拡大期には、新教育という表現はないが、明らかに新教育の考え方が反映されている。この運動は発足の時点では、聾唖教育者のマイノリティ・グループだったからである。何より、川本宇之介はデモクラシーの理解者であり、聾唖児の親（西川吉之助）の要望を実現するのもデモクラシーの一部であろう。また、口話法が急速に、とりわけ聾唖教育の埒外にいた一般の人々に受けたのは、聾唖教育の遅進状況と対照させた口話法運動の改革性であったことは間違いない。それゆえ、佐藤在寛が批判するように、口話法運動を支持するようになる鳩山一郎文部大臣、侯爵・徳川義親（一八八六－一九七六）や文部省高官等の支配体制勢力には、口話法運動が掲げる理念は、極めて新鮮に見えたのである。

口話法運動は実践家にも支持的雰囲気を醸成したように思われる。大正一四年一〇月、大分県立盲唖学校における第一回日本聾唖教育会総会に対して文部省は、「聾唖学校に於て児童生徒に口話を有効適切に教授する方案如何」を諮問

したが、参加教員による答申は、「(七) 其の他」で

1　家庭　聾児の人格を尊重し普通児と同様の取扱をなさしむること、

2　社会　聾者の人格を尊重し差別的取扱を成さしめざる事

と二箇所で明言しているし、また、「(五) 教授」(1の二)、「(六) 訓練」(5) における聾者の個性、「(一) 設備」における直観材料、(2)「教授は直観的体験的なる事」(2のハ) は、新教育における前提あるいは頻出用語である（森［一九二六・三］)。もっとも、この答申の精神は、答申全体が「純口話式言語中心主義」で貫徹されているから、先天性の全聾の児童の人格や個性は考慮されない重大な矛盾を含むことになる。異説を認めないきわめて排他的な口話法運動の言説は日本に限ったことではないが、大正デモクラシーの未成熟を象徴的に示す事件でもあった。

しかも特殊教育における新教育との親和性は言説上では持続的であったが、本質的には矛盾していた。口話法の新教育精神との関連については上述したが、大阪府立聾口話学校では、新教育が小学校教育からはほとんど消失した時期になっても、形式的には持続していた。また、押しつけの教授法や命令的指示を改めたり、本能的欲求から生じる情緒的反応を尊重する教授法へ転換したという。本校において、加藤亨の献身的な口話法聾学校の創設と運営から第二段階に入った昭和一二年、「能動学習」を提案する。これは、聾幼児の自発性を尊重し、口話法と生活陶冶を柱とする生活学習であるはずだった。

ところが、この能動学習は、当時の流行である日本精神主義教育の「行」や「道」なのである。「道に斃れてこそ生きるのである。身を道に捨てゝこそ真に生きるのである。この敢為の精神を吾等は呼んで能動精神といふ」（大阪府立聾口話学校［一九四二］一四三－一四六頁)。しかし、成果が上がらない場合の原因は、児童の努力と教師の熱意の不足に求められることになり、その結果、ますます精神主義と教条主義に陥るのは必定であった。かくして、能動学習は他律的となる。

新教育運動の一環としての「教室劇」の主導者・奈良県桜井小学校訓導・福井保は、白表紙本『尋常小学国語読本巻八』に掲載された「第二一　唖の学校」を教室劇の演目に取り上げている（福井［一九二四］六一－八五頁）。この課は読本巻八で最も長い文章であることもあり、配当時間は四～六時間が当てられていた。福井は、口話法に関心をもったものと思われる（阪本［二〇一四］一〇二－一〇三、一三一頁参照）。

第三期国定教科書時代の『尋常小学国語読本　巻八』には、「第一七　塙保己一」も収載されており、この読本が大正七～昭和七年に使用されたことから、大正デモクラシー期が盲唖教育とも無縁でないこと示す。「巻八」のさまざまな指導解説書によって、盲人と聾唖児、そして口話法についての評価がなされている。塙保己一に関する文章については、希有の大学者の逸話をとおして、人格に対する感銘（秋田［一九二七］二七四頁）や「奮発心を起こさせる」（国民教育研究会［一九二二］一八五頁）ことが、指導解説書のほぼ一致した内容である。

「唖の学校」はエドモンド・デ・アミーチス（Edmondo De Amicis 一八四六－一九〇八）の『クオレ　愛の学校』「聾唖の少女」の翻案であるが、指導解説書のほとんどはこの教材に肯定的であり、「含蓄の深い、内容の美しい教材」（綜合教育研究会［一九三四］八五頁）、「悲哀と感謝のまつはつた（纏わった）美しい叙事文」（三浦・橋本［一九二一］二四三頁）、聾唖児と親の愛（大日本図書［一九二一］二五九頁）、「兎に角良い教材」で、「描写の精緻な点から観ましても先ず圧巻」である（友納［一九二六］二九六頁）。

しかし、奈良女子高等師範学校附属小学校訓導の池田小菊（一八九二－一九六七）だけは例外である。「唖の学校」の文章は、物事の表層をなぞっただけの「不健実な感傷文」の典型であるとして、本質的な批判を加えた（池田［一九二七］八三－一〇二頁）。池田は、かつて和歌山県師範学校生徒時代に、附属小学校に設置されていた特別学級・唖生部に空き時間があると足繁く通って、担当訓導・辻本與次郎と児童の指導－学習を参観し、手伝った経験をもっていた。彼女は、この批判において、辻本に対する敬愛、口話指導の困難さと聾唖児の周囲の人々の根源的な感情を迫真的に描写している。まもなく訓導を退職して文学者となる池田には、「唖の学校」によってある種の感動を強要するかのような、指導解説を書いた初等教育者にはみられない問題に対する認識の深さと厳しさが見いだせる。なお池田は公立小学校訓導時代から、その片鱗が注目されていた（志垣［一九二七］七〇－七八頁。なお、池田については、松本［二〇〇五］、［二〇一一a］、［二〇一一b］を参照）。

なお、すべての指導解説書は、聾啞児の教育や学校に対しては肯定的であり、「啞の学校」を教室劇に用いた福井保は、脚本において「今の進んだ世の中では不具者だからと云って決してらくたんするには及びません」（福井［一九二四］八一頁）と、聾啞教育の経済的・社会的効用を、原文よりも強調している。また、ほとんどすべての指導解説書は、先天性の聾啞児「おとよ」の描写を通じて、口話法が、最新の方法である理解へと誘導している。「啞の教育法、教育の進歩」が親と教師への感謝と結びつけ（綜合教育研究会［一九三四］七九頁）、「聾啞教育の進歩」の「讃美」（田上［一九二二］二一四頁）、「啞生を教へる仕方」（河野［一九二二］二三五頁）となっている。友納でも、視話法は進んだ方法・新しい教育であり、手真似は何らかの「嫌な感じ」があることを示唆しており（友納［一九二六］三二三、三二五頁）、三浦喜雄と橋本留喜では、「聾啞教育の進歩によりこの種の不具者の受くる幸福」「啞者教育の進歩の一班」と述べたうえで、聾啞教育を詳細に解説しており、聾啞者のコミュニケーションの方法としては、結局は「発語法」「視話法」が「殆どこれを使用せざる所なきに至った」として、盲啞学校参観と寄付まで勧めている（三浦・橋本［一九二二］二四一、二四三、二四六－二四七、二五二頁）。

こうして初等教育界では、口話法が全国の聾啞教育界に拡大した大正末期よりも以前に、視話法として肯定的に評価されている。口話法の日本での出発点は、アメリカ長老派教会の宣教師、オーガスト・K・ライシャワー（August Karl Reischauer 一八七九－一九七一）による大正九年の私立学校・日本聾話学校の創設であり、口話法運動の機関誌『口話式聾教育』の創刊が大正一四年二月であった。西川濱子が生まれたのが大正五年一月、吉之助が口話法の指導を始めたのが九年一一月であった（山田［一九九五］三五七頁）。日本の代表的な口話法運動家となる橋村徳一が東京盲啞学校教員練習科を卒業したのが、明治四二年三月だった。池田小菊は、明治四五年に和歌山県師範学校を卒業しているが、その頃にはすでに和歌山県師範学校附属小学校唖生部で口話法が模索されていた[7]（辻本［一九一〇・一〇］三二頁）。なお、辻本の前任者だった金谷末松は、附属小学校に半年間しか在職しなかったが、後に、手話法から転じて、東京聾話学院の校長となる口話主義者だった。

このように、特殊児童と接点のあった実践家や教育学者のなかに、大正デモクラシーの意義を理解し、特殊教育の振興を提起した人々がいたことはたしかである。他方で、国家主義的な方向を選択した特殊教育教員が、児童尊重の理念を共有しなかったわけでもない。このことは、第八章で明らかになるであろう。

（三）新教育と精神薄弱児教育

新教育の児童観と指導の考え方が最も影響を与えたのは、学力問題と能力問題であろう。学力問題では学力の劣等原因として、すでに明治末期から、教師の教え方の拙劣さや学級規模の過大等の学級編制問題、そして継続的な通学を阻害する家庭の貧困や身体虚弱が理解されていた。劣悪な教員の排除論や過大学級と複式教授等の導入は、三学級二教員や二部教授の提案とも時期を同じくしている。

新教育は、学力よりも能力自体に問題がある精神薄弱児の教育ではさらに重要な画期となる。新教育に含まれる要素が、精神薄弱児教育の成立の決定的な位置を占めるからである。個性教育は、学力等の知的能力だけの個人差を重視したわけではない。大正期においては、身体活動や、とくに情緒的発露が尊重され、したがって、明治期には付け足しだった芸術・文芸活動や運動が重視されたし、一人ひとりの特長を生かす自由な作業的活動も奨励された。実生活も標語となった。そして、何よりも知情意の調和的な発達が目ざされることとなった。ヨーロッパやアメリカの新教育に連なる教育思想も、盛んに紹介された。

明治期の小学校教育においては、暗記力という武器をもたない精神薄弱児にとって、自発性や個人差の強調、生活の重視は、彼らの本性の理解と開発に対するかけがえのないアプローチの手段だった。それゆえ、これまで、無為無能に見えた精神薄弱児、あるいは彼らの逸脱した行動に、今までとは異なる観点と教育成果の評価が可能となった。また、教師のなかから、学校文化の枠組みでしか児童の活動と指導を考えることができなかったが、精神薄弱児の教育と研究の先達であった精神薄弱児施設を訪問し、活動と指導を精神薄弱児の側から考え、学校教育の成果と限界に辿り着く人々も、少数ながら生じるようになる。その一人が青木誠四郎や長沼幸一であり、他方で、実験や研究材料としてしかみないと某精神薄弱児施設を難じる石原榮壽（石原［一九三〇・一二］三三－三四頁）がいた。なお、石原は同時に、東京高等師範学校補助学級担任（の多く）を「腰掛主義」として批判している（第八章参照）。

（四）第一次世界大戦の結果と欧米社会における特殊教育の視察

文部省の高官からも、日本の特殊教育の制度上の不備と不振について、根本的な疑問が提起された。文部省督学官の乗杉嘉壽は、大正六年から約二年間、戦勝国の教育を視察した（乗杉［一九一九・三］）。一等国になったとはいえ、欧米列強と日本の差は歴然としていた。国際関係の前途は不透明であったから、大戦後の方策を探る方法が、第一次世界大戦の結果を左右した諸要因の究明であり、その一つが教育力を探る視察だった。その結果が、彼の特殊教育に対する関心を覚醒させたものと思われる。乗杉のアメリカ教育評価は、教育が最も進歩し、最も努力していること（乗杉［一九二二］一二二頁）、人種・文化等の多様性によって生じる極度の困難を克服しようとする熱意と努力に基づく点に求められる（乗杉［一九一九・三］一〇頁）。いずれの点でも日本が、大きく後塵を拝していることが認識されたのであった。

乗杉は、アメリカの学校教育における現実の困難に対する解決努力と熱意、過大学級と詰め込み教育が存在しないこと、教育内容編成の柔軟性、教育の最終目標を適職や適所に設定する明確さ、柔軟な進級制、教授の活動主義に驚嘆している。しかし重要なことは、乗杉の国際間競争における国力と教育の密接な関連と欧米列強の日本に対する認識である。前者については、教育内容の実際化と理科教育の重視、義務教育年限の長期化、柔軟な学級編制、国家政策における教育の重点化に要約できる。

乗杉は、このようなアメリカ教育の一環としての特殊教育（彼は、この用語は使用していない）についても、低能児・不具児・内臓に故障ある者（病弱児）・結核児に対する学級または学校、移民に対する英語教育、盲学校、聾学校を紹介し、生徒の知・情・意・身体の状態を区別して、各都市が教育の場を提供する制度を説明している。さらに、これらの学校または学級に分かれる前の学年制によらない学級・学校としての ungraded class（school）と、これらに入学を決定する前の精査過程にも言及している。

そして、翻って「我国にては低能児教育之施設さへ未だ完全ならざる。洵に遺憾の至である」（乗杉［一九一九・三］九頁）。また、日本では幼児教育および特殊児童の保護教育を社会事業の範疇においているが、これら「社会的弱者を保護教養する仕事」は社会教育の最も重要な仕事であるとする。貧困児童や障害児を就学免除する制度、小学校令三三条第一項を廃止することは、すべての国民の義務であるとまでいう（乗杉［一九二二］二九–三〇頁、［一九二三］一三八–一四〇頁所収も参照）。

乗杉の高い評価が英米に一方的に偏っているわけではなかった。乗杉は、乳幼児と妊婦死亡率の高さや児童施設の少なさが貧困と関連していることに注目しつつも、「日本人は子を愛し、子を思ふの念が一層顕著」であることを認めて、貧困の原因を、経済的・環境的な貧困と親の知識の貧困に集約させている。また、児童労働の内容や生活習慣および疾病の点では、欧米ほどは劣悪でないことも認めている。すなわち、乗杉は、制度や政策の変更により、上記の日本社会の困難に対する改善可能性に期待しているのである。

しかし、乗杉ら、慧眼の訪問者であっても、特殊教育を含む進んだ政策の理念および支持基盤とシステムの発信者まで察知できたであろうか。すなわち、二〇世紀転換期以降の帝国主義時代にあって、社会秩序の動揺を公立学校を中核とする社会改革によって安定させようとするプロッグレシブと称された中間層による社会改革運動がその正体であり、新移民とその子どもたちに対する公立学校とコミュニティを舞台にした社会事業であった。

第二節　小学校の主要な課題としての多義的・多元的な劣等児・中途退学児問題とその発生基盤としての貧困

一．貧困の拡大と非正規的教育コースにおける劣等児・中途退学児問題

(一) 貧困児童の通学を可能にする努力と方策

明治三〇年前後までは就学率は低迷していたから、国民教育の普及の国家的意義と矛盾が明白だった。そのために、知事によっては、強力な就学督励を実施することにより、就学率の低位から高位へ上昇した県もあった。しかし、就学率の向上を妨げたのは、保護者の貧困だった。貧困が就学免除の事由として小学校令で認められているとして処理すれば就学率は向上しないので、貧困児童に対する有効な対応が必要となった。しかし、就学やその継続を妨げる要素は単純に貧困として整理できるよりは、実際には多様で多元的であった。教育に対する保護者の期待が低いことや、学習を妨げるような障害等が児童にあるよりも、児童の就労による稼ぎあるいは児童の労役がなければ家計が成り立たない貧困が最大の問題だった。また、家庭の貧困は、通学の継続を妨げた。すなわち、長期欠席や半途退学である。一人ひとりの児童の状況に対応する必要があるのが、貧児対策だった。障害は貧困の下位項目に過ぎなかった。

もう一つの問題は、就学督責によって就学率が向上し、出席率が改善したが、それによって小学校に殺到した児童は、その文化的・社会的背景や心身の状態によって、学習がより困難な児童だった。就学率と出席率を維持するためには、明治期の教授法を改善し、通学の継続を可能にする金品の供与や社会事業的方策（東京市の貧民小学校参照）、放課後または日曜・夜間の補習教育が必要だった。これが、明治四〇年代には明らかになったのである。

学業の劣等の原因では、遺伝や先天性に求めることが多かったが、実際には、環境因が多いことは当時の初等教育界の一般的な見解であった。それゆえ、流通し出した個性調査が活用されて、家庭状況が綿密に調査された。原因調査が

対処法を考えるうえで必要だったからである。たとえば家庭に原因がある例としては、貧困のほかに、継母、欠席、転校が挙げられている（堀［一九一〇・四〜一九一〇・五］）。対処の方法が原因に対応していること、その大半は個別的に配慮すべきことも提起されている（柳水生［一九〇八・一二］）。児童の能力差の多様な原因と劣等児問題との関連が、明確に認識されていたのである。

（二）子守児童と就労児童の貧困に対する特別教育

子守学級が特別学級として制度化された地域があったことは、第二章で述べたが、特別学級の活動に、福祉的なサービスが追加されるようになったことは注目される。たとえば、学用品の供与は共通の実施事項であったが、埼玉県下に例があったように、子守児童が授業中に利用する託児所の併設である。また、この保育所のなかには、収容余力があるために、貧窮の職工に開放する計画を立案している例があった（埼玉県［一九八四］七三一－七四三頁）。

この時期には、子守は就学督促の対象としてだけではなく、学業成績不良の問題として捉えられた。子守児童は、弟や妹だけでなく、近所の子どもを子守して得られる僅かな収入を得るため、欠席は長期化し、通学を再開する可能性はほとんどない家庭の境遇であり、一〇歳を過ぎれば、退学して就労することが多い児童だった。また、長期欠席児は当然ながら学業成績不良であるから、進級できないことになる。この状況は、大正末期になっても改善されなかった。三重県木本尋常高等小学校（在籍数七七四名）では、大正一二年度の長期欠席児童の延べ人数は四〇名（男三、女三七）であり、理由は、子守一七名（自宅が一一、他家が六）、家事手伝いが一五、本人の病気と母親の看病が各三、不明一であった。学年は三年以上が多いが、一年生が二人いる。欠席期間は、大正一一年度からの児童数が一四名、大正一二年度では夏休みまでは二名しかいなかったものが、九月以降急増し、二四名となっている（三重県総合教育センター［一九八一］五六－五九頁、神山・松村）。

貧困児童は、工場にもいたから、年少児を労働から保護するために、工場法が制定されていた。どこの国でも当初は

表 6-2-1　水戸市の壮丁学力検査成績（大正 4 年〜 12 年）

大正	合計	不就学		尋常科				高等科				中等学校	
			%	半途退学	%	卒業	%	2 年修了	%	卒業	%	修了	%
4	279	9	3.23	26	9.32	74	26.56	30	10.75	57	20.43	83	29.75
5	277	4	1.44	18	6.50	118	42.60	12	4.33	61	22.02	64	29.75
6	312	3	0.96	38	12.18	129	41.35	15	4.81	58	18.59	69	22.12
7	289	5	1.73	42	14.53	84	29.07	16	5.54	53	18.34	89	30.80
8	272	8	2.94	40	14.71	65	23.90	17	6.25	54	19.85	88	32.35
9	268	2	0.75	72	26.87	48	17.91	19	7.09	43	16.04	84	31.34
10	341	4	1.17	73	21.41	77	22.58	25	7.33	68	19.94	94	27.57
11	327	9	2.75	52	15.90	73	22.32	21	6.42	79	24.16	93	28.44
12*	300	1	0.33	38	12.67	79	26.33	30	10.0	68	22.67	114	38.0

＊大正 12 年については、別掲でも受検人数は 300 名となっているが、教育歴の各内訳人数と一致しない。
出典：水戸市下市尋常小学校［nd］。

「ざる法」の段階があったが、日本でも厳格な運用がなされていなかったので、保護者の貧困のために就労せざるを得ない児童の多くは、教育を受けることができなかった。工場に就労している児童を対象に、教育を提供する試みもあった。岐阜県笠松町は美濃縞の本場であり、工女が三〇〇名いた。町当局の発意により、学齢の工女を中心に教育機会が提供された（廣瀬生［一九〇九・五］、［一九〇九・六］）。一一一名が在籍したが、尋常科を卒業した一一名以外の百名のうち無学者三三、それ以外はすべて中退者である。年齢が低い児童は九歳（一名）、一〇歳（六）、一一歳（二四）、一二歳（二七）、一三歳（二八）で、最高齢は二〇歳である。学級数は二学級、複式で運営し、訓導が兼務している。授業は、週に二日、午後八時から二時間、教科は、修身・国語・算術だけである。学用品は貸与した。雇主のなかには工女の通学に好意的でない者がいることもあり、出席者数は約八〇名程度である。六カ月運営して、無欠席者三名、一日のみ欠席者七名であった。

教育の狙いは、対雇主や女性としての心得から基礎的な教科の限定的な知識と技術、幻灯や蓄音機・談話会による娯楽、品性の向上、生徒間の交流までさまざまであるが、訓導の協力と努力で成り立っていた。しかし、就労児童の教育に関する地域差は大きかったようである。

貧困児童について、子どもの生活の向上に連なる彼らの教育の質を考えた場合、その解決が遼遠であることを示唆するのは、大正期における壮丁学力検査成績である（表6-2-1、水戸市下市尋常小学校［nd］）。この結果は水戸市に限られているが、不就学者の着実な減少が見られた一方で、尋常科における半途退学者が減らないこと、尋常科卒業は戦後景気の時に増加するものの、高等科卒業とともに顕著な改善を示していないことが観察される。つまり、一五～二〇％の子どもは、四年の課程を修了できなかったのである。それは、継続的な通学ができなかったことを意味していることに他ならない。このような一定割合の子どもの存在がいる一方で、中等学校卒業者が一定の割合を持続していることも、認識しておく必要があろう。こうして、中等教育の高い需要と、初等課程を修了できない貧窮層児童に二分される。

貧困児の特別学級・特別教授の努力は、政策・実践者・需要者の間での利害を調整するなかで、就学率と出席率の向上と改善を生んだし、教師の教授法の改善と献身によって進展し、学校教育の機能の拡大に結果した。政策の主眼が、既成秩序を乱さない社会構成員への育成にあったとしても、子どもや保護者にとって、日常生活に必要な基礎的スキルの獲得に益することがあったことも認められてよい。

二　劣悪な教育条件と指導上の問題としての劣等児問題

(一) 小学校児童の多様な能力差の原因と劣等児の必然的発生

明治時代の初等教育の課題は、小学校制度と一定期間の通学を社会的慣習として確立することにあった。その教育方法は、正教員が不足しているために、彼らだけでなく、誰でも指導できる形式である必要があった。こうして、一定の学業内容の修得は、初等教育における不可避の課題となった。この問題は、一つは法律上の問題であるが、同時に、実践上の問題でもあった点に、明治三〇年代の小学校教育の新しい課題になったことは、すでに第二章で述べた。

明治時代末期から大正時代に入ると、劣等児に対する何らかの指導的対応が必要であるとの認識は、実践の場での常識レベルになっていたと思われる。それは、①制度的問題（二部教授［半日教授］・複式教授・大規模学級等）、②教員の問題（慢性的不足で低レベルの教員も多い）、③画一的で詰め込み主義の教育方法の破綻からも、劣等児の発生が明白だったからである。こうして、劣等児教育は教育界の流行現象となる。

児童の学力の差異に対する小学校での認識は、時間的には劣等児も英才児も同じだったと思われるが、師範学校附属小学校での着手の時期も、能力の高い児童と劣等児はほぼ同じだった。しかし、組織的に取り組んだのは優等児だった。その一例は、後述するように、京都府師範学校である。

（二）教員不足問題と過大学級・二部教授

二部教授は、午前と午後に児童を入れ替えて、同じ教室と教員を活用する教授形態であるが、制度上は、大正二年七月小学校令施行規則第三四・三五条に根拠をもつ、教員や教室の不足に起因する変則的な学級編制であり、大正二年の改正により、大幅に緩和された。そのうえ、大正一〇年九月一四日、総理大臣の諮問機関・臨時教育行政調査会において政府案（幹事長は大蔵次官）として提案されたのが、学級統廃合、二部教授および三学級二教員制であった（阿部［一九七七］九二頁）。

生粋の内務官僚出身の貴族院議員で、大正六年九月に内閣に設置され、岡田良平文相が主導した臨時教育会議委員だった江木千之（一八五三－一九三二）は、大正二年には二部教授および三学級二教員制度を唱導し、貴族院予算委員総会決議という権威まで得ていた（小澤［一九一九］一二五－一六九頁）。

江木ら、三学級二教員制度の擁護者たちは、財政難を背景に文部省および地方学務課が経費上の理由だけでなく、教育上の利点があるとの主張を提起するようになる。地方教育費削減を実現しようとしていた同じ内務省出身の原敬首相に至っては、質実剛健を実行させようとする精神教育の問題であるともしていた（阿部［一九七七］九二頁）。

しかし江木案は、教育界では論争の相手だった澤柳政太郎はもちろん、もとは教育行政官であった麹町区長・澁谷徳三郎からも、まったく評価されていない（澤柳［一九一三・四］。澁谷［一九二二］一七〇－一八二頁）。野口援太郎に至っては、「一顧の価値もない説である。全く素人の教育経済に過ぎないのは分り切った話である」と歯牙にもかけていない（野口［一九二三・五］四頁）。

このような学校・学級編制が、劣等児問題の発生関与因となったことは理解しやすい。就学奨励によって就学者が増加した結果、学校・学級数と教員数が不足したため、二部教授、複式教授、単級学校が増加し、過大学級も珍しくなかった。これらの後進的制度は、教員にはより大きな負担を与え、児童には円滑な学習を妨げた。島根県では大正一四年度になっても半数の小学校は単級または一部複式学級の学校であり、学級一に本科正教員一人という標準は一〇年前とまったく同じ〇・八六人で改善されなかった。二部教授も三学級二教員制も残存していた（島根県［一九七九］二〇九－二一三頁）。これらの問題は、基本的には財源不足と教員養成制度の不備であり、戦前日本が解決・改善できない問題として残った。

重要なことは、明治末期には、一部の実践者によって認識されていたのは、学級に必ず存在するはずの劣等児に必要なことは、彼ら自身の自発的な自信回復であり、劣等というラベルの付与が及ぼす影響を教師自身が意識することであった（劣等児教育上唯一の根柢［一九一〇・一〇］）。

結局、教員数に余裕がない環境のなかで、モラールの高い教師が辿り着くのは、つぎのような境地だった。マンハイム式学級編制はおろか、補助学級も設置できない。「然りと雖も此のまゝに捨て置くべきではない。理想的とまでゆかぬにしても、多少なりとも効果のある方法」をとって「救済せねばならぬ」（伊藤［一九一四・四］一〇頁）。

（三）劣等児の発生と教員の質

劣等児の発生原因の一つが、教員の知識と技術の低さにあることは常識だった（松本［一九〇九・六］三〇、三一頁。二階堂［一九一九・六］二四頁）。広島県では、正教員の比率が明治三八年度の四六・五％から大正四年度の七一・一四％へと著しく改善されているように見えるが、補充した教員の約四割は検定合格教員だった（広島県［一九一七・三］二一一－二一三、九一頁）。教員不足を補うために各種の教員養成施設が維持され、また、現職教員の学力補習を行う必要もあった（広島県［一九一七］二一一－二一三、九一頁）。

山口県の教員問題に対しては、澤柳政太郎が教員の学力格差と人材確保に疑問を呈した（澤柳［一九一六・三］）。教員が時流に流されやすく、自己の経験に基づく見識がなく、意見が抽象的でその出来にはかなりの差があり、「学力修養に大なる差」があるという指摘だった（二―三頁）。山口県では、教員の運用にも問題があった。二部教授や単級学校は教職経験が豊かな優良教員が当てられることになっていたが、現実の配置はまったく逆だった（本県教育の刷新に就て［一九一三・九］三頁）。しかし教員不足は、安い給与と低い社会的地位に起因していたから、山口県だけの問題ではなかったはずである。

そこで山口県では、教員の学力補習講習会を一二回も県内三箇所で実施する計画を立案したが、准教員にも拡大するために、学力補習講習会は「未だ容易く終了」しない見通しになった（学力補習講習会の今後［一九〇八・一〇］）。学力不足の教員（尋常科正教員を含む）を採用せざるをえない事情とその社会的背景があった（教員の学力問題に就て［一九一二・七］）。なお、教員と教育行政の刷新は、県知事指示事項にも盛り込まれていた（馬淵知事［一九一三・九］）。

正教員の慢性的不足という現実のなかで、劣等児教育に有能教員を継続的に確保することが困難だったから、その広範な発展は困難だったことになる。そのうえ、劣等児・低能児の教員には特別の条件が求められる。岡山県の教員・世良長造は、低能児教育の基礎的条件として、忍耐・親切・確固たる信念という一般的な教員の要素のほかに、精神的・共感的関係、保護者の了解を得ての医療的取扱法と教育的取扱法の併用、指導法の開発をあげる（世良［一九〇八・七］二四頁）。常識的な日常の指導や対応を超えて、教員が劣等児の指導的方法を向上させていく必要性は、玉島小校長の船越も指摘する（船越［一九〇七・九］二五頁）。

（四）知能検査の導入と乱用批判

知能検査が紹介され、その有用性が喧伝される一方で、その弊害に対する認識も高まっていく。初期の知能検査開拓者であった市川源三（一八七四―一九四〇）は、鑑別診断に基づく教育可能性の判断が重要であるとするが（市川［一九一四・一〇〕八頁）、そのこと自体に異論はなかった。青木誠四郎が乱用を早い時期に警告しているが、実践界でも指導という本道からその利用に抑制的な立場があり、児童の行動の綿密で継続的な観察こそ、中庸であるという認識があった（白雲生［一九二一・一二］五五頁）。なお、白雲生には自然に対する畏敬と人智の相対化がある。また、同じ時期に欧米追随を批判した人物である（結章参照）。

自然の征服といふことに見出さるゝものと、殆んど同じ滑稽さを平気に演じてゐるのは、近来、すばらしい勢で流行し出した人間の知慧（測）定でありませう。精神測定とか精神年齢とかいって、狂ひまはってゐるのです。（中略）劣等児・低能児・優秀児の鑑別が必要なら、黙って彼等を凝視するがよい。点（黙）って彼等の系統と発育史を探るがよい。そして永い間掛か（け）るがよい。そして安値廉価に片付る方便としてのみ、メンタルテストの手段を撰ぶがよい。混一無窮の物を、分解有窮に片付けやうとしても、それは結局駄目な事でありませう。

白雲生の批判と同じ頃、精神医学の医学士・大熊泰治（後に岡山医科大学を経て北海道帝国大学教授）が、大正九年、林町特殊尋常小学校とともに東京市最初の貧民子弟向けの太平尋常小学校学級の児童について知能検査を実施しているが、検査結果と担任（黒田照清）の児童観察との食い違いについては、検査を万能視することはせず、促進学級対象児の決定にあたっては検査の結果を基本としつつも、教員の評価も考慮すべきであるとする（大熊［一九二三］二六八頁）。

児童がやや逸脱した心身状態を示すと、小学校教員が、かんたんに低能児として自己診断することへの警告が多かったことを考えると（低能児の取扱に就て［一九〇九・三］。巻頭言［一九一二・一］）、劣等児・低能児の安易なラベルづけは、小学校の一般的な状況を反映していたのであろう。この問題は、教員の資質問題と関連するし、関連専門職の顕著な不足にもよる。劣等や低能の定義の曖昧さや安易な診断に批判的な意見は、教員の素人診断に向けられた。しかし地方の小学校や教師には、きわめて少数しかいない心理学や精神医学の専門家の協力を得ることは困難だった。これは、近代日本が後進国から脱却する過程で内包した矛盾の一つであった。

明治末期に紹介された知能検査は、大正初期には、ビネー・シモン法の改訂に着手した久保良英（一八八三－一九四二）の一一年法は、当時、標準化の手続きや知能指数の導入という点で最も評価されたという（中村［一九八五］二二五頁）。昭和期になると、標準化が格段に進められた鈴木ビネー式に転換されていく。

知能検査を巡ってはさまざまな立場がある。鈴木治太郎のように、検査を精緻にすることによって正確な知能診断を行い、児童の可能性を把握し、開花させるという立場がある。したがって、鈴木は知能検査による児童の可能性決定論の立場であり、白痴の教育可能性を認めない。しかし反面、鈴木は知能検査だけで、児童を理解できるとは考えておらず、他の方法の利用に否定的であるわけではない。それに対して、後に見る長沼幸一は知能検査の利用には限定的であり、教師自身が行う尺度化されていない方法を重視している。大都市では、専門家に知能検査の実施を委託することは可能だったかもしれないが、そのような都市は例外であり、皮肉なことに実際の知能検査は、理論的な理解がない素人の教師が乱用することによって、鈴木の期待を裏切ることが多かったのである。

（五）劣等児指導の模索

(1)　劣等児教育需要の潜在

明治四〇年代になると、小学校教員は、劣等児指導の方法を求めて、校内や隣接する郡・市だけでなく、新しい情報や技術を求める行動が見られるようになる。日本最初の心理学者で帝国大学文科大学教授であった元良勇次郎（一八五八－一九一二）の実験的低能児教育方法は反響があったと見えて、四〇年四月には水戸市下市尋常小学校の訓導たちが、東京市の富士見尋常小学校で行われていた低能児の指導を参観し、劣等児教育に「大イニ参考ニナシタリ」と評価された（水戸市下市尋常小学校［一九二四］、水戸市史編さん近現代専門部会［一九九三］一〇〇三頁）。また、滝乃川学園にも、姫路や長野の師範学校附属小学校の訓導が教えを受けに来ていた（脇田［一九三四］一八頁）。

低能の欠陥を注意力問題とみた元良は、伊澤修二の協力を得て明治四一年二月、楽石社特殊教育部内に遅性児童教育研究所を開設し、自作の精神操練器（視覚練心器・聴覚練心器）[8]を用いて、低能児の注意力の改善と推移力の育成を試みた。なお、白痴の注意力欠陥は、生理学的教育法の開拓者E・セガン（一七八六－一八七五）の学説であった（セガンについては清水［二〇〇四］参照）。

元良命名による「遅性児童」とは「成績劣等」児童のことであるが、訓練の結果の欄では、元良は「遅性（低能）児童」と表記しており（元良［一九〇八・四］七五頁）、実際に来所した児童のなかには、「遅性」ではない児童が含まれていたということであろう。高島平三郎は、元良の「遅性児童」を'backward children'とみなしている（高島［一九〇八・六］一九頁）。'backward children'とは、アメリカで一九世紀末から公立学校において使用され始めた用語であり、学業不振を主な指標とする非行・社会不適応・貧困の混合状態にはあるが、精神薄弱ではない児童を示す。これらの児童は、過大なサイズの通常学級では対処困難であるとみなされた。しかし元良の留学時期には、この用語はアメリカではまだ使われておらず、日本では、大正期の促進学級拡大期にしばしば披露される（後述の藤岡眞一郎参照）。

上記の初等教育関係教員による積極的に見える劣等児教育に関する情報収集行動は、たしかに劣等児教育の必要性が小学校に存在したことを示すのであろう。というのは、水戸市の下市尋常小学校では、明治二四年一一月から校内で議論されており、三九年六月には、劣等児学級を編制したが、効果がないという理由により、二年で廃止となった。元良の方法を視察に行ったのはこの時期であるが、その結果は、始業前または放課後に三〇分以内の補習を行うことに過ぎなかった。それ以外の工夫も、座席の配置等、まったく平凡である。大正九年五月からは、明治三五年の特別教授規程（後述）に基づいて、毎晩、七時から九時まで、三人の訓導が交代で特別教授を行った。対象児は男児が多く、一五名から三三名までいたが、年度を追うごとに増加している。また、卒業後は商店等に奉公する者が多かったことから、実用的な教材を重視したという（水戸市下市尋常小学校［一九二四］）。

学校での劣等児教育の必要性は、小学校に改善案を提出させると、劣等児教育を挙げる小学校が多いことからも分かる。大正一三年に三月に水戸市で開催された第一九回関東連合教育会の際に、主催者の茨城教育会が加盟教育会に対して中等学校や各小学校に「教育改善案」の提出を求めた結果、一三府県から二八三二点の提出があった。その茨城県分が『茨城県教育改善案　全』（茨城県教育会［一九二五］。船橋［一九八八］）であった。

しかし、各小学校から提出された改善案は、到底、実現あるいは実行できそうもない総花的な改善案が多かった。劣等児教育もその一つである。その意味で、必要性はあるが、小学校として実行可能な切実な課題であったかどうかは疑わしい。第四章で触れたように、茨城県ではすでに明治三五年七月五日、茨城県令第六一号「尋常小学校特別教授規程」が公布されており、特別学級または特別教授の実施が可能だった。実際に特別学級が設置されたのは、大正七年の土浦尋常高等小学校であったと思われることから、他の学校は、学級編制を伴わない特別教授で対処していたと考えられる。茨城県教育会は、明治中期より、盲唖児や非行児、低能児・劣等児、学校衛生について機関誌で取り上げてきた。その意味では、劣等児・低能児の教育に対する関心は、むしろ他の県よりも高く、広がりもあったといえる。また、投稿論文には、教材の精選した選択と教授法の開発の必要性を指摘した教員もいるが（亀山［一九一九・一］二九－三〇頁）、おおむね、学説紹介や児童の観察、個別的な改善努力に留まっており、実践論が発表されるのは大正中期である（船橋［一九八八］）。

ところで、実践論の内容や水準とは別に、学業劣等原因に対するユニークな着想がある。秋田県の訓導・三浦善雄は、苦心惨憺しても指導効果が上がらなかった結果、劣等の原因が、「感覚中枢と連想中枢及言語書記等の中枢が完全ならずして個々に働きつつ」あり、ネットワーク機能が働いていないためではないか、と推測している（三浦［一九〇九・六］九、一一頁）。なお、本論文は県教育会の懸賞二等論文だった。

この後、劣等児教育に対する熱意は醒めていくようにみえる。「劣等児童」という記事名が教育会雑誌等では減少するという意味においては、初等教育における「劣等児童」の地位は低下する。しかし、このテーマに関する権威の一人だった市川源三によれば、個性研究・個別研究、個別教授・個人指導に広く包括されていったと評価している（市川［一九一四・一〇］）。

(2) 校長主導による劣等児問題への着手

劣等児問題は小学校教育における時代の要求であったが、形態はともかく特別教育が実施可能な条件があった。それは、教員数が多く、教室にも余裕がある大規模小学校であり、特別教育に関心や意欲のある校長がいることである。したがって、特別教育が展開されるのは、ほぼ例外なく大規模校であり、地域の拠点校である。本章で記述される学校でいえば、東京市林町、岡山県倉敷、熊本市山崎の小学校である。こうして、大規模校と校長主導は、ほぼ同義である。

学校の経営方針としても、劣等児への対応が記載されるようになる。明治四〇年一一月、島根県邇摩（にま）郡温泉津高等小学校では「劣等生取扱に関する規程」に基づき、名簿作成、成績不良科目とその原因、指導方法、結果を記入する様式も定めているが、他県の劣等児に対する初期の対応で言及された教師側のあるべき態度はまったく触れていない。島根県の頓原（とんばら）村のような在郷町の小学校でも、「教育内容」充実方策として「三、劣等児童の救済」が挙げられている（島根県［一九七九］二二二）。岡山県浅口郡西浦小学校「我校の教育」では、優等児・劣等児についての記述がある（眞田［一九一八・二］）。明治四一年四月、模範校とされた山口県吉敷（よしき）郡名田島尋常高等小学校では、経営方針の一つに「劣等児童の取扱方法」を挙げているが、その内容は個人教授が中心で、欠席児には特別教授、一定程度の劣等児には練習的教授を行うが、形式的な内容にすぎなかった（防長教育［一九〇八・四］）。広島県山県（やまがた）郡では、大正二年一月、小学校長会同を開催し、劣等児童取扱についても協議したが「各学校ノ状況承リタシ」という情報交換にすぎなかった（山県郡小学校長会同［一九一三・九］一二頁）。

教師個人の考えつく日常の指導上の工夫は、おおむね共通している。たとえば、教授は具体的で個別的、分量を多くしない、反復・復習、短時間、抽象より直観、体力増進（体操遊戯）、教師の態度は親切と厳格、食後には休息をとり、規律正しく、褒める、訓戒は愛情から、というようなものである（堀［一九一〇・四～一九〇四・五］）。どの項目にも、明治期教授法への反省あるいは新教育の影響が感じられる。結局、教師が考えつく日常的配慮による劣等児指導の方法には限界があったということであろう。

(3)　低能の定義

低能の定義は、時代によってさまざまで、結局、昭和初期に精神薄弱と同義になるまで、その記述内容で判断するほかなかった。たとえば、明治四三年、茨城県高等小学校の訓導は、低能児とは成績不良児で、指導対象になるのは、白痴以外の学力・道徳ともに劣等な児童であり、先天的低能以外は救済可能で普通児に近づけ得る、と考えている（堀［一九一〇・四〜一九一〇・六］）。

それゆえ、低能児といっても、いくつかの児童に類型化されている。結局、広く流通することはなかったが、明治四四年に『教育界』が特集を組んで諸家に論じさせた英才児である「高能者」に対応する場合、学業不振までカバーする場合、精神薄弱を意味し、白痴を除外する場合、非行と重複している場合とさまざまであり、しかも、原因が先天的・後天的だけでなく、環境的な要因も多かった。

明治四一年一〇月の山口県教育会誌『防長教育』の「教育問答」欄には、劣等児と低能児の差異点の質問があった（教育問答［一九〇九・一〇］）。たしかに劣等と低能の概念の混同や混乱は少なくなかった（市川［一九一〇・八］）。しかし、少なくとも県教育会雑誌に掲載される論文・記事では、指摘されるほど、用語上の混乱が顕著であったわけでない。静枝「低能児の教育について」（［一九〇九・七］）のように、低能児を能力が低い児童という意味で使用することで、劣等児をも含んで使用していた場合もあったと考えられる。第一回全国小学校教員会議で講演した三村安次（長野市）が「低脳」を劣等の意味で使用していることには疑問の余地がない（三村［一九〇六］）。

実践家による低能児関連の著作は、一定の形式があった。それは、原因論や類型論が主で、実践論が部分的にすぎない論考が多かった（この形式は低能児に限らず一般的で、実践（論）に至らない論考が、実践者でも研究者でも多かった）。精神医学からこの問題を早くからリードしてきた東京帝国大学の三宅鑛一（一八七六−一九五四）は、低能児に関することのような教育界の動向に対して、大正八年の教育者向け雑誌の短編で、教育者のやるべき事項を明示している（三宅

［一九一九・八］）。その前提として、劣等児を含む広義の低能児と真の低能児を明確に区分し（三宅は、明治四四年には、白痴・痴愚・魯鈍の区分をしている。藤岡［一九一一・一二］五頁）、そのうえで、両者を異なる方法によって教育的取扱をすべきことを指示している。真の低能児は「精神能力上に量の相違があるのみでなく、質を異にしていて居る」。しかし、同時に、算術はまったくできないのに、虚言が非常に巧みであるというように、「特徴の組み合せ具合で、個性の差別が非常に多い」ことの理解も必要である。要するに、「低能児は別に新らしく研究して見なくても、その性質は疾に知れて居る。今更一々研究して居った所で有害無益である。研究よりも今日は実行の時期である。低能児教育を如何にして実行すべきかが当面の課題である」。教育の場は、「普通児童と分離せしむるのがよい」。

もう一つ、三宅の提言で重要なことは、その教育目的である。「並の人として立つように教育すべきでない。従って低能ながら其の人の有する特殊の才能を助長せしむべき教育を行はなければならぬ。それに相当する職業を早く採らせねばならぬ」という。また、教育の場も、教育後も、通常の学校や社会から分離するのがよいともいう（三宅［一九一九・八］二〇、二一頁）。

(4)　呼称問題

指導上の必要から、特定の児童集団を選択して何らかの特別な指導を行う場合、さまざまなことが配慮された。課外における特別指導の場合でも、他の児童から分離や抽出がされるから、放課後よりは始業前に設定することによって、他の児童から馬鹿にされないように心がけた。特別学級を編制する場合、期間は不確定であるにせよ通常学級から分離されるから、指導の実効性のうえからも、保護者や児童の同意と理解が必要だった。たとえば、比較的初期の特別学級だった岩手県師範学校附属小学校の特別学級では、入級にあたっては保護者の承諾を得ている（金港堂編輯部［一九一〇］一三八頁）。東京高等師範学校附属小学校の補助学校（学級）の場合は、対象児選択は校内ではなく周辺地域だったから、当然、保護者の同意が前提だったと考えられる。保護者の意思の尊重は関係教員には共通しており、少なくとも大正期の東京市では特別学級への児童の措置において、保護者の同意を前提するようになる。また、樋口長市も、アメリカの状況を見聞してのことと思われるが、同じ見解である（後述）。

また、小学校児童のなかで心身発達上の理由から、特別な措置を行おうとする場合、かなり早い時期から、他の児童との関係上、児童とその教育措置について呼称問題が認識されていた。長野尋常小学校における鈍児や劣等生から晩熟生（三村［一九〇九］一〇二－一〇三頁）、元良における低能児童から遅性児童への変更がそれである。もともと、「精神上に欠陥のある」児童には、さまざまな呼称が歴史的に存在した。「馬鹿、阿呆、薄馬鹿、天保銭、八割、不良児などがあり、少々教育的なもので、亜常児、痴鈍児、低能児、劣等児、晩熟児、後児、弱心児、精神薄弱児、精神低格児、白痴児」などがあった（阿部・小野[10]［一九二二］六七頁。平田［一九九三ａ］一四九頁）。大正期の特別学級推進者が、学級の呼称に敏感だったのは注目すべきである（藤岡［一九二一・五］七二頁）。茨城県で劣等児教育の中心となっていた土浦尋常高等小学校（船橋［一九八八］）では、通常学級から対象児を抽出して学級編制することによって生じる「（児童に）不快ノ感ジヲ与ヘヌコトニ細心ノ注意ヲ払ヒ、彼等ノ自尊心ヲ傷ケザル様ニナスコト」を学校の方針としていた（新治郡土浦尋常高等小学校教育改善案［一九二五］一〇〇頁）。学業の劣等の社会的ラベルと配慮については第二章で触れたが、学歴の社会的属性化が進行し定着する戦前社会においては、学校内だけで解決できない問題となっていた。

(5) **親の心情への配慮と親の教育に対する期待**——特別学級への入級要望

課外時間や初期の特別学級における特別指導は、学校側の主導だったので、当初は肯定的ではなかった保護者も、児童の行動が改善することによって受容的になり、学校側に対して謝意を示すようになったという。ただし、劣等にはラベル（スティグマ）が付与され、低能には「馬鹿学級」のような、一層ネガティブな意味が付与されるから、拒否から受容へと単純に昇華するわけではなかった。しかし、劣等児や低能児の特別学級が増加した大正末期には、需要者側に明らかな変化が生じていたようである。それは、特別学級児童の保護者の教育後の感謝から、入級あるいは教育への要望へと変化したことである。これを示す具体的資料は見当たらない。この点で、劣等や低能の場合、教育を受けた本人または保護者が、教育や学校の効用を雄弁に述べる障害カテゴリーとは異なる。

しかし、大正九年一月から一二年三月まで（平田［一九九三a］一四九頁）、東京高等師範学校附属小学校補助学校訓導だった小野秀瑠（小野は理科専門の訓導で、後に、静岡県女子師範学校教諭）は、つぎのようにまとめている（阿部・小野［一九二二］三七‐四二頁）。親の心情が、受け身的な感謝から、学校や教師への要望へと変化したこと、すなわち、「親の教育的自覚」（三七、四一頁）がとくに母親に生じたことが、大正末期以降の特別学級増加の重要な要因の一つになったと思われる。

特別教育、とくに特別学級児童の親の態度は、子どもの教育に対する関心や理解の欠如、非協力が定型であった。小野は、一般に誤った親の子に対する愛情として溺愛と親の利己的愛情を挙げて、さらに低能児の親では、低能を受容できないこと、低能の世間に対する隠匿、一旦は受容するが元の態度への退行があるが、近年、生物学的・遺伝学的な制約の範囲で、境遇の改善と素質に適合した分量と質の学校教育の提供が必要であるとの理解に達したとする。言い換えれば、特別教育について、教師や学校側の主導から、親の理解と要望へと展開したということである。そもそも、保護者は、少なくとも通常学級内における特別指導である限りは、異論はなかった（山口県［一九〇九b］五三‐六二頁）。劣等児教育に造詣があった市川源三も、保護者は、特別学級開設当初の当惑や消極的な拒否から、好意と感謝に変わり、実際には特別学級を歓迎していることを経験していた（市川［一九一四・一〇］八頁）。倉敷小学校でもこの見解に同意している。保護者の反対や嫌悪は、学校に確固たる信念がないこと、保護者に十分な了解を得ていないことのために生じるという。そこで倉敷小学校では、初めて特別学級を開設する際に、十分に説明し、その後も随時説明を繰り返している。その結果、最近では、保護者が自発的に特別学級入級を希望する例さえある。そのような態度変更を生んだ子どもの行動変化を例示している（齊藤［一九二五・一一］八〇‐八一頁）。

第三節　第一次世界大戦後の日本社会と特殊教育

一．マンハイム・システムとドルトン・プラン等の外国学級編制法情報の導入と結果

(一) 能力別学級編制の賛否と各種システムの紹介競争——アメリカ情報の流入

アメリカに限らず、欧米情報は断片的なことが多かったが、それでもしばしば流行した。それは流入する情報の内容も関係するが、仲介する人物の有無や影響力も規定する要素となる。特殊教育に限定した場合、情報自体が直接、日本に影響する例はなく、仲介者の力に左右されることが多かったように思われる。この事例には、元良勇次郎の低能児教育や伊澤修二の視話法とその吃音矯正への適用がある。しかし、元来は通常教育関連の情報であっても、理念や能力差・学級編制に関連する問題の場合は、むしろ、情報の内容が影響したように思われる。これには、スタンレー・G・ホールやジョン・デューイ(John Dewey 一八五九－一九五二)、ヘレン・パーカスト(Helen Parkhurst 一八八七－一九七三)、各種の学級編制案が例示できる。また、情報や仲介者という条件だけが、影響の大小を左右するわけではないことは、たとえば口話法が流入時点ではなく、大正末期までずれ込んだことで理解できる。

アメリカ情報は、明治初期から留学生をはじめとする日本人訪問者によってもたらされてきたが、学術的基盤のもとでの実践性という点では、伊澤修二と元良勇次郎が画期を作ったといえよう(伊澤［一九一二］。佐藤［二〇〇四］)。二人は、生没年はやや近いが、アメリカ留学時期は一〇年ほど異なるし(伊澤は明治八年七月～一一年秋、元良は明治一六年六月～二一年七月)、帰国後の経歴も伊澤は国の教育行政と教員養成、元良は学術分野としての心理学の構築というように異なるが、低能児教育で交差することになる。明治期の教育エリートが自己の活動の延長上に障害のある児童を含めていたのであるが、伊澤における吃音と聾唖児の発話(第四章参照)、元良における低能は、新奇性があっただけでなく、矯正と改善の可能性が大きい問題だった。

明治三〇年代になると、ホールの幅広い心理学説が紹介されるようになる。明治三一年末の『児童研究』では、外国人で日本学術界（教育学・心理学・児童学）に著しい影響を与えた学者のなかで、ホールは「特筆大書するを要す」人物であるとまで評価されている。その理由は、元良勇次郎の師匠であったことが挙げられている（「スタンレー・ホール」氏［一八九八・一二］九一頁）。明治三九年一月号の『教育界』には肖像写真つきで石川半山（安次郎）のホール紹介が、翌年の同誌には別の肖像写真が掲載される。これ以降、教育系雑誌でホールの著作が取り上げられるようになる。大正三年六月には、三澤糾がアメリカの異常児研究を紹介しているなかで、ホールに言及している。三澤は、明治三八年から四一年までクラーク大学に留学し、Ｐｈ・Ｄを取得した（佐藤［二〇〇四］一五五頁）。

とりわけ、明治四三年にはホールの『青年期の研究』（一九一〇）、大正三年には『青年期の心理及教育』（一九一四）が出版されるが、版を重ねた翻訳書であった。大正四年には、ホールの著作に基づくＧ・Ｅ・パートリッジ『新教育の理論及び実際』（一九一五）の翻訳が刊行される。

（二）ドルトン・プランの隆盛

小学校児童一人ひとりにみられる心身発達の差異は、日常的な実践において認識されているから、その問題と何らかの対応が必要なことは、教師は誰でも認識しているはずである。心身発達の差異、とくに学力差が問題になると、それが中心的なトピックとなる。

さまざまな学級編制法をめぐる初等教育界の熱気は、驚嘆すべきエネルギーでもあったが、所詮、学級編制が成立する基盤が大規模校以外にほとんど存在しない条件における狂騒に過ぎなかった。日本の初等教育界はこの種の狂騒を繰り返してきた。劣等児教育に関心をもった秋田県の田園地帯の准訓導は、マンハイムやバタビヤ（バテイビア）のシステムは、望んでも得られないから、尋常科一年・二年の教員の空き時間を利用して算術や読み方の復習を行うのが精々であるという（加藤［一九一一・一一］二〇頁）。

二部教授と過大学級の縮小や正規教員の多数化のような指導‐学習条件の改善が、就学義務制度の整備と督励的努力ほどは進展せず、小学校において後進的な状態が残存し続けた。そのために、学業不良の発生が小学校において必然化しているにもかかわらず、その拡大を予防する仕組みは進展しなかった。このような状況において、成績不良に対応する学級編制法であるマンハイム・システムが、文部省留学生・服部教一により「目下独逸ニ行ハルル新小学校編制法」（服部［一九〇六・一〇・三一］）において、ついで文部省留学生・槇山榮治により「マンハイム小学校組織調査報告」（槇山［一九〇七・一二・一一］）において、それぞれ明治三九年一〇月三一日と四〇年一二月一一日に官報で紹介されたのであった。

その後は、ドルトン・プランをはじめとする、とくにアメリカ各地で試行されていた、実にさまざまな学級編制法あるいは指導法が紹介された時代であった。学者の論文でも実践者の報告でも、おびただしいシステムやプランが列挙された。それは、二つのことを意味する。一つは、明治期までは個人差、とくに学力差に対応する指導が小学校では十分に行われていなかったことである。もう一つは、大正期になって、これまでも矛盾を感じていた教員には、その現実を改善したいと願う熱意があったことである。この二つが相乗した結果生じたのが、ドルトン・プランをはじめとする各種の指導法であり、ブームといってよい現象となり、とくにドルトン・プランに対する異様なほどの熱狂は全国的に蔓延した。しかしこの社会的現象は、日本の教育学および実践の弱点をも暴露した出来事だったといってよい。

欧米から導入された指導法のなかで、日本中の教育学者や小学校教員を席巻した最大の事例の一つはヘレン・パーカストのドルトン・プランであろう。当時の交通手段から考えると驚異的であるが、彼女は、大正一三年から昭和一二年まで何と四度も来日して全国を講演旅行し、地方講演旅行では県知事と面会するほどの歓迎をうけた。たしかに彼女の主著 Education on the Dalton Plan は五八の言語で刊行されたほどであったが（Irvine［一九八〇］）、ドルトン・プランは、世界のなかで日本が最も熱烈に迎され続け、全国の県教育会雑誌はこぞって解説や実践論文を掲載した。ドルトン・プランは大正一一年夏に、新教育運動の一環として、赤井米吉（一八八七‐一九七四）により訳書が公刊され、その後の彼の訳書と合わせて、一万六千部が売れたほどの熱狂ぶりだった。赤井は、児童の能力と興味が一人ひとり個別的であることに気づかせてくれたことをドルトン・プランの功績に帰しているが、また、彼は、なぜ日本だけでドルトン・プランが歓迎され続けたのか、他の国では一時的だったのかについても解説している。それは、ドルトン・プランの「器械的で固定する」傾向であり、その傾向と国定教科書による器械性と固定性が合致したからである。固定した国定教科書という枠内で、「児童個人の能力と興味によって自由に学習せしめる方法」として活用されたというのである（赤井［一九三七・一］）。

ドルトン・プランに対する熱狂は比較的長く続いたが、厳しく評価する人もいた。その一人は山下徳治である（山下［一九三九］一二二―一二九頁）。彼の批判は日本の現実から見たもので、無駄な言説的装飾がなく、根本的な指摘となっている。すなわち、ドルトン・プランを導入する前提となるべき、施設・設備の欠如、児童の放置、教師の知識と指導力の不足である。これは、大正一三年三月の県教育会雑誌『岐阜県教育』で見たように、同時代にすでに指摘または危惧されていた問題であった。こうして、ドルトン・プランの新教育は、明治期の児童観とは対照的な大正期の児童観だけが上滑りして、成城学園等のような私立校や師範学校附属小学校のような、施設・設備が整った一部の小学校でのみ、可能となったのである。しかし、児童観の変化が実践に甚大な影響を与えた初等教育の分野があった。上述したように、その最大が特殊教育であった。

二　全国的な劣等児教育の必要性に関する問題提起――地方間・地域間格差の発生

（一）大正期から昭和期初期における小学校特殊教育発展の二つの源

(1)　小学校令における柔軟な教育課程履修規定

教育行政が就学奨励や督促だけに注力し、それ以外の注意を怠っていたわけでもない。明治三三年小学校令でみると、そもそも、修業年限すら弾力的だった（第八条）。教科履修においても、尋常小学校（第三条）および高等小学校（第四条、

第六条）では、「土地ノ情況」によって、教科の増減を最低限の範囲で認めていた。とくに第一〇条では、「小学校ノ某教科目ハ文部大臣定ムル所ノ規則ニ従ヒ之ヲ随意科目トナシ又ハ之ヲ学習シ能ハサル児童ニ課セサルコトヲ得」と規定されていたのである。

さらに明治三三年小学校令においても、上記の大半の方針は継承されるが、劣等児・低能児の存在を意識したと思われる規定が新設される。それは第二二条、「小学校ノ教科目中児童身体ノ情況ニ依リ学習スルコト能ハサル教科目ハ之ヲ其ノ児童ニ課セサルコトヲ得」という規定である。

より障害が重ければ就学猶予または免除、小学校に入学できる程度の遅れであれば教授内容の制限という理解も可能である。尋常小学校の教科目は修身、国語、算術、体操であり、学業劣等が多く生じる国語と算術が課程から除かれると、修身と体操だけを学ぶこととなり、さらに図画、唱歌、手工や裁縫（女児）が加わることがあった。しかし、学級経営を現実的に考えた場合、国語や算数の教授対象から児童を除外しても、学級内で放置するほかはなく、結局は、教科の除外は最終的な手段であったように思われる。その間接的な証拠が、各地で劣等児教育の実践であったと考えるべきではなかろうか。

(2)　文部省普通学務局・大臣官房学校衛生課

ここでいう特殊教育は、従来の定義である貧困児童・非行児等を含む社会事業的性格を有する教育から、しだいに障害児の学校教育へと焦点化していく段階にある。また、担当行政も、保護や収容から教育へと障害児の処遇の重点が変化する時期の内務省管轄だけでなく、文部省内でも普通学務局社会教育担当課と大臣官房学校衛生課の間で、競合する場面が出てくる段階にあった。新しい現象としては、特殊教育への進出が、それまでは盲・聾啞児のみが正式の政策対象であり、それ以外の対象外であった障害児および関連児童群を念頭において進行したことがあげられる。

普通学務局系の事業は、社会教育課の活動として、大正九年九月、「就学児童保護施設講習会」から始まる。この講習は一週間の日程で開催され、講義録は『就学児童保護施設の研究』として刊行された。この企画と編集は川本宇之介によったという（市澤［二〇〇二・六］九〇、九五頁。川本［一九五四b］一〇六－一〇八頁）。理論と実践を組み合わせた構成で、「就学」が冠されているように、大正末期の「児童保護」よりも限定した、小学校に関係する範囲の不良児・低能児・劣等児・病弱児・児童相談および職業指導・身体と精神発達の関係に六つに区分され、付録として林町尋常小学校の促進学級、そして英米の職業指導の調査結果が付されている（文部省普通学務局［一九二一］）。職業指導が入っているのは、これを専門テーマとしている川本の個人的な判断であろう。本書は一カ月で三刷の驚異的な売れ行きだったから、相当、待望されていた著作とみえる。[11]

社会教育課は、大正一〇年一二月には新しい事業に着手する。「低能児教育調査会」の設置である（市澤［二〇〇二・六］八九、九五頁）。一一年一月には第二回を開催した。委員は、乗杉嘉壽課長、川本調査主任、心理学の久保良英と精神科医師の杉田直樹、樋口長市らだった。差しあたり、低能児の標準と原因等について検討することとし、久保による学童に対するアンケート調査と杉田による医学的調査を予定していた（低能児教育調査会［一九二二・三］）。大正一一年七月、低能児教育講習会が一週間の予定で開催された。講師は、上記の研究者に加えて、青木誠四郎が登場する。この時、青木は東京府立第一高等女学校教諭で、文部省嘱託でもあった（文部省低能児教育講習会要項［一九二二・七］）。この講習会は予想以上に反響があり、二五〇名の参加者があり、講習修了者二三二名に上った（低能児教育講習会［一九二二・九］）。

（二）大正末期の特別学級調査による全国的な実態と調査の効果

奇妙なことに同じ文部省内の二つの課が、大正末期に内容が類似した調査を二回行った。文部大臣官房学校衛生課と普通学務局社会教育課である。第一回は、学校衛生課が大正一二年一〇月に劣等児「特別学級」の、社会教育課は実施時期は不明であるが青木誠四郎によって劣等児・低能児の「特殊学級」の調査を行った。第二回は、社会教育課が大正一五年に劣等児・低能児の「特設学級」調査を、学校衛生課が大正一五年三～四月に「特別学級」の調査を行った（文部省普通学務局［一九二四］、［一九二七］。文部大臣官房学校衛生課［一九二四］、［一九二七・六］）。この時期の所掌内容は、表8-3-1に示したとおり、大臣官房学校衛生課が「身体虚弱又ハ精神薄弱ナル生徒児童等ノ監督養護ニ関スルコト」であり、普通学務局社会教育課は「特殊教育ニ関スルコト」だったし、盲唖教育の担当も普通学務局学務課だった。昭和四年七月に、「盲学校、聾唖学校其ノ他特殊教育ヲ為ス学校ニ関スルコト」の所掌内容が普通学務局学務課に統一されるまでは、所掌内容の変化からいえば、「身体虚弱又ハ精神薄弱」は、学校衛生課の所掌であったように思われる。

しかし普通学務局からすれば、表8-3-1に示したように、大正一〇年に学校衛生課が復活するまでは、学校衛生や身体虚弱を含めて、低能・劣等、貧困児童まで、そして学校衛生主事会まで普通学務局が担当していたのであるから、縄張り意識はあったのかもしれない。この時期の普通学務局には、折良く、士気と能力を兼ね備えた役人が特殊教育の担当となった。普通学務局第四課（社会教育課）の課長・乗杉嘉壽と調査係長・川本宇之介だった。乗杉は英米の教育視察から、日本の前近代的な初等教育の問題と特殊教育の徹底的な立ち遅れを理解していたし、川本は東京市教育課勤務時代に、特殊教育の基盤構築に関与していた。彼ら、とくに川本は、低能児教育の基本政策を樹立する地方の状況を知っていたのである。こうして、大正九年九月の「就学児童保護施設講習会」が、これまでの学業劣等に関連する諸問題を含んだ、低能児教育問題への中央政府による対処の起点となった。この講習会とその意義についてはこれまでも、川本の役割を中心に多くの指摘がなされてきたが（平田［一九八六］五七頁。戸崎［二〇〇〇］六九頁。市澤［二〇〇二・六］九五頁）、再検討の余地が大きい[12]。

ともかく、国による特別学級調査は、回答者には二つの印象があったようである。一つは、劣等児・低能児の概念が明確でなかったことに対する困惑である。もう一つは、特別学級が拡大していた時期であるから、調査結果によって、他の地域の状況を知ることが、自分の地域での取り組み方に影響を与えた可能性があることである。概念の不明確さは、調査者は承知していて、敢えて不明確のままにした可能性もある。というのは、劣等や低能の知識・理解、取り組みが千差万別の回答者に、明確な基準で調査すれば、該当しない例が多発するので、むしろ回答者のありのままの現状を明らかにしたかったのではなかろうか。

二回の四つの調査により、初等教育界にある程度の劣等児・低能児教育に関するインパクトを与えた可能性はある。というのは、調査結果は、特別学級対象児童の選択や学級編制の方法、指導の指針のような情報を提供してくれたから、学級担当者や校長には、何らかの参考資料になったのである。たとえば、大正一二年一〇月の文部省・劣等児特別学級調査の調査結果における特別教授の効果があるという項目は五〇に及ぶ（文部大臣官房学校衛生課［一九二四］五－一〇頁）。しかしその内容は、指導上の工夫だけでなく、学級編制等の問題を含んでいるが、少なくとも多人数の児童に対する一斉指導の旧来教授型では、不可能で効果がないことは明らかであった。

（三）明治四一年五月の第二回全国小学校教員会議における「発育不完全」問題

劣等児や低能児に対する特別な教育の実践的ニーズの認識と具体化な方策立案には、地域により相当な差があったように思われる。ある地域では特別学級編制の推進を模索している学校もあれば、その数段階以前の問題に苦闘している地域もあり、特殊学級反対論もある。そのような認識の差異の地域差を如実に示しているのは、明治四一年五月に開催された帝国教育会主催の第二回全国小学校教員会議における「発育不完全ナル児童ノ為メニ特殊ノ学級ヲ設クルノ可否、若シ可トセバ如何ナル編制ヲ採ルベキカ」に関する審議である。ここで「発育不完全」とは劣等児を意味すると説明されている。帝国教育会提出第三号議案として諮られた特別学級編制原案を巡って議論が紛糾した（帝国教育会［一九〇八］四四－五一、一一五－一二四頁。戸崎［二〇〇〇］四〇－四三頁）。その理由は、特別学級が設置・運営されていた地域と、特別学級の必要性を認識せず、将来の未知の問題だった地域とでは、特別学級の必要性についてまったく意見を異にしていたからである。

実質的には特別学級設置提案である主催者案は可決によって、一学級当たりの児童数、男女の編制、教員配置等の明確な基準に関する検討を開始しようという趣旨であった。必要論、不要論、認識未熟論が入り乱れて採決に至らず、調査委員付託となった。調査委員案（全教科＝学年の特別学級と一部教科の特別学級、男女共学、一学級二〇名程度等）を再度審議するも票決に至らず、決議は延期となる。

この審議過程で注目される第一は、原案審議における反対論者が、青森県弘前市・島根県松江市・岐阜県羽島郡・静岡県浜名郡の小学校長や鳥取県実業補習学校長であり、必要論者は、特別学級を実施または試行している東京市の校長・教育界幹部や群馬県館林・台湾基隆の校長、帝国教育会の幹部だった点にある。提案者の劣等児定義が曖昧だった（戸崎［二〇〇〇］四一頁）のではなく、対象児を敢えて曖昧にして、各地域の必要性に応じて弾力的に対応できるようにしたと思われる（帝国教育会理事の多田房之輔と東京府教育会山口袈裟治の発言参照：帝国教育会［一九〇八］四七頁）。

第二に注目されるのは、調査委員案が、原案反対者（松江）や特別学級の必要性を認識していなかった地方の代表者も含んだうえで作成されたことである。本会議での議論では必要性を理解できず反対した調査委員も、修正案作成のための集中的な議論において、劣等の複雑さと特別学級の（将来的な）必要性を認識するに至ったと思われる。この時期の文部省と帝国教育会との関係には、澤柳政太郎会長時代のような緊張関係がなかったことを考えれば（阿部［一九七七］八三－八九頁）、劣等児の特別学級編制に関する何らかの法制を設ける好機であり、原案・調査委員案の不採用は、その後の劣等児教育の発展を妨げることになったといえよう。

この原案提議には伏線があった。明治三九年五月、帝国教育会主催の第一回全国小学校教員会議で、信濃教育会の長野市後町小学校長・三村安次（一八七一－一九三二）が教育実験談「劣等児童ノ教育」を述べた（三村［一九〇六］[13]）。劣等児教育がトピックとして選ばれたことは、劣等児教育の重要性を認識していた人物が帝国教育会幹部にいたことを意味する。

劣等児教育問題は、さらに明治四二年五月開催の第七回全国連合教育会において、文部省から、「三　学校に於ける同学年の児童を二個以上の学級を編制する場合には、如何なる方法に依りて其児童を分つべきか」、「四　小学校に於ける児童の座席を定むるに教育上適切なる方法如何」について諮問を受けている（第七回全国連合教育会［一九〇九・六］）。会務雑事［一九〇九・七］）。連合教育会の答申は、「三」については以下の通り、四案を示し、それぞれの利害を示した。

「学力の優劣に依る編制法」
「学力の優劣に依りて分級し共同受持とする編制法」
「児童の境遇に依る編制法」
「生理状態に依る編制法」

「四」については、（一）児童の座席設定に必要な標準として、養護と訓練と教授からの要求を挙げ、教授上の要求については、児童の学力の優劣についての注意と学力別の複式教授を例示している。さらに、学力の優等・普通・劣等児童の座席の配置について細かな案を提示している。また、近視や難聴の児童の座席配置についても配慮している。ただし、学力ごとの配置法については、煩瑣であり、実際的でないとの反対があった。

なお、第七回全国連合教育会議では、下野（しもつけ）教育会が、「不成績なる児童の学力補充の方法如何」の議案を提出しているが、不採用議案となっており（第七回全国連合教育会［一九〇九・六］五三頁）、連合教育会として討議にまで至らなかったものと思われる。その理由は不明であるが、議案の提案者の主たる対象は、「所謂低能児童にあらざる不良成績者」であるから、上記の文部省諮問事項と重複することは確かであり、文部省諮問事項を優先したものと思われる。しかし、提案者は、学業成績不良の種類・程度および原因は多種あるといい、将来は、「甚だしき」学業成績不良の者には、特別な学校または学級を組織して「特種なる教育」を行わなければならないと予測しているのは注目される。

（四）大都市と地方における劣等児教育・低能児教育センター校の出現とその条件——新教育運動期における新段階

⑴　劣等児教育の潜在的拡大

東京高等師範学校附属小学校訓導で補助学級担任だった黒沼勇太郎は、大正一〇年に、特別学級は、長野では中止して、熊本等の一部の学校のみになったと述べているが（黒沼［一九二一］二〇一頁）、制度的にはその通りであっても、特別教育としての胎動はむしろ大きくなっていたといえよう。

茨城県教育会の調査では、大正一一年度に全県小学校五五八校のうち、能力別編制学級が五五学級あり（すべて尋常科）、能力別編制を試行している小学校が一五校あった。県教育会は、一〇学級以上の小学校（一〇四校になる）には補助学級を設置すること、補助学級は三つの学年以下で編制すること、収容定員は三〇名以下とすることを提案している（茨城県教育会［一九二五］九〇－九一、九五、九六頁）。

第二章で述べたような脇田良吉に象徴される対処は、実際には地域的広がりが点状にあったことが示唆され、文部行政の関心事に含まれるようになる。もっとも、各地の動きは持続的でも構造的でもなかったから、時期尚早な着手であったともいえる。明治末期に、東京市では低能児の特別教育に対処する必要性を検討した。明治四五年初めに東京市教員講習所で、低能児教育に関する調査委員会を開催した。調査委員は、東京帝国大学教授・三宅鑛一、文部省視学官・服部教一、東京高等師範学校教授・乙竹岩造だった。その報告は以下の通りである（肺結核と低能児［一九一二・四］、低能児特別教育［一九一二・三］）。

1. 教育上特別に取り扱うべき低能児の限界
2. 限界を標準として東京市内低能児の実数調査
3. 低能児の教育方法と欧米の実例
4. 東京市において実施すべき低能児教育の施設と方法
5. 東京市において実施すべき低能児教育教員養成方法

これにより、東京市では、大正後半期になって実現した短期の低能児教育教員養成課程がすでに明治四五年には立案されていたことが分かる。しかし戦前には、結局、ほとんど実施されなかった項目があるし、学校教育の対象とする基準と教育目的および教育課程が欠けている。しかしながら、調査委員に文部省視学官が入っていることは、低能児教育の実施について文部省内には隠れた政策意思があったことを示すものとして注目される。

(2)　東京市における補助学級

①東京市直営貧児学校

拡大や発展の指標は、学級数のような数値だけではなく、構造的な変化を含める必要があろう。東京市における特殊教育は昭和初期に目覚ましく進展することになるが、突然、それが発生するわけではなく、明治末期の東京市営特殊尋常小学校の設置に遡る。明治三六年二月に万年、その後、同年内に霊岸、三笠、鮫橋の各特殊尋常小学校が開設され、四五年までに一〇校に達した。貧児を対象とするこの小学校では、義務教育を実施することによって保護者の教化を目ざすのであるが（東京市霊岸尋常小学校［一九一一・八］六頁）、著しく不利な学力・健康・文化的環境で育ち、生活してきた児童の指導にあたって、個別的な注意が前提とされる。特殊小学校では、授業料無償のほか、学用品の給与、医療・衛生サービスが用意され、二部教授や夜間教授も行われるようになるが（門外漢［一九一一・七］二五頁）、保護者自身が、この小学校に対して好意をもっていなかった（田川［一九一一・七］二〇頁）。

こうして、指導困難な諸条件が揃っている特殊尋常小学校は、士気の高い教師を鍛えることになる。その一人が藤岡眞一郎だった。特殊小学校の教育では、尋常科終了後には自活に直結する教育目標を設定することと、学校通学を嫌悪しない実践活動を用意することを要求する。とくに問題になったのが、児童の「特別作業」だった。これは正課外に行う内職的仕事であり、万年小学校における博多人形制作、絶江小学校における紙袋張りのように、各小学校別に考えられていた。これが教育なのか、小遣い銭稼ぎなのかが論点だったが、藤岡は、教育・福祉的な観点から特別作業を限定し、現実的に運用しようとした（藤岡［一九一一・一二］）。

東京市の最初の特別学級である促進学級は、大正九年、これらの特殊小学校である林町尋常小学校と太平尋常小学校に二学級が設置されたが（東京市［一九二七・三］六二頁）、藤岡は林町小学校長だった。特殊小学校の学業不振には、子どもの境遇が、心身状態・身体的健康・文化的環境に不利な生活であるという複合的な意味があったのである。

それゆえ、特別学級が一般の小学校に拡大する時期と特別学級が促進学級と低能児学級に分化する時期とが、教育行政上、重要な契機になったことに留意する必要がある。大正九年に二校に設置された劣等児特別学級の結果が良好であったために、大震災前に「補助学級」は大正一一年一〇月には東京市全体の二〇校に二二学級を数え、震災で一時中絶したが、大正一五年には二七校、二九学級に（東京市［一九二七・三］六一頁）、昭和二年には二六校、三〇学級、五四七（男二九五、女二五二）名に増加した。担任三〇名は全員が男性である（東京市教育局学務課［一九二七・一二］七五－七七頁）。対象児は、第二および第三学年から選抜し、一学級当たり二〇名を基準とした。

② 大都市における児童保護問題としての特殊教育の認識

東京市における特殊教育の振興が、大正末期から始まったことは、東京市教育行政の組織変更と適任の責任者を擁することができたこと、東京市教育会の組織的協力があったこと、実践上の必要が明白であったことからである。大正八年から一〇年にかけて、市教育（学務）課長として教育行政専門家の澁谷徳三郎が先鞭をつけ、東京高等師範学校の有名な教育学者だった佐々木吉三郎（一八七二－一九二四）が学務課長の時代に、大正一三年四月に視学長として東京女子高等師範学校教授の藤井利誉が着任する。藤井は佐々木が一一月に逝去した後を承けて学務課長となった。

かねてから、教育関係者から学務課の局への昇格が要望されていたが、大正一四年四月二四日に学務課の廃止、学務局の新設がなされ、初代局長として東京帝国大学教授で実践哲学者・大島正徳（一八八〇－一九四七）が着任した。また、同年一一月二一日には学校衛生課が学務局に増設され、翌大正一五年五月一九日には学務局は教育局と改称され、社会教育課が社会局から教育局に移された。教育行政組織のうえでも、東京市では整備の時代であったといえよう。

大正末期から昭和戦前期の前半は、東京市教育行政の革新期だった。初代局長の大島の在任期間は三年間にすぎなかったが、後任局長が活動しやすい道筋をつけたといえよう。大島は、元来、学校および国家中心の教育には強い異論をもった自由主義的な人物で、木山熊次郎逝去後の『内外教育評論』の主筆を務めていて（菊川［一九八四・三］二〇－二二頁）、学校教育に大きな関心をもっていた。また、東京市の小学校における新教育運動を支援したという（鈴木［一九九〇・六〕一五一－一五二頁）。大島のもとに廣田傳藏や藤岡眞一郎が視学として配置されていた。藤岡が劣等児・精神薄弱児・貧児教育に献身してきたことについてはすでに述べた。廣田は、東京高等師範学校卒業後にアメリカに五年間留学し、アメリカ初等教育の経緯と動向に関する二冊の著書もある、新教育を含む東京市における初等教育研究体制の中心だったといわれる（鈴木〔一九九〇・六〕一五二頁）。廣田が市教員講習所入所試験で面接をしたのが、小杉長平（一九〇九－一九八三）である（小杉長平先生を偲ぶ会〔一九八五〕一一－一二頁）。面接で「絵の勉強」のために上京した、「腰かけ」のつもり、と答えた小杉を合格させたという逸話からも、廣田が適性を見抜くひとかどの人物であったことが推測される。

東京市教育会における特殊教育振興の機運は、澁谷徳三郎が市学務（教育）課長だった大正中期に求めることができる。大正八年一月一六日、東京市教育会は懇話会を開催したが、愛宕高等小学校長・伊藤房太郎は五分間演説で、大正六年の「実業之日本社派遣渡米小学校長団」のアメリカ見聞の紹介をして、身体障害児の治療・教育機関、虐待防止会、不良少年の教育制度の設置を提案している（役員懇談会〔一九一九・二〕）。そのちょうど一年後には東京市教育会が小学校長をアメリカ視察に派遣することにより、彼らは、アメリカの特殊教育を視察している。

しかし、現地視察だけでなく、多くの情報により、東京市教育会研究部の教育関係者は、第一次世界大戦の結果とその勝敗の源、欧米列強の複雑な関係、社会主義国家の成立とその強力な影響を理解することにより、平和や安定した生活の維持と実現は容易ならざる問題であることを認識するに至る。欧米各国で構築されつつある、いわゆる戦後経営に着想を得てまとめたのが、「東京市小学教育改善研究」における「研究項目」である。その問題意識は深刻であるが、研究項目はつぎのように広範な二四項目である（東京市教育会〔一九一九・一一〕）。項目の非体系的な構成を指摘するのは容易であるが、制度から教育関連の具体的内容まで、現場の教育問題が山積していたというべきであろう。ここでは東京市教育会幹部が、改善を要する研究項目として「特殊教育」を含めていることを確認できればよい。

法令制度　教員　特殊教育機関　訓育　保護者会　家庭教育　教科書　教授　学芸会
体育衛生　運動場・遊泳場　運動会　学校経済　学用品　学校設備　教具　児童保護
玩具　児童読物　卒業生　児童を中心とした教化事業　同窓会　観覧的施設　その他

小学校教育の改善研究は東京市を冠しているが、改善事項はむろん全国に適用できる。こうして、長年、先導的とは程遠い実態にあった東京市の初等教育は、改善に歩みだしたのである。大正九年には、市教育課によって劣等児を対象とする促進教育方法の開発のために、市直営林町小学校研究学級において調査研究が開始されたのである（「東京市に於けるバックワードチャイルド教育方法研究」［一九二一・三］。石井ほか［一九一四・三］参照）。この事業で注目すべきことは、調査委員が市教育課長、心理学者、医師（市技師）、校長および促進学級訓導で構成されたチームによる活動であったことである。誰がリーダーというわけでもなく、委託でも下請けでもない、日本では珍しい実践研究活動であった。枠組みでは校長の藤岡眞一郎が、実践では喜田正春（一八九八－一九八五）が、促進学級児童の身体状況については技師（医師）の吉田章信（一八八四－一九五六）が、調査の全体的な指導については東京高等師範学校教授の楢崎淺太郎（一八八一－一九七四）が、教育局内の行政上の担当は澁谷徳三郎が責任をもったのである。ただ、促進学級運営の着想は、藤岡がアメリカのフレデリック・L・バークの著作から得て、対象児童をバックワードチャイルドとカタカナで称しているように、従来の先進国からの導入という従来の行動様式に基づくものであり（第六章参照）、消化不十分だった。

なお、喜田正春は大阪府池田師範学校の卒業生であるが、大正一二年八月から六年間、大阪に戻って船場尋常小学校訓導となり、鈴木治太郎グループの一員として、学業不振（進）児の個別指導法、とくに学習の遊戯化を研究した。さらに、昭和四年四月から、再度、東京市に戻り、関口台小学校および林町小学校補助学級に勤務し、一四年には光明学校長となった（津田［一九八三・一二］。喜田［一九八六］五五頁）。こうして、大阪市と東京市の実践とが交流することになる。

特殊教育のうち盲・聾唖教育においては、盲唖児の貧困問題は、教育の必要性を意味するだけでなく、教育機会と教育の質を阻害する重要な要素として発足当初から認識されていた。しかし、劣等児や精神薄弱児の教育では、対象児の数が膨大で、とくに劣等児の場合は将来の人的資源に直結する問題となるから、彼らの社会的位置は盲唖児の比ではなかった。また彼らの家庭の貧困は、劣等の発生原因ともなりうるだけでなく、教育の効果にも大きな影響を及ぼすがゆえに、小学校教育に限定される問題ではなく、児童保護問題の一部としての認識が必要であることが、教育会の指導者においても理解されるようになる。それが大正末期だった。

大正一〇年一月、東京で開催された第五回大都市連合教育会は、一〇大都市の教育会代表が参加して開催された。東京市教育会は、「都市に於ける児童保護に関する適切なる方法」を提案し、第七号議案として調査委員により報告が提案された。この報告では、保護の対象を乳児から少年まで、一般の児童から貧児・病児・障害児まで、保護・保健・教育施設の設置から安全に至るまで、家庭と社会に対する啓蒙も含んでいた。障害児等に対する「保護奨励」では、感化院・孤児院のほかに、児童相談所・少年職業紹介所、児童保護司の配置を提案しているが、特殊教育関連に限定した提案は以下の通りである（第五回大都市連合教育会記事大要［一九二一・二］一三頁）。

2．幼少年保護　一．児童に対する方面（直接）

d．保護機関

イ．感化院孤児院の改善及設置

ロ．瘋癲、白痴、低能、盲者、聾者其他不具者の(ママ)に対し適当なる病院又は学校並に授産所を設置せしむるやう努むること

この提案には、若干の異論もあったが、基本方針は支持された。しかし、このような包括的提案は、大震災後の対応が直接的な範囲に焦点化されたこともあって具体化されることはなかった。

③　関東大震災の衝撃と特殊教育制度創始の好機――特殊教育制度創始案

大正一二年九月一日、正午直前の一一時五八分三二秒、神奈川県相模湾北西沖八〇㎞を震源とするマグニチュード七・九の大地震が東京府と神奈川県を中心に発生し、死者・行方不明者が一〇万五〇〇〇人に及ぶ日本の歴史上有数の被害が生じた。この大震災は、東京市の学童の死者数だけでも五〇〇〇人を超えたほどで、物的な被害も甚大であったが、心理的・精神的な影響はさらに大きかった。

四日前の八月二八日には、明治末期から待望久しい「盲学校及聾唖学校令」が公布されたばかりだった。公布期日の予定が九月一日以降であれば、盲唖教育令が延期されたであろうほどの関東大震災は歴史的大事件であった。

壊滅的な状態となった東京市の抜本的な復興のために、九月二七日に政府内に帝都復興院が創設されたが、翌年、二月二七日には廃止され、内務省復興局に引き継がれた。政治上の混乱やリーダーシップの欠如のために、意欲的な復興計画は頓挫したが、教育界においては、これを好機として再建する動きが生じた。東京市教育会は一一月一〇日、「東京市教育復興に関する特別委員」を設置し、一四の調査事項を挙げたが、その六は「特殊児童教育ニ関スル事項」だった。その内容は初等教育の復興が中心であった（震災後に於ける東京市教育会の活動［一九二四・一］）。教育の復興をより大きな観点から検討しようとしたのが、震災後から三カ月経たない一一月二四日から三日間の日程で、会議場と宿泊所も確保できない東京を離れて大阪市教育会館で開催された帝国連合教育会議であった（第七回帝国連合教育会議［一九二四・一］。石井ほか［二〇一四・三］参照）。大震災とそれに伴う社会的混乱に教育界が衝撃を受けたことは、この会議におけるつぎの七つの議題からわかる。

1. 大震火災（ママ）に鑑み我が国の教育をどのように改善すべきか
2. 五月の第六回帝国連合教育会で議決した義務教育年限延長実施と師範教育改善案は、大震火災に顧みて改訂する必要があるか

3．大震火災に現れた国民性と国民教養の長短を調査してはどうか
4．罹災地の教育をどのように復興すべきか
5．国民体育の振興方法
6．世界教育会連盟に加入の件
7．今年の世界教育会議で決定した世界平和日採用の件

この議案のうち、2と5は懸案であり、6と7には緊急性はない。4は、これまでの教育の再建であるから、教育界の衝撃は、3の議案ということになる。3については、改めて取り上げられている。

1と4は相互に関連しており、強いていえば1は基本計画であり、4はそれを受けて具体化された計画ということになるが、この4のなかに、特殊教育に関する抜本的な提案「一〇．低能児不具者等の教育は特殊の学校を設けてこれを為すべきこと」（第七回帝国連合教育会議［一九二四・一］一〇四頁）が含まれたのである。

罹災地の教育復興については、校舎の安全性から敷地・資金・構造、教員待遇の安定や適正な学級数および規模・設備、実業教育の復興・私立学校の財政援助、夜間の中等学校の開設、社会教育機関の充実、東京市の教育行政の拡張と抜本的改善および師範学校の設置等にまで及んでおり、日本の教育における立ち遅れを、この機会に解消することを意図したものであり、これまで前例のなかった低能児・不具児の特殊学校の開設は、その一環であるとともに、政府の復興政策が「物質的復興の事業」を進めて、教育の復興を閑却していること（一〇二頁）への批判でもあった。

しかし大震災は直接の契機になったのではあるが、特殊教育制度構想は、すでにそれ以前に、しかも児童保護問題の一部として立案されるようになっていたことは、上述のとおりである。しかし、大震災は、行政の所轄を超えて児童保護政策を弾力的・具体的に立案・推進することを妨げたことになる。

特殊教育の振興に限っていえば、その方針は継承される。大正一二年一二月の東京市小学校長会における「低能聾唖

其他不具者ノタメニ特別な小学校ヲ設ケルコト」、（東京市小学校長会［一九二四・三］）、大正一三年三月の第八回大都市連合教育会における「都市ニ於ケル特殊児童ノ教育ニ関スル適切ナル施設方法如何」（長崎市教育会）、東京市による盲唖教育の着手（東京市に於ける教育の復興［一九二四・四］）、市教育会研究部調査事項における「（八）特種教育　盲聾唖不具病弱低能児等を教育すべき学校若くは学級を適当に設くること」（東京市教育会研究部調査事項［一九二四・六］）。

(3)　大阪市における智能薄弱学級

大阪市では、大正一二年、試験的に七校に智能薄弱学級を開設したが、結果は良好で、拡大することにし、一三年までに一〇校、一三学級に増加した（大阪市［一九三四］六三二頁。田村［一九六七・三］五二頁）。昭和五年には一一校一一学級に増加した（大阪市［一九五三］四四頁）。

鈴木治太郎（一八七五－一九六六）は、劣等児教育の学術的根拠と知能検査の開発、あるいは「適能教育」を提唱したという点で評価されているが、彼の元来の動機を理解しておくことが必要である。それは、都市教育という観点からの実際的な問題解決であったということである。彼は大正六年一一月、大阪市視学に就任しており、都市教育問題として、達成すべき課題を予示しているように（新修大阪市史編纂委員会［一九九四］七八二頁。石川・高橋［二〇一一・二］参照）、この時期では、細民地区の学童調査とそれに基づく特別学級設置を含む教育対策の提案だった（田村［一九六七］五二頁）。いわば学校教育と社会事業の分野の活動だった。知能検査案とその標準化は、大正後半期に開始される（石川・高橋［二〇〇八・二］）。鈴木による特別学級設置と知能測定尺度の標準化へのきっかけは、大正一一年夏の東京・林町小学校の促進学級の参観であったという（喜田［一九八六］五五頁）。

もっとも都市教育は、鈴木だけの問題意識ではなかった。明治末期に日本の資本主義が発展し、第一次世界大戦の戦時景気を経て重工業化に転換するなかで、都市が急速に発展しつつあった。いわば大都市共通の課題であったことは、大都市連合教育会が毎年開催されて、大都市特有の教育問題を協議したことで理解できる。東京市教育会は、明治四四年七月には、機関誌名を『東京市教育会雑誌』から『都市教育』に変更し、掲載論文にも、都市を標榜した論文が多く掲載されるようになる。また、学校衛生の観点からも、都市児童の比重が大きい問題であることが強調されていた（石原［一九一七・八］）。

大阪市の盲唖教育を除く特殊教育は、大正九年五月、大阪市立児童相談所附設学園において始まり、身体と精神の薄弱児を教育した（戸崎［一九九二・六］）。大正一〇年四月からは精神薄弱児のみを対象とするようになり、この時の担任・土屋兵次（一八九四－一九九九）の教育実践には、日本における先行した研究や実践が下敷きになっており、その後の大阪市特別学級の実践に継承されていったという（第八章参照）。たとえば、その教授方針だけとりあげても、土屋の先進性は理解できる。要約すれば、以下のとおりである。大阪市の特別学級の実践には、鈴木治太郎から独立して生まれていた別の源があったのである。

1．直観の重視、2．簡単明瞭、3．反復練習、応用自在、4．知能程度との対応、5．個性尊重、個別指導、6．経験を基調、7．教材の比較を重視、8．実際生活との関連、9．各科目並進せず、長所助長、10．進度は児童の理解と取得の程度により加減

なお、相談所と学園は、大正一三年三月末で廃止となる。

(4)　特別学級設置の著名な小学校

①岡山県倉敷小学校の齋藤諸平（一八八二－一九五七）による特別学級

劣等児教育のピークの指標は、その実践が、特定地域ではなく、広範囲に拡大していたことでも示される。その一つは岡山県倉敷町（昭和三年市制施行）の倉敷小学校における齋藤諸平による特別学級の経営であった（原［一九二三］）。倉敷町は、元来、比較的貧しい地域だったが、医学および心理学・教育学の専門家の協力とそれに必要な資金、有能な教員、校長のリーダーシップという条件に恵まれた典型である。町長・原澄治（一八七八－一九六八）は大原家と姻戚関係

にあり、実業家として大原孫三郎（一八八〇－一九四三）を助けた。

齋藤諸平の活動は、目前にいる実践の対象に対して、輸入学を敷衍的に適用してもその限界を悟らざるをえず、何らかの創意工夫を要求された教育現場において、劣等児教育を実践家としての努力で開拓した一例であった。齋藤諸平については、吉良（一九八二）、高橋・荒川（一九八七・三）、清水・迫（一九八九）、鈴木（二〇一一・二〇一二）、松本（二〇一八・三）の研究がある。

齊藤は早くから、一斉的・画一的な方法では解決・改善できない、能力不同の児童の教授を、日本の経済条件を考えて学級編制に新たな経費を要することのない形態で解決することに努力していた。その成果が、大正四年、齊藤三三歳の時の清水甚吾との共著『分団教授の実際』である（齊藤・清水［一九一五］）。そこでは、奈良女子高等師範学校附属小学校時代の実践に基づいて、優秀児と劣等児の各教科における指導法を提示した。

本書刊行後間もない大正四年、斎藤は、岡山県第二の大規模校、玉島尋常小学校長に転じて、環境的な理由による劣等児が多く、さまざまな能力の教員がいる地方の小学校の実情に対応した『発動主義分団教授一班』を、教頭の兒子（ちご）喜六との共著により刊行する（齊藤・兒子［一九一九］）。本書は、地方小学校でも実施可能な教授法として歓迎され、参観者も集まったという（齊藤［一九五六］五頁）。発動とは受動の対語であり、個人差の重視とともに、齊藤の指導法開発には、大正期の教育思潮が深く影響していることが分かる。大正一〇年には岡山県から派遣されて、アメリカ・イギリス・フランスの教育を視察したことで、さらにデモクラシーの認識を深めた（齊藤［一九五六］序に代えて）。彼は、玉島小学校長時代に夏季大学講座を開設して、時事問題や経済問題等について大学教授等を招いて教員と県民に聴講させたというから（齊藤［一九五六］五頁）、齊藤には自由主義的傾向があったのであろうし、このような企画と資金負担を町に認めさせる実力があったのであろう。

大正一〇年には、倉敷尋常高等小学校長兼倉敷家政女学校長となった。この二校を合わせると県下第一の巨大校であった。玉島校も倉敷校も郡視学からの招請であり、横浜市視学への招きもあったというから、斎藤は、地方教育界で注目された人物であったといえよう（齊藤［一九五六］五－六頁）。実践と研究の成果は、まず、大正一二年六月に二巻本が児童教育研究会（会長・原澄治）から刊行される。一つは斎藤著『改造教育批判要諦』で内外の教育思潮二〇点を選び、「分団式発動主義教育」と題する斎藤の論文によって、本校の教育的位置づけを示した。もう一点は、原澄治編『倉敷尋常高等小学校ニ於ケル優等児並ニ劣等児ニ関スル研究』という長い書名の実践の中核をなす著作である。そして、大正一五年一一月、三巻が同時に刊行される。齊藤『倉敷小学教育実際要覧』、金谷鼎『ドルトン式自律学習』と森本九平『学級教育の真諦』である。齊藤著は全体説明、金谷著は、優秀児と劣等児をも含む教授－学習法であるが、ドルトン法は着想に過ぎない（齊藤、金谷［一九二五］序）。森本著は一般的な学級経営を主題とする。

齊藤が関与した著作はすべて、自著の場合は、権威者の推薦文がなく、彼が実践の指導監督者であっても、編者名にも著者名にも彼の名はなく、序文のみであり、各章の著者は訓導名になっている。

岡山県倉敷小学校の特別学級の成功は、校長のリーダーシップ、幹部教員の結束、町当局の後援、そしてスポンサー・大原孫三郎、シンクタンクが揃ったことによって実現したといえよう。

倉敷小学校で画期的な成果を挙げた齊藤諸平は昇進するが、その時期は戦時体制であった。岡山県視学となり、中央政府の政策を解説・普及しなければならない立場となったのである。彼は、教育目的について、一般的と特殊的とに分けて説明している。一般的目的は、将来自律的に活動できるような社会的人格の養成であり、特殊的目的は、民族文化を発展させて民族文化の光を宣揚する使命のため純一に奉仕する道徳心を養成すること、民族文化を通じて日本的な特長を理解させ、日本民族最大の特質であり、国体精華である忠孝の大義を体得させて献身的に民族文化の発展に努力できるような人格を養成することであった（斎藤［一九三三］）。時流的な言い回しであるが、かなり抑制的に表現しているようには思われる。

②荒木善次（一八七八－一九六八）と熊本市の低能児教育センター・山崎小学校の名声

荒木善次は、明治四二年六月から大正一二年七月に東京市補助学級訓導に転任するまで、熊本市の山崎小学校で低能児教育を行った。山崎小学校の特別学級は、熊本市小学校の低能児センターであり、山崎・手取・慶徳の各小学校の低能児が措置された。その特別学級の担任は、自らの意思で松尾小学校長から降格して山崎小学校の訓導に着任したばかりの荒木が選抜された。前任校における低能児の「指導」が伝聞されていたと見える。なお、熊本市の低能児教育計画は、市視学と市内三校の校長の協議のうえに設定され、市会でも承認されていることから、日本では早期の低能児教育の事例となる。その学級児童と異色の教師の苦難の経過は、荒木の著作『低能児教育の実際』（一九三五）に詳しい。

ところで、山崎小学校の「低能児」はどのような子どもだったのだろうか。森清は尋常科の第二～六年の教科課程を教育内容としていたことから、「普通学級への復級を考え」た、要するに促進学級だったとしている（森［一九六七・一二］一一五－一一六頁）。とくに最初の三年間については、その傾向が強かったことは、荒木の著作でも新聞報道でも確認できるが、低能児学級の児童一五名中、「耳疾の故障其の他」による低能児が四名、「其他は極めて軽度に属するもの」であり、先天的な「純然たる低能児」は四名にすぎなかった（施設後の特殊教育［一九二四・一・二二］。荒木［一九三五］四九－五五頁）。だからといって、荒木の方針からして、また、この特別学級が市内の低能児学級センター校であったことから、状態像からみて狭義の低能（精神薄弱）児を除外することはなかったのではなかろうか。しかし現実には、本校の低能児学級は、劣等児対象の促進学級としての性格を明確にしていったようである。

しかし、四年目以降になると、最初の三年間の経験の反省から、相当異なった運営が行われる（荒木［一九三五］五六－六四頁）。荒木が挙げる具体的な反省項目は、以下のとおりである。過度な調査と検査、教科書万能、感情陶冶の欠如、多数の参観者、保護者との連絡法、教科書と学用品の不足、弾力的な教授法、夏季授業の運営、修身科教授の工夫、他学級や一般学級児童との関係、蔑視の回避、少額の必要経費の確保、特別学級設置の再検討（各校設置または独立形態）。

荒木の考え方は、特別学級の運営上の問題、教授法の問題だけに限ることはしない。児童および担当教員の孤立感とラベル付与、児童の問題における多面的問題、学校以外の時間の生活、教育後の問題を考えると、荒木は、「家庭化した学園」こそ理想であるという結論に達する（六五頁）。また当初からであるが、家庭環境の悪さを考えて、明治末期にすでに、夏季聚落と類似した活動を導入している。教育関係者の寄付による大旅行を経験することで、学級児童は歓喜し、一般児童との関係さえ改善したという。（五一、六一頁）。

ともかく、荒木在任中の山崎小学校は、低能児教育の視察先の常連校となった（土井［一九三四・三］。藤原［一九二四・五］）。九州日日新聞の記者・下田曲水が、荒木時代から一貫して紙上で低能児教育を支持したことも、永続した一因である（荒木［一九三五］六一頁。下田［一九二七・九］）。荒木は、ほとんど毎日のようにあった多数の参観人について、学級児童が「参観人を非常にいやが」るうえに、本気の参観者は少なく、「多くは報告の種探し的で、見物気分が多く、遂に私は参観お断りの札を掲げ」たという。県外の学校視察は、導入当初のリーダー的教員が選抜される場合は、大いに有益だったが、大衆化するにつれて、弊害が目立つようになる。なお荒木は、大正一二年に東京市の市ヶ谷小学校補助学級担任に転じたが、昭和六年には、施設「白王学園」を創設し（荒木［一九五六］）、昭和四三年の逝去まで経営した。施設創設は、学校教育の限界を認識した結果であり、特殊学級を担任した教員が退職後に選択するキャリアの一つであった。

(5)　その他の事例

①岐阜県

明治四一年五月の第二回全国小学校教員会議で下野教育会が「不成績なる児童の学力補充の方法如何」の議案を提出したのは、栃木県内で学業劣等に関連する何らかの問題が発生していたためと思われるが、これは、栃木県だけではなかったようである。同じ時期に、岐阜県内でも、劣等児の教育問題が醸成されつつあった。明治三九年一一月と一二月の『岐阜県教育雑誌』には、服部教一のドイツ報告が官報から転載されていた（服部［一九〇六・一一～一二］）。また、師範学校特別学級設置勧奨の文部省訓令六号公布から間もない六月に開催された岐阜県教育会総会では、常議員会提出の討議題「劣等生救済の方法如何」では、濃尾大震災の当地であることもあり、白痴救済にも触れながらも、劣等児に焦点を当てた対応法が熱心に議論されている。なお、討議に入る前の会員による十分間演説の最初の発表で、ある小学校長は、学級教授の弊として劣等児童救済の方法に触れている（岐阜県教育会総会記事［一九〇七・七］一一、一九―一二頁）。

それ以外にも、『岐阜県教育雑誌』には、劣等児ないし低能児の教育や扱いが主題となっているから、県内の小学校ではこれらの児童の教育が関心事であったのであろう。明治四二年二月二四日には川辺小学校で加茂郡第二部教育研究会が開催され、「劣等生に対する所置」と題する発表があった（加茂郡第二部教育研究会［一九〇九・三］五三頁）。その後も、青谷生「低能児教育問題につきて」、青山新一「マンハイム式小学校」、青谷角太郎「算術教授上の注意三〇則」、大野竹水「劣等児童の教育に就て」と続き、大正二年一月の岐阜県小学校長会では、幹部提出による「白痴児童取扱に関する打合せ」と羽島郡小学校長会の児童の優劣による学級編制の可否が取り上げられている。少なくとも『岐阜県教育雑誌』における劣等児をテーマとするピークは、大正三～五年ごろまでであった。県師範附属小学校の梅澤英造による「劣等児の提供したる国語教授上の諸問題」連続論文五編や矢野計司「珠算教授上劣等児童の取扱」が掲載され、大正五年二月に開催された附属小学校主催算術科研究会では、発表討議題三四件のうち三件が劣等児関係であった。これ以降、劣等児教育問題は、分団教授法やドルトン・プランのなかに吸収されていったものと思われる。

附属小学校の動きだけに焦点を絞ると、『岐阜県教育雑誌』明治四一年二月号では、附属小学校が作成し、数年前から実行してきたという劣等児救済法内規を掲載している（岐阜県師範学校附属小学校劣等児童救済法内規［一九〇八・二］）。また、校内研究会では、「低能児教育、盲唖教育、複式教授等にも」研究会をおいて研究しつつあったという（附属小学校近況［一九〇九・五］）。しかし、岐阜県師範学校附属小学校に、劣等児学級が開設されることはなかった。岐阜県女子師範学校が明治四四年度から、加納町に開設されることが関係しているのかもしれない。加納尋常高等小学校では、明治三八年から劣等児教育が行われており（劣等児童取扱方法［一九〇八・一二・二〇］）、本校が、女子師範の代用附属小学校になり、劣等児学級も設置されるからである。

② 山口県

格差は、もちろん地方間にだけあったわけではなく、同一地方内にもあった。県幹部がかなり基本的な実行計画を立案して、劣等児教育に積極的であっても実現までは至らない例があった。明治四〇年代前半の山口県では、劣等児教育に意欲的であった。明治四二年二月『山口県教育資料』に、一〇頁にわたる「熊毛郡小学校劣等児ニ関スル郡内施設ノ状況及其ノ成績」を「好例」として掲載する（山口県［一九〇九a］、［一九〇九b］五三－六二頁）。また、郡視学は、近年の低能児教育への理論と実践への努力を歓迎しつつ、「中庸的児童」を念頭においた「鋳型的教育」を批判し、将来は、林間学校の必要性を予測している。四五年には、「低能、白痴、癲癇又は身体不具なる児童と普通児童と同一学級に収容し教授する場合」、低能については、教案作成の際に必要事項を定め、身体不具はその「状況に依り、便宜の席を与ふ」というものである。指導の仕方は、終業後に三〇分ないし一時間の特別教授、長期休暇には他の劣等児とともに、複式教授により国語・算術を指導するというものであった（本県の低能児特別取扱法［一九一二・一］）。熊毛郡では同じ時期に学齢児童保護会を組織（学齢児童保護会準則［一九〇八・一二］）していることを含めて、この郡視学は先見をもって相当にリーダーシップを発揮したようであり、先進的な人物がいたということであろう。

実践の場でも、議論が盛んだった。豊浦郡では、小月小学校では、各児童の知能に応じて全力活動を行わせる「応能式努勉主義教授法」を開発し（豊浦郡小月小学校［一九一五・一一］）、別の小学校長は、一斉教授・分団教授・個別教授を組み合わせた指導法を算術科において実施した（厚海［一九一六・五］）。優等生と劣等生の両立を目ざすマンハイム・システムの改編、すなわち、三学級二担任制を利用して正学級のほかに小規模で複式の傍系学級を設置し、成績の向上しだいで二つの学級間を相互往来させる編制法や、劣等生を援助する優等生の学力も伸ばす算術科中心に独立マンハイム方式、すなわち、複式の能力別編制である優等級の甲組と劣等級の乙組に分けて、一週間ごとに成績により相互往来させる編制法へと発展させ、この編制法を課外教授にも拡大するような一連の実践が発表された（安田［一九一四・七、一九一四・一〇、一九一五・六］）。このように少なくとも山口県の一部地域では、大正四～五年には劣等児を対象とするかなり濃密な教育実践が展開されていた。このような活動には、明らかに当時流布していた個性教授学説が影響していた。

③岡山県

同じ頃、岡山県の教育会雑誌では、劣等児教育論文は多数かつ多様であった（迫・清水・志賀［一九八七］。迫・清水［一九八九・一二］）。最も発表点数が多いのは算術科で、本落は、算術カード利用した教授法を開発し（本落［一九一三・一一］）、女子師範附属小学校の山下は筆算指導において、基礎教材の理解を十全にしたうえで練習教材へ発展することを強調する。彼も、児童の自信と喜びを重視している（山下［一九一五・五］）。浅野は、優中劣という学級内での指導上の区別が劣等児の士気を下げるかどうかは、指導次第であるという（浅野［一九一六・九］）。劣等児に対する関心は、劣等児の苦手とする綴方にも広がってきた。久保田は、とくに俳句では優等・中等・劣等の児童別に区分して句作を示している（久保田［一九二〇・一二］）。

岡山県は、大正一〇年代までにはすでに他県に比べて劣等児教育において傑出した地方になっており、県教育会雑誌に掲載された劣等児教育関係の点数も多かった。そのすべてが高度な内容をもっていたわけではないが、一定レベル以上の劣等児教育に関する多数の寄稿が共鳴し合って、高い水準へと向上したものと思われる。児童教育研究会（倉敷小学校）主催による大正一一年一一月の岡山・広島・香川の三県連合児童教育研究会の協議題は「特別学級を組織して劣等児並に低能児を教育する適切なる方法」であり、出席会員一四二名、傍聴者八九〇名以上に達した。特別学級の編制基準と教育方針を明示している。岡山県内小学校長四名による特別学級設置奨励金ならびに学級担任手当について県に対する建議も行っている（三県連合児童教育研究会［一九二二・一一］）。

特筆すべきことは、その専門性と多様性だけでなく、寄稿者の勤務校では、玉島小学校のような明治末期からの劣等児教育の拠点校があったが、都市圏に集中していることはなく、山間僻地の教員もいた（本落［一九一三・一一］三二頁）。こうして、大正時代末期岡山県における劣等児教育の開花には、それ以前にその土壌が形成されていたことになる。

④地方間格差

当然ながら、劣等児教育が盛んな地域だけが存在したわけではない。大正五年秋に奈良と明石の師範学校附属小学校の分団教授を参観した島根県の教員の感想は、京阪の発展と活発な活動を肌で感じ、「いつまでも山陰の眠った空気につつまれ、静的の空気に甘んじていれば終に活動圏外に放擲」される恐怖を感じ、視察先の児童の活動の「何れを取って持って学ぶべきものたるを信ずる」（松浦［一九一七・三］）に至った。

三　入学難・就職難および中等学校の増加・進学教育の展開と劣等児問題の顕在化

つぎに小学校教育において劣等児教育を成立させた教育的・社会的条件について、就学率と出席率・卒業比率と上級校への進学を指標にして、中国地方において、山陽と山陰、岡山県と他県における差を中心に検討する。教育条件については、一般に児童の小学校への就学状況を示す指標としての就学率を、また、実際の出席状況を示す指標としての通学率を、さらに中途退学が多かった当時における実際の継続的な就学状況を示す指標としては卒業比率を利用する。社会的条件については、産業構造の変化とそれに伴う中等教育への需要拡大から検討する。

学齢就学率には、相当数の漏れがあったとされるが（土方［二〇〇二］一一－一三頁）、現在のところ、特定地域を除いて文部省年報以外に利用可能な統計がない。二〇世紀初頭には、中国地方の五県ともに就学率が九五％前後にまで達し、まもなく岡山県は全国一となったが、鳥取県は下位のままであった（九七％台）。就学率の向上は、県や県・郡間における就学率の高さの競争、就学義務の厳格化のような諸々の就学督促策と貧困児童対象の不就学児対策の成果であった（岡山県国民教育の普及［一九〇四・九］。明治三七年八東郡壮丁学力［一九〇四・一〇］。明治三八年四月末日現在［一九〇五・九］。不就学者の督励規程［一九〇八・五］。貧民児童就学奨励法［一九〇八・七］。不就学者を生じる原因［一九〇九・二］。県学齢児童の就学［一九一一・五］）。島根県でも同じような対策の結果、大正元年に就学率が全国平均を上回るようになり、それ以降、「就学の促進よりは、すでに確保されている就学実態の維持ないし発展に変容」した（島根県［一九七九］二一八頁）。

通学率・卒業比率も全国的に改善されていく（佐藤［一九七一］一七五頁）。通学率では、大正元年の通学率を一〇〇と

表 6-3-1 岡山県と広島県の尋常高等小学校と中等学校および児童生徒数の増加

		初等学校			中等学校			
		尋常小	尋高小	高等小	師範学校	中学校	女学校	実業学校
岡山県	明治 39 年	461	165	73	2	8	5	4
	児童生徒数	159583			460	3274	1216	1570
	大正 5 年	156	383	3	2	11	15	12
	児童生徒数	179057			571	4984	4440	2552
広島県	明治 43 年	547	175	39	2	9	5	8
	児童生徒数	175164			512	3447	1599	1079
	大正 4 年	424	275	21	2	10	12	9
	児童生徒数	176851			667	4051	2878	1461

出典：渡邊賴母（1923）97-98、108-110 頁。広島県教育概要（1915）19-29 頁。広島史近代 1（1980）1122 頁。
岡山県統計書 明治 39 年（1912）115、133、177-179、181 頁。大正 6 年（1919）116、148、151、155 頁。
広島県統計書 明治 44 年第 2 編（1913）2、40、44、46、50 頁。大正 6 年第 2 編（1917）2、50、54、56、60、62 頁。

すると大正一三年一〇五・二、卒業比率では、明治四〇年入学児の卒業比率一〇〇とすると大正一一年入学児一二二・九（入学児の九一・五％が卒業）となった。さらに、尋常小学校児童の上級学校への進学状況をみると、大正元年の進学率を一〇〇とすると大正一三年一二五・二、尋常小学校卒業者の一三五・二（六六・九％）が高等小学校または中学・高等女学校に進学した。この時期は、義務教育年限六年への延長、文部省による高等小学校の尋常小学校への併置奨励、中等学校（中学校・女学校・実業学校）の増加があった。大正末期には、卒業率の向上と卒業の一般化、中等教育への進学の増加、小学校卒業後の就職と進学への志向が全国的にみられたのである。

中学校の設置は、一校以上の設置が道府県に義務づけられたが、それ以上の設置は任意だった。したがって、中学校数が少ない道府県では、入学試験の競争が激しくなる。量的には進学できるだけの中等学校があったが、普通系中等学校が選好された。入試地獄が社会問題になって自粛が求められたが、教育会雑誌が熱心に受験案内をする県もあった。師範学校附属小学校の役割には、もともと「中等学校入学志願取扱」が課外指導として盛り込まれていた（福岡県福岡師範学校附属小学校［一九一〇］一〇〇七頁）。

二〇世紀初頭には就学率が全国で高位となっていた岡山県と広島県における小学校の尋常高等小学校の中心化と中等学校の増加および児童生徒数の状況は、表6-3-1のとおりである。

これらの進学の増加は、教育上の理由からだけではなく、軽工業の発展と重工業

郵便はがき

料金受取人払郵便

神田局
承認

8080

差出有効期間
2020年1月
31日まで

切手を貼らずに
お出し下さい。

101-8796

537

【受 取 人】

東京都千代田区外神田6-9-5

株式会社 **明石書店** 読者通信係 行

お買い上げ、ありがとうございました。
今後の出版物の参考といたしたく、ご記入、ご投函いただければ幸いに存じます。

ふりがな お名前	年齢	性別

ご住所 〒 -

TEL ( ) FAX ( )

メールアドレス	ご職業（または学校名）

＊図書目録のご希望 □ある □ない	＊ジャンル別などのご案内（不定期）のご希望 □ある：ジャンル（ □ない

のタイトル

本書を何でお知りになりましたか？
□新聞・雑誌の広告…掲載紙誌名[ ]
□書評・紹介記事……掲載紙誌名[ ]
□店頭で □知人のすすめ □弊社からの案内 □弊社ホームページ
□ネット書店[ ] □その他[ ]

本書についてのご意見・ご感想
■定 価 □安い（満足） □ほどほど □高い（不満）
■カバーデザイン □良い □ふつう □悪い・ふさわしくない
■内 容 □良い □ふつう □期待はずれ
■その他お気づきの点、ご質問、ご感想など、ご自由にお書き下さい。

本書をお買い上げの書店
市・区・町・村 書店 店]

今後どのような書籍をお望みですか？

今関心をお持ちのテーマ・人・ジャンル、また翻訳希望の本など、何でもお書き下さい。

ご購読紙 (1)朝日 (2)読売 (3)毎日 (4)日経 (5)その他[新聞]
定期ご購読の雑誌[ ]

協力ありがとうございました。

意見などを弊社ホームページなどでご紹介させていただくことがあります。 □諾 □否

ご 注 文 書◆ このハガキで弊社刊行物をご注文いただけます。
□ご指定の書店でお受取り……下欄に書店名と所在地域、わかれば電話番号をご記入下さい。
□代金引換郵便にてお受取り…送料+手数料として300円かかります(表記ご住所宛のみ)。

	冊
	冊

定の書店・支店名	書店の所在地域 都・道 府・県 市・区 町・村
	書店の電話番号 （ ）

表 6-3-2 中国地方の従業者数と生産額の変化（明治 42、大正 14 年）

	明治 42 年		大正 14 年	
	従業者数	生産額	従業者数	生産額
鳥取県	5083	2471 千円	8032	18099 千円
島根県	3782	1470	8088	18064
岡山県	19204	21304	40505	148172
広島県	11988	10958	37216	105810
山口県	4028	3564	16768	59804

出典：通商産業大臣官房調査統計部（1961）236-241 頁。

への転換、鉄道網の新設・整備に伴う商業の発達が背景にあった。表6−3−2は、中国地方五県における従業者数と生産額の変化を明治四二年と大正一四年で比較したものである。岡山県と広島県がこの二項目において他の三県よりも急増していること、すなわち、農業中心から近代産業への構造的変化が進行していたことが推測される。

第一次世界大戦がもたらした一時的な経済的好況とその後の長期的な不況は、農業から商工業へと児童・生徒の進路を変更させることになる。小学校は尋常高等小学校が常態となり、高等科および中等学校への進学者は急増する。とりわけ中等学校への進学熱が高まり、小学校の進学準備機関化が問題となりつつあった。産業構造の変化を背景とする上級学校への進学熱と受験競争が生じたためである。上級学校への進学と就職指導（実業教育）が追加される小学校の機能付加が、小学校教育の効率化を必要とすることになる。

劣等児教育が小学校の重要課題になる理由には、学校が対処すべき教育上の課題となったことは確かである。それは、大正時代に現れた進学準備教育の拡大と画一主義の解消・児童尊重・個性教育の一体化である。しかし、劣等児教育が小学校の果たすべき社会的課題になるには、上記のような進学競争をめぐる社会的状況が必要だった。このような学校への要求に対処するには、就学率・通学率・卒業比率が高めることが必要だった。保護者が期待する上級学校への進学希望を叶えるためには、小学校は児童に学力をつけなければならず、そのためには、劣等児の学力を改善することによって学級全体の学力を向上し、上級学校への進学を可能にすることが期待された。円滑な進学と進学可能な学力修得のために劣等児の発生を少なくしたり、学力を改善したりすることが、小学校教育において重要な時代的要求となったのである（加藤［一九二二・一］。島根県［一九七九］一九四−二〇一頁）。こうして、教育運営上の理由と小学校に対する社会的期待の合成が、劣等児教育の振興に影響を与えた要因であると思われる。

劣等児教育の方法は、当初の日常の指導の延長・拡大から、しだいに教材の選択と配列、児童の組み合わせ方法へと深化したが、一斉教授のなかで工夫された。もちろん、受験競争は特定の地方だけに限ったことではなく（中谷［一九三二・七］）、また、すべての地域で間接的に劣等児教育につながったわけでもない。

しかし低能児教育では、総論的導入論はあったが、まったく具体性がなく、小学校教育への導入が劣等児教育以上に困難だったことが推測される。また、劣等児問題の本質は貧困問題にあることはすでに指摘されていた（石尾［一九一二・一］）。

四．高度な劣等児教育の実践

(一) 東京市林町尋常小学校の促進教育

明治末期から貧困問題との関連において着手された劣等児教育は、大正後期にはその成果が著作として現れる。その一つが、市直営の貧民学校として開設された東京市林町尋常小学校の促進教育の成果であり、校長の藤岡眞一郎による大正一一年の『促進学級の実際的研究』（東京啓発舎）であった（藤岡［一九二二］）。劣等児教育の必要性が、社会政策（優生学・職業選択・貧困）、経済政策、人道問題、教育効率増進から述べられているが（一一－五七頁）、これは当時の一般的な観点であり、低能（精神薄弱）児教育も同じ理由が援用された。

藤岡眞一郎は、記述内容とその根拠からしても有能な校長であり、東京市教育会（帝都教育会常務幹事）のリーダーの一人だったことは、東京府知事の表彰、文部大臣の選奨、関東連合教育会による表彰からも理解できる。しかしその着想は、自己の教職経験と大正七年に東京市小学校長団の一員として訪問したアメリカ情報との混淆である。とりわけ、州立サンフランシスコ師範学校長、フレデリック・リスター・バーク（Burk、Frederic Lister 一八六二－一九二四）の個別指導論に基づいている。バークの画一的教育法批判の短編 *Lockstep schooling and a remedy*（Burk［一九一三］）の影響である。

また藤岡は、促進学級児童については、アメリカで一九世紀末から公立学校において使用されていた学業不振を主症状とする非行・社会不適応・貧困の混合状態を示す用語であった‘backwardness’も援用している。異文化におけるしかも心身の混合状態は樋口長市も正確に取り上げているが、藤岡と樋口を含めて、日本では概念の理解に留まり、アメリカにおけるように概念化のうえで、‘backwardness’を学業・行動・救貧に分化させ、それぞれの対応策を開発するという方向には発展しなかった。

‘backwardness’に象徴的なように、日本の教育学者と実践家は、問題の認識と感応力は優れていたけれども、それを分解して、日本の文化的・社会的・教育的土壌と時代的要請に合わせて、体系的に対応策を立案することには注力できなかった。それを超えようとして自分たちの実践範囲で成功したのが、大阪の智能薄弱学級や東京の補助学級の教師だった（たとえば初期の土屋兵次については、戸崎［一九九二・六］四一－四二頁）。樋口長市はその緒を見出したが、本務にはならなかった。川本宇之介のように、大正一五年の著作『都市教育の研究』は、きわめて詳細で制度から教育方法まで多面的ではあるが、実践的な資料にはならなかった。

劣等児教育の実践のピークは大正時代末期であると思われるのは、劣等児教育関係の著作が、それも相当な力作が、つぎつぎと刊行されたからである。しかし戸崎によれば、大正末期は、明治期の特別学級の単純な再来ではない。大正一〇年代以降昭和時代初頭は、成績不良児や精神薄弱児等の特別学級が戦前で最も普及した時期であるが、六年制義務教育制度の完成、資本主義の発展に対応する能力の効率的養成や配置への期待、新教育における児童の個性や自主性の尊重、知能検査の標準化と児童生徒への適用という四つの条件を挙げている（戸崎［二〇〇〇］六二－六六頁）。

（二）及川平治の分団式動的教授法の提案

及川平治（一八七五－一九三九）の名前は、通俗的には「八大教育主張講演会」によって早くから知名度は高かったが、教育学界では必ずしも正当に評価されてこなかった実践的教育学者である。[14]その理由はさまざま考えられる。社会的属性を重視する日本社会にあって、及川は帝国大学あるいは高等師範学校卒業生ではなく、また、教授でもなく、地方の師範学校を出ただけの師範学校附属小学校主事に過ぎなかった経歴が、教育学界からの高い評価を妨げていると考えられる。また、彼の分団式動的教授法に対しては、正統的な教育学教授からの評価が芳しいものではなかったことも影響しているであろう。[15]しかし、教育現場からは熱烈な支持があったのである。『分団式動的教育法』は大正元年一二月発売で二五版、二万五千部を売り尽くしたという（宮城県教育委員会［一九七七］六九頁）。また、二〇代まで訓導を勤めた故郷の宮城県では、いまもって及川は敬愛の対象となっている（大村［二〇〇三］。石川［二〇〇六］）。

及川の教育学は、日本の教育学者としては新しいタイプであった。それは、ほとんどの教育学教授が、欧米滞在時の見聞や欧米の著作の解釈と紹介を生業としていたのとは異なり、及川の着想は欧米発ではあったものの、自前のアイディアと工夫によって体系化した教育方法の開拓に努力し、通常の小学校教員であれば誰でも実施できる簡便さと日常的な指導の工夫からの発展性を備えていたからである。彼の分団式動的教授法は、大正中期に一世を風靡したといってよいが、彼は、昭和一四年に逝去するまで、カリキュラム改造を提起し続けた。

分団式動的教授法の教育方法論の出発点が学力差であったことは重要である。それゆえ、学業劣等を含む大規模学級における大きな学力差の対処に悩む小学校教員は、競って導入した。各県の教育会雑誌では、かなりの温度差はあるが、一時期、分団式動的教授法が紙面を賑わせることになった。

(三) 東京高等師範学校附属小学校補助学校——劣等児・低能児教育の全国的拠点

東京高等師範学校附属小学校の児童は、上層家庭の子弟であるといわれてきたが、それは、習慣訓練の項目における良い姿勢からハンカチ携帯、身支度、下品な行動の抑制等の指示内容からも推測されるが（六〇－六二頁）、尋常二年生では「召使をいたはること」（六一）や、付添人や車夫の心得（八七－八八頁）の言及からも明白である（東京師範学校附属小学校［一九一〇］）。

明治四一年一〇月一日、第三部主任・樋口長市の努力によって開設された当初は特別学級と称され、児童定員は若干名とされた（東京師範学校附属小学校［一九一〇］九頁）。明治四五年三月末日に特別学級を一学級増設することにより、上級・下級の二学級編制の補助学校を称するようになる（東京師範学校附属小学校［一九一二］一〇、三八頁）。

主な担任は、小林佐源治、田島眞治、黒沼勇太郎、小野秀瑠、隅江信光、佐藤末吉、長沼幸一、横山綾子、佐野敏夫、湯田幸吉、野本信夫、鈴木行男と続く（中村［一九九〇b］二四頁。平田［一九九三・六a］、［一九九三・六b］。戸崎［一九九四］）。これらの訓導は、それぞれの個性を活かした実践論をもち、学級経営を行ったといえよう。対象児は、その時代により異なっていたようで、長沼幸一以前の補助学級は劣等児対象であり、指導内容と方法は、彼らに特化した独自の内容であるよりも、いわゆる水増しカリキュラムであったという（東京師範学校附属小学校［一九一二］一四〇－一四一頁）。

これらの補助学級担任は、著作（単行本と月刊誌『教育研究』論文）や講演により、東京高等師範学校附属小学校という権威性を付与されて、初等教育界の特別学級教員に大きな影響を与えた。彼らはもともと、初等教育の専門家としての能力は高かったと思われるが、努力と研究によって劣等児・低能児教育の専門家になり、その後のキャリアを拓いていく。この教員のなかで、最終的に精神薄弱児教育または福祉の分野で貢献したのは、長沼幸一だけであろう。後の教員は、長くても六年あまりの在職であった。石原榮壽のように、補助学級担任を経由しただけの教員が、劣等児（低能児）教育専門家を名乗ることに好意的でない人物もいた（石原［一九三〇・二］三三－三四頁）。なお石原は、実生活に関係のない特別学級の机上的・装飾的な教授には根本的な疑問を呈している（二七－三二頁）。

（四）成城学園『教育問題研究』大正一五年一〇月号における異常児童教育特集

全国教育雑誌としては、成城小学校教育問題研究会編集・発行の『教育問題研究』は大正九年四月に創刊したばかりだったが、「異常な歓迎を以て若い教師達に読まれていた」という。この雑誌の成功は、鰺坂（小原）國芳の手腕であったことを柳田謙十郎は認めているが、それとともに、ヒューマニズム、自由主義、個性尊重、活動本位の新思潮、「現状破壊、因習打破の声がほとんど戦闘的な態度で絶叫されてゐること」にも原因があり（柳田［一九二一・三］九〇頁）、本誌は、国内的にも国際的にもきわめて重要な岐路にあった日本において、新しい時代を求める人々が熱心な読者だったことを示す。本誌を含む教育誌に対する柳田の激しい言葉は、矛盾が顕在化した社会であるのに従来とは変わらないままの教育界に対する彼の切歯扼腕であった。

特殊教育は新教育運動の理念と親和性があったから、児童の自発性を尊重する小原の独特の議論は魅力的に見えたのであろう。その『教育問題研究』の大正一五年一〇月号は、「異常児教育研究号」だった（成城小学校教育問題研究会［一九二六・一〇］）。この号は、精神薄弱児・劣等児・不良児を対象とした論説九本、教育記録四本、教授の実際四本の合計一七本、総頁二〇四という堂々たる特集号であった。大正期特殊教育の到達点である。

その内容をカテゴリー化して整理すれば以下のようになる。

澤柳政太郎　異常児教育について
杉田直樹　教育病理学を広く実用化せよ
青木誠四郎　個別性の認識と劣等児の教育
順川生　私の学級に関する記録と感想
岡田道一　異常児の取扱ひ方についての考察
菊池俊諦　精神薄弱児の教育並保護
海老原邦雄　知的劣等児と其の教育
藤岡眞一郎　能力薄弱児教育上の一問題
本田親二　東京市の補助学校

岡本嘉之助　補助学級に於ける算数教授の実際
鈴木留三郎　補助学級に於ける理科教育の実際
佐藤作太郎　補助学級に於ける読方科指導法
稲森縫之助　美術科における異常児の取扱
山口實　特殊学級担任者としての顧み
島田正藏　不良児について――モノローゲン
佐佐木英夫　不良児社会性欠陥、道徳性に欠点のある児童に就ての教育に就て

以上から理解できるように、本号の「異常児」には感覚系の障害児ではなく、小学校で遭遇する知的発達や矯正問題の児童であり、学業不振と精神薄弱の児童および不良児である。

五．師範学校の役割と大正中期に開設された師範学校附属小学校特別学級

(一) 師範学校における特別教育と教員の著作啓蒙活動

いち早く教育問題を認識し、対応することを任務とする機関や団体は、劣等児問題にどのように対処していたのだろうか。師範学校関係者が、早くも、明治三二年九月に、劣等児に対する対応の必要性を提起したことは第二章でふれた。師範学校および附属小学校の教員は、同時代の教育問題の改善・解決策を探究する役割を負っていたが、教育雑誌等で劣等児やその教育について解説や略述はするものの、多くの場合、輸入学的な基本的構造を超えられなかった。主要メディアである教育雑誌に執筆することは、師範学校関係者にとっては、当時において最も大きな彼らの役割であっただろう。明治四一年に開設された東京高等師範学校第三部補助学級における実践的研究が、『教育研究』を通じて全国の低能児・劣等児の実践をリードしたことはよく知られている。

三重師範附属小学校訓導の三浦保行（一八九〇―一九八〇）の指導法開発も、先導的な役割が期待された師範学校附属小学校の教員による実践的研究の一例である。三浦は、大正七年六月、「算術教授刷新の綱領（一）」を県教育会雑誌『三重教育』に発表し、算術教授の五つの綱領を提示する（三浦［一九一八・六］一四頁）。算術教授は、①生活から生まれる、②実験実習を尊重する、③練習を重視する、④個人に存する事実を重んじる、⑤実力養成を主とする。この三浦論文には一言も劣等児またはそれに類する用語がない。しかしこの五綱領は、見事に劣等児の学習ニーズに対応している。三浦の教授の基本は、抽象的な標準ではなく現実の児童に即することから出発し、優等児には「可成多くの練習をし劣等児の味ひ得ないところまでを味ひつゝ進む」、劣等児は「基礎的な教材重要教材のみを収得しつゝ進む」分団教授にあることを、彼はかつて述べていた（三浦［一九一四・五］二六頁）。

このように、一部の師範附属小学校を含む小学校では、劣等児教育のような先行例に乏しいテーマでは、学級編制や各種プラン以外の情報に欠ける状況において、外国情報を相対化し、自分の実践経験とデータに基づく実践的研究を独自に開発する可能性を具体的に示したのである。役割も、師範学校教諭が概説的・解説的な論文（岡山県で例示すれば、守屋［一九一五・九］）であったのに対して、附属小学校訓導には試行的・先導的な実践（山下、細川、二階堂）というように、区別して分担する例もみられる。

県師範学校養成課程では、初等教育界における大きな課題であった劣等児問題について、「劣等児」を冠する授業はなかったけれども、教育や教科に関する授業では、劣等問題の発生と対応策に触れていたはずである。劣等児の発生を抑制したり、改善したりする対応策は、大規模校や単級学校・複式教授、児童数等ごとに、簡単であっても指導されていた。たとえば、島根県女子師範学校附属小学校による『初等教育重要問題の研究一』では、成績不良児について、その取扱、規準、特徴、原因、特別学級編制の利害、取扱上の注意について、詳しく、正確に記述している（［一九一五］五〇五―五二一頁）。同じ頃、長崎県師範学校附属小学校の訓導は、長崎市内小学校の同学年研究会において、近年、研究課題の一つになっている中間児童（脇田良吉の分類法に基く）の取扱法を紹介している（楢塚［一九一四・一〇］）。

明治四〇年の文部省訓令第六号に基づいて、あるいは各校の自主的判断に基づいて、いくつかの県師範学校附属小学校が劣等児の特別学級を開設したことは、すでに第三章で述べたが、師範学校を含めて当時の小学校では、教員数に余裕がないから、特別学級の編制はほとんど不可能だった。しかし、劣等児が通常の学級で放置されていたわけではなかった。師範学校附属小学校や地域の拠点校は、劣等児に対処する手引きを作成したからである。たとえば、明治四二年七月に茨城県師範学校附属小学校が刊行した『研究要録』は、教授訓練に関する研究を実施した資料であるが、一学級の優等児と劣等児を二つの集団に分けて指導する方法について「学級教授ノ研究」として詳細に範示している（茨城県師範学校附属小学校［一九〇九］三〇－五五頁）。大正三年一一月に島根県女子師範学校附属小学校が開校一〇年記念研究会を開催したが、初等教育の重要問題として、「成績不良児取扱」をまとめている。内容は、劣等児教育とその教育的対応に関する全般的で平均的な解説である（島根県女子師範学校附属小学校［一九一五］五〇五－五一一頁）。

大正二年、鹿児島県師範学校教諭の池上弘・松下友一・兼子鎮雄『児童個別的取扱の実際研究』には、低能児と穎才児が詳細に、そして学校病と身体虚弱が取り上げられているが、外国情報をもとにした机上学である（池上ほか［一九一三］一二二一－一二五二、五二七－五三六、五五四－五五七頁）。ともかく、劣等児の存在とその対処法は、教員養成課程において、机上学であっても、いわば必須事項となっていたといえよう。

（二）大正時代における師範学校附属小学校特別学級・研究学級

師範学校の特別教育における役割では、附属小学校特別学級が最も大きいであろう。その時々の教育課題の解決策を提示することも師範学校の役割であったから、そのような活動は研究学級として展開される。下記のリストは、大正中期において、明治四〇年の文部省訓令によって開設された特別学級・研究学級である。その事例を概観する。

大正六年

・長野県師範学校（内堀維文校長）　特別学級（健全・融和・独自・創始・協応を理念とする男女混合学級）

大正七年

・京都府師範学校（角谷源之助校長、松田清四郎主事）　特別学級（第二教室、優良児）

大正一〇年

・岡山県師範学校　研究学級（秀才児学級）大正一三年度まで

・岡山県女子師範学校　研究学級（諸理論批判総合）大正一四年度まで

大正一一年

・岡山県師範学校　研究学級（早生まれ児童に対する九月秋季始業学級）大正一四年度まで

・山形県女子師範学校（大沼主事、石澤清太郎訓導）　読み方と算術の二時限だけの変則的な低能児・劣等児の特別学級九月二五日開設、一一年度末廃止

大正一二年

・北海道札幌師範学校　補助学級（全道から児童募集、入学後半月は仮入学）年度限りか、精神薄弱児か

・山形県女子師範学校（代用附属飯塚小学校・大森政蔵校長兼訓導・茂木孝太郎訓導）　特別（促進）学級　昭和八年度まで（代用校契約期間満了）

・福島県師範学校　研究学級（新教育法の研究・実践）昭和三年まで低能児学級、昭和一七年度まで精神薄弱児学級（愛護学級）[16]

大正一四年

・岐阜県女子師範学校（稲垣國三郎主事）　遅進児学級（代用附属加納小学校）大正一五年六月まで（担当主事転出のため）

・広島県師範学校（精神薄弱）　昭和三年まで（担任事故のため）

大正一五年

・京都府師範学校（川面松衛校長、後藤三郎主事）　停滞児学級（五年間）
＊出典、市澤（二〇〇二・二）一二二－一二三頁、大島（一九六七）四五頁、岡山大学教育学部附属小学校（一九六六）九三－九五頁、岐阜県教育委員会（二〇〇三）五二二頁、京都府師範学校（一九三八）二三七－二四五頁、杉浦（一九七八）一七一－二一六頁、戸崎（一九九三）二五二頁、北海道教育大学附属札幌小学校（一九七七）、福島大学教育学部附属小学校百年史編集委員会（一九八〇）三四五－三五二頁、藤村（一九九五）。

以上において目立つのは、明治四〇年訓令六号の「発育不完全」の概念を超えた例が多くなることである。また、研究学級としての位置づけが多く、短期間で廃止されている。山形県女子師範学校附属小学校の特別学級も半年間で廃止されているが、特別学級を開設するだけの資源がないためであった。その一方で、福島県師範学校附属小学校では、精神薄弱児に特化して特別学級が運営され、小澤恒一（一八八三－一九六二）や野口彰（一八九四－一九五五）のような主事にも恵まれ、石原榮壽[17]・長沼幸一（第九章参照）・安部丑亥[18]のすぐれた実践家が輩出する。

この時期では、明治末期から大正期初めには、劣等児の指導よりも大きな教育問題が関心を引いていたことである。それを師範学校附属小学校における研究学級をとおしてみてみよう。研究学級は、時代あるいは地域の教育課題に関する実践的・理論的研究を意図するものであるから、その課題への対処の目処が立った段階で廃止となり、永続的な組織ではなかった。「早生まれ」児童の秋季入学は分かりやすいが、新教育法、新教育法の研究・実践は漠然としており、諸理論批判総合に至っては明確さを欠く。しかし次の長野県師範学校の健全・融和・独自・創始・協応を理念とする学級は、それだけでは皆目分からない。これらが既成の初等教育の根本的再検討であることは、長野県師範学校の事例から理解できる。

その初期の例は、長野県師範学校附属小学校である。大正二年六月の県下小学校連合修身科研究会で全体討議題の理念として提起されたという。その趣旨は、現状認識から出発する。教育の内容・形式は国定によって固定化されており、方法上の研究しか許されていないが、児童は過重と注入に喘いでいる。かくして、「教育は行きづまっている」。こうして研究学級は、「旧来の教育の部分的改造ではなく、根本から原理を転換して新しい教育を再構築」しようとしたものであった。この時期には、初等教育の教師集団に、このような高い士気と果敢さが確立していたことが窺われる。大正六年に研究学級が設置され、その後、五つのテーマに基づく研究学級は昭和一二年三月まで継続する壮大さであった（信州大学教育学部附属長野小学校［一九八六］四二〇－四七六頁）。しかしこの研究学級には、障害等には直接関連したテーマはないが、「病弱児童や知能の低い子もいた」（四二七頁）。なお、研究学級は参観謝絶の札が掲げられていたという（四三二頁）。

大正九年一一月の全国師範学校長会議に対する文部省の諮問事項は「附属小学校等の改善すべき施設事項如何」であった。会議側の提案した改善方法の第一が、「附属小学校に……研究学級を設け、自由研究を為し得る様法規を改正すること」であり、改善目的の第三として、附属小学校を「小学校教育の研究所」にすることだった。これは、文部省普通学務局長・赤司鷹一郎の附属小学校は教育方法研究所であるべきだとの期待にも対応したものだった（山路［一九二〇・一二］一五－一六頁）。しかし、昭和五年一一月の全国附属小学校主事会議で、文部大臣宛建議「自由に研究学級を設け得るやう法令改正のこと」、地方長官宛建議「研究学級設置の自由――等につき配慮されたし」が決定されているから（全国附属小学校主事会議［一九三〇］、三六六頁）、研究学級のテーマ設定は、附属小学校という現場の判断だけでは行えなかったことになる。

もう一つの特別学級の例を述べる。それは、京都府師範学校における英才教育である。これは比較的長く続いた研究実践プロジェクトであった。これには、実現までに前史がある。第二章で述べたように、京都府教育会統計部は明治三六年四月の調査研究「不完全なる心意を有する児童に関する調査」は終了していた（研究部報告［一九〇四・五］一八頁）。その後の府教育会雑誌に掲載された特殊教育関連記事は、対象児と時期によって必ずしも一様には進行しないものの、その基軸は、学業上の優劣児とその取り扱い方、盲唖教育の普及と制度化、身体虚弱児の林間学校、非行児である。府教育会雑誌では、学業上の優劣児のうち劣等児はつねに継続した課題となっているが、小学校教育対象外の低能児の取り扱いは、府教育会が白川学園を経営したものの、三年足らずで脇田に経営が委ねられ、府教育会にとって一時的な課題としかなりえなかった。

その後、京都府教育会の課題意識は、就学児童の教育的改善に向かったように思われる。それは、大正初期には児童総数の二割以上の「未就学」「半途退学」児童がいたからであり（京都市の不就学［一九一三・八］）、同じ時期に夏季聚落事業が開始され、急速に拡大するものの、他の地域と同様に学童全体を対象とした夏季休暇活動に過ぎず、病弱・身体虚弱児童に特化した活動（遠藤［一九一九・七］）は、少なくとも大正期では謳い文句に終わる。

多くの教育課題に取り組むなかで、京都府初等教育の特長として結実するのは、英才教育であった。明治四〇年五月の府教育会研究部の会議で、会員に対する懸賞論文題の一つが「初等教育に於ける優等（天才も含む）児童の取扱」だった（京都府教育会［一九〇七・七］三二頁）。四一年四月の研究部会議では、劣等児取り扱いとの関連で、優等児学級案に言及している（研究部記事［一九〇九・六］四〇頁）。四三年には、長谷川益三の「能才教育論」が連載される（長谷川［一九一〇・二～一九一〇・四］）。長谷川の能才は英才と同義であると思われるが、その教育措置は、特殊学校・特殊学級が望ましいが、特殊取扱でもやむを得ないというものであった（長谷川［一九一〇・四］一四頁）。

なお、明治四三年一〇月には、当の脇田が「天才教育と低能児教育」を投稿しているが（脇田［一九一〇・一〇］）、天才は教育する必要がなく、適切な対処には下位分類と研究が必要であるという主張である。明治四五年の無署名の「天才教育と平凡教育」でも、天才に対する意図的な教育には消極的である（［一九一二・一一］）。

その後、教育上のトピックが全国教育大会開催と教育会のレベル低下や林間学校に流れてからまもなく、大正五年には、再度英才教育問題が、「穎才教育」として表面に出てくる。同年一一月の府教育会研究部では穎才教育研究特別委員会を開催し、意義・鑑別・教育方法について意見を交換した。ついで、大正六年六月には、その意見交換の結果を「穎才教育方案」として具体化している（京都府教育会研究部［一九一七・六］）。大正八年九月には、「優良児童教育研究会」が府下訓導研究会として二日間にわたって開催された（優良児童教育研究会［一九一九・九］）。その発表一八件と講演が一〇月号に掲載され（一九一九・一〇）、さらに一一月号には、その研究会における協議題「小学校に於ける優良児教育の最も適当なる方案如何」に関する四つの問題に分けての検討結果が掲載されている（第八回府下訓導研究会決議案［一九一九・一一］、野上［一九一九・一一］）。大正九年三月号には、英才児の教育的扱いの問題が、大都市連合教育会でも論じられていることが伝えられている（龜田［一九二〇・三］）。

ところがこの優良児教育という英才教育の実施は、府教育会や初等教育界ではなく、府教育会長の木内重四郎（一八六六－一九二五）府知事（一九一六・四－一九一八・五）のイニシアティブの結果であった。木内は、自身が学業優秀であっただけでなく典型的な日本のエスタブリッシュメントだった（京都府会事務局［一九五二］一三四、一三六頁）。大正五年四月、木内知事が着任すると、優良児教育実施の内意が学務関係部局に伝達されたものと思われる。それは、京都府師範学校附属小学校に第二教室が設置された以下の経緯を見れば明白である（京都府師範学校［一九三八］）。

大正五年四月　木内知事着任
大正五年月不明　近藤教諭が、第二寄宿舎改築して、附属小学校で優良児教育実施を提案。角谷源之助師範学校長・附属小学校主事賛意、県小栗学務課長内諾
大正五年一二月　府教育会研究部穎才教育研究特別委員会を開催、意義・鑑別・教育方法について協議
大正六年六月　府教育会研究部穎才教育研究特別委員会「穎才教育方案」
大正八年九月　①府下訓導研究会「優良児童教育研究会」として府師範学校で開催。発表一八件、講演。協議題「小学校に於ける優良児教育の最も適当なる方案如何」、四つの問題に分けて検討
②府師範学校附属小学校の五人の訓導に優良児教育実施案の研究を指示
大正六年一二月　木内知事、府会において特別教室設置による秀才教育の方針、承認される

時期不明　校長・主事・五人の訓導により、特別教室の教科目の選定、教室設備、教具の購入。篠原助市教授の指導を受ける

大正七年一月　京都市小学校長会で、木内知事、秀才教育必要論を述べる。松田主事、優良児教育の計画を発表。府視学、地方視学、中等学校長、市助役、市視学等も出席。

大正七年三月二七〜二八日　市内小学校長の推薦による特別教室（第二教室）志望児童百六一名から八二名を選抜し、入学を許可

大正七年四月二日　第二教室担当訓導は長谷川彌平・川上操（広島高等師範学校附属小学校か）、能勢朝次（東京高等師範学校附属小学校か）、廣濱嘉雄（第一教室訓導）

大正七年四月八日　第二教室四学級開設

しかし、木内知事の鶴の一声だけで即座に優等児教育が始められるほど、問題は簡単ではない。それは、大正八年九月の「優良児童教育研究会」の討議内容をみれば、府内小学校では、学校間格差はきわめて大きかったものの、一部の小学校では優良児童教育について、それなりの実践の裏づけがあったことが分かる（ついでに述べておけば、優良児童教育の実践的検討には、劣等児教育もセットで含まれている）。それゆえ、優良児教育が初等教育界の課題として始まるには、実践界においてすでにニーズと実践が存在していることが前提であって、木内知事という強力な動因を必要としていたことになる。

木内知事が不祥事に巻き込まれて休職処分になると（京都府会事務局［一九五一］一七四頁）、主唱者不在となり、開設後間もない第二教室の存続が危ぶまれたが、教員と保護者の協力で存続することになった。つまり、優良児童教室の設置は他発的であっても、設置後は、その意義を校内で共有したものと思われる。英才児のための特別学級は、日本では珍しい事例であった。

他の地域では、特別学級編制に至ることはなかったが、県教育会の話題としては、英才教育の記事が先行するとともに数が多く、劣等児教育よりもアピール性が高かったものと思われる。

第四節　新教育時代における特殊教育の普及とその桎梏

一．新教育の後退と特殊教育

（一）新教育の定着を阻害した要因

特殊教育が順調に拡大したのかといえば、新教育時代の高い受容的雰囲気からみれば、期待外れであった。特殊教育を歓迎したかにみえる新教育自体が定着しなかったから、特殊教育が定着しなかったのは当然でもあった。さらに特殊教育は、対象と関心をもつ教員が小学校教員の一部であったから、新教育よりも条件が悪かったといえよう。

新教育の定着を妨げた諸条件を列挙すれば、以下のとおりである。

第一に、新教育が基盤とする西欧的概念・観念の理解が困難だった。たとえば輸入された自由と責任・個人と社会の概念は西欧由来であるから、キリスト教と資本主義という枠組みにおいて練り上げられた基盤とはまったく異なる日本では、日本化する提案はあったが、具体化されなかった。子どもを放縦にしておくことが児童中心主義だとする事例は、すでに紹介した。もちろん、自由とその拡大を嫌う体制側の警戒と反撃が新教育運動に対して強まり、ロシア革命や米騒動といった国際的・国内的事件と結びつけられ、そして国体との整合性への疑義が広められることで、新教育の中核概念との矛盾があった。

第二に、新教育を実現する、あるいは新教育の実現に近づける教育的・社会的条件の乏しさが顕著だった。一つは教育条件である。学級当たり児童数は一向に減少しなかったし、児童数の増加に対応して教員数は増加しなかった。内務省教育行政は学校の権限を制限しただけでなく、頑なだった。教員に対しては要求が多く、地域社会から監視されていた。教育界は、公的にも私的にも実に不自由な社会だった。二つ目は教員の条件である。教員は数の不足のうえに、質の低さも一向に改善されなかった。社会的地位も相変わらず低く、生活も貧しかった。

第三に、初等教育界の問題である。一部の小学校を除いて、新教育の理念を実体化できなかった。この問題指摘は難しい。教育の責任の所在がはっきりしないうえに多数であるために、解決策に繋がらないからである。しかしいいかえれば、実体化できた小学校もあったということであり、その条件は、たとえば倉敷校に関連してすでに述べた。そのような条件をもつことができない大半の小学校では、新教育運動は、お題目にしかならず、実践に取り入れる条件がなかったであろう。

このような状況において、新教育はこれまでも信奉してきた西欧由来であり、明治期の行き詰まった教育改善の処方箋になると喧伝された。教師にとって、新教育は、学校・教室および自分の生活の困難を払拭する息抜きのように機能したのではなかろうか。新教育運動の前後に盛んに生じては、急速に消えていった教育上の流行は、教育上の問題が現実には解決困難であり、いまの学説や理論に代わる新しいトレンドを求め続けたのではなかろうか。トレンドや時流に乗ることを戒める指摘はしばしばあったが、流行に乗り遅れないことを奨励する風潮は、初等教育界には根強かったのである。

(二) 適才・適能・応個教育の提唱

初等教育界では、新教育時代に個人差に対応する教育が盛んになると、それを一言で表す惹句の工夫を競う。それを事例的に挙げれば、大正四年一一月に山口県小月尋常高等小学校では、応能式努勉主義教授法を提唱している。これは児童各自の知能に応じた学習を意味している(豊浦郡小月尋常高等小学校［一九一五・一一］四頁)。大正五年八月には、神戸市の訓導・乾恵應が、能力に適応した教育を意味する「適能教育」を提起している(乾［一九一六・八］五二頁)。大正一二年六月には、脇田良吉が能力に応じた教育を適才教育としている(脇田［一九二三・六］)。昭和四年三月には、鈴木治太郎が適能教育を提唱する。知能測定の結果に対応させて教育を用意するというものである(鈴木［一九二九］、石川・高橋［二〇〇七・二］）。昭和六年五月には、文部省の講習会に集まった教師たちによって結成された精神薄弱児童養護施設協議会は、精神薄弱児を分離してその「個性に応じたる個別的指導方法」による教育を適能教育とした（精神薄弱児童養護施設協議会［一九三一・五］三〇九頁）。

奈良県結崎尋常小学校長の上田信一は、個性を生かす教育である「応個教育」を詳細に展開する。「応個教育」とは、児童の個性を「十全に活かし又発揚せしむる」教育であるという。個性とは、その児童のみに付与された天分であり、児童独自の特質である（上田［一九三二・二］二頁）。その出発点は明らかに児童中心の教育を目ざしている。応個教育は、一定・一律の目標に照合させる権威主義的・鋳型注入的教育とは対極の児童の生活本位、児童の個性と自発性と能動性を重視する改革的教育である。個性は、五年ごとに変動するから、それぞれの時期には心身発達の重視すべき内容が異なるともいう。心身発達の実態把握が重視され、将来の職業と関連づけられ、さらに劣等児も視野に入っている（上田［一九三二・九～一〇］、［一九三二・三］、［一九三三・一～三］）。しかし、この原則論の実践記録は紹介されておらず、「生活教育」も観念的で十分に説明されていない。また時代状況から、社会構成員としての国民への育成が目ざされた適応主義の一面もある。

応個教育という表現は、昭和一〇年には、静岡県でも使用されている。「実相に立つ適性応個教育」という名称であるが、内容的には個性対応教育である（藤波［一九三五・四］七五頁）。

こうして、個人差、そのほとんどは知能検査の結果やそれに類する調査・観察によって把握された個人差であったが、個人差に応じた教育は、少なくとも名目上は初等教育界では共通理解となった。しかし教育の実態は、長野県師範学校附属小学校教員が嘆じたように、「行きづまって」いたのである。

（三）特別学級有名校の問題

劣等児教育が実施され、身体虚弱児教育が先導され、低能児教育が模索された小学校はその地域の代表的な学校だった。それゆえ、いわゆる大校長が学校経営を主導していた。しかしこれらの校長は有能なゆえに、本務以外の教育会等のリーダーでもあった。それゆえ、東京市の大校長のエネルギーは、学校内部に向かうよりも、外部の活動に費やされ、「東奔西走日も足らざる如く、多忙に多忙を重ね学校内に熟慮判断する暇もなく、かくして全く疲労し困憊して」しまっていると、市視学は警告している（成田［一九二三・四］九－一〇頁）。

特別学級で有名になった学校は、熊本市の山崎尋常小学校や明石女子師範附属小学校等、大正末期から盛んになる他校視察の常連校となる。参観者数は年間を通じて溢れ、あるいは研究会には大挙、押し寄せる。倉敷小学校では、齊藤校長時代の大正一一年から昭和二年まで全国初等教育研究大会が開催され、一二〇〇～一六〇〇人が集まったという（齊藤［一九五六］六頁）。実践報告書が出版されると学校名はさらに有名になり、校長は講演に招かれて不在がちとなる。有名校参観の選択は、必ずしも実践上の必要によるのではなく、有名・流行によって大いに左右されることになる。地道な実践には妨げとなるから、上記の熊本の荒木善次のように参観を謝絶する特別学級があったし、長野県師範学校研究も同様だったというが、一般には実施できなかったであろう。

（四）特殊教育における研究者と実践者

大正末期になって特殊教育に取り組んだ大学・師範学校および現場教員が増えて、特殊教育はその類型化が可能となるほどの段階になった。学校現場では、一時的にではなく、同じ分野あるいは同一の障害のある人々を対象とする学校や施設で活動を続ける荒木善次、長沼幸一、田村一二のような人々が出現する。彼らは、特定の理論を追究するよりも、それを参考にしながらも、むしろ児童との経験のなかから選択し、進むべき活動内容を決定した。その一方で、机上から考える研究者型もあった。町田則文や川本宇之介である。参照すべきは欧米情報であり、現実の障害児にはそれほど接触しない。両者の中間が、及川平治、樋口長市、鈴木治太郎、城戸幡太郎である。これら中間グループであっても、一人ひとりが机上と現場との距離は同じではないが、現場や児童と理論との間の往来関係を持続している人々である。

中間グループの増加が特殊教育の発展を促進すると思われるが、研究者グループがほとんど存在しない場合、実践者グループが研究者グループの一部を代替しなければならなかった（到底、十分には果たすことはできなかった）点に、日本の特殊教育（初等教育では、中間型の研究者が少なかった）の弱点があったといえよう。

二．小学校における非主流的課題としての劣等児問題と実践の潜在化

学校によっては、通常の教育の方法によっては学業成果の上がらない児童を対象に、通常以外の方法を採用するようになる。次は、和歌山県新宮町の小学校で行われていた児童に対する個別的対処に関する校内規程である（新宮市史史料編編さん委員会［一九八六］七五三―七五四頁）。

個人指導（和歌山県新宮第二尋常小学校校規の一九、訓育施設　五　個人教訓（明治四一年五月一四日ヨリ実施ス））
第一条　児童の個性を発揮せしめ、訓育の効果を全からしむるため、個人教訓を行う
第二条　個人教訓は普通及特殊の二とし、校長これを行ふ
　但　時宜により学年主任又は学級担任に於て、これを行ふことあるべし
第三条　普通個人教訓は、毎日各学級一人づつ比較的影響少なき教科時間を割きて、これを行ふ
第四条　特殊個人教訓は、特殊の場合に於て、臨時これを行ふ
第五条　普通個人教訓は、学級担任に於て其の児童の性格行習癖等を精査し、前日これを校長に報告するものとす
　但　休業日の翌日に当たる分は、休業日の前日これを報告す
第六条　普通個人教訓の時間は別にこれを定む

このように、正課のなかで個別的な注意をしたり、空き時間を利用して学業の遅れが顕著な教科について指導してい

た。その際に、個人の心理的差異を考慮に入れていた。劣等児に対するこのような日常的な対応は、地域を問わず、教授者としていわば当然のことであったと考えられる。たとえば、東京市の代表的な小学校で進学校としても有名だった誠之尋常小学校は、学級数一六、教員数二一人を擁していたが、校長の杉浦恂太郎は、教授上の原則として特別教授を挙げて、「一、劣等児童は各担任訓導に於て教科時間外に特別教授を行ふ」(二として卒業期の児童に対する特別教授を挙げている)としている(杉浦［一九〇九・六］九八頁)。

同じように、山形県興譲小学校でも、相当に詳細な「劣等児取扱法」を定めている(興譲小学校［一九〇九・九‐一〇］)。全体は、意義、原因、救済方法に分けられ、細項目は全部で一一四に及ぶ。取扱内容は、原因究明、状態分類、指導指針が入り交じっており、作成に労力をかけたわりに煩瑣で、この取扱法をどの程度駆使したのか、実行できたのか疑わしい。

現実には、小学校における特別学級の設置は容易ではなかったうえに、劣等児の確実な診断方法が確立されていなかった。東京市有馬小学校長の山崎彦八のように、入学時点で自分の姓名、名称・数唱や態度、聴力や身体健康状態によって普通と普通以下の二学級に編制、一学期の学業等の結果により二学期から三学級に編制し、うち一学級は男女二二名の低能児学級に編制するような試みがあった。指導の成果は明白で、三学期では通常の学業が可能な児童もいると期待されている。

このように、山崎校長の低能児特別教授は診断過程を兼ねた編制であり、確固とした永続的な組織として特別学級が考えられているわけではないように思われる。それは、特別教授によって、通常の学業に復帰することを期待していることでも分かる。また、彼のいう低能が精神薄弱を意味しているわけではないようにも思われる。ただ、山崎校長は、第三学年以上の劣等児童を対象として、一週間に二日、一般児童が退校後の各一時間、通常の五科目を教授した(山崎［一九〇七・一二］)。

大正末期になると、特別学級(補助学級)における低能(精神薄弱)児の存在は、疑いようがないことは、研究的手続きによって明らかとなった。その結果を、いくつか示してみよう。大正一五年春に東京市補助学級在籍の全児童を対象に行われた医学的検査の結果、劣等と低能の間が三二％、劣等が二一％、尋常が四％に対して、約四三％が低能（痴愚から白痴まで）だった（青木・村松［一九二七・四］、村松［一九二七・七］）。

地方都市でも、劣等児と低能児の存在を区分し、異なる取扱が必要であることは認識されていた。大正一二年四月の岡山市調査では、市内一二校の児童総数・劣等児数・低能児数を区分している（大原社会問題研究所［一九二四］二〇頁）。岡山市の小学校の規模は児童数一七〇〇人を超える大規模から最小規模でも二八九人まで多様であるが、劣等児の児童総数に対する割合は、全体でも各校でもほぼ二割、低能児の割合も一様に二％前後となっている。しかし、ほぼ同じ時期の文部省調査によれば、特別学級を開設しているのは、岡山市内では内山下小学校のみである（文部省普通学務局［一九二四］七三頁）。もちろん、劣等と低能の区別を教育的組織として実現することは、教員と経費の増加に直結するので、実際に、どこまで実行されていたのかは別の問題である。

したがって、教授・訓練・養護の方針は、教科の実用性重視や児童の本性回復等、妥当な内容であるが、特別学級に在籍していない劣等児（総数二四〇四名）や低能児（二四二名）には適用されていないと思われるから、限定的な意味しか持ち得ないことになる。

三．学級編制上の問題

特別学級編制については、その是非について、意見が一致しなかった。開設の経費問題や教室の余裕もあるが、特別学級設置に伴う入級児童に対するラベリングの問題もあり、入級に対する親の反対もあったからである。もちろん教授上の効果問題もあった。明治四一年六～七月の教育雑誌『内外教育評論』では、教育界の関係者に対して、「低能児分級教授の可否」と題して、通常学級から特別学級（特別学校）を分設することについて、意見を募っている。執筆者は、カテゴリー化して示すと、つぎの人々であった。実践家では劣等児教育に経験のある人々であり、学者では、低能を自分で研究しているか、または留学等で見聞のある人々であった。

小学校長　杉浦恂太郎、小關源助、松下専吉、橋場兼吉、篠原太三郎

学者　元良勇次郎、伊澤修二、高島平三郎、乙竹岩造、吉田熊次、大瀬甚太郎

大半の寄稿は「文責在記者」であるので、細部における正確さは確認できない部分があるが、「低能児」についての共通理解は明確でないために、ほとんど意味がない設問であった。このような微妙さを含む問題について、著者の校閲を得なかったことは、編集者側の瑕疵でもあろうが、乙竹のように、低能児を能力の弱い児童として理解し、英語では fool minded children（fool は feeble の記者による聞き間違いであろう）としている。

知的能力がかなり低い児童を低能児という場合は、劣等児とは異なり、最初から他の児童との分離が必要であることでは見解は一致していたが、とくに劣等児の場合、一般に行われていた課外教授には異論があった。通常の課業自体が彼らに負担であり、さらに課外教授を求めると、児童は、元気と余裕がなくなり、そのうえ苦痛であり、継続が難しいという理由である（藤本［一九一五・四］二〇頁）。特別学級が常設ではなく、校内の施設・設備上に余裕がある状況に限って一時的に開設されたり、必要な段階で開設する例もあった（豊崎［一九一二・五］）。

大正末期には、地方都市の小学校で実践上、困難だったのは、特別学級が、劣等児と低能児の混合学級であったことからも生じる。特別学級が劣等児には有効であっても、数名の低能児の存在は、教育の目標も内容も同一次元に設定することは困難になるからである。さりとて、一つの小学校で低能児の特別学級を編制するには、児童数が少ないことが多かったのである。低能児数名の学級規模では、普通学級が五〇人を超えるのが一般的な状況では、地域の役所の同意を得ることは困難だった。

四　小学校における特殊教育の行方――樋口長市による附設論から共学論への展開

この時期の劣等児や低能児の学級編制の問題ではそれほど前面に出ていない社会的な側面から、新しい問題意識のもとに、学級編制はおろか教育形態、学校責任主体、学校の最終目的、教育を享受する権利主体等の問題まで総合的に取り上げたのは、東京聾唖学校長の小西信八の後任となる樋口長市であった。この問題の発端は、盲唖学校の小学校附設論であるので、その後の経過から述べることとする。

盲唖学校の小学校附設論は、明治四〇年四月一七日文部省訓令第六号によって、その運動の目標が一応達成されたことになる。また、大正四年の第五回全国盲唖教育大会では、町田則文・東京盲学校長をはじめ、盲唖教育関係者は県立盲学校・聾唖学校による教育体制のみしか視野に入らないために（加藤［一九八一］三七五頁）、盲唖児の小学校附設論に関する小西信八提案は多数の支持を得られず、附設論は命運が尽きたはずであった。そして、大正一二年盲唖教育令の実現によって、盲唖教育の方向は、盲唖学校の整備と充実に定められたことになる。

しかし、大正一三年二月二五～二七日、文部省主催の第二回全国盲唖学校長会議（東京聾唖学校）における文部大臣の諮問「盲唖児童ノ就学奨励ニ関スル適当ナル方案如何」に対する答申案には、「四・教育機関ノ改善」の一つとして「小学校ニ盲唖児ヲ収容シ適切ナル教育ヲ施スコト」（表2－2－2）があった。また、これに対応するように、「五・制度ノ改善」には、将来の小学校訓導を対象として「師範学校課程中ニ盲唖者ニ関スル事項ヲ加フルコト」が挿入されていた。この答申案に関する説明は記載されておらず、その趣旨も把握できない。この提案、とくに第一の提案は、翌年度に校長職を退くことになる小西によるものであろうか。この案は、盲唖教育令は発布されたが、盲唖学校の設置は一挙には実現しないことを見越しての、小学校における補足的な盲唖教育の場を設ける提案であろうか。なお、諮問案調査委員は、選挙で選出されたつぎの七名であった（議席番号順）。

大森房吉（前橋盲学校）、橋村徳一（名古屋市立盲唖学校）、小林照三郎（長野盲唖学校）、佐瀬剛（磐城訓盲院）、
辻本與次郎（和歌山県立盲唖学校）、吉村誠（福岡盲唖学校）、森清克（大分県立盲唖学校）

なお、二六日には全体会で原案どおり採択されている。また、他の原案もほとんど採択されている。

ところが、第二回盲唖学校長会議から三カ月後、五月二六日から四日間、広島県立盲唖学校で開催された帝国盲教育会第二回総会・全国聾唖教育大会の第三日、審議未了であった盲唖共通問題の一つ、「小学校に盲唖児を収容せしむるの可否若し否とせば収容せしめざる様其筋に建議すること」が審議される（帝国盲教育会第二回総会報告［一九二四・七］）。これは、大阪市立盲学校長の宮島茂次郎提案であり、宮島は、二月の全国盲唖学校長会議にも、市立聾唖学校長を兼ねて出席していた（四月からは高橋潔が聾唖学校長となる）。議論の様子は、六人の出席者の「質問、反対、賛成等」があり、「容易に決せざりしが、大多数にて原案通り可決」され、「建議」については議長に一任された、とだけ記されている。なお、手話法の団体・日本聾唖協会の機関誌『聾唖界』では、宮島校長の説明は、盲唖児が「普通児に混同して教育せらるゝは苦痛困難であるから、特殊教育すべきである」となっている。また、議題に対する反対の状況のニュアンスが異なる。盲唖児の入学は「普通小学校ではなく、盲唖学校に義務として入学せしむべき様」建議すべきことに「殆ど満場一致を以て可決」とされている（第九回全国盲唖教育大会概況［一九二四・七］四〇頁）。この論調の違いは、手話法主義者による記述のためだろう。なお、小学校令中の盲唖学校の小学校附設規定は有効であった。

二月と五月の会議の出席者には、それほど重なりはない。二月の校長会は官立校を除けば校長または代理一（計七三名のみの出席であるが、五月の盲教育会は校長だけでなく、幹部教員および少数の盲人、計一〇七名が参加している。この議題の採決により、盲唖児の教育の場は盲学校・聾唖学校または盲唖学校だけであって、公式には小学校は盲唖児の就学の場でないことが再度確認されたことになる。こうして大正末期には、盲唖学校だけが盲児の教育の場であることは盲唖教育関係者の誰にも異論がない、不動の見解となったはずだった。

ところが、盲唖教育の場に関するこの既定方針に対し、異論が申し立てられた。それは他ならぬ、官立東京聾唖学校長の小西の後任の教育学者・樋口長市によってであり、樋口は、著名な教育学者としての学識から、学問に基盤をおいて盲唖教育論を形成しようとしたのである。彼のような行動は、盲唖教育界に支配的なトレンドに反していたと評価することもできる。特殊教育学の構築を試み、日本の最高権威者としての途上にあり、文部省にもある程度影響力があった樋口のような人物ですら、常識に囚われることなく、自分の直接的な視察経験と知見を優先した。しかも、先進国の現状を基準として直輸入することなく、国情に合わせて先進国の現状の制度を改作しようとしたのである。

盲唖児の小学校における教育論は、大正末期には教育機会の確保や簡易教育の提供といった単純な考え方ではなく、かつて小西信八が小学校附設論に奮闘してきた所論である、一般の児童と同等の教育機会の根拠と社会の一員としての育成論を継承するだけでなく、盲唖教育（特殊教育）の本質にかかわる問題とならざるをえなかった。樋口の議論の展開をみれば、以下のようであった。

・大正一一年二月～九月、樋口「欧米の特殊教育」連続論文。『欧米の特殊教育』目黒書店として刊行（樋口［一九二四ｂ］）
・大正一四年五月～七月、樋口講演「特殊教育の意義」。「盲教育開始五十周年記念祝賀会」（東京盲学校で開催）
・大正一三年、樋口『特殊児童の教育保護』（児童保護研究会）刊行（樋口［一九二四ａ］）
・昭和三年一月、樋口「特殊教育の将来」『教育研究』（樋口［一九二八・一］）
・昭和一四年、樋口『特殊教育学』建文館（樋口［一九三九］）

樋口は、盲唖教育令公布後から間もない大正一四年五月一七日、東京盲学校で開催された記念すべき「盲教育開始五〇周年記念祝賀会」での講演「特殊教育の意義」において、盲教育の形態について寄宿制を定型とすることなく、通常教育との距離を縮小するように提案した（町田編［一九二五］五六－七七頁）。さらに樋口は、寄宿制学校＝県ではなく、市町村の小学校を主たる教育の場、盲学校を中等教育と職業教育の場とし、かつ、小学校への通学制を進むべき方向とし（樋口［一九二四ａ］一八五－一八九、二〇二－二〇三頁）、「共学」[19]を白痴以外の子どもの教育形態としたのである（平田［一九九二］七一－七四頁。伊藤［一九九三・一二］一〇頁）。

　このような樋口の着想は、書物よりも実際の視察経験によって得たものである。彼がとくに影響を受けたのはアメリカだった。その時代のアメリカでは、公立学校制度における通学制盲学級の拡大期にあった。地域の公立学校における障害児の教育形態を可能にする社会的・文化的背景と社会的基盤を掘り下げることによって、樋口は、教育の場や教育形態の在り方の単なる紹介を超えて、立体的に理解し、提案することができたのである。樋口が見聞したのと同じ現象を視察し、それを紹介したり、導入するだけの留学生もいたが、彼は、アメリカ留学時における見聞によって得た知見を、彼なりに解釈し、日本に土着させようとしたのであろう。おそらく、樋口が盲児と晴眼児、聾唖児と聴児との共学を唱導した考えをもつに至った一つの、しかし重要な要因は、彼が熱心な口話法主義者であったからであろう。口話法は、聴者との場面を前提として考えているからである。いいかえれば、聴児（障害児）には、他の児童との交流によって教師の指導以上に、より高次の発達が期待できるからである（樋口［一九三九］三三〇－三三一頁）。

　ところで、樋口が「普通義務教育」を盲児の教育の場とするのは、盲唖学校設置の経費上の問題だけではなかった。海外留学生の一部が痛感したある教育事業の社会的根拠の重要性もまた、樋口は学んだのである。学校教育の早期から職業教育を導入し、自活を可能にするという考え方は、今日では「盲人を蔑視した、古い考へ」であって、「然る考は、全然捨てねばならぬ」。盲人は、晴眼者とともに「社会国家を組織し、ともにその進歩発達を計かる同朋で」あり、したがって、晴眼者と同様な「智能を有せねばならぬ。従って目明き同様の普通陶冶を有せねばならぬことは、文明国人の等しく認めて居る所である」から、晴眼児と同程度の初等普通教育を授けることを、「第一に企画せねばならぬ」というのである（樋口［一九二四ａ］一八五頁）。

教育の場がどこであるかは、樋口の主張においては、単なる教育の機会均等ではなく、将来の社会における盲人の位置、そして晴眼者との関係とにおいて考察されている。それゆえ、職業もまた、音曲や鍼按だけでなく、欧米のように広く求める必要がある。また、職業斡旋のための盲人職業紹介所や、教養向上のための盲人図書館や盲人用新聞も必要であり、これらを総合的に扱う中央機関・地方機関が必要であるという（樋口［一九二四ａ］一八九―一九〇頁）。

このような教育の全期間および学校教育後、そして社会的地位を全体的に検討する問題を意識的に主張する人は、これまでいなかった。樋口のこのような主張は、アメリカ仕込みの盲教育や聾唖教育、その他の障害児教育、そして、それらを支えている社会原理と文化を背景にしているのではあるが、樋口には、触媒となる思念があったからであろう。それは、彼の古くからの理念である新教育的児童像である。

小学校附設論をめぐってもう一つ重要な点は、権利や同等性の主張である（樋口［一九二四ａ］一八七頁）。まず、小学校における盲学級・聾唖学級の設置と通常学級における教育において、他の児童や人々との同等性の主張である。小学校における学習活動が同じであり、「遠足も運動会も学芸会も正常児と混じてなさしめる」のであり、社会の構成員としての同等性でも同じである。そのような文化国民である社会構成員となるために、「正常者も異常者も、ともに社会を構成するからには、互に相理解し合ひ、各自その長所を伸はし、それに対して互に敬意を表し合ふやうに、躾けられねばならぬ」というのである（樋口［一九三九］二五四頁も参照）。このような基本方針に反する言動をする児童には、容赦なく懲戒してよいともいう（樋口［一九二四ａ］一八七―一八八頁）。

もう一つは親の権利論である。盲児の親は、盲児学級の設置を市町村に対して権利として要求してよい、というのである。納税だけを義務づけられるのは正義に反するゆえである。ただし樋口のこの主張の場合、保護者の権利とみなされている。

樋口は、盲唖教育だけでなく、また近未来的な観点から、特殊教育振興を構想していたのであり、それが実現するうえでの留意点を以下のように理解していた（樋口［一九二八・一］）。

一．一般社会の特殊教育の必要性の理解、
二．女性の特殊教育に対する関心の覚醒と尽力、
三．一般の教育者の特殊教育の理解（障害児の小学校就学論は、この項目に含まれる）、
四．文部省は特殊教育令を発布し、地方公共団体とともに資金を支出し、公共の事業とする。

女性の特殊教育への関与を取り上げているのは、先見性があるが、それ以外は斬新性があるわけではないようにみえる。しかし、学校教育によってどのような将来像を設定するかを考えれば、一件平凡にみえる上記の留意点が説得力を増すはずである。それは、教育後の障害児を社会的構成員として扱うことを前提としているために、一般の児童や青年との交流が必要であり、特殊学校ではなく、一般の小学校に附設された特別学級での教育が望ましく、経費が特殊学校よりも低廉であるという理由による（樋口［一九二八・一］九七頁）。樋口は、寄宿制の弊害を認識していて、将来の盲教育について、基礎教育は通常の学校で行い、職業教育を盲学校で行うことになろうと予測していた（樋口［一九二二・五］）。

樋口が提案したような地域を基盤とする戦前における障害児の学校は、形式上は東京市と大阪市の養護学校、横浜市等の盲学校・聾唖学校にほぼ限られる。それ以外のおそらく一般の公立小学校制度としての唯一の例は、和歌山県田辺町の事例であろう。巻末の別表で示したように、田辺町立紀南盲唖学校が昭和三年五月末日で廃校になった後、紀南盲唖学校の校舎を利用して、田辺町第一小学校大浜分教場で聾唖教育が実施された。アメリカに先例のある制度であり、紀南盲唖小学校制度の一環としての聾唖児の特別学校である。この学校は、昭和一二年度まで継続された。この聾唖学校で教鞭をとったのが、滋賀聾話学校を病気退職をした森田榮次だった（梶本・楠木［一九八〇］一六七頁。和歌山県教育史編纂委員会［二〇〇七］五九五－五九六頁。会員森田榮次氏［一九三三・一二］）。

ところで、樋口が提起した小学校での盲唖児教育論の意義は、複雑である。一つは、大正末期から昭和期初等の盲唖

教育の時代状況である。盲唖児の就学率の向上と盲唖教育の学校教育としての公認のために、盲唖教育界を挙げて盲唖学校の県営化と分離を目ざしている時であったから、樋口の提案は、その方向を妨げるかにみえたであろう。第二は、学校設立責任者としての自治体との関連である。小学校の開設責任は市町村にあり、中学校や高等女学校等の中等学校の開設責任は県にあったから、初等部段階から県の開設責任であると、市町村には盲唖教育には関係のない問題となる。学校の財源も、小学校であれば市町村の責任となり、教員給与を負担しなければならない。こうして、教育形態の問題は、教育財政の観点を加えて考慮する必要があったのである。とりわけ、昭和初期以降の町村財政困窮時代になると、小学校における盲唖教育案は想定が不可能となる。

しかし当時の盲唖教育界においては、樋口が提起した障害児の小学校教育論は、まったくといってよいほど反響をよばなかったのである。

第五節　児童心得にみる不具者等への態度規範の指導と公徳心・公共心

一．児童心得における不具者

「児童心得」は、児童が「家庭及び学校に於て日常実践すべき事項を最大漏さず出来得る限り具体的に列挙して」（山松［一九一三］六一〇頁）実行する項目である。したがって、基本的には、登下校、校内、放課後の行動について、称揚したり抑止したりすることによって、小学生としての望ましい行動を育成しようというものであった。「児童心得」は明治六年六月師範学校刊行の「小学生徒」をもとに作られ、普及したという。「本来、家庭でしつけるべきことがら」を含んだその意図は、「子どもの全生活を学校が管理することによって、政府の設定した教育目的を実現させやすい体制をととのえようとしていた」とされる（山住［一九九〇］四七六－四七七頁）。

しかしながら、学校内外だけでなく、社会生活における児童の行動規範の育成や抑制は近代独自の発明ではない。たとえば江戸期には寒村だった神戸第一の寺子屋であった間人氏の寺子屋には「掟書五箇条」[20]があり、当時の「幼児訓育の緊要」を含んでいた。この内容は、江戸期の寺子屋においては、ほぼ大同小異であったという。間人氏寺子屋ではさらに、修身訓話韻文の暗唱や謡曲により、人としての品位と行儀作法の躾を重視した（神戸小学校開校三十年記念祝典会［一九一五］八五－八六頁）。また、児童心得の内容は、慶応四年三月一五日（一八六八年四月七日）に太政官により国民に向けて掲示された第一高札中にある「鰥寡孤独廃疾ノモノヲ憐ムベキ事」のような江戸期から継承されている側面もあろう。

明治期においては、児童心得の普及過程は各師範学校を通じて、内容を詳細にしながら、学校によっては儒教倫理を強調して拡大していったようである（大阪師範学校［一八七六］。広島師範学校［一八八二・四］、［一八八二・六］、［一八八二・一二］。青森県尋常師範学校［一八九三］。長野県師範学校［一八九九］。山口県師範学校［一九〇三］）。明治一四年に静岡県学務課が編纂した児童心得の内容でも、第一条で朝早く起きることからはじまり、学校には授業時間の十分前に着く（第二条）、父母に対する礼儀（第一条・第七条）、教師に対する敬意と上下関係の遵守や校内・登下校時の礼儀作法というようなものである（静岡県学務課［一八八一］一－二頁）。この心得の作成や、児童に携帯させることには異論があったものの、学校管理上あるいは訓育上、必要なことと考えられていたようである（根岸［一九〇二］七一－七二頁。柴崎［一九〇五］一四九頁。青森県師範学校附属小学校［一九一〇］八九－九〇頁）。これらの行動規範は、中流家庭を基準として作成されたとみられる。

児童心得の内容は、登下校および校内における親・教員・地域の人々および友人に対する日常の礼儀作法であったから、それほど変化しない内容だったとはいえる。行動規範は時代や地方による差があると考えられる[21]。「すべからず」という行動禁止から「すべし」という行動奨励への変化（根岸［一九〇二］七一頁）、家庭心得との区分を設けたり、表現を命令調でなくしたり、児童の自発性を強調するいい方にしている例[22]がある。大正期の明治三〇年代初めから公徳の内容が追加され[23]、西洋と東洋の倫理が混淆した内容となっている。この時期は、学校訓育や修身科の効用や不足について議論があったことを反映しているものと思われる（白石［二〇〇八］一二頁）。

昭和期に入って、皇室や神社に対する敬礼が最重要視されるようになり、昭和一六年の「大東亜戦争」に近くなると皇民に内容が焦点化されるものの、それ以前の時期では、内容にそれほど変化はみられない。昭和一二年刊行の石川県松任尋高小学校『職員合同研究　皇国日本教育の実践』は、「序言」（著者不明。校長が執筆者か）だけは勇ましいが、本編は序言に対応していないし、「児童心得」（五七〇－五七六頁）もまったく平凡な内容である。

佐世保市のように、市内の小学校一〇校が「児童校外取締規程」に基づき、児童を「共同監督」する地域もみられた[24]。その仕組みは徹底して管理的で上意下達である。全市を数区に分けて、担当教員と、各区に児童の風紀生とを配置し、警察の協力も得て校外での児童の行動を管理するのである。全児童には、識別しやすいように各小学校別の色を塗った名札に氏名を記入させ、身につけさせる。規程の第三条は校外における児童心得として、極めて詳細、かつ具体的に一〇項目六九細目にわたり、行動規範を指示している。一〇項目は、道路、公共物、集会、言語・風俗、遊戯、外国人、他の小学校教員および生徒、老幼不具者、動物、その他である[25]（佐世保市史［一九八二］一六〇頁）。

ところで、比較的共通の内容となっている児童心得およびそれに関連する資料のなかに障害者が登場する。それを一覧にしたのが、表6-5-1である。障害のうち、ほとんどは不具と形容される状態の人に対する同情的態度が求められており（「智能不足」の人に対する軽侮の戒めは一例しかない）、登下校時または放課後においてとるべき場面での行動規範である。不具者は盲・肢体不自由・聾等の、「通常でない」身体状態の人々の典型といってよいだろう。その通常でない人々や存在は弱きものと捉えられており、弱い存在には、貧困者や犬、老人や外国人も含まれていた。

明治三〇年代末以降に、小学校への就学率が男女とも九〇％を超えた時期に、障害者に対する態度を規範的に指導するようになる。義務教育の強化により、障害児を含む児童が小学校に大挙押し寄せるのは、義務教育史における世界共通の現象であった。このような状況において、上記の例のような児童心得が広く小学生に教え込まれることによって、障害者に対する日本人の行動規範として定着していったものと思われる。

表 6-5-1　児童心得における障害者への言及

時期	学校等	内容	出典
明治 25	静岡県高等小学校 3・4 学年 1 学期（不幸の者を救恤すべき事）	一．寡孤独廃疾不具廃疾を憐れむべき事	愛知県教育会雑誌（1892.11）67、30 頁
明治 25	愛知県設楽郡千秋学校	不具者等ニ逢フコトアルモ決シテ嘲弄スル等ノ所行アルベカラズ	愛知教育会雑誌 66、31 頁
明治 26	石川県尋常師範学校附属小学校	不具のものには慈悲を加ふへし	大分県共立教育会雑誌 99、31 頁
明治 31	木野崎吉辰・大窪敬治	不具者に対する心得	『小学各科教授細目並教授法』111 頁
明治 32	長野県師範学校附属小学校	外国人又ハ見慣レザル人ニ付纏フベカラズ殊ニ不具ノ人ニハ故ラニ注視セヌ様ニスベシ（「通学途中ノ心得」の八）	長野県師範学校附属小学校（1899）6 頁
?		不具ナドヲ見テモ、決シテ嘲リワローナ（「通学途中ノ心得」の十）	長野県師範学校附属小学校『児童心得』
明治 35	愛知県南設楽郡千秋学校生徒心得第九条	不具者等ニ逢フコトアルモ決シテ嘲弄スル等ノ所行アルベカラス	愛知県教育会雑誌（1892.10）66、31 頁
明治 38 ごろ	徳島県津田尋常高等小学校（児童心得）	不具者を憐れむべし「人に深切をつくしものを丁寧に扱へ」の一項目	徳島県教育会雑誌（1908.6）124、21 頁
明治 39	新潟県高田師範学校附属小学校（公徳の九「名誉に関すること」）	他人の不具を形容して衆人に吹聴する事（他の衆児童一般の博愛心を害する恐れあり）/濫りに他の智能不足を衆人に吹聴する事（他の衆児童一般の軽侮心養ふ恐れあり）	新潟県高田師範学校附属小学校（1903）20 頁
	群馬県山田郡境野尋常高等小学校	不具者を労はること	群馬県内務部第三課（1910）234 頁
明治 40	鳥取女子高等小学校	不具者や外国人等に付き纏ひ嘲り笑ひをどかすへからず	鳥取県教育雑誌 140、10 頁
	群馬県新田郡世良田尋常高等小学校（時期はこの前後）	不具者を見て嘲笑するな、特に盲人道に迷ふなとあらは手を引きて道を教へてやれ	群馬県内務部第三課（1910）240 頁
	東京市の小学校連合協議会	老幼不具者には特に親切にすべきこと	児童研究（1907.10）10（10）45 頁
明治 41	峰是三郎・大分県師範学校長「教育勅語の実践躬行に就て」のうち「博愛衆に及ぼし」第三項	不具者乞食などに対してはいたづらせざること	大分県教育雑誌 285（1908.11）14 頁
明治 41 か	佐世保市小学校「児童校外取締規程」第三条「児童心得」第八項	「老幼不具者に対する心得＝老幼不具者に対しては同情を寄すること」 一．老人、幼児、不具者を憐み特に親切にすること 二．危険の虞ある場合には導きさけしむること 三．不具者に対しては悪口をなし又はその真似をせぬこと 四．不具者、発狂者などに附きまとわぬこと	佐世保市史編さん室編（1953）160 頁
明治 42	群馬県簡易道徳実践心得書	孤児、カタワ者病人などを憐れむ事	
明治 42	東京府青山師範学校附属小学校	不具者等困難に陥り居る者を見たる時は親切に救助すべし（2 年）	東京教育（1909.11）236、3 頁
明治 43	群馬県世良田尋常高等小学校	不具者を見て嘲笑するな殊に盲人道に迷ふなとあらは手を引きて道を教へてやれ	群馬県内務部第三課（1910）240 頁
明治 45	群馬県女子師範学校附属小学校	盲唖者等ニ悪口云フナ（1 年）/ 貧者ノ病者、不具者ハ救助セヨ（3 年）/ 不具者、老人、幼者、等ノ難儀ヲ見ハ救フヘシ（6 年）	群馬県女子師範学校（1912）65、68、72 頁
大正 3	京都市第二高等小学校	不具者幼弱者を扶助愛護すること	京都市第二高等小学校（1914）121 頁
大正 6	和歌山市和歌浦小学校	見慣レザル人又ハ不具廃疾物貰ヒニ遇フトモ嘲リ笑ヒ冷評ヲスルナ	和歌山市和歌浦小学校（1917）95 頁
大正 15	滋賀県野洲郡少年赤十字	不具廃疾の者を指笑せざること	静岡県教育（1926.3）347、76 頁
昭和 4	滋賀県坂田郡米原少年赤十字団博愛精神実行要目	老幼不具者等をよくいたはりませう	近江教育 399（1929.1）57 頁
	倉敷尋常高等小学校	老人不具者外人等をいたはる	斎藤諸平（1929）倉敷小学実践道徳綱目

しかし、児童心得において「不具者」等への行動規範が示されたのは、大正期前半までであったようである。「不具者」への言及が見られた時期は、公徳が、社会的・教育的問題になっていた時期（白石［二〇〇八］）と対応しており、「不具者」に対する思慮ある行動が、将来の公民である小学生に要求されていたことは興味深い。

こうして、教育界全体を見た場合、障害のある子どもや大人に対して、教員個人、教育会という組織、そして小学校教育において、教育や対処をめぐる関心が欠如していたわけではないことは確かである。

児童心得の内容が、「教育ニ関スル勅語」（明治二三年一〇月三〇日）における第六徳目「博愛衆ニ及ホシ」と矛盾がなく、明治二七年度から使用された国定小学修身書における博愛や慈善に関する指導と軌を一にしていたことはいうまでもない。文部省図書監修官の藤本萬治は、社会的規範としての博愛について、「廃疾不具の者」をその筆頭に挙げて、他の徳目と関連させつつ、尋巻一から高三までの展開過程を具体的に説明している（藤本［一九二六］一五四、一八四頁）。「不具者に対する心得」（木野崎・大窪［一九〇二］一一一頁）は、修身教育において必須の項目だったといえよう。

二　修身内容における普遍性と日本人の規範意識の低さ

修身の内容については、普遍的であろうとする姿勢が維持されていることも、確実に認められる。たとえば、昭和六年の修身に関する文部省著作において、国際関係が悪化していたアメリカやイギリスの人物が例話の人物として取り上げられている。ベンジャミン・フランクリン（Benjamin Franklin 一七〇六－一七九〇）は巻六の「自立自営」および「公益」、エドワード・ジェンナー（Edward Jenner 一七四九－一八二三）は巻四の「志を堅くせよ」、フローレンス・ナイチンゲール（Florence Nightingale 一八二〇－一九一〇）は巻四の「生き物をあはれめ」という題目の例話の人物として擬されている。高等小学一年では、エイブラハム・リンカーン（Abraham Lincoln 一八〇九－一八六五）が「公正」と「寛容」指導要項に含まれている（修身教育編輯部［一九三四］二三三、二三四頁）。また、高等小学二年の「博愛」の指導要項の「6.関東大震災と救恤」に関する指導参考として、「（関東）大震災に対する世界の同情」として、日本が敵対関係に陥りつつあったアメリカ、中華民国、イギリス、オーストラリア、カナダ、フランス、ロシア等からの援助や寄金等を詳述している（修身研究会［一九三六］一七一－一七九頁）。

他方で、日本人の規範的意識が、修身や児童心得の指導以前の時期から高かったのかといえばそうではない。外山正一（一八四八－一九〇〇）は明治一〇年に東京大学最初の日本人教授になったが、彼は、日本の教育の欠点の一つに徳育の不十分さを挙げており、その原因について徳育を学校に委ねて責任逃れをしている親に求めている（外山［一八九〇・四］三－四頁）。英米に滞在経験のある外山もそうであったと思われるが、先進国訪問時に、日本人が外国人の高い公徳に接して驚嘆する事例は少なくない。たとえば、第二四代内閣総理大臣・加藤高明（一八六〇－一九二四）は駐英公使の時代に経験したイギリス国民の日常的な行動について、正直・勤勉・自由と秩序・責任・礼儀に対する賛辞を惜しまない（加藤［一九〇三・五］、加藤［一九一二・一］も参照）。加藤は、イギリスの主に中間層以上の人々を念頭において語っているのであるが、その否定的な対照は日本人の行動なのである。「日本人の品性と性格」は、「遺憾ながら未だ大国民の資格を備へ」ているとはいえない（二四頁）。

このような高度なイギリス人の性行を、より広範な社会階層にみる論者もいた。第七高等学校造士館教授の松本閭薫は、滞英経験から、イギリス国民は世界最高の「自重自尊」の国民であり、治安がよく秩序と各自の分を守り、相互信頼にあふれ、権利・義務観念と能力を尊重する大国民的気風があると指摘した（松本［一九一二・六］転載抜粋）。初代愛知県第二師範学校長・太田政徳は、日本人の公徳の低さを指摘している（太田［一九〇一・七］）。博物学者・和田八重造は、小規模な大学町・オハイオ州オーバリン大学滞在時の経験を詳細に述べているが、公徳の高さに関する記述内容は、イギリスと同等である（和田［一九一七・二］）。

これらの欧米社会の公徳に対する高い評価は、日本人の風俗習慣の美点を認めつつも、全体として日本人の公徳が低いことを自覚して提示されている。明治以降の日本人の公徳の低さは特定の階層に顕著なのではない。私利私欲の政治家・高官・国民、奢侈、不誠実な商工業者、粗雑な製品、不正直な従業員、無責任、義務心と規律の欠如が挙げられている。そして、これらの指摘は、ヨーロッパとの対照のうえでなされている（井口［一九一四］二頁）。

これらが示唆することは、日本人全体の規範意識が明治時代以前からもともと高かったというのではなく、小学校教育によってあるべき行動規範が提示され、それが遵守されるべきものとして提示され、その学校内での規範が社会的規範にまで昇華したしたことを意味するものと思われる。その対象の一部に、障害のある人々が含まれていたのである。その意味では、児童心得において規定された規範の日常生活における習慣化が、元来は武士という特定階層中心に認められていた高い規範意識を、小学校教育を通じて国民全体に拡大し、かなり定着させる結果を生んだものと思われる。児童心得を小学校教育において浸透させることによって、国民の行動規範の平均的な水準を向上させようとした方針は、儒教的倫理を媒介にして、成功したと考えられる。しかし、キリスト教倫理のような血肉化する仕組みがないために、いったん実体化したようにみえても、大戦末期における混乱において瓦解したのであろう。

三　日本人の公徳心の低さと公共心の欠如

さらに社会的レベルにおいて日本人の問題を指摘した一人に、内務省書記官・田子一民（一八八一－一九六三）がいる。田子は、没落士族の貧しい家庭に生まれたうえに、両親をともに失い、中学校卒業までは非常な苦学をした経験があった（為藤［一九二一］）。彼は大正五年に、「小学教育は忠君愛国の思想を養ふ事には成功をしたが、立憲道徳公民教育……（は）まだまだ幼稚たるを免れない」と、愛知県教育会主催夏季講習会で受講者に語りかける（田子［一九一六・九］二〇頁）。田子の趣旨は、「小学時代に於ける自治の訓練は、決して法制の知識を授くるを要せず、只自治思想の根底を涵養するを主眼とすれば足れり……要は我が国民をして自主自立の人たらしめて凡て公共心あり、共同心ある自治の民たらしむるに於て教育家は最善の努力を尽さゞるべからざるにあらずや」にあった（田子［一九一五・五］。高石［二〇〇〇］六頁より重引）。田子は、地方の民情を刷新し、国民が公共心と共同心をもつために、小学校や補習学校における公民教育の徹底に期待したのである（高石［二〇〇〇］九頁）。その期待の対象あるいは場は、寺院、青年、女性に拡大している。

ところで、田子が非凡なところは、欧米に対する敬意や驚嘆はもちろんあるが、それとともに、欧米の実体を明らかにし、日本の欧米からの摂取の在り方を再構成しようとしたことであろう（田子［一九二〇］）。彼は、多くの日本人が羨望したデモクラシーの本場・アメリカの実体を把握している。それは、「自由の米国にも黒人の不自由」（一〇三―一〇八頁）、「自由の米国にも圧制政治」（一一三―一一八頁）、「デモクラシーの寂しさ」（一一八―一二二頁）に象徴的である。

また、田子の権利についての考え方も、辞書や書物上ではなく、現地での経験と観察から感得されており、説得力がある。「デモクラシーは権利の主張である、権利の拡張であるとのみ考へて居る」のは、一面的理解である。自由や平等の出発点は、権利の獲得、拡張を意味しているが、「その主張の到達点は義務の負担となるのである、義務の履行に期するのである」とする（田子［一九二〇］四五―四七頁）。近代社会における権利論のこの枢要な要素は、戦時体制一色になるまでは、立場を問わず、指摘されていたのである。

日本社会の特徴として公共心の欠如をあげたもう一人の人物を紹介してみよう。九州帝国大学教授の地質学者でキリスト教徒の河村幹雄（一八八六―一九三一）は、昭和二年夏、岡山県教育会で講演をしている。彼は日本精神主義者であったが、日本の現状を「健全正当」でなく「病的」であるとも見ていた。それは、「日本の思想の悪化」であった。彼はその原因を、政治家からすべての人々に至るまでが私益に走り、「公共心の欠乏」に求めたのである（河村［一九二七・七］七頁。河村については、塩出環［二〇〇八・一二］参照）。政治家の尾崎行雄も、明治末期から大正前半期において同じような感想をもっていた（結章）。

ところで、田子は戦前において「障害児」という表現を用いた珍しい例である。彼は社会事業を、出生幸福事業（胎児保護事業）、成育幸福事業（児童保護事業）、職業幸福事業、生活幸福事業（防貧事業、救貧事業）、精神幸福事業（教化、矯風）に分類したが、成育幸福事業（児童保護事業）の対象の一つが「障害児」だった。「普通教育を社会化する」（原文傍点）第三の重要事項として、「精神薄弱児及低能児、不具児のそれ相当の教育を施すこと」（原文傍点）を挙げている（田子

［一九二二］一三五－一三七頁）。いうまでもなく、これらの児童は、おおむね就学免除対象であることを意識して、田子は述べている。教育界ではすでに提案されているので、斬新性があるとはいえなかったが、とりわけ精神薄弱児を教育の対象として設定しているのは注目される。なお、彼は、『社会事業』の本文外の末尾に「社会事業功労者」を掲げてあるが、特殊教育関係者に限定してみると、石井亮一、小西信八、森巻耳、古河太四郎、鳥居嘉三郎を挙げている。

日本人留学生や視察者は、当時の世界一の大国・イギリスの庶民の日常生活における行動規範の高さと世界一の大国へと飛翔しつつあった若いアメリカ社会の随所で観察された活力とに対して羨望したが、日本人が経験したこれら先進国の実情への讃嘆は、日本の現実との対照の結果であった。明治前半期の日本人の道徳的行動の実態からすれば、これらの教育によって――それが教え込みの結果であったにせよ――改善されたのは、明らかである。そしてさらに重要なのは、公徳心と公共心（意識）である（欧米先進国では、これらを区別する用語はないようである）。しかし日本では、公徳心は改善されていくが、公共意識の定着には必ずしも連動しなかったのである。その意味で、上記の田子の期待は、結局満たされなかった。

このような公共心あるいは市民教育は、学校現場に近いところでも強調されていた。東京市教育会の機関誌『東京教育』論説では、繰り返し、「市民」を強調する。日本では「市民」を閑却して「忠良なる臣民」をいうが、日露戦争後の「善良なる市民は、現下の情勢に於て、特に唱導鼓吹する」（原文は、傍点付き）必要があるのではないか。筆者は、日本人の市民的意識の低さを歎くとともに、臣民としての偉大さは市民としての道徳性を有する者と同義であるにもかかわらず、選挙の棄権、選挙の買収、議員の汚職等は、市民として最も遺憾とすべきであるとし、立憲制下の市民として、自治団体の市民として、市民的道徳を育成する必要がある。また、現在のように農工商における道徳が不振であれば、農工商の前途は暗い。それゆえ、国力を充実し、農工商を発達させるには、市民性を発揮させることは、「実に現下の急務」（原文は、傍点付き）であるという（偶感数則［一九〇九・七］）。

学校現場でも、これに呼応する実践があった。同じ時期に東京市月島尋常小学校では、同校の短所として第一学期では、児童の公共心が低く、「協同心」も低いと校長が判断したために、「気品を高尚」にすることや「公共心を養成」することを重視する教育を行っている。ところが、この公共心の実体は、まもなく暴露される。第二学期においても、「常に団体の一員たることを自覚せしめ自己一人の云為行動は」学校・学級・家庭に、「延いては社会国家にも及ぶべき重大なる徳義」であることを理解させようとしている。こうして、「市民」は個を集団に埋没させる方向にずれていった（東京市月島尋常小学校［一九〇九・九］）。

日本の国際的孤立の力学は変えようがないし、同盟等の国家間関係が確実ではない現実において、澤柳政太郎は、「迂遠なる方法である——教育の力に依る外はない」。その教育とは、日本の楽観できない国際的位置を認識した次世代の教育であり、国民各自の一層の勤勉努力であり、協力一致であった。個人の役割を十全に果たすことから始まって、家・部落・市町村・道府県・国へと完結する国民の育成である。これによって、機能不全となっている政治や経済が向上するというのである。このなかには、国民道徳の向上も、当然含まれている（澤柳［一九一四・九］）。

公徳心問題は、日露戦争という大国との戦争も、国力は、軍事力だけではないことを、日本国民に悟らせる機会となったのである。そして、欧米における排日問題も、国際関係においては単純な親米や親日は成立しないことも認識せざるをえなかった。

日本はイギリスとは同盟関係があり、アメリカとは排日問題が顕著になる以前の時期であったことも、これら両国に対する好印象の背景にあり、日本が、極東の小さな後進国から彼らの競争相手になっていく大正末期になると、国富の源泉等、両国の負の側面も認識されるようになる。田子一民のような欧米先進国の相対化を経て、イギリスの植民地主義国家の本質や、アメリカの膨張主義の歴史についても、強調されるようになる。[26]

第七章　小学校における特殊教育の確立を阻害した教育界の背景

——明治三〇年代（一九〇〇年代）～昭和一〇年まで（一九三〇年代前半）

社会の動き

義務教育制度を確立した国のなかで特殊教育という分野が学校教育において低調だった国は、世界的に見て例外に属する。日本がその例である。明治時代初期からの国民皆学という惹句がその後も維持され、国際競争に勝ち残っていく条件としての質の高い教育も、一貫して期待されてはいた。日本の小学校でも、これまで見たごとく、先進国であれば特別な教育上の対応が必要とみなされるはずの障害児や劣等児に対して、彼らの指導に献身した教員が存在したことは、明白な事実である。しかし彼らの努力は、奔流にはもちろん、主流になるはずもなく、戦前のほとんどの時期において、特殊教育という分野は弱体のままだった。日本が、欧米列強による包囲網のなかで短期間に後進性を克服しなければならなかった環境にあったとしても、日本の小学校において特殊教育の萌芽が開花せず、指導の枠組みの確立が阻害された背景は何であったのだろうか。本章では、教師の一部にせよ、彼らが自然に抱くと思われる特殊教育対象児に対する関心と実践の拡大と定着が、学校教育の内外に存在した複合的な理由によって妨げられたものと考えて、法制度、教育行政、教員養成、指導環境、特殊教育を支える隣接専門分野等から検討する。

第一節　特殊教育と法制度および県教育行政における裏づけの欠如

一．教育界における特殊教育への問題意識

教育（学）界の特殊教育に対する問題意識は、必ずしも一貫しているわけではないが、明治末期から確実に存在した。明治四〇年三月の日本児童研究会機関誌『児童研究』は、冒頭の論説において、「児童の権利」を掲げる（児童の権利［一九〇七・三］）。本誌は、児童学専門の最初の雑誌として公刊された経緯があるが、この論説における趣旨は、両親に対する呼びかけであり、生存と親の愛情のある養育および十分な教育は児童の権利であり、親の義務であるというものである。ここでの対象は児童一般であるが、本誌の対象では、もちろん特殊児童や特殊教育は重要な一部であった。

しかし児童の権利について、一貫した理論と実践化があったかというと、基調が輸入であったから、必ずしもそうとはいえない（特殊教育の概念の変遷については、平田［一九九九］参照）。東京高等師範学校教授・乙竹岩造が明治四五年四月に発表した「普通教育の拡充」の趣旨は明快である（乙竹［一九一二・四ａ］）。盲、聾唖、低能、不良、てんかん、吃音、難聴、不具の子どもに対する教育は、できる限り国民教育を「一人も漏らさず受けさせようという（学制以来の）根本精神の拡充」であるという。ただし、その理由は先進国の特殊教育へのキャッチ・アップであって、それ以外の意義を乙竹は述べていない。乙竹の講演記録である「特殊教育問題」が大正二年に発表されている（乙竹［一九一三・四－五］）。その大半は欧米における特殊教育の創始と現状の紹介であるが、日本の「特殊教育の方面が著しく後れて居る」から、今日また将来において最も着眼し、講究しなければならない問題であると彼は認識していた（乙竹［一九一三・五］三四頁）。

文部省督学官・東京高等師範学校教授・森岡常藏（一八七一－一九四四）が大正八年九月に発表した「教育学講義」（森岡［一九一九・九］）は、徳島県教育会夏季講習会の記録であるが、このなかで「異常児童の心身発達」が講演の一つの柱となっている。ここでいう異常は精神的な側面に限定されている。「異常児童の心身発達」という見出しを含めて森岡自身の筆によるものでないために、かなり乱雑な内容の理由を追究することは困難である。

教育実践界からの問題提起自体も、早くからみられた。明治四一年に徳島県の小学校教員・雨郗小史は、教員の研究テーマの拡大と一新および実業教育の改善とともに、「目下施設すべき重要事項」として特殊教育を挙げ、劣等児・低能児教育と盲唖教育を例示している（雨郗［一九〇八・六］一三頁）。田中生も現場の教師と思われるが、各種の障害児および劣等児・貧困児に対する特殊教育は急務であると主張する（田中生［一九〇八・一一］二〇四頁）。和歌山県立盲唖学校教諭・阪中倉一は、昭和三年に、二回にわたり「特殊教育に就て」を発表し、簡潔ながら特殊教育の語義・対象・目的等を摘記し、障害別に論を展開している（阪中［一九二八・七－八］）。

教育雑誌における言説に焦点を当てただけでも、大正時代に入ってからの教育（学）界における特殊教育の言及の内容とその基盤は、明治時代までとはかなり異なってくるように思われる。それは、特殊教育概念、教育機会に対する根拠、欧米先進国から大幅に遅れた事態に対する認識においてである。大正一〇年一月の「全国師範学校附属小学校主事会決議録」は、学制頒布後五〇年が経過しても日本の教育の根本的政策が確立していないとの認識のもと、附属小学校とともに初等教育の抜本的な改革方案を広く提案している（帝国教育会［一九二一・一］二八－三一頁）。この点からも注目すべき文書であるが、初等教育の改革案のうち、「一、義務教育」の「4、盲唖児、低能児、病弱児及不良児等の特殊教育機関の発達を図ること」が、特殊教育に該当する提案である（前年にも特殊教育機関の発達完備を提案している。小学主事会議［一九二〇・九］九四頁）。五の不就学児童の義務教育完了のための保護救済策方法の提案も、貧困児童を主な対象としているにせよ注目すべきであろう（二九頁）。さらに重要なことは、附属小学校改善法案の前文において「附属小学校に研究の自由を与うる」（二八頁）こと、方案の三として具体的に「研究費を設くること」を示していることである（二九頁）。なお方案は「最も重要にして緊急」なものとしている（二九頁）。

さらに大正時代を彷彿させる主張として、大正八年、後に鹿児島県師範学校長を務めた林鎌次郎（一八九一－？）の「特殊教育問題」がある（林［一九一九・六］一三－一六頁）。林は、『懺悔の教育　エミール』（目黒書店、大正一三年）翻訳のほかに、教育学関連の著作を発表している。大正八年のこの論文は、現代普通教育の一欠陥という特集の一つであるが、林は、「一定の感官若しくは神経中枢に欠陥若しくは障害を有する児童」の教育が放置されている状況を、権利蹂躙の観点から政府と社会を厳しく論難する。国家が法律によって国民に義務を強制する半面に国民には権利があるという。「何人と雖も日本国民として日本国民の文化活動に携わり、文化の進歩国運の発展に与り、少なくとも之を阻害せざらんが為めに、ある程度ある標準に準ずる教育を受くる権利を有することは明かである」（一三頁）。この前提のもとに、林は、病弱児、顕才児、低能児の教育の現状と在り方を述べている。

大正一三年、大正デモクラシーを基盤として、「特殊教育に就いて」と題する二本の論文を発表した京都市視学・城野龜吉（後に、三原女子師範学校・広島高等師範学校教諭）は、主題の前提として個の尊重と個別性を設定している（城野［一九二三・一－二］）。また、特殊教育の必要性についても、他のほとんどの論者における国家的・社会的観点とは対照的な立場を設定する。それは、教育の機会均等と個別的教育、対象児の可能性に対応した教育（「立体的素質的進展向上」）、父兄の期待に応じる教育であった。そのうえで、特殊児童の種類、アメリカの現状、国内六大都市における特殊教育の状況、京都市における現状と必要な教育機関、特殊教育教員養成問題を述べる。そして、特殊教育は日本の国民教育の焦眉の問題であるとする。たしかに、大正時代における特殊教育言説は、明治時代のそれとは異なり、大正時代の教育イデオロギーが特殊教育には親近性があったことがわかる。

しかし、大正期におけるこのような提言によって、昭和時代に特殊教育が急速に改善されたわけではなかった。それまで、日本の特殊教育の発展に尽力してきた主要人物の一人、東京高等師範学校教授の樋口長市（一八七一－一九四五）は、昭和三年、「我国今後の教育」という特集論文の一つとして、「特殊教育の将来」という論文を発表する（樋口［一九二八・一二］）。樋口は、特殊教育を概説し、四つの特殊教育振興策を挙げた後に、個々の特殊教育部門において改善すべき点は多々あることを認めつつ、日本が「今尚斯かる概論をせねばならぬ時代に彷徨して居るを衷心哀しむものである」と述べる（九九頁）。

二　就学義務と猶予・免除制度と就学実態

明治三三年小学校令から昭和一六年国民学校令に至る時期では、瘋癲・白痴・不具廃疾の生徒の保護者は就学させる義務が自動的に免除され、貧窮の保護者の場合も、就学義務の免除が可能であった。しかし法制度が実態を全面的に規定するとは限らない。というのは、瘋癲・白痴・不具癈疾の心身状態は多様であり、多元的であったから、心身障害の状態が通学困難なほどではない多数の児童が、実際には小学校に在学していたと考えられる[2]。このことは、他の章でもふれた。たしかに、これらの児童に対して、何らかの積極的な対処を勧奨する法令は皆無だったが、これらの児童を教室内で放置すれば、授業の実施に支障を来すと考えられるから、まったく無為無策の教師はいたであろうが、何らかの指導上の対処を行っていた教師が多くいたと思われる。

また、小学校令第一七条では、盲唖学校の小学校附設が可能であることが規定されていた。しかし、大正一二年に盲唖教育令が公布されたことで、盲唖学校の設置は府県に課されていたから、市町村が率先して小学校で盲唖教育を実施する可能性は、ほとんどなかったであろう。こうして、明治初期からの教育の歴史があった盲唖教育を含めて、継続的な通学が可能な程度の心身障害児の対処は、小学校の校長や教員次第であったことになる。勧奨的な法制度がなくても、積極的な教育的対応をした小学校の例があったことは、すでに述べたとおりである。

しかし、盲唖教育はもちろんのこと、多様な児童に教育の試みが拡大され、教育の経験が深まり、教育効果があるということは、法令の妥当性に対する疑念を生ぜしめる。そのうえ、明治三〇年代前半までの盲唖学校のように私的事業のままでは、教育機会を拡大しようとしても財政上、実質的に存続が不可能であり、このことは、国民皆学の理念にも反し、教育を受けることの正当性に反していることはしだいに認識されるようになる。こうして、就学猶予・免除制度を定めた小学校令第三三条の改正は、しだいに明確、かつ公的な広がりをもって議論されるようになる。文部省内でも明治四四年一〇月には、精々のところ盲唖教育令を公布する意向の公表までであったとしても、特殊教育調査会を設けて、緩慢な対応を開始している。

問題への対処は二つあったように思われる。一つは第三三条の運用の方法であり、もう一つは、小学校令の改正問題である。前者の例から挙げてみる。教育学者は、小学校令の就学義務と猶予および免除について該当条項を敷衍して記述することが多かった（乙竹［一九三四］二二九頁）。それに対して、文部省学校衛生取調嘱託を務めた経歴のある医師の駿河尚庸は、就学免除・猶予の運用について、やや柔軟な考え方を提示している（駿河［一九〇七・三］二二頁、駿河［一九一〇］二九五－二九七頁、［一九二二・九］三七－三八頁）。駿河は、条項を機械的に当てはめることはせず、より詳細に障害ないし就学や課業に支障のある状態を勘案して、就学措置を検討している。他の生徒に大きな影響を与えるかもしれない「ヒステリー」やてんかん発作頻発の者、普通の授業を受けられないほど知的に遅れのある者、盲唖児、聾唖児等は、小学校への就学を免除して、「特別ナル学校又ハ特別ニ編成セル級ニ入ラシムベシ」（駿河［一九一〇］二九七頁）と

表 7-1-1　岩手県就学義務猶予・免除者の事由別数（明治 44 年 4 月 1 日現在）

	就学猶予			就学免除								
	病弱・発育不完全	貧窮	計	盲	聾唖	身体不具	白痴	瘋癲	その他	貧窮	計	合計
男	112	114	226	48	41	39	16	3	70	42	259	485
女	315	456	771	49	55	66	24	8	151	168	821	1292
計	427	570	987	97	96	105	40	11	221	210	780	1777

出典：岩手県（1912.1.9）。

いうのである。

学校衛生におけるこのような措置の考え方は、学校衛生官の北豊吉にも継承されている。彼の考え方は駿河とほぼ同じ趣旨であり、完全免除、猶予、一部学科免除、（小学校就学ではなく）特殊教育対象（不具者学校・補助学校・盲学校・聾唖学校が例示）に分けるが、「十分なる科学的根拠の上に立って判定し、児童の幸福を増進せしむるに努むべきなり」（北［一九二〇］一一一－一一三頁）という、児童主体にとっての利益を基本に考えようとする主張は、戦前では珍しかった。

第二の小学校令第三三条の改廃問題については、どのように考えられたのであろうか。障害児の学校としてすでに実現していた盲唖学校とそれ以外の学校の扱いは、当然異なっていたであろう。「盲唖学校」はすでに第二次小学校令から法令用語となっていたし、官立校も存在していた。それ以外の障害児の学校設置の必要性が公的に主張されたのは、盲唖教育関係者からではなく、初等教育関係者の会議であった。明治四四年に開催された第八回全国教育大会で、香川県教育会が貧児義務教育修了の方法如何という建議を提案していた。この提案は、不就学－障害・疾病－貧困という連鎖が、まさに小学校令第三三条を機械的に適用しただけでは、不就学・常時欠席・中途退学という問題を解決できないことを明示したものであり（第八回全国教育大会状況［一九一一・八］五七頁）、すでに小学校側の努力だけでは、貧児の就学と義務教育修了は不可能であることを表明したのである。

明治四四年の文部省の就学義務猶予・免除者の事由別調査に対する岩手県回答（甲号表）（岩手県［一九一二・一・九］）を整理したのが、表7－1－1である。就学免除・猶予児のうち、保護者の貧窮を理由とする児童が約四四％と圧倒的に多い。

就学猶予・免除手続きのなかには貧窮が事由に含まれているが、手続きを行っていない保護者は、隠れた貧窮者であることを、大正一一年度の茨城県の例は示している（茨城県教育会［一九二五］四四－四五頁）。不就学児童二五二五人のうち、就学猶予・免除手続き終了者は六一三人で、それ以外は、手続き未了者が五四四（男一三二、女四一二）名、居所不明児一六九（男五八、女一一一）名、長期欠席のため不就学とみなされている者は一一九九（男三〇八、女八九一）名で、不就学の女児は一七二八人と、七九七人の男児と比べて圧倒的に多かった。情報源は異なるが、大正一二年四月末現在で、同じ茨城県で未保護のため不就学となっている児童二五三四名のうち、貧窮児童は、在宅児二四三名、他の家庭にいる児童二三〇名、長期欠席の児童一三七五名だった（茨城県教育会［一九二五］四六－四七頁）。これ以外に、「疾其他」による未保護で不就学が七二一名いる。この貧窮児童の大群に、障害児や劣等児が含まれていることは容易に想像される。

そして、次なる問題提起は、盲唖以外の障害児の学校設置に関する提案である。これは、第八章の表8-2-1でみるように、大正七年の第七回全国小学校教員会議以降、各種の教育会や師範学校附属小学校主事会議等において、それぞれの障害に対応した学校設置を提案している。特殊教育に関する新たな法令を公布することも提案されている。これらは、第三三条の間接的な改正要求となる。

大正一四年一一月には、第一回和歌山県各郡市連合小学校長会議では、以下の項目が提案されている（第一回和歌山県各郡市連合小学校長会議状況［一九二五・一二］四七－四八頁）。

1．盲唖学校の拡張増設、
2．病弱者療養所並に療養学校の設立、
3．白痴低能児の特別補習学校・特別学校の設立（低能児特別学級編制は県費の補助）、
4．感化院の充実利用、
5．貧困児童就学保護に関する国庫負担法の制定、市町村費による貧困児童・保護者の救済、

6．工場法の厳正な適用、
7．小学校令第三三条第三項（貧困による就学猶予・免除）の廃止

和歌山県小学校長会議の提案は、地方の教育大会であるが、障害児学校の種類と名称の工夫、工場法の厳格運用、小学校令改正、特別学級に対する県補助が盛り込まれていて、興味深い。こうして大正末期から昭和初期には、それまで支配的だった、小学校における障害児の教育機会からの排除は当然であり、それで問題は落着したという考え方は、教育界において少なくとも標準的ではなくなっていったといえよう。

ただし、この考え方が、どの程度、日常の小学校教育活動において実体化されたのか、教員に広がりをもっていたのかは、まったく別問題である。このような疑問をもつ一つの源は、後述するように教育大会における決議は、会議運営上の機械的過程にすぎない面があり、上記のような決議が教育大会で常態化すること自体が、特殊教育が教育界における単なる流行になってしまったとも思われるからである。

ところで、大正後半期に現れた新しい動きは、教育行政官からの根本的な問題提起である。澁谷徳三郎（一八七〇－一九五〇）、川本宇之介、乗杉嘉壽は、東京帝国大学文科大学法学部出身ではなく、日本大学法科夜間部（澁谷）と東京帝国大学文科大学教育学科撰科（川本）・東京帝国大学大学院・実践哲学（乗杉）（松田［二〇〇〇］二頁）と、文部省官僚の主流にならなかったという共通点をもっている。その彼らは、戦前小学校教育の問題点の根源が、明治三三年小学校令第三三条にあることを剔抉したのである。「改造」論は乗杉と澁谷に共通し、社会教育は乗杉と川本に共通していた。

最初に、澁谷徳三郎を取り上げる。彼は、元来、「教育行政に興味を持ち教育事務が好きな」（澁谷［一九二二］序）教育行政官であった。澁谷は、宮城県師範学校卒業生であり、その職歴は、教育界における実践（訓導・小学校長）、地方教育行政（郡視学・県視学）、中央教育行政（文部省）、大都市教育行政（東京市教育［学務］課長）、師範学校長（埼玉県女子師範学校）を経て、地方行政（東京市三区の区長、仙台市長三期）という異色の立身出世の典型に見えるが、著書にみるご

とく相当な見識もあった。なお、宮城県名取郡視学時代にいち早く及川平治の才能を発見し、引き出し、活用したことは、澁谷の誇りとなった（大村［二〇〇三］三五一、三五五頁）。

大正七年四月、文部省普通学務課第一課長から埼玉県女子師範学校長を一年ほど務めた後、守屋恒三郎（一八七九–一九二四）の後任として東京市教育課長に転じていた澁谷は、『小学教育改造論』（一九二〇）を上梓する。本文一五〇頁の小型本であるが、小学校教員・学校管理者・地方と国の教育行政官という自身の経験と、明治時代から大正前半期までの小学校教育の問題点を交差させて執筆された、戦前の教育学書には珍しくカタカナが皆無に近い教育改革論である。

ここでの記述に必要な範囲で澁谷の論点を示す。彼は主張する。五〇年が経過した日本の小学教育の最大の弊害は、「児童の個性を顧みず、個人の発達に注意しない点に在る」（二三頁、原文に傍点）。「此の弊害は、最早忍ぶべからざるものではあるまいか」、とまでいう。そして、第二の弊害は、「市町村の公民としての教育を閑却して居る点に在る」（二三頁、原文に傍点）。個性および自治的精神の尊重の必要性については、「教授要旨の改善」の箇所でも取り上げられている（七六–七九、八〇–八三頁）。澁谷が、後に仙台市長としての手腕を評価されていることも興味深い。

とくに第一の弊害の主張が、おそらく小学校令第三三条の就学義務免除の廃止提案に繋がっている。貧困児童には国または公共団体が衣食を提供し、瘋癲・白痴者には低能・白痴学校、盲啞者には盲啞学校というように、でき得るだけの教育を行うのは、「国家としての義務」であるから、第三三条は「文明国としての大なる恥辱」である。それゆえ、完全廃止することが適当なのである（一一七–一二〇頁）。なお、学齢児童雇用者には、雇用する児童の就学義務を負わせるべきであるとも主張している（一二〇–一二三頁）。なお澁谷は、大正期の東京市における特別学級整備の功労者でもある。その成果の一つは、林町小学校における促進学級の活動をまとめた藤岡眞一郎『促進学級の実際的研究』（大正一二年）である（本文一–二頁）。

文部省社会教育課長・乗杉嘉壽もまた、貧困と障害を理由とする学校教育からの排除が、いかに欧米的標準から逸脱しているかを欧米実地視察により発見し、その逸脱、すなわち遅れが、欧米の先進性と日本の後進性を生みだし、その後進性が日本の発展の桎梏になっているかを認識した。それゆえ、学校教育からの排除を制度的に正当化している小学校令第三三条の撤廃を主張していることは、すでに触れた。

ところで、文部行政において、どの障害をどの課で所掌するかについて、未解決のままだった。就学義務猶予・免除が機械的に措置される場合には、それほど問題にならないけれども、法律上は就学免除の対象であっても、現実に対応する学校があり、親や盲唖教育の教員が教育機会の提供を要求する場合は、問題はそれほど簡単ではないであろう。ところが、第八章表8－3－1で見るように、障害の種類によって所掌担当が異なったのである。盲唖の場合は普通学務局が、身体虚弱・精神薄弱は大臣官房学校衛生課（体育課）が担当したのである。しかし実際の障害児一人ひとりをこれらの範疇どおりに分けることは、必ずしも容易ではない。

三　内務省従属下の地方教育行政

ところで、戦前では独立した地方教育行政が存在しなかったことも、教育上の観点と論理から障害児の教育的必要性を十分に認識できなかった一つの理由であろう。地方教育行政は、内務省行政に従属しており、学務課は内務部に属し、県学務行政は、内務省－県－郡－市町村というラインにおいて動いていた。大正一五年には、学務部が内務部から独立したが、学務部長の人事は、内務省の支配下で実施されていた。若い法学士が学務課長・学務部長となり、警察部長や内務部長として転出する例が少なくなかったのである（多田［一九三三・五］六頁）。

この行政の仕組みのもとでは、教育担当の県属はもちろん、視学官や視学ですら、内務省行政の支配下にあったから、県知事や市町村長個人の教育に関する考え方に制約されることが大きかった。いいかえれば、檜垣知事や森知事、あるいは大分県県属・北条茂彦の場合のように、障害児の教育に意欲や関心のある地方高官の場合、明治期と盲唖教育に限定されてはいたが、振興する可能性がないわけではなかった。ともかく、市町村学務事業は、一般に市町村の「事務中最も軽視せらる」ものであり、他者から相手にされないほど憐れで、むなしくなるほどに軽視されていたのである（矢頭

［一八九六・二］）。

教育の従属性は、地方政治家に対してもみられた。教員の人事に、市町村の首長や政治家が介入したのである。あるいは、地域の有力者の子弟に対する優遇もみられた。有力な地方教育家が政争に巻き込まれて放逐される事件には、おそらく事欠かなかったであろう（高嶋［一九九八・三］二〇四―二〇七頁）。普通選挙制度が導入されてからは、教育界が選挙マシンになり、綱紀粛正が重要課題となった（水野生［一九三五・九］。中澤［一九三五・一〇］）。小学校教員俸給不払い、小学校長職在任期間の短期化、小学校教員平均年齢の低下、教員異動や校長昇任をめぐる政治家・地方行政の介入と不祥事が昭和初期に全国で頻発していたのである（藤井［一九三三・八］。大島［一九三三・八］）。このような構造は、もちろん明治期から存在し、大校長といえどもその任免が地域権勢家の標的となったほどだから（山田［一九一一・三］五〇―五一頁）、ごく一般的な状況だったといえよう（當百老人［一九一二・四］、［一九一二・七］）。

このような教育界の状況は、とくに初等教育において権威の喪失と関連するのであるが、この問題は、小学校教育に対する時代の要求、教員養成における人材の社会的選抜、小学校教員の待遇、専門性の深化を妨げる教育環境、一貫性と体系性のある教育行政の欠如、日本社会の属性指向等、複合的に合成されており、改善は困難だった。

こうして、教育尊重は国是でありながら、現実には名目や形式的となり、国家的政策の下位の順位を占めるようになったのである。文部大臣に伴食大臣[3]という汚名も定着していた昭和初期には、教育関係者によって、政府に対して教権の独立性が要求されるが、事態は改善されず、文部省の活動が目立つのは、思想局による美濃部天皇機関説の大学法学部からの放逐であった（立花［二〇一二］）。

四．教育改造論

これ以降、教育改造が時代の標語となる。すでに、澁谷徳三郎が大正九年に『小学教育改造論』を刊行したが、同じ年、鯵坂國芳が『教育改造論』を、翌一〇年には湯原元一が『教育改造』を刊行した。必要が生じる度に弥縫的に設けられた明治期の学校制度は、一定の理念に基づいた体系性を欠いており、学校段階間の連絡は合理性も欠けていた。そのうえ、官公立と私立の間にはもちろん、官立間にも序列があった。関係者間の利害関係に妨げられて、是正すべき好機の喪失を繰り返したのである。また、明治末期から資本主義の成熟とともに都市化が始まったが、重工業への転換とともに都市に人口が集中し、小学校にも大きな影響を与え、適正な教育環境が追いつかなくなった。その結果、二部教授や半日学校が出現することになる。また、より高度の教育歴がより有利な生活の獲得に有利となることを見通した国民は、中等学校に集中しはじめ、小学校高学年では受験地獄が生じることになった。

何度も学制改革は試みられたが、結局、抜本的な改革に失敗したのである。こうして、制度創案当初は資源不足ゆえに一極集中せざるをえなかった現実を、後日、修正することはきわめて困難だった。当初の計画段階において、総合的で体系的な制度を洞察して立案し、実施可能な段階に至れば計画を着実に実行して制度を補正していくという長期的な発想と実行力の不備が顕著であり、政策は一貫性に欠けて、モザイク的にならざるを得なかった。制度上の弱点の補強を、継ぎ接ぎではなく、抜本的で総合的な政策によって解消する志向は、文教行政において未だに確立していない。

第二節　教員養成の失敗

一．教員需給問題と多元的な教員養成制度

(一) 教員需給問題

社会的に安定した地位と待遇、教育界の高いモラールがあって、傍系分野である特殊教育の教育事業は成功する。しかし、教員需給問題は一様ではないし、一元的でもない。全体的な状況として、正規教員の慢性的な不足が顕著であったが、市町村財政の困窮期には、教員過剰問題も生じる。また、師範学校入学倍率が高い時期もあったが、小学校教員の低額の給与と外部からの干渉のために、有為な人材を初等教育界に誘引することがますます困難になる事態も顕著と

なる。

明治二八年に日清戦争が終結してから、小学校への就学率は向上し、明治三三年小学校令によって義務教育四年制が確立し、高等科二年制への就学が奨励され、授業料は原則廃止となる。高等科が多くの尋常小学校に併設され、進学者が増えたことが、明治四〇年の義務教育の六年制延長を可能にした。その結果、小学校就学者数は急増し、明治二一年に二九〇万人、三一年に四〇六万人、四一年に六百万人となった（東洋経済新報社［一九二九］六七七頁）。生徒数の増加は学校新築と増築を伴わなかったために、学校は不足し、安全が危ぶまれる老朽校舎の使用、学級サイズの過大化や二部授業等によって対処されたのである。この結果、小学校の指導環境も、急速に悪化することになった。

元来、正規教員数は慢性的に不足していた。就学率の向上と教育期間の長期化により、より多くの教師が必要となったからである。しかし、師範学校という正規の養成課程と増設だけでは、必要な数の正規教員を雇用できなかった。そのために、県師範学校に簡易課程を設置したり、県教育会等が補完的な教員養成施設を用意したりしたほかに、代用教員によって対応したりせざるを得なかった。明治三四年では、文部省調べで公立小学校教員は一万人が不足していた（全国の学齢児童と小学教員［一九〇二・二］三三頁）。明治四五年の本科正教員の充足率は全国平均で六八・二七％であったが、低い地方は北海道と鹿児島県で、五〇％台にすぎなかった（小学校ノ学級数ト本科正教員トノ比較調［一九一三・六］）。充足率が最も高かった徳島県でも、明治四五年で八一・四％、大正一四年には、小学校本科正教員（男一四七〇、女五〇二）、専科正教員（男三四、女六九）、准教員（男二三、女一二）、代用教員（男二三五、女二一一）であり、本科正教員の充足率は八五％程度であった（小学校教員数調［一九二五・八］）。

大正四年から昭和一二年までの全国の男女本科正教員の平均充足率をみると、大正四年度四三・三％（女性教員における本科正教員の割合は三四・四％）、大正一二年度五〇・六％（三八・一）、昭和九年度に七〇・二％（五七・六）になるものの、昭和一二年度に六九・七％（五五・三）となっており、劇的には改善されていない。かっこ内で示したように、本科正教員の割合は女性で低く、改善が進んでいない（文部省［一九四〇］五七‐五八頁）。要は、「人材欠乏、人物払底は我が国のあらゆる社会を通じての嘆声なり、而して其の最も甚しきを我が教育界となす」（安藤［一九一七・六］四四頁）という状況が固定化した。

このころから、最も正統的な養成課程である県師範学校で育成された訓導が、つねに教職に有能かつ好適で、免許をもたない代用教員がつねに劣るとは限らない現象が目立ち始める。昭和一〇年から一四年までの師範学校入学者の最終学校成績調査があるが（文部省［一九四〇］八─一〇、一一─一三、一六─一七頁）、高等小学校から本科第一部に入学した生徒の成績はいくぶん低下しているが、それでも、甲が約八二％、乙が一〇％、丙が約八％と良好である（女子のほうが高い）。それに対して、中学校・高等女学校経由の第二部入学者の最終学校成績は、甲が約三七％、乙が二七％、丙が約三六％と良くない。入学成績も同じ傾向であり、本課第一部の入学者は、入学成績乙が最も多く、半数をやや上回るが、第二部入学者は、丙が七割以上を占める。しかも、経済変動により師範学校入学需要は大きく変動し、好況期には入学定員確保さえ困難となった。こうして、小学校教員の質は、全体として改善されなかったのである。

昭和一五年に東京市の小学校長は、「教員不足にどう対処するか」に、給与増等、さまざまな提案をしているが（帝都教育会［一九四〇・二］）、実現可能性も実効性もなかった。

昭和一四年には、教員不足を補うこと、生活手段を提供すること、そして、戦争の正当化の維持のために、傷痍軍人と夫を戦争で失った女性を対象とする小学校教員養成所が師範学校に開設された（木下［一九四〇・三］。加藤［一九四〇・三］。逸見［一九八二・三］、［二〇〇〇・六］）。高等小学校卒業以上の学力をもつ男性の傷痍軍人を対象とする教員養成所は、地方ブロックごとに道府県師範学校八校に設置された。愛媛県では、出征する男性教員の不足を補うために一年課程・定員四〇人として一四年九月から准訓導養成事業を開始した（作道［一九八三］三一五─三一六頁）。

県師範学校を基幹とする教員養成制度は、師範学校長のリーダーシップのもとで効率的であったが、県内初等教育界における県師範学校卒業生の主流化・小学校長職の独占が生じた。また、県師範学校卒業生だけでは教員需要を満たすことができなかったために、正規教員が慢性的に不足し、傍流教員養成制度による補完と検定による補充が必要だった。

同一の師範学校卒業生が初等教育界の要職を、また、同じ高等師範学校の卒業生が師範学校教諭の多数を占めることで、教育に関する理念や方法の同質性を高め、異質性を排除する仕組みになりかねなかった。師範学校が一校しかない県では、異なる教育的見解をもつ対抗者が存在しないことになり、複数の県師範学校が存在する県では、学閥争いが起こった。昭和一二年になるが、山下徳治は、師範教育こそ、一般に「児童教育の実際を能率的に処理していくに必要な技術的基礎訓練とそれを活用していく上の識見とを教育していない」とみる。それゆえ、「児童愛や教育愛」が「教育的実践過程において育てられないから」「師範卒業後五、六年を転機として虚無的となり、古き教師生活者の伝統の中に引き込まれていくのではないか」というのであり、師範教育の改革を提案するのである〔山下［一九三五・七］九八五、九八六頁〕。

(二) 給与の低さ

教員不足は、小学校教員の給与の低さと連動しており、それは、小学校教員を目ざす人々にも影響を与える。師範学校生に対する給費額が減額されたり、地方費を削減するために給費生ではなく私費生の入学を奨励したりするようになる。また、給費生は卒業後、一定期間の就労義務があったが、期限が終わると待遇のよい教職以外の職種を求めて退職する教員も生じた。中学校卒業者を対象とする短期間の養成課程が開設されるが、景気が良い時代、とくに、第一次世界大戦後の好況時には実業界へ、優良な教員が流出した。しかし不況になっても、師範学校が吸引してきた人材は急減し、回復しなくなる。その端的な指標は、師範学校入学志願者数の激減である。大正六年度では、本科第一部の入学志願者の募集数に対する倍率は、大正六年度で三・一倍〔第二部は一・九八倍〕、大正一二年度で三・六倍〔二・四〇倍〕、昭和九年度で五・五九倍〔四・九三倍〕、昭和一二年度で三・七九倍〔三・〇七倍〕、昭和一四年度で二・八倍〔一・八八倍〕となっており〔文部省［一九四〇］一－五頁〕、本科第一部の入学者に対する志願者の倍率は、明治三〇年代後半の四・六倍台〔文部省［一九一四］一二四頁〕から見ると、教育関係者に危機感を持たせる倍率であり〔師範生徒の激減［一九一七・二］。師範校不振の救済［一九一七・三］。全国師範志望減少［一九一九・六］〕、定員割れさえ危惧されたのである〔澤柳［一九一九・三］二頁）。

給与の低さは負の循環を生むことになる。企業への転職、生活の不安定による職務への専念困難、教員不足、劣悪な補充人材、将来教員となる師範学校入学志願者の激減と質の低下が繰りかえされるのである（祝［一九一八・三］）。また、教員の質向上に対する社会の要求にもかかわらず、安給料では書籍の購入もままならず、小学校の図書購入費もわずかだった（祝［一九一八・六］）。このため、京都府教育会のように、師範予備校を師範学校内に附設して、生徒を確保するような方策もとられた（師範予備校生徒募集［一九一九・九］）。

二　教員の質の全体的向上の失敗と学力補充講習会

山積する初等教育の課題解決には、教員の質の向上が不可欠であることは誰もが認めていたが、現実には容易に向上しなかった。有為有能な教員は確実に存在したのであるが、同時に、烏合的な教員が多数を占め、それが幹部職にまで及ぶようになったからである。

教員批判には、教員自身に対する批判と、批判に至る教員の境遇や養成等の問題に分けることができる。すでに第一章・第二章で取り上げたように、社会的エリートに位置づけられるような校長がかつては存在した一方で、一般の教員に対する批判は、下記のように教育界内部から絶えることがなかった。それを分類すれば、能力・品位・意欲の低下が指標となっているが、一部の地方に限られていたわけではないであろう（もっとも、指弾の対象は小学校教員だけではない）。

西条教育同志会調査（一九〇一・一）小学校教員の品位を高むる方法『愛媛教育雑誌』一五一
編輯子（一九〇五・二）片々録（教師に愛読書がない）『愛知県教育雑誌』二一四
丹羽元三郎（一九〇七・九）義務教育延長後の吾人小学教師（実力不足）『愛知県教育雑誌』二四五
河圖次郎（一九一二・七）教育者の不作法問題『都市教育』九四

高市賢次郎（一九一七・五）小学教師の老朽問題（町村経済）『愛媛教育』三六〇
高橋環（一九一八・五）参観録『愛媛教育』三七二
小野直（一九二一・六）思へば教育者は眠っている『大分県教育雑誌』四二九
木村幸助（一九二六・八）国民教育実際上の最大欠陥『大分県教育』四九〇
龜井静香（一九二六・九）危ない‼教育者‼『大分県教育』四九一
重光蓁（一九二七・七）現今初等教育の不振と救済策『大分県教育』五〇一

これに対して、このような批判を招く原因は、後述するように、教員の境遇にあるという指摘も多い。

大正五年一一月に京都市で開催された全国教育大会は、初めて特殊教育部会（盲唖と感化の二分科会）が設置された記念すべき大会であったが、民度が低い参加者が出現した大会でもあった。緩慢な大会運営、参加教員のだらけた服装と規律なき行動が目立ったようで、教育者としての「権威」を疑わせる行動がみられたという。しかも、そのなかには郡視学が数名もいた（全国教育雑感［一九一六・一］六六－六七頁）。

教員の社会的地位と待遇、そして人材の社会的配分機能を考えれば、教員の質が全体的に向上するのは、無理な期待だった。教育界には、つねに良質の教員を求める声が溢れていた。その声は、経済論（待遇改善）と精神論（教育愛）から構成されていた。前者には財源がなく、後者は観念的だった。

教員講習会は初期には、より高度で新しい教育関連情報の摂取に主な意図があったが、明治末期に小学校教員の「学力問題」が指摘され、大正期になると教員の学力不足を補うための講習会が、全国各地で定期的に開催されるようになる。学力不足の教員の存在が常態になりつつあったのである。そのなかには、師範学校卒業生も含まれていた。

それでも、最初期の小学校教員で、昭和初めには引退していた元教員は、以前の教育会誌はレベルが低かったと述懐している。県教育会誌の論説は平凡で、研究は価値が乏しかったというが、半面、昭和初年の晩年時代には、同僚教員には不満を持っており、「素質に甚だ面白くないのが多い」ことを指摘している（世良［一九三六・四］三〇－三一頁）。その県では、同じ時期に、「民風作興の中心機関」としての県教育会が会員修養と国民教育振興に努め、そして教育尊重の世論を醸成していたが、軍縮後に起こりうる事態に対して「教育第一」がますます必要になっている状況にもかかわらず、教育界が対応できていないことを、県教育界のリーダーは暗に認めている（活堂［一九二五・四］）。

教員の質が向上されずに教員の能力格差が大きいままで、小学校教育の問題点が改善されるはずはなかった。最新の教育学説が喧伝される一方で、明治期の詰め込み主義と暗記主義の教育が払拭できない状況が、同時に生じたのである。このような悪循環の状況において、特殊教育に連なる改善へのイニシアティブを誰がとるのか、とれるのかは、全体的には困難な現実だった。特殊教育を含む新しい教育の動向を感知し、実行する力のあったリーダーと共感する少数集団に恵まれた地域や学校は、少数例に留まったといえよう。

三　女性教員の活用と登用の失敗

女性教員は、明治期から長らく不遇をかこってきた。しばらくの期間、侮蔑的な響きを込めて「女先生」と称された女性教員は、初期は、裁縫等の専科教員としてしか期待されていなかった。慢性的教員不足の定着要因には、女性教員の活用と登用の失敗があるのは明白である。とくに、女性教員が多数を占めるようになりつつあった先進国の状況と比較すると、その格差は顕著である。

女性教員が本科正教員に占める割合でみると、大正一四年度の徳島県では全体の約二五％（五〇二人）を（小学校教員数調［一九二五・八］五六頁）、全国では三三％を占めていた（竹風［一九二五・七］一頁）。大正五年度から昭和一二年度までの全国の男女教員の割合をみると、大正五年度では女性教員は二八・五％、大正一二年度で三二・七、昭和九年度で三一・三、一二年度で三二・六で、ほぼ三割台で停滞している（文部省［一九四〇］六〇頁）。

ところが、男女間の給与格差は明瞭に存在し、明治三〇年の京都府の尋常小学校本科正教員では、女性は男性の約八二％の給与額であり、京都市内になると七五％に低下する。この格差は高等小学校になると京都府全体では五八％に拡大する（統計［一八九八・六］一五頁）。男女間の給与格差は一貫していたとみられる。大正三年四月末の愛媛県における小学校正教員の男子は約二三円、女性は一五円（男性の六六％に相当）だった（正教員配置及教員待遇情況［一九一五・一］）。昭和七年四月現在の全国初任給調査でも、男性は四五・二三円、女性は三八・五六円であった。割合で比べると、女性教員は男性教員給与額の約八五％となり、明治中期から若干改善しているにすぎない（山口県教育会［一九三二・八］九四－九五頁）。

そのうえ、学校幹部や教育行政職への女性教員の抜擢は、ほとんど進行しなかった。最初期の女性小学校長として喧伝されたのは、昭和六年の東京市の木内キヤウ（一八八四－一九六四）である（石川［一九三一・八］）。しかし女性校長は、実際には明治初期から少数就任している。[4]日本で女性校長が珍しくなくなったのは、実に平成期に入ってからである（高野［二〇〇六］三－四、四三－五〇頁）。

明治末期までは、女性教員に対して、教育者としての適格性に懐疑的な見解は少なくなかった。教育の目的は教師の人格を通しての感化による生徒の人格の完成であるから、「虚栄心流れ易く、愛情に偏し、応用の才に乏しく、修養を軽視し消極的受動的になり易い」傾向の強い女性教員は、知識技能を伝達することはできても、教育の目的は果たし得ない等、現代では偏見であったとしかいいようがない、批判的な見解が存在した（田中［一九〇八・九］。三輪田［一九一一・一二］）。

女性教員の小学校教員としての適性については、その長短について議論されたが（女教員採用程度問題［一九〇七・一一］。帝国教育会に於ける小学校女教員に関する問題調査［一九〇八・三］）、教員数不足と経済的理由から、増設された女子師範学校で養成された女性教員はしだいに増加し、専科よりも本科正教員に職を得るようになる。愛知県では、明治二五年には女性教員はわずか四名（正教員と准教員が各二名）であったが、明治四〇年には、二八〇名に増加した。高等小学校九九名（正教員が八七名）、尋常小学校一八一名（正教員が七六名）、全教員の一割程度となったことで、この現実が教育界で受け入れられるようになる（田部井［一九〇八・五］）。

他方で、大正中期には、女性教員の増加は社会的な利益であり、問題は養成機関の不備であるという見解が示される時代となるが（宮田［一九一七・八］）。主張［一九一八・一〇］）、女性教員に寄せられた不満と要望には同職者の経験に基づいているという根強い根拠があり（高橋［一九二一・七］）。竹風［一九二五・七］）、なかでも、共働きの中年女性教員の向上心と努力の欠如に対する不信感は拭われなかった（K生［一九三一・四］）。戦時体制の進行に伴う男性教員の不足を補う資源として女性教員はしだいに期待されるようになるが、教育界では、おおむね女性教員が重要な役割を果たすことに好意的でなかった（アメリカの初等教育では女性教員が大半であることは、アメリカ訪問者や文献によって、しばしば紹介されていた）。女性教員に対する期待と懸念が交差していたといえる（成田［一九二三・五］八頁）。

それゆえ、日常業務において女性教員の重荷は増えることになった。昭和一〇年に至って、山間の小規模小学校では、女性教員は宿直を担当しない代わりに、休日の日直の頻度が高く、家事とともに、自分の子どもの養育にも事欠く事態は日常的だった（山間女教員の声［一九三五・一〇］）。

しかし、女性教員に対する初等教育界の受容度は、三つの点に留意しておく必要があろう。一つは、地域差が大きかったように思われることである。県教育会誌への女性教員の原稿掲載が始まる時期も、掲載頻度も、地域により差がある。第二に、女性教員に対する低い評価は、女性教員の活躍の場と機会、その成果の帰属という仕組みが存在しない環境において生じた。しかし、この女性教員問題は、その改善や解決を図る前に、総力戦という緊急事態の前に沈潜化していったように思われる（女教員に望む［一九四三・九］）。

第三は、欧米女性に対する扱いの差異である。大正期まで日本の女性教員に対する評価と態度は、欧米人女性に対するのとは異なる基準で行われたのである。H・パーカストのようなアメリカ人女性教育者に対しては、現代では想像もつかないような熱烈な歓迎が各地でなされた。来日しなかったが、スウェーデンのエレン・ケイ（Ellen Karolina Sofia Key 一八四九－一九二六）やイタリア人で広くアメリカやヨーロッパで活躍したマリア・モンテッソーリ（Maria

Montessori 一八七〇－一九五二）には、初等教育雑誌では深い敬意が払われた。

たしかに、明治期から社会的敬意の対象となった女性の実業家・社会事業家等は出現したが、初等教育界では例外的現象だったといえよう。この女性蔑視という点では、男女平等という欧米理念の導入に際して、日本の初等教育界向けに調整されて受容された典型例の一つでもある。

特殊教育関連に限定すれば、大正末期になると、岡山県の『備作教育』のように、障害児の指導や心理学的アプローチに、それまでほとんど登場しなかった女性教員の名前が出てくる。また、昭和戦前期になると、劣等児・低能児の教育を女性教員が担当するようになる。精神薄弱児教育のメッカであった東京高等師範学校補助学校でも、横山（後藤）綾子が担当訓導になったように、特殊教育のほうが女性の活躍は多かったように思われる。ただし、特殊教育への女性教員の登用が、社会的地位の向上の先駆あるいは例証なのか、教員不足によるのかは、判断が難しい。

四．劣悪な教員待遇および教員の社会的地位と定着困難

教育こそ、国力発展の源であるとされ、小学校教員に対しても高い期待が示されたが、教育界では小学校教員だけが、その期待に相応しい待遇を伴うことはなかった。全体として、小学校教員に対する社会的敬意の乏しさは、その後、日本の体質と化したまま、改善されているとはいえない。

小学校教員の安給料は、小学校への就学が確立していなかった明治二三年にすでに外山正一が、日本の教育の欠点の一つとして指摘している。詰め込み、不十分な徳育に加えて、児童を教育する教員待遇の劣悪がそれである（外山［一八九〇・四］）。その後も、「憐れむべし小学教師の経済」（一八九五・一一）が転載され、農村の教員は内職しないと生活できない困窮ぶりが伝えられている（教員は内職［一九〇七・一一］）。

もともと、小学校教員不足は、報酬の少なさによることは十分に認識されていた（全国の学齢児童と小学教員［一九〇二・二］三二頁）。俸給額は、知事が決めることになっていたが、市町村の間で格差があり、県によっても相当異なって

いた。大正一二年七月現在の全国の小学校教員全体の平均額をみると五一・三一円であり、最も低いのは沖縄県の四二・九九円、最高額は東京府の六三・七円で、最高額と最低額には二〇円以上の開きがあった（全国小学校月俸平均額一覧表［一九二四・七］）。大正一四年の資格別の月俸給平均額を徳島県で比較すると、本科正教員が約五六円、専科正教員が約三九円、代用教員は約三〇円だった。市郡ではそれほどの差はなく、本科正教員の最高額は徳島市で約六〇円、最低額は阿波郡の約五四円だった（小学校教員数調［一九二五・八］）。男女間の給与格差の比率は上述のようにさらに大きかった。

町村財政の悪化により、小学校教員の給与は、低く押さえられていたために、大正七年、市町村立尋常小学校の正教員・准教員の俸給の一部を国庫負担（定額）にするようになった。また、年々、補助金額も増額された。しかし、国庫補助金は一般町村費に流用されて、個々の教員には円滑に支給されない事態が生じていた。休職給が、小学校教員だけに財政上の理由から支給しない市町村があった。俸給額が低い教員を優先することが、人事異動の重要な要因にもなり得た。さらに昭和一五年、義務教育の給与費は市町村負担から道府県に移管され、二分の一の定率負担になったものの、給与の改善にはつながらなかった。まさに、低給与は教員に対する「虐待」（多田［一九三〇・五］）だったのである。

このような冷遇では、教員は、自分の子どもを上級学校に進学させることが経済的に困難であったから、良質の教員が進んで初等教育界に参与することを妨げたことはいうまでもない。小学校教員が経済的にいかに冷遇されていたのかは、給与の低さ、俸給の不払いまたは遅配、昇給分の市町村への強制寄付によって示すことができる。これらの非道ともいえる措置は、市町村の財政困難に原因があり、小学校教員の給与が大半を占める教育予算が、市町村全予算額の半額程度となっていいたためである。

それゆえ、小学校教員の給与支払いを停止するのが、市町村の財政困難を一時的に凌ぐ有効な方法だった。俸給額が高い師範学校卒業生の雇用は、大正一五年度ごろを境に敬遠された（良の閑者［一九三七・一］七三頁）。寄付強要問題は各地で発生し、俸給額を切り下げた市町村もあった（初任給引き下げ［一九三一・一二］）。このような冷遇が、小学校教員の左傾化を招くとの説に理解が示されたほどである（寸墨［一九一五・二］六〇頁）。

昭和初期には、町村財政の緊縮に基づく教員過剰問題が発生する。これは、後述する俸給不払や遅配と根を同じくする問題であった。経費を縮小するため学級減と補助教員削減は、新卒の師範学校卒業生の行き場を縮小し、教員過剰を発生させ、とくに高給の年齢の高い多数の教員を淘汰することになった（全国各府県教育時事報［一九三〇・四］。各府県教育便り［一九三二・二］）。その結果、教員の若年化を招くことになる。昭和七年四月現在、小学校男子教員の平均年齢は二九・九九歳、女子教員は二五・八〇歳となった。また、小学校長では退職者が五六四名、転職者が一二二名、小学校教員では退職者が三九五一名、転職者が一〇七七八名に上った（小・中等学校長及び教員調査ほか［一九三二・八］八九－九三頁）。

その後、事態はますます悪化するとともに慢性化し（俸給不払の現状について［一九三四・八］）、中等学校にも拡大する。昭和一二年一月号の東京市教育会機関誌『帝都教育』では、とりわけ若い教員が将来に希望をもてない経済的展望を、経時的かつ他職種の比較によって明示している。東京市内では不払いこそなかったが、とくに小学校教員だけが、増俸の適用外、地方吏員（一般および電車運転手・車掌）と比べて著しい格差、退職手当がないという不公平な扱いを受けたのである（東京市小学校教員会・東京市小学校長会［一九三七・一］）。

小学校教員の俸給不払いや遅配が生じたのは、早くも大正初期に始まり、[5]昭和初期以降に多発した。「農漁山村急迫のため小学校教員俸給の未払、延滞、強制寄付が続出し」た。帝国教育会による昭和七年の二〇府県に対する調査によると、回答校の二三%で不払いがあった。また、俸給不払いと寄付強要がないのは大阪府と八県だけであったから、地域的な偏りがほとんどない、全国的な現象であった。寄付強要のみは四県にみられた。調査時点で、長野県は七カ月間、山梨・奈良県は五カ月間、俸給が不払いだった。俸給不払い以外に、俸給遅配、寄付強要、旅費・勤務手当・住宅料等の不払いも、当然あると考えられた（教員俸給支払状況調査［一九三二・一二］。教員俸給未払校調［一九三三］）。沖縄県では、不払いが四～五年も続いている村があったという（不払四、五年［一九三五・五］）。

こうした全国的な状況を受けて、帝国教育会や全国連合教育会、全国小学校教員連合会は、小学校教員俸給の国庫負担を要求する（全国連合教育会臨時総会［一九三〇・五］、［一九三一・四］）。文部省も、昭和六年六月時点で、俸給不払いは六八一町村に減少していたものの、放置することは不可能なことから、昭和一一年末には、道府県負担の方針とその教育上・財政上の理由を広報した（文部省普通学務局［一九三六・一二］、［一九三七・一］）。岡田［一九三七・一］）。不払いや寄付強制等の雇用関係に関する町村の恣意的な対応に対して、俸給は財産上の公的権利（俸給権）であるとの主張もあった（平岡［一九三〇・三］三三頁）。

ところで、教員の定着状況は、両極端だったように思われる。五〇歳台まで勤続する教員が多数であったと思われるが、他方で、教員志望者の減少や中等学校への転出、教職以外への転職が発生するようになる（祝［一九一八・三］三－五頁）。教職の職務はつねに社会の目を意識せざるを得ず、指導に専念できるわけでもなかった。さらに、教員の異動人事には政治的介入があって、身分が安定していなかったし、慢性的な不況のために教員削減や給与の不払いも珍しくなかったからである。

こうした教育界に、良質の人材が集まるはずがなかった。後に、高等師範学校の大学昇格運動のときに、師範学校の教員が大学教員のまねごとをすると嘲笑じみた批判があった。結局、初期（宇田や渡邊敏の時代）を除いて、給与不払いのような給与に関連する問題は、当初は小学校にほぼ限られていたように（後には、県立の中等学校にも拡大）、小学校教員に対する社会的敬意が顕著だった時代は日本では存在しなかったのかもしれない。

結局、小学校教員の低い社会的地位は、教育界の社会的地位の典型であり、二七歳で『内外教育評論』を創刊し、三二歳で夭折した木山熊次郎（一八八〇－一九一一）は、教育界の低い社会的地位の指標を、給与の低さ、地位の不安定、権威のなさ、進路の途絶、社会の偏見に求めた（木山［一九〇九］四七－七〇頁）。木山は、小学校教員の現状に対する不満と同情、小学校教職に対する敬意と期待をもっていた人物であった（市川［一九一三］一七二－一七九頁）。なお『内外教育評論』は、東京市初代学務局長・教育局長の大島正徳が継承したことは第六章で述べた（菊川［一九八四・三］一七、一八頁）。

同じような見解は、教師を養成する側からも提示される。長野県師範学校長・星菊太（一八六七－一九一九）は福島県師範学校および東京高等師範学校卒業の後、師範学校教諭および師範学校長を歴任した生粋の教育養成家であったが、大正三年六月、福島県教育会創設三〇年を祝した文章において、教育界批判について論駁している（星［一九一四・六］）。その教育界批判とは、教育者の無気力、教育界の意気消沈、そして人材欠如であった。星は、師範学校卒業者について、出身階層は地方中流、小学校時代の学業成績は優秀、活力豊かであったが、教職者になって元気を失い、凡庸化している現状を部分的に容認しつつも、教員の生活を社会が委細まで監視し、道徳・政治・宗教をめぐる教師像への期待と過度な抑制が要求され、待遇が劣悪であるという点に、教員の劣化原因を求めている。もっとも、星の主張は、このような現実にかかわらず、教育者の自覚・使命、教育界における向上と協力を小学校教員に敢えて求め、批判を払拭することを期待しているのではあるが。そして、「人材の欠乏、民心の腐敗」（尾崎［一九一三・一］一頁）は教育界だけの現象ではなかった。

希望を持って赴任した新任教員のなかには、まもなく「経済的にも、地位にも恵まれず、そのくせ外部の誤認も甚だしい」ことを実感するようになり、理想と現実への迎合との間で自己が分裂し、「二重人格者」に陥って、無為に過ごしている我が身に悩む教師も生じていたのである（Z・O［一九三六・四］）。

教員不足問題は、戦前において結局解決されることはなかった。戦時体制が強まるにつれ、女性教員と正規資格をもたない教員（代用教員・助教、准教員・准訓導）の割合が増えていく。

五．農村不況

経済的困難は、米価の下落－税収の減少に連動し、農村不況を一層、深刻にした。教育費が町村予算の半分近くを占める町村では、教育費の削減が安易な方便となった。

俸給問題は農村不況と関連していた。それゆえ、農村の経済構造の変革、すなわち、地主問題の改善こそ、日本の命運を左右する問題の一つだった。地主制の問題と農村の貧困との関係は、明治初年から認識されていたものの、改善に着手されようとしたのは、昭和一〇年代半ば、日本社会の病根の所在を理解していた企画院官僚によってだったが、彼らは、具体的な政策を立案・実施する前に排除された。

しかし、俸給問題の所在を単純に農村の財政的困窮に求めるだけでは、日本社会の病理には辿り着けない。農村の困窮という標識は内容を正確に表してはいないからである。杉浦洋［一九三六・四］は俸給不払い町村をつぎのように類型化している。

①　山村に多い名実ともに困窮疲弊している農山村。公租公課にまったく耐えられない窮乏山村、真に窮乏のどん底にある。

②　担税力は十分にあるのに、村行政の円滑な運営ができず、納税を意識的に怠って、滞納を放置しているために、村財政が行き詰まっている。

③　村民が無自覚で、教員の生活が余裕あるものと誤解して、教員の俸給不払いを罪科と認識せず、改善しようとしない。

④　不払いを続けていれば、政府が救済してくれると考える。

杉浦の指摘は日本社会の恐ろしい現実を示唆している。それは、不払い町村の多くが②に属するであろうとの推測である。「町村名誉職の多額な滞納」であり（俸給不払の現状について［一九三四・八］）、国庫補助金は法令に従って教員俸給に使われずに、流用しているという「自治制の腐敗を痛嘆せしむるに足る」確証である（杉浦［一九三六・四］七五頁）。

農村疲弊が喧伝されると、その実体がしだいに明らかとなる。それは、指導階層の間での紛争により、納税可能な村民が意図的に納税義務を果たさない結果、農村の収税が極度に低下したとの指摘である。第六章で触れた田子一民の地方自治制確立への努力が結実しなかったのは、この教員俸給不払いでも明らかである。前東京市教育局長で教育学者の帝国教育会専務理事・藤井利誉（一八七二－一九四五）は、俸給不払い額が多かった秋田県を視察し、まさに、「教育界否国家の一大不祥事なりとの歎を深くせざる」をえなかったのである。藤井もまた、俸給不払いには、「町村に於ける所謂政争の弊並に町村自治事務の渋滞に原因するものも多」く、「今や万策尽きた。この上は町村民の自治公民としての資質を向上せしめて、自治体の健全な発達を図るより外に道なし」との主張に同意している（藤井［一九三六・一〇］六二、六六頁）。

そして、数年前に小学校長の人事異動と地方の政争を問題視した早稲田大学の法学者・藤井新一（一八九二－一九七一）もまた、その原因について、田子や藤井利誉と同じ結論に至る。「即ち政治就中自治制の下に行はるる市町村政治と教育の関係」に問題の所在を見る（藤井［一九三三・八］一〇頁）。帝国教育会専務主事だった大島正徳も、「政党政治の弊害が市町村の自治制を荒らしている」としている（大島［一九三三・八］）。

以上のことは、日本が国際的・国内的に、構造的に行き詰まっていた時期に、初等教育界においても、学校や教員の周辺でも問題が深刻だったことを示唆していて興味深い。また、社会的属性化が進行するにつれて、教育界のなかでもとくに初等教育は序列が低下したが、師範学校も連動して師範タイプとしてネガティブに描写された。

六．教育界疑獄事件

教育界における疑獄事件は、明治三五年一二月の教科書疑獄事件以来、しばしば、そして全国規模で起こり、繰り返された。この問題の理解はそれほど簡単ではない。贈収賄事件は日本社会の縮図であり、贈答の社会的慣習とも関連し、儀礼と汚職との線引きの問題でもあるからである。したがって、収賄事件は、官界や司法界でさえ生じたのであり、教育界特有の現象ではなかった（寺田［一九〇三・四］）。しかし、教育界のこの種の問題は、社会全体から叩かれることになる。

初等教育界では、日本の経済が発展し、海外への進出が盛んになる時代に、教員の社会的地位は上がらず、「小学校の先生いや先生と云はるゝほどの馬鹿でなし」（成田［一九二三・四］一〇頁）というように、しばしば軽侮の的にさえなった。有能な人材が参入しなくなった待遇の悪い世界のままであった。その世界において、校長職は相対的に給与が高く、一定の社会的地位があり、数が限られたポストであったから、過度な昇任競争によって汚職がはびこり、疑獄事件は起こるべくして発生し、繰り返されたのである。この過程で、平教員と人事権をもつ役所や校長との関係は、金銭関係へと変質した地域が生まれた。

疑獄事件は各地で頻発したが、教育界からの匿名の密告によって着手され、功を狙う警察と検察が、しばしば過度に荷担するという奇妙な事件の構造をもっていた。したがって、冤罪とでっち上げが起こりやすくもあった。そして、教職には聖職的側面だけは要求されていたから、社会からすれば攻撃しやすかったのである。初等教育の教職が、社会的に孤立していた世界であったことも一因であったかもしれない。教育界全体が汚染されているという誇大報道についての批判は、もちろんあったが（蘇川生［一九一六・三］）、初等教育界の悪評を覆すほどの効果はなかったようである。

昭和八年一一月末に起こった帝都教育疑獄事件の公判における検察の求刑理由は、教育界の一面を示していると思われるので、それを報じた新聞報道を一部要約して紹介する（椅子売買の被告三六名に求刑［一九三五・五・一一］）。なお求刑されたのは、収賄側が、東京市教育局課長三名、市視学一名、東京府視学員二名、贈賄側が、校長二八名、訓導一名、区議一名だった。

一．小学教員の俸給は薄給のため生徒の父兄から贈物を受ける悪習
二．教員間の悪弊、訓導は自己の栄達昇進を計るため校長に贈賄する
三．同党異閥の弊、学閥外の部下を排斥する
四．政治的勢力を利用する、即ち府市議等の背景を得て昇進を計る

五．腐敗の実情、校長が部下から贈物を受け、校長は視学に贈賄する等搾取から搾取の情実的悪縁が多年慣習となって来た。更に校長ブローカーの跋扈が益々瀆職の弊風を助長せしめた。しかも贈賄の結果は概して栄進が早い、贈賄額の多い者ほど下級俸から一足飛びに栄進して居る、金の力が背後にあるのでないか。

東京市社会教育課長・藤岡眞一郎は懲役三カ月の求刑を受けたが、同課長に対する求刑理由は、「収賄額はいずれも些少であるが、最高監督の地位にある者として罪跡をのがれることは出来ない」（椅子売買の被告三六名に求刑［一九三五・五・一一］）ためであった。東京地方裁判所での判決では藤岡は、視学課長・廣田傳藏とともに無罪となる。贈賄側は、罰金が二〇～七〇円、収賄側が無罪二名、実刑一〇カ月と追徴金約千六百円、二名が追徴金・執行猶予、一名が判決不明で、二二名が服罪、一二名が控訴だった（東京市教育疑獄の判決［一九三五・九］）。こうして、藤岡は初等教育者としての大成への道を閉ざされることになる。

第三節　指導環境の悪化

一．学級整理と教員削減

社会の経済的困難は、指導環境の悪化につながった。町村では、教育費の占める割合が高かったから、教育費削減は格好の方便になった。すなわち、学級整理、国庫交付金がない高等科廃止、補助教員廃止であり、俸給額の低さが教員雇用の基準となった。学級数削減は学級当たり児童数の増加につながり、最大で八〇人学級が可能であった。また、減少してきた複式学級編制が増加に転じることになる。高等科廃止は農村の子弟には尋常科以上の教育は不要であるとするものであるが、長男以外に耕作する田畑がない状況では、より高度な教育が必要であり、高等科卒業を基礎資格とする就職先も増えていた。補助教員は、六学級以上の学級をもつ小学校では、校長が担任する学級に補助教員を配置できることになっているが、配置されない場合、学校内外での用務が多い校長が担任する学級では自習が多くなるから、児童は成績不良となりがちであった（仙北郡小学校長会［一九三一・一二］）。

三学級二担任も、教員俸給支出を減らすために活用される方法だった。しかし、江木千之の提案は、第六章で記述したとおり、支出削減以外に利点がないとの評価が大半で、教育関係者にはさらに指導環境を悪化させるとして支持されなかった。

二　貧困の拡大・定着と教育

貧困の拡大・進行は、就学の継続を妨げるし、早期退学にも結果する重大問題であった。大正期に至り、社会格差がしだいに拡大していくなかで、子守教育は補習教育に変わっただけで、廃止できなかったどころか、その需要は拡大していた。たとえば、大正後期の水戸市では、大正九年五月から特別教授として実体は義務教育未修了の就労児童を対象に、訓導三人が兼任して、毎晩、七時から九時まで、指導内容を読書算と修身に絞り、実用性を加味して、個別的に指導した。通学生の数は、大正九年男一五、女〇、一〇年男一八、女一、一一年男二四、女五、一二年男二六、女七と急増し、「商店其ノ他ニ奉公スル者多」かった（下市尋常小学校［ｎｄ］）。水戸市は県北商業の中心地であったために、生活上、必要な知識と技術を習得するうえで役立ったのであろう。また、夜間補習教育が女児の学習需要を覚醒していくのは注目される。

しかし、経済的困難は改善できる要素がなかった。大正末期には、不景気にもかかわらず、入学難も教育中毒も全国的な現象となり、解消されなかった（巻頭小言［一九二六・五］）。

教育会誌では、高度国防国家という表現が日常的になった時期に、時局克服に積極的に見える投稿を採用しているようにみえるが、その不満と不安と動揺は隠しようがない。小学校訓導の太地は青年教師の役割を強調する。「青年教師は叫ぶ（一）」の他の投稿題は「強く道を践む」「革新の拠点」「真底よりの熱意」「信念と情熱」を、逆境のなかで堅持しようというのである。しかし太地は、「薄給と世間的地位の低さとは、到底、才能と血気と打算的考量とを備へた中堅教員を引き留める力なく、転職者は激増し、師範学校入学志願者の激減、間に合せの低級教員養成策、女教員の増加、老朽教員の再採用、加ふるに病弱教員の増加、長期欠勤者の続出等々」（太地［一九四〇・九］）という現実も描出する。太地は和歌山県の教員であるが、とくに南紀は窮境から脱出するための一つの方法が移民だった。しかし、移民県は熊本・山口・広島・静岡等、特定の県だけではなく、「海外進出」という用語で奨励されていた（下村［一九四〇・九］）。

以上のような悪環境のなか、また悪条件のもとで、新卒教員は、悩みを増やしながら日常を過ごしていた（Z・O［一九三六・四］）。葛藤に悩みながらも、教師のひたむきさを持続しようとするが、それが形式化され、精神的に形骸化することも多かったのではなかろうか。しかし、これらの悪条件のなかで、特殊教育に献身的で有能な教師がいたことは、むしろ驚嘆すべきことであったかもしれない。

他方で制度的には、とりわけ障害を理由とする就学免除規程を、結局、大戦終了まで撤廃できなかったし、貧困事由の免除規程は廃止されても、実態的にはその不就学が解消されたわけではなかった。これらのことは、明治初期の理想の放棄を固定化し、国民が一致して飛翔する士気形成を妨げてきたことについて、文部省をはじめ政府・議会そして社会の認識が深まらなかったことを意味する。まことに、戦前日本社会の弱点を補正する好機を逸したのである。

第四節　特殊教育を支える隣接専門分野の弱体

一　教育学概論における特殊教育言説

盲唖教育だけでなく、劣等児・低能児教育も小学校教育が対処すべき課題になりつつあった時期に、高等師範学校や大学の教授による教育学概説等の著作において、特殊教育はどのように取り上げられていたのだろうか。明治末まで戻って概観してみよう。明治三七年二月刊行の東京高等師範学校教授・小泉又一『教育学』は、教育の場所の一つとして「特殊教育所」を挙げて、三頁にわたり、訓盲院、聾唖院、痴児院、感化院、貧窮院及び孤児院を列挙し、通常の学校では教育できない機能を簡単に説明している（小泉［一九〇四］二二三―二二五頁）。

明治四一年一〇月の合本版『教育大辞書』では、「特別教育」として盲・聾唖・精神薄弱児等の教育が記述され（教育大辞書編纂局［一九〇八］一二〇三―一二〇六頁）、林間学校（一六三二―一六三八頁）や感化院（二九八―二九九頁）も、小学校教育に属するか、教育に関連する事業として取り上げられている。これ以外にも、障害児（教育）関連の見出し項目（盲唖教育・児童欠陥・劣等生取扱法・マンハイム式学級編制法）がある。

つぎに、戦前の著名な教育学者のなかで、教育学概説書において特殊教育に言及した著作を含めて例示する。京都帝国大学教授・小西重直（一八七五―一九四八）は、明治四〇年の口述書『教育学』において「不尋常児童の教育」と題して一章をもうけている（小西［一九〇七］九七―九九頁）。「不尋常児童」とは、天才等と白痴・狂人・遺伝性犯罪者であるが、劣等児も含意している。内容的には、著者自身が情報不足を認めているように不消化な内容であるが、教育学著作としてはこれらの障害児に対する早期の言及であろう。また、大正元年一一月刊行の『現今の教育』でも、「特殊の教育に就て」（小西［一九一二］三八三―三九三頁）に一章を当て、心身に障害のある児童の教育に対する欧米の歴史と日本の現状を対照して、日本の状況を「幼稚」なレベルとしている（三八六頁）。小西は、教育上特別の取扱を要するという理由で貧窮児童の教育も取り上げている。

東京帝国大学教授・春山作樹（一八七六―一九三五）は、大正一三年九月刊行の『教育学概論』において「異常児童――教育病理学及治療教育学」に一節を当て、通常の学校で教育できないものとして、盲、聾唖、結核児、不具児、低能童、不良児童に分けて述べている。とくに結核児が詳述され、ついで不具者（肢体不自由児）がやや詳しく述べられている。B５判総頁二一三のうち一八頁を割いて、それぞれの障害児と学校の内容、日本での実例を述べている（春山［一九二四］一六五―一八三頁）。

大正一五年二月の京都帝国大学教授・谷本富（一八六七―一九四六）『最新教育学大全』では、‘exceptional children’に

「破格的児童」の訳語を与えて、三章に分けて主に精神および行動面の障害児を詳細に取り上げて、内外（主として英語文献）の研究を引用しながら、低能や白痴等の分類や原因を示している（谷本［一九二六］五二三－六〇三頁）。

土屋清一は大正一五年四月、『綜合的新教育大意』において「特殊教育」に一節を当てて、「心身に何等かの欠陥がある者に対する普通教育または職業教育」を特殊教育であるとして、欧米での創始を中心に述べている（土屋［一九二六］二五五－二五八頁）。

文部省教育調査部の船越源一は、昭和一〇年二月刊行の『小学校教育行政法規精義』のなかで、盲学校と聾唖学校という現行の特殊教育施設以外の、不具廃疾あるいは心身薄弱児の教育施設の制度の必要性を示唆している（船越［一九三五］五一一頁）。

東京帝国大学教授・入澤宗壽（一八八五－一九四五）は、昭和六年八月刊行の『教育学概論』で初等教育、専門教育（実業・師範・専門の学校と大学）、特殊教育に分けて、盲学校・聾唖学校・低能児学校・白痴学校・治療学校（病児）・孤児院・感化院を列挙している（入澤［一九三一］二七三－二七四頁）。昭和一七年七月の『教育学概要』では、特殊教育という節を設けて、盲学校、聾唖学校、低能児学校、白痴学校、治療学校（病弱児）、孤児院、感化院を五頁で説明し、これらを「特殊教育所」と総称した（入澤［一九四二］一一一－一一五頁）。

早稲田大学教授で『教育実験界』主筆を務めた稲毛詛風（金七）（一八八七－一九四六）は、昭和五年五月刊行の『教育学概論』において、「教育の動力即ち教育性」による区分の一つとして普通者教育と異常者教育（高能者・低能者・弱者・不良者）を挙げ、教育の目的による分類では、特殊教育のうちの一つを異常教育（分野は前掲に同じ）とする（稲毛［一九三〇］二三五－二三六頁）。

以上は、特殊教育関連事項を取り上げた教育学概説関連の著作の例であり、一部の教育学著作は、特殊教育について形式的で傍流的位置づけながら、この分野に関連する内容を記述したといえよう。雑誌論文では、盲唖教育の義務化や劣等児に対する教育的対応は当然のこととして記述される一方で、『教育学』著作において一章や一節を設けて特殊教育が記述されることは多数例にはならなかった。やや奇異な感じを受けるのは、頴才教育や低能児教育を初め、ドイツ等の特殊教育関連問題をいち早く紹介した乙竹岩造の教育学著作では、特殊教育に言及されていないことである。

以上の状況は、障害児には教育機会がきわめて不十分または欠如していた現実を直面すれば、雑誌論文では特殊教育の必要性を認めたものの、教育学という学問体系においては特殊教育を実体化できなかったことを意味する。これは、論理的には奇妙な状況であった。情報を先進国から輸入する一方で、日本の教育学著作では先進国の教育で当たり前の特殊教育制度に触れなかったからである。日本の教育学では、相変わらず輸入学的学問を脱却できない側面が続いているとともに、日本の実態との矛盾やギャップをどのように論理的に説明するのかという学問としての問題点が露呈されていたといえるだろう。この傾向は、大戦後も継続することになる。

二．特殊教育モデルとしての先進国依存の不変性と専門家不在

(一) 特殊教育モデルとしての先進国依存の不変性

先進国依存問題は、二つの点から検討する必要がある。一つは、特殊教育の基礎的な情報と技術が欠けている状況において、先進国情報に頼らざるをえないという意味では、やむを得ない問題ではあった。もう一つは、そのような制約はあるが、情報がなければ不可能な部分と、対象児の実態と将来の境遇を考えれば、実践的な工夫が可能である部分はあるという考え方である。しかし先進国依存は、学校教育分野でも同じであったが、特殊教育でも、結局は改善されなかった。先進国情報は際限なく発生し、流入するからである。外国情報が流入しなくなった開戦期以降は、自己開発機能が貧弱であったために、開戦前と変わらない状況だった。しかし自己開発の例がないわけではない。というより、かなり存在したのではなかろうか。外国情報への依存度は、立場によってかなり異なっていたように思われる。

たとえば、制度については、完全輸入であった。これは、日本の小学校制度が、つぎのようなかなり一般的な問題があったことと関連している。

校長や教員が、自己判断・決定できる範囲がきわめて限られている
学級規模が過大すぎる
児童の継続的な就学を妨げる問題が多い
教員の質に問題がある
指導上の施設・設備が貧弱である

しかし実践面では、とくに劣等児や精神薄弱児の指導では、指導の発端や原理は輸入であっても、眼前の子どもの観察と将来生活との間で、特別学級教員は、相当に自前の見識と技術と工夫を開発したのではなかろうか。また、データに基づく提案も、一部の大都市に限られるが、ある程度の実績があったように思われる。その場合は、校長の後援が大きかったと思われる。したがって、特殊教育に熱心な校長が異動あるいは退職すると、途切れてしまうという継続性の問題も生じた。

しかし、戦争の問題は別にしても、自前の工夫と開発が拡大・継続したかどうかは楽観できない。主流を傍観する、行政の顔色を窺うという教員の行動様式に変化が起こるとは考えにくいからである。

(二)　専門研究者と教員養成制度の弱体

特殊教育の隣接あるいは基盤の研究分野も弱体だった。日本の近代化の遅れに連動するが、初期こそ心理学では元良勇次郎が関心をもったが、それ以降は変則的である。青木誠四郎が大正期から昭和戦前期前半まで、城戸幡太郎が昭和期に劣等児・精神薄弱児ないし児童保護問題に関心をもった。しかし彼らは、特殊教育専門の研究者であったわけではなく、心理学的関心から、あるいは社会的活動として特殊教育に関与したのである。大学の権能をもたない東京高等師範学校には乙竹岩造がいたが、実践からは遠かった。樋口長市は、日本の教育学者としては特殊教育と実践に関心を

もった人物だったが、東京聾唖学校長が本務で、東京高等師範学校に研究室をもっていたわけではない。町田・東京盲学校長は古いタイプの教育学者で、ドイツ系情報の翻訳に熱心だった。川本宇之介は、欧米情報依存の研究者の典型で、その情報を教育実践に結びつくように研究的に咀嚼することをしなかった。

特殊教育では医師の貢献は不可欠だったが、特殊教育の拡大段階では、地方に特殊教育の知識と理解がある医師が必要となる。しかし、それに近い分野の学校衛生には、精神衛生関係の医師は乏しかった。感覚障害系の場合には、医科大学や医学専門学校がない地方では、障害と教育を繋ぐという発想自体存在しなかったであろう。こうして、すべてにおいて地方間格差が大きかった。

特殊教育教員養成の制度的不備も大きな弱点であったが、これは別に述べる。

(三)特殊教育の所管の不明確さと内務省系の教育行政

大正期までは、内閣は不安定で、文部大臣は頻繁に交代し、兼務大臣となることも希ではなかった。大正期になると政党政治は瓦解する。その結果、官僚が政策を主導するようになる。すでにみたように、国家が積極的に関与する課題として特殊教育を認識する見識のある官僚もいないわけではなかった。しかし中央教育行政では、特殊教育の所管の整備に時間がかかった。日本のように中央集権国家では、指示する中枢が欠けると機能しない。他方で、意外なことに、学校衛生課や体育課が特殊教育関連事業を所管する時代に特殊教育が発展したことは、第九章で見るように、所管の規定だけでなく、どのような見識と能力の人物が担当者になるかについての重要性を示唆する。特殊教育に限らず地方の教育行政が、担当者によって有益だった例がなかったわけではないが、県の人事が内務省系で動いていたことが、文部省の特殊教育振興が円滑に流れなかった一因ではあろう。

第八章　戦時体制の確立と国民学校制度における特殊教育の中興および閉塞

――昭和時代 初期（一九二〇年代後半）～昭和一〇年代（一九四〇年代前半）

社会の動き

昭和初期は、日本の国家としての多難が極めて深刻な次元に転換した時期であった。昭和初期から軍部による政治への介入が顕著になるにつれて、自由主義的傾向はおろか、しだいに改革主義的傾向も排除されていき、教育界の一部にも狂信的な運動が生じた。日本全体の統治機能が失われつつあったのである。最初の普通選挙は昭和三年に実施され、有資格の盲人男子による点字投票が初めて実施されたが、普通選挙法と同じ大正一四年に成立していた治安維持法は、昭和三年五月に施行されていた。

対外的には、満州国問題で、国際連盟からの脱退に追い込まれた。経済的には、昭和二年金融恐慌、四年世界恐慌、五年農業恐慌と困窮が拡大・深化する時期でもあった。米と生糸の暴落により、自作農の小作農への転落、小作争議が頻発し、地主制という日本独自の社会構造を動揺させた。農村の窮乏は、農村教育を小学校の課題にさせた。経済疲弊は農漁山村にも拡大し、慢性化していく。経済困難は、世界的なブロック経済の結果でもあったために、その改善・解決は困難だった。神奈川県の小学校長が、「『政治に、経済に、道徳に、芸術何も何処へ行く？』の叫びが社会に充ち満ちて居る現状」にあり、「全く困難なる時代」であると痛感したのは、昭和五年だった（山崎［一九三〇］序、一頁）。

国内では、テロと疑獄、赤色教員の問題、心中の多発、そして頽廃が目立つようになる。昭和八年の滝川事件、昭和一〇年の美濃部天皇機関説事件では、特権的帝国大学の象徴である法学部および大学は、右翼とその支持者の攻撃から、滝川幸辰（一八九一－一九六二）や美濃部達吉（一八七三－一九四八）を一致して守ろうとしなかった。あるいは、学問や思想の自由を死守するという体制が、大学教授側の事情でできなかったのである。初等教育界でも疑獄が続発する。教育界においても、モラールの低下とモラールの悪化は明白だった。

しかし、昭和戦前期の大半においては、政府の反対勢力の排除の徹底と戦時体制における宣伝および教育の効果により、文字どおり、全国民が主流となり、主体的に戦時体制に協力していった。「大東亜戦争」には、大義があると国民は理解していたからである。このような状況のなかで、障害者は、兵士としても産業戦士としても寄与できないために、銃後の守りを選択せざるを得なかった。しかしそれは消極的な選択ではなく、障害者は国民として戦時体制に対し自発的・積極的に貢献しようとした。時代と社会を意識した特殊教育の担当者ほど、銃後の守りに生徒を育成することに熱心となったといえる。それゆえ、盲学校・聾唖学校の教員や生徒の銃後の守りへの貢献とそれへの叱咤は、当時においては国民として当然の行動だった。その結果、障害者はこれまでの時期には経験しなかった国民の一部に包含されるという一体感を、体験できたかにみえる。

盲学校・聾唖学校の教員や生徒のこのような行動は、大戦後の歴史観からは否定的にみなされたのであるが、「大東亜戦争」の性格を考慮すれば、一概に、盲唖教育関係者を非難することは難しい。「大東亜戦争」は日本だけに一方的な責任があるとはいえないし、英米の来歴を振り返れば、日本がアメリカやイギリス以上に侵略性があり、好戦的だったとはいえないだろう。イギリスは世界最大の植民地経営国家であり、国民は収奪したその富により豊かな生活を享受してきたが、植民地の住民はそうではなかった。またアメリカは、先住民やメキシコおよびハワイからの奪取と併合の歴史を繰り返して、支配地域を拡大してきたからである。また、アメリカの対日外交は、交渉の余地を残さなかったハル・ノートや日本の存続が不可能となる禁輸措置にみられるように、拙劣さが目立った。

要するに、明治時代に解決できず、大正時代に持ち越したものの、昭和時代は、問題の所在は明白であっても、解決の切り札に欠けた国内的・対外的問題を抱えた時代だったのである。決して、教育関係者が無為に過ごしていたわけではなかったが、根本問題を教育によって解く方法がなかったのである。

日本の歴史における有数の困難な時期において、初等教育をはじめとする学校教育もまた、経験したことがない問題が生じた。昭和初期の財政難に対応するため、内務省は、学校の統合と学級数削減によって教員数の減少を図り、地方教育費の緊縮を達成しようとした。この政策は、俸給不払いや早期退職の強制によって教員の生活を直撃し、過大学級と三学級二担任制度のように、教育効果を阻害する教育政策も導入された。しかし、初等教育にのみ限定してみると、明治初期以来の小学校の諸問題を改善する試みが、国民学校制度の創設に込められていた。それは、特殊教育制度においてとくに認められる。本章では、制度面と実践面における国民学校制度における特殊教育に焦点を当て、特殊教育政策の構想と結果を述べる。国民学校制度構想は、「大東亜戦争」下の状況では開花することはなかったが、初めて特殊教育全体を制度化したのであり、戦後の学校教育法第六章特殊教育に連接することになる。

戦後との連続性は実践的にもある。政策としては人的資源として開発可能性のある虚弱児教育に焦点が当たったが（第九章）、学校教育としては後発の新興分野である精神薄弱教育では、実生活を重視した指導が、大都市特別学級と精神薄弱児施設で一時期、盛んとなり、大戦後に開花するのである。

それにしても昭和一〇年代初めに、名古屋市教育会が初等教育刷新について、七つの方面、全六八項目が挙げていることは、日本の初等教育が、基礎的・構造的な次元において、明治期以降の問題が改善されずに噴出していたということであろう。それを示す別の指標は、初等教育における「新思潮に対する盲動的態度と旧慣に膠着する頑迷的態度」の排除が掲げられていたことである（名古屋市教育会［一九三七・七］一一五頁）。しかしこの後、戦時体制が総力戦・高度国防国家へと次元を高めていくにつれて、このような是々非々の態度は許容されず、特定の国家・教育イデオロギーを強要され、あるいは受容して突進していく。

第一節　昭和戦前期における国際関係の悪化による経済困難と教育環境

一．教育環境の悪化と初等教育界におけるモラールの低下

大正期の第一次世界大戦後の好況は一時的な現象であり、その後の困難な国際環境は、軍事費の増額を伴ったから、経済の改善をますます困難にした。しかしながら、当時の国際関係は、おのずから選択肢は狭められており、国家の財政困難は否応なく、教育費の極限という形で教育界を襲うことになる。まして教育課題は山積していたにもかかわらず、教育行政や教育界において、改善を提起できる問題は限られていた。

すでに大正時代末期には、支配体制に属する人物ですら、この後に顕著になる「盲目的忠君愛国論」の時代風潮に対して警告を発していた。二荒芳徳（一八八六－一九六七）は、大正一三年に「若き日本の行くべき道」において、「盲目的忠君愛国論の批判」を冒頭で述べ、それが形式に堕し、青年への訴求力に欠けている理由を明示する。彼は、政党の幼稚不純、帝国議会の鉄拳争闘、労働者の低賃金といった社会的現実を指摘し、「国家意志の統括者としての天皇」論のもとに、中流階級である「精神的第一階級者」による「聖義国家建設」に期待する（二荒［一九二四・一〇～一二］）。

昭和六年四月に設置された行政整理準備委員会は、整理要項をまとめた。そこでは、「小学校及び中等学校の整理統合を行はしめ、学級の整理を行はしめると共に教員の受持時間を延長し、教員の定員を減少すること」（金生［一九三一・一〇］）が含まれていた。この方針の具体化は地方によって同じではないが、四五歳教員退職（教員淘汰整理）、市町村に対する給与の一部強制寄付、三学級二担任制度、学級定員の上限撤廃が含まれていた。

このような状況の到来前に、すでに小学校教員は疲弊していた。俸給不支払い・遅配の最先端県の一つであった秋田県の教員・佐藤一三は、以下のように嘆じている（佐藤［一九二八・六］、［一九二八・八］）。農村の疲弊問題は喧しく論じられるが、「初等教育界の疲弊」「小学校教員の疲弊」は誰も叫ばない。しかし教員の心身疲労は、教科はおろか、修身に至るまで日常の指導を疎かにする源となっている。学校経営案は形式化し、学級経営案と連動しない。小学校に加えて補習学校と青年訓練所の教員兼務、各種の団体の世話と記録係も担当事務、そして校外会議の増加に悩まされている佐藤は、日常における業務の精選・整理を小学校教員として提案する。

経済的・精神的に不安定なこのような状況は、当然ながら小学校教員を不安にし、不満を高まらせ、士気を低下させた。文部省と協力関係にあった帝国教育会機関誌『帝国教育』ですら、「不安な教員生活」「実際教育者の不満と希望」特集を掲載し、自由論壇で不安と不満と鬱憤を教員に吐露させている。昭和六年の本誌に掲載された投稿のつぎのような表題を一瞥しただけで、小学校教員の心情と教育界幹部の困惑が推測される。政府と社会に対する不満と怨念が満ちているからである。

湖岸生「呪うべき学級整理」五八四（一九三一・四）
K生「教育界行詰り打開は如何」五八四（一九三一・四）
上野貞一「余りに憂鬱な話だ」五九一（一九三一・一〇）
金生喜造「四四、五歳位で退職とは」五九一（一九三一・一〇）
西山宗平「教育会の浄化」五九一（一九三一・一〇）
山中鹿太郎「不満も希望もない」五九一（一九三一・一〇）

福島県岩城の教師・菅野博は、昭和初期の世相を、指導原理を失った時代と信念を失いつつある人間集団と要約する。実社会の混乱に対応して、教育界においても、さまざまな教育法を試みる投機群、意欲喪失群、思想群が現れている現実に対して、彼は、教育の基底には、いわゆる「道なるもの」が厳然と存在し、流れていることを信じて、日本の特異性（その内容は読み取れない）を繰り返し挙げて、それを基底として最善の努力を尽くそうとする（菅野［一九三一・六］）。神奈川県三浦の内田武雄も、教師としての信念と打算的な実生活の間で彷徨している（内田［一九三一・五］）。内田の長文の論稿を掲載した編輯部にも、類似の感情があったものと推測できる。主張している場面は異なるが、上述の二荒とともに、結局は、菅野や内田もまた、時代の大波に呑みこまれていったものと思われる。

昭和一一年のころは、まだ時代の教育に対する不安と不満を表明できた。奈良県の岡西喜治は、「このごろ思ふこと」という読者欄に寄稿して、軍隊式の訓育主義や童心を無視した積極教育、統制主義を批判している（岡西［一九三六・四］）。

さらに時代が下る昭和一四年になると、これまでの教師による蓄積が、明らかに弱体化する。「教育界至高の教育雑誌[1]」（『教育論叢』の信条！［一九三四・一二］一〇九、一一〇頁）を目ざしていた『教育論叢』において、教師と思われる塩井時平は、「半生を通して身につけたはづのはかない人道主義的教養も、だんだん色あせ、次第にその影をひそめはじめ」、寛容さを失って、「それにしても、この毎日の荒涼たる心持ちは一体何とした事なのか」と自問自答する（塩井［一九三九・一〇］）。

しかし、教師の不満と攻撃の矛先は、自分が所属してきた教育界に方向を変える。上述の『帝国教育』昭和六年一一月号は「実際教育者の不満と希望」特集であった。その一つに、「教育界への希念」と穏健な表題であるが、根本的な内容は、「教育屋」としての教育学者に対する不満である（木村［一九三一・一一］）。教育上の一面的真理を過度に誇張する金儲け・売名の教育学者の活動を「教育犯罪」として非難する。同時に木村の非難対象は、大正後半期には教育に専念していた「地方教育者」（大阪の浪波生は「学校屋」と称している。浪波生［一九三一・一一］）にも向けられる。こうして、明治期の小学校教育の問題点であった詰め込みと暗記が復活して、結局は、改善されていなかったというのである。

小学校教師が教育界に放つもう一つの批判は、教育会の運営に対する不満である（西山［一九三一・一〇］）。教育会運営を支配している教育会幹部は小学校教員ではなく、教育会費の使途が不明朗であることを指摘し、彼らのほとんどは教育会に寄食する「ダラ幹」に過ぎないという。西山は、文部省の教育会改組計画の真意を、左翼的な組合運動の阻止にあるとして、小学校教員の自治的な教育会再編を提案している（K生［一九三一・一一］も、生活困難が教員の左傾化を生むこと、教員の奮起と団結がいま必要な点で一致する）。山中は、社会の下積み、安月給、教員過剰、身分不安定の生活を一〇年も続ければ、「全く骨なんかなくなってしまふ。不満などのあるわけはない」というアナーキーな心情を吐露している（山中［一九三一・一一］）。浪波生は、教育界の腐敗を指摘する（浪波生［一九三一・一一］）。

だが、以上のような、これ以前の時期には経験したことがない小学校の困難は、行政整理が政府全体の課題であったから、すべての学校段階に現れることとなった。官立大学においても、学内の組織廃止や教員の定員減が原案として明記された。従来の拡大・充実という官立大学の歴史からすれば、縮小・廃止は経験したことがなかったのである（伊藤［一九九二・三］参照）。しかし初等教育は、行政整理対象のなかで社会的な力が最も弱かった分野の一つであり、「鮓詰（すし）的教育の五〇年後に現はる、結果を思ふ時は、誠に慄然たらざるを得ない」（湖岸生［一九三一・四］）という予測は、一

○年を経ずして間もなく明らかとなる。

大戦勃発の八カ月前、国民学校が発足した四月に、最近の初等教育界の雰囲気が記載されている（応接室［一九四一・二］一〇三頁）。

①有言不実行。美辞麗句や荘厳な道徳語はあるが、実践を伴っていない
②便乗するのに慌てている
③校長独裁の流行
④近視眼的教育の流行
⑤自己陶酔による行的・修練的・宗教的教育の子どもへの押しつけ
⑥立憲自治の教育の真義からの逸脱
⑦個性教育・文化教育の減退

以上のような初等教育界をめぐる環境の悪化は指導条件の悪化であり、教員の士気を高める方向に結びつくことはなく、緻密な観察と根気強い指導を必要とする児童に対する特殊教育に有利となるはずがなかった。もちろん、盲唖教育補助費削減は行政整理の対象となった（盲唖教育費補助削減復活［一九二九・一二］）。

二　貧困問題

大正末期に至って、児童の貧困、児童労働、義務教育への就学と修了、非行、障害と健康が絡み合っており、総合的な方策が必要であるという認識が深まり、児童保護問題が確立した。

文部省は、貧困ゆえに就学困難な児童には、大正一三年「児童就学奨励金御下賜ノ御沙汰ニ対シ施設上ノ注意」（昭和

三年に「学齢児童就学奨励規程」により、就学奨励金を用意した。内務省は、大正一五年には財団法人中央社会事業協会の主催により、第一回全国児童保護事業会議を開催し、学齢児童の保護について建議・決議した。昭和二年には、第一回「乳幼児愛護デー」が実施され、社会事業調査会により、「児童保護事業に関する体系」が答申された。

一四歳以下の就労児童に対しては大正一二年の「工業労働者最低年齢法」によって保護されたが、劣悪な条件の就労に追いやることにもなり、内務省からも小学校令第三三条就学義務の免除・猶予規程の削除の必要性が認識された。昭和四年に成立し、昭和七年に施行された救護法は、児童の就労を不可欠とする貧困家庭児童に対する保護法でもあった。しかし、昭和八年に至っても、貧児学校・夜学校数は三八カ所、就学者数四五九九名、子守学校は一五カ所、四五一名、就労児教育は一一カ所、八二四名もあった（財団法人中央社会事業協会［一九三五］二〇四頁）。

教育環境の悪化も財源問題に発するが、保護者の貧困も児童の学習を大いに阻害することは、これまでも述べてきたが、昭和初期から大戦勃発後に至っても、保護者が貧困な場合、義務教育段階の児童が就労したり、自家の仕事を手伝ったりすることがあり、そのために、貧困児童は、正規の教育機会を得ることができなかった。このような児童に欠けた教育は、補習教育という形態によって補われることになる。

名古屋市を例にとると、昭和一五年度で学齢児が三〇六名、学齢超過の者二六九名が、補習教育を目的とする夜間または昼間の特別学級で学んでいる。このうち三三二名が有職者で収入がある（それ以外は、家事手伝いまたは奉公人）。特別学級通学者は、その収入がないと家計が成立しない境遇の児童だった。これらの貧しい子どもに対して、名古屋市でも、児童就学奨励事業が一般貧困児童と応召者子弟に分けて用意されているが、事業経費総額は年々減少していた（名古屋市教育局［一九四〇］四二、五九頁）。貧困児童問題は、学業不振や身体虚弱、そして非行との関連が深いことはすでに常識だったから、上記の五〇〇名以上の特別学級在籍者と、特別学級に在籍していない補習教育該当者には、より個別的な教育的対応が必要な子どもが含まれていたことは確実である。

大正末期には、児童や乳幼児の問題には、障害のある子どもの問題が認識されていた。たとえば、大正一五年の第一回全国児童保護事業会議では、病弱、精神薄弱、不具児の扶助年齢の延長や精神薄弱児の特殊教育令が決議された（平田［一九九五・三］八五頁）。また、就学奨励対象には、昭和三年度から盲唖児が追加された。このように、児童保護は、特定の省庁の問題ではなく、政府が総合的かつ横断的に取り組む必要がある問題であったために、内務省と文部省、そして財源を管理する大蔵省等が参加しての政策立案に至るのである。この総合性は、児童保護の下位分野、たとえば病虚弱児の保護においても貫徹しており、非常時においてのみ実現できたのである。

貧困問題は、成人の問題でもあり、それは教育問題にも連接する問題であった。それえゆえ、低い就学率に悩む盲唖学校側では、成人の盲唖者問題に関心をもったのである。昭和五年に広島県立盲唖学校長の今井三六は、県警察部による盲人調査結果を検討している（今井［一九三〇・七］）。今井は、盲人数の結果が過小であるとし、その一因に、行政区分（医学・社会課・警察・教育）により定義が異なることを挙げている。県内の盲人三三三〇人という調査結果は、実際には五〇〇〇人近いと今井は推定する。結果のなかで生活程度は、上・中・下・極貧を男女別に分けると、以下のようになる。

上（一四八対七七）、中（八二二対五六七）、下（七七七対七四五）、極貧（九五対九九）

この結果と盲唖学校就学者数から、今井三六は、教育可能年齢の盲人は、県内からの就学者六七名の一〇倍は存在すると推測する。すなわち、生活程度の向上には、盲教育の普及が有効なことを暗示しているのである。

茨城県立盲唖学校長の今井信正は、盲児の就学を阻害している貧困問題に対処するために、救護法を活用して寄宿舎「錦修寮」を開設し、学齢盲児二五名を収容し、貧困盲児の衣食費の問題を解決している。学用品は、就学奨励費から補助されている。救護法（昭和四年法律第三九号、昭和七年施行）の適用条項は、第一条第一項第四号と救護施行令第二条第一項第一号である（今井［一九三三・一一］）。第一条では「貧困ノ為生活能ハザル」者を対象とし、その内訳のうち、第四項は「不具廃疾、疾病、傷痍其ノ他精神又ハ身体ノ障碍ニ因リ労務ヲ行フニ故障アル者」であった。さらに、救護施行令第二条第一項第一号は、不具廃疾者は「常ニ介護ヲ要スルモノ」と「自用ヲ弁ズルニ過ギザルモノ」だったので、後者が該当したのであろう。また、救護法第二項は「一三歳以下ノ幼者」を援用しなかったのは、学齢の上限（一四歳）のほうが適用年齢が長かったからであろう。ただし、救護法の適用は、精神薄弱児では実施されるようになるが（第一一章参照）、盲学校・聾唖学校寄宿舎で救護法の適用が、一般化したかどうかは把握できない。[2]

第二節　教育界・学会・国会等における特殊教育義務制の提案と要求

一．特殊教育等に関する建議等の一覧――明治末期から敗戦前まで

明治末期から敗戦前までに至る、大正一二年盲唖教育令以外の全国的な教育・社会事業団体等を中心とする特殊教育関連の諸制度の提案等を先行研究も参考にして整理したのが、表8-2-1である。

二．提案の展開

(一)　拡大と総合化

上記の諸団体による提案は、当初は、特定障害の教育または社会事業を念頭においた個々の改善要求であった。また、学校教育または社会事業という、それぞれの範囲の問題認識に基づく要求が提起されていく。しかし、しだいに要求する団体が、地方から全国レベルの、複合的な機能をもつ団体に拡大するにしたがって、おおまかにいって以下のような「拡大」の展開となっている。この拡大は、学校または施設というように行政分断的にではなく、教育・社会事業・保健・医療等のような事業の総合化を必要とすることになり、従来の省庁の分担範囲を横断化する。しかし、同時に専門的な職能団体の個別的な要求は、その後も障害や状態に対応するには重要な活動であった。

表 8-2-1　戦前障害児就学制度関連の全国的な各種団体等の提案

年月日		団体・個人	内容	提出者	出典
明治44	7	第三回全国盲唖教育会	盲唖教育の義務教育化、盲唖教員講習会開催等を建議		第三回全国盲唖教育会報告
	10.10	文部省盲唖教育等特殊教育調査会	第１回会合、①田所委員長、各府県に盲唖学校１校設置を目ざし、白痴・瘋癲等の特殊児童の教育（方）法に着手したい。②盲唖教育調査委員会（盲唖教育令に着手したが、時期尚早としてそのまま。また、低能児教育の要求もある）		①愛媛教育294 ②茨城教育 329
	?	育児事業経営者協議会	低能児の取扱について協議		北沢（1985.2）
大正2	10	第四回全国盲唖教育大会	勅令による盲唖教育令発布の建議。盲唖教育の生徒編制、学科並程度、職員待遇を詳細に提案。失明予防・聾唖教育用教科書編纂についても建議		第四回全国盲唖教育大会報告
大正4	7	第五回全国盲唖教育大会	盲学校・聾唖学校教科書、点字図書印刷所に対する国庫補助、点字物等への郵税減額、教員の欧米への留学・視察につき建議		第五回全国盲唖教育大会
	11.26	京都市・京都府教育会共催全国教育大会特殊教育分科会	主催者の「特殊教育」は盲唖・低能・感化等。建議①適当な機関における異常児童の生理・心理・教育方法の系統的な研究、②特殊教育における調査事項の文部省による刊行、③特殊教育職員の資格・待遇	京都市・京都府教育会	帝国教育402、京都教育 280
大正5	5.20-22	京都府教育会主催全国連合教育会	教育会の事業の「四．社会教育に関する諸般の施設をなすこと　（二）特殊教育の発達に尽力すること］		都市教育 141
大正6	7.23-27	第六回全国盲唖教育大会	文部省に特殊学務局新設の提案	熊本盲唖学校	第六回全国盲唖教育大会報告（他の建議は表 4-2-3 参照）
	10.21	第２回大都市連合教育会	都市改良に関する教育上の希望のうち、施設上の希望事項「一．学校教育上の施設　4．不具者低能児の特前（別）教育機関を設置すること、６．薄弱児のため林間学校等の施設をなすこと」、「三．社会政策上の施設　2．感化院　不良少年の感化をなすこと」可決	調査委員会（高城畊造・仙台市助役）	都市教育 158
	11.3-5	第４回全国救済事業大会	協議部会第一部　決議　病弱、老衰、不具者若クハ低能ニシテ生活能力充分ナラサルモノニ対スル救済機関ヲ設置スルコト	真哉会及自立会	平田（1995.3）
			協議部会第二部　決議　失恃児童救済所で白痴児童（精神病者ヲ含ム）を別置して専門的に救育すること	前橋育児院	
	12.20	大阪市教育会特殊教育調査委員会	大阪市に対し建議「速やかに市立盲唖学校に聾唖幼稚園附設せられることを切望す」		聾唖界 18
大正7	5.4-6	第７回全国小学校教員会議	第６号議案「就学普及の徹底を期する方法如何」　原因の一つとして最初に「就学猶予免除によるもの」、救済の方法として、①「就学の猶予免除に関しては其調査を厳にする事」、②「盲学校、唖学校、感化院、孤児院の如き特殊学校を興してそれぞれ適当なる教育を受けしむる事」を決議		帝国教育 1191、内田（1918.6）、安平・矢野（1918.7）、徳島県教育会雑誌 195、大分県教育雑誌 400
	6.3-5	第５回全国救済事業大会	協議部会第一部会「七．精神異常児及劣等児鑑別所ノ普及及方法如何」宿題とする	中央慈善協会（生江孝之）	平田（1995.3）
			協議部会第二部会「現時我邦ニ於て如何ナル児童保護事業ノ施設ヲ急務トナスヤ」「東京市内ヨリ特別委員十二名ヲ選ビ之ガ研究審議ヲ委託シ、其ノ結果ハ之ヲ『社会と救済』ニ公表シ、之ニ基キ次回ノ大会ニ於テ更ニ審議スルコト	中央慈善協会（田子一民）	
			協議部会第二部会「九．府県費ヲ以テ低能児学校ヲ設置スルコトヲ建議スルノ可否」決議する	大阪救済事業同盟会（岩﨑佐一）	

年	月日	主体	内容	提案者	出典
大正8	11.2	第4回大都市連合教育会	「都市に於ける初等教育上改善を要する事項如何」「三．教授に関する事項　3．不具者低能児の特別機関を設置して之に適応せる教授をなすこと」可決 「都市の児童に関する教育的社会政策上特に施設すべき事項如何」（丙）特別児童に関するもの　1．心身に欠損を有するものゝ教育機関設置　2．天才児童教育機関」。なお、「不良児童保護機関の設置」を追加可決		都市教育 184、教育時論 1248、京都教育 333（24）
大正9	4	東京市教育課長・澁谷徳三郎	小学校令第 33 条就学義務免除の完全廃止		小学教育改造論
	6	第 5 回社会事業大会	第一部会　精神異常児及劣等児鑑別所ノ普及及方法如何（生江孝之）宿題。第二部会　現時我国ニ於テ如何ナル児童保護事業ノ施設ヲ急務トスルヤ（田子一民）精神薄弱問題について調査・審議。府県費ヲ以テ低能児学校ヲ設置スルコトヲ建議（岩﨑佐一）		平田（1995.3）
	?	全国感化院長会議	決議　精神薄弱者に対する取締施設		北沢（1985.2）
	10	川本宇之介（普通学務局第四課）	「不就労の絶滅と其の準備」不就学者を、心身に障害のある児童（盲唖児童、病弱児童、白痴・低能児）と貧困児童とに分けて、その現状と不当性、そして、問題解決上の理論的・財政的方法を総合的に論じる。児童就労の制限では、日本の対応は国際的標準から大きく逸脱している		帝国教育 459
大正10	1	全国師範学校附属小学校主事会議（帝国教育会主催）	決議「戦後初等教育の改良法案」の一の４として「盲唖児・低能児・病弱児及不良児等ノ特殊教育機関ノ発達ヲ図ルコト」（特殊教育機関の発達完備を期する事、不就学児童の保護救済方法を徹底せしむること）		愛媛教育 404、大分県教育雑誌 425、教育研究 212
	1.25	第 5 回大都市連合教育会	第 7 号議案「都市に於ける児童保護に関する適切なる方法」の「ハ．幼少年保護」の「d. 保護機関　イ．感化院孤児院の改善及設置　ロ．瘋癲、白痴、低能、盲者、聾者其他不具者の（ママ）に対し適当なる病院又は学校並に授産所を設置しむるよう努むること　ハ．児童相談所及び少年職業紹介所の設置　ホ．不良少年善導の方法に最善を尽すこと」可決	日下部三之介委員長（東京市教育会）	都市教育 197
	11.4-7	第6回全国救済事業大会	協議部会第一部会　一．低能児等の「保護及教育等児童保護ニ関スル法令ヲ制定セラレン事ヲ其筋ヘ建議スル事」可決	石川県社会事業協会	平田（1995.3）
			協議部会第二部会「十．全国各地方ニ国費又ハ地方費ヲ以テ児童鑑別所並低能児学校ヲ設立セラレンコトヲ其筋ヘ建議スルコト」決議可決		
			協議部会第二部会「十一．感化院及育児院等ニ収容スルニ適セサル白痴若クハ強度ノ精神薄弱児ニ対スル設備ヲ設クル」ことを「其筋ヘ建議スルコト」決議可決	京都府慈善協会	
			十二．盲聾唖教育令の発布建議　満場一致可決	大分県立盲唖学森清克	救済研究 9（4）
大正11	6.10-12	第9回全国小学校教員会	小学校令同施行規則改正案の 5、就学のロ「瘋癲白痴不具廃疾及不良児童ニ対シテハ特別ナル法令ヲ以テ就学義務ニ関スル規定ヲ作ルヘキコト　貧困ノ為ニ就学スルコト能ハザル場合ニハ国家ハ其費用ヲ支給シ猶予又ハ免除（病気又ハ発育不完全ナルモノヲ除ク）ハ絶対ニ之ヲ許サザルコト　但シ其ノ支給方法ハ別ニ之ヲ定ムヘキコト（第 33 条）		大分県教育雑誌 442
	11.20-22	第 7 回大都市連合教育会	第一議題　七項目の第五「特殊教育の完成」決議	東京市教育会	都市教育 220
大正12	5.19-21	第 6 回帝国連合教育会	第 3 号議案「義務年限延長の際には小学校令同施行規則の改正を如何にすべきか」一．小学校令を改正すべき事項４のロ「瘋癲白痴又は不具廃疾及不良児童に対しては特別な法令を以て就学義務に関する規定を作るべきこと、貧困の為に就学すること能はざる場合には国家は其の費用を支給し猶予又は免除（病気若くは発育不充分なるものを除く）は之を絶対に許さゞること（第 33 条）、貧困を理由とする就学猶予免除の廃止		帝国教育 492
	11.24-26	第 7 回帝国連合教育会	第 4 号議案「罹災地の教育を如何に復興すべきか」十．低能児不具者等の教育は特殊の学校を設けて之（独立の学校に於て）を為す計画を立つべきこと		帝国教育 497、大分県教育雑誌 459

年月日		団体・個人	内容	提出者	出典
大正13	2-5	乗杉嘉壽（文部省社会課長）	「貧困児童就学奨励資金御下賜に就て」小学校令第33条を撤廃し、精神的欠陥のある者（低能児及び不良児）と身体的欠陥のある者（盲唖その他病弱児）に対する特殊教育、貧困のために就学困難な者に対する保護救済によって教育機会を供することを主張		岐阜県教育354、福島教育40(3)、佐賀県教育307、島根教育356、社会教育1(2)、宮城教育299
	3.1-3	第8回大都市連合教育会	「都市ニ於ケル特殊児童ノ教育ニ関スル適切ナル施設方法如何」	長崎市教育会	都市教育235
	4	第19回関東連合教育会提出議案	特殊児童及貧困児童ノ為メニ特殊ノ施設ヲセラレムコトヲ其ノ筋ニ建議スルノ件	茨城県筑波郡教育会	茨城教育476
		茨城県教育会主催教育改善発表会	義務教育の徹底と不具廃疾貧困による教育の機会均等の恩典から除外されることに疑問（次の文から貧困が標的か）。改善案の種類として特殊教育を挙げる		茨城教育476
大正14	2	川本宇之介（東京聾唖学校教諭）	盲聾者は国民であり、したがって教育をうける権利があり、国民としての最低の教育を授ける義務は国と府県市町村にある		備作教育219
	4	第24回全国各市小学校連合会	建議事項2「低能児、病弱児、不具児等ニ関スル特種教育令ヲ制定セラレンコトヲ望ム」、6「特種教育研究機関ヲ設置セラレンコトヲ望ム」。文部次官回答「異状欠陥児」等に関する件については、「現時ノ実情ニ鑑ミ適当ナル時期ニ於テ実施スベキモノト認メ各々調査審議中」である。		鹿児島教育392
	5.13-16	第7回全国社会事業大会	部会第一部「19. 児童鑑別所の急設を其筋に建議すること」可決	兵庫県・池田千年	平田（1995.3）
			「20. 精神低格者にして特別の保護を要するもののために国立及び府県立収容所を設置せられんことを其筋へ建議すること」可決	愛知県社会事業協会	
			「21. 低能児学校を国費を以て設立せられんことを建議しては如何」可決	兵庫県・池田千年	
			「22. 各府県に府県立低能児学校を建設することを其筋に建議しては如何」可決	静岡県・満留進	
			「23. 特殊児童の教育法如何、24. 感化院及矯正院に於て教育する能はざる児童を如何に処置するを最も適当とするか」意見交換	佐賀県・進徳学院、兵庫県・池田千年	
	8	第3回全国学校衛生連合会建議	精神薄弱児童及身体虚弱児童の養護に関する諸施設の普及発達を督励し且つ学校に於て該児童を収容する特別学級を設くべき規定を定められたし（14項目の筆頭）		中央医学雑誌23
	8.29 大正15.5.31	長崎県教育会教育機関調査会	初等教育部、活動の一環として、盲唖教育普及改善について調査を実施し、盲唖教育の義務制と長崎盲学校と長崎聾唖学校の県営移管を提案。両校の中心的教員だった中尾榮による報告は前後に例のない詳細さと教育改善の抜本的な諸策を具体的に示すとともに、関連する生活・労働についても提案		長崎教育401、平田・菅（1999.6）
	11.6-7	第1回和歌山県各郡市連合小学校長会議	皆就学徹底の時代であり、貧困児童救済は社会問題である。不就学者絶滅を期する具体的法案の抜粋。1．盲唖学校の拡張増設、2．病弱者療養所並に療養学校の設立、3．白痴低能児の特別補習学校・特別学校の設立（低能児特別学級編制は県費の補助）、4．感化院の充実利用、5. 貧困児童就学保護に関する国庫負担法を制定し、市町村の公費による貧困児童・保護者の救済、6．工場法の厳正な適用、7．小学校令第33条第3項（貧困による就学猶予・免除）の廃止		紀伊教育288
大正15	4	第25回全国各市小学校連合会	建議事項6「国費を以て各市に特殊児童教養所を設置せられん事を其の筋に建議する件」可決		鹿児島教育392
	12.2-4	第1回全国児童保護事業会議（中央社会事業協会主催）建議	・育児事業　異常児は専門施設に委託収容。・精神薄弱児童保護教養　精神薄弱児童の特殊教育令制定、講習会、劣等児と低能児の分類・名称。・学齢児童就学保護の徹底　盲・聾唖および貧困を免除対象から除外。学齢盲・聾唖児の盲学校・聾唖学校初等科への就学義務。・就学奨励法の制定。盲学校・聾唖学校は、学齢盲・聾唖児を収容できるように設置すること。心身欠陥児の診査所設置。教育可能な心身欠陥児には特別教育。貧困児童保護経費は国庫負担。・児童扶助法　病弱、精神薄弱、不具児の扶助の年齢を延長できること。		日本社会事業年鑑（19233）

年	月日	会議等	内容	提出	出典
昭和2	4.25-26	第6回全国連合学校衛生会総会	建議事項（各団体提出）近視眼予防関連、「精神薄弱竝身体虚弱児童ノ教育ヲ適当ニ行フ為、左記特別学級編成竝特別学校設置ニ関シ適切ナル、指導奨励ヲナシ且必要ナル規程ヲ設ケラレタシ（1）精神薄弱児童特別学級又ハ学校（2）身体虚弱児童特別学級又ハ学校」「精神薄弱児童養護施設ノ一端トシテ少クトモ、師範学校附属小学校ニ促進学級ヲ設置スルヤウ適当ノ方法ヲ講セラレタシ」		学校衛生8(4)巻末
	5.13-14	第7回全国連合学校衛生会総会	37. 精神薄弱児童及ひ身体虚弱児童に対する特別学級設置の促進	東京市牛込学校衛生研究会	学校衛生8(6)
			38. 国家事業として心身障害薄弱児童の養護施設を実施　理由（1）疾病異常等のため智能劣等、精神薄弱なるものを精査しこれを医学的に救済養護すること（2）発育不充分栄養不良其の他疾病等のため身体薄弱なるものを精査して之を医学的に救済すること、以上の実際的施設を国家に於て全国一斉に計画せしむること	神奈川県学校医会	
	5.13-14	第7回全国連合学校衛生会総会	39. 薄弱児童の為特殊海浜学校を設置すへき法令を発布	神戸市学校医会	学校衛生8(6)
			41. 薄弱児童養護施設の普及を指導奨励せられんこと	神奈川県愛甲郡学校衛生協会	
			42. 貧困児童心身的欠陥栄養救済につき社会課と強調して其の欠陥を救済	石川県学校医会	
	10.2	北日本連合教育大会	学校教育の実際化のための教育制度改革のうち、小学校について、「特殊児童ノ取扱ニ関スル制度ヲ改善スルコト即チ身体異状児及精神低格児ハ特別教育ヲ施シ教材及修業年限ヲ軽減スルコト」		宮城教育 341
	12	社会事業調査会	答申　児童保護に関する体系（病弱児童・異常児童・不良児童・貧困児童を含む）		北沢(1985.2)、高岡(2014)
昭和3	5.8-11	文部省全国学校衛生技師会議	「個性尊重並職業指導に対し学校衛生上留意すべき事項如何」諮問のうち、個性尊重に対する答申「三.個性調査の結果、長所は益々之を助長し、短所は之を改善する為、左ノ方法を講じ、以て生徒児童の日常養護を適切ならしむること」。「ハ．精神薄弱児童に対し、促進学級補助学級（学校）身体虚弱児童に対し養護学級、開放学級（学校）其他諸種の疾病異常者に対する特殊の施設を奨励すること」		学校衛生8(6)
	5.13-14	第7回全国連合学校衛生会総会	建議　1. 精神薄弱児童・身体虚弱児童の特別学級設置促進（牛込区学校衛生研究会）、2. 国家事業として心身薄弱児童の養護施設実施（神奈川県学校医会）、3. 薄弱児童の特殊海浜学校設置法制定（神戸市学校医会）、4. 薄弱児童養護施設の普及の指導奨励（神奈川県愛甲郡学校衛生協会）、5. 貧困児童心身的欠陥栄養救済（石川県学校医会）		
	11.25-29	京都市・府主催全国教育大会特殊教育部会	1. 盲唖教育関係　盲唖学校を分離することを文部省と府県に建議請願、2. それ以外の分野　(1) 文部省諮問　異常児教育を一層有効にする方法　①国立研究機関の設置、②文部省に特殊教育局の設置と専任の督学官の配置、③異常児教育令の制定、④府県と都市に特殊教育課の設置および専任の視学の配置と鑑別機関の設置、⑤府県師範学校と国立感化院で異常児教育を担任する教員の養成、⑥小学校に異常児の特別学級を必置し、以下の教育方針によること。また土地の情況により、補助学校を設置、⑦異常児特別診療所の設置、⑧学校で異常児の疾病の治療と必要に応じた給食の実施、⑨卒業後の異常児の補習学校を設置して、主に職業教育の実施、⑩国費による異常児の保護治療機関の設置、⑪家庭における児童養護の援助機関の設置、⑫異常児教育の職員優遇、⑬公私の異常児教育施設に対する国庫補助。(2) 内務省諮問　精神薄弱・不具児童の保護施設の設置促進方法		静岡県教育382
昭和4	6.9	全国教育大会特殊教育部会	1. 小学校令第33条第1項・第3項の削除、2. 特殊教育令の制定建議、3. 義務教育の徹底のため特殊児童の就学につき学資補給の法令制定建議、4. 速に盲・聾唖児の就学義務制建議、5. 就学奨励費を盲・聾唖児に最も有効にする方案提案		帝国教育 564
昭和5	3	帝国教育会・林博太郎会長	優等児・低能児の特別小学校設置、低能児を除いて特殊教育は義務教育とすべきである		帝国教育 571
	5.8-11	全国学校衛生技師会議	諮問「個性尊重並職業指導に対し学校衛生上留意すべき事項如何」答申「三（ハ）精神薄弱児童に対し促進学級補助学級（学校）、身体虚弱児童に対し養護学級、開放学級（学校）其他諸種の疾病異常者に対する特殊の施設を奨励すること」		

年月日		団体・個人	内容	提出者	出典
昭和5	10	第9回全国学校衛生会建議	精神薄弱児童の学校における児童の取扱規程		北沢（1985.2）
	11.8	第32回東京府連合教育会建議	府立盲唖学校を速やかに設置すること		帝都教育 313
			就学奨励資金の増額を求める決議の理由に、貧困のため、盲学校・聾唖学校初等科に入学できない学齢の盲児・聾唖児にも就学奨励資金を給与することを挙げる		帝都教育 314
	11.18-20	第2回全国児童保護事業会議	決議事項　第一部会では第19　盲学校の初等部の義務制、聾児就学義務制の実施と学資補給の建議、第三部会からは六大都市に官公立の心身異常児童の研究所・治療教育所の設置、小学校令第33条「不具廃疾」の削除を建議。なお、協議題としては、建議以外に不具廃疾児童および精神薄弱児童の保護（岐阜県）、第三部会では、都市小学校身心異常児・不良児の教育方策（愛知）、感化院の特殊異常児童の取扱（佐賀）、中間性児童の収容所（東京）、畸形児童保護児童保護機関設置（東京）の問題が提起された		第2回全国児童保護事業会議報告書（1931）
昭和6	2	大阪市中大江東尋常小学校長・田村肇	就学猶予・免除規程や児童の学力差を考慮に入れないで一律に修了させる制度は理に合わず、特殊教育令を公布して、児童の心身の差に対応した、児童数の上限を三十名とする特別学級を用意すべきである		児童調査運用の経験
	2	精神薄弱児童養護施設協議会	文部省体育課主催の協議会で決定された希望事項　1．小学校精神薄弱児童特別学級の規定と国庫補助金の交付、2．初等教育関係者の精神薄弱児教育に対する理解と実施。そのために、師範学校は精神薄弱児を理解するために、師範学校教育科内容に精神薄弱児童の「教育養護に関する科目」を加えること、講習会・研究会等で精神薄弱児教育の実施を進めること		学校衛生 11（5）
	5	教育研究会	盲唖教育其の他の特殊教育の振興、特殊教育研究所・教育者養成機関の設置		高橋（1998）
	6.18	第17回全国連合教育会総会	帝都教育会提案　特殊学校（盲学校・聾唖学校）は公立とする。他の公立学校は、小学校・国民学校［高等小学校］・師範学校のみとし、中等学校以上の官公立学校は財団法人経営とし、自営自足、独立経営とする。賛否が分かれ、撤回		帝都教育 321
	7	全国救護事業協議会	協議　精神薄弱者鑑別・保護問題		北沢（1985.2）
	11	東京府連合教育会	東京府立盲・聾唖学校の設置建議。貧困で就学できない盲児・聾唖児に教科書や生活費等の一部または全部を支弁または給与すること		帝都教育 313、314
	10-11	帝国教育会部会調査案	1．幼児教育部案　特殊教育の学校にも幼稚園を設けること、2．小学教育部案　師範学校に「特種学校教員養成所」の設置ができること、特殊学校は、低能、不具、病弱等の教育所とし、修業年限を定めない、特殊学校は男女共学、3．師範教育部案　特殊学校は盲唖、低能、不具病弱其の他特殊児童の教育所、修業年限は尋常小学校に相当する6年とその上級の4年に分ける。別に幼稚園、研究科、師範科、別科を置くことができる、4．社会教育部案　各種学校で盲、聾唖、白痴、低能其の他精神薄弱児童のために必要な教育を行う。特殊教育研究と教員養成を行う。		帝国教育会（1933）
	12.4	帝国教育会特別委員会調査要項	「特殊教育及社会教育」部会として、特殊教育を義務教育とする、特殊学校の年限及内容に関する件を検討することとする。審議では、盲・聾唖児と精神薄弱児の就学を義務とするために、市町村に特別学級の設置を義務づけることの考え方自体には反対がないが、児童が各地に散在しているために実行不可能。しかし、特殊教育の奨励程度では十分に普及しないので、府県及市に特殊教育機関設置の義務を負はしむることを案とする。		帝国教育会（1933）
	12.21	政友会	「教育の根本的施設の改善要綱」の「九．特殊教育の完整」		鹿児島教育（1932.3）
昭和7	1.23	全国盲学校協会全国聾唖学校長協会連合総会	「盲及聾唖学齢児童の就学を義務制とせられたきこと」を含む6項目		帝国教育 596
	2.29	帝国教育会学制調査会特別委員会	府県及市に特殊教育機関設置の義務を負はしむること。学校制度は、予科（3－6歳）、初等部（7-12歳）、中等部（13-16歳）、師範部（17-20歳）とする		帝国教育 598
	3.4	帝国教育会学制改革特別調査会案	府県及市に特殊教育機関設置の義務を負はしむること		帝国教育会（1933）

昭和7	5.8-10	第12回全国小学校女教員大会	第4号議案「特殊教育を義務教育に改むることをその筋に建議することの可否及びその方案如何（小学校令第33条第1項および第3項削除を可決）極度に低い就学率、権利および人道上・教育機会の均等、教育可能性、個人・社会の品位向上と完全な発達を理由	帝国教育会	教育女性8（6）、盲教育の友4（5）
	5.23	第4回九州沖縄8県教育会理事会	原案「盲及聾啞学齢児童就学義務制度を制定せられん事を其の筋に建議すること」を、「盲及聾啞学齢児童の就学義務を完了し得しむるやう制定せられんことを其筋に建議すること」に修正可決	熊本県教育会	鹿児島教育33
	6.7-9	第19回全国連合教育会総会	15号議案「府県及市に特殊教育機関設置の義務を負はしめること」	帝国教育会学制調査会特別委員会案	奈良県教育231
	6	帝国教育会調査部	低能児、虚弱児、不具児の特別学級の設置を奨励すること		帝国教育322
	(4.15), 7.14	帝国教育会学制改革案（最終）	府県及市に特殊教育機関設置の義務を負はしむること。盲学校・聾啞学校制度は、予科（3－6歳）、初等部6年、中等部4－5年、師範部2－3年とする		帝国教育会［1933］
	11	日本医師会	内務大臣諮問「精神衛生施設拡充に関する方針如何」10月の医師会（7県および1区、1市）の9提案（発見から学校・学級、施設設置）を承けて、異常児童・精神薄弱者・要保護児童取扱に関する法規の制定。白痴院の増設、低能児収容所の設置を提案		北沢［1985.2］
	11.24-26	文部省主催第1回全国小学校長会議	答申「教育ノ内容改善ニ関スル件」八、特殊学校ノ設置及特殊学級ノ組織ヲ促進スルコト		奈良県教育237
昭和8	1.27-30	全国盲啞学校長会議	文部省諮問「盲啞教育の振興に関し適切なる方案如何」盲聾啞教育の義務化（小学校令「学齢児童瘋癲白痴又は不具（盲聾啞を除く）」と改正）をはじめ、詳細な提案		帝国教育620
	5.16-18	第20回全国連合教育会総会	性格異常児童の教育制度を整備せられ是等児童にも義務教育を施す様施設せられんことを建議するの件	石川県教育会	奈良県教育243
			帝国教育会学制改革案の「学校系統」に、特殊学校が加えられる。予科・初等部（6年）・中等部（4～5年）・師範部（2年）		奈良県教育243
	10.21	第29回関東連合教育会	特殊教育に関する補助金を増額せられんことを其の筋に建議するの件	千葉県教育会および同加盟教育会	帝都教育104
	12	第2回全国育児事業協会	建議　国立の精神・身体異常児童の収容施設の設置		北沢［1985.2］
昭和9	6.19	第3回全国児童保護事業大会（中央社会事業協会主催）	第四部①建議案　不具者学校令の発布、程度が甚だしい不具者の収容保護施設の設置。精神異常児童の保護のために児童鑑別機関を拡張充実させ、調査研究を行うとともに、精神薄弱者・性格異常者・精神病者等に特別養護学級、低能白痴院、児童精神病院または精神病室等の教護治療機関を全国に普及徹底させること。②決議案　立ち遅れている精神異常児童の保護制度の確立と普及徹底の根本方針を決定するために、精神異常児童調査委員会の設置を要望する。また、精神異常児童の調査研究のために、総合大学に特別講座の設置が必要である。	身体・精神異常児童には15件、虚弱児童保護には16件の意見が各府県から提出	平田［1995］、第3回全国児童保護事業大会報告書［1934］
	8	立憲民政党案	盲啞者学校の教育振興		文部省［1937b］
	8	立憲政友会学制改革案	小学校令第33条就学義務免除規程の廃止、盲教育、聾啞教育、低能児教育、不良児教育等ノ普及完成		
昭和10	5.18	長崎県教育会総会	身体並に精神の薄弱なる児童生徒の為め特殊教育制度を制定せられんことを其の筋に建議するの件		帝国教育377
	10.24	第8回全国社会事業大会建議・決議	第一部会第四委員会（川田貞次郎・久保寺保久・林蘇東・藤本克己）提案により、「身心欠陥児童保護ニ関スル件建議」。昭和九年の第3回児童保護事業大会「決議」の実行促進の要望、身心欠陥児童保護法の制定、調査研究機関・収容所・教導機関の設置		財団法人中央社会事業協会（1936）
昭和11	5.30-31	帝国教育会通常総会	18．速ニ盲啞学齢児童ニ対スル就学義務制度ヲ実施シ相当ノ就学奨励金ヲ交付セラレンコトヲ建議スルノ件	帝国盲教育会	帝国教育693
	7	日本精神衛生協会・公立私立及代用精神病院協会・救治会	陳情　断種法の制定。特殊学級の設置、低能者の収容施設		北沢（1985.2）

年月日		団体・個人	内容	提出者	出典
昭和11	10	全国少年救護事業協議会	建議　少年救護院に収容困難な救護少年の処遇。不具・盲啞・精神薄弱・精神低格児童の国立少年救護院の設立等の設置、司法関係諸施設・精神病院・白痴院の設置		
	10？	滋賀県教育会	盲啞児童義務教育制度実施方建議（文部大臣・内務大臣・大蔵大臣宛）		近江教育 491
	12	教育研究会	盲啞教育其の他の特殊教育の振興、特殊教育研究・教育者養成の機関の設置		高橋（1998）
昭和12	1-2	第16回全国連合学校衛生総会	養護学級の編成と養護学校の設立および国庫補助		第一分科会決議
	2	『教育』編輯部（城戸幡太郎、留岡清男、山下徳治）	保護者貧窮による就学猶予・免除規程の廃止、盲啞教育の義務化、不具児・精神薄弱児の特別学校の設置・増設、特殊教育研究・教育者養成の機関の設置・増設、保護少年教育について司法省・内務省・文部省の緊密な連絡制度の確立		教育 5（2）
	3.9	衆議院	「盲啞教育義務制ニ関スル建議案」提出	村岡吾一、内崎作三郎、山桝儀重、野村嘉六	官報 3053（1937.3.10）
			「盲啞教育義務制実施及就学奨励金交付ニ関スル建議案」提出	紅露昭	
	4.19	全国社会事業大会常設委員会建議	精神異常児童保護法制定、保護施設拡充、院外保護施設の充実、国立精神異常児童研究所の設置、児童の精神健康調査、児童精神衛生と児童相談所の普及、精神病専門技術官の増員と精神異常児童専門社会事業従事員の設置、性病予防の徹底		平田（1995）
	5.22-23	帝国教育会総会	文部省諮問　地方教育ノ実情ニ鑑ミ教育制度上改善ヲ要スル事項如何　主な事項 17 項目の 5．特殊教育の拡充を期すること。帝国盲教育会提出として、議案 4「速ニ盲啞学齢児童ニ対スル就学義務制ヲ確立セラレムコトヲ建議スルノ件（満場一致即可決）		帝国教育 704
	6	教育改革同志会	「十、特殊教育に関する事項」(1) 盲啞教育其他特殊教育の振興とその義務制を考慮、(2) 特殊教育研究並びに教育者養成の機関設置、(3) 教護院の文部省管轄。註 14 として、小学校令第 33 条第 3 項　保護者貧窮による就学免除・免除規程を廃止	「教育改革制度案」	教育改革同志会（1937）14、25-26 頁
	11	日本精神病院協会	白痴院・低能院・治療教育院の特殊施設拡充		北沢（1985.2）
		東京市立光明学校	不具学校令の制定公布		東京市立光明学校概覧（1937 b）
昭和13	2	秋葉馬治	盲啞教育義務制と拡充		帝国教育 712
	2	樋口長市	盲啞教育就学義務制、低能教育令、養護学級の増設、不具教育令		帝国教育 712
	3	山本清一郎	盲聾啞学齢児童義務教育請願		近江教育 507
	4	第 8 回全国社会事業大会常設委員会	精神異常児童保護法の制定。公立収容施設の拡充、院外保護施設の充実		北沢（1985.2）
	5. 22-23	帝国教育会総会	速ニ盲啞児童就学義務制ヲ実施セラレンコトヲソノ筋ニ建議スル件	東北六県教育会代表宮城県教育会	武相教育 96
	？	第 9 回全国方面委員大会	精神異常児、身体不具児の保護制度確立		北沢（1985.2）
	7	日本精神薄弱児愛護協会	要望　精神薄弱児保護法の制定、保護施設の拡充		北沢（1985.2）
	2	日本聾啞学校校長協会	盲学校及聾啞学校令を盲教育令、聾教育令とし、学校体系は聾啞国民学校、聾啞中学校、聾啞専門学校、聾啞幼稚園とする		聾啞教育 52
	5.20-21	帝国教育会総会	議案 4「速ニ盲啞学齢児童ニ対スル就学義務制度ヲ確立セラレンコトヲ建議スルノ件」（原案異議なく可決）	帝国盲教育会	帝国教育 729
	5.11-13	第20回九州沖縄八県連合教育会	28．盲及聾啞児童ニ対スル就学義務制度ヲ設定セラレンコトヲ其ノ筋ニ建議スルコト	沖縄県教育会	帝国教育 729
	6.29	日本心理学会（総理大臣、厚生大臣、大蔵大臣）	精神薄弱者保護法制並に之か保護施設拡充方要望に関する件建議。興亜のため人的資源の利用・厚生の観点。三建議のうち、最も詳細。精神薄弱者保護対策の必要性のもと、詳細な試案を提示。主として社会脅威論から保護の必要性と施設設置の現状を説明し、精神薄弱の児童と成人を包括する保護法の制定の必要性、早期発見と保護委員の設置、鑑別所の道府県における設置とその機能、程度・状態に応じて入所させる治療教育院・療護院・児童精神病院の設置とその内容、国立職員養成所の設置と課程等を提案	日本心理学会長（精神薄弱者研究委員会）	

年	月日	団体	内容	提案者	出典
昭和14	7.16	東京府会社会委員会	要望　精神薄弱其の他の異常児童に対する特殊教育施設を速に設置する要あり		北沢（1985.2
	7.26	日本心理学会（総理大臣、文部大臣、大蔵大臣）	精神薄弱者に関する教育法制定並に之か教育施設拡充方要望に関する件建議。興亜のため人的資源の利用・厚生の観点。人的資源の活用・少年犯罪の防止、保護者の負担を減らす点から教育を拡大・従事させることを提案。詳細な内容。教育機会なく、放置・誤った教育や扱いのため効果がなく、失業・放浪・犯罪に陥っている現状、海外の状況・人的資源の涵養の点から、教育法を制定すべき。促進学級を設置し、それ以外は療護院・治療教育院に措置。小学校に一定数の促進学級（特別学級）を設置する義務。青年学校に特別学級設置。教員資格。児童鑑別所の設置とその機能、促進学級の編成基準と教育、精神薄弱児幼稚園の設置、職員養成所と課程等を提案	日本心理学会長（精神薄弱者研究委員会）	心理学研究14（特輯）
	7.26	日本心理学会（総理大臣、司法大臣、大蔵大臣）	犯罪を為し又は犯罪を為す虞ある精神薄弱者を対象とする保護施設の整備拡充方要望に関する件建議。興亜のため人的資源の利用・厚生の観点。精神薄弱の犯罪者に対して、少年審判所の拡充とその内容、鑑別所・特種矯正院の設置、職業輔導の重視、職員養成所の設置とその課程等を提案		
	7.31	日本精神衛生協会	陳情　精神薄弱其の他の異常児童に対する特殊教育施設の設置		北沢（1985.2）
	10.12-23	全国児童保護大会（決議）	1．これまでになく包括的な提案。特殊教育関連の建議に限定すると、①疾病・虚弱児童　養護学級・臨海林間学校等の学校養護施設の拡充強化、②精神薄弱児　特別教育令を制定し、市長村は教育効果が上がる者には補助学校・補助学級を設置し、それ以外の者には道府県が教育治療院または療護院を設置。③身体障碍児　肢体不自由児童特別教育令を盲学校及聾唖学校令に準じて制定し、道府県は肢体不自由児童学校を設置すること、軽度肢体不自由児童の就学は義務教育とすること、肢体不自由児童保護令を制定し、重症者の入院には国立療護院、軽症者の通院治療には道府県相談所を設置すること、就学奨励費は国庫負担とすること。④盲・聾児　就学義務制度を速やかに実現すること、就学奨励費は国と道府県が負担すること、官設工場は盲・聾、弱視・難聴の学校卒業者を雇用すること、弱視および難聴の学級・学校を設置すること、聾唖者を無能力とする法律を改正すること、職業教育を充実すること、視力および聴力保存の普及と徹底を図ること、言語障碍児の言語矯正特別学級を設置すること。全体の共通事項として、職員を養成し、相談・鑑別機関を設置すること。児童保護の審議機関として内閣直属の審議会と中央行政機関として児童局を設置すること。2．大会開催前の事前提出の第三部協議事項35件のうち、虚弱児童8、精神薄弱児童・精神障害児童7、虚弱児童・精神薄弱児童1、虚弱児童・心身欠陥児童4、結核3、心身欠陥児童・異常児童・特殊児童3、発育栄養不良児2、身体障害1に関連。学校・学級を明記している提案は2件。	財団法人中央社会事業協会・恩賜財団愛育会	人口問題研究1（1）、中央社会事業協会・愛育会（1939）
	10	全国少年救護事業協議会	要望　少年の不良化防止に関する件　精神薄弱児、性格異常児東の保護施設の完備		北沢（1985.2）
	10	第1回中国四国社会事業連絡協議会	陳情　異常児保護（少年教護院で教護できない身体・精神異常児童の保護、異常児保護法の制定、異常児の収容保護施設）		高橋（1998）
昭和15	5.25-26	帝国教育会総会	19．盲及ビ聾児就学義務制度ヲ速ニ実施セラレンコトヲ建議スルノ件	財団法人聾教育振興会	帝国教育741
			20．速ニ盲唖学齢児童ニ対スル就学義務制度ヲ確立セラレンコトヲ建議スルノ件（異議なく2議案ともに原案可決）		帝国盲教育会
	6	教育科学研究会精神薄弱児研究部会草案	国民学校に対する要望　1．就学免除規程の廃止、普通学級不適児童の特殊教育の用意、特殊教育の課程修了を義務教育修了とみなす。就学猶予児童に対する特殊教育の容易。2．国民学校に促進学級の設置。1と2に関する精神薄弱児教育令の制定（昭和14年日本心理学会建議と連動）。4．促進学級の対象児は軽度精神薄弱児と劣等児とし、その目的は国民生活に最低必要な智識技能・人格陶冶・生産活動への参与。修業年限は普通学級に準ずるが、延長可能とする。5. 教科課程と生活中心に統合、作業訓練と実業科の重視と職業教育の方策。生活訓練と性格陶冶の重視と保健衛生の方策。6. 発達段階に応じた教科書編纂。7. 精神薄弱の程度別三段階の教科課程と授業例の具体的提案。8. 個別的指導と教科の綜合。授業時間と休養・娯楽の配慮。家庭との連絡。学校内教職員・児童との関係考慮。教材教具および設備とその経費		教育科学研究2(6)

年月日		団体・個人	内容	提出者	出典
昭和15	9	中央社会事業委員会	時局下児童保護緊急実施方策　精神薄弱児保護制度の確立の研究調査		北沢（1985.2）
	10	日本精神薄弱児愛護協会	要望　義務教育制度の確立、心身欠陥児童保護法制定		高橋（1998）
	10.10-11	紀元二千六百年記念全国社会事業大会決議	第六部会（教育･教化）の決議事項 「学齢児童ニ関スル事項」のうち、国民学校制度の実施において心身または環境異常児童等の教育・保護が緊要な事項として、（イ）盲、聾啞教育ノ義務制ヲ急速実施ノコト　（ロ）精神薄弱児、虚弱児、肢体不自由児等ニ対スル保護教育法ヲ制定シ教育並保護施設ヲ促進スルコト　（ハ）被虐待児童ノ発見並保護　（ニ）育児院、教護院等ヲ改善拡充シ教育を刷新スルコト。「青年及成人教育」のうち、「（ロ）盲聾啞肢体不自由者等ニ対スル教育並職業指導等　（ハ）盲聾啞者保護法ヲ急速ニ設定スルコト」。第一部会（国民保健）の決議事項に、「母性並児童保健」の「根本目標」の一つとして、「虚弱児童ノ保護ヲ徹底スルコト」があり、「（六）虚弱児其ノ他異常児ノ保護収容施設を徹底スルコト」		紀元二千六百年記念全国社会事業大会報告書
	11	日本精神病院協会	答申「事変下に於ける精神衛生の対策如何」　精神欠陥者法の制定		北沢（1985.2）
	12	東京市補助学級調査委員会	建議　国民学校・青年学校に補助学級、精神薄弱児鑑別所、補助学級教員養成所、精神薄弱児特別教育所（補助学級不適者）		高橋（1998）
		文部省	昭和 16 年予算要求案三「普通教育刷新改善ニ関スル経費」ヘ「盲啞教育ノ発達ヲ図ランカ為盲啞児童ノ就学奨励ヲ強化スル等ノ施設ヲ講セントスルト」		帝国教育 748
昭和16	5.23-24	帝国教育会総会	25. 盲聾啞児童に対し義務教育制度を速かに実施せられたきことを其筋に建議するの件	日本聾啞教育会	帝国教育 753
			26. 速かに盲啞学齢児童に対する就学義務制度を確立せられん事を其筋に建議するの件（２案を一括上程、異議なく可決確定）	帝国盲教育会	
			27. 公立盲啞学校教員にも均しく国民学校教員同様臨時手当を支給せらるるやう其筋に建議するの件	日本聾啞教育会	
			28. 盲啞学校教員待遇向上を其筋に建議するの件（２案を一括上程、異議なく可決決定）	帝国盲教育会	
	9	第４回日本耳鼻咽喉科医会総会	国民学校に難聴学級編制方徹底を図らるゝやう建議するの件		学校衛生 21（10）
	11	日本精神病院協会	答申「精神薄弱者の対策如何」精神薄弱者保護法の制定、特殊教育令の制定。研究・調査・鑑別の充実と機関の設置。精神薄弱の程度に対応した白痴院・精神薄弱者収容所・特殊学校と特殊学級。性格異常の精神薄弱者の治療保護施設、救護院、少年院、保護団体、刑務所等における精神薄弱を伴う者の分類処遇、職業指導施設		北沢（1985.2）
昭和17	3	保育問題研究会就学前教育制度研究委員会	国民幼稚園要綱試案　身心の発育不完全幼児の特殊施設		高橋（1998）
	5.26-27	帝国教育会総会	10．速に盲啞学齢児童に対する就学義務制度を確立せられんことを建議するの件（異議なく可決決定）	帝国盲教育会	帝国教育 764
	10.10-12	第21回全国連合学校衛生会総会建議	各県に養護学校の設立	福岡県学校衛生会	全国聯合学校衛生会総合報告書（第 21 回）、学校衛生 22（12）
			中等学校に養護学校・学級の制度制定	神奈川県中等学校医会	
			師範学校附属国民学校・盲学校・聾啞学校に養護訓導配置	福岡県学校衛生会	
昭和18		文部省	身体虚弱其の他身体に異常ある児童による養護学級施設経費に６万円補助		学校衛生 23（11）

以上の提案等を範疇化すれば以下のとおりである。

- 対象となる障害児の障害の種類と程度の範囲　盲・聾唖児、低能（精神薄弱）児、不具児、非行児、病弱・虚弱、精神低格児、貧困児童、天才児童、中間児童
- 対象児の年齢　学齢、就学前、教育後の指導監督、終生保護
- 事業　学校（一般の学校制度に対応）、特別学級（校）、補助学級（校）、促進学級、補習学校、感化院、育児院、保護施設、病院、授産所、児童相談所、職業紹介所、鑑別所、養護・療養施設
- 法制度　障害・貧困等を理由とする就学義務免除の撤廃、就学猶予の適正化、就学義務制の実施、就学奨励制度、学校・学級設置義務、教育令の公布、児童労働の制限、扶助年齢の延長、行政機関（国・県・都市）の整備、特殊教育補助金、異常児保護法、精神薄弱者保護法、職業補導所、官庁所管の再検討
- 研究機関　生理・心理・教育方法の研究、学科課程の再検討、国立研究所の設置
- 教員・職員養成・研修制度　教員とその資格、精神病・精神異常児専門官

とくに精神薄弱者問題における変化過程では、北沢（一九八五・二）は、意見から協議、決議、建議へと要求度が強くなっていること、昭和一四年がピークであること、関係する分野が横断的になっていることを指摘している。また、それぞれの分野には、日本心理学会では城戸幡太郎、精神衛生では村松常雄のような主導者がおり、各分野を横断的にまとめた「オーガナイザー」が八幡学園の久保寺保久（一八九一－一九四二）であったという（北沢［一九八五・二］一三二、一三九頁）。この「オーガナイザー」が日本精神薄弱児愛護協会の再建者の一人であった久保寺であることも興味深い（第一〇章）。

（二）就学義務制の要求と貧困——小学校令第三三条問題

昭和七年に盲唖教育の義務制がいくつか提案されているのは、大正一二年盲唖教育令附則の七年間猶予が昭和六年度で切れたにもかかわらず、地方の財政難で県設置義務が実行されていなかったことへの異議であった。

ところで、就学免除による不就学の理由が、法令上、不具廃疾であるのは当然であるとしても、少なくとも五〇万人に達する不就学児が通学しない真因が貧困にあることは、初等教育関係者には、いわば自明なものであり、同時に不当なものとして明治末期から指摘されていた[3]（第八回全国教育大会状況［一九一一・八］五七頁）。また、不具廃疾貧困による就学免除規程が、教育の機会均等を妨げていることも認識されていた（茨城県教育会［一九二四・四］七九頁）。したがって、その解決法は盲唖学校の県立移管だけではなく、公費による教育（帝国連合教育会［一九一九・一］八三頁）、すなわち就学義務制を含む盲唖教育の義務化に焦点化されるのは当然であった。就学率が向上しないために、公（国）費負担による盲（聾唖）教育の普及はその後も、主張され続けることになる（たとえば、昭和九年の中央盲人福祉協会。財団法人中央社会事業協会［一九三五］二一八－二一九頁）。

このような要求を根拠づける論拠として、「権利」論は、これまでも盲唖教育関係者によって主張されてはきた。小西信八による「盲唖教育は慈善に非ず」という主張や教育を受ける権利論、樋口長市や川本宇之介の明確な権利－義務論はあったが、受け売り論もみられた。大正一五年秋に岡崎盲唖学校長の佐竹政次郎も、類似の論理を時代に合わせて利用している。彼は、不就学状況を改善すべく、本校が立地する郡と市町村に対して、一．自然な人情道徳の本義、二．帝国の臣民、天皇の赤子として義務教育をうける権利をもっていること、また、盲唖児の親は市町村の教育費を負担しているのに自分の子どもには就学免除を強要されるのは道理に合わないこと、三．いま最重要な政治課題である社会政策を考えて、盲唖児教育は、思想の善導、社会政策の根本精神に合致することを挙げて、これによって関係団体を説得し、愛知県の額田郡教育会が率先して年額一〇〇円の就学奨励費の寄付を決定したのをはじめ、全市町村が奨励費を支出することにしたという（佐竹［一九二六・一〇］）。

組織として盲唖教育の義務制を妨げている法律改正とそれを特殊教育全体に拡大させて要求したのは、昭和三年一一月の京都市における全国教育大会における小学校令第三三条第一項の一部改正、すなわち、就学免除の事由である「不具」から盲唖を除くという提案であった（全国教育大会［一九二九・一〇］四四八頁）。

しかし、盲唖児を義務教育の対象とするという提案は、京都大会の半年後、昭和四年六月の帝国教育会主催全国教育大会特殊教育部会の建議では、より根本的な提案となる。その建議と説明は、以下のとおりである（帝国教育会［一九二九］二二一－二二三頁）。

①第一号議案「小学校令第三三条第一項及第三項を削除せられんことを其筋に建議する件」（帝国教育会提出）即決可決

第一項は、瘋癲・白痴または不具癈疾の学齢児童の就学免除、第三項は保護者の貧困を理由とする猶予・免除であり、それを廃止し、発育不全による就学猶予規程だけを残すという提案である。

②第二号議案「特殊教育令を制定発布せられんことを其の筋に建議するの件」（帝国教育会提出）即決可決

小学校令第三三条第一項を削除しても、その対象児に対応する教育令がないので、低能教育令、療養教育令、不具教育令を包括する特殊教育令を制定する提案である。

③第三号議案「義務教育の徹底を期する為特殊児童の就学につき学資補給の法令を発布せられんことを其筋に建議するの件」（帝国教育会提出）即決可決

盲学校・聾唖学校数が少ないために、教育を受けるには、保護者が多額の通学費や寄宿費を負担しなければならない。国と地方が学資の補給をする法令制定を提案する。

④第四号議案「盲児及聾唖児の就学を義務制度たらしむることを其筋に建議するの件」（帝国盲教育会、日本聾唖教育会提出）冒頭に「速に」を追加して即決可決

盲学校・聾唖学校の県立移管だけでは就学数が増加しないので、義務教育とすべきである。

⑤五号議案「就学奨励費を盲・聾唖児に最も有効にする方案如何（帝国盲教育会、日本聾唖教育会提出）

昭和三年一〇月四日公布の「学齢児童就学奨励規程」(文部省訓令第一六号)は、貧困の盲児と聾唖児も対象に指定しているが、実際には、盲児・聾唖児を除外している地方も多い。また、貧困は細民を指すわけではない。規程どおりに盲・聾唖児にも適用するように各府県は奨学金支給細則を設定することを提案。

昭和四年の全国教育大会の特色は、九三三名という出席者数、道府県に加えて「台湾・樺太・南満州・南洋」からの派遣、幼稚園から大学等までのすべての種類の学校の教育者の参加という点で、「未だ其の例なきこと」にあった。そのうえ、文部大臣の訓示はもちろん、総理大臣および内務大臣、貴族院議長が出席し、祝辞を述べたことも、異例であった。また、総会以外に九部会が設けられ、その一つが「特殊教育部会」であった点も先例がない(帝国教育会［一九二九］二一七、八頁)。「特殊教育部会」という分科自体の設置は、大正四年一一月の京都府・市教育会主催全国教育大会にも前例があったが、京都大会における特殊教育は盲唖と感化だけであった(全国教育大会［一九一六・一一］六五-六六頁)。

(三) 教育会等の要求における特殊教育の位置——昭和三年京都全国教育大会

昭和初期において特殊教育に対する要求が盛んであったことは、二つの点で指摘できる。一つは、盲唖教育における関心が、ようやく教育の内容と方法に焦点化されてきたこと、もう一つは、盲唖教育以外の特殊教育に対して、教育団体が具体的に提言していることであり、盲唖教育以外の特殊教育分野への関心が、表舞台に登場したことである(全国教育大会部会記事［一九二九・二］七八-七九頁)。第一については、昭和三年一一月二五日から二九日まで、京都市で開催された全国教育大会特殊教育部第一分科会(盲唖)における文部省諮問題が「盲聾唖教育に於て訓練上特に注意すべき点如何」であったことである。それに対する答申はなお概括的で総論的な内容であったとはいえ、重要な方向を明示していた。その内容については、本章第八節で述べることとする。

第二点に関する昭和三年の全国教育大会の「特殊教育（部－引用者）第二分科会（感化事業）」は、その表題から推測されるような対象範囲ではなく、盲唖以外の事業を「感化事業」としていることは、その答申から容易に理解できる。この分科会に対する文部省と内務省の諮問題は以下のとおりであった。

文部省諮問題「異常児教育をして一層有効ならしむる方法如何」

内務省諮問題「精神薄弱児及不具児童の保護施設の発達を促進する方法如何」

第二分科会の文部省諮問題に対する答申は、昭和一六年頃までを頂点とする戦前特殊教育の成果を要約できる内容であったといえる。すでに表8－2－1で示したので、ここではカテゴリー化して整理してみると、以下のようになる。

①障害児の教育を総合した特殊（異常児）教育令の制定
②国立研究機関の設置と県師範学校および国立感化院における教員養成と優遇
③特殊教育行政機関の系統化（文部省特殊教育局の設置と専任の督学官の配置、府県・都市特殊教育課の設置および専任の視学の配置）
④特殊教育対象児を鑑別診断・診療・治療する鑑別機関の設置
⑤小学校に異常児の特別学級の必置、土地の情況によって補助学校の設置、公立私立の異常児教育施設に対する国庫補助、卒業後に主に職業教育を実施する異常児の補習学校の設置
⑥必要に応じた給食の実施
⑦国費による異常児の保護治療機関の設置
⑧家庭における児童養護の援助機関の設置

以上は、文部省を中心に検討したのであるが、戦時体制が総力戦の性格をもってきたことから、特殊教育は、障害児に対する教育という段階を超えることになる。サービスの内容は学校教育だけではなく、多面的・多段階になる。また、障害児のための限定された対応を超えることになる。

第二分科会の内務省諮問題に対する答申は、以下のとおりである。

①児童保護局を設置し保護官を置くこと
②児童保護法を速かに制定すること
③国及び各府県に各種の児童保護機関を新設又は増設し、若くは設備の完成を期すること
④従業者の養成及び修養に関する機関を設置し、並に充実を計ること
⑤従業者の待遇を高め、資質の向上を計ること
⑥各種保護事業に対し、国庫の補助を増加すること
⑦各府県に児童鑑別の機関を設け、保護方法の徹底を期すること
⑧各種保護事業に対する助成機関の設置又は活動を奨励すること
⑨職業指導徹底の為、授業（産か）機関を普及すること
⑩児童保護の精神を一般に理解せしむる方法を講ずること

以上のように、異常児の特殊教育に対する提案と並行して、児童保護に関する法令制定と行政の系統化、児童保護思想の啓蒙、職業指導機関の設置と普及、鑑別診断機関の設置、職員の養成および資質の維持・向上と待遇、国による保護事業の助成が提案されている。

このように、時系列でみるとこれらの建議の展開方向が理解できる。昭和三年の京都大会の特殊教育に関する建議内

容は、それまでの文部省と社会に対する要求を集大成したばかりか、内務省管轄の感化・児童保護事業の課題をも含んでおり、障害児（者）の教育と社会事業の問題を横断的にカバーしていることが分かる。そして昭和四年の帝国教育会主催全国大会では、昭和三年の建議を盲唖教育基軸ではあるが、実効性を高める具体的な方策を示すことで、盲唖教育の隘路を打開し、さらには、就学免除制度を廃止して義務教育とし、その範囲を精神薄弱を含む他の障害児にも拡大しようとするものであった。

さらに、昭和七年五月、帝国教育会主催で開催された第一二回全国小学校女教員大会における特殊教育関連の第四号議案（帝国教育会提出）「特殊教育を義務教育に改むることをその筋に建議するの可否及び其の方案如何」について、「可」とした。その内容は、小学校令第三三条第一項および第三項を削除するという文部省への建議であり、昭和四年の帝国教育会主催全国大会と同じ結論となった。ただし、特殊教育の概念がはっきりしない（全国女教員大会［一九三二・五］六一―六四頁）。また、「不具及保護児童等に対する同情と其指導」が、第二号議案「一般家庭教育上女教員の特に留意すべき方面如何」の「二　指導の具体的方案」の8として取り上げられている（第一二回全国小学校女教員大会概要［一九三二・六］四三頁）。

また、第四号議案の原案は、第一項の不具廃疾から盲唖を除外すること、盲学校・聾唖学校の収容力は必要数を用意すること、学資を補給することであった。しかし、対象児には精神薄弱児を含めるべきであるとの意見が複数出されており、最終案は小学校令第三三条第一項および第三項の削除となった（第一二回全国小学校女教員大会概要［一九三二・六］二九、三一頁）。その根拠としては、①学齢盲唖児の就学の割合が二割程度と極端に低い現実、②国家的・社会的見地として、国民としての当然の権利および国家の文化進展、③人道という観点が列挙されている。議論や根拠としては、従来の議論の継承に過ぎず新味がないし、権利と義務の混乱もみられる（第一二回全国小学校女教員大会概要［一九三二・六］三〇、三一頁。高橋［一九九八］一九四頁参照）。

初等教育界における盲唖教育に対する関心が、盲唖学校の校長を引き受けた人々やその周辺には高かったことはすでに述べたが、それは、特定の範囲の教育関係者に限定されていたことをも意味していた。盲学校・聾唖学校制度が確立していたこの時期において、県教育会が特殊教育に対してどのような認識をしていたのかを示す指標は、県教育会雑誌における関連記事の採否、特殊教育に対する教育会としての実際の関与である。しかし、これ以前の時期についてもいえるが、教育会によっては、しばしば取り上げられた盲唖教育や特殊教育に関連するトピックの関心が教育会の誰の認識であるのか、教育会誌編集者なのか、あるいは県教育会幹部の意向を受けてのことなのか、その究明は難しい。

むしろ特殊教育に対する認識は、つぎのような部分で端的に現れているのかもしれない。学校教育関係の職員録は、県教育会雑誌の付録として刊行される例が多かったと思われるが、私立静岡盲唖学校は、産婆学校の欄に入っていた。和歌山県では、盲唖学校教員は、そもそも最初は県学校職員録に掲載されていなかった（戦前の教職員名簿には、盲唖学校が掲載されなかった県もある）。三重県統計書では、後述する私立神都訓盲院が、最初は、私立三重盲唖学校（後の県立校）とともに盲唖学校の項目に入れられていたが、のちには、県立盲唖学校とは別に各種学校に移して掲載されるようになる。つまり、これらの学校は、通常の初等・中等学校の一種であるとは認識されていなかったか、認識されていない時期があったということである。

いい方を変えれば、明治二三年および三三年から大正一二年度までの盲唖学校は、就学免除の対象ではあっても、小学校に類する盲唖児の「学校」であるところに力点があった。それに対して、大正一三年度以降の盲唖学校は、学校教育的色彩がより希薄な私立学校令に基づく盲唖学校と、学校としての要件が相対的に厳格な盲唖学校に分化したのである。

しかし、盲唖教育や特殊教育という話題が珍しくなくなり、各種教育会における建議事項の常連になっていく段階は、時代に必要な教育上の課題が多様化しながら増加する段階と重複するようになり、まともに議論する時間的余裕も、参加者間での情報共有も困難になっていく。その象徴は、「即決可決」という手続きであった。これには、議論するまでもなく、結論が明白であるという側面だけでなく、毎年、繰り返される建議事項に対して参加者には飽和感情があったように思われる。大規模な教育大会が乱発的に開催されるころには、その運営は変質し、教育界エリートの会議の場ではなくなっていたのである。

盲唖教育を義務制とし、それを特殊教育全体（その範囲は不明確であったが）に拡大するとの政策意思は、昭和七年には文部省内にはあったものと思われる。それを実現できなかったのは、特殊教育制度整備に伴う地方公共団体の経費増を歓迎しない内務省および大蔵省の反対であったであろう。

（四）特殊教育と高度国防国家建設――昭和一四年全国児童保護大会

昭和一四年一〇月に開催された全国児童保護大会は、主催は、財団法人中央社会事業協会と恩賜財団愛育会であったが、後援は、厚生省・文部省・内務省・陸軍省・司法省・拓務省および対満事務局にまでおよぶ前例がない広範な中央政府であった。

これは、まさに「高度国防国家建設」のための「人的資源確保」を目的としており、障害児は、これまでのように特殊教育という局面に限定されるのではなく、障害の予防・早期発見・保護・鑑別診断、状態・程度別の教育から保護までの対応という複合的な段階と次元に及ぶ。兵士や労働者として貢献できない障害者であっても、職業輔導によって開発した労働力を積極的に官設工場で活用し、労働力が低い障害児では、できるだけ自足の生活を得させるという大目標が、ここに設定されたのである（昭和一四年全国児童保護大会の決議［一九四〇・四］）。

総力戦遂行のために、その労働力が期待できない重度の障害者には保護施設を提供することによって、家族の軍事的・生産労働的力を温存し、一般の障害者では一人前に達しない労働力を活用し、そのために職業教育を強化するという問題関心の合理性が、体系的で総合的な特殊教育制度の構想を可能にしたのである。もちろん、障害児に対する個々の教育や社会事業に新奇性はなく、関係者によって提案されてきたのであるが、そこで提案された特殊教育制度は、体系的で総合的であるがゆえに斬新だったのである。あるいは、戦時体制の最終段階を利用して、これまで特殊教育関係者が必要と考えていた特殊教育制度を提案したともいえるだろう。

しかし結果からすれば、これほど壮大な児童保護計画が実現できる資源は、すでに存在しなかった。それゆえ、このような総合的計画が再度、提案されるのは、精神薄弱だけに限れば、戦後の昭和二八年一一月九日の文部省・厚生省・法務省・労働省次官会議決定「精神薄弱児対策基本要綱」でありそれは、昭和一四年構想の戦後的改良版だった（精神薄弱児育成会［一九五四］。高橋［一九九八］一九六頁参照）。

これらの提案は、特殊教育の分野と学校体系、学校および学校教育を補う機関、家庭における保護への着目、特殊教育を担当する教育行政およびその体系、研究・教員養成、鑑別診断と医療等、これまでになく総合的・網羅的であった。まさに、昭和一六年国民学校令では部分的にしか実現できなかったが、そのほとんどが、最終的には大戦後の昭和四〇年代に陽の目を見た教育・福祉諸制度が網羅されている。これらの提案を可能にした教育・社会事業関係者の尽力と実力を推測させる。そのうえ、小学校に必置されるべき異常児特別学級の教育は、その制度だけ提案したのではなく、教育方針の明示によって具体化されていることも注目すべきである。これは、本章第八節で触れる。

（五）日本心理学会の精神薄弱者保護法制定の提案

最後に、前例がない初めての例として、医学会以外の学術団体による画期的な建議が現れた。昭和一四年六～七月の日本心理学会による精神薄弱関連の建議である。日本心理学会の精神薄弱問題に関する建議は、昭和一四年四月四日午後の研究協議会Ⅱ「異常児童の問題――主として精神薄弱児の鑑別標準について」から発した（精神薄弱者研究委員会［一九三九・八］一一八頁）。この協議会の司会は城戸幡太郎、発表は奥田三郎（心理学者で精神科医）「精神薄弱の生活能力」、青木誠四郎ほか「精神薄弱児の学習限界について」、山下俊郎「教育相談に於ける精神薄弱児の問題」、藤本克巳「精神薄弱児収容施設に於ける諸問題――現状と将来」四件であった。

しかし、同学会では、建議を審議する精神薄弱者研究委員会の設置について、必ずしも一致していたわけではなかった。四月五日の研究報告終了後に総会を開催し、城戸から精神薄弱研究委員会設置が提案されたが、「賛否の議論出せしが、結局、日本心理学会にて此の問題を取扱ひはするが、但し委員の選定其の他実行方法に就いては、会長に一任する事に決定」とあるから、心理学会全体としての意思統一は円滑にはいかなかったようで、『心理学研究』編輯主任である城戸らの積極的な主導があったといえよう。

ところで、三つの建議と要望における前文、「今次聖戦の最終目的たる興亜の大業達成の為人的資源の利用厚生の要喫緊なるに鑑み」は、これらの前提となる趣旨として同一である。

たしかに心理学会の個々の提案には格別の新しさがあるわけではないが、この建議自体に斬新さがあるのは、精神薄弱者にとっていかなる事業や活動が必要であるかを、従来の社会防衛的観点に同時代のスローガンである興亜のための人的資源の利用を加えて、学校教育（幼稚園、学齢期における特殊学校・特殊学級・促進学級、青年学校特別学級、教員資格・養成課程）・社会事業（早期発見、収容施設・感化院・鑑別機関、保護委員、職員養成課程）・医療（児童精神病院）・司法（少年審判所）に総合的に構成し、その業務内容を提案した点にある。それゆえ、職業能力の開発が、学校教育と社会事業では強く要請される

三建議のうち、「精神薄弱者保護法制並に之か保護施設拡充方要望に関する件建議」は、第一〇章で述べることとし、「精神薄弱者に関する教育法制定並に之か教育施設拡充方要望に関する件建議」については、結論からいえば、この建議は、必ずしも成熟した提案とはいえない。すでに実体的には促進学級は劣等児（学業不振児）、低能児学級は精神薄弱児を対象とすることは、教育行政上から明確になっていた。青木誠四郎や後藤岩男が学会精神薄弱者研究委員会委員に入っているものの、肝心の学級名称あるいは対象児について、実態と乖離しているのは、建議作成過程が、研究委員会が十分に関与していないことを示唆する。こうして、建議したこと自体に意義があることに結果することになった。

（六）教育会および関連団体による建議活動の意義と限界

(1)　建議活動の意義

特殊教育に関心をもつ教育関係者が国民学校令に寄せる期待や願望は、大きかったと思われる。その一つはいうまで

もなく、大正一二年の盲唖教育令の完全実施、すなわち、盲学校と聾唖学校の分離、そして道府県設置義務の実現である。いずれも、地方の財政難を理由として、盲唖学校形態のままであったり、県立校の代用校から県立校に昇格できなかった。そして、大正一二年盲唖教育令の七年間の猶予年限が過ぎた後も、規定されたとおりに実施されていなかったために、その完全実施だけでなく就学の義務化も、盲唖教育関係者だけではなく、広く教育関係者の共通する要求事項へと高まっていたことは、表8－3－1の各種の建議等でみたとおりである。就学補助制度の導入もかかわらず、就学率が低迷していたことも、就学義務制の主張の根拠となっていたが、盲唖教育の義務教育制は、長年の主張の集大成であったのである。

また、このような盲・聾唖児に対する適切な教育機会の要求は、盲・聾唖児以外にも拡大し、また、教育の充実も目ざされる副産物を得る。昭和一六年にはさらに帝国教育会から文部省に対する意見として、「国民学校教育充実の方案」の一つとして、養護学級・養護学校の増設により、虚弱児童の養護を充実させることが含まれた（昭和一六年度帝国教育会通常総会記録［一九四一・七］八一、九九頁）。

(2)　建議活動の限界

各種の教育会総会における特殊教育関連の決議が、広く教育界者に特殊教育の内容と対象と教育的性格を知らしめたこと、そして、そのことが国の制度設計構想にも反映したであろうことは明らかであろう。しかしながら、特殊教育の知識と意義が、教育界のエリート層だけではなく、大衆化することによって、各種の教育会幹部にすら、特殊教育の本質が空洞化していった副次的効果もまた発生し、それが順調に改善されたとは必ずしもいえなかったように思われる。

もともと、各種教育会の建議に対する文部省の態度は、政策に活かす、あるいは諮問をする場であったと思われるが、しだいに、政策の整備要求をも含む場になっていく。そのため、明治末期には文部大臣は、各種教育会が、いたずらに「法律規則の改廃に渉り、種々の建議案を議決し、或は、時事問題に関して、軽々言議を試み、慎重の態度を欠くが如きもの無きにあらず」と警告している（小松原文相訓示要領［一九〇九・六］八－九頁）。

ただし、これらの教育界における提案は、あくまでも教育大会に参加した組織や団体の頂点的見解であり、その提案を支える基盤が、組織や団体において広範でも堅固でもなかったと思われる。早くも大正初期には、大量の建議とその後の放置は、日本独自の現象ではないかという指摘があった（東山生［一九一四・三］三三頁）。

実は、教育会の運営の仕方については、明治時代末期から教育会内部において異論があったし、ある時期から、県教育会の協議の内容低下が指摘されている。たとえば、大正末期の佐賀県では、教育会総会が、お祭り騒ぎ、形式的、審議なし、形骸化に陥っているとの教育会運営批判があった（禿頭生［一九二三・一］）。なおこの著者は、教育界の流行や研究会の在り方も批判しているから、これらは連動していると見ていたのである。教育会が主催する講習会についても、講習内容や講師選択とともに、受講者の劣化について指摘があった。

国の盲唖教育政策が見通せなかった時代には、教育会・教育界が、盲唖教育に対処すべきかの是非から始まり、財源問題から教育内容・方法に関連する問題まで、真剣に討議されたこともあった。しかし、特殊教育の意義と必要性が教育関係者にある程度理解されてくると、特殊教育に関する本質的議論はむしろお座なりになる。たしかに、議案が議論する必要がないほど明白である場合は、質疑応答を省略することはありうるだろうが、特殊教育のように定義が多義的で不明確な部分が多い分野で、しかも事情に通じた会員がほとんどいない県教育会総会や全国教育大会では、「即決可決」という手続きは、問題の認識の深化を妨げることにもなったのではなかろうか。

この問題はそれほど単純ではなく、教育会が直面する教育的課題が多様になったこと、財源不足のため必要性は高くてもすべてに対処できなくなってきたこと、そして、教員に対する俸給不払いや寄付強要のため、教育界ではモラールが低下せざるをえなかったことから、一般に議論が深まらなくなった状況があったのである。したがって、建議が可決されたことを、その建議が関係者間で十分に理解され、あるいは支持されていたとそのまま受け取ることは難しい。したがって、表8－3－1における登場回数の多少が、理解や要求の強弱を示すわけではないことに留意する必要がある。

大戦末期になると、建議ばやりで、地方組織からの建議は、提案者の簡単な趣旨説明があるだけで、ほとんどの提案は議論もなく、異議なく建議採択という形態が増加していく。なかには、法律の趣旨を十分に理解せずに、既得権を守ることだけに関心を示していると指弾されても仕方がないような提案もあった。たとえば、昭和一七年一〇月に開催された第二一回全国連合学校衛生会総会の議事録は、そのような沈滞した雰囲気を窺わせる（第二一回全国連合学校衛生会総会報告書［一九四三］三九－七三頁）。したがって、建議された内容の意義については、慎重な評価を要するように思われる。

そして盲唖教育の教育会でも、建議・請願が会議の大部分を占めるという同じ傾向を辿るようになる（山岡［一九三七・一二］二三頁）。たとえば、盲唖あるいは特殊教育の義務教育化が、いずれかの教育会や盲唖団体においていったん建議の議題に載ると、他の組織でも競って建議題とする風潮が濃厚だった。その動機はさまざまであろう。何よりも、義務教育化は、盲唖（特殊）教育者の長年の悲願であった。盲唖教育は個人の努力に任され、社会的には蔑ろにされてきたという感情もあろう（吉田［一九三五・一］二頁）。大正一二年の盲唖教育令以降は、保護者に対する就学義務の実現が具体的な目標ともなったであろう。そして、上記のような建議以降の実現努力がないという批判に対しては、盲教育・聾唖教育の団体幹部は、官庁や大臣・高官等の自宅訪問を死に物狂いになって実行するような努力が払われた（日本聾唖教育会第五回総会［一九二九・一二］五五－六四頁）。それが、日本における政策実現の常套的方法でもあったであろう。しかし、昭和戦前期の軍事優先の体制下において、ある程度、まとまった予算を要する盲唖教育の義務化は、内務省と大蔵省を説得することは困難であろうし、社会の支持も微妙となる。[4]

また、樋口長市のいうように、盲唖学校への低い就学率の現状は、義務教育制を制定することによって一挙に高めることはあり得ないであろう（樋口［一九三一・六］）。それゆえ、樋口の現実的な示唆のごとく、学齢外の盲唖青年に対する就学奨励はいったん除外し、学齢の盲唖児童に限定した就学奨励を行うことによって、保護者には学資軽減、行政当局の負担は漸増となり、就学率が高まり、そのことによって、盲唖学校への就学を当然の社会的慣習とする。結果として、義務教育を実現しやすい環境が構築される。

しかし樋口のような提言は重視されることはなく、当局に対する建議は、一種の慣習のようなものとなり、戦略性のない運動になっていった。その典型的な例は、聾唖学校の官立化建議案である。これは、昭和一三年七月の第一四回日本聾唖教育会における岩手県立盲唖学校の柴内魁三による提案であったが、さすがに総会では、「此の非常時局に斯くの如き経費の相当多くを伴ふ事を建議することは、殆ど実現の可能性なき空想論」であるとして反対され、他の参加者からも賛意を得られなかった（総会記事［一九三八・一〇］四〇－四一頁）。

第三節　学制改革による山積する教育課題への対処と教育行政における特殊教育への不安定な関心

一．学校制度改革案における特殊教育制度の明確化

明治時代末期以降、学校制度改革案が繰り返し論議された。そのなかで特殊教育も俎上に上る。教育会として最も早く学校制度改正案をまとめた例は、帝都教育会（東京府教育会）の学校系統改正案であろう。昭和三年一〇月の最終案では、特殊学校は、「盲唖、低能、不具、病弱其他の特殊児童の教育所」であり、尋常小学校に相当する義務教育の下級六年、その上の上級四年（さらに二年延長可能）から構成され、別科・研究科が設置できるとされた（帝都教育［一九二八・九］五六頁、［一九二八・一一］六六、六八頁）。こうして、盲唖学校、低能児教育を含む特殊教育の学校が、学校制度全体のなかに位置づけられたことは重要である。[5] 帝都教育案は先行例として、つぎの帝国教育会案に影響を及ぼしたであろう。しかし、帝都教育会内での議論をみると（帝都教育［一九二八・九］五五－五六頁）、委員の間で特殊教育に関する認識の差は大きかったことが分かる。[6]

昭和七年一二月の帝国教育会学校制度改革最終案では、府県市に特殊教育機関（盲・聾唖・精神薄弱児）の設置義務を課し、学校系統図には特殊学校が明記された（帝国教育会［一九三三・二］九〇、九二頁）。特殊学校は、実現性を考慮し

表 8-3-1　文部省特殊教育関連所掌事項の変遷

明治 24 年 8 月	普通学務局第一・二・三課	盲唖学校
明治 30 年 10 月	普通学務局第一・二・三課	盲唖学校
明治 31 年 11 月	普通学務局第一・二課	盲唖学校
明治 33 年 4 月	大臣官房学校衛生課	学校衛生ニ関スルコト
	普通学務局第一課	盲唖学校ニ関スルコト
大正 2 年 6 月	普通学務局第一課	盲唖教育及特殊教育ニ関スルコト
大正 8 年 6 月	普通学務局第四課（社会教育）	盲唖教育及特殊教育ニ関スルコト
大正 10 年 7 月	大臣官房学校衛生課	身体虚弱又ハ精神薄弱ナル生徒児童等ノ監督養護ニ関スルコト
大正 13 年 12 月	普通学務局社会教育課	特殊教育ニ関スルコト
	普通学務局学務課	盲唖学校ニ関スルコト
昭和 3 年 5 月	大臣官房体育課教授衛生掛	精神薄弱ナル生徒児童等ノ監督養護ニ関スルコト
	大臣官房体育課体育運動掛	身体虚弱ナル生徒児童等ノ監督養護ニ関スルコト
昭和 4 年 7 月	社会教育局	該当なし
	普通学務局学務課	盲学校、聾唖学校其ノ他特殊教育ヲ為ス学校ニ関スルコト
	普通学務局庶務課	盲唖教育費補助ニ関スルコト
昭和 16 年 8 月	国民教育局総務課	盲唖教育費国庫補助ニ関スルコト
	国民教育局青少年教育課	盲学校、聾唖学校其ノ他ノ特殊教育ヲ為ス学校ニ関スルコト
	体育局衛生課→昭和 20.7.11 学徒動員局保健課	養護訓導及養護婦ニ関スルコト
	図書局第一編修課→昭和 18.11.1 国民教育局	盲学校及聾唖学校ノ教科用図書編輯ニ関スルコト
昭和 20 年 7 月	国民教育局師範教育課	盲学校、聾唖学校　教職員ノ俸給給与其ノ他待遇ニ関スルコト
	国民教育局国民教育課	盲学校、聾唖学校其ノ他ノ特殊教育ヲ為ス学校ニ関スルコト
	国民教育局図書課	盲学校及聾唖学校ノ教科用図書編輯ニ関スルコト

出典：荒川勇［1973］、官報

て（六七－六八頁）、予科が三年、初等部が六年、中等部が四～五年、師範部が二～三年になっている。ただし、学校制度改革の各部会による特殊教育案については、用語が不統一または未熟な点があるが（特殊教育と特別教育、特殊学校と特殊教育所・各種学校）、特殊教育所という表現は、教育学者も使用していたという意味では時代的制約ともいえる。こうして、障害児の教育の必要性は理解されながらも、特殊教育に関心をもっている委員でさえ、特殊教育に関する認識の程度は多様だったことが窺われる。なお社会教育部案では、各種学校（特殊学校）に「特殊教育研究並に教員養成」の機能も付与している（二九頁）。

以上から、昭和一〇年以前から、盲唖教育の義務制（就学義務と学校設置義務）を含む特殊教育の制度化自体は、関係者間ではほとんど常識となっていたことは疑いない。しかし同時に、盲唖教育あるいは特殊教育の義務制に関する認識が、どのような関係者において、どの程度共有されていたのかについては、疑問が残る。たしかに、学校教育としての盲唖教育が提起された当初こそ、教育会内部で相当の議論がなされたし、高度な理解をもつ幹部がいた。

二．文部省特殊教育官制の確立――分掌

驚いたことに、特殊教育に関する文部省の分掌確立はきわめて遅れた。それを、明治期まで遡って整理すれば、表8－3－1のようになる（第六章および第九章を参照）。

特殊教育に関する分掌規程がない時代から始まり、明治二〇年代に盲唖学校の分掌だけの時代が続き、大正初期になって、盲唖教育と特殊教育（やや概念が異なる）が所掌され、盲学校と聾唖学校・その他を特殊教育とするという範疇が確立したのが、何と昭和四年だった。官僚制度はいうまでもなく何を所掌するかに基づいて運営されるから、分掌していない業務を行うことはない。したがって、分掌内容が整理され、体系化されて初めて、まとまりのある業務内容が確定される。日本のような中央集権国家であるがゆえに、中央政府において存在しない業務は、地方では存在しえない。盲唖以外の特殊教育が急速に発展したのは大正後半期以降であったが、その発展は、すでに述べたように複合的な理由による。しかし、その発展の主因が、文部省において盲唖以外の特殊教育行政組織が生まれたこと、特殊教育の意義を認めた行政官が着任したことに基づいていることは否定しようがない。

第四節　小学校における低能（精神薄弱）児教育の停滞と一時的結晶化

一．昭和初期の大都市における精神薄弱児教育の確立と停滞

(一) 昭和初期の教育界と特殊教育

教育界で多く使用されていた低能児の呼称は、すでに教育行政上では、大正一〇年七月の文部大臣官房学校衛生の所掌事項において「精神薄弱ナル生徒児童等ノ監督養護」（表8－3－1参照）が使用されているが、その後の文部省刊行物

ではもっぱら低能児童が使用されていて、「精神薄弱」児に教育行政上統一されるのは、昭和一六年国民学校令施行規則においてである。

本章第二節で述べたように、昭和三年一一月、京都市で開催された京都府教育会・京都市教育会共催の全国教育大会第二分科会では、文部省諮問の異常児教育をより有効にする方法の一つとして、小学校における異常児特別学級の必置と土地の情況による補助学校の設置を掲げ、それが依拠すべき、つぎの教育方針を明記した（全国教育大会部会記事［一九二九・二］七八－七九頁）。

① 個性に適応する作業に重きを措き、職業的基礎教育を施すこと
② 精神薄弱に対しては、教科課程の程度を下げ、成るべく合科的取扱により、彼等の現在及将来の生活に必須欠くべからざる実用的の教授を為すこと
③ 日常生活の訓練、殊に団体的・社会的生活の訓練に重きを措くこと
④ 異常児特別診療所を設くること
⑤ 卒業後の異常児の補習学校を設置し、主に職業教育を実施
⑥ 国費による異常児の保護治療機関の設置
⑦ 家庭における児童養護の援助機関の設置
⑧ 公私の異常児教育施設に対する国庫補助

特殊教育にとって、昭和初期は複雑な時代であり、矛盾していた。冒頭で述べたように暗鬱な気分が小学校の大半を覆っていた。しかしごく限られた空間ではあったが、子どもの前途を案じて校長と担任が教師としての役割意識から一致協力し、科学的研究と創意工夫によって、親の負託に応えて困難が予想される卒業後の生活を切り拓こうとしていた。

それが劣等児と精神薄弱児の教育である。これは奇妙な現象であった。というのは、これらの教育分野は初等教育の末端に過ぎなかったからである。必ずしも、錚々たる教員が集中したわけではなかろう。また、上級学校への進学率のような通常の評価基準からすれば、画期的な成果が生まれたわけでもない。

戦前の情報は限られている。文部省『特殊教育百年史』には、つぎのような全国の学級数が記録されている（文部省［一九七八］七三〇頁）。

昭和六年　一〇〇学級　一五年　二〇九　一六年　一四一二　一七年　一七八二　一八年　一七八六

一九年　二四八六　二〇年　五一一（一万八二〇一人）

また、昭和六年度だけは、全国一〇〇学級が設置された道府県名と男女別の記録がある（財団法人中央社会事業協会［一九三四］二四八－二四九頁）。それが文部省「昭和六年度精神薄弱児童の特別学級調」に基づく表8－4－1である。

合計の数値が男女とも異なっており（合計人数は、本文の数値に従った）、児童数が学級数に比べて多すぎる県があり（宮城県・愛知県・奈良県では一学級当たり六〇～八〇名になる）、正確な特別学級の状況は把握できないが、それでも、一部の地域で「精神薄弱児童」の教育が行われていたことは理解できる。

表8-4-1　昭和6年度精神薄弱児特別学級設置状況
（文部省）

	学級数	児童数	
		男	女
北海道	1	7	2
宮城	2	76	58
山形	4	28	39
福島	1	5	6
愛知	4	131	128
京都	8	70	43
大阪	10	76	85
兵庫	4	82	64
奈良	2	65	97
岡山	3	63	63
広島	4	83	69
東京	30	281	453
新潟	11	251	243
徳島	1	16	7
佐賀	8	181	191
長崎	1	16	17
熊本	1	7	8
大分	5	32	15
合計	100	1471	1592

とりわけ、同じ志向の教員が集まる可能性がある大都市では、戦時期であり、兵士と産業戦士の育成という観点からみれば、生産性の低い特殊教育分野において、非常に高い実践が展開されたのである。一時的な徒花のようにもみえるが、類似の現象は大戦後の精神薄弱教育において再度、観察でき

るはずである。そこで、このような高い実践が生まれた大都市の精神薄弱児と劣等児の教育状況についてみてみることにしたい。

（二）大都市における特別学級

表8-4-1の一学級当たり児童数からみて、昭和初期において、大都市の小学校に継続的に特別学級が設置されて、精神薄弱児教育が行われていたのは、東京市・大阪市・京都市に限られていたといえよう（神戸市では児童相談所に一学級が附設）。昭和二年度末での四大都市における精神薄弱児学級の状況は表8-4-2のとおりである（大阪市社会部調査課［一九二九］五四-五六頁）。

表 8-4-2　四大都市における精神薄弱児学級の状況
(昭和 2 年度)

	設置校数	学級数	児童数		教員数	学級定員
			男	女		
東京市	26	30	278	286	31	約 20 名
大阪市	11	12	92	75	12	約 20 名
京都市	6	6	41	41	6	なし
神戸市	児童相談所	1	8	3	1	約 20 名

つぎに、それぞれの市について概観する。

(1) 東京市の補助学級

最初に東京市の補助学級の状況とその変化である（表8-4-3）。

表 8-4-3　東京市補助学級数の推移 (大正 9 ～昭和 15)

年度		学校数	学級数	児童数	男	女
大正	9	2	2	38		
	10	2	4	72		
	11	20	22	405		
	14	20	22	427		
	15	27	29	570		
昭和	2	26	30	507	295	252
	3	26	31	437		
	4	27	33	605	310	295
	5	27	31	572	290	282
	6	22	25	446		
	7	22	25	460	244	278
	8	22	25	462		
	9	26	29	502		
	10	25	28	550		
	11	25	28	517		
	12	25	27	512		
	13	24	26	479		
	14	24	26	483		
	15	28	30	422		

出典：喜田 (1986) 175 頁、峰島 (1985) 240 頁。男女数については東京市 (1927)、(1933) および東京市公報 (1929.6.10)、(1930.6.7)、(1933)。児童総数が異なるのは、出典資料による。

大正末期に急激に補助学級の設置校と学級数、そして児童数も増加する。一校当たりの学級数は、ほぼ一学級体制がつづく。児童数は昭和一〇年をピークに減少している。この減少の原因は、学級数の減少と連動していないことから、教育費削減等、教育行政にその原因を求められるとは思われない。つまり、入級の減少の原因は、教育需要である保護者側の判断による部分がかなりあるといえる。また、つぎにみる大阪市では減少していない。いずれの都市が全国的な状況になるのか、判断できるだけの材料がない。

入級児童の性別については部分的な情報しかないが、性差は、ほとんどない。大阪でも同じである。家庭環境では、父または母、両親がない児童は二二・四三％、養子が二一・八％、「下流」の生活状態が半数以上、また、「教養に対する怠慢及び放任の家庭」の児童は七割を越えている。乳幼児期の発育も遅れており、遺尿児童が二割を超えている。知能検査を林町・明治・関口台町の三校で実施しているが、低能児（ＩＱ五一～九〇）がそれぞれの小学校で四・四％、二・四％、〇・八％、劣等児が二二・一％、二〇・四％、一七・八％であった（東京市［一九三一・六・四］）。これは、居住地域の経済的・文化的・社会的条件と対応していた。

発育状態では昭和六年度の発育概評甲・乙・丙について、全市児童と比較すると、それぞれの割合は以下のとおりである（東京市公報［一九三一・六・四］）。

		甲	乙	丙
補助学級	男	一六・〇九	五二・一七	三一・七四
	女	一四・二九	五〇・四八	三五・二四
全市児童	男	二一・三八	五四・一三	二四・四九
	女	二二・九六	五三・二六	二三・七八

補助学級の甲は全市児童に比べて少なく、乙はやや少なく、丙が多い。この結果も、地域と家庭の環境と連動するものと思われる。

東京市では、教師は観察や学業成績だけでなく、知能検査を実施・評価する技術によって児童の実態を把握していたが、補助学級への措置は親の同意が不可欠で、同意が得られなければ入級させなかった（東京市教育局［一九二七・三］六二頁）。樋口は、アメリカの事情を紹介して、保護者に加えて本人の同意を必要としている（樋口［一九三九］二五六頁）。なお東京市の補助学級は、学力遅滞児を対象とし、原級復帰を目標とする類型と、劣等児及び低能児を対象とし、卒業まで継続する固定式である類型に二分されている。

補助学級の教育方針も、相当に興味あるものである。これを含めて、基本方針の立案と協議は、東京市視学で教員講習所主幹だった本田親二（一八八五－一九四八）の主導のもと、大正一三年五月に発足した教員講習所補助学級研究科に参加した補助（特別）学級教員による成果であったものと思われる（本田［一九二五・四］。東京市教育局［一九二七・三］六二頁）。約一年後の成果は、以下の六項目にまとめられる。これを発足時の机上的な教育方針と比較すると、整理されているのが理解できる（東京市教育講習所状況［一九二四・八］）。

この影響は、かなり持続的で、東京市補助学級教員の成果は大阪市の結実とともに、小杉長平らを通じて城戸幡太郎に伝播され、表8－2－1で示した昭和一四年六～七月の日本心理学会精神薄弱者研究委員会および一五年六月の教育科学研究会精神薄弱児研究部会草案における精神薄弱児関連の建議の基本になったものと思われる（精神薄弱者研究委員会［一九三九・八］。精神薄弱児研究部会［一九四〇・六］）。本田親二のリーダーシップが優れていたことを示唆する到達点である。

1. 補助学級の目的と方針の研究
2. 劣等児・低能児の原因の研究
3. 劣等児・低能児の教科課程の研究（地理・歴史・理科の教科代用書を完成）
4. 補助学級の設備と備品の研究

5. 知能検査の研究
6. 劣等児・低能児の職業指導の研究

冒頭の「補助学級の目的と方針」は外部からの反響があったという。組織、それも実践の場からの記述としては、人格尊重、当然の権利、国家社会が当然遂行すべき義務といった語句を含む、珍しく社会および政府に対する厳しい要求となっている。この点については後述する。

しかし補助学級の実現は容易でない課題であるから、実行の方法としてはきわめて現実的で、優先対象は、成績不良の程度と保護の急を要する者とし、心身の発達状態に対応した境遇・施設・方法を確立し、本性と才能の回復伸展を図ることで、将来において国家社会の一員として人格的生活を享受させるという目標であった。

目的においては、環境整備や教育によって「本性及び才能の回復伸展」を図るだけでなく、将来は「国家社会の一員として人格的生活をなさしむる基礎をつくること」にあったように、社会との関係が十分に認識されていた。目的を具体化した一般方針を以下に示すが、これによって、東京市の補助学級教育の一般的目標が、かなり高次化されていることが理解できる。

イ. 児童、父兄、教師を打って一丸となし、真に情味溢るゝ生活の楽園をつくり、彼等の個性の自由なる発露の機会を与え、相互の人格的接触を図る

ロ. 学習は出来得る限り之を作業化し、遊戯化し、具体化して、彼等の興味を常に誘発し、惹いては自発的研究的、即ち自学自習の態度の構成に導く。

ハ. 個別指導を本体とし、団体的訓練の機会をも逸せず之を利用する。

ニ. 常に生活訓練の機会を捉へ、出来得る限り、多くの有用なる動作を自動的習慣的にする。

ホ．児童、教師、父兄共に根気強く、漸進的態度を以て、右の如き条件の実現に努力する。
ヘ．成績が回復したる後には、其の回復の状態を今後の取扱上の注意を付して、現（原か）級に復す。

そして、東京市の補助学級を構成する複合的な性格から、それぞれのタイプの原因に対応する指導方針が、素質の欠陥として知能と性格異常、環境の欠陥として教育と生育・生活環境、身体的欠陥としての病弱に整理されて具体化に提示されている（本田［一九二五・四］八頁。東京市教育局［一九二七・三］六六－六八頁）。

智能に欠陥ある児童の「取扱方針」は、ほぼ、先進地域の到達点といってよい原則となっている（東京市［一九二七・三］六七頁）。要約すれば以下のとおりである。

児童の能力に合った学習
習得を確実にする反復練習と教材の軽減
実生活に即した教材
あらゆる機会を利用しての実生活の訓練
特殊能力の発見と助長による自信の獲得
環境と健康に対する注意

また、東京市教員講習所補助学級研究科の教育を受ける権利論は、これまでも注目されてきたが、「補助学級の目的及方針」における「緒言」のそれもまた、権利論としては戦前の到達点に達している。児童の素質素養を基調としての伸展は、「児童自身の強き願であって、又一面国民として、国家社会に対して要すべき当然の権利である。此の要求を満足させる事は、真に彼等の人格の尊重を意味し、且又彼等の生活を益々向上させる事になる。此即ち吾人の教育的良心の当然の要求であるし、此を国家社会より云ふと国家社会其自体が当然遂行すべき義務である」。「彼等の要求及び心身の発達の状態に適切なる境遇、施設、方法を有意的具案的に確立し、理想的学校生活を為さしめるのは、真に教育の意義に合致し、他日又国家社会の一員として、価値ある生活をなさしむる準備となるものである。又同時に国家社会の永遠の幸福を暗示する事にもなる」（本田［一九二五・四］七頁。東京市教育局［一九二七・三］六五頁）。

この教育を受ける権利論もまた、本田親二の主導であると思われる。それは、一年前の論文「劣等児及び低能児の教育に就いて」で、彼は、教育の機会均等を二つの時期と意味に区分し、その第二の教育の機会均等論として、劣等児・低能児の教育の提供の妥当性を主張しているからである（本田［一九二三・一］）。明治初年の機会均等論は、貧富貴賤にかかわらず教育を受ける能力のある者を対象としたが、「個性に適応する教育」は考慮されなかった。教育の機会均等の新しい意義が認められてきたのが大正期であるという。

昭和初期のこの権利論では、権利と義務の主体は明確かつ正確であり、社会との関係も有機的である。そのうえ、日本精神主義に繋がる表現は皆無である。この権利論を、平田（一九九三・六b）が紹介する東京高等師範学校補助学級の担任・隈江信光および佐藤末吉の権利論（一五四－一五八頁）と比べると、隈江における社会防衛論や国家的意味が含まれてない。これら三つの権利論は、発表の時期が近い。隈江と佐藤（大正一四年）、東京市（昭和二年）である。つまり、平田（一九九三・六b）が指摘するように、補助学級担任教員の権利論は、大正デモクラシーの影響がある（東京市補助学級研究科も同様だろう）。しかし問題は、隈江の論考は実践論に結びつかず、教科主義であり、佐藤の劣等児教育指導論は平凡である。隈江は担任の最終年度に『子供の教育に悩む世の母に答へて』を上梓し、その三分の一ほどが「智能の低い子供」に宛てられているが、第六章でふれた石原榮壽に批判されるような腰掛け的な経験によって書いた内容だった（石原の指弾は、地理と国語の教員としているから、隈江と佐藤を指していることは明白である．石原［一九三〇・二］三三－三四頁）。つまり、彼らの権利論は文字面だけを見た場合、印象的であっても、具体的な指導方法に結実していないし、異なる文脈が必要なはずの精神薄弱児を区別して議論していない（ただし、優生学的処置の適用には賛成していない）。

表 8-4-4　大阪市智能薄弱学級等の推移（昭和 2 〜 15 年）

	学校数	学級数	児童数	
昭和 2 年度	11	12	167	男 92、女 75
昭和 5 年度	10	10	150	男 74、女 76
昭和 8 年 6 月	10	10	118	
昭和 10 年 4 月	9	9	109	
昭和 11 年 11 月	9	9	113	
昭和 14 年 3 月	9	9	106	
昭和 15 年度	13	13	164	

出典：大阪市社会部（1929）、（1933）、（1935）、（1937）、（1939）、（1941）。大阪市特殊教育研究会（1930?）

補助学級を取り巻く東京府（市）の教育事情に触れておくことも必要であろう。総力戦体制下では、一方では物資不足と物価高騰が教員の生活を直撃した（敢て苦言を呈す［一九四二・四］）。他方では、教育課題も山積していた。昭和一五年の東京府会では、府立中等学校を学校数・生徒数ともに大拡張する五カ年計画が承認された。議員の質問には、「特殊劣等の生徒を収容する」公立の学校の必要性を指摘する内容もあったが、府学務部長の答弁には含まれていない（為藤［一九四〇・二］一八、一九頁）。東京府下では、昭和一七年四月には一〇〇〇人の教員が不足していた。東京では慢性的に教員が不足していたが、六大都市のなかで最も深刻だった。連合軍との開戦の頃、東京府（市）の教育界はにわかに秩序を低下させてきた。府や市の各部局から、学校に対して調整されずにさまざまな戦時関連の指示がくるようになった。教員に欠員があり、病欠があり、事故があるなかで、指令に応じて人を出すために、自習、合併授業、二〜三学級かけもち授業となる。こうして、開戦間もない時期に「国家の要求する臨戦態勢」は隙間だらけだった（府市当局の反省を臨む［一九四一・一一］）。まさに為藤五郎がいうように、昭和期になって「政党が政治の中心を去って以来の官僚独善の政治」（為藤［一九四〇・二］二〇頁）の渦中にあった。このような東京市の状況が、特殊教育の振興に寄与するはずはなかった。

(2)　大阪市の智能薄弱学級

大阪市では、「智能薄弱児童」という名称を使用している。その学校・学級および児童数の推移は、表8-4-4のとおりである。

智能薄弱学級在籍児の全員に対して知能検査が実施されており、また、児童の実態は、個別的に綿密に把握されている。しかし大阪市の「智能薄弱児童の特別学級」は総称であって、

表 8-4-5　大阪市智能薄弱特別学級在籍児童の知能指数

知能指数	30-39	40-49	50-59	60-69	70-79	80-89	90-99	100-109
男	1	3	8	18	13	13	10	2
女	2	7	11	12	13	21	7	1

出典：大阪市特殊教育研究会 (1930?)。

すべての学級が精神薄弱児学級を意味するわけではない。昭和五年度の大阪市特殊教育研究会「大阪市特殊教育概況一覧表」によれば、学級の名称は、特別学級（六学級）、特別保護学級（一）、担任名の学級（二）、促進学級（一）を用いている。機能的には七学級だけが補助学級で、二学級は促進が主、補助が副次的であり、残りの一学級は固定式学級の機能とともに校内の個別指導を担当することになっている。

収容児童の知能指数でみると、表８－４－５のような結果となっている。

さらに、在籍児童一五〇名の主な問題ないし現状の原因によって分類されている。

一般知能低劣　三九
一般知能低劣かつ性格異状　二九
心身ともに薄弱　三六
身体虚弱・疾病による学業不振　二〇
特殊事情（中途入学・就学猶予等の学習進度遅れ）　二六

なお、一五〇名のうち学校区内通学者は一三〇名で、他の二〇名は学区外通学児であった。

大阪市の特別学級の特色は、明治末期以来、鈴木治太郎のリーダーシップと知能検査等の科学的根拠、補佐的役割を果たすサブリーダーによる現場教員の組織化（特殊教育研究部）ならびに実践的成果とその公表にあった。鈴木ビネー検査は、日本の土壌に合った知能検査として、大戦後のある時期まで絶大な信頼が利用者から寄せられていたが（津田［一九三四・七］参照）、膨大な労力をかけた知能検査の標準化とその活用法に関する鈴木の功績は、意味は異なるが、盲教育における石川倉次の日本訓盲点字に匹敵するのではなかろうか。

いいかえれば、この時期の大阪の特色は、全体の枠組みもさることながら、個々の特別学級の運営に独自性と自主性があった点に求められるように思われる。特別学級設置校の校長と特別学級担任、そして普通学級担任の間で、大まかな合意形成ないし共通理解を共有したうえで独自の実践を展開することを市教育行政が委任し、設置校がそれに応える能力があり、特別学級の意義を社会的にアピールできたものと推測される。

表8–4–6は、ほぼ同じ時期に特別学級を開設していた小学校の対象児と特別学級の趣旨をまとめたものである。この表によって、たとえば、特別学級の対象児の選定方針が学校によって異なること、したがって、その成果とその範囲も理解できる。

表8–4–6では対象児の状態は知能だけが示されているが、綿密な「児童調査」が行われていて、身体的状態、生育環境等が把握されており、児童の理解と指導、そして進路を考慮するうえで、重要な資料となった。児童の指導方針や将来については、理念や願望だけではなく、事実に基づいて資料を作成のうえ検討され、特別学級教員の間で情報交換されたのである。児童調査の手引きが作成されており、一定の方針に基づいて、調査が行われるようになっていた。昭和六年の中大江東尋常小学校長・田村肇「児童調査運用の経験」がそれである。調査の態度・項目・結果の利用法等を、小学校教員として日常および卒業までの指導に活かすという観点から、試行錯誤を経ての一〇年の経験に基づく四三頁の小冊子は、机上学から派生した成果ではないから、今もって説得力がある（田村［一九三一］、大阪市日吉教育会［一九三三］として再刊）。

大阪市精神薄弱教育の特色に関する評価は、昭和五年度の大阪市特殊教育研究会（一九三〇か）「大阪市特殊教育概況一覧表」はわずか一一頁の小冊子であるが、これに基づけば、その簡潔にして要を得た記述は、大阪市の教育的対応が、当時としては現実的にして実際的であり、日本最高レベルの実践的かつ組織的であったことを推測させる。

しかし、大阪市ほどの人口規模と大都市であるがゆえに増加する特殊教育対象児、そして日本有数の特殊教育資源があっても、広義の智能薄弱児に対する教育的対応力は十分ではなかった。昭和五年三月一日現在の学齢の就学児三一万

表 8-4-6　大阪市小学校特別学級の対象児選択とその趣旨

小学校名	学年	対象児の状態	趣　旨
中大江東尋常小学校	1～6年男女児	IQ40台2、50台1、60台3、70台6、80台1、測定不能1、不明1（15名）	「自然的な心身活動の根源を培ひ其の精神と労力を出来るだけ強く正しく道徳的に消費するの慣習を」養う、「親、兄弟、他人等に可愛がられ親しまれるやうな人」「平凡な社会生活」
西天満尋常高等小学校	3～6年男女児	学業不振児とIQ70以下の児童	低劣児童だけの学級は、児童も保護者も喜ばない。この気分を緩和させる。原学級に随時復帰
難波元町尋常小学校	IQ50～80前後の2～6年の男女児。大正15年度から昭和7年度までの特別学級収容児童数は12～19名、年平均16.4人		「より幸福な生活に導き、より安易な生活環境の中に置くために行ふ」「知能上の欠陥を補充し、進んで常識を養ひ、日常生活の訓練をなす」「個性に適応した職業的訓練をなす」「身体上の障害を除き、進んで之が健全なる発育を計り、心身活動の根源を培ふ」
道仁尋常小学校	学年が近い男女児	知能に比べて学業成績が振るわない児童10名	知能と性格が劣等な児童を対象としないので、①効果が上がりやすい、②児童の状態が類似していて、教育法が単純化できる、③通常学級との関係をもちやすい。特別学級教育の必要性の理解を深めることができる
日吉尋常高等小学校	3～4年男女児	知能が正常～悪くないのに成績不振21名	算術科・読方科を主とする移動式促進学級。児童相互の影響は学習以外で多いので隔離しない。成績不良の原因を精査することで早期発見し、個別的適応教育を実施。劣等感の除去。早い者は一学期で原学級に復帰
久宝尋常小学校（染井貞子）	1～4年男女児	IQ68～91（5名）、1名は不明（6名）	低能でも発展可能性のない者はいない。身体的障害の除去、食物・運動の細心の注意、善良な環境、個性尊重によって相応の幸福に到達できる

出典：藤田廣作（1937）、高津保雄（1939）、大阪市難波元町尋常小学校（1933）、大阪市道仁尋常小学校特殊教育研究部（1935）、大阪市日吉尋常高等小学校殊教育研究部（1933）、染井貞子（1939）

四八一六人に対して特別教育を受けていた広義の智能薄弱児の割合は、わずか一五〇名に過ぎなかった（人口は同年一〇月一日現在で人口が二四五万三五六九人．大阪市教育部［一九三二］一―二頁）。それゆえ、特別学級数は絶対的に不足しており、適切な教育的対応が用意されていなかったことは、上記の収容児童の混合状態でも理解できる。

この事実を十分な根拠によって示したのが、昭和一四年二月「大阪市に於ける学業不進児の調査」（大阪市教育部［一九三九］）であった。本調査は、市小学校児童のうち著しい学業不進児等八八四六名について個別式知能検査を実施するという壮大さであった。鈴木治太郎チーム（大阪市小学校教育研究会特殊教育研究部）でなければ実施できない企画と実施であったであろう。

本調査報告書は本文全七九頁の「外見一小冊子」に過ぎないが、まさしく参加者の「協同一致の奉仕的努力が内在して居る」のであり、「現今の画一的教育の欠陥から生じる、不幸なる犠牲者の味方となり、これが救済方を、満天下の識者に訴へんとする切実なる教育者至誠の呼声」であった（鈴木の記述であろう）。

この報告には、調査結果に基づく「教育対策の要望」が、その実施が困難な事情とともに説得力をもって明記してある（大阪市教育部［一九三九］八三－七七頁）。それを整理すれば以下のとおりである。この提案は大阪市の調査結果に基づいているが、調査の綿密な手続きゆえに、一般化できるという意味で、また、その実現を阻んでいる背景も類似しているという意味で、重要性をもっている。要は、精神薄弱児施設、精神薄弱児学級・学校、促進学級の増設である。

1．大阪市内で痴愚級（智能率三〇前後から五〇未満）児童が一〇〇〇人を超えると推定される。彼らには、現行の学校教育はまったく無意味であるから、小学校とは別の保護施設を国や自治体が考慮すべきである。

2．軽愚級（智能率五〇以上七〇未満）児童は、調査では三四七五名いることが判明したが（市内全体では八〇〇〇～九〇〇〇人と推定）、特殊小学校または特別学級において、彼らの智能に対応した教育法による教育を用意すべきである。このような特別な教育によって、彼らの長所を発見し、個別的に助長することによって、彼らは相当の人間に育成可能である。

3．智能率九〇以上の正常児が六八四名、智能率八〇級の普通児一一四五名、合わせて二一二九名の学業遅滞児がいることが判明したが、その原因には、身体状態・性格や気質・家庭環境が考えられる。しかし、過大学級のために、個別的な対応ができないことも一因である。この児童のために、普通学級への復帰という「回復治療」を目的とする特別学級が必要である。

このような提案は緊急性があるが、これを阻んでいる直接的な要因は大阪市の財政難であり、国内すべての市町村が長年にわたり遭遇し、かつ改善の見通しがない条件だった。

(3) 東京市と大阪市の特別学級の比較

大阪市と東京市を比較してみれば、二つの市に共通する点と異なる点がわかる。二つの点に共有されているのは、市教育行政－校長－教員－児童－保護者の結びつきである。東京市では、大島正徳（大正一四～昭和二）・藤井利誉（昭和二～昭和九）教育局長－藤岡眞一郎視学－補助学級設置校の校長と教員（補助学級研究部会）、大阪市では、教育部長・菅野和太郎－鈴木治太郎視学－特別学級設置校の校長と教員（特殊教育研究会）とい[illegible]れているが、児童に関する確実な情報と実践が尊重されていて、上意下達の関係ではない戦前には珍しい事例だった。

東京市の学務局（教育局）長の大島正徳と藤井利誉は学者であり、大阪市の教育部長・菅野和太郎[7]（一八九五－一九七六）は、京都帝国大学出身の経済史家で経済学博士であった。菅野は、昭和一一年七月一八日に大阪市理事・教育部長に任命され、一五年八月に大阪市企画部長、昭和一七年四月には依願退職となっているので、約四年間の勤務に過ぎなかった。昭和一七年には翼賛政治体制協議会推薦により、衆議院議員となり、以後、政治家の道を歩む。鈴木治太郎は、大阪市長・關一（［一八七三－一九三五］大正三年から池上四郎市長の下で助役、大正一二年から昭和一〇年の死去まで市長）の理解のもと、大正六年末～昭和四年一二月まで視学を務め、その後も、必要の際には調査の総指揮をとっていた。菅野と鈴木は、役所内での職務上の接点はないが、昭和一四年一月に大阪市教育部から刊行された『大阪市に於ける学業不進児の調査』の菅野部長による「序」には、鈴木に対する敬意が感じられる（菅野、序・大阪市教育部［一九三九］）。

二つの市で異なるのは、東京市で特殊教育のラインが消失したことである。昭和八年に東京市の教育疑獄事件に教育局の一部が関与し、課長が更迭されることで、せっかく振興しつつあった特殊教育の発展の推進力を失わざるを得なかったことである。検事の求刑では、収賄側は教育局課長三名・市視学一名・府視学二名が、懲役三月から一年、贈賄側は三九歳から五六歳までの小学校長三〇名に対して懲役三カ月が三名、五〇円から一五〇円までの罰金刑が二七名という大事件だった（椅子売買の被告三六名に求刑［一九三五・五・一一］）。しかしこの事件の真相は、課長二名には無罪判決が出され、校長のうち一一名が控訴したように、事件の捏造および検事局の乱訴の疑いがある。

二．劣等児・精神薄弱児教育実践の位置と地方間格差

昭和時代に入って、劣等児・低能児の教育的・実践的ニーズの現れ方は、それまでとはやや異なってくる。昭和時代になると、大正期までは比較的寄稿が多かった県教育会雑誌でも、劣等児・低能児（精神薄弱児と称されるようになる）を表題に冠した記事・論文は少なくなる。それにもかかわらず、地域中心校の経営計画では優等児と劣等児に対して、特別学級編制等、何らかの対処は常識であったように思われる。

『神奈川県教育』大正一四年三月号は学校・学級経営特集号であるが、高座郡教育会教育問題調査部は、学級編制の留意点として「優劣児及特殊児の取扱」を挙げている（高座郡教育会教育問題調査部［一九二五・三］四〇－四一頁）。学級経営の論稿では、以下のような指導や配慮が示されている。算術科だけは能力別編制が望ましい（田代［一九二五・三］八二頁）、視力・聴力の弱い児童の座席配置や病弱児への注意（石井［一九二五・三］八九頁）、劣等児への心理的配慮（稲木［一九二五・三］一〇八頁）、劣等児に対する分団的指導（指導者は教員または優等生）と放課後における優中劣の組別自習（龜井［一九二五・三］一一一頁）、トラホーム患児と近視児の座席配慮と算術科における優中劣の組別指導（高橋［一九二五・三］一二四、一二六頁）、特別児童の指導（小島［一九二五・三］一四一頁）。

昭和四年五月の『神奈川県教育』も学校・学級経営特集号であり、優中劣の標準によって指導することが必要であるとする論文がある（関野［一九二九・五］四五頁）。学級独自の特質である「遅滞児、精神的異状児、身体的欠陥児を調査し」、「善導をなす」必要性が強調される（関野［一九三〇・四］三三頁）。また、優秀児とその他の児童に、三つまたはそれ以上に分けるのではなく二組に分けて指導する理由が述べられている（景山［一九二九・五］五四頁）。

兵庫県網干小学校の昭和八年一月の経営計画では、児童個人の知能・学業成績・身体の状況と社会的・経済的・教育的観点による家庭環境の把握から、「身体方面に於いては異常児、虚弱児、吃音児、品性方面に於いては保護児、優秀児（一）学業方面に於いては頴才児、遅進児。職業方面に於いては進学児、選職児。家庭方面に於いては給与（貧困）児

等」に対して「個別指導の具体案により毎日指導」していた。また、慎重に見極められた頴才児、遅進児に対しては、教材選択と徹底した個別指導を行っているという。なお、網干小学校は児童数一五〇〇人の地域中心校で、身体異常児に対する本校独特の矯正体操を教員が分担して毎日行っていた（県指定網干尋常高等小学校経営研究発表の状況［一九三三・三］四三－四八、五〇－五一頁）。

しかし全体的にみれば、劣等児指導計画の有無と質には大きな学校間・地域間格差があったとみるべきであろう。それは、教員の量・質、二部教授や単級・複式教授というような指導－学習条件が一向に改善されなかったし、昭和時代に入ると戦時体制の強化とともに、これらの教育政策課題は政策の優先順位において後退する結果、劣等児教育は、対象児の数量からしても小学校教育における大きな課題として潜在し続けても、主要な実践的課題にはならなかったと思われるからである。それゆえ、大正時代末期までに高度な劣等児指導を行った学校でも、校長の転任・退職等で高度な実践の継続は、困難となるか、形式化あるいは象徴化し、それ以外の大多数の小学校では、劣等児指導の必要性を認識していても、座席の配置や繰り返しあるいは放課後の指導といった劣等児教育の初期に見られた配慮的指導のみに復帰したものとみられる。

県教育会単位では、戦時色が強くなるにつれ、劣等児・精神薄弱児を含む特殊教育関係トピックの県教育会雑誌における掲載数が顕著に低下したことに示されるように、地方の劣等児・精神薄弱児教育への関心は低下したと思われる。また、全国規模の雑誌と県教育雑誌では、トピックの現れ方が異なる。全国的には重要と思われるテーマでも、地方では、組織的にそれを実行する余力がなくなっていたと思われる。

劣等児や精神薄弱児の実践的質はどうなったのだろうか。これは、学級数や児童数の変化では十分に把握できないし、把握する方法も難しい。ただ、東京高等師範学校附属小学校補助学級の長沼幸一は、繰り返し、精神薄弱特別学級教育の現状を憂慮している。昭和八年一月の冒頭で、「近頃精神薄弱児の教育について、異常な不安と危惧の念とにかられ始めた。……酷く病める教育であるとも思う」。そして、教育全体も病んでいると付言している（長沼［一九三三・一］一三二頁)。そのちょうど一年後の昭和九年一月には、「まさに危機にひんしてゐる」、「幾多の行詰りを痛感してゐる」という(長沼[一九三四・一]二六九頁)。彼の歎きの所在は、精神薄弱児ないし劣等児の特別学級において工夫されている「取扱ひの実際は殆んど彼等の真の姿を見つめてゐないといってよい。その多くは外周りの教育である。……その多くは極めて塗師式、粉飾式の教育である」(長沼[一九三七・一]三二六頁)。要するに、精神薄弱児教育の努力すべき、あるいは目ざすべき方向が間違っているというのである。いかにいろいろなことができるか、高度なことができるかという目標は、学校教育後の精神薄弱児の生活に焦点を合わせている長沼の立場からすれば、誤っているというのであろう。

三　精神薄弱・劣等児教育における高度な実践例

(一) 大阪市精神薄弱児教育の到達点

特別学級の指導方針がまとめられているが、明治末期から現場で工夫されてきた内容を踏まえて、より洗練されたものを提示している。その一つは、染井貞子[8](一九三九)の『本校の特別教授に就て』(高橋ほか[二〇一〇]二六九－二八一頁)である。彼女の勤務校は不明とされているが(高橋ほか[二〇一〇]史料解題ⅳ)、久宝尋常小学校である。染井が提示する教授の方針を要約すれば、直観重視、個別的取扱中心、簡単明瞭な内容、反復練習、長所の奨励、実際生活との関連づけ、児童体験を基本、作業と作業的学習の重視を挙げる。また、訓練の方針では、規律的生活の習慣化、賞罰の抑制、教師と家族による模範提示、良習慣の育成、養護の方針では、休息および睡眠時間の確保、日光浴と清浄空気の摂取、入浴の奨励、散髪爪切り等の身体衛生である。教授の方針は第六章で取り上げた土屋兵次(久宝尋常小学校訓導に転任していた)の項目と重なっていたし、同時期の大阪市の他の特別学級の指導方針は、内容はかなり重複しているから(藤田[一九三七])、染井の方針は、彼女の創案というわけではなく、この時期の大阪市特別学級の水準とみてよい。指導方針を、大正中期までの低能児のそれと比較すれば、昭和一〇年代半ばの発展は明らかである。

しかし、昭和一〇年代以降も一部の全国規模の雑誌に、劣等児・精神薄弱児の教育・指導論、それもかなり先進的で

濃密な論文が掲載されている。この時期では、各地方にまとまった読者層はいなくても、全国的に見れば熱心な読者と実践家がいたのであろう。また、平田勝政の整理（一九九〇）による全国規模の教育雑誌に掲載された劣等児・精神薄弱児教育関係の論文は、昭和一〇年代半ばまでは減少していない。しかし仔細に分析すれば、このテーマの年当たり発表点数は多くても、論文を掲載するのは特定の全国誌のみとなる。

(二)『教育論叢』と『教育』における特殊教育の実践報告

『教育論叢』は河野清丸（一八七三―一九四二）が創刊した雑誌であるが、瀬川頼太郎が編集を司るようになって特色が明確になったといわれる（吉村［二〇〇七］、［二〇一〇］、［二〇一四・一］）。瀬川自身のことばでいえば、「実際の教育に於ては、個々の児童の活動を他の児童との連関の下に見なければならぬ」、学習や実践では「個々の児童が、彼らの集団殊に学級に於て、如何に活動しつゝあるか、その全体的な流が……彼らの活動に如何に関係しつゝあるかを視、そこにその学級としての教育を樹立しなければならぬ」という（瀬川［一九三四・一二］巻頭言）。

本誌は、実践家中心の雑誌で、実践報告と実践家による座談会を特徴としていた。したがって、女性を含む実践家の投稿が多い（平凡な内容も多い）。その実践は、通常の教育雑誌（教育会雑誌を含む）にありがちな流行や外国の理論・学説を背景にしてはいない。その実践のなかに、広義の特殊教育が含まれており、しかも独自性が濃い。そこでの対象児は学業や行動における逸脱や身体障害といった小学校に通学している子どもであって、盲や聾啞・精神薄弱といった定型的な対象ではない。

その独自性を挙げれば、第一に、学級児童集団と対象児との関係について、集団と対象児個人、集団に属する個々の児童と対象児、教師と個々の児童集団の関係のダイナミクスにおいて、対象児と児童集団の行動変容を追求しようとする実践の姿勢であろう。ここには、流行や借り物の学説はないし、原理や理論を前提とした実践ではない。第二は、一般の特別教授で得られた成果と、たとえば、記述表記ではアイデンティティや自信のように同一であっても、対象児である児童集団において、その多元性と多様性が追求されている。これらの成果が、座談会を含む実践家の相互批評において明らかにされ、深化しているのである。それにしても、『教育論叢』に掲載されている劣等児教育の実践レベルは相当に高く、その思考は本質的でもあった。その一例は、荒井不二男の高等科二年女児の「屑学級」に関する実践報告「特殊学級の精神分析とその経営実践記録」(荒井［一九三八・五］)とそれに対する会員の活発な反応であろう。[9] この教員間の協応関係の強さも、『教育論叢』に顕著である。

その実践活動の発表は、昭和一八年までは確認できる。『教育論叢』を舞台に活躍した実践家も、雑誌が廃刊されたために活動の場を失ったり、綴方運動の主要メンバーであったため、弾圧の対象となったものと思われる。昭和一〇年代の後半から末における雑誌廃刊、教員に対する弾圧や教員の出征・戦死、特別学級の閉鎖、戦後においては主要な特別学級実践家の活動の場の変更等により、戦前の成果がどの程度継承されたのか、今後、検討する必要がある。なお本誌には、戦後の授業研究開拓者の一人、若き日の斎藤喜博(一九一一－一九八一)の寄稿が散見される。

こうして、小学校では、劣等児や低能(精神薄弱)児の日常的・将来的な必要性を認識して、また、本来であれば医学や心理学が担うべき特殊教育関連の情報すら実践家が自ら構築することで、着実な実績を挙げ、この分野における実践的基盤を構築していた地方がいくつかあった。このことから、戦後期に同じ分野において活躍する人々がいたという意味では、実践という舞台において戦前と戦後は、戦争という数年間の空白を経て緊密な連続性を持続していたのではなかろうか。この点では、盲教育や聾唖教育においても、同じことがいえるだろう。

岩波書店『教育』昭和九年一一月号は、「特殊教育特輯号」だった。目次では、「保護児童教育に於ける教育技術の問題」となっており、聾唖教育、盲教育、不具児童教育、精神薄弱児教育、不良児教育の五分野が取り上げられている。しかし特輯号にありがちな、「教育技術」の内容を記述する姿勢が執筆者によって異なっている。不具児童教育はほとんど実績がないから概論とならざるをえず、聾唖教育は職業教育中心で、他の論稿は現状が記述の主な内容となっている。本誌における「教育技術」は、「創刊の辞」において「広く深き基礎」のうえに存在するはずだったから、特別な意味をもっていたのである（[一九三三・四]）。たしかに『教育』はとくに初期は、師範系が主要な執筆者だった他の教育雑誌や県教育会雑誌とも一線を画する明確さがあった。まさに「指針」たらんとしたのであろう。[10] しかし特殊教育に限ると、上記の編集上の不明確さはほかにもある。低能児の実践記録に対する奥田三郎の批判は、実践記録の著者とともに『教育』編集部の依頼内容とそのチェックの不備にも及んでいる（奥田[一九三五・一二]）。また、教育心理学者・依田新（一九〇五－一九八七）は「特殊児童の研究法」を依頼されて執筆しているが、自分を「その道に全く無経験の者」としている（依田[一九三七・一]）。彼の記述内容は有益であるが、執筆者が狭いサークル内で予定されているようであり、編集方法に疑問を抱かせる。

大阪市・東京市を中心に京都市でも観察された精神薄弱児や劣等児の教育現場における実践は、戦時体制下で行われた。また、『教育論叢』に限定的に現れた多様な実践の独自性は、日本の初等教育家の実力が遺憾なく発揮された成果であったが、それは、すでに開戦したという状況下において展開された。これらの実践が日本社会の存亡の危機の時期に教育界の一隅で自生的に開花したのは、教職者の生物的な自動反応のようなものだったのであろうか。そして、同じような実践家の活動は、敗戦後まもなく、とくに精神薄弱教育に観察されることになる。

なお、『教育診断』昭和八年六月号は「特殊児教育号」であった。ここでいう特殊児は、小学校に在籍している秀才児・痴愚児・閑却児（学習の不足または過剰）児・虚弱児・保護児童をさしており、盲・聾唖児は含まれていない。このような特集号が刊行されていることは、特殊教育が、小学校教育においてそれなりの課題となっていたことを示すものであろうが、短編過ぎるうえに概説的で表面的な内容であるから、指導に役立つことはない、単なる情報に過ぎなかった（特殊児教育号[一九三三・六]）。

第五節　聾唖学校における口話法の全国化の背景

一．聾話学校の新設と口話法運動の拡大

大正一四年一〇月の文部省諮問に対する口話法答申の効果と口話法運動の影響により、この後、新設される聾唖学校は以下のように、すべて口話法を採用し、既設の聾唖学校では口話学級を開設することになる。大正一四年度に既設の聾唖学校に口話学級を開設したのは、福岡県盲唖学校、石川県立聾唖学校、岡崎盲唖学校、広島県立盲唖学校、大分盲唖学校、和歌山盲唖学校、岡山県盲唖学校である。

昭和二年　東京市立聾学校（小学校特別学級の改組）
昭和二年五月　新潟聾口話学校　新潟盲唖学校の経営に貢献した新潟市の実業家で社会事業家だった高橋助七（一八五七－一九三三）が主要資金を拠出
昭和二年　都城市聾話学院　宮崎県牟田町の歯科医・富田保助が、聴覚障害を持つ長女の教育のために創設（昭和六年一月改称、一〇年四月、宮崎県立聾学校）
昭和三年一月　大阪聾口話学校（昭和八年大阪府立聾唖学校、六年大阪府立聾口話学校）
昭和三年三月　滋賀県立聾話学校
昭和四年二月　沖縄聾唖学校
昭和四年四月　言泉学園（東京府北豊島郡長崎町）
昭和四年五月　馬淵聾唖学校（横須賀市）、巣鴨聾唖学園（東京府北豊島郡西巣鴨町、六年七月から私立学校）
昭和六年三月　岐阜県聾唖学校（県立）、兵庫県立聾唖学校

昭和六年一二月　札幌聾話学院
昭和七年五月　東京昭和学園
昭和七年一〇月　西窓学園聾啞婦人の家（昭和一六年七月、聾啞社会教育研究所、夜間学校を開設）
昭和八年九月　向島聾話技芸学園（東京市向島区）
昭和九年三月　東京府立聾啞学校、静岡県立静岡聾啞学校、広島県立聾学校
昭和一四年　堺聾啞講習所（一六年三月、堺市立堺聾啞学校）

東京市と同じように、小学校特別学級を経て市立聾学校になったのが、昭和八年三月開校の横浜市立聾話学校である。第四章でふれた大正一五年四月に開校した横浜聾話学院は、当初から横浜市社会課の補助を受けた口話法聾啞学校である。翌昭和二年四月には、市教育課が継承して本町尋常高等小学校特別学級となり、同年一二月には、同小学校敷地内に校舎を新築・移転し、本町尋常高等小学校聾部となった。昭和七年には第一回卒業生一四名を出し、八年四月には盲学校及聾啞学校令に基づく市立聾話学校として独立した。九年一〇月には、移転した私立校校舎を修繕し、移転した。このように短期間で計画が変転しているが、これは、市当局が聾啞教育の需要急増を予測できなかったためであろう。昭和九年には児童数九九（男五四、女四五）名、教員数八、昭和一七年には初等部八九（男四五、女四四）名、職業補導部二〇（男八、女一二）名、卒業生は初等部が一一五名、職業補導部が九名、教員が一四名というかなりの規模に成長している。初等部は六年制で唱歌以外は小学校の教育課程による。二年制の職業補導部は、昭和九年に中等部五年制への予備段階であり、裁縫、竹工の職業教育の実施を目的としている。なお本校には、創設者の一人、袴田集義を会長とする横浜聾話教育奨励会があった（横浜市教育課［一九三五］一七三－一七五頁。横浜市教育部［一九四二］一〇一－一〇三頁）。

東京市には、官立・市立・府立、そして私立の日本聾話学校以外に、これらの聾啞学校だけでは賄えない教育需要に応えようとした私立聾啞機関が設立された。これらの初等および職業教育機関ついて、根本匡文の一連の研究がある

（根本［二〇〇八・六］、［二〇〇九・五〜二〇〇九・八］）。根本は、これらの私立校を、盲学校及聾唖学校令または私立学校令に基づく聾唖学校、その他に分類している（根本［二〇〇八・六］二九―三〇頁）。

言泉学園は、印刷業を営んでいた聴覚障害児の親である成瀬闘次・豊夫妻による。成瀬は、昭和四年四月、東京府北豊島郡長崎町に口話法による聾唖児教育施設を開設し、後に言泉学園と命名した。闘次（一八八八―一九四八）は師範学校卒業生で訓導の資格をもち、町会議員や区会議員の経歴があるが、学園の運営は、妻の豊（一八九三―一九四七）が行ったという（根本［二〇〇八・六］）。昭和四年四月に開設された巣鴨聾唖学園の創設と運営は、藁谷貞吉・サメ夫妻による。貞吉は、大正七年度に教諭に昇任して東京聾唖学校を退職した聾唖教育の専門家である。サメは福島県伊達郡准教員養成所を卒業後、小学校教員の経験があり、聾唖教育の知識もあった。教育課程は、予備科では口話法のほかに初歩的な教育が行われ、職業科では裁縫を主として基礎的な教育も行われている。生徒数は四〇〜五〇名だった（根本［二〇〇九・五］）。

東京昭和学園は、羅紗輸入商店の社員だった二宮友薫が聾唖教育に関心をもって、日本聾話学校に教員として勤務の後、自宅を教室として聾唖学校を開設し、昭和一一年に私立学校として認可されている。二宮は、執筆論文の表題等からキリスト教徒と推測される。その学校計画は、予科および初等科で言語指導の配当時間が多く、初等科では一学年から職業教育の基礎が指導されていた（根本［二〇〇九・六］）。

公立中学校教員を歴任した高柳暉が創設した東京聾唖技芸学園は、昭和八年の自宅での聾唖児指導から始まる。その後、向島聾話技芸学園を経て東京聾唖技芸学園に改称された。聾唖教育の経験がない高柳がどのような指導をしたのかは明らかでないが、聾唖教育機関の空白地帯である城東地区において経済的に困難な聾唖児に対して、職業教育中心の需要に応えようとしたという（根本［二〇〇九・七］）。

西窓学園は根本の分類では聾唖学校および小学校の範疇に入らない言泉学園・東京技芸学園のグループに属するが、西窓学園の創設者・丸山千代（一八八七―一九六七）は、もともと桜楓会託児所の経営で広く知られた人物であり（牧［一九三三・七〕）、その次の事業として行ったのが西窓学園聾啞婦人の家だった（丸山［一九三五］。福田・佐々木［一九九五］。聾啞社会教育研究所入所生募集［一九四一・四］。聾啞者の才能を活かす［一九四一・六］）。通常の聾啞教育事業からは漏れてしまう聾啞女性を対象とする社会事業活動が趣旨ではあったが、昭和一六年頃には、夜間学校「聾啞社会教育研究所」を併設し、以下のように、聾啞の成人の多様な需要に応えようとした例のない試みであった。

1. 無教育者に対する速成的な教育（週四日）、
2. 教育歴のある手話班（三日）、
3. 教育歴のある口話班（三日）、初等・中等修了に分ける、
4. 研究班（自由研究）、
5. 文化班（文化一般の研究、一日）。

収容定員は各班一〇人、修業年限は一～五年まで、月謝は月二円（免除あり）。

昭和戦前期の東京に私立聾啞教育機関を創設した人物の属性を整理すれば、聾啞児の両親（言泉学園）、聾啞教育教員夫妻（巣鴨聾啞学園）、会社員でキリスト教徒（東京昭和学園）、社会事業家（西窓学園聾啞婦人の家。姉、妹が聾啞者であった）、中等学校教員（向島聾話技芸学園）となる。このような私立機関は東京市に限られることではないし、公立聾啞学校の収容力不足の反映でもあるが、私立聾啞学校の創設が続いたことは、教育需要の覚醒に対応する教育機関の不足を、個人の自発的な事業で埋めようとする、日本には珍しい一連の動きであった。

大正一四年一一月、滋賀県（近江）の実業家・西川吉之助、名古屋市立盲啞学校長・橋村徳一、東京聾啞学校教諭・川本宇之介等を中心に、口話法による聾啞教育団体「日本聾口話普及会」が結成された。大正一四年一二月に西川の私費

により初号が刊行されていた『口話式聾教育』は、「日本聾口話普及会」の機関誌となり、大正一五年から月刊誌となる。普及会は、昭和六年には「財団法人聾教育振興会」に発展し、同年四月から『聾口話教育』に改題された。なお、昭和三年から、侯爵・徳川義親が会長となり、その後も引き続き就任している。

二　日本社会の支配勢力の口話法支持――主導者川本宇之介・橋村徳一・西川吉之助の意図

(一) 口話法運動における親・実践家・研究者の合同と新しい要素

(1)　口話法運動における特殊教育の新しい段階

日本の口話法の源はいくつかある。親の願望、実践家の着想、そして先進国情報である。後には、耳鼻科学・電気工学が加わるが、前記の三要素が合成されて、従来の特殊教育にはみられない社会的支配層の支持者の拡大が加わって、強力となった。この支持者の広がりが、新しい要素であった。これは間もなく述べる。

第一は、聾による唖を克服し、発語を可能にした教育力に対する驚嘆と親(西川吉之助)の愛情および聾唖児(濱子)の努力に対する感動を伴った敬意であろう。そのような場面は、たとえば、辻本與次郎の和歌山県立聾唖学校長時代に学校の新築落成式に招かれて口話を演示した西川親子の姿から想像することができる。西川は、「実験談、口話の必要、静かな稍低い調子ではあったが、列席者一同其の愛其の熱其の信に全く酔され」た。「にこやかな父の問ふ口許を、つぶさに注視する(濱子の)いたいけな姿、涙なくして聞いては居れなかった」(辻本［一九四〇・九］二一、二二頁)。

第二は当事者の地位の変化である。親自身が口話法運動を主導し、それにより親の役割も変化する。滋賀県近江の実業家・西川吉之助の三女・濱子(はまこ)(一九一六―一九五七　はま子とも表記)は高度難聴であったが、西川には自力で口話法の理論と技術を入手するだけの資金および入手方法の知識と英語力があった。そして彼は、濱子だけでなく、他の聾唖児にも口話法による言語能力を育成したいと考えたのである。このような親の感情や考えは自然なことであり、西川と同じように自分の力で教育しようとする親を生んだ。その例が、長男に聴覚障害があった成瀬關次・豊夫妻による言泉学園の創設である。

そして、口話法の成果をアピールするために、聾唖児の親である西川が積極的に広報し、濱子とともに実演した。『口話式聾教育』と『聾口話教育』は、親と聾唖児を、直接、運動の表面に引き出したのである。口話法において、親は聾唖児の単なる保護者ではなく、言語習得上、教師の共働者になったのである。学校での口話法指導を定着し、口話能力を向上させるには、学校における指導と一貫性ある家庭での指導が不可欠であったからである。そのために、『口話式聾教育』と『聾口話教育』では、両親や祖母を動員して手記を掲載するだけでなく、昭和一一年後半からは、「家庭指導」「家庭読物」の欄を設けている（昭和一六年に聾教育振興会から川本編［一九四一］として刊行）。この結果、口話法運動は、聾唖児の親の地位を高める副産物を生むことになった。

このような親の地位の変化は、聾唖児の親の願望を正当化する。それゆえ、特殊教育の成果を享受できた親は、それを宣伝するとともに、よりよい教育を要求することになる。こうして親は、これまでのように、単に専門家の被指示者ではなくなり、現代の障害当事者的な役割が発生する。ともかく、口話法運動は、このような親を前面に出して、成果を述べさせたり、座談会を行ったりすることで口話法を正当化した（聾教育振興会［一九四一］三九〇－四〇二、四四三－四五〇頁）。これは新教育運動にはみられたが、一般の小学校教育では例がない。

そして言語習得上の親の役割の是認は、口話法の聾唖児の地位も高めることになる。聾唖児自身の発信は、口話法教育の成果であるから、口話法運動において支持される。口話法聾児の座談会まで開催された（聾教育振興会［一九四一］四一二－四二二頁）。また、聾学校で口話法を習得し、社会で働いたり、とくに中等学校へ進学・卒業した男女生徒の例も、繰り返し誇示される（鹿田［一九四〇・五］。聾教育振興会［一九四一］四五五－四六二、四六七－四七四頁。聾唖教育界へ示唆［一九四一・四］。天晴れな「読唇口答」［一九四一・六］）。これは、進路が鍼灸按に規定されがちだった盲教育でもみられるが、既定のキャリア以外に進路を求めたい聾唖児とその親にはアピールするし、支配勢力にも効き目のある教育効果であった。『聾口話教育』には、「卒業生（欄）」が昭和一三年後半には一時的に掲載された。口話法児童をテーマとする記事は最初から用意されていたが、「児童のページ」「子供のページ」「コドモノページ」「子供の頁」と名称を変えたり、童話を掲載したりしながら発展する。聾唖児とその保護者を対象とする誌面構成は、優れていた。

第三に、口話法は、親と聾唖児との関係改善を切り拓く可能性があった。これは、口話法に関心をもつ親の社会階層が、ある程度、経済的に余裕があることとも関連があるが、従来の親と聾唖児との関係型であった放置または溺愛・過保護からの脱却の好機となった。聾唖児は、コミュニケーションはおろか、情緒的な交流もできないため、社会的に受容される喜怒哀楽の表出が困難であり、聾唖者間を超えた通常の人間関係から排除されていたのである（高橋［一九三二］八-九、二五-二七頁参照）。

第四に、さまざまなメディアの駆使である。新聞だけでなく、雑誌は教育雑誌だけでなく、婦人雑誌等、さまざまな分野の雑誌が取材した。そのうえで、新しい情報機器・ラジオが活用される。口話法は、聾唖の子どもが話すという意味で、まことにラジオは好都合だった。

第五に、口話法は、それまでの特殊教育が重視しなかった女性教員の役割を評価するようになる。これは、聾唖児の母親の役割重視の反射効果かもしれないが、聾教育振興会内部に婦人部を結成する着想が生まれて、昭和一一年五月に結成する。さらに、昭和一四年七月には、東京連合婦人会・財団法人朝日新聞社社会事業団と提携し、ヘレン・ケラー来日記念のバザーを共催することが決定された（東京連合婦人会と！［一九三七・八］）。振興会の機関誌『聾口話教育』では、初等教育の市販または教育会雑誌と比較して、女性名の論文が多く掲載されているし、講習会の受講者でも女性の割合が多くなっていたのである。

第六に、財団法人聾教育振興会の役割である。潤沢な資金により、機関誌『聾口話教育』の斬新な編集と発行を行うだけでなく、口話法普及のための各種の企画と実施を精力的に行った。とりわけ、日本の聾唖学校を東部と西部に分けて、それぞれ共同研究会を組織して研究活動を展開し、機関誌に発表した。また、主題を設定して、研究調査を聾唖学校に委嘱し、振興会から幹部を派遣して、実践・研究の指導監督を継続した。聾唖学校における重要課題では、聾唖学校の機能を強化する活動を行った。たとえば、職業教育については、講習会を開催して、教員の職業教育の力を高めたり、巡回相談事業を開催した。これらは、間接的に口話法運動の普及と定着を意図していた。

実践研究活動は、それまでも、愛知校のような拠点校では校長のリーダーシップのもとに独自に実施されていたことであるが、それを振興会の事業として全国の聾唖学校に拡大したことは、聾唖学校の質の向上に寄与したものと思われる。ともかく、教員同士の研究会や研修会が盛んになったことは、口話法運動における新しい特徴であった。口話法運動における研究の拡大は、反射的に、手話法主義の聾唖学校においても、研究会を盛んにした（上野ほか［二〇〇二］五六－五七頁）。

しかしながら、口話法運動の実態は、大正末期から昭和戦前期まで一貫して結束していたようには思われない。それが浮かび上がるのが機関誌の編集方法であり、『口話式聾教育』と『聾口話教育』とでは異なることは、その目次をみれば明白である。『口話式聾教育』では、西川が資金提供者であったこともあり、西川自身や濱子等の寄稿が多く、次いで橋村が占めて、西川のイニシアティブが見て取れる。登場する聾唖学校では名古屋校が圧倒的に多いが、広く全国および外国の口話法教育情報を掲載している。

とくに昭和六年以降は、口話法運動の母体が西川中心（事務局・西川聾口話研究所）から、財団法人聾教育振興会（事務局・文部省）に変わって、川本らの東京三校（官立・市立・府立）（と西川を加えた）グループが中心であり、名古屋校が時に協力しているが、大阪校は初期以外、ほとんど埋没しているようにみえ、それぞれの思惑で活動していたように思われる。財団法人聾教育振興会の『聾口話教育』では、財団法人聾教育振興会の常務理事・川本が実質的な編集者であり（彼は、大学時代の指導教官だった林博太郎の指示で理科教育研究会『理科教育』の編集幹事を長らく務めていた）、西川とともに、毎号、執筆しているが、客観的に口話法運動を見れば拠点校だったはずの名古屋校の橋村ないしは名古屋校の登場頻度は、それほど多くなくなる。

まして、大阪校の名前が出てくるのは、最初期と昭和一七年の雑誌統合期以外は、補聴器の開発・能動学習と加藤亨・前校長の逝去のニュース程度であり、同じ口話法拠点校でも、とくに大阪校の位置は低い。医師主導の経営が、必ずしも成功するとは限らない例であろう。

要するに、口話法運動は支持者の拡大によって盛んになったのであるが、昭和六年以降の口話法運動は、官界・政界・皇族、メディア、そして一部の実業家にまで支持範囲を拡大したばかりか、彼らの権威を後ろ盾に進められていったことは後述する。口話法運動には、従来の特殊教育には少ない、新しい要素を含んでいたにもかかわらず、そして、口話法の開発と改善に真摯に取り組んが少なくなかったにもかかわらず（それゆえ、手話法教育では実現し得なかった口話法を一定範囲の聾唖児は習得できた）、口話法運動で採用された戦略は、一時的な清涼剤に過ぎないことが、間もなく明らかとなるはずだった。この戦略は、進むべき行方を求めて彷徨していた同時代の初等教育界が、先進国や学者といった権威に頼る運動形式を採用していたのに対して、口話法運動では、初等教育のそれを、超える権威を用意したのである。しかし口話法運動の実体が、聾唖教育の行き詰まりの解決方向を、本質的な解決にではなく、手話法への固執や後退に転嫁することに求めた新しい流行に過ぎなかったことは、以下のとおり、戦後に指摘される。

小畑修一が紹介するところでは、昭和三四年に岩城謙が、「従来の口話法が読話と発語に力点を置いた言語教育であったことが、言語そのものの指導を弱体化させていることを主張し、言語を育てる為の指導の確立の必要性を説いた」と指摘していたことを紹介している。岩城によれば、口話法における言語指導は、「話し言葉の音声的な面を強調しすぎて、言語的な面を軽視する傾向が強かった……現在の口話法も発話読話に力を注ぐあまり、言語そのものの指導が等閑視されてはいないか……言語指導を企図する場合には、先ず普通児が四歳迄に習得する言葉（言語素材）を把握して、それをろう児の言語発達にふさわしいような順序に配列した言語素材の体系がなければならない」（小畑［一九八五・一一］七頁）。

ところが、この問題意識は、当の口話法主義者ですら部分的には気づいていたように思われる。大阪聾口話学校の加藤亨校長は、昭和三年前後と思われるが、同校の教育責任者である伊藤舜一に、「発音を教へる事は暫く緩め様。物、言ふだけでは駄目だ。言葉の意味を解らせる事が大切だ。言葉を喋べる話せるだけなら、鸚鵡、九官鳥でも言ふ」と読話の重要性を示し、読話も何度も繰り返さないで一回で理解できる指導を指示したという（大阪聾口話学校［一九四一］二七―二八頁）。伊澤修二以来の口話法は発語中心であり、読話が欠けていたのである。

当時においても、岩城の指摘は、手話主義者によって洞察されていたと思われるが、口話主義者は傾聴しなかったであろう。それゆえ、戦前において認識されなかった口話法の問題は、戦後も再生産され続けた結果、日本人自身の力よりも、外発的な情報や技術により、口話法運動の誤りが正されることになった。

つまり、口話法教育が、初等教育が陥っていた主知主義と形式主義を聾唖教育の立場で革新する契機となりうる可能性もないではなかったが、結局、聾唖教育は（そして盲教育も）、初等教育の問題構造のミニチュアのままだったといえよう。そのような聾唖教育の状況に疑問を呈していた教師は、少なくとも大戦前にはいたのである（藤野［一九三九・一二］）。しかし川本の「聾教育界に於ける長期建設」では、読話および発声と呼吸調節の科学的研究、成人聾者の読話指導、盲聾唖者の教育という四点が取り残された問題であるという（川本生［一九三八・一二］）。ここには、聾（唖）児の教育や実践は出てこない。このことは、育てるべき「強くて善い子」や口話学習によって至るべき「まじめですなほ」はスローガンでしかない（三位一体［一九三九・一二］）。

(2)　オーディオメータおよび電気式補聴器の開発と使用状況

明治期以降の残存聴力の測定と補聴器の導入および利用についてはすでに述べたが、電気式補聴器の導入と国産化と普及は大正最末期から昭和期に入ってからだった。残存聴力の正確な測定に基づく口話法教育は、教育対象の適切な選択と指導の効率化等から考えて極めて有効であった。また補聴器も、残存聴力を活用する画期的な機器となるはずだった。大正一五年に東京聾唖学校に難聴学級が設置されたことも、残存聴力の正確な測定の必要性を高めることになった。

一九二〇年代にアメリカのウェスタン・エレクトリック社（Western Electric Co.）がオーディオメータを開発したが、その一つがA02型であった（坂井ほか［二〇一一・九］四六三頁。佐々木［二〇一〇］二二四－二二五頁。川本［一九四〇］五二一頁）。大阪医科大学教授で耳鼻科医の加藤亨は、彼が創設した大阪聾口話学校でいち早く購入し、使用した。その後、東京聾唖学校でも購入し、その検査結果を発表している（川本［一九五四ａ］二五一頁）。スクリーニング用集団式オーディオメータも開発されたが、日本での使用状況は不明である。

補聴器の開発は以前から行われてきたが、輸入品は高価で修理困難なために国産化が期待されていた。歯科医の星野行恒による歯牙伝導補聴器の着想は大正一四年頃に公表され、昭和八年頃に実用化された（星野［一九三四・四］）。音声の伝導では優れているが、発語時に困難であるという（川本［一九四〇］五二七－五二八頁、［一九五四ａ］二五二頁）。また、上記の加藤は、普及のために廉価版の補聴器の国産を目ざしていたが、昭和七年八月に、日本最初の電気式補聴器を開発し、「リツ（ッ）カフォン」と命名した。リッカは加藤の号「六花」である。この命名からして、この補聴器に対する彼の深い思い入れが容易に理解される。坂井美恵子らにより、加藤が開発した電気式補聴器の再評価が試みられているが（村岡ほか［二〇一一・九］）、川本によれば、加藤の補聴器は「雑音がはなはだしく入ったので、歓迎されず、あまり普及しなかったようで」あり、加藤が昭和一一年に逝去したので、改善されなかったともいう（川本［一九五四］二五二－二五三頁）。大阪府立聾口話学校では、昭和一三年には無響防音室を六花室と命名して、残存聴力を調査し、聴力別学級編制による指導に反映した（［一九四一］一六四－一六五頁）。また、聾唖学校のなかには、補聴器以外にも、市販の拡声器を利用して、集団場面で指導に活用する学校があった。

ところで、残存聴力を利用した聾唖児の実践は、昭和初期から盛んになった。昭和九～一〇年頃をピークとして研究発表も盛んだった。昭和九年の日本聾唖教育会総会・研究会では、文部省から「残聴を有する児童の教育に関し、最も適切有効なる方法如何」が諮問されたから（川本［一九五四ａ］二五三頁）、残聴児童の問題は、ある程度、聾唖学校間の共通課題であったといえよう。しかし、聾唖学校における残聴児の実践研究に対して、川本が下す評価は低い。聾唖学校で盛んに行われている実践は、聴力の研究が主であって、その活用の教育に至らず、「未だ残聴児童の教育方針や方法等も十分検討されず、その指導の結果を発表するまでに進歩」しなかったというのである。そして、これらの実践は「間もなく熱がさめた」。その原因を川本は、効果がなかった、機器の性能が低かった、教師が機器を使用することを面倒がった、の三点を挙げる。かくして、昭和一五年頃には、これらの機器は展示物となったばかりか、「残聴児童そのものを忘れてしまって」、聾児の言語理解は談話だけで十分ということになったという（川本［一九五四ａ］二五七頁）。

このような状況に、日本の口話法運動の弱点が垣間見える。聾啞教育でも、初等教育と同じ図式が描かれたことになる。そこで、つぎに口話法時代に、指導的な聾啞学校が、それまでの聾啞教育とは異なるどのような新しい教育を構築しようとしたのかについて、日本聾話学校、愛知県聾啞学校、大阪聾口話学校について検討してみたい。

（二）実践における新しい基軸

(1)　日本聾話学校の斬新な試みと影響力の限定

日本聾話学校は、日本の聾啞学校にはない特色と可能性をもった構想をもっていた。その一つは、学校目的にあり、後述するように教科的教養と心身の健全な発達と人格の完成に求めていた。もう一つは、アメリカ口話法聾教育の直接的な反映である。第四章で述べたように、教員には、クリーブランド公立学校聾学校で指導経験のあるクレーマーとクラーク聾学校師範部で学んだ畑足子を擁していた。この特色ある聾学校は、昭和初年に一時危機を迎えた。学校の主柱だった村上求馬が、昭和五年一〇月に一身上の都合（金銭をめぐる不祥事）で退職したからである（日本聾話学校資料［一九三〇・一一・八］）。しかし、村上の後は、東京帝国大学文学部を卒業したばかりの二四歳の青年・大嶋功（一九〇七－一九九八）が後継者となり（大嶋［二〇〇〇］三七一頁）、昭和八年には、高名な電気工学者の山本忠興（一八八一－一九五一）が校長に就任することで、本校は特色ある聾学校として存続できたのである。

しかし、日本聾話学校の影響力は、つぎの理由から限定的であったと考えられる。第一は、設立形態である。私立校は、官尊民卑という日本社会の環境において有利ではなかった。また、創設された大正末期から昭和初期においては、県営移管が盲啞学校の目標になっていたから、県営移管を目ざさない本校は他校の目標にならなかった。また、本校がキリスト教学校であることも、それが校内的には結束力の強固を示しても、対外的影響力では、小西信八が指摘したように、少なくとも有利には働かなかったであろう。

第二は、本校の目的と教育課程である。大正一二年一月二六日付の「日本聾話学校設立願」はすでに開校後三年近く経過しての文書であるが、通常の小学校の目的や課程とは根本的に異なっている（四月に聾啞学校として認可）。目的には、「視話法ニヨリ発音ヲナサシ」むこと、心身の発達と善良なる習慣養成があるだけで、学科課程は「聾児感覚練習、読唇法、視話法、手技、遊戯、発音、会話」である。[11] また、対象児は義務教育免除者とされている。修業年限は予科二年、普通科六年で、入学年齢は三歳より一〇歳までである。目的には、小学校学科課程に類する記述はないが、普通科六年の学科課程表が添付されており、小学校と同等の課程を用意していた。

学校目的は、昭和八年二月一日の文部大臣宛「私立聾話学校設置認可申請」では、通常の聾啞学校の教育課程となっている（東京都立研究所［一九七四］三七一－三七四頁）。目的では、口話法に基づくことを明示しつつ、「諸教科ノ教養ニ力ムルと共ニ心身ノ発育ヲ健全ニシ人格ノ完成ヲ期スル」こととする。このような目的論は、大正自由教育が提起された初等教育界の議論としては異例とはいえないとしても、聾啞学校の学校目的の表記としては日本では例がなく、本校の教養重視の教育は、前田（一九九三）が指摘するように、本校卒業後は、さらに高度な教育機会を目ざしたのであろう（前田［一九九三］一〇三頁）。また、リベラル・アーツの理想にも連接するのであろう。

日本聾話学校は、昭和八年三月一〇日には、盲学校及聾啞学校令に基づく聾啞学校としての設置申請をし、同時に、中等部五年課程が開設される。この課程は、日本の聾啞学校にはない特色があった。それは、中等部に職業課程がないことである。たしかに、中等部には、裁縫が週六時間（男子は洋裁、女子は和洋裁）開設されているが、同じ時期の口話法学校だった東京市立聾学校四年課程の中等部裁縫科では、週一四時間（第四年は一七時間）が配当されていた。市立校のもう一つの職業課程である工芸科でも、工芸の配当時間は裁縫と同じである。日本聾話学校では中等部が五年課程だったが、裁縫の授業時間数は東京市立聾学校のそれに遠く及ばない（東京都立教育研究所［一九七四］三七三、三七六－三七七頁）。

これはまさに学校目的と対象児の違いに起因する。国内の聾啞学校は、職業自立こそ、最終の教育目的であった。日本聾話学校中等部を卒業した生徒の進路については把握できないが[12]、職業自立に学校としての対応が必要な事態が生じていたことは、村上主事が、小さな印刷所（「ローワ印刷所」）を経営して生徒の働く場として考えていたことから推測できる（日本聾話学校史編集委員会［一九九〇］二八、三五頁）。

しかしこのような学校目的も、修正せざるをえない状況が生じていたようである。それは、昭和一一年度からの組織変更であり、中等部職業科の新設と研究科の設置である。これにより、修業年限と収容定員は予科三年・三〇名、初等部六年・六〇名、中等部五年・五〇名、研究科二年・二〇名という体系的な課程が完成し、収容定員は従来の一〇〇名から一六〇名に増えた（日本聾話学校資料［一九三六・六・二二］）。

研究科は中等部卒業生またはそれと同等以上の学力を有する者を対象としたが、課程は普通科と職業科で修業年限は二年、総定員は二〇名であった。学科課程は、普通科では三分の一程度の授業時間が国語で、職業に結びつく学科目は週四時間程度であり、体操が男三時間、女二時間、女生徒には家事が三時間配当されているので、本校の一貫した、新教育の理念を反映した学校目的に対応しているように思われる。それに対して、職業科は、週四四時間のうち三三時間が職業科なので、意図は明瞭である（国語は五時間）。こうして、一貫した学校目的は、高等教育制度が整備されていたアメリカとは異なる日本において[13]、高等教育を目ざすことは困難であり、職業教育を重視する方向に転換したものと思われる。

職業教育を重視しつつもそれだけに埋没しない方針は、中等部職業科ですら維持されている。中等部職業科は、洋服裁縫科、和服裁縫科、工芸科が設置され、他の聾啞学校とは異なり、どの科も男女を入学対象としている。収容定員は職業科全体で二五名（普通科も二五名）であった。学科目の重点は洋服・和服・工芸のいずれかに置かれているが、生徒がどの職業科に属していても、それ以外の職業科目も配置され、国語が全時数の三分の一程度等、広い範囲の授業が配当されている。職業教育課目の相対的な少なさは、五年という長い課程で対応しようという考え方なのであろう。

同じ口話法聾学校でも、大阪府立聾口話学校は、早期に将来の職業自立の具体策を準備している。大正一五年二月に大阪聾口話学校として創立後（聾唖学校としての府の認可は昭和三年一一月）、昭和八年に府立移管したが、昭和一四年四月二六日、大阪聾口話授産協会が組織され、七月二四日には授産場の発会式が挙行された。その後、印刷部の生産が開始され、木工部や裁縫部への拡大が計画されていた（大阪府立聾口話学校［一九四二］一七七、一七九－一八〇頁）。

予科の三年課程、初等科六年課程でリズムが開設されているのは、口話法関連の授業である。

第三に、日本聾話学校は、全国の聾唖学校に向けた口話法普及のための方法が弱かったことである。本校による全国大会での提案、国内の雑誌や著書による発表は、名古屋市立盲唖学校と比べるまでもなく、きわめて乏しかった。口話法運動の帰趨は情報の質量の闘いでもあったから、西川吉之助の私財による『口話式聾教育』の無料配布が、口話法運動を有利に導いたことでも理解できる。もっとも、日本聾話学校には、国内の聾唖学校に対して、口話法普及のうえで強力なイニシアティブをとろうとした意思があったかどうかは考慮すべきであろう。

第四に、日本聾話学校は、高額の授業料を必要としていたことである。予科と初等部の授業料は一月五円（昭和八年には八円）、入学料は三円、中等部は授業料が一〇円、入学料が五円だった（東京都立教育研究所［一九七四］三四二、三七四頁）。ちなみに、昭和七年四月現在の全国（一府二九県）平均の教員俸給額調査と比較してみると、小学校教員の俸給月額は五六・一〇円、中等学校教員は一〇六・九一円で、前年より低下していた（小中等学校教員初任給及平均給調査［一九三二・八］）。毎月五～一〇円の支出は、一般の家庭にとっては相当な負担額であり、支払いは困難であっただろう。

しかし本校は、教会関係者の強力な支持はあったが、財政的には授業料収入が主たる財源であって、経営は苦しかった。多方面からの寄金だけでなく、政府省庁および東京府・市からの下賜金・補助金・助成金を昭和初期から得ていた。

財政状態を具体的な数値で見ていくと、大正一二年の設置申請における初年度の収支計画では、収入総額四二九〇円のうち授業料は一六五〇円、入学料は九〇円で、総額に占める児童納付金の割合は四〇・五六％に達していた。それ以外は、「特志者寄付金」が二〇〇〇円、「ミッション補助金」が五〇〇円、利子・雑収入が五〇円だった（日本聾話学校資料［一九二三・一二・一五］）。

昭和一〇年度予算では、収入総額一万二三八九円の内訳は、最も大きな割合はアメリカ長老教会からの三〇〇〇円とアメリカ福音教会の補助金一五〇〇円（三六・三一％）であるが、授業料が三九二七円（収入総額の三一・七〇％）を占めている。寄付が二二〇〇円（一八％）、日本の中央および地方政府からの補助金が一〇〇〇円と宮内省下賜金三〇〇円（一〇・四九％）、基金利子が四三二円（三・四九％）となっている。つまり、ほぼ確実な収入源は、基金利子・教会補助金・授業料となるから、授業料は高額にならざるをえなかった。授業料額については、文部省から、将来において減額することを認可条件とすること、支払い困難な児童には減免を考慮することという指示があった（日本聾話学校資料［一九三六・六・二二］）。もともと本校では大正一二年の学校設置申請時に、「貧困聾唖者ノ無料教育ヲモ多数施セント企画シツ、」あったのである（日本聾話学校資料［一九二三・一二・一五］）。しかも、大戦勃発後はアメリカの教会からの送金が途絶えて大変な難儀を経験することになる（日本聾話学校史編集委員会［一九九〇］三六―三七、四六頁）。

なお支出では、七〇％強（八七二四円）が専任または兼任教員給であり、しかも、校長や教会関係者は無給であり、有給であっても実質的な教育責任者・大嶋功は月に七五円、最高額でも畑足子が一〇〇円という平均的な額だった（日本聾話学校資料［一九三六・六・二二］）。

(2)　名古屋盲唖学校の橋村徳一の総合的運動

橋村徳一の口話法は、川本と異なり、アメリカ情報を源泉としていない。自らの実践の開拓による成果である。橋村以前までは、東京校と京都校が日本の聾唖教育を主導してきたが、口話法を旗印にした橋村の登場によって、聾唖教育界における名古屋校の位置は一挙に頂点に達する。それは、実践の着実な蓄積に留まらず、当時のメディアを活用した宣伝と広報による口話法および愛知校の周知、口話法教育研究書の刊行、全国聾唖教育大会における情報発信、教員養成による口話法指導法の定着と拡大、研究会・講習会による口話法実践の周知と向上、大正一五年二月から毎年実施された保護者対象の講習会による家庭での早期教育（「幼聾児家庭教育講習会」六週間）と相談事業、職業指導講習会の開催、口話法用教具の開発、そして記録の公表といったように、橋村の口話法運動は、総合的で体系的な内容を伴っており、戦略性もあったと思われる。家庭教育講習会に参加できる階層は限定されているが、口話法確立までの端緒における限界として認識されていたであろう。

(3)　大阪聾口話学校・加藤亨の機器開発と新しい口話法学校経営への支持拡大

このような支配勢力の種類や属性が分かるのは、創設・運営資金を外部に頼る私立学校の場合であるが、日本聾話学校のようにキリスト教会が組織的に関与した聾学校でない事例が適例である。そこで、口話法運動が盛んになり始めた時期に、耳鼻科の医師・加藤亨によって大正一五年に大阪に創設された大阪聾口話学校の支持者を、おおむね府立移管までを中心に整理したのが表8－5－1である。府立移管までに時期を限ったのは、この時期の日本では公（官）立校に移管されると、経営資金には不安がなくなるので、社会的関心が低下するからである。

ところで、口話法運動を検討する場合、手話法時代の聾唖学校にはそれほど顕著でなかった特徴に触れておく必要がある。それは、口話法聾学校への支援が全国に拡大するなかで明瞭になったことは、聾唖学校が口話法を採用していたことである。また、支持者には多様性と階級性が顕著なことであるが、その内容は、学校または組織によって異なる。大阪校の場合では、政界・官界、メディアだけでなく、実業界や高位の軍人から支持されたことがわかる。また、これらの人々は支配体制に属している人々でもあった。しかし、大阪の場合、とくに創設初期では実業家が中心となって後援会を結成しているように、彼らの位置が高い。

しかし口話法運動の全体的な特徴は、口話式聾教育普及会が財団法人聾教育振興会に発展する過程において、支配体制の位置は高まるが、その後は低下する。それは、教育需要の増大による社会階層の拡大[14]と口話法の成果予測の減退によるものであろう。

加藤亨は、大阪医科大学耳鼻科教授だったが、大阪聾口話学校に専念するため、大正一五年六月七日退職した。同時に、加藤病院を開業している。加藤あるいは大阪聾口話学校の戦略は、メディアを利用した宣伝、研究と学校内外での授業実演、科学的研究だった。メディアでは、扇情的・情緒的な見出し「涙を誘ふ放送」だけでなく、「オシ、ツンボの教育を手話法によってゐるのは大阪の恥だ」、「唖でも立派に話が出来るこの良い教育法を大阪だけが採用しない」、「その不当不文(分)明」として、「口話法教育の進歩有益」を対照させて、手話法あるいは大阪市立聾唖学校に対する攻撃を伴っていた(加藤[一九二八]二、三、五頁)。日本では、加藤のような公然とした攻撃性は珍しい。

誇張もある。手話法は旧式で、盲人は点字に頼らざるを得ないが、聾者には口話法があるから、「頗る有利」で、聾唖という「欠陥の一半はすでに除かれた」も同然である(土屋、加藤[一九二八]感謝状)。加藤の口話法を、予言者の詞に適へりとイザヤ書の聾唖の治癒になぞらえる人もいた(弔花生、加藤[一九二八])。聾唖教育界でも、「聾唖学校に於いて児童生徒に口話を有効適切に教授する方案如何」という文部省の大正一四年の

表 8-5-1　大阪聾口話学校の支持者・参観者
(昭和 7 年度まで)

ラジオ放送・新聞等	大阪放送局ラジオ放送、とくに唖生の口話実演		
	JOBK	大 15.3.14; 昭 6.10.30	加藤亨「唖の口話教育」ほか
	関西日報、大阪毎日新聞	大 15.3.15	
	大阪毎日新聞	大 15.3.17	大阪市庁で講演と実演(關一市長・市会議員等)
	土屋元作	大阪時事新報社主筆	
	本山彦一	大阪毎日新聞社長	
	斎藤弔花	随筆家	
実業	小西久兵衛	小西薬剤学校を昼間教室に借用(3カ月)	実業家
	鳥井信次郎	(株) 壽屋	酒類製造販売
	豊島久七	(株) 豊島	綿糸業
	竹尾治右衛門	竹尾商店一一代	実業家
	村地久治郎	大阪商事(株)	実業家
	山本為三郎	日本麦酒鉱泉社長	実業家
	山本重藏	山本絹綿紡績	実業家
	高津久右衛門		実業家
	佐渡島伊兵衛	鉄等専門問屋	実業家
	金原與吉		実業家
	杉本又三郎	大阪府会議長、魚問屋	実業家
	井澤清兵衛		実業家
官界	中川望		前大阪府知事
政界	上村・古畑・雨市		市会議員
	田中譲	後援会幹事長	市会議員、衆議院議員・実業家
	望月内務大臣		政府
	岡田海軍大臣		
医学	中村登	京都府立医科大学教授	医師
	平川博士		
皇室	賀陽宮恒憲王	昭 6.11.17	陸軍中将
	賀陽宮恒憲王	昭 11.4.48	陸軍大将
華族	徳川義親		侯爵

第一回聾唖教育会への諮問に対して「常に普通人との交際に慣れしめ自ら進んで社会生活に入るの意気を養ふこと」（答申六の4）と常人並になることが可能であることを暗黙に示す（森［一九二六・三］一七〇頁）。

そして科学的な装飾である。加藤は、聴力が改善されるという「音島」説を提唱し（この学説は支持されなかった）、補聴器「リツカフォン」を開発し、廉価化を図る。また、昭和三年八月には、唖生の音声の一年間の変化を記録したSPレコードを披露し、「大阪聾口話学校創立壹カ年口話成績」を発表した（坂井［二〇一三］、加藤［一九二八］一五－一六頁）。

大阪聾口話学校に顕著で、他の口話法聾学校に例がほとんどないのは、前述のように実業家の支持である。これについては後にも触れる。

(三) 口話法運動の優位過程における支持者の拡大

口話法運動の優位過程において聾唖教育とは関係がなかった支配勢力の参加は、おそらく口話法運動の通例であり、アメリカでも観察されたし、A・G・ベルに典型的なように聾唖者を含む手話法支持者に対して排除的だったことも共通している（中村［一九九一・六］）。日本の口話法運動では、皇室をはじめ実業・政治・官僚・医学・陸軍・新聞等に至るまで、多様で多彩な支持者に満ちていた。政治・官僚では、中央だけでなく地方にも及んでいた（大阪聾口話学校を参照）。

その新しい支持者の拡大は、口話法運動の組織・財団法人聾教育振興会の創設一五周年記念誌と振興会の機関誌『口話式聾教育』および『聾口話教育』の比較から容易に分かる。これは皇族から華族、政府長官・高官にまで及ぶ。

最初に、大正一四年から昭和六年までの日本聾口話普及会時代である。

会長　空席（徳川義親は就任に固辞）　代理　岡田和一郎

副会長　岡田和一郎　西川吉之助

顧問　岡田良平（文部大臣）　徳川義親　林博太郎　加藤亨　吉田熊次　中村登　松本亦太郎　小西重直

幹事　橋村徳一　川本宇之介

このなかで、岡田和一郎・加藤・中村は耳鼻科医で、岡田は東京、加藤は大阪の帝国医科大学教授であり、中村は京都府立医科大学の教授で、西川の娘・濱子の聾診断を行った。林（伯爵で貴族院議員、川本の指導教官）と吉田は教育学、松本は心理学の教授で、いずれも東京帝国大学教授だった。西川とのつながりや提案もあるが、口話教育普及会の役員決定は、ほぼ川本主導であったといえよう。それでも、聾教育振興会の役員よりはそれほど装飾的委嘱が多くはなかった陣容だった。

そして、財団法人聾教育振興会になると、事務局は文部省普通学務局におかれ、「事務は小笠原学務課長、草場属、川本専務理事によって」行われた。「尚顧問には大臣及び財界学界の権威が網羅せられて」（財団法人聾教育振興会［一九三一・三］）、官製化が進行したことは、つぎに明らかとなる。

役員には、下記のように官界や実業界の錚々たる顔を揃え続ける。その歴任者と役員任命時期に近い主たる経歴を示せば以下のようになる。

会長　徳川義親（侯爵）

副会長　篠原英太郎（内務次官、文部省普通学務局長）、武部欽一（文部省普通学務局長）、河原春作（内務省官僚、文部次官）、藤野恵（内務省保護課長、文部省普通学務局長）、下村壽一（文部省社会局長）、菊池豊三郎（文部省実業学務局長）

理事　阪谷芳郎（大蔵次官、大蔵大臣、男爵）、田所美治（文部次官）、小笠原豊光（文部省）、富田愛次郎（内務省社会部長）、服部纉、堀池英一（文部省秘書課長）、狭間茂（内務省地方局長）、山崎巌（厚生省社会局長）、伊藤日出登（文

部省初等教育課長）

聾教育振興会の当初の理事は、樋口長市（官立校）・加藤亨（大阪校）・西川吉之助（滋賀校）・橋村徳一（名古屋校）

常務理事　川本宇之介

監事　赤司鷹一郎（文部次官）、篠原三千郎（東京光学機械社長、後に東京急行電鉄社長）、青木鎌太郎（愛知時計電機社長）、鈴木信吉（？）

祝辞　一木喜重郎（宮内大臣）、安達謙蔵（内務大臣）、田中隆三（文部大臣）、松田源治（文部大臣）、後藤文夫（内務大臣）、永田秀次郎（帝国教育会長）

口話法聾学校視察　田中隆三（文部大臣）、望月圭介（内務大臣）、東久邇宮殿下、高松宮殿下夫妻、徳大寺実厚侍従（御差遣）、岡田啓介（海軍大臣）、武部欽一（前出）、賀陽宮殿下、久松侍従（御差遣）、御差遣（九州二校）、皇太后陛下、賀陽宮殿下、北白川宮妃殿下・竹田宮妃殿下（バザー）（訪問順）

理事数は、発足当初の七名から一四名に肥大する。文部省・内務省の高官経験者の口話法運動への参加、皇族の口話法聾学校訪問、そしてメディアの報道は、日本のような社会的・文化的環境においては、口話法に対する社会的な信用保証の機能を果たしたであろう。しかし、正当性が担保されない場合は、口話法に対する信用を逆に毀損する機能を含んでいたことはいうまでもない。そして信用に対する懐疑は、昭和戦前期末期に、第九節で述べるような手話法主義者からだけでなく、口話法運動の中枢人物・徳川義親および西川吉之助と、口話法の可能性と成果のモデルであった人物・西川はま子から発せられることになる。徳川は尾張徳川家の当主で、さまざまな社会改良の試みに関与した人物である。

ところで、口話法運動の参加者の共通項は、担い手が門外漢である点にある。日本の口話法運動のイニシアティブは、聾唖教育の実践から生まれたものではない。トリオの一人、橋村徳一は、本来は小学校教員・校長であり、東京盲唖学校教員練習科で初めて口話法の理論と技術の情報を得た。川本に至っては、少壮の教育学者で教育行政官としてのキャリアも短かったうえに、その範囲で特殊教育の一部に触れたにすぎず、まして聾唖教育には素人であった。文部省嘱託として盲・聾唖教育の在外研究に欧米に出かけたが、本人自身のことばで示せば「何も知らぬ素人が研究」（川本生［一九三六・一二］）したのである。こうして、川本の口話法支持は、当時、アメリカで拡大していた口話法運動の見聞から外発的に生じたのであり、聾唖教育の理論あるいは実践という自己の内部から生み出されたものではなかった。西川だけは、聾唖児の親という言語指導法に直接の利害をもつ当事者ではあったが、聾唖教育を知っていたわけではなく、聾唖（高度難聴）児の親として、音声言語を希求するという自然の感情をもっていただけである。西川もまた実業家で、聾唖教育との関連がないキャリアだったことが、口話法という情報を求めるうえで好都合だった。

要するに、一九世紀末以降の口話法運動の発生・拡大の源は、聾唖教育の専門家にあったのではなく、非専門性を共通項としている。これはおそらく口話法運動に共通する一般的な現象であって、アメリカ口話法運動でもまったく同じである（中村［一九九一・六］）。

まして、聾唖児および聾唖教育界とは関係のない上記の支配勢力の人々は、口話法の困難さと成功までの辛苦、成功する割合について、児童の聴力損失の状態と関連づけて検討する機会も材料もなかったから、成功した一部の例を一般化し、口話法を賞賛したのである。

口話法の支持者になる可能性があったのは聾唖児の親である。これについてはすでに述べたように、口話法は、これまでの親の役割を変更する可能性もあった。外国情報は口話法でも十分に活用され、とくにアメリカの口話法情報は、口話法に有利な部分が選択されて導入される傾向が強かったし、昭和一二年に来日するヘレン・ケラーもある程度の構音は可能だったので、この偉人の事例も活用された。ともかく、不可能を可能にするかのような口話法（運動）をめぐる一種の熱気は、日本独特の情緒的で全体主義的な傾向があり、別に述べるヘレン・ケラー訪日時ほどではないが、口話法に対する興奮状態もみられた。

そのうえ、口話法運動の盛り上げ方では、貴族院議員・田所美治の尽力により（田所［一九三〇・七］三七－三八頁）、華族会館（昭和四年一一月四日）や首相官邸（昭和五年六月六日）を運動の正当性と権威性を付与するために、発表式の会場として利用した（川本［一九四〇・七］二六－三〇頁参照）。舞台装置として、戦前の社会属性を利用するような、奇妙な華やかさと危うさを含んでいた。華やかさとは、聾教育振興会への日本の支配階級の結集であり、昭和一一年五月に結成された上流婦人による聾教育振興会婦人部の結成である。[15] このような華やかさは、婦人部の活動が永続しないという意味で危うさでもある。さらに、危うさとは、口話法運動に対する興味の減退と当初の成果予測の未達成である。手話法主義者のなかには、限られた教育期間において、何よりも経済的に自立させる見通しを得るという制約のなかで教育している人々がいたが、そのような意味では、口話法支持者は、それよりも上位の社会階層の親を需要者としていたとみられる。

私立口話法学校では、支持者にはそれぞれの特徴があった。昭和期になって創設された聾唖学校のなかで、新潟聾口話学校と馬淵聾唖学校は実業家、都城聾話学院は歯科医による個人的な尽力によっていた。それに対して大阪聾口話学校は、後援会は実業家集団から構成されていた（大阪聾口話法学校［一九二八］一〇－一二頁）。大正一五年一二月に結成された大阪聾口話学校後援会の発起人一〇人[16]には、七〇歳を超えた竹尾治右衛門から三三歳の山本為三郎を含んでおり、鳥井信次郎、そして、大阪商業会議所の常議員として活躍した豊島久七もいた。明治三六年の第五回内国勧業博覧会で経済的に飛躍した大阪は、第二次産業革命を経て、産業構造を重工業へと転換させつつあった時期であった。耳科医の加藤亨は、オーディオメータや廉価版電気式補聴器を開発することにより、科学的データに基づく口話法聾教育を推進しようとしたのであり、彼の聾教育事業は実業家にはアピールするものだった。それゆえ、実業家にとって大阪聾口話学校を、日本の聾唖教育における最新のベンチャー事業とみなして、実業家は共感をもったのであろう。第二は、実業家としての合理性追求である。唖でも話すことの理想や教育上の是非はともかく、いままで不可能であったことが可能になるとの科学の理論と根拠に対して、彼らの経済的合理性が感応したのであろう。後援会結成趣意書の冒頭における「偉大なのは新しい科学の力」から始まり、加藤博士の「多年の専門的研究と実験」、「該博なる智識と学問的信念」に基づく口話法の採用によって、「一新紀元を画せんとする社会的人道的の一大事業」によって、「今日に於ては聾児は最早不具者」ではなくなるという内容は、まさに大阪財界人に訴えたのである。これは、日本では特殊教育に財界が広く反応した珍しい例であるとともに、東京の聾教育振興会のように権威に頼っていない点にも特徴がある。

三　手話法運動の抵抗とその意義

日本の言語指導法が、大正末期から、文部当局が干渉するようになって実質的に決定されたことは、先進国に類を見ない現象であった。いかなる言語指導法を採用するのかは、聾啞教育専門職の判断に委ねられる問題であったからである。アメリカの口話法運動のように、教育運動を超えて社会運動になった場合、言語指導法におけるマイノリティが口話法から手話法に移り、新たにマイノリティとなった手話法は苦難の時期があった。また、資金提供者である州や学校区の意向は、たしかに言語指導法の決定に大きな影響力をもっていた。それでも、地方分権であるから、国全体が同一方向を指向するとは限らないし、専門職の意向はそれなりに尊重されている。

ところが、公権力が言語指導法の決定に関与し、中央集権・画一性や過度な同調性という日本のような社会的・教育的条件のもとでは、国の方針とは異なる言語指導法である手話法や指文字法が正常に存続することには、かなりの困難を伴う。まして、口話法は抵抗しがたい正常化論や支持勢力をもっていた。元来、手話法と口話法は正邪の問題ではなかったはずであるが、日本に新しく導入され、先進国でも盛んになっていた口話法は、正義の位置を独占したのである（もっともアメリカでも、口話法－手話法は正－邪論になるが、これには、グレアム・ベルの個人的性格が関与しているであろう）。

たしかに口話法が適している聾啞児にとっては、口話法の導入は恩恵になったであろうが、適していない聾啞児には苦痛であるうえに、反教育的でもあったであろう。口話が可能な聾啞児が無視されていた手話法体制が、すべての聾啞児に口話法が強制される口話法体制に裏返しになっただけであった。事実、口話法教育では、一般の自発的活動とは逆に、教師の命令のままに「生徒の演ずる受け身的の活動」であるとの批判もあった。無署名の巻頭言であるが、樋口と推測される（巻頭言［一九三六・三］）。手話法よりも教授上のスキルが必要な口話法聾唖教育のために、教員の指導力や専門性が向上したわけでもなかった。経営はしだいに県営になっていくが、私立時代から抜本的に改善されたわけではなく、盲・聾は分離されなかったし、それでも、一学級当たりの児童生徒数の標準規定もなかった。

統計上も、圧倒的に口話生徒数が手話生徒数を圧倒するのであるが、事実がそれほど単純ではなかったことは自明であろう。[17]統計では、手話生徒と口話生徒の区分しかないけれども、なぜ混合方式（combined system）の生徒数の情報をとらなかったのだろうか。日本聾唖教育会『聾唖教育』には、アメリカ情報が紹介され、combined system という区分も、その数字も含まれていたのであるが。

「自明」と判断する別の理由は、口話法体制にあるにもかかわらず、聾唖教育の現場では、口話法が圧倒的とはいえない情報が漏れてくるように示されているからである。『聾唖教育』の巻末には、聾唖教育時事コラムのようなページがあるが、昭和一三年一〇月に、下記のような内容が列挙されている（聴覚練習室［一九三八・一〇］。同じ趣旨の［一九三五・七］も参照）。順序と表現は一部変えてある。

たしかに、口話法指導の成果を示す評言もある。

△附句「よろこべ」集その一

合宿の夜の寝言も口話なり

教師よろこべ親もよろこべ

しかし、口話法の評価は、必ずしも肯定的とはいえない。これから推測すれば、日常の教育現場において、口話法が手話法を圧していたとは思われない。

△長期攻戦　口話の大軍
　長期抗戦　手真似の堅塁
まさか〇〇事変でもあるまいに。

△手真似でこそ、情操教育が始めて出来るのだゾ。
馬鹿言へ！！言葉無しで可能の感情教育は、ダンマリか茶番狂言位のもだゾ。
木村行司「勝負あづかりッ」

△勤労集団の合宿に新発見をした室長の先生
甲　オイ僕の方の生徒　ゆふべ手真似で寝言言つてたヨ
乙　そんな口話生では情け無いネ、僕の室の奴は口でムニャムニャ言つてたヨ、勿論何のことか解らなかったがネ――。

△斯く迄　努力しても人に解るやうに口では物が言へぬなら　いつそ　腕に物を言はせて　早くよい職人に製造するがこの教育の大得策。

昭和一四年五月の聴覚練習室の筆頭には、以下の文章がある（聴覚練習室［一九三九・五］）

△又本年（ママ）も同じやうに形式的に反復して一ヶ年を過さんかな。皇軍は次々と奥地への突撃に眼ざましきに、口話の聖戦は聾児の喉のトーチカ今以て一つも占拠出来ず、呼。

日本の聾唖教育界では、一つだけの言語指導法を前提として全聾唖児に強要する代わりに、聾唖児の言語指導上の適格性を認めて、それぞれの教育方法を構築することができなかった。このことは、聾唖教育に、そしてそれ以外の社会活動にも、日本の体質的な問題があったように思われる。このような状況下で、少数の手話法主義者に、画期的な成果を求めるのは酷であろうが、藤本東洋男の手話演劇集団「車座」（総会研究会）の発想は聾唖者には前例のない表現活動であり、何よりも聾唖者のアイデンティティを確認する機会となった。

四．聾唖学校教育の質改善策としての口話法運動とその結果

（一）口話法が聾唖学校を席巻した背景

口話法運動が大正末期以降、急速に全国の聾唖教育界を席巻したのは、いかなる理由によるのであろうか。この疑問は、口話法指導については前史があることから生じる。明治時代だけでも、伊澤修二は、東京盲唖学校で唖生に指導開始（明治一九年五月一六日。東京盲学校［一九三五］一五五頁）、二〇年および二三年五月に大日本教育会で講演（伊澤［一八八八・九］二二頁。全国教育者大集会概況［一八九一・六］二二頁）、そして二三年の論文「視話法及唖生ノ発音」（一八九〇・一二）、明治三一年のアレクサンダー・G・ベルの来日と東京・京都・長崎の盲唖学校訪問・講演、明治三四年の伊澤修二『視話法』の刊行、明治三七年の小樽盲唖学校における小林運平の指導、明治四二年九月設置の和歌山県師範学校附属小学校聾唖学級における辻本與次郎の発音指導の試行（佐々木［二〇〇五］、［二〇〇六］）があった。また小西信八は、伊澤修二指導による吉川金造等に対する東京盲唖学校における発語指導の効果を、各地の講演会等において演示した。

大正末期以前の聾唖児の発話は、たとえば、東京盲唖学校入学前には発語することがなかった吉川金造が、帰宅して

表 8-5-2　公私立聾唖学校の初等部・中等部在籍数（明治 36 〜大正 14 年度）

			明 36	明 37	明 38	明 39	大正 8	大 9	大 10	大 11	大 12		大 13	大 14
公立	普通科	男	136	131	137	131	216	274	325	421	453	初等部	594	706
		女					160	181	241	333	359		407	506
	技芸科	男	21	28	35	38	63	60	70	73	71	中等部	114	114
		女					41	47	48	52	61		67	91
私立	普通科	男	238	242	287	374	468	519	474	514	518	初等部	406	407
		女					18	327	328	366	28		298	289
	技芸科	男	7	2	16	69	271	32	14	29	340	中等部	63	29
		女					18	24	20	28	32		39	18

出典：文部省年報。大正 13-14 年度の中等部には、別科・予科等は含めない。

両親に音声で挨拶した時の家族の驚嘆のような逸話はよく知られているし、彼の口話が、講演会における実演によって人々に深い感銘を与えたであろう。そしてまた、ベルのように電話発明による世界的有名人で、唖でも話せる技術をもっている人物の来日は、昭和一二年のヘレン・ケラーほどではなくても、ある程度の熱狂が国民の間に生じても不思議ではないはずなのに、聾唖教育界も日本社会も、それほど反応しなかったようにみえる。たしかに、小林や辻本のような熱心な聾唖教育教師は、自らの実践内部から、口話法の必要性と可能性を模索していたことは確かであるが、全国的な反応にはならなかった。

そこで、この疑問を検討してみたい。表8−5−2は、明治三六年度から大正一四年度までの公立・私立聾唖学校の生徒数を示した。明治三六年には、官立校を除くと聾唖学校は五校程度しかなく、児童数は四〇〇名ほどしかいなかった。それも、普通科に集中しており、初等段階で学校を離れ、何らかの仕事に就労する聾唖児がふつうの姿だったといえる。ところが、大正末期になると、児童数は五倍以上急増し、大正一二年盲唖教育令によってますます増加することになる。また、盲唖教育令によって初等部・中等部の設置が原則となるので、聾唖教育は体系化が促進されることになる。さらに、就学聾唖者の増加は、従来の裁縫等のようにコミュニケーションをそれほど必要としない職種だけでは、増加する聾唖卒業生を吸収できなくなる。また、教育機会の普及は、より通常の教育を進めることになる。

ところが、児童数の増加に伴って教員が増加するが、聾唖教育や手話法を知らない教員が聾唖学校に着任することになる。このような状況に登場したのが、口話法運動のトリオであり、しかも口話法運動に対しては、これまでの盲唖教育にはない大応援団がついた。これはアメリカ口話法運動でも先例があり、口話法運動には、何らかの興奮がつきものだった。

また、聾唖教育の指導者の世代交代もみられた。バランスのとれた小西信八から口話法を最良と確信する樋口長市等を経て、口話法運動の中心で、先導し、扇動していた川本が、昭和一七年、日本聾唖教育のナショナル・センター、東京聾唖学校長に着任し、口話法に対して文部省と官立校の権威による裏書きをした。また、これまでの主導校でない名古屋が口話法を先導し、教員養成まで行った。

こうした状況において、口話法がいったんは聾唖教育界を支配したのである。こうして口話法は順調に普及するかに見えたが、実際はそのようには進行しなかった。昭和戦前期の前半には、陰りが見えてきたのである。口話法をうまく習得できない聾唖児が目立ってきたのであろう。これは、対象児選択と教員の専門性に問題があったとみられる。盲教育では、盲児は言語に不自由しないし、点字習得も容易だから、教育も困難がないと錯覚したように、口話法の指導は簡単であるとの誤解があったものと思われる。

(二) 口話法に適した聾唖児の選択と実際

口話法に適格な聾唖児について、聾唖教育関係者間における言説では、言語指導法の立場にかかわりなく、ほとんど不一致はない。口話法が有効で最適な聾唖児は、残存聴力のある聾唖児やスピーチ習得後に失聴した聾唖児である、というものである。しかし実際には、口話法聾唖学校が、このような対象児のみを選択して行ったわけではない。聴力の測定や診断の方法は経験的に開発されてはいたが、正確さはそれほど期待できなかった（オーディオメータの一般的な利用は戦後）。また、聴き取り能力は聴力損失の程度だけで規定されるものではないことも、分かってきた。

しかし、一定年齢以上になって聾唖が疑われれば、いかなる聾唖児であっても、いったんは口話法を試行することが一般的であっただろう。聾唖教育界では口話法が新しい方法であり、進むべき方向として指向されており、聾唖児の親は、口話法による指導を求めている状況があったからである。そして口話法指導の試行が開始されれば、それは暫く続くことになり、成果が挙がらないことが誰の目にも明らかになった段階で、その聾唖児は口話法の対象ではなくなる。まして、口話法運動は社会運動であった宿命から、少数の成功例を喧伝して、多くの聾唖児に適用可能であるかのような情報が流れざるを得ない。

口話法による指導の成果が上がったようにみえる聾唖児でも、それを維持・発展することは必ずしも容易でなかった。しばしば指摘されたのは、口話法指導の聾唖児と手話使用の聾唖児の交流が、口話法の指導結果を損なうことであった。しかし小規模が多い聾唖学校では、口話法と手話法の児童が交流しない環境を校内および寄宿舎内で設定することは不可能に近い。そのうえ、口話法の指導技術をもった教員を揃えることは、聾唖学校が、教員を誘引する力をもち（これは、第八節で述べるように、社会上昇を目ざす教員を得て、ある程度、成功した）、有能教員の勤続期間を長期化させる特別な要素をもっていない限り困難であっただろう。

（三）人的資源優先による口話法主義からの離脱

昭和一四年五月の東京聾唖学校長・橋本鋼太郎（一八八八－一九四二）の『聾唖教育』巻頭言は、「よき日本人をつくること」という時代の大目標に焦点を合わせる形をとりながら、聾唖教育の低調な現状とその原因について、口話法教育と関連させて指摘する（橋本生［一九三九・五］）。聾唖教育における最大の眼目は言語教育であり、理想としては自由な読話と発語の獲得であるが、近い将来での実現が困難であることを確認したうえで、彼は、「よき日本人をつくる」うえで、口話法優先の聾唖教育の現状を問題視している。「よき日本人をつくるに必要な他の教養」が口話法優先の教育の犠牲になっており、地理や歴史が教えられず、理科教育が軽視され、「日常生活の躾が怠り勝ちなり、聾児の礼儀作法が見苦し」い、というのである。なお、橋本は聾唖者が教育によって共同生活が可能になることを主張しながら、聾唖者・盲人の責任を問わないか、減刑する刑法上の法規定も改定されなければならないとする（橋本生［一九三九・一二］）。なお、刑法上の問題は昭和一四年一〇月の全国児童保護大会で川本宇之介により取り上げられ、改正が決議され、実現したという（川本［一九四〇・六］）。

橋本会長は聾唖教育の門外漢であったが、発言の時期といい、元文部省高官の経歴といい、昭和一三年一〇月四日の荒木文部大臣の口話法相対化訓示と無関係ではなかろう。そして橋本の立場は、口話法教育邁進に疑問をもつようになってきた聾唖教育界の幹部の代弁か、共鳴であったように思われる。すなわち、誰もが反対できない時代の大目的「よき日本人」を設定することによって、口話法教育の聾唖教育における優先順位を下げることである。

奈良盲唖学校長の吉田角太郎（律堂）は、口話法教育を推進してきた一人だったが、非常時局・長期建設・国家目的を旗印に、それに合致する人的資源の育成を、神国日本が果たすべき世界的使命の一部に浄化させた（吉田［一九三九・五］九–一〇、一五頁）。具体的には、旺盛な身体・忠に徹した盤石の性格・不撓不屈の実践的性格の国民養成であり、聾唖教育もその一部となる。これを生活教育の名のもとに、行と道を追求する。このような立場表明は、「聾教育即口話教育、口話教育即聾教育」に陥って、「人間として皇民として、それ（言語）以上に重要なる部面を放棄している現状認識」であり、改善の確認であった。日中戦争の長期化に伴い、「愈々長期建設の段階に入り、物的資源に人的資源に、其の培養獲得の必要切なるものがある」からであり、「戦時人的資源の欠乏」ゆえに、「銃後報国」「教育報国」のために、聾唖者を「職業戦線の第一線」に立たせなければならない状況になりつつあったからであった。吉田の結論はこうである。

> 口話の城壁に許り立籠ってゐないで、優秀なる職業人の育成と言ふ所に迄歩を進め、聾者をして職業戦線の第一線に立たしめて、銃後報国の誠を致さしめ、お互は教育報国の実を挙げようではないか。

昭和戦前期末期に至り、口話法の成果が所期のように上がらなかったこと、また多大な労力を要すること、他の教育内容に割く時間が不足することという現実は、社会への最大効用を要求する総力戦体制に直面すると、職業教育に教育目標を焦点化するのであるが、ここで、手話法主義者のかねてからの主張と一致することになる（藤本［一九四〇・三］

五二－五三頁）。そして、口話法の混沌した段階に至ると、口話法運動の始点では門外漢を魅了した口話法は、門外漢に対して一様ではなくなり、口話法指導に対する意欲減退と徒労感を与えるようになる。元来は意欲旺盛な中等部担当の二年目の教師は、そのようなアンビバレントな心情を率直に語っている（大原［一九四〇・三］）。

口話法運動の華々しい成果の広報に対して教育上の成果はどうだったのか。口話法の代表的な聾唖学校であった名古屋市立盲唖学校における教育成果を卒業率から検討してみよう（愛知県聾学校［一九四〇］四〇〇－四二〇頁）。在籍者と卒業者の数とその割合を、手話法による指導が行われていた大正一四年二月までと、口話法による指導になる大正一四年一〇月以降とで比較してみると、手話法の時期が在籍者数九二名に対して卒業者数は四二名だった。口話法の時代は在籍者数二二六名に対して卒業者数は四二名だった。卒業率は手話法時代が四五・七%、口話法時代が一八・六%となる。大正一四年一〇月以降の卒業者数四二名のうち、口話法二四名に対して、手話法は一八名だった。もっとも手話法卒業者は、昭和六年三月以降はいない。すなわち、口話法時代は退学者が非常に多く、しかも、予科を含む初等科のみで退学する者が一五二名にのぼる。

名古屋市立盲唖学校では、初等部予科（二年制）修了者が二七九名、初等部本科（六年制）卒業者が一四八名と半減し、さらに中等部の別科修了者は九名、本科卒業者は五二名、研究科は五名であり、本校においても中等部進学者は少なかった。それゆえ、口話法とより高度な教育との関連性はなかったといえよう。それにしても、初等部の半途退学者は多い。

名古屋盲唖学校の状況を、手話法の拠点校だった大阪市立聾唖学校と比較してみよう。表8－5－3は、大正末期から昭和二〇年までの初等部と中等部の在籍状況である。

異なる文脈の数値であるから同じ次元では比較できないが、名古屋の口話法学校と大阪の手話法学校の比較はある程度は可能である。共通点では、二校ともに中等部進学者が少ないことであり、とくに普通科は極端に少ない。また、名古屋校は、初等部での退学者数が多く、初等部本科卒業生数も少ないが、それに対する中等部本科卒業生数の割合は高く

表 8-5-3　大阪市立聾啞学校の初等部と中等部の在籍状況（大正 14 ～昭和 20 年）

	初等部		中等部				
			裁縫科		工芸科	普通科	
	男	女	男	女	男	男	女
大 14	11	5	2	2			
大 15	17	6	2	1			
昭 2	16	11	1	3			
昭 3	13	12	2	3		2	3
昭 4	12	16	3	6	2	10	2
昭 5	16	8	1	6	4		
昭 6	6	9	2	1	2		
昭 7	16	9					
昭 8	7	11	1	2	2		
昭 9	11	7	1	4			
昭 10	12	7	3	3	2		
昭 11	4	10	0	3	3		
昭 12	6	9	4	3	5		
昭 13	12	10	4	3	1		
昭 14	10	6	3	1			
昭 15	10	6	3	2	1		
昭 16	12	8	1	5			
昭 17	19	7					
昭 18	19	7					
昭 19	11	6					
昭 20	10	10					
合計	250	180	33	48	22	12	5

出典：大阪市立聾学校七十年史編集委員会（1972）。

三五％であり、別科と研究科を含めれば四四％に達する。大阪校では、二八％である。しかし、年当たり初等部卒業者数でみると、名古屋校では六・二人であるのに対して、大阪校は二〇・五人である。名古屋校の数値が昭和一二年度三月現在であるため、大阪校の数値も一二年度で合わせて比較すると、名古屋校の初等部本科卒業生数に対する中等部卒業・修了者数の割合は四四・六〇％であるのに対して、大阪校では三二・二一％と低い。こうして、年当たり初等部卒業生数では大阪校は多いが、中等部まで進むのは、名古屋校の割合が高い。

しかし全国調査における中等部進学者の児童生徒総数に対する割合は、口話生徒で低く、手話法で高い。昭和一三年六月の調査では、口話生徒総数六二三八名のうち、中等部在籍者数九八三名、研究科三四名で、中等部以上の課程在籍者の全児童生徒数に対する割合は一六・三〇％（男生徒がやや高い程度）である。これに対して、手話生徒の割合は二七・四九％で、口話生徒よりかなり高い。手話生徒の中等部在籍率の男女差はかなりあり、男生徒二四・四〇％に対して、女生徒は三二・三八％で、三人に一人は中等部以降まで進むことになる（日本聾啞教育会［一九三八］二四－二五頁）。

中等部進学に関連していえば、中学部第一学年に入学した二八二名の年齢について四六校における調査があり、男女の入学年齢の平均は一四歳一〇カ月でほとんど男女差はなく、中央値は一四歳七カ月、標準偏差は二歳〇カ月であった。一一歳代で入学したのはわずか四名で、最高は二四歳一名だった。失聴した年齢にもよるので、単純には比較できないとしても、中学校や高等女学校の入学年齢と比べて平均年齢が高く、標準偏差も大であるとはいえよう（日本聾啞教育会［一九三九］一〇頁）。

昭和一五年、口話法運動が高調されてから約一五年経過したころ、初期からの口話法運動の拠点の一つ、福岡県福岡聾学校の小河重右衛門は、率直に成果がはかばかしくないと語っている。「発語の成績が不振であるばかりでなく、読話も……一向に向上の跡がみえない」。入学後四、五年指導しても、「日常使ひ馴れて来てゐる極く簡単な言葉であってさへ、何を云って居るか分らない」状態だった。そして、音韻主義、読話単文主義、読唇先進主義、読話発語一元論とめまぐるしく変化した指導論が、この結果を招いたと認識されていた（小河［一九四〇・一〇］三七、三八、三九頁）。この自己評価は、昭和一三年における認識から始まったことを考えると、口話法教育の事態は深刻だったといえよう。「文字に依る思想発表は未だ十分でなく全く行き詰まった状態である現在の上学年の文章を観るに……意味の取れないことが多い」（福岡県福岡聾学校［一九三八・一二］一二頁）。

口話法運動の実践家がさまざまな言語指導論のなかで苦闘しているとき、川本宇之介が「実に百花繚乱と言ひたい、又盛んなりと言ふべしである」（川本［一九四〇・八］）と評価するのは時代錯誤であり、口話法の明らかな停滞に対して、川本は、一方では精神論で口話法の進展に対する叱咤激励を強め、他方では、東亜の新秩序建設に対する聾啞児の貢献を煽ることで乗り越えようとした（川本［一九四〇・一二］、［一九四〇・四］、［一九四〇・五］）。

口話法運動は、社会的にみれば、聾啞教育への関心を高めたし、従来の聾啞教育の閉鎖的で暗い印象を変えたことは間違いない。昭和一五年、聾啞教育界に関与してきたある耳科医は、口話法が聾啞児とその親に変化を与えたことを指摘している。それは、親においては聾啞という障害の受容と口話法聾啞学校での教育への信頼が生まれ、聾啞児においては、かつて散見された「いらだたしさ」「短気」「偏狭」が減退し、屈託がなく伸び伸びしている様子を見て、「自他の意見の疎通が自由になったこと」「多数の人々に接することによって閉されていた気持があかるくなったこと」に原因を求めている（松田［一九四〇・六］四二－四三頁）。また、東京盲啞学校時代から、文部大臣秘書官として聾啞教育の成果に触れていた元文部次官・田所美治が本腰を入れて口話法聾唖教育の支援活動に参加したのは、濱子の口話を実際に見て口話法の可能性を確信して以降であった。元行政官としての田所の認識では、手話の聾唖者には憐憫を感じるまであって、手話による聾唖教育の普及は政策的インパクトに欠けるが、口話では通常の交信が可能であり、文部省内を説得できるということのようである（田所［一九三〇・七］）。

教育的には、当然のことながら困難と苦難の多い口話技術の習得法の開発が重視され、その後は、基礎的な道具教科の教育法の開発へと展開した。そして聴者に類似した言語の理解・表出行動の獲得こそが、聾唖児のアイデンティティと将来の生活に益すると考えたのである。しかし、口話法の効果がない聾唖児に対する教育的対応と口話法訓練の初期の数年間の意味づけは乏しかったように思われる。

実は、聾唖学校内における口話法の支持は、大正末期から昭和初期にかけての異様ともいえる熱気があった時期を過ぎた頃には、口話法学習聾唖児数では立証できず、口話法に熱意のある校長と幹部級が揃った聾唖学校中心にみられた現象だったのではなかろうか。それは、しばしば指摘された教員の質によるだけではない。口話法指導の効果が広がらず、深まらないこと、言い換えれば、実践研究は、口話法関連が中心となっているために、それ以外の指導へのエネルギー配分が低下することになったのである。作法や情操教育の重要性が主張されるだけでなく、聾唖学校存立の最大根拠である職業教育さえ手薄になっているとの非難が、昭和一〇年代には露わになった。つまり、口話法が不適格な聾唖児にさえ口話法を強いる有害さが明瞭になってきたのである。聾教育振興会結成一〇年の時点で、盛岡聾唖学校の菊池は、「純口話教育不可能者の実在問題」を「聾女生の職業、結婚問題」とともに、「此の後に来るもの」として「痛切に感ずる」としている（菊池［一九三六・一二］）。

こうして、口話法運動は、昭和戦前期末には、熱気が急激に低下していたものと思われる。第一に、その最大の要素は、口話法の成果が予測に達しなかったことである。いかなる社会運動も楽観的な予測を信奉することによって成り立つ側面をもつが、聾唖児と教師による日常の懸命な指導–学習努力にもかかわらず、口話法の成果が上がらない現実に直面することによって、聾唖児には失敗感と落伍者の烙印を与えることになり、教師には数年間の訓練が無意味になった。

第二は、口話法の実際の結果と関連するが、日本における口話法促進・普及団体の責任者である徳川義親会長と、口話法運動の最高・最良のモデルだった西川濱子が、口話法絶対主義から相対主義へと転換し（西川［一九四一・六］）、口話法運動から離脱したことである。徳川会長は、口話法普及会長への就任を固辞したことは、当初から口話法に対する何らかの消極性をもっていたのかもしれない。また、濱子の離脱には、その時期（吉之助は昭和一五年七月一八日に逝去）から推測すると、父の逝去が関連しているのかもしれない。濱子によれば、吉之助は口話法と手話法の対立激化と口話法が適さない聾唖者に対して深い呵責を感じて、苦しんだという（西川［一九四一・六］八頁）[18]。

吉之助の辞世の句である（高山［一九八二］一三四頁）。

ここ路をも　身をもものをも　宇満し子に
あたへつくして　行き志このとし

濱子は、断言する。「口話万能ではない！見よ、口話の出来ない欠陥のある子供がある。そのような子等には、手話法によってどうにか出来るのである」（西川［一九四一・六］八頁）。

口話法運動の功罪はこの際措くとして、西川吉之助に対する過度の依存を放置したことは、他の県でも生じていた。鳥取県の盲唖教育は高齢の遠藤董に依存しすぎたのである。

第三に、口話法が聾唖児にとっての意義を深めてこなかったことである[19]。口話法の聾唖児本人にとっての言語的意味づけ、そして聾唖児自身にとっての感情、教育の意味を軽視する結果になってしまったのである。口話法という「教育方法にこだわりすぎて聾唖者のためにといふ大きい意味を忘れてゐたのである……本当に、それぞれ聾唖者が立派に人間として立ち得たらその教育方法は如何であらうとかまはぬのである」（西川［一九四一・六］七、八頁））。聾唖学校の教育が口話関連活動に重点が置かれた結果、それ以外の指導には、時間もエネルギーも乏しくなったのである。口話法という点だけ見れば、聾唖教育は改善されたともいえるが、全体としての成果には繋がらない結果となったのである。

そこで、なにゆえに日本の聾唖学校は、口話法へとなだれ込んでいったのか、という疑問が生ずる。それは、手話法による聾唖教育の成果が挙がらなかった、と聾唖教育関係者にみなされていたことに尽きる。しかも、早くから聾唖学校教育を担ってきた小林運平や辻本與次郎だけでなく、次代を担う若手の有能な教員が手話法から転換し、あるいは口話法に過大な期待をもって参入したのである。たとえば、吉田角太郎（律堂）や安藤太三郎だけでなく、後に指導的存在となる、若手の萩原淺五郎、櫃田祐也、古谷史映も、口話法運動に熱心に参加し、先導したのである。

低い成果しか生まなかった手話法に代わって、口話法が先進国で開発され、手話法に代替されているという情報が強力に発信され、それが喧伝された結果、口話法の採用によって聾唖教育が改善され、顕著な成果が上がるとの期待が、聾唖教育関係者ならびに保護者、そして教育行政や社会の人々の間に生じたのであろう。親・実践者・研究者のトリオが、運動効果を倍加した。社会の一部には、「唖の子もものが言へる」ようになることが、聾唖児が聴児に近似するようになると錯覚した人々もいたであろう。

しかし、聾唖教育界における口話法への全面的転換は、輸入情報への盲信と流行という日本の教育界の行動様式の典型にすぎなかった。大嶋功は日本人のこのような行動様式を、戦後になって「お国柄」と称した（大嶋［二〇〇〇］一六頁）。的確な表現である。口話法普及前の聾唖教育の成果の停滞が、手話法自体に由来する理由や原因について、厳密な検討がなされたわけではなかった。学校目的が職業自立にある以上、働く力を習得すれば目的が達成されたとする手話法時代の聾唖教育の環境において、言語をはじめ基礎教育の改善と向上を検討するだけの人的資源も、一部の聾唖学校以外には揃っていなかったであろう。健全な対抗勢力が育たなかったのである。そのうえ、医学だけでなく、利用できる生理学・言語学等の幅広い研究も乏しかった。

第六節　通学制障害児小学校としての光明学校・思斉学校の創設と難聴・弱視児特別学級および就学前教育の着手

内田暢一・河合康

はじめに

二〇世紀初頭における欧米諸国への視察が増えるにつれて、その実情に触れた日本人は、盲学校や聾唖学校以外の障害児の教育情報に敏感に反応し、それを雑誌や著作で発表するようになる。一九世紀までと異なるのは、二〇世紀の情報が、州立学校よりは地域社会に設置された公立学校体系の一部としての特殊教育であった点にある。その影響は格段に大きかったものと思われる。というのは、それまでの教育行政は国による主導であったから、とくに特殊教育のように、県や個々の学校がイニシアティブをとることは、キリスト教系の私立校以外にはなかった。しかし、昭和期における市立特殊教育学校は、市による計画と実施であり、しかも、それまでの特殊教育の通例だった寄宿制ではなく通学制を採用した。しかしこの通学制という方法は、教育需要者の社会階層に直結する問題であったから、その問題を解消する方策が必要だった。こうして、寄宿制特殊学校ではなく通学制特殊学校という形態は、前者と特別学級の中間に位置づく学校としての評価がなされるはずだった。しかし学校は増加せず、明確な解答が出る前に戦時体制に入り、戦後再度通学の方法が問題になるのは、最近のインクルーシブ教育体制においてである。

一．東京市立光明学校創立とその経緯

（一）東京市立光明学校創立までの経緯

(1)　肢体不自由教育への関心の高まり

第一〇章第二節五で述べる柏学園は、「小学校令」（明治三三年勅令第三四四号）によって、私立学校または小学校に類する各種学校として認可を受けた学校ではなかったので、少なくとも学校教育のカテゴリーに入れて考えることは困難である（村田［一九九七］四五頁）。また、当初は、正規の学校へ完成していこうと意図していたかもしれないが、昭和三四年の閉園に至るまで、私塾として終始しており、公教育として位置づけることはできない。

このように、柏学園の発足が「学校教育としての肢体不自由教育の発足」というようにみることは難しいものの、第一〇章で後述するようにこの学園が持つ、わが国肢体不自由教育の歴史上における先駆的な意義は、高く評価されるべきであり、当時においては社会事業の一環をなすものとしてみられていたという意味において、柏学園の発足は、医療・教育・福祉を含めた、「肢体不自由児事業」の萌芽であったと考えられる（村田［一九九七］四五頁）。

この柏学園の発足が刺激になり、柏学園が発足した翌年の大正一一年、当時の東京市社会局は欧米の跛者児童保護制度に関して著書等を収集・翻訳し、翌大正一二年にその結果を発表した。その結果の中で、柏学園の紹介をして、学園の意義について高く評価をしている（東京市社会局［一九二三］一三九頁）。あわせて、欧米における医療的方法と学科教授を併せて行う跛者児童の施設に注目し、柏学園のような施設は公の助力がなければ、跛者児童問題の解決の実効を挙げられないことに言及している（東京市社会局［一九二三］一三九頁）。

日本の教育界においても大正期後半から、肢体不自由教育への関心が高まりつつあった。村田（一九九七）によれば、欧米の肢体不自由教育についての紹介を行ったのは、主として樋口長市と川本宇之介らであり（村田［一九九七］三六－三七頁）、特に樋口は著書である『欧米の特殊教育』の第九章を「不具児の教育」において、一八頁にわたり、一五枚の写真を掲載しながらかなり詳細な紹介をしている（樋口［一九二四b］二二九－二四六頁）。

関東大震災後の大正一二年一一月、東京市教育評議会は、「帝都初等教育復興に関する調査事項」を決定し、その中において「六、特殊児童教育に関する事項」をあげている（東京市教育会［一九四四］五五九頁）。同年一二月の市立小学校長会においても、「本市小学校教育復興に関し特に注意すべき事項」を決議し、その中で「低能聾唖、其ノ他不具者ノタメニ特別ナル学校ヲ設クルコト」が要望されている（東京市［一九三〇］三五八－三六六頁）。昭和に入ってからも、昭和二年一一月、第二三回関東聯合教育会において、「現行制度中、学校系統に関する整理改善」の建議案が出されたり、同教育会が作成した「学校系統改定案」の中には、特殊学校の説明として、「一、特殊学校は、盲唖、低能、不具、病弱、その他の特殊児童の教育所とす」という記述がみられたりした（東京市教育会［一九四四］六三二頁）。そのため、大正末からの東京市の教育関係者の間では特殊教育への関心が高まっていたものと推察される（村田［一九九七］四六－四七頁）。

また前述したように、大正一一年に当時の東京市社会局は欧米の跛者児童保護制度に関して著書等を収集し、翌大正一二年にその結果を発表していることから、大正期において欧米における肢体不自由児の処遇に関する情報が、関係者の間に広まっていたことを知ることができる。

さらに、大正七年一〇月から大正八年三月にかけて、東京市教育会が当時東京市教育課長であった守屋恒三郎（一八七九－一九二四）を団長として市内小学校長七名を米国教育視察に派遣し（東京市教育会［一九二〇］四八三－四八五頁）、ニューヨーク市においてクリップルチルドレンスクールを視察したという記録もある（東京市社会局［一九二三］一〇六頁）。その後も関東大震災後の東京市の教育復興に際しても、大正一五年から昭和四年にかけて毎年一～二名の小学校校長を欧米教育視察に派遣している（村田［一九九七］三八頁）。

それらの見聞が刺激となって、大正末から特殊教育に対する東京市当局の関心が高まり、東京市内の公立小学校に精神薄弱児や虚弱児、言語障害児、難聴児、弱視児等のための特別学級が設置されていった。村田（一九九七）によれば、これは教育関係者が米国の学校を視察してきたことと関係があるとされ、肢体不自由児教育に対する関心の高まりも同様であったといえる（村田［一九九七］三八－三九頁）[20]。

しかしながら、大正期後半から肢体不自由児教育を含めた特殊教育への関心が高まりつつある中で、早期に肢体不自由児のための教育機関が設立されなかったのは、大正一二年の関東大震災が発生したことが大きく影響していると考えられる。大正一二年の関東大震災により多数の小学校が被災し、当時東京全市において六万五九八八人（全体の二七％）の児童が二部教授の対象として存在していたので、そのための教室不足解消が先決であったことや、肢体不自由児の教育施設設立のためには多額の経費を必要とすることなどから、学校の設立は当面遅れることとなった（村田［一九九七］四七頁）。

(2)　関東大震災後における肢体不自由児学校の設立機運の高まり

当時における社会の動向として、第一次世界大戦の結果、ヨーロッパにおけるおびただしい戦傷者と、それに伴う廃兵に対する積極的救済対策として中途障害者の再教育（職業能力回復）事業の出現が見られた。当時このリハビリテーションを「職業能力回復」と称し、わが国にも紹介されており、身体障害者の再教育事業は新しい社会事業の一つとして認識されるようになった（村田［一九九七］四六頁）。

また、関東大震災により、身体障害を有するようになった者に対する救済事業が出発することとなった。大正一三年七月、財団法人同潤会による「啓成社」（同法人は、昭和三年に「財団法人啓成社」として独立）がある（村田［一九九七］四六頁）。啓成社は、当初震災関係の身体障害者を再教育し職業能力を補塡することを目的としていたが、その後は他の身体障害者も対象とするようになった。この試みは身体障害の成人に対するものであったが、柏学園とともに、わが国における肢体不自由教育の発足に対しても少なからず影響を与えたとされる（村田［一九九七］四六頁）。実際に、創立当初の昭和七年の『東京市立光明学校概要　第一輯』では、啓成社と柏学園について言及しており、当時身体障害者に対する特別な施設として上記二つの施設が認識されていたものとみられる（東京市立光明学校［一九三二］九頁）。

また、第一〇章で詳述する高木憲次（一八八八－一九六三）の提唱した「夢の楽園教療所」の構想や大正一三年に発表した「クリユッペルハイムに就て」[21]と題する論文は、間接的ではあるが東京市立光明学校を設立する推進力となったとされている（村田［一九九七］四二頁）。実際、高木は昭和二年一一月二五日に東京市教育局を訪れて、東京市教育局長藤井利誉に「学校と病院を兼ねた夢の楽園教療所」の必要を説き、その際に藤井は高木の説に深く共鳴したとされている。藤井は、東京市教育局長に就任する以前の、東京女子高等師範学校教授時代の大正初期に米国の教育状況を視察し、「不具児童特別教養施設」の必要を痛感したところであった（村田［一九九七］四二－四三頁）。

高木が「学校と病院を兼ねた夢の楽園教療所」の必要性を説く一方で、東京帝国大学医科大学初代整形外科教授であった田代義徳（一八六四－一九三八）も、東京帝国大学教授を退官後に、昭和の初めから東京市議会議員として、同様に「手足の不自由なる児童の保護施設」の必要を力説していた。田代は、当時東京市議会議員であった東洋家政女学校校長の岸邊福雄や、元東京帝国大学医科大学教授（耳鼻咽喉科）であった岡田和一郎（一八六四－一九三八）らと手を携えて、東京市の理事者に向かって肢体不自由児の教育施設の必要を強く説いた。[22] 他方、「不具児童特別教養施設」の必要を痛感していた藤井教育局長らを中心とした教育局側も、肢体不自由児学校の設立に苦心していたと考えられる。

このように医療関係者や教育関係者などの各方面から肢体不自由児のための施設を設立すべきであるという動向を受け、昭和五年ごろから東京市教育局に「不具肢体養護学級特設」の気運が生じ、肢体不自由児の実態を把握する必要に迫られ、同局は、同年六月、東京市立小学校児童を対象に「体操ヲ免除スヘキ程度ノ骨関節並ニ筋肉疾病異常ヲ有スル児童調査」を実施した。その結果、約七〇〇名の肢体不自由児がいることが分かった（村田［一九九七］四七頁）。

しかしながら、昭和五年の東京市会本会議において、肢体不自由児のための教育機関の実現の機が熟すには至らなかった。その経緯として、当時市会議員であった田代義徳は、昭和五年一〇月の市会本会議において、大正一二年の東京市社会局の『児童保護に関する調査第壱』と昭和五年の不具児童調査を関連させて、足の不自由な児童に対して普遍的に教育を施すだけではなく、同時に医療的な施設において治療を受けられるようにし、職業教育も施す必要性を質問している（東京市会事務局［一九三九］六八三－六八四頁）。それに対して、東京市助役菊池慎三は、こうした身体の不自由な児童に対して、東京市としても何らかの施設を講じていくことは検討しているが、特殊な施設を要するとなれば、多額の費用を要するため、まだ着手できないので残念であると答弁している（東京市会事務局［一九三九］六八三－六八四頁）。そのため、昭和五年の段階では、肢体不自由児のための教育機関の実現にはまだ至らなかった。[23] なお、昭和六年三月一日現在で東京全市の二部教授児童数の割合は〇・八四％に下がり、ほぼ教室不足は解消されていた（東京市［一九三五］）。翌昭和六年五月にも、東京市教育局は前年に引き続いて、「骨、関節ならびに筋肉の疾病異常による体操免除児童」の調査を行うこととなり、前年と同じく約七〇〇名の肢体不自由児が東京市に存在していることが判明した。

そのため、昭和六年の市会本会議に東京市長であった永田秀次郎が肢体不自由児学校建設案を市会に提出し、田代、岸邊らの強い支持によって満場一致で可決となった。これにより、ついに東京市議会も肢体不自由児のための学校設立を決定するに至ったのであった（日本肢体不自由児協会［一九六七］五九頁）。

(3)　東京市立光明学校の創立

昭和七年一月、東京市は新しい学校を同年三月で廃校となる東京市旧麻布新堀尋常小学校（明治四二年設立の東京市直営の貧民学校である絶江尋常小学校の後身）の校舎を補修して開設することを決定し、予算約二万円（設備・営繕費含む）を計上し、議案「東京市立扶養学校設置ノ件」として提出された。この議案は、同年三月三一日異議なく可決された（村田［一九九七］四九頁）。

このような経緯から、わが国最初の公立肢体不自由児学校である光明学校は、昭和七年四月六日付けで、小学校令第一七条の規定に基づき、「小学校に類する各種学校」として認可され、同年六月一日（入学式は五月二一日に実施）に「東京市立光明学校」の名称で、東京市旧麻布新堀尋常小学校において開校された（村田［一九九七］四九－五二頁）。学校名の由来としては、当時の東京市長であった永田秀次郎が肢体不自由児の将来に幸福を与えるという意味から「光明学校」と命名した（光明養護学校［一九六二］一八頁）。

(二)　東京市立光明学校初期の教育理念および教育目標

(1)　教育理念

村田（一九九七）によれば、創立当初における光明学校の教育理念は、「学齢児童中運動機能ニ障碍アル者ニ対シ普通教育ヲ施シ特ニ国民道徳ノ涵養ニツトメ其ノ生活ニ須要ナル特殊ノ知識技能ヲ授クル」を目的としていた。この教育理念には、初代校長の結城捨次郎（一八九〇－一九三九）の思想が強く反映したものとされる（村田［一九九七］五五頁）。結城は、大正一一年から大正一三年まで、大正新教育を主導した一人である澤柳政太郎（一八六五－一九二七）の成城小学校（大正六年創立）に勤務し、新教育思想の影響を受けた後、東京市の麹町区（東京都千代田区）の麹町小学校開放学級担任として虚弱児の指導に立っていたことから、当時の文部省普通学務局長武部欽一（一八八一－一九五五）に推薦され、光明学校の校長に任命された。また、開校時の主席訓導には、成城小学校にも勤務したことのある石原榮壽がいた（松本［二〇〇五］六六頁）。このように、東京市立光明学校初期の教育理念は、当時の新教育思想の影響を受けた結城の下、本校の教育活動において、個性尊重、児童中心という新教育思想を基調として形づくられた（村田［一九九七］五五頁）。

また、光明学校の創立に大きく寄与した高木憲次は、光明学校がクリュッペルシューレであり、自分の希望する「学校と病院を兼ねた教療所」とは異なるとしており、その後も引き続き、クリュッペルハイムの実現に向かい努力するものの、高木は創立後の光明学校に対し、校医を推薦したほか、整形外科医療に習熟した看護婦を派遣するなどの協力を惜しまなかったとされる（村田［二〇〇二］二四一頁）。さらには、校長に任命される前の結城に東京帝国大学医学部の整形外科を見学させ、肢体不自由児に対する医療について結城に指導したとされている（日本肢体不自由児協会［一九六七］六一頁）。

昭和七年における光明学校の設立趣旨では、それを「本市における学齢の不具児童にして、普通の学校に入学することが出来ないか、あるいは入学してゐることが不利益であるかの児童を収容して、これに適応する教養を施し、もって天稟の才能を完全に発達せしめ、従来閉されてゐた人生の幸福を享受すると共に、国家社会を裨益する所あらしめんとするのである」（東京市立光明学校［一九三二］一五頁）としており、個人の幸福と社会への貢献を謳う内容が読み取れる。

設立趣旨についてみると、光明学校では既に戦前において、肢体不自由児に対して普通教育を施すとともに治療矯正を施すという二つの目的を設定している。この点については、光明学校初代校長の結城が肢体不自由のある児童が同じ時期に治療と教育を併せて行う必要性とその重要性を指摘している。

結城（一九三五）は、肢体不自由者である者が身体を不自由でなくする理想に近づくために最も効果的な第一次的な施設は予防施設でなくてはならないと述べ、すなわち肢体不自由を発生せしめないことであり、発生したとしても後遺症とならぬうちに少なくとも就学前に早期治療を施すことが必要であると述べている。それにより先天性疾患と、発病率の多数を占める一歳ないし五歳の乳幼児の早期治療を徹底しなければならないとしている。そして、結城は教育と医療が併行することに関する自身の考えを光明学校の紀要の中で次のように述べている（結城［一九三五］一－一〇頁。傍点は原文のママ）。

> けれども乳幼児時代に完治しなかったか、あるいは他の事情により治療しなかった者、および学齢中に発病（約一割八分）した者は、どうしても義務教育期間内に治療せねばならない。即ち治療と教育とが併行的に行はれなければならぬのである。しかもそのいずれもが大切な時期で、どちらも軽視する出来ない時なのである。（中略）治療ばかりしてゐて全然教育されぬことも、教育ばかりしてゐて治療を全然しないことも従前行はれて来たことで、共に不合理である。故に整形外科の病院だけでもいかず普通の学校だけでもいかぬ。前述の如く学齢中の児童は同一期間内に治療と教育とが併び行はれなければならぬのであるから、此両目的を同時に達成せしめ得る施設こそ吾人の目指すところのものである。（中略）かく論じ来れば、学齢期の肢体不自由児教療所は、教療所即ち特殊装備の学校を本体とし、観血的治療をなす必要あるものに限り医療所または他の病院を利用すべきであるという結論に達するのである。

結城によれば、学齢中の児童が同じ時期に治療と教育を併せて行う必要があり、これらの目的を同時に達成できる施設こそが自身の目指すものであり、光明学校内においては、肢体不自由教育における教育と治療の両立が重要であるという意識があったものと推察される。

(2)　教育目標

表 8-6-1　光明学校の教育綱領

1932 年
1　即個性の教育
2　性能の発見と伸長
3　体験の教育
4　実用の教育
5　円満なる情操教育
6　自立労作教育

出典：東京市立光明学校（1932）20 頁。

表 8-6-2 光明学校の訓育綱領

1939 年
1　明朗なれ
2　誠実なれ
3　忍耐強かれ
4　長所を伸ばせ
5　世の為に尽くせ

出典：東京市立光明学校（1939）28 頁。

表 8-6-3　光明学校の校訓一覧

1932 年	1938 年
1　誠実なれ	1　誠実なれ
2　朗らかなれ	2　明朗なれ
3　忍耐強かれ	3　忍耐強かれ
4　長所を伸ばせ	4　長所を伸ばせ
5　世の為に尽くせ	5　世の為に尽くせ

出典：東京市立光明学校（1932）口絵、（1938）口絵。

創立当初の光明学校は、表8－6－1に示すように、学校教育目標に似た教育綱領として「一、即個性の教育、二、性能の発見と伸長、三、体験の教育、四、実用の教育、五、円満なる情操教育、六、自律労作教育」（東京市立光明学校［一九三二］二〇頁）。光明学校においては、戦前から「教育綱領」以外にも、表8－6－2の「訓育綱領」や表8－6－3の「校訓一覧」、「職員の信条」や「児童教養上の信条」など学校の教育方針に似たものが複数存在している。校訓と訓育綱領などの中で、職員の信条や児童教養上の信条については時期により異なる一方で、校訓などは比較的時期によりあまり変化していない。また、それぞれの表現も明朗、誠実、忍耐強く、長所、世の為に尽くせなど表現がほぼ同じものであることが分かる。

（三）東京市立光明学校初期の教育内容

(1)　四つの教育領域

創立初期の光明学校では、学校における教育領域を普通教育、職業教育、身体の治療・矯正および養護の四つとしていた（村田［一九九七］五五－六一頁）。普通教育については、教科目および毎週教授時間は、小学校令第一九条および小学校令施行規則（明治三三年文部省令第一四号）第一七条の定めにおおむね準じていたが、算術を数学、唱歌を音楽、体操を矯正体操（翌年の昭和八年には治療体操に改称）とそれぞれ呼ぶととももに、国語に読方、書方、綴方のほかに、聴方および読書を加えて、生活科（生活指導科とも称した）および職業科（第一～四学年を適性指導、第五～六学年を職業指導）を特設していた[24]。また、随意科目として英語科を加えていた（東京市立光明学校［一九三二］二〇－二四頁）。聴方は、第一～三学年に、読書は第二学年以上にそれぞれ一週一回ずつ課して、数学は第二学年以上に課すこととして、第一学年においては、児童の数概念の発達を考慮して時間を特設せず、生活指導、遊戯指導に際して、数観念の整理を図り、その時間を国語の指導に充当し、国語力の養成を図ろうとした（村田［一九九七］五七－五八頁）。

創立当時の光明学校における新教育思想の影響を表わすものに、結城が最も重視した教育活動の一つであった生活指導が挙げられる（結城［一九三八］巻頭）。生活指導科（生活科とも称した）は現在の社会科に類似した内容であり（村田［一九九七］五八頁）、充当された時間は数学の時間を一週一回ずつ減らしていた。生活科が特設された目的としては、児童の教育を学校生活の指導にとどめるのではなく、家庭・学校・社会の全生活の指導であるべきだとして、その目的の中にも「この三者を不即不離の状態に於て児童の実生活を指導し、極めて自然的に知識、技能、道徳を収得せしめんとする」こととした（東京市立光明学校［一九三二］二一頁）。光明学校の生活指導では、以下のようなことが強調されていた（東京市立光明学校［一九三七］一頁）。

本校児童は何れも身体に異常を持ち、運動機能に障害の有する者である。従って其の身体生活は著しい制約が加えられ、それがやがて精神生活へも影響するものである。即ち一般に生活的経験が制約されて、稍々ともすれば社会より疎遠分離するの傾向を有し、或は経験の不足より知識に充実したる内容を伴わざる等、其の生活も異常的であるかも知れない。

従って生活周囲の事物事象に対する正しい見方、正しい理解、或は之に処する態度に欠くるところがあったり、又一方に偏ったり或は忌むべき傾向を生ずるに至るかも知れぬ。茲に於て生活環境を正当に理解せしめ、之に処する正しい態度を養成馴知せんがため、本校に於いては生活指導科を特設して一週一乃至二時間の個人的直接指導をなしてゐるのである。

村田（一九九七）によれば、光明学校の生活指導においては生治即教育というプラグマティズム的な生活教育思想が反映されているとしている（村田［一九九七］五八頁）。

職業教育については、適性指導という科目を設け、第一～四学年において実施することになっており、主な目的としては「身体的、知能的、技能的、趣味的方面の考慮に依り、個人的に特殊性能の発見に努め、進んでは之を益々啓培助長し、以て将来の職業選定に便し、且つ職業教育の前提たらしめんとするもの」であった（東京市立光明学校［一九三二］二四頁）。表8‐6‐4に示したように身体的、知能的、技能的、趣味的能力を考慮し、それぞれの児童の能力の発見に重点を置いた指導が行われた。具体的な指導事項としては、精神機能、学業成績、身体状況、家庭調査、児童の興味などを調査して、児童の適性を発見し、優秀学科の特別指導、各学科の職業的取り扱いなどにより職業教育を行った（村田［一九九七］五八‐五九頁）。

初期の光明学校における適性教育は、戦前における光明学校独自の教育であり、本人の特殊な才能を発見し、それを伸ばし、将来の職業選択につなげようとするところに特徴があり、現在でいうクラブ活動に似た教育活動で、自身の興味のある分野を自身で学習するというものであった[25]（杉浦［一九九一］七六頁）。

治療・矯正については、一週二、三回整形外科校医による診察が行われ、実際の治療は校医の指示により看護婦が毎日これを行った。学校における治療の内容としては、マッサージ療法、太陽灯照射、日光浴、入浴、ギプス療法、矯正体操（昭和八年からは治療体操）、玩具治療などから構成されており、校舎内にはこれらに必要な施設・設備が備えられていた（東京市立光明学校［一九三二］二八‐二九頁）。昭和七年当時の同校の施設・設備と考えられるものには、診察治療室兼マッサージ室、ギプス室、太陽灯室、矯正体操室、日光浴室、浴室が挙げられる（東京市立光明学校［一九三二］一五

表 8-6-4　光明学校における適性指導施設体系（昭和 13 年）

適性指導	一、基礎的調査	個性調査	一般知識調査	準備的分野
			特殊性能調査	
			気質調査	
			身体方面調査	
			学業成績調査	
			家庭環境調査	
			趣味嗜好調査	
		社会調査	学校調査	
			職業調査卒業生進路調査	
		希望職業調査	児童希望職業	
			家庭希望職業	
	二、実際指導	治療及び養護	医学的治療	中心的発展的分野
			玩具治療	
			治療体操による治療	
			健康調査	
			栄養給与	
		学習指導	適性科の特設	
			各教科の適性指導的取扱	
			技能科の重視	
			児童文庫の活用	
		精神指導	生活科の特設	
			宗教講話	
			名士の講演	
			職業実際家の講演	
			校内指導講話	
			児童自治会	
		社会調査研究指導	学校調査指導	
			職業調査指導	
			社会見学指導	
	三、選職指導	適性内職業体験	商業実習	延長的分野
			工場実習	
			反省座談会	
		適職指導	父兄懇談会	
			就職希望調査	
		進学指導	進学希望調査	
			希望職業調査	

出典：東京市立光明学校（1938）10 頁より作成。

―三三頁）。

養護では、児童の健康状態に配慮して一時間の学習時間を三〇分とし、休憩を一五分とったほか、毎朝看護婦による検温、脈拍、呼吸の検査が行われたり、肝油の服用、間食を与えるなどの配慮が行われたりした（東京市立光明学校［一九三二］三〇―三二頁）。

表8―6―5は、昭和一七年の、『創立十周年記念誌』に掲載された教育の方針であり、当時の同校の教育内容は普通教育方面、職業準備的方面、養護及び治療方面の三方面で構成されていた（東京市立光明国民学校［一九四二］二六―二七頁）。

戦前の光明学校においては、肢体不自由児の運動機能の障害について運動機能の克服を目的としていた。光明学校では、治療は教育の領域にはないものの、養護および治療方面のひとつとして学校教育計画全体の中に含まれており、当時から肢体不自由児の運動障害という機能障害の改善・克服を、養護とともに学校の目的のひとつとしていたことがわかる。

戦前において、光明学校は唯一の肢体不自由児学校だったため、光明学校の歴史がそのまま日本の肢体不自由教育史でもあった。そのため、開校当初の光明学校は肢体不自由教育の社会啓発の役割を担うと同時に、肢体不自由教育の牽引役でもあった。特に、学校発足の昭和七年一一月に『東京市立光明学校概要　第一輯』（第二輯以降は『光明学校紀要』と称す）が刊行され、昭和一六年の『光明学校紀要　第七輯』が刊行されるまで計七巻の研究紀要が発行されており、毎回詳細な児童調査の記録が掲載されている。

(2)　治療の教育内容

以下、初期の光明学校で行われていた治療の具体的な内容を述べる。

①　治療体操

治療体操（昭和七年には矯正体操）は、昭和七年の創立当初から光明学校で行われていた教育内容である。昭和七年の『東京市立光明学校概要　第一輯』においては、当初の矯正体操は脊柱湾曲児童の矯正、歩行練習などの四肢運動の指導を主として取り扱うことを内容としていた（東京市立光明学校概要［一九三二］二九頁）。

この治療体操は、肢体不自由を矯正することとともに、肢体不自由がない身体の箇所について体育的な要素を課すものであり、訓導を中心にして障害別のグループでの集団で指導するものであった。昭和一〇年当時に光明学校の訓導であり、後の同校第四代目校長となった小野勲（一九一一－一九九四）も、当時「治療体操と称するものが、毎日二〇分間行われ、病類別、身体状況別にグループして訓導が指導者となり、看護婦が補助をした。機能改善に役立ったかどうかはわからなかったが、工夫しながら盲滅法なことをやった」と述べており（小野［一九八一］六五〇－六五一頁）、指導を行う教員集団による教育的な内容であったことがうかがえる。そして、実際に光明学校初期における治療体操の対象と

表 8-6-5　光明学校における教育の方針（昭和 17 年）

（一）普通教育方面

1、各児の個性をつまびらかに観察調査して、その実情に即した個性的な教育方針を立てる。
2、速かに各児の才能を発見してその啓培助長に努め、さらにこれを将来の職業生活にまで伸展させる。
3、学習には体験を重んじ、彼等の日常生活そのものを中心に指導して収得したる知識技能の実用化を図る。
4、情操方面の教育には特に留意し、誠実、円満、明朗な性格の陶冶に努めると共に、また忠良なる皇民的精神の涵養に努める。
5、なるべく早期より団体生活をさせて社会に対する正しき認識を得しめ、これに処する態度を養いもって将来の社会人としての確固たる生活意志力を錬磨する。

（二）職業準備的方面

1、感官錬磨により障碍のある機能の回復を図ると共に、障碍なき機能の助長発達を促す。
2、技能教科学習の時間を多くして、手技に対する練習と興味の誘発に努め、もって作業に対する忍耐強き忠実な態度を養ふ。
3、各児の趣味と適性に応じ、文芸、理化、図画工作、裁縫手芸、音楽等任意の科目を選定して自由にこれを研究せしめ、創作、考究、鑑賞能力等の涵養に資す。
4、各児心身の状況と希望を基にし、さらに将来の社会的情勢をも考慮の上、卒業後就くべき職業を選択し、これが就職の指導をもなす。

（三）養護及び治療方面

1、なるべく自然に親しませ気を養い、栄養をも補給して健康の増進を図り、もって心身諸機能の回復増進に役立たしめる。
2、結核性疾患児童に対しては興奮性を静め絶対安静を保たしむるようにし、その他の児童に対しては運動を奨励し歩行練習及び手指の使用練習等の実行を督励する。
3、疾病児童に対しては各専門医師の指示に従い、科学的治療を施して、速かにその疾病を完治させることに努める。
4、運動機能の障碍に対しては器械装用、マッサージ、電気治療、玩具治療、治療休操等により摩痒症の亢進を防止する共に運動機能の回復を促進させる。
5、畸形不具に対しては矯正器装用、矯正牽引療法矯正運動等を施す外、更に必要に応じては専門の病院に委託し整形外科的医療を受けさせる。

特別施設事項

（一）普通教育方面

1、求知心の啓培――学習室の合理化と整理（学習動機喚起の工夫）、児童文庫の利用、校外学習と展覧会見学、新聞雑誌の利用と掲示教育。
2、国語力の促進――聴き方及び読書科時間の特設、児童文庫設置、学級の文集発行、日記の検閲。
3、情操の陶冶――大自然の観察親和、学校園に於ける動植物の飼育栽培、美術品の鑑賞、音楽会、映画会、童話会、慰安会、病院慰問、神社参拝。
4、社会性の涵養――団体遊戯の会、座談会、農園の作業校外教授：（遠足及び旅行）社会見学、国家的社会的諸行事（節供時局に関する講話会祝祭日の催物等）。
5、信仰心の啓培――宗教講話、神社参拝、寺院参籠。

（二）職業準備的方面

1、感官の練習――積木及び玩具遊び、砂場遊び、玩具室の設備、工作作業、理科玩具による構成分解考案作業。
2、作業態度の訓練――技能科学習時間の増設、学級の共同製作（作業の分担）手芸の課外指導。
3、職業の理解――職業に関する講話、実際家の体験講話家業及び家事の実習、各種工場の見学。
4、適性の発見――智能及び性能検査、特殊才能の観察、興味方向の調査、学業成績の職業指導的考察、適性指導時間の特設。
5、就職の指導――家庭の希望及び事情調査、適性に応じたる職業の選定、就職及び就職後の輔導。
6、進学の指導――中等学校に関する調査、学校参観、学校の選定、入学の指導、入学後の輔導。

（三）養護及び治療方面

1、健康調査――毎日始業前後の検温、検脈、呼吸、疲労調査、毎週の清潔検査、毎月身体測定、結核感染状況調査、検便及び検尿等。
2、傷害防止――登校及び下校時の送迎、休養時間の特設、休憩時の特別看護。

3、栄養の補給——間食の給与、肝油の服用、弁当の調査　偏食の矯正、母姉に封する栄養講話。
4、疾病異常の診察——校医の診察、養護及び治療法に関する保護者との懇談。
5、治療及矯正——看護婦は校医の指示に基き毎日左記の治療手法を施す。
一、マッサージ及び電気マッサージ——小児まひ及び手術後の児童に浴後又は熱気浴後に行う。
二、日光浴及び太陽灯照射——カリエス、関節炎、虚弱の児童に行う。
三、ギプス療法——カリエス児童にギプスベット、コルセットの装用等を行う。
四、玩具療法——小児まひ児童に玩具をもって遊びの中に手指の練習をさせる。
五、水治療法——小児まひ児童の興奮を沈め、マッサージを施す前にこれを行う。
六、治療体操——畸形及び小児まひ児童の矯正ならびに治療のために行う。
七、歩行練習——小児まひ児童に歩行補助器、歩行練習台等を使用して歩行練習をさせる。
八、手術——畸形不具の児童は病院に委託して整形外科的手術を受けさせる。

(四) その他

1、肢体不自由児の教育相談——入学希望のもの、又は通学不能のもののために行い、医師が診察し教師が知能及び性能の検査をなし、教育及び治療の相談に応ず。
2、卒業生の指導
一、「研究科」の設置——普通の中等学校に進めない進学希望者に長期の教育指導をなす。
二、「仰光会」の組織——進学ならびに就職後の輔導をなし、時に慰安会、講演会等を催す。

出典：東京市立光明国民学校（1942）25-27 頁より作成。

なった児童としては、リットル氏病（現在の脳性まひ）や痙攣性小児まひなどの脳性まひのある児童、弛緩性小児まひなどの小児まひのある児童が主であった[26]（内田［二〇一三］五八頁）。

② 玩具治療

玩具治療も、治療体操と同様に初期の光明学校から行われていた治療の内容の一つである（表8－6－6）。玩具治療自体は昭和八年の『東京市立光明学校紀要　第二輯』から登場し、光明学校第二代目の校医であった竹澤さだめ（一九〇三－一九四三）が導入したものとされている（杉浦［一九九一］八八頁）。

玩具治療の目的としては、玩具を使用した上での上肢の運動機能の改善であるとされる（新井［一九三五］五八頁）。昭和一二年の『東京市立光明学校紀要　第四輯』には「玩具治療の一面」としてその説明があり（表8－6－6）、玩具治療の具体的な内容としては、表8－6－6に示された様々な玩具と遊戯を組み合わせた内容の運動が示されており、指先だけではなく、手指や手首、肘関節や肩関節を使った遊戯まであり、単なる指先の緻巧性だけを高めるような内容ではない。また、フレーベルの恩物や、指頭練習の円柱はめ、型はめなどはモンテッソーリ教具に近いものであった。昭和一二年の『東京市立光明学校紀要　第四輯』においては、玩具治療の対象児童生徒としては、小児まひ児童を対象としているが、実際に玩具治療を受けていたのは痙攣性小児まひ、弛緩性小児まひであり、特に現在の脳性

表 8-6-6 「玩具治療の一面」

上肢の随意運動困難な児童（主として小児まひ）にとって、玩具治療は相当の効果をあげる。玩具治療とは児童の玩具に対する本能的な興味を利用して、運動機能の障害を治療矯正せんとするものである。
従ってこれに使用する玩具は一般にあふれたもの以外に、目的に依って特に工夫考案されたものもあり、又与へるに際しても個々の児童に対応し、欠陥障害の程度に即して、一つの組織・系統のあることはいうまでもない。
左は本校に於て現在使用している玩具を目的上から眺めた配分である。

（一）把握及把持運動
積み木（フレーベル恩物）幼稚園人形、メリー・トーイ、絵型はめ、円壔はめ、コリント・ゲーム、かるた

（二）指頭運動
絵型はめ、七巧板、珠刺盤、モンテッソリー鍾刺、計数機、フレーベル刺紙、フレーベル毛糸刺繍、剪紙、おはじき、バネ鉄砲、小恩物独楽、点取独楽、塗絵、背影台紙貼、旗合せ、リンカーン・ロッグス、オルガン、マンドリン、ビーズ

（三）打叩運動
太鼓、シロホン、卓上ピアノ、手毬つき、タンバリン

（四）手関節及び肘関節回旋運動
ゼンマイ回し（電車、汽車、自動車、飛行機タンク等）、オモクリップ、捻子回し、エレクトー、独楽回し、籠編

（五）屈伸運動
輪投盤、ボール投、コリント・ゲーム、ピンポン、マット・ウエービング、ヴァイオリン、胡弓

（六）牽引運動
バッテンダー、水鉄砲

（七）擧臂運動
パッチング・ボール、飛縄

（八）正確性練習
剣玉、輪投げ、ボール入れ、射的盤絵合わせ型塔、人形積木、フレンド積木、ボーズ

（九）共応動作練習
紐結び、ボタンかけ、鉤かけ、スナップかけ、マット・ウエービング、簾編、連繋積み木、豆細工、折紙、切抜、ペーパー・インターレーシング、着替人形、大恩物独楽

（十）随意運動
飯事遊び、人形遊び、砂遊び、室内野球盤、郵便遊び、加留多取り、パズル

出典：東京市立光明学校（1937）22 頁。

まひにあたる痙攣性小児まひの割合が多かった（内田［二〇一三］七三頁）。

③その他の治療について

・マッサージ療法

マッサージ療法は、昭和七年の『東京市立光明学校概要　第一輯』から記載されており、光明学校初期のマッサージ療法は、主としてリットル氏病と小児まひを対象とし、児童の症状により、入浴後または熱気浴を行うとされた（東京市立光明学校［一九三二］二八頁）。

マッサージ療法の具体的な内容としては、看護婦であった青山（一九三七）が昭和一二年『東京市立光明学校紀要第四輯』の「痙攣性小児麻痺に就て」という論文の中で、その内容と種類を述べており、それによれば上肢のマッサージは手部・前膊・上膊の三部から成り、下肢は足部・下腿・大腿に分け

られる。療法としては、軽擦法、揉撚法、強擦法、叩打法、振顫法、運動法の六種類により施行されていた（青山［一九三七］一九‐二一頁）。

開校当初では、マッサージ療法の対象児童としてはリットル氏病などの脳性まひ、小児まひを対象として考えており、実際の対象児童生徒も、脳性まひや小児まひがほとんどを占めていた（内田［二〇一三］八一頁）。

• 太陽灯照射

太陽灯照射は、開校当初の昭和七年の『東京市立光明学校概要　第一輯』から記載されており、主として、カリエスと虚弱児童に一週二回太陽灯を照射しており、日光浴と併用されている（東京市立光明学校概要［一九三二］二九頁）。脊椎カリエスと虚弱体質の児童生徒を対象としていたが、実際の対象児童生徒を見るとカリエスだけでなく、結核性関節炎、くる病、骨形成不全症も対象としている。これはカリエスや結核性関節炎の児童においては太陽灯照射により殺菌、抵抗力をつけることや、くる病の児童においては骨の形成を促し、症状を改善することを意図したものであると考えられる（内田［二〇一三］八八頁）。

• 日光浴

日光浴は、創立当初の昭和七年の『東京市立光明学校概要　第一輯』から記載されており、日光浴は五段階に分けて最大三〇分間行う旨が記述されており、晴天ならば日光浴を多くし、雨天ならば太陽灯照射を行うというように、太陽灯照射と併用されている（東京市立光明学校［一九三二］二八‐二九頁）。また、対象となる疾患に関しては、主としてカリエスならびに虚弱児童に対して行うとしている。対象児童としては、脊椎カリエスの児童生徒を対象としており、実際の対象児童生徒を見るとカリエスだけでなく、結核性関節炎、くる病も対象としている。これは、太陽灯照射と同様に、カリエスや結核性関節炎の児童においては日光浴による殺菌、抵抗力をつけさせることや、くる病の児童においては骨の形成を促し症状を改善させようとすることを意図したものと考えられる。

• ギプス療法

ギプス療法は、創立当初の昭和七年の『東京市立光明学校概要　第一輯』から記載されており、マッサージ療法は主としてカリエスの児童と内反足の児童を対象とし、カリエスの児童にはギプスベットやコルセットを作成し、内反足の児童にはギプスを装用させるものであった（東京市立光明学校概要［一九三二］二九頁）。実際の対象児童としては、脊椎カリエスの児童を対象としているものの、ギプス療法の対象児童を見るとカリエスだけでなく、弛緩性小児まひも対象となっていたことがわかっている（内田［二〇一三］九一頁）。

・手術

創立当初の光明学校においては、治療は観血的治療と非観血的治療の二つから構成され、観血的治療とは現在における医学的な治療を指し、具体的には出血を伴う外科的な手術を指していた（杉浦［一九九一］八三－九二頁）。すなわち、光明学校においては、外科的な手術も治療の中に含まれるものであった。ただ、光明学校内において手術を行うのではなく、病院委託の方式を取っている（杉浦［一九九一］八九－九〇頁）。創立当初の昭和七年には同校においても小手術程度であれば行われていたが、大手術は近くの市立広尾病院に病院委託という形で行っていた（東京市立光明学校［一九三二］二八頁）。なお、杉浦（一九九一）によれば、戦前において手術自体はあまり行われていなかったという（杉浦［一九九一］八九－九〇）。さらに、手術が行われた施設は東京帝国大学医学部附属病院以外が多いことも指摘されている（杉浦［一九九一］九一頁）。

（四）戦時下における光明学校

(1)　国民学校への改組

昭和一六年一二月に日本は「大東亜戦争」に参戦し、日本の学校教育も戦時体制の下におかれることとなった。昭和一六年二月二八日の小学校令改正に伴う国民学校令（勅令第一四八号）の公布、および小学校令施行規則改正に伴う国民学校令施行規則（昭和一六年三月一四日文部省令第四号）の公布を受けて、光明学校は、翌昭和一七年に国民学校令施行

表 8-6-7　戦中期の光明学校の設立趣旨

年	設立趣旨
1942 年	本校は東京市内の肢体不自由児を収容し、これに身休的欠陥異常の治療矯正を加えながら皇国の道に則りて初等普通教育を施し、国民の基礎的育成練成をなすをもって目的とし、進んでは各性能に応じて自活の職業を授け忠良なる皇国民を養成せんとするものである
1943 年	本校は東京市内の肢体不自由児を収容しこれに身体的欠陥異常の治療矯正を加えながら、皇国の道に則りて初等普通教育を施こし、国民の基礎的育成練成をなすをもって目的とし進んでは各性能に応じて自活の職業を授け忠良なる皇国民を養成せんとするものである。
1944 年	本校は東京市内の肢体不自由児を収容しこれに身体的欠陥異常の治療矯正を加えながら、皇国の道に則りて初等普通教育を施し、国民の基礎的育成練成をなすをもって目的とし進んでは各性能に応じて自活の職業を授け忠良なる皇国民を養成せんとするものである。

出典：東京市立国民光明学校（1942）24 頁、（1943）1 頁、（1944）1 頁。

規則第五三条の規定適用により国民学校となり、校名を東京市立光明国民学校と称したため、ここにおいて初めて正規の義務教育学校となった（村田［一九九七］七四頁）。

この時期における光明学校の教育理念や教育目標については、表8-6-7に示したように、その設立趣旨を「身体的欠陥異常の治療矯正を加えながら皇国の道に則りて初等普通教育を施し、国民の基礎的育成練成を為すを以て目的とし、進んでは各性能に応じて自活の職業を授け忠良なる皇国民を養成せんとするものである」という内容に変わっている（東京市立光明国民学校［一九四二］二四頁）。戦時体制下にある中で、皇国国民の育成という面が読み取れる一方で、「身体的欠陥異常の治療矯正を加へながら皇国の道に則りて初等普通教育を施し」とあり、治療矯正を加えながら初等普通教育を施すという内容のものであった。昭和一八年『東京市立光明国民学校　現況』と昭和一九年の『東京市立光明国民学校　概覧』にかけて見られる設立趣旨も、昭和一七年の趣旨とほぼ同じ内容であった（東京市立光明国民学校［一九四三］一頁。東京都光明国民学校［一九四四］一頁）。

(2)　現地疎開

第二次世界大戦の激化とともに、東京に対する空襲も多くなる中で、学童を疎開させることが必要となったため、日本国内ではまず親類・縁故者を頼る縁故疎開が進められた。昭和一九年三月三日に「一般疎開促進要綱」が閣議決定され、東京都でも昭和一九年三月一〇日に「学童疎開奨励に関する件」が教育局長名で出され、続いて集団疎開が始まった。同年六月三〇日には「学童疎開促進要綱」が閣議決定され、初等が三年以上の学童を東京郡部、関東、中部、東北などに疎開させることとし、昭和一九年八月四日から同年九月二四日までの間に東京都の学童は約二〇万人が疎開を行った（松本［一九九〇］九一頁）。毎日新聞（平成二一年八月一三日）によれば、東京都障害児学校退職教職員の会が、当時存在した全国障害児学校の学童疎開状況を調べたところ、東京聾唖学校や大阪市立盲学校など一〇校が一般の国民学校と同じ昭和一九年中に疎開している一方で、光明学校は東京都の「光明国民学校学童疎開に関する件」（昭和一九年六月九日付け教一発第三一四号ノ二）により、昭和一九年七月一日に東京都の国民学校の中では唯一の現地疎開という形式を採用し、同校世田谷校舎を集団疎開の場所とし、校庭の一部を改造して、全児童を収容した。当時あった麻布分教室は廃止となり、同時に研究科もなくなった。また、自宅から通っているものについては自宅での生活となった（松本［一九九〇］九一頁）。

光明学校が「現地疎開」という形式を採用した背景には、疎開しようにも疎開先や児童の輸送方法が見つからなかったことなどが挙げられる。当時の光明学校の三代目校長である松本保平（一九〇二―一九八八）も学校の所在する世田谷区や東京都にも相談したが、一般の国民学校の疎開事務に忙殺されて、光明学校の疎開に手が回りかねると言われ、塾慮の末に当時の校舎を集団疎開の場とすることが最善であると決断したと述べている（松本［一九八一］二一三頁）

当時の光明学校では、寄宿舎や教室を改造して、児童は職員と一緒に寝泊まりし、同年一一月一五日には同校敷地内に防空壕が四つ作られた。防空壕内にはベッド式の長椅子を置き、その中で寝ることも可能であった（東京都立光明小・中学校［一九五二］一五頁）。そして、空襲警報のサイレンが鳴ると、昼でも夜でも児童を抱えて防空壕に避難した（松本［一九九〇］九一頁）。

（3）現地疎開中の教育活動

昭和一九年七月以降の現地疎開中の光明学校における教育活動については、資料がほとんどなく、その詳細を知ることができないが、当校の卒業生向け機関紙である『仰光通信』[27]には次のような記述があり、当時の様子をうかがい知ることができる。

現在は空襲のある関係から毎日一〇時半で授業は終るから、毎日二時限で通学児童は帰宅する。寮生は寮生活に入る。

　午後二時半のオヤツまで勉強。オヤツがすむと自由、勉強、工作、などをする。近頃は薪で下駄を作ることが大流行で自作の下駄をはいて居る。

　四時半の晩食後は自由勉強、八時には消灯就寝する。土曜日の夜は慰安会、紙芝居、映画会等が行はれて疎開児童は朗らかに元気に毎日を送っている。（中略）寮の各室は防空暗幕が完備。敵が来たらば来たれのかまへが出来て居ます（東京都光明国民学校［一九四五］）。


　現地疎開体制に入ると、授業はほとんどできなかったとされ、前述のように二時限授業をして、一〇時半で下校させたり、食料確保のために校庭に畑を作り野菜などを栽培したりしていたと述べている。また、絶えず敵の飛行機の襲来があり、学習することもできなかったと指摘されている（松本［一九九三］八四－八八頁）。

(4)　長野県上山田温泉への疎開

　本土決戦の現実味は光明学校にも着実に忍び寄り、昭和二〇年三月一〇日、二〇日の東京への大空襲を受けて東京の街が壊滅的な被害を受けたのを見て、東京も安全ではないと感じた校長の松本保平はもはや自力で疎開先を探すしかないと決意した。松本は昭和二〇年四月に一人で長野県へ飛び、奔走の末にようやく、長野県更級郡上山田温泉（現在の千曲市）に疎開先を見つけ、他の国民学校に遅れる形で同年五月一五日に長野県上山田温泉の上山田ホテルへ疎開した。その一〇日後の五月二五日と二六日の空襲により、同校の世田谷校舎は一部の校舎を除き全焼し、麻布校舎は全焼している（松本［一九九〇］九三－九六頁）。

二　思斉学校

思斉学校は、大阪市に設置された精神薄弱児専門の特殊学校として理解されているが、法制上は後述するように精神薄弱を対象とする初等学校であった。思斉学校は、東京市に開設された肢体不自由対象の光明学校とともに、盲学校・聾唖学校以外の戦前における障害児対象の独立学校であった。また、盲学校と聾唖学校の設置が、法律上は、道府県に義務づけられていたのに対して、思斉学校と光明学校は小学校の一種である市立学校であった（河野［二〇一〇］六七－七一頁も参照）。

しかし思斉学校の創設は、資金と設置場所において変則的だった。「思斉」の命名者が市長・坂間棟治（一八八六－一九七四）であったことから、市のイニシアティブによる計画ではあるが、学校の建設資金の主な提供者は日本では珍しい民間の一個人・吉田顯三（一八四八－一九二四。医師で衆議院議員の経歴がある）だった。また、学校が開設されたのは鈴木治太郎が所長を務める市立児童教育相談所[28]の一画であり、昭和一五年九月、小学校に準ずる各種学校、思斉学校として、東区の市立児童教育相談所内に仮校舎を設けて開設され、校長には、大阪市の劣等児・智能薄弱児教育を黎明期から先導してきた田村肇が着任する。一七年二月に思斉学校は、大阪市思斉国民学校と改称するが、学校当事者は国民学校令施行規則に基づく養護学校を標榜しており、少なくとも彼らはその意識だった（高橋［二〇一〇］八、三四七頁）。一八年三月には旭区の独立校舎に移転した。

しかし思斉学校は、創設時の構想とその実現は、戦前の大阪市の教育政策では着手されていない障害児の教育機関であった。思斉学校創設に関する教育部予算の審議における菅野和太郎教育部長の答弁では、「身体欠陥童並ニ智能低格児童……ノ特殊ノ学校」（高橋ほか［二〇一〇］八、一八五頁）を想定していた。それを承けて、昭和一四年四月に大阪市小学校教育研究会特殊教育研究部（田村肇部長）が菅野和太郎教育部長宛に提出した、開設予定の特殊学校の学則・設備等に関する答申では、それぞれの校門のある精神薄弱児童部と身体異常児童部を計画していた。また、小舎式の寄宿制を予定していたほか、比較的詳細な施設・設備を計画している（田村［一九三九・五］）。

実際に開設後も、対象児規定については創設趣旨が実現されている。昭和一七年一〇月時点の「大阪市思斉国民学校概況」において、対象児童は、「精神薄弱及び身体障害児（難聴、弱視、肢体不自由等）を収容する」となっており、一期工事完了後の全八学級は以下のように構成される予定であった。

観察室（市立児童教育相談所内分校）一
精神薄弱児の学級　四
肢体不自由児の学級　一
難聴児の学級　一
弱視児の学級　一

仮校舎時代でも、観察学級と教養学級に分けて、教養学級は、初等科、高等科男子、高等科女子、正聴（難聴のある児童）に編成されていた。難聴児の学級は「正聴教室」（根來義夫訓導）として開設され、収容人員六名で、戦後まで存続していたという（大阪市教育委員会［一九七〇］五五頁）。また、上記の「概況」では、「仮校舎中は設備の都合上精神薄弱を主とし難聴児の一部を収容してゐる」というから、第二期工事完了後は、肢体不自由児と弱視児も収容する計画であったものと思われる（高橋ほか［二〇一〇］八、三四七－三四八参照）。

このようにみると、思斉学校は、少なくとも田村肇校長の構想では、智能薄弱学級よりも智能が低い精神薄弱児の養護学校を主な機能としながら、大阪市の小学校教育では十分に対応できていない難聴児、肢体不自由児および弱視児の養護学級の機能を兼備しながら、他の国民学校への拡大と普及を意図した複合的な意図があったものと思われる。というのは、田村は、特殊学校と特別学級と普通学級との関係を独立的ではなく、シームレスな連続体として運営したいという構想をもっていたからである（田村［一九三九・八］一六頁。田村［一九四二・一〇・二三］）。

また、個々の児童の「心身の実情に適応したる教育」は当然であるが、教育の目的は、「特に社会に於けるその適職に従事し得らる〻職業的技能の礎地を養ふ」こと（田村［一九三九・五］三七頁）、あるいは「真に各個人に適応した教育を施し、適材適所に之を配置して以て、それぞれの職域に於て一億一心一人の例外なく奉公の誠を能率高く致す」こと（田村［一九三九・八］一六頁。［一九四一・三］四〇頁）に求められている。これは、精神薄弱教育に対する無駄遣い論（田村［一九四一・三］四四頁）が根強いことに対する彼の回答でもあろう。また、施設・設備とも関連するが、田村は、附設の郊外学園の設置を熱望している。これは、身体育成も目的の一つであるが、主な目的は、精神薄弱児の教育後の生活である。一戸一〇名程度の個人住宅風の寮を一〇戸ほど設けて、農耕・果樹・園芸、牧畜、手工等を想定し、生活指導と特性に応じた職業教育を行い、上記の職種の近隣の職場に就職させるという計画である（田村［一九三九・八］一七頁）。この計画は光明寮の設置により、部分的に着手されていたようであるが、実際にこの寮を使用したのは、疎開のためであった。ともかく、田村が描く精神薄弱児の将来の生活像は、桃花塾や島村塾（二施設の入所者数は、昭和一二年で六〇名ほど）のような入所型施設ではなかったことは確かである。

以上のように、特殊教育を提供する責任主体の在り方は、戦前においては中央主権体制であったために、国に求められた。地方が率先して特殊教育を提供することは、大都市を除けば、ほとんどなかった。一部の都市の盲学校・聾唖学校、そして光明学校と思斉学校である。しかし特殊教育における中央集権体制は、大戦後も続く。戦後において、精神薄弱児・病弱児・肢体不自由児の特殊学級設置は、いわば設置義務が課されなかった代替でしかなく、積極的な選択肢ではなかった。大都市を除けば現代でも責任主体の在り方が問題になることはほとんどないが、居住する地域が教育や福祉の重要な観点となっている現代において、そして人口減に伴って急速に税収減となる近未来においては、重要な論点となろう。

三　難聴学級

佐々木順二

(一) 難聴学級の種類

難聴学級には、盲唖学校、聾唖学校に設置されるものと、公立小学校に設置されるものの二種類があった。どちらにも共通して、聾唖児の中に含まれる残存聴力がある者の鑑別と残存聴力のある者への教育方法の開発を必要とした。後者の公立小学校に設置される場合、設置者である自治体がその区域内に居住する難聴児の教育の必要性を認識する必要があった。まず、残存聴力を活用する教育への関心の高まりについて述べ、続いて、難聴学級設置の経緯、教育対象と方法について述べていく。

（二）聾唖児の残存聴力と聴覚を活用する教育への関心

聾唖児の残存聴力への関心は、明治期以来あったと考えられる。明治一三年五月三一日、開業してまもない楽善会訓盲院に、アメリカにいた潁川君平より寄贈された「聾唖聴音器」二台が届き、翌六月一日には聾二名、唖四名を対象に実験がなされ、楽善会友により聾唖聴音器の模索もなされた（東京聾唖学校［一九三五a］一〇五－一〇七頁）。聾唖聴音器は、「会話管（speakingtube）」ないし「ラッパ式のイアトランペット」（文部省［一九九二］三一七頁）であったとされる。

訓盲院時代以来の『聾唖聴音器』は「次第に忘れられ」利用されなくなっていったといわれるが（文部省［一九九二］三一八頁）、明治三六年に東京盲唖学校に設置された教員練習科の学科目には、補聴器の使用法が組み込まれている。明治三三年には、オーストリアのアルト（Ferdinand Alt 一八六七－一九二三）によって電気式携帯用補聴器が開発されたため（文部省［一九九二］三一九頁）、教員練習科の学科目では、会話管やイアトランペットの使用法に加え、このような電気式携帯用補聴器の使用法について話された可能性はある。

教員練習科の学科目に補聴器の使用が組み込まれたことには、東京帝国大学医科大学耳鼻咽喉科学講座の初代教授・岡田和一郎[29]（一八六四－一九三八）の影響がうかがえる。岡田は、耳鼻咽喉科学の主任候補として明治二九年三月からドイツ、オーストリアに留学し、明治三二年一二月に帰国し、明治三三年九月には、東京盲唖学校教員を対象に、ミュンヘン大学耳科学教授のベツォル

表 8-6-8　昭和 15 年現在の国内の難聴学級と児童数

学校名	学級数	児童数
東京聾唖学校	3	27
明化尋常小学校	2	30
熊本県立盲唖学校	1	9
大阪聾口話学校	2	?

ト（Friedrich Bezold 一八四二－一九〇八）が提唱した「聾唖聴力回復」（東京聾唖学校［一九三五ａ］二三二－二三三頁）について講義した。岡田は、東京盲唖学校に教員練習科が設立されるとその嘱託講師となった。鳥畑（一九三五）は、岡田が「残音利用又は聴視法」について説いたこと、とくに「東京聾唖学校師範部講師」として功績が大きかったと述べている（鳥畑［一九三五］七九頁。佐々木・中村［二〇〇四］八二－八三頁。佐々木［二〇一〇］二三二－二三三頁）。

このような海外の耳鼻咽喉科学に由来する聾唖児の残存聴力への関心は、京都市立盲唖院でも共有されていた。明治三六年二月に同院が編纂・刊行した『盲唖教育論　附瞽盲社会史』の「聾唖之部」の第一編「聾唖教育論」には、イタール（Jean Marc Gaspard Itard 一七七五－一八三八）、トインビー（Joseph Toynbee, J. 一八一五－一八六六）による聴力の程度分類が紹介され、第二編「聾唖教授論」の中で「言語教授法」の一つとして、「ベツオルドの残音利用法」（京都市立盲唖院［一九〇三］一一〇－一一二頁）が紹介されている。[30]

同書では残音利用法について、まず、「一〇個の音叉と二個のガルトン氏の笛」を用いて、「人の聴き得る最高より最低の音」の全ての範囲にわたって聴覚を失っているのか、その範囲の中に「少しの聴力を有する」のかどうかを検査すると述べる。そして、聴力の損失の様子によって聾唖の状態が六種に分けられること、聾唖の多くが残音を有し、特に「中低音よりも高音の方」の残音の割合が多いこと、したがって「小児及婦人の音声」に早くから触れさせ、教育することで「聴力を挽回」し、「言語を発するに至る」と述べる。最後は、この検査法が多大な手数と費用を要するため、本邦での実行には困難があるが、「何とかして試みたきものなり」（京都市立盲唖院［一九〇三］一一二頁）とある。

このように、明治期においては、残存聴力を活用した教育の実施は困難で、その組織的教育が開始されるのは、盲聾分離後の東京聾唖学校で、大正一五年一〇月、同じく分離後の京都市立聾唖学校で昭和二年四月のことであった。

（三）難聴学級設置の経緯

(1)　東京聾唖学校難聴学級

残存聴力を有する生徒を集めて学級を編制し、組織的に教育を開始するのは、前述のとおり、大正一五年一〇月一六日に東京聾唖学校に設置された難聴学級が最初である。同校における学級設置の理由は、「斯種の生徒の各学級に数名ある」という認識がこれまでもあり、そうした生徒に「教授時間中或は放課後に特別練習」をおこなうことで、残存聴力の「発達及び利用」を計ってきたが、「尚徹底し難き」（東京聾唖学校［一九三五ａ］四〇一頁）という反省があったからである。同校の難聴学級は、当初三名であったが、学校内外から同類の生徒を集め、七名となった。その内一名は、「聴力を恢復したる」という理由で小学校に戻され、残りの生徒は昭和七年四月に中学部に進学した。同校は、この最初の学級が中学部に持ち上がったのと同時に、改めて難聴学級を一学級設け、翌昭和八年四月にはもう一学級追設した（東京聾唖学校［一九三五ａ］四〇二頁）。

教育方法は、それまでの口話式教育で用いられてきた「視法」、すなわち「視覚を用ひて口話を認知」する方法に対して「聴視法」といわれるものであった。「聴視法」は、視法に加えて、教師が生徒の「耳の傍にて大聲を発して聴き取らしむる法」（東京聾唖学校［一九三五ａ］四〇一頁）である。

同学級の成果としては、「音声の明朗語彙の容量を増大」とあるので、音声で明瞭に発せる語彙が増えたと評価している。また、各学科目の成績の進歩の著しさ、「普通小学校児童との成績の差」の著しい減少、将来において「普通小学校児童」に「雁行し得る期の来る」ことへの期待を述べている（東京聾唖学校［一九三五ａ］四〇二頁）。

同学級の対象生徒の難聴の程度については、「耳辺に於て大声を発せらるるにあらざれば肉声を感じざる」としており、後述する東京市礫川尋常小学校の難聴学級の児童の難聴の程度よりも重度であると述べる。礫川尋常小学校の児童は、「小学校児童中より選抜し三尺以内の距離ならば普通より少しく強き肉声を聴き取りうる」ので、これを「軽難聴」とし、東京聾唖学校の難聴学級の生徒は「重難聴」であると考えられていた（東京聾唖学校［一九三五ａ］四〇二頁）。

(2)　京都市立聾唖学校の小竹キヨによる難聴児教育

京都市立聾唖学校における難聴児教育は、学校としての組織的な取り組みというよりは、教師個人の工夫と努力、関心をもつ保護者の支援によって支えられた取り組みである。

『京都府盲聾教育百年史』によれば、小竹キヨ（一八八五－一九八〇）は、明治三九年四月、日本女子大学卒業後、石井十次の岡山孤児院で働き、明治四一年、台湾や中国の日本語教育の事業に従事していた小竹徳吉に嫁し、夫とともに携わった。大正二年、任地中国厦門で娘アヤ子（三歳）が失聴、その数日後、夫が死去した。小竹は、アヤ子の治療のために京都を訪れ、大正八年には京都市立盲唖院一年生に入学させた。そして小竹は同院から慫慂され、翌九年三月二四日に嘱託教員として着任した（盲聾教育開学百周年記念事業実行委員会編集部会［一九七八］二一五－二一六頁）。

小竹は、大正九年に着任してすぐ尋常科三年生の担任となり、「一週二時間の口話時間の外に毎日放課後一時間口話指導」を行ったという。翌一〇年新学期一年生を自ら希望して担任し、初等科一年生、中等部一年へと持ち上がり、継続して口話教育を試みた。小竹は、その教育の過程で、口話法のみによる教育に自信を得ただけでなく、生徒の中に相当の残存聴力を有するものがおり、そうした生徒への「残聴教育」に関心をもつにいたる（盲聾教育開学百周年記念事業実行委員会編集部会［一九七八］二一六－二一七頁）。

こうして小竹は、昭和二年には、従来の学級を中等部に持ち上がるかたわら、彼らの職業教育を担当教師に任せ、自ら新一年生の残聴生徒一四人を集めて教育にあたる。この時期に、生徒の保護者より、一五本のレシーバーがつけられる集団補聴器が購入され、寄付された。小竹は、夜間電燈を消して談話をしたり、生徒の後ろから話しかける方法をとった。教育開始八カ月後には、一四名中一二名は三間離れた後ろからことばを理解したという（盲聾教育開学百周年記念事業実行委員会編集部会［一九七八］二一七頁）。三間は約五・四メートルであり、その距離からでも音声を聞き分けられたとすると、小竹が教育した生徒の中には、東京聾唖学校難聴学級の児童よりも難聴の程度が軽い生徒が比較的に多く含まれていたと考えられる。

京都市立聾唖学校では、小竹の取り組みと同時進行で、難聴児教育にかかわる二つの取り組みがあった。一つは、大正一四年入学の一年生二〇余名の担任となった岡正文を中心に、ボランタリーに組織された京都聾口話幼稚園（大正一五年四月一五日開園）において、昭和三年以降、集団補聴器が備えられ教育が行われたことである（盲聾教育開学百周年記念事業実行委員会編集部会［一九七八］二一七－二一八頁）[31]。もう一つは、昭和三年三月に東京聾唖学校師範部普通科甲種を卒業した川上庄五郎と赤坂祐次郎が、同年四月に赴任し、難聴児教育を含め、口話法による教育に取り組んでいったことである。この二人が師範部で養成を受けた頃、東京聾唖学校では、すでに大正一四年度新入生の一部から口話教育に切り替え、大正一五年一〇月には難聴学級を新設するなど、新しい教育への転換をはかっていた。

(3)　東京市その他の尋常小学校の難聴学級

昭和九年九月一八日、東京市小石川区礫川尋常小学校に難聴学級が初めて設置された。担任の石崎庸は、昭和六年三月、東京聾唖学校師範部普通科甲種を卒業していた。翌一〇年一月一六日には、同区明化尋常小学校内に尋常三・四年より成る難聴学級が設置され、さらに一一年五月には礫川尋常小学校の難聴学級は明化尋常小学校に移された。礫川尋常小学校に難聴学級設置後、卒業生は四回にわたって三〇名を数えた。

昭和一三年には、熊本県立盲唖学校に難聴学級が一学級、大阪府立聾口話学校に二学級が設置された（福應［一九四〇・二］五頁）。昭和一五年の国内の難聴学級はわずか八学級で、児童数約七〇名だけに難聴教育が提供された。難聴教育もまた、先進国に比べて顕著に遅れた分野となる。それは学級数だけでなく、低学年の難聴学級がなかったからでもあった（我国最初の難聴児学級［一九三五］）。

四　弱視学級

岡　典子

(一)　弱視教育の必要性の情報流入

弱視教育の必要性については、他の分野と同じように、教育界と教育行政および医学界を問わず、外発的に提起されることになる。イギリスを除けば二〇世紀の初頭に弱視児の学級や学校が欧米で開設されているから（小林［一九八四］一三－一七頁）、欧米の小学校には難聴学級や弱視学級があるとの情報の流入自体は、文部省留学生を通じて、比較的早くから伝えられていた。樋口長市は、大正八年一月から一〇年五月までの留学で得たアメリカとイギリスの難聴学級と弱視学級の例を述べている（樋口は、弱視を亜盲、難聴を亜聾と称する。難聴については、重聴とする表記もあった）。地域によってさまざまな名称を付与された小学校附設のセンター校方式によるアメリカの弱視特別学級について、寄宿制学校の弊害および晴眼児との交流の重要性をセットにして、壁の色や照明等の施設・設備、拡大教科書や教科によっては特別教室での指導を行うことを紹介している（樋口［一九二三］二三六－二三九頁）。また樋口は、日本で盲学校にいる弱視児が視力のない盲児と同じように扱われ、小学校にいる弱視児は晴眼児のように扱われている現状は不当なものであり、小学校に特別学級（樋口案では「保視学級」）を設置すべきであると主張した（樋口［一九二四ａ］一九〇－一九四頁）。大正一五年にも、川本宇之介が『都市教育の研究』において、オハイオ州クリーブランドの「視力保護学級」について詳細に伝えている（川本［一九二六］四四九－四五一頁）。

元来、日本の盲学校に全盲でない児童生徒が多いことは、経験的に知られていたが、特別の教育的対応が意識されることはなかったようである。盲学校に弱視児が多く入学してくるが、盲学校では全盲児の教育を標準としているために、弱視児には適切な教育が行われていない（小学校でも同様である）。盲学校児童生徒に対する昭和初期の眼科検査の結果では、それがどの程度、他の盲学校に一般化できるかは別にして、後述する東京市や文部省の調査の基準であった矯正視力〇・二または〇・三を大幅に上回る視力のある児童生徒がいたし（正常視力の者さえいた）、残存視力のある者はかなりいた（小林［一九八四］四二－四三頁）。他方で、小学校児童の視力・聴力については、明治三三年から身体検査の項目となっていたし、学業との関係で、視力の程度や難聴については留意されていたが、座席の配置等までが学校側の配慮範囲であり、特別な指導までは着想されなかった。県立盲学校に軽度近視者が入学を希望し、小学校では視力に障害がある者に無関心であるという指摘は、眼科医からなされている（小林［一九八四］三一－三三頁）。学校と学校衛生、とくに眼科学との関係の弱さが日本の後進性であり、このような矛盾の発生源であったと考えられる。

しかし他方で、創設と維持に関心が注がれている盲学校内部から、弱視児に対する盲児とは異なる教育の必要性が提起されたり、あるいは弱視教育としての実践が行われたりすることは、ほとんどなかったと思われる。昭和一一年、中尾七郎は、「弱視教育に対する盲学校の努力」と題する短文を発表しているが、それは日本の盲学校における弱視児に対する教育努力ではなく、ドイツ語圏の盲学校・弱視学校における弱視児の話である（中尾［一九三六・二］）。まして、盲学校関係者による小学校での弱視教育の提案は、盲学校における児童生徒の減少を招くことになるために、ただでさえ児童生徒の獲得に悩んでいる盲学校ができることではなかった。また、ドイツ語圏のような弱視学校も創設されなかった。以上の事情は、難聴児と聾唖学校の関係においても同じであろう。

東京聾唖学校は、口話法拡大を背景にして、難聴児の教育にも積極的だった。東京聾唖学校難聴学級は、樋口長市が大正一四年三月に東京聾唖学校長に任命された翌年、大正一五年一〇月に設置された。これは、樋口校長による口話法の全面的採用に伴う措置の一環でもあろうし、文部省の支持もあったと思われる。樋口は聾唖学校における早期教育、小学校聴覚障害特別学級への転入、通常学級への措置を展望していた（樋口［一九三三］二六七－二六八、二七〇頁）。小学校難聴学級は、前述のように昭和九年九月の小石川区礫川尋常小学校が初例となったが（一〇年明化尋常小学校に開設後に同校に移して、二学級となる）、感覚障害系の特別学級開設は遅れたのである。

これに対して、同じ官立校の東京盲学校では弱視学級の開設はなく、弱視児の特別小学校もなかったから、日本最初の弱視教育の場は、昭和八年一二月、麻布区南山尋常小学校に弱視学級という特別学級形態で開設される以外に存在し得なかったのである。

弱視については、かなり早い時期から児童よりは中等学校生徒の近視が問題になっており、日清・日露戦争は、トラホーム、近視予防や失明予防への関心を促進させた。しかし、それが弱視教育や弱視学級の開設へと直接、発展することはなかった。そこで弱視学級開設までの経緯であるが、小林一弘（一九八四）の研究では、先進国の弱視教育情報の受容と弱視児教育専門機関の設置が、眼科医に焦点を当てられて記述されている。

しかし、眼科医以外の情報流入のチャンネルなかったわけではなかった。大正一四年六月の『帝国盲教育』には短編記事「弱視児童の為に」と題されたドイツ『盲人の友』よりのベルリン市立学校長による転載が掲載されており、盲学校における盲児との共学ではなく、弱視学校の増設の必要性が紹介されている（弱視児童の為に［一九二五・六］）。この記事転載の意図は、掲載されている記事から編集方針を推測すると、それほど明確さがあったわけではなく、先進国における視覚障害関連の内容であったために選択された程度であろうと思われる。

学校衛生は特殊教育の振興に功績があったが、学校衛生という範疇での反応は、昭和初期においてすら、それほど高いものではなかった（佐藤［一九三〇・一一］）。東北帝国大学眼科学教授の小柳美三（一八八〇－一九五四）が、昭和四年五月に仙台で開催された文部省主催学校衛生講習会で弱視教育の必要性について講演をしたが、一五〇名を予定していた聴衆は二〇名も集まらなかったという。また、講演記録を掲載した理由が、これまで弱視学級設置の提案が、誰からも提起されていなかったためであった（小柳［一九三〇・三］一七二頁）。

眼科医および教育者の弱視教育の必要性に対する触発は、とくに眼科医からはドイツ・オーストリア、教育関係者からはイギリスとアメリカで視力保存学級が拡大しつつあった時期に行われた視察または情報から、これまでと同様に外発的に生じたのであった。また、弱視教育の必要性に関する情報発信は、中央医学雑誌、学校衛生雑誌、外国特殊教育情報の著書、東京市のみの問題提起であった点に弱視教育の特徴があった。

(二) 南山小学校弱視学級

昭和四年一〇月に設置された中央盲人福祉協会は、視覚障害児の教育についても提案している。昭和六年七月、全国盲人保護並失明防止事業会議を主催して、盲児の就学義務制度の速やかな実施と視力薄弱な児童の小学校特別学級の設置を決議している（財団法人中央社会事業協会［一九三三］一三三頁）。昭和九年一〇月には、弱視児童特別学級設置の基礎資料として、文部省に学齢弱視児童の全国調査を依頼している。それによると、弱視児童は、一〇〇三四（男四七九七、女五二三七）名、学齢児童に対する割合は一・三六％だった（財団法人中央社会事業協会［一九三六］二六一－二六二頁）。

表 8-6-9　眼科医を中心とする弱視教育機関設立運動（昭和 7 〜 13 年）

7.11	国際失明防止協会総会（パリ）	弱視学級の未設置国は、速やかに設置することを勧告することを決議
7.10.18	東京眼科医師会第 41 回定期総会	宮下左右輔提案の「弱視児童ノ特種学校設立ニ関スル件」について、日本眼科医師会に提案協議
7.11.24	日本眼科医師会	第 3 回定期総会で特別委員会を設けることを決定。数回の協議の後、関係当局に建議することに決定
8.2.7	日本眼科医師会	東京市に弱視児の特殊小学校の設置を文部大臣に建議。内務大臣、東京府知事、東京市長にも建議
9.4.4	第 2 回中央全国失明防止会議	「弱視児童保護に関する件」決議、中央盲人福祉協会が遂行するようにとの決議も附帯。弱視児童の定義、全国調査、弱視学級の全国設置の中央および地方当局に建議。6 人の眼科医による弱視児童定義制定のための特別委員会設置し、4.9 に決定
9.8.11	中央盲人福祉協会弱視児童打合会	上記定義に基づいて弱視児童の全国調査の実施決定
9.9.10	文部大臣官房体育課	地方長官宛に弱視児童調査を依頼
12.10.25	東京眼科医師会	10.13 の評議員会で宮下左右輔から提案された「弱視児童ノ健診並ニ学級新設ニ関スル建議案」を第 52 回総会で討議、特別委員会に付託。「弱視児童特殊教育機関設置拡充建議の件」として 12.5、日本眼科医師会第 8 回総会に提案、文部省・厚生省・六大都市に建議することに決定
13.3	日本眼科医師会	弱視児童の学校または学級を、大阪・京都・名古屋・神戸・横浜の大都市等に設置するように建議
13	中央盲人福祉協会	「弱視学級設置要綱」作成

これに基づいて、同協会は、眼科医や関係者による特別委員会を組織して「弱視学級設置要綱」を作成して、弱視学級設置運動を継続している（財団法人中央社会事業協会［一九三七］一二三頁）。

以上の記述で理解されるように、小学校における弱視児および難聴児の特別教育は、劣等児の教育が小学校の実践的理由から必要性が日常的に認識され、問題が提起されたのとは違って、先進国における教育事情の情報や見聞に基づく特別学校（アメリカでは特別学級）設置論であったことに留意する必要がある。しかし、弱視教育の対象数が少ないこともあって、日本では教育行政上の課題になることもなかった。これらの理由から、弱視児の特別学級は、全国的に拡大することがなかったのである。

先進国情報に基づく眼科医を中心とする弱視学校設立運動の推移を、小林（一九八四）を主な資料参考としてまとめると、表8-6-9のとおりである。

昭和八年二月七日の日本眼科医師会による建議は、東京市に弱視児特殊小学校の設置をするようにとの文部大臣に対する建議であるが（日本眼科医師会［一九三三・三二］）、その論点は、盲学校と小学校から弱視児の特殊学校に移して特殊教育を行うことが、教育上並びに失明予防の点から必要であり、欧米の動向にもかなうという理由から、全国大都市に弱視学校を設けることであった。

眼科医が主導する弱視学級設置運動は、活動の局面を拡大する。内務省管轄の中央全国失明防止会議等にも拡大し、文部省への圧力も高まることになった。東京市教育局は、昭和七年、市内全小学校の尋常二年から高等二年までの在籍児を調査し、矯正視力〇・二以下および矯正不能の児童、尋常科二七三名、高等科二四名、合計二九七人（全児童の約一・六％）が、とくに下層階級にいるとの結果を得た。また、盲学校在籍者および就学免除・猶予者を合わせれば、東京新市域では一〇〇〇人に達すると推測し、極力残存視力を保護するために（弱視児童に特殊教育［一九三三・一］。小学校に於ける弱視児童の調査［一九三三・三］）、特殊教育の一環として、弱視児の特殊学級を設置する計画であった（東京市の弱視児童調べ［一九三三・八］）。

また東京市教育局は、欧米特殊教育を視察して昭和六年九月に帰国した東京盲学校長・秋葉馬治の報告中、弱視児童教育に関する箇所を編纂し、昭和八年に刊行した（秋葉［一九三三］）。この報告書は、弱視教育の歴史・弱視学級の設備・対象児の選択・弱視児学級の経営・カリキュラム・教材等を網羅した視察ならびに資料によりまとめた八四頁に及ぶ資料となっている。このような状況のなかで、南山小学校弱視学級は開設されたのである。そして、近い将来（昭和一六年前後）には、市立視力保存学校が建設される予定だった。それが実現できなかった理由は、東京市当局の政策の継続性のなさ、親と教師の無関心、戦時下による資源不足ということになる（小林［一九八四］六九頁）。昭和八年秋の東京市教育疑獄事件も、教育局の課長が三人逮捕されて、一時的にせよ機能不全になったことの影響もあったであろう。

弱視児教育は、東京から全国的問題へ、そして地方に対する広報へと逆方向に展開した問題である。文部省は、東京市の調査の後の昭和九年九月実施の調査結果を、一一年三月に「弱視児童に関する調査」として発表した（文部省大臣官房体育課［一九三六・三］）。この調査結果においては、両眼視で矯正視力〇・三以下の者とし、さらに万国式視力表を二メートルの距離で指数が分かる者を弱視、二メートルの距離で指数が分からないが、一メートルの距離なら分かる者を準盲とした。その結果は、全国で弱視は一〇三四名（うち、弱視は九〇二三、準盲は一〇一一名）で、発生率は一・三六％であった。弱視児の四分の三は後天性、大多数は予防可能としている。

早速、文部省は、昭和一一年一一月に開催された文部省学校衛生指定視察協議会において「近視弱視予防の適切なる施設如何」を協議事項に挙げている（文部省学校衛生指定視察協議会［一九三六・一二］）。その後、学校衛生の分野においては、弱視児教育問題は、弱視児の増加や調査研究の対象とするなど、検討が必要な問題という段階に留まり（岡山市学務課の弱視児童調査［一九三四・一］）、適切な教育の場の設定に進むことはなかった。

そのため、日本眼科医師会は昭和一三年に再度、弱視児童の特殊教育機関の設置を文部大臣に建議している。今回の建議では、大阪・京都・名古屋・神戸・横浜の大都市を指名して、弱視学校または学級の設置を要望している（日本眼科医師会［一九三八・五］）。昭和一六年になっても、眼科医からの弱視児の教育機関の設置が求められていて（石原［一九四一・七］）、戦前においては、弱視児は、結局、小学校か盲学校で教育上は放置された状態におかれたのである。弱視児に対して教育上の対応が開始されるのは、戦後の昭和三〇年代末であった。

しかし、この緩慢な過程において、戦後に繋がる弱視教育の基盤を作ったことは認められてよい（小林［一九八四］三六頁）。また、昭和一三年に中央盲人福祉協会が作成した「弱視学級設置要項」も、南山小学校の実践を反映して実務的になってきたのである（小林［一九八四］五九頁）。このことは、弱視学級開設前の外国情報が、見聞に基づく机上的な傾向があったことと比べて実際的であるし、設置形態についても、独立学校・特別学級のほかに、盲学校附設を挙げるなど、実現しやすい設置基準であった。

つぎに、南山小学校については、小林（一九八四）の研究をもとに教育の実態を簡単にみておきたい。昭和八年一二月に弱視学級が開設された当初は、尋常三年と四年の七名の複式学級一学級だったが、翌九年四月には二学級となる。発足当初の担当訓導は尾上圓太郎（一九〇六－？）で、山形県師範学校本科第二部卒業後に県内尋常小学校訓導を経て、東京盲学校師範部普通科を卒業後に（満州）関東庁盲唖学校教諭勤務の後、南山小学校に赴任した。担任は、尾上以外は定着しなかっただけでなく、半数以上が代用教員または准訓導であった（小林［一九八四］九一頁）。このことは、弱視児の教育が小学校でも盲学校でも主要な教育課題でなかった以上、十分に起こりうることであったし、特殊教育内においても、より一般的な課題であった学業不振や身体虚弱はより上位に、難聴児や精神薄弱児はそれよりも下位に位置づくという序列があったといえよう。

それゆえ、尾上訓導は、盲学校・聾唖学校の教育以上に、校内で同じ教育活動を行う教員がいないことになり、孤立的で微妙な立場におかれたことになる。それを補佐したのは、弱視教育に関心をもつ眼科医・宮下左右輔だけだった。なお、弱視学級の名称は、昭和一五年四月からかねて関係者の希望していたとおり、「視力保存学級」と改称され、同時に三学級に増設されることで、尋常一年生から収容可能となった。しかし翌一六年一一月には、尾上訓導は満州へ転勤となったことで、弱視学級は指導者の中核を失い、戦争の激化に伴い、対象児童は減少するが、昭和二〇年三月まで存続することができた。

指導の方針は、当時の眼科的常識に従って、視力の使用時間の短縮や制限であったが、眼科的な配慮と健康面だけでなく（尾上［一九三六］二二一―二四頁）、盲と晴眼者の境界線で不安定な心理的状態にある弱視児に対する心理的洞察が加えられている。弱視児は、弱視学級で学ぶことによってアイデンティティを形成することが可能となり、自己の能力を確信し、情緒的にも安定できた。そして、何よりも弱視学級担任の役割は、指導以外の複合的にわたることが求められた。担任の弱視児に対する同情や理解は、卒業後の困難を展望しての態度形成にまで及ぶ必要があった。尾上は、八年間という短い在職期間にこの段階まで、弱視児の教育構想を発展させたのである（小林［一九八四］一二八―一二九参照頁）。

なお、南山小学校弱視学級開設後に、弱視教育および関連問題を取り上げた訓導がもう一人いた。それは赤坂尋常小学校中尾七郎であるが、彼の職務は弱視教育とは関係がなく、補助学級担任である。弱視児の職業教育、学級経営、教育課程論の論文もあったが（中尾［一九三四・四］二六七頁）、難聴児教育を含めて多作な時期があり、転載も多かったが、内容はほとんどが翻訳である（中尾［一九三四・七］、［一九三五・二］、［一九三五・一一］、［一九三六・二］、［一九三六・一二］、［一九三八・七］）。中尾の論文発表の動機は、特殊教育行政への昇進の野心にあったのだろうか。接触した人の範囲も広く、眼科医や各分野の高名な人名が論文の謝辞で挙げられている。出征先からの中国人に対する日本語指導問題の投稿が最後となっている（中尾［一九三九・五］）。

五．障害幼児の教育の着手

岡　典子

盲唖幼児の教育が必要であることは、早くも明治三六年四月の『京都市立盲唖院一覧』において、創設後二五年間の経験のもとに提案されたことは、第一章で紹介した。昭和七年一二月、帝国教育会「学制改革案調査報告」のうち幼児教育部案では、「特殊教育の学校にも幼稚園を設けること」が明記されていたが（帝国教育会［一九三三・三］一二三頁）、調査会案からは削除されている。

(一) 盲児

(1)　東京盲学校

盲幼児の教育は、他の問題でも同様に、内部からの実践的必要性からではなく、外国情報に基づいていたものと思われる。明治三六年、京都盲唖院の中村望斎が、「幼盲園」が盲教育を開始するうえでもっと望ましい形態として、「心理学者教育者の最主張する所なり」（中村［一九〇三］一七頁）としているが、アメリカ・パーキンス盲学校のサミュエル・ハウの所説と同校の幼稚部からの情報であろう。

東京盲学校に初等部予科として盲幼稚園が開設されたのが、昭和二年九月一〇日と遅く、東京盲唖学校発足後、四〇年もかかった（東京盲学校［一九三五］四三六頁）。

町田則文校長は、盲児の幼稚園の必要性を述べるなかで、感覚教育と観念的言語表現（唯言語主義・verbalism）に類する内容を取り上げていても、フレーベルと恩物は一言出てくるが、新教育にも、モンテッソーリにも言及していない。要するに、盲幼児教育は、初等教育の準備教育の位置づけであり、将来、社会人として受け入れられやすい行動様式と進取性の育成を重視している（後者は、ハウの盲教育論の受け売りであろう）。また町田は、日本一の官立校ですら保護者が盲幼児の教育に関心が薄いことも指摘している（町田［一九二〇・六］。町田［一九二二・一二］）。

予科入学の年度別予科入学児童数をみてみると、表8－6－10のとおりである。

この推移をみると、町田の指摘は間違いがないともいえるが、昭和一三年から予科児童数は増加するので、保護者の関心の低さが固定的なわけではなく（東京聾唖学校の幼稚園も設立当初は希望者がいなかったという。唖児幼稚園の設立［一九二七・一］）、むしろ、盲学校経営者としての資質が問われる問題でもあったといえよう。ともかく、予科が一学級設置され、保姆一名が担当した。

表 8-6-10　東京盲学校初等部予科男女別児童数の推移

昭和	男	女
3	1	1
5	3	2
6	4	2
7	2	2
8	2	2
9	1	2
10	2	3
11	1	1
12	3	3
13	8	4
14	6	6
15	7	2
16	7	0

出典：東京盲学校一覧（1928）、（1930-1941）。

東京盲学校の予科児童は、昭和三年四月に四～六歳を対象として開設された東京聾唖学校予科と比較すると、入園児数と年齢幅において異なる。東京聾唖学校では昭和九年度が四学級四一（男二〇、女二一）名、昭和一六年度は四学級三一（男一六、女一五）名（東京聾唖学校［一九三五、一九四二］）であり、入学年齢が最年少の児童は四歳だった。東京盲学校の予科では、六歳八カ月から一二歳まで年齢の幅があり、前年度入学の児童が三名、一六年度入学児童が七名いるので（東京盲学校［一九四一］一四〇、一四一頁）、予科は、固定的に二年課程として運用されたのではなく、初等部での学習が可能になった段階で、移籍させたものと思われる。

東京盲学校と東京聾唖学校の予科児童数の違いの理由は、第一に、言語の位置の違いである。盲児では、言葉は聴覚を通じて通常の生育過程で自然に習得するのに対して、聾唖児では意図的な言語指導を早期から用意する必要がある。第二に、東京聾唖学校では、校長・樋口長市が口話法支持者であり、何よりも口話が目ざされていた。それゆえ、この観点においても、早期からの教育が必要だった。

盲・聾唖教育ともに、当時の関心は盲唖教育令の公布とその迅速な実施が主要な関心事であって、初等教育という新教育の情報流入のルートから外れていたためであろう。他方で、就学児童における年齢範囲の広さ・視覚障害の多様性・能力の差異を考えれば、個別性を考慮しなければ授業が成立しなかったようにも思われるが、その点での困難は大きかったものと思われる。

(2)　横浜訓盲院

ところで、盲幼児の教育については、意外にも私立盲学校が先導していた。それは、横浜訓盲院である。長らく、方向性が定まらなかったこの盲学校が、私立と優れた経営者という条件を活かして、官公立盲学校にはない経営を行うようになったのは、大正一〇年、当時、三〇歳のキリスト教徒の青年、今村幾太（一八八九－一九九一）が実質的な盲学校運営者として、横浜基督教訓盲院を盲成人施設ではなく盲児教育機関に転換してからである。それまでは、小学校に基準をおく基礎的教育を行うわけでもなく、さりとて職業教育に発展することもない、キリスト教伝道のための機関であった。その意味では、京都校とも東京校とも異なるタイプの盲学校構想であった。彼の経営はまさに私立校としての独自性あるもので、経営難のなか、それは昭和初期に開花する。一つは、盲人野球の開発と対抗試合（昭和八年一一月）、パーキンス盲学校への留学生二人の派遣（昭和六年から三年間）、そして盲幼児の教育である（今村［一九八七］七三－七八、二二九頁）。大正一三年に横浜訓盲院と改称し、前年の盲唖教育令に基づく私立盲学校の認可を受けたが、学校編制は、初等部予科、初等部、中等部鍼按科、中等部別科を設置した（今村［一九八七］二二八頁）。こうして、横浜訓盲院は日本最初の盲幼稚部を開設した。予科児童数は、文部省年報記載の私立盲学校初等部予科児童数から推定すると、昭和戦前期前半までは数名か0であるが、七年頃から五名を超えるようになり、一二年には一二名となる。なお、増加分は男児である（文部省［一九三二］、［一九三三－三四］、［一九三六a－b］、［一九三七］、［一九三八a－b］、［一九三九］、［一九四三a－b］、［一九七九a］）。

なお、外部者による横浜訓盲院の評価であるが、昭和五年に二人の記録が残っている。一つは、東京聾唖学校教諭で文部省視学委員を兼務していた石川文平（一八八二－一九三二）[32]による文部省に対する視察復命書の転載、もう一つは川本宇之介の視察結果である。石川は、自立歩行ができなかった四歳幼児に対する扱い方の工夫、傾斜地のある校地を利用した体操、専任教員七人ごとの家族方式による寄宿舎生活、初等部の基礎教育の充実（中等部は次年度開設予定）を列挙して、高く評価している（石川［一九三〇］三七一－三七二頁）。なお、石川倉次は文平の父親であり、文平は倉次にとって希望の星であった。文平の五〇歳での急死は、日本の聾啞教育にとっても損失であった。それは、彼の在職時の職名が、教務主任・師範部長・生徒主事で筆頭教諭（東京聾啞学校［一九三一］五九頁）であっただけでなく、彼に対する追悼文をみれば、文平の有能と人品骨柄が優れていたことが分かる（故石川副会長を偲ぶの記［一九三一・六］）

また、川本の横浜訓盲院に対する評価も、石川に近い。川本の強調は、概して暗い雰囲気の日本の盲学校と比べて明るいこと、家族式寄宿舎による社会精神の訓練、音楽と運動の重視にある（川本［一九三〇・五］）。川本の対照基準は、アメリカとイギリスの盲学校であり、国内には類例がなかった。しかし横浜訓盲院は、日本の仕組みではさまざまな制約があって、日本の公立盲学校のモデルにはなれなかったであろう。この点は、日本聾話学校と類似している。

（二）聾啞児

聾啞児に対する学齢前の指導は、言語の獲得に関わるために、言語指導法に関わりなく重要な課題ではあった。それゆえすでに、大正六年一二月二〇日、大阪市教育会特殊教育調査委員会は、市立盲啞学校に聾啞幼稚園を開設する建議を大阪市に行っている。この建議は、聾啞学校入学時点での聾啞児の言語の貧弱さと家庭の養育上の問題を改善する意図があった（聾啞幼稚園設置権議案［一九一八・七］）。それにしても、異例に早い建議であったが、大正八年四月に教啞部に幼稚科が創設された（大阪市立盲学校七〇年史編集委員会［一九七〇］八四頁）。この時の大阪市は池上四郎市長・關一助役の時代で、校長は、本校中興の祖・宮島茂次郎だった。上記の建議が出された時期は、鈴木治太郎が市視学に任ぜられた時期となる。大阪市立聾啞学校は大正一一年度から、大阪市立盲啞学校から分離独立し、同年九月に改めて幼稚部学則を制定している。修業年限は二年、五歳から七歳を対象とした。しかしその実態を示す資料は不明であり、なにゆえに手話法聾学校が、口話法聾学校に先行して幼児教育に着手しようとしたのかは分からない。幼稚部を設置した他

表 8-6-11　名古屋市立盲唖学校・愛知県盲唖学校聾唖部および愛知県聾学校初等部予科男女別児童数

	大正			昭和									
	13	14	15	2	3	4	6	7	8	9	10	11	12
男	30	36	50	53	59	55	41	35	38	33	41	36	34
女	35	31	43	41	42	38	43	30	27	32	27	25	40

出典：愛知県聾学校（1941）363-365 頁。

の聾唖学校と同じように、聾の幼児教育機関として機能したわけではなく、入学年齢は第二義的で、就学の機会を提供したことにあると思われる。

低年齢の教育については、人為的で体系的な指導を必要とする口話法の場合、とくに必要だった。それゆえ、日本における聾幼児に対する教育は、口話法との関連で始まることになった。

しかし、実際の聾唖児の就学前教育では、予科が幼児を意味することはほとんどなく、初等部での教育の準備段階として位置づけられており、教育という社会的慣習が成立していない時期や地域にあっては、予科は、就学したことがない聾唖児を受け入れることになり、まもなく見るように、二〇歳近い聾唖児が珍しくなかった。このような現実から予科教育は始まったのである。

名古屋市立盲唖学校予科聾部の情報については、表8－6－11のとおり、男女別の入学児童数が分かる。予科児童数は、初等部本科の児童総数と同等の人数であり、予科は二ないし三学級だったというから、学級当たりの収容児童数は相当規模が大きかったであろうことは、東京聾唖学校の予科と比べれば理解できる。橋村は、予科の修了年限を三～四年とし、通学可能となる四～五歳から早期入学することを勧めている（橋村［一九二六］二九〇－二九一頁。橋村・川本編［一九四二］三九頁）。

この初等部予科児童がどのような進路を辿ったのかの資料はないが、中途退学数と退学時の学年・年齢・性別、そして現在の状況に関する部分的な情報だけは把握できる。これを示したのが表8－6－12である。名古屋校では、初等部予科修了者数二七九人と初等部本科卒業者数一四八人の間に大きなギャップがあることは、何を意味するのだろうか。表8－6－12から明らかなことは、初等部予科における退学者の年齢の低下である。他の聾唖校への転学者が出現する昭和六年を境にして、それ以前の時期の退学者の年齢を比較すると、一六・一歳から一一・二歳に急激に

表 8-6-12 名古屋盲唖学校〜愛知県聾学校初等部予科退学者（昭和 3 〜 12 年）

退学の時期	退学の予科学年	退学の年齢	性別	現在
昭 3.7	3	17	男	家事手伝
	3	17	男	洋服職工
昭 4.4	2	16	男	帽子製造業
	2	17	男	
	2	18	男	
	3	20	男	
	1	18	女	家事手伝
	1	16	女	
	1	10	男	
	3	16	男	木製玩具塗職工
	3	17	女	毛布職工
	2	16	男	石鹸職工
	2	17	男	土車挽・油搾工
	3	19	男	洋服職工
昭 4.9	1	16	女	
昭 5.4	1	12	男	
昭 5.5	3	15	男	農業
	3	17	男	
	3	18	男	
	3	16	女	家事手伝
	3	16	女	家事手伝
	2	17	?	
	1	17	男	
	2	17	男	
昭 5.7	2	14	男	
	2	10	男	
昭 6.4	1	11	男	無職
	1	10	男	
	2	7	女	三重県盲唖学校
	1	11	男	東京市立聾学校
昭 6.4	1	11	男	東京市立聾学校
	3	16	女	家事手伝
	1	16	男	
	3	11	男	岡崎盲唖学校
	3	13	男	農業
	2	11	?	
昭 6.10	2	10	男	
昭 6.11	1	19	?	
昭 7.5	1	8	女	
昭 7.10	1	13	女	
	1	13	女	
昭 7.11	2	12	女	和歌山県盲唖学校
昭 9.2	2	11	男	三重県盲唖学校
昭 10.1	3	19	男	金網器具職工
	3	12	女	
	3	11	男	農業
昭 10.7	1	11	女	
	1	9	女	
	1	12	男	
	1	11	男	
	1	9	男	
	1	11	男	
昭 11.2	2	13	男	
	1	12	女	
昭 11.11	3	9	女	岡崎盲唖学校
昭 12.6	1	7	男	
	1	8	女	
	1	6	男	
	1	9	女	
	1	10	女	

出典：愛知県聾学校（1940）400-420 頁。

退学年齢が低下する。昭和五年までの予科退学者の年齢帯は、一四歳までの聾唖児はわずか二名（ともに一〇歳）に過ぎず、残りの二二人は一五歳以上であり、昭和六年度以降は、一五歳以上が四人に減少し、一〇～一四歳までが二〇人、九歳以下が九人となる。また、女児の割合も急増している。

いかなる教育であれ、改善には不利な年齢である一五歳以上の聾唖児の入学は、最新の言語指導法である口話法を使用すれば、言語を習得できるかもしれないことへの保護者の期待と、そのような期待に対する学校側の試行によって生じたのであろう。また、多数の退学は、改善が見られないことの結果に基づくものであろう。

昭和六年以降における聾唖学校への転校は、口話法の普及と成果によって口話法の実施校が増加した結果であり、本校予科在籍後に地元の聾唖学校に転校している。また、予科退学者の低年齢化も口話法の普及の反映ではあるが、予科一年次での退学が多くみられるのは、常識的に考えれば、口話法による教育可能性が低いというような、何らかの指導上の支障があった結果であると思われる。

橋村の口話法運動が優れていたのは、理論・実践方法の開発とともに、教員養成を並行させて進めたことであるが、「聾口話教員養成講習会」を文部省と協力して継続実施しただけでなく、幼児段階の聾児の口話法教育指導法を伝習したことである。それが「幼聾児初歩教育講習会」である。この趣旨は、読唇・発語・会話の基礎指導を行って、保護者には家庭での指導技術を伝達し、他の受講者には入学当初の指導法の実地練習を行うことであり、講習期間は一カ月半であった。この講習会を大正一五年から毎年開催している。当初の訓練中心から、個人差や楽しさ、態度形成、四肢の基礎的発達をも含む課程に変化している（愛知県聾学校［一九四〇］四七四－四八一頁）。

東京聾唖学校の初等部予科は、昭和三年四月に開設された。樋口長市校長は、欧米留学において、大正八年にはフィラデルフィアでは聾児の幼稚園を、カリフォルニア州立盲・聾唖学校では聾幼児学級を視察している。それにしては、東京聾唖学校における予科の設置までに時間を要しているだけでなく、東京盲学校よりも一年遅れているのは、学級設置に伴う職員の定員増が困難だったのだろうか。しかし、予科設置後は、順調に予科児童数は増加している。表8－6－13は、予科が設置された昭和三年度から一七年度までの予科児童数・学級数、入学児童の年齢範囲と最も多い入学年齢を示したものである。

入学年齢の低年齢化は劇的に生じてはいないが、緩慢ながら進行していることが分かる。また、児童の出身地は示していないが、当初の東京近辺からしだいに遠隔地の児童に拡大するようになる。

表 8-6-13 東京聾唖学校初等部予科の児童数・学級数および年齢（昭和 3 ～ 17 年度）

年度	男	女	学級数	年齢範囲	最多年齢
3	8	5	2	3.6 ～ 7.3	5
4	15	10	3	3.10 ～ 8.1	6
5	13	11	3	4.10 ～ 10	6
6	19	13	3	4.9 ～ 8.9	8
7	21	12	3	4.10 ～ 9.1	6
8	17	14	3	5.9 ～ 9.2	7
9	15	15	5	5.0 ～ 9.4	6
12	26	23	5	4.9 ～ 9.1	6
13	22	20	5	4.5 ～ 8.7	6
14	23	16	4	4.1 ～ 8.11	5
16	16	15	4	4.9 ～ 8.0	5
17	16	15	4	4.4 ～ 6.9	6

出典：東京聾唖学校一覧（1929-1935）、（1938-1939）、（1941-1942）。

なお、予科の入学者の年齢については、表8－6－13でわかるように、全員が幼児を指すわけではない。生活年齢や通常の入学年齢ではなく、聴覚障害の程度、発達状態や教育歴を考慮したうえで予科に措置したと思われる。

東京市立聾学校では、さらに予科設置が遅れて、昭和一二年四月に二学年二学級定員三〇名で開設された（東京都立教育研究所［一九七四］三七五頁）。入学者児童数は男六、女五の一一名だった。東京市立聾学校の幼稚園についての詳細は不明である。

昭和九年四月に創設された東京府立聾唖学校では、和歌山県時代の盲唖教育功労者だった辻本與次郎校長が家庭教育指導会を設けて、家庭において親が聾唖児の口話法指導を行うように（巡回）相談を行い、幼稚部の機能の一部を果たそうとしている（辻本［一九四一］六六－七四頁）。この着想はかなり古く、辻本は、和歌山県立盲唖学校時代に、入学の二年前から予科の代わりに、「保姆は（を）各家長主婦等として」毎月の講習や通信教授を行っているが、当時、「家庭幼稚園」と名づけていた。開始時点は、大正七年と早かった（辻本［一九二四］一五頁。辻本［一九二五］四七－四八頁。佐々木［二〇〇六］一〇五－一〇六頁）。

なお、聾唖幼児幼稚園の先例としては、大正九年四月二八日、牛込福音教会に開設された日本聾話学校ということになっている。大正九年に開設した当初の入学者は男六、女三名だったが、七月末には、北海道から九州までの出身者は二〇名を超したという。また、創設時に附属幼稚園が設置されたとの記述もあるが[33]（東京府社会事業協会［一九二三］二六一頁）、最初の入学者の言語や心身の発達状態が、予科（幼稚園）程度であり、何より、大正一二年前までは学科課程や学校規則等が用意されていなかったものと思われる。

その理由は第一に、「日本聾話学校設立願」は大正一二年一月二六日付であった。したがって、大正九年以降の活動は一定の教育計画に基づいたものではない。

第二に、大正一三年三月に「幼稚科第一回卒業式」、初等部の第一回卒業式は昭和四年三月であったからである。なお、同年四月に中等部を設置しているが（日本聾話学校史編集委員会［一九九〇］二三三頁）、これは、大正一二年盲唖教育令に対応するものであり、初等部も、通常の課程に編成したものと思われる。

同じように、大正一五年に新設された耳鼻科の医師が主導する新しいタイプの大阪聾口話学校（昭和八年度府立移管）では、入学申し込み者に三歳代の幼児が四名いたので、昭和五年度の入学生から幼児を入学させて「幼稚科」が開設された。昭和一一年度には五歳児一三名に増加しているので、入学受需要は順調に拡大していたのであろう（大阪府立聾口話学校［一九四一］六二、一四〇頁）。

（三）精神薄弱幼児教育の着手——異常児保育室

高野聡子

昭和一三年一一月、恩賜財団愛育会（昭和九年設立）によって愛育研究所が設立された。[34] 愛育研究所には保健部と教養部の二つの部が設けられ、後者の教養部は第一研究室（精神発達に関する研究）、第二研究室（異常児に関する研究）、第三研究室（保育に関する研究）の三つに分けられていた（河合［二〇一二］一六八－一六九頁。戸崎・竹内［二〇〇四・三］一二三頁）。このうちの第二研究室では、主任・三木安正が中心となって「精神薄弱児並に言語障碍児の心理並びに保育法研究」を目的に障害児保育の研究と実践を行った（河合［二〇一二］一八四頁。戸崎・竹内［二〇〇四・三］一二五－一二七頁）。当時、この研究室やそこでの保育は様々な名称で呼ばれていたが、[35] 障害児教育史ではこの研究室を「異常児保育室」と呼んでいる（戸崎・竹内［二〇〇四・三］一二五－一二七頁）。

異常児保育室は、昭和一三年一一月～一九年一一月までのおよそ六年間運営され、一部の実践は『異常児保育の研究』（昭和一八年刊、愛育研究所紀要・教養部第三輯）として発行されている（河合［二〇一二］一八三－一八四頁）。保育の担い手は三木の指導の下、伊藤良子、小溝キツといった保育者で、保育内容は毎回記録された。[36] なお、現在それらの記録は『異常児保育記録』（全一一冊、日本子ども家庭総合研究所図書室が所蔵）として保存されている（河合［二〇一二］一八三－

一八四頁。戸崎・竹内［二〇〇四・三］二二一－二二三頁）。

河合（二〇一二）はこの『異常児保育記録』を分析し、多い時で保育を受けた子どもの数は一一名（昭和一八年）であること、保育期間は一カ月～二年以上と様々で、入園時の年齢は四～八歳と就学年齢の六歳を過ぎて入園した子どももいたこと、保育料は毎月五円であったことを明らかにしている（河合［二〇一二］一八四－一八六頁）。また、子どもの知能指数は三〇～八〇で、うち七名は「智能検査不能」とされており、言語発達に遅れをもつ幼児が多かったと指摘している（河合［二〇一二］一八四－一八六頁）。保育内容は、当初、障害のある子どもの集団保育を考えていたが、入園してくる子どもの実情から個別指導を行うようになり、個別指導を通して障害の実態把握と個々の実態に応じた保育が試行されていた（河合［二〇一二］一八七－一九四頁）。

なお、異常児保育室の実践研究と同時期の障害児保育に関する研究会の一つとして、保育問題研究会の第三部会「困った子供の問題」があげられる。この第三部会は、昭和一一年三月の第五回例会の会員から提出された「困った子供」を契機として設けられた部会で、三木がチューターとなって昭和一五年七月まで研究活動が行われた（高橋・清水［一九九八］一一一－一一五頁）[37]。

第七節　戦時体制下の小学校における特殊教育制度の革新

一．大都市における特殊教育制度の濫觴——東京市の場合

大正末期までの日本の特殊教育の最大の問題は、障害児が生活している地域社会が、教育機会を提供してこなかったことである。明確な障害がある児童は、就学免除だったことにもよるが、就学猶予程度の児童に対しても積極的に教育機会を提供しようとする努力は、東京市、大阪市や京都市では見られたものの、定着することはなかった。やっと大正末期に至って、劣等児に対する特別学級の開設が、大都市を中心に見られるようになる。昭和一〇年頃ですら、仙台市

の小学校のなかには、中等学校進学希望者以外の児童は、教科学習が必要でない進路であったこともあって、実質的に劣等児学級となっていたという（狩野［一九三五・八］）。盲唖児教育は府県の責任であったとはいえ、東京府・東京市に至っては、官立二校では到底教育需要を賄えないにもかかわらず、その責任を放棄している[38]と盲唖関係者から指弾されてきた。

しかし東京市における特殊教育は、昭和初期になると様相が変化する（東京市役所［一九三三］六七－七〇、八四－八五頁）。その緒は大正末期にみられるが、補助学級が、劣等児や低能児を対象に開設されるようになる。大正九年度の林町尋常小学校を皮切りに、一一年度に一四校に、さらに一三年度に一校、一四年度および一五年度に各二校に設置され、昭和四年度一校、昭和五年度に二校に開設された。昭和七年一〇月現在で、学級総数は二七、在籍児童数は四九〇（男二四四、女二七八）名、二学級の小学校は三校だった。関東大震災の被害のために、設置計画がずれ込んだものと思われる。特別学級は、補助学級に留まらず、身体虚弱児を対象とする養護学級にも拡大する。昭和七年一〇月現在で、養護学級は五校（七学級、窪町尋常小学校は三学級）、児童数一八六（男一〇三、女八三）名であった。本村尋常小学校には、補助学級と養護学級がそれぞれ一学級設置された。

長らく開設が遅れていた東京市の聾唖教育は、興味ある展開を辿る。それまで聴覚障害児の特別学級が大正九年に小日向台町小学校が開設され（手話口話生徒状況調査［一九四三・八］三〇頁）、大正一四年、簡易な知能検査と身体検査を行って六二名の入学を許可したが、年長者二四名に対しては萬年小学校（一学級、翌年二学級）において主として手話法により、年少者三八名に対しては日比谷小学校（二学級）において口話法によって指導することとなった（東京市立聾学校後援会［一九三四］一七三頁）。昭和二年に日比谷・上野（萬年を改称）の特別学級が統合されて日比谷小学校内に東京市立聾学校開設が認可され、昭和六年度には中等部が設置された。昭和元年度には初等および中等部生徒数が八六名だったものが、昭和七年には、初等部六年制では一挙に一七五（男九九、女七六）名、中等部四年制では五五（男二九、女二六）名に達した。この過程で、東京市立聾学校は、口話法優先となる。萬年小学校には分教場をおいて、一一五（男九、女一五）名を一学級で指導することになった（東京市［一九二七・三］五三、五五頁。東京市教育局［一九二七・一二］七五頁）。さらに東京市には、昭和七年度に、第六節で詳説したように「身体異常児童」を対象とする光明学校が開設され、三学級、教員一〇（男女各五）名、児童数四〇（男二六、女一四）名を受け入れた（東京市役所［一九三三］六七－七〇、八四－八六頁）。

こうして昭和初期の東京市では、長期にわたり、官立校または私立校に委ねてきた聾唖児の市立学校が創設され、教育機会がなかった「身体異常児童」、そして学業不振児童や低能児童、身体虚弱児童に対して、地域社会が責任をもって教育機会を提供する体制を設けた重要な画期となった。しかし、弱視児と難聴児については特別学級だったが、聾唖および肢体不自由の児童については、結局は、特別学校形式を採用するようになる。

東京市における特殊教育の発展は、大正末期からの東京市の教育行政の刷新と関連が深い。初代教育局長だった大島正徳が昭和二年に退いた後に、教育学者・藤井利誉が後任となり、廣田傳藏は視学課長に、藤岡眞一郎は社会教育課長となっていた（昭和八年時点）。それゆえ、東京市教育局は相当に強力な布陣であり、藤井は、昭和九年三月に教育疑獄の管理責任を理由として辞任するまで、東京市の教育局の陣頭指揮をとったのである。それまで低調だった東京市の特殊教育は、この期間に目覚ましく進展する。特殊教育の課題の山積に対する教育行政の認識、実践界の対応力、医師や研究者の協力が合成された時期であった。しかし、廣田も藤岡も、教育疑獄事件に巻き込まれて、教育局課長職を追われる。昭和八年一一月、藤岡は、東京市で起きた教育疑獄事件で逮捕・起訴され、惜しいことに初等教育界で大成することができなかった人物である。判決自体は視学課長・廣田傳藏[39]（後に杉並区長・四谷区長）とともに、東京地方裁判所で無罪となった（東京市教育疑獄の判決［一九三五・九］）。それゆえ藤岡も廣田も冤罪の疑いが濃い。このような疑獄事件・冤罪事件が発生する教育界の背景については第六章で述べた。この実力者たちの退出とともに、南山小学校弱視学級でみたように、東京市の特殊教育の振興は勢いを失い、好機を逸することになったのである。

藤井は、同じ大正中期に英米に留学した人々が日本社会の在り方と教育課題を認識したように、英米と日本の国民性の比較から教育の在り方に逢着する。藤井は、自由の観念、秩序、責任、親切、一致共同、愛国心について、留学生活で経験した日本と欧米の相違が、小学校の時から教育された結果の違いであることに気づくのである（藤井［一九二〇・三］）。しかし、この違いが、欧米では階層を問わず高く、日本では低く観察できることに、藤井の心中ではおそらく、前途遼遠な課題であることを感じたであろう。

ところで、精神薄弱学級が大都市中心に開設されたのはなぜであろうか。というのは、劣等児学級と精神薄弱児学級とでは、開設する社会的意義が異なるからである。もちろん、学業劣等の原因は多義的であるから、劣等児学級の在籍児童に精神薄弱児が含まれていたであろう。しかし、劣等児学級の設置は、学力の回復によって原学級である通常学級への復帰や中等学校への進学可能性に意義が認められていたからこそ、全国的に拡大したのに対して、精神薄弱児はそれと同じ意義を共有できなかった。精神薄弱児学級の設置が昭和初期そして大都市中心であったことは、重要である。

精神薄弱児学級の開設を可能にした条件は複合的である。戦時体制の強化に伴う初等教育の目ざす人物像の限定化が進行し、戦争と生産に従事する人的資源の確保が急務となった時期に、精神薄弱児のもつ補充的可能性も、無視できなくなったためである。また、大都市では、教育・生活環境が精神薄弱児にとって、それまでのように、地域社会において彼らの逸脱を許容する余裕やゆとりがなくなってきたためであり、精神薄弱児の家族にとっても、教育上、放置することは困難になってきたためであろう。また、大都市には、とくに心理学[40]と精神医学の専門家[41]が比較的そろっていたことも、精神薄弱の診断や教育プログラムの準備には不可欠であるから、精神薄弱児学級開設には格段に有利となる。しかし大都市であっても、さらに戦況が悪化すれば、少人数の精神薄弱児学級を維持できるだけの経費支出と教員確保が困難となり、担当教員は女性教員に一時的に移行しても、それすら困難となるから、精神薄弱学級が増加するのは、日米開戦までの一時的な現象となる。

特別学級の設置形態をみると、大正期までに熊本市山崎小学校や倉敷小学校のような市内特別学級のセンターとなっている例は見られたが、基本型は小学校附設・一学級であり、二学級はきわめて少なかった。昭和期に入ると市立の独立学校方式が、聾唖学校、肢体不自由学校、精神薄弱学校で見られるが、全国的にみれば例外に属する。市内のいくつかの小学校に同一障害の数個以上の特別学級を設置するセンター方式は、小西信八により、「セントル」方式としてロンドンやシカゴの事例が伝えられていて、国内にも東京市の日比谷小学校の聾啞特別学級のような例もあったが、市立聾学校に統合されて姿を消す過渡的な事例に過ぎなかった。

特殊教育機関の設置形態の利害得失は、形態だけの問題では規定できず、教育目的とその達成、教育提供の責任主体とその果たし方、関係者の考え方、教員の能力と資質、教育関連資源の有無、経費と効率等の要素によってさまざまに設定しうる。しかし、小西信八や樋口長市以外に、独立した特別学校以外の設置形態の可能性まで、辿り着いた特殊教育専門家はいなかったように思われる。

二　地方における特殊教育

戦前特殊教育の実態は盲・聾啞教育中心であったが、昭和初期から急速に、他の障害、とくに小学校における特殊教育への拡大がみられたことから、特殊教育制度としての形式は部分的にせよ整備されつつあったと評価することが妥当であろう。しかしその弱点は、大都市中心であったことにある。東京・大阪等の大都市では、特殊教育関連資源が整備されていたとはいえないまでも、特殊教育制度がともかく存在し組織化されたが、地方では乏しかった[42]。しかし、それにもかかわらず、昭和初期には、たとえば精神薄弱児童養護施設講習会にみるように、初等教育で組織的・制度的な対処が最も遅れていた分野で、下記のように大都市以外の参加者がかなりいたのである（精神薄弱児童養護施設講習会概況［一九三一・四］）。

東京市七人、大阪市六人、新潟市、広島市、岡崎市、小樽市、福島市
新潟県新発田町、奈良県桜井町、長崎県野母村、長野県波多村、石川県花園村（?）

このことは、小学校教育でも決して主流ではない精神薄弱教育や劣等児教育の分野に意欲をもつ教師がいたことを示すものであり、昭和初期の初等教育界にはまだ高いモラールが部分的にせよ残存していたといえよう。これは、小学校の研究出版物によっても示すことができる。昭和一〇年、和歌山高等小学校『学校衛生調査並に研究』は、身体衛生に限定した記述であるが、昭和一一年、和歌山県湊尋常高等小学校『学校衛生研究』は、広義の学校衛生に関する著作であり、身体虚弱はもちろん、劣等児についても記載されている。ただし、その内容に、実践上の新しい知見が盛り込まれているわけではない。

盲学校・聾啞学校が複数存在する府県では、この範囲で校長会が設置されるようになる。神奈川県では、それまでは中等学校長会議や小学校長会議があって、これに参加していたが、昭和一三年になって初めて独立した校長会が開催されるようになる。盲啞学校（県立一、市立一、私立二）、聾啞学校（市立一、私立一）が合わせて六校になったからである。この校長会が設置されたことにより、定期的に校長会が設定されるようになり、盲学校・聾啞学校の整備に必要な協議を行うことになった。学校・就学奨励・教員の制度や盲啞専門の視学配置に加えて、実践面での向上のための研究会・講習会の開催や児童生徒が学校間で交流する体育等の行事開催の具体化を図るようになってきた。これらの新しい動きは、これまでも繰り返し指摘されてきた盲学校・聾啞学校の顕著な弱点の改善に繋がる可能性があった。

しかし、盲学校・聾啞学校が一～二校しかない県では、このような会議の実施や学校間交流ができないために、他校との交流はなかったであろう。同じことは、病弱児や劣等児・精神薄弱児についてもいえる。

三　昭和期に開設された師範学校附属小学校特別学級

昭和戦前期には、かなりの数の特別学級が師範学校付属小学校に開設されている。師範学校の公立小学校に対する位置づけはモデルでありながら公立小学校のモデルにならないという矛盾のうえに存在している。しかし、附属小学校訓導は、地方小学校幹部に転任する栄達の表街道だったし、転任先では附属小学校での実践を取り入れることもあった。

滋賀	岡山		岡山女子	広島	島根	島根女子		徳島	高知		鹿児島第二	
	大正 10-13 研究学級 （秀才児学級）	大正 11-14 研究学級 （早生まれ）	大正 10-14 研究学級					盲唖学級 （大正 12 年から）	優秀児のための研究学級？ （大正 14 年から）	盲唖部 大正 12 －昭和 3 年 3 月、 昭和 4 年県立		
			劣等児輔導 1(24)	劣等児補導 1(11)				盲唖教育 （兼修） 2(52) 盲男 15/女 5 唖男 20/女 12	優秀児研究 1(30)	薄弱児研究 1(26)		
	劣等児指導 1(31)		虚弱児保護 1(28)				尋 2 に低劣児特別学級	盲唖教育 2(56) 盲男 18/女 4 唖男 20/女 14		薄弱児研究 1(24)		
			虚弱児保護 1(23) 尋 4 男女			養護 1(36)	劣生指導 1(33)	盲唖教育 2(55) 盲男 19/女 9 唖男 14/女 13		薄弱児研究 1(24)	低能児輔導 2(80) 2 年男女各 20 4 年男女各 20	
			虚弱児童養護 1(35) 尋 5 女		虚弱児童養護 1(25)	虚弱児童養護 1(42)		3.31 県立盲唖学校		薄弱児養護 1(19)	低能児指導 3(118) 3-5 年各学級 40 名まで	虚弱児童保護
			虚弱児童養護 1(35) 尋 5 女		虚弱児童養護 2(80)	虚弱児童養護 2(65)	精神薄弱特別学級 28 尋 4—6			虚弱児童養護 1(22) 男 14 女 8		
			虚弱児童養護 1(26) 尋 3(12), 尋 4(14)		虚弱児童養護 2(86)	虚弱児童養護 2(60)	精神薄弱特別学級？					
					虚弱児童養護 2(88)	虚弱児童養護 2(70)	精神薄弱特別学級？					

表 8-7-1　師範学校附属小学校に設置された特別学級

師範学校名		北海道札幌	北海道函館	秋田	岩手	山形	福島	山梨	岡崎	岐阜	京都	
昭和 2	種類						低能児教育（大正 12 年から）					停滞児（大正 14 年から）
	学級数（児童数）											
昭和 3	種類	脳力薄弱児童教育	劣等児指導（代用校）			低能児補導	低能児教育				優良児教育	停滞児または劣等児教育
	学級数（児童数）	1(10)	1(20)			1(10)	1(8)				4(100)	1(18)
昭和 4	種類	精神薄弱児童助成教育	劣等児指導？			低能児補導	精神薄弱児の教育		学習指導研究のため		優良児教育	停滞児教育
	学級数（児童数）	1(14)				1(13) 尋 2-5 から	1(8)		1(14) 15 学級内に含む		4(102)	1(18)
昭和 5	種類	精神薄弱児童助成教育	劣等児指導？			低能児補導	精神薄弱児の教育		学習指導研究のため		優良児教育	停滞児教育
	学級数（児童数）	1(12)				1(20) 尋 1-5 から	1(男 6 女 6)		1(24) 15 学級内に含む		4(96)	1(20)
昭和 6	種類	精神薄弱児童助長教育	劣等児指導？		劣等児輔導	低能児補導	精神薄弱児の教育		学習指導研究のため		優良児教育	
	学級数（児童数）	1(8)			1(18)	1(21) 1-6 学年男女	1(男 4 女 5)		1(23) 15 学級内に含む		4(96)	
昭和 7	種類		劣等児指導？		特別児童研究	低能児補導	精神薄弱児の教育				優良児教育	
	学級数（児童数）				1(19)	1(20) "2-4,6 学年"	1(男 4 女 4)				4(106)	
昭和 8	種類		劣等児指導？		劣等児遅滞児の教育	低能児補導	精神薄弱児の教育				優良児教育	
	学級数（児童数）				1(18)	1(20) "2-4,6 学年"	1(男 6 女 5)				4(106) 男のみ	
昭和 9	種類		劣等児指導？	智能・情意・異常児研究			精神薄弱児の教育				優良児教育	
	学級数（児童数）			不定 尋 4-6			1(男 6 女 5)				4(110)	

滋賀	岡山		岡山女子	広島	島根	島根女子		徳島	高知		鹿児島第二	
					虚弱児童養護 2(88)	虚弱児童養護 2(54)	精神薄弱特別学級？					
							精神薄弱児童研究／虚弱児童養護研究 1(40)					
栄養補給 1(56)					養護 2(87)		精神薄弱児童研究／虚弱児童養護研究 2(66)					
栄養補給 1(56)	養護学級				健康教育 2(83)		精神薄弱児童研究／虚弱児童養護研究 3(100)					
栄養補給 1(20)					健康教育 2(83)		精神薄弱児童研究／虚弱児童養護研究 3(99)					
栄養補給 1(58) 男 25 女 33 5.6 から 養護学級							精神薄弱児童研究／虚弱児童養護研究 3(90)					

表 8-7-1 （続）

師範学校名		北海道札幌	北海道函館	秋田	岩手	山形	福島	山梨	岡崎	岐阜	京都
昭和 10	種類		劣等児指導？	身体的障害、智能的欠陥を有する児童研究	精神薄弱児の教育		精神薄弱児の教育				優良児教育
	学級数（児童数）			1(7) 尋 4-6	1(18)		1(男 6 女 5)				4(109)
昭和 11	種類		劣等児指導		精神薄弱児の教育		精神薄弱児の教育	低能児補導			優良児教育
	学級数（児童数）				1(18)			1(16)			4(108)
昭和 12	種類		劣等児指導？		精神薄弱児の教育		精神薄弱児の特別指導（愛護学級）	低能児補導			優良児教育
	学級数（児童数）				1(18)		1(男 4 女 5)	1(16)			4(98)
昭和 13	種類						精神薄弱児の特別指導（愛護学級）	低能児補導		養護学級	優良児教育
	学級数（児童数）						1(女 6)	1(16)		1(38)	4(104)
昭和 14	種類				児童養護低学年教科の総合的研究		精神薄弱児の特別指導（愛護学級）	低能児補導、虚弱児養護			優良児教育
	学級数（児童数）				2(87)		1(男 4)	1(17)			4(105)
昭和 15	種類						精神薄弱児の特別指導（愛護学級）	（低能児補導）虚弱児養護			優良児教育
	学級数（児童数）						1(男 2)	1(17) 尋 6			4(105)
昭和 16							精神薄弱児の特別指導（愛護学級）				
昭和 17						養護学級	精神薄弱児の特別指導（愛護学級）				
昭和 18						養護学級					
昭和 19						養護学級					
昭和 20						養護学級					

出典：文部省（1928-1940）師範学校ニ関スル調査など。

また、附属小学校は、地方小学校の課題の実験室であったから、特殊教育の試みは、それなりの影響力があったと思われる。しかし実際には、校長・附属小学校主事・担任となる訓導と、何より県の学務当局の合意のもとに附属小学校の活動が実施され、展開するうえに、校長や県学務責任者の交代もあったから、特殊教育関連事業の評価は、それほど単純ではない。

ここでは、明治期・大正期までの特別学級に続いて、昭和期の特別学級の展開を検討する。文部省は昭和三年度以降、「師範学校ニ関スル調査」において「特別施設学級」の結果を記録しているので、それを主資料として、昭和三年度から一五年度までの特殊教育に限定して示せば、表8-7-1のとおりである。ここでは、師範学校附属小学校がどのような特別教授に関心をもったのかを把握しながら特別学級について述べる。

当然ながら、大正期から引き続いて昭和期においても継続されている特別学級もある。岡崎師範の学習指導研究のための特別学級のように、名称からは趣旨が明確でない特別学級もある。昭和戦前期前半と後半では、特別学級の種類は、劣等児学級、精神薄弱児学級、虚弱児学級とあまり変わらない。ただ、総力戦体制が濃厚になると栄養学級・養護学級・健康教育学級という名称の虚弱児対象の特別学級が登場する（島根女子、島根、滋賀）。京都だけが優良児学級を大規模に実施している。また、島根女子師範学校のように三学級で精神薄弱児童研究と虚弱児童養護研究を実施している特別学級もある。低能児特別学級がいくつかの小学校で開設されているが、精神薄弱児を対象とするのか、劣等児なのか、あるいはその両方なのかは分からない。

このようにみると、地方の小学校のうち、大規模小学校では実施可能であろうが、それ以外の小学校では実施が困難な種類の児童の教育を、師範学校附属小学校特別学級において展開していたといえよう。したがって、附属小学校で展開されていたような劣等児学級、精神薄弱児学級、虚弱児学級が地方の小学校で広く実現するには、教授方法の開発だけでなく、学級編制の方法、教員養成、就学奨励制度のような制度の整備が伴う必要があることが分かる。

第八節　盲・聾唖教育における就学率の向上困難

一　盲学校・聾唖学校における県立移管の動向と教育の実態

(一)　盲学校・聾唖学校の制度上の定着と教育の実態

(1)　盲学校・聾唖学校の県立移管と盲・聾分離の達成状況

盲唖学校の経営困難が常態だったから、文部省は、大正一二年度から盲・聾唖教育に国庫補助を開始する。大正一二年度から昭和四年度までは七万四〇〇〇円、昭和五年度一三万五〇〇〇円、六年約一一万五〇〇〇円、七年度一〇万円、八年度二〇万円、一〇～一一年度一五万円であった（財団法人中央社会事業協会［一九三四］二四六－二四七頁、［一九三六］二八四頁、［一九三七］三三七頁）。就学者数が増加すれば経費も連動するので、国庫補助形式には限界があった。この程度の国庫補助金では、一校あたり二〇〇円～四〇〇〇円程度の配分（盲唖教育に補助［一九三四・一二］）なので必要額は到底満たせなかったであろう。

昭和戦前期の盲学校と聾唖学校の全体的状況とその変化について、学校、教員、生徒の数的変化を文部省年報によって示したのが、表8－8－1である。学校と教員については、盲学校と聾唖学校別に設置主体の変化を示している。なお、教員は、盲と聾唖の教員数の変化も示している。また、生徒については、盲学校・聾唖学校別に、総数・男女に分けて示したほかに、盲・聾唖教育の需要の変化をみるために初等部入学者数の推移を、教育成果をみるために卒業者数の推移も示した。

職業教育の位置の変化をみるために、中等部の普通科在籍生徒数の変化を示したのが、表8－8－2である。

以上の項目については、それぞれの表題のもとで記述するが、昭和戦前期は、概して戦争の時期であったにもかかわらず、大戦初期までは県立移管と盲・聾分離という制度上の問題を内包しながらも、全体としてそれなりに発展して

聾唖学校						入学者（初等部）						卒業者（全校）						中等部普通科在籍数			
生徒数（全課程）						盲学校			聾唖学校			盲学校			聾唖学校			盲学校		聾唖学校	
合計	官立	公立	私立	男	女	合計	男	女	合計	男	女	合計	男	女	合計	男	女	中等部生徒数	普通科生徒数	中等部生徒数	普通科生徒数
2993	257	1846	890	1753	1240	220	155	65	404	234	170	638	466	172	233	135	98	1459	75	252	37
3168	235	2023	910	1848	1320	188	123	65	494	275	219	742	561	181	399	245	154	1608	59	320	61
3464	273	2186	1005	2013	1451	230	154	76	493	270	223	725	552	173	434	253	181	1818	59	366	73
3640	232	2611	797	2111	1529	283	191	92	562	332	230	857	646	211	420	263	157	1912	70	404	65
3831	214	2732	885	2216	1615	251	166	85	516	301	215	886	637	249	508	277	231	2175	122	456	64
4144	224	2952	968	2416	1728	258	161	97	632	363	269	976	675	301	534	321	213	2341	132	512	51
4375	229	3100	1046	2564	1811	240	147	93	648	369	279	993	757	236	679	371	308	2310	126	607	51
4791	224	3644	923	2785	2006	280	160	120	703	370	333	1052	756	296	607	373	234	2368	127	703	78
5077	224	3943	910	2891	2186	254	156	98	777	442	335	1091	763	328	723	405	318	2326	114	760	86
5334	235	4300	799	3015	2219	271	161	110	715	377	338	1081	780	301	784	435	349	2349	146	797	79
5527	231	4530	766	3086	2441	272	169	103	721	398	323	1100	778	322	882	513	369	2445	199	848	125
5867	253	4975	635	3243	2624	338	208	130	808	459	349	1186	824	362	918	521	397	2492	119	843	71
6141	262	5260	639	3397	2704							1239			1056						
6511	276	5660	654	3556	2954	343	207	137	903	474	427	1322	862	375	1107	588	446	2655	132	1002	82
6927												1359			1184						
6843	280	6140	422	3701	3130	554	326	228	1012	537	475	1235	836	371	1128	598	519	2758	157	1247	123
7281	308	6387	586	3974	3301	531	327	204	1164	634	530	1262	753	407	1237	697	528	2856	67	1467	144
8467	267	7457	743	4570	3897	391	316	175	1062	578	484	1362	915	447	1274	740	534	3679	113	1240	263
						371	224	147	851	459	392	1075	701	374	878	497	321	2783	102	1572	166
6717	186	6218	313	3634	3083																

いったことが、表8−8−1から理解できる。

①盲学校と聾唖学校の発展とその様相の違い

最初に、盲学校と聾唖学校の展開の仕方についてまとめてみる。私立学校の減少と県立移管校の増加、教員数・生徒数・入学者・卒業者の増加という全体像は、盲学校と聾唖学校に共通しているが、具体的な局面では、盲学校と聾唖学校とではかなりの違いがある。

・県立校と私立校の数的関係が異なる。盲学校では、昭和戦前末期においても、私立校が県立校の半数を占めているのに対して、聾唖学校では、私立校は急減する。

・私立学校の減少と県立移管の増加では、盲学校では、私立学校数のピークと県立学校数のボトムは昭和元年

表 8-8-1　盲学校と聾唖学校の学校・教員・生徒の数的変化（昭和 1 〜昭和 20）

	盲学校													聾唖学校						
	学校数			教員数				生徒数（全課程）						学校数			教員数			
	官立	公立	私立	官立	公立	私立	盲	合計	官立	公立	私立	男	女	官立	公立	私立	官立	公立	私立	聾唖
大正 15/昭和 1	1	28	46	35	203	273	196	3410	195	1727	1488	2500	910	1	22	19	28	162	94	45
昭和 2	1	28	44	40	214	265	198	3475	199	1730	1546	2608	867	1	22	22	31	190	114	49
昭和 3	1	29	42	35	244	254	209	3766	213	2150	1403	2772	994	1	22	24	34	213	129	49
昭和 4	1	35	37	38	297	208	196	4008	230	2572	1286	2977	1111	1	28	20	31	270	103	39
昭和 5	1	35	38	43	306	231	205	4060	246	3269	1321	3096	1210	1	28	22	31	281	125	38
昭和 6	1	37	39	46	321	254	208	4294	256	3134	1428	3277	1273	1	33	25	34	322	133	35
昭和 7	1	37	40	43	320	259	216	4365	248	2868	1497	3320	1293	1	33	25	37	339	142	43
昭和 8	1	41	36	47	353	230	206	4463	246	2866	1329	3318	1391	1	38	21	39	408	121	29
昭和 9	1	43	34	47	384	212	198	4586	244	2739	1317	3395	1435	1	40	21	41	441	130	27
昭和 10	1	47	30	47	409	194	187	4950	237	3502	1191	3268	1421	1	43	18	46	474	110	27
昭和 11	1	47	30	45	390	192	179	5040	252	3573	1215	3326	1462	1	43	18	47	503	110	24
昭和 12	1	51	26	46	450	181	174	5165	241	3801	1123	3408	1516	1	47	14	44	565	92	25
昭和 13	1	51	26	43	450	190	173	5277	249	3883	1145	3471	1557	1	47	14	45	602	87	22
昭和 14	1	51	26	45	460	193	156	5458	259	4052	1147	3586	1613	1	47	15	45	613	97	23
昭和 15	1							6459						1						
昭和 16	1	51	20	44	543	128	153	5485	296	4222	967	3624	1785	1	46	9	45	674	62	26
昭和 17	1	50	26	39	520	191	96	5704	281	4234	1189	3745	1887	1	52	12	43	644	66	18
昭和 18*	1	55	23	22	521	172	89	5920	234	4468	1218	3990	1930	1	48	13	29	699	89	10
昭和 19	1													1						
昭和 20	1	54	14	49	608	108	73	5130	147	4549	434	3387	1743	1	50	6	56	621	35	8

＊昭和 20 年度文部省年報第 73 に記載の昭和 19 年度東京府と佐賀県の数値を加算。
出典：文部省年報。

であって、それ以降、私立校の減少と県立移管が進行する。それに対して、聾唖学校では、私立学校数のピークは昭和六〜七年と遅い。

・生徒数における男女比の違いであり、盲学校では女生徒が男生徒の半分以下しか就学していないのに対して、聾唖学校では、女生徒が男生徒の八割以上を占める。

・中等部に進学する生徒の割合が、盲学校では比較的高いのに対して、聾唖学校では低い。

・中等部普通科に進学する盲学校生徒は、中等部生徒数の五－八％程度で、漸減するが、聾唖学校生徒では一割前後である。

・障害のある教員は、盲学校では二五％ほど盲教員がいるのに対して、聾唖学校では聾唖教員は数％にすぎない。障害のある教員の実数・割合ともに減少するのは、盲学校・聾唖学校に共通しているが、聾唖学校では減少が極めて顕著である。この点では、聾唖学校および聾唖教育における聾唖者の排除は事実である。

②盲学校と聾唖学校の県立移管と盲・聾分離の達成状況

つぎに、盲学校と聾唖学校の県立移管と盲・聾分離の達成状況について整理してみる。大正一二年盲唖教育令によって、大正一三年度から実施された県立移管と盲・聾分離の達成状況を、大正一四年度、大正一二年盲唖教育令附則に定められた七年間の猶予期間の切れた昭和六年度、大戦の始まる前年の昭和一五年度に区分して整理したのが、表8-8-3である。猶予期間が終了した昭和六年になっても、つぎの一六道府県では、道府県立盲唖学校がないままだった。

北海道、青森県、福島県、栃木県、埼玉県、東京府、神奈川県、富山県、山梨県、長野県、静岡県、愛知県、鳥取県、佐賀県、宮崎県、沖縄県

なお、岐阜県では盲の、千葉県と大阪府では聾の、府県立校が未設置だった。

もっとも、大正一二年盲唖教育令附則は、代用校としては、私立校だけでなく市立校も認めていた。上記の一六道府県のうち、昭和六年現在、市立または町立校があったのは以下の府県の市・町である。

福島県郡山市（盲）、千葉県木更津町（盲）、東京市（聾）、神奈川県横須賀市（盲）、長野県長野市（盲唖）・松本市（盲）・上田市（盲）、名古屋市（盲唖）、大阪市（盲および聾唖）

昭和一五年になっても、道府県立盲唖学校がなかったのは、北海道、福島県、山梨県、沖縄県のわずか四の道・県に

なる。このうち、福島県では郡山市と若松市（現在の会津若松市）に市立盲学校があった。東京府では、盲学校は官立があるのみで、府立および市立の盲学校ともなかった。

県立移管が遅れた県の一つ、宮崎県の事情について示せば以下のようになる（都城市［二〇〇六］五四九－五五三頁。宮崎県盲学校［一九六〇］）。延岡町には明治三七年、谷仲により延岡聾唖私塾が開設されたが永続せず、宮崎町には明治四三年に関本健次（明治三九年、京都盲唖院卒業）が宣教師クラーク宅で指導を開始し、四四年に日向訓盲院を開校していた（大正六年一月に財団法人）。昭和二年には都城町に歯科医・富田保助により都城聾話院が、昭和三年には元・官僚で中途失明の山口徳之助により延岡訓盲学舎（昭和四年に聾唖部を併設して私立延岡盲唖学校に改称）が開設されていた。

大正一二年一一月三〇日
　大正一三年度から一八（昭和三）年度まで、県立盲・聾唖学校の設置延期を申請
　理由　郡立実業学校の県立移管、高等女学校の新設・学級増による県の財政難
昭和四年二月一五日
　昭和六年度末までの二年間、県立盲・聾唖学校設置の再延期を申請
　理由　県庁舎の改築・女子師範学校移転改築計画による県の財政難。代用校にできる盲・聾唖学校もない。
昭和六年二月二〇日
　日向訓盲院と都城聾話学校を県立代用校とする。昭和八年度には延岡盲唖学校を含めて県立校とする計画。都城聾話学校では、校長は無給で経費不足額を負担
昭和一〇年四月
　宮崎県立盲学校、宮崎県立聾学校発足、上記三校を移管

表 8-8-2　盲学校・聾啞学校の卒業後の進路（昭和 9 ～ 15）

	盲学校							聾啞学校						
	卒業	就職	就職しない	内部進学*	東盲入学	死亡	その他	卒業	就職	就職しない	内部進学*	東聾入学	死亡	その他
昭和 9	803	488	17	222	13	8	17	409	110	23	206	1	4	65
11	1093	656	19	375	11	1	36	519	103	64	272	6	0	74
12	1132	672	18	393	10	2	37	588	151	61	279	3	0	94
13	1227	693	33	416	21	1	63	647	120	65	341	4	3	114
14	1180	660	29	436	12	3	40	635	138	45	371	2	2	77
15	1354	821	32	444	27	1	29	635	129	70	380	11	1	44

＊内部進学は中等部または研究科進学を示す。
出典：文部省年報。

要するに、財政事情の悪い県において県立校の設置が遅れたことになり、同時に、府県制の発足に伴って機関委任事務が実施されながらも、地方の判断や事情が優先されていたことになる。

こうして、大正一二年盲啞教育令の公布から二〇年近く経過して、道府県立盲啞学校が、三県を除いて設置されることになり、制度が、ほぼ整ったことになる。もう一つの課題であった盲・聾分離問題では、盲啞学校形態は、大正一二年盲啞教育令附則により、法律上は「当分の内」認められた措置だった。大戦前年の昭和一五年になっても、県立盲啞学校数は昭和六年とほとんど変わらず、二二校だった。盲・聾への分離が完了した府県は、以下のとおりである（表8－8－2）。

山形県、茨城県、栃木県、千葉県、新潟県、石川県、福井県、長野県、静岡県、愛知県、滋賀県、京都府、大阪府、兵庫県、広島県、香川県、福岡県、長崎県、宮崎県

このうち、石川県・福井県・兵庫県・香川県・長崎県では、県立盲学校・聾学校が同じ住所にあり、校長も同一人物であった。また、茨城県と千葉県では校地は異なるが、校長は同一人物だった。ただし、盲・聾分離問題では、校地や校長が同一であること自体が問題ではないし、学校規模とも関連する問題である。たとえば、石川県立盲学校の生徒数は、初等部一四人、中等部二二人、別科五人で、全校生徒数は四一人にすぎなかった（石川県立聾啞学校の生徒数は、初等部のみ

五六人）。福井県立盲学校の生徒数は、初等部二六人、中等部二三人、別科一二人で、全校生徒数六一人、福井県立聾唖学校の生徒数は初等部五六人、中等部は一一人で、全校生徒数六七人であったから、生徒数の規模だけでいえば、一人の校長で管理・運営が可能であり、専任校長を二人配置することは、経済合理性からいっても困難だった。盲学校と聾唖学校に内在する問題は多様で数多かったために、時間を要したけれども、盲学校・聾唖学校の制度上の整備は進行し、大戦後の義務教育制としての出発に重要な基盤となった。

ところで、市立校はしだいに府県立校に移管されていくが、昭和一五年になっても市立校が継続されているのは、福島県の市立郡山訓盲学校と若松市立会津盲学校、千葉県木更津町立訓盲院、東京市立聾学校、神奈川県の横浜市立聾話学校と横須賀市盲学校、長野県上田市立盲学校、大阪市立盲学校と聾唖学校である。大戦後になると、福島県の二校と長野県の上田市立盲学校は、県立校に統合されて消失する。

もちろん、生徒数の規模問題もあるが、特殊教育全体で考えた場合、盲・聾唖の重度の感覚障害児はすべて県が管理・運営する傾向は大戦前から存在した一方で、大都市を中心に市立校が維持されている。また、私立校は、その特色を活かして存続する志向はほとんどなく、県立移管が唯一の選択肢となる。

こうして、地域社会基盤ではなく広域的な学校立地と県立校のみという学校形態は、先進国にはみられない日本特有の現象となる。たとえばアメリカでは、盲児・聾唖児の教育を公立学校というコミュニティ基盤で行う場合、その前提となる過程として、州立の盲学校や聾唖学校制度の確立があった。しかし日本の場合、大戦前には、盲学校・聾唖学校制度がようやく確立していた状況においては、大戦が起こらなくても、小学校という地域社会基盤における盲児・聾唖児の教育に転換していく事態は生じなかったであろう。

(2)　就学率の推移と入学者数

この時期に、どの程度の不就学盲唖児がいると推測されていたのだろうか。表8－8－4は、昭和一〇年四月現在で帝国盲教育会が、各地の盲唖学校に依頼して調査した学齢盲唖児数、就学者数、不就学者数を整理した表である（帝国盲

教員数											生徒数					
盲学校				聾唖学校												
私立			盲者教員（女性）	公立			私立			聾者教員（女性）	計		公立		私立	
計	有資格	無資格		計	有資格	無資格	計	有資格	無資格		盲	聾唖	盲	聾唖	盲	聾唖
267	180	87	157(12)	95	68	27	92	52	40	37(3)	2754	2191	1205	1348	1549	843
256	159	87	171(16)	120	78	42	100	65	35	35(3)	2867	2663	1545	1618	1322	1045
254	179	75	188(17)	322	214	108	133	63	70	29(3)	4294	3920	2866	2952	1428	968
											5481	7029				
191	159	32	95(10)	687	453	234	66	38	28	18(4)	5632	7269	4443	6683	1189	586

教育会［一九三八・三］。この種の調査は困難であったため、正確な状況であるとはいえないかもしれないが、これによると、市部よりも町村部で就学率が低く、男子よりも女子の就学率が低いこと、聾唖児よりも盲児の就学率が低いことが明瞭である。

広島県は、昭和四年七月に盲人調査を行ったが、盲の学齢児は一四〇名いた。広島県立盲唖学校で教育をうけている学齢の盲児数はわずか一二名だったという（広島県出身の盲生徒総数は六七名。今井［一九三〇・七］）。

聾唖者については、ほぼ同じ時期に岡山県の調査がある（岡山県社会課［一九三一・九］）。聾者総数八八四（男五〇〇、女三八四）名のうち、学齢（六～一四歳）の聾唖児は一八八（男八八、女一〇〇）名、在学中の聾唖児は一八（男六、女一二）名である。ただし、「在学中」が聾唖学校を示すとは書いていない。調査結果について、七〇・一五％は無学で、種類を問わず教育歴のある聾唖者は約一一％であった（一三二頁）。

東京府における大戦勃発前の盲唖児の不就学と就学状況をみると、上記と同じような市部と郡部の差異が確認できる。表8－8－4は、東京府における盲児と聾唖児の就学状況を東京府統計書により男女別にみたものである（東京府統計書［一九三七、一九三九～一九四二］）。東京府は、意外なことに、市立および府立の盲学校・聾学校の開設が顕著に遅れており、官立校のみの事態が続いた。表8－8－5では、市立聾学校の未設置の時期の数値も含めている。

他の県でみたように、市部よりも郡部（島嶼部を含む）で盲・聾唖の就学率が低

表 8-8-3　盲学校・聾唖学校の県立移管と学校教育の状況（大正 13 ～昭和 15）

	県立校未設置道府県			盲・聾唖未分離県立校	学校数					教員数					
										合計	女性教員		盲学校		
													公立		
年度	盲唖	盲	聾唖		計	府県立	市立	町立	私立		盲	聾唖	計	有資格	無資格
大正 13					71	21			50	586	56	59	132	92	40
大正 14	35	0	1	8	94	18	8	2	66	647	58	68	171	119	52
昭和 6	17	2	1	20	106	41	9	1	55	1030	85	168	321	246	75
昭和 15	4	0	2	22	119	74			45	1569					
昭和 17				24	114	79			35	1503	151	311	559	440	119

出典：文部省年報 52（1928）、70（1979）。文部省普通学務局（1924）、（1931）、（1942）
注：県立盲唖学校未設置道府県は、盲・聾唖ともに道府県立校を設置していない道府県とする。公立には、府県立および町立を含む。昭和 16 年の情報には、官立校を含む。
大正 14 ＝徳島県師範附属小学校盲唖学校、県立から除く。

いという状況は、東京府でも同じである。ことに、盲児の場合は顕著である。しかし、おおむね、全体として就学率は改善していることが分かる。

昭和初期と大戦前の時期とでは、明らかに学齢期の盲唖児の就学が増加している。表８－８－１でみたように、昭和戦前期は、盲と聾唖の子どもが以前にも増して学校に就学するようになり、彼らやその家族にとって、学校教育がこれまでになく重要な位置を占める時期である。ただし、学校への就学者が増加するという点では共通であるが、その様相が盲と聾唖ではかなり異なっていることはつぎに考察する。

盲学校および聾唖学校への就学者数は、男女ともに改善していることは、表８－８－１で明白である。盲学校では大正末期から昭和一〇年代半ばで、就学者数全体では約一・五倍に増加しているが、男女差があり、男子は一・四倍、女子は一・八倍と女子の増加が男子を上回る。男性が盲学校就学者の七〇%台を占めており、やっと昭和一〇年代前半になって六〇%台に低下する。盲女子の就学者が少ないのは、小学校への就学者においても暫くは女児が少なかったことの理由と同じで、就学の意義に対する疑問が、盲女子においては保護者によって増幅されたためであると思わ

表 8-8-4　就学者数と不就学者数
——男女別市町村別

			市	町村
盲児	学齢者数	男	304	876
		女	225	759
	就学者数	男	191	178
		女	88	122
	不就学者数	男	113	698
		女	137	637
聾唖児	学齢者数	男	901	2319
		女	654	1857
	就学者数	男	647	670
		女	484	508
	不就学者数	男	254	1649
		女	170	1349

出典：帝国盲教育会（1938.3）「学齢児童中ノ盲聾唖児調」。

表 8-8-5　東京府における盲児と聾唖児の就学状況

	盲児					聾唖児				
	総数	東京市		郡部		総数	東京市		郡部	
		盲児数	就学児数	盲児数	就学児数		聾唖児数	就学児数	聾唖児数	就学児数
昭和9年度	61(36/25)	56(33/23)	17(10/7)	5(3/2)	1(0/1)	255(133/122)	227(121/106)	107(54/53)	28(12/16)	2(2/0)
昭和10年度	73(38/35)	66(33/33)	32(16/16)	7(5/2)	0(0/0)	259(142/117)	227(121/106)	151(82/69)	24(12/12)	3(2/1)
昭和11年度	89(46/45)	80(39/41)	36(19/17)	9(7/2)	0(0/0)	277(141/136)	252(128/122)	147(70/77)	27(13/14)	2(1/1)
昭和12年度	79(41/38)	73(36/37)	38(18/20)	6(5/1)	0(0/0)	272(137/135)	253(130/123)	142(68/74)	19(7/12)	5(2/3)
昭和13年度	68(33/35)	64(30/34)	28(14/14)	4(3/1)	0(0/0)	334(160/174)	307(148/159)	193(96/97)	26(12/14)	4(3/1)
昭和14年度	68(41/27)	65(38/27)	30(19/11)	3(3/0)	0(0/0)	378(178/200)	357(168/189)	249(116/133)	21(10/11)	3(2/1)
昭和15年度	71(38/33)	68(36/32)	21(16/11)	3(2/1)	0(0/0)	409(196/213)	385(184/201)	254(114/141)	24(12/12)	4(2/2)

出典：東京府統計書。

れるが、家庭内での保護が選択されたためであろう。

聾唖学校の場合、昭和戦前期は県立移管の時期であるし、官立校は一校のみであるから、官立・公立・私立という設置主体ごとにみる意味はあまりない。そこで、全学校の生徒総数の推移をみると、盲学校よりも急増といっていい増加がみられる。昭和元年の生徒総数二九九三名を基準とすると、ピークは昭和一八年の八四六七名、二・八倍となっている。その増加過程もきわめて順調な増加であった。盲学校と比較してさらに異なるのは、男女比である。聾唖学校では、女性の比率が高く、昭和元年度に生徒数の四〇%を上回っており、昭和一八年には四六%を超えている。生徒数、入学者数、聾唖女子生徒数の増加は連動している。卒業者数を含むこのような増加は、聾唖学校が聾唖児の家族や社会の信認を獲得しつつあったことを意味する。

聾唖学校では全体の増加は同じ時期で二・四倍となり、盲学校と同じように男子が二・三倍であるのに対して、女子は二・八倍となっている。ただし、盲・聾唖ともに、元々、女子の就学者数は男子に比べて少なく、盲学校では男子の四割程度であるのに対して、聾唖学校では七〜八割であった。聾唖児の場合は、学校教育の意義が、盲児に比べると受容されているように思われる。それは、聾唖学校就学者に占める女児の割合が、盲女子と比べると遥かに大きいからである。

就学者数が増加したとはいえ、学齢児は、昭和五年度では、盲学校で二割を超える程度であり、聾唖学校では、三割に満たなかった（船越［一九三五］五一一頁）。

表8-8-6は、茨城県における昭和三年から一二年までの学齢盲唖児と就学者数を県統計書によって整理した（茨城県［一九三二］四〇頁、［一九三九］四二頁）。盲ではそれ以

前の学齢盲児の就学が一～二名だったものが、昭和八年からほぼ一〇名以上に増加している。聾唖児は、盲児に比べると以前から学齢聾唖児が就学していたが、昭和九年度から増加している。茨城県の県立移管と盲唖分離は、大正一三年度に実現しているから、それと直接の関連はないように思われる。

以上の数値を文部省年報それと比較してみよう。表8-8-7は、盲児と聾唖者について、学齢者数と就学者数を整理したものである。家族の隠匿等があるので、数値自体の信頼性を斟酌する必要はあるが、学齢者の就学状況は改善しつつあったことが分かる。

(3) 入学年齢の推移

入学年齢も改善されているようである。とくに聾唖学校では、初等部入学年齢の低下が著しい。これは、口話法普及の効果である。言語指導法の選択肢が手話法しかなかった時代では、盲児と同じく、学校入学の決断は、一五歳から職業自立に必要な学校在学期間を逆算することによっていたと思われる。また、第一次産業が豊富にあった時代には、聾唖学校への就学を放棄したりしていたので、この決断すら遅れることで入学年齢は高くなったのである。昭和一二年の五九校八三四名に対する調査では、初等部第一学年二学年齢の中央値は八歳九カ月、平均九歳三カ月、標準偏差二歳七カ月であった。また、男女の差はない。七割近くが九歳までに入学している一方で、一五歳以上が二二人いる（日本聾唖教育会［一九三八］二二一-二二三頁）。もっとも、中途失聴の年齢しだいであるから、単純にはいえないが、入学年齢が低下していることは、大きな進歩であった。

盲学校における入学者年齢低下の資料はないので、変則的であるが学齢盲者のうちどのくらいが就学するように

表 8-8-6　茨城県における学齢盲唖児数と就学数（昭和 3 年～ 12 年）

		盲		聾唖	
		男	女	男	女
昭 3	学齢児数	25	32	65	72
	就学児数	1	2	18	12
4	学齢児数	27	32	72	68
	就学児数	2	1	17	8
5	学齢児数	25	27	61	58
	就学児数	1	1	18	11
6	学齢児数	24	28	68	57
	就学児数	2	2	20	18
7	学齢児数	24	22	63	57
	就学児数	1	2	19	20
8	学齢児数	27	30	60	51
	就学児数	14	11	20	19
9	学齢児数	22	32	63	55
	就学児数	9	12	32	26
10	学齢児数	22	25	63	52
	就学児数	10	13	26	22
11	学齢児数	11	18	47	50
	就学児数	9	8	20	17
12	学齢児数	23	18	56	45
	就学児数	12	11	28	17

出典：茨城県（1932）40 頁、（1939）42 頁。

表 8-8-7　学齢盲児・聾啞者数と就学者数（昭和 2 ～ 14 年度）

年度	学齢盲者数		就学盲者数		学齢聾啞者数		就学聾啞者数	
	男	女	男	女	男	女	男	女
昭和 2	1437	1184	288	139	3521	2905	737	515
昭和 3	1376	1155	285	147	3352	2755	843	597
昭和 4	1361	1104	334	164	3329	2661	909	646
昭和 5	1366	1061	332	188	3486	2799	1016	693
昭和 6	1327	1029	409	237	3669	2942	1215	860
昭和 7	1286	1024	492	297	3713	2906	1396	1001
昭和 8	1255	995	502	312	3412	2725	1518	1099
昭和 9	1334	1091	614	419	3441	2862	1624	1294
昭和 10	1303	1070	598	402	3492	3027	1665	1407
昭和 11	1236	1013	591	380	3268	2829	1557	1386
昭和 12	1254	999	622	389	3358	2873	1705	1406
昭和 13*	2188	934	618	395	3242	2867	1757	1473
昭和 14	1243	871	702	413	3225	2832	1931	1618

＊昭和 13 年の学齢盲児男子数は資料のままである。
出典：文部省年報。

なったのかという数値により、入学者の年齢低下を推測してみる（表8－8－8）。また、地域差を見るために、県立移管の遅れた北海道と教育レベルの高かったと思われる大阪府を標本とする。いずれも、文部省年報による。大正一四年度から昭和一四年までみると、北海道でも大阪でも割合の推移は規則的でない。これは、元の数値の信頼性の問題でもあろう。

数値が一定しないが、北海道ではそれほど変化がないが、大阪府ではおおまかに学齢盲児の就学割合が改善しているといってよいだろう。つまり、学齢期に就学者が増加することは、児童生徒の年齢低下を意味するので、就学者と就学率の緩慢な増加は生じていたといえるであろう。

（4）卒業者と中等部進学者

盲学校では、大正一五年・昭和元年の卒業者数六三八人を基準数にとると、最も多数の卒業者が出たのが昭和一七年の一三六二人で約二倍強となる。このことから、生徒数の増加は緩慢であり、就学者は、学齢者中の割合でも一部にすぎなかったが、盲児の盲学校就学が社会的慣習になり始めたといえよう。聾唖学校では、卒業生はさらに増加している。昭和元年には二三三名に過ぎなかった卒業生数は昭和一八年には一二七四名、五・五倍に増加しており、男女生徒ともに、同じ増加傾向を示す。

中等部への進学者は顕著な増加を見せる。昭和元年には中等部生徒が盲学校生徒総数に占める割合は約四三％であったが、昭和五年には約五四％に増加し、それ以降、五〇％前後を維持し、昭和一八年には六二％に達する。しかし中等部への進学者は実技系への進学がほとんどで、普通科進学は中等部進学者の三～五％に過ぎなかった。このような実技

表 8-8-8　北海道と大阪府の学齢盲児数と就学盲児数（大正 14 ～昭和 14））

		大正14	昭和 2	昭和 4	昭和 5	昭和 6	昭和 7	昭和 8	昭和 9	昭和 10	昭和11	昭和12	昭和13	昭和14
北海道	学齢者	39	65	59	51	50	50	60	53	64	68	51	45	61
	就学者	10	39	31	30	30	24	32	30	28	33	28	27	29
	就学割合	25.6	60.6	52.5	58.8	60.0	48.0	53.3	56.6	43.8	48.5	54.9	60.0	47.5
大阪府	学齢者	123	103	93	109	115	127	90	233	131	83	72	52	117
	就学者	47	25	55	44	55	66	41	194	94	56	41	24	86
	就学割合	38.4	24.3	59.1	40.9	43.5	52.0	45.6	83.3	71.8	67.5	56.9	46.2	73.5

出典：文部省年報。

系中等部進学者の割合が多いのは、職業技術の習得と営業資格を獲得することが盲学校入学者の目的であることは自明である。それにもかかわらず、普通科進学者が全体として割合・実数ともに増加しているのは、普通科進学者の最終的な職種が鍼按であったにせよ、より高度なレベルの学習への期待が盲生徒にあったことは、留意しておいてよい。

しかし、児童生徒数が順調に増加した聾唖学校でも問題はある。それは中等部進学者の割合の低さである。昭和元年には生徒全体の僅か八・四％だけが中等部に進学するだけだった。翌年に一割を超えてからは、中等部進学者は昭和一七年には、一時的にではあるが、二割を初めて突破する。このことは、就労するうえで、より高度な教育によって職業技術の習得が必要となってきたことを反映しているものと思われる。

(5)　半途（中途）退学者数

その後、大戦勃発前までには、半途退学の状況は改善されたのであろうか。昭和九年から一四年までの盲学校・聾唖学校からの半途退学者数とその理由を示したのが、表8－8－9である。半途退学者数とその理由の変化でみると、生徒数に占める半途退学数は、盲学校では約九～一〇％で改善されているとはいえないが、聾唖学校では九％台から七％台に減少し、やや改善している。その理由は、必ずしもはっきりしない。盲学校では、生徒家族の貧困を意味すると思われる家事都合は減少傾向であるのに、疾病・死亡とその他が増加している。また、転学傾向は一定しない。聾唖学校では、家事都合だけが増加傾向しているから、生徒家族の貧困が主たる要因と推測される。とくにこの時期に限られた現象ではないが、死亡数が多いことも注目される。とくに盲学校は、一二％から一五％と相当多いのに対して、聾唖学校では六～七％の年が多い。

表 8-8-9　盲学校・聾唖学校における半途退学者（昭和 9 ～ 14 年度）

年度	盲学校							聾唖学校						
	総数	家事都合	懲戒等	疾病	死亡	転学	その他	総数	家事都合	懲戒等	疾病	死亡	転学	その他
昭和 9	485	260	11	49	59	106	430	295	2	24	42	67		
10	440	206	6	36	58	59	75	428	250	2	22	29	48	77
11	541	238	0	53	81	71	98	532	358	0	20	38	47	69
12	522	226	2	53	80	62	99	538	356	1	33	38	35	75
13	469	216	3	53	64	56	77	522	349	4	29	39	39	62
14	509	192	5	67	62	75	108	474	236	5	32	59	25	67

出典：文部省年報。

(二) 教員

教員に関する情報は、前掲の表8－8－3に示されている。この表を中心に、教員資格・障害の（盲または聾唖）有無・男女別について検討する。

資格でみると、盲学校では設置主体を問わず改善されており、四分の三ほどの教員が資格をもっているのに対して、聾唖学校では盲学校ほど改善されていない。それでも、公立聾唖学校教員では改善されており、その六六％が有資格であるが、私立聾唖学校は半数の教員しか資格をもっておらず、無資格者の割合が高い。

さらに、数値では示せないが、盲学校中等部教員についてみた場合、一般の中等学校とは比較にならない低いレベルであることは、すでに大河原欽吾の指摘で見たとおりである。また、大河原は、聾唖教育でも問題は同じであることを付言する。

盲学校における盲人教員についてみると、盲学校では、昭和七年の二一六人をピークに、一七年には九五人まで盲人の教員が半減する。盲人の教員数自体が減少するとともに、就学者数の増加にともなって教員数が増加するので、盲人の教員の教員全体に占める割合は低下する。昭和元年には教員の四割近かった盲人教員は、昭和一〇年代末期には一割前後まで急減する。この時期には、中等部進学者の割合が増加していた一方で、普通科進学者は限定されていた。これの意味することは、盲学校生徒数の増加、そして職業教育のための中等部進学者の増加が、盲人教員の増加につながるのではなく、晴眼者教員が増加したことになる。

聾唖学校における聾唖教員では、昭和二～三年には、聾唖者教員が四九名を数えていたが、その後、急激に減少し、昭和一八年には一〇名、二〇年には僅か八名となる。これはいうまでもなく、言語指導法が口話法支配となったためであろう。男女別でみると、昭和期に入ってから女性教員の増加が目立つ。これは、当初は補充的な意味合いだったものが、男性教員の出征に伴う代替としての役割を意味するものと思われる。しかしその代替は、量的代替であり、運営・管理のような役割の代替に進まなかったのは、初等学校と同じである。

聴覚障害の有無に関わりなく、聾唖学校では、強い意欲と高い能力の教員確保は難題だったようである。昭和四年、口話法が拡大するなかで聾唖者の教員の処遇が問題となった。これに関連して樋口長市校長は、技能の教師であれば可能であろうが、それ以外は教師としての勤務は困難であるという。その理由は、口話法ができない以前の問題として、一部を除いて聾唖者の教員は、普通学力が劣等であるためである（奚信生［一九二九・一二］）。

地方教育界の幹部から岡山県盲唖学校長に転身し、一五年の校長職を経験した妹尾熊男は、戦前末期の昭和一七年に執筆した論文の末尾で、「口すぎとしての聾唖教育者」が存在することを公言し、彼らに対して、聾唖教育の困難を口実としないで、児童生徒の親の願いと期待に応えることを要求している（妹尾［一九四二・九］一五頁）。この発言は、盲唖学校が県立に移管された後でも、良質の教員確保が困難だったことを示唆している。また、盲学校では同じ問題がなかったという保証は何もない。実は妹尾はこの一〇年ほど前に、県立移管六年後にも教員について述べている。「（退職して）二度の務めか、資格も持たぬ行くに所の無い人々か、或は他に転ずる事の出来ない狭い教育資格者か、兎も角因縁付きの諸君であった」（妹尾［一九三三・一二］一五頁）。昭和一七年の文章は、私立学校時代の教員をほぼ総入れ替えして、「共同一致一糸乱れぬ統制下に全身を捧げての総員活動」（妹尾［一九三三・一二］一五頁）ができたはずの時期から約一〇年経過した時期における感想であった。盲学校であれ、聾唖学校であれ、有能で献身的な教員がいたことは知られているが、それが多数を占めたわけではなかったということである。県立移管に伴う待遇改善や社会的アイデンティティの向上だけでは、良質の教員の確保や定着を実現することはできなかったのである。

東京盲学校の密本勝之助による二つの県の盲唖学校、とくに盲学校の教育ならびに教員の評価も、施設・設備・教材だけでなく、教授法が視覚障害にまったく対応してないことを具体的に示している。密本の評価は、文部省視学委員復命書からの抜粋であるだけに、信頼してよいであろう。とくに文部大臣認可による教員に問題があったのである（密本［一九三四・一一］）。

そのうえ、盲唖学校長の職自体が、妹尾自身が述べたように、現役校長が就くポストではなく、就任の内交渉には「一も二もなく辞退」するようなポストであった。岡山県における盲唖教育の本格的な発展を実現するために、絶頂期にある有能な初等教育者を盲唖学校長職に充てて、改革しようとした県学務部長もいたのである。

妹尾が昭和五年に述べた、「最近三カ年間に若い血の気の多い人が、各所とも殖えた……研究盛りの血に燃えて居る人達」を見て、「深く喜ぶ」との感情（妹尾生［一九三〇・七］八二頁）は、その約一〇年後の上記の落胆とは、だいぶ異なっている。これは何を意味するのだろうか。一つは、聾唖教育界では、名目だけであっても口話法という堅固で大きな外枠に束縛されるということであろう。口話法では教授も学習も成立しない聾唖児がいても、手話法の使用が公的に是認されるのは、低能の聾唖児のみ（奚信生［一九二九・一二］）という虚構の社会により、緊縛される現実は、若さでも血でも乗り越えることはできないだろう。かくして、意欲と能力のある若い教員は、聾唖教育から去るほかはない。

もう一つは、聾唖教育界は、樋口長市が要求するレベルの実践研究が成立しない、定型化と画一化された社会だったのかもしれない。樋口は、繰り返し聾唖教育界のレベルの低さを痛罵してきたが、一年前に提示されていた研究課題に対する研究発表を目の当たりにして、「兼題は一夜漬にすべきではない」（梓渓［一九三二・一〇］）と当たり前の苦言を呈しても効果が薄かったのである。聾唖教育の団体である日本聾唖教育会は会員の納入会費で経営されており、昭和七年度で会員数三八〇人（教員以外を含む）、全国の教員数に占める割合も納入率も七割程度だったから（昭和七年度日本聾唖教育会経費予算［一九三二・一〇］）、それなりの活動レベルではあったのである。

（三）盲および聾低能児の問題

第四章第三節で述べたように、大正初期から、低能の盲唖児の対処を課題としてきた名古屋盲唖学校では、昭和五、七年度の教育方針には「劣等生の指導に努むる事」を挙げて、引き続き教育課題としている（愛知県聾学校［一九四〇］一八四、二〇〇頁）。

口話法聾学校においても、低能・劣等の聾児は指導上の課題ではあっただろう。たとえば、昭和四年末の『聾唖教育』では、若い男性教師が低能を疑われる聾唖女児に、三年間第一学年に留年させて、「オタチナサイ」のような常套的な最初歩の口話法教育に苦心している（高木［一九二九・一二］）。しかし低能は、読唇や発語の優先課題とは異なり、聾教育では教育課題としての優先度は低かった。口話法の顕著な成果を提起しなければならない昭和初期にあっては、読唇や発語の向上可能性が低い彼らは、当然ながら教育対象としては魅力に乏しかったからである。それゆえ、口話法聾学校では、学業不振問題への反応は鈍く、テーマとしてはほとんど取り上げられていない（第七回日本聾唖教育会総会開催［一九三一・六］。関東部会［一九三一・一〇］九八頁。ヒルド［一九三一・一二］。松岡［一九三五・五］。森［一九三八・一〇］）。しかし、口話法習得までは口話法が教科学習よりも優先されるから、ますます低学力問題が発生しやすくなったはずであり、戦後の九歳の壁と類似する問題も自覚されたはずである。

東京聾唖学校長・樋口長市は、昭和六年に、聾唖児の学力について触れている（樋口［一九三一・六］四頁）。「予科三年初等部六年計九年、又はそれ以上の年限をかけながら、言語は三歳の児童にも及ばず。学力は（一般の小学校）尋常科四年生にも及ばぬ」というのである。「（聾唖学校の）初等部の普通教育が、普通人の尋常小学校程度に施され」ていないためである。樋口は職務柄、全国の聾唖学校を視察し、研究会・研修会等に出席する日常であったから、聾唖児の学力に関するこの評価は、平均的で一般的なものと解してよいであろう。つまり、聾唖学校で学業不振問題がテーマとされることが少ない理由は、聾唖児の学力の個人差はもちろんあるものの、総体的に聾唖児全体が所属学年に対して学力不足であるために、学業不振状態にある一部の聾唖児をとりたてて指導上の課題とするという、小学校のような問題の枠組みが成立しない、ということなのである。

昭和初期になって、限られた数の大都市で補助学級が整備されてくると、この児童のなかに重複障害の児童がいることが明確になる。昭和四年の東京市補助学級卒業生調査において、盲学校に進学している精神薄弱男児が二人、按摩見習いの女児が一人いた（東京市役所［一九三七］一三、二二頁）。

こうして盲唖学校では、比較的早く盲および聾低能児の存在に気づかれ、対応に苦慮しつつも、これらの子どもは指導問題としては成立せず、児童数確保のためもあって学校から排除されることがなくても、現実には放置されていたといえよう。

（四）盲聾唖児の存在認識と教育

低能の盲児または聾唖児だけでなく、盲聾唖児の存在も、文部省は、大正一二年度の年報から、それまでの盲・聾唖者に加えて、盲聾唖者の数を記載した。もとより、その正確さは厳密には期しがたいとしても、文教当局が、盲聾唖者の数と学校での教育措置の有無を把握しようとしていたことに意味を見いだすべきであろう。明治三〇年代半ばに学齢盲児・聾唖児とその就学の有無に関する情報が文部省年報に掲載されはじめたことと、類似の意味においてである。

それに先だって、アメリカ特殊教育視察において、盲聾唖の教育が実見されていた。実業之日本社派遣の視察団の一人、私立東洋幼稚園長・東洋家政女学校長の岸邊福雄（一八七三－一九五八）は、フィラデルフィアの聾唖学校で三人の盲聾唖児の指導を視察し、彼らと問答を交わしており（盲聾唖児は構音を用いている）、感動を込めて報告している（岸邊［一九一八・七］。佐々木［一九一九］一八一－一八四頁）。同時代のアメリカの盲聾唖教育情報は、川本宇之介によってしばしば伝えられている。大河原欽吾も昭和一三年の著書で簡単に盲聾唖教育問題を取り上げている（大河原［一九三八］九一－九二頁）。

大正一一年三月末現在における京都市壬生尋常小学校訓導・藤井高一郎による市内尋常小学校在籍児調査では、市内で一三名の盲聾唖児が把握されており、うち、男児一名は小学校に在籍中であった（藤井［一九二二］頁七）。群馬県立盲唖学校では、昭和四年、親の強い要望から、小学校低学年時に盲聾となった女生徒に対して寄宿舎に収容して教育を開始し、身体のどの場所にでも示されたカナを判読できたことを手がかりに点字を学習し、会話も可能となった。別科で按摩を修得して、一一年に卒業したという（群馬県盲教育史編集委員会［一九七八］五七－五八頁）。

群馬県の事例を含めて、大正一二年度以降昭和一五年度までの文部省年報に記載されている盲聾唖児の在学は、表8－8－10のとおりであり、大正一五／昭和元年度から昭和四年度までの四年間は、学校名も記載している（表8－8－11）。四年間で延べ一一名の盲聾唖児が在籍していたことは驚くべきことである。盲聾唖児の教育は、職業自立の学校目的との不整合、教育困難と指導法の不明、完全な個別的対応の必要性等から、人手と経費を必要とする事業であり、義務教育の対象外だったからである。ヘレン・ケラーが来日する昭和一二年よりも大分前の出来事であるから、ケラー来日と、これらの盲聾唖児の在学とは直接の関連はないだろう。[43] 昭和初期は、大正一二年勅令公布後間もない時期であること、盲聾唖児の在籍校のほとんどが県立校であったことからして、盲唖学校のモラールが高い時期だったのであろうか。文部省年報に昭和五年以降の情報が記載されていないことの意味も不明である。残念ながら、群馬県の事例を含めて、盲聾唖児の実態、盲聾唖児の教育を唱導した人物と指導者、利用した教育法、教育の動機等についてまったく不明である。

表 8-8-10　就学していた盲聾唖児数（大正 12 ～昭和 15 年度）

年度	男	女	計
大正 12	26	23	49
大正 13	25	24	49
大正 14	36	30	66
大正 15 / 昭和 1	26	22	48
昭和 2	33	30	63
昭和 3	77	59	136
昭和 4	32	36	68
昭和 5	31	31	62
昭和 6	23	25	48
昭和 7	33	39	72
昭和 8	21	25	46
昭和 9	27	31	58
昭和 10	27	32	59
昭和 11	27	35	62
昭和 12	13	23	36
昭和 13	29	25	54
昭和 14	34	30	64

出典：文部省年報。

（五）就学奨励政策の導入と資金不足

盲唖学校における就学奨励政策の必要性は発足当初から発生していた。京都訓盲院でも楽善会訓盲院でも、人力車による送迎をしたからである。その後、教育が拡大するにつれて、とくに盲児の教育では、寄宿舎等の生活費を捻出するために、学年が上級段階になると働かざるを得なかったのは、前述のとおりである。日

表 8-8-11　盲唖学校に在学していた盲聾唖児
（大正 15 ～昭和 4）

年度	盲唖児数		学校	出典
	男	女		
大正 15 / 昭和 1		1	兵庫県立盲学校	文部省年報 54 下 11 頁
昭和 2		1	私立福島盲学校？	文部省年報 55 下 11 頁
	1		長野市立長野盲唖学校？	
	2	1	熊本県立盲唖学校	
昭和 3		1	秋田県立盲唖学校	文部省年報 56 下 11 頁
	1		熊本県立盲唖学校	
昭和 4	1	1	愛媛県立盲唖学校	文部省年報 57 下 11 頁
		1	熊本県立盲唖学校	

本の貧困問題は、社会格差を拡大するとともに、小学校でも貧困問題が就学機会と教育期間を制約した。盲・聾唖教育でも貧困の影響は露わであった。もともと、盲唖学校では、とくに盲児の家庭が貧しかったことは経験的に熟知されていたから、貧しい盲唖児であっても就学を可能とする奨学金制度を設けたり、関係の教育大会等において公的な就学奨励資金の設置を決議したりした（第五回全国盲唖教育会概況［一九一五・一〇］九五頁）。大正一四年一〇月の第三回全国盲唖教育会において事前に予定されていた議題をみると、就学と貧困を直接の検討議題としたのは七校と二地方部会から提案されており、このほかに就学奨励を議題とした二校があったから、大正一二年盲学校及聾唖学校令の公布以降、就学義務制の実現とその実体化としての就学奨励資金制度が、盲唖学校の最大の要求であったことが分かる（森［一九二五・一〇］。南雲［一九二六・四］。文部省［一九二八・一二］）。

前述したような貧弱な就学状況は、義務教育でないことのほかに、通学や寄宿生活等で通常の教育よりも経費がかかるためであり、保護者の貧困はさらに就学を困難にした。それゆえ盲唖児の就学状況を改善するには、経済的な援助の制度が不可欠であることは、盲唖関係者には以前から常識だった。昭和初期における調査は、それを如実に示している。

表8-8-12は、特定の県立盲学校・聾唖学校に限定されているが、改めて盲唖の保護者の貧困状態を確認できる資料である。茨城県盲唖学校長の今井信正[44]は、昭和六年、不就学の盲児と聾唖児の経済状態と就学可能性との関連について、援助がなくても就学可能、学費半額補助なら可能、学資と衣服費の全額補助がないと就学できない、の三つに区分して整理した（今井［一九三三・六］）。

表8-8-12から明らかなように、不就学が経済的な問題ではない子どもは、盲児で一割、聾唖児で二割程度にすぎず、

不就学盲児と聾唖児の何と約六割は全面的な援助がないと就学できなかった。つまり、盲学校・聾唖学校への不就学は、基本的には保護者の経済問題に起因するということであり、不就学と貧困との関係は深い。このことは、盲唖教育では、就学奨励制度とセットにならないと義務教育の制度は機能しないことを意味した。この経験は、戦後の特殊教育就学奨励制度に生かされることになる。

帝国盲教育会は、各地の盲唖学校の協力を得て、昭和三年に、学資補給の状況を調査している（全国盲唖児童学資補給状況調査［一九二八・一一］）。対象校八六校に対して回答校三四校に過ぎなかったが、補給校は一九校、補給なしは一五校で、補給制度がある学校がない学校を、やや上回る状況だった。

さらに設立主体でみると、補給制度がある一九校のうち、県・市立校一四校、私立校五校であった。県立校は、九校が県のみから（うち一校は「貧困児就学奨励資金」）、一校が県および町村から、一校が町村のみから、二校が県と民間財団から、市立校一校は市のみから補助金を得ていた。私立校は、一校が学校後援会、二校が市または町村から、一校が県から、一校が慈善団体から得ていたが、受領金額では公立校に比べておおむね不利であった。また、補給がある場合でも、一人当たり受給額の格差は大きいが、最大額は月五円が多く、寄宿舎生と通学生によっても異なる。

もともと、前述したように昭和三年に盲唖児も対象に含まれた貧困児就学奨励制度は、十分に機能しなかったのは資金不足のためであった。今井と岸高丈夫の調査の実施年と対象は同じではないが、全国の盲学校・盲唖学校・聾唖学校のうち、貧困児就学奨励制度を利用している学校の割合には、今井調査で半数を上回る程度、岸高調査で三分の一程度の学校のみという食い違いがあるが（今井［一九三三・六］、岸高［一九三三・六］）、国の就学奨励制度は資金不足だったのである（昭和一五年度の国費は一万五〇〇〇円に過ぎなかった。中央社会事業協会［一九四五］一七六頁）。したがって、学校設置主体である県や市が経常費の一部を貧困児童補助費に充当していたのである。このことは、県や市の考え

表 8-8-12　茨城県不就学盲児・聾唖児保護者の経済的事情
（昭和 6 年）

	不就学児数	補助の必要程度（男 / 女）		
		なし	半額	全額
盲児	75（44/31）	7（4/3）	22（10/12）	46（17/29）
聾唖児	178（95/83）	35（16/19）	38（23/15）	105（56/49）

出典：今井（1933.6）

方や財政力が反映されるし、新潟県の中野財団のような民間団体の協力の有無も関係したのである。ただし、就学している盲唖児の補助の程度については、学校・地方の間に差があるが、この差には補給制度の有無や充実の差も関係しているであろうが、東京市立聾学校のように在籍数二四〇人のうち補助を受けているのはわずか二名のような例から、新潟県立新潟盲学校のように在籍数一二六人のうち一一五人が補助を受けている例まである。後者は、補助総額の約四割を中野財団の補助金が占めている（岸高［一九三三・六］）。

このようにみると、戦前期の盲唖教育に対する社会的評価は決して低下していたわけではなく、公私立校・地方・学校間の格差問題の評価には、多角的な観点が必要となってくる。むしろ、戦地の拡大とともに生じた教員出征に伴う教育力の低下と資金の逼迫のなかで、社会との関係維持を考慮して、それなりの成果を挙げたといえるのではなかろうか。

就学の促進と関連するのは、生徒の通学方法である。たしかに、盲学校と聾唖学校には寄宿制が不可欠であったが、実際には、全生徒が寄宿舎に入っていたわけではない。盲学校・聾唖学校の教育が普及してくると、通学方法は変化してくるように思われる。表8－8－13は、昭和一〇年度から一五年度までの盲学校と聾唖学校の通学方法を示した。これによると、盲学校では寄宿舎で生活する生徒がやや増加しているが、自宅通学生が減少しているわけではない。その他と親戚宅からの通学は減少している。聾学校では自宅通学が多い。

こうしてみると、通学方法を左右する主な要因は、経費負担の多・少によるとは思われるが、自宅通学は、小学校附設論支持の論拠に連動する要素でもあるように思われる。また、寄宿制から自宅通学への変更論は、上述した樋口長市の寄宿舎生活弊害論のように、自分で経験したことよりも、英米での視察または書物によって教唆された結果であった。さらに、アメリカにおける自宅通学の支持、すなわち公立学校における聾唖・盲教育への転換は、寄宿制形態の確立を前提としている。寄宿制聾唖学校および盲学校が、それぞれの教育方法体系を確立したのであり、それなしには、公立学校における聾唖・盲教育は存在しなかったものと思われる。事実、当事者の影響が強いと思われる中央盲人福祉協会では、寄宿舎生活を原則とし、通学は例外的とすべきという立場から、文部・内務大臣に建議している（財団法人中央

表 8-8-13　盲学校・聾唖学校の通学方法

	盲学校					聾唖学校				
	生徒数	寄宿舎	自宅	親戚宅	その他	生徒数	寄宿舎	自宅	親戚宅	その他
昭 10	4950	1696	2021	221	1012	5305	1649	3428	110	118
11	5122	1770	2103	179	1050	5623	1726	3608	148	141
12	5240	1831	2209	187	1013	5853	1830	3735	149	139
13	5210	1976	2109	177	948	6173	2029	3871	145	128
14	5481	2152	2139	223	967	6610	2255	4054	142	149
15	5481	2235	2166	185	895	7029	2381	4398	129	121

出典：文部省年報。

社会事業協会［一九三四］二四頁）。この提案は、舎費を公費負担として、貧困盲児の就学率を高めるという意図からであった。

このように考えると、当時の日本の不完全な聾唖・盲教育から結果する脆弱な方法的基盤では、小学校に盲・聾唖教育を移植することは困難だったことも、昭和戦前期においては現実だったのではなかろうか。盲学校・聾唖学校における適切な学習・生活条件としての一定規模の構築と、それが不可避的に結果する地域社会からの分離というジレンマは、解決すべき課題が明確になるまでの段階においては、回避困難な問題だったといえよう。このような状況において、とくに地方の盲唖学校において、寄宿舎経営論が登場したことは、その必要性に応えつつ、弊害を少なくすることによって、盲唖学校の教育の質を高めようとする問題意識として注目される（菊池［一九三五・二］～三］。樋口［一九三〇・七］）。

二　口話法の動向——口話法の停滞と手話法への転向

すでにみたように、昭和初期には口話法が日本の聾唖学校を席巻する。また、聾唖学校における実践研究が進展したことは事実である。東京盲唖学校教員練習科第二回生のベテラン教員は、昭和六年に、口話法快進撃の渦中で、手真似の科学的研究の必要性を述べるとともに、「誰が何といはうと現代は未だ手真似だ。手話の世界だ。口話は聾唖教育の最大理想的の教育方法であるが社会的には未だ未製品である」とし、口話法－手話法問題は、「一朝一夕に論断する事は出来ぬのである」という（盲聾苦生［一九三一・六］七七頁）。

しかし、理論であれ方法であれ、何らかの成果はほぼ一〇年で明示されると思われるが、口話法では、音韻主義、発語自然主義・読唇先進主義、単文主義というように、それぞれの聾唖学校の主導による談論風発の状況は出現したが、口話法の模索から数えれば二〇年以上、口話法運動の確立からすれば一〇年以上が経過した昭和一三年末においても、口話法の指導論は確立していなかったのである。「指導論が隆替興亡し」、「所論の華やか」さはあったし、指導論の開発と改善に「幾多の先輩の尊い汗の努力と血の営為」があったのも事実であるが、「読話も発語もまだ駄目だ」し、「実のあまりにはかなきこと」が慨嘆されている（大阪聾口話学校［一九三七・一二］）。筆者は伊藤舜一と思われるが、従来の口話法指導の努力における三つの問題を示している。第一に、『音器』にのみ注意して、児童の『心理』を考へることに足りなかった」。第二に、口話法は児童を受け身にして自発的な言語行動に努めなかった。第三に、児童一人ひとりの差異を認めず、口話法を画一的に指導してきた。そこで、大阪校が提唱したのが「能動学習」である。この学習法では聾唖児の自発性、積極性、能動性を重視する。遊びの学習化が提唱され、「……ナサイ」という命令形は忌避される。また、一斉指導は廃され、個人指導に徹する。

観点はやや異なるが、研究会における口話法支持者間の口話法指導をめぐる膠着状態と認識の懸隔も目立ってくる。口話法の指導は全教科で優先されるべきであり、たとえば算術科でも文章主義の徹底こそが算術科において重視されるべきであるとの主張がある一方で、それとも、それぞれの教科の到達目標こそ第一義的であるのかが論争になっている。この議論の対立は、教科学習に留まらない。聾唖児の得手勝手や粗暴な行動が日常的に観察されるが、それが聾唖から付随的に発するものなのか、教育によって社会的に受容可能なものか、という異なる文脈にも発展している（福應［一九三九・一］）。

そして、このような言語指導法上の実践と理論を闘わせる場合、日本の土壌では、個々の教員の理念や確信ではなく、勤務している聾唖学校間の対抗となった。また、聾唖学校における実践的研究は隆盛に見えるが、それに参加したのは一部の教師であり、それも、科学性が貧弱であった。口話法運動は、全体として特殊教育における巨大な流行だったのである。

三．特殊教育不振と特殊教育研究・教員養成制度の不備

（一）特殊教育の不振

盲学校・聾唖学校への就学が義務化されなかったために、盲や聾唖、そして瘋癲白痴の子どもは相変わらず就学免除となった。昭和二年から一四年までの就学猶予者と就学免除者の数的推移をみたのが、表8－8－14である。これをみると、就学免除者数は約十年間で劇的に減少している一方で、就学猶予者数は漸増している。なお、表には示していないが、男女差はあまりない。

精神薄弱児教育の必要性を痛感していた教員がいたことは、次項で取り上げる精神薄弱児童養護施設講習会での受講者の反応から容易に推測できる。しかし、そのような教員の「篤志」は霧消してしまう現実があった。それは地方財政の慢性的な緊縮状況において、精神薄弱特別学級は、「経費の節減を口実とし」て、市町村では「縮小或いは中止」になったり、校長等の意見によって「自由に改廃」されたりすることがあったのである（それゆえ、受講者の協議会では、補助金の設置を文部省に要請している。精神薄弱児童養護施設協議会［一九三一・五］三一六頁）。

（二）特殊教育の研究

(1) 特殊教育研究機関設置の要望

すでにみたように、盲教育・聾唖教育でも研究が欠如していることは指導者によって認識されていた一方で、とくに聾唖教育では、実践者の立場から新しい組織が結成された。しかし特殊教育の学術的研究、とくに高等教育機関におけるその必要性は、皆無といっていいほど示されていない。表8－2－1に示したように、昭和七年一二月の帝国教育会学校制度改革最終案のうち、社会教育部案における「特殊教育研究並に教員養成」の機能も付与しているが（帝国教育会［一九三三・三］二九頁）、その場所は高等教育機関ではなく、各種学校（特殊学校）を想定している。それより先に、大正一三年四月、

表 8-8-14　就学義務の猶予者と免除者の数的推移
（昭和 2 ～ 14 年度）

年度	就学猶予者	就学免除者
昭和 2	30586	20629
昭和 3	32965	20506
昭和 4	31721	19217
昭和 5	32638	16773
昭和 6	31518	16634
昭和 7	31271	14761
昭和 8	31653	14161
昭和 9	32620	18284
昭和 10	32812	14016
昭和 11	34643	12825
昭和 12	34421	12476
昭和 13	33338	11872
昭和 14	33074	11172

出典：文部省年報。

第二四回全国各市小学校連合会における「特種教育研究機関ヲ設置セラレンコトヲ望ム」の建議があるが（斎藤［一九二六・六］七六頁）、機関の実体は明らかでない。昭和一二年六月、教育同志会の教育改革制度案における特殊教育研究並びに教育者養成の機関設置（教育改革同志会［一九三七］一四頁）は、師範大学ですら実現できなかった時期の学制改革案であるから、この場合の機関は、官立校（盲学校・聾唖学校の機能拡大と教護院の文部省移管による機能附設）が精々のところであろう。

(2)　大学における特殊教育の研究と指導の提案

しかし、いまのところ一例だけ、大学における特殊教育の「研究及指導」が必要であることを間接的に提示した高山潔の提案がある（船寄［一九九七・三］一三八頁）。彼は、東京文理科大学と東京高等師範学校の存廃問題に関連して、東京文理科大学に欠けている機能として列挙したなかには、以下の項目がある。

2．幼稚園教育、初等教育、中等教育、女子教育、師範教育及特殊教育ノ研究

8．学校衛生ノ研究

高山は、東京高等師範学校卒業後、アメリカの二つの大学で教育学を学んだ教育学者であった（船寄［一九九七・三］一三七頁）。彼のいう特殊教育が何を指すのかは明記していないが、アメリカの大学で教育学研究に従事した経歴、列挙された教育分野、そして昭和六年という時期から、障害児と非行児を主対象とする教育分野として、間違いなかろう。高等師範学校や師範学校にすら専任の特殊教育教員がいなかった時代に、高山は、大学での特殊教育「研究及指導」の必要性を戦前において示したのである。これが実現するのは、敗戦後であった。

(3)　実践家による研究会の結成

①全国規模の精神薄弱児童研究会の発足

特殊教育の研究では、二つの点で新しい動向が生まれた。一つは、教育会や研究者を単位とする研究組織ではなく、実践家による自発的な研究組織の発足である。昭和七年二月二七日に精神薄弱児童研究会が、昭和八年には京都市で特別児童研究会が発足する。前者は、昭和六年二月二三日から二八日まで開催された文部省主催による最初の「精神薄弱児童養護施設講習会」に出席した参加者によって、翌年に結成された自発的な研究会だった。第一回講習会の当初の募集人員は一五〇名であったが、実際には二〇〇名を超える盛況だった（精神薄弱児童養護施設講習会［一九三一・一二］。精神薄弱児童養護施設講習会概況［一九三一・三］）。講習会プログラムの二日間は「研究並協議会」に宛てられたが、協議題の一つが東京市補助学級研究部会提出の「全国特殊教育研究会の設置に就いて」であり、全体の賛意を得て精神薄弱児童研究会が結成された（精神薄弱児童研究会の組織［一九三二・三］）。講習会自体はいわゆる官製であったが、研究会結成は出席者の自発的な行動であった。

昭和六年二月下旬の講習会の精神薄弱児童養護施設協議会は、日本の初等教育において決して脚光を浴びることがなかった精神薄弱教育の実践家が、初めて一堂に会し、その教育上の実力を披瀝した画期となる。それは、受講者の地理的な広範囲と協議題および研究発表の内容、そして彼らが作成した精神薄弱教育実施の指針作成に示される。協議題の提出者は、東京市が多いが、全一六件のうち東京市・奈良県が各四件、新潟県が三件、石川県が二件、広島市・長野県および青木誠四郎・喜田正春が各一件であった。発表二〇件のうち、東京市訓導が七件、大阪市が六件、小樽市・福島県・新潟県・岡崎市・長崎県・長野県・奈良県が各一件であり、日常の実践の裏づけがあると感じられる発表題目であった。

協議会の重要な功績を、「方案」と協議会活動に分けて整理してみよう。協議会が昭和六年二月に作成したと思われる「精神薄弱児童養護施設に関する方案」は、中央教育行政に代わって実践家が（おそらく青木誠四郎らの助力を得て）作成した精神薄弱児特別教育の基準である。方案では、特別教育の必要性、特別学級編制の推進と特別学級の種類およびその対象児、対象児童選択の方法、教育内容、身体養護の考慮、特別学級の設備、経費、卒業後の補導から構成されている。さらに希望事項として、小学校令制度下では、はみ出してしまう特別学級教育を適法化するための法令公布と補助金交付、初等教育界に精神薄弱児の教育の意義を周知するために、師範学校における精神薄弱児童の教育養護の教授および精神薄弱教育担当者の研修を挙げている。

もう一つは、協議会における協議と研究発表の内容である。受講者は、各種教育大会と異なり、地方教育会を代表する有力幹部ではないし、東京市等の大都市を除けば特別学級が安定した制度ではないので、その内容は、いわば日常の教育実践から滲み出た現場の疑問や知見の裏づけを伴っているが、協議題の骨子は、方案に整理のうえ具体化されている。個人発表は、協議題と関連しているものが少なくないが、特別学級設置に伴う入級児童と普通学級児童との関係、教育課程の重点事項（作業や養護）等、個々の教員の実践経験を反映している。

しかし精神薄弱児童研究会は、継続的な活動の効果を上げることがなかったようである。その理由の一つは、事務局を確保できるだけの資源がなかったためであろう（研究会の構想では、帝国学校衛生会に委嘱することになっていた）。

②地方の精神薄弱児教育研究会

大阪市ではすでに大正一二年、大阪市特殊教育研究会（後に、大阪市小学校教育研究会特殊教育研究部）が鈴木治太郎を中核に結成されており（高橋ほか［二〇一〇］五、史料解題iii）、旺盛な活動をしていたことはすでに触れた。京都市では、やや遅れて昭和八年、京都市小学校特別学級担任により特別児童教育研究会が結成され、『異常児教育　創刊号』が刊行された。最初の特別学級が設置されてから一二年目であった。その後の活動は不明である。なおこの研究会の主導者は、大正期から奈良高等女子師範学校附属小学校で、斎藤諸平らとともに分団教授で名を馳せた京都市滋野小学校長の斎藤千栄治（阪本［二〇一六・三］および松本［二〇一八・三］参照）であった。いずれも、端緒は外国や教育行政からの外発ではなく、新しい教育事業に従事する教員による自然発生的な組織であったから、ある程度の学級数がないと成立困難であっただろう。

(4)　学術的データに基づく実態解明への着手

もう一つは、学術的方法に基づく自前のデータ収集による研究である。単なる経験、輸入された言説や理念ではなく、学術的レベルに高次化された、児童や実践に関連する自分で構築したデータは効用性が高い。教育の方法および効果と限界が、教育対象と関連づけて推測されるだけでなく、教育の課題や学校外の課題も示唆してくれるからである。

早くも昭和二年四月には、神戸市教育課は『神戸市小学校ニ於ケル低能児調査』を発表する（神戸市教育課［一九二七］）。これは、教育心理学者・大伴茂（一八九二－一九七二）の指導によって行われた団体式知能検査を用いた、神戸市の小学校児童の知能に関する最初の学術的な調査であった。知能検査は、二種類の大伴式団体知能検査と大伴式個別式知能検査を用いている。第一回は全児童、六万八四〇〇人を対象とし、第二回と第三回は、第一回で選択された低能児一四二八人に実施された。

昭和一二年に京都市児童院は『教育調査の結果』と題する報告書を公刊するが、これは、昭和六年から一〇年までの劣等児と「低脳児」に関する複数の調査結果である。

つづいて、昭和一四年二月には、大阪市教育部が前大阪市視学・鈴木治太郎の指導のもと、市内小学校の学業成績不良児童またはそれに準じる児童八八四六名の知能と学力に関する調査結果とそれに基づく教育対策の要望『大阪市に於ける学業不進児の調査』を発表した（大阪市教育部［一九三九］）。この調査は、児童の学力の現状について児童個人のレベルについて調査したものであったが、学術的なデータに基づいて、小学校教育対象外児童を含めて、より適切な教育措置を要望した、日本では比類のない調査研究だった。

卒業後の状況についても、綿密な調査が行われるようになる（東京市役所［一九三七］）。このような教育後の状況に関する実証的調査は、卒業時期が古い児童の動静を把握することが困難であるという問題をもつが、補助学級の役割および効果とともに、補助学級が対処可能な対象児の範囲を明らかにしてくれる。このような調査は、学校教育と社会事業との有機的な関係の必要性を証拠によって明らかにした。男子九九名のうち二人が精神薄弱児施設に入所していることは、経済的負担の問題がなければ、家庭での保護が困難な精神薄弱者が存在していることを推測させる。自宅保護のてんかん、脳性麻痺、病弱の精神薄弱児がその例である。また、男性の二人が盲学校（中等部）に進学し、女性の一人が按摩見習いという事実は、特殊教育学校間の対象の重なりを示している。

補助学級の教育効果と適応生活の条件を示した研究に、東京高等師範附属小学校訓導だった後藤（横山）綾子の調査がある（後藤［一九五八・九］）。この調査自体は、戦後の昭和三一年に発表された報告の補充版であるが、精神薄弱の社会的位置と時間の経過もあり、相当な努力によってまとめられた成果である。補助学級の教育は、長沼幸一の担当学級を並行学級として昭和六年から一五年までの間に横山により行われたものであるが、この時期と昭和三〇年初めまでは教育・福祉制度はそれほどの変化がないので、その成果は、敗戦を境にした時期において適応した生活とその安定の条件を表すものとして評価できる。とりわけ、精神薄弱児の場合、他の障害児とは異なる教育上の特徴をもつ。その特徴の一つである学校教育の独自な内容と方法は、断片的ながら本書でも記述されている。もう一つの特徴は、精神薄弱児が学校教育終了後に適応した生活を営むには、学校教育期の集中的な教育の結果だけで成功することは困難なことであり、他の要素がかなり重要であることが明白に示されている。

卒業生のうち男子が三六名、女子二一名で、状況が判明したのは男子が二七名、女子は一五名、うち死亡は男子が一一名、女子三名、生存は男子一六（施設入所者一、在宅一五）名、女子一二（施設一、自宅一〇、結婚して婚家一）名である。在宅者のうち就職者は男子が六、就職していない男子が九名、女子では就職者一、就職していない女子が九名であった。こうして後藤は、就職者七（男子六、女子一）名に、死亡者のうちの就職、家業手伝い、出征者の合計三名、主婦になった女子一名、現在は失業中だが就職していた一名、親が家業手伝いで有用な一名の合計一三名が、「特殊教育が成功した」と考えられるとしている。

そこで、後藤が「特殊教育が成功した」卒業生の条件に必要な事項として、挙げたものは、以下のとおりである。

・雇い主　知人で理解があるか、親類や自宅が工場経営か商売を営む

・作業が簡単
・給料が低い
・通勤距離が短い
・身体的異常がない
・家庭や周囲の理解と協力

他方で、雇い主側の条件もある。一つは、雇い主の精神薄弱の就労者に対する満足感（たとえば、従順で仕事に熱心な性格）であり、経営の安定と継続（代替わりを含む）である。また、親やきょうだい等の家族の存在と協力であり、職場内における人間関係の維持への日常的な配慮と助言が不可欠である。結婚した精神薄弱者には、周囲の人々の「経済的、精神的な協力と深い愛情」は結婚生活が成功するうえでの条件であり、配偶者とのさまざまな面での調和は、「なみの人」の場合よりずっと必要な条件だった。これらの要素が、社会適応に必要なことが福祉諸制度に欠けていた戦前において実践家により、すでに確認されていたのである。

（三）教員養成制度

すでに述べたように、一般の初等教員養成制度は初期を除いて不備であったが、その後、幾度も改革案は示されながらも抜本的な改善は実現しなかった。小学校教員の仕事に対する社会的敬意と待遇を伴うことなしに、教職に積極的に就労しようとする有為な人的資源を招来することは夢想であった。師範学校の位置づけも社会的に低位のままで、正統的な高等教育機関である大学に接続していなかった。このような全体的状況のなかで、しかも特殊教育制度体系が欠如していたから、特殊教育教員養成制度は存在するはずがなかった。

(1)　盲教育・聾唖教育の教員養成制度の数的拡大と課題

東京盲学校と東京聾唖学校においては、師範部が設置されて、養成数も増加した。東京盲学校の昭和二年から一四年までの男女別師範部卒業生は、表8－8－15のとおりである。なお、師範部入学資格と修業年限は、以下のとおりである（東京盲学校［一九三九］三五－三六頁）。

普通科　四〇歳以下、小学校正教員免許、三年以上の教育経験または同等以上。一年。
音楽科第一部　一六～二六歳、盲学校中等部音楽科卒業または同等以上。三年。
音楽科第二部　四〇歳以下、小学校専科（唱歌）正教員免許、三年以上の教育経験または同等以上。一年。
鍼按科　一六～二六歳、盲学校中等部鍼按科卒業または同等以上。三年。

表 8-8-15　東京盲学校師範部男女別卒業者数
（昭和 2 年～ 14 年 3 月）

年度	甲種			
	音楽科一部	音楽科二部	鍼按科	普通科
昭和 2	1/0	1/0	14/0	5/2
3	0/2	1/2	13/0	4/1
4	0/2	1/1	12/1	3/4
5	1/1	3/3	12/1	9/3
6	0/1	3/2	14/1	11/4
7	2/2	3/2	11/2	13/0
8	2/2	6/1	15/0	7/2
9	1/3	3/1	16/2	5/3
10	1/1	4/1	16/0	6/0
11	0/4	3/1	12/2	8/2
12	1/3	2/2	15/1	4/1
13	0/2	3/0	16/1	5/0
14	0/5	1/1	13/3	7/0

出典：東京盲学校（1939）35-89 頁。

上記の規定から理解されることは、まもなく大河原の指摘にみるように、師範部普通科については小学校の課程しかなく、中等学校の資格をもつ教員の入学は、望むべくもなかったのである。

普通科と音楽科第二部の入学者は、実質的に晴眼者となる。いずれも、漸減の傾向にある。戦時体制の影響であろう。男女別について氏名で推測してみると、鍼按科では女性はごく一部で、音楽科に多い。晴眼者対象の普通科と音楽科二部は男性が多い。なお、乙種は普通科のみで、甲種普通科の教育経験がない者を対象とする課程であるが、卒業者はいなかった（入学者がいなかったものと思われる）。

表8－8－16は、東京盲学校師範部卒業生の進路を示した。

師範部卒業生の就職先のなかで最も多いのは、官公立の盲学校であり、盲人の場合は安定した生活への、晴眼者の場合は、小学校教員から県立学校教員へのキャリアアップと社会貢献とが混合した生活への径路になっていたと推測される。また、晴眼者の教員が師範部を卒業して初等学校に戻る場合でも、より高い学歴が追加されたし、弱視教育や肢体不自由児教育に転身する教員を生んでいる。なお、ここで「進学者」とは、盲学校内における教育の継続であり、昭和一二年以降に急増する進学者は第一部の盲人に限られているが、卒業生調査の時期に近い生徒のため、盲学校等への就職待機か、勉学の深化が目的であろう。

表 8-8-16　東京盲学校師範部卒業生の進路
（昭和 2 年～ 14 年 3 月）

年度	盲学校教員		進学	初等学校教員	中等学校教員	医療機関		自営等	団体職員等	自宅・不明・死亡
	官公立	私立				官公立	私立			
2	12	3	1	2		1	1			3
3	7	3	2			1	1	5		4
4	10	5				1	1	2		5
5	13	5	1	3			1	3		7
6	13	5		2	1	1	1	3		10
7	10	3		4	1			10		7
8	11	2	1	5	1	1	1	4		9
9	11	3		1	1		2			16
10	11	3		4					1	10
11	13	5	1	2		1				10
12	8	2	8	4					2	5
13	8	2	12	1				1	1	2
14	11	6	9		1					3

出典：東京盲学校（1939）35-89 頁。

つぎに東京聾唖学校師範部卒業生の状況は、表8−8−17のとおりである。師範部入学資格と修業年限は、普通科と図画科・裁縫科および工芸科は健聴の教員向けであり、それぞれの免許保持（同等以上）、図画科・裁縫科・工芸科の第一部は、聾唖学校中等部の対応する課程卒業（同等以上）であり、修業年限も盲学校の場合と同じである（東京聾唖学校［一九三八］五二−五三頁）。乙種も入学資格は盲学校と同じであるが、卒業者は、科目からしてすべて聴者であると思われる。口話法時代の聾唖学校であるから、聾者は卒業しても聾唖学校の教員として就職できないためである。卒業生の進路は、盲学校とは著しく異なり、聾唖学校への就職が大半であり、それ以外の進路はないに等しい。福岡県福岡盲唖学校では、大正一四年から昭和一五年までのあいだに甲種および乙種普通化の卒業生一三名を採用に、口話法による指導体制を整備していった（佐々木・中村［二〇〇四］九一−九三）。

盲唖学校の教員養成問題については、かねてから指摘されていたが、

表 8-8-17 東京聾啞学校師範部男女別卒業者数（昭和 2 年〜 12 年 3 月）

年度	甲種普通科	乙種普通科	図画科第二部	裁縫科第二部	工芸科第二部
2	11/3				
3	13/1				
4	16/3			0/2	2/0
5	10/2		3/0	0/2	
6	12/3		2/0	0/1	1/0
7	13/1		1/0	0/2	1/0
8	11/2				
9	9/0				
10	8/0				
11		13/1			
12	8/1				

出典：東京聾啞学校（1938）252-261 頁。

問題は解決しなかった（川本［一九二八］一四九－一六二、一七〇頁）。この問題は、東京盲学校師範部の刷新も含まれている（盲教育の合理化問題［一九三〇・一］三－四頁）。とくに中等学校の教員の経験がある大河原は、盲学校中等部の教員には、形式・実質ともに問題があり、一般の中等学校から著しく見劣りがするという。彼は、技芸科教員が小学部・中等部の普通学科を担当している現状の問題を鋭く指摘し、師範大学（高等師範学校）に付置された場合を仮定しての普通科（小学部・中学部）と技芸科（中等部）教員の基礎資格と修業年限を提案している（大河原［一九三八］一八一－一八七頁）。

日本の盲学校の教員養成について別の観点から留意すべきことは、先進国、たとえばアメリカでは、パーキンス盲学校とハーバード大学が協力して、盲学校教員養成課程を開設するような方向には、日本はまったく進まなかったことである。このような事実は、日本人留学生が見聞により把握していたが（川本［一九二八］一四二頁）、高等師範学校の大学昇格すら、既得権者である帝国大学によって反対され、おそらく盲人学生の大学在学が認められないような大学の状況では、大学における教員養成はおろか、盲唖教育教員養成を盲学校・聾唖学校と協力して開拓する、アメリカの大学のような推進方向は望むべくもなかった。戦前の日本人は、大学における盲学校・聾唖学校の教員養成を発想することができず、敗戦後に占領軍の強力な指示で実現することになる。

また、昭和五年八月の『口話式聾唖教育』には、巻頭言で聾幼稚園保姆の養成が提案されている。幹事の橋村による執筆と推測される（聾幼稚園保姆の養成［一九三〇・八］）。

(2) 精神薄弱教育

盲唖教育では曲がりなりにも専門の教員養成課程があったが、それ以外の障害では、専門の教員養成課程は、ほとんど存在しなかった。これは、瘋癲白痴不具廃疾は就学義務が免除されていたうえに、盲唖学校を除いては、障害児専門の学校がほとんど存在していなかったのだから、当然の結果ではあった。しかし、初等教育における就学義務の免除規程が万国共通ではあっても、免除された障害児の教育がまったく放置されているわけではなく、それを補完する社会的仕組みがあったように、障害児教育の教員養成においても、代替する機能を果たす機構があった。たとえば二〇世紀初頭のアメリカの各州で勃興しつつあった公立学校精神薄弱特殊学級の教員確保が課題となっていたものの、公教育系統の州師範学校では精神薄弱専門家がいなかった。そこで、社会事業施設である私立や州立の精神薄弱施設が自主的に六週間の夏期講習を施設内で開催して、特殊学級教員を養成するという課題を代行した[45]（中村［一九九三・一一］六〇頁）。しかしこのような余力は、日本の零細な私立精神薄弱児施設には存在しなかったし、日本では学校教育と社会事業との間の壁が強固で、学校教育であれ社会事業であれ民間施設が果たしている事業の公共性についての理解も乏しかった。

それでも、教員養成機関が、特殊教育に類する事業に無関心であったわけではない。師範学校の出版物に、特殊教育に関連する事項が掲載されているからである。昭和六年の岡山県女子師範学校附属小学校初等教育研究会は、「七．劣等生教育の目標」のもとに詳細に説明している（岡山県女子師範学校附属小学校初等教育研究会［一九三一］五〇－五五頁）。注目すべきことに、特別学級または課外における指導を最善としている（「劣等児」には、記述内容から精神薄弱児を含めていると考えられる）。この種の解説は、それ以外の師範学校附属小学校でもみられる。昭和一一年の山口県女子師範学校附属小学校『小学校訓練の実際』には「異常児と訓練」が掲載されている（山口県女子師範学校附属小学校［一九三六］三六四－三六九頁）。ここで異常児とは、低能児（精神薄弱児）と変質児（性格異常児）を指している。もっとも、学校教育の対象となる異常児は例外であるともいっている。しかし、これらの女子師範系出版物は、いわば解説で、実践性に欠ける。昭和戦前期の師範学校教育においては、強弱はあっても劣等児教育には必ず触れ、その延長線上で精神薄弱児教育に触れていたと思われるが、実践的な指導は、経験者が存在しないのだから、皆無に近かったといえよう。

しかし、低能児特別学級のように、現実に教育する機関が発生すると、専門教員が必要となるから、問題提起はなされたが（低能児特別教育［一九一二・三］）、実際には、東京市教員講習所研究科補助学級科のように、毎週、半年間、受講するという変則的な形態として一時的に存在したに過ぎなかった。

東京市教員講習所研究科は、精神薄弱児および劣等児教育の教員養成を行っていた戦前における国内唯一の非正規の機関であった（大阪市については後述）。養成機関がなかった明治末期から精神薄弱児教育を担当した小学校教員は、先進国の著作を参考にしたが、その実践力は独学で修得したものと思われ、その学習力と開発力は賞賛される。このことは、特殊教育の教員養成において甚だ暗示的である。というのは、特殊教育のどの分野であろうと、その創始期においては古今東西を問わず、すべて最初の教育担当者が教育の方法や課程を開拓しなければならず、それぞれの障害分野においては、出発点では素人だったはずで、自己教育によって専門家になったからである。門外漢であった彼らは熱意だけでなく、元来、教師としての創意工夫と理論化に秀でた人物だったといえよう。その証拠に、彼らは、各地の師範学校で劣等児や低能児の教育を自発的ではなく委嘱されて担当したが、就任前または後に、本来の専門分野において然るべき業績を残している。明治四一年一月から、特別学級を運営した福岡県女子師範学校附属小学校の友納友次郎（一八七八–一九四五）はその一例である。もちろん、同じ時期の、東京高等師範学校附属小学校補助学級の小林佐源治をはじめとする歴代担任も同じであり、小林も佐藤末吉も国語教育研究者として著名となる（志垣［一九二七］七九–八〇、八九–九〇頁）。

さて、東京市教員講習所は、大正一〇年九月、第七代市長（大正九・一二・一七〜大正一二・四・二七）・後藤新平（一八五七–一九二九）の発案による開設であった。それは、府師範学校卒業生だけではまったく不足する初等学校教員を地方から補充するためであったという（東京市教育局［一九二七・三］一一九頁）。したがって、当初の講習員は小学校本科正教員免許状所持者で市立小学校に就職を希望する者であり、講習期間は二カ月、一カ月五〇円以内が給与された（東京市教員講習所講習員募集［一九二一・九・一］二七頁）。大正一四年四月には養成科講習員の募集となり、講習期間は一年間、中学校卒業者男子に変更され、一カ月給与は二〇円に減額された（養成科講習員募集［一九二五・三〇・三〇］七三一頁）。

教員講習所に類似した継続的な研修機関は、京都府教育会の学術研究所のような例はある。[46] しかし、東京市が特異だったのは、通常の講習科に加えて、研究科が創設されたことである。大正一三年五月に、補助学級研究科が設置され（本田［一九二五・四］六頁。富岡［一九九四］二四三頁）、一カ月から六カ月講習を受けた（昭和二年時点で二一名）。研修の講師には、専任、兼任、嘱託が配置された（昭和二年で、講習所全体で一五名）。補助学級研究科での研究は、経営と劣等児・低能児の学科課程に分かれていた（東京市教育局［一九二七・三］一二一―一二三、一二六―一二七頁）。補助学級教員は、この研究科で講習を受けた者が担当した（東京市役所［一九二八・九］二頁）。この教員養成の方法は、きわめて短期間ではあったが、現代日本においても、予備知識や専門性を身につけないまま、障害のある児童生徒を指導している教員が少なくないのと比較すると、大いに評価されるべき養成方法であろう。しかし、日本唯一の精神薄弱児教育の教員養成課程は、財政難のために昭和五年三月をもって廃止される（富岡［一九九四］二四六頁）。

東京市では、教員不足に悩んでいたために自前の小学校教員養成の計画があったが、特殊教育の教員養成の提案もあった。市教育会の重鎮・齊藤老川は、昭和一四年に市教育研究所において、聾唖学校、盲学校、不具者学校、低能児学校、その他特殊教育の教員養成を行うことを当然のこととしている（齊藤［一九三九・七］一五頁）。

大阪市では、昭和一五年度と一六年度の二年間、市立児童教育相談所で養護学級担任者養成を行っている（一七年度以降は不明）。毎週金曜日の三時間、一年間の課程である。一五年度には三三名、一六年度には四〇名の修了者を出している。また、このようなパートタイムの変則的で初歩的な修了で終わることなく、その後の育成にも努力していたようである。大阪市国民学校教育研究会適性教育研究部が担当して、毎月二回、養護学級設置校を会場として、指名された訓導を対象に、実践的な育成を行っていた（高橋ほか［二〇一〇］八、三四五―三四六頁）。この方法は、ベテランから中堅までの教員や視学が参加した、実践性と経験を基にした特色ある研修だった。

昭和六年二月、文部省体育課は、六日間にわたって教員を主な対象として「精神薄弱児童養護施設講習会」を初めて開催した。これは短期間の講習ではあったが、文部省による最初の教員養成課程であった。講習会では、一七時間の講義があった。大学教授による精神医学（三宅鑛一と杉田直樹）・心理学（青木誠四郎）・知能検査および職業指導（岡部彌太郎）、喜田正春・関口台町尋常小学校訓導による促進学級の実際、小林佐源治による補助学級の実際、そして大西永次郎・文部省学校衛生官による特別学級がその内容だった（精神薄弱児童養護施設講習会［一九三一・三］）。

なお、受講者による協議会が草した前述の「精神薄弱児童養護施設に関する方案」には、精神薄弱教育の教員養成に関連して、きわめて注目すべき一文がある。教員養成の対象の一つは師範学校生徒、もう一つは精神薄弱教育に従事している教員である。「師範学校教育科の教科内容中に精神薄弱児童の教育養護に関する項目を加へ、将来の初等教育の実際に当るものをして当該教育の理解を深からしめ、更に講習会、研究会等適当なる方法を一般的に講ぜられ、精神薄弱児童教養に当たる者をして、其の実績を促進せしむるに遺漏なきを期せられんことを望む」（精神薄弱児童養護施設協議会［一九三一・五］三一七）。これは、初等教育教員養成課程および現職教員教育に関する画期的な提案だった。現職教員に対する講習会や研究会は、精神薄弱教育に従事する教員の孤立防止やアイデンティティ付与に有効であると理解されたのである。

しかし、とりわけ精神薄弱児特別学級において、担任を確保することは難題だったようである。大阪と東京で精神薄弱児教育を開拓した喜田正春は、昭和一二年二月の座談会で、一般的傾向として小学校教員は補助学級担任を好まないとし、一〇年以上の補助学級の経験をもつ老練の訓導もいないと述べている。ただし、その理由は、補助学級制度が整備されていないために、「智能の低い者」だけでなく「性格の異常者も送り込まれ」ることで、教育が著しく困難になること、教員養成機関がないことを挙げている（精神薄弱児問題座談会記事［一九三七・一二］一二頁）。

(3)　教員養成制度新設の提案

表8－2－1では、教員養成に関する提案も含まれている。特殊教育教員養成問題は何の解決もなかったために、教育

界から、特殊教育の教員養成と研究のための機関設置が提案された。昭和三年一一月二五日から二九日まで、京都市で開催された全国教育大会特殊教育部第二分科会（感化事業）（盲唖以外の事業を「感化事業」としている）においてである。

文部省諮問題「異常児教育をして一層有効ならしむる方法如何」に対する答申のうち、国立研究機関の設置と県師範学校および国立感化院における教員養成と優遇（教育大会部会記事［一九二九・二］）

昭和七年一二月の帝国教育会学校制度改革最終案・社会教育部案では、各種学校（特殊学校）に「特殊教育研究並に教員養成」の機能も付与している（二九頁）。当然ながら、文部省としても教員養成の必要性は認識していたであろうが、盲唖研究の教員資格の基準を設けるまでで終わった。その結果、盲学校と聾唖学校の教員養成は、官立校だけで行われ、他の方法は、専門の資格を欠いたまま、盲学校や聾唖学校において勤続を重ねることによって、教員としての適格性を備えていったことになる。このような教員養成の方法が教員の質に大きな影響を与えることになった。

(4)　講習会形式の教員養成

この教員養成方法は、主流的制度を補足する方法として一般に行われてきており、小学校教員についても実施されてきた（笠間［二〇〇九］）。明治末期における内務省の感化講習会や大正期における文部省の精神薄弱児童保護施設講習会が、教員養成の代わりとなった。現代の特別支援教育でも、無免許の教員に対する補足的方法として行われている補充的な教員養成制度である。

日本の特殊教育のように、障害種別ごとに制度化が進行する場合、教員養成の必要性は、障害種別によって異なることになる。また、講習会が専門性や学力にかかわることでは共通であるが、単発的な形態から一～三週間、さらには二カ月から六カ月までの長期的な形態まであり、教員資格との関連もある。これらの多様性を念頭において講習会を検討してみる。

特殊教育に関連する講習会は、文部省に先だって明治四一年から内務省は、感化救済講習会を開催した。第一回の講習は三六日間、平均受講者数二九二人であったという（内務省地方局［一九〇九下］）。この講習会は、特殊教育あるいは特定の障害を対象にした講習会ではなかったが、つぎの科目を含んでいた。盲唖教育（小西信八）、低能児教育（乙竹岩造）、白痴教育（石井亮一）、精神操練（元良勇次郎）、感化事業（渋澤榮一・小山温・留岡幸助・野尻精一）、感化院（古賀廉造）、児童研究（高島平三郎）、少年犯罪（伊澤修二・早崎春香・針塚長太郎・河津七郎・有馬四郎助）、精神病と感化救済事業（片山國嘉）。

文部省が多少の系統性をもった内容を一定期間にわたり実施する講習会を開催したのは、明治四五年七月から八月にかけて二一日間におよぶ盲教育・聾唖教育の講習だった。これは、第二回文部省講習会の一環として、公私立盲学校教員を対象とする講習学科目「盲教育ニ関スル事項」であった。その内容は以下のとおりである。受講者は二九名だった（文部省講習会［一九一二・七］。本年度盲学校教員講習会状況［一九一二・一一］）

盲人心理（毎日一時間）　町田則文
国語（毎日一時間）　石川重幸
理科及数学（毎日二時間）　岸高丈夫
衛生一般（毎週四時間）　菅沼清次郎
鍼治・按摩（毎日三時間）　富岡兵吉

これ以降、内容を一部変えながら、第二回は大正二年、第三回からは隔年で盲唖教育講習会として開催される。第三回では、共通科目と鍼按または聾唖関係からの選択科目を受講した。聾唖教育では、石川文平による「聾唖発音教授法」の講義が毎週十二時間（文部省開設盲唖教育講習会状況［一九一五・一〇］）が設けられていたことは、口話法に対する東京聾唖学校あるいは小西信八の評価に関連して注目される。大正八年の第四回からは開催日数が一五日間に、大正一三年の第六回では七日間に短縮され、これ以降、会期は一週間程度となる（文部省盲学校教員講習会要項［一九三四・六］一〇四－一〇五頁）。

この講習と資格との関連は分からない。盲唖学校の教員資格は、前述したように、明治二四年の規定（小学校教員の免許または府県知事の免許をもつ者）、大正一二年の規定（東京盲学校・東京聾唖学校師範部卒業者、文部大臣の指定または認可された者）となっていた。大正二年の第二回受講生二九名全員が盲唖学校の現職教員であり、東京盲唖学校の卒業生や、盲学校創設に関与した鍼按業盲人が含まれていた。昭和九年の一週間講習会の場合、講習時間二七時間、うち二〇時間が鍼按関係の講義であるから、毎年、受講を繰り返して教員資格認定としていたのかもしれない。いずれにしても、変則的な教員養成の方法だった。

聾唖学校教員養成については京都府立聾唖学校の六カ月課程があった。昭和四年に開始されている。第四回は昭和一〇年九月から開催された。募集人員は一〇（男七、女三）名であった（聾唖学校教員養成講習会［一九三五・七］）。その後、講習期間が七カ月に延長されている（川本［一九三五・一二］一一二頁）。

このほかに、特定地方に限定された講習会があった。大正一四年には一週間の第五回盲人講習会が、新潟県盲人協会主催で（新潟県盲人協会長［一九二五・四］）、昭和二年には、名古屋市主催の「盲人教育講習会」が五日間（名古屋市主催盲人教育講習会［一九二五・四］）、開催されている。

さらに、口話法を指導できる教員養成の講習会が名古屋市立盲唖学校では、大正一五年から昭和一七年まで行われた。これは、その前後の時期に例のない講習会形式による口話法の教員養成であったことは、前田朋子の研究により明らかとなっている（前田［一九九六］）。この講習は、口話法に特化した伝習ではなく、聾教育教員養成課程の授業科目から構成されている。とくに「授業練習」が週一八時間となっており、「実践重視のカリキュラム」であった（前田［一九九九］四四頁）。それゆえ、東京聾唖学校以外に聾教育の教員免許が取得できる課程であった。一八年間で二五二人の受講生がおり、年平均約一五人の口話法聾教育教員の産出（前田［一九九九］四二頁参照）は、東京聾啞学校師範部卒業生数を下回るものの、重要な貢献であったことは明らかである。

同じような口話法の講習会形式による教員養成は、大阪でも実施された。講習期間は三カ月で名古屋と同じく文部省後援である。表8-8-18はその結果である。大阪聾口話学校（昭和八年、大阪府立聾口話学校）の講習会のうち、昭和四年は、愛知県聾学校の講習会を大阪会場として実施したものである。したがって、大阪校独自の講習会は、一一年からの五年間実施された（一六年以降は不詳）。

それでは、この口話教員養成講習会の需要者は、どのような人々だったのだろうか。受講者は、口話法運動の拡大に対応して聾啞学校から派遣された委託生が三分の一ほどで、残りの受講者は、とくに後半の時期において、就職率が良好だったという聾啞学校への就職を目ざして受講したように思われる（前田［一九九九］四三頁参照）。聾啞学校教員を目ざす人々が多く存在したのは、不況期が続いていたこと、小学校教員は給与額が低く、その支払いに不安があったこと（第七章参照）、聾啞学校が県営移管されつつあった時期であり、県立学校教員の身分に上昇できることが理由として考えられる。この理解は、前田の示す若干の例（四五頁）からも例証できる。また、大阪聾口話聾学校の「大阪聾口話教員養成会」の昭和一二年の入会者名簿に示された七名の経歴をみると、師範学校卒業生は一人もおらず、小学校教員としては傍系出身である。名古屋聾学校の講習会受講者の動機がキャリアアップにあるとする上記の理解を確証する資料である。受講者と出身県および経歴は、以下のとおりである（大阪聾口話教員養成会入会者［一九三七・一〇］）。女性が多いことが注目される。また、このような非正統的キャリアは、聾啞学校に活力を与える可能性もあり、一概に傍系出身者を低く評価するのは妥当でない。

表8-8-18　大阪聾口話学校口話教員養成講習会受講者数の推移
（昭和4, 11～15年度）

年度		修了者数	聾学校	家庭	死亡	不明
4	男	18	6		2	
	女	8	3	5		
11	男	1				1
	女	5	2	3		
	不明	1				
12	男	3	2		1	
	女	4	3	1		
13	男	0				
	女	3	3			
14	男	2				2
	女	5	4			1
15	男	0				
	女	4	4			

出典：大阪聾口話学校（1941）58-62頁。

小林（静岡県）男　農学校卒、小学校本科正教員（一五年勤務）、聾学校五カ月
今任（福岡県）男　尋常小学校准教員（七年勤務）
井畑（和歌山県）男　中学校卒
小田（鳥取県）女　高等女子工芸学校師範科卒、裁縫科尋常小学校正教員、聾学校二年半
小池（岐阜県）女　実科高等女学校本科卒、裁縫科尋常小学校正教員（一年勤務）、聾学校二年
大谷（大阪府）女　女子専門学校家政科卒、中等教員免許出願中
内堀（福岡県）女　高等女学校卒

なお、中学校や高等女学校卒業生は、小学校教員検定において無試験の対象であり、尋常小学校准教員と同等以上の学力があると認められていた（明治三三年八月小学校令施行規則［文部省令第一四号］第一〇七条、一一三条）。

しかし、名古屋や大阪の講習会受講の動機として、アメリカの口話法運動におけるような社会改革者で、口話法運動が唱導する聾唖教育の改革理念に反応した人々がいた可能性は低いだろう（中村［一九九一・六］二九－三〇頁参照）。

京都帝国大学では、明治四五年八月、第三回講演会のひとつとして、医科大学講師・笠原道夫による「異常児教育ノ理論ト実際」の二時間の講義が、一週間、開講された（京都帝国大学第三回講演会［一九一二・七］）。大正五年にも、笠原による教育病理学等の講義が五日間行われている（夏季講習会一束［一九一六・七］）。昭和九年八月には、大阪市で日本児童協会主催の「特殊教育に関する講習会」が四日間にわたり、開催された。講習科目と講師は、治療教育（三田谷啓）、特殊教育（野田義夫）、性格異常児童（和田豊種）、異常児童（富士川游）であった（特殊教育に関する講習会［一九三四・七］）。三田谷の計画であろうが、どのような内容が調整されて講演されたのかは分からない。以上の講演会は、教員資格とは関係ないが、開催するだけの必要性と需要があったのであろう。

四　社会事業と学校の狭間での盲教育――神都訓盲院の場合

岡　典子・中村満紀男

(一) はじめに

盲人は労働無能力者としてつねに貧困問題の一部をなしていたから、彼らの生活困難に対する対処はさまざまな形で展開されてきた。その主要な方法は、盲学校教育による生計手段の獲得であった。しかし、盲学校の制度的様相は二つに分かれる。盲学校と社会事業との関係は、それぞれの事業が趣旨を意識して分立的に展開される場合と、基盤が十分でないために両者の折衷的な事業として実施される場合があった。三重県の私立神都訓盲院は後者の範疇に入るが、本校が、社会事業的性格の必要性と盲唖教育事業に脱皮できない条件について、前史、教育需要と当事者の態度、学校財政、経営者とその方針、教育課程等を中心に検討し、県立校と比較する。地域の状況によっては純粋に学校教育形態が必ずしも最善の方法ではなく、社会事業的性格であったからこそ、存在意義があったことを明らかにする。

(二) 神都訓盲院――私立学校令に基づく各種学校型の盲学校

ここでは、社会事業と学校の狭間での盲教育について、三重県の私立神都訓盲院を取り上げる。その理由は、県営移管だけが大正一二年以降の目標となる場合、日本社会のさまざまな問題ゆえに、各種学校型盲学校として経営せざるを得なかった盲学校の意義が漏れてしまうからである。神都訓盲院のような私立学校令に基づく各種学校に分類される学校[47]については断片的な情報しかなく、学校数、全体像と役割、廃校になった時期と経緯等ですら、部分的にしか分かっていない。学校型盲学校が、生徒年齢の年少化と男女比の差の縮小、学校規模の拡大、授業料の低廉化ないし無償化、教育課程の整備、財源の安定と県立移管等に集約されていくのに対して、各種学校型盲学校は、それに逆行するように、入学生徒の年齢の高さ・月謝有料・小規模・簡易課程・篤志家による不安定経営のもとで存続し続けた。しかし、各種学校型の盲学校の生徒数は、神都訓盲院に限っただけでも約三〇年間で延べ三〇〇人を超える生徒が在籍しており、本校と同等以上の規模の同種の盲学校において、さらに多数の盲生徒が恩恵を受けていたと推測される。何ゆえにこのような各種学校型盲学校が全国各地で必要になったのかの検討を、学校教育的ならびに社会事業的な観点から行うことが必要となる。

私立神都訓盲院は、大正八年一月に私立学校令に基づく各種学校として三重県に設立を申請し、同年七月一〇日に牛江卯助（一八八一－一九五三）を初代院長として設立が認可され、開院式が一〇月五日に挙行された。牛江が昭和一四年一〇月に院長と校主を辞職して宇治山田鍼灸按協会代表・須藤敏男（一八七五－一九四五）に譲渡した訓盲院は、昭和二三年四月に三重県立盲学校に吸収される[48]まで、約三〇年間続いた。この昭和二三年四月は、学齢のうち六歳児の盲児と聾児の義務教育が日本の歴史上初めて実施され、なおかつ、盲学校と聾学校の分離が全面的に実現した記念すべき時期でもあった。

神都訓盲院は昭和二三年に廃校となったために、本校を後世に伝える径路が消失し、今日では、忘れ去られた存在となっている廃絶校の典型であるが、その起源が鍼按業盲人の発起による講習会（三重県総合教育センター［一九八一］三一四－三一六頁）であるという意味では、本校は、日本の盲学校の創設類型の一つでもある。

三重県の視覚障害教育に焦点を当てると、宇治山田鍼按協会による最初の講習会は明治三九年に開催されており、明治四三年四月開設の三重県師範学校附属小学校盲生学級よりも早く、盲人に対する教育活動を県内で最初に開始した[49]。この講習会は、発足から三年を要して、大正八年に私立神都訓盲院に発展する。大正一四年四月には、師範学校附属小学校盲生学級から発展していた私立三重盲啞学校は、大正一二年の盲学校及聾啞学校令（盲啞教育令）に基づく全国的にも早期の県立移管例として、三重県立盲啞学校となる。一方で神都訓盲院は、私立学校令の各種学校として存続しつづけた。それは、神都訓盲院が初等部・中等部の原則設置という盲啞教育令の要件を充足する条件をもっていなかったことによる[50]。

神都訓盲院の創設と運営の過程について、牛江卯助時代の約二〇年間を中心に検討し、入学生徒の実態、教育内容、進路等を総合的に分析することにより、私立学校令のもとで運営された神都訓盲院および牛江卯助の果たした役割とその教育的・社会事業的意義を究明する。とくに着目するのは、入学者とその属性および需要、教育内容、そして教員陣と財源、盲人鍼按業者との利害関係である。入学対象の実態は、神都訓盲院の開設趣旨と関連があり、開設趣旨を補強するのは教育内容とそれに対応した教員の用意である。優良教員の確保問題は、財源の確保に連動し、財源の把握は神都訓盲院の社会的位置を間接的に示すことになる。なお、牛江時代は、神都訓盲院の活動が最も盛んな時期であった。また、各種学校型盲学校の事例である大阪・朝日盲人学校と尼崎訓盲院等と比較することにより、神都訓盲院の教育的・社会的位置を浮き彫りにする。また、同じ各種学校として存続した私立聾唖学校とも比較することにより、神都訓盲院が私立学校として存続した理由を検討する。

(三)　神都訓盲院の創設・運営

(1)　前史としての講習会時代

宇治山田は伊勢神宮の門前町として繁栄し、遠方からの参拝客が多く（明治末期で一二〇～一六〇万人、大正七年に二二〇万人）[51]、彼らを顧客とする鍼按業者が多かった土地柄であった。

明治三九年頃、鍼按術伝習のための講習会がこの宇治山田に開設されていた（三重県総合教育センター［一九八一］三一四－三一五頁）。鍼按講習会は、医師の協力を得ながら鍼按灸術の医学的基盤と技術の維持・向上のために時折開催されるのが全国的に一般的な例であるが、宇治山田では、それとは異なる常設の講習所設置計画を立案していた。以下、『明治四〇年記録簿　第一号　宇治山田鍼按協会』（刊行年月不明）によって、運営とその内容を整理してみる。

明治三八年七月創立の「渡會盲人鍼按協会」が明治四〇年に開設した渡會盲人講習所は、協会管内の会員関係者を対象とし、講習科目は、「解剖学、生理学、病理学、鍼治学、揉按学、点字学」の六学科であり、指導者は「教授数名」、教授時間は毎日、午前九時から一一時までの二時間だった（第一条～第四条）。さっそく一二月一日からは二箇所で「学術の講習」が、協会員の小林佐藏と須藤敏男を講師にして開始された（渡會盲人鍼按協会規約［一九〇五・一二］。宇治山田鍼按協会［一九〇七］）。講習所の設置による後進育成および職業技術の向上が、渡會盲人鍼按協会という盲人鍼按業者の組織化と軌を一にしていること、そしてそれが盲人の職業確保と技術の向上の努力を意味していたことに注目しておく必要がある。[52] また、鍼按業盲人の組織化は、自らの利益を維持する当事者の自助的・共済的組織であり、同時に組織を乱す会員除名や組織外に対する排除性をも有する同業者組織としての性格形成を構築していった。[53]

その後、渡會鍼按協会は、明治四一年三月八日に「宇治山田鍼按協会」と改称され、五月一五日の臨時総会で「講習は従来のとおり継続すること」が決議され、[54] 継続されていたが、明治四五年四月一〇日には宇治山田鍼灸按協会が発足する。

このように、宇治山田地方の盲人講習会では、一時的な開催ではなく、毎日、教員がいる学校に生徒が通学することを計画し、実施していた。もっとも、授業時間は二〜三時間であり、教員は実技担当のみでしかも専任ではなく、授業以外の時間に自営の治療所で治療したり、内弟子を訓練したりしていたと思われ、また、その収入がなければ、自分の生活維持は不可能だった。しかし、このような教育体制では、後述する明治四〇年内務省令に対応できないことが、間もなく判明することになる。

ところで、講習所の生徒は、鍼按業の親方のもとにいた徒弟の盲人だった。『明治四一年宇治山田鍼按協会規約』では、「門生」（徒弟生）について次のように規定している。

修業年限については、衣料自弁の場合は七年、衣食師家（親方）負担の場合は一〇年（第一六条）、通学生で衣食自弁の場合は五年（第一七条）となっているが、年齢が一八歳以上の場合は、修業年限を一〜二年短縮すると規定している（第一六条）。また、自宅からの通学生の場合は、一カ月に一円の伝習料が必要だった（第一七条）。親方である正会員（鍼治科中心）の月会費が六銭、甲種（揉按科中心）会員が四銭であったから（第一二条）、通学生の一円の伝習料は相当な高額であり、経費負担の点からも自宅通学生形態は現実には困難であり、盲児は、徒弟制に誘導されていたといえよう。

明治四五年前半までの講習所計画がどの程度実効性があったのかは不明であるが、急速に講習所設置計画が動き出したのは、それを必要とする客観的条件が出来したからである。明治四四年八月一四日、内務省令「按摩術営業取締規則」

（第一〇号）および「鍼術、灸術営業取締規則」（第一一号）の意義と盲学校の創設に対する甚大な影響については、すでに第一章で述べた。体系的な理論・知識の修得と技術の基礎的習得には、学校型のほうが有利であったために、盲学校が存在する地方では、従来の徒弟型の鍼灸按養成と盲学校型養成が競合関係になることにも触れた。いわば、鍼灸按養成を主要な収入源としていた盲人親方には、盲学校は商売敵となったからである。

かくして、鍼按業盲人が主導して設立された盲学校の場合には、彼らの利害と教育機関としての合理性の追求との調整が、暗黙の課題となった。まさに、神都訓盲院が設置される宇治山田はこのケースだった。そして後述するように、神都訓盲院のその後の展開も、鍼按業者の利害と学校教育の充実との間には、何らかの葛藤があったように思われる。神都訓盲院に対する鍼灸按営業資格の県知事による学校指定は、昭和一一年四月八日（昭和一一年度卒業生から適用。三重県知事［一九三六・四・八］）であり、創設から二〇年近い時間を要したことは盲学校としては異例の遅さであり、学校指定を得るうえでの教育体制の不備だけではなく、まさに神都訓盲院が鍼按協会との妥協に時間を要したためと推測される。

(2) 神都訓盲院の創設・趣旨と牛江卯助の着任

講習会を学校組織にしたいという宇治山田鍼灸按協会の意向は、明治末期にすでに固まっていたが、問題は、経営者・校長と運営資金の確保であった。その後の経過をみると、『神都訓盲院寄付金芳名帳　宇治山田鍼灸按協会賛助員名簿　大正七年七月』により、資金蓄積が必要であることは十分に認識されていたものと思われるが、大正七年まで実績がなかったことからみると、協会内には自ら学校設立のイニシアティブをとる盲人はいなかったようである。

大正八年一〇月二六日、協会は、『神都訓盲院経営ニ関スル契約書』を、当初の設立者（校主）である宇治山田市宮後町の神田竹次郎との間に締結した。この契約書では、経営責任は協会が負うものの、校主は無報酬、任期は四年、財政処理、金品の保管、事務遂行を助けることが「慈善的に」求められていた。また、院長には当初、第六尋常小学校（後の明倫小学校）校長・中村午三郎が予定されていた。なお、校主の神田の名前は、協会総会名簿や会費支払者名簿等には見当たらないので、協会内部の人間ではなく、地域の名望層であったと推測される。この契約書締結の立会人として、すでに七月に県から院長としての認可が下りていた牛江、中村校長、後に牛江の次の校主・院長となる協会の須藤敏男が参加した。設立者としての牛江への県知事認可は、大正九年一一月四日である。

ここで、訓盲院長就任までの略歴を、牛江の自筆履歴書から転記する（『履歴書』）。

出生　明治一四年一一月一六日

学業　明治二〇四年三月　三重県度会郡明倫尋常小学校卒業
明治三一年三月　三重県度会郡高等小学校卒業
明治三五年三月　三重県四日市市立商業学校卒業
明治四二年七月　早稲田大学高等師範部国語漢文科卒業

業務　明治四三年七月から四四年三月までは京都市で実業に従事
大正二年七月〜三年三月　名古屋市私立愛知淑徳女学校教員
大正四年三月〜六年七月　名古屋市私立愛知高等女子工芸学校幹事

以上の『履歴書』において、商業学校卒業後から明治三九年九月と推定される早稲田大学高等師範部国語漢文科入学までの七年三カ月、大学卒業後の約一年間および実業従事以降、愛知淑徳女学校教員までの二年二カ月、同校教員から愛知高等女子工芸学校教員までの一一カ月については、履歴書には記載されておらず、不明である。なお、工芸学校では「事業経営並に教務に従事」している。また、学業の項目では、大正一〇年七月、内務省社会事業職員養成所入所、一二月卒業と記されている。早稲田大学高等師範部は、私立専門学校として中等学校教員の最初の無試験指定校であったから、牛江は、中等学校教員の免許を保持していたことになる。[55]

牛江の経済状態は、相当な資産家だったと推測される。その主な理由は、校舎新築のために、彼個人の不動産を担保にして三重県農工銀行から二五〇〇円を借り入れていること、院長としての俸給は大正一四年で月八円（職員名簿、大正一四年）、昭和一一年で三五円[56]（公私立盲聾唖学校組織調）というまさに薄給であって、家族を養える額ではないから他に収入源があったと思われること、運営にも個人的な支出をしていたことによる。

さて、牛江卯助が盲学校の運営（院長）と経営（校主）の経営を引き受けた動機は何であったのだろうか。彼の動機を明確に示す資料は見当たらないが、神都訓盲院賛助会発起人による『趣旨書』には、講習会から学校組織への発展の必要性について、「社会ノ進運ニ倶」うこと、「此社会的事業」を「御代ノ余沢ニ浴セシムヘキ」ことが述べられている。『趣旨書』は謄写版印刷による一枚の文書で、発行時期不明ながら記述内容から大正一五年発行と思われる。

大正一〇年、三重県農工銀行からの借入金と私財を原資として校舎を建設したが（『趣旨書』）、この行為は、「近所からは狂人と笑われ近親からは強い反対に」逢ったという（妻のゑつ［一八八五－一九五七］の回想）。牛江が、まったく経験のない異分野であり、しかも社会的に認知されていなかった盲人の教育・社会事業を、経済的なリスクをもって開始したのが四〇歳目前であったことから考えれば、盲学校事業には相当の意欲をもっていたとみるべきだろう。そのために、校舎上棟式にまで辿り着いた牛江の感慨は深く、「とかくして棟木上けたりこの館（たち）の行末守れ天地（あめつち）の神」（妻のゑつの回想。フリガナは原文のまま）[57]が詠まれたのである。要するに、盲人の境遇に対する同情心と、教育によるその改善という新しい事業への関心こそ、牛江の出発点であるとみることができる。

牛江自身の回想によると、「一生ヲ有意義ニ送リタイト思ヒマシテ何カ一ツ自分ニ相応ハシイ仕事」を心の中で求めていた折に、初代校長に擬せられていた中村午三郎校長が辞退し、牛江が院長を引き受けない場合は、訓盲院事業は頓挫せざるを得ない難局に置かれた牛江は、「有意義ナ仕事」として訓盲院経営にあたることを「男子ノ本懐」として引き受けたという（卯助回想）。

(3) 入学者の属性と変化

①生徒数

表8―8―19は、三重県統計書により、大正一一年から昭和一五年までの神都訓盲院の男女別生徒数を、学校形態としては県内では先行していた三重県立盲唖学校（大正一三年までは私立三重盲唖学校）の盲部生徒数とともに示したものである。県立校の生徒数は本科生のみで、別科・選科生は除いているが、その理由は、本科生と、本科兼修の別科・選科生数とを区別できないためである。県統計書では神都訓盲院の別科生は含まれているが、後に検討するように、戦前末期に四名が確認できる少数集団である。

表8―8―19から、神都訓盲院の生徒数は微増ないし、やや増加している程度で小規模のままである。これは、神都訓盲院への入学者が少なかったためであるが、牛江は、後年、訓盲院経営上の三つの苦心の一つに「不就学者募集難」を挙げている（卯助回想）。表8―9―19の神都訓盲院の生徒数は、つぎに検討するように退学者が多いために、年度内平均数ではなく年度内延べ人数または調査時期の生徒数であると思われるから、生徒実数は、統計書の数値よりも下回るように思われる。

表 8-8-19　神都訓盲院と県立盲唖学校盲部の生徒数

年	神都訓盲院			三重県立盲唖学校		
	男	女	計	男	女	計
大正 11	8	3	11	7	10	17
大正 12	10	4	14	12	12	24
大正 13	9	9	18	16	15	31
大正 14	8	7	15	15	19	34
大正 15 / 昭和 1	9	5	14	20	19	39
昭和 2	6	5	11	17	14	31
昭和 3	8	5	13	25	14	39
昭和 4	10	7	17	29	14	43
昭和 5	12	7	19	25	11	36
昭和 6	11	4	15	35	15	50
昭和 7	9	11	20	36	18	54
昭和 8	6	10	16	39	22	61
昭和 9	8	9	17	44	19	63
昭和 10	9	12	21	41	22	63
昭和 11	10	13	23	37	21	58
昭和 12	13	8	21	39	17	56
昭和 13	13	7	20	46	27	73
昭和 14	10	7	17	42	19	61
昭和 15	10	7	17	37	23	60
合　計	179	140	319	562	331	893

出典：三重県統計書

神都訓盲院と県立校の生徒数の差は、とくに県立校が県立移管されてから拡大し、神都訓盲院は県立盲唖学校の三分の一以下となるが、女生徒の割合では神都訓盲院が県立校を上回っている。県立盲唖学校の生徒数は、県立移管の数年後から急増し、昭和初期以降、安定した生徒数となる。また、表には記載していないが、県立校の簡易課程である別科在籍者は、全体としてしだいに少数となり、県立校は、後に見るように、在学生徒の年齢低下と、初等部生徒の全生徒に占める割合の増加からみて、盲成人ではなく、年少盲児の初等教育と年長児の職業教育の学校としての役割を強化しつつあったことが認められる。

②入学・卒業・退学

『大正八年拾月　入学願書綴　附履歴書誓約書　神都訓盲院』（以下、『入学願書綴』）には、大正八年一〇月以降昭和一六年六月までの延べ一一一名の入学志願者情報がある（申請書が二枚ある生徒のうち、一人は再入学者のため、もう一人は保証人が異なるだけであるので、同一人として計算している）。これを、入学申請時期、男女別、申請時年齢、出身地、失明時期（視力低下を含む）、教育歴等の観点から整理する。また、『退学届綴』もあるので、退学の時期や理由も整理する。

失明時期は、『入学願書綴』に失明時期の記載がある一一一名のうち時期が示されている九九名、そのうち六名が青年期以降の失明であり、それ以外の九三名の失明時期は、先天性または乳幼児期と児童期の時期に二分されている。九三名のうち先天性または就学前の失明または視力低下が発生した人は五四名で、失明時期の記載がある申請者全体の約五五％を、児童期の失明者が三九名で全体の三九％を占める。そのうち病名が明記されているのは麻疹が七名である。青年期以降の失明者は六％となる。

入学申請者の出身地は、県外（愛知県二、大阪府・福井県・静岡県が各一）の五名以外は県内出身者であり、そのほとんどが宇治山田市隣接の郡内出身者である。

教育歴からみると、一一一名のうち、尋常小学校の教育を五年以上受けている入学申請者は三一名で全体の二七％（成人期失明者三名を含む）、尋常小学校三年以下の申請者が三名いるが、この数は児童期の失明者の数とほぼ一致する、教育歴があるグループである。盲学校経由者が二名、官立薬学専門学校中退者が一名いる。それ以外の就学前に盲または重度の弱視となった全体の半数以上の子どもは、教育歴がないという記載がある一名を含んで、就学義務の猶予・免除規程に基づき、小学校への通学経験がなかった、すなわち教育歴がなかったと判断できる。

入学者の入学時の年齢を示すと、表8-8-20のとおりである。入学時の年齢を二〇代と一〇代に区分し、さらに一〇代については一四歳以上と一四歳未満に細分している。また、それぞれの区分において女生徒の数も示してある。一四歳という区分にしたのは、三重県統計書に記載されている県立盲唖学校の生徒の年齢と対応させるためである。また、女生徒数は、一般に県や学校によって差が大きく、比較するためである。

表8－8－20を要約すると、神都訓盲院の入学年齢の低下はかなり緩慢であることがわかる。このことが示唆するのは、失明時期と神都訓盲院への入学申請の時期が離れていることを意味する。それでも、入学年齢は、二〇歳以上の入学者を除いて入学年齢を補正することで、低下傾向は幾分明瞭になる。しかし、この年齢低下の緩慢さは、二〇歳以上の入学者が存在し続けることによって生じるものであり、その一方で、一〇代の入学者がしだいに増加すること、一〇代の盲人のなかでも一五歳未満の盲人の割合が着実に増加していることが明瞭となる。表8－8－20には示されていないが、この入学年齢の変化は、課程履修の方法に連動している。開学当初における鍼按の技芸科のみの履修から、普通科の一部と技術科の兼修がみられるようになった時期を経て、大戦前末期には、入学年齢の低下が、普通科を履修してから鍼按科の履修へと変化している。

表 8-8-20　神都訓盲院生徒入学時の年齢

	20代生徒数	女生徒内数	10代生徒数				
				14歳以上	女生徒数	14歳未満	女生徒数
大正8	8	5	10	9	2	1	0
大正9	2	0	3	3	2	0	0
大正10	0	0	4	0	0	4	1
大正11	2	0	2	1	1	1	0
大正12	0	0	3	2	1	1	1
大正13	1	0	3	3	2	0	0
大正14	0	0	4	2	1	2	0
大正15/昭和1	0	0	4	1	0	3	0
昭和2	1	1	5	4	1	1	2
昭和3	2	2	3	2	0	1	0
昭和4	1	0	7	1	0	6	3
昭和5	0	0	4	0	0	4	0
昭和6	0	0	0	0	0	0	0
昭和7	2	2	9	6	5	2	2
昭和8	0	0	3	3	1	0	0
昭和9	1	1	1	1	0	0	0
昭和10	0	0	5	0	0	5	4
昭和11	0	0	4	2	1	2	1
昭和12	1	0	4	2	0	3	2
昭和13	0	0	1	0	0	1	0
昭和14	1	0	4	2	1	2	1
昭和15	0	0	1	0	0	1	0
昭和16	1	0	0	1	0	0	0

出典：「大正八年拾月　入学願書綴　附履歴書誓約書　神都訓盲院」。

一四歳未満の盲児には県立校が唯一の学校であったとされてきたが（三重県総合教育センター［一九八一］八三二頁）、表8－8－20に示すように、神都訓盲院では、開校当初から一四歳以下の生徒は存在したばかりか、大まかにいえば二〇代の生徒の減少と一〇代生徒の増加に伴い、一四歳以下の生徒数は増加していたといえよう。これを昭和元年一二月末と昭和六年一二月末時点で比較すれば、この傾向はいっそう明瞭となる（表8－8－21）。

『入学願書綴』における入学者の情報を整理・要約すると、以下のようになる。

・残存視力ある者のほうが、入学年齢が遅い
・後の時期の入学者のほうが、入学年齢は低下する
・女性の入学者の割合が比較的高い
・自宅から通学する者は皆無で、親方のもとに徒弟として入門し、その後に、親方を保証人として神都訓盲院に入学を申請することが基本型である。入門者が多い親方とそうでない親方がいる。訓盲院への入学が先行して、その後に親方の下に弟子入りする例はない
・戦前末期になると、親方名を確認できない入学者（非基本型）が登場する。それは年少児か、中途失明者であると推測される
・生徒の地理的分布は狭く、ほとんどの生徒は近隣出身者であり、県外出身者はごく少数である

表 8-8-21　神都訓盲院在学生徒の年齢分布（各年 12 月末）

		20 歳以上	14 歳以上 20 歳未満
昭和 1	男子 11 人	2	6
	女子　6 人	1	5
昭和 6	男子 11 人	0	5
	女子　4 人	1	2

出典：宇治山田市役所（1927）41 頁、（1932）36 頁。

盲学校利用者にとっての利益と社会的な効果は、教育後の進路に現れる。神都訓盲院では、生徒の入学年齢が高いことから、学則上は、初等部が設置されていても、中等部で職業教育を受けるのが一般的で、『入学願書綴』と『退学届綴』に記載のある生徒のうち、初等部普通科を修了した生徒が初めて出るのは、訓盲院開設後九年目の昭和三年度だった。初等部と中等部の全課程を一貫して修了する生徒が出現するのは開設して一九年後の昭和一三年度であり、これ以降も、多数例になることはなかった。この結果、技芸科（鍼按科）を卒業した者が多数で二九名、別科卒業者は二名、普通科卒業者は七名にすぎなかった。これ以外に、死亡者二名の記録もある。

このほかに神都訓盲院で目立つのは、中途退学者が多いことである。本校が内務省令指定校になるのは昭和一二年度なので、それ以前の生徒の場合、営業資格を獲得するには、卒業だけでは要件を満たせないから、県が実施する試験に合格する必要があった。したがって、途中退学が生活手段の放棄を意味したわけではなく、乙種試験（二年間の修業と簡易試験合格）または師匠のもとでの修業により甲種試験を受けたのではなかろうか。標本数は少ないが、退学生徒のなかには、入学する前に乙種資格を有する者が三人いた（入学当初の目的は、甲種試験対策にあったと思われる）。このほかに本校別科卒業者が三人、退学した元生徒で鍼按の営業をしている者が二人いたことは、退学すなわち養成課程からの完全離脱を意味したわけではないという推測を、ある程度正当化する。

(4) 教育課程

『神都訓盲院学則』では、神都訓盲院の課程は、初等部普通科五年、中等部鍼按科四年および別科二年であり、初等部は八歳以上、中等部は初等部卒業または同等以上の者で一三歳以上、別科は一五歳以上と定められていた。また、初等部普通科では、修身、国語、算術、地理、歴史、唱歌、体育を、中等部鍼按科では、修身以外は鍼按関係の科目を、中等部別科では修身・国語・算術以外は鍼按関係の科目を履修することになっていた。簡易課程である別科の卒業生は、戦前末期に四名いただけなので、本校課程の中心ではない。

神都訓盲院の学則上の規定では、第一条の目的は、普通教育・特殊の知識技能・国民道徳の涵養という、まったく一般的な規定となっている。とくに初等部・中等部の本科では、一般の盲学校と大差ない。しかし、たとえば初等部は、県立校とは、履修方法が異なっていたと判断できる。すなわち、県立校では小学校の課程を基準として履修するだけの教員と学級の条件が整備されていたのに対して、神都訓盲院では、授業は午前中だけ設定されていたから[58]、上記の科目を小学校と同等に履修することは時間的にも、一学級、複式教授という条件によっても、困難であったといえよう。

学校以外の他の時間は、生徒はどのように過ごしていたのか。設立主体を問わず、盲学校では、学業に従事しながら並行して報酬を得るための活動が生徒には必要不可欠で、通例だった。生徒は、親方への支払い（や寄宿舎費）が必要だったから、彼らは、授業がない時間に、訓盲院で学んだ鍼按術を駆使して働く必要があったのである。[59]

入学者の貧しい境遇は、学校での履修の仕方を規定することになる。遅い入学年齢は、教育に対する保護者の意識や憐憫の情等、多様な要素が影響していると思われるが、職業自立の適齢期も関連していると思われる。つまり、最短・最速で県の試験に合格する教育が、ほとんどの生徒の場合のニーズであったと考えられる。

(5)　財源と経営基盤

牛江が訓盲院経営という「事業の苦心」について後年、第一に挙げたのは、「資金調達難」であった（卯助回想）。神都訓盲院も、他の私立盲学校と同じ財政的状態にあったのである。

表8－8－22は、『要書綴』に残されている年度の予算額を整理したものである。予算額なので決算額とは異なる数字となる。

神都訓盲院の本来の経営母体であった宇治山田鍼灸按協会は、どの程度の財政力を持っていたのであろうか。大正一一年三月からは協会有志六八人が五年間に亘って寄金を分納している。その額は、五年間で一五円から二円五〇銭まで幅があり、二円五〇銭が二人、五円が四六人、一〇円が一三人、一五円が二人となっている（大正七年七月神都訓盲院寄付金芳名帳）。したがって、概算すれば毎年八〇円となる。こうして、校主・院長職は、協会からの委嘱であったと思われるが、結局、協会内部には、経営責任を果たすだけの資金を調達する人材は存在しなかったのであろう。

神都訓盲院の財源で特徴があるのは、県・市・国の補助金・奨励金の全収入額に対する割合の高さである（国からの補助金について予算額〇円としてあるが、実際には一〇〇円の補助があった）。少なくとも予算総額の五割から多い時で七割程度が、補助金によっていた。

他方で、初期以外に観察されるのは、寄付金・拠金の少なさである。大正一二年度には寄付金等が三一四円計上されているほか、賛助会費または拠金三〇〇～五〇〇円が計上されており、地域に訓盲院を財政的に支えるための後援団体「神都訓盲院賛助会」があった。少なくとも大正一五年と昭和六年に、寄付者が五年間、毎年寄付をするという計画を

表 8-8-22　神都訓盲院予算額と収入内訳の変遷

年度	収入総額	繰越金	賛助会費（拠金）	授業料	寄付金等	補助金			基本財産よりの収入（利子）	その他	借入金
						県	市	国			
大正 12	1835.045	69.345	434.400	33.000	314.000	828.000			6.300		150.000
大正 13	1700.000	228.000	500.000	30.000	100.000	550.000			10.000		272.000
大正 14	1600.000	60.000	300.000	30.000	60.000	500.000	100.000	200.000			350.000
大正 15 / 昭和 1	2229.820	28.775	534.135		232.500	850.000	100.000	300.000	4.410		180.000
昭和 2***	2523.000			33.000	150.000	800.000	300.000		40.000	1200.000	
昭和 3 ***	2378.000			33.000	150.000	850.000	200.000		55.000	1090.000	
昭和 4***	3000.000			33.000	827.000	1200.000	200.000		40.000		700.000
昭和 5***	2148.000			33.000	50.000	1200.000	200.000		65.000		600.000
昭和 6 ***	2148.000			33.000	50.000	1200.000	200.000		65.000	600.000	
昭和 8	2000.000		500.000		30.000	850.000	200.000		120.000		300.000
昭和 9	2000.000		500.000		30.000	850.000	200.000		120.000		300.000
昭和 10	2000.000	17.890	500.000		30.000	1330.000			120.000		235.000
昭和 11***	2000.000				30.000	915.000	200.000		120.000	500.000	235.000*
昭和 12	1846.500		500.000	71.500	50.000	915.000	220.000		90.000		
昭和 13	1785.000		300.000	77.000	70.000	750.000	220.000		83.000		385.000
昭和 14	1606.000			38.500	300.000	711.000	200.000		17.000		340.000
昭和 15	1874.000			137.500	36.500	950.000	750.000				
昭和 16**	1488.950	38.810			50.270	723.000	500.000	100.000			76.850

注：＊設立者負担。＊＊決算額。＊＊＊「要書綴」。
出典：文部省（1927-1931）、（1937）。

実施したようである。大正一五年の『神都訓盲院賛助金募集要旨』の『申込書』によれば、賛助会員は、一口五〇円を毎年一〇円ずつ支払う者で、賛助金の使途は経常費に充てられることになっていた。幹事の牛場清次郎（代議士）、松葉憲太郎、乾碩也、油田篤太朗（醸造業）は協会関係者ではなく、地域の人々である。しかし、賛助会費または拠金予算額を五〇〇円とした昭和八～九年度の決算額は一五〇円であった。しかも昭和九年度収入支出決算書では「拠金」の減少理由が、「集金困難の事情あり」とあるから、予算額五〇〇円の設定は実際には困難となる。昭和一三年では、予算額三〇〇円に対して決算額〇円で、「時局の関係等より集金すること能わざるものとす」と注記されており、この時期以降、予算額には計上されなくなる。

宇治山田には、私立三重盲唖学校の校舎建設費を二回に亘り寄付した三重郡河原田村（現在の四日市市河原田町）出身の実業家、熊澤一衞（一八七七－一九四〇）のような人物はいなかったようである。先述した大正八年一〇月二六日の『神都訓盲院経営ニ関スル契約書』に記述されていた財団法人化への計画が実現しなかったことから推測できるように、「賛助会」活動を超える訓盲院を支える資源は、宇治山田には存在しなかった。しかし、神都訓盲院に対する地域社会の基盤としては、嘱託教員の寄与も指摘しておく必要があろう。『教員調』には、嘱託教員の給与額を示す欄に数字がなく、抹消されている。彼らは、長年、無償の教育活動を継続することによって、神都訓盲院の教育活動を支持したといえる。

生徒の授業料は、毎月二五銭（宇治山田市役所［一九二七］四〇頁、［一九三二］三五頁）、昭和一〇年以降、中等部生徒は月五〇銭だった（神都訓盲院学則第二三条）。生徒数が一〇人～二〇人台であるうえに、貧窮生徒は納入を免除されたので、財源としてはほとんど寄与しなかった。表8‐8‐22に示したとおり、大正一五／昭和元年度以降は授業料が計上されておらず、無料になったものと思われるが、昭和一二年度以降、中等部生については再度計上されるようになっている。

予算総額が増加しない、あるいはむしろ減少しているのは、生徒数の増加が生じなかったためであるが、神都訓盲院の社会的支持基盤が強固でなかったことの傍証でもあろう。歳入の不足分は、牛江の借入金として計上されたものと思われる。経営の苦しさは、教員の給与遅配や必要額の立て替えで示すことができる。昭和一三年一二月には、専任教員である須藤と町野にそれまでの未払い給与が支払われた領収書が、『要書綴』に残っている。

(6)　社会事業としての神都訓盲院と牛江卯助の辞職

ところで、神都訓盲院に対する県と市の評価はどのようなものだったのだろうか。三重県は表8‐8‐22に示したように、初期より多額の補助金を神都訓盲院に交付していた。県の具体的な評価は、三重盲唖学校が県立移管された後、県統計書において以下のように示されている。大正一五／昭和元年度では、神都訓盲院は「開設の歴史は古く管理者の努力も亦目醒ましきものありと雖も経費其の他の関係上諸般設備の完璧を期し難く生徒教養上の不便を感ずる所あり」（三重県統計書［一九二八］一七頁）と教育機関としての重大な問題点を指摘され、昭和二年度では「前年に異なる所なきにより特記せす」（三重県統計書［一九二九］一七頁）とされている。

また、大正一三年までは、県統計書学事編の総説である「管内学事ノ状況」と盲啞学校統計において二つの私立盲（啞）学校を並列的に扱い、評価していたが、昭和三年以降は、神都訓盲院は、総説欄と盲啞学校統計からは姿を消して、珠算学校や簿記学校等とともに「其の他各種学校」の欄に移動し、生徒数・教員数のみの数値が示されるだけになる。このような設置主体別の統計上の区別は、他の県では見られない扱いであった。つまり、神都訓盲院は、学校としての正当性が不足しているとみなされたのである。

年一〇〇円の補助金を支出していた宇治山田市は、訓盲院をどのようにみていたのだろうか。市が発行した『宇治山田市の社会事業』（一九二七、一九三二）では、「訓盲教育」として社会事業に位置づけている。訓盲院を学校教育ではなく、社会事業とした理由の一つは、生徒の属性でみたように訓盲院生徒の年齢の高さであろう。神都訓盲院自身の活動も、全国盲啞教育大会等の参加者名簿にも見られる一方で、三重県社会事業協会には正会員として参加していた。盲教育の普及による入学盲児の年少化傾向は、社会事業から教育機関への重点化を目ざす場合は有利な変化ではあったが、その実体化に対応する新しい理念と教育環境の整備、そして資金が必要であった。このいずれの条件も、神都訓盲院には備わっていなかったように思われる。

昭和一四年一〇月、牛江は院長と校主を退き、専任教員で鍼按協会を代表していた須藤敏男に事業を継承する。須藤については詳細が不明であるが、協会で長年にわたり主要な役割を演じており、会計担当者も務め、自筆による協会議事録を残していることから見て、少なくともある程度の残存視力があったように思われる。彼は、宇治山田鍼按協会が内務省訓令に対応して組織的な活動を始める明治三八年頃から協会の幹部であった。会長への選出、協会幹事として事務局担当の経歴があり、そもそも協会主催の講習会は須藤宅で須藤の指導により開催された時期があった（宇治山田市役所［一九二七］三九頁、［一九三二］三四頁）。また、神都訓盲院が開設された大正八年一〇月から実技教員を一貫して務め、『鍼按科用解剖生理学』（文明堂）の著書もある。須藤も牛江院長と同じく、また、医師を含む嘱託教員とともに、長年、安い報酬（前述したように俸給遅配さえあった）で神都訓盲院の維持に貢献したといえよう。

（四）神都訓盲院と三重県内外の盲学校との比較

(1)　三重県立盲唖学校の創設・発展と神都訓盲院との比較

三重県の盲唖教育の本流となる私立三重盲唖学校は当初から、県当局の後援があった学校であった。三重県師範学校附属小学校における盲生学級の創設では、県内務部長・稲葉健之助と県師範学校長・相澤英二郎（一八六二－一九四八）の協力があった。稲葉健之助は、失明危機の経験をもったことが、盲生学級の開設に賛同させたといわれる（三重県立盲学校［一九七〇］二頁）。彼は、大正一四年に内務省外局復興局整地部長を汚職で退職して（筒井［二〇一一］七五、七六頁ほか）晩節を汚したが、明治三九年文官高等試験に合格した内務省系高官であった。師範学校から私立三重盲唖院として独立するに際して尽力したのが、社会課主事・大久保銑三であり、経営したのが県慈善協会でその会長、県内務部長・岸本康通（一八七八－一九三〇）院長であった（三重県立盲学校［一九八四］四頁）。岸本は後に代議士となる。県当局や師範学校の関与は、附属小学校訓導の授業担当に連動することで盲唖学校の教育のレベル維持には重要な要素であった。三重盲唖学校のこのような創設と初期の展開では、他の都府県でもみられた一部県高官の盲唖教育事業に対する関心が示されている。

三重県立盲唖学校において、県立移管後の数年後からみられた生徒数の数的増加は、生徒の年齢と性別にどのような影響があったのだろうか（表8－8－23）。生徒の年齢低下は、一般に盲学校の学校的機能の進行状況を象徴する指標であるが、県統計書には、県立盲唖学校生徒の年齢を一四歳以上と未満に分けた数字があるので、その変化を整理し、神都訓盲院の入学者年齢と比較してみることで、訓盲院の学校的変化の状況を分析する。

表8－8－23から明らかなことは、初等部における年長児の減少と年少児および女生徒の緩慢な増加であり、その年少化では、女生徒において顕著になってくることである。私立三重盲唖学校からの県立移管は、表8－8－23で示したように生徒数の増加を生じたものの、劇的な年少化を生んだわけではなかったのである。その一方で、別科生徒の漸減は、いわばバイパス的な径路が県立校では縮小していったことを示唆する。

しかし、生徒数の増加は、教員数と学級数の増加に連動し、よりよい教育的条件を生じることになる。また、課程の明確な区分と教育内容の対応にも繋がることになる。盲部の教員数は、昭和三年度までが四人、昭和八年度以降は七人、学級数は、初等部が大正末期二学級、それ以外は三学級、中等部は当初は二学級、昭和八年度以降は四学級となり、生徒数の増加に応じてほぼ二倍となる。このような教員と学級の整備は、修業年限初等部六年・中等部四年という盲学校課程の基本型の確立をもたらすとともに、年齢・障害・能力等の状況に対応した教育条件の提供を意味することになり、教育効果を上げるうえでも必要な条件であった。これらは、本校が県立校であることから、達成がより容易であったのである。

表 8-8-23　三重県立盲啞学校生徒数

年	初等部			中等部			別科	
	14 歳		女生徒数（14 歳未満者内数）	14 歳		女生徒数（14 歳未満者内数）	14 歳	
	以上	未満		以上	未満		以上	未満
大正 13	5	0	4	25	1	11	1	3
大正 14	7	2	7（2）	24	0	12	4	0
大正 15 / 昭和 1	5	6	7（3）	28	0	12	4	0
昭和 2	17	10	11（3）	15	0	5	2	0
昭和 3	17	9	10（2）	13	0	4	9	0
昭和 4 年	19	12	11（4）	12	0	3	13	2
昭和 5 年	9	16	7（5）	11	0	4	7	6
昭和 6 年	9	19	10（6）	21	1	5	5	3
昭和 7 年	12	12	11（5）	30	0	7	6	0
昭和 8 年	15	10	11（4）	36	0	11	6	0
昭和 9 年	11	14	7（4）	38	0	12	4	0
昭和 10 年	14	17	12（7）	31	1	10	3	0
昭和 11 年	12	20	10（5）	25	1	6	4	0
昭和 12 年	9	21	14（10）	26	0	3	2	0
昭和 13 年	10	19	11（9）	26	18	16（11）	2	0
昭和 14 年	7	26	14（13）	26	2	5	3	0
昭和 15 年	10	22	15（11）	26	2	8（1）	3	0

出典：三重県統計書。

以上の検討により、学校の規模、教員の陣容、課程の整備、予算規模とその財源において、県立盲唖学校と神都訓盲院とでは、まったく異なっていることが明瞭となる。県立校は年少児の漸増に対応して課程が分化するが、その分化は、年齢に相応する課程に焦点化する。すなわち、年少児は初等部、年長児は中等部に属し、年齢と境遇上の理由から簡易課程としての別科在籍生は徐々に減少し、職業教育と初等教育を兼修していた年少児生徒は初等部に属するようになったものと思われる。これに対して神都訓盲院は、学則上は初等部である普通科は存在するものの、普通科在籍者が出現するのは、創設してから三年目の大正一一年であった（この生徒は翌年、技芸科に編入）。

しかしながら、県立校の教育課程が小学校に準じた内容であったのに対し、神都訓盲院はごく一部の内容だけが基礎教育に当てられていた。創設時から安給料ながら非常勤として勤務していた教員の献身に疑うべき余地はないが、生徒数が少ないから学級数も少なく、財源も乏しかったために、教員を教育上必要な程度に数と質において整えることは不可能だった。こうして、神都訓盲院では、年長児対象、中等部だけの職業教育中心という盲学校としての性格が形成されたのである。神都訓盲院でも、昭和一〇年代には普通科修了してから鍼按科へ進学する形態が一般的となるが、その教育内容には変化がなかった。神都訓盲院は、県統計書では各種学校に分類されたが、一般の各種学校の性格は、職業教育や専門教育であり、入学者は、基礎教育の修了者を想定しているが、神都訓盲院の場合は、基礎教育の提供が甚だしく弱かったことになる。

ところで、事業の公共性の観点からこれら二校をみた場合、神都訓盲院は弱体ながら地域社会に支持基盤があった。それに対して、県立校は、公共性が財源の県費負担と同義となり、地域社会が県立校を支えるという公共性の観点に発展することはなく、財源の県費負担に矮小化される結果となっている。これは日本の盲唖学校に共通する特徴であった。

(2) 類似の各種学校型の盲学校との比較

類似の各種学校型の盲学校として、運営状況をある程度把握できる情報があるのは、大阪朝日盲人学校と尼崎訓盲院である。大阪朝日盲人学校は、大正五年四月、大阪市北区に山田福壽郎によって鍼按業者の養成のための職業教育を目的として開設された。入学対象は、尋常小学校卒業程度満一二歳以上で、月謝を自弁できる盲人である。校地は移転を繰り返し、昭和三年五月には設立者と校長が、廣瀬辰藏に変更されている。廣瀬辰藏（一八八〇－一九四四）は二〇代後半で失明するまで尼崎で呉服商に従事していた。その後、鍼灸按を修得し、大阪市東区で治療院を開設し、同業者の組織化を進めた。大正一一年には東盲人保護会長、昭和八年には山田の後任として大阪朝日盲人学校長を務めた盲人福祉・教育の功労者であった（中江［一九七〇］三九－四〇頁）。

尼崎訓盲院は、医師で衆議院議員でもあった中馬興丸（一八七一－一九三六）が、大正元年設立認可の私立尼崎鍼灸学館を大正七年三月に継承し、改称した盲学校である。中馬は、孤児施設・琴浦育児院の経営や向島病院の創設・経営に関

表 8-8-24　大阪朝日盲人学校と尼崎訓盲院の運営状況

			大14	大15	昭2	昭3	昭4	昭5	昭6	昭8	昭9	昭10	昭11	昭12	昭13	昭14	昭15
大阪朝日盲人学校	生徒数	初等部					10										9
		中等部予科					60	30									
		中等部	15人	10	12	18			24								
		研究科		9						16							
		別科		3					13	18	15	25	17	12	14	12	14
		選科（専科）									- 24	17	27	30	26	26	
	予算額	御下賜金		100	200	200	200		300	300	100	100	100	100	100	100	100
		授業料・入学料		360	288	2160	1050	1050	1040	885	910	910	910	970	970	970	970
		設立者負担		600	427	640	480	550	110	105	170	170	170	180	180	180	80
		寄付金		326			500	500	600	720	810	820	820	800	800	800	900
		その他の収入		200			270	150	100	140	150	150	150	150	150	150	150
		合計	**900円**	**1586**	**915**	**3000**	**2500**	**2250**	**2150**	**2150**	**2150**	**2150**	**2150**	**2200**	**2200**	**2200**	**2200**
尼崎訓盲院	生徒数	初等部							7	20	14						
		中等部予科		4	14	18						10	15	12	22	26	18
		中等部		8	4	7	15	15	7	7	7	11	10	5	11	15	17
		研究科					9	9									
	予算額	御下賜金	14人	100	100	200	200	200	200	200	100	100	100	100	100	100	100
		設立者負担		379	493	393	893	953	863	983	1083	1165	1165	1198	2758	1808	1714*
		寄付金			100	100	100	100	100	100	100	100	100	200	200	250	250
		その他の収入		2	2	2	2	2	2	2	2	2	2	2	2	2	
		国補助金		50	50	50											
		市補助金		180	180	180	300	300	300	300	300	300	300	500	300	300	1000
		合計	**659円**	**711**	**925**	**925**	**1495**	**1555**	**1465**	**1585**	**1585**	**1667**	**1667**	**2000**	**3360**	**2460**	**3064**

注：＊合計額から試算。
出典：文部省普通学務局（1925-1940）。

与した社会事業家でもあった（兵庫県社会福祉協議会［一九七一］。天崎紹雄［一九三八］）。

文部省調査の生徒数と予算をもとに、大阪と尼崎の二校の運営状況を整理したのが、表8－8－24である。

表8－8－24により、大阪朝日盲人学校の状況がかなり把握できる。予算規模は二〇〇〇円をやや上回る小規模、主な財源は授業料と寄付金であり、設立者負担額は昭和初めまでは多い。一時期を除き、中等部別科・専科中心の学校である。生徒数は一〇数名から四〇数名まで幅があるが、これは、別の資料で補足すると、退学者が多いためであろう。昭和八年から一二年までの五年間で、生徒総数六二名、入学者数二四～三八名、「卒業」者数は一六～二〇名、退学者は一〇～一六名、女性は一八名だった（近現代史資料刊行会［一九九六］六八頁。大阪市東区役所［一九八二］五九五、九八五－九八六頁。大阪府教育委員会［一九七二］六〇一頁）。

尼崎訓盲院についても、職業教育中心の盲学校の性格と生徒数および予算規模は大阪校と類似している。

大阪校・尼崎校と神都訓盲院とを比較すると、小規模と就学免除児または失明による小学校退学児の年長児中心、職業教育が主目的という点では類似している。また、大阪校における別科や選科という短期間での鍼按者養成という目的に特化する過程を経て、初等部が昭和一五年に再度復活しているのは、戦前末に神都訓盲院がむしろ正規の盲学校に近づいている点でも類似している。しかし、資料不足のために、通常の盲学校の性格変更というこの傾向がどの程度進行したのかは不明である。授業料が有償（大阪）か無償（尼崎）は学校によって異なるが、神都校は中間的である。なお、経営者の負担はこれら三校に共通していたが、尼崎校は群を抜いて多額であった。

小規模と限定的な教育課程という点で神都訓盲院とよく似ている盲学校に、大阪市の「積徳盲学校」がある。本校の前身は、大正一一年四月、奈良県の真言宗の信貴山成福院（現在の信貴山大本山成福院）住職鈴木恵昭により、大阪府東区の真言宗興福寺内に創設された積徳盲人綜芸院である。鈴木は、大正六年には信貴山成福院積徳会委員、大正一四年には積徳少年治療院を創設している。積徳盲人綜芸院は、盲人に無料で職業教育を行ったという。大正一四年九月には積徳盲学校を改称し、昭和八年五月まで経営した（中江［一九七〇］四〇－四二頁。牧野［一九三一］四五頁。松田［一九三三］一四八頁。大阪府教育委員会［一九七三］六〇二頁。大阪市東区役所［一九八二］九八四－九八五頁）。おおよその状況を示せば、入学者は二五～四八名、卒業者は七～二五名、退学者は七～二五名で、年度末の在籍者は一二～三三名（うち女性は二～七名）、予算規模は四五六～七二〇円であった。この盲学校は、職業教育に特化した鈴木個人の仏教社会事業であったといえる。この種の事業の必要性はそれなりに存在していたのである。

（五）私立学校令に基づく各種学校としての盲学校の全体的状況

(1)　大正一二年盲学校及聾唖学校令と神都訓盲院

神都訓盲院が現代において忘れられたのは、すでに述べた理由以外に、神都訓盲院が、制度上、大正一二年盲唖教育令ではなく、私立学校令に基づく各種学校という変則的な傍流の教育機関だったことにもあったと思われる。

盲唖教育令は、大戦前の日本の特殊教育に関する最大の法制であり、その骨子は、盲学校・聾唖学校の道府県の設置義務、初等部・中等部の原則設置、盲・聾分離であった。しかし、ほとんどの県が即座に県立盲学校および聾唖学校を設置できる財政状況になかった。また、母体となるべき学校がない県では、同法令の附則にあった設置義務の七年間猶予規定を活用するか、私立盲学校を県立代用校として指定し、県財政等の状況を勘案しながら、県立移管を実現する手順を踏んでいったのである。私立盲学校は、例外なく経営難に苦しんでいたために、第一段階として県代用校に指定されること、その後に、県立移管を目ざすのが通例であった。このプロセスに乗ることができなかった盲学校の場合は、規模がより大きい他の盲学校に統合されて、廃校となった。

三重県の場合は、津市にあった私立三重盲唖学校が全国でも早期の少数例として大正一四年三月三一日に県に移管され、三重県立盲唖学校として発足した。このために、神都訓盲院は県立代用校になる機会もなく、県立校の誕生時に統合されることもなかった。このように神都訓盲院は、一般に県立移管を目ざした盲唖教育令に基づく私立盲学校とは異なり、私立学校令に基づく各種学校として存在し続けたのである。

盲学校の創設・運営において、盲唖教育令および公立私立盲学校及聾唖学校規程に基づく場合と私立学校令に基づく場合とでは、その教育条件は雲泥の差がある。盲唖教育令では、修業年限、初等部・中等部の原則設置、教員の資格と数、教育課程等、厳格な縛りがあるが、私立学校令ではまったく緩やかである。したがって、盲唖教育令に基づいて盲学校を設置・運営する場合は、資金を始めとする多様な資源が必要になる。神都訓盲院が盲唖教育令に基づく盲学校を選択しなかったことは、神都訓盲院の開設の趣旨が閉校まで変化しなかったか、できなかったものと思われる。

(2)　私立学校令に基づく盲学校の推移

明治末期から昭和初めにかけて設立された私立学校令に基づく盲唖学校[60]は、大半の学校が盲唖教育令に基づく学校への転換を志向していくから、全体の盲唖学校からいえば極めて少数だった。

沼津訓盲院（明治四〇）↓昭和初期に廃校？

徳島県師範学校附属小学校盲唖部（明治四一）↓昭和六年三月徳島県立盲聾唖学校
喜多方訓盲学校（明治四一）↓昭和九年に廃校か
高岡鍼灸按摩学院（大正三）↓大正一五年一〇月廃校
福井聾唖学校（大正四）↓昭和二　福井県立聾唖学校
日本聾話学校（大正九）↓昭和八　盲唖教育令適用校？
熊本聾唖学院（大正一〇）↓昭和四　熊本県立盲唖学校に吸収
高知盲学校（大正一三）↓昭和六　廃校（昭和四　県立盲唖学校創設）
田方按鍼術学校（創設年不明）↓昭和初期に廃校？
熊本県鍼灸学校（創設年不明）↓廃校時期不明
札幌盲唖学校（昭和二）↓昭和六　札幌盲学校、札幌聾話学校に分離
新潟聾口話学校（昭和三）↓昭和二一　新潟県立新潟口話聾学校
松本聾唖学校（昭和三）↓昭和一九　盲唖教育令による聾唖学校
埼玉盲人技術学校（昭和四）↓廃校時期不明
巣鴨聾唖学園（昭和六）↓昭和一五頃　活動休止？
熊谷盲学校（昭和七）↓昭和一六　財団法人埼玉県熊谷盲唖学校

各種学校としての盲唖学校が、盲唖教育令に基づく盲唖学校に脱皮するか、それとも各種学校として存続していくのかについて、学校や経営の規模、あるいは学校機能を示す初等部・中等部別生徒数と教員数、予算額の数的推移を検討すると、これらの学校が、すべて私立であることは共通しているが、各種学校としての創設以降の各校の経過をみれば、二つのパタンに整理できる。①盲唖学校への準備段階としての開設　徳島県師範学校附属小学校盲唖部、熊谷盲学校、

福井聾唖学校、日本聾話学校、松本聾唖学校、札幌盲唖学校。②職業教育を目的としての開設　①以外の盲学校。

第二のパタンにおいては、初等教育を含めないことが当初からの開設趣旨である盲学校（たとえば、大阪朝日盲人学校[61]）では、入学者のニーズが職業教育であったが、基礎教育を充実する資源に乏しいために、実質的に職業教育に目的を設定した尼崎訓盲院のような盲学校（兵庫県社会事業協議会［一九七一］二一六－二一七頁）が多かったのではないかと思われる。たとえば、明治四一年という早い時期に創設された福島県の喜多方訓盲学校は、「少年盲人」に対して点字・按摩・鍼灸術だけでなく、「普通学」を教授することを開設趣旨としていた（喜多方市［二〇〇〇］八九七頁）。第二パタンの学校では、文部省調査に記載されなくなる学校が集中しており、廃校または戦中末期で活動を休止したものと思われる。職業教育中心の学校は、第四章でみた砂土原学院廃絶後の熊本聾唖学院のように、聾唖学校でも存在する。これは、学院の方針というよりも、財源不足のために、初等課程を用意できなかったのだろう。

（六）むすび

最後に、神都訓盲院の制約や問題を認識したうえで、小規模かつ正規性に劣る盲学校であったからこそ発揮できた役割について検討したい。神都訓盲院は、生徒の年少化傾向を示した戦前末期を除いて、小学校を基準とする教育機関に向かっていた一般の盲学校を基準とすれば、逆行するようにみえた非正規的、非主流的な盲学校であった。類似の盲学校は、神都訓盲院以外にも同時代に存在した。大阪朝日盲人学校や尼崎訓盲院等の存在理由や意義は、神都訓盲院とほぼ同じであろう。しかし、職業教育を主目的とするこれらの各種学校型盲学校が対象とした盲生徒像を明示すれば、神都訓盲院の役割を明確に示すことができる。彼らは、義務教育制度からの除外と貧困という障壁に囲まれた、初等教育段階の年齢を超えた年長や若年の盲生徒であった。彼らにとって、簡易かつ短期の課程は、修了または乙種試験合格による職業自立のうえで極めて重要だった。かくして、神都訓盲院のような各種学校型盲学校は、これらの盲生徒の社会事業的ニーズに限定したかけがえのない、間隙的なニーズに積極的に対応するバイパス的な機関として有用だった。初等部・中等部を原則必置とする県立校では、部分的にしか吸収できなかったこのニーズを認識し、自らのエネルギーと生活を問題解決のために献身した篤志家が日本にも存在したのである。牛江卯助はそのような一人だった。

一方で、牛江の理想とした人格の完成のための教育[62]は、このような効率的職業教育とは必ずしも整合しない。第一に、人格の完成は十分な基礎教育を前提とするからであり、そもそも欧米における盲学校教育が直接的な職業教育から年少時における基礎教育重視へと転換したのは、普遍的な歴史的プロセスであった。第二に、効率的な職業自立は短期間の職業生活において有効ではあっても、長期的にはその有効性が低下する。新しい職業上の知識と技術に対応できず、それらを理解・修得する学習基盤が、盲生徒において育成されていないためである。第三に、人格の完成を社会的存在としての盲生徒と関連づける観点が意識されていない。

このような問題点が制度的に解消され、各種学校型盲学校の存在意義がなくなるのは、中等部段階まで義務教育となって、貧富による教育課程の格差が消滅し、なおかつ、学習に専念できる教育福祉的制度である特殊教育就学奨励制度が完備することであった。これらは、大戦後に実現することになる。しかし国および地方公共団体が主役となる一方で、牛江のような篤志家は後景に退くことになる。

第九節　特殊教育実践における理論化の試みと中興、そして停滞へ

一．盲教育の普及と質的停滞

(一) 東京盲学校長のリーダーシップ　①秋葉馬治校長時代

盲教育では、町田則文の主導により創刊されていた帝国盲教育会機関誌『帝国盲教育』は、この時期にも継続して刊行されていた。町田則文・東京盲学校長の後任、秋葉馬治（一八八〇－？）は、任期途中で不祥事により退職することになった。『帝国教育』誌の昭和八年一月号は、「東京盲学校の不祥事　校長と教諭退職」という見出しで、この事件につい

て、「秋葉馬治氏を廻って、金銭に関する問題を惹き起し」たとの内容とともに、教務主任・小林義宥[63]およびその背後にいた東京盲学校関連団体が何らかの関与をしたために校内を二分する紛争に発展し、文部省が、秋葉と小林を昭和八年一月六日に辞職させることで問題を解決したと報じている（東京盲学校の不祥事［一九三三・一］六四－六五頁）。

秋葉は、この事件のために盲教育の世界から追われるように離れ、二年後に、元来の専門である中等教育（私立学校）に復帰した。彼は、この事件と盲教育界にいた期間が八年足らず（校長職は四年）と比較的短期間であったために、後述する『盲教育の友』にその足跡を残すだけの存在として記憶されている。また、「秋葉馬治」は、筑波大学附属視覚特別支援学校資料室所蔵本に記された、留学中に蒐集したと思われる洋書の署名にみることができる。

しかし秋葉の東京盲学校長への抜擢は、志垣寛によれば、茗渓会と文部省の間で練られた周到な計画だったようである（秋葉馬治先生祝賀会［一九六四］一四－五二頁）。秋葉が少壮の実践的教育学者として将来が嘱望されていた宮城県立第二高等女学校長時代に、町田の退職後を見通して中期的な計画が立てられた[64]。秋葉について、①東京盲唖学校への転勤（大正一四年四月二五日、東京盲学校教諭）、②欧米盲唖教育の視察（大正一五年から昭和三年五月まで）、③帰国後に管理職に登用（四年三月六日、校長）という手順である。

これは誰の目にも明白な校長人事計画であったこと、秋葉が新教育運動に連なる系譜に位置していたために、旧来の盲教育に囚われることなく、何らかの革新が行われることへの危惧から、東京盲学校内においても秋葉の在任を支持しない勢力が存在していたという。志垣は、実名を挙げて誰が黒幕であったかまで暴露しているが、事実は確認できない[65]。秋葉が、東京盲学校長としての権威性の基盤を学校内外に確立しない前に、国内外の出張等で盲学校を留守勝ちにしたことも、学校管理者として弱点になったかもしれない。また、まもなく述べる秋葉の激烈な盲教育現状批判が、東京盲学校の教員たちにとってさえ愉快であったはずはなく、怨恨のもとになったかもしれない。

秋葉は順風満帆のキャリアを失っただけでなく、月刊誌『盲教育の友』の刊行も途絶する（昭和四年一一月から昭和七年八月まで刊行）。町田則文が購入していたドイツの Der Blindenfreund, Zeitschrift für Verbesserung des Loses der

Blinden（町田則文先生謝恩事業会［一九三四］一〇六頁）やイギリスのTeacher of the Blind（College of Teachers of the Blind）を参考にしたと思われる。『盲教育の友』の刊行こそ、日本唯一の官立盲学校としてのアイデンティティの確認としての意味を込めて、盲教育に賭けようとした秋葉の意思が明瞭に示されている。それは、J・デューイ研究から出発した教育学者としての基礎的盲教育学構築の構想であり（秋葉馬治先生祝賀会［一九六四］二八頁）、科学的盲教育実践への志向であり、それまでの思弁的盲教育論と経験的レベルの実践に対する教育学的批判と向上の努力を構築しようとするものであった。また、帝国盲教育機関誌を補完するものだった。

『盲教育の友』第一号の「発行の辞」において秋葉は、盲教育の通常教育に対する遅れが、研究において「遠く及ばないことは、もちろん当然のことであるが、それにしてもその懸隔の割合」が甚だしいだけでなく、「盲教育独特の要素もまた、「尚甚だ希薄である」と述べる。そこで、『盲教育の友』が、盲教育者の「研究機関となり、相互の連絡を図り、他山の石となること」によって、盲教育の向上を図ろうというのである（秋葉［一九二九・一二］一頁）。翌月号ではさらに厳しく、盲児に対する鍼按および邦楽を含む教育に関する非科学的研究の現状認識を述べる。「目分量、当推量、又は憶測」であって「そこには何等の根拠もない」から、盲教育実践の「大多数は過誤に陥る」結果となる、というのである。そして、秋葉自身が盲教育界に入って日が浅く、その専門家には至っていないから資格はないが、「若し私の自由な批評を許して下さるならば」という前提のもと、つぎのように説得する。「現在の盲教育は真の盲教育ではない。ただ徒に盲児に対して、普通児に対する教育をしているだけである。盲児を対象とするからには、そこに独特の方法の一系統が無ければならぬ」という。秋葉が導入を提案しているのは、アメリカ流の現実の社会に適応する社会的方法と心理学に基づく実験的方法であった（秋葉［一九三〇・一］三－九頁）。

秋葉がこのような夢をもっていたことは、盲教育の現状に危機感を持っていたことに発する。これは町田則文にも共通するが、その解決策も、この二人は外来からの情報入手という点で同じである。しかし秋葉のほうが、現状を変える点において方法的であった。町田には、外来情報と盲教育の実践との間に接点が乏しいが、秋葉では、少なくとも接点を設けようとしていたからである。

このような指摘は現代からすれば容易に示すことができるが、当時において、問題の所在は理解していても、国内に盲唖教育の研究基盤は皆無に近かったから、欧米からの情報輸入以外に現状を改善する方法がなかったのであろう。しかし、町田の帝国盲教育会の全国および地方の組織化と『帝国盲教育』の刊行により、徐々に地方の盲（唖）学校に人材が育つようになる。しかしその改善が点または線にすぎなかったことは、規模こそ格段に異なるものの、改革拠点の脆弱さという図式は、小学校と同じであったように思われる。

教育の質と教員に関する秋葉の主張は、すでに川本宇之介らが少し前に述べたことと、ほぼ同じである。また、教員問題は、視力の有無と教科指導経験の多少では解決できない根深さをもっていることは、戦前末期でも指摘されている（阪口［一九四三・二］二五－二七頁）。

ところで秋葉の意図は『盲教育の友』の掲載内容を一瞥すれば理解できるが、そのような彼の意図を発揮するには、寄稿に協力してくれる研究的な人材が必要だったが、国内の盲学校には乏しかったし、人脈を形成する時間的な余裕もなく、東京盲学校内でも彼の意思は十分に共有されなかったのであろう。本誌の理論的な部分の執筆は、ほとんど秋葉個人によっているのである。このようなことは、未開拓の分野ではしばしば生じることではあるので、必ずしも秋葉の責任ではないのであるが。残念なことに、彼の野心は、直接には上記の事件で永久に中絶することになる。

『盲教育の友』の内容を要約すれば、以下のようになるであろう。

・盲教育または特殊教育の基礎学
・「盲教育上の予備的知識」（連載）
・特殊教育の一般性

こうして雑誌の内容をみると、秋葉の校長起用は、旧態依然たる日本・盲教育を欧米情報によって革新しようという文部省の暗黙の関与だったとの志垣の指摘も（秋葉馬治先生祝賀会［一九六四］三三頁）、あながち的外れではなかったのかもしれない。いいかえれば、基礎教育において小学校教育のレベルに近づくことと、盲教育の独自性の開発である。

秋葉の意図と意思は上述したとおりであったが、しかし、どの程度、盲学校関係者の胸に響いたのであろうか。町田の場合は、高名な教育学者として高踏的な欧米情報紹介はそれなりに傾聴されたであろうが（効果は別の問題である）、秋葉が活動した昭和初期は、盲唖学校の量的拡大期であった。その意味では、秋葉の問題意識と盲学校の現場的ニーズには、超えがたい懸隔があったのではなかろうか。

ところで、秋葉馬治校長は、新教育の理論には造詣が深いはずだったし、J・デューイの学説にも詳しいはずであるが、盲幼児については、新教育に関連する秋葉の知見を確認できない。それが微弱な形で現れるのは、昭和七年四月の「盲児の父母並盲学校教師の心得」前書きである（東京盲学校［一九三五］三九二－三九五頁）。これは、一年後に校長職を退かざるを得なくなった秋葉の校長としての数少ない成果であったが、全国盲学校に配布されたものの、前校長の主張がどの程度、盲学校教育において効果があったのかは疑わしい。

第三章で示したように、「心得」の旧版「失明児を有せらる、父母並に盲学校教員の心得」は、大正元年一二月に発表されていた（東京盲学校［一九一六］九〇と九一頁の間）。各項目の趣旨自体は同じで、内容も言葉遣いを変えただけのようにも読める。早期から感覚や手の動きや運動や外界への積極的な活動を奨励し、日常生活の技術を習得させ、晴眼児との交流を積極的に行い、同じ道徳を学んで、適応すること、健康に留意することを重視している。また昭和版では、盲児特有の習癖行動（ブラインディズム）は不快習慣となり、かつ習癖事例は追加されて、その抑止はより厳しくなっている。要は、一般的な行動基準が要求されている。

異なるのは、項目の前文と各項目の観点である。前文の字数は、二〇〇字前後の文字数であるうえに、小テーマ自体も変わらない。しかし、大正元年版はまさに明治時代の産物であることを想起させる記述形式であり、文章であるのに対して、昭和版は文章が平易になっており、命令調も穏やかである。たとえば、盲児の教育や依存に関する社会的観点は、大正版では、教育や訓練の機会がなければ、盲児は「終生他人の厄介者」になるのに対して、昭和版では直接的な表現は避けられ、「国家社会の煩ひ」に抑制されている。また、教育や訓練の盲人自身にとっての意義も強調されている。そして、各項目においては、内容自体は同じでも、盲児の自発性が強調された記述になっている。これは、デューイと新教育の研究者であった秋葉の拘りであっただろう。ただし、第三章で指摘したように、項目の内容の大半は実践的に開発されたよりも、外国情報に基づくものである。

盲教育学者としての大成に挫折した後、秋葉が私立学校経営者としてそのキャリアを再開し、全うできたこと、「教壇六〇年祝賀記念」と付された文集は立場を超えて秋葉に対する感謝と敬意に満ちており、志垣の指摘のおおよその妥当さを立証しているように思われる。

第三章で述べたように、大正末期には、明治二三年および三三年小学校令から始まった小学校レベルの教科教育への接近の始動が盲学校及聾啞学校令によって盲啞学校の明確な課題となった。昭和四年には、『点字国語読本第一篇編纂』が発行された。しかし盲学校では、児童数こそ少なかったが、年齢幅と能力差が大きく、しかも、教師教育が不足し、講習会は年に一回で東京開催、内容は従来とおり講壇学にすぎなかった。研究大会での教科教育の発表をみると、基本的な内容にすぎなかったが、理科教育等では盲児向けの教材開発が試みられ始めたようである。しかし、小学校ですら教員の学力問題が顕著になった時代に、専門性ももたず、孤立した環境にいる盲教育の教員の困惑も大きかったであろう。こうして、先端校と平均校の教育のレベルの乖離は拡大していったように思われる。

(二) 東京盲学校長のリーダーシップ　②片山昇校長時代

秋葉馬治校長が引責辞任したために、急遽、後任になったのは、長野県師範学校長・片山昇であった。盲・聾啞の官立校長職は、橋本綱太郎と川本宇之介以外は東京高等師範学校卒業生が就任していた。片山は、明治四一年三月に本科地理歴史部を、大正九年四月に専攻科を一期生として卒業している。教職経験は、長野県松本中学校、愛媛県女子師範教諭、群馬県女子師範教諭を経て昭和三年四月から、長野県師範校長を務めていた。

片山昇校長時代のめぼしい業績は、『盲教育の研究』の刊行である。文部省から資金を得て、帝国盲教育会の年次大会における研究発表を、昭和一〇年度版より、毎年、出版することになった。その研究発表を整理すれば、表8－9－1のようになる（鍼按科を除く）。

全国の、しかも一年をかける研究にしては、かなり基礎的な研究テーマであることがわかる。

（三）帝国盲教育会・日本盲教育会の合併と第二次帝国盲教育会の新生

(1)　大正一三年の日本盲教育同志倶楽部の結成と日本盲教育会

大正一四年五月に結成された「日本盲教育同志倶楽部」は、日本の盲教育界にあって短命ではあったが、新しい潮流であり、これまでの帝国盲教育会とは異なる可能性をもつ団体だった。結成の前の大正一三年一〇月には、東京で有志三〇余名による新しい組織が発起され、それを承けて「日本盲教育同志倶楽部」は一四年五月二五日、京都で発足し、一〇月に大分市で第一回総会を開催することになっていた（日本盲教育同志倶楽部［一九二五・一〇］）。下田知江によれば、年に一回の帝国盲教育会の大会は「建議案の検討が中心というような会議形式」であり、日本盲教育会は、「研究を主体とした組織を作ろうという有志」により結成された。「大会は盲教育研究の発表会であり、機関誌は教育実践の記録が重視された」という（下田［一九九八］二頁）。また、若手教員の研究意欲を実体化する運動であったともいう（下田［二〇〇〇・五・二二］）。大正一四年には、日本盲教育会と改称され、機関誌『日本盲教育』は昭和三年六月の第七号までの刊行が確認され、原本の所在が最近、把握された[66]。

この新組織は、視覚障害でキリスト教徒の東京盲（唖）学校卒業生の教員が中心であり、盲教育の研究や機関誌発行のほかに互助を目的として結成された。待遇改善の要求もあると思われるし、互助では求人・求職・結婚が挙げられて

表8-9-1 盲教育の研究テーマ（鍼按関係を除く。昭和10-15年）

指定研究	国史教育に就て	京都府立盲学校	園田鎮成
		徳島県立盲唖学校	田中静一
		宮崎県立盲学校	染川安太郎
		東京盲学校	宮崎安
自由研究	国史教育に於ける時局問題取扱に就て	大分県立盲唖学校	日下部晋巖
	作法教授に就て	新潟県立長岡盲学校	中澤孝友
	感情陶冶に就て	福岡県立福岡盲学校	真壁信
	基礎陶冶の提唱	福岡県立福岡盲学校	萩原恵美子
	点画点図導入の一考察と教具の製作に就て	大阪府立盲学校	藤井滋
指定研究	盲児に数観念を與ふる方法に就て	新潟県立新潟盲学校	高橋幸三郎
		長野県松本盲学校	服部光成
		大阪市立盲学校	奥村　要
		愛媛県立盲唖学校	黒川千代子
		大分県立盲唖学校	山地不二雄
自由研究	盲学校に於ける図形取扱ひ方	東京盲学校	三上鷹麿
	点字数学器に就て	小樽盲唖学校	岸元悦郎
	我校体育の実際	熊本県立盲唖学校	石川二人
	盲学校初等部国語読本の総括的研究	香川県立盲学校	後藤博
	盲児に数観念を與ふる良法	東京盲学校	高橋惣市
	珠算と代数	広島県立盲学校	八尋樹蒼
	我校に於ける職業教育の組織的体系	福岡県立福岡盲学校	田邊衛
	我校に於ける教育方法論の体系に就て	福岡県立福岡盲学校	尾形彦四郎
	別科教育の一考察	大阪市立盲学校	平井周大
指定研究	盲学校に於ける体操科教授要目に就て	熊本県立盲唖学校	石川二人
	不　詳	香川県立盲学校	谷下稔
		兵庫県立盲学校	藤咲午吉
		静岡県立盲学校	若林武
		岩手県立盲唖学校	高橋龍膽
		札幌盲学校	進藤勝行
自由研究	盲生の体位向上の実際	茨城盲学校	鯉渕道雄
	盲教育における国文法に就て	長崎県立盲学校	今井秀雄
	本校に於ける訓練の実際	群馬県立盲学校	鈴木新三
	宗教的信念の涵養	大分県立盲唖学校	日下部晋巖
指定研究	盲学校中等部に於ける物理化学教授法に就て	新潟県立新潟盲学校	村山寅次郎
		岡山県立盲唖学校	藤原安雄
		大阪市立盲学校	室井庄四郎
		高知県立盲唖学校	高橋良造
		大分県立盲唖学校	日下部晋巖
	盲学校に於ける作法教授要目の研究	群馬県立盲学校	尾崎将雄
		滋賀県立盲学校	山本清一郎
		山口県立下関盲唖学校	伊牟田彌代
		佐賀県立盲唖学校	香田ヒデ
		愛知県盲学校	
指定研究	盲学校に於ける地理教授に就て	香川県立盲学校	後藤博
		福岡県柳河盲学校	田川正作
		兵庫県立盲学校	宮地實
		長野県立松本盲学校	多田井守一郎
		東京盲学校	見明音
指定研究	盲学校中等部に於ける国文法教授	大阪市立盲学校	岩佐一
		茨城盲学校	富岡國次郎
		愛知県盲学校	萩原義彦
		広島県立盲学校	安原幸太郎
	盲学校に於ける家事教授	新潟県立新潟盲学校	阿部静枝
		栃木県立盲学校	瀧澤重代
		福岡県福岡盲学校	平位キクヱ
		京都府立盲学校	村木美さ子
自由研究	盲学校中等部に於ける国文法教授	神戸市立盲学校	今井秀雄

おり（一三九頁）、障害当事者団体の性格も帯びているといえる。

役員は以下のとおりである。勤務先は結成当時を示し、学歴は、校名が記されていないのは東京盲（唖）学校である。関本以外は、校長ではない。

理事長　葛山覃（岡山盲唖学校）明治四〇年三月尋常科、四三年三月鍼按科、四四年三月教員練習科（第八回）、弱視、キリスト教徒

理事（研究）高橋幸三郎（新潟県立盲学校）明治三九年三月尋常科・鍼按科、四〇年三月教員練習科（第四回）、盲人

理事（雑誌）木下和三郎（兵庫県立盲学校）大正六年福岡盲唖学校、大正八年三月師範科鍼按科、盲人

関本健治（一八八三−一九七〇）（日向訓盲院）明治三九年三月京都盲唖院卒業、大阪高等鍼灸学校（一年間学ぶ）、院長、盲人、キリスト教徒（甲斐［一九六〇］一一頁）

小野寺鎌治（同愛盲学校）大正一〇年三月師範科鍼按科、キリスト教徒

檜物三太郎（石川県立盲唖学校）明治四五年三月普通科・鍼按科、大正三年三月師範科鍼按科、盲人

帝国盲育会も日本盲教育会も、個人会員と会費によって成立する組織ではあったが、帝国盲教育会の会員は、盲学校・聾唖学校という組織に所属している会員であった。それゆえ、総会での提案は個人ではなく、学校の提案として提起された。これに対して、日本盲教育会は帝国盲教育会にはない特徴をもっていた。個々の教員が単位であり、研究発表が主な活動であり、共通テーマに関する共同研究発表と自由なテーマに関する個人発表が行われた。実際には、二つの組織の会員は重複していたし、日本盲教育会に対しても、文部大臣諮問案があり、決議もなされた。しかし、日本盲教育会の決議の事項は、義務制等の制度に関するものもあったが、ほとんどは、実践や教育の実際に関連する内容だった（日本盲教育会第四回総会並第三回研究大会概況［一九二八・一一］）。それゆえ、二つの組織は、趣旨の異なる組織であっ

たと思われる。日本盲教育会では、秋葉馬治の盲教育の現状に対する危機感は幾分かでも共有されていたのであろうか。

(2)　第二次帝国盲教育会の発足と新機関誌『盲教育』

昭和三年八月、帝国盲教育会が日本盲教育会と合併して、機関誌の名称は『盲教育』となり、その初号が一一月に刊行される。会の名称は、帝国盲教育会を継承し、機関誌の名称は『盲教育』だったが、これらは、二つの組織の折り合いの産物であろう。第一次『帝国盲教育』は、町田則文の名声と権威、そして町田の努力によって維持されていたことが改めて認識される。新しい帝国盲教育会では、『盲教育』[67]の巻号が乱れていることに象徴されているように、町田時代のような秩序が失われていたことが推測される。また、日本盲教育会『日本盲教育』が帝国教育会『盲教育』に吸収され、秋葉馬治の『盲教育の友』も消滅することで、盲教育専門誌は『盲教育』のみとなり、同種の専門家が近隣にいないこともあって、盲教育の教員は、研究・実践上の情報と相互の刺激に欠けた低文化環境におかれることになる。

日本盲教育会にのみ存在した会員の互助規程は、実際には災厄・疾病による失業・死亡に対する慰問金の給付が主だったが、第二次帝国盲教育会では、これに職業紹介を追加して整備した（帝国盲教育会互助規程［一九二八・一一］）。

（四）盲教育の質の改善成果と一般化の停滞

(1)　教育の質に関わる教育条件の改善程度

最初に、大正一二年盲唖教育令による成果が、昭和期に入ってどのように具体化されていったのかについて、学校や生徒・教員等の数的変化から俯瞰してみたい。

盲学校・聾唖学校教員の資格の変化を昭和二年度と一八年度で比較してみよう（表８−９−２。文部省［一九三二］三七〇−三七二頁、［一九七九ｃ］三三五−三三六頁）。最初に盲学校の教員資格について概観する。盲唖教育令公布間もない昭和二年度から一六年間の間に、盲学校数の増加と官公立の盲学校の割合の増加に伴い、教員が増加しているが、無資格の教員の割合は、三二・四％から二九％とそれほど減少していない。無資格教員は私立に多いことも変化がない。ま

表 8-9-2　昭和 2 年度と 18 年度の盲学校数・教員数

	盲学校数		教員数			
			官公立		私立	
	官公立	私立	有資格（男女）	無資格（男女）	有資格（男女）	無資格（男女）
昭和 2 年度	28	44	130/20	51/13	157/17	76/15
昭和 18 年度	56	23	320/74	99/43	95/13	49/14

た、男女比で見ると、中等部が設置されていることもあって、女性教員の割合は小学校と比べると低いし、一六年間の女性教員の割合変化は、昭和二年度の一三・六％から二〇％に増加している程度である（小学校では女性教員は四割程度にまで増加）。

なお、盲人の教員は昭和二年度で一八〇名、有資格者一四〇名、無資格者が四〇名、一八年度で八九（男七五、女一一）名、うち有資格者六四（官公立六一［男五六／女五］名、私立一八［男一六／女二］名、無資格者一〇（官公立三［男二／女一］、私立七［男四／女三］）名である。

つぎに聾唖学校の教員資格である（表8－9－3、文部省［一九三一］三七二頁、［一九七九a］三三九頁、［一九七九b］三六一頁、［一九七九c］三四五－三四六頁）。聾唖学校の設立主体と教員数における変化は盲学校と同じ傾向であるが、無資格教員の割合の変化は、盲学校とは異なる。それは、無資格教員の割合が高いことである。昭和二年度では官公立聾唖学校では無資格教員が占める割合は三五・三％、私立校では五一・八％であったが、一八年度において官公立校の無資格教員の割合は三四％、私立校では六二・七％と非常に後退している。無資格教員の数値は確かに高いが、昭和一七年度では四二・四％、一六年度では四六・八％なので、一時的な状況ではなかったといえよう。他方で、女性教員の占める割合は小学校に似ており、四割を超えている。

なお、聾唖学校では、聾唖の教員の減少は盲学校の盲教員の減少以上に顕著である。昭和二年度では四〇名いたが（有資格者三〇名、無資格者一〇名）、一八年度にはわずか一〇名（有資格者八名、無資格者二名）で、全員が男性であり、しかも、手話法をも重視した特定の聾唖学校に集中している。それは、大阪市立聾唖学校（七名）、函館盲唖院（二名）、鳥取盲唖学校（一名）と推測される。

以上のように、盲学校・聾唖学校の公立移管に対応して、教員数が順調に増加したのではあるが、その内実は、必ずしも専門的な素養を備えた教員が用意されたわけではなく、さらに戦時体制の強

表 8-9-3　昭和 2 年度と 18 年度の聾啞学校数・教員数

	聾啞学校数		教員数			
	官公立	私立	官公立		私立	
			有資格（男女）	無資格（男女）	有資格（男女）	無資格（男女）
昭和 2 年度	22	22	89/34	40/27	35/20	29/30
昭和 18 年度	49	13	316/160	104/141	17/12	18/34

化は、青年期から壮年期初期の男性を兵士として徴用されたことが、とくに聾啞学校における女性教員の高い割合を生んだのであろう。

このような貧弱な実態に対するかなり抜本的な改善要求が、実際には、盲学校内部からなかったわけではない。しかし、教育の同業者として日常の仕事に従事している場合、公表することはできなかったであろう。近畿圏の盲学校教員と思われるH・Iは、大正一三年五月の『帝国盲教育』で、盲啞教育令までを第一期、それ以降を第二期「新時代」として、教員と教育の改善を要求している。教員の改善とは、小学校を退職した年輩の普通科教員、徒弟制の親方と変わりがない技芸科教員、そして校長である。いずれの教員も盲教育の専門家でなければならないという。盲人の心理学・生理学・教育学の研究、個性研究、「離間感覚」（感覚訓練）、実技の応用の場の用意、時代遅れの鍼按教育の革新、そして卒業後のケアの必要性を強調している（H・I［一九二四・五］）。盲啞教育令が公布された時期になっても、盲教育は、全体として陳腐化したままであったといえよう。

同じ時期に、別の地域の教員の歎きも切実である。大正一三年三月に東京盲学校師範科普通科を修了して、栃木県立代用足利盲学校の訓導になった赤坂茂男は、大正一五年に、盲学校教育の問題点を列挙している。盲児の貧困な境遇、点字習得率の低さ、徒弟盲生に多くみられる態度形成の不全と基礎教育の軽視、盲教育に特化した学科課程の教授基準の欠如、鍼按組合の盲教育に対する関心の低さと人格向上の必要性（赤坂［一九二六・四］）。盲教育の内実は、近畿圏と同じように、旧態依然であったことが分かる。なお、肝心の鍼按の技術力については、盲学校生徒は徒弟生に比べて劣るという声があったという。昭和戦前期においても、このような教員の質が抜本的に改善されることはなかったのである。

(2)　川本宇之介・大河原欽吾・有田喜太郎の著作における教育目的問題

①概観

この時期には、上記の雑誌等のほかに、盲教育に関する著作が刊行された時期でもあった。これらを通して、当時の指導的な立場にいた人々が、盲唖教育の質をどのように認識していたのかを明らかにできる。昭和三年、川本宇之介が『盲教育概観』（盲人信楽会）と、東京盲学校教諭（教務主任）・大河原欽吾が[68]昭和一二（一九三七）年に『点字発達史』、一三年には『盲教育概論』（培風館）を出版しており、また、県立福岡盲学校長・有田喜太郎が、昭和一二年に『改訂増補　盲教育の建設』（福岡県福岡盲学校研究会）を出版した。このほかに、川本は、昭和一〇年に東京盲学校師範部講義概要（序）である『内外盲教育史概要』（孔版）を刊行している。本書は全三一〇頁の大作であるが、刊行形態からして流通は関係者に限られていると思われるが、重要な記述が含まれているので、適宜、言及する。

川本の『盲教育概観』は、大正一四年に刊行された『聾教育概説』（中文館書店）の盲教育版であろうが、構成はやや異なる。聾教育版では欧米の聾教育の歴史（第一編）、欧米の聾教育の現状（第二編）、そして聾教育の原理（第三篇）という構成である。しかし本書では、聾教育の原理は口話法の観点からの教育論であり、学校組織の第八章だけが、概説に相応しい内容となっている。それに対して『盲教育概観』は、欧米視察で学んだ歴史・沿革と現状が主な内容という点では、聾教育概説とほぼ共通しているが、注目すべき内容が二つある。それは、盲人を対象とする社会教育および社会事業（第九章）と「新盲教育の発揚とその施設」（第八章）という内容である。ことに後者は、上記の秋葉馬治の所論と共通する問題意識がある。

つぎに大河原欽吾の二つの著作のうち『点字発達史』は名著の誉れが高く、類書がないこともあって、昭和二九年に再版され、さらに昭和六二年に点字発達史復刊委員会から刊行された。大河原は、高崎中学校や群馬県女子師範学校の教諭を経て、昭和八年八月から一三年八月まで東京盲学校に教諭として在職した。『盲教育概論』はまさしく概論書であり、視力と失明原因、盲人の定義から始まり、盲教育の総説と段階、点字、教員養成に及んでおり、欧米と日本の盲教育史を踏まえて日本盲教育の課題を提示している。大河原の筆致は穏健であるが、秋葉と川本と共通する日本盲教育の課題を提示した、文字どおり、日本最初の盲教育概論であった（明治三六年の京都盲唖院の『盲唖教育論』は教授論）。さらに有田喜太郎の著作であるが、人格主義的教育学の立場からの盲教育の再構成を提言した著作である。本書は、昭和八年八月の第五回帝国盲教育会研究大会で有田が発表した「盲教育の建設」（有田［一九三三・一二］）を改訂したものである。

②目ざすべき盲人像と教育目的論

これらの著作について、当時の盲教育の実態と関連づけながら検討する。彼らに共通する第一の論点は、極言すれば教育が目ざす盲人像であり、教育目的である。いわば、教育の根本的な問題において、一般的な盲教育関係者とは認識が一致していなかったことを意味する。

川本は、秋葉が『盲教育の友』創刊号において現行の盲教育には極めて問題があることを指摘した一年前に、その著書『盲教育概観』において一章を割いて盲教育の革新を訴えた（川本［一九二八］一四七－一六六頁）。盲教育の現状に対する彼の批判は、過度な実利主義と職業教育に偏した教育にあった。川本は、盲人の潜在的な可能性を引き出し、調和的な心身の発達を備えた人格者の育成こそ、盲学校教育が目ざすべき「新盲教育」であるとする。議論としては、まことにそのとおりであった。

この点は、実利主義教育を求める親および鍼按業盲人と経費のかからない教育を求める社会が共有している。いいかえれば、障害当事者としての盲児と親方の間にも、盲児の保護者の間にも、利害が共通しない部分があったことになる。より良質で高度の教育を提供する教育機関は、より長い教育期間を提供するからであり、それが盲児にとっては有利になることは、一般的にいえることであろう。

有田喜太郎もまた、従来の盲教育を克服しようとしたと考えられる。有田は、昭和六年三月、福岡第一女学校（実業学校令に基づき、大正一四年開設）校長から、福岡盲学校長に転じた。したがって、昭和八年八月の帝国盲教育会の第五回研究大会での「盲教育の建設」は、盲教育の経験わずか二年半の「新まい校長」（有田［一九三七］木村柳太郎の序）が打ち上げた盲教育の本質論である。有田は、研究大会において、盲教育の本質に拘って毎年のように発表した。「盲教育の建設」の前に、「社会に要求したき盲教育の再認識」(有田［一九三四・六］)がある。これらの研究発表を聴き、最初の『盲教育の建設』版を目にした「日刊東洋点字新聞社」主幹の木村柳太郎は、それまでの盲人に関する社会問題や外国情報を主とする研究に飽き足らなかったが、有田の著作が、盲教育の本質的内容と組織体系に関する研究を開拓するものとして歓迎している(有田［一九三七］木村の序)。また、文部省図書局編輯課長・藤本萬治も、盲教育関係者が、「明日の我が盲教育を如何にすべきかといふ盲教育のよりよき将来性に向っては……明確なる目標と適切なる方策」をもっていない現状を変えうるものとして、本書を推奨している(有田［一九三七］藤本の序)。

たしかに有田は、盲教育が人格的教育を行わず、職業教育に限定された結果、鍼按という職業すら賤業視されるようになり、一種の侮蔑のラベルとなっていることを指摘し、視覚欠損による精神的・身体的な特殊性を克服して、盲人においても普遍的全人格の妥当性と可能性を開花させる盲教育を唱導したのである。すなわち、晴眼者本位にできている社会において、視覚以外の感覚を通じて心身の能力を多面的に修練することにより、精神生活と社会生活において盲を超越し、晴眼者に伍して生活活動できるようにする教育である。これこそ、人格者としての国民的教養の獲得による有為な日本国民としての育成を目ざしたのであった(有田［一九三四・九］五－七頁。有田［一九三四・一一］一一－一四頁)。

しかし、有田の発想自体に独自性があるわけではない。彼の人格主義的盲教育論は、大正末期以降から昭和一〇年代前半まで日本の教育界を風靡した、人格主義に基づく教育学説の援用に過ぎないからである。しかしながら、彼の盲教育論は、「国家非常の時局に際会」した今、国家総動員の活動に参加し、国民的更生に参加できる盲人を育成するという、無力や保護救済という過去の盲人観と訣別した画期的な内容をもっていた。それゆえ、生徒にも「有田教育」「有田精神」として、相当の影響を与えたことは、当時の生徒の回想から推測できる(福岡県立福岡盲学校［一九八〇］一一、二六頁)。また、有田の人格重視学説の導入時期と近かったことから、新教育運動に源をもつ秋葉馬治にも繋がっていた。秋葉は、「人格尊重と盲人教育」を大正一五年三月に発表している(秋葉［一九二六・三］)。

③人格と権利の主体としての盲人

第二に、第一の論点と関連するのであるが、三人の著者に共通する論点は、盲人の位置づけの根本的な転換である。人格や権利の主体として、社会の側からではなく、盲人の側から盲教育を再設定しようという提案である。有田においては、人格という普遍性の適用とその方法を明示した。これらの点は、大正デモクラシーとその余韻という時代的背景が影響している。盲唖者に限らず、大正デモクラシーという雰囲気は、一時的には、学校教育から排除された子どもたちに関心を集めたことは、確かであった。

④ 盲学校外部からの提言

第三の論点は、このような盲教育の革新と体系化の要求が、盲学校内部ではなく外部から提起されたことである。たしかに川本宇之介は、大正一三年八月三一日から昭和一〇年三月三一日まで、東京盲学校教諭を兼任していたが、元来は、公民教育と職業教育の講壇学者であり、大正末期以降は、口話法運動の中心人物であった。元来の専門分野ならびに口話法の唱導とも関連するが、そのような盲教育の内部からではなく、そしてまた、欧米視察という外部的観点が、盲教育の日本的特徴あるいは後進性を際立たせて注目させたのではなかろうか。

大河原欽吾も、元来は、中等教育や師範教育の専門家であって、盲教育に関連した上記の著作を刊行するまでの時間は、たかだか四～五年に過ぎない。そのような教育界の他の分野からすれば、日本の盲教育が「我国の社会事情に即応して発達した」とはいえ、「今後格段の改善を加へ内容の充実制度の完璧を期すべきもの甚だ多い」。また、科学的研究が欠如しているがゆえに、「東西古今の成績に照らし厳密なる学的方法に依って妥当なる帰趨を求め、此処に渾身の努力を傾注し」、「科学的研究と其の適用とは此の期にきせられるべき重要部面である」（大河原［一九三八］自序）。この点でも、秋葉がかつて提起した問題と同じである。

有田に至っては、盲学校にはまったく勤務した経験がなく、別世界から着任した。それゆえ、何のしがらみもなく、新生の県立学校としての盲学校に実体を備えるべく、大いなる抱負を抱いて学校経営に取り組んだものと思われる。

(3) 盲教育における中等教育の欠如

川本の提起する教育目的論は、盲生徒の進路にも連動する。日本の盲教育は職業自立という実利主義に走りすぎていて、「一般陶冶」、「教養」の向上、心身・情意の調和的発達、中等教育、高等教育、教員養成に欠けているというのである（川本［一九二八］一四九－一六二、一七〇頁）。それでは、盲教育における中等教育の実態はどうであったのだろうか。大正一五＝昭和元年から昭和二〇年までの中等部普通科在籍数の推移は、表8－8－1に示してある。中等部生徒数は、とくに盲学校において急増し、昭和七年には約一・六倍になっている。そのなかで、普通科に進学している生徒は僅少であり、その割合は中等部生徒数のわずか五％程度である。聾唖学校でも同じ状況であるが、中等部生徒数はさらに少ない。

川本の盲学校教育の現状に対する批判はますます厳しい。趣味や情操が軽視されているから、その向上のための手段や環境は乏しい。そのことが、盲学校の雰囲気を潤いに欠け、生徒の「求知心」も乏しくし、高い情操も重視されず、実利主義に基づき、「手取早く職業を授ける……ことに集中している」。そして彼の批判は、中等部の実態に進む。「今日盲学校中等部に普通科をおいてある学校はあるだろうか。たとひあってもそれは殆ど名前だけのものであるだらう」（川本［一九二八］一五六－一五七頁）。川本の著書が刊行された昭和三年度の文部省年報には、中等部普通科に在籍している生徒数は、公立校が男三三名、女七名、私立校は男子のみ一九名に過ぎなかった（文部省［一九三三］三九三頁）。

こうして川本は、中等部に普通科を設置・充実させて、全体の教養を高めつつ、高等教育への道を開くことで、盲人の指導者を輩出させることを期待する。そのことを通じて、「盲教育の大革新」を実現できると考える。中等部を設置すれば基礎教育を充実させる必要があるから、初等部教育も革新・充実可能となるという。川本にとって、この革新は「盲教育の魂を改めること」であった（川本［一九二八］一五七－一六一頁）。

これらの隘路の所在は、初期の師範学校を卒業した福島訓盲学校の宇田三郎校長や、高等教育を一時期受けた神戸訓盲院の左近允孝之進院長がかつて主張したことと一脈通じる点があることを考えると、日本の盲教育において、かなり根が深い問題であった。しかしその源は、川本が主張するほど容易でない問題であろう。盲唖教育の質の問題は、一つには、明治時代当初から教育機会の平等性と学校または学歴の属性化という問題の結果であったからである。もう一つは、理屈のうえで川本説が正しいとしても、果たして社会的に受容されたのかは、第一章でみたように、小西信八の教育目的論の変遷をみれば、おおよそ推測できるであろう。障害児の特殊教育には好意的な人物ですら、「特殊児童に対して職業を指導し、職業教育を施す」ことが最も重要であると考えており、強調するのであるが、そこには中等教育と関連づけて職業教育を考慮する余裕は微塵もみられない（XYZ生［一九三四・四］）。

(4)　盲人の高等教育の少数例と新しい社会進出

大正初期には、子弟の能力と一家の資力を忘れても「高等なる学校」への進学が時勢となりつつあり、それに対する批判も出てきた時代であった（嘲仙人［一九一四・三］）。しかし、高等教育の機会に恵まれた障害者が少数例であったことは、日本社会の特徴であろう。盲教育の当該分野外における排除は、盲人の官学の高等教育への進学例がほとんどなかった（帝国大学への進学は皆無）ことから理解できるであろう。明治三六年に、東京盲唖学校卒業生で同校雇であった盲人二人が、帝国教育会の論理学講義を聴講したことがニュースになったこと（盲人の論理学聴講［一九〇三・二］）は、盲人は、より上級の教育を受ける機会がなかったこと、それが盲人に意欲がなかったためではないことを示唆するといえよう。

川本は、昭和三年の『盲教育概観』における盲教育の現状批判において、盲人の大学等高等教育への進学者の少なさも指摘した。日本の高等教育における排除性と特権性は、ほぼ同じ時期のアメリカと比較すれば明白である。アメリカの大学進学者の盲人数は、年に一〇〇人近かったという（Best［一九三四］三五一頁）[69]。日本では、大戦前に国内で高等教育を学ぶ機会があった盲人はわずか一〇人ほどにすぎなかった。好本督（一八七八－一九七三）は東京高等商業学校（現在の一橋大学）を卒業しているが、失明は卒業後であった。表8－9－4は、大戦前までに高等教育を受けた経歴のある盲人を示している。

高等教育の機会を提供した学校は、当時、旧制専門学校だった関西学院（大学昇格は昭和七年）が、牧師・熊谷鐵太郎（一八八三－一九七九）、社会事業家・岩橋武夫（一八九八－一九五四）、盲人福祉事業家・大村善永（一九〇四－一九八九）、瀬尾

表 8-9-4　高等教育の機会があった盲人

	生没年	経歴	主たる活動
左近允孝之進	1870 ～ 1909	明治 21 年 10 月、東京専門学校政治科入学、22 年 2 月除籍	神戸訓盲院創設者、点字出版
好本督	1878 ～ 1973	東京高等商業学校卒業後に失明。オックスフォード大学入学	実業家
熊谷鐵太郎	1883 ～ 1979	北海道美谷村で出生。3 歳で失明。北盲学校入学、明治 33 年、札幌教会で洗礼。35 年、東京盲啞学校入学。39 年、横浜訓盲学校教員となる。大正 2 年、関西学院神学部入学。卒業後、大阪、柳井、宇部、広島、御影、国東、佐賀関の各地で牧師を歴任	キリスト教聖職者
石松量藏	1888 ～ 1974	九州学院神学部（明治 45- 大正 4）。大正 5 年、早稲田大学文科哲学科聴講生	キリスト教聖職者
齋藤百合	1891 ～ 1947	愛知県出身。旧姓名・野口小つる。3 歳時に失明。岐阜聖公会訓盲院（明治 35-41）、卒業後、同校の代用教員。明治 41 年キリスト教受洗→東京盲啞学校師範科鍼按科（明治 44 年 4 月－大正 2 年 3 月）→大正 4 年に岐阜聖公会訓盲院教員→福島県出身の齋藤武彌（明治 4 年東京盲啞学校尋常科、大正 4 年師範科鍼按科卒業、林病院勤務）と結婚→東京女子大学（大正 7 年 [特別学生]- 中退）→『むつぼしのひかり』編集	社会事業家
岩橋武夫	1898 ～ 1954	大阪市出身。天王寺中学校（大正 4 年 3 月卒業）→早稲田大学理工科採鉱冶金科（大正 6 年入学－大正 7 年 7 月中退）→関西学院文学部英文学科（大正 8 年 4 月 [聴講生入学か] －大正 12 年 3 月）→大阪市立盲学校教員（大正 12 年 4 月－昭和 10 年 3 月）→エディンバラ大学文学部文学哲学・英文学（大正 14 年 9 月－昭和元年 7 月）（MA）→関西学院講師（昭和 3 年 4 月－ 19 年 3 月）、10 年 10 月ライトハウス創設	社会事業家
大村善永	1904 ～ 1989	旅順中学校→第六高等学校中退→農業 [病気] →関西学院（昭和 4 年 4 月 [無試験]-8 年 3 月）	盲人福祉家
佐藤和興	1907 ～？	大正 7 年岐阜訓盲院入学、11 年卒業。昭和 2 年 4 月、日本神学校、7 年 3 月卒業。25 年川越市ハレルヤ教会牧師	キリスト教聖職者
内山茂實	1910.4.4 ～？	山口県出身。関西学院専門学部文学部英文科昭和 8 年 4 月入学（試験） － 11 年 3 月卒業。11 年 4 月中等教員（英語）合格（無試験検定）	キリスト教聖職者
瀬尾真澄	1916.7.25 ～？	愛媛県出身。大分市春日町尋常高等小学校→大分県立盲啞学校中等部卒→関西学院（昭和 10 年 4 月？聴講生 -15 年 3 月神学部本科卒業）	キリスト教聖職者
下澤仁（まさし）	1917 ～ 1999	神奈川県出身。横浜訓盲院→関西学院聴講生昭和 11 年 1 月→関西学院神学部 16 年 3 月	キリスト教聖職者
本間一夫	1915 ～ 2003	函館訓盲啞院→関西学院英文科聴講生昭和 11 年 4 月→文学部卒業 14 年 3 月（聴講修了者とも）/ 3 月英文科中途卒業とも？	日本点字図書館創設者
高尾正徳	1915 ～ 1990	島根県出身。前歴不詳。関西大学社会科聴講生（政治学）昭和 12 年 4 月 -15 年 3 月専門部文学部社会学科卒業	キリスト教聖職者

出典：室田（2013.4）。安在（1991）。岐阜県立岐阜盲学校（1994）85 頁。鳥居・山下編（1956）。

真澄（一九一六－？）、内山茂實（一九一〇－？）、日本点字図書館創設者・本間一夫（一九一五－二〇〇三）、下澤仁（一九一七－一九九九）、高尾正徳（一九一五－一九九〇）の盲人や古武彌正（一九一二－一九九七）のような強度弱視者を積極的に受け入れた[70]。

入学方法は無試験だったり、聴講生としての入学だったりしたケースが多いように思われるが、細部については、正確を期し難い部分はある。入学資格については、岩橋と大村は、高等教育課程の学業途中で失明しているので問題にならなかったであろうが、内山は試験を受けて入学し、瀬尾以降の盲人学生は、ひとまず聴講生として入学してから、おそらく課程修了能力を見定めたうえで本科に編入したようである。岩橋と本間は文科英文科・聴講生、大村（四年制）と内山（三年制）は文学部英文科、高尾は文学部社会科聴講生として入学しており、それ以外は、神学部籍である。

しかし、表8-9-4のうち、大村善永以降は、C・J・L・ベイツ院長（Cornelius John Lighthall Bates 一八七七-一九六三）が、昭和四年以降一五年までは途切れることなく盲人に高等教育を提供したのである。なお、関西学院に入学した盲人全員がキリスト教徒である。

また、岩橋の場合は、文部省認可の専門部文学部の正規の常勤講師として、昭和一八年度まで勤務している。古武はアメリカ留学を経験し、後に高名な生理心理学者になり、さらに関西学院大学長と兵庫医科大学理事長を務めた。

石松量藏（一八八八-一九七四）は明治四五年、九州学院神学部に入学、大正四年に卒業した。大正五年には、東京専門学校（早稲田大学、大学昇格は大正九年）文科哲学科に聴講生として入学した。全盲の聴講生・石松に入学が許可されるまでに「再三再四交渉」が必要で時間を要したが、教授も学生も受容的だったという（石松［一九二二］一七一-一七四頁）。なお石松には、『盲人心理の研究』（一九二五、一九五六［改訂版］）の著作がある。鳥居篤次郎（一八九四〜一九七〇）は大正六年二月、同志社に入学を懇願する嘆願書を提出したが実らなかった（直居［一九八七・五］一九-二二頁）。

齋藤百合（一八九一-一九四七）が受験した新設の東京女子大学の入学試験時の面接では、二児の母親で盲の女性であった齋藤に対して、学長代理の学監・安井てつ（一八七〇-一九四五）から、入学に否定的なことばが投げかけられたという。斎藤は結果として、大正七年に特別学生として入学が許可されたが、後に退学することになる（粟津［一九八六］五四-五五頁）。

こうして、盲人がより高度な教育を受ける機会は、一部の高等教育機関に限られ、少数の盲人だけに提供された。より高度な教育の機会は、東京盲唖学校の教員練習科（東京盲学校師範科・師範部）に進む以外に、事実上、閉ざされていたことになる（石松も、この進路を考えたことがあるという。阿佐［一九九三］四三頁）。表8-9-4の佐藤和興のように、神学校入学や卒業までに時間を要しているのは、鍼按で学費・生活費を稼ぎながらの勉学だったからである。仮に大学等に入学しても、失明すれば勉学継続不可能として退学を余儀なくされたであろう。就職後も同じである。明治二四年に岐阜聖公会訓盲院を創設した森巻耳（一八五五－一九一四）は、悪性の眼疾により岐阜県尋常中学校教諭を辞職している（第一章）。

また、正規の高等教育を享受するには、海外の大学等に途を求めなければならなかった。前出の好本督が開拓者だった。彼は経済的条件にも恵まれ、イギリス・オックスフォード大学においてその途を拓き、意志と能力ある次の盲人世代を援助した（森田［二〇一五］を参照）。それが、点字毎日初代編集長・中村京太郎（一八八〇－一九六四）と岩橋武夫（一八九八－一九五四）である（中村については森田［二〇一五］を、岩橋については室田［二〇〇九・三］を参照）。

三二歳の中村京太郎が学んだのは大学ではなく、アメリカの盲学校音楽教師であったフランシス・ジョゼフ・キャンベル（Francis Joseph Campbell 一八三二－一九一四。一九〇九年にSirに叙爵）がイギリスのサウス・イーストに一八七二年に創設した盲学校、Royal Normal College and Academy of Music for the Blind であった。課程は、予科・初等科、中等科、師範科、技術科、音楽科があり、職業自立が目的であった。[71] この盲学校生徒は、一五歳までの盲児が大半であったから、中村は師範科の聴講生のような立場であったものと思われる（在籍期間の年次報告の生徒名簿には、中村の氏名は見当たらない）。

岩橋武夫は、大正五年に東京専門学校理工科採鉱学科に入学したが、網膜剥離を患い、翌六年に退学した。大阪市立盲啞学校を経て、表8-9-4で示したように、大阪市立盲学校教員を務めた後に、関西学院で学んだ。その後、エディンバラ大学文学部で英文学等を学び、文学修士を取得した。

以上のような高等教育からの盲人の排除は、日本の近代化の遅れが歪んだ形で進行していたことの現れであることは間違いない。高等教育を利用できた国民の割合が低かったことも、その要因の一つといえなくはないが、入学した大学生が失明すると、視覚以外の手段で学業を継続する可能性を検討することなく、退学せざるを得ない社会は、先進国では存在しなかったのである。

障害者のより高度な教育機会の問題は、とくに盲人の場合、いわゆる新職業問題と関連する。明治期以降、盲であるがゆえに音曲や鍼按以外の進路を閉ざされる不合理を甘受しなければならなかった。例外的に少数の人々だけが、高等教育の機会に恵まれ、自分で選んだ職業を得た。熊谷鐵太郎のように、盲学校で学んだ鍼按を活かしながら、あるいは依存しながら、聖職者のキャリアを開拓した先人もいた。日本社会は、塙保己一や谷三山のような盲や聾唖であっても偉大な学者として敬意を示してきた歴史をもちながら、海外留学において社会的に活躍している障害者を見聞したであろう知識人は、日本の官立系高等教育機関が盲人を排除してきたことに、なにゆえに違和感をもたなかったのであろうか。

明治期から、盲であっても定型的な職業以外の道を目ざした人々はいたのであるが、大正期において、鍼按や音曲以外の道に進みたい希望は、高い社会意識と繋がっていることがわかる。岐阜訓盲院の点字雑誌『星影』[72]は、同窓生だけでなく、広く盲人に読まれたというが、四四号（大正四年四月）「紅灯生[73]」の「盲人の職業」と題する短文を掲載している。鍼按にも音楽にも適しない盲人は、積極的に他の職業を開拓すべしというのである。このような表現に類似した主張はあるが、「適しない」は能力不足とは逆の高い能力という意味も含まれているだろう。

この時代においても、盲唖学校目的としての独立自営は孤児院や非行児施設と同じで、客観的状況は、この目的から逃れることはできなかった。むしろ固定化していたといってよいだろう。しかし、学校経営者としての独自性は、潜在的にではあれ、さまざまな進路を求め始めた盲生徒に対して、盲人の経済的な負担化を防止するという盲学校の社会的目的に対して、どのように対峙したのであろうか。盲学校の県立移管は新職業という密やかな動向にどのように作用したのだろうか。新世代の県立盲学校の校長は、戦時期という時代環境において、社会が期待した狭小な目的を果敢に突破しようとして失敗した松村精一郎や左近丞孝之進のような先例に鑑みて、職業自立という社会的目的を固守しようとしたのか、斬新な何かを含む目的を夢想していたのだろうか。

(5) 盲の教育関係者の問題

川本の教育目的に関する提唱には、今までにない観点がある。それは、盲人自身に対する批判と改善要求である。秋葉では間接的な表現であったが、川本は直接的である。「多くの盲人が物質的な考があまり強く、そしてその思想や趣味や、或は徳性までも之を深く、高く発達させようとしない。盲人は何だか常識に欠けて居る偏狭ではないか、あまりに我執が強くないか、趣味が低いではないか、寛容の精神に乏しいではないかと、多くの人から疑はれる」ようなことがあれば、盲人にとって大きな損失であるという。もちろん川本は、このような盲人の傾向が先天的であることを否定し、徳川時代における保護制度と明治初期における保護制度の廃止という環境的産物であるとする。また彼は、当時の高名な盲人指導者名を挙げて反証もしている（川本［一九二八］一五二、一五三、一五六–一五九頁）。

しかし、川本による盲人批判やこの観点は、教員の項で述べたように、川本だけにみられたわけではない。昭和二年、県立移管した岡山県盲唖学校初代校長に抜擢された妹尾熊男が大戦後の回想において、昭和初年の頃の盲人教員について述べている内容も、かなり厳しい批判となっている（妹尾［一九四八・五］一二頁）。妹尾が初めて盲学校に着任した昭和二年から回想が始まる。

（盲学校は）予期した以上に、別天地の感が深かった……（盲人の）教育者そのものが常識で考えられない変なところが有ったからだ。……職業意識の強い、我利々々の御大」が多く、勢力を占めているので、「純教育の見地に立って意見を交換しても、とんと共鳴が得られない。（全国盲唖教育会）総会などでの論争はとても激しいもので、向こうみずの議論であった。……会議の決議事項でも気に入らねば即座にぶちこわされる始末」だった。

妹尾は、小学校との交流試行や臨海教育等を盲唖学校にいち早く導入し、また、県視学を歴任した人物であるから、教育界や教員に対する彼の観察や評価は信頼できるであろう（後述するように、昭和一〇年代末期の口話法からの彼の離脱には、厳しい批判が放たれる）。

ここで批判の対象となっている盲人とは、鍼按業従事者と教員を主たる対象としていると思われるが、モデルとなるべき盲人自身が彼らの理想から離反している現実は、盲教育関係者にとって困惑した事態であったことは間違いないであろう。こうして、盲教育の革新論が外部からしか提起できなかったことは当然であったといえよう。

なお、大河原欽吾は、盲教員の得失に触れている（大河原［一九三八］一八六－一八七頁）。

(6)　盲教育と聾唖教育における質

妹尾は、教育の質にかかわる事項についても、端的な評価を下している。「其の頃は私立学校が多く設備・内容から言ってもみるべきものは極めて少なく、手取早い処、寺子屋式で有ったと思ふ」（妹尾［一九四八・五］一二頁）。生徒の年齢が、下は一〇歳の盲児から上は五〇歳近い成人までいるし、生活経験も極めて多様で、教育によって目ざす方向も一致しないなかで、教育の目標は自ずから、一刻も早く自立するという切実さが優先されることになる。それゆえ、神都訓盲院に見るように、盲学校には、社会事業と学校教育の中間的な学校もあり、社会事業的な盲学校も存在し続けることになる

川本宇之介は、昭和五年の年頭に帝国盲教育会機関誌『盲教育』巻頭で、盲教育の現況を示す。各地の盲学校・聾唖学校の公立化は「府立いかん（移管）にとどまり、内容の改善のみるべきものはない」、しかも、（盲学校及聾唖学校令の規程にもかかわらず）「盲唖の併置が依然として存続」し続けていることは「奇怪」である。また、人口が多くない地方で盲唖学校が「乱立」し、「小校分立して挑み合う」現状は、教育上も経済上も適当ではない。また、教員の質も、「盲人の理解」に基づく「訓練能力」が不足している。

さらに手厳しいのは、「盲教育に関するすべてのやり方は……でたらめが多く、勝手が過ぎている。それゆえ、老練の教員も新米の教員も「何の変わりもない」。盲教育の現状は、教育以前の問題状況にあるのだから、「初めの一歩より建て直しをやる必要がある」。この筆者は、就学奨励、点字教科書、教員養成、教具・模型・標本の問題にも触れている（年頭言［一九三〇・一］）。

盲教育の質の向上に強い意欲をもつ校長の試みが、必ずしも成功するわけではなかった。昭和一二年七月、大阪市立盲学校長に岐阜市学務兵事課長・福士繁吉が任ぜられた。福士は、校風刷新と教育水準の向上、そして全人教育のために、盲教育に経験のない師範学校や大学卒の教員を導入したことが、中等部生徒による同盟休校事件を引き起こすことになり、新聞紙面を賑わせる事件となった（大阪市立盲学校七〇年史編集委員会［一九七〇］一〇二－一〇六、一三五－一四四頁）。福士もまた、通常教育という盲教育の外部的観点から盲学校教育の改善を着想したと思われるが、それは、彼が、各地の師範学校教諭および附属小学校訓導や教育行政官を経験して得たことである。しかし、福士校長が期待した新任教員の高い教科的指導力と中等部生徒に対する期待との間にはギャップがあり、同時に彼らが盲教育に未経験であったことと相俟って、盲学校において長年にわたり教員と生徒によって構築されてきた盲教育構造を変えることは困難だったように思われる。

聾唖教育では教育の質は改善されたのであろうか。大阪市立聾唖学校の高橋潔は、驚くべき体験を語っている。高橋は、大正三年、東北中学校教諭を辞して大阪市立大阪盲唖学校助教諭に任じられたが、着任早々の体験を昭和六年に回想している。それは、聾部主任の老先生は「彼奴等（聾唖児）は犬猫同然だから修身の話をしても駄目だ……仮令できてもそれは猫に小判だよ」といい、別の教員は、「聾唖教育に於ける訓育はこれに限るよ」と拳固を示したという（高橋［一九三一］八－九頁）。高橋はまもなく、老先生の指摘が事実に近いこと、そして、それが乳幼児期からの聾に基因する養育者との情緒的交流の欠如にあることを知る（高橋［一九三一］一二五－一二七頁）。

聾唖学校でも、県立移管、そして義務化に向けて営々と努力を重ねてきて、ほぼ県立移管が完了し、中等部も整備されてきた昭和一八年に、言語指導法の問題が絡み、また戦時体制にあったとはいえ、中等部不要論が聾唖教育界の一部にあったという（古谷［一九四三・一〇］一一－一三頁）。すなわち、初等部修了後の一〇代前半での就職である。これは、上記の高橋の回想とも一致する。こうしてみると、特殊教育がそれなりに普及した段階になっても、特殊教育の本質が学校内部で必ずしも理解されていなかったことになる。その一つの例は、一般学科目の教育が「閑却」されていたことである。戦時末に近い昭和一七年に、岡山県盲唖学校長の妹尾は「茲一〇年間普通学科目研究発表と言えば……一度あった程度」(妹尾［一九四二・九］一二頁)という。初等教育界での生活が長かった妹尾にとって、盲唖学校教員の士気と教育向上の緩慢さには満足していなかったようである(妹尾［一九四二・七］も参照)。しかし貧困家庭にとっての優先課題は、子どもの障害の有無にかかわりなく早期就職であり、基礎教育が眼中になかったことはすでに見たとおりである。それゆえ、学校側と貧困家庭の間には、この点での共通理解は成立し難かったといえるだろう。

しかし、中等部の要・不要問題、指導上の規律、そして言語指導法は複雑に絡み合った問題のようである。たとえば中等部を設置したり、児童生徒の主体性や自発性を尊重すれば、問題が解決するような単純な問題ではなかった。中等部は聾唖学校間にも、一般の中等学校との間にも、大きな差があったように思われる(盲学校の場合も同じであろう)。樋口長市によれば、聾唖学校の予科と初等部合わせて九年間の教育によって、学力は尋常小学校四年生以下であるという(前述したように、言語能力は三歳児以下)(樋口［一九三一・六］四頁)。口話法論者のかつての期待どおりのように、低学力の聾唖児を受け入れてくれる一般の中等学校はないとすれば、聾唖学校の中等部だけが進路先になる。しかし、その時点では就労好適年齢になっているし、家庭の経費負担困難の問題もある。中等部への教育需要は確実ではなかったのである。

ただ、一律に同じ程度の評価が適用できるわけではなかろう。たとえば、聾唖教育の評価のうえで、昭和一〇年に藤本敏文編により刊行された『聾唖年鑑』の偉業は欠かせない。本書は、本文八三九ページという大冊である。しかし、聾唖に関する医学・教育だけでなく、文芸・美術・映画・演劇、法律、職業問題、スポーツ、宗教、関係団体、人名録まで、空前絶後の内容に驚嘆する。なお、本書の一〇名の著者の一部は聾唖者で手話法主義者である。手話法の観点から聾唖教育関連の情報を体系化するという藤本らの動機には、口話法に対する一種の危機意識があったのではなかろうか。

(7) 全国組織と地方支部における実践研究の開花可能性

全国的な会合は明治末期から開催されている。その整備状況について川本(一九三五・一二)を参考に整理すると、以下のようになる。明治三九年一〇月には全国聾唖教育大会が開催された。四〇年には、初めて全国盲唖教育者大会が開催され、四一年に開催された後、四四年以降は隔年で開催された。大正九年一一月には帝国盲教育会が結成され、翌一〇年四月には機関誌『帝国盲教育』が創刊された。日本聾唖教育会は少し遅れて、大正一三年五月に結成され、翌一四年一〇月に第一回総会が開催された。この総会に文部省から口話法の教授方法について諮問があった。一四年には機関誌『聾唖教育』が創刊され、昭和八年からは特別号として「協同研究会記録」が刊行された。盲も聾唖も、全国大会は同じ場所で、しかし別々に開催された。また、これ以降、当番校を委嘱して総会が開催され、あらかじめ研究課題を発表して、発表を募集した。地方部会は、設置の時期はさまざまであり、九州中心の盲唖学校では早くも明治四五年五月には、二日間にわたり、五校の代表と会場校・長崎盲唖学校の教員等、二一名が長崎盲唖学校で「第一回西部盲唖教育協議会」を開催している（西部盲唖教育協議会［一九一二・一一］）。地方部会は、しだいに全国的に設置され、地域間の盲唖学校の交流が行われていく。

とくに機関誌の定期刊行は、大きな意義があったと思われるが、盲と聾唖では性格はかなり異なる。盲では、町田時代はドイツ語圏の紹介が主であり、聾唖では比較的バランスがとれた内容であった。これは、会長の意向の違いであろう。また、聾唖では、口話法運動雑誌も出てくる。それゆえ、手話主義者にはますます『聾唖教育』の位置は重要だった。

このように、大正末期に至り、相当なエネルギーと資金を用いて、研修・研究・交流が同業の人々の間で行われたのであり、それなりに成果があったというべきだろう。

しかし、その活動の質については、開催回数や参加人数の増加をもって、改善されているとは必ずしもいえない。これは、すでに述べたように県教育会の運営や活動でも同じような問題が起こっていたが、実践研究において経験の浅い盲唖教育界であったから、問題はより大きかった。そのうえ、戦時体制が進行することによって有為な人材が欠けていくから、問題はより深刻でもあったといえよう。

昭和七年七月に第五回帝国盲教育会総会・研究大会について、東京盲学校の密本勝之助が「雑感」を述べている（密本［一九三二・八］一一－一三頁）。密本は、「多少の遺憾を感ぜざるを得ないものがあった」として、「より深く論理を見つけ出すこと、より深く経験の理論化をすると云うこと」を挙げている。それをさらに分析して、討議の時間・議題の数・討議する必要のない議題、進行技術、討議できるだけの知見と関連させている。そして、「異状の活気と緊張」が近来稀であったと述べている文章は、研究大会の運営について改善を要するとの評価であろう。

全国大会は、一年前から研究課題が予定されているから、準備期間があったはずであるが、樋口長市の批判のように一夜漬け的な研究が後を絶たなかったとみえる。準備期間が全国規模の大会ほど厳密ではない地方大会のほうが、実践の質の実態が把握できるということになる。東京聾唖学校の石崎庸は「毒舌家」を自称しているが、昭和五年一〇月の日本聾唖教育会関東部会第五回大会の様子について述べている。彼は、参加校一一、参加者数六〇名以上が参加した初めての地方会参加で感じたのは、「会にみなぎる沈滞の気」であり、目にしたのは「会にひかれたみすぼらしき人々の姿！」であった。彼が大会の発表者に期待したのは、学者の説の紹介ではなく、生気のある、自己の日常の実践活動だった。理想の陳述ではなく、それを現実化する血のにじむような教授の発表だった（石崎［一九三一・一〇］）。こうして、比較的教育レベルが高い地域でも、士気と意欲や能力において、格差があったことが推測される。石崎からすれば、それは希望を示す暁鐘ではなく、晩鐘であった。

(8)　児童生徒の学校外の活動・他校との交流とその拡大

学校数が増加するにつれて、画期的な企画が盲学校でも聾唖学校でも誕生する。近隣に同種の学校がある場合には、東京盲学校と横浜訓盲院が盲人野球の対抗試合をやったように、学校間対抗が行われていたようである。これをさらに全国規模にし、定例化したのは、中村京太郎の尽力である。彼は、三三年三月から約四年間、母校の東京盲唖学校尋常科担当の教務雇教員を務めた（東京盲唖学校［一九〇二］三〇頁。東京盲学校［一九三一］一二一頁）。

大正一四年一〇月には第一回関西盲学生体育大会が、点字大阪毎日主催、帝国盲教育会近畿部会後援により、大阪市立盲学校で開催された。参加校は、岡崎から大分までの一三校だった（中村［一九二六・三］）。最大の趣旨は盲人の体育奨励に求められていたようである。昭和四年一一月、盲学生体育連盟主催、点字大阪毎日新聞社主催により、全国盲学生体育大会が開催された。参加盲学校は、近畿中心の一一校であった（中村［一九二七・一一］）。

しかしその半年前の昭和四年五月には、第一回関東北部盲学生陸上競技大会が開催されている。この大会の主催校こそ、東京の官立・私立盲学校であったが、後援団体として、文部省・東京府のほかに、点字大阪毎日・日刊東洋点字新聞社が参加している。そのうえ、参加校は、「関東北部」ではなく、岩手県や新潟県の盲学校も参加している（第一回関東北部盲学生陸上競技大会［一九二九・七］）。

また、昭和三年六月二四日、『点字大阪毎日』主催により、第一回全国盲学生雄弁大会が大阪毎日新聞社大講堂で開催された。参加盲学校は、東京・新潟・名古屋を除けば西日本に限られてはいたが、一六校の男子生徒が発表した（中村［一九二八・一一］）。

陸上競技や弁論大会とも、大学・中等学校等でも行われてきたから、それ自体、珍しいアイディアではなかったが、優勝旗や優勝杯を用意して継続事業として計画されたことで、各地の盲学校の年間計画となり、生徒の目標にもなったであろう。このようなイベントは、参加する生徒だけではなく、学校全体が応援のために大挙して集まることになる。こうして、盲学校児童生徒が、小規模な学校内の関係だけでなく、同じ障害をもつ各地の生徒と交流することは、生活や世界を拡大するうえで有効だった。ただ、経費上の負担が必要であるので、参加校の数は限られていた。また、盲学校関係者だけでは、規模の大きい活動は成立困難であった。大正一四年の関西大会では関西大学陸上部員の協力があったという。

また、登山も導入されている。松本市立盲学校生徒による大正一四年夏の燕岳（標高二七六三メートル）登山が初例であるという（藤田［一九二六・三］）。藤田惜三校長は、登山の意義をさまざまに列挙しているが、何よりも晴眼者と同等の能力の保持と達成感、そして自信の享受であろう。スキーは、昭和五年ごろから長岡盲学校で導入され、九年二月には校内競技会を実施するまでになった（福原［一九三五・一］）。本校のような積雪地帯では、盲児は、冬季には運動ができなくなるが、スキーを導入することによって剛健なる精神と身体を養成する好機となる。

いずれの活動においても、盲人としてのアイデンティティ形成に重要な意義をもったものと思われるが、広範な地域や全国規模を展望した弁論やスポーツの大会が大阪あるいは西日本中心に始まったことは注目される。昭和四年の全国陸上会議を主催した盲学生体育連盟は、帝国盲教育会近畿部会の主唱によって結成されたという。

同じように、聾唖児の各種大会が開催される。大正一五年一一月、日本聾唖協会主催で、第一回陸上競技大会が開催され、これ以降、やや不規則ながら、会場を各地で持ち回り、開催された。参加校も増えて、競技種目も多彩になる。また、地方大会も開催されるようになる。大正一一年からは、限られた地方ではテニス対抗戦や野球、弓道、卓球の試合も行われた（中川［一九三〇］五〇五頁以下）。

大阪市立聾唖学校の中川俊夫は、陸上競技大会の意義について、社会に対しては、聾唖者の存在を紹介し、聾唖者の聴者と同等の能力があることを認識させるとともに、聾唖者にとっては、参加者の親睦はもとより、努力すれば万能であることへの自信をもつ機会になることを挙げている（中川［一九三五］五〇四頁）。また、一九二四年に始まった国際聾唖オリンピック大会を紹介するとともに、専用競技場やプール等のスポーツ施設が日本にはないことにも言及している。

修学旅行は、大正二年には開始されている。対象は鍼按科生徒のみであったが、他県盲唖生との交流もあり、「実地経験上利益を得ること多大」で参加生徒の「歓喜は定召頗る大なりしならん」という（私立岡山盲唖学校盲生の修学旅行［一九一三・五］）。

(9)　点字出版物

昭和一三年七月、中央盲人福祉協会調べによる『点字図書目録』が刊行された。図書を分類すると、「文学」一九三、「詩歌」一六、「伝記」一一、「音楽」五四、「鍼灸学」一六八、「生理衛生」一一四、「学校教科書」九九、「辞書」二一、「哲学」一五、「自然科学」七、「歴史」六、「地理」五、「宗教」九七、「雑書」四四、「パンフレット」六三、「聖書、賛美歌」一一、「政治経済法律」三二であり、「追加」のうち、上記分類には含まれない盲唖教育関連の六点がある（中央盲人福祉協会［一九三八］）。

圧倒的に多いのが職業教育に関連した「音楽」「鍼灸学」「生理衛生」であるが、単独の分類では「文学」が最も多い。これには幼児対象の図書も含まれている。「宗教」「パンフレット」「聖書、賛美歌」には、仏教も含まれているが、キリスト教が圧倒的に多い。

以上のように、点字図書の総点数は相当に増加したが、その内容は、職業教育と宗教関係が中心で偏りが多い。とくに「自然科学」「哲学」「歴史」「地理」が少ない。これは需要の少なさに起因することではあろうし、点字図書の出版元二八がすべて私的団体であることにもよろう。また、中等教育の弱体にも起因しているであろう。

⑽戦争激化による実践・研究活動の低下

戦争の激化とともに、会場の確保や移動手段、会議担当者の不足という物理的な問題が、個々人の努力を超えた回避できない問題となった。その一方で、戦時に対応する学校の仕事は大阪盲学校がきわめて詳細なプログラムを作成したように、実行不可能なほど、万事多端となる（大阪府立盲学校［一九四三・一二］）。また、これまでの戦争の正当化とプロパガンダの効力が低下するために、士気も上がらなくなる。何より、学校運営においてエネルギー源となっていた若手の男性教員が出征で不在となり、授業も、銃後の守り関連の活動が多くなるために、地道な実践や研究活動は成立しなくなる。しかし、この種の活動が行われたのは、盲学校および聾啞学校という空間内であり、とりわけ聾啞児の場合は、言語指導法にかかわりなく聾啞児および難聴児の活動であり、聴児との共同性は求められなかった。その証拠に、口話法運動雑誌では、報国活動の総説や叱咤激励の文章はあるが、具体的な実践活動の情報は相対的に少ない。

地域を超えた情報流通の手段だった盲啞教育専門雑誌は、紙やインクの資源が欠乏したために、昭和戦前末期には統合され、あるいは廃刊となる。

二　聾啞教育の普及と質的停滞

㈠東京聾啞学校長のリーダーシップ――樋口長市時代

樋口が、官立東京聾唖学校長に就任したことについて、新教育運動の担い手の一人で、優れた教育評論家だった志垣寛（一八八九－一九六五）のように、特殊教育の意義を認めながらも、樋口の教育学者としての大成を妨げると惜しむ人もいた（志垣［一九二七］三五－四〇頁）。樋口は、机上教育学に留まることなく、特殊教育に対する実践的関心を持ち続けた人物であり（伊藤［一九九三・一二］）、古くは大阪師範学校時代に劣等児の教育に手を染めていたことがある（樋口［一九〇六・六］、［一九〇六・八］、［一九三五・一］）。

その後も樋口は大正一三年の『特殊児童の教育保護』において、今日でいう学習障害についても、彼の短い教職経験と関連づけながら「特殊的低能」として、読み方科、話し方科、算術科、唱歌科、画科に分けて詳細に触れている（樋口［一九二四］五九－一〇九頁）。大正一三年の著書よりも一〇年前の連載論文において、樋口は、さまざまな言語障害や「書写障碍、記憶障碍、計算障碍、注意障碍」等の問題を取り上げて詳説している。情緒的問題も取り上げる予定だったが、「余りに急務でもない問題」であるだろうとして執筆されず（樋口［一九一四・六－一九一五・四］）、どのような児童だったのかは興味ある。このように樋口において実践的な興味が旺盛だった点は、欧米の教育関連情報紹介学者だった乙竹岩造とは根本的に異なる。

樋口の外国情報摂取における特徴は、正確な理解にある。二〇世紀転換期においてアメリカ初等教育において頻用された‘incorrigible’は行動の逸脱と学業不振という状態を指標とするものの多様な要素を含んでいて正確に理解することが難しい用語であり、教育課程・学年進行の仕組み・貧困・非行・心理学の動向等、さまざまな背景を理解することが必要であるが、彼がみごとに正確に理解していることに驚嘆する（樋口［一九二二・四］二〇四頁）。また、晴眼児との共学（統合教育）の教育的・社会的意義についても、アメリカでの見聞をもとに明確な理解がある。樋口の知見は、ヨーロッパからアメリカへの日本特殊教育モデルの転換における画期であったという意味でも重要である。

しかし、樋口のこのような方向性を規定したのは、新しい動向を是として優先する彼の思考様式であり、彼の内には新動向に対していったん対峙して検討するという要素が乏しかったように思われる。小学校における盲唖学級の開設や通学制等の部分のみに注目すれば、樋口が迷うことなく推奨する新しいアメリカの動向は、それまでの寄宿制・独立制盲学校の問題点を革新しようとする要素をもっているがゆえに説得力があった（しかも、盲唖学級小学校附設論では、日本の国情に合わせて改作しているばかりか、思想的裏づけまで用意している）。しかし、アメリカにおけるもう一つの新しい動向であった精神薄弱遺伝論や精神薄弱者の隔離政策・断種論も、そして口話法も、後発の改革的要素をもっていたがゆえに先例を批判する力があったが、彼もまた、同時代の学者と同じように、その改革性の欺瞞に捕捉されて、輸入された新しい提案を真摯に支持することになる（樋口［一九二四］二九－三二、二〇一－二〇二頁）。

特殊教育における樋口のこのような選好は、彼の本来の活動の場であった教育学においてはみられない。彼は、生命哲学を基盤としながらも（志垣［一九二七］三七－三八頁）、実践への適用を探りながら教育学を構築する余裕があった。彼の著作は、その時々の関心を体系化しようとした成果である。

しかし、大正期初期には新教育運動の旗手の一人と目された樋口に対する評価は、彼が関与した大正一三年の川井訓導事件によって失墜することになる。この事件の真の主役は内務省官僚の県理事官兼学務課長・畑山四男美（一八八四－一九七二）[74]だったが、樋口は、自由教育弾圧を目論んだ文部省と県学務行政の手先として積極的に荷担したとされたのである。この評価は当時から現在に至るまで定着し、とくに樋口の出身地・長野県では、未だに続いているという（清野［二〇〇五］九七頁。和崎［二〇〇七・一〇］）。この樋口評価は、同じ時期に県北の小学校の視察を担当していた同じ長野県人の教育学者・長田新（一八八七－一九六一）が、信濃教育会とともに川井清一郎（一八九四－一九三〇）を強力に擁護し、大戦後、進歩的教育学者としての華々しい活躍を、教育（学）界と雑誌等で熱烈に評価されたのとは対照的である（樋口は昭和二〇年九月一日逝去）。なお川井は、長野県師範学校卒業後、小学校教員を経て、広島高等師範学校教育科（二年課程）を修了した（山崎［一九九五・三］。渡辺［二〇〇一・四］）。

事件後、当時の教育（学）界は、樋口の提起した教授学的批判には正面から答えず、伝えられる抑圧的で侮蔑的な樋口の言動を浮き彫りにして、彼が弾圧に荷担したとの主張に焦点を絞って、『信濃教育』を主舞台に県当局非難と樋口批判を繰り広げた。『信濃教育』は、ほとんど国内唯一の外来情報に依存しない、実践を通じて教育理念を自立的に実現しようとする時期の県教育会雑誌であった。『信濃教育』編集主任として川井訓導事件の主要人物であった西尾實（一八八九－一九七九）は、主任三年目、事件の翌年に、自由を許容しない国の教育政策を批判するとともに、長野県教育について冷静な分析・評価を加え、自省している（西尾［一九二五・一］、［一九二五・六］）。時代状況を考えれば勇ましい、後の国語（教育）学者として大成する三六歳の西尾の、教育の本質と実践の尊重および自戒を述べた面目躍如たる短い文章である。

当時においても、川井訓導事件については、数は少ないが中立的な評価がないわけではなかった。教育の研究と実践に詳しく、新教育運動に連なる志垣寛は、事件から三年後の昭和二年に、以下のように述べている。長野県教育に対する批判[75]は、「欠陥とも思はる、所にメスをむけた態度行為は、何としても近来稀にみるものである。その辺のお世辞たら連とは天地の差であると云わなければならぬ」。また、樋口は理想主義という流行に流れる人物ではないともいう（志垣［一九二七］三八、四〇頁）。樋口の学風が穏健・着実で非常に実際的である点から見ても（大日本学術協会［一九二七］二〇六頁）、彼が川井訓導事件に意図的かつ積極的に関与したという評価は疑わしい。また、雑誌『教育』は昭和一〇年一月号で、編集部からの依頼で長文の自己紹介を書いている（樋口［一九三五・一］）。彼の後の同じ趣旨の文章を長田新が書いているから、川井訓導事件における樋口に対する否定的な評価は、当時でさえ、果たして不動であったといえるのだろうか。

しかし、近年の研究において樋口の再評価の機運が生じてきた。和崎光太郎（二〇〇七・一〇）は、川井訓導事件について、県当局による赤化思想の防止とその温床としての気分教育の抑止という全体構造において捉え、樋口の役割を相対化している。さらに、永井優美ほか［二〇一五・二］、［二〇一五・七］）は、教授学的観点から川井訓導事件を再検討し[76]、樋口が指摘した川井訓導の授業自体にも問題があったことを指摘し、川井訓導事件の本質に関する再検討の必要性を提起している（［二〇一五・二］七一－七四頁、［二〇一五・七］二六七－二七四頁）。樋口による授業の教授学的批判は、川井訓導事件の舞台となった松本女子師範学校附属小学校だけで計画的に実施されたのではなく、それに先立つ二日前の飯田小学校の授業視察でも行っていた（和崎［二〇〇七・一〇］七五七－七五九頁）。

永井らの指摘が重要なのは、樋口評価に関する資料が川井側だけである点にも言及しているからである。弾劾された樋口は自分が擬せられていた役割を承知はしていたが、傀儡であることは否定していたという（渡辺［一九九九・四］一三八頁。永井ほか［二〇一五・二］七四頁、［二〇一五・七］二七四頁）。しかし、樋口自身は事件後に何も語っていない。だからといって、樋口に責任がないというわけにはいかないだろう。松本女子師範学校附属小学校がどのような舞台であり、臨時視学委員として畑山等は自分に何を期待しているかを認識していた場合、自分の言動が本人の主観を超えて、どのように利用されるのかまで理解していたとすれば、その結果についての責任から逃れるわけにはいかないからである。

責任の所在は、川井清一郎についてもあてはまる。彼の「修身書の取扱ひついて」（川井［一九二四・一〇］）をみれば、教材研究とその内容および展開について周到な計画があり、そして修身教科書の教授上の位置づけにも問題意識をもっていたことが理解できる。しかし、川井訓導の授業の仕方は無防備すぎたのではなかろうか。なぜ、授業時間を十分も早く終わってしまったのか、修身教科書を児童に持たせなかったのか、なぜ批評会で抗弁しなかったのか（最後の点については、当事者間で事実関係の認識が分かれる）。川井がもっと危機感をもって防備していれば、畑山学務課長の異様・異常な言動の遠因を低減できたように思われる。川井訓導事件においては「懲戒免職」が最初から計画されていたというわけでもなく、新聞の尋常でない報道と師範学校に対する県の権限および師範学校長の無抵抗が、「懲戒免職」という最大の戦果を畑山に与える結果になった（川井［一九二五・五］参照）。

川井訓導事件における自由教育弾圧者としての樋口評価を疑わせるもう一つの間接的な根拠は、樋口の東京聾唖学校長の辞職にまつわる出来事である。彼は、昭和一二年七月八日、東京盲唖学校の校長職を、突然退く。病気でもなく、不祥事のためでもなかったようであるが、この件でも樋口は説明や弁明を残していない。東京聾唖学校の講師をしていて親しく交流をしていた社会学者・綿貫哲雄（一八八五－一九七二）は、「言行一致の人だった」としている（綿貫［一九三七・一二）。

校長辞職の時期の直前の出来事は、清野（二〇〇五）が紹介しているように、樋口の「過渡期よ疾く去れ」で強調した口話法推進の根拠（梓渓生［一九三六・六］）に対する手話法主義のジャーナリスト出身の実践家、函館訓盲唖院長・佐藤在寛（一八七六－一九五六）による敏速で強力な反論（佐藤［一九三六・一一］）、そして、昭和一三年一〇月四日の全国盲唖学校長会議における荒木貞夫文部大臣の訓示[77]の最終部分で示した鳩山大臣による口話奨励政策の部分的修正であった。

梓渓生「過渡期よ疾く去れ」が「疾く去れ」としたのは手話法ではなく、口話法聾唖者が聾唖者同士ではコミュニケートできるが、肝心の聴者には、彼らの音声が理解困難だったという状態からの脱却であった。この状態は、「（口話法主義の）吾々の夢想だも出来なかった状態」であり、「正則的な口話に到達する一過程……正常な口話に進むの一過程」であるかも知れないと思われ、口話法主義者は「工夫努力」をし、苦慮し、深謀しているが、成功しない現実に、「自ら顧みて自（分）の無力に恥ぢ且つ驚かざるを得ぬ」過渡期であり、それを脱却して「あこがれの天日を仰」ぎたいというのが、樋口の主張である。

この主張に対して真っ向から反論を加えたのが、函館訓盲唖院長・佐藤在寛「理想と実際――敢て梓渓生に教を乞ふ」（佐藤［一九三六・一一］）だった。樋口の文章は論理的で誤解する余地はなかった。佐藤は、樋口の文章から、高潔な人格さえ推測できることは認めるものの、問題の所在、手話法を支持する実践的・理論的根拠、口話法教育の非生産的結果、口話法の研究方法上の問題、聾唖児の出身階級と教育の社会的効用、口話法運動に伏在する反動性といかがわしさ等から、完膚なきまでに樋口論文を批判する。筆致の勢いとリズム、レトリック、論理性、そして実践的裏づけと聾唖者にとっての利益等からして、佐藤論文は、佐藤の文章の中でも希に見る訴求力を備えていた[78]。佐藤よりも早く、昭和四年七月には、大阪市立聾唖学校の高橋潔が、同じ趣旨の批判を口話法運動に向けて行っているし（高橋［一九二九］序）、佐藤にない口話法批判もあるが（これは、別に取り上げる）、佐藤のアピール力とは格段の差がある。

佐藤は、限られた教育期間に達成すべき最終的な教育目的と有効な言語指導法との関係を問うた。函館訓盲唖院では、教育期間に経済的に自立する力を育てなければならない境遇にある生徒を対象としており、長期間を要するうえに成果に乏しい口話法教育では、最終目的を達成できなかった。それに対して、樋口の東京聾唖学校は日本最大規模の聾唖学校であり、言語指導別に学級を設置し、予科（幼稚部）を備える聾唖教育のモデル校でもあった。地方の小規模聾唖学校にはない条件を念頭において、長期にわたって指導をしても効果が上がらない口話法を樋口が強いる不当性を、佐藤は指摘したのである。

佐藤論文の破壊力は、教育学者として聾唖教育に関与した樋口長市に、ある種の絶望を感じさせたのではなかろうか。それは、佐藤の主張が妥当だったからという理由ではない。樋口は、退職後の昭和一四年に、昭和一三年一〇月の全国盲唖学校長会議における荒木文部大臣の訓示をどのように解釈すべきかについて、「文相訓示の解釈方とその遵奉方」[79]において口話法を支持する主張を展開した。この長文の論文は、なぜ樋口が口話法を支持するのかについて、欧米聾教育における言語指導法の変遷とその意義を背景とし、国語教育学の学識に基づいて縷々論証したものであり、佐藤の一一年論文への真っ向からの反論であった。そして同時に、樋口は、聾唖児の現実に立脚する佐藤の手話主義擁護とのすれ違いが、彼の努力によって解消できない問題であることを認識したのではなかろうか。この論文を読めば、樋口の口話主義が、流行や、後述する事大主義あるいは中央崇拝といった佐藤の批判とは縁遠く、学術的根拠と東京聾唖学校の個々の事例に対する綿密な観察に基づいたものであることが理解できる。彼が、佐藤ら手話法主義者との相互理解が不可能であると感じたと思われる根拠の一つは、この昭和一四年論文を最後に、樋口のライフワークであろう全五二九頁の『特殊教育学』を除いて、ほぼ筆を絶っていることである（平田［一九九七］三九頁参照）。

樋口が聾唖教育界に希望をもてなくなったもう一つの理由は、聾唖学校教員一般に対する期待を失ったからではなかろうか。彼は、昭和四年に聾唖教育界に強烈な批判を加えていた。それは、聾唖教育界が向上のしようのない、極度の沈滞があり、それは、とくに経験豊かで識見あるとされる「老教育家の間に甚だ多」かった。全国および地方の聾唖教育大会は、研究熱が欠如し、建議等の「お祭り噪ぎだけで」[80]「実地問題の討究、多労多苦な研究の発表」がなく、仮に「多少の自由発表があるにしても、それは一夜造りの甘酒論で、研究という語が名誉毀損の訴訟を起しそうな内容の貧弱なもの」であるというのである。彼は、その対照軸を、初等教育界の盛んで厳しい教員の研究と発表においており、それと比べれば、聾唖教育界には「三秋の後れ」があるというのである。樋口は、聾唖教育界がこのような沈滞に至った条件も公平に述べている（樋口［一九二九］三－四頁）。また、現場教員の研究法に問題があるとし、実例と方法の尊重を勧めている（梓渓生［一九三〇・七］、［一九三一・一〇］）。彼の筆致はきわめて厳しいが、態度は真摯である。樋口が剔出したこの問題とその所在は、現代の特別支援教育研究でも払拭されたとはいえない。

樋口は、国内唯一の官立聾唖学校の経営者として、国内の聾唖学校の教育を研究面でリードし、聾唖教育の向上に努力した。その一つは、研究紀要の刊行である（平田［二〇〇〇］五一－六四頁）。『東京聾唖学校紀要　第一輯』は昭和五年一一月に皇后行啓の、第二輯は昭和一〇年一一月に創立六〇周年の記念に、第三輯は昭和一九年、川本校長時代に刊行された。この時代では、このような企画とその実現こそ評価すべきであると思われる。[81] しかし同時に、その内容にも触れておくべきであろう。樋口の校長任期中に刊行された第一輯と昭和一〇年に刊行された第二輯では、一八の論文が掲載されているが、執筆者は五人（［助］教諭四と訓導一）で、うち一人が一〇編、もう一人が五編執筆という偏りがあった。樋口が昭和四年に聾唖教育界沈滞論を書いて六年後、日本最高の官立聾唖学校においても、研究という雰囲気は遅々とした進行であったようである。同じ時代に東京高等師範学校附属小学校補助学級の訓導が、毎月のように、小学校の機関誌に力作を書いていたのと比べると対照的である。

樋口の校長退職後に、日本聾唖教育会機関誌『聾唖教育』四二号（一九三七・一二）と東京聾唖学校同窓会誌『殿坂の友』四二号には、教員や聾唖卒業生からの樋口前校長に対する謝辞が掲載されている。とりわけ、指導困難な東京聾唖学校の聾唖生徒に対する樋口自らの継続的で直接的な指導には、かつて師範学校で訓導を務めたことがある樋口の実践家としての面目躍如たるものがある（東京聾唖学校同窓会［一九三八・七］）。また、樋口の性格は、自己宣伝もしないが、弁解もしないという点にも特徴があったことを推測させ、これは、川井訓導事件の顛末も語らず、東京聾唖学校長の辞職の理由も語らないことに結果する。

樋口の教育学者としての名声を大いに毀損した川井訓導事件は、県当局と信濃教育会による長野県における教権の主導権の争いでもあった。それゆえ、信濃教育会は自分の正当性を擁護しなければならなかったのであるが、樋口の教授法に関する問題提起には立ち入らなかった。こうして、川井訓導事件の性格づけや自由教育の本質を含めて、樋口に対する評価は再検討の必要があろう。[82]

ところで、佐藤在寛が提起した問題は、多元的で多様で深刻な普遍的内容を含んでいるが、いまもっていずれも解決困難である。佐藤は口話法運動における二つの問題を指摘している。一つは「事大主義」、中央準拠主義である。「事大主義は、現下一般のならひである。中央崇拝、形式模倣は、目下、我教育界一般の通弊のやうに見える」(一〇頁)。もう一つは外国情報の安易な適用であり、さらに手厳しい。上述した佐藤の文章の特徴が垣間見えるし、樋口の名前も(おそらく川本を暗示して)出て来るので、やや長いが引用する。

一体我国の口話宣伝者には軽忽のうらみなかりし乎。アメリカあたりで為す所あるをホンの外見より一瞥した許りで、例の事大主義に捉へられ、直に之れを模倣して全国に普及せんと急ぎ、自ら十分の実験もせず、確信もあるなくして之れを他に強いんとし、或は貴公子を利用したり大官を動かしなどし、其の金棒引に至りては、手話主義者を目の敵の如く心得、時に国賊異端者を取りあつかふが如き態度言辞に出で、而も、事後一〇年を経過せる今日、今以て何等の確信も新案もなきとは何事ぞや、之れは梓渓子(樋口—引用者)に問ふのではない、正直者梓渓子をして此の歎を放たしむるに至りし軽薄才子の責任を深く問ふのである。音頭取諸公、果して何を以て天下に謝せんとする乎哉。

事大主義と中央準拠主義という二つの傾向は初等教育界でも顕著であったが、聾唖教育(特殊教育)界ではそれ以上に濃厚であり、いわば構造化されていたといってよい。なぜなら、対象児とその家庭環境について、函館訓盲啞院と同じ状況は全国的に共通だったし、口話法のみあるいは口話法中心の指導がどのような成果をあげていたのか、そうでなかったのかは、聾啞児が現実を示していたはずであり、それにもかかわらず、言語指導法の実態は全体として口話法が圧倒していたからである。昭和一三年度において、六六の聾啞学校のうち、手話法を採用している学校は一四校（うち手話法のみは五校）、口話法のみが五二校であり、生徒数では、手話法生徒数が三五九名（約五・九％）に対して、口話法生徒数は六〇九四名だった（日本聾啞教育会［一九三八］）。しかも、口話法体制は大戦後の聾教育においても暫くつづいたのである。佐藤が掲げた二つの問題は、まさに日本・特殊教育の病理であったし、現在も解消されているとは断言し難い。

ところで、荒木文部大臣の口話法奨励の部分的見直しは、実行されたのであろうか。荒木貞夫は、第一次近衛内閣の文部大臣として、昭和一三年五月二六日に就任し、一四年一月に組閣された平沼内閣でも文部大臣を務め、八月三〇日まで在任した。荒木大臣は、文部省段階においては盲啞児の就学義務制の実施を考えていたようである（盲聾啞児の義務教育［一九三九・七］）。実施するとなると、聾啞学校における口話法教育が必ずしも万全でない現状から、言語指導法を現実に合わせる必要性を認識していたのかもしれない。しかし、荒木大臣の見直し訓示は、文部省内で積み上げた政策変更だったとは思われない。日本口話法運動のセンターである財団法人聾教育振興会には、元文部次官の田所美治・貴族院議員が相当に肩入れしており、振興会副会長（一名定員）と理事数名には現職の局長・課長が就任しており、昭和一〇年には、文部省高官の堀池英一、篠原英太郎（一八八五－一九五五）、河原春作（一八九〇－一九七一）が連続して、振興会機関誌『聾口話教育』に寄稿している（堀池［一九三五・四］、篠原［一九三五・五］、河原［一九三五・六］）。この時期の内閣が短命であったこともあり、荒木大臣の方針変更は、諮問事項に現れていないように、実際には何の変更も生じなかったといえよう。

佐藤在寛が実名を挙げないで指弾した口話法運動の首謀者の一人が、川本宇之介であった。しかし、川本の評価は単純にはいかない。東京帝国大学文科大学教育学科撰科卒業論文が『公民教育の理論及び実際』として公刊されただけでなく、その時々の主流の教育学におけるトピックに取り組み、著作を遺している。また、その分野での先覚者としての評価も高い（たとえば社会教育では、日高［一九七九・三］）。特殊教育でも、高く評価されてきた人物であるが、その評価への異論はすでに述べたけれども、少なくとも大戦後の教育刷新委員会における特殊教育振興への契機が川本によって生み出されたという評価は、一致している。また、口話法導入の評価については、手話法が復権し、彼の功績を讃えて設けられた「川本先生退職記念口話賞会」が消滅（平成一一［一九九九］年八月二一日）した現代の価値基準に基づいて、川本を評価するのは公平でない。

（二）東京聾唖学校長のリーダーシップ――川本宇之介時代

そこで、上述した樋口校長退職時の言語指導法をめぐる状況を勘案しながら、樋口後の日本聾唖教育のリーダーとして、いかなる活動をしたのかについて検討する。しかし、川本の校長着任は昭和一七年一〇月であり、ここで扱う期間は敗戦まで約三年の期間に過ぎない。敗戦近くなると、資源制約のために、組織統合および雑誌統合が実施されて、聾唖界でも集約されるため、[83]利用できる資料は新生『聾唖の光』等、極めて限定的となる。『聾唖の光』は言語指導法については教育号が口話法主義者、福祉号は手話法主義者中心に編集された。[84]その意味では、手話法主義勢力の復活が始まったといえる現象だった。[85]しかし、戦時末期でもあり、錬成という用語が「行」あるいは「道」に、そして方法としては訓練に収斂されることで、妹尾熊男（一九四二・七、一九四二・九）の問題提起は、言語指導法の是非だけに集中した結果、議論が深まることはなく、大戦後に持ち越されることになる。妹尾は、口話修得が聾唖教育のすべてであるかのような現状と二〇年間の口話法教育の成果を総括して、国民学校令と皇国民の錬成を契機に、聾唖教育界が、一般的で共通の目標に沿った教育水準の向上を切実な課題とすることをも提案したのであった。ともかく、戦時に対する貢献の在り方をめぐって、口話法運動内に亀裂が生じたのである。

戦況悪化に伴い、聾教育界でも戦時体制が強化され、川本の巻頭言もそれに連動するようになる。一八年三月では、「教育は国力の発展、戦争目的達成に最も緊要である」と文部大臣が述べ、「教道」「師道」への貢献を要求したことに応じて、川本は「師魂の錬成」を呼びかける（川本［一九四三・三］）。六月では、聾唖学校報国隊の活躍と貢献や常在戦場という時勢対応の内容となり（川本［一九四三・六］）、八月では、初等教育界では一般的だった教師としての「道」と修行を要請し（川本［一九四三・八］）、一〇月には、教師自身の教育と錬磨を呼びかけ（川本［一九四三・一〇］）、勤労時間がますます増加した一九年二月には、学行一如・学行不二を再度掲げて、二〇〇日程度の授業日で教育効果を挙げるように奮励精進を期待した（川本［一九四四・二］）。最後の巻頭言と思われるが、一九年五月には、食糧増産に精励するとともに教師としての本務を尽くすように仏教の素養を反映させながら呼びかけた（川本［一九四四・五］）。

川本においても、非常時、それもますます悪化する状況において、型と道そして訓練、観念化と形式化に陥らざるを得なかった。しかし、このような道程は言語指導法の立場とはまったく関係がない。福祉号における聾唖産業戦士や皇民講習活動の記事編集をみると、藤本敏文を含めて手話法主義者のほうが、国民の一員としての貢献という意識がむしろ強かったように思われる。

高橋潔の『聾唖の光』福祉号における巻頭言は以下のような表題であり、大状況に合わせるような主張が続くが、彼がとくに例外であるわけではなく、この時代の教育系雑誌には一般的な傾向であった。

「撃ちてし止まむ」（高橋［一九四三・五］）、「常在戦場」（高橋［一九四三・九］）、「今ぞ一億戦闘総配置」（高橋［一九四三・一二］）、「みたみ（御民）われ、力の限り働き抜かん」（高橋［一九四四・二］）

川本は、もともと公民教育・社会教育と職業教育では日本有数の教育学者であり、短い期間ながら東京市と文部省で特殊教育行政を経験しているうえに、欧米の留学では広く特殊教育を見聞し、欧米特殊教育の社会的・文化的根拠を知悉している類い希な日本人だった。欧米での見聞に基づいて、盲人・聾唖者を社会の同等な一員に高めるという観点から加えられた日本の特殊教育批判には見事な内容があった。聾唖者を心神喪失者や耗弱者と同視していた刑法改正を提起したのも、その一つである（川本［一九四〇・六］）[86]。

しかし、その有能さ、そして四九歳という校長適齢期だったにもかかわらず、昭和一二年七月に退職した樋口長市校長の後任に擬されることがなく、後任となったのは、川本と同年齢の文部省宗務課長・橋本綱太郎だった（七月八日付）。そして橋本が昭和一七年一〇月に病没して、川本は、五四歳にしてやっと校長となった。樋口が校長職を続ければ、そして、石川文平が早世しなければ、川本校長の出番はなかったかもしれない。また、西川への弔辞とはいえ、元文部省次官・田所美治や愛知県愛知聾学校長・橋村徳一のように、口話法という新しい聾教育運動を川本と協働したはずの人物からも、川本への言及が形式的だったように思われるのである（田所［一九四〇・九ａ］、［一九四〇・九ｂ］。橋村［一九四〇・九］）。

橋本鋼太郎校長は約五年という短い勤務期間であり、形式上は文部官僚からの転身に過ぎなかったが、実際には大局を判断しての中庸を得た任務だったのではなかろうか。橋本の就任の約一年後に、荒木文部大臣の口話法見直し訓示が出されたなかで、元文部省高官としての文部大臣訓示と整合する役割は帯びつつも、部下に日本口話法運動の最高幹部で理論家を抱えての官立校および日本聾唖教育のトップ・リーダーは、容易ならざる任務であったと推測される（橋本の功績についてはすでに述べた）。しかし、結局は、残念なことに橋本の病没のために唯口話法体制から離脱するまでには至らなかった。橋本時代に唯口話法の相対化という基本戦略が確立していれば、大戦後も、再度、戦前と同じ唯口話法の道程を進まなくても済んだはずであった。

官立校の校長には、聾唖教育の現状と方向性を把握したうえで、一般教員の能力を勘案しながら、経営する必要があった。その意味では、川本が校長に就任した昭和一七年一〇月には、言語指導の唯口話法依存は、事実上破綻しており、柔軟な思考と言動のとれない川本の校長就任は、人選の誤りだったと思われる。しかし、昭和一七年という時期には、彼に代わる校長人事を検討する余裕も能力も、文部省にはなかったと思われる。

当然ながら、口話法普及運動における川本の尽力と功績はいうまでもない。昭和一五年の二つの著作『聾口話教育』掲載の「巻頭言」「財団法人聾教育振興会小史」および『聾教育学精説』をみれば、川本の性格が露わになっている。それは、要するに、自己に対しては、日本の口話法普及の功績に対する自賛と手前味噌と我田引水であり、自己の考え方に賛成しない人々に対する毀損である（清野［一九九七］五七－五九頁参照）[87]。川本の口話法唱導についていえば、たまたま訪れたアメリカ視察によって得た情報に基づいているわけであるから、大正一三年の帰国後のことにすぎず、口話法は彼の着想ではないし、もともと、彼は聾唖教育の専門家でもない。口話法運動の展開についても、彼自身の功績を過大に評価して記述している。結局、川本はその時々の流行する（であろう）トピックに驚異的なエネルギーを注ぎ、詳細にまとめた、結局は、翻訳・輸入教育学者なのであり[88]、外国情報の紹介者であった。口話法のように論争の多い問題では、一方の主張のみを重視し、反対論が少数であっても、それを公正・公平に検討するプロセスを省略してしまうのである。また、英語読解力に長けていた川本は、英語の研究成果を縦横無尽に駆使して、自説の正当性を立証する。この点については、大曽根源助が川本の主張の実体を探るべく、自費でアメリカ視察を行い、川本の紹介の瑕疵を明示したことはすでに指摘したとおりである。アメリカ口話法についても、川本以前に、すでに樋口長市が詳細に紹介していたはずである。

（三）聾唖教育における教育の質の改善成果と一般化の停滞

聾唖学校教育の実体は、有能な教育学者でもあった官立校の校長からすれば、甚だ物足りなかったし、残念さを感じたことであろう。彼らは、教育（学）界において闘ってきた経歴があるからである。樋口長市・東京聾唖学校長は、問題の発生原因に同情を示しながらも、昭和四年に、聾唖教育界を厳しく批判していることは、前述した。しかし、その一〇年後に、聾学校内から、明確に問題が指摘されている（山岡［一九三九・一］）。それは根本的な問題で、同時に、多岐にわたってもいる。口話法が教師の努力にもかかわらず、中等部卒業後ですら、聴者と会話できる者が稀なほど、期待どおりに進展していなかった。また、口話での理解はかなり可能な場合でも、口述および記述表現ともに貧弱であった。さらに、予科から中等部までの縦と、各学科目間の横の関連を総合的に整理した教育課程の編成が困難だった。卒業までに到達できる学力の見通しも、学校によってさまざまだった。

その一方で、手話法陣営で奮闘していた学校には、実践だけでなく、研究というレベルで飛躍を試みた教員群がいた。その代表は大阪市立聾唖学校である。昭和四年、大阪市立聾唖学校が刊行した『研究叢書第一輯』（藤本敏文編）は、それまでの日本にはなかった教育学的・心理学的・社会的な聾唖学とでも称すべき研究の端緒であった。高橋潔は聾唖心理学の必要性を唱え、その始動に点火したが、本格的に聾唖を学術的に検討し、その中間的な成果を公表したのが、『研究叢書第一輯』である。そして、子どもの言語状態と可能性に対応した言語指導条の集団編成と指導の方法、ORAシステムの開発である。清野（［一九九七］六二－六四頁）を参考に整理してみると、以下のようになる。

1．予科（二年間）　満四歳以上で、入学児童数によって、二ないし三学級に混合編成する。見たり触れたりする感覚教育を行い、残存聴力を調べ、物の振動の感受も行う。簡単な手話、読唇、読話が行われる。カードによる短文や語句の指導をする。あらゆる方法を混合して言語と文字の教育を行いつつ、一方で学習態度を養成し、他方で情操教育を行い、社会生活に慣れさせる。児童の素質と性能に応じて、ＡＢＣ（ＯＲＡ）の三種類のグループに分けて初等部第一学年に進級する。

2．初等部

Ａ組　将来、口話法による教育が適当な児童の学級。残存聴力の強いもの、失聴年齢の高い者が中心だが、先天性の聾唖で全聾に近い児童で、素質が口話法に適する者もいる。

Ｂ組　口話教育も幾分可能であるが、口話と手話と指文字の混合によって教えられる学級。

Ｃ組　まったく口話に適しない児童の学級で、手話と指文字によって教えられる。

なお、高橋潔については清野（一九九七）、川渕依子（二〇〇〇）が詳しい。

藤本敏文編『研究叢書第一輯』は、それまで川本宇之介らに独占されていた欧米の学術的成果を背景ないしは下敷きにして、日本の聾唖学を構築しようとする野心が垣間見える記念碑的著作である。松永端「手話の創造――或はその形成に就いて」、佐田敞「手話の発生論的研究」、そして、とくに藤井東（東洋男　一九〇三－一九五三）「聾唖教育に於ける心の方法」は、これまでの聾唖研究を飛躍させた研究であり、輸入に頼っていた聾唖研究を十分に咀嚼し、自前のものにする新しい門口に立った可能性を感じさせる。このような大阪市立聾学校の士気の高さは、当時、大阪市の促進学級・精神薄弱児学級の教育・研究が最高潮に達しようとしていた条件と間接的な関連があるのではなかろうか。

昭和四年七月には、聾唖者教員の研究団体が組織された。日本聾唖教育会総会・研究会が終了した折に、二二名の聾唖教員が集まって日本聾唖教員協会第一回研究会が開催された。協議題は、「一般的手真似の整理及統一」等の四件であった（日本聾唖教員協会第一回研究会［一九二九・一二］）。これは、一つには口話法の攻勢に対して、また、実践の現状を変える点からも、実践における研究集団の必要性が認識されたのであろう。

また、時勢柄、口話法から聾唖児の指導に入りながら、口話の反復練習という標準的指導だけでは聴者の言語を聾唖児に習得させることは不可能であり、不当であると考えて、聾唖児にも表現可能な方法である筆談に重点をおいて、日記指導を通じて、聾唖児にみられる助詞や接続詞の誤りを克服しようとする実践が、昭和初期の長野県で観察できる（加藤［一九三〇・一〇］）[89]。しかし、将来像を見据えながら聾唖児の教育を模索し、現場での実践と交差するような研究は、存在しなかったもののようである。

ところで、口話法支持者の研究上の関心は、川本を含めて、聾（唖）心理学には進まず、聾教育の制度や理念といった教育学的な考察が中心であり、言語指導論は当然ながら、口話法の正当性の擁護と各論追究に留まる。

大戦の敗色が明瞭になっていた昭和一八年末にも、樋口と同じような問題が、川本校長によって指摘されている。川本は、「我等の反省」を巻頭言とする。その冒頭で、教授と訓練という教員の本務の根本を忘れる傾向があり、自己省察が不足していることを一般的な現象とする。ことに聾啞学校は、県学務当局から批評されることが少ないし、大いに持ち上げられたり、逆に軽んじられたりするために、校長や教員は、「安価な自己満足に陥り、或は苟且偷安に日を送る嫌が決して些少でない」（川本生［一九四三・一二］と断言している。聾啞学校が県内に一校しかなく孤立しているためなのか、教員養成制度の弊害なのか、その原因はさまざまであろうが、本質的には現在でも解決していない問題であろう。

三　ヘレン・ケラー・ブームの意義

岡　典子

ヘレン・ケラーは三度来日したが、昭和一二年の訪日がブームというべき社会事象を生み出した。文字どおり日本中が官民挙げて、彼女の来日に熱狂という表現が誇張でないほどに歓迎したのである。四カ月足らずの滞日期間におけるケラーの言動は、聾啞児が口話によって多くの驚嘆と賞賛を得た以上に、日本人に感動を喚起したのである。昭和一二年はすでに両国が大戦への準備段階にあった時期であり、両国関係は、一時的な原因によって生じたものではないから、アメリカ側には何らかの政治的意図があったのであろう。

ケラーの訪問先は盲学校・聾啞学校が中心だったが、大学生や市民に対する講演も行った。天皇・皇后両陛下には新宿御苑の観桜会で面会したのをはじめ、高松宮、総理大臣、宮内大臣、内務大臣、外務大臣、文部大臣に面会し、地方では、到着駅頭での盛大な出迎えから知事との面会まで、彼女は、文字どおりのスーパースターだった。全国各地での日本人の歓迎も、日本人らしい。要するに、奇跡と冠される欧米の有名人を一目見ることが、参会者の最大の動機であり、それで満足したものの、盲人や聾啞者に対する持続的な社会的支援が生まれたわけでもなかった。また、盲啞学校からすれば、訪問校に選ばれたことはこのうえない名誉であり、記念誌等で現在まで語り継がれている。

四月半ばから八月一〇日に日本を離れるまで、そのスケジュールは殺人的といってよいほど、また、日程を調整・計画したであろう岩崎武夫の意図が疑われるほど、過密である。しかし彼女にとって、盲および聾啞の人々とその家族に対する励ましと彼らに対する社会の理解を進める活動は、たしかに「愛の実行」なのであり、神への「奉仕」であるがゆえに（西川［一九三七・一〇］三三、三四頁）、苦痛であるはずがなく、喜びであったのかもしれない。

異様といってよいほどの日本全体の熱狂ではあったが、それを作り出す新聞や伝記出版、幾多の紹介といった舞台装置も整うことで生まれた。しかし、一般的な熱狂に対して、冷静に見る人々もいたことは注目される。上述のように、西川濱子はケラーの活動のキリスト教的意義を示したが、聖女や奇跡とみなす一般的な傾向は、ケラーを非人間としての評価であるとして、何よりも人間としての価値評価を求めている（西川［一九三七・一〇］三五頁）。これは、「啞が話す」超人と擬されてきた濱子自身の悩みであったであろう（ろう教育科学会［一九六四］参照）。

それにしても、日本のケラーに対する見方は日本的である。その一つは、昭和一二年九月号『帝国盲教育』の冒頭文である（ヘレン・ケラー女史［一九三七・九］）。表題はなく筆者も不明である。「ヘレン・ケラー女史は名工サリバンの手に依って刻み出された大慈大悲の観世音菩薩である」という表題のもとに（大慈以下は、大きな活字サイズになっている）、盲聾啞者・ケラーは、人間の可能性が、この上ない師弟関係のなかで方法によって理想的に完全に実現された希有の例であるという趣旨である。片山昇・東京盲学校長による文章と推定されるが、文意がとりにくいうえに西川濱子の指摘するまさにケラーを超人視する典型例である。

そして、ケラー訪日はとくに盲啞児教育・盲啞者社会事業の発展には一時的には寄与したであろうが、本質的な問題へと発展することなく、まもなく忘れ去られる。残ったのは、聖女・ケラー訪日という大事件であり、それを企画立案し、成功させた岩橋武夫の名声であった。また、口話法運動者はケラーが多少の口話ができることで、それを口話法普及の根拠として活用した。

四　精神薄弱児教育と成果の潜在化

劣等児、とくに精神薄弱児教育が、大阪市と東京市である程度の期間、高度で安定した実践が展開されたことはすでに述べた。しかし、このような実践が実施されたのは、この二つの大都市だけではない。また、都市教育行政という局面をみても、これらの実践が把握できるわけではない。他の地域や雑誌を検討することにより、戦時体制という人的資源の質量が最も要求される悪条件のなかで、精神薄弱教育において高度な実践と子ども観が何ゆえに成立し得たのかについても分析する。

(一) 補助学校・特別学級担任

精神薄弱の教員養成制度がなかったから、通常の教員養成制度のなかで育った教員が、劣等児や精神薄弱児の教員になった。しかし、特別学級の担任確保にはどこでも困難だったという。小学校教員志望者が減少していた時代であるから、社会的に、そして教育界内部でも評価が芳しくない特別学級担任に率先して志願する教員が多いはずはなかった。昭和一〇年、東京市の小学校補助学級の担任には、子どもを放置して六法全書を読んで司法試験の勉強をしている教師すらいた（小杉［一九八五］二四頁）。それでも、特別学級の教員になる教員はいた（これについては、大阪養護教育史養護研究会『大阪養護教育史』参照）。彼らには、共感性が高いとか、観察力が緻密で、研究熱心であるというような特別な資質があったであろう。また、教員に対して、ある活動や事業に関心をもたせるものには、それに含まれる斬新性や新奇性もある。

また、小学校の特殊教育への関心を計る指標に、経路がある。教育界における出世の手段となった人々がいることは、特別学級の教員のその後のキャリアをみれば理解できる。そのことを洞察すること自体も、本人の器量のうちであろうし、特別学級の指導は、通常の学級経営でも学校経営でも、さらに地方の教育行政上も有益なことは多いであろう。こうして、特別学級担任には、特殊教育実践を離れた後も、教育界で貢献した人が少なくなかったのである。

他方で、特別学級担任をおえた後、特殊教育あるいは精神薄弱児等の社会事業の活動を終生行った人々もいた。教員の年齢にもよるし、大都市に限定されるが、戦前と戦後の精神薄弱教育を連絡・継承させて、戦後精神薄弱教育の発展に貢献した大阪市の教員のような例もある。学校における精神薄弱児教育の限界を認識して、全環境が精神薄弱児にとって生き生きと生活し、学習できる社会事業（福祉）施設に新たな職場を求める教員もいた。

この二つの組み合わせの一例は、田村一二（一九〇九－一九九五）である。田村は昭和八年、京都府師範学校専攻科を卒業後、齊藤千栄治が校長を務める京都市滋野尋常小学校特別学級の担任となった。田村の四年ほどの実践記録から生み出されたのが「精神薄弱児の生活指導」である（田村［一九三六、一九九六］）。師範学校を卒業したばかりの青年教師だった田村の、後の活躍を彷彿とさせる筆致である。新しい時代を感じさせるのは、戦後的なその文体である。本校の特別学級設置は大正一五年、市内で五番目の特別学級で、本校特別学級へはほとんどが学区外からの通学であった。収容児童には、痴愚級の子どももいた。教育の目的は、「日常生活に、大して支障を来さぬ程度の智識を備え、正直でよく働く健康な人間」にすることであり、要約すれば「愛される精神薄弱児」にすることであったが（田村［一九三六］三〇－三三頁）、この表現は、戦後のある時期から批判されることになる。

当時、京都市には九学級の特別学級があり、児童数一三五（七八、女五七）名であった。特別学級が昭和一八年に閉鎖されたために、田村が創設したのが、大津市の石山学園である（田村［一九七九］）。この過程で糸賀一雄と面識を得て、池田太郎、岡崎英彦らとともに戦後の障害者福祉の黄金時代を築く。学校よりも施設に希望を見出した人々には、荒木善次や長沼幸一がいる。[90]

もう一つ、上記の特別学級担任の第一の類型に属する教員の実践的な例をあげてみる。それは、島根県女子師範学校附属小学校の佐藤弘（一九〇三－一九四七）である。彼は、大正一二年に島根県師範学校を卒業し、昭和七年から一四年まで精神薄弱教育に従事し、その後は、島根県初等教育の幹部となった（佐藤［一九六七］まえがき一頁）。佐藤の精神薄弱教育の象徴的な点を挙げれば、精神薄弱児の指導について、「学習を彼等の直接実生活に関連せしめ……教材」を求めて構成している（佐藤［一九六七］二九五頁）。教科単元の簡易化ではなく、実生活や経験を基本とするものである。この考え方は、理論的には島根県師範学校附属小学校主事の津田萬夫の主唱による全体観に立つ生活教育論の影響のもと、佐藤弘（精神薄弱教育）と片岡ヒデ（身体虚弱児担当）の異常児教育は自ら工夫した実践報告である（佐藤・片岡［一九三三］）。佐藤からの引用文の表現は、当時の精神薄弱児教育の一例に過ぎないほど、昭和戦前後半期には見かけるようになる（多くは形骸化したと思われる）。佐藤の教育論や実践は、体系化されるまでには至らなかったものの、精神薄弱児の最終的な教育目標との結合のもと、限られた教育期間と孤立的な環境という条件のなかで、賞賛に値する内容を含んでいたのであり、戦後の精神薄弱教育論に繋がる先駆性があった。

そのほか、教育雑誌でも、別に触れたほかに特殊教育が取り上げられたことは（たとえば教育診断［一九三三・六］）、教育課題としては残されたあるいは成就すべきものとしての共通理解が教育界にはあったといえよう。

（二）大学教授

(1)　青木誠四郎

青木誠四郎は教育心理学者であり、幼児から青年までをカバーした活動には、とくに戦前では小学校における劣等児・低能児教育の制度的・実践的基盤の構築を含んでおり、また、中庸を得た所論を開陳した人物であった。青木の特殊教育に関連した活動についてはこれまでも、平田勝政（一九八七・六）、高橋智（一九九七・六、一九九八）、阪本美江（二〇一二・三）が取り上げている。

青木は明治二七年三月、長野県松本町に松本藩士の三男として生まれた。その学校歴はいくぶん変則的である。最初は長野県松本中学校に入学したが、翌年には中退し、大正三年には改めて入学した長野県師範学校を卒業している。その後、二年間にすぎないが長野県上諏訪町高島尋常高等小学校の訓導を務めている。大正五年九月には、東京帝国大学文科大学選科（心理学）入学、一〇年には東京帝国大学文学部本科に転入学し、一一年に卒業している（山下［一九六五・四］。志村［二〇〇二・三］。古澤［一九八七］四〇－五一頁参照）。

青木の出版活動は学校歴のブランクを取り戻すかのように異例なほど多作で、大正一四年までに五冊を刊行している（内一冊は久保良英と共著）。これ以外に翻訳が一点、文部省関係著作二点がある。卒業後まもない五月には『低能児及劣等児の心理と其教育』を刊行したが、本書は、翌一二年には増訂版が出るほどの売れ行きだった（昭和六年一〇月に三訂版）。初版本は四二九ページの本編に、ヘンリー・H・ゴダード「デモクラシーと智能の段階」の抄訳と参考文献が付された大著である。彼の著作には、著作冒頭に権威者の推薦や紹介の文章がなく、本人の自序のみであり、この時代では珍しい例であろう。ただし自序の内容は至って謙虚である。

青木の職歴は、大学在学中に東京府立高等女学校教諭となり、東京帝国大学講師、東京帝国大学農学部附属農業教員養成所助教授を経て、東京農業教育専門学校教授となった。青木は、心理学関連の部局には属することなく、また、社会的には高校－帝大出身の教授と高等師範学校出身の教授の中間的な位置におり、帝大出身者としては主流ではなかった。

青木は大学卒業後、文部省社会教育課の嘱託として、特殊教育調査に従事する。大正一二年の『全国特殊教育状況』（文部省普通学務局［一九二四］）の調査に従事し、全国の劣等児・低能児特別学級の実態を探っている。また、アメリカの精神薄弱特殊学級の制度と指導に関連する資料を翻訳し、『特殊教育参考資料』（文部省普通学務局［一九二五ａ］）として刊行された。昭和三年には、『特殊児童の精神的素質とその教育』（文部省普通学務局［一九二八］）が文部省から刊行された。

文部省社会教育課と大臣官房学校衛生課（体育課）の特殊教育に関する活動は一致しなかったが、青木が、上記の活動において特殊教育の進展を促進したことは間違いない。青木の特殊教育活動の源泉については、平田の研究（一九八七・六八）が詳しい。

青木はまさに時代の産物といえる。大正デモクラシー期の精神および明治期教育観の修正を背景にして、青木の人道的愛がある。彼の人道主義は、さらに児童の権利で補強されている。劣等児・低能児の教育の必要性は、他の論者とほとんど変わるところはなく、社会防衛論（遺伝・犯罪・売春・失業と貧困・非行）と学校教育問題（効率低下・怠惰・非行）から述べられている。かくして、児童の権利はこの必要論の構造に組み込まれることになる。

青木が活躍したのは、教育心理学者が大学にはほとんどおらず、高等師範学校・師範学校・中等学校に少数の教育心理学者が所属していた時代だった。それゆえ、彼の着想の情報源は外国、とくにアメリカとなる。その受容の仕方は研究においては実利的であり、社会的には無批判となる。前者は、精神薄弱心理学の成果の援用であり、後者は、青木が初期の主要著作に付したほど重視したヘンリー・ゴダードの民主制論の受容である。ゴダードは一九一〇年代ではたしかにアメリカ最新の精神薄弱研究者で、家系研究『カリカック家』の著者であったために、日本でも有名人だったが、「正常社会」保護に立脚する典型的な教育心理学者だった。まして、ゴダードのデモクラシー論は貴族的民主制論者といえるものだった（平田［一九八七・六］一八頁。中村［二〇〇四］一二三－一二四頁ほか。Nakamura & Oka［二〇〇八・三］四六一－四六二頁）。青木は、ゴダードの精神薄弱者処遇と彼らの消滅に関する所論にも、他の日本人と同様に無批判的である。

劣等児と低能児の教育に関する青木の考え方は、境界線級児童の促進学級と痴愚・魯鈍級の特別学級での処遇であり、実生活を基調とした生活訓練と職業訓練を行うことになる（青木［一九二二］四〇二頁以降、［一九三一］三四一頁以降）。日常生活動作を第一とし、不潔・怠惰・遅鈍で不正確な動作を改善し、行動の統制に努め、習慣化することが必要であるという。また、身体の養護（疾病予防と体育運動）も重要である。具体的な職種は、男子では、農業を最善とし、「拭掃除、洗濯、手工、指物、土工、牧畜」を、女子では「洗濯、裁縫、レース作業、袋物」を例示している。白痴は働くこと教えることは不可能なので、白痴院または精神病院に送り、低能児は低能児収容所が適当であるという。劣等児教育についてそれほど、詳しく記述していない。劣等児は、知能に欠陥がある場合は小学校内の特別学級において教育と生活を完結し、知識だけに欠陥がある劣等児の場合は促進学級に措置し、改善されれば原学級に戻すという。教科では日常生活に役立つ基礎的知識、手工や図画を重視すべきであるとする。また、卒業後も、指導監督を継続し、就職先の工場や大工の親方と連絡をとる必要がある。

なお、大正一一年初版と昭和六年三訂版では内容に基本的な違いはないが、全編において表現が書き改められ、低能児に対する「感官練習」のように補足されている箇所もあるが、実体的理解の伴わないアメリカ情報による追加が目立つ。

(2)　城戸幡太郎

城戸幡太郎[91]については、精神薄弱児施設・小金井学園との関係で第一〇章でもふれるが、ここでは、それ以外の所論に限って述べる。

城戸は、日本の心理学者としては広範で壮大な構想をもった珍しい存在だった。研究分野では、基礎心理から応用心理、就学前から高等教育、教育史までに及び、さらに、研究の応用として精神薄弱児施設の社会事業までに至る。研究によって得た知見を実現するために、学術的基盤に立った岩波書店刊行の雑誌『教育』の編集、教育科学研究会および「姉妹団体」である保育問題研究会の実践研究活動や、精神薄弱児（者）の保護救済といった社会活動も熱心に主導した。それゆえ、研究者や学者という範疇にも収まりきれない社会活動家でもあった。

また城戸は、学界デビューの時点から、文章家でもあり、説得力ある記述者でもあった。このことは、だいぶ後の時期になるが、美濃部天皇機関説問題での発言で確認できる。また、文章力だけでなく、問題を目先だけでなく、また大局的に捉え、解決しようとする問題意識の広さと深さ、そして現実性は、学制改革において発した「教育改革の根本問題」（城戸［一九三九・二］）で明瞭に示されている。

城戸が昭和一四年六〜七月に、日本心理学会を主導して、精神薄弱者の保護と教育と矯正に関する建議を関係大臣に提出したことは、本章第一節ですでに述べた。建議の内容自体には斬新さはないが、城戸の意図が、文字どおり、精神薄弱者の「厚生」だけでなく、興亜のための人的資源の利用にもあった。そのフレーズも教育界における常套句であるだけでなく、特殊教育界でも積極的に活用しようとした。

しかし城戸の人的資源の利用は、同時代の人々の社会防衛論の範囲内に留まる議論であろうか。城戸は、昭和一四年に精神欠陥者保護法の制定活動をしているが、そのなかで政策的意義を説明している。これまでの法制は消極的保護（防犯のための少年法と少年救護法）であって、国民の能力を教育によってできるだけ有効に利用することが国民総動員法の趣旨にかなうことであり、そのために精神薄弱児の特別学校を創設して、彼らの人的資源の利用厚生という積極的保護を行うための保護法を制定する必要があるという。総力戦思想を活用した城戸の精神薄弱者の社会的能力開発に関する議論は、大阪市と東京市の精神薄弱児実践とともに、戦後に継承される（堀［二〇一一・三］八八頁を参照）。精神欠陥者保護法により、個々の精神薄弱児によって、教育と保護と就労を用意し、生産能力を持ちうる精神薄弱者には職能教育を用意することが必要である。そのためには、文部省、厚生省、司法省の横断的な協力が必要である（城戸［一九三九・七］、［一九三九・八］）。これが、城戸の提案であった。体制内社会改革の観点から精神薄弱者問題に取り組んだその立場は、たとえば長沼幸一と比べれば、その構想の壮大さが理解できる。それは、個人の器量の違いもあるが、城戸には、エスタブリッシュメントや岩波書店の後援という基盤の違いも大きかったといえる。

昭和一二年五月に結成された教育科学研究会（会長・城戸幡太郎）は、日本では前例のない、綱領に基づく全国的組織による教育科学研究運動団体だった。綱領に基づいてその目標を要約すると、教育上の事実の把握と科学化、国家的課題の政策化による教育刷新、現場の教員から学者・専門家・行政までの横断的組織化、地方を重視した地方間の交流、教師の国家的視野に立つ教養の向上である。国家政策への反映については帝国教育会が行ってきたように、部分的にはこれまでも行われてきた。しかし、国家的視野をもつ教師により科学化された実践を国家的課題に関連づけ、関係者の横断的組織化によって全国の教育を刷新しようとする遠大な意図をもった研究団体は存在しなかった。しかし、上意下達式の旧態依然とした教育会活動や商業教育雑誌には飽き足らず、教育の現状に危機感をもつ教師は、少なくなかったのである。昭和一五年四月には、会員は全国で一〇〇〇名を超え（留岡［一九四〇・四］二頁）、それも、地方に拠点をもっていた。なお、機関誌『教育科学研究』の創刊号の刊行は、昭和一四年九月である。

教育科学研究会では、小学校における特殊教育は関心ある課題の一つとなり、一四年九月各研究部会幹事の協議によって決定された児童学研究部会の最後の研究題目として、不良児と精神薄弱児の研究があげられている（研究部会記事［一九三九・九］七頁）。一五年七月の第二回全国教育科学研究協議会の国民学校の基本問題の協議会では、宗像誠也（一九〇八－一九七〇）が、「教育政策上に於ける国民学校の地位と諸問題」で、「（a）不就学の根絶と特殊教育の整備」を取り上げている（宗像［一九四〇・七］）。

しかし児童学研究部会では、精神薄弱児は「時折課題に上った」程度だったが、一五年二月二七日に「精神薄弱児研究部会」として独立した。中心の部会員は小杉長平と田村吉夫を含む四人だった。同部会は、同年六月には、翌年度から発足する「国民学校に対する要望」として詳細な「草案」を提案しているが（表8-2-1）、促進学級の目的と修業年限の延長可能、教科課程と教育方法、教科書編纂を提案し、さらに、精神発達に基づく三段階の教科課程と授業の具体化、家庭および学校内教職員・児童との関係、教材教具および設備とその経費を詳細に提案している（精神薄弱研究部会よりの草案［一九四〇・六］）。小杉や田村の教育の実際に関する内容と水準は、学業不振児と精神薄弱児の教育について、戦前の最高水準に達していたと思われる。これには、東京市教員講習所研究科補助学級科に集った関係教員の成果が反映していると思われる。

しかし、精神薄弱研究部会あるいは小杉の役割についていえば、小杉が研究部会の「中心メンバーであった」（高橋［一九九八］一九七頁）には違いないだろうが、実際には、補助学級教員の部会員四人による活動にすぎず（精神薄弱研究部会よりの草案［一九四〇・六］一一頁）、月例会も不定期となる状況において（精神薄弱児研究部会［一九四一・一］一七頁）、到底活発な活動であるとはいえず、精神薄弱研究部会の対外的影響力は極めて限定的であったと思われる。城戸幡太郎にも、戦前の小杉の記憶はない（小杉［一九七〇］三三頁）。教育科学研究会自体の解散が翌一六年五月であるから、短期間、それも開戦期における研究部会の成果を問うこと自体無理であるが、精神薄弱研究部会の機関誌への発表は、精神薄弱児教育への逆風が強くなるなかで再起を期そうとする「新しい働きかけ」だけである（一九四一・一）。また、解散直前の昭和一六年四月の教育科学研究会「われらが当面の研究課題」（一九四一・四）では、特殊教育は跡形もなく消失している。昭和戦前期一〇年代半ばにおける精神薄弱児教育という点だけからみれば、問題へのアプローチは異なるが、第四節で述べた『教育論叢』の論文のほうが、実践家に対する訴求力があったのではなかろうか。

保育問題研究会では昭和一二年三月に「困った子供の問題」に関する第三部会が結成された（後述）。三木安正は「特殊幼稚園の必要について」（一九三九・二）や「幼稚園・託児所に於て取扱ひに困る子供の調査」（保育問題研究会［一九三八・四］）を発表したが、対象児は、初等教育の特別学級に繋がる児童であった。いずれも、城戸幡太郎らにより主導された。

(三) 精神薄弱児童研究会

この研究会の活動実態は一時的なものであると思われるが、個人や学校による活動とは異なる特殊学級教員集団による活動として、重要な意義がある。この研究会は、前述のように昭和六年二月の第一回精神薄弱児童養護施設講習会を機に、受講者によって七年に結成された。昭和六年に受講者によって「精神薄弱児童養護施設協議会」の名でまとめられた「精神薄弱児童養護施設に関する方案」のなかで、重複しない範囲でその意義を要約すれば、以下のようになる（精神薄弱児童養護施設協議会［一九三二・五］。喜田［一九八六］一五五―一五六頁）。

精神薄弱特別学級のテーマは、「適能教育」「適能指導」で、特別学級の教育的・社会的必要性についてはとくに新奇性はなく、「人類愛」が加えられている程度であるが、解決法としては個別的指導だけであることが強調されている。とくに重要なのは、特別学級の種類と対象児であり、軽度の精神薄弱（知能指数七〇～九〇）と重度の精神薄弱（知能指数七〇以下）に分けて、それぞれの特別学級を促進学級、補助学級という名称を用いている。学級児童選択の手続きについては、保護者の了解を含めて新奇性はない。教育課程については明確な方針を示している。まず、小学校令規定の教科課程履修は不可能なことを前提としている。そのうえで、履修科目は能力と将来の職業を考慮して技能教科を重視する、実際生活に即した教材を選択する、六カ年で到達できる範囲の知識体系とする、というものである。

身体養護は精神薄弱児童に特徴的な身体欠陥に対応する重要な観点で、学校給食の実施と学校医および学校看護婦の協力、日常生活の影響と休養、授業時間の設定、良好な環境での適当な運動と日常衛生習慣の養成が重視されている。普通学級にはない特別学級の設備では、作業室と休養室、衛生用具、教育玩具・絵本、動物飼育と植物栽培用具、砂場・ブランコが挙げられている。それゆえ、特別学級は経費を要するので、文部省や市町村の補助が必要である。さらに重要なことは、卒業後の補導を特別学級の機能として明記していることである。在学中では、「職業に就くための実際的訓練によって誠実勤勉の良習慣を養」うことで、卒業後に直ちに就職できるようにし、安定した生活を確保し、雇い主や保護者との連絡を密にすること、「監督及補導を怠たざること」が強調されている。

以上から、昭和初期には、東京・大阪・京都市のように、一部の地域の特別学級では、担任と保護者および関係者の努力によって、相当な実績を挙げるとともに明確な課題に直面していたことがわかる。とりわけ、精神薄弱教育としての専門的な教員が育ちつつあることによって、水増し教育では限界があることが認識されてきたのである。

五．まとめ

昭和初期は、特殊教育振興が見られた時期であった。政治的には大正期の相次ぐ内閣の変更に伴って、地方では知事をはじめ幹部も更迭と変転が繰り返される時代（田子［一九一五・五］八〇－八一頁）の後、政党政治が瓦解し、軍部の暴走が顕著になる時代であり、国際的には孤立し、経済的にはブロック経済に追い込まれる時代であった。しかしそれは、変則的ではあるが一種の秩序（自己崩壊に結果したが）ある時代が一時的に存在していたことを意味していた。このような時代に、財源難にありながらも、特殊教育が振興したことは興味深い。いうまでもなく、この秩序は、まもなく大戦に突入して、新たな価値観のもとに再構成され、特殊教育もまた、極限されるか、消滅する。

戦時色が強まるなかで、対照的な状況が見られた。一つは、皇国民への錬成が、必ずしも特殊教育界ではインパクトを与えていなかったように思われることである。たとえば、岡山県盲唖学校長の妹尾熊男は、教員が鼓舞されていないことを嘆いている（妹尾［一九四二・七］）。もう一つは、人的資源の質の改善や教育効果がそれほど期待できない特殊教育の一部において、献身する人々がかなり存在し、高度な実践が展開されたことであり、時代環境を考えると、驚異的であるとすら思われる。上記の精神薄弱児や劣等児の実践が展開された地域が全国的に広がっていたとはいえないが、かなり広い地域において、現代からみても、敬意を感じるほどのかなり高度な実践が行われた基盤は、どこに求められるのであろうか。これについての答えの一つを、後に示したい。

劣等児教育の必要性や指導体制の構築が提案されただけではない。実践的蓄積もまた、一部の学校で形成されていたのである。奈良県桜井小学校では、大正一五年度より、各学年の児童の学業と健康の状態に応じて学級編制を行った。虚弱で劣等の児童の促進学級を第一学年と第二学年、第三学年では身体虚弱の養護学級と劣等の促進学級を設置して、指導を行っている（奈良県桜井小学校［一九二七］一〇八－一四六頁、［一九二八］三八三－四二三頁）。ただし、この二つの報告には、劣等児における精神薄弱の言及が皆無な点に表れているように、とくに特色があるわけではなく、その時代において必要性が強調された教育活動を展開した小学校の一例であろうと思われる。

また、昭和一〇年五月の第三四回全国都市小学校連合会で、「知識低き児童の為にそれに適するやう、教材の程度及系統を示し之を教科書中に明示せられたきこと」が、横浜市から建議案として提出されたことは、劣等児や精神薄弱児の教育内容の基準の必要性が認識される程度に普及してきたことを示すといえよう（第三四回全国都市小学校連合会［一九三五・六］一三二頁）。

ところで、明治以来、公的な場において、大学・高等師範学校等と教育現場の関係は明白で、前者が後者を指導するという関係は揺るぎのないものだった。しかし昭和初期になると、明治期から燻っていたアカデミズム教育学批判は、初等教育界でも公然と語られるようになる。その一例を、乙竹岩造に見ることができる。乙竹は、特殊教育を含めて、教育学のあらゆる分野に通じてはいたが、机上の知識に過ぎないことが、現場の指導的教員から論難されるような時代にもなっていた。乙竹のバークやウォッシュバーンの教育学説批判に対して、静岡県浜松師範学校第二附属小学校訓導は、「机上の評論ではないであらうか、……相手の難点のみ（否抽象的な）指摘し、挙足を取る御批評は如何と思はれる。……只抽象論より批評するは、や、駄評のそしりを免れまいと思ふ」（鈴木［一九三一・九］五七頁）と率直かつ厳しく批判している。乙竹のこの批判の仕方は、及川平治の動的教育法に対する乙竹の低い評価方法にも通じるであろう。外来情報紹介の机上的な教育学の在り方に、実践家からも変化が求められる時代となっていたのである。明治時代には想像できないような現場と学究との緊張関係が生じていたことは、現場の能力が高まっていたこと、教育学における従来の外国学説の紹介が通じなくなっていたことを示唆するであろう。乙竹岩造は、教育のテクノクラートとしても物足りず、まして、社会のテクノクラートになることはなかった。

昭和戦前期に特殊教育分野は顕著な発展をした。いずれは、戦争目的と特殊教育の目的のずれが分岐するし、何より、教員の人的資源が欠乏するようになるから、特殊教育の発展も時限的だった。とはいえ、時代的環境からいっても、この発展がなぜ可能だったのかは、検討を要する。

まず発展の内容は、障害によって異なる。盲学校・聾唖学校での課題は道府県設置義務の履行と分離という法規定の実施であり、それ以外の課題として学校衛生では身体虚弱児に養護学級を、病弱児には学園を用意し、本人の能力開発と人的資源の活用を一致させようとした。

これらは、教育施策が必要な児童であり、関係者の運動を承けて、中央政府の強力な指示のもとに展開された。それと比べると、精神薄弱児教育はかなり異なる展開を示した。たしかに文部省の施策もあり、青木誠四郎のような学者の協力もあった。しかし、他の特殊教育分野のような政策がなかったし、それを必要とするような人的資源の涵養という社会的条件も存在しなかったであろう。部分的には研究的な実践の蓄積もあったが、全国的な動きとしては強力ではなかった。

しかし、この実践を地域的な動きとしてみると、これ以前にはもちろん、大戦後の一時期と養護学校義務制の時期のみに観察された、都市教育行政－校長－担任－親－子どもという理想的な関係が存在したのである。それは大阪であり、それよりは弱かった東京であった。大阪では、教育行政の歴代責任者、直接の責任者で指揮者（鈴木治太郎）の理念と方法、彼の理念と人格と研究成果に対する敬意をもった教員集団（田村肇と土屋兵次等）、すなわち鈴木チームという精神と空間が、教員集団の高い士気と意欲を引き出し、相当強力な実践および研究を出現させ得たのではなかろうか。類似の現象は大戦後も観察されるが、実践集団の強力な一体性は空前絶後に近い。

このような条件が揃わなければ、教師の努力は個人的となり、おそらく持続が困難になったのではなかろうか。昭和一〇年、地方から都市の小学校に転勤し、高等科の劣等（遅進）児学級を担当した教師は、試行錯誤の末にある程度の成果を挙げたのであるが、「教育の多くは、教師が高嶺の月（児童と教師が協力して目ざす目標－引用者）を見失って、（校長試験のような－引用者）目前の何物かにとらへられた時に冷却し、破壊されるのである」と結んでいる（狩野［一九三五・八］四九頁）。

一方で、鈴木チームでさえ永続が保証されていたわけではない。一体性が高く、実行力のあるチーム組織は、チームを成立させている要件が欠けると特長は薄れ、機能は低下する。研究会の会員が増加すると短期的には総力を増すようにみえるが、それは一時的に過ぎない。会員の増加は大衆化の進行であり、そのことによって、チーム指導層の元来の意図に関する意思疎通は損なわれるようになり、チーム構成員間の緊張関係は低下し、特長の形式化は避けられなくなるからである。

第一〇節　「大東亜戦争」への障害者の寄与と皇民化への努力——障害児（者）のアイデンティティ

一．「大東亜戦争」と教育界

昭和初期は、大正期からの教育改造論がピークを迎えた時期であった。それは、教育の現状に対して危機意識をもつ人々の範囲の拡大とその内容においてである。国民新聞社は、昭和四年初めから五月末まで教育改造論について懸賞募集した。応募点数一三二に加えて、募集規定を満たさなかった二〇余編を加えると、一五〇人の「大学教授、前督学官、専門学校、中小学校の教員等を始め、各方面有識者」が応募した（国民新聞社編輯局［一九三〇］一－二頁。実際は、応募者のうち、初等教育関係者が大半であった）。山崎博は、「これを見て如何に現代の国民が教育の改造を熱望してゐるか」を示すものであり、「新時代の教育は新時代人の手での叫びが、我国民全体の要求」であろうと述べている。また、応募者は、何のしがらみもない立場から、「自由に率直に、大胆に所信を提唱し、徹底的意見」を開陳できたともいう（山崎［一九三〇］一五頁）。

注目すべきは、無産階級の教育論が三編であり、教育機会均等による改造論がほとんど全編であったこと、国家国民経済に関する考察は「甚だ乏しい」かったが、「その多くは陸海軍の縮小を高調し」ていたこと、また、初等・中等教育機関の画一制度の打破、法科万能主義の放棄、視学制度の改善、一部の大学卒業生に対する特権の撤廃は、ほぼ一致しており、田中内閣の学生思想取締制度に対しては、ほぼ全編が強力な反対意見であったことである（山崎［一九三〇］一八－一九頁。細野重勝［一九三〇］一九七－三五四頁も参照）。

教育行政の改善に対する意見も多かった。学制の画一主義の放棄、文部省は大綱のみを管理し、管理と教科等は地方や学校に自由に委任すること、上級学校の予備教育化の排除、学歴中心を排した人材登用等は、全員一致の意見であったという（山崎［一九三〇］二〇－二一頁）。

それでは、昭和戦前期の最終点である「大東亜戦争」は、障害児（者）の教育や生活におよび特殊教育にどのような影響を与えたのか。これまでの評価では、障害児（者）あるいは特殊教育教員は、「大東亜戦争」の被害者でしかなかった。しかし戦中期の教育は、果たしてそのような受け身的な意味しかないのであろうか。城戸幡太郎の社会的活動が状況に応じて変化したように、それほど単純化できないのではなかろうか。障害児（者）や特殊教育教員がこの最も困難な時期を生き抜くために、特殊教育関係者はどのような方策を考え、教育をしたのであろうか。そこで最初に、これらを検討する前提として、「大東亜戦争」に関する評価から整理したい。

「大東亜戦争」の敗戦により、日本人は、明治期以来、困難のなかで蓄積した国富の四割と数百万人の人命および海外領土を喪失し、国土は壊滅的打撃を被った。中国大陸でも日本の侵略によって人命と財産に多大の損害を与えた。しかし国家対国家の戦争であった「大東亜戦争」についてこれまで語られてきた歴史のほとんどは勝者の描く歴史であり、敗者である日本に対して、戦争と侵略の責任が一方的に課され、勝者の責任は無条件に免除されてきた。敗戦間近い、すなわち軍事的な勝敗の帰趨が決定的となっていた時期における原爆や空襲による民間人に対する殺害は不問に付される一方で、組織において法的責任のない人物が事後法によって絞首刑に処された（小堀［二〇一一］）。

他国に対する侵略が指弾されてきたが、日本の中国・国民政府に対する侵略は、当時の国際環境を日本と被侵略国という二国間関係ではなく、多国間環境でみないと理解できない。第二次世界大戦や「大東亜戦争」に参加したすべての国は、国内で増加する人口とその生存に苦慮していた。そして、その解決を自国外に求めたのである。日本の中国侵略もその一環であり、中国・国民政府が存続できたのは、イギリスとアメリカによる露骨な介入の結果だった。中国に対する利権確保こそ、日本をはじめ、イギリスとアメリカ、そしてソビエト連邦が、中国に関心をもつ源だった。

大戦後においても、覇者が管理する国際関係のもと、日本人は、その謀略や戦略に見事に支配され、その価値観に基づいて構築された秩序下で、戦前に責任ある日本人のなかには、その秩序を活用して生きてきた人々もいたのである。国益が両立不可能な状況において、日本が「大東亜戦争」を選択したことは、最良・最善の方法ではなかった。しかし、そうかといって欧米列強の植民地や被保護国になるという代替策を選択することも不可能であり、自国が存続する苦渋を極める途であった。この選択に至る日本に不利な国際的状況が明治末期以降に、欧米において醸成されていたことは、同時代者であった澤柳政太郎や佐々木惣一により、第七章第一節で示したとおりである。

なお当然ながら、この時期は尋常な時代ではなかったし、国民の思想や言動に重大な制約や統制があり、殺害を含む排除すらもあった。しかし、それによって、戦前期のすべての期間とすべての事象を否定的に評価することはできない。また、その時代の政治家・官僚・実業家、大学や師範学校の専門家、教員、そして国民が無能・無為であったわけでもないことは、これまでの記述からも明らかである。解決困難な難問に陥ってしまった時代であったのである。

高度国防国家や総力制体制という標語で支配されていた戦時教育と無縁のままで、何人も生きることは不可能だったし、閉塞感に満ちていたのは、そのとおりであろう。昭和八年一二月、広島県教育会機関誌『芸備教育』巻頭言は「行詰れる現下」において「教育が国家の大本たり、百事の基調たる」（虎峯生［一九三三・一二］）というフレーズは、同じ著者が次のことを語るとき、空しさを暗示している。教育が地道な継続性を仕事の要件とするにもかかわらず、財政上の理由から五〇歳を超えた教員を排除する当局の「不見識－無定見」（虎峯生［一九三三・一〇］）、「現時の教育界の趨勢は、其の根幹を逸して枝葉に屋上屋を重ね、外見整々として活気横溢するが如きも、内面空虚にして実なく、全く邪道を右往左往」して「騒々しき発展」がみえるが、児童には「血となり肉となるべきもの甚だ僅少にして、彼らを枯渇せしめつゝ」ある現状（虎峯生［一九三三・四］）。

それにもかかわらず、当時の状況においては、敗色濃い時期以外には、戦時体制にむしろ積極的に寄与しようとした日本人が大勢であったであろう。したがって、初等教育界においても、そのような大勢に教員として積極的に荷担したのである。

ある小学校長が煩悶の末に到達した教育者としての役割観は、かなり一般的な境地だったのではなかろうか。かつての教え子が海戦で自爆したとの経験に逢着して、軍神のみが偉いのではなく、兵士も同様に偉大であり、銃後の人々もまた偉いのだと悟り、教師の仕事とは、児童の天分をそれぞれ伸ばしてやって、「種々な腕前の立つ人間に仕上げてやる」ことに教育の方向を見出した（小川［一九四三・一］）。同じ県の女性教師にとって、「銃後を守るという言葉は既に消極的で」あって、学校もまた、この厳しい時代のどのような場面でも「活躍し得る国民を鍛へ上げる」戦場であった（佐藤［一九四三・六］）。このような彼女たちの意欲は、当時芳しくなかった女性教員への評価ゆえに、一層、かき立てられたように思われる。

昭和九年度が始まる時期に宮城県教育会は、新年度にあたっての小学校経営の努力点を校長に述べさせている。時流である日本精神の高揚や非常時日本を謳う校長はもちろんいたが、意外なことに、その類いはむしろ多数とはいえない。校長は、教員や児童、地域の人々に対する教育上の期待を述べるとともに、「時折はすべてを忘れて職員と共に……腹の底から笑いたいんです」と願ったり、別の校長は「もっと落ついた、しんみりとした教育」「もっと信じ合ふもっとうるほひのある生活を教育の一切に導入したい」と希望したりしている（昭和九年度の学校経営の努力点［一九三四・四］）。これは、まだ別の教育を夢見る余裕がある時期だったのであろうか。この頃、同じ県教育会雑誌に掲載された劣等児・行動問題児・貧窮児・盗癖児を担当した教師の実践は、四編ともに本質的であり（狩野、佐藤、山家、洞口［一九三五・八］）、このうちの二人は女性教員である。日中戦争が始まる前の昭和一二年夏の徳島県でも、研究発表会で主流だった児童の「外見的活動の量が多い」「派手な教授」に対して、教師による教え込みでもなく、児童による無原則的な自発的活動でもない共同的な教授・学習を堅持しようとする師範学校教師が存在していた（永澤［一九三七・七］）。

そのような観点から、障害のある子どもや成人は、組織内や社会において意志的に排除されていたとはいえないまでも、必ずしも同等の皇民の一員としては遇されていなかったかもしれない総力戦体制のもとでは、彼らはどのように行動したのであろうか。社会と障害者の側の両面からそれを考察する。

二　聾啞者における産業戦士育成

佐々木順二

（一）昭和戦前期の社会事業の枠組みの中での授産施設の展開

第一次世界大戦後の不況は慢性化し、一層深刻化した（昭和恐慌）。増大する貧困問題へ対処するため、昭和四年四月には救護法が制定され、国家の公的扶助の義務が示された（昭和七年一月施行）。

この時期には、聾啞学校とは独立して設立される、次のような授産施設がみられた。第一に、長岡昭和園（将来は県の社会事業に［一九三〇］）、大日本聾啞実業社（近藤［一九三三］）、岡山県社会事業協会の作成した聾啞保護事業案のように（妹尾［一九三四］）、社会事業行政とのかかわりが窺える施設、第二に、社団法人日本聾啞協会京都部会授産所（三好［一九三五］）や大阪聾啞福祉協会による職業生活・家庭生活の相談事業のように（大阪聾啞福祉会趣意書［一九三七］）、当事者団体によって設立・運営された施設、第三に、聾啞婦人の家（丸山［一九三五］。福田・佐々木［一九九五］）のような聾啞女性を対象とした施設である。

これらの施設の理念・目的は、大正末期までの施設と共通する部分も多いが、増大する貧困問題の解決という社会的要請の高まりとともに、不就学聾啞者の救護など、社会事業行政の枠組みの中に組み込まれていくという側面があった。

一方でこの時期には、一般事業所への聾唖者の進出の可能性が、大阪市立聾唖学校卒業生一〇名のダイヤモンド研磨株式会社への集団就職（昭和一一年八月）によって示された。これは自由雇用だったが、昭和一五年九月になると尼崎精工に京都の聾唖者一〇人が採用される。尼崎精工で雇用された聾唖者は、最終的には一〇〇人に達するが、彼らには「徴用令」が適用された。徴兵で不足していた労働力を十分に埋めたという（大矢［二〇〇八］）。

これ以外に、広島県立盲唖学校技芸奨励会（藤本［一九三五］一八七頁）、熊本盲唖後援会（熊本県立盲唖学校［一九二七］）のように、盲唖学校内外の組織によって運営される施設が設置された。

（二）聾唖者の授産施設と産業戦士育成

昭和一三年六月に横浜市で開催された神奈川県の「第一回盲学校並聾唖学校長会」では、学校制度の改善・充実の協議題のほかに、「職業指導に関する件」において「授産所内に聾唖部を設け」て、以下の事業を行うこと要望された（盲学校並聾唖学校長会の開催［一九三八］四六九、四七一頁）。このことから、卒業後の就労需要だけでなく、職業教育力の充実、社会の理解の必要性が聾唖学校共通の課題となっていたことがわかる。

1．聾唖学校卒業生を収容し、授産就職の指導をなすこと（聾男のために家具部、聾女のために裁縫部）
2．聾唖学校職業科担任教員のために講習会を開くこと
3．県下聾唖生の作品により毎年一回バザーを開き、聾唖教育に関する社会の認識理会を深め、以て斯教育の振興に資すること

昭和一二年七月には日中戦争が始まり、人的資源政策が強化されていく。この過程で、聾唖者を対象とした授産施設は、次のように戦時体制との関係が濃いものとなっていく。それは、主に次の二つの類型に分けられる。第一は、厚生

社（大日本聾唖実業社の後身）のように傷痍軍人の職業補導と一体化した施設（深宮［一九三九］、［一九七八］）の類型である。第二は、小樽聾唖授産所（水戸［一九三九］）、大阪府立聾口話学校・学校授産協会印刷部（聾唖者も産業戦線へ［一九四二］）、奈良県立奈良盲唖学校内授産場（産業戦士の職場めぐり［一九四三］）、福岡県盲唖教育慈善会が開設した授産所のように、聾唖学校と密接な関係をもって開設され、直接・間接に戦時体制を支える生産活動に従事した施設の類型である。

この時期の授産施設の理念・目的は、聾唖者個人としての自活やそのための倫理よりも、産業界への進出により戦時体制下の国家に貢献することの意義を強調するものであった。

明治末期から大正末期の授産施設は、民間の支持・経営基盤に支えられながら、聾唖学校卒業生の自活とそのための自立心、常識、品性などの装備を理念・目的とした。それ以降の授産施設は、こうした理念・目的を維持しながら、昭和戦前期には、貧困問題の増大という社会背景の下、社会事業行政の中に組み込まれていき、日中戦争開始以降は戦時体制を直接・間接に支えることで国家に貢献することを目標に据えた。一般事業所への集団就職も始まった。聾唖者の産業界への進出は、聾唖者自身をはじめ家族、聾唖学校の教師たちが当然望んだことであったが、就労の場が授産施設であれ、一般事業所への集団就職であれ、国家による効率的人的資源の確保という要請と密接に関係していた。

三　盲唖児による戦時への貢献努力

岡　典子

盲学校でも、戦時体制に貢献する努力が早くからなされていた。たとえば、中国大陸の兵士に対する慰問金の拠出である。兵庫県立盲学校の生徒は、自身に対する病気見舞金に貯金を加えて県教育会に持参した。県教育会誌には、「いとしい盲学生からの送金に泣かされる」との副題で紹介されている（郷土軍将士慰問金募集について［一九三二・二］）。

また、盲学校では、高度国防国家に対して積極的な協力が展開された。その主な活動は、傷痍軍人や入院中の負傷軍人に対する鍼灸治療であった。これらの活動は、日常の教育活動を妨げるものであったから、とりわけ鍼按の基礎的技術を錬磨する教員はその指導時間の確保に苦慮したと思われるが、非常事態ゆえに積極的に実施された。盲学校記念誌等で、これらの戦争遂行への協力に否定的な記述があるが、それは、敗戦後の後知恵であろう。当時は、このような協力に、盲唖学校側は、積極的な意義を見いだそうとしていたと思われる。

群馬県立盲唖学校では、昭和一二年から敗戦まで高崎衛戍病院と前橋日赤病院に、中等部生徒上級生による慰問治療を実施した。また、傷痍軍人を運動会や学芸会に招待した。中等部生徒による鍼灸・マッサージ奉仕という名の協力活動は、全国で展開された（たとえば大阪府立盲学校では昭和一二年一二月開始、大阪府立盲学校［一九五五］一一四頁）。神奈川県では、昭和一三年六月、六人の校長による「第一回盲学校並聾唖学校長会」において、「銃後施設に関する件」が協議された（神奈川県教育会［一九四二］四六九－四七二頁）。病院におけるマッサージ奉仕（盲学校鍼按科生徒）、集団的勤労作業（夏季休暇の三～五日間、遺家族に対する鍼灸按の無料奉仕、聾学校男女生徒は学校内外の手入れと応召者家業の手伝い）、行幸道路の改修（聾部中等科生徒）が決定された。また、県立盲唖学校男女生徒五名による延べ二八回、第三陸軍病院の傷痍軍人延べ二八六八人に対するマッサージに対して、「銃後奉仕ノ為盲唖学校生徒トシテ務メヲ完ウセルモノ」で、「奇特トシ」て、県学務部長より褒状を授与された。

「報国」を冠する団体は盲学校にも生まれた。その一つが、岐阜県盲学校報国隊だった。昭和一七年八月から各町村に出張し、二五カ月間で約四〇〇〇人の遺家族や産業戦士に対して、「筋肉疲労・神経痛・レイマチス・心臓興奮等種々ナル疾患ノ治療」を行った。月に二日、盲学校でも治療を受けることができた（県盲学校報国隊［一九九九］四七七頁。岐阜県立岐阜盲学校［一九九四］一三五－一三六頁）。盲学校や聾唖学校では、報国隊や報国団を組織し、学校の社会性・公共性をアピールする。昭和一八年二月の『帝国盲教育』では、静岡県立盲学校・大阪府立盲学校・石川県立盲学校の「時局」を意識した活動を紹介している。

昭和一七年五月二〇日の秋田魁新報は、直接、生産活動に参加できない盲生徒が、「戦時増産へ挺身する増産戦士へ健兵健民運動の一翼として」、一週間、朝六時から夜の一〇時まで、田植前の農作業に従事している無医村の農民に鍼灸の無料施術を行って感謝されたという記事を掲載した（増産戦士へ［一九四二・五・二〇］）。

これらの活動は、「ややもすると社会から隔離しがちな（特殊教育の）壁を破った」という感慨を、教師（栗原光沢吉）に（そして、おそらく生徒にも）感得させたのである（群馬県盲教育史編集委員会［一九七八］六五－六六頁、三九三－三九四頁）。

さらに、このような社会活動は、鍼灸に限られたわけではなかった。盲生徒を聴音兵として活用する着想も、盲学校側から提案されている（岐阜県立義務盲学校［一九九四］一四〇頁）。これは、連合軍の空襲とその機種をいち早く察知して、対応するためである。高崎盲学校では、昭和一九年五月、中等科以上の男女生徒一七名が大類村の農家で、繊維資源確保のための桑皮増産に四日間、活動した（高崎市市史編さん委員会［一九九八］七九七頁）。大阪市立盲学校では、昭和一六年二月、初等部の学芸会に入院中の「白衣の勇士」を招待した（大阪市立盲学校七〇年史編集委員会［一九七〇］一一三－一一五頁）。

このような状況と流れから見れば、昭和一四年一〇月一六日、京都府立盲学校で開催された帝国盲教育会第一一回総会において、「慎重ナル審議」の結果、建議題の冒頭で、「盲人ヲ成ルヘク広ク軍務ニ服セシメラ、ル様其ノ筋ニ建議スルノ件」（帝国盲教育会第一一回総会研究大会概況［一九四〇・六］四六、四八頁）が可決されたことは、当然のことであった。

同じ行政系統にあった聾唖学校でも類似の勤労奉仕活動が全国的に行われていることは、昭和一三年九～一二月の『聾口話教育』（一九三八・九－一二）で詳細に紹介され、同一方向への同調を促している。すでに昭和一〇年には、文部省諮問案「国民精神涵養上最モ適切有効ナル方案如何」に対する答申案の一部に、「聾唖者ニ対シ一層国民教育ノ普及徹底ヲ図ルコト」が明記されていたが、それは、これまで要請してきた聾唖者に対する社会的理解と照応関係にあった（日本聾唖教育会第一一回総会概況［一九三六・二］九九頁）。

また、昭和一四年七月七日には、「教練科」が「支那事変記念日を期して中等部に加設せられ」、女生徒の「執銃教練」も行われたという（大阪府立聾口話学校［一九四一］一七七－一七八頁）。戦時体制は、国民の一部としての盲唖者という意識を喚起させただけでなく、国民から排除されている法令上の事実を挙げて、複雑な感情を示している[92]。たしかに、障害者は、自立した自律的な思考や判断ができないという前近代的な法規定は、この時代の先進国では時代錯誤であったから（近代化の過程で修正した）、このような規程の残存は、盲唖教育の普及度の低さに起因しており、後進性を現わしていた。

しかし、聾唖学校の勤労奉仕には、盲学校のそれと異なる例がある。県立の岐阜県聾唖学校では、校外での社会的活動ではなく、校内の簡単な土木工事（男子）やカーテンの洗濯・修理と炊事（女性）を第一学期末の四日間実施しているが、その目的は「生徒の心身を鍛錬し、勤労愛校の精神を培ふ」ことであり（岐阜県教育委員会［一九九九］四六六頁）、この目的には戦時を連想させる表現や内容はない。

戦時体制が強化された時代において、特殊教育のなかで養護学校や養護学級のように、個々の施策をみれば、それまで実施されなかった制度が、国民学校令のもとで創始されたという意味では、制度上、前進した分野もあった。また、健康教育や虚弱児教育のように、戦時の人的資源育成に必要な教育分野では振興があったことは、すでに示したとおりである。このように振興した分野もあれば、それらと競合する結果になり、新規性・斬新性がなくなった盲唖教育、劣等児の教育は優先度が低下し、停滞・後退することになる。それゆえか、盲唖学校は、時局の動向をいち早く察知し、皇国の道の実践に向けて、精神主義と形式主義がきわめて積極的に導入されていくのである（瓜生［一九四三・一二］。大阪府立盲学校［一九四三・一二］。川本［一九四三・三二］）。とくに石川県立盲学校の瓜生校長の計画は壮大な作文だった。

四．盲人保護法・新職業・社会事業——盲人の生活問題への対応

岡　典子

こうして盲学校は、晴眼者と同等の社会的寄与を実質的に果たすことで、その存在意義を示そうとしたのであるが、盲児の自立による貧困化の防止は、従来からの盲学校の前提となる社会的寄与であった（大原社会問題研究所［一九二二］二一四頁）。そのためには、盲学校への就学率向上は重要課題であった。しかし、それでは年少盲児以外の盲人の生活問題に対応できない。そこでいくつかの新しい動きが生じる。一つは、盲学校が中心となり、各県および市町村における盲人協会の結成である。第二は、新職業の開発、第三に盲人保護の制度化である。

全国盲人大会は明治三六年に初めて開催されたが、その後も、地方組織は自主的に結成された。大正八年一一月、神戸市で神戸盲人連合革新会が結成された。その要求は盲教育の義務化であった（大原社会問題研究所［一九二〇］一二三頁）。昭和期の盲人組織は、盲学校創設や営業資格だけに限定されない活動を行った。その兆しは大正期に現れていた。大正一〇年二月、盲人牧師・熊谷鐵太郎が中心となり、実業家の賛同も得て、東亜盲人文化協会の発起人会が開催された。この企画は壮大で、先進的である。彼らは、活動内容を盲人対象と社会対象に分けている（大原社会問題研究所［一九二二］九一－九二頁）。

盲人対象事業
　点字・図書関係（新潟県立図書館は大正八年に盲人閲覧室を開設：大原社会問題研究所［一九二〇］一二三）
　　点字出版・図書館事業、不就学盲人に対する点字講習会、点字改良
　　盲人・盲教育関係図書・参考品の収集
　教育
　　社会教育のため、各地での講演会・慰安会
　　高等教育を希望する盲青年に点字写本の援助
　　キリスト教運動
　研究
　　内外の盲人に関する事項の調査研究
　　欧米盲教育の方法の盲教育者に対する研究・紹介
社会における活動
　盲人保護法の制定

点字公認運動
鍼灸按摩の点字による解答
盲人に対する国民の諸権利の獲得
新聞・雑誌の盲人問題理解の促進
失明防止と視力保護運動

盲人対象の事業内容は、熊谷自身が貧苦から三〇歳で関西学院に入学し、牧師になる宿願を果たすまでに苦労した問題であった（熊谷［一九三二］一四八 - 一四九頁）。なお、会名が「東亜」を冠していることは、対象を「東亜」の盲人に拡大するつもりであったことも注目される。

地方組織は、岡山県では昭和三年、愛媛県では昭和九年、筑後盲人協会は昭和初期に結成されているが、その目的は相互の親和や福祉の増進と広範で、まとまりがないし、協会によって重点が異なる（愛媛盲人協会［一九三四・六］、筑後盲人協会［一九二九・七］）。主な事業は検眼活動、鍼按業務関係、点字講習、授産講習、点字図書貸し出しが行われている。なかでも、岡山県盲人協会[93]（会長は妹尾熊男・県立盲唖学校長）では、しだいに生活問題が浮上し、具体化していく。それは、貧困盲人の救済策であり、鍼按・音曲以外の職業開拓、いわゆる新職業問題であった（岡山県盲人協会［一九三二］一四、一五、一九頁）。鍼按業に対する晴眼者の進出は、相当に脅威となっていた。鍼按業の試験で、盲人の受験者は三〇〇〇人程度で合格者はその三割の一〇〇〇人程度であったが、晴眼者は受験者数九〇〇〇で合格者は約一八〇〇人であり、そのうえ、盲人合格者には乙種を含んでいたからである（大河原［一九三八］二四七、二四八頁）。なお、盲人団体は、数団体を除けば「その活動微々たるもの」であった（財団法人中央社会事業協会［一九三五］一一〇頁）。

昭和五年の帝国盲教育会『盲教育』第五号は、東京盲学校長・秋葉馬治が、さっそく、アメリカ・イギリス・ドイツの新職業を調査した結果が掲載されている。それによると、日本の盲人職業は鍼按中心とすべきで、どうしても必要があれば、西洋音楽、調律、盲学校普通科教員、授産所における手工業を開拓すべき職種として推奨している。欧米の場合、盲人の職業が多様であり、とくにドイツでは弁護士や学者等の一五種の「高等職業」が挙げられている。これは、アメリカとイギリスにもあるが、例数は少ない（秋葉［一九三〇・五］）。

昭和六年にも盲人保護法が中央盲人福祉協会により検討され、第六五議会に提出された。その内容は、按摩術を盲人・準盲人の免許保持者だけに限定するものであったが、衆議院では可決されたものの、貴族院では審議未了となった（財団法人中央社会事業協会［一九三四］一一〇頁）。

大阪府立盲学校は、盲人保護法について発表した（大阪府立盲学校［一九三〇・五］）。その内容は、一．盲人保護行政機関と保護機関の設置、二．盲人養老年金、三．法令改正による盲人保護の実施である。一では、行政機関を中央と地方に設けて、営業資金の低利貸付、学資補給のほかに、鍼按・音曲以外の職業指導を行い、中央機関は、共済組合運営のほか点字出版・図書館および盲人研究所の設置・運営が提案されている。

三の内容は多岐にわたる。

・鍼按関係　開業許可を指定校卒業生のみに認め、乙種按摩に限り、検定試験を認める
・高次の教育機会　盲学校の中等部を甲種実業学校と同等とする。高等学校・専門学校への入学を可能にする
・交通運賃　付添人一人のみ無料とする
・家督相続を盲人に認める
・盲でも陪審員になることができる

盲人保護法案は、明治三九年一〇月二三日文部大臣宛三校長建議にも登場する語句であるが（第四章参照）、そこでの保護内容とは、鍼按の取得資格にのみ関連していた。昭和初期における保護の要求は、社会事業から社会保障までの整

備、高等教育の開放にまで及んでおり、まさに日本の後進性が露わになった部分の制度要求であり、盲人および盲教育関係者が、盲教育の義務化と盲・聾唖分離を超えて、文化的な生活、社会事業と社会保障という新しいステージに立つ緒に達したのである。

なお、秋葉と大阪府立盲学校の報告は、全国盲教育研究大会（昭和四年一一月）の宿題報告であったから、鍼按業への適性や希望に欠ける盲児の存在と、盲学校教育だけでは対応できない社会事業等の問題が、全国的な問題となっていたことを示唆する。

財団法人岐阜訓盲院は、明確な計画のうえに創設された初期からの盲学校であったが、県立移管が遅れた典型的な盲学校の一つであり、昭和一五年四月に、岐阜県盲学校として県立移管が実現した（県立聾唖学校は昭和六年創設）。学校側は、財団法人岐阜訓盲協会を創設し、一六年五月、認可されている。開設趣旨には「（訓盲院）創立者の意志を永久に残さんが為」であったというから、目的は、キリスト教の特色を維持しようということにあったものと思われる。しかし訓盲協会事業の実際は、福祉事業であった（小坂井［一九四二］）。その一つ、愛盲寮の対象は、「（盲学校の）苦学生及び失明軍人其他」であり、それぞれの目的は、就学奨励と職業技術習得であった（昭和一七年現在で一九名が入寮）。点字図書の貸し出し、点字修養書の刊行、盲人必需品の販売、失明軍人に対する点字指導と慰問に加えて、さまざまな相談事業を行っていることは注目される。本校は、「大東亜戦争」の失明軍人を一〇数名受け入れている（岐阜県立岐阜盲学校［一九九四］一三七頁）。

盲成人の職業自立問題も新職業問題も、鍼按に対する戦時需要を晴眼の鍼按従事者の出征により、一時的に緩和されたものと思われる。

五．精神薄弱児教育における長沼幸一の「小さき分担」論

戦時期においては、制度上、十分に確立していなかった精神薄弱教育のような分野は、政策の優先順位から消失する

か、変質する。虚弱児のように、人的・物的資源が限定されていく客観的情勢にもかかわらず、むしろ教育活動が活発になる分野もあったが、精神薄弱児教育は他の分野とともに制約を受ける分野となる。彼らの教育可能性に対する期待が、限定されるためである。しかし、客観的条件がつねに実践の質量を規制するとは限らない。その一例は、東京高等師範学校附属小学校第五部補助学校[94]の担任・長沼幸一の実践と理論[95]である。彼は、開戦前に担任を退き、東京市教育局に転任しているが、戦時体制の時代、緊迫度が高まっていく時代において、担当した精神薄弱児が生き延びる術を模索したのである。

長沼が補助学校（実際には上・下学年の二学級なので補助学級と称する）の戦前最終期である第四期（中村［一九九〇］三九―四三頁）において担当した児童は、それまでの対象児とは異なっている点が最も重要であろう。それは、第三期の劣等児や境界線級とは異なり、痴愚級が多かったことである（菊池［一九七五・三］二一、二二頁）。したがって、第三期までの教科教育中心の指導形態は採用できなかったし、痴愚級精神薄弱児の場合、教育機会の社会的根拠を「権利」として、既にふれた補助学級前担任者のように主張することは、教科教育が可能で戦時の人的資源になり得る劣等児よりもはるかに困難であっただろう。そして、対象児が痴愚級であることの最大の課題は、教育後の処遇問題であった。彼らには、進学や就職という選択肢はありえなかったから、学校教育内では彼らの処遇は完結できず、代替の社会事業施設も存在しなかったのである（長沼訓導時代は、児童の卒業後も希望者には補助学級に通学させており、一〇名ほどが来ていたという。菊池［一九七五・三］二三頁）。

長沼が補助学級の前任者と異なる第二点は、知能検査の利用に対する相対化であろう。精神薄弱児の全体像の把握を目ざすために、日常生活場面における観察を重視したことである。痴愚級の精神薄弱児の多様性とさまざまな場面における行動の変異を認識していたためである。第三に、精神薄弱児施設およびその指導法の影響である。彼は精神薄弱児施設を繰り返し訪問し、川田貞次郎と石井亮一から教示を得ている（菊池［一九七五・三］二五―二六頁）。こうして、長沼は、痴愚級の精神薄弱児教育の小学校教育における可能性と限界を積極的に開拓したといえよう。開戦期になると、一般の児童の国民錬成における積極道と対比して、人的資源になり得ない精神薄弱児の場合は消極道として、精神薄弱児教育の存在意義を説得しようとした。さらにそれをフレーズ化したのが「小さき分担」である。この出発点は、長沼自身の精神薄弱児教育という「小さき分担」から発していた（長沼［一九三四・一］二六八頁）。また、精神薄弱児を「善き働き手」（長沼［一九三四・四］二二〇頁）に育て上げるだけでは不足な時代になっていたのであろう。

長沼は、すでに昭和一三年から論文表題にした「小さき分担」[96]という表現で、精神薄弱児教育の目標や成果の独自性と社会的寄与を提示しようとした。「小さき分担をとほして生きる」（一九三八・一）、「小さき分担をめざしての営為」である（一九三八・四）。この時期は、前述したように、小学校における補助学級の危機であると長沼がみた時期でもあった。長沼は、精神薄弱児の「善良なる弱者の生きる道」「弱者をも生かさんとする営為」（長沼［一九四一・八］一一七、一一七三頁）を戦時体制のなかで必死に見いだし、乏しい能力を全開することによって少しでも戦時体制に寄与し、あるいは足手まといにならない点に、精神薄弱児の教育や生活の意義と活路を見いだそうとした。長沼の提唱する「小さき分担」の趣旨は、表面的かつ単純に天皇赤子論に還元できるものではなかろう。精神薄弱児教育が存続するためには、寄食せずに自活できる精神薄弱児教育を目ざさざるを得ない。そこで、実用化が一層強調される。それが、長沼幸一の「小さき分担論」だった[97]。

しかし、長沼は精神薄弱児教育が生き延びる教育目標の設定に苦心しただけではない。教育終了後の生活を想定して、精神薄弱児が、そのなかで有意義に生きていける教育を考えた（彼の理想は、施設における生活だったようである）。福島県師範学校を卒業し、会津で小学校教員に従事した後に、母校の附属小学校で特別学級を担当した縁で、東京高等師範学校附属小学校補助学級の責任者となった[98]。「小さき分担」論は、この過程から、学級内だけでの指導では完結しない精神薄弱児童の境遇から、戦時期という切迫した環境において考え出された精神薄弱教育の方向性だった。

長沼は、教室内での実践家としても優れていたと思われる。それは、子どもの実態の捉え方である。彼は、何よりも生きた子どもの全体像を捉えようとしたのであるが、彼の用いた方法は、知能検査類よりも逸話記録と行動観察が中心だった。その活動によって、不完全・不十分な存在として捉えるのではなく、それ自体として有意味な生命統一体として、一つの秩序として存在している姿を把握し、指導しようとしたのである。たしかに、恩師・野口彰の「形態学説」の影響である（戸崎［一九九六］六四－六五頁）。形態（ゲシュタルト）学説では、認識の対象を要素に分析するのではなく、「全一体そのままの姿の如実なる記載をする」、その全一体の具体的な組織関連を見極める、具体の事実を深く深く見極めることによって類型化する、という過程を辿るからである（野口［一九三九］）。なお、内容のない外国情報に依存することなく、精神薄弱児の実像に迫ろうとした実践が彼を鍛えたであろうことは、外国人名が頻出する論文が初期だけであったことからも推測される（長沼［一九三〇・一］）。

同じことは、大阪市立思斉学校長の田村肇にもいえることは、すでに述べた。また、前述の昭和一四年の全国児童保護大会は、教育に焦点化した画期的な大会だったが、そのなかで、北海道社会事業協会の提案は、長沼らの考えに関連する提案だった。同協会の提案は、「精神薄弱児療護教養ニ関スル国家的対策ヲ樹立セラレ度」であったが、具体策のその一は、「国防力産業力ノ上ニ寄与スル可能性アル軽度精神薄弱児ノ職業能力ヲ啓培シ以テ人的資源確保ノ上ヨリ療護教養セントス」というものであり、さらにその三は、「児童心身直接保護ノ為又国民教育完備ノ上ヨリ精神薄弱保護法並ニ精神薄弱児特殊教育令ヲ制定セラレ度シ」というものであり（財団法人中央社会事業協会・恩賜財団愛育会［一九三九］二六頁）、まさに時局に対応しつつ、精神薄弱児の教育・福祉制度を確立しようとする提案であったといえよう。

第一一節　戦前特殊教育の到達点としての国民学校における特殊教育制度構想

――国民学校令における盲学校・聾唖学校の位置づけ
および養護学級・養護学校規定と昭和二二年学校教育法の基盤

中村満紀男・岡　典子

一　教育刷新審議会答申における特殊教育構想

戦後の特殊教育制度を評価するには、戦前の特殊教育に関する制度とその構想を検討しておくことが必要である。表8-2-1に見られるように、戦前の昭和一〇年代半ばまでには、全国規模および各道府県の各種教育会をはじめとする各種団体では、盲・聾唖教育の義務制とその他の特殊教育の充実を内容とする建議が相次ぎ、ほぼ共通理解となっていた。たとえば、昭和八年五月開催の第二〇回全国連合教育会において、第三号議案と合同された第二号議案「学制改革案」改革の要旨の第二項は、「教育の機会均等をはかること」であり、学制改革案の一部である「特殊教育及社会教育」の筆頭に「府県及市に特殊教育機関設置の義務を負はしむること」が議決されている（山口県教育［一九三三・七］八六、八九頁）。

これらの状況を背景に、昭和一二年一二月一〇日に設置された教育審議会では、最初から特殊教育制度の確立が文部省の方針であったと思われる。というのは、一二月二三日に開催された教育審議会第一回総会において、総理大臣の諮問第一号「我ガ国教育ノ内容及制度ノ刷新振興ニ関シ実施スベキ方策如何」に関する伊東延吉・文部次官の趣旨説明において、「（小学校から大学までの）各種の学校について……種々の点より十分調査審議し以て現時の決定を改め、足らざるを補って、大いに之を振作するの方策を立てる必要がある」として、その対象として「特殊教育」を挙げているからである（文部省教育調査部審議課［一九三九・九］七頁）。また、審議会委員には、特殊教育関係者としては、聾教育の徳川義親のみしかいない（徳川は、諮問第一号特別委員でもあった）。それゆえ、諮問第一号特別委員長であった田所美治の尽力もあったであろうが、文部省の基本方針として、つぎの答申のような内容は、事務局案として用意されていたものと思われる。

昭和一三年一二月八日の教育審議会答申「国民学校、師範学校及幼稚園ニ関スル件」において、貧困による就学猶予・免除規程の廃止（一三）とともに、一四「精神又ハ身体ノ故障アル児童ニ付特別ノ教育施設並ニ之ガ助成方法ヲ講ズルヤウ考慮シ、特ニ盲聾唖教育ハ国民学校ニ準ジ速ニ之ヲ義務教育トスルコト」が加えられた。

「我ガ国教育ノ内容及制度ノ刷新振興」する項目には、特殊教育も明記されていた。田所美治委員長の趣旨説明は、国民学校に関する要綱の一四を詳細にしているだけである。つまり、普及が遅れている精神または身体に故障ある児童の教育では、特別学級等の整備と助成を、これまでに実績のある盲・聾唖教育ではこれまでの学校設置義務に加えて就学義務教育を実施することである。「一般児童と斉しく」提供された国民教育の機会は、「他日国民トシテノ本分ヲ遂行スル」貢献だけが強調されていて、大正期にはみられた個人にとっての意味づけは欠落している。

もう一つは、これらの障害児に対する教育の制度上・教育上の問題である。精神薄弱・肢体不自由児の教育は、国民学校特別学級以外には「其ノ他ノ特殊教育施設」とされており、特別学校を指しているものと思われる。問題は、盲学校・聾唖学校と国民学校との関係である。盲学校あるいは聾唖学校という名称の国民学校なのか、別体系の学校であるのか、後者であるなら、なにゆえなのか。一般児童との同等性の強調は、精神薄弱・肢体不自由の児童だけなのか。あるいはそのような意味づけは、立案者の認識からは抜け落ちているのか。それをつぎに検討する。

二．国民学校令制度における特殊教育制度の革新——盲学校・聾唖学校と養護学級・養護学校の整備

(一) 国民学校と盲学校・聾唖学校

昭和四年以降は、「盲学校、聾唖学校其ノ他ノ特殊教育」は文部省普通学務局学務課の所掌事項となり、特殊教育が盲唖等を含む教育行政上のカテゴリーとして確立したが、それが制度化されたのが昭和一六年の国民学校令であった。そこで、国民学校と盲学校・聾唖学校との関係が問題となる。これらが整合するうえで問題になるのは、二つあったと思われる。一つは、国民学校は初等学校であるのに対して、盲学校・聾唖学校は初等部・中等部必置が原則であったこと、国民学校の設置者は市町村であったのに対して盲学校・聾唖学校は道府県であったことである。

戦前最後の小学校教育制度を定めた国民学校令は、明治初期に初めて構築され、その後、数回にわたって改定されてきた近代的小学校制度の抜本的な改正となるはずであり、その一つは、特殊教育に関する規定であった。国民学校令お

よび関連法規は、戦前特殊教育制度の頂点であったことは間違いない。その検討にも、知恵と労力をかけたのである。それゆえ、特殊教育関係者は、なかでも、盲学校および聾唖学校への就学義務化の実施を悲願としていた。したがって、義務教育化が国民学校令体制において実現しなかったことは、たしかに、盲唖教育令の公布遅延以来の、関係者を落胆させる大事件だった。さまざまな改革案において、特殊教育の充実、わけても盲学校・聾唖学校の義務化は、日本の後進性を少しでも解消する方策として、大正末期から支持されていた。義務化のうち、県の盲唖学校設置義務に対応する県営移管は、実際には、一部の県を除いておおむね実現していたから、もう一つの義務である就学義務の実現が課題だったのである。

しかし、当時の学齢盲唖児の就学率は三割に達していなかったから、これを小学校就学率と同等にまで改善するとなると、盲学校・聾唖学校は、校舎・寄宿舎・教室の新・増設、教員の大幅な増員が必要となるし、進行が遅れていた盲唖分離も実現する必要があった。国民学校令で義務教育年限が八年に延長された初等教育ですら、地方の財源不足と地方自治の欠如がもともと顕著であり、戦時体制に伴うインフラの逼迫、日本の存続さえ疑わしい、間もなく連合軍との開戦が迫る時期の日本政府にとって、新たな経費負担は避けたかったであろう。画期的な政策上の意義という観点から、貧困事由による就学義務の猶予・免除規程の廃止と盲唖就学義務制を比較してみれば、前者の実現と後者の不採用はわかりやすい。それゆえ、盲学校・聾唖学校制度については現状維持のままとなったのであろう。

しかし、それでも国民学校令体制における特殊教育制度の構造は、別問題となったままである。国民学校における養護学級・養護学校（国民学校）と盲学校・聾唖学校（盲学校及聾唖学校令）との並列、盲唖を含む障害児に対する就学義務の猶予・免除規程（国民学校令第九条）の残存といった制度上の矛盾も、基本的には解消されないままだった。

特殊教育の専門的機関としては道府県に設置義務が課された盲学校・聾唖学校という系統と市町村の国民学校系統の特別学級または学校という系統が、障害の種類によって別個に用意されていたが、いずれの教育機関への就学者も、法律上は就学義務が猶予または免除される児童であるという、論理的には矛盾した状況にあった。また、子どもの障害の程度が近接している場合、一方は盲学校・聾唖学校、他方は国民学校に就学する現実が生じたであろうし、盲学校と聾唖学校と国民学校特別学級・特別学校とでは、根拠法も管理者も異なることにある。市立以外の盲学校・聾唖学校は、市町村の管轄責任にはなかったのである。しかし日本でも、小学校の教育責任対象として盲・聾唖児を設定する試みがなかったわけではない。すでに述べたように、小学校令第一七条「小学校ニ類スル各種学校ハ之ヲ小学校ニ附設スルコトヲ得」は、盲唖学校等を想定した規定であり、障害児の教育を地域に拠点を置こうとした小西信八等の理想であった。しかし、国民学校令公布とともに、本条が削除されたために、盲学校および聾唖学校が、地域の小学校に拠点をおくことは不可能となったが、それ以外の障害児は、文部省令第五五号によって特別学級で教育を実施することが法制上は可能だった。

それでは、盲学校と聾唖学校は、国民学校とは制度的連環はなかったのであろうか。実は、国民学校の一環になることは、つぎの規定によって法令上可能となっていた。国民学校令第三章就学第一一条「学齢児童国民学校以外ノ学校ニ於テ国民学校ノ課程ト同等以上ト認ムル課程ヲ修ムルトキハ第八条ニ規定スル保護者ノ義務ノ履行ニ関シテハ其ノ期間国民学校ニ就学スルモノト看做ス」。国民学校と同等以上と認められた課程を修める学齢児は、国民学校令第八条で規定された就学義務を履行しているとみなされることになったのである。そして、盲学校及聾唖学校は、国民学校令施行規則第七四条第一項において、国民学校令第一一条に規定する課程に指定されたのである。国民学校令施行規則第七四条第一項「左ニ掲グル学校ノ課程ハ国民学校令第一一条ニ規定スル課程トス」。「一　学習院初等科及中等科……師範学校附属国民学校……中学校、高等女学校、実業学校……盲学校及聾唖学校」。

こうして盲学校や聾唖学校は、いわば盲国民学校あるいは聾唖国民学校であった。しかし、このような表記の具体例がみられないことから、盲唖学校の当事者には望まれなかったようにみえる。つまり、盲学校はあくまでも職業教育色の強い盲児の学校であり、聾唖学校のほとんどは口話法の獲得を目ざし、適齢になれば就職する聾唖児の学校であること以上に、盲唖学校側から期待されなかったのであろうか。それは、必ずしもそうとはいえない。国民学校令の時期に初めて登場したのが、盲唖学校側から、盲学校・聾唖学校と国民学校とを一体的理念によって貫徹しようとする提起である。盲学校・聾唖学校は、教育機会の均等だけではなく、理念と成果によって、国民の学校の一環として共有的に構成される日本の学校の一部であるという考え方である（森田［一九四一・二］二八―二九頁）[99]。

和歌山県立盲唖学校訓導・森田榮次は、高度国防国家という時局に対応する表現によってつぎのように主張する。この国家は、「高度の智」と「技」（職業的技能的修練）の、「より充実せる人的整備は絶対必要事」であり、「国家のあらゆる構成分子が、国家意志のもとに集結一丸」となり、「国家統制下に各々その本領を全的に発動し国家目的達成の為に邁進する」のである。初等教育から高等教育までの縦の系列とともに、普通教育と特殊教育機関は横の系列として、それぞれの「本然の姿姿に於いて全能力を発揮せねばならぬ」。そのためには、盲唖教育の義務制と盲・唖の分離が必要である。それこそ、森田にとって「新体制！」であった。

結局実現しなかったのであるが、盲唖教育関係者は組織的な対応をしていた。すでに昭和一四年二月には、日本聾唖学校長協会では、聾唖教育の体系を、聾唖幼稚園、聾唖国民学校、聾唖中学校、聾唖専門学校とし、国民学校は修業年限八年の義務制で普通教育を行う。対象児は国民学校で教育困難な聾者・唖者・難聴者とし、学齢は、六～一六歳、一学級定員は一〇人として最大一五人とした。中学校の修業年限は五年または四年とし、学科は聾唖学校中等部と同じで、学級定員は聾唖国民学校と同じである。専門学校については修業年限が三年のみで、内容は記されていない。幼稚園は、対象規定は国民学校と同じで、保育年限は四歳から二年または一年、保姆一人当たりの幼児数は一〇人以内としている。帝国盲学校長協会と共同で活動していたということなので、盲学校も同じような案をもっていたものと思われる（聾唖学校組織体系案［一九三九・七］）。

このような制度構想が実現すれば、学制の廃人学校規定および田中不二麿の日本教育令草案における盲学校・聾唖学校・改善学校構想に端を発する、国民教育制度としての特殊教育制度の結晶になるはずであった。別の箇所で述べた盲児や聾唖児の戦時体制下における奉仕活動も、そのような構想に近づく一部として位置づけが込められていたようにも思われる。

しかし、国民学校と盲学校・聾唖学校に分岐した制度は、当該分野の関係者側に統合する構想があった一方で、国民学校を念頭に教育問題を考えるとき、盲学校・聾唖学校等の特殊学校は、それほど意識することなく、抜け落ちてしまうことが多かったのではなかろうか。たとえば、明治初期に源をもつ学校衛生は、その対象を社会的・教育的必要に対応させて発展してきた。国民学校時代の著書である延川靖『学校衛生の実際』（昭和一六年）をみると、盲学校・聾唖学校に関係する部分が欠落している。それは、この著書が国民学校の養護訓導を対象にしているからではあるが、養護訓導は、盲学校・聾唖学校にも配置されているから、その職務という観点からみれば奇妙にみえることになる。同じように、昭和五年の国民新聞社募集の当選論文における抜本的な教育改造の提案においても、特殊教育は言及されていない（国民新聞社［一九三〇］一-二九五頁）。その原因は、文部省の政策が特殊教育について完熟した域に達していなかったためであろう。たとえば、確認できる範囲で、文部省年報に一年だけ、国民学校の統計欄に盲学校・聾唖学校が記載されており、盲学校・聾唖学校の初等部は、国民学校の一環であるとする考え方が文部省にもあったことを推測させる。

ともかく、日本における盲学校・聾唖学校と公立小学校との関係は、欧米先進国と比較すると独自であり、特異である。先進国では、義務教育制度確立にともなって、地域社会から分離した寄宿制盲唖学校とは別の選択肢が、地域社会に立地する一部の公立学校で提供され始めるという、いわば盲唖教育の地域化は、小西信八の努力にもかかわらず、日本では一向に進展しなかった。それゆえ、地域や一般児童からの分離やその特殊性というラベルはほとんど意識されることがなかったし、成人と年少児が同居する長期の寄宿生活が尋常でないことは理解されても、とくに年少盲唖児の発達への有害性は、重要な課題ではなかったのであろう。日本の独自性の発生には、小学校に対する強力な中央集権、地方教育行政の欠如、教育財政の貧弱、民間補完力の弱体が関与していたものと思われる。この点は、欧米先進国の成熟期公立学校制度との最大の相違点であった。

（二）国民学校養護学級・養護学校

昭和一六年三月一四日文部省令第四号は、教育審議会答申を承けて、小学校令施行規則改正である国民学校令施行規則第五三条において、「国民学校ニ於テハ身体虚弱、精神薄弱其ノ他心身ニ異常アル児童ニシテ特別養護ノ必要アリト認ムルモノノ為ニ学級又ハ学校ヲ編制スルコトヲ得」と規定した。さらに、五月八日文部省令第五五号において養護学級・養護学校の規程が公布され、「成ルベク身体虚弱、精神薄弱、弱視、難聴、吃音、肢体不自由等ノ別ニ編制スベシ」（第三条）と規定された。

盲・聾啞以外のすべての障害を網羅する文部省令第五五号は画期的な前提から規定されている。それは、教育上、軽視または放置されている養護学級（学校）対象児を、「皆等しく『かけがへ』のない大切な人的資源」であるとし、「適当な教育さへ施せば、それぞれその才能に応じて職域奉公ができる」が、「その儘放つておいてはみすみす国家の資源を放棄するばかりでなく、更に様々の社会問題が発生するに至る」ということである（重田［一九四一・七］）。法律上も、養護学級の教育に積極的である。文部省令第五五号を整理すれば以下のようである（文部省［一九四一・五・八］。重田［一九四一・七］四六七－四六九頁を参照）。

① 障害の種類ごとに「養護学級又ハ学校ヲ編制スベシ」という指示的・強制的な表現になっている。
② 養護学級における障害の混合は例外である。
③ 一学級定員は三〇名以下である。
④ 養護を担当する養護訓導の配置が原則である（養護学級の担任は一般の訓導）。
⑤ 組合立の養護学級設置が可能である。

特別学級＝養護学級規程は、対象児が今までになく包括的であり、小学校教育の一環として規定されている点できわめて画期的である。先進国と比べて立ち後れが目立つ小学校特別学級である国民学校養護学級数は、それでも、昭和一九年には二四八六学級（文部省初等中等教育局特殊教育課［一九六七］一四頁）に達した。しかし、諸資源が枯渇する状況において、特殊学校はもちろん、特別学級も全国的に開花する時期ではなかった。また、国民学校令第一一条の趣旨を実現できる財政的・教育的条件は、すでに失われてもいた。文部省において出征に駆り出されて実働者が極限されていた事情は、地方でも同じであったであろうから、上記の法令を具体化する学務担当者も、ほとんどいなかったであろう。こうして、第一一条の趣旨は、戦時体制下では実現できるはずがなく、その公布は、残念なことにあまりに遅すぎたのである。

こうして、公教育の枠組みの埒外に置かれてきた障害児の多くは、総力戦体制における人的資源の最大限活用という政策において初めて、学校教育制度上において一般の子どもと同等の地位を得ることになった。同時に、障害児およびその教育に従事する教員は、同等性の実績を担保するために努力することになった。それが、軍人や産業戦士、「数人の健全なる子の母」として銃後を守る者への育成であった（重田［一九四一・七］四六七頁）。

（三）国民教育としての特殊教育の制度

国民学校令制度において、盲・聾唖教育について矛盾は明白にあるものの、心身に「異常」がある児童の教育機関の設置は、それなりに国民学校との制度的接合は工夫されており、学級または学校として初めて法的に認められた。国民学校制度における特殊教育制度は、盲学校・聾唖学校と特別学級とに分けて、本則上ではなく、施行規則において規定されているものの、国民教育制度において初めて障害児の教育が成立したといえよう。

昭和一六年三月一日の小学校令改正では、第一条で初等普通教育により国民の基礎的錬成を国民学校の目的としているが、同一四日の小学校令施行規則改正の第一条では、「九　児童心身ノ発達ニ留意シ男女ノ特性、個性、環境等ヲ顧慮シテ適切ナル教育ヲ施スベシ」とあり、施行規則第五三条の「身体虚弱、精神薄弱其ノ他心身ニ異常アル児童」で、

「特別養護ノ必要アリト認ムルモノ」が正規の国民学校の対象として含まれたことになる。

しかし、法律上は奇妙な規定であった。前述したように就学可能な学校が存在するか否かによって、義務教育の享受と就学義務の免除対象に分かれるからである。盲学校及び聾啞学校の初等部及び中等部に在籍している学齢（満六歳から一四歳に属する学年）の盲児と聾啞児の親は義務教育を履行していることになるが、国民学校令第九条就学免除規程「学齢児童ノ瘋癲白痴又ハ不具廃疾」により、盲学校・聾啞学校に就学させていない保護者は就学免除になることになり、いずれの措置も合法である。しかし、盲児または聾啞児が就学できない通常の理由は、盲学校・聾啞学校が就学できる範囲に存在しないためか、あるいは就学奨励制度の不備のためであろう。もっとも、就学免除には「其ノ他已ムヲ得ザル事由」もあったが、保護者の貧困は削除されていた。こうして、就学免除の事由に含まれる障害児の教育機会の有無は、学校の有無に左右された。国民学校下では、肢体不自由と精神薄弱の学校が、全国で東京市と大阪市に各一校しかなかったが、これらの学校在籍者は義務教育の対象であった。しかし、学校が設置されていない他の都市では就学免除対象であった。この同じ法理は、昭和三一年公立養護学校整備特別措置法の時にも使用されることになる。

三　国民学校における欧米的特殊学級制度の萌芽・限界と昭和二二年学校教育法の基盤

昭和一六年の国民学校令および関連規則によって、日本の特殊教育法制は、新たな段階に入った。従来の県が管轄する盲学校と聾啞学校に加えて、市が管理する国民学校には、戦後とほぼ同じ種類の養護学級という法的名称の特別学級が規定され、わずか各一校とはいえ、精神薄弱と肢体不自由の養護学校も設置された。とりわけ、学齢の障害児が生活する地域の学校が、障害別に特別学級を用意する制度が初めて初等学校に用意されたのである。[100] 欧米先進国と比べて五〇年ほどの遅れはあったが、初等教育機関に欧米的な特殊学級が設置される仕組みが、日本でも生まれたのである。そして、欧米の初期の特殊学級では新奇性に満ちた、そして社会と精神薄弱児の両者を保護するという社会的意義の高い教育事業には有能な女性が集まったように、日本でも、とくに大阪市と東京市には、モラールの高い実践家集団が結集したが、女性教員はほとんどいなかった。そして、高度国防国家構築のための人的資源を構成しがたい障害児に対して、限られた教育期間において、彼らが生活できるような教育を実現するために苦闘することとなった。しかし、戦争が苛烈の度を強めるとともに、安全な生活は失われたため、特殊教育は繁栄に向かうことなく、閉鎖されることになる。

それでは、このような弱体ながらも制度化された戦前特殊教育と、戦後の学校教育法下の特殊教育とは、いかなる関係にあるのだろうか。これまで、国民学校令下における特殊教育制度と、戦後の学校教育法との接続関係は、戦前＝国家主義、戦後＝民主制というイデオロギーの観点から否定的にみられてきたが、結果としては、昭和二二年学校教育法における特殊教育との間には、確実に内的関連を認めることができる。学校教育法の特殊教育規定には、国民学校関連法令との類似点が多い。少なくとも特殊教育の基幹部分については、特殊教育のすべてが戦後において新規の提案だったのではないことがわかる。ここで「結果として」というのは、一つには、昭和二三年度から初めて始まった盲学校・聾啞学校の義務制は、戦時下の逼迫がなければ実現したということである。もう一つは、日本の学校教育法の当初案（初等教育課長案）には特殊学級規定がなく、H・ヘファナンの提案により追加されたという経過も（加藤ほか［一九八〇夏］一一六〇頁。中村・岡［二〇一五・三］八－一〇頁）、戦前と戦後の文部省内のスタッフの入れ替えによって、戦前末期の国民教育令における特殊教育制度を知悉している文部省職員が敗戦直後にはおらず（文部省職員録をみれば、戦前・戦後間に一般職員の連続性がない）、初等教育課長案には反映されなかったことに求めることができる。

戦前日本の特殊教育制度の特徴である分離性は戦後にも継承される。戦前の特殊教育は、障害児と一般の児童、特殊教育と一般の学校および地域社会との関係において分離的であった。戦後の昭和四〇年代になるとこの分離度はさらに拡大して、県が担当する特殊学校と市町村管轄の特殊学級という二つの機関群に分化して、相互の連続的・有機的関係が希薄となり、ことに通常の小学校と中学校からみて、特殊学校の地理的・心理的距離は超えがたいものとなっていくのである。

補節　戦前における感化院・少年教護院の到達点と限界

立浪朋子

一．不良児問題への注目と感化院の設立

わが国における不良児の教育は、明治一一年に上奏された日本教育令草案に「改善学校ハ不良ノ児童ヲ訓誨スル所ナリ」（第二七章）とあり、この時不良児のための学校が構想されたことが窺える（文部省［一八七九］）。日本教育令草案は、明治四年に日本を発った岩倉遣欧使節に文部省から同行し、海外の教育事業を視察した経験を持つ文部大輔の田中不二麿（一八四五－一九〇九）の構想が中心となった。だが、改善学校は盲学校や聾唖学校と同様に（第二六章）、明治一二年公布の教育令からは削除され、実現には至らなかった（水野［一九九七・六］六一－七五、七八頁）。

実際に設立された不良児のための施設は感化院であり、明治一六年に池上雪枝（一八二六－一八九一）によりわが国初の感化院、池上感化院が創設された（財団法人矯正協会［一九八四］一二七頁）。その二年前の明治一四年には、内務省監獄局の阪部寔らによって懲矯院の設立委員会が開かれている。委員会の一員であった中村正直（一八三二－一八九一）は『西国立志編』を翻訳する際にinfluenceを「感化」と訳しており、設立委員会では懲矯院という施設名称が感化院と改称されたが、この時も感化院設立構想は実現に至らなかった（長沼［一九九七］七八－八四頁）。

その後、明治一〇年代後半から三〇年代初めにかけて、高瀬真卿（一八五五－一九二四）（長沼［二〇一一］二頁）による私立予備感化院（後の東京感化院）、留岡幸助（一八六四－一九三四）による家庭学校のほか、千葉感化院、岡山感化院など、まず民間によって感化院が設立された（二井［二〇一〇］一八－二〇頁）。明治三三年には感化法が公布され、府県立感化院の設置および民間感化院を府県立感化院の代用感化院とする制度が成立した。さらに明治四一年には感化法が改正され、府県会の承認を不要とし、国庫補助を規定するなどして法施行に実効性を持たせた（田中［二〇〇五］一八四、一八八頁）。こうして明治四四年までには、同年に私立感化院が設立された沖縄県を含め全国の各府県に感化院・代用

感化院が設置された（内務省社会局［一九三〇］四七－六八頁）。

このように、不良児問題は内務省の管轄となっていった。だが、感化法審議の時から、感化院は文部省の所管とすべきであるという議論も展開された（二井［二〇一〇］一二頁）。元文部官僚で貴族院議員の伊澤修二（一八五一－一九一七）は、感化院の対象児は学齢児童でもあるため、内務省だけでなく「文部内務両省ノ仕事」であるべきと述べている（貴族院［一九〇〇・二・二三］七一〇頁）。また、留岡幸助も感化院が教育機関であり、文部行政に位置づけることを主張した（二井［二〇一〇］一二頁）。

明治四一年に開催された感化救済事業講習会で、文部省視学官の野尻精一（一八六〇－一九三二）は、感化院は普通教育の制度の欠陥を補うために必要であると述べている（内務省地方局［一九〇九］（下）二八四頁）。そして、法律家や監獄関係者によって感化院が設立されたことは教育者にとって恥であり、将来的には教育制度の中に入るべきものであるとの考えを示した（内務省地方局［一九〇九］（下）三〇一頁）。大正一四年には文部省が感化院を内務省から文部省に移管することを求めている（二井［二〇一〇］一二頁）。

だが結局、戦前において感化院およびその後の少年教護院は、あくまで内務省および厚生省の所管であり、教育施設として文部省へ移管されることはないまま現代の児童自立支援施設に至っている。

二．小学校における不良児への対応

明治期に授業料の原則廃止や就学義務の強化によってわが国の就学率は飛躍的に向上していく（戸崎［二〇〇〇］二八頁）。就学率の高まりに伴い、行動面において不良とされた就学児童も増加していったと考えられる。明治二三年制定の第二次小学校令第二三条では、不良行為のある児童は小学校に「出席スルコトヲ許サス」と規定されることとなった。さらに明治三三年の第三次小学校令では、不良児に関する規定は「性行不良ニシテ他ノ児童ノ教育ニ妨」げがあると認められる児童は「出席スルヲ停止」することができるとされ（第三八条）、出席停止とできるのは性行不良であるだけでなく、他の児童の教育に妨げがある児童であることが明記された。こうして、性行不良の児童に学校教育を受けさせないことが可能となったのである。

明治三三年の第一四回貴族院では、感化法の対象児を規定する感化法案第五条第一項に該当する児童について、政府委員の小松原英太郎（一八五二－一九一九）は「学校ニ行クヤウナ種類ノ奴デハナイノデゴザイマス」と述べ、それで彼らは感化院に入れるのだと回答している（貴族院［一九〇〇・二・二三］七一〇頁）。

三．留岡幸助と感化院における家族制度の導入

わが国の感化教育において最も大きな影響を与えたとされ、現代においても「感化事業の父」と呼ばれ高く評価されているのが留岡幸助である（児童自立支援施設運営ハンドブック編集委員会編［二〇一四］一六頁）。留岡は、明治三〇年にわが国において系統的に感化教育を論じた最初の著書として評価されている『感化事業之発達』を出版し（内務省社会局［一九三〇］一一頁）、明治三二年には東京巣鴨に私立感化院である家庭学校を設立した（二井［二〇一〇］九八－九九頁）。翌明治三三年からは内閣府嘱託も務めるなど（田澤［一九九九］二七頁）、家庭学校の感化教育の理念と方法論を基盤に日本の感化教育の確立につとめた（田澤［一九九九］二八頁）。

家庭の持つ機能を重視した留岡は、家庭学校において設立の最初期から家族制度を採用した（田澤［一九九九］一二五頁）。家庭学校の家族制度とは、施設の中の家屋である家族舎において、生徒と職員が家族のように共に暮らす生活形態である。家族舎の構成員には女性職員がいることが重視され、愛情ある温かな家庭であるべきとされた。家庭学校では、設立当初は家族舎の職員同士が夫婦であることは原則ではなかったが、後に「家族長夫婦」の形で夫婦が家族舎を運営することを基本とするようになる（二井［二〇一〇］一〇二－一〇五頁）。

家族制度はその後、全国の多くの感化院で実施されるようになった。昭和五年内務省社会局発行の『感化事業回顧三〇年』では、「我が国感化院の先駆たる家庭学校等に於いて家族制度を採用したる影響と、家族制度は感化事業上最も適切なる

制度と認められたるとによって、現在多数の感化院がこの制度を採用し」たと述べている（内務省社会局［一九三〇］七〇頁）。

留岡の家族制度は、欧米の施設の視察等を通じ、米国の感化院制度やドイツの感化院ラウエハウス（Das Rauhe Haus）に理念のモデルを見出し、家庭学校を設立した。しかし、一家族の人数が欧米の感化院では三〇～六〇名であったのに対し、家庭学校では一五名までとした。これは、留岡が欧米の感化教育における家族制度に学びながらも、家族はより少人数であるべきという留岡独自の考えが反映されたものである。留岡の家族制度は、単なる欧米からの移入ではなかったのである（二井［二〇一〇］四八頁、一〇四頁、三二六－三二七頁）。

四．感化院における障害児の存在とその認識

明治四一年の第二四回帝国議会貴族院感化法中改正法律案特別委員会で、伊澤修二は「智慧ノ足ラナイ人」である「低能児」と「智慧ノ足ル足ラヌハ措イテ謂ワユル其ノ性行ノ悪ルイ者」である不良児を混同しないよう主張している（貴族院感化法中改正法律案特別委員会［一九〇八・三・二四］一四頁）。しかし、実際には感化院には多くのいわゆる低能児がいた。明治四一年、精神科医の三宅鑛一（一八七六－一九五四）と池田隆徳による「不良少年調査報告」では、埼玉県熊谷町の保護学校および埼玉学園の児童を対象に、三宅ら独自の「智力測定法」が実施され、「魯鈍者」「重症痴愚者」「軽症痴愚者」が数多く在院していたことが報告された（三宅・池田［一九〇八］六七七頁、六九四－六九七頁、山崎［一九九九・九］九頁）。

また、大正一三年に内務省社会局が三宅鑛一・杉田直樹（一八八七－一九四九）・熊谷直三郎に委託した全国感化院収容児童鑑別調査によれば、全国的に感化院には貧困など劣悪な家庭環境の者、不就学・中途退学の者、精神薄弱と思われる者が多かった（内務省社会局［一九二五］七－八頁。山崎［一九九九・九］三頁）。

多くの感化院では低能児等の対処に苦慮し、このような児童の感化院からの分離や、彼らを収容する国立感化院の設置を求めた。なお、国立感化院は大正八年に武蔵野学院が設立され実現した（山崎［一九九六・九］一五六頁）。同年、武

蔵野学院では第一回感化救済事業職員養成所も開設され、大正九年の第二回では社会事業職員養成所と改称した（財団法人矯正協会［一九八四］二六八－二六九頁）。感化院職員をはじめとする社会事業の職員養成は、明治四一年開催の内務省主催による第一回感化救済事業講習会がはじまりとされるが（財団法人矯正協会［一九八四］二六八頁）、武蔵野学院においても大正一二年に廃止されるまで五回にわたり養成所が開設され、後に感化院・少年教護院長となる者をはじめ計四五名が卒業した（菊池［一九三九・一二］六二頁）。

一方、兵庫県立土山学園の二代目園長で精神科医でもあった池田千年（一八八四－一九五〇）のように、低能児への特別な指導を実践する者もいた。彼は「特別級にて低能児を収容し」、元良勇次郎（一八五八－一九一二）の「発明にかかる視覚錬心器を使用する」などして低能児への指導をすすめた（小橋［一九一四・六］四五頁。山崎［一九九六・九］一五三頁）。彼はまた、低能児に適した教育が小学校で施されていないことを批判し、小学校に「補助級」を設けるなどして小学校で低能児をも教育する可能性を示した（池田［一九一五・一二］一四四頁。山崎［一九九六・九］一五四－一五六頁）。また、池田は当時の日本には特別学級を設置する小学校や滝乃川学園などの施設はあったものの、「日本ニハ低能児学校ガナイノデ感化院デコノ研究モデキマス。低能児教育ハ不良児ノ防御ニモナリマス」と、感化院で低能児教育の研究をする提案もしている（感化教育会［一九二七・四］五二頁）。

大正後期以降になると、それまでは土山学園や大阪府立修徳館などわずかに存在するのみであった、「特別学級」を開設する感化院が増加し、また低能児向けの特別な教授法を模索するようになった（山崎［一九九九・九］六頁）。たとえば低能またはそれに近い児童に対し、自分の好きな学科をやらせ本人の希望する本を与えたところ効果が見られ、これらの児童は「自由ガ宜シイ」など低能児に対する指導案が紹介された（感化教育会［一九二七・四］五二頁）。

昭和一〇年代に入り、土山学園長の池田は精神薄弱児の職業は農業が最も適しているとも述べている。土山学園では大正四年から昭和一三年までの二二年七カ月の間に、入所者六〇一名の知能を測定したところ、半数以上の三四二名が知能指数九〇以下の知能であり、七五以下も一四六名いた。その中には農業で自活を果たした精神薄弱児もいたという

（池田［一九三九・七］七〇－七三頁）。

また、武蔵野学院長の熊野隆治（一八八二－一九七五）は、少年教護院（昭和九年に感化院から改称）に多数存在する精神薄弱児の独立自営に向けた科目として、「仕事が極めて簡易で単一の熟練ですむもの」、「仕事に変化があって彼らの興味に一致するもの」、「其結果が彼らの生活に応じた低級な満足のできるもの」、「収入の割合によいもの」を考慮すべきだと考えた。その例として養鶏、養兎、野菜や果樹栽培、屋根の修理や壁の手入れに関する下働きなどを挙げている。そのほか都市部の糞尿運搬で収入を得ている精神薄弱児を紹介し、「かゝる職業でも楽しんでやる人を作らねばならぬと思ふ」と、精神薄弱児の職業教育を論じた（熊野［一九四一・八］一三－一五頁）。

精神薄弱児施設の滝乃川学園では、独立自営は軽度の精神薄弱の者のみを対象としており、それ以外の者は大正九年頃には長期にわたって入所するようになっており、施設内保護が具体化しつつあった。また、同じく精神薄弱児施設の藤倉学園では、昭和一三年から昭和一九年の戦中期において、教育終了後は精神薄弱の者に適していると考えられた農業に従事でき、かつ家族の財産等で将来の生活が保障される者は退所となるが、そうでない者は施設で終生保護の対象とされた（高野［二〇一三］一六四－一六五頁、一八四－一八五頁）。

だが、感化院・少年教護院は法で対象となる者の年齢が定められており、彼らは将来的には退院して独立自営を果たすことが目指されていた。成人後も施設で終生保護することや家族の財産で生活することは考えられていなかった。そのため感化院・少年教護院では、精神薄弱児の性情の陶冶を目的に農業や手工を行うだけでは不十分と認識され、精神薄弱児が自活できるよう職業教育を実施する方法が模索されたのである。

五．少年教護法の制定と感化教育の拡大

感化法はその後、さまざまな欠陥が指摘されるようになった。たとえば不良児の早期発見のための措置がない、感化院入院前や退院後の保護が不十分、鑑別機関がない、院長に義務教育修了認定権がないなどである。そして、大阪府立

修徳館、京都府立淇陽学校、兵庫県立土山学園など、近畿地方の院長らを中心に感化法改正運動が起きるようになった（山崎［二〇一二・二］一〇一－一〇二頁）。

昭和八年、少年教護法が制定され、感化院は少年教護院と名称を変えた。少年教護法により、少年教護院長は所定の教科を履修し性行改善した者に対して尋常小学校の教科の修了を認定することが法律上は可能になったほか、少年鑑別機関の設置、入院前の一時保護などが可能となった。また、方面委員、宗教家、教育家、社会事業家などから選ばれた少年教護委員を設置し、不良児の早期発見、退院後の保護などにあたることとなった。教護処分に処せられた事項を出版物に掲載することは禁じられた。少年教護院職員が在院者に検束を加えることも不可となった（山本［一九三五・一］一三－二二頁）。

しかし、実際には法に定められたように進まないことも多かった。たとえば少年教護院長が小学校の教科の修了を認定するにあたっては、少年教護院の教科について文部大臣の承認を経ることが定められていたが、昭和一四年の時点で承認を受けている施設は、全国の少年教護院約五〇施設のうち、一二施設のみであった（佐々木［二〇一二b］一六頁）。

これは、文部大臣の承認を受けるために必要な設備が満たせないという理由のほか、少年教護院は学校教育で失敗した者を収容する機関であり、学科に重点を置くのではなく、医療や、作業による労働体験、家族制度による教育が大切なのだという少年教護院の独自性を重視したという理由があった（佐々木［二〇一二b］一六－一九頁）。さらに、少年鑑別機関も、昭和一七年三月現在で設立されていたのは一九府県のみだった（日本少年教護協会［一九四二・五・六］三二－三三頁）。

自分たちの実践は小学校とは違うのだという意識は、感化院の時代から見られたものであった（田澤［一九九九］二〇六頁）。確かに感化院長らは感化法改正要求の中で感化院の児童に義務教育修了を認定する必要性を訴えた。感化院では児童の就学問題が重要な課題となっていたからである。義務教育の就学率が向上するなか、小学校の卒業証書を得ることによって感化院出身であることを隠したい、大工の仕事に就くのにも小学校卒業程度の学力が求められる、などの理由から児童に小学校の卒業証書を与える必要が出てきたのである（田澤［一九九九］二〇八－二一〇頁）。

しかし、感化院では午前中に学科を学び、午後は農業などの実科を行う日課が一般的であった（田澤［一九九九］二〇五頁）。学科は児童の学力に応じて、一七歳の子が小学校一年生の学習に取り組むこともあった。しかし、学力的には小学校一年生であっても、社会的な知識や理解力は年相応に発達している児童の場合、一年生の教科書では内容が平易すぎて飽きてしまうことに感化院長らは気づいていた。そのため、感化院専用の教科書の必要性が主張されることもあった（田澤［一九九九］二〇六頁）。学校教育は知育を重視するのに対し感化院・少年教護院の教育は不良の改善のための実科や生活指導を重視しているという考えから、院長らには感化院は学校教育には代えがたいのだという自負があったのである（田澤［一九九九］二〇五－二〇六頁）。したがって少年教護法の時代になり、少年教護院が小学校の教科修了を認定する道が開かれても、少年教護院が学校教育の模倣となることを危惧し、あえて小学校修了認定の承認申請を行わない院長もいたのである（佐々木［二〇一二b］一六－一八頁）。

少年教護法の施行により、学校長は不良児の少年教護院への入院を具申することが可能となった。しかし、富山県発行の『本県少年教護事業と其の実際』によれば、児童が少年教護院に入ることを学校の恥辱と考え、学校からの具申が進まない傾向もあったという（富山県［一九三五］一一－一二頁）。また、不良児の多くは成績不振で、貧困のため学用品も不足気味になるため、教師から叱責されてしまう、それが嫌なため浮浪徘徊し不良化するのだと、小学校の対応が批判されている（富山県［一九三五］一一－一二頁）。

少年教護院職員の筆と思われる本書は、小学校は不良児だけに時間をかけられない状況にあり無理もないながらも、彼らを「トコロテン」式に卒業させ関係を絶つか、出席停止のまま放置するのだと問題点を挙げている。こうした指摘の背景には、少年教護院に入った者が低学力にもかかわらず、小学校で進級や卒業をしていることに対する少年教護院関係者の疑問があった（富山県［一九三五］一一－一二頁）。そのため、学校よりも少年教護院の方がより適切に不良児を教育できるとし、不良児を少年教護院に入院させることの必要性が訴えられた。

六．家族制度における職員の負担と家族制度の維持

明治時代より重視されてきた感化院の家族制度は、少年教護院となってからも維持された。家族制度は夫婦の職員によって行われることが望ましいとされたが、家族制度の継続は決して容易ではなく、むしろその困難さが職員によってたびたび訴えられた。昭和一四年一二月の『児童保護』誌では少年教護院職員の待遇問題に関する特集を組んでいる。長野県波田学院長の宗像浩洋（守雄）（一八九一－一九六二）（竹原［二〇一五・九］一八頁）は、職員の状況を次のように訴えた。少年教護院職員は夫婦で仕事を行い、自分の子も少年教護院で暮らしている。昼も夜も児童の対応に追われ、私的な時間は皆無である。外出もめったにできず、熱意がなくては出来ない仕事である（宗像［一九三九・一二］一三－一六頁）。

しかし、宗像は「家族制度以外に院内教護の実績が挙がらぬものとすれば、何んだか大きな壁につき当たった感がする」と悩みつつも、家族制度に反対するわけではなかった（宗像［一九三九・一二］一六頁）。このような状況にある職員に対し那須学園長の池田実道は、公私を分けるのではなく、児童との遊戯や入浴を楽しむことで、公的生活の中に私的生活を見出すことを提案した（池田［一九三九・一二］一七－二〇頁）。

このように、家族制度は職員に多大な負担を課しながらも、その効果を信じる職員によって継続された。職員らは困難な家族制度をなぜ維持しようとしてきたのだろうか。宗像は「家族制度であらねばならぬ」とする理由を次のように述べる。①児童期は家庭で育成されるのが自然である、②児童の不良化は健全なる家庭を持たないことに起因する、③不良児の多くは家庭の躾の至らぬ者が多いが、生活訓練は家庭組織に入れることが最も理想的である（宗像［一九三九・一二］一四頁）。職員らは、家族制度が不良児を改善させる上で不可欠だと信じていたからこそ、大きな負担を感じながらも家族制度を維持していったのである。

七．まとめ

感化院・少年教護院は児童保護の領域では、最も早くから法制度が整えられた（田澤［一九九九］二頁）。そのため、明治期にはすでに感化法に基づき全国の各府県に感化院が設置された。昭和一四年の少年教護院の数は国立一、道府県立四六、認可少年教護院四の計五一であった（財団法人中央社会事業協会［一九四一］三六七頁）。滝乃川学園や藤倉学園など精神薄弱児の収容施設が昭和一二年で私設一三施設のみ（財団法人中央社会事業協会［一九四二］三七一頁）であったことと比べると、少年教護院は早くから広まったと言える。

感化院・少年教護院は家族制度や農業をはじめとする実科教育など、小学校とは異なる独自の実践を行ってきた。低能児・精神薄弱児の存在が明らかになると少年教護院内に特別学級を開設し、さらには精神薄弱を伴う不良児にも自活の道を開こうと多様な実科教育を行おうとした。また、不良児は家庭的に恵まれないゆえに不良行為を為すようになったという考えから、職員に多大な負担を強いる制度であっても、児童の改善に効果があると信じ家族制度を維持する努力を続けた。こうした経緯から、感化院・少年教護院は、学校教育では果たせない実践を行っているという自負を持つようになったのである（佐々木［二〇一二b］一六－一八頁。田澤［一九九九］二〇六頁）。

しかしながら感化院・少年教護院は、自分たちの教育は不良児に適していると自負していても、学校教育を意識しないでいることはできなかった。児童の将来に必要と考え、彼らに小学校を修了させようとした。それは、小学校修了が就職に不可欠な時代となったほか、感化院出身だとわかると児童の不利益となる現実があり、それを防ぐためであった（田澤［一九九九］二〇六頁）。

とはいえ、感化院を文部省の所管とすることは明治期から議論されていたにもかかわらず、実現することはなかった。一方、小学校では性行不良の児童は出席停止とすることができた。ただし、そのような中でも彼らを教育しようと努力した学校教師もいた（寺井［一九二六・一］四二頁。戸崎［二〇〇〇］一四五－一四六、一五六頁）。

感化院・少年教護院は、しばしば人々から刑務所の如く思われた（富山県［一九三五］二一頁）。少年教護院の児童に対する偏見を払拭することは職員にとって大きな課題であった。この課題は、昭和一三年から始まった満蒙開拓青少年義勇軍に少年教護院の児童を送ることにも繋がったと言えよう。満蒙開拓青少年義勇軍に参加することで、児童が性行を改善し、人的資源として貢献できることを示そうとしたのであった（池田編［一九三九］二五三頁。佐々木［二〇一二a］二二四–二二九頁）。

第九章　学校衛生の導入から健康教育への発展と特殊教育

——明治三〇年代（一九世紀末）〜昭和一〇年代（一九四〇年代前半）

社会の動き

学校衛生と特殊教育との関係は、多様な局面をもっている。明治二〇年代末以降のトラホーム対策から始まり、明治三一年「学校医ノ職務」と三二年の「学生生徒身体検査規程」によって、学校衛生が発展したが、その段階では身体衛生に偏していた。大正期になると、三年に専任の学校衛生官の配置、九年「学生生徒児童身体検査規程」への改正があり、一〇年には、大臣官房に学校衛生課が復活することによって、所掌事項に身体虚弱だけでなく、精神薄弱も加わるようになり、特別学級開設に貢献した（表8－3－1）。また大正期には、新教育運動が反映されて児童の個別性への注目と尊重が進行し、児童の身体的・知的発達には栄養と衛生が関連しており、貧困が心身の発達を阻害していることが認識されることによって、夏季の林間学校・臨海学校の開設が全国的にみられ、常設の林間・臨海学校も出現する。しかし、昭和三年の学校衛生課の体育課への改称と学校衛生の健康教育への展開によって、対象児は、再度、生徒の身体的側面に焦点が当てられる。それと同時に、戦時体制に即応すべき人的資源の育成のために、学校衛生は健康教育へと展開するなかで、永続的障害のある生徒は、学校衛生の主たる対象から除外されていく。他方で、明治末期から昭和一〇年代までの全体の時期を通して、学校衛生の対象設定において、精神衛生が含まれるのかどうかは確定しなかった。しかし、大正一〇年から昭和四年までは、精神薄弱は、ほぼ学校衛生の所掌であったために、特別学級が一部の地域では振興したし、全国的にも拡大した時期であった。学校衛生・健康教育という分野は、出発点では民間の自発的な活動が見られたが、大正九年の帝国学校衛生会の発足以降、他の分野以上に文部省の先導に負っており、歴代の文部省学校衛生担当者の努力は、政策立案から帝国学校衛生会の機関誌『学校衛生』の編集・発行、全国での講演等、並々ならぬ激務であった。

第一節　日本における学校衛生の着手——物理的環境と身体の衛生としての学校衛生

一．学校衛生に関する文部省官制

日本における学校衛生の着手は特殊教育が部分的に含まれる政策のなかで比較的早く、また、順調であった。明治二四年一〇月、医師・三島通良（一八六六－一九二五）が文部省の学校衛生取調嘱託に任ぜられた。明治二九年五月には学校衛生顧問と学校衛生主事が配置され、三三年四月には、中央行政機関として文部省に学校衛生課が設置された。明治三一年二月二六日には文部省令第六号「学校医職務規程」が、明治三〇年三月一五日には文部省訓令第三号「学生生徒身体検査規程」が公布された。

ところが、学校衛生顧問および学校衛生主事、学校衛生課は、明治三六年に廃止され、学校衛生専門の中央行政は途絶する。再興の機運が開かれるのは、明治四三年、東京帝国大学医科大学助教授・石原喜久太郎（一八七二－一九四四）が、文部省に学校衛生嘱託として着任してからである。石原は、大正三年一一月に第一回学校衛生講習会を開催し、五年七月には北豊吉（一八七五－一九四〇）が学校衛生官に就任する。北はその後、昭和四年に退任するまでの一三年間にわたって、日本の学校衛生の基盤確立に貢献した。

大正一〇年七月には、大臣官房学校衛生課が再置された（昭和三年五月に体育課と改称）。この分掌事務のなかに、身体虚弱または精神薄弱の生徒の監督養護が初めて含まれたために、身体虚弱と精神薄弱の薄弱児童の特殊教育を体育課が担当するようになり、昭和四年七月の文部省分掌規程の改正まで続くのである。また、大正一一年五月には、文部大臣の諮問機関として学校衛生調査会が設置された。一三年六月一〇日には、「地方学校衛生職員制」により、学校衛生技師が全道府県に配置され、地方学校衛生の中枢となった（杉浦［一九八三・三］一〇六頁）。また、行政機関ではないが、学校衛生に関する学術研究と行政を連結する組織として、大正九年一二月には、文部省内に事務所をおく帝国学校衛生会が結成され、文部省の学校衛生担当者が実務を担当し、月刊機関誌『学校衛生』の発行と全国連合学校衛生会の開催を通じて、学校衛生行政の円滑な実施を遂行する絶大な助力機関となった。

二、三島通良時代の学校衛生の任務

三島通良は、明治二六年、ドイツの著作を参考に著した『学校衛生学』を刊行しているが、その内容は、学校・教室・机および椅子、生徒の疾病と学校医、授業時間等から構成されている（三島［一八九三］、［一八九六］）。その特徴は、二つの physical、すなわち物理的環境と身体である点にあり、精神衛生的内容は希薄である。初版（一八九三）では皆無であり、明治二九年第三版（一八九六）で初めて精神面の記述がなされるが、本書に占める「神経及ひ精神の疾病」は二頁にも満たない（二四四－二四六頁）。奥付によると、本書は、明治二六年初版、二七年第二版、二九年第三版（増訂）、三〇年第四版（増訂）と版を重ねたし、文部省の著作であり、日本にはほとんどいない学校衛生の専門家の著作だけに、教育界に対する学校衛生の内容に関する影響は大きかったものと思われる。

もっとも、学校衛生におけるこの傾向は明治一〇年代後半に学校衛生学の先鞭をつけていた辻新次（一八四二－一九一五）や三宅秀（ひいず）（一八四八－一九三八）の学校衛生論に源がある（山本［一九九九・七］三二頁）。辻は元文部省高官で、唯一の教育界の全国組織であり、文部省の教育政策に対する助言団体でもあった帝国教育会長を長らく務めた人物であった。三宅は東京大学教授で、日本の近代医学の基盤構築に功績があり、後に帝国学校衛生会長を務めた。精神薄弱児（者）の教育・福祉に寄与した精神医学者・三宅鑛一は、秀の長男である。

そして、日本最初の学校衛生著作とされる松山誠二『学校衛生論』（一八八三）でも、同時期の他の著書でも、学校衛生の内容は、ほぼ同一である（高桑［一八九一］、瀬川［一八九三］、牧山［一八九八］、坪井［一八九九］、佐藤［一九〇一］、関［一九〇一］、池田［一九〇二］、野村［一九八六］、澤口［二〇〇四］二〇－二一頁）。

三島の考え方に基づけば、学校衛生学とは、生徒と教員の心身の健康を保持増進する規則と方法に関する学問であり、学校衛生の目的は、就学によって生じる疾病と奇形および学校における伝染病を予防することであった（三島［一九〇三］一一六頁）。しかし、学校衛生という新しい分野が、実際には学校現場で理解が困難であったことは、三島通良自身の地方視察時における説明事項から推察できる。三島は、学校衛生を説明する際に、体育や武芸との区別から始めなければならなかったのである（学校衛生叢話［一九〇〇・一二］）。

こうして、学校衛生最初の動機は、結果として、トラホーム（トラコーマ）の予防に求められた。トラホームは、大正後半期に減少するまで、猖獗をきわめたとされている（三井［二〇〇一・六］一二一頁。中屋［一九〇八・六］九頁）。しかし、トラホームが実際に流行したのか、どの程度拡大したのか、その実態は明らかでない。日本における眼科学の成立との関係、トラホーム診断と原因、トラホーム蔓延論の社会的背景については、澤山信一が詳細に取り上げている（澤山［二〇〇四］）。

トラホームの診断や治療法について確立していなかった医学界での態度とは異なり、教育界ではトラホーム予防に積極的に反応した。明治三〇年前後になると、県教育会雑誌で、トラホーム予防について注意を喚起する記事が散見され、[2]これ以降、記事および実践とともに急増する。明治三一年九月二八日文部省令第二〇号「学校伝染病及消毒方法」において流行性眼炎が指定されたが、学校では眼病の鑑別ができないこととも関係があるだろう。大正二年五月開催の第九回全国連合教育会では、小学校児童に対するトラホーム予防の実施を文部省に建議することが議題として提案され、トラホーム予防の歌まで作成されるほど、小学校教育の重要な課題となった（第九回全国連合教育会概況［一九一三・五］七七頁。「トラホーム」予防規程制定ノ儀ニ付建議［一九一四・一〇］、トラホーム予防の歌［一九〇六・八］）。

地方でもトラホーム予防規程が公布されていく。岩手県では明治三九年、「学校『トラホーム』規程」（県訓令第二二号）、熊本県では明治四〇年（訓令甲第三〇号）、宮城県と秋田県では明治四一年、大分県では四三年、鹿児島県では大正九年、「学校ニ於ケル『トラホーム』予防規程」（宮城県訓令第五号、秋田県訓令第三七号、大分県令第一三号、鹿児島県訓令甲第一三号）が公布された。[3]

このような経緯と状況から、学校衛生の関心は身体衛生に偏り、精神衛生には及ぶことはなかった。しかし、初期の学校衛生が身体衛生中心であったのは、当然だったであろう。その主な理由は二つある（野村［一九八六］参照）。一つは、公衆衛生上の理由である。明治開国に伴ってコレラが流行し、後には、天然痘が侵入した。衛生状態は悪く、上下水道もない環境において、多数の児童が集まる学校では、感染症対策が何よりも優先されるべき課題であり、学校が発見・予防・蔓延防止の拠点とならざるを得なかったからである。明治六年五月には、「学制」に第二一一章を追加規定し（明治六年文部省布達第七七号）、小学入学者は種痘接種を受けた者または罹患済みの者とし、直轄学校入学者にも適用した。明治一三年の教育令改正では、伝染病罹患児童の通学も禁じた。東京盲唖学校でも、入学許可の条件として、身体健康とともに「種痘又ハ天然痘済ミノ者ニ限ル」（校則第一一条）としていた。

第二は、明治初期の小学教場が寺院や民家から専用校舎を新築するにあたって、建築基準が必要になり、同じ頃、ヨーロッパから学校管理法が導入されるという状況において、採光・通風等の物的環境を考慮することが求められていた。この条件のもとでは、身体的衛生が重視されるのは当然であった。

トラホーム予防活動の効果については、各地方でさまざまな報告があるが、画期的だったという。たとえば大分市では、大正元年に在籍児童数一〇二一名に対し、トラホーム患児数は四九八名、昭和二年では在籍児童数一一三六名に対し、患児数はわずか四七名に激減している（大分市［一九二九］四九九－五〇一頁）。全国調査については、昭和四年に文部省体育課が一〇年間の治療成績をまとめている。それによると、最も罹患率の高い小学校児童では、二〇年前と比べると一〇％以上減少し、この一〇年間では三％減少している。この効果は、定期身体検査と学校看護婦の配置によるとしている（文部省体育課［一九三〇・一二］）。

教育病理学は、たしかに明治三〇年代半ばから榊保三郎、富士川游、呉秀三、杉田直樹、笠原道夫、三宅鑛一らによって紹介され、教育病理を冠した著作も刊行されたように、教育界でもブームとなるが長続きしなかった。教育病理学は、何より、精神医学からの問題提起に過ぎず、実践に結びつくこともなく、学校衛生との関係は希薄だった。

第二節　学校衛生の転換――第一次世界大戦と学校医の職務拡大

一．北豊吉時代――学校医制度と職務範囲の拡大

(一) 学校衛生への特殊教育の包含

普通学務局が盲唖教育令の公布に難航し、それ以外の特殊教育にも見るべき成果のなかったのと比べると、広い範囲を対象としていた学校衛生は、虚弱児をはじめ、小学校制度の枠組みのなかで、後に特殊教育制度に含まれる教育の振興に貢献したといえる。文部省分課規程による所掌事項として大臣官房学校衛生課が「身体虚弱又ハ精神薄弱ナル生徒児童等ノ監督養護ニ関スルコト」を担当するのは、大正一〇年からであるが（荒川［一九七三・五］二九頁、表8―3―1参照）、その源は明治末期に始まる。後に見るように、明確なイニシアティブをもって、盲学校・聾唖学校と対象が部分的に重なるような弱視・難聴児に対しても、小学校教育という枠内で、学校衛生課が、特殊教育の必要性を提起していくことになる。このような新たな段階は、特殊教育に関連する中央行政組織（学校衛生官や課長）と有能な責任者を獲得できたことによると思われる。

トラホームが学校衛生の主たる標的となっていった時代に、それまでとは異なる学校衛生の内容が提起される。明治四三年、文部省学校衛生取調嘱託を務めた駿河尚庸『最新学校衛生学』は、他の著者の内容とは、やや異なっている（駿河［一九一〇］）。本書は、他の著書以上に大部であり、教授衛生関係がやや詳しいだけでなく、「学校衛生上特ニ注意ヲ要スル健康障碍」に一編を設けていて、生徒の精神的側面に二〇頁以上を割いている。

それでは、駿河だけがこのような方向性を選択したのかといえば、そうではない。元来、学校衛生に先鞭をつけていた大日本学校衛生協会の機関誌『日本学校衛生』では、大正二年四月の初号から乙竹岩造「特殊教育問題」を掲載し、後述する石原喜久太郎の転載論文までに、劣等児調査、低能児診断法、精神薄弱児補助学級問題、優秀児童の精神衛生と

いう、三島時代には中心でなかったテーマの論文が掲載されている。

大正五年三月の『現代教育』、四月の『日本学校衛生』には、石原喜久太郎の転載論文「学校衛生の現状及革新の方針」が掲載されている。この論文は、身体検査とトラホーム予防中心の学校衛生や就学率のみを重視して体育衛生を軽視した小学校教育の現状に異を唱えたもので、学校衛生の在り方を学校医の役割や学校看護婦の必要性と関連させて提起している。石原は、学校衛生を国民衛生の基礎として位置づけ、身体検査を円滑な学習活動を展開するうえでの資料として蓄積して活用し、特別養護児童に必要な処置を提供することが必要であるとする。低能児には補助学級、虚弱児には林間学校、難聴児には難聴児学校、栄養不良の児童には学校給食を例示する（石原［一九一六・三〜一九一六・四］）。

駿河の学校衛生学が他の著者のそれと異なる理由の一つは、明治末期に劣等児の教育が広く実施されるようになり、低能児の教育も試み始められたという時代的な差と教育上の必要性に対する駿河の認識にあると思われる。大正五年七月に学校衛生官となった北豊吉も、大正九年に刊行された『学校衛生概論』の「序」で、着任時の学校衛生が、学校設備中心であって、教授衛生は軽視され、体育運動は領域外だったと回想している。また、同書では、「精神異常児の教育及養護」に一編を用意しているが、六頁を割いているに過ぎないし、内容も平凡である（北［一九二〇］序、一四一－一四六頁）。

しかし、小学校児童の学校における学習活動に対して、児童個人の問題とともに、学校環境の影響は、最初はドイツ人の著書と留学における見聞に基づいて、早い時期から認識はされていた。児童個人の学習の進捗には、身体的にだけではなく、心理的にも大きな影響があることに関心が示されていた。学校の環境が生徒の学習活動に影響があることも、早くから知られていた。こうして、明治中期に源をもつ学校衛生の身体重視からより広範な方向への転換は、大正中期になると地方でも顕著となる。大正九年三月、『大分県教育雑誌』は「学校衛生は学校の衛生に非ず」と題し、「学校衛生の範囲と位置」を副題とする短報を掲載する（一九二〇・三）。

大正九年二月二一日文部省令第七号「学校医ノ資格及職務ニ関スル規程」（文部省［一九二〇・二・二一］）では、第二条第六項で学校衛生の対象として初めて精神薄弱の児童生徒が明記され、その監督養護の調査は学校医の任務となった（「調査事項ノ取捨」の判断は学校医に任された）。また、第三条では以下のように規定されている。病者、虚弱者、精神薄弱者等を学校医が発見したり、校長等より彼らの情報を得たりしたときは、状況を調査し、授業科目の免除、就学の猶予または免除、休学、退学または治療、保護矯正等が必要なことを校長に申告しなければならない。また、異状はあるが就学猶予・免除、休学・退学の必要がない児童生徒に対して学校医は監察を継続しなければならない。

なお、学校看護婦は、昭和四年「学校看護婦ニ関スル件」（文部省訓令第二一号）により規定され、昭和一七年文部省訓令第一九号「養護訓導執務要項」により失効した（近藤［一九八二・三］）。養護訓導の職務は、「児童心身ノ情況ヲ査察」することにはなっていたが、具体的には「衛生ノ躾、訓練」に従事するものであり、執務内容にも、身体的側面以外は含まれていない

(二) 学校衛生の全国組織化と機関誌の刊行

(1) 大日本学校衛生協会と帝国学校衛生会

学校衛生の学術的・実践的活動は、すでに大正二年三月一日、大日本学校衛生協会が本圖晴之助を中心に結成されていた。四月には月刊誌『日本学校衛生』が創刊され、後述のように、刊行当初から、生徒の心身問題に広い関心を示していたことは、掲載の論文や外国情報から推測できる。昭和一六年の廃刊まで、民間学術団体として貢献する。元来、大日本学校衛生協会は、文部省の方針に基づいて結成され、幹部には、帝国学校衛生会幹部になる人々を含んでいたが、文部省およびそのブレーンは、文部省の方針を地方行政および学校に円滑に流通させる新しい組織・帝国学校衛生会を必要としていたようである（野村［一九九四］）。これは、特殊教育を含む他の教育団体とも多少と類似した状況であるが、帝国学校衛生会には、たとえば、初等教育界における帝国教育会ほどの相対的独立性はない。

学校衛生の団体と機関誌には、民間団体としての大日本学校衛生協会と『日本学校衛生』（大正二年四月創刊）、文部省

内に事務所をおく帝国学校衛生会の結成と『学校衛生』（大正一〇年創刊）の二誌があり、前者は学校医や学校衛生主事、後者は学校衛生会や学校医会という地方学校衛生組織を会員とする違いがあり、後者の連合体を組織し、恒常化する意図があったという（野村［一九九四］二二一頁）。そして、大正一三年の「地方学校衛生職員制」により、地方の学校衛生会、学校医会、学校歯科医会、学校看護婦会等を束ねたこの中央集権的ピラミッド体制により、短時日の間に全国にほぼ同一水準の学校衛生施策が行われ、興隆・浸透が見られたことは、北学校衛生官（課長）の第一の功績であると評価されている（杉浦［一九八三・三］一〇六頁）。学校衛生の全国の効率的組織化という目標の達成という意味では、政策的に成功したといえるが、中央集権と権威性というその構造は、他の成功分野と同じだった。そして、発端におけるこの二つの源は、昭和一三年の竹村－大西論争（高橋［二〇一五・一］）の遠因になったと思われる。

(2)　全国学校衛生会議

実質的な政策立案・協力機関として機能したのは、学校衛生技師から構成される全国学校衛生会議であった。全国連合学校衛生会は帝国学校衛生会の主催により、大正一一年五月から定期的に開催されるようになる。学校衛生は、伝統的に身体的・物的環境的側面から衛生を考慮してきたし、所掌事項に一貫性がなかったこともあったが、学校衛生が特殊教育を牽引した時代があり、その意味で、遅々として進展しなかった普通学務局が昭和三年に特殊教育の拠点として確立するまで、学校衛生課・体育課が、盲唖教育以外の特殊教育の中心となり、成果を上げたことが認められる。しかし、学校衛生の概念というよりも、学校衛生を担当した医師のなかに、特殊教育に関心をもった人々がいたということであろう。

だが、学校衛生の学的体系では、精神衛生領域の取扱に特徴的にみられるように、身体・環境と精神の両面を総合した一貫性ある継続性が希薄だったのではなかろうか。そのような取捨選択は、日本的特徴であったのかもしれない。

二．大西永次郎時代――学校衛生の確立と全国組織化

(二) 虚弱児童養護施設講習会の開催

大西永次郎(一八八六―一九七五)が、大正一三年四月に文部省に入省した前後は、学校教育における学校衛生活動の高まりが顕著になった時代であった(高橋[二〇一五・三]参照)。全国連合学校衛生大会が大正一一年に開催され、これ以降、定例化された。大正一三年には、地方学校衛生職員制が公布され、全府県に学校衛生技師が国費で配置され、大正一四年には、第一回学校衛生技師会議が開催された。

大西が文部省に入省する前に、政策上の新しい局面が出現していた。身体衛生では特別学級のカテゴリーが増加するとともに、それまでは学校衛生の関心対象でなかった新しく開拓すべき分野が示されるようになる。それが精神薄弱教育である(大正八年、普通学務局長・赤司鷹一郎(一八七六―一九三三)の指示については後述する)。身体衛生との共通点は、「薄弱児」教育としての小学校における特別教育であった。大西の入省前から身心薄弱児問題、ひいては劣等児・精神薄弱児の教育問題は方向づけられていたし、大西自身がそれに従っているので、別に述べる。

身体虚弱児童の取扱方法についても、大西着任以前に方向づけがなされていた。それは、学校給食・学校塩水浴・林間学校であり、ことに夏季聚落であった。もっとも、大正一三年九月の「学校衛生と林間学校の新しき任務」(文部大臣官房学校衛生課[一九二四・九])は、大西の入省後の著作かもしれない。大正一三年後半は、学校衛生課では大きな出来事がつづく。彼の着任前の企画であろうが、一〇年には全国特別学級調査結果の発表、一二月と一四年一月には身体虚弱児童に対する小学校の特別取扱の実態調査の発表があった。この前後には、学校衛生課の方針に沿う記事が続いている。臨海保養と劣等児問題である。こうして、昭和三年の第三回全国学校衛生技師会議における精神薄弱児と身体虚弱児に対する積極的な特殊教育構想の答申まで続く。それを担ったのが大西であろう。昭和五年一月、「学校衛生の新傾向」がそれである。

虚弱児の特別教育については、内務省でも結核予防の観点から積極的だった。昭和四年、日本中央結核予防協会第三回総会では、虚弱児の特別学級と特殊学校の設置が決議された(椎名[一九三〇・六])。虚弱児の特別教育については、文部省でも新しい展開があった。昭和六年六月末から一週間、虚弱児童養護施設講習会が開催され、翌七年七月、同講習会開催時に、開放学校や養護学級等の普及奨励を目的とする「虚弱児童養護連盟」が結成された（大原社会問題研究所［一九三三］）。同じ七年二月には、前年二月に開催された「精神薄弱児童養護施設講習会」参加者が自発的に精神薄弱児童研究会を結成したということから、それに影響されたのであろうか。それぞれの地方では孤立しがちな虚弱教育関係者が一堂に集まり、協議する場ができたのである。これは、虚弱児教育とその理解・普及にとって一つの画期となる。

かくして、虚弱教育関係では、夏季聚落活動が盛んとなっていった（永生［一九三二・八］）。

（二）大都市における学校衛生活動

大都市における学校衛生活動も、大西時代の新しい学校衛生の動向と、ほぼ軌を一にしていた。最初に東京市について概観する。大正一一年四月、東京市は学校医中心から学校衛生技師体制に切り替えて、三〇名の技師を任命した。一一月、後藤新平市長による「東京市衛生改善施設要項如何」の諮問に対して、学校衛生技師会は、大正一二年二月、答申を提出した。その内容は、学校衛生部（五項目）・教授衛生部（一六項目）・体育部（一二項目）・医務部（二一項目）・統計および宣伝部（一七項目）におよぶ広範で多様である（市学校衛生改善施設要綱［一九二三・二］）。これは、東京市において特殊教育施策が著しく遅れていたためでもあった。とくに教授衛生部の項目中には、身体虚弱関連が多いし、虚弱児の常設施設および夏季聚落は体育部と医務部に出てくるように、当初の重点は身体虚弱にあったとは思われるが、精神薄弱児に関する研究も含まれている。また、就学猶予児童疾病統計や予備身体検査の項目は、時代の流れで弾力的な対応がなされる項目であったように思われる。

この諮問の前後に、東京市教育局は矢継ぎ早に身体検査関係の助役通牒を発し、早期発見と対処を進めた。この時期の障害や病弱・身体虚弱に対する対応が、後に、日本で最初の教育的対策として実ることになる。東京市の身体検査関係の記述は後に述べる。

大阪は悪名高い「煙都」だった。大阪市教育部は、健康第一主義を高調してきたが、その成果が昭和一〇年前後から現れてきた。大西永次郎から「大阪市の学校衛生が、近年躍進の途上にあり、就中健康大阪の建設を、目指して健康相談に、夏季施設、学校給食に、郊外進出にと着々として堅実なる歩みを続けて居られる」と、編集者・大西の執筆者に対する世辞もあるだろうが評価された。虚弱児養護問題も、精神薄弱児問題とともに、闔一市政下の一環であったのであろう。実際、身体検査によって身長・体重、発育概評も改善されていた（家原［一九三六・九］六〇一-六〇三頁）。いずれにせよ大都市では、児童の体位低下と虚弱児養護は共通の課題となっていた（大都市児童の体質悪化［一九二七・一二］、第四回六大都市教育協議会［一九三四・一二］三七頁）。

第三節　夏季臨海学校・林間学校の拡大と常設化——白十字会林間学校の創設と拡大

一　夏季臨海学校・林間学校の開始とその背景

（一）文部大臣官房学校衛生課の夏季の体育的活動調査

明治末期になると、県教育会雑誌には、早期に開設された夏季限定の臨海学校や林間学校の情報が掲載される。対象は虚弱児で共通していたが、実施期間は、数日から三週間程度の事業までさまざまであった。この動きに刺激されて、学校や教育会・学校医会が主催して全国的に実施されるようになる。

文部省大臣官房学校衛生課は、大正一一年と一五年に夏季の体育的活動の調査結果を公表する（文部省大臣官房学校衛生課［一九二二］、［一九二六］）。一五年調査における「夏季の体育的活動」は、林間聚落・臨海聚落から「早起会・児童召集」、その他まで一一種類に及んでいる。大正七年度の全国の実施数は七七一、一一年度五九七八、種類別でも大正七年度九七一、一一年度五九七八となっており、爆発的といってよい普及であり、一一年度では全道府県で実施している。また、この六年間で、すべてのカテゴリーで増加している（文部省大臣官房学校衛生課［一九二六］八-一〇頁）。

臨海学校・林間学校・温泉高原湖畔等聚落は、大正一〇年以降の三年間の「夏季の体育的活動」の二割程度であるが、大正七年度以降、年度別の増加をみると、一一年度から爆発的に増加し、一二年度では、全体の二五％を占める「早起き会・児童召集」に次ぐ種類となる（二三％）。「早起き会・児童召集」も、臨海学校等と同じ増加傾向を示している。また、夏季聚落の実施には地方間格差があり、大正一〇年以降の三年間で一〇〇件以上実施した府県は、広島県・大阪府・兵庫県・静岡県・岡山県・京都府・東京府・長崎県の八府県で、中国地方・近畿地方で多く実施されている（文部省大臣官房学校衛生課［一九二六］九－一〇頁）。このうち、兵庫県は虚弱児対象の聚落実施に、京都と大阪の二府では聚落形態が盛んなことに特徴があると指摘されているが、全体として運動や娯楽目的の体育的活動が多いといえる（文部省大臣官房学校衛生課［一九二二］一三－一五頁）。各種の体育的活動の参加者数でみると、「早起き会・児童召集」が四六％、水泳が二二％、ついで臨海・林間学校等聚落が約一五％となっている（文部省大臣官房学校衛生課［一九二六］一三－一四頁）。そのため、一一年調査では、虚弱児に対する活動は急務であるとされている（文部省大臣官房学校衛生課［一九二二］二二－二三頁）。

主催学校等別（大正一〇～一二年度）では、実施総数一三八三六のうち、七五％が小学校であり、中学校・師範学校が約一一％であるが、この三年間の小学校主催の割合はほぼ変化がなく、学校衛生関係・教育会・体育会（三年間平均で約六％）の大半が初等教育対象と思われることから、夏季の体育的活動は、おおむね小学校児童の行事であったとみて差し支えない。また、一一種類の夏季活動において、実施期間と計画の綿密さを考えれば、臨海・林間学校等聚落が最も準備が必要であるばかりか、他の種類よりも遥かに経費を要する夏季体育活動でもあった（文部省大臣官房学校衛生課［一九二六］）。

大正一一年および一五年調査には実施事例が紹介されており、それをみれば、この時期に各地で展開されていた夏季体育的活動の実態が把握できる。一一年調査では小学校に限定すると、表9-3-1のように一九事例が挙げられている。この事例は、推進すべきモデルとして紹介されているわけではなく、むしろ、問題がある事例も含まれていることは、(四)で後述するように「総評」をみれば理解できる(文部省大臣官房学校衛生課［一九二二］二二一—二六頁)。

大正一一年調査における一九例を事業内容に即して整理してみる。最初に、表9-3-1の林間学校八のうち、二件(丸亀市と三重県鞆田村)は一日で二〜三時間の活動にすぎないうえに、目的や対象児と事業の内容が対応していない。宿泊を伴う事業は一件にすぎないが、それ以外の五件は日中だけの事業であり、目的も広範な事業が多い。貧困層の特殊尋常小学校であった東京市直営の林町尋常小学校の事業は、学業劣等児中心に編成されている(文部省大臣官房学校衛生課［一九二二］三一頁)。身体虚弱に焦点を当てて聚落を設定しているのは、東京市麹町と京都市教育会の事業であろう。臨海学校型では、日赤の二例が、対象と事業内容が対応している。それ以外は、単なる学校行事であるか、目的が複合的となっている。水泳だけに特化している事業も少なくない。

大正一五年調査では、聚落の対象は、郡内・市内または当該小学校の虚弱児であるのが四例であるが(中学生一名が参加)、附属小学校は全校児童が対象である。期間は三週間、場所は小学校・寺院(各二例)と海岸で、事業名は学校会場の例では児童愛護会または夏季児童保養所、寺院が林間聚落、海岸松林が海浜学校となっている。主催は、小学校二、教育会二、日本赤十字社(杉浦［一九七八］二六九—二七一頁)が一であった。この他の事例は、香川県教育会高松市教育部会による遊泳部があり、市内全児童を対象とする毎日一〜二時間の水泳指導であった。和歌山県師範学校附属小学校の海浜学校は、健康増進も目的の一つになっているが、虚弱の改善自体は目的となっていない夏季事業の一つの類型であった。本調査における全国の夏季活動のほとんどは、この類型に属することになる(文部省大臣官房学校衛生課［一九二六］八一—一〇頁)。

こうして、初等教育関係者が夏期休業期間を利用した活動に関心をもった内容は、対象を限定しない健康増進と共同生活による団体精神の涵養を主目的とする活動および目的を水泳や早起きに特化した活動が多く、虚弱児(［身体］薄弱児)を対象とする疾病予防・健康のための活動は、徐々に増加する過程にあったといえる。また、夏期休業期前後の小学校教育とどのように関連づけるのか否かも明確に認識されているわけではない。日常の学業の定着あるいは補充であ

対象と内容	期間	経費負担者	医師等の参加
	20 日間、日中のみ	寄付金、校費、保護者等	医師 1、看護婦 1
尋常 4 〜 6 年、身体薄弱・学業成績不良・その他の希望者男女 30 名	14 日間、日中のみ	市	医師 1
体質薄弱児童の市内小学校尋常 3 年以上の体質の薄弱児男女 200 名	21 日間、8 〜 16 時まで	市教育会？	医師 2、看護婦 1
健康児および水泳に適する薄弱児、尋常 5 〜 6 年男子 99 名	15 日間	市、市教育会	医師 1
体格薄弱、腺病質、呼吸器系薄弱または胸囲異常過少、慢性胃腸病、営養不良、病後衰弱で希望者市内小学生男女 157 名	30 日間、日中のみ	保護者、市	医師 1
「薄弱」の尋 3 〜 6 年の男女 100 名	14 日間、午前中	保護者、市	医師 4
男女 217 名	20 日間、日中のみ	市、真野教育会	なし
尋 1 〜 3 年の男女 50 名	24 日間、7 〜 9 時まで	村教育会	なし
身体薄弱・腺病質の児童、県内尋 1 〜 6 年の男女 95 名（リンパ腺腫脹 45 名）	23 日間	保護者、寄付、日赤支部	医師 4、看護婦 1
身体薄弱・腺病質の児童。尋 1 〜 6 年までの男女 121 名、尋卒以上の男女 12 名。2 回以上参加者 50 名。	23 日間	保護者、寄付、日赤支部？	医師 2、看護婦 2
尋 3 年以上の男子 949 名。9 時半まで校舎で授業。10 時から、林間では教科・講話・お伽噺、臨海では海水浴	27 日間、午前中？	寄付、校費（若干）	医師 1
尋 3 年以上の希望者 2259 名	60 日間、1 〜 2 時間	市	なし
23 名。午前午後の 2 〜 3 回水泳。復習、自由研究、各種の運動や学芸、講話、お伽噺	10 日間	保護者	医師 1
男女別の日程で延べ参加人数は 51723 名	10 日間、3 時間	市	医師 3、看護婦 5
①尋常 3 年以上男女、校舎内宿泊	10 日	保護者	医師 1
②尋常 3 年以上男女、身体薄弱または精神上とくに個別指導すべき者	日中のみ		
③尋常 6 年男女	31 日間、早朝 1 時間半		
高等科と尋常 6 年体格甲の男子	5 日間、寺院・分教場泊	市教育会、市、寄付金、保護者	医師 1、看護婦 2
身体的精神的薄弱児童の男女 58 名	21 日間、朝の 2 時間	町費・寄付金	医師 1
3635 名男女	37 日間、午前 5 時半集合	保護者	なし
全校児童	42 日間、午前 5 時参拝	なし	なし

る場合もあり、日常の学業では実施困難な学習を行おうとする場合もある。さらには、団体精神の育成や娯楽が重視されている活動もある。このような雑多な意図をもった夏季聚落活動のなかに、虚弱児の体質改善が含まれていたといえるだろう。

（二）健康増進を目的とした臨海学校・林間学校

学校を離れた健康に好適な土地で、夏期または冬期休業を利用して、日常では実施困難な教育活動が、健康増進に焦点を当てて開始された。初例は、明治四〇年暮れから四一年初かけて

表 9-3-1　大正 11 年文部省調査事例

名称	主催	開催場所	目的
調布多摩川夏期林間学校	東京市麹町区市立小学校	調布町玉萃園	健康改善（冷水摩擦、体操、健康診断、学習、娯楽）。身体虚弱（尋常 4 年以上）、身体検査で弱または中等、希望者男女 36 名(腺病質は男 21 名の内 3 名、女 15 名の内 3 名)
瀧の川林間学校	東京市林町尋常小学校	瀧の川園	体操・メンタルテスト・算術カード練習・散歩・自習・お伽噺と唱歌・運動・水浴と水泳
下鴨林間学校	京都市教育会婦人部	下鴨神社	保養と養護による体質の改善（新鮮な空気、自由な活動・運動、愉快な時間、生気涵養）。日課は固定しない
林間教育園	熊本市教育支会	人吉町相良城跡	健康増進、水泳練習、学科の予習復習
高松林間学校	高松市内小学校連合	栗林公園	健康増進、体質改良（学習、運動、自由、３食・おやつ）
林間教育所	丸亀市	亀山公園	健康増進（体操、復習、自由遊戯、お伽噺・唱歌、身体検査）
夏季林間学校	神戸市真野尋常小学校	鷹取山三菱倶楽部	健康増進（深呼吸体操、学科復習、自由遊戯、昼食、おやつ、唱歌等）
暑中緑陰学校	三重県鞆田村教育会	鞆田神社	精神的・身体的成績不良児の救済（算術・体操・国語）
児童避暑保養所	日本赤十字社三重支部	二見浦尋常小学校	体温検査、深呼吸、体操、3 食、食後の自由時間、自習、散歩、海水浴、午睡、入浴（大正 6 年以降実施）
夏季児童保養所	日本赤十字社京都支部	阿蘇尋常高等小学校	健康増進と抵抗力の強化。3 食、自習、海水浴、入浴、娯楽（大正 3 年以降実施）
林間臨海教育	静岡県沼津尋常高等小学校	千本浜海岸	病弱児童の救済と健康児の健康増進（8 月の 24 日間は夏季早起会を別に開催）
小学校水泳科	新潟市小学校	小学校別に海岸 4 カ所	身体の訓練、水泳術の練習、危険防止
啓成臨海学校	鳥取県啓成尋常小学校	淀江町海岸	精神的鍛錬と身体的発達
児童海水浴	横浜市立小学校	海岸 3 カ所	健康増進・水泳練習
夏季保護園	金沢市馬場尋常小学校	金沢市卯辰山	健康増進（共同生活に慣れて社会道徳を理解し、自治心を育成。公徳心と克己心の育成。個性観察）
木津川水辺学校	奈良市教育会	京都府木津川	水泳練習、健康児の健康増進、算術復習、娯楽
夏季早朝海浜聚落	宮城県志津川尋常高等小学校	志津川町松原公園	健康増進
早起会	高松市立小学校連合	神社等 6 カ所	健康の保持増進、早起き習慣
宮詣り	岐阜県兼山尋常高等小学校	貴船神社、神明神社	早起き、健康増進（体操）、敬神態度の育成（週 1 回清掃）

（翌年以降は夏期）、鎌倉の海浜で二週間にわたり、小児科医・小原頼之（一八六〇－？）により実施され、体重増加とともに精神的な成果も得られた東京市の私立精華小学校による休暇聚落である（小原［一九〇八］二九七頁。杉浦［一九七八］二六六－二六七頁）。四四年には、東京市本郷区の校医・赤井直忠が実施したという。また同じころ、東京では貧民地区を含む小学校学童を対象とした夏季聚落の例があった。さらに、大日本学校衛生協会の創設者・本圖晴之助は、大正二～三年、赤井医師と協力して鎌倉で夏季聚落（休日殖

民）を実施したが、多額の欠損金が生じたために、二年間で終わった（小林［一九三一］四九－五〇頁。海気学校創立事務所［nd］七一、七七頁）。

しかし、京都市竹間小学校では、小原の企画よりも早い、明治四〇年八月初旬の一週間、大阪府の小学校で夏期臨海学校を実施している。その活動内容は、「海水浴、林間又は校内運動、講話、自習等」であった（夏期臨海学校［一九〇八・七］）。明治四二年八月には宮城県師範学校附属小学校が渡波浜で一〇日間の海浜生活を送った（宮城県師範学校附属小学校［一九三一・七］五六頁）。

明治四二年七月号の『京都府教育会雑誌』では、最近、小学校で夏期休暇に海浜または山間で校外教授を試みることが「流行するやうなり」とされていることから、明治四〇年前後には都市部の小学校を中心に全国各地で実施されはじめたようである。その趣旨は有意義に過ごすこと、心身の指導をすること、個性（個人差）観察の機会になること、雄大な自然に接することの効果が挙げられており、経費が自己負担のために参加機会が不平等になる問題点も指摘されている（避暑的校外教授［一九〇九・七］）。

大正中期なると、各種の教育大会において、小学校教育における夏季聚落活動の普及が提起される。大正八年四月、愛媛県教育協会主催の関西教育大会において、文部省諮問「学校衛生上教員の注意すべき事項」に対する答申において、「一　小学校に関する事項」の「三　其他の事項　リ．病弱の児童発育不完全の児童営養不良の児童」では、これらの児童に対する衛生は新しい問題ではなく、家庭や市町村との協議のうえ保護が必要であるとする。また、答申の区分が明確でないが、学校衛生の積極的方面として、水泳旅行林間又は海浜学校の開設は効果が大きいとしている（関西教育大会の概況［一九一九・七］三七、三九頁）。大正一〇年四月、九州沖縄八県連合教育会では、文部省諮問「児童生徒ノ校外保護施設ニ関スル適切ナル方案如何」に対して、「身体に関する事項　三．臨海保養及林間学校を開くこと」を答申に含めた（九州沖縄八県連合教育会記録［一九二一・六］二一頁）。大正一一年四月、大分市が主催した第二一回全国各市区小学校連合会では、文部省諮問「郡市小学校ニ於ケル校外教授ノ適切ナル方法如何」に対する答申において、「実際ニ関スル事項」「六．臨海教授林間教授等を実施スルコト」を挙げていた（第一一回全国各市区小学校連合会［一九二一・八］一一八頁）。

こうして、大正中期以降には、夏季聚落が小学校教育の課題となりつつあった。しかし、上記の教育大会における夏季聚落が、学校衛生と校外活動という異なる局面において提起されているように、一貫した、あるいは明確な教育計画として提案されたわけではなかった。それでも、夏季聚落の「驚くべき」効果は体重の増加という具体的指標で確認され（堀［一九二一・九］）、その後も、効果が高いとの評価には変化はない（臨海学校の児童身体に及ぼす影響調査［一九三三］）。

（三）虚弱児対象の臨海学校・林間学校

小学校における虚弱児を対象とした夏季保養施設の初例は、明治四五年の香川県高松市の四番丁尋常小学校であるとされ、すでに詳しく紹介されている（杉浦［一九七八］二六七－二六九頁）。この事業は、体格薄弱または腺病性体質の児童六二名（うち腺病児童は一五名）を対象とする、自宅から保養所への通所による夏季活動であった（高畑［一九一三］一七頁）。杉浦が指摘するように、高畑（県衛生課長・県私立衛生会）刊行の学校医・手塚亨次（二）郎執筆の「避暑保養所成績」では、結核に関連したことには触れていない。しかし、高畑は、「成績」の前書きで、結核救治法は新鮮な空気での生活・適当な運動・滋養ある食事・「心神」の休養であるとして、保養活動の結核予防上の意義を示している（杉浦［一九七八］二六九頁。高畑［一九一三］一頁）。

高畑が、夏季保養所が結核予防に効果があるかのような記述をしていることについては、杉浦は誇張であると指摘しているが（杉浦［一九七八］二六九頁）、当時の医学水準では、やむを得なかったものと思われる。杉浦は、大正一〇年の頃、腺病質が結核であるとされていたと紹介しているが（杉浦［一九七八］二六一頁）、東京帝国大学医学部教授となっていた石原喜久太郎の『石原学校衛生』（一九二〇）でも、明確に関連づけているわけではないが、高畑と類似の記述をしている。また、後に、文部省学校衛生官になる大西永次郎も、虚弱児の健康保護を目的として生まれた休暇聚落は、

「肺結核予防の上に重要な意義を有する」し、とくに「腺病質の児童の健康増進に非常なる効果」をもたらすとしている（大西［一九二二・七］九頁）。

ところで、健康増進目的の夏季保養施設と同じように、虚弱児対象の保養所は、この時期には各地で類似の試みがなされていたようである。明治四三年八月、大阪市に二例がある。大阪市育英第二高等小学校は、八月初旬の一〇日間、近県の山中で林間学校を開催したが、その対象は「特に選んだ虚弱児童」に対して「空気療法と自然訓育」を実施した（大阪市育英第二高等小学校の山中寮［一九一〇・九］）。汎愛小学校は和歌山県和歌浦の旅館を会場として二週間の臨海学校を開催したが、その対象児童は、尋常二年から六年までの「殊に身体虚弱にして海水浴の必要のある者四〇名」であった。教員三名、看護婦一名が付き添った。内容は、午前が冷水摩擦と臨海呼吸、午後が海水浴、朝・夕方が涼しい時には簡易な学科学習を実施した（大阪市汎愛小学校の臨海学舎［一九一〇・九］）。

なお、上記文部省調査において、対象者について虚弱とともに腺病質を挙げているのは、第一〇回を数える京都日赤主催の夏季児童保養所のみであるが、人数の記述はない。和歌山県師範学校附属小学校の海浜学校では、参加者一六三名のうち腺病質は三名だった。群馬県の児童愛護会では、頸腺肥大の変化に関する記述があるが、参加総数五一名のうち四九名全員に顕著な改善がみられた。なお、高松市の遊泳部を除いて、学校医が付き添うか、対象児選択に関与している。

大正一三年八月、倉敷労働科学研究所は、身体虚弱で水泳不熟練、身体剛健で水泳熟練、前二者の中間の三グループ各七人、合計二一人（全員が同一工場の就労者の男児で尋常三～六年生）を対象に、八日間の臨海学校を寄付金により主催し、その結果を報告している（倉敷労働科学研究所［一九二四・一一～一二］）。身体虚弱の基準は示されていない（医師参加）。この企画の特徴は、教科的な学習を実施しない、身体検査が一二項目と多い点にある（教員は参加していない）。成果は、児童健康度の増進、団体生活による自治的・相互扶助的精神の涵養、見聞を広めたこと、健康生活法の習得、規律ある生活（八七二頁）という一般的な内容である。

こうして、まもなく後述するが、目的が複合的な夏季保養事業は効果が低いとの批判にもかかわらず、実際には、虚弱児を対象としながらも、目的が焦点化されない夏季聚落が昭和初期に至っても実施され続ける。というよりも、虚弱児や医師の参加を一部含んだ夏季聚落が主流となる。たとえば大分市では、大正一〇年以降、市内小学校から一〇〇名以内の児童を対象とする林間学校を春日公園または海浜松林で、二週間の午前中（したがって通所形態）、開催している（大分市［一九二九］七〇五－七一〇頁）。たしかにこの林間学校は、対象児として虚弱児を選択することになってはいたが、学校医も看護婦も参加していないし（顧問は県学校衛生主事）、何より、活動内容が、神社参拝、呼吸運動、復習、自由遊戯、おとぎ話、海水浴に過ぎず、虚弱児を対象とする活動内容が用意されているわけではなかった。だからといって、主催者が熱心でなかったことを意味するわけではないことは、「林間学校の歌」（七〇九－七一〇頁）をつくって夏季聚落活動を鼓舞していたことからも理解できる。

大正末期に島根県で展開された夏季聚落は、当時の状況を示すと思われる資料である（林間学校と臨海学校［一九二四・一〇］）。大正一三年夏には、島根県内で一一の夏季聚落が実施された。それを整理したのが表9-3-2である。虚弱児のみを対象としていると記載しているのが一、虚弱児を対象に含めているのが四、対象を特定していない一般的な聚落が六となっている。表9-3-2の目的欄をみれば明らかなように、健康以外の複合的な目的を設定した聚落が多い。それは、当時の地方の乏しい資源では、聚落の目的が複合的でないと、地域社会の理解を得られなかったためと思われる。しかし、明治四三年から聚落を始めた阿宮小学校、そして母衣小学校では、試行錯誤しながら、医療職の協力や食事の工夫等によって、身体的状態は改善し、さまざまな娯楽を提供している。島根県は、夏季聚落数でいえば全国で最下位グループだったというが（五二頁）、地方間格差は縮小していったものと思われる。ただし、昭和二年に県内の尋常高等小学校は二九二校あったから（島根県近代教育史編さん事務局［一九七九］八二三頁）、夏季聚落を実施できた小学校はごく一部に留まり、この点で、島根県内での地方内格差は大きかったといえよう。

門司市錦小学校では、昭和一一年に山口県吉母の小学校を借用して二度目の臨海学園を開設している（酒井［一九三

表 9-3-2　大正 13 年に島根県内で実施された夏季聚落事業

主催学校等	目的	名称	参加者数	施設	期間（日）
島根県師範学校附属小学校	健康増進	林間学校	20	枕木山	10
母衣小学校	虚弱児童の健康増進	臨海学舎	36	恵曇小学校	14
白潟小学校	虚弱児童の健康増進／自治習慣の養成	臨海教育	43	大芦村小学校	10
能義郡学校医会ほか二会合同	体育、学科、訓練	臨海学校	47	安来町小学校	14
阿井村小学校	規律・勤勉・自治の習慣養成、心身発達の助長	夏季学校（第 4 回）	55	阿井村小学校、阿井川	8
屋裏小学校	心身保養、精神涵養	夏季林間保養所	50	光明寺	3
阿宮小学校	虚弱児童の保養を主、健康児童の健康増進	児童林間教養所	55	遍歴コロニー（社寺・丘陵・河川等）	8
荘原村小学校	体質弱く運動を好まない児童救済（体育発展）	夏季林間学校	43	校庭風致園等	14（早朝 2 時間）
出雲大社	敬神思想の寛容と道徳的精神の養成	露天学校	30	出雲大社	10（早朝 2 時間）
大田町小学校	海水浴、海気浴、運動による体力増進・規律的習慣の養成	臨海学校	22	大田町小学校？	14
信喜小学校	体力増進（とくに虚弱児童救済）、共同親和の情操育成	林間学校	39	小学校、林間五ヶ所、江川	10

六・五］）。この学園も、身体虚弱児童（六九名）の健康増進を主目的とし、水泳訓練（二〇名）を加味した一〇日間の活動である。しかし、医療職の参加はなく、参加児童選択基準もはっきりしない。なお経費には公費支出はなく、保護者会と保護者有志の寄付だった。効果については、「予期以上の成果を収め得た事」が確信されているが、身長・体重の増加以外には精神上の効果が力説されている。また、保護者の評価も良好だった。

しかし、複合的な目的の活動であれ、虚弱児童に対する夏季聚落が円滑かつ広範に拡大することは困難だったようである。というのは、昭和一二年に至っても、地方の大都市教育会においてすら、課題として提起され続けるからである。名古屋市教育会では、「初等教育刷新の具体策調査案」を提案しているが（名古屋市教育会［一九三七・七］）、「体育に関する方面」の一六項目のなかで、虚弱に関連する項目は、虚弱児童の救済への努力のほか、「林間学校、海浜聚落等の特殊施設をなすこと」が挙げられている。「設備に関する方面」では、精神薄弱と身体虚弱の学校・学級設置が挙げられている（一一七頁[4]）。これは大都市の健康関係の対応が遅れていたというよりも、大阪市視学で医師の家原毅男が「都会が虚弱児童を作る」（［一九三五・八］五四九頁）と述べているように、大都市が健康に不利な環境であったために、健康教育上の必要性が地方よりも格段に高かったためである。そのため、たとえば東京市では、区ごとに近県に、専用の施設を設置し始める。結果として、専用施設とプログラムの地方間格差が拡大してきた時期でもある。

このようにみてくると、多くの小学校で実施された臨海学校や林間学校は、虚弱児対象と謳っていても一般的な健康増進が主目的であり、あるいは、通常の学校活動の延長線上に存在していたのではなかろうか。また、そのような運営であればこそ、小学校が実施可能な範囲にあったのであろう。しかし、大都市の夏季聚落の場合には、養護を主目的とした学級や学園の設置を新たに計画・実施するまでの予備過程として寄与したのであろう。

なお、大西永次郎・学校衛生官は、貧困層の虚弱児童を林間学校と臨海学校の対象として優先するように期待しつつ、両者の対象の違いについて言及している。刺激の少ない林間学校は神経衰弱や呼吸器疾患を、臨海学校はそれほど虚弱でない児童を対象として水泳をやらせるのがよいとする（大西［一九二九・八］）。

（四）虚弱児の保養事業の必要とその背景

(1)　壮丁検査・結核

明治末期から大正時代にかけて、虚弱改善および結核予防あるいは健康増進を小学校が意識しなければならなくなったことの背景には、社会問題と学校教育的観点という複合的な背景があったと考えられる。第一に、壮丁検査による身体計測値の低下が国家的問題になっていた。明治後半期から国家の存続を賭けた戦争が相次ぎ、陸軍中心の戦争形態において、何よりも兵士の身体能力の必要性が認識されていた。[5] 第一次世界大戦後の社会的要請としての身体の強化が、とくに体育の科外運動－水泳によって実施されるように、大正八年六月の学校衛生主事会で普通学務局長の赤司から詳細に指示されている（文部省普通学務局［一九二〇］一〇－一二頁）。

壮丁検査によって明らかになったことは、体格の劣位と向上停滞だけでなく、小学校課程を履修していない者が多いこと、そして彼らの履修学力程度が貧弱なことであった。「無学者」と「読書」がまったくできない者が相当数いることが明らかになった（壮丁体格成績［一九一七・一一］）。これでは、近代戦争に勝ち抜く条件が不十分なことは明白だった。そして壮丁検査の結果によってさらに含意されたのは、体格の劣弱さと学力との連関であり、両者の改善が両者の向上に結果することが推測されたのである。それまで、学校教育の課題は、教育界では重要な問題であっても、社会的な課題にはなりにくかったのであるが、児童の結核・身体虚弱問題は、国の前途に大きな影響を与える社会的課題として理解されやすかったのである。

時間的には並行するが、結核が社会問題になっており、その予防の観点から、専門の教育機関の設置が必要とされた。大戦前においては国内には治療薬がなく、感染性のある結核は死に至る病であった。結核の罹患の早期診断法も存在しなかった。中間層や上層の人々も罹患したが、栄養状態も衛生状態も極度に悪い環境で生活した、工業労働力や兵士を供給する下層にも拡大したから、結核への対処は社会的に重大な問題であった。結核は、児童期から発展すると考えられていたから、結核の素であるとみなされた腺病質の児童に対する対処が重要となったのである。昭和四年一〇月、日本中央結核予防協会第三回総会において、人口五万人以上の都市には虚弱児対象の特別学校設置の建議を決議し、文部大臣からは、夏季聚落と特別学校等の施設内容整備について諮問があった（小林［一九三一］五一頁）。

この遠景にあるのは、学童の健康状態である。県内では比較的裕福だった地域でも、身体上の異常が皆無の学童は一部でしかなかったのである。静岡県小笠郡小学校の大正一四年度の身体検査の結果をみると、栄養状態、視聴覚、歯、その他の疾病異常の「身体故障」がある学童は、尋常科男子が七四・七％、女子が七一・九％、高等科男子が四六・九％、女子が四六・九％であり、尋常科では大半の児童に、高等科でも半数近い学童に何らかの身体故障があったのである（小笠郡下小学校児童身体状況［一九二六］一一〇頁）。尋常科と高等科の割合の違いは、経済的格差による栄養と衛生環境の差違であろう。

(2)　身体衛生・体操・校外教授との関連

明治時代中期から、学校衛生が、主として小学校を中心に導入されたことも関連するだろう。前述したように、学校衛生のなかでも身体衛生がドイツの先例をもとに紹介されてきた経緯があった。大正二年、文部省訓令第一号として学校体操教授科目が公布された。体操は、小学校だけでなく、中学校・師範学校生徒をも対象としていたが、学校衛生の観点を含んでいた。上記の大正一一年文部省調査でも、夏季体育的施設の数が「逐年増加を示し体育熱の勃興」を反映していることを指摘している（［一九二二］二二頁）。

もう一つ、学校衛生事業は、この時期の学校教育においてトピックであった校外教授との関連があると思われ、夏季聚落はその延長や一環、あるいは応用場面であったと考えられる。大正六年五月に刊行された野澤正浩・嶋田牛稚『小学校に於ける校外教授と遠足』は、校外教授の種類として、林間学校・臨海学校・田園学校・名所旧跡や工場を巡覧する教授・短時間の社寺や工場等を訪問する校外教授を挙げている（野澤・嶋田［一九一七］四〇－六二頁）。なお、野澤らは、ヨーロッパの林間学校・臨海学校と日本のそれとは異なっており、日本のそれは校外教授に近いと述べている（六〇－六一頁）。これも、夏季聚落の目的が「あいまい」であることの例証であるともいえるが、日本の条件に合致させた日本的受容であるともいえよう。

(3)　夏季聚落の経費

夏季聚落の経費問題にも言及しておきたい。大正一一年文部省調査には、大正七年から三年間の経費の出所が示されている。大正七年から三年間において、保護者自弁の活動は一六七から三三〇、経費負担不要は一五六から六五〇に変化している（文部省大臣官房学校衛生課［一九二二］一一－一二頁）。経費負担不要の増加は、通所・体育的活動・自然資源利用に基づく夏季活動が多く行われたことと関連すると思われ（体育関連資源の貧弱さも意味する）、保護者自弁が増えていることは、経費を要する聚落形態の増加であると考えると、「殊に虚弱児童は其多数が貧困者の子弟」の場合、夏季聚落活動に参加できなくなる。文部省は、寄付金と地方公共団体の資金によって、保護者の負担の回避または軽減を期待している（文部省大臣官房学校衛生課［一九二二］二六頁）。

(4)　夏季聚落の焦点のずれ

焦点を虚弱児に合わせた夏季聚落活動が多くないことは、経費自己負担だけが問題なのではない。それは、学校衛生に理解のある医師や有力者が存在するかどうかも関連する。表9－3－1で整理した夏季聚落の事例では、複合的な目的、健康増進を目的とする場合、医師の協力がないことが分かるし、水泳目的の場合も同様である。その背景は、日本には虚弱児が多く、彼らは栄養不良であったために、健康増進の必要性が高かったことにあり、教育界の流行にもなったことが挙げられる。しかし同時に、正規の学校活動に付加されたこの夏季事業は、効果がみられたものの、当然ながら持続性はないことも、まもなく明白となる。

それにしても、大正一一年文部省調査は、夏季体育的活動において驚くべき実態も明らかにしている（文部省大臣官房学校衛生課［一九二二］二三－二六頁）。一つは、早起会の例である。

①午前三時半に集合させ、一時間後に解散させる、

②午前五時集合させて一周二〇〇ヤードのトラックを一五周させる

に類する例を九例挙げている。

日中だけの聚落で、

①通うのに三～四時間かかる、

②午前五時から午後七時まで、あるいは午前六時から午後八時まで行う例があった。

内容については、午後七時から一〇時まで相撲させた例、散歩だけの活動もあったという。

大正一一年文部省調査では、そのほかの問題ある夏季体育的活動として、対象児童を健康児童、あるいは男子だけに

限定している、虚弱児童と健康児童を対象としている、実施前と後の児童の身体検査を実施していない例を例示している。

児童の身体的状態に対する認識は、指導する立場として、どのように捉えられていたのだろうか。夏季聚落や体育活動からの発想はさまざまであったことが推測されるが、指導とその効果の観点から、児童の健康の程度あるいは疾病を熟慮していた教師もいた。兵庫県の青年教師・簗谷生は、小学校令第一条の「身体ノ発達ニ留意」するという大原則を、彼が担当する二部授業において具体的にどのように実行するかを考えた結果、学級編制において、身体的状態あるいは健康の程度によって、二つの学級を編制した。一学級は、体格が剛健または中等で無病者、もう一学級は中等または薄弱で疾病のある者から編制した。第二学級から劣等児が発生するが、彼は、劣等児を二つに区分し、身体劣等で成績も劣等な者は、改善可能性が低いから課外教授や補充的課業は実施しない、身体発育が普通で学業劣等の者は環境的な条件ゆえに学業が遅れているので、補充的な指導に注力するというものである（簗谷生［一九〇七・一二］）。

もう一つの例は、東京市の貧児学校による劣等児のみを対象とした夏季事業である。東京市直営林町尋常小学校長の藤岡眞一郎は、訓導による三週間の林間教授の実践を報告している。算数科の成績に基づいて第五・六年の対象児を一五名選択し、近隣の山林や神社境内・植物園に毎朝、集合させ、算術科の指導をするという内容である。本校では、始業前や放課後の特別教授は、児童に過重な負担を与えると考えて実施しない方針であったから、夏季事業は、夏休みを利用しての補習であった。少数の児童と自然環境での活動ゆえに、健康その他の付随的な効果があったという（棲鸞生［一九一三・六］。天來生［一九一一・六］）。この試みは、資源が極限されている貧児学校という環境での工夫ではあった（橋本［一九一三・一〇］）。

こうして、夏季聚落の多くは、「折からの体育熱の勃興に便乗したもので健康児を対象とするものが多かった」（杉浦［一九七八］二七〇－二七一頁）のである。

（五）盲啞学校における臨海・林間学校

夏季聚落活動の盲啞学校への導入時期も早い。大正四年夏には短期間ながら、私立岡山県教育会附属盲啞学校が「移動臨時教授」を試み、大正五年には、邑久郡で海浜学校を一週間開催し、二一名の盲啞生が参加した（ＩＷ生［一九一六・九］）。場所は海浜とし、経費は自己負担であった。目的は、共同生活を通して自治・自営・克己の精神を振作涵養すること、海水浴を含む娯楽であり、日常では盲児が身体運動の機会に乏しく必要性が高いこと以外は、あまり特徴がない。四回目からは学校の方針として運営し、児童生徒は、自分で経費を積み立てて、全員参加となった（井上［一九一八・八］、［一九一八・一〇］）。岡山盲啞学校の場合の夏季聚落は、健康増進目的の型に近いといえるが、盲啞学校としてはきわめて早期の例であったといえる。

夏季聚落事業は、他の盲啞学校にも拡大したのであろうか。[6] 大正期の盲啞学校では、学校存続の財源、学校や寄宿舎の確保または新築、県立移管、児童生徒の確保等に邁進していた時期であるから、夏季聚落に関心をもつ余裕はなかったと思われる。わずかに夏季聚落に関連した記録があるのは、県立移管が実現した大正七年八月に、和歌山県立盲啞学校が市内の宮井書店の援助で、二週間の臨海教授を行った事例がある（和歌山県立盲啞学校［一九二四］七頁）。

ところで少数の盲啞学校が、夏季聚落をいち早く実施する動機は、どこにあったのだろうか。岡山盲啞学校の臨海聚落の発案・実行者は、記念誌では、「体位向上に熱心であった」葛山覃（一八八八－一九四六）であるとされている（岡山県立岡山盲学校［二〇〇八］六八頁）。彼が岡山盲啞学校に着任したのは、東京盲啞学校の最後の教員練習科を卒業した明治四四年三月であったから、記念誌の記載が正しければ、彼はその数年後に夏季聚落を企画・実施したことになる。彼以外の校内の発意によって企画されたのであれば、井上久之丞（岐阜訓盲院第四回卒業生で、盲の他に聴覚障害もあったという。伊佐治［一九五四］八〇頁）が考えられる。本校の夏季聚落活動を最初に紹介した「ＩＷ生」は井上なのであろうか（Ｗは号か）。しかし、夏季聚落が小学校教育における一種の教育運動であったとすれば、盲啞校内からの発意説を支持するには十分な確信がもてない。

井上によれば、夏季聚落の実施は、大正六年までは校長のイニシアティブであったという（井上［一九一八・八］六九頁）。盲啞学校長は、大正四年までは、岡山県教育会長の關新吾（一八五四－一九一五）が兼務していた。關は、慶應義塾出身の民権論者で官僚となり、福井県知事を最後に官界から身を引いて、明治三八年には山陽新報社の社長に就任したほか、地方政治にも関与した人物である。關は岡山県教育会長であったとはいえ、その経歴から、小学校教育の動向に対する感応力があったとは考えにくいし、大正四年九月に死去している。第二代の校長は、大正五年二月から兼務した國富友次郎（一八七〇－一九五三）である。彼は岡山県師範学校卒業生で小学校長を務め、吉備保育会を創設・運営した開拓的な人物であり、県教育会長や岡山市長を歴任した。経歴からいえば、國富のほうが關よりも小学校教育に近い。

その意味では、和歌山県立盲啞学校で実施された、おそらく夏季聚落の動機は、岡山盲啞学校よりも確かである。というのは、和歌山県立盲啞学校で臨海学校を実施した時期には、明治四五年、高松市で、小学校の夏季聚落の実施では最も初期の試みを実施した手塚亭二（次）郎が、県学校衛生主事として着任していたからである（文部省普通学務局［一九一六］一二頁）。彼は、大正八年一月には、県立盲啞学校の教育を嘱託されている（辻本［一九二四］七頁）。

聾啞学校では、大阪市立聾啞学校が大正一三年七月に九日間の林間学舎を多武峰談山神社で実施している（大阪市立聾学校［二〇〇六］七七頁）。しかし、全国的には盲啞学校の夏季聚落活動の普及は、とくに盲児の場合は「体位向上」が強調されたわりには、遅かったのではないだろうか。口話法聾学校では昭和七年七月に初めて、この種の記事が掲載される（聾児臨海学舎［一九三二・七］）。

（六）健康増進型の夏季保養事業に対する批判と代案

趣旨や効果はつねに経費問題に連動する。総花的な目的の夏季保養事業は、効果があるようにみえても、短期的効果しかない、一週間程度では医学的には意味がない、との批判は医師から根強かった。しかし、専用施設がなく、児童保護者の自己負担は不可能で、寄付等にも依存できない状況においては、夏季保養事業を主催する側からは、いくつかの反論がなされる。一つは、身体虚弱児に限定することなく、対象児を広範に設定した場合の効果である。山口市教育会主催の臨海学園の効果について、身体的・精神的に有効、子どもを知ることができることを挙げている。一週間という期間は、それよりも長いと子どもが飽きる、経費がかかる、指導者（教員）の参加が困難という点で妥当であるという（藤屋［一九三一・九］）。また、医師の主催者は、短期の保養が現実的であるとし、以下のように、短期間の保養でも効果がある者もいるという。①疾病に対する抵抗力、②偏食の矯正（持続）、③薄着の習慣等、歯磨きや手洗いの生活習慣、④神経質の改善や社交性（団体生活と関連）（廣瀬［一九三一・一〇］）。

短期の保養事業は、共通して観察される「驚くべき効果」は、その持続性は期待できないにしても、いかに児童の日常の食事が貧弱であるか、改善されない期間が長かったかを、間接的に示している。

昭和初期になると、一つの学校が、夏季保養の目的を健康増進と虚弱改善に分けて実施した鳥取県師範学校附属小学校のような例もある。本校では、十分な身体検査によって、四年以上の身体剛健な児童を対象（一五名程度）として一週間の臨海学校を組織し、腺病質をはじめ病弱の児童（昨年度五五名）には林間学校を運営した（蓮佛［一九三三・一〇］、藏光［一九三三・一〇］）。

やや観点の異なる提案に、経費自己負担が利用者を制限するという意見を考慮して、学校開放という趣旨から、学校プールの設置がある。ここでは、読書・遊戯・音楽等、夏季における種々の自由な児童の活動の場として小学校の開放が提案されている（藤岡［一九三〇・七］）。この提案は、東京市の神田尋常小学校で夏季学校開放として具体化されている（神田尋常小学校［一九三〇・一〇］）。

夏季聚楽の対象にならない病児の医療機関はどのような状況だったのだろうか。これは容易に想像されるように貧弱であった。最初の病院は、明治四三年設立の婦人共立育児会附属慈善小児病院、ついで大正一一年開設の日本赤十字社産院乳児科で、全国で一七カ所あるが、把握できた情報では、昭和八年現在、収容定員は六カ所（四カ所は私立）でわずか一九〇名、一カ所平均三〇名ほどにすぎなかった（内務省社会局社会課［一九三三］二二八－二二九頁）。数量的には精神薄弱児施設の在籍数と似ている（精神薄弱児施設一覧［一九三七・一二］）。

二　文部省の特殊教育政策の準備と虚弱児対象の夏季聚落開設への誘導

（一）留学生からの新しい情報

教育の他の分野と同じように、病弱児や虚弱児に対する特別な対処の理論と実践は、ドイツの留学生からもたらされた。[7] 開拓期の学校衛生に関与した瀬川昌耆（一八五六?－一九二〇）がドイツ留学中の明治二一年に、ドイツの学校衛生事情を辻新次に伝えるなかで、夏季休暇聚落について、対象児や活動内容、運営、財源等の情報があったことに始まる（杉浦［一九七八］二六二頁）。フェリエンコロニー（Ferienkolonie）として初等教育界に広く知られるようになる休暇聚落は、明治三九年に、教育学のドイツ留学生、服部教一が、「独逸ニ於ケル新小学校編制法」と題する報告のなかで、ベルリン郊外のシャルロッテンブルクで創始された林間学校（Waldschule）に触れたことに始まる（杉浦［一九七八］二六三頁。服部［一九〇六・一〇・三一］八四二－八四四頁）。服部の報告において重要なことは、林間学校が、小学校制度の枠組での新しい編制法であり、ヨーロッパ諸国間の初等教育における相互的な影響によって生じた新しい動きであるという観点から報告されていることである。とくに小学校制度の改善という観点は、日本に導入する際に重要である。コロニーや林間学校という新しい動きは児童の貧困と関係していたが、貧困そして疾病が前面に出ると、内務省管轄の児童保護事業や文部省に責任のない就学免除の範疇に入ってしまい、問題成立が困難となるからである。

（二）学校衛生主事会と特殊教育重視の文部省高官による発議

文部省の学校衛生担当課は、広義の特殊教育分野では異例なほど、特殊教育を政策的に先導した。学校衛生行政の主な政策は、学校衛生主事の設置奨励とその全国会議による文部省の方針の伝達・周知、地方の意見聴取だった。しかし、学校衛生行政のなかから、それまでの時代にはみられなかった特殊教育関連の事業がみられるようになる。

第一回の学校衛生主事会議は大正五年一一月一日と二日に開催されたが、出席者名簿によると、地方から出席した学校衛生主事等はわずか一一名（うち二名は学校医）、文部省からの出席者は、田所美治・文部次官はじめ一〇名だった（文部省普通学務局［一九一七］七八－八九頁）。学校衛生主事（兼務者を含む）を配置しているのは、大正五年度では東京・福岡等一二府県（京都のみ二名）、六年度には岐阜県等九府県が新たに加わった（学校衛生刷新奨励［一九一七・四］）。なお、とくに新設の県学校衛生主事の年俸はかなり高く、上記の和歌山県の手塚主事は一二〇〇円で（文部省普通学務局［一九一七］二七頁）、和歌山県の理事官や郡長の中位に相当する。県立盲啞学校の校長は月給で四五円だった（俸給表［一九一九・六］表紙裏）。

第二回学校衛生主事会議は大正六年六月、二四名の学校衛生主事等が参加し、大正八年六月に開催された学校衛生主事会議は、学校衛生主事等が三八名参加して開催された。この主事会議は、学校衛生行政が一時期、特殊教育に積極的に関わる始点となる。諮問事項のうち身体検査結果の利用法に関連づけて、文部省が特殊教育を重視するイニシアティブを示したものである。

それは、こういうことなのである。最終日の大正八年六月一二日、普通学務局長・赤司鷹一郎は、会議の結びに学校衛生主事等に対し「指示」をしている。赤司は、挨拶全体の二割以上をかけて、第二の要請として「薄弱児童」に対する学校教育としての対応の必要性を強調している（第一の要請は、前述の体育の重視）。その一つは、身体虚弱児童の健康増進と教科学習を可能とする施設設置の奨励であり、虚弱と生活問題を関連づけて、その重要性を説明している。さらに注目すべきことは、その第二としての精神の薄弱児童の診断と教育の奨励であった。これは、不良少年問題への注目と関連づけて説明されているが、文部省が政策に着手していない精神薄弱あるいは低能を明確に意識してのことであった（文部省普通学務局［一九二〇］一二一－一四頁）。

赤司の要請は、文部省諮問に対する答申に具体化される（道府県学校衛生主事会議事項［一九一九・八］）。「身体検査成績の利用法如何」に対しては、「甲．個人的利用法」のうち、「一．家庭との連絡」「ロ．身体薄弱なる者疾病又は身体上の欠陥を有する者に対しては特に学校医の意見を付し、治療矯正又は養護方針を指示すること」、「二．学校に於ける注意」「イ．異常者名簿を連年式となし、左の条項を記入すること（略）――ロ．脊柱異常者及発育不正のものは日常其の施設に注意し且つ成るへく矯正体操を課すること　ハ．視力及聴力の異常のある者には座席の選定に留意する――」「乙．団体的利用法　ハ．特殊の教育法、身体養護法（休暇聚落林間学校等）及特殊の運動法（水泳、競争、撃剣等）――」（四〇頁）が挙げられた。

「学校衛生上教員の注意すべき事項如何」の諮問に対しては、「三．その他事項　リ．病弱の児童、発育不完全なる児童、営養不良の児童――厚く保護を加へんことを要す」（四一頁）。中等学校でも、林間学校・海浜学校の開設が勧奨されている（四三頁）。この段階では精神の薄弱児童については、具体策は示されていない。

赤司局長の発言は、もちろん偶発的なものではないだろう。田所美治・文部次官がかつて普通学局長時代に担当していた明治四四年の特殊教育調査会以来中絶し、文部省として最も立ち後れていた分野である特殊教育政策に対する方針転換であったとみてよい。というのは、次年度以降も、学校衛生施策には、特殊教育に関連する方針が含まれていたからである。また、形成期にあった学校衛生の範囲からいえば、特殊教育は主要な政策対象ではなかっただろうし、学校衛生の業務範囲が児童生徒だけではなく、学校教員も対象であり、伝染病から施設設備までに広くわたるうえに、府県では、学校衛生は発足したばかりで、業務範囲も行政組織も確立していなかった。この実情は、大正六年六月に開催された第二回学校衛生主事会における「府県学校衛生状況報告」で、各県の参加者により赤裸々に語られている（文部省普通学務局［一九一七］一一-五二頁）。学校衛生主事が配置されていない県もまだ多く、衛生業務が内務省管轄だったために、広島県のように学校衛生主事が警察医の兼務であった県もある時代だった。

学校衛生形成期において、学校衛生主事の間に、特殊教育への広い関心が共有されていたわけではなかったと思われる。そのことは、大正八年学校衛生主事会議の会議初日である六月九日、長野県学校衛生主事・延川靖から、第二協議題・身体検査の利用法に関連して、学校における取扱と特別施設の提案があった（上記の赤司の発言は、最終日・六月一二日)。延川の例示には、学校における取扱では身体虚弱・発育不良・弱視と難聴が、特別施設では特殊学級、低能児学校、盲唖学校、林間学校、学校給食、学校浴、歯科と眼科疾患の治療が含まれていた（文部省普通学務局［一九二〇］一九－二二頁)。延川の提案は、総合的な内容であったが、参会者からの反応はなく、議長の北豊吉も何も言及していない。

したがって、特殊教育まで学校衛生主事の関心が広く及ぶことはあり得ない日本の学校衛生形成期において、赤司の発言があったことに留意しなければならない。おそらく、学校衛生官・北豊吉にとっても、この初期段階において特殊教育が主要課題でなかったことは、大正八年の学校衛生主事会での彼の発言に特殊教育関連の発言がないことでも推測される。なお、田所と赤司は典型的な主流の文部省官僚であり、二人とも、青年時代に官立東京盲唖学校卒業式等に大臣や高官と同道しており、とくに田所は、まもなく口話法支持者となる。

しかし、赤司局長挨拶の大正八年から昭和四年までのわずか一〇年間は、日本の特殊教育では重要な意味をもつ。明治初期から大正八年までの約五〇年間は、特殊教育に関する学校教育法令の規定はないに等しい。その時代に、大正一〇年になって文部省の分掌規程で身体虚弱と精神薄弱という用語が出てきたのである。分掌範囲に盲唖以外の障害呼称が初めて登場したことになる。大正一〇年には、政策対象として対策の必要性が高まっていた身体虚弱と精神薄弱を取り上げるものの、学校教育というレベルにはまだ達していないので監督養護として行うこと、昭和四年になると養護は学校教育の一部となっていたので特殊教育の一部であると考えられたことが理解できる。同時に、「監督」も使われなくなる。

昭和四年以降は、「盲学校、聾唖学校其ノ他ノ特殊教育」という表現によって、特殊教育が盲唖等の上位概念になり、特殊教育が教育行政上のカテゴリーとして確立し、昭和一六年の国民学校令によって制度化され、昭和二三年の学校教育法に継承される。しかし、それ以前は、第八章表8－3－1に示したように、分掌上の用語である特殊教育は盲唖教育(学校)の対置概念であり、大正一〇年からは精神薄弱・身体虚弱も対置概念となった。昭和四年からは、盲唖とともに精神薄弱・身体虚弱は「其ノ他ノ特殊教育」に含まれることにより、特殊教育は包括的概念になったのである。

表 9-3-3　文部省発行の特殊教育関連著作

刊行年月	資料名	内容	編者
大正 7.3	学校衛生参考資料 1	1．学校衛生（一般） 2 ① A.W. Edson 学童の保護（低能児・開放学校） 2 ② J.H. van Sickle 低能児 2 ③グレーソン開放学校 2 ④学校衛生 3 英国における学校衛生	普通学務局
大正 8.2	英国盲人保護委員会報告書（時局に関する教育資料特別輯 6）	英国上下両院に提出された報告翻訳	普通学務局
大正 10.1	学校衛生参考資料 4	1．学校衛生（一般）Th. Heller 教育治療法翻訳 2．英国文部省学校衛生長官年報　開放学校翻訳	普通学務局
大正 10.5	特殊児童保護教育に関する調査	貧窮児童の保護、精神薄弱児童の保護教育、盲唖児の保護教育、性格異常児童の保護	普通学務局
大正 10.9	就学児童保護施設の研究	低能児・劣等児・病弱児の教育、児童の保護と発達、職業指導に関する論文集	普通学務局
大正 11.11	教授衛生　学校衛生叢書 1	欧米の教授衛生大家の抄訳	文部大臣官房学校衛生課
大正 13.1	合衆国に於ける特殊教育概況　社会教育叢書 2	アメリカ低能児収容所紹介と教員養成	普通学務局
大正 13.7	特別学級編制に関する調査	大正 12.10 国内劣等児・低能児「特別学級」調査結果と 11 事例	文部大臣官房学校衛生課
大正 13.11	全国特殊教育状況　社会教育叢書 8	大正 12 年劣等児・低能児「特殊学級」調査、青木誠四郎による	普通学務局
大正 14.11	特殊教育参考資料　社会教育叢書 11	アメリカ劣等児・低能児教育に関する抄訳、特殊教育調査嘱託（青木誠四郎？）	普通学務局
大正 15.3	米国公立小学校に於ける特別学級『学校衛生』6(3)	1923.4 の国民衛生協会の公立学校精神薄弱学級調査翻訳紹介	文部大臣官房学校衛生課
大正 15.5	夏季に於ける体育的施設の状況調査	夏季における聚落を含む実施状況と事例	文部大臣官房学校衛生課
昭和 2.1	全国特殊教育状況　社会教育叢書 15	劣等児・低能児の特設学級調査	普通学務局
昭和 2.7	特別学級編制に関する調査	大正 15.3 ～ 4 調査.『学校衛生』7(6)	文部大臣官房学校衛生課
昭和 3.3	特殊児童の精神的特質とその教育　社会教育叢書 20	低能児・劣等児の心理的特徴と教育、青木誠四郎執筆	普通学務局

この間の文部省の特殊教育関連の著作や調査等の担当課を整理したのが、表9－3－3である。これをみると、普通学務局と大臣官房学校衛生課（体育課）との分担が、大正一〇年以降、整理されておらず、担当課も政策対象も混乱していたと思われる。大正一三年の学校衛生課の「特別学級」調査と普通学務局の「特殊学級」調査は内容が同じ調査であり、大正一五年には学校衛生課がアメリカ公立学校特殊学級調査結果を翻訳し、昭和二年には普通学務局が「特設学級」調査を行っているように、同じ対象を省内の異なる部課が調査をするという混乱がみられた。しかし、昭和四年以降に普通学務局（国民教育局）の学務課（青少年教育課・国民教育課）が盲学校および聾啞学校とその他の特殊教育を担当するまでは、社会教育課や体育課が特殊教育の主管庁だったのである。そしてこの時期に、特

定障害の教育だけでなく、特殊教育全体の基盤が築かれたといってよい。

こうしてみると、赤司挨拶の大正一〇年から昭和四年までの八年間が分掌内容から重要であること、実際に、小学校教育において特別学級が分化・増加しており、国民学校令下の特殊教育構築の準備段階にあったことが分かる。

ところで、赤司局長の発言に注目したのは、まもなく盛んとなる小学校における特殊教育振興の契機は何であったのか、という問題に関連するからである。それゆえ、この大正八年六月の赤司の発言とそれに続く後年の学校衛生主事会の特殊教育に関する方針は、誰が大正中期の特殊教育振興のイニシアティブをとったのかという点で重要である。これまで、大正中期の特殊教育振興は、大正デモクラシーと特定個人（青木誠四郎や川本宇之介・乗杉嘉壽）の活躍に還元され、その説はほぼ定説となっている。

しかしこの説は、二つの点で検討を要する。一つは、行政（文部省）の仕組みであり、省外または入職したばかりの特定個人が省内で特別な役割を突如果たすことは不可能であり、青木に至っては、大正一一年三月の大学卒業（二八歳）である。このため、特定個人が入省したことによって初めて特殊教育が振興したわけではなく、その大局は、彼らの入省前に文部省高官内ですでに敷かれていたと考えられる。ただし、政策として体系的な内容を伴ったものでなかったことは、一貫性がない文部省の分掌規程（表8-3-1）とも関連していたであろう。

もう一つは、大正デモクラシーの影響の程度である。特殊教育振興に対する大正デモクラシーの影響については第六章で検討した。選挙の腐敗、専門職における汚職や謀略、美濃部天皇機関説、テロの頻発、学校騒擾等をみれば明らかなように、最もリベラルな雰囲気があった時代や空間を経験してきたと思われる世代でさえ、民主制の未熟さが容易に看取される時代にあっては、民主制が社会の基盤になっているとは到底いえない。大正デモクラシーは特殊教育の発展には効果があったではあろうが、それは雰囲気や気分の面が強く、一種の流行でもあって、社会の仕組みになったわけではなかったといえよう。大正デモクラシーにおける民主制は、事態が変われば全体主義に転化するような、定着性がきわめて不十分だったといえるのではなかろうか。

（三）夏季聚落における複合的機能と多面的目標の設定

虚弱児教育についても、文部省の先導が目立つ。大正一三年、文部大臣官房学校衛生課は、「学校衛生と林間学校の新らしき任務」を『学校衛生』に発表する（文部大臣官房学校衛生課［一九二四・九］）。筆者は、北課長であると思われる。論文の前半は、虚弱児に対する健康の回復という課題に対して、さまざまな対策のなかで、療養所型施設の意義と限界を紹介し、とくに最近の林間学校の利点がその限界を克服することを示して、日本的な発展過程にあった夏季聚落との接点を示している。論文の後半は、ドイツの港湾都市・ロストック（Rostock）市学校医・ブルンが推奨する林間学校の利点の紹介であり、虚弱児（特殊教育に貧血児）に対する、従来の収容型療養施設とは区別された林間学校を推奨する内容である。その特徴は、学校給食と塩浴と養護の提供、短期（六週間）、学科教育を行わないことであり、療養施設よりも遥かに少ない経費で多大な効果を挙げられる点にある。

日本の常設林間学校として大正一二年の白十字会林間学校と大阪府浜寺の林間学校を紹介しているが、ここで文部省が期待したのは、各地で盛んになりつつあった林間学校のなかに虚弱児向けの夏季林間学校を普及・拡大することであろう。文部省の期待は、経費の点から普及が困難な医療中心の療養所型ではなく、小学校教育の範疇で比較的経費がかからず、学校医等の協力が得られる林間学校（臨海学校）であり、意図をより虚弱児に焦点化し、食事の質を向上させ、知育・徳育や生活規律をも満たせる林間学校であった。いいかえれば身体的衛生のみに限定するのではなく、むしろ、複合的な目的は必ずしも否定するものではなかったと考えられる。それぞれの目的が明確であれば、むしろ肯定的であり、このような教育計画から、少数ではあったが常設の療養型保養所が、さらには、常設の虚弱児特別学級が分化発展していたことを期待したのではなかろうか。たしかに、夏季聚落では、狙いがあいまいな活動が少なくはなかったが、あいまいで多面的な目的をもっていたからこそ、参加できる機会のある子どもが多くなり、保護者や地域に広く受容されたのであろう。このような夏季聚落は日本的現象であったし、本当に的を絞った夏季聚落を必要とする児童には不十分ではあったが。

三　常設林間学校の創設と緩慢な増加

(一) 白十字会林間学校・東京市養育院安房分院・浜寺林間学校の開設

(1) 白十字会林間学校

夏季の一時的な複合目的の保養施設ではなく、病弱または身体虚弱の改善という目的に特化した常設で通年制の寄宿制学校が明治末期から開設され、それぞれの施設が初例を謳っている。

大正六年八月一日に、結核予防団体・社団法人白十字会が神奈川県茅ヶ崎の松林に常設の寄宿制林間学校を小学校として開設したことを初例とするのが一般的な記述である。本校については、その成立から昭和二四年の小学校としての終末までを、卒業生に対するインタビューを含めて記述した桐山直人の労作がある（桐山［一九九九］）。

白十字会は明治四四年に創設されたキリスト教徒による結核予防団体であった。「結核病は少年時代に感染したものが体内に潜伏してゐて、青年期に於ける身体の変化と、諸種の事情とに関連して発する」と考えて、「結核予防の最積極手段としては、腺病質その他の原因で体質の虚弱なる児童」に「特殊の教育を施し、その体質を強健ならしめる」こととした（林［一九三二］二二八頁）。

白十字会林間学校は、結核児童を主対象とする寄宿制の小学校であるが、実際の入学児は腺病質児童だけではない。本校は、小学校令第三六条但書「市町村長ノ認可ヲ受ケ家庭又ハ其ノ他ニ於テ尋常小学校ノ教科ヲ修メシムルコトヲ得」に基づく、後述するように教育課程が変則的な小学校であった。対象年齢は八歳以上一三歳未満、尋常第三学年から第六学年を基準としていた（実際には、第一学年六人、第二学年五人が在籍）。

開設後間もない時期の入学児三〇名についてみると、出身地は二五人が東京府出身、「体質及既往症」は、「腺病質」八名、「頚腺腫」三名、「肋膜炎」七名（うち一名は頚腺腫もある）、「虚弱」七名、その他となっている。年齢は、七歳と八歳がそれぞれ三名、九歳が六名、一〇歳が五名、一一歳が七名、一二歳が四名、一三歳と一四歳が各一名、男女別でみるとそれぞれ二二、八名である。住所と姓名から兄弟と思われる男児が二組四名いる（私立林間学校［一九一八］）。昭和一二年には定員が一二〇名にまで増加している（林［nd］七頁）。

本校の在学期間は三カ月以上と規定されていたが、大正七年八月時点で、二カ月で退園する児童もおり、滞在期間の最長は一四カ月だった（私立林間学校［一九一八］二〇二頁）。

授業教科は小学校に準じているが、授業時数は最大で一九時間（第三学年以上）という制約を設けていたほかに、いくつかの配慮事項があった。授業は午前中のみ、一時限の時間は四〇分、各授業の間に二〇分の休憩を設け、牛乳を供した。また、午前と午後に検温を行い、午後には午睡の時間があり、自由時間や静息の時間もあった。林間教授は週に一時限用意された。学級編制は、二学級複式とする資料もあるが、訓導が三名いたし、二学年複式の時間割があるので、三学級複式を採用していたと思われる。

本校の特徴は、開設経緯が医師主導であり、石原喜久太郎と三田谷啓といった著名医師による指導監督、日常の医学的管理と日曜日の体重測定だけでなく、寄宿舎での食事の献立にも注意が行き届いていた点にある。つまり、病弱児学校としてその教育・生活内容が明確に設定され、実行されていたのである。

白十字会林間学校が、開設当時、一カ月の学費一八円（昭和一二年には三五円。林［nd］七頁）という高額の学費を要する私立学校であったことは、在籍児が、相当裕福な家庭の子どもであったことを示す。在籍者のなかで「現在各界で活躍中の人も多い」（桐山［一九九九］一八−二〇頁）ことは、本校の存在意義を明示すると同時に、在籍者の家庭の裕福さも示すこととなる。というのは、卒業後に実業界や学界で活躍した人々は例外なく、さらに多額の学費を要する高等教育を享受していると推測されるからである。

しかし、在籍者の家庭の裕福さをもって、本校の経営が楽だったといえるわけではない。本校は、開設当初こそ実業界から資金を得ることができたが、公的補助金もなく、学費収入に依存していたのである（桐山［一九九九］二二五頁）。それゆえ、新規の学校では絶対的に不可欠な献身的な担い手を必要とした。それが、司法職の経験のある宮腰信次郎

（一八六二－一九二五）と結核専門医・林止（一八六五－一九四五）であった（桐山［一九九九］参照）。潤沢な資金がないために、本校でも、有能な教員と寮母の確保に苦労したことは、私立の盲唖学校と同じである。

白十字会と類似の私立林間学校構想は、本圖晴之助によって「海気学校」として計画された。海気学校は、仮の予定地を静岡県沼津とし、一学級二五人、全校六学級で一五〇人の、白十字会林間学校並の学費を要する常設「林間学校」を想定していた。上層および学界・官界・教育界からなる後援会を組織し、一五万円の寄付金による利息と学費を運営資金とし、安定経営のために財団法人化を予定していたが、関東大震災に遭遇して資金獲得が進まず、具体化が難航していた（海気学校創立事務所［ｎｄ］）。結局、本圖の計画は実らなかった。

これらの私立学校の元来の意図が、一部の階層に常設林間学校の恩恵を提供することにあったわけではない。公立小学校制度において林間学校設立の目処が立たないために、私立林間学校の創設により、その効果を実証して、公立林間学校の創設を実現しようとする計画であった。

(2)　東京市養育院安房分院

ところが、白十字会林間学校よりも一〇年近く前に、貧困児童救済の発展過程から常設の臨海学校が生まれていた。明治二三年に東京市営となっていた貧困者総合施設・東京市養育院は、明治四二年四月、一時的な短期保養所の一〇年近い経験からその常設化が結核予防に有効であると考えて、尋常科第一学年から三学年までの腺病質・発育不良・虚弱児を収容するサナトリウムとして千葉県勝山町に安房分院を開設したのである。

東京市養育院の明治三四年度は、教育の充実がみられた顕著な年になった（東京市養育院［一九〇二］九六頁）。養育院附属小学校に専任教員二人を獲得し、新たに幼稚園が開設されたほかに、千葉県勝山町の法福寺で臨海聚落が試行されたのである。臨海聚落の五年間の試みの後に、東京市養育院は、明治三八年、上層の「婦人慈善会」の支援と名望層の不動産の寄付のもとに分院設置を決定した。当然ながらこの提案には、当時の医長・入澤達吉（一八六五－一九三八）および医員・光田健輔（一八七六－一九六四）による医学的な判断と助言が基盤にあり、渋澤榮一院長の決断があった（東

表 9-3-5　安房分院入所児の在院期間

	1カ月	6カ月以内	1年以内	2年以内	3年以内	3年以上
在院期間	4	37	30	15	20	23

表 9-3-4　安房分院年度末在院者数
(大正1～昭和12)

大正1	大正2	大正3	大正4	大正5	大正7	昭和11
122	128	158	144	129	186	81

京市養育院［一九一七］七六‐九六頁。内藤［一九八三・三］）。

明治四二年四月に開設された安房分院での収容児童の滞在平均日数は、三五六日だった。年度末の在院者数および大正五年度の在院期間は、表9‐3‐4、表9‐3‐5のとおりである（東京市養育院［一九一七］、［一九三八］）。なお、昭和期になると幼児が増加し、大半を占めるようになる。

安房分院でも、教育の機能は重視されていた。林間教授は、保養所時代の三四年秋から実施されており、分院設置後は教室が設けられたが、林間教授の形態が奨励された。養育院実務の責任者・安達憲忠（一八五七‐一九三〇）は、分院に派遣された児童の健康状態の改善に重要な要因として、教育機能を評価している（東京市養育院［一九一七］九三‐九四頁）。また彼は、明治三三年に始まった安房分院の一時的な夏季聚落はベルリン近郊シャルロッテンブルクのそれより早かったと主張している。

ところで、東京市養育院が病弱・身体虚弱児に初等教育を提供した意義は、純然たる貧児保護施設との分岐点になったという意味で重要である。たとえば、鍼按業系盲人が主導し、維持した盲学校が、初等教育の一部に限定された教育しか提供しなかった例とは異なる。東京養育院における教育目的は、たしかに貧困からの脱却を前提としていた。それゆえ、放課後には将来の就労のために手工を学ばせたり、「性情思想」を改善させることを重視していたとはいえ、高等小学校だけでなく、実業系学校へ進学させたり、就労の場を院内に開設していたのである（東京市養育院［一九〇二］八九‐九一、九二、九三頁）。安房分院児童の教育もその一環であったに違いないが、より経費を要する処遇内容を貧児に提供した安達幹事の功績は評価されるべきであろう。

(3)　浜寺林間学校

茅ヶ崎の林間学校開設後五年近く経った大正一一年七月、大阪市の難波から電車で一五kmほどの堺市諏訪ノ森の松林に開設された浜寺林間学校は、大阪市御津小学校の常設の郊外学園という公立小学校の分校の位置づけである。主導者は同校訓導の石原正明であり、医師・小田俊三の協力があった。開設して間もなく、『日本に於ける常設林間学校之実際』が、御津小学校長の龜島晟と石原の共著で、七月に新教社から、翌年三月には新進堂から刊行されている（龜島・石原［一九二三］、［一九二四］）。

大阪の公立林間学校は、大都市の尋常第四学年以上の身体虚弱児童四〇名を収容していたが、白十字会校とは対象児も収容期間も異なり、浜寺林間学校は、「一月宛三カ月交替で収容する」通学と寄宿を併用した。その成果は、児童の健康増進はもとより、「精神の啓培の上にも頗る顕著な成績を挙げ、他にない長期継続の調査研究記録を」作成するまでに発展したが、昭和二年四月一日付で廃止となる。この四年半という短命での廃絶の背景には、大都市公立小学校をめぐる府・市・区における設置者とその変更および議会との関係の複雑さがあったようである（大阪市南区［一九二八］二九四—二九五頁）。

(4)　初期寄宿制林間学校の意義

以上の三つの病虚弱児教育・養育施設は、二点において他の障害児機関には例がなかった。一つは社会事業・私立学校・公立小学校という異なる設置主体別に学園が設立されたこと、第二に医療・教育・養護の総合機能の開発である。まず東京市養育院安房分院は、貧困者施設の機能合理化から病虚弱の児童対象の寄宿制による社会事業施設を分化させた。幹事・安達憲忠は、貧民施設を対象者の必要に応じて、児童に限定しただけでも、盲唖児教育、病虚弱児、非行児等へと分化発展させていった功績は正当に評価されるべきである（東京市養育院窮児については、内藤［一九八〇］、［一九八二～一九八三］参照）。また、白十字会林間学校は、キリスト教を基盤とする事業であり、病虚弱の児童専門の寄宿制病虚弱児教育・養育施設を創設した。上述したように、そのプログラムは明確で洗練されており、専門施設として高度な成果を挙げた。

浜寺林間学校（郊外学舎）は、それが公立小学校の一環であるという点で、東京と茅ヶ崎の例とは意義がやや異なる。本校の創設は、明治期から公立小学校制度において身体虚弱児問題が伏在していたが、とくに大都市小学校における就学義務の強化過程で顕在化し、劣等児や低能児問題とも関連する病虚弱児問題への公立小学校による具体的な問題解決の方法であったからである。しかし本校は短命であったために、公立小学校内林間学校または公立学園創設の試金石や、寄宿制による病虚弱教育という新しい形態（病弱養護学校）の根拠を生んだにすぎなかったが、保護者の所得にかかわりなく、身体虚弱児童が教育機会の享受を可能にする手段を開発したという意義をもつのである。また、つぎに述べる養護学校の法制度がない時期における創設であったから、幾多の困難があったようであるが（長田［一九二三］序三－四頁。龜島・石原［一九二三］一一〇－一一四頁も参照）、公立小学校制度上に根拠をもたない身体虚弱児の教育を大都市の公立小学校教育として成立させたことの功績も、評価されるべきである。

ところで、これら三施設がそれぞれ初例を名乗っていることについてであるが、腺病質児童を含む病虚弱児対象の教育・養育を目的とする専門施設としては、東京市養育院安房分院が初例である。しかし、白十字会林間学校は、病弱児の教育と生活に焦点化した計画とプログラムを一体化した私立校としての特色を活かそうとした点では前後に例がない。さらに昭和一五年八月には、五歳以上の身体虚弱幼児を対象とする附属幼稚園の開設が認可されている。なお、これ以前にも、「便宜的に」幼児を受託していたという（白十字会林間学校［ｎｄ］。茅ヶ崎市教育研究所［一九八七］六六九－六七〇頁）。

浜寺林間学校は、対象とする児童像が前二者とはやや異にしていて、身体虚弱が中心であるが、公立小学校としての病弱児教育機関として初例であるという意味で、他の地域の学務当局や公立小学校に対する影響力は前二者とは比較にならないほど甚大となるはずであった。たとえば、浜寺校と本校における円滑な児童の移動である。浜寺校在籍によって健康改善が二カ月継続したと校医が判断した児童は本校に移動し、本校在籍の虚弱児を浜寺校に移すのである。その意図は、公立校ゆえに多数の児童に同等の機会を提供すること、卒業後の社会生活を見通して健康児と生活させ、不要な特別扱いは避けること、自信と可能性に対する自己信頼を育成することである。

学級編制も、身体虚弱児の一般学級六学級、学級定員三〇名以内だけでなく、低能の身体虚弱児の一学級、定員一〇～一四名の特別学級を設置し、児童の実態に対応させようとしていた（龜島・石原［一九二三］一四五－一四九頁）。虚弱児童用の教育内容については、国情に合わせようと呻吟して作成し、林間学校の先鞭をつけた（自序一〇－一一頁）。低能の虚弱児童の教育についても、詳細に低能関連の定義と教育方法を検討し、低能単独の児童よりも細心が必要であること、困難ながらも職業自立させようとしていることを説明している（龜島・石原［一九二三］三九－五八頁）。

それゆえに、本校には台湾から北海道まで、全国から参観者が押し寄せたのである（大阪市南区［一九二八］二九五頁）。成城中学校の日本アルプス林間学校の主要な創設者だった長田新が、龜島・石原の著書の序において「日本始めて林間学校ありと謂ふべきであろう」とし、また、本校開設が「日本林間学校史上の一大モニュメント」になること（長田［一九二三］序三、四頁。鵜飼［一九二三］も参照）を期待しているのは、そのような意味においてであろう。

さらに敢えて付言すれば、このような新しい企画には、児童の個別性の重視が前提であった。それを象徴的に示すのは、浜寺林間学校に関する龜島・石原の著書の口絵に付された、いかにも新教育や自由な学園の雰囲気を連想させるつぎのキャプションである（龜島・石原［一九二三］口絵）。

「自由の王国、児等の戸外遊戯」「夢の楽園児等の午睡」「楽しい楽しい身体検査」
「樹間に於ける自由読書」「可愛い、動物と子供等」「菜園に働く小農夫の群れ」
「おいしい楽しい昼御飯」

浜寺学園は、親元を離れた人工的な生活環境であるから、子どもと保護者の気持ちを鼓舞し、楽しさと明るさを強調したとは思われるが、一般の公立小学校著作の口絵には見られないイメージ提示だった。

（二）公私立病虚弱児童施設の設立と養護学級・養護学校設置の法制度の成立

(1) 公私立病虚弱児童施設の設立

これらの常設臨海・林間学校とは異なる経緯で生まれたのが、昭和二年四月一〇日、千葉県一宮に開設された一宮学園である。大正一五年六月、恩賜金と義捐金一六〇万円によって財団法人児童愛護会が設置された元来の趣旨は、大正一二年の関東大震災による罹災児童の保育教養のためであった。しかし、時日の経過によって状況が変化したために、事業内容を変更して、震災地の虚弱児童の保護と初等教育を目的として一宮学園が開設された。学園の土地も、九十九里海岸に近い松林に立地していた。主な職員は医師・教員・保母看護婦であり、対象児童は主に被災地の東京府と神奈川県出身者に設定されたが、開設時には六二名が入所した。学費は無料か貸与であった。本学園には東京市および白十字会の学園と同じように、小学校令第三六条但書による私立小学校が開設され、三学級編制の複式授業を行い、四〇分の授業が、毎日、五時限用意された（児童愛護会［一九二七］）。一宮学園は先例を参考にプログラムを設定したように思われる。

大阪市では、昭和四年四月の浜寺林間学校の廃止と入れ替わるように、期間を三カ月までとして体質虚弱の尋常三学年以上の児童を対象とする校外学園を設置した。初例は昭和四年の六甲（西宮市）にはじまり、一四年に長谷川（大阪府国分村）、一五年に助松（大阪府大津町）と淡路（淡路島）の郊外学園を府内外に増設した。六甲と助松は食費実費を徴収し、他は無料である。年間延べ収容児童数は、昭和一六年度において、六甲（五八二）、助松（五〇六）、長谷川（五九七）、淡路（二二〇）となっており、「体質強化の実績は顕著」であるという（大阪市社会部［一九四二］七一－七二頁）。

病虚弱学校は、他の障害児の教育とは異なり、経営主体がさまざまであり（表9‐3‐6）、設置者は、大半が市立または区立、府立は一例のみで、民間団体または個人による設置は、昭和戦前期前半に集中し、ほぼ大都市に限定された事業であることが分かる。大阪に典型的なように、大都市は健康を阻害する環境悪化のためであろう。

このほかに、弘済会養育部臨海養育会、長野県上諏訪町児童愛護会高山保養所があったようである（大原社会問題研究所［一九三四］二二三頁）。

在籍期間は、東京養育院安房分院・白十字会・一宮学園以外は、三カ月程度の短期間であり、入園する子どもは入れ

表 9-3-6　昭和期における病虚弱児教育・養育施設

開設年度	名称	場所	開設者	定員（名）
大正 14	富浦海浜学校	千葉県富浦町	日本赤十字社千葉支部	60
昭和 1	花岡学院	東京府上練馬村	医師・花岡和雄	30
昭和 2	一宮学園	千葉県一宮町	財団法人児童愛護会	150
昭和 4	六甲郊外学園	兵庫県西宮市	大阪市	80
	臨海保養所（常設？）	横須賀市	横須賀市	
昭和 6	熱海外気学校	静岡県熱海町咲見	開業医・高塚賢三	30
昭和 7	八瀬学園	京都市八瀬	京都愛国婦人会	80
昭和 9	東京麹町区臨海学園	神奈川県鎌倉町	東京市	100
	神戸再度山林間学校	神戸市再度山	神戸区教育会	80
昭和 11	大森区臨海学園	千葉県館山北條町	東京市大森区	
	岩井養護学園	千葉県富山町	東京市大森区	
	東京市深川区海浜養護（健康）学園		東京市深川区	30
	東京市麻布区健康学園（臨海養護学園）		東京市麻布区	30
	東京府立久留米学園	東京府久留米村	東京府	120
昭和 12	京橋区健康学園（臨海学舎、林間学舎）	静岡県宇佐美	東京市京橋区	120
	東京市立神奈川養護学園		東京市	30
	浅草区健康学園	千葉県保田町	東京市浅草区	60
	金沢養護学園	横浜市磯子区	東京市	30
	浅香山学園	大阪府堺市	堺市	100
昭和 13	沼津養護学園	静岡県沼津市	東京市赤坂区	90
	竹岡養護学園	千葉県竹岡村	東京市	90
	鎌倉学荘（小学校、戦時中廃校）	神奈川県大船町	医師・額田豊（帝国女子医学専門学校創設者）	30
昭和 14	東京市蒲田区宇佐美健康（養護）学園	静岡県伊東町	東京市蒲田区	70
	長谷川郊外学園	大阪府国分村	大阪市（長谷川源治郎の寄贈）	100
	助松郊外学園	大阪府大津町	大阪市	140
	野間郊外学園	愛知県野間町	名古屋市	90
昭和 15	淡路郊外学園	兵庫県淡路島	大阪市	
昭和 16	片浜養護学園	静岡県片浜村	東京市	150

出典：文部省（1973）218-219 頁、愛知県教育史 4（1975）566 頁、京橋区健康学園五週年回顧（1942）、桐山・香川（2001.7）、桐山（2002.6）、児童愛護会（1927）、林（nd）、大西（1941）283 頁、中央社会事業協会（1943）243 頁。

替わっている。ただし、名古屋市の野間郊外学園は、昭和一六年五月に「長期滞在養護学級を併置した」（愛知県教育委員会［一九七五］五六六頁）という。また学籍も、白十字会林間学校と一宮学園には併設された私立学校に学籍があったが（東京市養育院安房分院もこれに属すると思われる）、他の学園は、元の小学校に在籍のままであったという（文部省［一九七三］二一八頁）

児童の供給源は大都市に限られるが、児童の病虚弱に対応する教育と養護を不可分の要素として提供する教育機関が設立され、親やきょうだい、あるいは地域の友人からの分離という形で行われるようになった。また、名称としては、学園が用いられるようになる。しかし、表9-3-6の公立の虚弱児の養護または健康学園は、昭和一六年国民学校令期になっても、養護学校に移行する例はなかった。その主たる理由は、国民学校制度では、養護学級あるいは養護学校を名乗れるのは、その市町村内に設置されることが原則であって、病弱・身体虚弱児童学園が他の府県に設置されている場合には適用されなかったためであるという（重田［一九四一・七］一二頁）。したがって、養護学園・健康学園は、実質的には養護学校であった（『日本社会事業年鑑』では養護学校・養護学級と表記している）。もう一つの理由は、大半の児童の学園滞在が一時的であったために、学籍の移動がなされなかったためでもあろう。こうして、これら学園が養護学校という名称に変えたのは、大戦後となる。

なお東京市では、昭和一四年一月から、結核児童には療養所、身体虚弱児童には保養園というように、提供される施設が非結核児童用と結核児童用に分化した。

(2) 養護学級の設置と分化——国民学校制度の先例

① 養護学級の意義と設置数の推移

養護学級は、教育の機会均等と通学制を同時に充足できる制度であり、通常の小学校への通学形態を採用し、身体虚弱に配慮しながら、学業を継続できるという意味で画期的な制度だった。しかし、身体虚弱児の特別学級もまた、東京市の校長によるアメリカ視察の結果という外発性に基づく。

大正七年一〇年から八年二月にかけて、東京市教育会からアメリカ教育視察に派遣された東京市四谷区四谷第三尋常小学校長の小菅吉藏は、進歩と富裕の象徴としてのアメリカ特殊教育の充実に感銘を受けた。彼はそれをもとに、大正一五年四月、牛込区鶴巻小学校長として市内最初の養護学級を設置した。小菅は、市内小学校の指導者でもあり、全国連合小学校教育会理事長も務めている。

麹町小学校開放学級は、昭和二年四月、関東大震災後の復旧事業の一環として新築されたコンクリート造り校舎の屋上に設置された（東京市麹町尋常小学校［一九二七・一二］、［一九二八・一］）。陽光と新鮮な空気の摂取、身体的な管理、室外学習、窓を開放した室内学習、授業時間は三〇～四〇分、間食等、医師の指示のもと、日本最初の開放学級は、校長の田島眞治と訓導・結城捨次郎（後の東京市立光明学校長、第九章参照）によって定員二〇名の児童を対象として運営された。田島は、東京高等師範学校附属小学校で補助学級担任の経験があるが、熊本県の高等女学校長や師範学校教頭・小学校主事を歴任した人物である。

身体虚弱児学級の名称は、養護学級・開放学級・戸外学級・保養学級・増健学級等、さまざまである。設置した小学校数と開設された身体虚弱児童特別学級の数および在籍児童数を年度別に示せば、表9-3-7のとおりである。

表 9-3-7　身体虚弱特別学級設置小学校・特別学級・在籍児童の数

年	学校数	学級数	児童数
昭和 3	18	27	988
昭和 6		89	2935
昭和 7	64	91	4634
昭和 9	89	146	6543
昭和 10	107	202	8028
昭和 14	408	989	46630
昭和 15	604	1413	50255
昭和 16	558	1399	59886
昭和 17	753	1682	65930

出典：林（nd）3-4 頁。文部省（1973）221 頁。文部省体育課（1928.7）54 頁　重田（1961.2）45 頁。大原社会問題研究所（1934）223-224 頁、（1936）260-261 頁　中央社会事業協会（1943）244、（1945）165 頁。

以上のように、身体虚弱児の特別学級数と収容児童数はしだいに増加し、新規開設数では昭和一七年がピークとなるが、昭和一九年から戦争激化のために閉鎖されはじめる。一七年の設置学級数の増加は、養護学級設置に対する国庫補助が開始されたためである。北海道と東京府では、さらに補助金額を上乗せする方針であった。一七年度の補助金額は六万円であり、一八年度には八六万円に急増した（重田［一九六一・一二］四五頁）。国庫補助の対象となる養護学級は、「身体虚弱その他身体に異常のある児童」対象の養護学級に限られ（養護学級編制の奨励［一九四三・一一］）、精神薄弱児養護学級は除外された。身体虚弱養護学級設置奨励の国庫補助金額は多いように見えるが、昭和一六年度の東京盲学校の予算は約九万一〇〇〇円だった（東京盲学校［一九四二］一四五頁）。

また、養護学級設置の特徴は、県によって開設学級数のばらつきが顕著であり、対象児は、身体虚弱児だけでなく、結核児を対象とする養護学級も少数ながらあった。また、制度上の観点から留意すべきことは、昭和一六年国民学校令以前に、養護学級制度は実質的に確立していたことである。

白十字会林間学校長の林は、養護学級は養護学校の代替にはならないとする（林［ｎｄ］四頁）。しかし、学園の機能は必ずしも統一されることなく、それぞれの経営主体で運用されていたので、虚弱児の教育は、養護学級中心となっていくかに思われたが、戦争に突入することによって不十分な普及のままだった。

② 養護学級の分化

すでに述べたように、養護学級が国内で初めて大正一五年に設置されて、その後拡大していくが、その過程で、先進国に範をとり、目的を共有しながらいくつかの類型に分化していく。それが、開放学級であり、戸外（露天）学級である。開放学級は open windows school の、戸外学級は open air school の邦訳語である（L・エアーズ [Leonard P. Ayers] の著書は、エイヤース［一九一三］として大正二年に翻訳・出版）。いずれも、イギリスやアメリカで普及した学級編制である。しかし情報不足のためか、昭和二年七月の文部省体育課「開放学級制度ニ就イテ」では、開放学級の用語法が混乱している（文部省体育課［一九二八・七］）。しかし、開放学級や戸外（露天）学級は、より多くの経費を要するために、普及しなかった。

③病弱・虚弱教育体系の構想

病弱・虚弱児童の養護の形態について、学校医の岡田道一と文部省の大西永次郎の分類を紹介すれば、以下のような区別をしていた（芦田［一九八八］二七－二九頁）。ただし、学級・学校名称が実際にこのような分類に対応していたかどうかは別問題であって、構想としての提示であったといえよう。

岡田構想

外気学校（林間学校・海浜学校・高山学園）　常設の特殊小学校（理想的形態）

開放学級（養護学級）　特別な養護と普通教育

栄養学級　栄養不良を主症状とし、その改善と普通教育を目的

休暇聚落　自然環境における長期休暇中の転地養護

大西構想（芦田［一九八八］二七－二八頁、一部変更）

養護聚落（休暇聚落）

対象児は軽度身体虚弱で集団生活が可能、体質改善が目的で、方法は、自然環境における衛生的生活、夏季休暇に転地

養護学校（養護学園、林間・海浜学校、開放学校）

対象児は、身体虚弱の程度が最も高く、教育的養護と医学的保護を必要とする児童、結核発病の恐れがある児童。特殊養護、結核の発病防止。養護を主とし、学科負担を最小限にする。一期を三カ月程度とする。

養護学級（開放学級）

対象児は身体虚弱が中程度で、医学的保護を継続する必要がない児童。養護内容は養護学校に準じる。

岡田は、上記に加えて、学校園・弱視学級を挙げている。

また大西は、上記の①身体虚弱・病弱児以外に、②精神薄弱児教護（教育養護の意味）施設、③弱視学級、④その他の不具、難聴、栄養不良、心臓疾患、てんかん、言語障害の児童についても取り上げているが、その内容に独自性はない。ただし、④のグループの教護形態について、「国民教育の本旨から」「特別の学校に収容して隔離的の教育を施すよりも、寧ろ、普通の小学校に於て、一般児童と共に社会的教養を積ましむることこそ、最もよい教育養護の方法」であるという。また、促進学級・補助学級の経営についても、「必ず普通学級と緊密なる連絡を保ち、孤立せしめざるやう留意すべきである」としている（大西［一九四一］二九三、三〇三－三〇四頁）。大西は開戦後には、新学校衛生を構想していたが、大西の国民教育は、「国民たるの資質錬成をその目標」としており、「皇国民としての錬成」「東亜之指導民族の修養」は、「物と人との一体」「物心一体」「自然と人生」の一体化を目ざす日本精神主義に属していたようにみえる（大西［一九四二・六］）。

第四節　学校衛生体制下における特別学級の整備

一．身体検査の拡大による心身状態の多様性の認識

明治三一年に学校医が制度化されて、それまでの活力検査は全面的に変更され、「学生生徒身体検査規程」は三三年には公立小学校に適用されて、健康診断が主な機能となる。身長・体重・胸囲のほかは、脊柱・体格・視力・眼疾・聴力・耳疾・歯牙・其他疾病の項目が加えられる。疾病としては，とくに腺病・栄養不良・貧血・脚気・肺結核・頭痛・神経衰弱・其の他慢性疾患が含まれる。さらに「学生生徒身体検査規程」は大正九年に廃止され、新たに発育概評の標準を定めて評点化した「学生生徒児童身体検査規程」（文部省令第一六号）が制定され、昭和一二年に「学校身体検査規程」として改正された。なお、大正中期の大正八年には、「トラホーム」予防法（法律第二七号）および「結核予防法」（法律第二九号）、「児童生徒及学生ノ近視眼予防ニ関スル件」（文部省訓令第九号）が公布されている。

文部省の動きを具体化したのが、地方の新しい政策である。東京市では、大正一〇年一月一〇日に、「就学児童予備身体検査施行方」が助役通牒学発第二〇号として各区長に通知される。このなかで注目されるのは、学校が実施する精神発育状態の検査で不良とする者は就学猶予・免除児であること、就学猶予・免除の手続きでは保護者に対して相当に慎重な手続きをとることとしていることである（東京市役所［一九三二］二五〇－二五一頁）。

さらに大正一五年三月二四日には、助役通牒学発第三五一号「定期生徒児童身体検査ニ関スル注意ノ件」が各区長に通知される。身体計測のほかに、脊柱、視力および聴力（第五学年以上）が検査され、昭和三年には、眼科、耳鼻科、内科、整形外科（この名称は用いられていない）、皮膚科、歯科の異常の有無が検査された（東京市役所［一九三二］二五二－二五七頁）。昭和四年には、第四学年以下の児童にも視力調査を拡大する。視力障碍のために「学業成績ノ不良ニ陥ルモノ」がいるからであった（東京市役所［一九三二］二六一頁）。

入学後の身体検査では、対象児童が多数で、検査項目が多数・多様、検査時間は短時間であり、明白な不具廃疾瘋癲白痴の場合、入学時の時点で排除されていたであろうから、通常の身体検査では、一見して障害があるほどの児童は多くなかったものと思われる。しかし、一部の地域に限られていたようであるが、就学前の予備身体検査では、入学後よりは、障害発見の可能性は高まるようになる。東京市では、大正一三年度に全区一斉に「就学児童予備身体検査」を実施している。これは、新入学児童を対象に、入学前の一月から三月にかけて、一回または二回行う身体検査であり、大正一四年一月一〇日に各区長宛の助役通牒学発第二〇号に基づいている。この予備検査は、明治四三年に一部の区で始まったものの中絶し、大正一一年から一部の区で再開され、一二年には芝区以外の区では実施されたという（東京市教育局学務課［一九二三］二四頁）、青森県弘前市でも大正一四年二月に市内小学校で実施している（千葉［一九七九］）。茨城県では大正六年から全県下で（岡田［一九二六］）。東京市教育局学校衛生課［一九二八・九］、

注目されるのは予備身体検査の目的であり、入学前の疾病の発見と治療、伝染性疾患の治療と感染防止、就学猶予・免除の入学前の発見に求められている（新入学児童の予備身体検査注意書［一九二八・三］も参照）。大正一二年度から五年間の検査成績が掲載されているが、予備身体検査の受検割合は八五％と向上し、就学予定者の二万人から三万人が受検している。全項目六六の検査項目のうち精神発育状態の「不良」の割合はわずかであるが、東京市全体では一七六（昭和三年度）～五七三名（大正一三年度）であり、身体発育の「不良」は四二一（大正一二年度）～五〇二名（大正一三年度）となっている。「疾病其他異常アル者」は大正一四年から記載があり、受検者数に占める割合は五〇％と相当に高い。そして、数種の疾病異常がある者の人数も示されているが、二七～三八％と高い割合を示している。結論として、就学猶予・免除がそれぞれ必要な児童数として表９－４－１の数字が挙げられている（東京市教育局学務課［一九二八・九］三五、四五頁）。

昭和三年度の検査結果が示されているので、一部を例示してみる。視覚障害では一三名（「盲」はいない）、難聴が四四名、唖が三名、身体虚弱が一五名、腺病質が四四名、小児麻痺が一一名、脊柱カリエスが三名、発育不全が五〇名、言

語障害が五名、歩行障碍が七名、運動障碍が五名、精神発育不全が九名となっている（東京市教育局学務課［一九二八・九］二二六－四四頁）。

弘前市でも、東京市と同じ時期の大正一四年二月、市内小学校で初めて就学予定児童の身体検査を実施した。和徳小学校の受検者数は男五〇名（未受検者三名）、女四七名（未受検者五名）であり、男児では聴力「鈍」が三名、てんかん一名、半身不随一名、虚弱二名、訥吃一名が、女児では訥吃二名が目立つ程度で、就学猶予または免除の必要がある者はいなかった（千葉［一九七九］一四一－一四四頁）。

予備身体検査の実質的な目的は、就学前の問題発見と処理による円滑な就学または入学の延期もしくは入学の阻止にあったと思われるが、目的の記述から理解されるのは、過去において入学後に就学猶予または免除対象である児童がいることが分かって、その措置が問題になったケースがあったということである（岡田［一九二三］二二三－二二四頁）。このことは、保護者のなかには、とりわけ就学免除・猶予対象でありながら、就学への期待があるか、あるいは就学させることを疑問に思わない親がいたことを意味する。

このような事態は過去にもあったと思われるが、大正末期が重要であるのは、特別学級の拡大期にあたっていたからである。すなわち、教育行政や学校に、就学免除・猶予児の教育を積極的に実施しようとする人物が現れた時代であり、条件がそろえば、彼らの小学校での教育が実現する状況になってきたことを示唆する。教育行政の排除性が縮小し、小学校においてより適切な教育の提供が時代になってきたのである。

表 9-4-1　東京市における就学猶予・免除が必要な児童数（大正 13 ～昭和 3 年度）

年度	大正 13	大正 14	大正 15	昭和 2	昭和 3
就学猶予	49	78	76	100	108
就学免除	5	7	8	7	11

東京市では、昭和三年に児童の「疾病異常者」について継続的な「監察」が必要な児童として病弱・身体虚弱、感染性の疾患を挙げるとともに、「取扱上注意ヲ要スルモノ」を掲げている。後者では、弱視を含む視力障碍や聴力障碍、四肢運動障碍及畸形、運動により症状の憎悪を来すものとして腺病質や結核以外の心臓弁膜障碍等の病気を含めている。

昭和一二年に至り、文部省は抜本的な病弱・虚弱児童学校設置計画を立案する。この計画は、戦後の特殊学級計画設置を彷彿させる方法だった。虚弱児童養護施設設置五カ年計画は、「虚弱の程度相当高度なる児童一万五〇〇〇人」を養護学校、中等度の児童一五万人は養護学級収容とし、養護学校を都市に毎年三〇校（一校一〇〇人定員、総定員三〇〇〇人）、地域を問わず養護学級を毎年一〇〇〇学級（一学級定員三〇人、総定員三万人）、五年計画で設置するというものであった。大蔵省に予算を要求し、内閣調査局にも実現の要望をするという。その他の虚弱児童三三万五〇〇〇人は日常的な配慮または夏季聚楽で対応する（大原社会問題研究所［一九三七］三二二頁）。なお、『日本社会事業年鑑』では、一宮学園のような養護施設を養護学校と称している。

二　低能児学級と促進学級

特別学級の設置と低能児および身体虚弱児の特別学級が同時期に増加したのは、学校衛生および国と地方の教育行政が両者を教育上の課題として認識し、活動したからに他ならない。また、この取り組みは、それまでモザイク的に存在していた個々の特殊教育分野が、特殊教育として制度化される一過程でもあったのである。しかし、特殊教育の振興は、単純に展開したわけではない。他の教育課題の緊急性、財源、内務省との関係および文部省内での調整等によって振興の状況や順序が変化した。

大正八年六月、普通学務局長・赤司鷹一郎が学校衛生主事会議で、とくに精神薄弱児教育重視の方針を強く明示したことは前に述べた。翌年の大正九年二月二一日に公布された「学校医ノ資格及職務ニ関スル規程」では、学校衛生の対象に精神薄弱の生徒児童が明記されていた（第二条第六項）。同年五月の学校衛生主事会議に対して、「資格・職務規程」を具体化するために、「学校医ノ資格及職務ニ関スル規程実施上注意スヘキ要項如何」が諮問されており、答申には「調査を充分ならしめる為には学校医に学校衛生上の智識を会得せしむるを要す」各項の一つとして、「病者虚弱者、精神薄弱者の監督養護に関しては、其要、不要、方法の適否等に注意するを要す」が含まれている。概括的な内容であるのは、この箇所の答申が、その程度の「抽象的」な表現が現実的で望ましいということが、協議でも了解されていたからである（文部大臣官房学校衛生課［一九二一］二九、三一頁）。

なおこの会議では、大正八年の普通学務局長の精神薄弱教育に関する指示に反応する地方が早速出ている。群馬県から「身心薄弱児童の特殊保護教育に関する施設を本省より地方庁に対し公文を以て奨励せられたき件」が、当時、群馬県学校衛生主事だった大西永次郎から提案されている。議長の北は、当時の状況では法文化の提案は現実的でないとして処理している（文部大臣官房学校衛生課［一九二一］二、四〇頁）。

大正一〇年五月の学校衛生主事会議では、東京府の軽部修一・学校衛生主事から「異常児童（所謂低能児及聾唖、癲癇、白痴）を調査し之が収容機関の設備もなすこと」の提案があった。その趣旨は、協議によって、市・区単位の調査よりも文部省による調査が有効であろうということ、救済方法も含めることにあることが明らかになるが、大正九年の議論と同じレベルの雑駁なものであった（文部大臣官房学校衛生課［一九二一］九三－九四頁）。

大正一〇年七月には、「身体虚弱又ハ精神薄弱ナル生徒児童等ノ監督養護ニ関スルコト」として、初めて「精神薄弱」児の教育が大臣官房学校衛生課の所掌事項に明示される。それゆえ、大正一〇年ごろ、劣等児・低能児の教育が本格的に振興するかにみえたが、大正一二年の関東大震災の後、体育奨励と栄養増進へと振興の方向が変化し、とくに低能児の教育振興は遅れたのである（杉田［一九三五］序一参照頁）。

大正一四年五月、初めて東京市以外で開催された全国連合学校衛生会（第四回）に対して、文部大臣は第一の諮問として「精神薄弱者の監督養護に関し学校衛生上特に留意すべき事項」を挙げた。学校衛生課の所掌事項そのままの諮問であった。これに対して、連合学校衛生会は、詳細な内容の答申をしている。しかしそれは、狭義の学校衛生の観点によっているために、外形的内容にすぎず、日常の指導には参考にならなかったであろう。また、精神薄弱児の数の多さや専門家がほとんどいないことから想定して、政策側にも実践者にも、説得力に欠ける答申だった（大原社会問題研究所［一九二六］一七二一－一七四頁）。

・教育機関と教員　補助学校が設置できない場合は、補助学級を開設する。学級定員は二〇名以内とする。教員養成機関を設置する。教員は特別な技能をもっていること
・心身の検査　知能測定・適性検査、教育測定、体力測定、疾病異常の調査、遺伝・家庭および生活環境調査、性行等調査
・専門医を学校医とすること
・教授上の注意事項　精神薄弱の分類、課業を過度にしない、慎重な時間割の作成、心身疲労への注意、趣味と長所の発見、個性に適応する運動の実施等
・学校・教室　衛生上適切であること、必要な設備、清潔と整頓
・校外教授上の注意　野外での活動と安全・校医等の付き添い
・衛生上の注意　栄養・嗜好品・服装、精神薄弱の原因疾患の治療、学校衛生婦による身体の清潔
・その他　家庭との密接な連絡、教授に関する理解の確保

さらに、建議には、「精神薄弱児及身体虚弱児の養護に関する施設の普及発達を督励し且つ学校に於て該児童を収容する特別学級を設くべく規定を定められたし」が追加されている。ともかく、精神薄弱児教育の重視は指示されたものの、対象児や鑑別方法、教育方法等、あいまいなままだったが、それを明確にするのに必要な医学的・心理学的・教育的資源がない以上、現実的な方策だったかもしれない。このような大きな動きのなかに、劣等児や低能児を対象とする特別学級全国調査が、学校衛生課と普通学務局により、それぞれ行われることになる（戸崎［二〇〇〇］七二－七八頁）。

大正一二年一〇月調査　文部大臣官房学校衛生課『特別学級編制に関する調査』（一九二四）
大正一二年末調査　文部省普通学務局『全国特殊教育状況』（一九二四）

大正一四年末調査　文部省普通学務局『全国特殊教育状況』（一九二七）
大正一五年三～四月調査　文部大臣官房学校衛生課『特別学級編制に関する調査』（一九二七）

ただし、特殊教育や特別学級対象児の概念規定が明確でなかったので、回答者は困惑したという。それもあって、しだいに学級収容対象は明確にされていく。昭和三年五月、第三回全国学校衛生技師会議における諮問事項「個性尊重並職業指導に対し学校衛生上留意すべき事項如何」に対する答申は以下のとおりであり、特殊教育関連の事項が意欲的に盛り込まれている（文部大臣官房学校衛生課［一九二八・六］五〇〇－五〇一頁）。

個性尊重並職業指導に対し学校衛生上留意すべき事項多々ありと雖も特に重要と認むる事項概ね左の如し
三．個性調査の結果、長所は益々之を助長し、短所は之を改善する為、左ノ方法を講じ、以て生徒児童の日常養護を適切ならしむること
ハ．精神薄弱児童に対し促進学級補助学級（学校）、身体虚弱児童に対し養護学級、開放学級（学校）其他諸種の疾病異常者に対する特殊の施設を奨励すること996

三．社会教育としての特殊教育

特殊教育関連の中央行政が成立し、各種調査が実施されることで、文部省も地方学務当局も、低能児教育の必要性を確認し、特別学級も徐々に増加していった。文部省内の大臣官房体育課と普通学務局との特殊教育をめぐる主導権争いのようにみえる活動が、結果として特別学級を増加させたともいえる。

学校衛生分野では、「学校衛生」学の下位項目に特殊教育が含まれるようになることは、概論書の構成において明瞭になる。また、学校衛生分野における特殊教育振興は、小学校教育から発せられる低能児教育推進の力が弱かったから、

学校衛生のなかに低能児教育が含まれていたことは、たしかに新しい局面であり、低能児教育の発展を生んだことになる。昭和四年二月の『日本学校衛生』誌では、ある学校衛生関係者は学校衛生改善策五項目の一つに、低能児教育を挙げている。その振興には、文部省による低能児教育の奨励が必要であるとしている。同時に、体育課所管である低能児教育は、主題になりにくいとも指摘されている（天空生［一九二九・二］六二頁）。すなわち、所管課としての合理性が欠けているとの指摘である。

学校衛生としての特殊教育が大臣官房学校衛生課・北豊吉らのリーダーシップにより小学校において成果をみせていた時代に、普通学務局社会教育課の乗杉嘉壽をはじめ、川本宇之介が社会教育としての特殊教育を唱導し、それなりの成果を挙げていた。彼らの主張と議論は、これまでも、平田勝政（［一九八五・七］、［一九八六・七］、［一九八七・六］）らによって論じられてきた。そこでは、教育体系としての議論を中心に論じられているが、川本は元来教育学徒であり、乗杉は大学では法学専攻ではなく教育からも縁遠い実践哲学の専攻であったにしても、教育体系における社会教育に特殊教育は主要部分としては含まれないことは、自明のことであったように思われる。

大正一〇年に学校衛生課が身体虚弱と精神薄弱の児童生徒の監督養護、大正一三年に普通学務局社会教育課が特殊教育、学務課が盲唖学校盲唖教育を分掌することになったとき、身体虚弱・精神薄弱・盲唖教育以外の特殊教育はどこの部局も分掌事項ではないことになった。もともと、大正八年六月には、第四課（社会教育課）の分掌は盲唖教育とその他の特殊教育だった（表9-3-1）。

それゆえ、乗杉らは（彼自身は短期間であったとはいえ）、他の課の分掌からは漏れているし、当時としては学校教育として実施される見込みの薄い障害児等の教育に着手すべく、社会教育という分野を活用したにすぎず、いわば方便としての主張であったのではなかろうか。乗杉のいう社会教育とは、以下のように定義されている。共同目的をもっている人格者から構成される有機的社会に、個人を適応させる教化作業のすべてをいう。幼児教育や特殊教育は、外国では、社会教育の出発点であり、社会教育のなかでも重要なものである（乗杉［一九二三］一一二、二九一三〇頁）。これは、発展過程においては一時的にはあり得たかもしれない。

乗杉の更迭には、彼の主張にアメリカ色が強かったことが理由かもしれないが（松田［二〇〇〇］参照）、彼が、アメリカのさまざまな社会的事業において、すべて官公事業を優先する日本と異なり、民間を主体として活発に実施され、また、その社会的基盤もあることを賞賛しているのは事実である。それは、憧憬といってよいほどである。そして、日本と欧米における自治と個人と自立の有無という超えがたい壁も彼は実感するのであるが、これは、田子一民・留岡幸助を含む多くの欧米訪問者に共通する感慨だった。

ともかく、学校衛生が特殊教育の全分野を包含し、特別学級等の設置を促進し、実際に特別学級や特別学校、そして特殊教育構想が全分野に行き渡ったところで、病弱・虚弱を除いて学校衛生から「特殊教育」が独立し、離脱したことになる。

四　難聴学級・弱視学級・言語障害学級の設置の必要性

盲学校創設では眼科医が主導者の一つだったように、難聴児や弱視児の教育の必要性は学校衛生が主役となる。つまり、盲学校＝眼科医では、鍼灸按の技術向上や職業教育が問題だったのに対して、学校衛生では、身体検査の実施によって、小学校の学校医の責任範囲にある学校教育の問題の一部として、それまでのトラホーム予防、ついで虚弱から、難聴（重聴）や弱視が問題になったのである。したがって、その教育の場は、聾唖学校や盲学校という系統ではなく、小学校が想定されることになる。この問題認識の経路と教育の場は、岡田道一と大西永次郎の構想でも示されている。

しかし学校衛生においても、難聴や弱視の存在情報は、他の障害と変わることなく、主にドイツからの外来医学情報であり（小此木［一九二四・一〇］、中尾［一九三五・二］）、教育についてはアメリカからの情報が活用された（秋葉［一九三三］）。

こうして、難聴児や弱視児の存在と彼らの教育必要性は、教育学者や学校衛生学者の外来情報にはあったが、それを実際に問題提起したのは、ほかならぬ学校衛生の実務者である学校医であった。

新潟県の西蒲原郡学校医会では、大正一五年一〇月に学校衛生講習会を開催した。そこでは、県衛生技師の手塚亨二郎（香川県と和歌山県の夏季保養事業に尽力した）が難聴と低能の関係を詳述したという。会長の学校医・吉川砥直が難聴児童の存在に着目して、新潟医科大学の協力を得て、難聴児の調査と治療を行っている（吉川［一九二八・三］）。山形県の学校衛生技師・高橋勉は、県内小学校の尋常三年以上の児童を対象に、学業成績および健康程度のいずれかが丙以下の児童、およびいずれも丙以下の児童を特殊児童として、昭和二年度に調査を行っている（高橋［一九三〇・四］）。その結果、調査学童一一万一四二六人のうち特殊児童は四六一八人おり、学業成績丙以下は二一六三人、健康程度丙以下が一三五一人、いずれも丙以下が一〇〇四人だった。このうち、耳疾の児童は四五八人、鼻咽疾患の児童が一五五人いた（眼疾は八〇〇人）。

弱視児や難聴児の特別学級設置とその教育については、学校衛生から派生して眼科や耳鼻科の専門医が貢献したことは、前章で詳述したとおりである。専門的な教育の場が実現した例は極少数であったが、前例として戦後に繋がることになる。

五．学業劣等と健康との関係

学校衛生が、低能問題に関心を示したのは、大正末期から昭和初期になってからである。劣等児や低能児の身体所見において、さまざまな疾患や低位状態はそれまでも知られていたが、改めて劣等・低能との関係に焦点を絞って医学的に注目したのである。学業の劣等や非行の問題は、それ自体だけを抽出されたわけではなく、家庭や養育環境、身体的状況と関連していることは小学校教師もよく把握していた。しかし学校衛生は、調査という形でそれを論証するようになる。上記の高橋勉による山形県の特殊児童調査では、学業成績丙の者二一六三人のうち、一六一五人は痴愚または痴愚に近く、教育効果が期待できないが、一九一八人は促進学級・補助学級で教育効果が期待できるとした（高橋［一九三〇・四］二〇〇頁）。

しかし、学校衛生と精神薄弱との関係は発展しなかった。それには、二つの理由があろう。一つは、医学および教育学の問題である。学校衛生の主力は学校医であったが、彼らは、「医師免許制度の制約から精神医学的方面の素養には極端に乏しかった。精神薄弱児、劣等児、学業不振児等の判別も容易でなく、もちろん科学的な診断・治療面における指導力発揮などは望むべくもなかった」。そして、学校医の関心は虚弱児・病弱児であったという（杉浦［一九八五］二三七、二三九頁）。もう一つの医学の問題は、教育病理学の導入に当たって、原因論や診断論が講習の中心であった。教育学の精神薄弱関連の外国情報の導入にも問題があった。その情報は、教育の理念・歴史・制度論に偏っているうえに、日本の制度の現状では模倣できない机上学に過ぎない傾向が強かった。さまざまな学級編制法を紹介するだけで、それが実現する基盤がない日本には憧憬以外の意味はなく、後進国として代替可能な方法論を提起した教育学者は、きわめて少なかった。

初等教育界の先進国情報に対する右顧左眄的体質もあろう。医学あるいは教育学から入手した情報を、そのまま敷衍する形式、すなわち、講習や著書で得た精神薄弱児や劣等児の原因や教育制度等に関する一般的な情報をそのまま羅列して記述するだけの慣習が長年続き、毎日、子どもを指導する、あるいは指導困難な実践家でなければ提起できない論述は極めて乏しかった。

しかしながら、上述したように、学校衛生は身体面への関心は強かったから、調査によって治療可能な劣等児や精神薄弱児の身体的側面の問題を指摘した。たとえば、東京市補助学級の学校医や市教育局衛生技師による調査が行われ、その範囲での改善努力がなされた。東京市教育局学校衛生掛による調査は、補助学級児童の身体的問題と改善範囲について示唆的な結果を示している。学校衛生の提言は、劣等原因としてアデノイドから、学校または教育当局による健康維持のための日常生活習慣に関する家庭指導や学校での給食の提供まで、広範だった。

第五節　学校衛生から人的資源育成政策としての健康教育への転換

一．健康教育への転換の意義と精神衛生との関連

特殊教育が、学校教育・労働・医学・司法等に分化して、それぞれの枠組みがあったが、高度国防国家構築のための総合的人的資源政策の必要性が生じたことにより（高岡［二〇一四］二七七頁参照）、学校衛生の分野でも、同じ政策の総合化に迫られることになる。「人的資源の強化」は、「人口政策としての国民の量の問題」と「保健国策としての健康の質の問題」があり、「新に保健・医療・教育の総合的見地」に立つ「国民の体力を確保すべき必然の要求」であるという（大西［一九四二］自序一頁）。このような総合化は、非常時によって初めて出現した。

文部省体育局の大西永次郎は、国民学校における養護学級の設置と教育の趣旨についても積極的な意義を見いだすが、それは、小学校における従来の身体虚弱教育の考え方に対する批判でもあった。大西は、児童の虚弱あるいは異常に対する特別養護の側面のみを抽出して、「栄養とか保健とか医療とかの物的の設備を整へたり、環境を衛生的に整備する方面とか、または極端に温室的の保護を加へるといったことが特に重視せられて、児童の内に秘められてゐる伸びんとする力、強く生きんとする力を適正に訓練するといふ方面が比較的閑却せられてゐたのではないかと思はれる」。また、児童の健康は、「環境との関連において自分の生活力を訓練することを通じて、始めてそれ（健康）の現成が可能なのであって、自然の環境や生活の実相と隔絶した特別の人為の環境だけを与へたり、生活と離れた指導だけをしたのでは、ほんたうの健康は錬成されるものではない」（大西［一九四一・一二］八頁）。

大西は一方で、虚弱児童（異常児童）の可能性の存在を前提として、それを開発する教育を設定するが、二つの点で注意を喚起している。一つは、その教育が、それぞれの障害や問題の対応に焦点化されて、児童全体の本来の力や可能性を軽視する結果になっていることであり、もう一つは、そのような障害・状態対応の教育が、教育の本旨を等閑にした

り、重要性を忘れることになりかねないことであった。それは、国民学校と同一の教育の根本理念である皇国の道の修練であり、国民としての基礎的錬成であった。そして、健康錬成の主体は他ならぬ虚弱児童本人だった。「自分で自分の健康を建設するのであった、教へる者は教へられる者に対し、かゝる健康錬成の契機を与へるに過ぎないのである」（大西［一九四一・一一］八、一五頁）。教育の最終目標以外は、まことに現代的な主張であり、大西において、皇国主義はレトリックに過ぎなかったのであろうか。あるいは、地方に拡大し、実践される過程において、大西が強調した本質的部分が消失していったのであろうか。

二　戦時下における心身鍛錬を目的とする夏季聚落への変容

健康増進を主目的とした夏季聚落活動は、学校教育において地方により一様ではない位置を占めながら、しだいに拡大していく。そして戦時下に至ると、その娯楽性や自発的活動といった要素を解消して、心身の鍛錬の機会となった。鳥取県久松国民学校では、夏休みという名称も「心身鍛錬期間」となり、「のんびりとした楽しい夏休から、汗して鍛へ喜んで働く夏休みへと大転回」した。各種訓練にも愛国行進、愛国体操、愛国唱歌と「愛国」を冠するようになった（久松国民学校［一九四一・七］）。由良国民学校では、「鍛へる、練る事によって、本物の人間が出来上がるのである。一年中でも一番暑い夏こそ、我等の身心を日本刀の灼きの如く鍛へてくれる」とする（由良国民学校［一九四一・七］）。

心身鍛錬では、医療を要する者、養護を必要とする者にも配慮を忘れてはいない。しかしその内容は、前者は家庭での休養治療であり、後者は軽い作業をさせるだけだった（六一－六二頁）。久松国民学校でも、「強者はより強く鍛錬すると共に、虚弱者の取扱に万遺憾なきを期せねばならない」というのみで、具体策は示されていない（七二頁）。山守国民学校では、四日間の臨海聚落を含めて夏期休業中の日程を詳細に決めており、主要行事として「自習組合」を児童に組織・運営させているが（山守国民学校［一九四一・七］）、出欠・遅刻および早退はもちろん、勉学の熱心・不熱心児童名も「少年団部日誌」に記入させた（六五－六六頁）。実際にはどうであったかは分からないが、児童間の相互監視と児童への指導なき全面委託が現れたのである。

まさに、夏季聚落活動は、進んで「此の皇国道の修練を身心を一体として教育」「つまり、行としての教育」(六一頁)の一部に学校側が組み入れたのであり、一五年ほど前までの小学校は、児童中心の活動に意味を見いだしていたはずであった。この根本的な価値転換が見事なほど容易に行われるとともに、虚弱児童に対する夏季の学校衛生的活動は、上記のごとく形式化し、内容が希薄になる。

この変容過程が総力戦イデオロギーの下で発生し、学校衛生から健康教育への転換の時期に相当することを考慮すれば、虚弱児童の教育上の優先順位は、効果があれば上昇し、賞賛の対象となるが、効果が希薄な場合には後退せざるを得なかった。

こうして、虚弱児のための夏季事業は戦時体制の強化に伴い、対象と方法において変化する。一つは対象であり、虚弱児・結核児重視、あるいはその改善と予防から、一般の児童生徒に拡大するとともに、病弱児は補充的な人的資源に、虚弱児は改善によって一般的な人的資源への育成が謳われる。そして、林間・臨海学校、身体検査、蟯虫・回虫検査、給食等が有機的な関連をもって展開されることになる。戦争と生産を目的とする軍事的合理性と特殊教育の拡大・充実・振興を目ざす教育的合理性の矛盾が、ここで明瞭となる。

第二の方法については、訓練ではなく鍛錬が意図される。夏季保養事業においても、規律、形・型が重視され、知行合一のような精神化と観念化が進行し、近代的児童観の対極にまで突き進んでいったのである。

第六節　虚弱・健康問題と貧困——日本の教育制度・特殊教育制度の病根

一．就学猶予・免除児と貧困および疾病・虚弱

日本の義務教育における病根の一つは、近代国家として最初に設定した教育の構想である国民皆学への現実化が、容

易に進行しなかったことにある。なかでも、保護者の貧困が生徒の義務教育への就学を猶予または免除する制度の撤廃が、昭和一六年度に至るまできわめて遅延したことである。保護者の貧困問題は、日本の近代化を妨げる解決困難な問題であったから、その保護する子女の就学もまた、解決困難になってしまったのであった。

明治一四年から一五年にかけて各県で公布された就学督責規則の例外事項には、「一家貧窶」が条件付きで置かれていた。その後、就学督促が厳格になっても、なお保護者の貧困による不就学は、強固に残存し続けたのである。[8]たとえば、大正七年、後に学校衛生界の指導者となる大阪市救済課医員だった竹村一（一八九一－一九八三）は、三田谷啓の指導をうけて、大阪市の不就学児三二八名（男一〇九、女二一九）を調査している（竹村［一九一九］）。不就学の内訳は、保護者が貧困のため就労している免除児が一九四名（男三五、女一三五）、疾病による者が一三四名（猶予一〇六、免除二八）となっている。就労免除児では、「幼弱の身体に受くる影響の恐るべき」職種に就労しており、竹村は「人生の惨もこゝに至りて極まれりと言うべし」（二七八頁）。全例が医師の診断がなされている疾病による不就学では、半数を超える七五名は「神経系統の障碍者」（二七頁七）であった。また、疾病による不就学児では、保護者が無職の者が多かった。これらのことは、疾病群児童における環境の劣悪さを、容易に推測させる。

ほぼ同じ時期の大正八年に、大分県では、不就学児は七六八名（男三一六、女四五二）、貧窮による就学免除児は免除児総数三七二名のうち一一二名（それ以外は瘋癲白痴不具廃疾）、猶予児三九六名のうち、貧窮による者が二一三名（男五三、女一六〇）となって全体の半数を超える（不就学児童調査票［一九二〇・一］）。

同じ大正八年三月現在の全国の数字をみると（東京府と沖縄県を除く）、就学免除児のうち、貧窮による者が一四七二名（男五一八、女九五四）であるのに対して、猶予の貧窮を理由とする者は、一万九二四九名（男五三七六、女一万三八七三）となっている（内務省社会局［一九二二］一一二頁）。

京都市壬生小学校訓導[9]・藤井高一郎は、尋常小学校に在籍している「特殊児童」について大正一一年度末に調査を実施し、京都市社会課がこの結果を発表した。虚弱（身体薄弱）と学業成績との関係を検討している（藤井高一郎［一九二二」六頁。京都市特殊児童調「一九二二・七」）。小学校尋常科在籍生徒数六万五〇一三名のうち身体薄弱児童は六九〇一名であり、それを成績別に優良・中等・劣等に三区分した結果、それぞれの数は一〇〇八、四〇二二、一八七一名であった（男女差は小さい）。さらに同調査は、在籍児童の成績区分（優等・中等・劣等）に対応して検討している。その結果、劣等児に身体薄弱児が占める割合は約二八％となり、最も多い児童群となる。優良児にも身体薄弱児が多い。そして、藤井は、これら学業劣等の身体薄弱児は、「欧米諸国に於ては生理衛生教育の徹底及運動の奨励に依って」半減するし、身体薄弱の優良児は「健体」になることができるという（二八－二九頁）。

この親の貧困に伴う就学困難のなかで、実質的に主要な理由は、生徒の身体虚弱であったと思われる。就学免除ほどではないが、継続的な通学を困難にする身体虚弱は、家庭の貧困に伴う衛生・栄養等と関連していたから、貧困が解決困難である場合には、身体虚弱の改善もまた困難になったのである。

二　貧困学齢児童に対する援助と就学援助政策

親の貧困のため就学困難な生徒に対する就学援助については、遅くとも明治二〇年代前半から、就学督促に努力していた地方で、学校や地域の有志により、当初は、学用品の貸与等によって自然発生的に行われていたものと思われる（大日本教育会「一八九〇」）。個人または組織による就学奨励の岡山県での例が、明治三五年には官報に掲載されている（岡山県貧窮者児童就学奨励法「一九〇二・八・四」、岡山県の貧窮者就学奨励「一九〇二・九」）。また、地方の教育会では、郡費などの公費の支出が提案されている（鹿角郡通信「一九〇一・六」五二－五三頁。貧民児童の就学奨励「一九〇五・八」、大津郡教育会「一九〇八・七」一五頁）。大正九年七月二八日には、衆議院委員会で「貧困児童就学保護教育ニ関スル建議案」が、詳細な趣旨説明以外には議論もなく、満場一致で可決されている。なお提出者の河上哲太は、「不具病弱児童ノ教育振興ニ関スル建議案」も同時に提出しており、この建議案も可決された。

この委員会には、政府委員として文部省普通学務局長の赤司鷹一郎が出席していた。公的な貧窮児童就学奨励政策が不可欠であることは、誰の目にも明らかとなっていたが、文部省の態度は、現状の私人による就学奨励の域を出ておらず、消極的であった。この政策は膨大な財源を必要とする問題であり、この時点では、貧困児童保護は内務省の所管（菅並［一九九七］五〇頁）だったからであろう。また、障害児教育の提案についての赤司の反応は総論賛成の見解であって、盲唖教育令の準備だけで手一杯だったのかもしれない。

文部省は、大正一三年、皇太子のご成婚を賀して総理大臣を経て文部大臣に下賜された内帑金一〇〇万円を道府県に配分し、それに道府県拠出の資金を加えて、「貧困児童就学奨励資金」とした。これは、道府県に均等割で二万円を配分し、その利子と道府県支出金・寄付金等で運営される趣旨であった（文部次官通牒［一九二四・一・二九］）。それゆえ、その慈恵的な施策に加えて、この少額では実効性は甚だ疑わしかった。ほとんど効果がなかったことは、「貧困児童就学奨励資金」施策発表における文部省社会教育課長・乗杉嘉壽自身が、対象者三〇万人に対して資金の合計が二〇万円では「効果の挙る筈はない」と明言している。さらに重要なことは、乗杉が問題の所在と対応を明確に理解していること、すなわち小学校令第三三条の就学猶予・免除規程の撤廃が必要なことを断言していることである（乗杉［一九二四・三ａｂｃ］、［一九二四・四］、［一九二四・五］）。この経緯については、すでに第四章で述べた。なお、東京帝国大学文科大学哲学科卒業の異色の文部省官僚であった乗杉は、この文章の発表後まもなく更迭され、松江高等学校長に転任し、その後、東京音楽学校長を務める。

乗杉の発言が国の補助金を得て政策化されるのは、その率直な発言から四年半後の昭和三年一〇月四日の文部省訓令第一八号「学齢児童就学奨励規程」である。本規程の画期性は、対象である「貧困ノ為就学困難ナル学齢児童」に、貧困のため初等部に入学困難な学齢の盲者と聾唖者を加えていることである。しかし、実際には、国の補助金は五〇万円であり、道府県の負担金等を加えた総額でも、一〇〇万円から一八〇万円にしかならず、対象者は増加するばかりであったから、一人当たり支出金額は昭和八年度で一・四四円に過ぎなかった（文部省普通学務局［一九三七・六］四－五、三五頁）。そのうえ、盲唖児に対する金額や使途が設定されていたわけではなかったので、この制度は、盲唖児の必要額を満たすことはできなかったのである。

学齢の就労児童を含む児童保護政策の遅れは、盲唖教育令を含む特殊教育関連政策と一連のものだった。この二つの分野における遅れは、日本の学校教育の弱点の一つとなった。とりわけ、小学校令第三五条「尋常小学校ノ教科ヲ修了セサル学齢児童ヲ雇傭スル者ハ其ノ雇傭ニ依リテ児童ノ就学ヲ妨クルコトヲ得ス」は、雇用主が対応しなければならない規定であった。しかし、明治四四年、長年議論・審議してきた末に成立した工場法（法律第四六号、三月二八日公布、大正五年九月一日施行）では、一二歳未満児童の就労を禁止しているが、一〇歳以上であれば「軽易ナル」業務には就労できた（第二条）。尋常小学校未修了の就労児童に対する特別教育は工場法施行令（勅令第一九三号、大正五年八月二日）第二六条で規定され、詳細は道府県ごとに定められていた（長野県では、県令第三一号、工場法施行規則第一八条〜第二二条。尾崎［一九一八］付録一七、四一‐四二頁）。この結果、義務教育は、小学校令に基づく水準および内容の、国家が責任をもつ一般の小学校教育と、貧しいために就労しなければならない児童を対象とする、工場主が責任をもつ教育とに分化することになった（田中［一九六七］。菅並［二〇〇二］）。こうして、貧困を理由とする就学猶予・免除条項の撤廃はおろか、貧児教育の抜本的な改善ですら不可能である社会で、障害を理由とする就学猶予・免除規程の撤廃や改善は、もっと困難であっただろう。

児童労働の制限という国際的標準を満たせなかったのには、日本は欧米諸国と比べて個人経営や小規模の企業が多いという事情もあったが、農商務省と財閥系企業の前近代的な雇用観と単純な経済合理主義を脱することができない点に問題があった。上記の乗杉は、欧米視察で大いに収穫を得た人物であったが、保護者の貧困による就学猶予・免除規程は「文明国の一大恥辱」であり、第一回国際労働会議における貧困の就学猶予・免除児童の就労を主張する日本代表の態度を非難している（乗杉［一九二四・三abc］、［一九二四・四］、［一九二四・五］）。そして、川本宇之介は乗杉の四年も前に、貧困を理由として義務教育を免除することなど、「大いなる国家の恥辱」であると、第一回国際労働会議における日本代表の主張の非道を詳細に指弾している（川本［一九二〇・一〇］三五、三七‐四〇頁）。こうして、日本の官僚や企業家のなかには、日本の現実を重視する立場と欧米的な公共性に近接する立場が顕著になってきたのである。しかし、澁谷徳三郎（第八章）、乗杉や川本のような問題意識をもつ人物は、文部行政に残ることはなかったのである。

第一〇章　精神薄弱児・肢体不自由児の入所施設における新しい教育・生活像の可能性と結果

――昭和一〇年代（一九四〇年代前半）

社会の動き

後進国としての近代化と国民国家構築を優先せざるを得なかった日本において、障害のある子どもや成人の教育・保護は、教育と社会事業の制度が欠けていたために、個々の障害や年齢に焦点が合わされて、教育や保護の問題として成立し、展開してきた。それゆえ、比較的早くから学校教育問題として成立する分野もあれば、家族や本人の個人的努力に放置された分野もあった。昭和戦前期は、日露戦争による国家的観点、大正期の個人尊重と一等国意識、昭和初期からの戦争継続、特殊教育・学校衛生・社会事業の必要性の明確化と専門家の成立によって、障害児（者）に関係する諸事業が、分野によって異なるが、制度の実現から構想・計画まで多様ではあるが一挙に開花した。その触媒は、第九章で述べたように総力戦遂行のための人的資源確保と活用であった。本章では、明治末期から着手されていた精神薄弱児施設と大正末期になって始めて開設される肢体不自由児施設をとりあげる[1]。精神薄弱児対象の施設では、その後、年長化や新しい需要によってどのように展開したのか、肢体不自由児施設では、いかなる理念のもとに開設され、実施されたのか、これら二種類の施設は、戦争の激化のなかで、どのように生き延びようとしたのかについて、新しい教育・生活像の可能性を含めながら述べることとする。

第一節　少数の私立精神薄弱児施設の設置と教育・生活の統合的形態の導入および戦争

高野聡子

一．施設の創設と新しい教育・生活形態の模索

（一）施設の創設と精神薄弱児保護法の制定運動

(1)　日本精神薄弱児愛護協会の設立の経緯と主たる活動目的

昭和期に創設された精神薄弱児施設の園長らは、これまでの園長にはなかった行動を起こす。それは国内の精神薄弱

児施設が参集した協会の設立であった。協会は、昭和九年一〇月二二日に創設され、その名称は日本精神薄弱児愛護協会（以下、愛護協会、現在の日本知的障害者福祉協会）と称した。愛護協会設立の経緯は『日本愛護五十年の歩み』に書かれているが、昭和八年一〇月一四日に八幡学園長の久保寺保久（一八九一－一九四二）が浅草寺カルナ学園主事の林蘇東（一八九六－一九五六）を訪ねた際にした協会設立の話がきっかけであった（財団法人日本精神薄弱者愛護協会［一九八四］一二頁）。この時、久保寺は四二歳で施設創設七年目、林は三七歳で施設創設二年目であり、滝乃川学園長の石井亮一や、白川学園長の脇田良吉、桃花塾園長の岩崎佐一に比べれば二人は新進の若手園長であった。

久保寺と林は、昭和九年三月一九日に八幡学園で「異常児保護連盟」（仮称）の構想を協議し、同年四月一日に久保寺と林が滝乃川学園を訪れ、石井と彼の甥である滝乃川学園職員・藤本克己（一九〇五－二〇〇七）と協会設立について話し合い、久保寺、林、藤本が中心になって準備を進めることになる（財団法人日本精神薄弱者愛護協会［一九八四］一二頁）。そして昭和九年五月一八日に関東の施設（滝乃川学園、藤倉学園、八幡学園、カルナ学園、旧筑波学園、小金井治療教育所）のみで「協会設立準備懇談会」を滝乃川学園で開催し、同年一〇月二二日に関西の二施設（白川学園、桃花塾）の協会加盟とともに、愛護協会創立総会が開催される（表10－1－1）（財団法人日本精神薄弱者愛護協会［一九八四］一三－一六頁）。

表 10-1-1　昭和９年 日本精神薄弱児愛護協会設立時の加盟施設

施設名	創設年	創設時の園長等	所在地
滝乃川学園	明治 24*	石井亮一	東京府
白川学園	明治 42	脇田良吉	京都府
桃花塾	大正 5	岩崎佐一	大阪府
藤倉学園	大正 8	川田貞治郎	東京府
(旧) 筑波学園	大正 12	岡野豊四郎	茨城県
八幡学園	昭和 3	久保寺保久	千葉県
小金井治療教育所	昭和 5	西井烈（所長）、長野幸雄（主事）	東京府
浅草寺カルナ学園	昭和 8	大森亮順（代表）、林蘇東（主事）	東京府

注：＊滝乃川学園が精神薄弱児教育を本格的に始めたのは、白痴児教育を始めた明治 30（1897）年頃である。
出典：財団法人日本精神薄弱者愛護協会（1984）17-19 頁。

では、愛護協会は何を目的に創設されたのであろうか。先述の総会（一〇月二二日）で「日本精神薄弱児愛護協会規則」（第一～一七条）が承認されたが、愛護協会の目的は精神薄弱児の愛護を図ることで（第三条）、それを達成するために、①精神薄弱児の研究と調査（第四条一）、②施設相互の親睦と連絡統制（第四条二）、③講演刊行物と資料展観（第四条三）、④児童鑑別と教育相談（第四条四）、⑤その他必要なこと（第四条五）を行うことにあった（日本精神薄弱児愛護協会［一九三五・三〕九頁）。

②の施設相互の親睦と連絡統制を除けば、すでに①、③～⑤については大正期までに創設された各施設が着手していたことである。したがって久保寺や林のような若手園長らが中心となって愛護協会を設立しようとした主たる目的は、それまでになかった施設相互の連携にあったといえよう。この点について愛護協会の幹事（久保寺、林、藤本）は、各施設は実務に忙しく、内向きで親和的な連携に終始し外部に呼びかけることが少なかったと述べており（日本精神薄弱愛護協会幹事〔一九三六・六〕一頁）、愛護協会の創設は①、③～⑤のように各施設がこれまで行ってきた事業はもちろんのこと、施設相互の連携以上に、精神薄弱児施設からの情報発信と外部への働きかけも、目的の一つであったといえる。

(2)　第八回全国社会事業大会における精神薄弱児保護法制定の要望

愛護協会の外への働きかけは、第八回全国社会事業大会（以下、第八回大会）での精神薄弱保護法の制定の提案として具体化される。社会事業大会とは、財団法人中央社会事業協会が主催した大会で、明治三六年から昭和戦中期まで開催された。第八回大会の目的は、社会事業に関する協議研究、社会事業の理解促進、社会事業関係者の親和を図ることで、大正一四年に開催された第七回大会以来、一〇年ぶりの開催であった。また、後援には内務省、司法省、文部省、東京府などの官公署が名を連ねていた[2]（財団法人中央社会協議会〔一九三六b〕一四－二〇頁）。

第八回大会の提案に至るまでの経緯は次のようになる。まず、昭和一〇年一〇月二一日の愛護協会の第二回総会で、第八回大会で配布するため「精神薄弱児保護法の制定に関する要望と其の理據」（昭和一〇年一〇月二四日付で第一部会にて配布）を可決する（財団法人日本精神薄弱者愛護協会〔一九八四〕二一頁）。そして八幡学園の久保寺が愛護協会を代表して第八回大会の二日目（一〇月二四日）に、第一部会第四委員会の第三七号議案として「精神薄弱児童保護法並に身体欠陥児童保護法制定方建議の件」において精神薄弱児童保護法の制定の要望を説明し、決議案として可決される（平田〔一九九五・六〕六五－六六頁。山田〔二〇〇九〕二四二－二四四頁。財団法人日本精神薄弱者愛護協会〔一九八四〕二四、財団法人中央社会事業協会〔一九三六ａ〕五五－五六頁）。

では、愛護協会は第八回大会でどのような提案をしたのであろうか。第八回大会より前に、愛護協会は昭和一〇年三月二五日付で「精神薄弱児問題――本協会設立要旨」を作成し、これを全国私設社会事業大会で配布している（財団法人日本精神薄弱者愛護協会［一九八四］一九－二〇頁）。この「精神薄弱児問題――本協会設立要旨」では、精神薄弱児を社会問題として取り上げるべき理由を次のような四つの観点から説明している。その観点とは、①遺伝問題と関連する除去と発生防止、②犯罪、浮浪、売淫、酒毒等の社会問題と関連して害悪を防止する主眼、③学童保護のための特殊教育施設の普及と拡充の発達と進歩、④貧困問題、細民階級の家庭問題と関連した「異常児」の適切な処遇である（山田［二〇〇九］二四四－二四五頁。日本精神薄弱児愛護協会［一九三五・三］一頁）。

山田（二〇〇九）はこの四つの観点を、久保寺の精神薄弱児問題観として「精神薄弱者の教育、福祉、保護、司法対策による総合的展開の模索」が見られると指摘しているが（山田［二〇〇九］二四五頁）、ここでは、障害児教育の視点から、③の特殊教育施設の普及と拡充について注目したい。「精神薄弱児問題――本協会設立要旨」において愛護協会は、文部省の調査結果による精神薄弱児の割合を示し、義務教育の振興のためには「特殊教育令」の発布が望ましいが、現実問題として特別学級（促進学級や補助学級）の普及発達と補助学校の実現が切望され、不就学の異常児、重症白痴児は「社会施設」と緊密な「連繫」をとって対応すべきと述べている（日本精神薄弱児愛護協会［一九三五・三］三－四頁）。ここでの特殊教育施設には特別学級や補助学校が明記されているだけで、精神薄弱児施設は明記されていない。したがってこの部分のみから愛護協会が自らの精神薄弱児施設の機能をいかに捉えていたかは不明であるが、少なくとも特別学級や補助学校とは別個の存在として自身の施設機能を認識していたことがわかる。

むしろ愛護協会は、「社会的監制」の下で、教育的考慮と医学的治療とによる治療教育が必要条件となっている現状から、治療教育的施設の実現が必至であると述べるとともに、自らの精神薄弱児施設を「民間少数の異常児保護施設」と位置づけている（日本精神薄弱児愛護協会［一九三五・三］六頁）。

教育的考慮と医学的治療とは何を示しているのであろうか。愛護協会の幹事であった久保寺は彼の記述の中で、医学的治療と協働した特殊教育と実科的訓練を実施している施設として、白川学園、三田谷治療教育院、浅草寺社会事業カルナ学園、小金井治療教育所をあげ、一方で、「知能一層薄弱低劣」な児童のための農園コロニー式教育養護施設として、滝乃川学園、藤倉学園、桃花塾、筑波学園をあげている（久保寺［一九三五・一］二五－二六頁）。したがって、愛護協会は教育と保護のみならず、医学的処遇を兼ね備えた施設の必要性を認識していたといえる。

では、なにゆえこのような問題意識の下で、法整備が必要であると考えたのであろうか。第八回大会で配布するために作成された「精神薄弱児保護法制定に関する要望と其理據」では、児童保護関連の法律（救護法、少年教護法・少年法、児童虐待防止法、母子扶助法［近く制定予定］、学校教育［小学校令第三三条規定の廃止］）では、十分に精神薄弱に対応できないことを理由に、保護法制定の必要性を述べている（平田［一九九五・六］六五－六六頁、日本精神薄弱児愛護協会［一九三五・一〇］一－三頁）。この不十分な現状を「保護救済」する適切なものとして、①小学校での補助学級の拡充、②児童精神病室あるいは精神病院の早急の実現、③矯正院、少年教護院における特殊教育の分化、④精神薄弱児治療教育所の振興拡充、⑤救護法の精神障害者の保護の徹底と極貧階級の精神薄弱児の保護と教養、⑥精神欠陥者の発生予防と保護治療とその帰結として精神薄弱児に対する特殊教育、補導監視による精神衛生運動の優生学的重要性の一層の強化をあげている（平田［一九九五・六］六五－六六頁。日本精神薄弱児愛護協会［一九三五・一〇］四－六頁）。

④の精神薄弱児治療教育所の振興拡充では、義務教育年齢前後を区切りにして、医学的処置と教育的考慮が必要であること、五歳から一八歳未満の者を収容し、保育、保護教養することの必要性を述べている（日本精神薄弱児愛護協会［一九三五・一〇］五頁）。したがって、ここでもまた精神薄弱児施設は、教育と保護に加えて医療的処遇を兼ね備えた施設創設の必要性を考えていたことになる。また、⑤極貧階級の精神薄弱児の保護と教養については、中重症の精神薄弱者を国家的施設において保護する必要性を述べており（日本精神薄弱児愛護協会［一九三五・一〇］五頁）、自身の施設のような民間施設だけでなく公立の施設創設の必要性も述べている。

そして久保寺は、第八回大会の第一部会第四委員会にて第三七号議案を説明する際に、先述の法制度の未整備を根拠にあげながらも、次のような精神薄弱児の有用性と権利について述べる。それは滝乃川学園の石井園長と藤倉学園の川田園長の言葉としながらも、精神薄弱児には教養を授けるに足りる能力を持っていること、精神薄弱児には救済を受ける権利と、生存する権利があるという意見であった（山田［二〇〇九］二四二－二四四頁。財団法人中央社会事業協会［一九三六a］五五頁）。

以上から、第八回大会において愛護協会は、社会における精神薄弱児問題の深刻化と、従来の法制度では対応できない事実を説明し、教育と保護のみならず医学的機能を有した精神薄弱児施設の創設と、公立施設の創設をその精神薄弱保護法の制定における要望に盛り込んでいたのであった。しかもこの第八回大会における要望は、社会問題の解決策といった施設の有用性のみならず、精神薄弱児の教育と保護の可能性を肯定的に認め、彼らの権利をも強調した内容であった。

(3)　第八回全国社会事業大会終了後の精神薄弱児保護法の制定のための継続委員会設置と座談会等の実施

第八回全国大会終了後、第八回全国社会事業大会継続委員会の第三委員会（「身体並びに精神異常児及び少年教護法改訂に関する継続委員会」）が設置され、愛護協会の三名（久保寺、林、藤本）が幹事として参加する（財団法人日本精神薄弱者愛護協会［一九八四］二五頁）。委員会は昭和一一年四月から数次開催され、昭和一二年一〇月二七日に「精神異常児保護法」制定に関する最終決定方案を作成、三宅鑛一委員長の名で当局へ提出し（財団法人日本精神薄弱者愛護協会［一九八四］二五頁）、昭和一三年四月二〇日に中央社会事業協会より「精神異常児保護法の制定及之が保護施設拡充方要望に関する件」を清浦伯会長名で総理、厚生省、文部省、大蔵省各大臣に四月一九日付で建議した（平田［一九九五・六］七四－七五頁。財団法人日本精神薄弱者愛護協会［一九八四］二五頁）。この建議の要綱には、①～⑧までの項目があげられており、①精神異常児童保護法の制定、②収容施設の拡充、③院外保護施設の充実、④国立精神異常児童研究所の設置、⑤児童の精神健康調査、⑥児童精神衛生と児童相談所の普及、⑦精神病専門技術官の増員及び精神異常児童専門社会従事員（Psychiatric Social Worker）、⑧性病予防の徹底であった（平田［一九九五・六］七四－七五頁）。

一方、第八回大会終了から継続委員会での審議の前後に、愛護協会は第三～五回総会を開催するとともに、精神薄弱児問題をテーマにした座談会①「精神薄弱児問題座談会」（昭和一二年二月二五日）を実施し、さらには厚生社会局の②「異常児保護方策樹立懇談会」（昭和一三年五月三〇日〜六月一日）と、日本精神衛生協会の座談会③「精神薄弱児を如何にするか」（昭和一三年一二月七日）に久保寺が参加する。以下に、座談会でのテーマや発言内容を整理する。

一、愛護協会主催の「精神薄弱児問題座談会」[3]：愛護協会主催の座談会の内容は、精神薄弱児の診断、就学猶予児童、補助学級、収容施設、精神薄弱児問題の対策の五つの観点にまとめて『愛護』第一巻第四〜七号で報告されているが、座談会では、精神薄弱児の問題が就学前段階、義務教育段階、司法分野など、様々な年齢と分野において認識されていたことがわかる（日本精神薄弱児愛護協会［一九三七・一二］一九−二四頁）。そして、この座談会の内容で注目すべき点は、精神薄弱児施設は精神薄弱児の問題をすべて解決する施設というよりは、精神薄弱児問題の一部分を解決する機能を有した施設として自らの立場を認識していたことである。

二、厚生社会局の「異常児保護方策樹立懇談会」への参加：厚生社会局の懇談会は三日間連続で開催され、一日目のテーマは「精神薄弱児に関する件」、残り二日間のテーマは「身体異常児」と「病弱児」であった（異常児保護方策樹立懇談会の開催［一九三八・六］二三−二五）。懇談会における詳細な発言内容は資料収集の限界から明らかでないが、懇談事項は、①精神異常児童の一般的調査に就て、②同特殊調査の範囲、方法に就て、③「現在する」資料の聚集に就て（外国のものも含む）、④同保護に関する立法化の可否に就て、⑤同立法化するものとすれば之が内容の要点、⑥同対策の重要性を一般に認識せしむることの方途に就て、⑦関係者の連絡提携に関する方途に就て、⑧その他であった（異常児保護方策樹立懇談会の開催［一九三八・六］二三−二五頁）。

厚生省社会局は「懇談会の意見を参考にして異常児に対する保護法を考究し、来議会提出を目標に異常児童保護法（仮称）を制定し」、「その準備として全国における精神薄弱児並びに身体異常児の調査を行うこと」を決定しており[4]、精神薄弱児保護法が肢体不自由児保護法と複合した制度として検討されていったことがわかる。

三、日本精神衛生協会の「精神薄弱児を如何にするか」座談会：日本精神衛生協会の座談会では、①東京市における保護施設の現状、②犯罪児童精神薄弱者との関係、③断種と精神薄弱児並びに児童課の保護対策、④貧弱なる我が施設について社会的宣伝の必要が議論され、座談会冒頭では久保寺が日本における精神薄弱児に対する対策の変遷、現在の実情について説明している（精神薄弱者を如何にするか［一九三八・一二］三二一―三二三頁）。この座談会でもまた、厚生省社会局（児童課伊藤清課長）は、精神薄弱児と肢体不自由児の保護を複合した法案作成の具体化と着手について述べている（精神薄弱者を如何にするか［一九三八・一二］三二一―三二三頁）。

この三つの座談会をまとめれば、精神薄弱児施設は、精神薄弱児問題の一部分を解決するための施設としてその立場を示し、その一方で厚生省社会局は、精神薄弱児と肢体不自由児の問題を複合的に捉え法制度の策定に着手しようとしていたといえる。

以上から昭和戦前期の精神薄弱児施設は、施設相互の連携と他者への働きかけを目的として愛護協会を設立し、精神薄弱児保護法制定のための運動を行ったのであった。また、精神薄弱児保護法は厚生省社会局によって肢体不自由児保護法と共に制定されることが模索され、国公立の施設設立が骨子に盛り込まれるなど、精神薄弱児施設の園長らの意図が具現化されつつあったといえる。

しかし、その後愛護協会は昭和一一年の第三回総会前に滝乃川学園の石井が死去し、次期会長を選定するものの、選定が難航する。次期会長が決定したのは昭和一四年の第五回総会で、滝乃川学園の御厨規三が就任した。また、昭和一三年の第四回総会で各施設の児童数の調査が行われたものの、第五回総会以後は、協会としてのまとまりのある活動にはいたらず低迷期を迎える（財団法人日本精神薄弱者愛護協会［一九八四］四五頁）。

（二）新しい教育・生活形態の模索――昭和戦前期に創設された精神薄弱児施設の教育・生活の内容と特徴

ここでは昭和期に入った精神薄弱児施設のなかで、比較的資料収集とその分析が行われている八幡学園を、昭和期より前に創設された滝乃川学園および藤倉学園と比較しながら、昭和戦前期の精神薄弱児施設の教育・生活の内容について検討する。八幡学園は所在地こそ千葉県であったが、入所児の半数以上を占めた救護法該当者の多くが東京府内からの送致であったし、昭和七年に東京市台東区三輪の財団法人同善会に八幡学園東京連絡所を設けるなど、東京府との関係が非常に強く、すでに東京府内に創設されていた滝乃川学園、藤倉学園との比較が可能である。

(1)　八幡学園の入所者の障害とその程度

昭和九〜一二年の八幡学園の入所者は、性格異常、精神低格、魯鈍、痴愚、白痴、不明に分類されていた。ただし、八幡学園の久保寺は性格異常と精神低格は同質の障害として捉え、その特性はいわゆる不良少年に相当した。また、彼は精神異常あるいは精神欠陥を上位概念とし、その下位概念に精神薄弱、精神低格（性格異常）、精神病の三つを位置づけ、精神低格（性格異常）は精神薄弱や精神病とは異なる障害として理解していた。

昭和九〜一二年までの入所者の障害の程度を整理すれば、一一〜二〇％がこの精神低格（性格異常）であったが、精神薄弱ではない者（不良少年）の入所は、すでに大正期までに創設された滝乃川学園と藤倉学園にも見られた。滝乃川学園の石井は彼らを「道徳的痴愚」、藤倉学園の川田は彼らを「危険性精神薄弱児」という用語で説明し、そのような子どもが精神薄弱児施設に入所していることを認識していた（第五章で記述）。

では、なぜ八幡学園では精神薄弱ではない精神低格（精神異常）を入所させたのであろうか。久保寺は次のような状況を鑑み、入所を認めていた。それは久保寺によれば「児童」や「少年」の精神低格（精神異常）児が入所するような精神病院がなく、彼等は成人の精神病院に入院するか、あるいは貧困であれば放置された状況であった。したがって、適切な受け入れ先のない精神低格（性格異常）の子どもを八幡学園で受け入れていたのである。

なお、昭和一二〜一七年ごろになると、入所者の障害は、性格異常、興奮性魯鈍、遅鈍性魯鈍、興奮性痴愚、遅鈍性痴愚、興奮性白痴、遅鈍性白痴、軽白痴、重白痴、聾唖白痴、聾唖重白痴というように、障害の程度が細かく分類され、魯鈍、痴愚、白痴の下位項目が増え、興奮性と魯鈍性の二種類に分けて捉えるようになる。

そして、八幡学園では魯鈍、痴愚、白痴を総称して精神薄弱とし、分類基準には精神年齢とＩＱを利用していた。精神年齢とＩＱの利用は、すでに滝乃川学園や藤倉学園においても見られたが、三施設は異なる基準を採用していた。しかしながら、この時代には学問分野ごとに精神年齢やＩＱの分類基準が設けられ、同じ学問分野でもその基準が異なっていたため、三施設が異なる基準を採用したことよりも、精神薄弱児施設では精神年齢とＩＱを入所児の実態を把握するために利用していた点に注目すべきであろう。なお、八幡学園の昭和九～一二年までの精神薄弱の程度は、昭和九年は魯鈍の割合が高いものの、それ以外の年では痴愚の割合が高い。

では、いかなる理由から魯鈍や痴愚の割合が高かったのであろうか。八幡学園の入園案内に書かれた入所対象外の者に注目すればその答えは明らかである。まず、昭和四年は、「精神病者、白痴並びに重症痴愚、身体的異常、生理的欠陥の著しき者、伝染病者」が入所対象外とされており（児童教化八幡学園［一九二九］頁なし）、創設期の八幡学園では白痴は入所対象外であった（山田［二〇〇九］二四七－二四八頁）。

そして、昭和一〇年改訂では、「精神病者、盲者、聾唖者、不具者、伝染病者」（八幡学園規定第七条）が入所対象外になっており（児童教化八幡学園［c一九三五］頁なし）、盲者、聾唖者を新たに除外対象とする一方、白痴、重症痴愚、生理的欠陥の著しき者への除外規定をなくした。つまり、白痴は昭和一〇年頃から八幡学園の入所対象者となったのである。

したがって、八幡学園では当初から精神薄弱の中でも魯鈍と痴愚を主たる対象とし、昭和一〇年頃から白痴の入所も認めていったのである。実際には、昭和九～一二年の白痴の割合がわずかながら増加しており、昭和九年の入所児の中には、「聾唖白痴」「アテトーゼ白痴」の記録が見られ、入所対象外となっていた身体的障害も併せ持った白痴も入所していた。さらに、昭和一二年では痴愚の割合が三四％と最も多くなり、昭和一三年では魯鈍、痴愚、白痴のいずれも等しい割合（二八％）になり、精神薄弱の間で割合の比率に差がなくなる。そして、昭和一四年になると、痴愚と白痴の割合はいずれも三三％に上昇するとともに、痴愚と白痴の占める割合が入所者全体に対して高くなり、昭和一七年には白痴が五五％に達する。先述のように昭和九年以降から、白痴の上昇傾向はわずかながら見られていたが、結果として八幡学園の入所児の障害の程度は白痴中心となる。

では、八幡学園は白痴施設への転換を意図していたのであろうか。久保寺の施設機能論と対象論、そして当時の精神薄弱児を取り巻く状況が影響していたといえる。まず、久保寺は、精神薄弱を収容する期間を四つに分けて論じていた。それは、A．児童精神病院（対象は興奮性白痴、変質性痴愚）、B．第一種精神薄弱療護院（対象は反社会性痴愚魯鈍）、C．白痴院（対象は遅鈍性中間性白痴）、D．第二種精神薄弱児療護院（対象は犯罪不良教委を伴わぬ痴愚魯鈍）であった（久保寺［一九四〇・一一］二一－二二、高野［二〇一五、三］三九頁。山田［二〇〇九］二四五頁）。すなわち彼の施設機能論と対象論は、精神薄弱児（者）は精神薄弱の程度によって入所先が異なっていた。さらに、久保寺は精神薄弱以外のＩＱ七五～九〇の遅鈍で境界線の者（職業教育可能な軽度精神欠陥）は補助学校と補助学級、そして少年院と少年教護院で収容し、彼らには特殊教育が必要であると考えていた（久保寺［一九四〇・一一］二一－二二頁）。

しかしながら、久保寺の施設機能論と対象論と現実には乖離があった。なぜなら当時の国内の精神薄弱児施設は一〇箇所と少なく、精神薄弱児保護法も未制定であった。彼はこの状況を克服しようと、愛護協会の設立に尽力し、精神薄弱児保護法制定運動を行ってはいたが、法令の発布は困難を極めていた。したがって、八幡学園がおかれた当時の状況は、白痴の入所を認め処遇しなければならない状況であったといえよう。

(2)　八幡学園の入所者の年齢

久保寺は「社会事業の要諦」は、「事後救済よりも事前防止にある」とし、精神薄弱児に対する教育と保護は早期の年齢から行われることが理想であるとする（久保寺［c一九三五］一五頁）。また彼は、精神薄弱児施設は治療教育に基づいて、精神薄弱児の教育と保護を義務教育前後の五～一八歳まで実施するものであり（日本精神薄弱愛護協会・千葉県八幡学園［一九三五・一二］六頁）、義務教育開始前の年少時からそして、義務教育よりも後の一八歳までの期間で教育と保護を実施することを理想としていた。

このような義務教育の開始年齢と終了後の期間を含む入所者の対象設定は石井と川田にも見られ、滝乃川学園では入所年齢を六・七～一五・一六歳に、創設期の藤倉学園では六～一八歳に設定しており、三施設では年少時から教育と保護を開始し、義務教育が終了した後の年長者も対象としていたことがわかる。

昭和一三年ごろの八幡学園規則第四条には、入所者の年齢が書かれており、入所時の年齢は六歳以上一五歳未満を原則とし、査定の上、除外例を認めるとしていた（公認精神薄弱児童救護施設八幡学園［c一九三八］頁なし）。また、同条には入所中に一五歳を超えた場合には委託者や保護者の希望によって在園を許可するとしていた。したがって、八幡学園では入所児の年齢を六歳以上一五歳未満に想定していたのである。

実際には、昭和一二年と昭和一三年では半数以上が一五歳未満の年少児であったが、昭和一四年になると一五歳未満と一五歳以上の割合が半々になり、昭和一七年には一五歳以上の年長者の割合が五八％となり、それまでと逆転して一五歳以上の年長者が半数を占めるようになる。

さらに、障害の程度ごとに一五歳以上の割合を整理すれば、昭和一二年と昭和一三年で一五歳以上が最も多いのは魯鈍である。白痴に限っては昭和一二年と昭和一三年に一五歳以上は0％と皆無である。そして昭和一七年になると、入所していた性格異常と魯鈍の者はすべて一五歳以上になり、一五歳以上の痴愚は七八％になる。すなわち、八幡学園では想定していなかった一五歳以上の年長者が増加するとともに、その多くの障害の程度は性格異常と魯鈍であった。

以上から八幡学園の入所者の障害の程度は、昭和九年ごろには学園が本来理想とした痴愚の割合が高かったものの、昭和一二年～一七年までの五年間で障害の程度は痴愚中心から白痴中心に変化したのであった。また、一五歳以上の年長者の多くの障害の程度は性格異常と魯鈍であった。つまり、八幡学園に求められた教育内容と処遇方法は、年少ではあるが障害が重度（白痴）である入所児の教育と、軽度の障害（性格異常と魯鈍）の年長者にも適した内容が必要な状態にあった。

(3) 八幡学園の教育と保護の特徴

八幡学園では、障害とその程度を基準にして日課を組み立て、入所児の年齢や特性に応じた教育と保護を提供していたが、日課の組み立て方、障害とその程度に応じた教育と保護の提供の仕方ともに、滝乃川学園ならびに藤倉学園で展開されていた内容と同様であった。

たとえば、昭和一二年の八幡学園の日課（夏期日課表）は、五時半～六時起床、洗顔、掃除などの身支度を整え、六時一〇分から朝食、そして六時五〇分から七時二〇分の間に、点呼（班員を確認するため）、朝礼、訓話を行った。七時二〇分よりラジオ体操、八時より前日の内容を振り返り、日記をつけた。続く、八時三〇分より午前課業（組別）、昼食、一四時までの午睡、一四時三〇分から一六時三〇分まで午後作業（組別）、一六時三〇分から掃除、一七時夕食、一八時自由遊戯、二〇時年少者就床、二一時年長者就床であった。

午前課業（組別）は、昭和一二年の学園日誌を一年間通して読むと、学課（課業）と作業（実科）が行われ、学課では日記、算術、唱歌、読方、作文、図画、地理、歴史等が、作業では貼紙（貼絵）、竹細工、木工、ボタンつけ、組紐、ガラス拭き、庭掃除、フランス刺繍、紙ロープ細工、消毒、洗濯、水彩画、クレオン画、写画、布団つくり、写字、紙細工が組別に行われていた（昭和一二年八幡学園日誌［一九三七］頁なし）。

とくに作業を行うための班は、能力別にA（補導）、B（促進）、C（補助）、D（監護）に分けられ、A級の入所者が「ビック、ブラザー」としてB級以下の入所者を補導していた（久保寺［一九四〇・一一］二五－二六頁）。

また、八幡学園では処遇に際して生活一般を伴にする班と、作業を行うための班との二種類の班を設けていた。まず、昭和一三年の生活一般を伴にする班は、第一班～第九班まで一班の人数は三～四人だった。班分けの基準は資料収集の限界から断定できないが、障害の程度と、年齢だけでの班分けはしていなかった。

したがって、昭和一〇年代の八幡学園では生活場面と作業場面それぞれで入所児を類型化していた。しかしながら、類型化による処遇は様々な障害の特性やニーズを抱えた入所児に対応しきれない場合もある。しかし八幡学園の学園日誌から、実際には班単位で活動しない入所児もいたことがわかる。貼り絵の作品で有名であった入所児Aの場合にはとくにそれが顕著で、その他の入所児が竹細工をしているにもかかわらず、彼は一人貼絵を行っていた。これは学園日誌を横断的にみるとほぼ毎日であった。

さらに、入所児による自治会も開かれていた（久保寺［一九四〇・一一］二五頁）。自治会の第一回は昭和一三年一月二九日から開催され、その後も土曜日の午後を中心に行われていた。参加者の障害の程度は、痴愚が一～二名いるものの、ほとんどは性格異常、魯鈍で軽度の入所児が参加していた。

(4) 作業の充実化のための物的・人的環境の整備

八幡学園では入所児の増加から、昭和一二年に食堂、児童室、浴室の改修工事を行い、昭和一三年一二月には手工芸作業所を新築した。それまで寮母室と兼用であったミシン裁縫室、室内遊戯運動場と兼用であった木竹工作作業場が、いずれも手工作業所に移動し、作業するための専用スペースが確保された。昭和一四年には本格的に、この手工芸作業所において糸布工部、木竹工部、紙工部、作文部といった作業が行われた。

また、八幡学園は昭和一六年には、①学園内に三〇〇坪の「本園農場」、②学園外に柏井農場（三五〇〇坪）、葛飾農場（一三〇〇坪）があり、農園作業が可能な入所児が農作業を行った。

八幡学園は、上記のように多くの種類の学課と作業を提供していたが、様々な学課と作業を教授できるだけの専門的知識を有した職員がおり、人的環境が整っていた。とりわけ、久保寺の家族、親族には芸術に秀でた人物がいた。園長の実弟、久保寺辰夫（東京美術学校を卒業、学園では嘱託として技能科を指導）であり、園長夫妻の三男、堀川恭（昭和一七年に学園助手として勤務、戦後、東京芸術大学を卒業）である。したがって手工芸の教授や貼り絵などの芸術的感性の育成は、このような人材がいたことで可能であった。

また、園長夫人の実弟の島津眞司（昭和一二年職員、昭和一四年以降は嘱託職員）は、柔道、剣道、絵画、彫刻などの手工芸を指導し、園舎新築や移転に際して尽力した。そして、主事の渡辺は松戸園芸高等学校（現在の千葉大学園芸学部）

を卒業しており、園芸に関する知識を持った人物であった。

(5)　戦時厚生事業期の広報活動

昭和一三年、八幡学園は千葉県立図書館で入所児の芸術作品を展示した「園児作品展」を開催するが、入所児の作品に対する反響は大きく、入所児の芸術性が注目された。久保寺は、その反響に応えて入所児の作品展を開催していくが、それと同時に彼は講演に力をいれ、精神薄弱児施設の意義を説いた。

とくに、久保寺は昭和一四年七月二七日～九月一日までのおよそ一箇月、大連市、奉天市、新京市、吉林市、ハルピン市、京城府を巡っている。[6]この旅程の内、彼は講演を大連市（八月一～三日）と奉天市（八月九～一〇日）で行い、座談会を八月三日に大連市で、懇談会を八月一五日に新京市で行っている。[7]

久保寺は八月一～三日に大連で開かれた「昭和一四年度 社会事業及び社会講習会」（以下、大連での講習会）で講師を務め、[8]この講習会の主催者には関東州庁、大連市役所、満鉄会社、財団法人満州社会事業協会（以下、満州社会事業協会）、財団法人聖徳会が名を連ねており、久保寺への講師依頼と調整は満州社会事業協会が行っていた。満州社会事業協会にとって、この講習会は同協会の任務である社会事業従事員の養成、各事業の改善発達を図るために毎年開催されていたものであり、昭和一四年度のこの講習会には約三〇〇名が参加したと報告されている（関東州庁民生課［一九四二］三六一三八頁）。なお、昭和一五年二月には講習会の講演内容が「社会事業講習会速記録」（財団法人満州社会事業協会による刊行）にまとめられ、一〇〇〇部が印刷・配布されたとされている。

大連の講習会で久保寺は、「人的資源確保と児童保護」と題して講演し、それと同時に八幡学園の入所児の絵画作品展も開かれた。講演では、八項目のテーマが書かれたプリントが配布され、[9]講演ではそのうち三つを取りあげた。その三つとは、「興亜大業達成のための児童問題新動向」「皇室の児童愛護に関する御仁慈」「精神異常児に関する究明と対策」であった。

まず、「興亜大業達成のための児童問題新動向」において久保寺は、児童問題の動向として次のような二点をあげた。

一つは、人口が減少している状況を鑑みつつ児童の「数の問題」と「質の問題」であった（久保寺［一九四〇・二］六〇頁）。彼は出生数が増加しても、「病弱であったり、色々な欠陥を持つ子供」であっては、「意味のないもの」と述べる（久保寺［一九四〇・二］六〇頁）。これは一見すると精神薄弱児の存在を否定しているともとれる。だが、彼は「身体虚弱者、不具者、盲聾唖、肢体不自由児、精神薄弱児、変質児、性格異常児、精神病、神経病の子ども」といった児童は指導、保護、救済することによって人的資源になり得ると述べており（久保寺［一九四〇・二］六〇－六一頁）、障害児の人的資源としての有用性を児童問題の動向と関連づけて指摘した。

次に、「皇室の児童愛護に関する御仁慈」で久保寺は、飛鳥・奈良時代の推古天皇の時代にさかのぼり、徳川時代、明治時代などに皇室が行ってきた直接的、間接的な児童愛護について説明し、恩賜財団などによる奨励金が社会事業に向けられ、現在も行われていることを述べ、それらに感謝を示す（久保寺［一九四〇・二］六一－六四頁）。彼が講演内容として児童愛護と皇室との関係を選択した理由には、皇室の活動を例示することによって精神薄弱児を含めた児童愛護の有用性を参加者に示す意図があったといえよう。

そして、⑤「精神異常児に関する究明と対策」では、精神異常児が精神薄弱児、性格異常児等の総称であることが説明された。久保寺は、精神薄弱児の「心理的表徴」と「身体的徴候」についても説明し、八幡学園において精神薄弱児に対する教育的効果が表れたことを絵画作品展の作品を例にあげながら報告する。さらに彼はその教育的効果によって、精神薄弱児等に「出来るだけ教育上均等の機会を与え」、「公平な一つのチャンスを与えなければならない」と述べ（久保寺［一九四〇・二］六九頁）、精神薄弱児も人的資源になり得ると強調した。

以上のように久保寺は大連での講習会で、精神薄弱児・者を人的資源になる得る存在として説明したのである。では、久保寺は精神薄弱児をどのような人的資源になり得ると考え、いかなる「教育上等の機会」や「公平なチャンス」を提供すべきと考えたのか。大連での講演内容のみからこれらを明確にすることはできないため、同時期に久保寺が発表した投稿文や原稿が編纂された『特異児童を護れ』（一九四〇）と併せて明らかにしてみたい。

まず、彼が想定する人的資源としての精神薄弱児・者像である。それは、「精神薄弱児」のみならず、「肢体不自由児、盲聾唖児等身神欠陥児」もまた、「可能な範囲で国防及び産業に参加しなければならず」、「素質、性能、欠陥の度合いに即して養護、訓練、教育」によって、「社会的存在として国家的寄与貢献をなす」ことであり、「出来るだけ『再生の姿』で世の中に出す」ことであった（久保寺［一九四〇］一七頁）。また、「身神欠陥児」に対する「圧抑、軽蔑、嘲笑、罵馬、虐待」、「傷害致死の悲惨事」より救済し、養護教養を加えることは、彼らの「性能」を「伸展」し「文化国家」における「国民精神健康度の高き標識」であり、「当面の最大急務」であるとも指摘した（久保寺［一九四〇］三頁）。したがって、彼は精神薄弱児には、障害の特性に応じた処遇や教育があればこそ、「国家」に「寄与」し「貢献」する人材となると論じていた。

では、久保寺はどのような「教育の機会」や、「公平なチャンス」を想定していたのだろうか。彼は『特異児童を護れ』の中で、「精神欠陥児教導の要諦」として次の五点をあげている。それは（イ）早期診断による教育教養、（ロ）教具教材を整備し、正しい訓練指導下における公平なる教育、教養の機会、（ハ）養護することによって家庭の繋縛と負担を解放すること、（ニ）児童の長所能所を利導すること、（ホ）実科的価値に重点を置く職業能力の涵養であった（久保寺［一九四〇］二頁）。さらに、これらを実現するために、小学校令における就学猶予規定の改廃と、保護法の制定と「療護教養施設」の普及も指摘している（久保寺［一九四〇］三頁）。また、彼は「軽度欠陥児のための義務教育制度確立」と、「重度欠陥児のための療護教養施設の普及」を要望しており（久保寺［一九四〇］一頁）、精神薄弱の程度に応じた「教育の機会」や「公平なチャンス」を設ける必要性を指摘しているのである。

久保寺は大連での講演会の後、奉天市でも講演会を行っている（後援は協力和会奉天市本部、奉天省社会事業連合会、市公署）。そこでの講演内容は資料収集の限界から明らかにはなっていないが、題目は「国を中心とした婦人民精神総動員および人的資源の確保のため児童保護と母の務め」で、ここでもまた「人的資源」をテーマにしていた。大連・満州、京城における一連の講演では精神薄弱児と人的資源を関連づけて講演していたといえよう。

では、久保寺はなにゆえ精神薄弱児と人的資源を関連づけて講演しようとしたのであろうか。彼の大連における講演内容から、彼は人的資源になり得る精神薄弱児らに教育と保護を提供する施設として精神薄弱児施設を位置づけることによって、戦時厚生事業期における施設の存在意義と役割を示そうとしていたといえる。

（三）精神薄弱児施設と戦争

戦争の激化によって精神薄弱児施設もまた、厳しい生活を強いられた。たとえば、白川学園は一時閉鎖を強いられ[10]、藤倉学園は入所者と職員が疎開し、六方学園は原爆の被害を受けた[11]。とくに藤倉学園の疎開は、他の精神薄弱児施設には見られない体験であった。

藤倉学園が疎開を強いられた背景には、昭和一八年八月下旬ごろから本格化した伊豆諸島の要塞化作戦が関係した。この一連の作戦の中で、伊豆大島では昭和一九年一月に陸軍飛行場（現在の大島空港）の建設が元村北の山で着工される。この陸軍飛行場の建設には、島民の一六～六〇歳までの男女全員（三歳以下の子持ちは除く）が出役し、藤倉学園からも川田貞治郎とともに数名の男性入所者が出役した。当時の藤倉学園の学園日誌には男性入所者が建設作業に出役したこと、同年四月四1029出役した入所者が満足してそれを見ていたことが保母によって記録されている。

また、この頃の学園日誌から藤倉学園の生活に起きていた変化が把握できる。それまでの日課とは異なり午前中は掃除や洗濯、午後は薪運びや衣服の繕いというように作業中心へと変わっていった。さらに五月になると島内に警戒警報が発令され、藤倉学園ではそれぞれが決められた配置につき、サイレンを鳴らし、水桶、梯子、小桶などを準備し、もはや教室で川田が考案した教育的治療学の学課を行える状況にはなかった。

そして同年七月には大島上空にもＢ29大型爆撃機が来襲するようになり、大島守備隊の兵力の強化によって、伊豆大島の元村には司令部が置かれ、島内の各村に分駐し、学校や民家が兵舎となっていく。そして藤倉学園は軍より疎開の指示を受け、七月二三日、川田は疎開を入所者と保母に発表する（藤倉学園疎開後は軍隊が学園を利用することになっていた)。翌二四日、入所者の家族に「引き取り方の案内状」を発送し、入所者半数が自宅に帰るものの、およそ半数の三〇名ほどの入所者が残り、藤倉学園はこの入所者と共に疎開することになる。なお、この藤倉学園の疎開は、伊豆大島の島民強制疎開よりもおよそ九カ月前であり、学園が島内で最も早く疎開を強いられたことを意味している。

疎開先は、川田と長女の川田仁子(一九二〇－二〇一七)が探したが、学童疎開がすでに始まっており、東京周辺の農村部では受け入れの余裕がなく、結局見つからなかった。そのような中で、当時、立教大学同窓会の関係者が管理していた山梨県北巨摩郡清里村の清泉寮を東京帝国大学の内村裕之教授(精神科医、内村鑑三の長男)に疎開先として紹介され、藤倉学園は清里寮の借用を望むものの、受け入れられず七万円で清泉寮を購入し疎開を決定した。

疎開方法は、東京駅で仁子が偶然みた「疎開相談所」で荷物を包む筵や縄の配給などを相談し、八月一四日と一五日に二班に分かれて疎開することを決めた。一班は仁子が、二班は川田が先導し、藤倉学園から馬車で荷物を運び、荷物と牛は貨物車二台に積み、客車に連結して移動した。移動は船で大島から伊東に向かい、伊東で一泊、そして電車で伊東から熱海や富士、甲府を経由して清里駅に向かうというルートであった。

清泉寮の建物は本館を中心に七～八棟の小屋(キャビン)があり、男子寮、女子寮、園長宅、職員寮として使用した。疎開生活の様子も、藤倉学園の学園日誌に記録されているが、清泉寮での生活は、朝の礼拝、朝・夕の掃除、日中の薪割りや水汲み、配給を運ぶ手伝い、洗濯や繕いなど、生活するための作業が中心であった。

清里に到着して一行がまず感じたことは、八月の真夏にもかかわらず、寒いと感じるほどの涼しさであったと言われている。これは、後の疎開生活の厳しさを暗示していた。清里の冬の訪れは高原ゆえに早く、一〇月初めから本館(講堂)のストーブを使用するほどで、小屋の井戸ポンプが凍り、裏の井戸水しか使用できなかった。

そして食料の確保も厳しく、夏は小屋の周りで野菜を作っていたが、冬になればそれもできず、伊豆大島から持参した食料と配給に頼るようになっていた。一一月になると川田は配給について知事に陳情もした[12]。このような極寒での暮らしと、苦しい配給生活の中で、次第に入所者は体調を崩す。そして結果として一年余りの疎開によって一〇名もの入所者が亡くなった。

藤倉学園が経験した清泉寮での疎開から、社会事業の制度的枠組みに位置付けられていなかった精神薄弱児施設であっても、戦時下の社会情勢とその動向の影響を避けることはできず、そこには弱者に対する寛容な意識もまた欠如していったように思う。なお、現在、清泉寮は観光地として有名であるが、藤倉学園の入所者と職員が疎開生活をしていたことは、ほとんど知られていない。

二　精神薄弱に関する研究の着手と展開

――小金井学園における実践と日本心理学会第七回における建議案の作成

昭和五年に設立された小金井治療教育所（昭和一〇年に小金井学園に改称）は、戦時下の昭和二〇年に閉鎖されたものの、心理学を中心とする大学所属の研究者らが、学園の運営に関わったという特徴がある。創設者（所長）は東京府立松沢病院の院長でもあった児玉昌（一八九二－一九五三）で、彼は私財を投じて学園の土地建物を確保するなど、医師でありながら精神薄弱児施設を創設し運営しようとした人物であった（高橋・清水［一九九八］二〇四頁）。

しかし、小金井治療教育所の運営は創設時から厳しく、昭和六年九月には人手不足と経営難を理由に児玉は所長を辞し顧問となる（高橋・清水［一九九八］二〇四頁）。経営もまた、法政大学優生学研究所事業部に移り、学園は同研究所の附属機関（「法政大学優生学研究所附属小金井治療教育所」）となる（高橋・清水［一九九八］二〇四頁）。だが、実際のところ、法政大学優生学研究所は十分に組織化された機関ではなく、資金面と医療面で児玉と奥田三郎（府立松沢病院医師、昭和一五年七月より東京帝国大学医学部講師、一九〇三－一九八三）が援助し[13]、昭和七年三月には児玉の東洋大学での教え子であった長野幸雄が大学卒業後に教師として学園に勤務したものの、同年一〇月に児玉が愛知県立城山精神病院院長として移動し、昭和九年には法政大学優生学研究所が経営から離れるなど、施設創設から五年目にして学園は施設閉鎖の危機を迎える（高橋・清水［一九九八］二〇四－二〇五頁）。

そのような状況下、小金井治療教育所の運営に携わったのが法政大学の研究者らであった。昭和九年一一月末、城戸幡太郎（一八九三―一九八五、法政大学心理学教授）、留岡清男（一八九九―一九九七、法政大学心理学教授）、奥田三郎、長野幸雄、山下俊郎（一九〇三―一九八二）の五名が学園の今後について協議し、昭和一〇年三月に学園名称を小金井学園に改称、（園長は当面置かず）幹事を奥田と留岡が務めることになる（高橋・清水［一九九八］二〇五頁）。そして学園再建のため、東洋大学を卒業した吉沢安雄が教師として採用され、昭和一〇年一〇月に城戸が園長に就任、後援会を組織化し[14]、精神薄弱児教育を展開する（高橋・清水［一九九八］二〇五頁）。

では、なぜ研究者らは園の運営に関心をもったのであろうか。高橋・清水（一九九八）は、児童研究の「フィールドワークの場や「アンシタルト設置」を求めていた城戸ら法政大学児童研究所のニーズと合致した」こと[15]（高橋・清水［一九九八］二〇五頁）、次にあげるような研究会に携わった研究者らは「障害児問題を主題としてはいなかったが、彼等はそれを各自の研究の中に位置づけることで視野の広がりや問題意識の深まりを求めていた」ことを指摘している（高橋・清水［一九九八］二二〇頁）。城戸らが関わった主要な研究会とは、児童研究会（昭和一一年九月結成）、先述（第九章六節）の保育問題研究会（昭和一一年一〇月結成）、教育科学研究会（昭和一二年五月結成）がある。これらの研究会の中で、精神薄弱に関する研究は部門を設けて取り組まれ、たとえば、昭和一二年には保育問題研究会に第三部会「困った子供の問題」が設置され、昭和一三年には児童学研究会に山下俊郎を責任幹事として第一部会「問題児の研究」が設置され、昭和一五年には教育科学研究会に長野を中心に「精神薄弱児研究部会」（児童学研究部門からの独立）が設けられている（高橋・清水［一九九八］二一九―二二〇頁）。

では、研究者らはどのような精神薄弱児教育を展開したのだろうか。学園の日課は、起床後、朝食と身支度を整えて、午前中の学習、昼食をはさんで午後に作業となっており（簑島［一九八六・七］一四頁）、同時期の精神薄弱児施設とほぼ同じといえよう。入所対象の年齢は六歳以上一八歳以下であったが、二〇歳以上の者も入所しており、在園期間は一～五年以内と短く、障害の程度は比較的軽かった（高橋・清水［一九九八］二〇九―二一〇頁）。また、入所児総数は一二～

一四名であり（高橋・清水［一九九八］二〇九－二一〇頁）、同時期の施設に比べて小規模であったといえる。

入所児への指導は、先述の長野や吉沢らが行っていたが、毎週定期的に城戸、留岡、奥田らが学園に通い「子どもの生活指導や教育内容について協議を行」っていた（高橋・清水［一九九八］二一〇－二一一頁）。しかしながら、学園での教育方針においてそれぞれの立場に若干の違いはあったようである。たとえば、奥田は「将来の生活に直接役立つ『実際技能』の育成」を重視したが、長野は「学力を高めることが生活を高めること」とし教科の必要性を指摘していたし、城戸は精神薄弱児に適した職業を用意し、「学校を中心とした生活共同体」である「生活協同体学校」を構想した（高橋・清水［一九九八］二一五－二一六頁）。以上のように、精神薄弱に関する研究が研究会で取り組まれる一方で、小金井学園は戦前に設立された精神薄弱児施設の中でも、心理学者を中心とした精神薄弱に関する研究と連動しながら、学園の運営が展開されたという特徴を有する施設である。

一方、城戸は昭和一四年の日本心理学会第七回大会で、精神薄弱者研究委員会の設置を提案し、委員会で議論を重ねた末に、日本心理学会会長名（松本亦太郎）で次のような三つの建議案を、厚生省、文部省、司法省にそれぞれ提出した[16]（北沢［一九八五・二］一三二－一四〇頁。大会記事［一九三九・八］一一八－一一九頁）。それらの建議案は、①精神薄弱者保護法制並に之か保護施設拡充方要望に関する件建議（厚生大臣に同年六月二九日提出、以下、精神薄弱者保護法）、②精神薄弱者に関する教育法規制定並に之か教育施設拡充要望に関する件建議（文部大臣に同年七月二六日提出）、③犯罪を為し又は犯罪を為す虞ある精神薄弱者を対象とする保護施設の整備拡充方要望に関する件建議（司法大臣に同年七月二六日提出）であった。なお、委員会には城戸の他、小金井学園の運営に携わった奥田、留岡、山下も含まれていた。これら三つの建議案から、城戸を中心とした心理学者らが、精神薄弱児・者の処遇を、教育、社会事業、司法の三つの側面から捉えていたことがわかる。

とりわけ、精神薄弱者施設に関連している①の精神薄弱者保護法に着目すると、精神薄弱者施設は、精神薄弱の程度に応じて治療教育院、療護院、児童精神病院の三つに分けられていた（大会記事［一九三九・八］一一九－一二三頁）。各施設が対象とする精神薄弱の程度は、治療教育院の場合には、日常生活に必要な最小限度の知識を修得している者、小学校で特殊教育を受けるものの日常生活に必要な最小限度の知識の修得が必要な者であった。また、療護院の対象は、自己または身の回りのことを処理できない者、日常身辺の危険に対して自己防御できない者で、児童精神病院は精神病的兆候を有する児童であった。そして、治療教育院と療護院については幼稚部、児童部、成人部を設け精神薄弱者聚落を付設することが明記されていた。高橋・清水（一九九八）は、この精神薄弱者保護法を、学校教育に適応できない精神薄弱児に対して治療教育院と療護院において障害の程度に応じた保護を行い、終了後に社会参加が困難な者に「聚落（コロニー）」で簡易な作業や生産を中心とした生活を保障し、終生保護を発想していたと指摘しており（高橋・清水［一九九八］一九〇頁）、心理学者らもまた、昭和期に入って滝乃川学園を始めとする精神薄弱者施設が直面した精神薄弱者の終生保護の課題を認識していたといえよう。[17]

第二節　肢体不自由児施設における療育の試行とその意義および戦争

河合　康

一．肢体不自由児（者）に対する差別・偏見と肢体不自由児教育の遅れ

肢体不自由児に対する対応が未開拓の時代にあっては、肢体不自由児のほとんどは、悲惨な生き方を余儀なくされており、明治一八年の内閣制度の創設、明治二二年の大日本帝国憲法の公布、明治二三年の第一回帝国議会の開催等により、政治的・社会的に進展を遂げていたにもかかわらず、肢体不自由児（者）に対する一般の人々の考え方には旧態依然たるものがあり、肢体不自由児（者）を劣悪視・侮蔑視する傾向が強かった（石部［一九七〇］一〇八頁）。こうした当時の肢体不自由児（者）に対する認識を端的に表しているものとして、松本は自らの経験を踏まえて、明治四二年一〇月発行の国定教科書、尋常小学校読本五巻（三年用上）に取り上げられている「かまぬすびと」を挙げている（松本［一

九五五］一四六－一四七頁）。

また、法令上も明治一九年の第一次小学校令で就学猶予の規定が設けられ、明治二三年の第二次小学校令ではさらに就学免除も加わり、明治三三年の第三次小学校令では就学猶予の事由として「不具廃疾」という用語が用いられ、肢体不自由児は義務教育の枠外に置かれ続け、その傾向は他の障害種に比べて顕著であった。また、この「不具廃疾」については、昭和一六年に国民学校令に改正されるまで、四〇年にわたって各府県から何ら照会されることなく、この事実は肢体不自由児・者が教育による改善や社会貢献の可能性が低いものとして、いかに社会から無視されてきたかを物語っている（松本［一九五五］一四六頁）。加えて、「不具廃疾」について、「不具」と「廃疾」は異なるものか否かや、どの程度の障害を指すのかについては、文部省から一遍の通牒も出されておらず（松本［二〇〇五］一四六頁）、教育行政側からの関心が極めて希薄であったといえる。

このように、他の障害児に比べて肢体不自由児に対する教育が遅れた理由について、我が国で初めて「肢体不自由」という用語が用いられた昭和一〇年三月六日の衆議院に対する「肢体不自由者教育救済令ニ関スル建議案」の審議の中で、戦後に文部大臣（第二次岸内閣）となった松田竹千代（一八八八－一九八〇）は、「先ず第一には、不具者というものは、一体どれくらいこの世間にあるかということがわからなかった。不具者の調というものが一つも出来て居らぬということが、まぁ第一であっただろう。第二は家庭の者が、不具者であると恥ぢて之を屋外に出さなかったということが、又理由の一つに数えあげられる。第三には不具者に対して価値認識を有って居なかった、不具者などというものはどうせ何もならない者である。米食虫に過ぎないのだというように考えられて、不具者にも相当立派な者があるし、不具者の子供と雖も将来教育如何に依っては、立派な者になるということが考えられなかったというようなことも数へ挙げられる。更に又整形外科的の医術が近年非常に発達して参ったが、是までは整形外科の医術に対する自信を有って居らなかったということが、また社会もそうした技術に向って信用を今日程に有って居なかったということが、それ等の原因として数へ挙げられる。まだ幾らもあるけれども、大部分それ等のことが理由と考えられるのであります。」と述べて

いる（第六七帝国議会衆議院委員会議録［一九三五］八四－八五頁）。

すなわち、第一に肢体不自由児（者）の実態が十分に明らかでなかったこと、第二に家族が身内に肢体不自由児（者）がいることを恥じて人目につかないように隠したこと、第三に肢体不自由児（者）を能力の無いものととらえ、教育の可能性を認識していなかったこと、第四に肢体不自由児（者）に対する整形外科学が十分に発達していなかったこと、が挙げられる。また、石部は肢体不自由教育が盲・聾教育に比べて著しく遅れたのは日本だけでなく世界的にみても同様であるとし、その理由として、①肢体不自由者の生存者数が非常に少なかったこと、②肢体不自由者には根強い社会的偏見があったこと、③整形外科学が長い間未開拓であったこと、④教育方法上、なかなか独自の方法がつかめなかったこと、を指摘している（石部［一九七四］一五四頁）。

肢体不自由児への療育が進展するためにはこうした点の解消が不可欠であった。

二　肢体不自由児に対する療育の萌芽としての富士育児院の実践

前述の通り、肢体不自由児（者）の多くは劣悪な状況下に置かれていたが、その中で、ごく少数の者が一般の孤児に混じって、孤児院、育児院等の養護施設に収容されていた（石部［一九七〇］一〇九頁）。その代表的な施設として、明治三六年に渡邊代吉が静岡県富士郡に設立した富士育児院がある。

渡邊は一五歳で僧侶となり、名も義海と改めたが、父の死や母の老衰に対する悲しみのため富士山麓の白糸の岩窟に身を隠し、そこで、自殺を図るが未遂に終わり、その結果、障害者となった（静岡県富士郡誌［一九一四］二一九頁）。その後、アメリカ人の宣教師の影響を受け、キリスト教に改宗し、米国シカゴ市ムーデー学校より伝道資金として贈られた二〇〇〇ドルを元に、明治三六年六月五日に地域の貧しい女子約三〇人を集めて院を開設した（静岡県社会事業要覧［一九二五］二一－三頁）。その中に二名の肢体不自由女児が含まれており、その後も肢体不自由だけでなく、視覚障害や知的障害の者も受け入れた（田中・石部［一九九〇］四八－四九頁）。

運営に際しては、昭和三六年に手芸部、明治四〇年には農業部、明治四一年には養鶏部を設け、そこで得た資金を経営に充てた。また、内務省や救護会静岡本部より助成金を受けていた（静岡県富士郡誌［一九一四］一二〇－一二一頁）。渡邊が昭和三年に没した後、妻のまつによって引き継がれ、富士育児養老院と改称したが、その後障害児を積極的に収容したという記録はない（田中・林［一九八三］五八七頁）。

富士育児院は「当時一般の孤児院、育児院で収容を拒否された肢体不自由児並びに精神薄弱児を収容した」（日本肢体不自由児協会［一九六七］一六－一七頁）という点で、単独の肢体不自由児施設とはいえないが、高木が「これこそ肢体不自由児を収容したわが国ではじめての施設ではなかったか」（日本肢体不自由児協会［一九六七］一六頁）と述べているように、異なる障害種を受け入れた混合型の施設であったことは確かであるが、わが国において肢体不自由児を収容しようとした施設の萌芽であったといえる。

三　わが国おける整形外科学の導入と展開

一で述べた通り、整形外科学の未発達が肢体不自由児（者）への対応の遅れの一因であったが、この点が克服されたことが、肢体不自由児（者）への療育に対する道を開くことにつながった。

我が国最初の整形外科医は林曄（一八六六－一九四四）であり、東京帝国大学医科大学外科教室に所属していたが、ハイデルベルク大学に留学し、明治三〇年に帰国後、「外科矯正術」を標榜して開業した（蒲原［一九六六］三三頁）。林と同様に東京帝国大学医科大学外科教室に所属していた田代義徳（一八六四－一九三八）は、明治三三年に「外科的矯正術研究」のため、文部省留学生としてドイツ、オーストリアに渡り、整形外科を学んだ（松本［二〇〇五］一七頁）。明治三七年三月に帰国して、外科学第二講座を分担し、明治三九年、東京帝国大学医科大学教授に任ぜられ、同年、我が国最初の整形外科の講座が開設する際に、初代教授に就任し、これをもって、我が国の整形外科学が学問として出発したといえる（蒲原［一九六六］三三頁）。なお、Orthopaedie を「整形外科」と訳したのも田代である（蒲原［一九六六］三三頁）。

田代は整形外科を「抑々整形外科とは、人体の奇形につきて、其本体を解明し、其原因・徴候・予防及療法を講究する学科なり。茲に奇形 Deformitaet と云ふは、身体の一部に於て目睹し得べきものにして、脊柱の彎曲・関節の強直・手指の欠損の如きを云ふ」（田代［一九二四］一一〇一頁）、と述べ、先天性の奇形も後天性の奇形も整形外科の対象であるとした。

一方、第一次世界大戦後、政府は傷痍軍人等への救済事業への対応を迫られることとなり、大正七年六月二五日に救済事業調査会が設置され（松本［二〇〇五］二四頁）、これを受けて、大正七年七月六日、東京府慈善協会第三部会は日本で初めてクリュッペルホームの建設を提案したが、この時の部会長が田代であり、田代が主たる提案者であった（田代［一九二四］一一〇七頁）。

このクリュッペルホームの構想を、田代は大正九年六月三日から五日の三日間開催された第五回全国社会事業大会で「棄廃児童救護機関設置に関する建議の件」として、「生来または病気にて身体不自由なる児童に治療教育授産の三方法を講ずる事は廃民を絶滅して自力にて衣食し得る人間を作らんとする次第なれば貧民防止の方法として尤も顕著なる成績を挙げ得べきものなり欧米既にこの事業に着手するあり我が国も是非とも此の棄廃児童をして父兄の厄介より脱せしめ国富増進に参加し得る一人前の人間と仕立てあげたきものなり」（東京府慈善協会会報［一九二〇］八〇頁）と提案している。田代はすでにこの時に肢体不自由児（者）に対して、治療、教育、授産を提供するというクリュッペルハイムの原則を構想していたのである（松本［二〇〇五］二四頁）。その一方で、「自力にて衣食し得る人間を作らん」、「父兄の厄介より脱せしめ国富増進に参加し得る一人前の人間と仕立てあげ」といった文言からわかるように、社会的有用性という観点から対象を想定していたことがうかがわれる。

四．高木憲次の「夢の楽園教療所」の構想

高木憲次（一八八八－一九六三）は、田代がこのような活動を開始する直前の大正五年に整形外科学教室に入った。高

木が「肢体不自由児の療育を創始し、療育事業に志したのは大正五年」（整肢療護園〔一九六一〕序）と記しているように、「療育」についての構想が芽生えたのはこの時期であるといえる。

高木は助手時代から、研究室だけに留まって仕事をしていたのでは、進歩しつつある医療の恩恵に患者が浴することができない（日本肢体不自由児協会〔一九六七〕二四頁）、と感じるようになる。そして、「整形外科的疾患が理由症（ママ）となりて、入学を許可されない生徒の数と、その疾患の種類とその対策。これは大なる国家問題ではなかろうか」（日本肢体不自由児協会〔一九六七〕二七頁）と考え、実態調査を行うことを決意する。高木は、東京帝国大学整形外科医局長であった大正五年一二月二五日から二九日まで、上野車坂の万年町を五日間にわたって訪れたが、当時有名なスラム街であったこの地には入ることはできず、翌大正六年三月末に、万一の場合を考え、東京帝国大学整形外科医局の小使を伴い、再び万年町を訪れ、はじめて相談に成功した（小池〔一九六一〕二頁）。翌大正七年には本所深川を訪れたが、同地区でも「よそ者」が入って来るのを極度に嫌ったので、法学部の末弘厳太郎（一八八八－一九五一）を弁護士ということで同伴し、「医師と弁護士が不自由な人達の診療・相談に当る」という形をとったことにより、初めは彼らの来訪を警戒と嫌悪の眼をもって迎えたスラム街の人々も、次第に真意を理解し、受け容れるようになっていった（小池〔一九六一〕二頁）。この時の体験が、高木のかねてからの念願をより一層強固なものとし、かつその後の活動への貴重な基礎資料を提供することとなった（小池〔一九六一〕二頁）。

高木はさらに大正七年九月から一〇月にかけて母校である本郷小学校生徒に対して整形外科的疾患の調査を行なった。どのくらいの整形外科的疾患の児童がいるかを知りたい高木にとって、母校の学童調査だけでは不満足であったが、高木をして肢体不自由児（者）に対して療育を行うことは「現代では夢だ」と嘆かせていた時代に、その第一歩を踏み出した。このことは、高木の心に将来への希望をもたらすことになり（日本肢体不自由児協会〔一九六七〕二九頁）、大正八年までに計四回の肢体不自由児（者）の実態調査を行ったが、「我邦には未だ申告義務が制定されてない為め、折角の吾々の努力も、手のとどき兼ねることを残念に思うのみ」（高木〔一九三五ａ〕一九頁）と述べ、医師や助産師の行政当局への届出義務の制度化の必要性を唱えた。

そのような中で高木は大正七年一一月七日、本郷小学校の同窓会で、「夢の楽園教療所」についての夢を次のように語った。そこでは、「現在ではまだ『夢』の楽園でしかないけれども、将来治療に長期を要するところの整形外科的疾患児に就ては、同時にせめて小学校（尋常及高等）の免許状（卒業証書の意味：日本肢体不自由児協会による注釈）を出せるだけの教育設備を具備していなければならない。現在の機構では、治療のための立派な頭脳をもち乍ら修学の出来ない秀才がいる。他面、治療を受けるために来院し乍ら、（治療には時間が－引用者）永くかゝると云う談をすると、それでは学校のことがありますからと連れて帰って了う。すなわち治療が遅れ、折角の好機を失って了う。ものによっては、最早一生不治に陥る例さへある。以上の二つが「教療所」の必要な所以である。」（日本肢体不自由児協会［一九六七］三〇頁）と述べている。つまり、治療を優先すれば教育が受けられず、教育を優先すれば治療が受けられないような状況を一刻も早く解消しなければならないと考え、治療と教育の両者の機能を有する教療所の必要性を訴えたのである。加えて、職能も授けることができる、すなわち、「治療」「教育」「職業教育」の三つの機能を備えた教療所の設立に向けて運動を行った。具体的には、本郷と下谷の区役所を訪ねて、肢体不自由児の実態を話し、教療所の設立を何度も請願したり、東京市役所や、最後には文部省・内務省にまで陳情に出かけたが受け入れられることはなかった。当時、手足の不自由な子供たちのことを不具、廃人、厄介者、掛人などと考えている時代風潮にあっては、高木のめざす教療所設置のことなど、夢のようなことであった（日本肢体不自由児協会［一九六七］三二頁）。高木は、教養所の構想を胸に抱きながら、大正一一年五月から翌年の一二月までレントゲン学研究のためドイツに留学した。

五．柏倉松蔵の柏学園における実践

（一）柏倉松蔵の医療体操への関心の高まり

高木憲次以外にも肢体不自由児の療育に関心を持ち、実践するものがいた。それが、田代のもとで医療体操を学んだ柏倉松蔵（一八八二－一九六四）である。柏倉は山形県の西郷村細谷（現在の上山市）で生まれ、明治三六年に日本体育会体操学校（現在の日本体育大学）を卒業後、東京市阪本尋常小学校の代用教員および訓導や東京府立第一中学校の助教諭として働いた後、岡山県師範学校の体操教師として赴任した（杉浦［一九八六］九八頁）。子どもの教育に携わる中で柏倉が心を痛めたのは「どこの学校に行っても、体操の時間になると、足や手の不自由な子どもがきっと一人や二人はいて、運動場の隅にしょんぼりしていること」（柏倉［一九五六］八頁）であった。手足の不自由な子どもが体操に参加でない状況に対して、柏倉は「学校体操は現在のままでよいものか、否かで疑問を起した。疑問を起しただけで、自分が分らぬままでいては駄目だ。何をさて置いても、自分自らが研究せねばならぬという事になった」（柏倉［一九五六］二五三頁）と述べ、自分の行っている体操に疑問を持ち始める。

その頃、柏倉は『医療体操』という言葉を耳にするが、「しかし、誰にたずねても分りません。何でも外国へ留学した医者や特殊教育の当時大家と言はれる方が言っているらしいので、早速、その関係の方面へ問い合わせてみましたが、はっきりしたことは、やっぱり分りませんでした。が、おぼろげに想像されたことは、学校体操のように、生徒と教師が遠く離れてやるものではなく、教師が直接生徒の身体に手を触れてする体操運動だろうということに気がついていた」（柏倉［一九五六］八頁）と述べている。

医療体操というのは、スウェーデン体操の創始者であるP・H・リング（Ling, P. 一七七六－一八三九）が提唱したもので、リングは体操を、教育体操、医療体操、兵式体操、美的体操の四つに分類しているが、医療体操の主たる方法は受動運動であり（杉浦［一九八六］二七－二八頁）、柏倉の推測は的を射ていたといえる。柏倉は次第に医療体操への関心を高めていくが、大正七年七月五日から二四日まで三週間にわたって開催された文部省主催の体操競技講習会を受講するため上京した際、東京帝国大学医学部整形外科教室の田代を訪ねて、医療体操を学びたいという希望を伝え、研究生として入局することを懇願した。田代から許可を得た柏倉は勤務先の学校に休職願いを出した（柏倉［一九五六］一一頁）。

柏倉は、東京帝国大学で初めて医療体操を行っているのを見た際、「一目見て、自分が長年独りで考えていたこととまったく一致しているのに安心した思いでした。医療体操というのは筋肉や骨格を矯正治療し、マヒして動かなくなった手足を、体操運動によって動くようにすることなのです」（柏倉［一九五六］一二－一三頁）と述べ、自信を深めていく。しかし、医療体操は努力を要するため、患者や保護者が積極的でないことを嘆きながら、「この子どもたちを一ケ所に集めて医療体操をさせたらどうだろう。それも病院風にではなく、学校風に、治療のあいまには遊戯もさせ、学科も教えよう。そうすれば子供たちも楽しいふんいきの中で体操もするようになるのではなかろうか……」（柏倉［一九五六］一四頁）と考え、田代に相談すると、田代より「それはいいことだ。もう欧米の文明国では立派にやっている。私も実はそれをやりたい考えもあった。お前がやるなら出来る限りの後援はしてやろう」との言葉を受けた（柏倉［一九五六］一四頁）。こうして、田代の支援を受けながら、柏学園の設立に向けての努力が行われることになる。

（二）柏学園の設立

柏倉松蔵はまず、建物を探し、大正一〇年一月に小石川にある二階建ての貸家の一軒を知人から借り受けるが、その構造について「道路に面した方は板塀があり、くぐり戸付きの出入口兼通用門を入ると、玄関は間口一間、ガラス張りの格子戸になっています。その格子戸をあけると土間につづいて二尺四方程の板敷、さらに障子をあければ狭い二畳の間。そのわきに三尺の廊下をはさんで六畳、四畳半、台所、便所、二階は八畳一室で床の間がありました。階下の四畳半の室にトタン張り一枚の出っ張りがあり、これは炭や薪の置き場にしました。井戸は共同使用で、水道はありませんでした。都合のよいことには縁側の外に六坪程の空地があったことで、ここを子供達の運動場にしました。」と記している（柏倉［一九五六］一六頁）。名称は自分の名前の一字を取って「柏学園」とした（柏倉［一九五六］一六－一七頁）。そして、遊具等を整え、五月一日の開園に向けて、つぎのような学園の創立趣意書（表10－2－1）（柏倉［一九五六］一七－二一頁）を作成し、三月下旬より関係者や知人に配布した。

この趣意書の特色を杉浦の指摘（杉浦［一九八六］六四－六五頁）等を参考にまとめると次のとおりとなる。まず第一に、平等思想・人権思想・生存権が明示されていることである。第二に、肢体不自由児に対する世間の意識が低いことを嘆き、肢体不自由児を持つ親に対する深い理解と、その心情に対する限りない同情心を切々と述べていることである。第三に、肢体不自由児に対する施設のないことを文明国の恥辱とみており、こうした施設を設置することは文明国人の責任であるとしている。しかし、その責任が国家にあるという点にまでは及んでいない。第四に肢体不自由児が小学校で他の子どもと一緒に学ぶことの問題点を指摘し、肢体不自由児を集めて専門的な教育を行う必要性に言及している。この点は、柏倉が肢体不自由児の療育を志した契機が小学校の体操の在り方への疑問にあったことと符節を合わせているといえる。第五に肢体不自由児に対する施設の目的を国民としての知識技能を授けることと整形外科的治療を施すことにおいている。第六に、習得した知識によって新聞雑誌を読むなど、文明の恩恵に浴することを含めた生活の質という点にも目を向けている。また身につけた技能によって職業に従事できることも重視している。

砂原はこうした多角的な視点から構成されている趣意書の中に「わが国における自然発生的なリハビリテーション思想の貴重な萌芽が読みとられる」（砂原［一九八〇］二〇四頁）と述べている。また、杉浦は趣意書を総括して、「単なる慈善保護や隔離収容の考えでなく、近代的な科学技術の応用によって、能力を開発し、社会へ貢献させる機会を与えようという、リハビリテーション思想が根底にあることをうかがわせる。即ち人権尊重のヒューマニズム精神を発露した宣誓文である」（杉浦［一九八六］六五頁）としている。

表10－2－2は柏学園の目的及び規則を示したものである。冒頭では「小学校の課程に準ずる教育」と明記されており、小学校令の「小学校に類する各種学校」の認可を受けてはいないが、決して慈善施設ではなく教育機関であることの宣言でもあるといえる（杉浦［一九八六］六七頁）。

一方、東京市社会局の柏学園に関する記述（東京市社会局［一九二三］一三五－一三九頁）をみても、小学校令第三六条第一項の「但シ市町村長ノ認可ヲ受ケ家庭又ハ其ノ他ニ於テ尋常小学校ノ教科ヲ修メシムルコトヲ得」に関する内容はみられず、白十字会林間学校のような位置づけはなされていなかったのではないかと推察される。これは、後述するよ

表 10-2-1　柏学園創設趣意

　およそ人間と云う人間は皆、天の公平な恩恵に浴して幸福な生活を送っていくことが出来るのでありまして、天の差別なき監督の下にあっては誰も彼も一視同仁で決して等差はないはずであります。

　しかるに人間の互助的精神の足りない結果は往々この当然の権利を獲得することが出来ないで、あたら一生を不遇の中に過ごすものの出来るのは誠に遺憾なことであり、また天の法則に悖ることとなるのであります。

　幸い近頃はしかる自覚の出来た為か、各国が競って社会的事業を企画するようになって、貧児、孤児、不良児、病児等のためにいろいろの施設が出来、我が国でも又こうした方面のことが次第に問題となるようになって来ましたのは誠に同慶に堪えない次第であります。

　私は十数年師範学校の教職に従事していたのでありますが大いに感ずる所があって、遂に職を辞し、只今では、東京帝国大学医学部整形外科教室に這入って専ら治病体操を研究し、直接患者の治療にあたっております。

　そしてこれらの不具児に対する同情の念は日一日と深刻になって来るばかりであります。随分いろいろな患者にも接して見ました。中には疼痛があって寝ることも食べることも出来ないものもあります。また病気によっては一命も疑わしいようなものもあります。しかし一般から言うと内臓に関した病気はその苦痛が一時的であって、たとえその為一命を捨てるようなことがあっても、これも運命だとして諦めがつき易いものであります。然るに幼い時に病に侵されたり、或は手足を失い生まれながらの病に罹って両手はあっても、用を為さず、両足はあっても歩行にも使えず、甚だしきに至っては脳を侵されているために、言語を発することも出来なければ、何一つとして意志行動を為すことが出来ないものもあります。これらの内には所謂不治の病もあってその苦痛も永久的であり、これらの子供の生存は死よりも、もっともっとつらく、従って又その生活は唯苦痛の連続に過ぎないのであります。

　ところがこれらの永久的な苦痛は他人から見ると、それらが習慣となっているせいか、案外同情をひかないのみでなく、動もすると嘲笑の的ともなり勝ちなものであります。私はこの様な子供達を見るにつけて常に考えさせられます。泣かされます。この子の父はこの母は、その胸の中は果たしてどんなでありましょうか。

　せめてこの子が人並の子であったならば、嬉々として戯れることもあるでしょうに、花、鳥の折々につけては或は歌い或は笑うこともあるでしょうにと思っては嘆き、また七歳にもなって隣近所の子供達が学校へ通う頃ともなれば、その子の行末について、果たして如何になることかと、朝な夕な案じの種がつきないことでありましょう。

　それも幼い中は、片輪の子程可愛いのが世の常で、慈母の暖かい懐の中で、是と云て不自由も感じないでありましょうが、成長するにつれて、手足とも頼む父母は老い、さりとて自己の意のままに成らず、この聖代に生まれ来て国民教育さえも受けることも出来ないで、一生を終わらなければならないということは、何たる不幸でありましょう。

　偶々屋外に出でたなら、あれ、骨なしよ、片輪よと、からかわれ、永い一生を、家庭の一室に鎖され勝ちに終わらなければならぬと云う、哀れな状態に居らねばならず、そしてその悲しみ深い両親が一度此の世を去った後は、そのみじめさが尚一層はって参ります。これはかりか巨万の富と誰も、如何ともすることは出来ないものでありますが、況してや貧困の家庭に育つ子供達等は到底想像も及ばない程の、みじめな境遇に居ることは今更口にする迄もありません。

　子を愛しない親のないことを云うまでもありません。この悲哀の境遇を続けなければならないと云うのは、我が国には斯かる不具者に慰安を与える施設がないからであります。教育を与える人も居なければ、其場所もないと云うことは、文明国の恥辱ともいうべきことでありましょう。

　小学校を参観して、屢々これらの子供が他の子供等から更に角云われて、イジケているのを見受けることがあります。斯かる子供を他の子供等と共学さすことの不都合は、素より何人にも明瞭な事実でありまして、どうしても斯から子供等のみを集めて、教育せねばならないのは当然であり、又是は吾々文明国人の免れがたい責任であります。

　私は斯かる考えをもって数年間画策いたしました。その結果いよいよ大正十年五月から一つの学園を開く運びとなりました。そして専ら斯かる子供等を収容し、国民としての知識技能を授け、傍ら整形外科的治療を施そうと思って居ます。

　単に同一の境遇にある彼等を一堂に集めるだけでも、彼等に取っては、常人の想像も出来ない程慰安となり、娯楽となるのであります。私の此の計画大成の暁には、彼等は得たる知識を以て新聞雑誌をも友とすることが出来ましょう。また授かった技能によって職業を始めることも出来ましょう。そして彼等も社会の一員として文明の恩沢を蒙ることが出来るわけであります。かかることは、国家経済の上から見ても、国民の個人的能率の上から見るも、または娯楽の平等的分配から見るも、決して等閑に附することは出来ない問題なのであります。又之を人類互助の点から見ても、斯必要なことは今更申す迄もありません。

　以上は私が此学園を開くに至った趣意の大略であります。幸いにして我が学園は熟練な学科教師とマッサージ師と、加うるに医師の三者を得ました。この三者同一の献身的努力によって、あわれな不具者の為にとこしえに尽くしてやりたいと思って居ます。

　不治の病として悩んでいる子等の父よ、母よ、幸いにその子の長き将来のために私の趣意に賛して下さい。そして奮ってこの学園に入園せしめられ、愛と科学との恩典に、愛し児の運命の開拓をお図り下さい。

出典：柏倉松蔵（1956）肢体不自由児の治療と家庭及び学校、柏学園 17-21 頁。

うに柏学園は結核が原因である者を対象としていなかったことと関連があると考えられる。

目的については、「幾分なりともその不便を除き」とあるように、機能の改善を主たるものとしており、単なる形態的な改善を目ざすものとしていない（杉浦［一九八六］六七頁）ところに、柏倉の理念をうかがうことができる。また、「進んで職業教育を授け」や「将来独立して生業に従事せしむる」と記されているように、可能な限り、独立自活できることを最終目的としていたことが察知される。

対象年齢については、三歳から一六歳までと年齢制限をし、就学前の児童も対象としていたが、これは先天性股関節脱臼等に対しては早期からの対応が必要であるとの認識があったものと思われる。また、年齢以外にも、柏倉は後述するように知的障害がある子どもの入園も認めており、園への受け入れが柔軟であった点は評価される。

一方、「身体検査終了の上に入園を許す」とされているように、疾病については、柏学園がマッサージと体操を主体として機能改善をはかることを目的としていたため、脳性麻痺や脊髄性小児麻痺、二分脊椎などが主であり、結核が原因である脊椎カリエスや関節炎などは入園を認めなかった。柏倉は入園児の症状等を一人ひとり記している（柏倉［一九五六］七七－八八頁）が、戦前における入園者が、就学猶予又は免除の対象であったかどうかは判然としない。

また、「通園を本体とする」とあるが、「但し都合に依りては寄宿を許すことあるべし」とあり、通園が困難な者も受け入れようと考えていたことがわかる。事実、大正一三年三月九日には保母を採用し、寄宿生の世話に当たっている（杉浦［一九八六］九九－一〇〇頁）。

月謝は二〇円とされているが、当時の米価一升三三銭の時代にあっては高額であり、私立機関の宿命ではあるが、余程の富裕層でなければ入園は困難であった（杉浦［一九八六］六八頁）。その一方で、開園の翌年には、田代の紹介で柏学園に関心を持った醤油醸造業を営む浅田政吉（一八七八－一九三二）より、五〇〇〇円の寄附を受け、月謝を一〇円に減額している（杉浦［一九八六］六八、九三頁）。また、貧困者に対しては、月謝の免除や減額の措置を取るなどの対応を行ったが、経営は苦しく、このことが柏学園が大きく発展できなかった一因であったといえる（杉浦［一九八六］六八頁）。

（三）柏倉松蔵の指導・実践の内容

柏倉松蔵は自分の指導方針について「肢体不自由児に対しては、現今では治療して癒る者は直し、将来生業に従事せしむるを目的としているが、私は大正一〇年に斯業を始たが、その時代からそれを第一の目標としていたのみならず、ただその目的に達する見込のない程、重い者に対してでも、せめて独りで食事する事、独りで大小便の用を達する事は、是が非でもして置かねばならんと、念頭に置き、又叫んでも来たのだから、従業員にも特に、この事に対しては気を払わせている」（柏倉［一九五六］九一頁）と述べており、まず、食事と排泄などの身辺処理の自立に関する指導に主眼が置かれていたことがわかる。また、柏倉は自分で独自に設計図を作成するなど、訓練用の機械器具・教材・教具・玩具等を考案しており、この点について杉浦は「多少機械道楽というか、発明狂的なところ」があると述べている（杉浦［一九八六］一九〇頁）。

柏学園の指導は、表10－2－2からわかるように大きく分けると「学科」「手工」「体操」「マッサージ」の四つで構成されていた。表10－2－2の第一表から三表にあるように、子どもの状態に対応して、学科目が柔軟に用意されていた。これは、現在の特別支援学校における教育課程の類型化に類似する実践であった。特に、第三表は知的障害を伴った肢体不自由児が対象であり、高木が療育の対象を智能が健全であること（高木［一九三四］一七頁）としたのとは対照的であり、柏倉の先駆性が看取できる。この点について、柏倉は「一時は精神薄弱児の学校みたいに、そんな子供ばかりになったこともありました。もともとそういう教育治療については私の専門外なので断ればいいのですが、両親から必死の面持ちで頼まれると、お気の毒で断れなくなってしまうのでした」（柏倉［一九五六］四七頁）と述べている。

学科については、山形県女子師範学校を卒業した元小学校訓導であった妻とくが担い、柏倉は治療を主に行った。この治療について、「私は大正七年から肢体不自由者の治療に対しては、マッサージ法、治療即ち医療体操法及び練習療法を実施してきた。……（中略）……この三法のどれが一番効果があるとか、ないとか言う事の出来ない三法である」（柏倉［一九五六］一八八頁）と述べている。表10－2－2の規則にはみられない練習療法も治療の一つに加えていたことがわ

表 10-2-2　柏学園の目的及び規則

一、当学園は肢体の不自由なる児童に、小学校の課程に準ずる教育を施し、適当なる場合には専門医師に謀りて整形外科的治療を加え、幾分なりとも其不便を除き、進んで職業教育を授け、将来独立して生業に従事せしむるを以て目的とす。
一、当学園を東京都小石川区大塚仲町三十六番地十八号に置く。
一、当園児は、年齢三歳より拾六迄とし、身体検査終了の上に入園を許すものとす。
　但しこの年齢以外の者といえども入園を許可する事あるべし。
一、当園児の定員を十名とす。
一、当園児は、当分、通園を本体とする。
　但し都合に依りては寄宿を許すこともあるべし。
一、当園児は月費として毎月金弐拾円を納むべし。
一、当園児の書籍日用品文具一切を自弁とす。
一、当園児の医療的方面に関しては顧問田代博士の指揮を仰ぎ、父兄の承認を経たる後着手するものとす。
　但しマッサージ体操以外の治療費は園児の自弁たるべし。
一、当園児の課業は学科教授とマッサージ体操とを合わせて、毎日五時間とす。
一、当園児の課業学科目左の如し。

第一表

第一時限	第二時限	第三時限	第四時限	第五時限	第六時限	第七時限	第八時限
学科	学科	学科	学科	学科	学科	手工	手工

第二表

第一時限	第二時限	第三時限	第四時限	第五時限	第六時限	第七時限	第八時限
学科	学科	学科	学科	学科	学科	手工	体操 マッサージ

第三表

第一時限	第二時限	第三時限	第四時限	第五時限	第六時限	第七時限	第八時限
手工	手工	手工	手工	手工	手工	体操 マッサージ	体操 マッサージ

　修身
　国語（読方、綴方）
　算術（珠算、筆算）
　地理、歴史
　理科
　唱歌
　手工（治病的手工、職業的手工、図画習字とす）
　体操（治病的体操、保健体操）
　マッサージ（治病）
一、当学園には左の職員を置く
　顧問兼監督（一名）
　園長（一名）
　学科教師（一名）
　マッサージ師（一名）
　保母（若干名）
一、顧問兼監督は、園務総ての相談に応じ、園内監督の任に当たる。
一、園長は、園内一切の責任を有し、庶務一般を処理す。
一、学科教師は園児の学科を担当す。
一、マッサージ師は園児日常のマッサージを担当す。
一、保母は園児の起居動作を補助す。
　顧問兼監督　東京帝国大学医学部整形外科教授医学博士　田代　義徳
　園　　　長　前岡山県師範学校教諭　柏倉　松蔵
　学科教師　山形県女子師範学校卒業　柏倉　とく
　医療体操師　東京帝国大学医学部雇　柏倉　松蔵
　　注意
　大正十年五月一日より開園の予定に付、御希望の方は来る四月二十日までに御申込下されたく度、当分の内、左記の所において一般事務を取扱い申込み候。
東京府下巣鴨宮下町一六一三番地
柏学園仮事務所

出典：柏倉松蔵（1956）肢体不自由児の治療と家庭及び学校、柏学園 21-25 頁。

かる。

この点について、「むしろ彼が重視したのは、第二の練習治療であって、これには器械（足踏機、四輪車、三輪車、一輪車など）や器具（渡棒）を用いた歩行運動練習、または徒手の歩行練習が中心であった。ただ手指の運動障害を持つものには玩具や器具による手指運動練習が課せられた。この練習治療は午後の大部分の時間（二〜三時間）があてられ、主として屋外の運動場で、毎日の目標を定め段階的にすすめられた」（杉浦［一九八六］七〇頁）、「柏学園日誌でも、治療欄における記事の大部分は、これら練習治療によって達成された状態が克明に記録されている」（杉浦［一九八六］七〇頁）とあるように、柏倉の治療の中核には練習療法が置かれていたといえる。このように練習治療を重視した治療の内容は、砂原が柏倉を日本最初の理学療法士と呼んでいる（砂原［一九八〇］二〇二頁）ことからもわかるように、今日のリハビリテーション医学における理学療法の考え方とまったく一致するものであった（杉浦［一九八六］七〇頁）。

また、柏学園は年報の表紙に Cripple School と記しているように肢体不自由児に対して教育を施した先駆であり、高木も『我邦に於ける「クリュッペル」救済事業の状態を観るに、未だ『クリュッペルハイム』は見当たらず唯『クリュッペルシューレ』として（中略）柏学園が我邦における実に最初の頁を飾る可きもの」（高木［一九二四］二九六頁）として、柏倉の実践を高く評価している。しかし、柏倉が大正一三年二月一〇日に東京府知事より助成金を受けた際の通知書に「従来本府社会事業の進展に関し尽力する（後略）」（柏倉［一九五六］四四頁）とあるように、柏学園は社会事業の一環をなすものとしてみられていたという意味において、柏学園の発足は、医療・教育・福祉を含めた総合的な「肢体不自由児事業」の萌芽であった（村田［一九六八］八七頁）と考えられる。

一方、戦争の激化に伴い、年報の表紙に記された Cripple School の文字は敵性語であるとの理由で、昭和一七年に削除された。また、資源欠乏により、この年の年報が最後となっている（杉浦［一九八六］四五九頁）。加えて、戦争の激化と共に、学園への新規の入園者はなくなり、在園者も疎開のため退園する者が増加し、昭和一九年度末には二名のみとなった。昭和二〇年六月九日に一名が退園してからは、自宅通園一名のみとなり、この年の日誌には学科授業と治療の記録はまったくみられず、ほとんど学園の体をなさなくなっていた（小松［一九九〇］六四頁）。

六．守屋東のクリュッペルハイム東星学園の開設

柏倉と同様に肢体不自由児の療育を志した人物として明治一七年に生まれた守屋東（一八八四－一九七五）がいる。東の父の家系は代々福岡の医者であり、父は明治新政府に軍医として出仕し、その後、高崎、熊本、金沢の衛戍病院に勤務しており、東も各地で幼年期を過ごした。父は東を海外に留学させたいと考えており、教育熱心であったようである。母は毛利藩士の娘で、青山御所で英照皇太后（一八三三－一八九七）に仕えたこともある上層階級の出身であった（守屋［一九四〇］四八四－四九一頁）。守屋は、父の死後、母と妹と共に東京に転居し、東京府立第一高等女学校（現在の都立白鴎高等学校）を卒業し、二〇歳の時に下谷区（現在の台東区）にあった東京市下谷万年尋常小学校（貧民学校）に勤務した。下谷万年尋常小学校は、明治三六年に、東京市が貧民子弟のために創設した小学校であり、ここで四年間、貧民の子たちの教育に従事したことが、彼女のその後の仕事の基礎になったと考えられる（松本［二〇〇五］九五頁）。大正六年に、日本基督教婦人矯風会は恵まれない女性を補導救済するために「東京婦人ホーム」をつくったが、守屋は経営責任者としてここに住みこんで、彼女らの更生にあたった（松本［二〇〇五］九五頁）。守屋は彼女らが、飲酒や喫煙による害や、売春による梅毒や淋病への罹患等を持ち合わせており、精神面だけでなく身体的問題への対応も必要と考え（守屋［一九四〇］五一一四頁）、東京帝国大学の高木憲次教授のもとで研究に従事していた竹澤さだめ（一九〇三－一九四三）を女医として招いた。

守屋は東京婦人ホームで竹澤から、ベルリンにあり、肢体不自由児・者に医療・教育・職能訓練等を提供していたオスカーヘレネハイム（Oskar Helene Heim）の話を聞くようになる。竹澤は昭和四年にドイツに留学するが、昭和六年に帰国後、竹澤からオスカーヘレネハイムが一婦人の行動からできたという話を聞いた。このことが、守屋が日本においてもクリュッペルハイムを建設しようという決意を固めたことにつながったと思われる（松本［二〇〇五］九六頁）。守屋

は翌昭和七年に日本基督教婦人矯風会を辞任し、クリュッペルハイム建設の宣言ともいえる表10－2－3のようなクリュッペルハイム東星学園趣意書「クリュッペルハイムの設立について」(昭和七年二月一一日)を公表した。この中で、肢体不自由児のための特別な施設が無いことを嘆きながらも、ドイツのクリュッペルハイムの例を挙げ、高木の支援を受けながら学園を開設する決意を示している。

守屋は、府下玉川村(現在の世田谷区)上野毛に土地の入手をしたが、資金は寄付に頼るしかなく、趣意書に「クリュッペルハイム」と題する寄稿を行った高木憲次らに顧問を依頼して、寄付集めのパンフレットなどもつくり、各方面に呼びかけた。守屋は、府下荏原郡東調布町下沼部(現在の大田区田園調布)に事務所を設け、資金集めを始めたが、建築費及設備費として二万円の予算が必要であった(松本[二〇〇五]九八頁)。守屋のクリュッペルハイム創設の決意は新聞でも取り上げられるようになり、たとえば、昭和七年八月一四日付の「婦女新聞」([一九三二]一三頁)は、「守屋東女史の東星学園創設――不具児童のホーム」を次のように伝えた。

「三〇年近くの永い間を、矯風運動特に少年禁酒軍の為に働き続けてきた守屋東女史は、少年中、頭脳は常態でありながら身体の不具なために、普通の者と同じ歩みを辿れない者が案外に多く然もそれに対する救ひの手はまだ伸ばされてゐないのを遺憾としていたが、今度自ら其の事業を創設することになった」。

守屋自身も、同記事のなかで自分の決意を次の通り語ると共に、寄附を呼びかけた。

然し決意はしたものゝ、それに対する知識も十分でないので、その道の大家帝大教授、整形外科部長高木博士に顧問をお願ひしていよいよ着手しました。建築及び設備が二万円の予算ですが、これは理解ある方々の御後援によって追々に完成させてゆきたいと思ひます。最初の収容人員は一二、三歳までの子供を一〇人の予定で、整形外科の設備を整へ、治療しつゝ教育するのですが、病院臭のある陰鬱なものにせず、幼稚園の様に明るい空気とし、よく熟練した看護婦兼保母を置き、家庭からの付添人は不要の様にするはずです。各室に一人づゝで、寝台車に

表 10-2-3　東星学園クリュッペルハイム創設趣意書

クリュッペルハイムの設立について

守屋　　東

三十有余年の社会的救護施設は 実に我国の社会事業を一変した感があります。慈善事業と申したものが、社会事業となり、今日では、福利事業と名づけて、各方面に人生が共有すべき幸福を、当然うくべき権利と認めて、政府に於いても団体に於いてもまた個人が経営する事業に於いても、昔日の如く憐れんで情をかけるという、慈善心からのみでなく、相互補助という建前から、凡ての施設が起こされて来ました。

此間三十年近く、社会事業の一端に連なって働き、特に少年少女を中心とした、少年禁酒軍の働きや、幼児の心身教育を補けるため子供の園の働きを初めて、児童と交わり、また個々について其保護指導をいたしました間に、どうしても一般の児童と共同均等の動きのとれない児童を見出すのであります。

それ等の児童は、立派な頭を持ち、家庭も恵まれて居るに関わらず、身に故障があるために、自然人に引け目を感じ、それが精神上にも大きい影響を及ぼして居りまして、誠に気の毒に堪えませんでした。

頭は良し、やらせれば何でも出来るというものが、只、身に故障があるために、普通一般の児と同じように歩んでゆけないということは、実に可哀想でたまりません。何とか斯うした児童に対して特別の途はないものか、ぜひともなければならぬと思う心がせつになり、憂えた事でありました。

其父母が理解ある人であり、金銭にも不足なき家庭である場合は、こうした児は幸にも治療をうけて、不具者だと考えた故障を治する事が出来ますが、それでも猶小学校時代の義務教育時期を、一年も二年も病院通いで暮らすうち、大切な教育時期をすごして親も子も致しかたがないという、アキラメを以て、生涯不満足な生活をしなければならぬという事になるのでございます。

永年少年少女と友となって働きつつある各方面に、児童の為としての社会施設があるにもかかわらず、こうした身に故障のある不具者に対して、何にも特種の施設がないのが、残念でたまらず、何とかしなければならぬ責を感ずるようになりました。

たまたま独乙に於いては、是等の児童のためにクリュッペルハイムという設備のある事を聴き、それについて知れば知る丈、私は真からうらやましくなりました。何とか我国でもそういう設備が出来、治療と共に教育、又は職業教育もということができて、その児童等を喜ばすことができないものかと考へるようになりました。

此心を以て社会を見ますと、此設備のもとに学ばねばならぬ児童等が決して少なくないということを知りました。

大人のためには啓成社というのがあって、此クリュッペルハイムの働きが実施されて居ります、然し児童のためにはありません。只そうした児童は、暗澹たる家庭の中心となって、親も子も憂鬱にとざされて居るのであります。

たれか此事業を進んでして下さる方はないかと、人にもすゝめ願っても見ましたが、困難な事だからというので、今迄創設を見ませんでした。

折柄私にとって記念すべき年を迎えました、私を信仰に導き奉仕の生活を喜びとする今日の私を作ってくれました、妹操子の満三十年の記念を迎えるにあたって、私の心は一種の力に導かれました、妹が存命ならキッと此仕事をするという気持ちであった、心に定まった思いとなったとき、近親のものに謀りました處、心からの賛同を得ましたので、妹ながら、師のように思います操子の記念事業として此クリュッペルハイムを創設する事を決意いたしました、然し私はそれに対する知識がありませんので、其道の大家帝国大学教授高木憲次博士をお訪ねして、志を述べ教を仰ぎました。教授は実に今日まで、其クリュッペルハイムが我国にない事を残念に思われて居られたものですから、「自分の専門であり、且我国としても、また不幸な不具児のためにも、是非ともなさねばならぬ事業なのですから、喜んで援助いたしましょう」と顧問となる事をご快諾下さいました。

爾来其設備、建築、経営等につき、調査研究をつづけて居りましたが、幸其運に至り、土地もまた、適当な處を得ましたので、いよいよ着手する事に至りました。

高木教授の深き御賛同を得て、興らんとするクリュッペルハイムの顧問として、穂積重遠博士を御願いいたしました、独逸などの経験から不具児童に対する教育、また法令等の問題に就いては、ぜひ穂積博士の御指導を仰がなければならぬことと信じて、凡て明らかに申上げて御願いいたしました。

「喜んで顧問としてつくしましょう」とお約束下さいました、誠に感謝に溢れるので御座います。

斯くして治療すれば立派にいやされ学べば達することの出来る不具児等が設備が出来た事によって明るい生涯の第一歩に入る事が出来ましたならば、どんなに人も我もうれしい事かわかりません。

明るい国民としての幸福が、お互いに分け合いたい心持より外ありません。

未熟なものですが、愛のためには、忍ぶことの強かった妹の記念事業として創設いたします。

幸皆様の御理解ある御後援を得て、此仕事が祝福されますよう心から願い祈るのでございます。

出典：高橋 淳子・平田 勝政（2015）『知的・身体障害者問題資料集成 戦前編』第 7 巻、不二出版、266-267 頁。

乗ったまゝ外に出て日光浴も出来る様、設備に万全をつくすつもりです。この設備によって他を刺激し、この事業が盛んに興される様切に願ってゐます。

守屋の構想の独自性は、クリュッペルハイム専門の看護婦の重要性を説くとともに（守屋［一九三八a］一頁）、看護婦養成機関「東星学園附属看護婦養成所」を設置し、若い女性を育成しようとした点にある。守屋はその時の心境を「不具な肢体の不自由な子供等のよき遊び相手であり、いゝ先生であり、そしてお母さんにあまへるやうな心持ちが出せる人、斯ういへば申し分ない事のやうであるが、どうしてもこの三拍子をそなへた人が欲しい。という気持ちは私は遂にその希望を達する為に学校看護婦の養成所を開くまでに至らしめた」（守屋［一九三八b］一頁）と述べている。

守屋は『婦人新報』の「このごろ」欄で毎号のようにクリュッペルハイム募金を訴えたが、大戦が始まった時期であり、資金はなかなか集まらなかった（松本［二〇〇五］一〇〇頁）。そのような中でも、守屋は必死に運動を行い、その頃のことを思いだし次のように語っている。

「信仰と努力と、天の祐助と友の同情とによってのみなし得らる、最後の働きにまっしぐらに進んでいる。その働きは、クリュッペルハイム事業だ。発表して三年、クリュッペルハイムの働きを人々に伝へる為にも時と苦労を要して設立の費用には手がとゞかなかった。それでも尊い友の喜捨は少なくなく、啓蒙運動にいそしんだ。若し三年の記念日までに一万と纏まった金子が与へられないなら、これは私に神が許したまはぬ働きであると確信した。一日一日祈りに祈り、神の御手をふりちぎるやうな思ひで祈ったものだ。願ったものであった。昭和九年、一二月の二一日、一通の手紙を受けた。内容証明だ。クリスマスの封筴だ、手にとった、開いた、読んだ。「あなたのお仕事に捧げる――」ということが認められてある。封入の小切手を開いた。ア！と、一声申しただけであった。そして、有難うございます！　と神に感謝した、涙で見えない。壹萬圓也！　と記入してあるのではないか。家中のものをよんだ。そして感謝した。泣けて泣けてとめどがない。悲しみの涙ではない。難事業に向かって行け！と神がゆるされたその知己である、贈り主の信頼である。何の条件もない、むつかしい言葉もないが、私の心に肉にしっかり射通された信頼の矢だ」(守屋［一九三五］二九－三〇頁)。

こうした守屋の必死の訴えに、徐々に共感の輪が広がり、各界からも大きな反響があり、寄付者の層も広がり、応援する人も増えてきた。高木も後述するようなクリュッペルハイム構想の実現を目指す一方で、守屋を励まし続けた(松本［二〇〇五］一〇二頁)。

守屋は昭和九年一月一日発行の『婦女新聞』の「今年中に実行したき事」という名士に聞くアンケートで、「一. クリュッペルハイムの建築に着手したき事」と答えている(守屋［一九三四］四頁)。そしてついに昭和一〇年七月二四日、東星学園の定礎式が行われることになった。

その後も戦時体制下にあって、資金集めは難航したが、昭和一四年一一月、ついに世田谷区上野毛にクリュッペルハイム東星学園が開園した。はじめはベッド数二六で発足した。入園児は増減したが、一〇名以上になることはなかった。その原因としては、公的な援助がなかったため、資金不足であったことが考えられる(松本［二〇〇五］一〇三頁)。

一方、昭和一六年に「大東亜戦争」が始まると、戦時下において敵性国であるカタカナの入った名称は好ましくないとされ、また、財団法人認可申請に際して、他にも同名の学園があることから「東洋の星」たらんことを願ってつけた名称も「大東学園」と変更せざるをえなくなった(村田［一九七七］六六－六七頁)。また、空襲の被害が広がるにつれて、子どもを引き取る家庭が多くなっていった。加えて、よき理解者であり協力者であった竹澤が病気で郷里に戻った後、昭和一八年に没したことも守屋にとっては痛手であり、学園は昭和一八年に閉園された(松本［二〇〇五］一〇四－一〇五頁)。

このように、その療育活動は短期間で終わった東星学園であったが、高木と同様に肢体不自由児に教育と医療を同時に施そうという理念に基づき、高木の支援・指導を受けながらも、高木にはみられなかったキリスト教の考え方を精神的基盤に据えながら、高木のクリュッペルハイムの構想を高木に先んじて実現させた意義は大きかったといえる。

七．高木憲次による整肢療護園の開設

(一) 高木憲次の「クリュッペルハイム」構想

高木はドイツに留学中に体験したドイツにおける肢体不自由児・者への療育について、第一次世界大戦における物資窮乏の中で、資材を工面し、全国に一〇〇に及ぶ施設が布置されていることに驚き、特に、ミュンヘン郊外のイサール渓やハイデルベルクのネッカ河畔に設けられた壮大で設備が完備された施設の例を挙げている（高木［一九四八ｃ］一六頁）。その一方で、肢体不自由児・者が精神的にも歪んでいるとみなし、その矯正と対応に拘り過ぎている点が腑に落ちなかつたと指摘している（高木［一九四八ｃ］一六頁）。高木は、その後、ドイツにおける肢体不自由児・者に対する療育事業の進展を評価し、範としながらも、彼らを精神的に歪んでいるとして取り扱っていることに疑問を呈し、こうした轍を踏まぬように注意をうながし続けた（高木［一九三五ｂ］一二頁）。

そして、「イサールの崖に立ち、当時戦勝国と誇りながら、唯一つのハイムさえ持たざる我国肢体不自由児の上を偲び、暗澹たる心の裡にかたく誓ったことは、帰朝後、（1）先づ肢体不自由児の精神的擁護策を考えよう。（2）手術者たるものは、手術後、羅患肢体の回復によって患児が生産能力を獲得したことを見とゞけるべきである。それには療育施設が不可欠であるから、その設立に専念努力しよう」（高木［一九四八ｃ］一六頁）との決意を固め、帰国する。また、留学中にプロイセン州の「公的肢体不自由者福祉法」に関する研究も行っているが、このことが戦後において、児童福祉法を中心とする肢体不自由児に対する福祉施策を法制化する際に大きな影響を及ぼすことになった（趙［二〇〇八］三〇－三一頁）。

高木は、帰国後の大正一三年、田代の後任として二代目の東京帝国大学整形外科教授となったが、同年、留学中の見聞を元に「クリュッペルハイムに就いて」と題する論文を発表した。ここで高木は、「『クリュッペル』の救済に就ては整形外科医が主たる責任者でありますが、然し整形外科医が当該疾患部のみを治療せしめた丈では不充分なのでありま

して、更に進で教育を授け適応技能を養ひ、自活の道の立つ様にしてやらなければ独立市民たるの資格がないのでありますからして、『クリュッペル』救済事業には何うしても整形外科的治療、不具児（先天性竝に後天性）に対する特種の教育、手工及工芸的練習、及び職業相談所、以上四ツの機関が協力努力して、はじめて其目的を到達し得るのであります」（高木［一九二四］二九三頁）と述べている。すなわち、肢体不自由児（者）に対しては整形外科的治療が主体となるが、それだけでは不十分であり、将来、社会的に自立できるように教育と職業訓練・職業相談を与える必要性を唱えており、この論文は、肢体不自由児（者）に対する療育施設の必要性を訴えた我が国最初の記念すべきものである（村田［一九九八］四八頁）。

（二）高木憲次の肢体不自由児（者）に関わる啓発活動

高木は、クリュッペルハイムの構想の実現に向けた活動を進めながら、それに関連するいくつかの啓発活動を行っている。これは、肢体不自由児（者）の存在に対する認識と社会的関心を構成するうえで、きわめて重要な、先駆性のある問題提起であった。

①「隠す勿れ運動」

高木は、大正一四年二月九日に現在の日本肢体不自由児協会の前身となる「肢節不完児福利会」を設立した。第一回の会の議事は三つあり、その中の一つとして高木は「隠す勿れ運動」を提唱している。高木は「当時はお金のある人でもそのような子供は家の奥深く隠して、治療すれば治るものも、また直してあげようとしても『黙ってそっとしておいてくれ。よけいなことをしてくれるな。家の恥になる』というような時代であった。また、怪我で不自由になった場合でも同様な時代であったので、いくら一生懸命にしても聞き入れてくれない。先づ世の中の人々のこの考え方から直さなくてはという事を痛感したので、『隠すなかれ』運動を唱え出し、世の啓蒙をと思った」（日本肢体不自由児協会［一九六七］二一頁）と述べている。ここには、昔から片輪とか、不具はあたかも天罰のように考えられ、従って両親は恥かしがって衆目にふれるのをきらい、家庭内に隠しておく傾向があったが、このような迷信に基づく誤った態度を打破したいという高木の理念がうかがわれる。（肢体不自由児協会［一九六七］四八頁）。一．で述べた肢体不自由児（者）への対応が遅れた理由の中の一つ、すなわち、家族が世間の目を気にして隠すことに警鐘を鳴らしたのであった。

②好意の無関心

肢節不完児福利会の第二回目は、同年四月二六日に行われ、議事は二つあり、その一つとして高木は「好意の無関心」という考え方を唱え、この点について、「悪意の関心は論外だ。次に好意の関心なら全面的に患児から受け入れられるかと云うと、たとい好意でも往々関心はうるさいと感じられることがある。不自由な児童達は特殊扱ひされたくない。好意の関心を示す方からは、案外と思われるかも知れないが、関心をもたれることを心外に思ったり感じたりする児童が多い。況ンやジロジロ見られるが如きことは好ましくない！（中略）好意の無関心とは、特殊視はしないけれども、一朝支援を必要とする場合には、進んで応援・救護するだけの好意をうちに壊いている。これを好意の無関心と呼称して、その主旨を第二回例会に提唱したのだ」（肢体不自由児協会［一九六七］四八－四九頁）と述べている。このように、高木は、肢体不自由児（者）を特別視も特別扱いもせず、彼らが必要なときに進んで支援行動を取るような態度を「好意の無関心」と呼んで推奨したのである。

③肢体不自由という用語の案出

高木は、上記の大正一三年の「クリュッペルハイムに就て」と題する論文において、ビザルスキー（Biesalski. K. 一八六八－一九三〇）の定義を引用して、クリュッペルを「先天性又は後天性の神経、関節及び骨疾患の結果、――幹肢体の機能に欠くるところあるもの」（高木［一九二四］二九六頁）としたが、昭和四年に「肢体不自由」という名称を提案し（小池［一九六一］四頁）、「先天性であろうと後天性であろうと外傷であろうと、兎に角その為る肢体の機能が侵され将来生業能力に支障を惹す虞ある患者を肢体不自由者」と名づけた（日本肢体不自由児協会［一九六七］四三頁）。

高木は、「krüppel（独）、cripple（英）は、今日尚一般に『奇形不具者』とか、又は『片輪者』とか称されているが、甚だ不快なる名称である。先ず此嫌悪すべき名称を廃したい。勿論剴切なる名称の選定は至難の業なれども、高木は、『クリュッペル』に対し、兼ねてより主唱せる如く矢張り『肢体不自由児』なる名称が最も好いと信じている。本名称なら第一『奇形不具廃疾』又は『片輪者』等の如き不快なる響きを持たぬし、第二には、疾患個所が、大体運動機関たる四肢及び体幹なることを指示し、且つ是を自餘の不具即盲、聾啞等より分離している。第三には、従来の奇形不具なる名称に比し、本患児は外観的形態よりも機能障害を主訴とせる疾患なることを指示し、加之、本名称は『クリュッペル』の大部分は、決して生れつきの不具者には非ざる事実にも、適合せるものなりと信ず。然し乍ら若し夫等は唯単なる、符牒、名称に過ぎずとして、患児に及ぼす精神的影響を意に介せざる者あらば、既に『クリュッペル』養護の指導精神に悖れるものなり」（高木［一九三五ａ］二五頁）として「肢体不自由」という用語が適切である理由を説明している。

その一方で、高木は「唯それにしても、本名称を以て、最善なりと誇称するものではない。以上の新構想を表現するに足る、更によりよき名称の現わるゝ迄用いて見やう。凡ては時が解決するであろう」（日本肢体不自由児協会［一九六七］五七頁）と述べており、肢体不自由という用語に固執することなく、より適切な用語があれば修正・変更することに何らこだわりを持っていなかったことがわかる。こうして高木により提唱された「肢体不自由」という用語は、昭和一〇年三月二六日の第六七回帝国議会における「肢体不自由者救済教育令制定ニ関スル建議」の中に明記されたことにより、学会だけでなく行政用語としても定着していくことになる。

（三）「クリュッペルハイム」構想の実現に向けて

高木はクリュッペルハイムの建設に向けた活動を展開するが、世間の理解を得ることは相当、困難であった。この点について、高木は大正一三年から昭和八年までの時代風潮として「当時世は慈善的恩恵的驕慢から離れることが出来なかった。加之治療しうるものなることの認識も浅かったし、況や就職しうるよう即ち生業能力をうるように療育するのを最後の目標とする説なぞ余に目新しかったので反対者が多かった。労働者の身方する説として主義者の疑さえうけた」(高木[一九四八a]五頁)と述べており、社会主義者と誤解され、官憲に始終身辺を警戒される一時期すらもあった(小池[一九六一]四頁)。

このような逆境にも屈せず、肢体不自由児(者)への療育の必要性についての啓発活動を展開する中、高木は昭和九年四月の第九回日本医学会総会において「整形外科学の進歩とクリュッペルハイム」と題する講演を、東大安田講堂において行った。この講演は、全国にラジオ中継された。高木は、映画二三九場面、スライド一一八枚を用いて、従来不治と考えられていた肢体不自由児(者)も治療により、改善し、社会生活を送ることができるにもかかわらず、日本には多数の肢体不自由児(者)が何の治療も施されず、放置されていることを説明し、クリュッペルハイムの必要性を強く訴えた(日本肢体不自由児協会[一九六七]六七頁)。

この中で高木は『クリュッペル』とは『四肢及び体幹の主として運動機能に著しき持続的障害あるのみにして、其の智能は健全なるもの』である。従つて、『整形外科的治療を充分施し、且つ之を適当に教導する時は、生産的に国家社会に尽すことの出来るもの』である」と定義している(高木[一九三四]二七頁)。定義として、智能が健全である点を挙げているのは、高木が「克服意欲」(高木[一九五五a、一九五五b])が治療上重要であると考えていたためといえるが、結果的には知的障害を有する肢体不自由児(者)については高木の療育の対象から外れていくことになる。

「『クリュッペル』医治教護事業」については、「斯る『クリュッペル』が働くこと出来ず、従つて一家の掛人となりて厄介者扱ひを受け、不生産的に其一生を終るよりも、先づ之を治療し、之を教育し、次に疾患の種別、軽重並に患児の性能とを考慮して選定せるところの適性を奨導し更に職業的訓練を与え、以て自活の途の立つ様にしてやらうと云ふ事業でありますから、積極的事業であります。勿論寄る邊なき老人や、癈疾者なぞをして其余生を安穏に送る様にしてやる事業も、亦尊い事業であることは論を待たないのでありますが、兎に角本事業は社会政策としても、より経済的であり、且つ決して単なる救貧事業ではない。『クリュッペル』を先づ治療し、教導し、斯る不遇児をして将来国家の為め有為の材たらしめんとするところの人類愛より出発せる事業であります」(高木[一九三四]二七頁)と指摘し、単なる救貧事業ではなく、人類愛に基づくものであることを強調した。その一方で、生産性や国家への貢献といった社会的有用性についても言及しているところに戦時下という時代的背景の中での限界がうかがわれる。

図10－2－1は高木の構想したクリュッペル医治教護事業を示したものである。「クリュッペルハイム」については、「（1）第一吾々整形外科臨床が『クリュッペル』を収容し・治療し・看護して疾を先づ治ほさにやならぬ。然し乍ら後述致しますが、一般に整形外科的治療といふものは数ケ所の手術を要すること多く、加之準備的処置から主要施術を経て中間療法及後療法を終了する迄には中々長年月を要するものが多い。従つて其間、（2）同時に少くも義務教育を授けばならぬ。従つて今日迄の所謂病院機構丈けでは不充分だ。加之、（3）職業教育をも授けねばならぬ場合もありますので、其には疾患部位と軽重とを斟酌考慮して、選定せるところの各患児の適性技能を奨導し、手工芸的訓練を加へ、職業実習殊に創作的努力を養成すべき機構を具備せねばならぬ。（4）職業紹介及び授産。或は更に従業員の何％は斯る『クリュッペル』を採用すると云ふことにでも決まれば尚好いわけである。要するに『クリュッペルハイム』とは以上の四機構を具備せるところの医治教護施設を云うのであります」（高木［一九三四］二七－二八頁）と述べている。

ここから、まず第一に整形外科の進歩が挙げられており、医治教護事業の大前提となっていることがわかる。第二に「知能健全」と「努力の意志」という本人の肢体不自由に対する克服意欲が重視されている。続いて、実際の医治教護事業を「予防」「居宅救護」「収容教護」の三つから構成した。「予防」については早期発見、早期治療の重要性について言及したものであり、「居宅救護」は手術や入院を必要としない者や手術後の比較的短期の継続的な治療が必要な者を対象と考えていたといえる。最後の「収容保護」は「クリュッペルハイム」「不具廃疾院」「知能薄弱児教導所」の三つから構成されているが、終わりの二つについては、その内容が詳細には記されておらず、その設置の意図は明確ではなく（馬渡［一九八二］九七頁）、クリュッペルハイムに主眼がおかれていたといえる。このクリュッペルハイムは長期の治療が必要な者が対象で、治療と合わせて、教育と職業教育が受けられる機能を備えていることを重視している。また、今日の障害者の法定雇用率に該当する指摘がなされているところにも高木の先見性がうかがわれる。

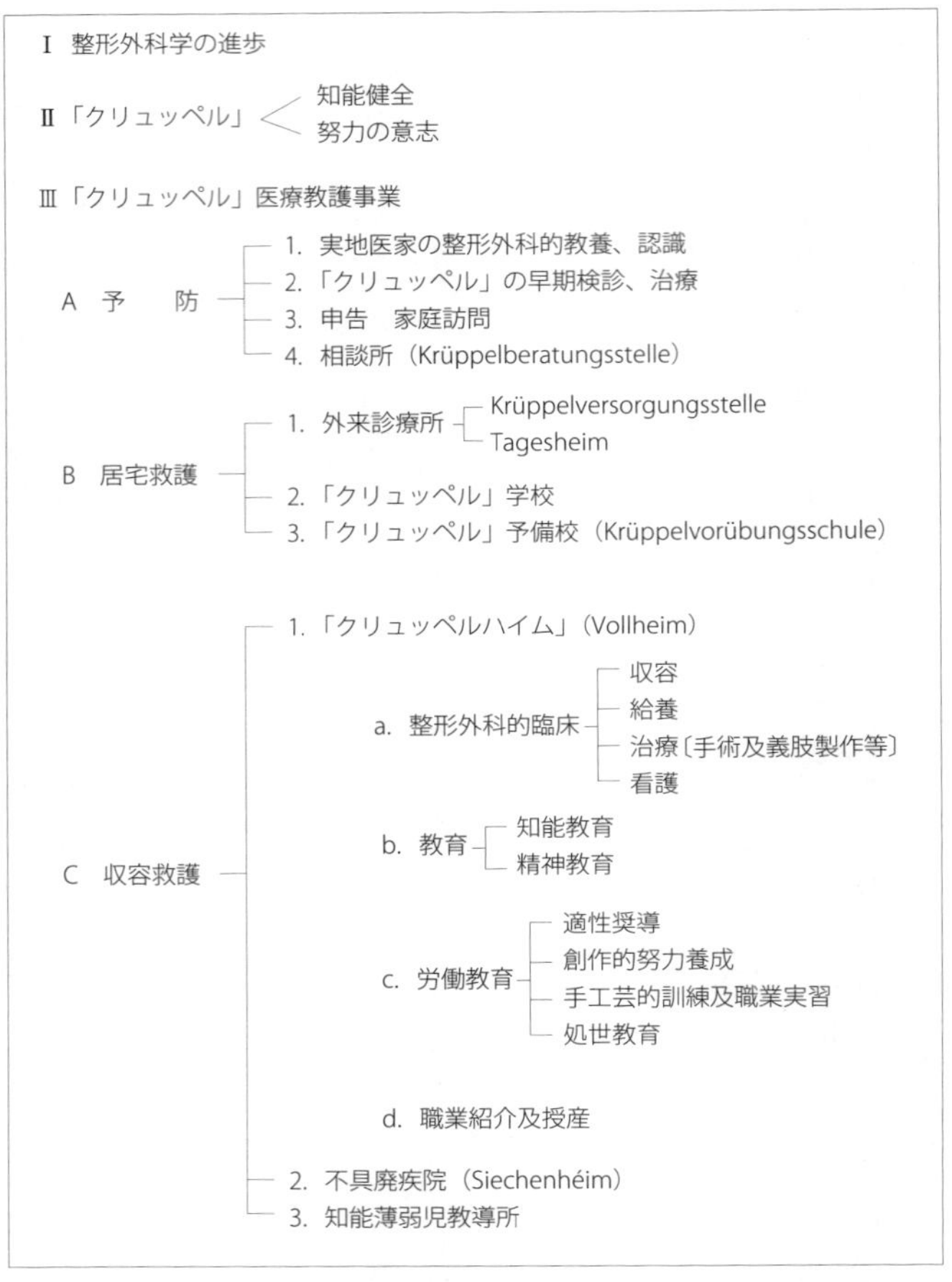

図 10-2-1　クリュッペルハイム医治教護事業

出典：高木憲次（1934）28 頁。

このように、肢体不自由療育事業が未開拓なこの時代に、関係部門の協力に基づく個別の教育相談や職業指導の必要性や相談事業の重要性を指摘した高木の見解は高く評価しなければならない（森山［二〇一〇］七八頁）。さらに、ドイツ等と同じように「『クリュッペル』の届出義務が一日も早く制定さることこそ吾人の切望に堪えないところであります」（高木［一九三四］三六頁）と述べ、届出義務の制度化の必要性にも言及した。

高木の講演は医学関係者を対象にした学術的な内容であり、かつ、スライド等の視覚的情報をラジオからは得られない一般聴衆にとっては、理解しにくいものと思われたが、反響は大きく、放送局には、高木の話を直接聞きたいという要望が多数寄せられた（日本肢体不自由児協会［一九六七］六九頁）。そこで、昭和九年一一月六日に朝日新聞社の講堂で、再度講演を行うことになったが、その企画を先導したのがクリュッペルハイム東星学園の守屋東であった。講演は、一般大衆向けに内容を平易なものにしたが、スライド等は学会時とほぼ同様なものが用いられた。当時、朝日新聞社の講堂は、東京市内でも収容人数が多い会場であったにもかかわらず、入場できない人であふれ、警官が出動する事態にまで至った（日本肢体不自由児協会［一九六七］六九－七〇頁）。こうした反響について、高木は「超満員の為め謝絶せられ空しく帰途につかれし篤志家、実に数百を算せしが如きは、以て其一端を覗い知るに足るべし」と述べている（高木［一九三五a］二七頁）。このようにして、高木の講演は肢体不自由児（者）に対する一般社会の関心や認識を徐々に変えていく契機となった。

（四）整肢療護園の建設

高木のクリュッペルハイム建設の実現に向けての活動の中での最も早い取り組みは、昭和七年の「肢体不自由児療護協会」の設立に向けての運動である。高木は副会長として尽力したが実際の活動を行うまでには至らなかった。この時、会長を努めたのが早大教授で、後に政治家に転身した隻脚の永井柳太郎（一八八一－一九四四）（後に拓務大臣、逓信大臣を歴任）であったが、高木の講演を聞いた永井は、教育ばかりでなく、むしろ治療に重点を置く必要性を認識して、昭和一〇年七月二二日に「日本肢体不自由児医治養護協会」を発足させた（日本肢体不自由児協会［一九六七］七八頁）。ただし、当時協会にはまったくお金がなかったため、高木は整肢療護園建設資金として金一封を、また肢体不自由児のための保養所を将来設立するための敷地として清水市不二見村天地ヶ谷の自分の邸跡（一万坪）を寄附した（小池［一九六二］五頁）。しかし、役員の肢体不自由事業に対する治療、教育、職業訓練への比重の置き方についての考え方に一致がみられず、昭和一一年一二月に解散することになった（日本肢体不自由児協会［一九六七］七八－七九頁）。また、高木はクリュッペルハイムの建設を政府に進言していたが、なかなか認めてもらえそうにないため、「政治の力による設立」を断念し、財界に働きかけて「民間団体による事業推進」に方向転換することにした（小池［一九六二］二頁）。

以上の経緯をへて実際の仕事が進められていったが、具体的には昭和一二年一一月に肢体不自由者療護園建設委員会が誕生し、財界の協力を得て全国的な資金獲得運動を行い、やがて財団法人に発展し、総計一七五万の資金が集まり（小池［一九六一］五頁）、昭和一二年一二月二三日に、肢体不自由者療護園建設委員会が発足した。その際の建設趣意書が表10－2－4である。この趣意書にあるように、対象者としては、傷痍軍人や産業戦線上の犠牲者が主とされていたが、財界の理解と協力を得るにはやむをえなかったと推測される。実際、資金を集めるに際しては、「傷兵保護事業に関する懇談会」という名称での会合を日本工業倶楽部において数回にわたり開催し、財界人に協力を求めた（日本肢体不自由児協会［一九六七］八五頁）。東京だけでなく、名古屋商工会議所、大阪商工会議所、福岡商工会議所にも依頼を何度も行い、最終的に全国の一二五の一流会社から、当初の予定をはるかに上回る寄附を得ることができた。その背景としては、高木の努力に加えて、財界人が政府に入り、傷痍軍人等への対応という点から、軍部とともに国策の推進を図っていく、いわゆる「軍財抱合」の過程があった（日本肢体不自由児協会［一九六七］八六頁）。

その一方で、昭和一二年秋に、傷病兵、傷痍軍人に対する取扱方針が決まり、傷病兵は軍自体で、傷病軍人は政府の臨時軍事援護部（翌年に傷兵保護院となる）で、一切を取り扱うことになり、高木には、陸軍省から傷病兵については政府において一切行うことになったから、整肢療護園は肢体不自由者を対象とし、傷病兵、傷痍軍人は対象とはしない旨の申し渡しがあった（日本肢体不自由児協会［一九六七］八六－八七頁）。これによって、肢体不自由者療護園建設委員会が建設するクリュッペルハイムは、本来の目的のとおり、一般の肢体不自由者を対象とすることになり、これまでその対象が傷病兵なのか一般人なのかはっきりしなかった問題が解決し、高木の念願がかなうことになった（日本肢体不自由児協会［一九六七］八七頁）。このように、社会事業や社会福祉事業が時代の影響を受けずに誕生したのは極めて希であったといえる（佐賀枝［二〇〇二］一九頁）。

そして、前述の肢体不自由者療護園建設委員会を発展的に解散し、昭和一四年四月二二日に、新たに財団法人肢体不自由者療護園が設立されることになった。第一回の理事会は昭和一四年五月四日に開かれ、高木が理事長となった（日

表 10-2-4　肢体不自由療護園趣意書

肢体不自由療護園趣意書

こゝに肢体不自由と称するものは四肢及び体幹の運動機構に著しき持続的障害を有するものにして然かも其の知能は健全なるを以て若し之に十分なる整形外科的治療を施し且つ適当なる教導を與ふる時は国家社曾に貢献し得る有為の材たらしむべき可能性を有するものにして傷痍軍人、産業戦線上の犠牲者及先天的後天的に肢体の不自由を有する人々の総称である。

凡そ世に生を享けて健全なる知能を有し而も肢体の不自由なるが故に一定の生業に就く能はず徒らに世の敗残者となり落伍者となりて一生を過ごすべき境遇に置かるゝ程人生不幸にして悲惨なる事はない。世界一等国と誇る我が文明国民として是等不遇なる同胞に對して最も適切なる對策を講ずることは人道上よりするも亦社会政策上より見るも誠に為さざるべからざる喫緊事である。殊に今日の非常の時局に当り夙に一身を挺して一意君国の為に身命を捧げ名誉の戦傷を負ふに至りたる傷痍軍人に對して吾等は如何に之に善所すべきか眞に一日も之を忽にすべからざる重大の問題であることは言を待たない。

政府は是等の尊き犠牲者に對して或は優遇につき或は治療に於てベストを盡してゐるが吾等国民も亦彼等が嘗て健全なる肢体を有して吾等の爲に奮って戦線に立ちたる以前の状況に復せしめ或は可及的負傷前の状態に近からしむる為に能く彼等個々の状況を診査して之に十分の治療を加へ之を教導し安じて自活の道を立てしむる事に萬全の努力を拂はねばならぬ彼等は我が国家の国民の為進んで一身を犠牲とせしものなるが故に銃後の国民が十二分に之に酬ゆるは当然の義務である。

仍て吾等同志の者相諮り肢体不自由療護園を建設して整形外科的治療、一般教育、職業教導、職業紹介、授産等を包含する完備の施設を企画し現下の非常時に際し先づ多数の傷痍軍人を収容して大いに其の医療と救護に力め且つ平時にありては産業戦線上の犠牲者及一般民間の肢体不自由者をも収容して其の療護救済の資せんとす。

大方の篤志者諸彦冀くは此の趣旨に賛せられ多大の御援助を賜はらん事を。

出典：日本肢体不自由児協会（1967）81-83 頁。

本肢体不自由児協会［一九六七］八七頁）。

続いて、敷地については、役員は病院だから約一万平方メートル（三〇〇〇坪）ぐらいあればよいだろうと考えていたが、高木は肢体不自由を治療し、教育し、職能授与を行うためには、一六万五〇〇〇平方メートル（五万坪）の土地は必要であると役員会で説明し、最終的には高木の希望を了承し、約六万六〇〇〇平方メートル（二万坪）の敷地をみつけることに決まった（日本肢体不自由児協会［一九六七］八八頁）。神奈川県の大蔵山などが候補地として挙がったが、わが国で最初につくるクリュッペルハイムは東京につくるべきであるという意見が出され、板橋区根ノ上町に適当なところがあるという情報があり、この土地の住人もクリュッペルハイム建設の趣旨を理解して立退きに応じたため、この地に建設することが決まった（日本肢体不自由児協会［一九六七］八八－八九頁）。

建物は総面積六六〇〇平方メートル（二〇〇〇坪）に達し、おもなものは、診療棟、厚生棟、義肢装具研究所で、そのほかに、看護婦宿舎、消毒洗濯棟、汽缶室、ガス発生室、ガスタンク、汚物焼却炉、変電室、ガレージ、守衛所等の付属建物があった（日本肢体不自由児協会［一九六七］九〇頁）。診療棟は二階建てで、一階には診療室、薬局、検査室、レントゲン撮影室、レントゲン治療室、暗室、マッサージ室、光線療法室、水治療法室、その他事務室、図書室、食堂、調理場等があり、二階には手術室が二室、準備室、ギプス、包帯交換室、病室があり、厚生棟は平屋建てで、診療棟と廊下続きとなっており、そのほかに職能訓練部があり、職能訓練部には教室、裁縫室、機械工業室、光学工芸室、木工室、印刷室、性能検査室、作品展示場等があり、機械工業室には旋盤二、フライス盤一、ボール盤二等を備え、光学工芸室には主としてレンズ磨きの設備があった（日本肢体不自由児協会［一九六七］九一－九二頁）。また、かねてから義肢や装具に使用されている金具が患者にとっては非常に重く、かつ不適当なので、その改良の必要を痛感していた高木は義肢装具研究所を設けた。そこには、装具検査室、金工室、木工室、ギプス室、革工室、研磨室、鈑金室、乾燥室、鍛冶場、電気溶鉱炉等があったが、何よりも、当時としてはまったく異例ともいうべき電気溶鉱炉を設置した（日本肢体不自由児協会［一九六七］九二頁）点に、高木の並々ならぬ決意がうかがわれる。医療器械類についても特別に設計して製作させ、たとえば、ベットも当時としてはぜいたくと思われるものをつくったり、レントゲン室や水治療法室は東大におけるその分野の専門の教授がそれぞれ自ら設計・購入するなどして高木に協力した（日本肢体不自由児協会［一九六七］九二頁）。こうして、当時他のいかなる病院も及ばぬ立派な設備を誇り、従来の病院のように陰気でなく、明るい建物である（日本肢体不自由児協会［一九六七］九〇－九三頁）整肢療護園が完成した。

収容定員は一〇五名で、患者一人当たりの施設坪数は一九坪であった。戦後の昭和三六年時点での一人当たりの広さは一〇坪であるので、この一事からも病床面積に対する療育サービス部門の床面積の規模がうかがえる（小池［一九六一］七頁）。患者は子どもだけでなく成人も収容し、脊髄性小児マヒや骨髄炎、先天性股関節脱臼、その他の先天性疾患、外傷性疾患等が多く、脳性マヒは少数であった（日本肢体不自由児協会［一九六七］九三頁）。

整肢療護園の開園式は、昭和一七年五月五日に盛大に挙行され、そこで、高木はそれまでに培ってきた「療育」についての構想を講述している（高木［一九五五ｂ］四頁）。

（五）戦時下における整肢療護園

こうして、整肢療護園には全国から肢体不自由児（者）が集まってきて、療育事業も進展しつつあったが、戦争が激化するに伴い、国の医療機関を統合し、より有効に運営することを主目的とした日本医療団が設立され、整肢療護園も昭和一八年四月一日をもって日本医療団の経営に移された（日本肢体不自由児協会［一九六七］九九頁）。日本医療団は戦時体制下にあって我国の医療機関を統合し、より有効に運営することを主要な目的として生まれた半官半民的な性格の団体であったが、当時の諸般の情勢からして整肢療護園の統合も止むを得なかった（小池［一九六一］七頁）。こうして、整肢療護園の土地、建物、設備が無償で日本医療団に寄附されたが、施設の目的と機能は何等の変更なしにそのまま引きつがれたので（これが統合にさいしての重要な条件の一つであった（日本肢体不自由児協会［一九六七］九九頁）、実際の療育の事業は従来どおり継続された（小池［一九六一］七頁）。

一方、「大東亜戦争」が次第に激しくなると、整肢療護園の職員も召集令状を受けて戦地に向かうことになると共に、東大医学部整形外科の医師やその他の関係方面の人員の補充をはかるために多大の苦心が払われた（小池［一九六一］七頁）。そのような中、昭和一八年には、大日本産業報国会から、「軍需工場における熟練工で四肢を切断したもので義肢がうまく装着できないために仕事ができなくて困っているのがたくさんいるが、これらの産業戦士を整肢療護園に送るから、再手術をするなり、義肢をつくり直すなりして、なるべく三か月ぐらいの短い期間で、元の職場にかえしてもらうことができるかどうか」との申し入れがあった（日本肢体不自由児協会［一九六七］九九頁）。高木はこれを受け入れ、負傷した熟練工のために厚生棟の大部分をあて、手術と更正を全力で行った。その結果、全員を三か月前後で現場に復帰させ、復帰後も熟練工として一〇〇％以上の能率をあげ、他の職員の模範となっているといった報告が各地の工場から整肢療護園に届けられた（日本肢体不自由児協会［一九六七］一〇〇頁）。その一方で、高木が構想していた学齢児の肢体不自由児に対する療育の実施という点では、戦争により後退を余儀なくされることになった。

そして、昭和二〇年三月九日の夜から一〇日朝にかけての東京大空襲において、診療棟、厚生棟の主要建物は瞬時にして灰燼に帰し、一人の患者が焼死した。その後も整肢療護園は、昭和二〇年八月一五日までに前後六回の空爆を受けて、わずかに看護婦宿舎、汽缶室、ガレージを残すだけとなってしまった。整肢療護園には、病院としてはめずらしいほどの巨大な煙突があったため、整肢療護園の地下には秘密工場があるという誤まった情報があったために、爆撃を受けたということが戦後判明している（日本肢体不自由児協会［一九六七］一〇一－一〇三頁）。

こうして、四半世紀の長きに渡る高木の努力の結実であった整肢療護園は、わずか三年余りでその療育事業を停止せざるをえなくなった。整肢療護園が療育事業を再開するのは昭和二一年五月五日のことであった（小池［一九六一］八頁）。

結章　戦前日本における民主制社会への飛翔の失敗と特殊教育の矮小化

社会の動き

日本国内には存在しなかった異文化の学校教育の制度およびそれに関連する理論・技術等を咀嚼し、理解し、導入することには、日本は大きな成功を収めた。しかし、当初こそ、全体的な教育制度の設計が試みられたものの、その後は、対外関係への注力と諸資源の不足から、当面の必要性に応じた具体的な個別的学校制度の成立を図らざるを得なかった。その結果、各種の学校間に円滑さを欠く接続関係と上下関係が生まれ、上級学校卒業者には、社会的優位と待遇が用意された。明治初期こそ初等教育教員養成のための師範学校に対する国家的重要性が強調され、名望層子弟からも有為な人材が教職に就いたものの、低い給与と社会的地位により、人材供給源は衰退する。同時に、明治初期には、特殊教育を近代国家に必要な事業とみなし、学校教育の不備と考えた指導者は、教育界の内外で目立たなくなる。かくして、学校教育の国家的重要性という常套句は形骸化する。

最終章では、明治開国の初期に近代国家の建設を目ざして以来、昭和二〇年八月一五日に終わる壊滅的状態に至るまでの特殊教育の状況を整理・評価することにより、日本の特殊教育の特質と限界、そして課題を明示する。明治時代の開国期における近代国家建設時において、国家政策の末端ではありながら意欲的な特殊教育を計画した時代から、義務教育制度確立のための障害児の排除を経て、国民学校制度における特殊教育制度の成立まで、特殊教育制度の基盤の門口に至りながらも、それが成熟できなかった諸条件について、本書全体の知見に基づいて整理する。

第一節　欧米先進国の特殊教育に対する旺盛な関心と驚異的な理解力および輸入学的・流行的模倣の体質化

一．ドイツ・アメリカ等の特殊教育に対する関心とその理由

日本が、ヨーロッパ諸国、わけても、幕末時代との関係においてフランス・イギリス、そしてアメリカ合衆国が、明

治新政府の新しい統治制度構築にあたって、大きな関心の対象国となった。日本が教育情報を求めた国々は、フランス・ドイツ・アメリカ合衆国等と多面的であったが、教育分野におけるきわめて強力な関心は、しだいにドイツに向けられた。その理由は、すでに日本周辺の国々は欧米列強による植民地化が進行しており、それを回避しようとした極東の小国・日本にとって、ドイツは目ざすべきモデルに映ったからであった。日本は、江戸時代の幕藩体制を明治新政府のもとに国論統一する必要があった。領邦国家に分裂していたドイツは、産業と学問の振興、教育の重視等によって一八七一年に統一国家・ドイツ帝国となったばかりであった。こうして、後進国かつ異文化世界である日本の初期の留学生はドイツに長期滞在し、当時の代表的な教育学説、学校教育に関する基本的な諸制度とその社会的・文化的背景を学んだ。そして、学校および教育、子どもとその生活、家族等が、ドイツ社会とその文化を基盤として具体化されていることを認識し、驚嘆する理解力と吸収力を発揮したのである。

ドイツと並んで明治初期から関心の対象国となったのは、アメリカ合衆国であった。ヨーロッパが身分制を社会的基盤としていたのに対して、アメリカはそれを撤廃した新しい理念と秩序に基づくNew Worldを創設する野心をもっていたからである。日本の若い留学生のなかに、その理念と制度の斬新さおよび旺盛な活動にいち早く関心をかき立てられた人々が生まれ、留学の対象国となる。これらの特長は、すべての社会構成員を平等とする民主制イデオロギーと結びつけて理解された。そして、民主制という統治思想は、国籍や人種あるいは障害を問わずあらゆる信徒を神の前で同等とするキリスト教と親近性があった。また、特殊教育に関連する多くの情報は、アメリカに限らないが、欧米の聖職者だけでなく、日本人のキリスト教徒を通じて伝えられ、教育・福祉事業にも着手された。日本で最初に盲教育機関の設立を構想した楽善会はこの典型であり、外国人の宣教師のリードの下で、組織結成当初の日本人全員がキリスト教徒だった。

アメリカは、二〇世紀初頭になると工業の発展が顕著となり、若き大国となりつつあったために、ますますその魅力は増す。そこで日本の教育学者は、ドイツと同じように、アメリカの教育学説とその始祖を紹介することになる。日本の教育団体は有名な教育学者を日本に招待し、全国的な講演活動を依頼したのである。

このような過程で確立した様式は、教育学説の先進国からの輸入とその流行であった。しだいに増えた日本人留学生は、ドイツやアメリカにそれぞれ師匠をもち、その学説の紹介と普及に勤しんだ。つまり、導入先が増えるに伴って、学説の事例数も増えたが、輸入と流行という様式には変化がなく、自前の資料と方法に基づく研究開発へと転換することは、ほとんどなかったのである。[1] すでに明治初期に第一段階として、欧米の制度や情報に関する日本人の吸収能力は高度ではあったが、情報を摂取してそれを具体的に土着化させる指向は希薄だった。西洋文明の輸入と模倣から、創造的文明の国産への転換と計画立案は、大正初期には認識され、強調されていたが（藤原［一九一四・一二］）、本格的に着手されることはなかった。明治四〇年前後に一時的に流行した実験教育学はその一例であり、低能児問題に影響を与えたといわれるが（平松［一九七五］三二一頁）、本体である実験教育学が先進国で構築される間もなく瓦解してしまったのである。

二．欧米社会のキー概念の日本的受容と特殊教育

第一章で触れた岡本稲丸の指摘を熟考すると、日本の特殊教育に対する欧米からの影響は、とくに和漢の教養を基盤としていた時代においては再考が必要であろう。欧米由来の、そして近代思想に基づく盲唖教育情報は、日本に甚大な影響を与えてきたのであるが、欧米における盲唖教育の普及や内容に関する表面的な情報は日本で大いに流通しても（実際、ありふれていた）、欧米特殊教育の近代的基盤と背景、そして、意識上および意識下で作用しているキリスト教倫理との深淵で宏大な関連づけのもとに盲唖教育を理解することは、明治初期の長期留学生ですら苦闘したのである。欧米特殊教育導入において、ある時期から頻用された用語が「権利」であった。現代に至るまで、「権利」は教育・福祉サービス享受の正当性を根拠づける用語として愛用されているが、近代社会成立過程における権利の獲得過程に鑑みれば、そして、権利享受が市民としての責務との対語であってみれば、これまでの研究でしばしば高い評価が与えられて

きたけれども、「権利」を使用することだけで、特殊教育問題が日本的土壌において容易に解決されるわけではなかったであろう。

小西信八も、ある時期から権利－義務概念を使用しているが、それは、欧米情報に染まっている初等教育界に効果があると考えての修辞ではなかろうか。小西が、権利と同時に使用しているフレーズに「盲唖もまた人なり」があり、ここで、古河の「盲唖モ亦人ナリ」（岡本［一九九七］六四二頁）と逢着する。小西の主張には、日本あるいは非欧米的な表現がみられる。明治三三年小学校令における就学義務の免除を、文部省・県・市町村が「特殊の恩典と思量する如きあらば、誤れることの甚だしきものにして、恥づべきものと云ふべし」（小西［一九一八・一一］五頁）と、「孔子」や「孟子」に由来する日本人の「恥」の感情を喚起している。第一章で述べた、小樽の小学校主席訓導・小林運平が、盲唖児に「及ぶ限りは教え試みん」とし、「盲唖子弟とてまた棄てがた」いという感情も、少なくとも欧米由来ではない。「可憐」は、弱い相手の懸命な姿を見て、いじらしさ、けなげさを感じて、守ったり救ってやりたい心情を表わすが、対象は、盲唖児に限らず弱い者や小さき者であった。現代では、「可憐」はパターナリズムとして一律に放棄を迫られるであろうが、「可憐」のような表現には、西洋的文脈には存在しない、日本人としての弱き者に対する感じ方があったのかもしれない。

第一次世界大戦後に日本国内に蔓延した一等国論については前述したが、先進国パラドクスとでもいうべき先進国に対する憧憬と劣等感が同居した感情は、近隣諸国に対する優越感とセットになっていた。そして、劣等感を解消し、先進国を凌駕するかのような何らかの要素を提示されると、欧米に対する劣等意識は逆転し、簡単に国粋主義に転換する教員がいた。

こうしてみると、解決すべき問題は、日本が欧米になることではなく、欧米に比肩できる独自の非欧米社会になることであったと思われるが、なぜ、教育界の知識人において、そのような方向を模索することが主流にならなかったのであろうか。日本の知識人が憧憬や模倣の視線を向けたのは欧米先進国（その対象国数はゆっくりと増加する）に限定されていたのであり、後進国（そのなかにはかつて先進国であった国が含まれていたはずであるが）に陥っていた国々に関心を示すことは、ほとんどなかった。

すなわち、一つは、時間と地域を相対化して、欧米唯一ではなくオールタナティブな進路を探る多角的な指向を、知識人が選択しなかったことである。第二は、自国の評価である。盲人の伝統的な職業や精神薄弱児（者）の社会的位置が欧米ほど排除的でなかったという観点からみれば、日本の障害者の境遇は限定的な範囲にしか過ぎなかったとはいえ、評価できる部分があったはずである。欧米の植民地であった地域における盲唖教育が、ほぼキリスト教的慈善の段階に留まっていたことからすれば、日本の盲唖教育の近代化は顕著であり、それを支えた一つは、キリスト教を媒介することなく、盲唖者に対する共感を日本社会が相対的に備えていたからではなかったのだろうか。同じように、欧米先進国における精神薄弱者に対する苛酷な社会的排除と法制化が、日本では言説段階だけに留まっていた事実は、資源の欠如だけでは説明できないように思われる。日本と欧米関係の悪化に伴って、植民地経営による収奪という欧米先進国の負の部分がしだいに明らかになるが、この本質と障害者の社会的処遇を関連づけて欧米先進国を評価するには、その研究蓄積が決定的に欠けていたし、大戦が勃発して、一部の知識人の関心から消失することになる。そして、敗戦後の連合軍による占領下のもとで、再度、アメリカ合衆国が唯一で全体の基準になってくるのである（『戦後編』第一章参照）。

三　教育の社会的位置の低下

初等教育の名目上の国家的・社会的位置は、明治初年からつねに高かったが、現実はそれとは対極的だった。文部大臣として内閣において異論と対抗して、強力な文教政策を立案し、実施したのは、森有礼等、数少なかった。文部大臣のなかにも見識をもった人物はいたが、元来文部大臣は脇役で、しばしば兼任ポストになったり、大臣不在の時期もあった。県の学務は森時代に文部省の系列になったものの、森の逝去後は、内務省の管理下となった。あまつさえ、文部省廃止論さえ、早くから見え隠れした（久木［一九八六・一二］）。また、大正六年から昭和一一年までの約二〇年間に、文部大臣は延べ一七人も変わったから（歴代文部大臣一覧［一九七二・一〇］）、文部行政が安定するはずがなかった。

小学校教員の社会的地位も文部省と同じよう低下する。中学校や専門学校の増加・整備とともに、初等教育教員養成機関である師範学校は、その入学志願者が減少しただけでなく、景気動向に大きく左右される進学先になる。その結果、師範学校およびその卒業生である小学校教員の社会的地位は顕著に低下する。「学校教育の不完全」さの原因が、要求のみ多くて報酬の少ないことにもあることは、すでに明治二三年に外山正一により指摘されている（外山［一八九〇・四］三－五頁）。

給与額が抑制されたばかりか、昭和時代初めになると俸給の未払いや遅延が、ほぼ小学校教員だけに見られたことからも、彼らの社会的地位が軽んじられていたことが理解できる。小学校教員に対する社会的な評価は、その高度な専門性と労力にもかかわらず、高くなかったのである。その原因が複合的要因から合成されていたために、給与も社会的位置の向上も改善が困難だった。

大正期には、教権独立が初等教育界のスローガンになるが、昭和戦前期に至っても、ほとんど変化がなかった。県教育会幹部は、教師の自覚と努力にその実現を期待するのであるが（N生［一九三三・七］）。並河［一九三五・一］、［一九三五・二］）、教育界の沈滞は変わることはなく、「文教萎靡」（並河生［一九三七・三］）を嘆くことになる。このような雰囲気と待遇のなかで、特殊教育の振興を小学校教員に期待することは、さらに困難であっただろう。

四　公共心の形成不全

内務省書記官・田子一民（一八八一－一九六三）は、大正五年に、「小学教育は、忠君愛国の思想を養ふ事には成功したが、立憲道徳公民教育にはまだ力がはいって居らぬ」といい、公共心については修身書にも読本にも適切な課が設けられていないことを指摘している（田子［一九一六・九］八、二〇頁）。日本人に公共心が欠如している（水野［一九一五・三］九頁）との認識は、欧米の事情に通じた知識人や官僚の間では、おおむね一致していたように思われる（生江［一九一一・一〇］。大橋［一九一二・四］）。

それゆえ、公共心の形成は教育界の一部では強力に提案される。とくに東京市は多少の誇りを含意して「帝都」と称されたように、都市に加えて首都としての要素が加味されていた（巻頭言［一九一一・八］）。第二〜三代東京市長（明治三六・六・二九〜四五・六・二六）で東京市教育会長でもあった政治家・尾崎行雄（咢堂。一八五八－一九五四）は、公共心に強い関心をもった一人であった。尾崎が会長として、東京市教育会『都市教育』の巻頭文を毎月執筆した文章においてつねに意識されているのは、まさに欧米に対する対峙意識であろう。日本の自立確立のための条件として、立憲主義、公共性と公徳心、正邪と公平、全体的俯瞰は共通したテーマであり、いずれも日本では希薄であるとされた（尾崎［一九一一・七］、［一九一二・一］、［一九一二・三］、［一九一三・二］、［一九一七・二］）。

これらの問題は、地方自治と連動している。都市教育を研究テーマにしていた湯原元一も、旧来の地方の仕組みからの脱却と市民、そして自治への転換を説いた（湯原［一九一三］、［一九一三・四］、［一九一三・一二］）。この時期において、市民も自治も、欧米に対峙する条件として大いに論じられ、小学校教育にも導入されたが、その効果はさほどではなかった。

しかし、表現は同じようでも、個人を公共に吸収してしまう日本的な公共心が強かった主張もある。内務官僚・馬淵鋭太郎（一八六七－一九四三）は、京都府知事時代に京都府教育会長としての挨拶で「公衆に対する思想の欠乏」は「国民性の欠陥」であると述べたが（馬淵［一九一九・七］一三頁）、「自己を空しうして公共の為に盡す」ことが肝要で、「一身一個の考えに立った考」は「利己主義」であるというのである。このような見地からは、労使間の「労働問題」も「隣保相輔くるの情の上に立てられるべき」であることに結果してしまう。同じように、馬淵には公共心の理解は困難で、私徳に対応する公徳心として理解されていたようにも思われる（江原［一九〇一・四］。箕作［一九〇一・八］）。欧米の公共心は、個から出発しているから全体に埋没することは原理的にあり得ないが、日本では、強力な同調圧力もあって、個を貫徹することは難しかったのである。

日本の公共性問題には、経済的・社会的特徴がある。大正期から昭和初期にかけて顕著な所得格差が発生し、戦前期に拡大したことであり、そのうえ、日本では「持てる」者が役割を果たさなかった。とくに「持てる」者問題は深刻で、彼らにも公共性が欠如していた。ヨーロッパ旧貴族やアメリカの古典的中間層には曲がりなりにも継承されていたノブレス・オブリージュの精神は、日本では途絶し、その後も、担い手がない状況において、公共性や権利のような西洋由来の理念や思想が定着するはずがなかった。

新教育運動の実践的・理論的担い手だった赤井米吉は、結局は、他の新教育運動の教師と同じように国家主義に追い込まれていくが、昭和一二年初に欧米と対比した日本の教育の問題点を剔抉している。それは、「（日本の）学生々徒の学校に於ける努力、教師の努力」は世界一だが、それは「皆袋小路に追ひ込まれてゐる。入学のための努力、卒業証書を得るための努力であって、社会生活、人間生活への努力ではない……学問のための学問、学校のための学校」に留まっていて、「人生或は社会生活への大道に沿うて」いないというのである（赤井［一九三七・一］）。それから約八〇年、その構造だけは現在でも変わらないかにみえる。

第二節　特殊教育における中央集権および権力的体制の確立と各セクターの役割の不徹底・資源不足・対抗勢力の不在

一．一般の行政制度および社会慣行と特殊教育

戦前の初等学校教員は、行政上は、内務省系列の地方役所の支配下にあり、官治主義によって管理されていた。地方における官治の実務者である知事や地方高官のなかに、盲啞学校の創設に協力的な人々が少数いたが、それは制度から生まれたのではなく、個人の見識や能力といった偶然の産物だったことになろう。また、特殊教育の制度上の除外は、特殊教育の社会的価値を毀損し、障害児（者）の存在を有害視する結果を伴う。現実には、教育界関係者や障害者自身の努力で、この傾向は、かなり阻止されてきたと思われるが、特殊教育の社会的意義が付与されるには、教育制度上、この構造を正規の機関に位置づけることが必要であった。この課題は、昭和初期に特殊教育制度の萌芽がやっと構築され

たことで、特殊教育の学校教育としての正規性が構築されつつあった（昭和戦前期ではこの過程が緩慢で、不完全であった）。しかし、学校体系において盲学校および聾唖学校を小学校（国民学校）と同一次元とする法制が不完全のままであり、盲児と聾唖児の就学義務が実施されなかったことが、戦前特殊教育の主要部の社会的意義を不完全なものにした。

二　特殊教育関連の専門資源の不足・多様な情報の欠如と同調効果

教員養成制度は、盲教育（東京盲学校）・聾唖教育（東京聾唖学校）に教員練習科（後に師範科・師範部）が設けられたことにより、一年課程とはいえ相応の専門性を身につけることができた。しかし、養成校は盲と聾唖、それぞれ官立校一カ所だけであったために、養成できる教員数が極限されていたうえに、養成校の教育の理念・教育課程・教育方法等、唯一の方針だけが伝承される結果となった。たとえば、東京聾唖学校は口話法を唱導していたので、手話法は敵対する言語指導法となる。あまつさえ、文部省が名古屋市立聾唖学校等に口話法講習会の開催を委託した結果、口話法だけが言語指導の正法となる。また、盲唖教育の新奇性が薄れていくにつれ、教員養成課程創設当初のような有能な人材を引きつける吸引力は低下する。

盲唖教育では、文部省の盲唖教育大会が開催され、その後、帝国盲教育会および日本聾唖教育協会で研究大会が開催されるようなった。また、身体虚弱・病弱については、学校衛生専門家の全国会議である全国連合学校衛生会が、大正一一年からは学校医等の医師を中心に開催された（野村［一九九四］二二一頁）。精神薄弱については、精神薄弱児童養護施設講習会が昭和六年に実施され、七年からは虚弱児童養護施設講習会が開催された。意外なことに相当な需要があった。

これらの各障害に対応する研修機会の主催はいわば官製であったが、資源の乏しかった戦前においては、これに代わる組織の結成は困難だった。その中味は、障害や時代で異なる。盲では初期には外国情報の紹介であったが、昭和期になると研究的な方向や、現場教員の自主的な実践研究が模索された。聾唖でも、口話法はアメリカ発の情報が最初は主であったが、口話の習得が困難なこともあって、実践研究が盛んに行われた。精神薄弱や学校衛生では、学校教育に必要な活動の情報を共有するとともに、自主的な研究団体が結成された。しかし障害全体において、より高度な研究を担う特殊教育機関が存在しなかったし、医学界でも担い手が献身的な医師以外に拡大することはなかった。

戦前の特殊教育において特徴的だったのは、特殊教育に関連のある精神医学と心理学の人的資源の貧弱さである。これらの専門分野自体、人的資源は稀少だったが、教育学から心理学の分化が不十分で、県師範学校では心理学は教育学者の兼務であり、そのうえ教育学は講壇教育学の傾向が強いままだった。心理学専門家は不足していただけでなく、学問的・研究的傾向が類似していた。精神医学の状況はもっと不利で、専門家の不足だけでなく、障害児の病理学的強調の傾向が強く、源が東京帝国大学医科大学であることから生じる同学傾向があった。こうして、多様な見解の不足が生じることになる。さらに、各分野のチームを組んだ活動が少なく、心理学や精神医学と協働するよりも、個人的な活動になりがちだった。まさに、これらの専門および隣接分野における資源の局限または欠如は、障害（者）に対する社会的評価を映す鏡だった。

各県教育会雑誌における特殊教育関係記事をみると、その執筆は、県師範学校の教諭が担当しており、問題の理解力と課題意識には優れた記事が多い。しかし、その記事は、当時流通していた盲唖教育雑誌や講習等の国内情報源に制約された。しかしその時々の問題状況を反映して、小学校における盲唖教育が課題になっている時期では、単なる概説に終わることなく、指導的対処の内容にまで至っている。

また、これら専門家が果たした役割にも特徴があった。とくに精神薄弱においては、関与する条件が多種多様であるために、精神薄弱の診断がより難しかったが、診断と結果が中心で、診断過程における実態把握は重視されなかった。精神薄弱児や劣等児の指導に関連して目立つのは、知能検査が紹介されると、専門的な訓練を受けていない素人の教員が、知能検査を乱用した。教員の実践研究の一般的な定型的構成は、用語、原因と診断、歴史であり、内容は総説的に留まった。

しかし大局的に見れば、劣等児問題は戦前において基本的には解決しなかったと思われる。貧困は継続的で安定した通学と学習への専念を妨げるために、元来、劣等児問題の発生基盤の一つだったが、大正時代末期以降の慢性的な経済・農村不況は、児童の貧困問題を深刻化させたからである。いいかえれば、教育課題としての劣等児問題の位置は小学校教育においてむしろ高まっていたはずであるが、戦時体制の進行とともに、指導面では実践よりも精神的・理念的・総説的となり、訓育的側面が重視され、教員の生活では給与の不払い・遅配や減俸、出征や負傷、戦死が発生する状況においては、制度的に未熟な劣等児教育や精神薄弱児教育は、政策の優先順位を下げていく。

どの世界でも、当初は高い志があったが、制度が確立し、定型化してくると劣化がみられることが多かった。各県教育会の活動内容とその質は、時期とリーダーによって大いに異なる。形成期と大正デモクラシー期には、比較的活動が活発であるが、それ以外は沈滞気味だった。リーダーの在り方は、大正デモクラシー期と戦時体制下の時代に問われることになる。明治末期以降は、地方間の差が大きくなっていたのである（編輯子［一九〇五・一二］四八頁）。

県教育会同士は、それぞれの機関誌を交換していたが、それはどのように機能したのだろうか。日本人は、元来、同調性が高く個人的主張に乏しい国民であったから、教育会雑誌の相互交換は、他府県の動向を知るという利点もあったであろうが、輸入学と流行、そして高い同調性という特徴を、ますます相互に強化することに働いたのではなかろうか。著作物の文字情報よりも同調効果があったのは、他県への教育視察であった。当初は県内の代表的な校長のみが他県の教育を視察できた。この校長群は、実践的な成果を挙げ、かつ、長年、同じ小学校を率いた影響力のあった人々だったから、他県の実践を直接参観する機会は、自己の実践を相対化する効果は大きかったものと思われる。視察者が小学校幹部の段階までは、自己の実践を顧みる効果はあったが、視察者の範囲が拡大して大衆化するにつれ、教育上の流行への追随が顕著になる（西尾［一九二五］五一–六頁参照）。当時は通信手段が限られていたから、事前予約なしに学校を訪問していたが、流行の教育テーマで有名になった小学校には視察者が殺到するようになり、近隣の勤務校教員が、同じ小学校を訪問するようなことも、当然、生じたのである。そして同じことが、大正期から始まった海外教育視察でも繰り返されることになる。大戦前においては、実際には海外視察が拡大する前に戦時体制に突入したので、一部の小学校長しか欧米教育視察の機会はなかったが、小学校における特別学級の必要性と具体的な教育的対処を点火する効果があった段階で留まった。

対抗勢力が育たないことも日本の特徴だった。ここで対抗勢力とは、主流に対する異論を提起する集団の存在を意味するだけではない。政策や主流の学説とは異なる理念と原理および方法の理論化、そして、対抗する具体的な提案によって新たな成果を提示できる専門家集団の存在が必要であった。また、欧米で得た新しい見聞を喧伝することが定型化して続いたうえに、渡航者の拡大によって情報が多様化しないわけでもなかったが、全体として欧米における先進性と畏敬という受容様式は変わることがなかった。そのために、新しい教育情報を得るたびに、線香花火のように一時的な流行を生み続けた。特殊教育は、教育情報のこのような構造の例外であるどころか、教育情報の一部、いわば情報の頂点部分だけが伝えられがちであったし、特殊教育のなかで最も整備が進んでいた盲唖教育ですら、社会的・教育的基盤が不十分であったから、先進国情報は、垂涎でしかなかったのである。しかし、外国情報がなければ指導ができないわけではなかったから、事業の新奇性が薄れた盲教育や固定化しつつあった口話法による聾唖教育よりも、潜在的な斬新性のある精神薄弱教育のような分野で、児童の教育と将来の生活を考慮した教育が展開される可能性があった。それが大阪市と東京市の精神薄弱児教育における一時的な開花であった。

三　篤志家と地域社会の支援の限定

日本社会には、欧米キリスト教社会のように大富裕層が存在せず、寄付行為を精神的・道徳的に支える強固な社会的慣習が乏しいが、それにもかかわらず、零細な盲唖学校の創設と運営が、地域社会の人々の寄付に依存していた例は少なくない。また、小学校や師範学校の教員あるいは退職教員が盲唖学校の基礎的教育を担当して、職業教育以外の教育を行うことによって、国民としての基盤を盲唖児において形成することに貢献した。

しかし、特殊教育の制度化の着手が遅れたこと、特殊教育が強力に発展しなかったことは、特殊教育の存在を支える社会や個人の公共性意識の脆弱さによるものであることが、一部の人々により認識された。すなわち、障害者と社会との関係の意義づけ、あるいは障害児に教育を提供する社会的意義が、欧米諸国における仕組みとその基盤・背景と比較して欠如していることである。それゆえ、日本でも特殊教育を導入すべきことまでは認識されたが、欧米とは異なる基盤と背景から成立している日本の長い伝統と文化のなかで、特殊教育をどのように播種し、育成すべきかを構想するまでには至らなかった。

たとえば戦前において、障害者の社会との関係は、大正一二年の盲啞教育令のように制度化されると、教育することによって盲啞児の依存性を縮減し、有害化を予防することに焦点化された。しかしさらに進んで、障害者がどのように社会の一員として貢献し、寄与させるべきかという課題は、戦時下における特殊教育の社会的貢献という観点に矮小化されてしまったのである。このような歪んだ日本の特殊教育の制度化は、欧米列強が設定した秩序において、後進国としての開国と独立国家への努力という極めて困難な条件の下でなさざるをえなかったという不利はあった。しかしこの課題は未だに解決されているとは言いがたい。現代において共生と社会参加、ノーマリゼーションのような抽象的な言説が理念的に示されていても、国民の日常的な、実感として受け入れられ、それが、社会の仕組みになっているというレベルには至っていない、未解決の問題であるように思われる。

第三節　欧米との関係と輸入・流行の日本的体質およびその源泉

一．モデルとしての欧米との不変の関係

日本の教育界における輸入学的傾向が濃厚な源は、日本の近代化が始まった明治時代初期に遡る。近世日本には存在しなかった欧米的「学校制度」を導入し、確立するためには、先進国から制度だけでなく、理念・内容・方法を丸ごと

輸入せざるを得なかったからである。その結果、制度の輸入には成功し、欧米の植民地になることは回避できたし、部分的には独自の成果を挙げることができたが、日本的土壌において育成・発展することに成功したとは言い難い。数十年程度の期間で、欧米の制度や技術に代わる理念の国産化は不可能だったし、制度が拠って立つ欧米原理の移植は不可能だからである。

小学校制度が確立をしても、新しい教育問題が次から次へと発生するたびに、その解決策を先進国に求めざるを得なかった。国内で教育学の研究に従事しているのは、帝国大学の数名の教員と高等師範学校および師範学校の教員しかおらず、研究者が計画的に養成されるほどの需要がなかったから、結局は、外国語の専門書を読解して、理論と実践の重要な参考資料としたのである。このような構造が変化することは、大学や専門学校が医科と理科中心である限り、教育学に限らず欧米依存が変化することは不可能であった。

このような条件下で、研究者も実践家も、小学校教育の対象外となる障害児の教育を主要な教育課題とみることはほとんどなかったから、盲唖学校の必要性を主張する場合、小学校教育の論理とは異なるアプローチをする必要があったのである。それは、欧米においては、盲学校と聾唖学校や低能児・非行児・病弱児等の学校は、小学校制度外の教育機関の一部として設置されているという事実の強調であった。障害児の教育が小学校でも実施されている、あるいは実施可能であるという情報は、小西信八は明治末期から伝えていたし、大正中期には樋口長市らが伝えたものの、市町村の小学校が広く特殊教育全体を運営することは、東京市と大阪市において部分的に着手された以外、戦前において広がらなかった。このような状況において、特殊教育を小学校教育との関連において制度化する発想は遅れたのである。

二　輸入と流行の日本的体質の貫徹と社会的属性優位の社会

(一) 輸入の必然性と無限性の理由

こうして、日本の大学・師範学校の研究者の関心は、外国の教育学の動向に求められ、最新の情報を紹介することに向けられた。実践家もまた、目前の児童に対する指導によって資料を得るよりも、著作と教育雑誌における外国情報を求めることになった。その結果、大戦前の現場教員が書く文章には、欧米の人名と理論等のカタカナが頻繁に、不必要と感じられるまでに登場することになる。教育の理念もまた、欧米教育学の動向が変わるたびに、取り替えられていくことになる。

大正後半期に初等教育界に身を置いたことがある柳田謙十郎は、日本の教育学界は他の分野と比べて学問的基盤が浅く、かんたんに俗名が広げられるとみていた（柳田［一九五一］六八頁）。教育（学）関係の市場は大きかったから、雑誌を含めて教育（学）書は、現代よりもふんだんに流通していたのである。それゆえ、著書を出版することは、当時はそれほど困難なことではなかったのである。この間の事情は、教育界の実態と教育学の本質に通じていたともいえる。

特殊教育を含めて、教育学の広い分野に関心をもっていた小澤恒一は、大正末期に、夏季聚落を例示して、日本の初等教育界の外来傾向を指摘している。彼は、形式的に外国を模倣し、「とにかく夏の暑きときは林間学校を行らなければならないものとし、臨海学校」を他者の評価を気にして実施する傾向にあることについて、「精神を忘れた林間学校、臨海学校は百害あって一利のない」と指摘している。そして、日本では「学校に於ても流行」が盛んで、教育の「思想が外国から受けてゆき、受けてはゆきしている有様で一つも徹底したもの（が）ないことは遺憾この上もない」状態だった（小澤［一九二六・一二］一五頁）。小澤は、同じ頃、「外来思想に幻惑して居る現時の我が国民」とも述べている（小澤［一九二六］序三頁）。日本全体が外語中毒だったのである（香川［一九三〇・七］）。

上記の流行トピックだった林間学校について、自ら成城中学校の林間学校創設を主導していた長田新も、大正一二年六月につぎのように書いている。欧米から林間学校の新しい情報を受けて、「物真似に巧みな日本の教育社会にあちこち、その模写……ほんの物真似……（新しい試みをしているという）あはき（淡き）虚栄の口実……真摯の何物をも見出し得ない……（海辺や山で）何とはなしに（一週間ほど）時日を過ごして」林間学校と称している。「かくの如き物真似といはんか、『ままごと』といはんか」「日本在来の試みの余りに申訳的なる虚偽」と、この上ない酷評を浴びせている（長田［一九二三]序)。なお長田は、大正末期に、教育界の沈滞に危機感をもっていたことは、第七章で触れた。ただし、日本的な条件内での総花的林間学校にも、過渡的な意味はあったことも、第九章で述べた。

日本は、学校教育制度をとりあえず輸入せざるを得なかったが、欧米の教育制度は、数百年の経験をもとに欧米人の「身体精神」に合わせて発展してきたから、日本および日本人に合わせた修正が必要であること、また、修正が不十分であることの結果としての詰め込み主義の弊害も、明治二〇年代前半には十分に認識されていた(外山[一八九〇・三]、[一八九〇・四])。明治三〇年末には、流行が「突飛的」「反動的」「折衷的」の三種に分類されてその弊害が警告されたが(撫松生[一八九七・一〇][一八九七・一二])、基本的にはその後も変わることがなかった。

もちろん、直輸入ではない欧米の制度の導入の仕方は、多くの場合、意識されていた。しかし、ややもすると、直輸入になりがちだった。たとえば、盲学校校庭の作り方はそのような例として暗示的である。日本では、盲学校は安全性に最大の配慮がなされて建築されているが、イギリスの例では、社会に出ていったときの訓練過程になるように、社会の現状を反映させて作られているというのである(最も進んで居る英国の盲教育[一九一五・一一])。

しかし、輸入や紹介はますます精緻を極めていく。たとえば川本宇之介の『都市教育の研究』(一九二六)は、本文が一〇四〇頁に達する、特殊教育や社会教育も含む欧米(主にアメリカ)と日本の都市教育に関する調査報告である。だが、川本の責任ではないが、そもそも国の教育計画にマスタープランがなく、それぞれの教育機関の社会的・文化的基盤や背景も欠けた日本では、至れり尽くせりにみえる先進国情報は羨望しか生じなかったであろう。

たしかに、先進国と対照して、日本教育の在り方を探ることは無駄なことではない。大伴茂(一八九二―一九七一)は、奈良県師範学校・東京高等師範学校を経て、大正九年に渡米し、大正一三年にシカゴ大学で博士号を取得した心理学者であり、アメリカでの生活経験をもっているが(大泉[二〇〇三]二一一―二一九頁)、彼が昭和三年に指摘した日本の教育の欠陥は、日本の子どもが自律的・自発的でないこと、日本の教育が子どもに合致していない、教育が団体的であって一人ひとりの個性に合っていないことにあり、この二つは関連しあっているという。そして、個性を重視する教育は、大集団の教育では不可能であるともいう（大伴［一九二八・一］）。こうして、教育学説の提案は、たとえば学級定員の縮小が、学級数の増加、教員の増加、校舎の増築を必要とすることで、社会経済的問題に直結し、当時の日本では実現不可能な課題となる。

（二）輸入学に対する多面的な輸入学批判

輸入学批判は、特定分野に対する部分的なものではない。また、その批判も、単なる輸入自体ではなく、方法的な批判の段階に至る。

(1) 研究と実践における疑問と批判

明治末期からマンハイム・システム等、各種の学級編制法がつぎつぎと紹介されたが、当時の公立小学校では、学級・教員・学校図書館等の資源不足から、このような学級編制法が成立する可能性はほとんど存在し得ないにもかかわらず、学者等はそれを競って紹介し、現場の教師も、それを県教育雑誌で復唱したのである。人名や学説をカタカナで紹介することは、初等教育界において確立されていた記述技術の一種の慣習にすぎず、教育上は意味がなかったが、改善されることはなかった。

明治末期は、日本の教育の在り方を根本的に再考する好機であったようである。明治末期の教育革新運動において、ハーバード大学名誉総長チャールズ・W・エリオット（Charles William Eliot 一八三四－一九二六）博士が訪日し、日本の教育観察に基づく所見を提示し（西山［一九一三］四一四－四二〇頁）、この勧告にしたがって、アメリカ中心の教育の導入を図る動きが教育界で生じた。これに対して、イェール大学に留学し、博士号を取得した経歴をもつ京都帝国大学文科大学の心理学教授・松本亦太郎（一八六五－一九四三）は、エリオットの所見を皮相であるとして痛烈に批判している（松本［一九一二・一一］）。松本は、アメリカの教育の実態を熟知できるほどの期間、留学生活していたのである。しかし、エリオットの問題指摘を柔軟に受け止め、制度・方法・教育費の点から、日本の教育は「一大革新を決行すべき時機に到達」しているとする立場もあった（一記者［一九一二・一〇］一六頁）。

しかし、明治末期にはすでに欧米の教育学に対する絶対的な位置づけに、疑問が生じている。精神薄弱者施設・白川学園を経営していた脇田良吉は、日本の教育界における欧米の模倣と権威づけを指摘している（脇田［一九一二・一一］一三頁）。脇田は正統な師範教育を経ないで小学校教員になったために、比較的、欧米学説の模倣から解放され、自らの経験と工夫によって理論と方法を構築したのである。まして、保守派からみて、欧米からの学説輸入は国民性に脅威になると見えたために、その批判は「学界の不祥事」と激しく断じる。「世の学者と称する者、競ふて泰西の新説を或は口に或は筆に紹介し、それが如何に、我国民性に悪影響を及ぼすかを顧みない」、「この所謂新しがる、豪がる博士とか教授とか云ふもの程危険なるものはない」（桐井［一九一三・九］）。

明治から大正への元号の変化は、確実に「大に意を新たにして斯の道の為に奮闘努力する」感情を生んだ。かくして、初等学校教員の養成を任務とする師範学校長は、つぎのように小学校教師を鞭撻する。「古今東西学者……の所説は、吾等が実地的研究の参考として尊重すべきこと勿論なりと雖も、直ちに執りて以て吾人の規となすべきにあらず」。それゆえ、実際家として「吾人は吾人自らの本領を開拓して、着々其の歩武を進め……斯くて有力なる研究を遂げば」、児童はもちろん、「学者為政家の参考にも供する」ことができよう、というのである（滝澤［一九一三・一］）。輸入学説を相対化し、「研究資料」となるような研究的実践への転換を、東京府青山師範学校長・滝澤菊太郎（一八五四－一九三三）は求めたのである。

大正初期には、先進国からの情報の範囲も広がってきて、図書館に関連する情報も詳細になってくる（和田［一九一七・一］、山田［一九一九・一二］）。図書館制度は早くから知られてきたし、一部の県教育会等は、自ら図書館を開設・維持した。しかし、図書館の運営は、学校教育や社会教育との連絡、司書という図書館専門職員の配置というシステム全体のなかに位置した活動であり、当時、流行した教育学説は、図書館を前提として成立していることも認識されるようになってきたのである。こうして、ますます先進国への情報依存度は高まることになる。

大正末期になると、実践界のなかには教育学・心理学の欧米依存の歴史と現状に対する不満が高まるようになり、欧米中心主義を揶揄する声が上がってはいた。

もう宣い加減に、洋行万歳、洋行崇拝をやめてもいい頃じゃ。メリケンが何だ、あれは饂飩粉の仲間じゃ」(白雲生［一九二二・七］六〇頁)。

その一方で、欧米から導入した理論や方法を深め、あるいは現状に対する改善策を提起することを求める人々もいた。

下火になりかかった……(教育界の新主義や新主張を立てた人達は)なぜ、もっともっと炎々たる炬火をもやさないのだ。自由(教育)、ダルトン(・プラン)、プロゼクト(・メソッド)皆そうだ。童謡、童話、児童劇、ダンス皆そうだ。／進め、進め、まだまだ停滞すべき時ではない筈だ」(洋浪［一九二五・五］五五頁)。

昭和初期には、さらに厳しい意見が見られる(未超人［一九二八・一］一〇〇頁)。

いつまでたっても独逸の受売だけでは堪らない。日本にも、一つ位は教育学説が出たってい丶。明治が済んで、大正が終わって、昭和が三年になった今日だ。

輸入という方法上の問題に対する指摘は、早くも明治末期に、基本的には輸入と流行という同じ範疇ながら、やや異なる観点からなされていた。最近の小学校教員の教授に対する批判として、「教授の方法の末節のみに拘泥して、多く学術真理(プリンシプル)の研究を等閑に付する」傾向があると指摘し、「如何に教授方法の巧妙なりとも、学術原理の根本を解せずしてならば、それは、畢竟徒労」であるというのである（岩井瓦全堂主［一九一二・六］）。おそらく後輩に当たる京都府教育会雑誌編集長に宛てたこの批判は、相当に複雑な意味をもっているように思われる。それは、詳細だからではない。この文章が、筆者の教員・岩井瓦全堂主自身にとって「自嘲自罵」であるからであり、教員の多忙論・無能論のように、当時の（そしてその後の）初等教育界に通用する批判的な内容であったからである。

しかし、それでも欧米崇拝は止むことはなかった。

昭和一〇年一月に静岡市大谷尋常高等小学校で開催された「実相に立つ適性応個教育研究発表会」は、知能検査を中心とする大伴式教育測定を活用して、児童の知的能力の実態に対応する教育をテーマにしているが、新しい提案があるわけでない（大谷尋常高等小学校［一九三五・四］）。「事実の測定は科学的、合理的なることを要する」（八七頁）との表現は戦時下に強調された科学教育に、「適性応個」は大正期以降の個別差に対応した指導に連なる実践活動であり、末端重視・原理軽視の壮大な発表会のようにみえる。[2]

第六章で日本人の公共心の欠如を指摘した河村幹雄は、教育上の流行を例示して、その特徴が、「皮相、形式、物質、手段」（原文傍点）に限定されて、「心核、内容、精神、目的」（原文傍点）に立ち入らないことにあるとする（河村［一九二四］一八－二〇頁）。つまり、教育上の流行とは、表面的な模倣にすぎないという。及川平治のいう「『レサーチ』を欠く教育」も、方法的観点からの輸入学批判であろう（及川［一九三二・一］）。

もちろん、教育（学）界からの反省も、早くからあった。大正初期、一等国としての実体を備える段階であることを強調した教育界の指導者・湯原元一は、日本の欧米文化の浅薄な輸入の仕方を指摘している（湯原［一九一三・七］）。東京高等師範学校附属小学校で最初の劣等児・低能児教育の担任を務めて、見事にその分野の基礎を築いた小林佐源治も、新しい教育の動きが最盛期を迎えつつあった大正九年、「教育上の新傾向私見」として、それ以前の傾向と対照している（小林［一九二〇・六］）。小林は、教育界において西洋教育学を最善とし、他律的に従ってきた非を悟り、そのうえで、自律的に多様な新しい教育の動きが生じてきており、以前の教育が短期的な流行の循環であったよりは、大正中期には自覚的な動きが生まれてきているとみている。

小学校教育における輸入学批判は、時流主義と欧米の学説の口移しに対するものであり、現場教員も、研究者も標的となっていた。この状況は、十分な資源を投資せずに早急な成果を要求する社会と、その社会の要求の次元を超えた対応可能な人材に乏しい教育界から生じていたといえよう。それにしても、つぎのように「流行」に言及した記事を取り上げても、明治二〇年代初めから流行の問題性が指摘され続けて、戦前において矯正されなかった「流行好き」は、ほとんど国民性であるとしかいいようがない。つぎは、阿部稿を除けば、県教育会誌に現れた流行批判に関する一部に過ぎない。

明治二二年七月　田村秀穂「教育時病」広島（一八八九・七）
明治三〇年一〇月、一二月　撫松生「流行教育に就いて」京都（一八九七・一〇、一八九七・一二）
明治三九年三月　一楽道人「教育学研究について」愛知（一九〇六・三）
明治四四年二月　小泉又一視学官「教育雑感」大分（一九一一・二）
大正六年五月　一隅子「一隅より」京都（一九一七・五）
大正七年一〇月　大倉良材「憂うべき国民の思想二」（一九一八・一〇b）
大正一〇年五月　篁南「行き詰まりの説」高知（一九二一・五）
大正一一年六月　（巻頭言）「新思潮について」高知（一九二二・六）
昭和一〇年　阿部重孝「学制改革の着眼点」『新教育研究』（一九三五）

さて、戦時体制の進行とともに「日本教育学」と称する構築の試みはあったが、戦前の教育学は、基本的には、結局、「ルソーやペスタロッチーを以て依然として最大の師、金科玉条として世迷言を並べたがる傾向が払拭されてゐない」

（土屋忠雄）とか、「暇人の趣味」（海後勝雄）（いずれも、土屋［一九四三・六］一五頁）と酷評された段階を脱却できず、改善すべき教育的課題が山積した現実に対して、外来情報の一層積極的な導入志向を繰り返すばかりであった。もっとも、これらの日本の教育学批判は、「大東亜ノ文化建設」という時流の反映だった。

当然ながら、すべての教育学者がそのような学問的・研究的桎梏に満足していたわけではない。大正末期ですら、日本の教育学の脱却を図ろうとした研究はあった。東京帝国大学教授の阿部重孝（一八九〇－一九三九）と助手・岡部彌太郎（一八九四－一九六七）による山口県小月小学校等の四小学校の調査研究『小月小学校外三校学校調査』（大正一一年三月）は、著者が明言しているようにアメリカ各地で盛んに実施された学校調査（school survey）[3]をいち早く援用した研究である。阿部・岡部（一九二二）は、財政難を背景に教員数と学校・学級数の不足問題への対応策であった三学級二教員制度に対して、単純にこの制度を批判するのではなく、通常の学校・学級制度自体が重大な実践的問題を包んでいることを、具体的な根拠に基づいて実証した研究を行ったのである。

すでに述べたように、日本の教育学は、外国情報を選択的に摂取したのであるが、特殊教育については情報としては受容し、流通させたものの、特殊教育が先進国では不可欠の教育制度であったにもかかわらず、教育学体系としては日本の現状に合わせて、特殊教育を放棄ないし軽視する結果になった。

しかし、特殊教育の分野内では、輸入学批判はほとんどみられない。それは特殊教育のレベルが高かったからではもちろんなく、樋口が指摘したように（第八章）、特殊教育が小学校教育の水準からみれば何周も遅れている水準に甘んじていたからに他ならない。輸入学批判は、実践が一定の水準に達して初めて生じるからである。小学校が国と地方の管理体制に封じ込められている一方で、相当に高いレベルの実践も展開されていた。また、教育雑誌の数も多く、定期的な研究交流の機会や夏期講習もあり、県外視察の機会に恵まれた教員もいた。そのような環境において、一方では、主流的な教育学説・実践を知り、他方では、主流に対抗する実践や理論に触れることができた。

それに対して、盲唖教育では一般的な情報はおろか対抗的な情報もきわめて乏しかったのである。盲教育では『帝国盲教育』(後に盲教育)、聾唖教育では不定期の『聾唖界』と『聾唖教育』しかなく、『聾唖教育』を除けば、実践的な記事はきわめて少数だった。全国的な会合には校長等の限られた教員しか参加できなかったし、研究会・研修会は地方ブロック単位で数年に一回参加できる程度であっただろう。このような状況において、盲・聾唖教育界では、新しい情報も限られ、ましてそれに対抗する情報はほとんどなく、同じ種類の障害児を教育している他校の教員と交流する機会も局限され、指導力を高めたり、相互に切磋琢磨したりする機会が、小学校教育界と比べようがないほど少なかったのは明白である。

特殊教育関連分野において、欧米先進国の研究に触発されつつも、自前の事例とデータにより、オリジナルな研究をほそぼそと展開していたのが、最も小学校教育から遠かった精神薄弱児の、それも施設で川田貞治郎(一八七九－一九五九)等によって行われていたことは皮肉というほかはない(堀[二〇一一・三]八八－八九参照、高野[二〇一三])。

補助学級教育において大阪と東京で成果が見られたのは、優れた指導者と実践家がいたからであるが、指導に関する具体的な先進国情報が入ってこないために、自前の指導法開発を進めざるを得なかったからでもあった。それ以外の分野では、とくに盲教育では、先進国事情の紹介はあっても、教育方法上の開発へと進む力は弱かった。その理由の一つは、鍼按による職業自立という大きな目標が、基礎教育の充実の必要性を過度に相対化させたからでもあろう。

特殊教育のなかで、輸入学批判が行われたのは、言語指導法上の転換がみられた聾唖教育だけであろう。すでに第八章でみたように、佐藤在寛は、樋口長市批判において、口話法運動におけるアメリカ情報の利用法に疑問を呈した。同様の批判は、佐藤の盟友でもあった大阪市立聾唖学校長の高橋潔からも発せられている(高橋、藤本編[一九二九]序二頁)。

「我国の所謂口話法なるものは、全く欧米殊に米国の模倣に過ぎない様に見えます……其目的及方法に於ては全く其儘の様に思ひます」。「先進国、先進国とは我等日本人には聞き飽きる程聞かされた言葉です。先進国を倣はねば、まるで野蛮国の様にさへ言はれ……手真似を以て教育して居る我校の存在は、大阪市の恥であると言ふ様な事をいふ聾唖教育者さへございます」。「私はつねに思ふ。吾々の教育に於て、あまりに所謂先進国にまで道を急いでは居なかったか」。

聾唖教育界では、輸入と流行と同調性によって、口話法を方法的に十分に科学的・学問的に吟味することなく、口話法に付与された権威性に緊縛され、口話法を対象児ごとに選択的に利用しなかったのである。しかもこの動向は、二〇世紀後半まで続いたのであり、その後すら、つぎつぎに提案される代わりの新しい動向に乗り換えただけなのかも知れない。これは、聾（唖）教育に限定されたわけではない、繰り返された日本の特殊教育の歴史であった。もっとも、口話法に関するアメリカ情報は、情報の輸入自体にではなく、偏った情報の輸入が問題だった。これを防ぐには、異なる問題意識をもつ対抗勢力と公正に論争できる文化が必要であった。

輸入と流行の問題が根深いのは、本質的な批判が早くからなされていたにもかかわらず、何ら改善できなかったことから理解できる。早くも大正三年、帝国教育会機関誌『帝国教育』編輯主任・藤原喜代藏は、教育界の現状に対して皮肉とユーモアを交えて痛撃する（藤原［一九一四・六］）。藤原の主張は、以下の約文のように多元的である。

日本にはたしかに大天才はいないが、日本人の学問上の能力は、輸入でしか成立しないほど低いわけではなく、日本の著名教授は、西洋一等国の一流にはなれなくても二流の上位にはなれるという。日本の研究が、オリジナリティと根源性・信頼性（authentic）に欠けているというのは俗論であって、西洋にもこの条件を備えた学者は少ない。しかるに、日本での西洋学説紹介は玉石を区別せず、横文字であれば権威性を認める西洋崇拝熱があるから、日本人学者の業績を引用することは自分の権威を下げることになる。

大家は著書を出さないので無名のままであるのに対して、「第二流以下の平々凡々たる『だらう学者』（ウッド・ビー・スカラー）が、続々、著書を出し、随て俗衆間に嘖々たる名声を博し、恰も第一流大家の如き地歩を占め」る。

藤原はさらに、このような学者になる条件を示す。

「唯だ二三の外国語にだに熟知すれば」十分で、「深き特殊の研究」がなく、学界に貢献しなくても、外国語の著書や雑誌を「瞥見して、それを巧に振回し又は巧に焼直しして、著書又は雑誌に公表」すればよく、「素より研究数十年、読書数千巻を敢てする必要」は少しもない。「唯だ西洋人の氏名（牛骨か馬骨か分らざる氏名にても可）と西洋書の名称とを片仮名を以て書き現し、所々に原語を挿入して、自分にも他人にも分らざる底の事を反復発表すれば」「学者的名声を博することを得るなり」

要するに、藤原は、学者を中心に、読者である教員、出版社それぞれに責任があるというのである。藤原のこの強烈な一撃は実際には珍しくない批判であるし、『帝国教育』は商業雑誌ではなく、日本唯一の指導的教育雑誌であったから、教育界にそれなりの影響力はあったと思われる。しかし、このような主張に沿って現状が矯正できるような問題構造ではなく、昭和戦前期に至るまで矯正されることはなかった。表面的な西洋崇拝の弊害は理解されていても、それを研究によって解決する研究人材も、人材を育成する仕組みも存在しなかったし、日本社会がそもそもその必要性を認識していなかったのかもしれない。むしろ、経験科学という偏りや理論化の不足はあるが、すでに述べたような、外国情報紹介者がほとんどおらず、外国情報から孤立していた、たとえば精神薄弱教育においてこそ、東京市や大阪市等の補助（特別）学級実践者による自立的研究の萌芽はあったのかもしれない（第八章参照）。そして、教育界における西洋崇拝・「国際」動向への従属あるいは追随は、現在まで変わることがない現象である。

(2)　日本回帰時代の輸入学批判——欧米先進国との関係の変化

欧米崇拝の弊害が指摘されて、それほど間をおかないで、これまでの教育学研究の方法に対する批判が、県教育誌幹部に現れる。上記の藤原の批判は大正三年六月に発表されたが、それに対する復古主義的反応は大正一〇年六月に示される。この記事は福島県教育会雑誌の巻頭言なので、筆者は、この教育会内における有力者だったとみることができる。巻頭言では、いまの日本の思想的状態を、「日本思想界の病気は実にこの眩惑症である国民的民族的自失の喪失症」に罹患しており、「欧米思想に対する過当なる畏怖と崇拝とから脱出して我自からの中に日本精神に沈潜せしむべき極めて重要な時期である」という。脱出と沈潜の方法は、「冷静な態度と透徹した批判力」であり、「イカサマモノを観破し尽くし、引き剥がるべき仮面鬼面を剥き尽」すことを目ざすという（光は東方より［一九二一・六］）。要は、欧米からの離脱と思想の自立であった。

明治末期から大正初期までは、欧米との関係悪化について、日本人には冷静な判断が可能な時期だった。尾崎行雄は繰り返し、その原因として日本の排他性を指摘し（たとえば尾崎［一九一一・一］四－五頁）、志賀重昂は、排日問題の根本理由は、日本人が「調和し、融和」せず、同化困難であることにあると推測した。そして、この問題を解決しないと、日本人はどこの国でも歓迎されないだろうとする（志賀［一九一三・六］二三一－二四頁）。しかしアメリカは、わけてもこの時代において、優生学運動を含めて同化運動が最高潮に達しつつあった排他的な時期であった（中村［二〇〇四］一一八－一四一頁）。

大正一〇年の福島県教育誌の巻頭言では、近代思想を「（社会の）万病の霊薬」とする風潮（実際には社会主義）を非難するのであるが、「万病」に対抗する術である「冷静な態度と透徹した批判力」は具体的に示されていない。しかし、この方向はしだいに明瞭になる。昭和初期には外国教育思想の偏向性とそれに追随することへの批判が主張され（簸川郡教育会［一九三二・八］。武政［一九三四・一］）、他方では、教育上への流行への抑制が唱えられる（永澤［一九三六・七］）。昭和七年になると、それまで「日本精神」が声高に主張されなかった教育界でも、国際連盟からの脱退に象徴される国際的孤立が、「舶来崇拝の心がその反対の極に転回」（梧桐［一九三三・一］一三八頁）するように働き、民族主義への転換をより強力に促進することになる。

こうして、「日本教育学」への社会的要請が高まることになる。しかし、戦時期に登場する「日本教育学」は西洋依存を裏返しただけで、まったく解決にならなかった（野宮［一九三七・五］七三二頁参照）。東京高等師範学校教授・石山脩平（一八九九－一九六〇）は、西洋教育学を排斥する時流的な「日本教育学」について、学問的手続きにおいて批判する。日本教育学は一般的教育学に対する特殊教育学であり、これまでの教育学は一般的教育学の原理確立には成功しても、それを日本に限定する特殊化が不十分だったとする。石山は、非論理性と排外性を克服した新興学問としての日本教育学の登場を期待している（石山［一九三八・四］[4]）。

日本教育学の講述者とその信奉者のなかには、西洋的なものは何でも排斥へと、輸入から移動したにすぎない者もいた。その一人に、大分県師範学校教諭の水野惟之がいる。彼は、流行を分類して価値なきものは没流行、「断然否定さるべきもの、邪悪と決ったもの」を反流行とし、外来の宗教（キリスト教）や赤化思想を指定し、「天皇現神の史像を中軸と」する「神社崇敬」は「非流行」として教育者にその「牢守」を要求した（水野生［一九三九・六］）。水野は大正一五年末には『日本主義の哲学』を著している。

同じように、「国体に相容れぬ他国の思想を我国に持ち来って実現しようとする者」の画一性を否定し、独自性ある研究と実践を学校衛生において主張する著者（巴仙洞）は、「徳育体育に充ち足らはぬ所あれば」赤化思想に感染しやすくなり、「身体的欠陥ある者に不良不善を」乱用する者が多いことは「周知の事実である」（巴仙洞［一九二九・七］一頁）と断言する。これは昭和四年の神奈川県教育会雑誌巻頭言であるが、大阪市や東京市では特殊教育がやっと振興し始めた時期であった。明らかに、県教育会誌の巻頭を飾るには相応しくない質の顕著な低下がみられる「小言」であった。

(三) 社会的属性の支配

明治時代は身分制を廃止して国民統合を目ざすが、日本は、しだいに、家柄、社会階層、出身地域、出身校、肩書き等の社会的属性をことのほか重視する社会に変わっていく。このような指摘は、早くからあった。明治三八年には、教育学著作の売れ行きは内容ではなく、著者の肩書きに左右されることが、小学校教員から示されている（田中［一九〇五・四］）。同じようなことは、外国人の言動には、「事の是非善悪を顧慮するに遑あらず、直に付和雷同」する「軽佻浮薄の民情」があることが指摘されている（西村［一九一三・四］五頁）。

事実、帝国大学・高等専門学校・高等師範学校・師範学校[5]の出身者の間には、待遇と社会的評価に大きな格差があった。時代変化のなかで、官僚・軍事・実業に人材が集まる仕組みが確立されると、待遇と社会的評価において悪条件の教育界に、良質の人材が集まる可能性は低くなる。戦前の日本社会は、何らかの社会属性を共有する利益集団に所属することが、よりよい生活と地位を得るうえで重要な社会となっていた。このような社会において、宗教や社会上の信念よりも、教育的熱意を基盤とする教員等が、特殊教育に率先して向かうことは現実的ではなかったであろう。[6]

（四）輸入学批判の敗戦による挫折と戦後における輸入学の再開

輸入学と流行という戦前教育学の行動様式は、敗戦とともに消失したわけではなかった。この行動様式の根本的な反省も批判も、すべて戦前日本の悪弊に還元された。戦後、思想・言論の自由という連合軍が設けた傘のもとで、参照すべき外国は、戦前の日本を否定する要素を含む空間を合い言葉に、ドイツとアメリカから広がり、ほとんど無限になった。この日本人の行動様式は、構造あるいは仕組みの問題を含んでいるために、個人・集団の努力等によって本質的に改善される問題ではないであろうし、制度や経済の変動等によって変えられる問題でもなく、日本（人）のいわば体質であるといってよいのかもしれない。

しかしこのような輸入の拡大がいくら精緻になっても、焦点の日本への合致と方法論が揃わなければ、外国への憧憬と日本後進国論は消失することはなく、その成果も一過性である。具体的な例を挙げてみよう。

一つは、アメリカ特殊教育の実体の一面である。アメリカ合衆国では補完したものに州が資金を与えて公的役割を承認、監督権をもち、政策としては安上がりを目ざす。しかし、州当局と学校長・施設長との緊張関係がその在り方（たとえば質の高いサービスか、経費第一主義か）を左右する傾向があり、当事者の自立努力もあった。日本人は、理念に焦点を当てて情報を導入し、その現実の厳しさと改善努力の仕組みおよびその基盤を学ぶことは得意ではなかった。欧米の障害者が現実に恵まれた生活を享受しているわけではないし、障害ある社会人の活躍の条件は高い能力と好機を得た人々に限られており、誰にも平等に開放されているわけではないという現実を求めず、成功例に注目しがちだったのである。

もう一つは、その西洋的理念である。第八章で述べたように、大正期以降、教育に対する障害児の権利を強調した人々はいた。しかし権利論は、元来、西欧由来の観念ゆえに、権利意識の定着が困難であったこと、権利の乱用または閑却、義務に対応する責任観念の欠落という問題が指摘されていたが（尾崎［一九一六・六］）、それは、戦前において解決困難だった。

三　専門家不在と実践家による自生的努力

概して、外国情報に対する日本の小学校教員の受容・摂取には、観念的・情緒的という特徴があったように思われる。この特徴は、情報摂取におけるデータ・論理・討論の過程が、実践および研究においては形骸化する傾向として現れる。このような特徴や傾向は教員に限ったわけではなく、学校という空間や制度に限定してみると、明治三〇年代末期に頻発した学校騒擾（紛擾）とその低年齢化もその一つの現象ではなかろうか（寺崎［一九七二］参照）。中等学校生徒における問題解決の方法は、先進国情報の摂取内容とは別次元の問題になっているのである。中学校と師範学校等の中等学校生徒間の騒動の背景に、学校の社会的価値づけあるいは学校群格差があったとしても、論理や主張ではなく情緒や感情に基づく同調的行動は、日本の中間層候補者がとるべき行動ではなかったはずであり、生徒は、学校においてそれなりの学習をしていたはずである。

日本の教員の行動に目立つもう一つの点は、奇妙な精神主義である。昭和一一年初めに、奈良県寒村の小学校教員は、国家主義的風潮が日本精神鼓吹の教育を生み、囚人教育を思わせる軍隊式訓育主義がはびこる状況において、「天下り式の統制教育（?）に走るのは、一歩踏み間違ったら大変なことになる」と危惧していた（岡西［一九三六・四］）。日本の学校は、総力戦体制のもと、八紘一宇や大東亜共栄圏といったスローガンが支配し、戦況が険しくなるにつれて、新教育的教育論・指導論を信奉していたはずの教員が、「道」「行」や「物心一如」といった精神論・修行論にかんたんに瓦解した。小学校では東亜民族一〇億の指導者たる皇民育成を目ざして知行合一のような合い言葉で日々努力しているにもかかわらず、国内でも占領地でもそれとは相反する、日本人による不正や窃盗が日常的に生じる現実があったという（海後［一九四二・七］四－五頁）。

日本人は、先進国情報を理念において好んできたその理解と摂取の方法もまた、瓦解したはずであった。しかし、特殊教育に限らず、自主的な実践理論と成果がなかったわけではないが、それが、主流になるとか、敬意が払われるということは、県教育会雑誌では見えてこない。個人の努力とそれを支える社会的基盤および社会原理が乖離し、属性原理によって利益を共有する集団主義が支配していくのである。そこには、一貫した合理性がみられない。もとより、集団内の相互の利益を優先するから公共心に基づく自浄作用は期待できない。

結語——特殊教育に関する成果とその不拡大・非定着

極東の後進国・日本の近代化は、西洋諸国の必要性と秩序で構築された環境において出発せざるを得なかった。近代化の方法も、唯一の先例である西洋から導入する以外に選択肢はなかった。特殊教育もその一つだった。しかし、特殊教育が位置づくための学校制度を西洋から導入する段階で計画された廃人学校は、後年、その非現実性を指摘されたけれども、政策立案者の真意を汲み取ることには無関心だった。明治時代に基礎が構築された特殊教育制度の矛盾と修正の必要性は認識され、昭和初期には特殊教育制度の萌芽が生まれたけれども、開花までには至らなかった。戦前には、それぞれの要素が負のスパイラルに陥り、その改善が、戦時体制の強化と投下資源の偏在ゆえにできなかったためである。

盲教育では、鍼按という歴史的職業の存在と確実な科学的基盤のうえに鍼按を発展させたいという需要のうえに個々人の努力と地域社会の協力で、小規模盲学校がほそぼそと経営され、聾唖教育も追加されていった。この過程で明らかになったのは、教師や親等の個人の努力は必要条件であるが、それだけでは永続・発展しないために、制度化が目標となったこと、しかし、制度化が達成されても、草創期に見られたような個人の努力がないと制度は機能しないことだった。

そして、戦前と戦後の特殊教育の継続問題である。一つは、戦前の特殊教育の評価である。大戦が敗戦に終わったこと、戦後は、占領軍の情報操作による戦前の日本否定論をそのまま受容したこと、敗戦後は、戦前を継承する資源が枯渇していたこと、これらの理由のために、敗戦後において、特殊教育の萌芽期に立ち戻り、その遺産を生かしながら新しい特殊教育制度を自らの手で意識的に再建する機会は、おそらく一部の地域を除いて存在しなかったのである。日本の特殊教育制度の骨格は、昭和一六年の国民学校令において、実際には、もう一歩で完成する可能性があった次元にまで達していた。戦前の特殊教育の成果は、盲学校・聾学校の制度に限定されたわけではなかったのである。[7]

大戦の前と後の教育界は本質的には変化がなかったという。明治末期から大戦後まで、教育界に関与し続けた志垣寛によれば、「日本の教育者は軍部の号令のもとに先を争うて右傾し、殆ど自己を発揮しなかった。それは最も恐ろしい結果を来した」。志垣は続けて次のように述べる。「今の（昭和三〇年前後）教育者もまたそれと似たりよったりではなかろうか（中略）ややもすると教組とか何とかいうその方の権威者の指令に唯々諾々として従い、ごうも自らを主張しないといった傾きが強くはなかろうか（中略）その多くは大勢順応、今も昔も変るところなく、長いものにまかれ、強いものに引っぱられつつあるのではないだろうか」（志垣［一九五六］二一七頁）。

大戦後の特殊教育が、志垣の指摘する状況から無縁であったはずはないが、その縮小版であったわけでもない。さまざまな桎梏に悩みながらも、新生・特殊教育として新しい局面を開拓したのは、いかなる条件によるのであろうか。そして、それはどのように展開し、あるいは変質していくのであろうか。これは、『日本障害児教育史【戦後編】』で答える課題となる。

とりわけ、現代の日本は、自国の社会と文化についての明確な見解を必要としないかにみえる。そして、自立した思考と位置づけに基づく座標軸を、グローバルということばで代替できるかのように錯覚している現状にあると思われるが、戦前は自前の世界観を構築しようと努力して失敗した歴史をもつ。特殊教育は、その極小部分にすぎなかったが、紛れもなく戦前的日本の象徴性を帯びている。

日本社会において、貧困と属性的な社会やムラ社会と全体主義的傾向という社会経済的な理由が根本に存在することを認めたうえで、それ以外に、教育成果を継承・拡大へと繋ぐ触媒は何だったのだろうか。その一つは、輸入した欧米社会のキー概念を正確に理解し、受容することであると思われるが、それが当時の日本では不完全であった。大正デモクラシーは明治時代の閉塞感からの心理的・精神的解放をもたらしたが、反動と戦時体制への進行とも相俟って、日本の社会ではデモクラシーや権利－義務の本質的概念を理解し、定着することができず、これらの概念とは対極的なイデオロギーに拘束され、推進することになった。反動に抵抗し、民主制の定着を試みる役割を担う中間層の欠如こそ、戦前日本における基本的な欠陥ではなかったのではなかろうか。現代においても日本の中間層は、経済に限定された中流意識はあるが、公共性意識が希薄なままである。

それゆえ、戦前的な問題の所在は曖昧なままで解決に至らず、相変わらず今日的課題の源となっている。戦前＝天皇・軍部、戦後＝アメリカ合衆国というように頭を替えただけで、戦後の経済的発展に支えられて、現在の繁栄しているように見える特殊教育（特別支援教育）は存在するが、それを社会全体あるいは学校教育全体において鳥瞰した場合、中央集権システム、輸入学と流行という戦前からの体質問題はどの程度、どの範囲で改善され、あるいは解決されているのであろうか。

註

第一章

1 たとえば、西村（一九一三・四）四頁、（一九一三・五）六頁、（一九一三・一〇）四頁、六頁。貧困・身心異常に由る本県下の不就学児童（一九二五・一一）六九頁。佐竹（一九二六・一〇）。この論理は、大正末期から昭和初期における鹿児島県当局の就学補助制度の強化においては、「教育の平等と機会均等」を実現する主張に発展する例まで出現し、「盲唖、低能児、性格不良児其他特殊児童」「精神的異常、身体的欠陥」が言及されている（貧困児童保護就学施設奨励に就て［一九二六・一］一〇〇頁。大正一四年の和歌山県小学校長会議の提案も、かなり網羅的で根本的である（第一回和歌山県各郡市連合小学校長会議状況［一九二五・一二］）。盲児・聾唖児の就学率が低調だった昭和一一年でもこの論理が活用され、滋賀県教育会および県立盲唖学校長・山本清一郎による盲唖教育義務制実施の要求となっている（盲唖児童義務教育制度実施方建議［一九三六・一〇］山本［一九三八・三］）。

2 森田榮次については、第八章第一一節を参照。

3 山尾庸三は、明治四年九月、後述する太政官に対する建白書で「盲唖廃疾ノ窮民」と表現している（東京盲学校［一九三五］六－七頁）。また、明治八年五月の楽善会結成段階において、廃人は盲人を例として、教育上、放置された状態を想定して使用されている（一七、一八頁）。明治九年に募金を求める楽善会の広告文において、盲人を念頭において廃疾者が用いられている（三七、三八頁）。さらに、楽善会規則の英語版では、「不具」の原語である the deformed も挙げられている（四九頁）。

4 「富国強兵」という語句を用いて明治政府の政策を否定する記述も、これまでの研究においてしばしば看取されてきた。欧米列強が、アジアにおいて権謀をめぐらして虎視眈々と植民地化を狙っていた状況において、開国したばかりの後進国家である日本が、中央主権化し、国策として資本主義的生産方法を導入し、武力による自衛手段を構築するのは、独立近代国家たらんとする主権国家として当然の行為であった。ここで後進性とは、欧米先進国を基準として、主として経済的・政治的・社会的意味において用いている。

5　アメリカの公立学校（小学校）制度（public school system）で特殊教育が成立する過程は、責任主体と学校形態の変更を伴った。元来、アメリカの障害児の教育的救済は、一九世紀前半に州当局の責任のもと、障害種別ごとに寄宿制形態の慈善事業として開始されたが、一九世紀末には、機能上は学校教育事業に脱皮したものの、制度上は州社会事業の枠組のもとで存在していた。だが二〇世紀転換期になると、新しいタイプの障害児の教育が始まる。それは、学校区（都市教育委員会）が責任をもつ、通学制による公立学校特殊学級（special class または school）だった。その展開過程は障害種別によって異なるが、欧米先進国では、寄宿制としての創設、公立学校特殊学級設置の登場、寄宿制学校と通学制学校の拮抗という段階を経て、障害児を含むすべての子どもに対して、同一原理のもとで提供される通学制による公立学校教育は、第二次世界大戦後に初めて実現する。日本の学制における廃人学校計画は、途中の段階を省略して、すべての子どもに教育を提供する制度の一環だったと理解できる。

6　大正初期になってからの評価であるが、広島県師範学校教諭の西村尚俊（国文学）は、貧人小学廃人学校について、「経済上官能上の弱者も」、あまねく「教育の恩恵に浴せしめ」、国民皆学という「大抱負を窺ふに足るべし」と評価し、同時に、四〇年前の学制の理想も、完備しつつある普通教育に比べて「尚ほ前途遼遠」であると慨嘆し、「特殊教育普及の程度を以て其の国の教育の程度を測定する」時代になったことを認識している（西村［一九一三・四］五頁）。なお西村は、理想としての「盲人教育」「聾唖教育」とそれから乖離した日本の現実を紹介している（西村［一九一三・六］、［一九一三・一〇］）。

7　機能的には学校であるが、盲唖学校の教育対象児の年齢の若年化はきわめて緩慢であり、年長盲唖児の防貧化が実際の盲唖学校の目的となっており、学校を支える財源は寄付金頼みだった。

8　明治七年の恤救規則では、廃疾者も救恤の対象であったが、極貧かつ労働能力を喪失し、身寄りがなく、相互扶助に欠ける者のみを対象とする限定的な制度であった。

9　大正一二年の盲学校及聾唖学校令によって盲学校と聾唖学校の分離が規定されるが、それが実際に日本全国で実現したのは、昭和二三年度の盲学校・聾学校の一部義務制実施によってであった。官立東京盲唖学校が盲・聾に分離したのは明治四二年の東京盲学校の設置、明治四三年の東京盲唖学校の廃止と東京聾唖学校の設置によってであった。

10　上原貞雄（一九九七）を参照。上原は、長年、マレー関連のテーマを追究してきた研究者である。上原は、田中の日本教育令案とマレーの日本教育法を比較した表を作成していて、「学区ノ区別及其編制」の項目で「（第二一章から……（中略）……盲学校、聾唖学校、改善学校に関しても詳細規定を列挙）」（上原［一九九七］四三頁）としているが、大久保編著（一九七五）『明治文化資料叢書　第八巻　教育編』の該当頁には盲学校以下の記述はまったくないことは、すでに加藤康昭が確認している（加藤［一九六七］三四七）。また、「学監考案日本教育法説明書」にも記載がない（大久保［一九七五］六六－九八頁）。

11　マサチューセッツ州には、もともと聾唖学校がなかったために、同州の聾唖児は、同州の南方に隣接するコネチカット州の州都ハートフォードに一八一七年に創設されたアメリカ最初の聾唖学校、アメリカ聾唖院（American Asylum for the Education and Instruction of the Deaf and Dumb）に州費生として委託してきた。アメリカ聾唖院は、一九世紀末には併用法に転換した。一八六七年に私立のクラーク聾学校が創設された後は、マサチューセッツ州の聾唖児は、言語指導法によって入学する聾唖学校を選択することになる。なお、アメリカ聾唖学校と同校長のエドワード・マイナー・ギャローデット（Edward Miner Gallaudet 一八三七－一九一七）は、手話法を擁護するアメリカ最大の拠点として、アレクサンダー・グレアム・ベル等の激しく、執拗な攻撃の標的となる。しかしエドワードは中庸な人物であり、一八六〇年代から口話法の意義を認めていた。その意味ではベルとアメリカ聾唖院との間柄は、日本での口話法運動（川本宇之介・橋村徳一）と大阪市立聾唖学校（高橋潔・藤本敏文・藤井東洋男ら）との関係に似ている。

12　大阪市立聾唖学校の大曽根源助は、川本のアメリカ口話法の紹介に根源的な疑問をもったため、自費でアメリカ聾唖教育視察を実行した。昭和四年九月一五日に出航し、翌五年三月一〇日に帰国するが、その間、クラーク聾学校には一カ月半滞在する。クラーク聾学校の口話法の好成績の理由を、大曽根は、二段階選抜による生徒の厳選、残聴者が多いことの二点に求めている（大曽根［一九三〇］）。この大曽根の川本批判は、アメリカ口話法の実態の一端を示したこと、川本の情報操作が恣意性を含んでいることの二点で重要である。また、大曽根の疑問をある程度共有する聾唖教育関係者は、実際には存在したものと思われるが、口話法が文部省公認であるという権威性と、手話法よりも優れていると喧伝された新奇性とが、日本の聾唖教育界に口話法への過度な同調を発生させ、大きな社会的支持を集めたものと思われる。第八章第六節参照。なおクラーク聾唖学校は、一八九六年二月一二日、州法改正により、Clarke School for the Deaf に改称する（12th Annual Report of Clarke

School［一八九六］）。

13　訪問校の選択は、アメリカ内務省教育庁長官、南北戦争時の将軍・ジョン・イートン（John Eaton 一八二九－一九〇六）の推薦や滞米中の新島襄（一八四三－一八九〇）、慶應義塾出身の随行員で英語が堪能だった内村良藏（公平）の情報によったのかもしれない（田中［一九〇七］七〇七頁。竹林［一九三七・三］四八六頁。森川［一九八七］九三頁）。

14　村田文夫が、他の訪問者と異なり、イギリス（ヨーロッパ）礼賛だけに偏することなく、日本の盲人の教育可能性を高く評価していることは注目すべき点である。イギリスの盲人の工芸・文学（John Milton［一六〇八－一六七四］であろう）・数学（Nicholas Saunderson［一六八二－一七三九］であろう）における達成を賞賛したあとで、「本邦ノ人其智慧多ク西人ニ下ラズ。瞽者ニシテ琴ヲ弾キ碁ヲ囲ムモノ往々之アリ如シ……西人（のように－引用者）技倆ヲ極ムト謂フベシ」（村田［一八六九］二一五頁）と述べる。「西人技倆」は、文脈からして、「西（の盲）人が」ではなく、「（日本の盲人が）西（の盲）人と同じレベルまで」と解することが妥当である。

15　当道座は、盲人の階級制による相互扶助的社会制度であるが、教育や福祉の機能を備えた世界史的にみても他に例をみない社会制度である。身分制度という枠内ではあるが、すでにかなり広範に確立していたことは、とりわけ近世社会が盲という障害のある人々に対して彼らの職業と生活と社会参加を確保していたことを意味することになり、一般社会の受容と共生をかなりの規模で実現していたという点で世界に誇るべき例である（谷合［一九九六］七三－一〇一頁参照）。また、当道座内での鍼按や音曲の盲人の職業教育は、V・アユイ（Valentine Haüy 一七四九－一八二二）の盲院に先行する世界最初の盲学校であったことはこれまでも指摘されている。さらに江戸期には、障害者の一般社会における共存が孤立的な例でなかったことは、江戸中期における庶民教育機関の寺子屋にも少なくない障害児が就学していた（第六節参照）ことからも推測できる。

16　前述した手島精一は、「痴者」について、「人ノ最モ貴重ナル精神ノ霊覚」を欠いていることを理由として、憐れむべき者としているが、彼が痴者の教育を主張するのは、アメリカで見聞した教育効果への期待であろう。精神薄弱者について、田中不二麿が結局は教育の対象から外した後に、再度、手島は学校教育の対象としていることになる。

17　少なくとも盲生の場合、入学年齢が一五歳以降に盲唖教育を修了するように、家族等により選択されることが大多数の例であったから、三年間の教育課程の場合、入学年齢は一二歳前後、四年間の場合は一一歳頃となり、学齢の終期である一四歳を超えている盲児が多いのが一般的だった。

18　少なくとも、実在しない学齢盲唖児を報告・記載する可能性は低いだろう。なお、加藤は、岡山県において明治三四年四月入学の聾唖女児が四年間在学したこと、三六年四月に六歳の盲児が入学し、五年間在籍したことを学校文書から明らかにしている（加藤［一九七四］一四頁）。また、千葉県では明治四〇年代の夷隅郡上瀑小学校に入学した二名の盲生に対し、千葉訓盲院で点字の手ほどきをうけた教師が指導した結果、「じきに覚えて日の用に足りるようになった」という（三浦［一九七三］一三三八頁）。盲唖児が小学校に在籍した例は、大正末期の京都市小学校にもみられる（藤井［一九二二］）。盲児は一四（男六、女八）名、「聾児及聾唖児」は五八（男三九、女一九）名、盲唖児が男一名、「四肢等不具児」が二六四（男一三三、女一三一）名いた（七－八頁）。また、後述するように昭和時代になってもみられる。これらは例外的な少数例であるかもしれないが、盲唖児の小学校における在学を立証している。三浦は、こうした例は「ほかにもきっとあったにちがいない」と断言している。

19　京盲文書は、「大東亜戦争」末期に爆撃が予想されたため、京都府視学を務めた府立盲学校長・小山荘太郎が、京都府庁から盲学校分を京都府立盲学校に保管替をしたという。明治初期における日本の盲唖教育創業期のこの文書群は、「すべて読者の肝に食い入る感が痛烈にせまるのである」（鈴木［一九六八］序）。史料保管の努力と鈴木の序には、日本最初の盲唖教育創始者・古河太四郎への深い敬意が込められている。

20　文部省は、明治一〇年一〇月号発行の『教育雑誌』六四号付録として紹介した。古河に対する明治一九年一〇月の文部属・判任官三等（京都盲唖院長兼任）、明治二〇年一二月の東京盲唖学校教諭・奏任官六等（京都盲唖院長兼任）の待遇は、京都盲唖院への財政援助ではあったが、古河個人に対しても、制度上、可能なかぎりの厚遇だったように思われる。小西信八は、フランスの聾唖教育のド・レペ（Charles-Michel de l'Épée　一七一二－一七八九）、盲教育のアユイになぞらえて、古河の功績を讃えている（小西信八先生存稿刊行会［一九三五］一〇四－一〇五頁、一〇六－一〇七頁）。盲唖教育の全国的基盤の構築において無二の功績があった小西が、古河に抱いた創始者としての敬意と自己謙遜は終生変わることがなかったが、この高潔な人格も小西の特徴であった。なお古河は、カナの会の賛同者であり、明治一七年、京都市の小学校でも実施することを京都教育会で主張していたという（京都府教育会［一九三〇］六頁）。

21　訓盲院のキリスト教の慈善的教育は、発足時の楽善会会員がすべてキリスト教徒であったこと、東京府に対する訓盲院建設第一願書（明治八年六月一九日）および「訓盲所設立勧進広告文」（明治九年一月）の内容、最初の読み用教材がボストン・タイプ凸字版新約聖書ヨハネ伝であった点から明白である。

第一願書における楽善会の趣旨では、ヨーロッパ型の慈善的盲教育色が濃厚であった。日本では盲人が他国よりも非常に多いために「西国ノ良法ニ倣ヒ盲人ヲ教導」することにより、「憐哀スベキ」盲人が「終身憂愁無聊ニシテ且無用」に過ごすことなく、「平人ニ及バズトモ、一ト通リ、差支ナキ様ニ字ヲ識リ、書ヲ読ミ中心慰楽シテ、有用ナル日月ヲ送ル生涯ヲ得セシ」めること、あるいは「行末、盲人ヘ衣食ヲ授ケ、教訓ヲ致ス」ことが目的であった。また、盲院の教員は外国人の雇用を想定していたようで、その経費と凸字の見本としての聖書の一部及び凸字による読み書き用紙の費用は、アメリカの「彼教会」による寄金を予定していた（東京聾唖学校［一九二〇］九五－九六頁。東京盲学校［一九三五］一七頁）。

明治九年一月の日本人のみの七人の楽善会友による「訓盲所設立勧進広告文」でも、訓盲所は「廃疾者を教養する学校」であり、「廃疾の人を化して有用智徳の民」にするという漠然とした目的しか示しておらず、有用の手段も智徳の内容についても、方向性すら明示されていない。しかし、それまでの唯キリスト教慈善から離れ、仏教・イスラム教、儒教的な色彩が加えられているが、考え方が慈善的であることには変化がない。なお、新しい会友には大内以外に、三人の仏教僧侶と一人の神官が加入しており（加藤［一九七三］一三四頁）、キリスト教色は希薄になっていた。

22 これらの新加入会員は、壮年期のまさに明治新政府の中核官僚であったが、前島と杉浦はヨーロッパに渡航経歴があった。いずれも官僚という枠に留まらない活動をした人々が、広い視野と長期的展望をもって、盲教育という新しい企画に参加したのである。前島は、慶応二年に第一五代将軍・徳川慶喜に「漢字御廃止之議」を提出しており、この点では小西と同意見である。また、新潟県頸城郡下池部村出身で、高田訓矇学校の支援者の一人だった。

23 人力車による送迎は、すでに京都盲唖院で実施されているが、京都校では人力車に旗を備えていたという先例で明瞭なように、生徒の確実な通学を確保するだけでなく、盲唖教育と盲唖学校の宣伝という意図があったと思われる（岡本では、車旗［幟］は、混雑する往来を安全に通行するために車夫が申し出たという理由を挙げている。岡本［一九九七］一四五－一四六頁、一五四頁）。京都校では、橋の通行料も特例として無料にしたというから、盲唖教育という先例のない事業に対する協力体制が、役所の隅々まで行き届いていたことになる。

24 山尾庸三の建白書は、久田信行によれば六種あるといい、細部にわたり比較検討がなされている（久田［二〇一四・三］一二〇－一二三頁）。しかし、資料間に本質的な相違はないと思われるので、本書では、『東京盲学校六十年史』に基づいている。なお、『六十年史』は諸処に編者の短いコメントが挿入されており、東京盲学校所蔵その他の資料を参照したうえで執筆されたものと思われる。

25 楽善会規則のうち、会の趣旨と運営を定めた全一〇章は、山尾の参加によっても変化がないように思われる。会の趣旨は公同楽善であり、社会全体の幸福追求であること（第一章）、組織は水平的で会員は同等であること（第四章）、個々の会員の自覚と責任を重視していること等であり（東京盲学校［一九三五］四一－四四頁）、福澤諭吉（一八三五－一九〇一）の影響を窺わせる。

26 経学は、儒教だけでなく、楽善会規則英語版では、原語は'classics'となっているから（東京盲学校［一九三五］五三頁）、西洋の古典という意味で使われているかもしれない。

27 愛知県の拾石訓啞義塾創設の背景や、その後身・豊橋盲啞学校の再出発を祝う塾長・小幡篤次郎（一八四二－一九〇五）の祝辞により、慶應義塾内には盲啞教育に対して暗黙の支持があったことが推測される（愛知県立豊橋聾学校［一九七八］三九、七八－七九頁）。なお、松村論文「盲啞学校設立ノ儀」が掲載された時期の『交詢雑誌』の幹事は小幡だった。

28 学校等の機関で正規の教育をうけることなく自己教育によってかなりのレベルまで達した障害者がどの程度存在しえたのかを判断する確たる資料をもたないが、山形県長井の資産家の長男だった竹田嘉藏（一八七〇－？）もそのような経験をした一人であろう。竹田は、鍼按灸に従事する盲人を組織化して組合を結成し、研修機能も兼備させた。明治四〇年には長井に「点字講習所」を創設し、明治四三年四月には「私立置賜盲学校」として県の認可を得たが、大正六年三月には使命を終えたとして自ら廃校とした。この盲学校は、一〇歳以上の生徒に対して小学校と同じ内容の普通教育と技芸教育を無償で提供し、点字板は各生徒に用意されたという（武田［一八五］三四－四三頁）。この学校の存在は長らく不明であったが、武田洋が川村吉弥の発掘・発表資料を、教育史の観点から整理・発表した。

29 明治二七年四月の東京盲啞学校卒業式において、小西校長は、卒業生の進路紹介のなかで、横浜聖経女学校附属訓盲所教員一名と報告している（東京盲啞学校卒業証書授与式［一八九四・五・三］三七頁）。この盲学校については、まったく不明である。横浜聖経女学校は、メソジスト監督教会により、明治一七年に開設されたという。横浜基督教訓盲院とは、人脈が異なるようであり、両者の関係も不明である。

30 時期はやや下るが、大正四年の「公立学校職員分限令」（勅令三号）第三条「不具、疾病ニ因リ又ハ身体若ハ精神ノ衰弱」により、職務執行ができない場合、または文書により願い出たとき、辞めさせることができた。

31 熊谷鐵太郎は辛苦のなかで徒弟制により鍼按資格を得た後、東京盲啞学校、関西学院で学び、聖職者となった。彼の「多忙なる将来」（一九〇六）は同時代の盲人のおかれた状況をよく示しており、その打開に関する考え方は左近允と共通する。キリスト教に入信する盲人がこの時期に多かったのも、前近代的な桎梏から逃れることが困難だった境遇に対する自己認識とその改善志向が彼らには強く共有されており、キリスト教には彼らの意識に応える要素があると判断したためと思われる。

32 これらの新潟県内盲啞学校のうち、高田・長岡・新潟については記念誌が数回にわたって刊行されており、創設した人物を含めて研究論文もあり、創設の経緯やその後の展開については、おおよそ把握できる。高田校については、『創立九十周年記念誌』（一九七七）、田部英一編『〝地方〟に初めてできた雪国・高田の盲学校』（二〇〇三）、河合康の「高田盲学校史研究」（一九九二）が、創設の中心人物だった眼科医・大森隆碩については市川信夫（一九八八）、（一九八九）および中野聡（二〇〇五）、（二〇〇六）の伝記研究があり、創設者の医師・杉本直形（一八三九－一九二四）と盲人鍼按家の丸山謹静に関する小伝もある。長岡盲啞学校関連では、創立七十周年（一九七五）と百年史（二〇〇五）、創設者・金子徳十郎（一八六五－一九四五）と創設以来の教員で初代専任校長になった高取易太郎に関する細貝隆司（一九九一）の伝記研究があり、新潟盲学校では七十周年（一九七七）、八十周年（一九八七）、百周年（二〇〇七）の記念誌がある。このほかに、新潟県内の視覚障害および聴覚障害の歴史を扱った新潟県教育委員会（一九七〇）、（一九七九）および小西明（二〇〇七）の著作がある。

33 高田盲学校九十年記念誌（一九七七）では、中村大道は高田師範学校教員であるとしているが、新潟県高田師範学校一覧の教員名簿にはない。中村は、高田町第二小学校校長（明治三三年五月～三九年三月）、町立高等小学校長（明治三九年四月～四一年五月二九日［死去］）であった（高田市史編集委員会［一九五八］七二九、七三九頁）。なお卒業式悉皆記（一八九五）には、第一回卒業式出席者名簿に名前があり、中村は、最後まで本校を支えた初等教育者だった。

34 新潟県立文書館ならびに新潟県立図書館には、鍼按関係の新潟県規定についてご教示いただいた。感謝申し上げます。

35　新発田訓盲院についてはほとんど資料がなく、その規則が清水『新発田町教育史』［一九三六］に記載されている程度である。本校は、小学校令の各種学校としての認可校ではなく、他の四校と制度的に異なる学校であった。設立経過をみると、本校は、鍼按業盲人と地域の協力者による鍼按灸に関する研修会が発展した、高田校の前身または初期の形態と類似した組織であると思われ、キリスト教徒（城戸新石牧師）が創設運動の中心人物であること、教育会（四三会）が関与していることも、高田校と類似している。本校には、鍼按灸の学習に不可欠であった医師の協力は、訓盲院創設発起人の一人、澁谷民吉がその役割を担った。

本訓盲院の対象は、他校の盲の子女と異なり「失明者」（規則第一条）で、全員が兼修者だった（表1-4-7および表1-4-8）。すなわち本校は、盲人親方の徒弟である盲人を対象とし、普通教育は修身・国語等に限定された（清水［一九三六］四七八頁）、主目的としては鍼按灸を教える補助的学習機関であり、本格的な盲唖学校としての「新発田盲唖学校創立」（新発田訓盲院規則第八条）までの繋ぎの機関として創設されたのである（清水［一九三六］四七七頁）。表1-4-8に示されたように補助金はなく、わずかな寄付金で運営されていたことになる。そのために、教場は寺を中心として転々と移転した。それにもかかわらず、頸城自由党の主要党員、県属、諸郡長の経歴をもつ町長・清水中四郎（富樫［一九一六］七四五頁。高田市史編集委員会［一九五八］六八五頁）をはじめとする地方名望家の支援もあったのである。

36　高取易太郎は、昭和四年九月一日、聾唖者の授産と職業補導の目的で長岡昭和園を開設した（長岡聾学校百年史編集委員会［二〇〇五］二七頁）。これは、しだいに困難となっていた聾唖者の就労問題の反映であり、社会事業的機能をもたない聾唖学校教育の限界が垣間見えるようになる。

37　サルタレル財団は「マリー、エリサベー、デジレー、サルタレル」というフランス人女性が、鉱山を所有していた兄の遺志により、鉱山収益に基づく財団を、大正五年六月一九日に設立した。この収益を朝鮮および内地の慈善救済および教育事業の援助に支出した。大正五年度の寄付総額は約五万九千円であり、約三万円は内地の事業や活動に支出され、朝鮮の事業配分額はわずか千円である（財団事業概要［一九一七・五］）。金額のこの格差の一つの理由は、配分対象の事業が当時の朝鮮では少ないことにあろう。

38　この小文は無署名である。小文を掲載している「東海訓盲院季報」一三号の発行日（明治三五年一月二五日。三二年一月三日創刊）には、松井はすでに掛川にいなかった。飯塚も三三年には掛川を離れていた。足立が「趣意書」原案を松井作と推測しているように（足立［一九九六］二四頁）、内容の専門性と当事者意識からいって、小文の筆者は松井としておく。

39 松井の退職理由について、盲学校記念誌では、慈善会と訓盲院の運営において「他の設立責任者との間に意見の相違を来たし、且信仰上の見解の違い等」（静岡県立盲学校［一九五八］八頁）であったとしている。永田もこの説に従っているが、足立は「明らかでない」としている（永田［一九九二］二七頁。足立［一九九九］一八一頁）。松井が明治三四年四月二一日に退職した際に新聞に掲載した広告文は以下のとおりである（松井［一九〇一］。足立［一九九九］が「声明文」（一八一頁）とする文章は新聞記事欄ではなく、広告欄にあるので「広告文」とした）。

神の恵に依り是まで盲人教育事業に従事致居り
しも去二一日東海訓盲院を引退せり
散るもよしさくもよしのゝ桜花
さくも散らすも神のまにまに

訓盲院生徒・石川きくは、松井を評して「口を開けば学校の事、神様の道。これだけです」といい、本校後援者の世話をしている女性は、松井が「神さまに取り憑かれて」いると彼にいったという（松井［一九三八］二四－二五、四一－四三頁）。松井は、辞職日の前日の二〇日に信仰上の同志とともにキリスト教信者の藤井宅に集まり、全員一〇人で誓約書を作成しているが、松井以外は訓盲院生徒であると思われる。

以上の資料から、松井が退職せざるを得なかった理由は、直接には松井の生徒に対するキリスト教伝道行為にあったとみられる。訓盲院の経営陣において彼だけが専任だったが、それに値する報酬はなかったと思われるから、松井にしても、東海訓盲院の運営は彼のキリスト教徒としての使命だったのであろう。

彼は退職後、静岡民友新聞記者になった後に、彼の能力を高く評価する県高官により、孤児・非行児、そして社会事業行政に関与するようになる。また、東海訓盲院が財団法人静岡盲啞学校になった時期に、理事に就任した（永田［一九九二］。足立

［一九九九］）。そして再度、維持財源を確保する「静岡盲唖学校維持会」を組織し、彼の行動力を垣間見せることになる（静岡県立静岡盲学校［一九五八］二〇頁）。

40 ただし、明治四二年には、本校に対する県の厳しい評言の後に、教員・小杉あさ（一八八一－一九六九）の貢献が認められている。「其授業ニハ、本院出身者ニシテ東京盲唖学校ヲ卒業シタル女教員ヲシテ主トシテ之ニ当ラシメ、逐次改善ノ歩ヲ進ムルニ至レリ」（静岡県［一九〇九］六頁）。小杉は、東海訓盲院第三期卒業生（明治三六年）で、女性最初の東京盲唖学校教員練習科卒業生（明治四一年三月、第五回）であり、財政的に窮した母校再建の中興の祖の役を担ったことは夙に知られてきたことである（足立［二〇一四］参照）。また、松井豊吉『盲唖の黎明』の発行人でもある。

41 国内にも盲唖学校装飾論があったが、その真意は、東京・京都の盲唖学校の実態が装飾物であるというのではなく、広く府県に盲唖学校が普及しなければ、これら二校の盲唖学校は「東西新旧帝都の装飾物」に過ぎない、という点にあろう（盲唖教育を府県事業として強行すべし［一九〇二・一〇］）。

42 楽善会訓盲院は、経営の行方が定まらない開設時の明治九年一二月二二日に三〇〇〇円の御内庫金が下賜された。このことは、当時の皇室の社会的位置からして、訓盲院が挫折するわけにはいかない事業としての方向づけを与えられたと思われる。皇后は、明治二四年、明治四一年、大正六年、昭和五年に、東京盲唖学校（分離後は、東京盲学校と東京聾唖学校）を訪問している（東京盲学校［一九三五］四〇七－四二三頁）。なお、京都盲唖院は、東京盲唖学校以上に、皇室や外国の王室・高官、総理大臣をはじめとする政府高官がしばしば訪問する学校だった。明治一三年七月には、明治天皇が京都盲唖院生徒を小御所に招待し、一〇〇〇円を下賜され、明治二三年には皇后が行啓している（京都市立盲唖院［一九〇三・四］）。

43 欧語による学校案内は以下のとおりである。

・明治三二年　Rapport sommaire sur l'École des Aveugles et des Sourds-mutes de Tokyo
・明治三六年　Short Account of the Tokyo Blind and Dumb School
・大正二、昭和二、一一年　Outline of Tokyo School for the Blind

44 皇后の東京聾唖学校への行啓は、東京盲唖学校時代の二回（明治二四、四一年）以外に、大正六年、昭和五年、一一年の三回あった（東京聾唖学校光栄略記［一九三六・一一］）。

45 小西の東京盲唖学校長時代の初期であるが、技芸教育は、京都が優れていることを率直に認めている（小西［一八九〇・一一］八二頁）。

46 東京盲唖学校卒業証書授与式（一八九二・一一・一二）一二六頁。生徒卒業（一八九三・四・二〇）二四五頁。東京盲唖学校卒業証書授与式（一八九五・三・二八）三三五頁。小西信八先生存稿刊行会（一九三五）一四九頁。

47 それぞれの出生年は小西が一八五四年、樋口が一八七一年、川本が一八八八年。

48 小西の理論的基盤には、盲・聾唖児の教育機会の正当性や小学校令における就学免除規程の不当性に関する理論が含まれる。聾唖・盲生の同窓会の結成とその機関誌『口なしの花』『むつぼしのひかり』刊行は、聾唖者および盲人としての当事者意識を育成するうえで、きわめて重要な寄与があったと考えられる。これらの実現には、小西の激励が欠かせなかったと思われる。大正五年の日本聾唖協会結成に際して、その中心メンバーの一人、小西宛の三浦浩の書簡（桜井［二〇〇六］）には、小西が陰に陽に関与した状況が推測される。研修生とは、卒業生名簿にはなく、正規の制度では受け入れられない、東京盲唖学校で教育法等を学んだ校長等である。花岡初太郎や森巻耳がその例である。

49 箕村喜佐太郎は、後に徳島県師範学校となる徳島期成学校に学び、在学中から「新民部落」の教育に従事したほか、貧児教育・子守教育・劣等児教育にも献身した。さらに、明治三六年四月、佐古町に夜間の私立佐古商業補習学校を創設、校長として運営した。この活動は、宇田三郎や渡邊敏に通じるものがある。なお箕村は、明治三八年には、全国三〇名の小学校教員の一人として、文部大臣選奨を受けた（徳島県教育会［一九二〇］一六一九－一六二〇頁）。

50 このような聾唖児教育の実践を高く評価し、繰り返し県教育会雑誌に報告した、たとえば大分県属の北条茂彦のような県高官が、県庁に在職していたことにも留意しておく必要がある（大分県教育百年史編集事務局［一九七六］五七六－五七八頁）。

51 明治初期に想定されていた小学校授業料一カ月五〇銭は、明治一一年当時、有業者一人当たり年間の所得が二一円であったことからみて、一般家庭にとってかなりの負担であった（文部省調査局［一九六二］二四頁）。

52 昭和戦前期の壮丁教育調査をみれば、入学後に就学免除になった者が、かなりいたことがわかる。そのことから類推すると、壮丁が小学校に就学していたであろう明治末期から大正初期の小学校では、不具瘋癲白痴がすべて就学免除になったわけではないことが推測される。

53 明治二〇年頃の師範学校生徒は、「地方の秀才で、其の家庭生活も相当の程度にあったものから、郡区長が選抜して入学」させたという（長谷川［一九三六］一〇頁）。明治一九年「尋常師範学校生徒募集規則」第二条では、一般の応募者を第二種とし、第一種として「郡区長ノ薦挙ニ係ルモノ」を生徒募集の対象としていた。

54 金沢市では金沢教育社以後の二五年の空白を、上森捨次郎が私立盲唖学校を開設することによって埋めることになった。上森は、旧加賀藩士族であり、埼玉県で小学校教員を務めたり、自由民権運動にも参加した記録があるという。金沢市会議員の経歴もある。彼が着手した私立金沢盲唖学校も財政難で、後述するように質が高い教育を提供できたわけではなかったが、県教育会が上森の盲唖学校を継承する過程は円滑ではなかったようで、上森は教育会附属盲唖学校での教職の継続を謝絶している。県教育会は、盲唖学校経営に意欲を示した時期がやや遅かったのである。梅田が上森とともに、教育会附属盲唖学校に参加しなかったのも、同じ心情が推測される。埼玉県での上森の活動については、以下を参照した（http://crd.ndl.go.jp/reference/modules/d3ndlcrdentry/index.php?page=ref_view&id=1000184669）。

55 福島校を訪問したキリスト教関係者は、開校式後間もない四月七日に東京フレンド女学校教師のヒックス（寄付額一円）とデロン（同一円）が、四月三〇日にはプロテスタント系東京明治女学校の青柳猛（同一円五〇銭）が、五月二日にはディサイプルス派の宣教師・チャールズ・E・ガルスト（Charles E. Garst 一八五三－一八九八）ほか四名と宣教師・川村洋四郎ほか九名（同三円五銭）が来訪した（私立福島訓盲学校［一九〇六］）。情報の迅速な流通には驚くが、遠藤金七の連絡によるものと思われる。

56 長澤の実家は、大正期まで福島市で支配的な地位を占めた商人・但馬屋グループの一員であった（福島民友新聞社［一九六八］三〇四－三〇五頁）。

57 関根は福島県の最上流和算家、佐久間纘（つづき）のもとで一二年間修業後、「計洋館」を経営し、三〇〇名を超える門下生がいたという。明治四三年には富岡町議会議員となった（富岡町教育委員会［一九八八］六六五－六六六頁、［一九八九］五五－五六頁）。

58 宇田のいう「慈善事業」が、学校教育よりも下位にあって、公的負担の価値がなく、民間が担うべき事業であるという意味ではないことは、制度外の教育を、学校事業を拡大して行った彼の一連の活動から明瞭である。教育対象や社会的効用等によって、教育諸事業間における価値的序列化の考え方は、後述するように、明治三三年第三次小学校令以降、国・県学務当局において顕著となる。

59 福島保嬰学校の前身として、明治二八年に、信夫柳太郎のもと、渡辺と菊地カネにより私的に開設されていたという（長田［一九九五］五三頁）。

60 渡邊は、鷲澤の優れた能力・人格を激賞した誠意あふれた文章を書いている。また、渡邊が彼の功績として列挙した諸事業は、鷲澤の就学勧誘の過程で把握された現実問題の解決手段（たとえば就労児に対する夜間学校の開設）として、鷲澤により提起されたとしている。さらに、長野尋常小学校が大規模校であるがゆえに、鷲澤のような教員の存在や新規事業が可能であったとも述べている（渡邊敏全集［一九八七］三三四－三三八頁）。不就学児に感覚・身体障害が多いことも、鷲澤が認識した現実であった。

61 信濃教育会（一九三五）三〇三－三〇五頁参照。花岡初太郎は、東京盲学校『東京盲学校一覧』（一九一三）の卒業生名簿にはないので（一一三五頁）、退学したものと思われる。

62 もっとも、財団法人化が本校の財政困難を解消したわけではなく、校長の寄付金調達努力は続くことになる（駒峯［一九三二・四］七〇頁）。これは、他の盲唖学校でも同様であろう。

63 徳島県立盲学校記念誌編集委員会（一九八〇）三－一三頁、一五－二四頁に詳しく記載されている。

64 ただし、明治四二年三月には、高良忠成が東京盲唖学校教員練習科第六回修了生、現職が「沖縄県師範学校訓導」と記載されていることは、興味ある情報である（東京盲学校［一九一六］一一九頁）。

65 奥村三策は、明治二二年六月には、『鍼用人体略説』全五三頁を、奥村自身を発行者として刊行している。本書の内容は、一般的な解剖生理学である。明治三五年一一月の『普通按鍼学』の内容は、解剖生理学と按摩鍼灸の基本・診断・治療法およびその基礎としての経穴とに二分されている。本書の出版は当初、奥村を発行者としていたが、改訂版は明治三七年九月、『普通按鍼灸学』と改題し、灸の内容と経穴の図を追加して、誠之堂から刊行されている。本書はさらに『改訂按摩鍼灸学』と改題され、著者の最終訂正を経た後、奥村の逝去後まもない大正元年九月に、誠之堂から一一版として刊行されている（「例言」二頁）。いずれも、国会図書館デジタルコレクションで閲覧できる。

第二章

1　欧米主要国における盲・聾唖児の義務教育化の時期は、イギリスでは一八九三年、アメリカ（カリフォルニア州）では一八七四年だった。アメリカでは、義務教育成立以前に、慈善事業として聾唖院・盲院・白痴学校が存在していた。障害児が義務教育の対象外であった時期でも、義務教育制度が実効化する一九世紀末になると公立学校制度のなかに聾唖・盲・精神薄弱等の特殊学級が設置され、教育機会が用意される。こうして障害児の教育の場は、州管理の聾唖学校・盲学校と精神薄弱者施設内学校、都市が管理するコミュニティの公立学校特殊学級の二本立てとなる。ただし、特殊学級の普及は州により大きな差があった。

2　京都府宇治尋常小学校の村田義任のように、貧児部落の学齢児童に小学校への就学・通学を求めるのではなく、子守や留守番のために登校できない貧困児童対象に、特別巡回教授を実施する学校も生じた。これは、教員が交代でいくつかの会場を定めて、日に一、二時間、修身・国語・算術等を教授する、明治三八年から始めた方法で、実質的に皆就学を達成したという（小学校教育効績者評伝二［一九〇九・四］一〇五－一〇七頁）。千葉県千葉町では、師範学校生徒の発意と上層婦人の寄付による子守教育所が明治三四年に開設されている。このような自発的な工夫は、各地でみられたものと思われる。千葉県の特別教授は、安房郡や香取郡に拡大しているが、役所が関与するようになる（千葉県教育百年史編さん委員会［一九七一］二九五－三一三頁）。また、長野尋常小学校の子守学級の担当訓導・中村多重のように、子守教育という分野で有名になる人物も出てきた。彼の乳児の泣きの分析と対応や玩具に関する所見は心理学的に興味深い（長野県にて観察調査せる学校［一九二四・四］三九－四〇頁。長野城山学校［一九七三］四九三頁。長田［一九九五］五二三－五三六頁参照）。

3　満六歳から一四歳までの県別の学齢盲唖者数とその就学状況については、明治三一年度から採録されている。それによると、盲児数は四四一〇（男二五一三、女一八九七）名、聾唖児数は四九〇〇（男二八一二、女二〇八八）名で、「学校に於て修業する者」は、盲児三三（男二七、女六）名、聾唖児一六一（男一二三、女三八）名であった。この時期に、少なくとも上記の数の盲唖児数は確認されていたということであろう。就学先は不明である。なお、盲児数には、盲聾唖の児童数三〇名（男一二、女一八）名が含まれているが、少なくとも盲聾唖児を、盲および聾唖の子どもとは異なる存在として把握されていたことは興味深い（平川［一九〇〇］）。

4 就学児童の学籍を除籍できるのは、小学校令施行規則第八一条により、児童死亡、転居、一年以上の居所不明の場合に限られる。しかし、不具廃疾を理由として不就学が許可されると、学籍は除籍した地域もあったようである（岸田［一九三一・一〇］六九頁。近江教育［一九三一・八］四三〇、三三－三四頁）。したがって、統計に示されている不就学者数は単年度の数値であって、累積数は示されていない。昭和六年の学籍除籍に関する文部省の指示は、保護者の願い出があって初めて除籍することを内容とするものであるが、この指示がどの程度、一般的であったのかは十分に把握できない。たとえば三重県統計書には、明治四四年度から昭和一五年度まで学籍簿抹消者の表が記載されていて、昭和五年には四八名、六年には二八名だった学籍簿抹消者が、昭和七年から一三年までの七年間は、それぞれ、九、一三、一八、一〇、二三、八、九名にほぼ激減しているが、一四年には一三七、一五年には九四名と激増している（三重県［一九四二］三四頁）。

5 大正三年一〇月二〇日に後町尋常高等小学校を視察した栃木県の小学校長の報告書（稲澤勝智［一九一四・一二］）は、当時の状況を示している。三村安治校長は、長野県初等教育の指導的な存在であったが、後町小学校は、三八学級、児童一八〇〇人、教員数四七人の大規模小学校であり、貧困層子弟に対する子守教育と夜学校、優等児・劣等児教育、吃音矯正においても、成果を挙げていた（長野県にて観察調査せる学校［一九二四・四］三九－四〇頁）。

盲唖教育に関する情報は、以下のとおりである（頁なし）。

修業年限は盲生・唖生とも、普通科五年、技芸科四年。普通科の教科目は盲生が図画以外は小学校に準拠するが、唖生では修身・国語・算術・図画・体操、手工（男）、裁縫（女）である。技芸科は、盲生・唖生とも修身と体操を学び、盲生では鍼按関係科目、唖生では男女とも裁縫となっている。学級は、第一学級が普通科一年から三年までの男女七人、第二学級が普通科四年と五年（一二）および技芸科（三）の男女一五人、第三学級は唖生学級であり、普通科（一年から五年まで一五人）から技芸科（三人）までの一八人。

経費は、歳入が九二六円（補助金が県から五〇〇円、市から三〇〇円）、歳出が九二六円で俸給六一二円が最大の支出項目である。授業料は無償、寄宿費は月額六円、市内下宿は八円だった（人数の記載なし）。盲生卒業生二〇人のうち、鍼按業一三人、盲学校教員二人、無職三人、死亡二人、住所不明一人、唖生卒業生六人のうち、商業・農業が各一人、裁縫学習者一人、技芸科在学三人である。盲部の成果は歴然としており、唖部では、普通科在学生が多いことから、教育需要が顕著になってきたことを示唆する。

6 明治一三年四月の『京都盲唖院規則通則』第二条では、学齢六歳の盲唖児で教育を希望する者には、盲生には課業表と手算法図を、唖生には課業表と手勢法図を与えて、地元の小学校七・八級で盲生は授業を傍聴、唖生は傍観させて、七歳になった時点で盲唖院に入学させること、七歳未満でも、自宅からの送迎があれば入学を許可することを規定していた（京都府［一八八〇・三］二頁。加藤［一九八一］三七四頁註2も参照）。

7 明治三五年には、やや詳細となる。師範学校附属小学校には盲と聾唖の二教室を設置する。師範学校生徒が赴任した小学校に盲唖生がいれば、盲唖教室を附設する。また、外国の先行事例や福島町・長野市の例により、附設論の実施可能性を補強している（生徒卒業［一九〇二・五・二八］五八六頁）。

8 内務省は、明治四一年秋から省内で感化救済事業講習会を開始し、地方でもそれぞれの専門家を活用して開催したが、児童保護事業の内容は、学校教育における特殊教育と同一の範疇か、その延長線上にある事業と重複している。すなわち、盲唖教育事業、不具児保護事業、低能児教育事業、白痴教育事業である（生江［一九一七・九］五二一－五三一頁）。

9 実際には、この公式見解がそのまま単純に盲唖学校（教育）に反映したとはいえないだろう。というのは、少数例で短命ではあったが県師範学校附属小学校が障害児の特別学級を開設したり、県教育会が盲唖学校経営に関与したりしたが、これらの学校は、県学務当局の意向とは無関係ではないからである。

10 教授細目は、大正初期になっても、町田則文らがもっぱらヨーロッパの事例を紹介していた段階であった（町田［一九一三・七］、［一一四九・八］。中村［一九一三・一〇］）。

11 この全国教育者大集会では、「六教育家の講談」として、伊澤修二が東京盲唖学校の聾唖生徒・吉川金造を伴って講演し、吉川は発話によって簡単な自己紹介をした。その時の会場の様子は、「一種異様な発音にて無心気に述べし時満場傷然として涙を催し一言を発するものなかりき」。聾唖児と教師の学習－指導に対する努力に、参会していた全国の指導的な教育関係者は感銘したのである。またこの後に、小西信八が「盲唖の教育」により、盲唖教育の必要性と困難を述べた後、盲女生徒による音楽演奏があった（二三一―二四頁）。

12 全国における単級学校数の市町村私立小学校総数に対する割合は、明治二五年の三三・四％から、明治四五年の七・九％に急減する（宮田［一九五三］六六頁）。また、宮田の小学校数（六五頁）をもとに整理すると、明治三五年から三九年までの単級学校と三学級以下の学校の割合は、明治三五年の五七・八六％から、三九年には五二・五二％、四五年の三四・〇二％へと順調に減少する。義務教育年限が変わる明治四〇年以降については単級学校および五学級以下の学校数の割合を見ると、四〇年の六九・三四％が四五年の四八・四〇％に改善されていることが分かる。

学級編制の状況が劣等児教育と深い関連があったのは、山陰側では劣等児教育が低調だったのに対して、山陽側では関心が高かった中国地方の小学校学級数の割合変化を見ても理解できる。明治三九年の鳥取県では、二〇六学級のうち三学級以下の小学校は八四・九五％に上る。単級の学校は八四校、四〇・七八％だった（鳥取県［一九一二］三一二頁）。大正二年三月現在で、単級および五学級以下の小学校は全体の七一・八八％を占めている（鳥取県［一九一四］一六一―一七頁）。

それに対して山陽側の岡山県では、単級および三学級以下の小学校数の割合は明治三六年が七〇・八一％だったが、四四年には三四・九六％に急減し、単級および五学級以下の学校数の割合は三六年では九五・四二％、四四年には五七・八九％に急激に変化している。三六年には岡山市三校と郡部の一七校のみが七学級以上であったが（全小学校数四五九校）、四四年には岡山市五校と郡部六五校に拡大する（岡山県［一九一二a］一一五―一一七頁、［一九一二b］八二―八四頁）。

13 劣等生は、普及しつつあった中等教育界でも使用されるようになるが、劣等の原因が生徒個人の能力や性向に求められている点で、初等教育界における劣等問題とは基本的に異なる。

14 長田（一九九五）。市澤（二〇〇二・六）七三、八〇頁。中嶋・河合（二〇〇九）。佐賀県教育史編さん委員会（一九九〇b）四四二―四四三頁、（一九九一）七八八―七九九。年長児童就学規程（一九〇一・五）。尋常小学校特別教授規程（一九一〇）七〇―七一頁。千葉（一九七五）七九一―七九五頁。帝国地方行政学会編（一九三六）八九頁。千葉県教育百年史編さん委員会（一九七一）三〇三―三二八頁。千葉県教育百年史編さん委員会（一九七三）八九四―八九七頁。重栖（二〇〇二）七六頁。

これ以外に、山形県東村山郡、福島県、栃木県、富山県中新川郡、福岡県でも規程があったという（長田［一九九五］一八二頁）。県教育会の努力も、同じ方向で実施されている。明治三〇年七月の奈良県地方教育会では、貧困子弟を対象とする特別学級の設置について検討している。三三年七月には、原案からさらに現実的になり、修業年限を短縮、毎週の授業時間を減らし、教科も修身・国語・算術のみとし、学用品も貸与または給付することに修正している（奈良県地方教育会［一九〇〇・九］三六－三七頁）。

15　たとえば水戸市では、明治三三年から大正元年までの就学猶予数は、四八六（男二六二、女二二四）名から六六（男九、女五七）名に、免除数は二三五（男一〇五、女一三〇）名から〇に激減している。もっとも、免除数〇は、貧窮のみの数字であろう（水戸市史編さん近現代専門部会［一九九三］九八三頁）。また、佐賀県の統計でも、明治三三年の貧窮による就学免除は三七三〇（男八九六、女二八三四）名だったが、明治四一年には女児の三名のみとなっており、就学猶予は七〇二八（男一一六四、女五八六四）名から一六七（男二二、女一四五）名に激減している（佐賀県教育史編さん委員会［一九九一］八〇〇頁）。この減少は、強力な就学督促と就学手続きの厳格化の結果による部分が大きかったであろうが、就学の実態は、他の調査により明らかとなる。この後の時期であるが、水戸市の大正四年から一二年までの壮丁学力検査成績によると、半途退学が意外に多く、改善傾向にあるものの一番多い年では大正九年の約二七％に達している。他方で不就学は一番多い大正四年で約三％である（水戸市下市尋常小学校［ｎｄ］）。

16　市澤は、明治二四年一一月一七日文部省令第一二号「学級編制等ニ関スル規則」第九条二部教授規程および明治三六年三月三一日「小学校令施行規則」改正における「教授上特別ノ必要アルトキ」（寺尾［一八九四］一一一－一一七頁）を根拠として、『「二部教授」規程は、劣等児等の『特別学級』概念を含めた規程として導入されていった」と主張している（市澤［二〇〇二・六］八〇頁）。しかし、この特別学級は、不就学児や未修了児童（とくに女児）が対象であって、劣等児や発育不全児を対象としたとは思われない（柏木［二〇〇五・一〇］一二二頁参照。新潟県教育百年史編さん委員会［一九七〇］六二〇頁）。また市澤は、大分県の事例を上記主張の傍証としているが、引用資料には疑問がある。八坂信男の「知恵遅れ」には確証がなく、大久保知事の主張はまさに典型的な二部教授の提案であって、劣等児特別学級とは関係ない（八坂［一九七七］九、五一、五六頁。廣池［一八八九・九］）。

17　明石女子師範学校附属小学校主事の及川平治（一八七五－一九三九）のように、理論や着想は輸入でも、実践の場において眼前の児童から得たデータと指導経験を元にして、劣等児を初めとする児童の指導法を開発した学者もいた。及川の分団式動的教育法は、劣等児等への対処に悩む強い指導意欲をもった小学校教員に甚大な影響を与えたが、彼は、教育学界では主流の学者からは評価されなかった。

18 白川学園の経営主体が、府教育会から脇田個人に移管される問題も、初等教育界の多様で多元的な教育課題と府教育会の権力構造に発する問題であったと思われる。一つは、施設対象児が、府教育会と脇田では想定が異なっていたのではなかろうか。府教育会には、施設設立にさしたる定見があったようにも思われないし、小学校令における免除対象児まで、初等教育が担うべき施設対象とは考えていなかったのではなかろうか。たとえば、明治四四年一二月には、京都府教育会主催の冬期講習会において、京都帝国大学医科大学講師・笠原道夫による一〇時間の講義は、翌年一月、『教育病理学』として府教育会から刊行されているが（笠原［一九一二］）、本書の内容は、智力の異常（精神薄弱）よりも性格異常（精神低格）が主である。また、脇田自身も、淳風尋常小学校時代とは、白川学園の関心対象が異なっていたと思われる。あるいは、生活全体を管理することに関心があったのではなかろうか。淳風尋常小学校時代の実践について、脇田自身が、顕著な効果はなかったとしているのは、通学制の教育だけでは十分な効果は得られないということであろう。また、滝乃川学園等が特定階層を対象としていたのに対して、初等教育から出発した脇田は、一般大衆を対象としており、社会事業と初等教育との接点にいた。さらに、特別教育の実施が、京都府教育会という組織内で了解された問題であり、特定個人の関心事ではなかったことも重要である。脇田の用語法は独特である。劣等児を「成績の劣等を意味して」、低能児を「教育の結果によらずして能力の低き事を意味して」、一応の区別をしている（脇田［一九〇九］一頁）。また、低能児の用語が広義過ぎて混乱している現状から、普通児・中間児・変態児に分けて、中間児を能力痴鈍（白痴児）、精神異常（病児）、身体虚弱（病児）、機関障碍（盲または唖）、心性不良（不良児）に分けて、中間児の共通状態を（学業）成績不良とする。中間児の状態が重度である児童・変態児は、括弧内に示したとおりであり、それぞれ、小学校とは異なる機関である白痴学校・盲唖院・感化院・病院の対象である。その頃、一部の小学校で教育が試みられていた劣等児は普通児の範疇に入り、中間児は補助学校の対象となる（脇田［一九〇九］一五－二七頁、九五－九六頁、三九〇－三九一頁）。

19 この時期では、児童に対するサービスは、学校内、指導上の配慮という通常の学校教育サービスに限定されていて、学用品の供与、給食等の社会事業的サービスの着想は、次の時期となる。

第三章

1　師範学校長の地位と俸給、県学務行政の兼務が、森有礼文部大臣によって進められたが、彼の不慮の死によって、前者は低下し、後者は内務省の行政下に組み込まれた。これ以降、大戦までは県学務行政は、師範学校長の任命を除けば、内務省の管理下だった。

2　服部敎一は後に、師範学校教員から高等文官試験に合格して官界に転じ、文部官僚から内務官僚に転身し、さらに衆議院議員となる。昭和三年には短編『日本の将来』（日本植民学校刊）等によってアメリカ・イギリスと対峙したその情熱が留学生時代の上記報告にすでに垣間見える（藤原［一九一一・一］参照）。なお、明治三九年一〇月三一日の官報では、付録で「聴覚ノ不充分ナル児童及ヒ骨格正格ナラザル児童ノ為ニ設ケタル特別学級等」に触れており、ベルリンの小学校には聴覚障害児の特別学級が設置されていることを紹介している。官報の主題は、補助学校・補助学級とマンハイム学校組織が主題であるが、付録「身体ノ不具病弱等ノ児童ノ為ニ設ケタル特別学校又ハ学級」では、上記の特別学級の他に、吃音矯正、詳細な林間学校に加えて、肢体不自由児等に対する病院・自宅での訪問教育や非行児に対する特別教育も紹介している（服部［一九〇六・一〇・三一］八四三-八四四頁）。

3　何よりも、先行研究が服部説の根拠としている川本自身が、服部の帰国時期と服部書簡を根拠として、服部説を撤回している（川本［一九五四］一〇三頁）。なお平田［一九九五］五頁）は、訓令六号に「発育不完全児」が含まれるに至ったのは、乙竹岩造のドイツ報告、服部の報告、鈴木治太郎の実践、伊澤修二の活動によるとしている（三〇一-三〇四頁）。

4　たとえば、大正一四年に特別学級を開設した岐阜県女子師範学校附属代用小学校は、主事の稲垣國三郎（一八八六-一九六七）の主導により開設された。彼が一五年六月に広島高等師範学校に復帰すると同時に、特別学級は解消された（岐阜県教育委員会［二〇〇三］五二二頁）。特別学級開設が構想されながら、開設までに至らなかった例は存在するものと思われる。たとえば、沖縄県では、高良忠成が明治四二年三月に東京盲啞学校教員練習科を修了しており、大正五年度の所属は沖縄県師範学校（附属小学校）訓導になっている。高良の一年間の研修が県費派遣なのか、与那嶺惟俊のような自費による研修なのか、資料がないが、沖縄の師範学校と県当局には、盲啞教育のための特別学級構想があったのかもしれない。高良はその後、第一豊見城尋常高等小学校教員・校長を務めている。

5　たとえば、三重県師範学校の盲生学級は、相澤英次郎校長の稲葉健之助学務部長に対する説得によって実現した（佐々木［一九九二］二〇三頁）。また、大正七年四月、秀才教育に関心をもっていた木下重四郎・京都府知事の指示をうけて、京都府師範学校が第二教室と通称される優良児教育を開始したのは有名な例である。

6　東京高等師範学校附属小学校では、第一部は附属中学校へ進学する男児、第二部と第四部が高等小学校、第五部が一学級増設されて補助学校と称した（東京高等師範学校附属小学校［一九一二］一〇頁）。かつて、特別学級（補助学級）が置かれていた第三部は、二部教授を目的として設置されていた。なお、特別学級の児童定員は若干名となっていた（東京高等師範学校附属小学校［一九一〇］九頁）。

7　和歌山県師範学校附属小学校の沿革概要では、明治四二年四月低能学級を増設、七月に低能学級を廃し、聾唖学級を設置したとなっている（和歌山県師範学校［一九三六］五一三頁）。この経過の理由は分からないが、「和歌山県師範学校規則」上は問題がなかった。少なくとも昭和一〇年以前までは、児童定員七百名、学級数一四、「但し劣等児其ノ他特殊ノ教育ヲ研究スル為特別ノ学級ヲ設クルコトアルヘシ」と規定されており（第四二条）、学業その他の理由で特殊教育の教育研究を実施することは可能だった（和歌山県師範学校［一九三六］三九七頁）。

8　明治四三年には、金港堂編纂部編（一九一〇）『全国附属小学校の新研究』（全一一三二頁）が、出版社の原稿依頼に応えた附属小学校主事や教員の寄稿により刊行されたが、このなかで岩手県師範の特別学級（一三六－一六七頁）が記載されているほかに、沖縄県師範では特別学級編制をしない形態での劣等児教育を主題としている（一一二五－一一三二頁）。長野県師範（六八〇頁、六八七－六八八頁）と兵庫県明石女子師範（九七六－九七八頁）は、劣等児指導に言及している。

9　明治四四年六月一日現在の岩手県内小学校における低能児取扱の実態調査では、特別な取扱のほとんどが、放課後または始業前の一時間以内の補習のほか、優等児童による補導だった（岩手県教育委員会［一九八二］七八四－七八五頁）。方法が復習または反復練習にすぎないうえ、取扱方法が画一的なこともあって、これによってどの程度の効果があったのかは、甚だ疑わしい。

10　岐阜県師範学校の明治四一年の特別学級規定第六三条は、昭和九年に至っても同文のまま残っている（岐阜県師範学校［一九三四」三五頁）。

11　岐阜県師範学校附属小学校では、明治三四年一二月二〇日に劣等児童三三名の保護者を招集し、家庭状況、栄養・睡眠の状態、五親等内の心身・生活状態、児童の生育歴と心身の発達状態、近親婚等について調査している。また、本校教員により、学級編制および指導上の注意事項を聴取し、一一項目に整理している。このことから、本校では少なくとも数年間の劣等児童に関する研究を行っていたことが推測される（教育学術研究会［一九〇四］第五編三一七－三三八頁）。

12　小学校児童数は明治二一年に二九二万七八六八人、三一年には四〇六万二四一八人、四一年には五九九万六一三九人で（二〇年間で約二倍）、中学校生徒数は明治二一年には一万三八六人、三一年が六万一三八一人、四一年には一一万五〇三八人に（約一一倍）、高等女学校生徒数は明治二一年には二四四四人、三一年八五八九人、四一年には四万六五八二人に（約一九倍）増加していた（東洋経済新報社［一九二九］六七七－六七八頁）。

13　歳出決算額で見ると、明治三〇年度は政府全体で二二三六七万八〇〇〇円、文部省決算額が二六一万三〇〇〇円、明治四〇年度は政府が六〇二四〇万円、文部省が七〇六万五〇〇〇円と増加していた。決算額の増加率は、政府も文部省も約二・七倍である（財務省［二〇一五・一〇・二二］）。

14　東京女子師範学校附属小学校主事の北澤種一（一八八〇－一九三一）は、半年間の一時的な編制による特別学級において、微細な感覚障害のある学業不振児に特別指導を試行している（北澤［一九一一・五］）。彼の得た結論は、「劣等生には大抵何等かの欠陥が其の身体の上にある様で……それを発見して、そしていくらか少しでもよいから、其の方面から来る新しい力を自覚せし」めて、「自ら自信と力が出て来る様にさせる、既に自信力が出て来れば、其の他の其の後の教育は極めてたやすい」ということだった。実践的教育学者・北澤の実践例は、正確な行動観察に基づいて学業劣等の本質を追求しようとしたのである。

15　遠山憲美は、神山県（後の愛媛県の一部）貫族（旧士族）であったが（柚山［二〇〇八］七頁）、詳細は不明であるという。この建議意見書は、槇村正直知事をはじめ、当時の京都府関係者に感銘を与えたようで、明治一〇年に盲・聾唖者の潜在的可能性を認識し、彼ら廃疾者に対する先入観なき同胞観を示している。情報源は欧米であることが建議意見書で示されているが、明治初期の地方の知識人の高いレベルを示すと考えられる（盲聾教育開学百周年記念実行委員会編集部［一九七八］二八－三一）。

16 町田則文は、愛媛県師範学校時代の明治二一年、三三歳の時に東京盲唖学校を参観し、吉川金造や高木慎之助らの聾唖教育を参観している。また、台湾総督府国語学校の正確な肩書きは、官制上の問題により、台湾総督府事務官であった。なお、町田の着任は伊澤修二の招請による。

17 主な著作は以下のとおりである。明治三三年『弥爾言行録』（開発社）は、ジョン・スチュアート・ミル（John Stuart Mill 一八〇六－一八七三）自伝の本邦初訳であり、教育学の初期の著作としては明治三六年『学校管理法』（同文館）、昭和三年『明治国民教育史』は町田の主著、昭和八年『盲人心理学』（町田先生謝恩事業会）は、テオドール・ヘラー（Theodor Heller 一八六九－一九三八）の一八九五年の博士論文翻訳である。ヘラーは、ビルヘルム・マックス・ブント（Wilhelm Max Wundt 一八三二－一九二〇）の弟子で、現代ではヘラー症候群（小児期崩壊性障害）の最初の報告者として名が残っている。

第四章

1 高等教育の前段階である中学校と高等女学校の入学に際して、入学を許可しない身体的条件について、大正六年六月に開催された学校衛生主事会議で、各県から紹介されている。結核や伝染性の疾患は入学不許可とすることは共通しているが、滋賀県のように身体発育が甚だ不十分または教育によって身体的に有害な者を入学不許可とする県があるほか、茨城県では、義足装着者に対して入学不許可とする中学校があった（文部省普通学務局［一九一七］五八－六〇頁）。

2 松江育児院児童の就労事業に印刷があったことは、バックストン『赤山講話　第一集』（一九〇一）の印刷・出版元が、育児院であったことから分かる。他にも育児院で印刷されたものがある。

3 福田平治の盲唖学校への思い入れは、逝去後に教材として骨格標本として本校に寄付したことにも現れている。

4 条件に恵まれた地域では、聾唖者に対する社会活動が開始される。長岡聾唖学校教員の中心だった高取易太郎は、日本聾唖協会長岡部会を大正一〇年に結成している。規模自体は、大正一四年で四〇名程度であるが、職業紹介や人事相談を行っている。これは、協会の活動範囲に含まれていたが、大正一五年には、職業紹介三件、人事相談が七件あった（新潟県社会課［一九二七］七八－七九頁）。なお退職後は、「長岡昭和園」を開設し、聾唖者の就労の場とした。

5　明治三二年九月以降、京都市内の中等学校・高等学校で体操の嘱託教員等を行っていた（中森［二〇〇八］六五頁）。

6　髙木慎之助（一八七〇－一九〇四）は、明治二六年三月末日から明治三一年一〇月末日、吉川金造は明治二六年三月末日から明治三三年三月末日まで。この二人は、日本の最初期の聾啞教育の最大の成果であったといい、東京盲啞学校の聾啞部の同窓会組織を結成し、機関誌を刊行した。組織的な聾啞当事者運動の源流である。吉川は期待どおりに聾の教師として活躍したが、高木は夭折した（故高木慎之助氏小伝［一九〇六・三］二〇－二一頁）。また校長には、正規生徒以外に、入学を許可する権限があったようである（東京盲啞学校［一九〇一］七五頁）。大正三年度には、朝鮮人女生徒二人とロシア人エロシェンコ（一八九〇－一九五二）に入学を認めている（町田則文先生伝［一九三四］六九頁）。台湾盲教育を創始した聖職者・ウィリアム・キャンベル（William Campbell 一八四一－一九二一）は、伊澤修二を引受人として、明治三〇年九月、台湾人留学生を送り出している（東京盲学校［一九三五］二一九－二二〇頁）。

7　本書については、野呂一が二〇〇三年の聾史学会でその歴史的意義と詳細な内容紹介を行っている（野呂［二〇〇四］一一四－一二〇頁）。

8　松平元四郎平は高名な鍼家で『鍼灸経穴学』は大正四年の「訂正第三版」まで確認できる。『鍼灸孔穴類聚』上下（大正一四年、昭和二年刊）は、平成一〇年に復刻された。

9　佐土原の学校の間接的な功績は、田代清雄（一八九四－一九五九）に盲啞教育への参入のきっかけを与えたかもしれないことである。田代の活動の詳細と佐土原の学校との関係は不明であるが、小松教之の研究がある（小松［一九八九］）。それによれば、田代の従姉妹・佐土原キミが、すゑの聾啞学校の教員を務めていたと思われ、田代は、同校をしばしば訪問したという。田代は、大正一三年に沖縄に私立沖縄聾啞学校を設立し、校長を務め、さらに、昭和一一年には奉天盲啞学校を創設し、校長を務めた人物である。

10　廃校の危機を乗り越えた功績では、第一章でふれた東海訓盲院の小杉あさのほかに、青森盲人教育所の山口ちせがいる。また、学校の教育運営という点では、鳥取盲学校の上田ツナもいる。盲学校のなかには、一般の小学校以上に、女性の役割が大きい学校もあったのである。

11　小西信八は、明治三八年に、国内盲啞学校の設立・経営状況を語っているなかで、佐土原についても南雲についても、評価に類する表現は残していない。これは、松江校の福田与志や長岡校の金子徳十郎等とは大いに異なる（小西信八先生存稿刊行会［一九三五］一五二、一五四、一五五－一五七頁）。

12　帝国教育会は独立した全国規模の教育会であり、市や道府県の上位団体の教育会ではない。全国連合教育会は、帝国教育会が中心となって、明治三〇年に第一回が開催され、その後は隔年に開催された。大正八年一〇月に、帝国教育会と道府県および市の教育会とによる常設の組織として毎年開催されるようになる。

13　大分盲唖学校の明治四五年度の予算では、歳入額一七九五円のうち県補助金が一五〇〇円（全体の八四％）、授業料が二七五円、雑収入が二〇円、支出は、人件費と旅費が一二九二円、借家料が三〇〇円である。俸給は校長が年三六〇円であるが、教員は月額五円となっており、自家営業による収入を前提としていたことが分かる。備品費九三円、消耗品費一〇〇円であった（大分県教育雑誌四五年度大分盲唖学校収支予算書［一九一一・六］三〇－三一頁）。この収支構造は、少なくとも県立移管までは変化がない。こうして、教材・教具費が不足していたことは目に見えており、また、優れた教員獲得にも支障が出てきたと思われる。

14　それ以外の委員は、石川重幸、林吾一、遠山邦太郎、大儀見元一郎、瀧澤菊太郎、東基一、白武仁である（委員囑託［一九〇七・二・一五］八頁）。ただし、その後の経過をみると、委員の変更があったようで、寄藤（好實）、鶴高、根本、山縣（悌三郎?）が出席している（訓盲及教唖調査部［一九〇七・四・一〇］一五頁）。

15　大正一一年末時点での生徒数は、同愛盲学校が男四八、女一〇、盲人技術学校が男二五、女三、杉山鍼按学校が男三一、女一二であり、日本聾話学校は大正九年開設時には約二〇名に過ぎなかった（東京盲学校［一九二二］。日本聾話学校史編集委員会［一九九〇］二〇頁）。しかも、盲学校は年長者が多く、初等部がないか、児童がほとんどいなかった（平田［一九九六］二八八頁）。

16　明治三二年六月に、夏季講習会開催の広告を岡山県教育会雑誌に掲載している。講習科目は、視話法を中心として、訛矯正、英語・台湾語、聾唖者の発音、唱歌・国文等七科目であり、伊澤の研究してきたテーマである。入会金一円、講習料一科五〇銭、五〇名定員で、開催場所は、伊澤の別邸がある神奈川県酒匂村の酒匂尋常高等小学校だった（海浜夏季講習会細則及要項説明［一八九九・六］）。しかし、受講者が五〇名に満たない場合は開催しないとあるので、実際に開催されたかどうかは、確認できない。

17 経費は、入社金（受験料）一円、伝習料一回につき五〇銭であったから、庶民にはかなり高額であった。また、地方の吃音矯正所では、利用料金を低廉化したり、無料にしたりすることもあった。

18 建議の前文の末尾で、三校長は、「本建議御採用盲唖教育令御詮議ノ砌（みぎり）ハ更ニ全国各盲唖学校長御召集ノ上御諮問」（東京盲学校［一九三五］二五〇頁）を要請している。本建議は、盲唖学校長・教員の運動の成果であったから、盲唖教育の振興の源として、運動主体の組織化とその強化を狙っていたと思われる。それが、全国盲教育大会や帝国盲教育会の結成であり、機関誌の刊行である。機関誌の実現は遅れた。

19 明治三八年二月下旬に、第二一回帝国議会衆議院に提出された奥野市次郎らによる「盲人保護ニ関スル建議」が採択されたことが影響していると思われる。建議案は、一八日に提案、二〇日に趣旨説明、二二日に採択されたが（盲人保護ニ関スル建議案第二一回帝国議会衆議院速記録［一九〇五・二・一九］、［一九〇五・二・二二］。杉野［一九九九］一七—三二頁）、鍼按の盲人専業論には内務省にも衆議院の議員間にも異論があったことを考えれば、教育的観点からみた盲人保護運動の重点は、試験による免許制と学術・技能の向上、すなわち、盲教育の普及と充実に移行していったと理解される（加藤［一九九四］一三四頁参照）。

20 大正四年一一月に京都で開催された全国教育大会では、特殊教育部会において、以下の文部大臣（③は内務大臣を含む）建議が決議されている（全国教育大会［一九一六・一a］六五—六六頁。全国教育大会［一九一六・一b］一六三頁）。①適当なる機関に依り、異常児童の生理心理及び教育の方法を系統的に研究すること、②特殊教育に関する調査事項を文部省において刊行すること、③特殊教育に関する職員の資格待遇を制定すること。なお、特殊教育部の責任者・主任幹事は、廣瀬と田中藤左衛門（非行児施設の初代府立淇陽学校長）であった。また、「特殊教育部」の対象は、「盲唖教育、低能児教育等ハ勿論感化事業及吃音矯正等ヲモ」含む意欲的で画期的な企画であったが（全国大会記事［一九一五・一〇］六四頁）、参加者は八九名（二六日）、一九三名（二八日）で、実際に開催された分科会は、盲唖と感化であった。ただし、この「感化分科会」は、「盲唖」以外の事業を意味したであろうことは、特殊教育部の委員に脇田良吉の名前があること、昭和三年の京都市で開催の全国教育大会の組織から明らかである。なお、「特殊教育部」という区分は、明治三五年五月の高松市における関西教育大会に並行して開催された教育品展覧会で、「盲唖学校孤児院等」を指して用いられていたが、盲唖学校だけに限定された（高松市に於ける関西教育大会［一九〇一・九］一七頁。関西教育大会要報告［一九〇一・一一］一三頁）。

21 川本自身の著作における草案に関連する内容の取扱は以下のとおりである。

・大正一四年二月の『備作教育』において、滞米時に盲学校及聾唖学校令の実施に猶予期間があることを知って、川本は憤慨したとしているが、草案については触れていない（川本［一九二五・二］一九頁）。

・大正九年一〇月の『帝国教育』中の川本論文は、まもなく述べるように、盲唖児だけでなく不就学者の解消方策を提唱した画期的な論文であるが、盲唖教育令と関連する内容に独自性はない（川本［一九二〇・一〇］）。

・大正一四年七月刊行の著作『聾教育概説』では、文部省における盲教育令成案過程が二行ほど記述されているが、川本自身を含めて個人名は出てこない（川本［一九二五］五五頁）。

・昭和三年五月刊行の著作『盲教育概論』では、大正八年までのことは知らない、九年頃以降のことも手元に材料がないとし、自分が原案を作成したとも書いていない（川本［一九二八］一六八頁）。

・昭和一〇年二月の著作『内外盲教育史概要』（孔版）では、盲唖教育令の公布だけを述べているだけで、本人の関与は何も記述されていない（川本［一九三五］一九一頁）。

・昭和一五年一二月刊行の著作『聾教育学精説』では、盲唖教育令公布以前の大正九年から一一年九月以前までの川本自身の貢献を詳細に記している。大正一一年、川本が「盲及び聾教育令の大綱の草案を起し、（文部省―引用者）参事官会議に審議を請ふこととなった」が、この時点ではまとまらなかった。同年六月に、山崎達之輔普通学務局長に、「盲及び聾教育の振興並に教育令発布の急務」を進言したところ、「同局長は直に採用され、……余の草案に加ふるに新なる調査を命ぜられた」との記述があるだけである（川本［一九四〇］一七二―一七五頁）。

・盲唖教育令公布時の文部次官だった貴族院議員・田所美治（川本は赤司としている。一七五頁）が、口話法普及に関する当時の状況を回想するなかに川本の名前は出てこない（田所［一九三〇・七］三五―三六頁）。

22 川本の著作には自己正当化の傾向や事実誤認が少なくない。たとえば、大戦後の米国教育使節団報告書における川本の貢献の記述（川本［一九四八・八］）はその一例である。この指摘については、渡部（［一九九三・三］七二頁）を参照。この件は、本書続刊の戦後編でも取り上げる。なお、川本に対する上記の指摘は、第一章でみたように、小西信八評価を通じての川本論を詳説した岡本稲丸［一九九七］の記述によっても示唆的である。岡本は、『聾教育学精説』における川本の古河太四郎評価を、「多分に気分的で、誇張や矛盾、断定と推定が交錯、整理に困る」（岡本［一九九七］六六二、六五八－六六四頁も参照）としている。

23 貧児の親は、基礎教育に関心なく、一刻も稼ぐことを求めるという（吉田［一九一九］一五〇頁）。

24 小西信八がライシャワー夫妻に対して口話法を勧めたことは、A・K・ライシャワーによる自伝がその根拠となっている（エー・ケー・ライシャワー博士伝刊行会［一九六一］一一八－一一九頁、原文一一一－一一三頁）。日本聾話学校創設に至るこの出来事において、小西が口話法を勧めたのは、口話法が言語指導法として手話法よりも優れているという前提で理解され、口話法の優位性または正当性の隠れた根拠になっている。しかし、フェリシアの聾教育の経緯を振り返ると、これまでの理解は再検討の余地があるように思われる。ライシャワーが日本への帰任に対する長老派教会の条件として、彼女の教育は、アメリカの最高の聾学校で行うことが提示されていた（一一八頁）。また、彼はシカゴの神学校に通っていた経験があり、シカゴの聾教育の情報を入手しやすい境遇にあったものと思われる。それゆえ、日本に帰任する時には、フェリシアの教育は、シカゴの口話法聾学校で行うことに決めていたのではなかろうか（なお、「コーウェン」は、本文に記したとおり、「マコーウェン」の誤りであろう）。小西自身は、一九世紀末のアメリカ視察において勃興しつつあったアメリカ口話法を直接見ているが、言語指導法については相対的な立場をとっていたこと、また、口話法の習得が概して困難な過程を必要とすること（口話法が適用困難な聾唖児も確実に存在すること）は、聾唖児に対する日常の指導から十分に承知していたはずである。また、ライシャワーがフェリシアの言語指導法を選択するときに、外国、それも非英語系の聾教育専門家（小西）の見解をそのまま採用することは、とくにアメリカ人の行動様式からして考えにくい。ライシャワー夫妻が小西に求めたのは、言語指導法の選択のような重大な内容ではなく、'some help'（原文一一二頁）にすぎなかったと思われる。

25 前田（一九九三）は、日本聾話学校が、日本における口話法普及に大きな影響をもったとしている。その理由は、以下の四点である。1．文部省への影響（文部大臣の日本聾話学校訪問と生徒授業の見学［大正一一年か］、村上求馬の口話法に関する

表 4-4-1　日本聾話学校予科課程

学年	修身	国語	算術	遊戯	図画	手技	感覚練習	リズム	計
1	簡単なる作法衛生（1）	読話、基礎発音（6）	十位迄数へ方（2）	自由遊戯、共同遊戯（5）	単形簡単なる形態（2）	簡単なる細工（2）	聴覚、触覚（2）	簡単なる拍子（1）	21
2	簡単なる作法衛生（1）	読唇、発語、読方（10）	百位までの数観念を養う（3）	自由遊戯、共同遊戯（5）	単形簡単なる形態（2）	簡単なる細工（2）		簡単なる拍子（1）	24
3	簡単なる作法衛生（1）	読話、話方、読方、書方（11）	簡単なる加減乗除（3）	自由遊戯、共同遊戯（5）	単形簡単なる形態（2）	簡単なる細工（2）		簡単なる拍子（1）	25

＊括弧は毎週教授時数

出典：東京都立教育研究所［1974］372 頁。予科三年の算術では、「簡単ナル加減乗除」とあるが、初等部 2 年の算術の内容と同一である（372 頁）。

表 4-4-2　東京市立聾学校予科課程

学年								
1	作法（1）	国語（10）	算術（3）	遊戯（3）	図画手工（2）	感覚練習（3）		22
2	作法（1）	国語［10］	算術（3）	遊戯（3）	図画手工（2）	感覚練習（3）		22

注：＊括弧は毎週教授時数。教授時数は児童の能力に応じて 5 時間以内で増加することができる。
出典：東京都立教育研究所（1974）376 頁。

文部省説明）、2．他校の本校への参観（約五年間に五回の訪問）、3．東京聾唖学校師範部での村上の講義、4．全国聾唖教育大会への参加と実演（前田［一九九三］九九－一〇一頁）。本書では、本文（第四章および第八章）に記述した理由によって、日本の口話法普及への日本聾話学校の影響は、名古屋盲唖学校や東京市立聾学校ほどの絶大な影響力はなく、相対的な程度であると考える。本文を補足すれば、他の口話法拠点校への参観者数は桁違いに多かった。また前田は、「名古屋盲唖学校の教諭、安藤太三郎は一か月間（日本聾話学校に）毎日通って口話法の実際を研究した」と引用することにより、日本聾話学校の名古屋盲唖学校への影響が大きかったことを示唆している。しかし、『愛知県聾学校二十五年史』には、毎年度、「観察出張」という項目があるが、大正九年四月以降に安藤訓導（当時）の本校訪問の記載は確認できない。ただし、田岡訓導が六月二日から五日間、「盲唖教育視察の為東京市に出張」という記述はある（一一三頁）。さらに、吉田角太郎は、大正一二年に日本聾話学校を訪問しているが、その評価は「音韻不明瞭で、何を言って居るかよく判らない」と限定的である（吉田［一九三六・一二］三九頁）。

26　昭和八年の日本聾話学校と昭和一二年の東京市立聾学校予科課程を比較すると表4－4－1および表4－4－2のとおりであり、よく似ていることが分かる（東京都立教育研究所［一九七四］三四一－三四二、三七五－三七六頁）。日本聾話学校の教育課程は、クラーク聾学校の影響が強いという（前田［一九九三］九九頁）。

27　第八章でも触れているが、中尾榮の報告は、盲唖児の学校教育に限った部分だけでも、その詳細さと広範さは例を前後に見ない。また、旧態的な教育の抜本的な改善に意欲的である。ただし、その提案は広範囲過ぎており、焦点化の工夫があれば、訴求力が高まったであろうと惜しまれる。地方の盲唖学校は、中尾のような問題意識の高い教師に支えられていたのであろう。中尾については、平田・菅（一九九九・六）三八－三九頁を参照。

第五章

1　石井亮一評は大量にあるが、本文で示したような石井の特徴を示した文献には、奥田（一九三七・一）、留岡（一九三七・二）、城戸（一九三七・七）、倉橋（一九五〇・八）が例示できる。なお、アメリカ精神薄弱者施設協会（The Association of American Institutions for Feeble-Minded. 二〇〇七年一月に改称された The American Association on Intellectual and Developmental Disabilities: AAIDD の源）の機関誌、*The Journal of Psycho-Asthenics* には、石井の寄稿や事業紹介があり（Editorial［一八九九・三］）、News and Notes［一九一二・三］）、彼の逝去に際しては追悼記事が掲載されている（Mr. Ryoichi Ishii［一九三八］）。

2　旧筑波学園は、昭和二七年に茨城県に移管され、県立筑波学園となる。だが、その後岡野豊四郎の娘、岡野和子によって筑波学園の建物、敷地を引き継いで筑峯学園が設立される。そのため、先行研究では大正一二年～昭和二七年までの筑波学園を旧筑波学園と称し区別している。

3　明治二五年の『聖公会要覧』には、大須賀と小宮の立場は委員として明記されており、孤児（女児）の教育に立教女学校の教員と女生徒が携わり、大須賀と小宮はその監督としての役割を担っていた（社会福祉法人滝乃川学園（監）［二〇一一］四七頁）。

4　擂鉢山は上野公園にあるが、当時、クリスチャンが新たな仕事を決意したとき、聖なる山に籠って誓いをたてることがあり、大須賀も擂鉢山で孤女学院設立の決意と誓いをした（社会福祉法人滝乃川学園［二〇一一］九八－一〇〇頁）。

5　脇田良吉の出生地は京都府。彼の正式な生年月日は不明である。戸籍上は明治八年二月二九日となっている（脇田［二〇一三］三九頁）。

6 明治三九年一一月には伊澤が脇田の春風倶楽部の授業を視察した（脇田［一九二六］八頁）。

7 脇田（二〇一三）は、京都府教育会に「特別学校」の設立を訴えたが、教育会は消極的であったことを、上京の理由の一つにあげている（脇田［二〇一三］四三頁）。

8 桃花塾一〇〇年の歴史編集委員会［二〇一六］は、指導を受けた場所は明記していないものの、岩崎は高島から指導を受けたとしている（桃花塾一〇〇年の歴史編集委員会［二〇一六］八頁）。

9 岩崎（一九一三・一二）の内容から、彼が指摘している小学校令は第三三条と第三八条と考えられる。

10 保母を養成する普通学部が設置されたことによって、普通学部と白痴教育部の二部構成となった（津曲［二〇一二］六八頁）。

11 精神年齢とＩＱによる分類基準は大正期の滝乃川学園でも見られた。滝乃川学園では東京府から委託された要保護児童の鑑別を行う東京府（代用）児童研究所が大正九年に設置され、ルイス・マディソン・ターマン（Lewis Madison Terman 一八七七－一九五六）のスタンフォード・ビネ知能検査法（The Stanford Revision and Extension of the Binet-Simon Intelligence Scale）が精神薄弱の診断基準として工夫を加えながら使用していた（高野［二〇一三］八三－八四頁）。石井は、白痴ＭＡ二歳程度、痴愚ＭＡ七～八歳以下、魯鈍七、八～一二歳とし、ＩＱ二〇以下白痴、痴愚ＩＱ二一～四〇、魯鈍ＩＱ四一～七〇としていた（高野［二〇一三］八三－八四頁）。

12 藤倉学園は昭和戦中期になると、川田が提示した条件での退所が難しい入所者（年長者）が増加し、結果的には終生保護の施設へと変化する（高野［二〇一三］二一〇－二一一頁）。

13 昭和四年に救護法（ただし、対象となった精神薄弱児・者は限定的）、昭和一五年に東京府精神薄弱児童取扱規定が設けられ、昭和期に入ると精神薄弱児施設は公費としてこれらの法制度を利用するようになる。

14 脇田［二〇一三］によれば、この場所が選ばれた理由は、京都帝国大学に隣接しており、大学との連携を容易にするためで、発足時の学園の顧問を京都帝国大学の松本亦太郎が務めた（脇田［二〇一三］四五頁）。

15 後援会を組織したのは、牧野虎次（牧師、後に同志社総長）、笠永栄次郎（戦争孤児・被災母子救護・平安養育院）、河原一郎（京都府立第一高等女学校校長）、そして教員仲間の田村作太郎（後に京都市日彰尋常小学校校長）であった。また後援会顧問は、京都帝国大学の松本亦太郎と今村新吉であった（脇田［二〇一三］四六頁）。

16 「罰の紙」とは、入所者が携帯し、紙には「にはは き」、「ぞうきんかけ」、「みづくみ」、「ごはん」等、彼らが1日に行う行動内容が書かれ、作業内容や仕事を行わなかった（「そはぬこと」）場合には、「不成績」という意味で紙に穴が開けられた。これは、バインランド施設でO.K. Slipsと呼ばれて行われていた（高野［二〇一三］一三六頁）。

17 川田が滞在していた時期のバインランド施設では、年長者のためのコロニーが創設され、年少者の教育・訓練機能とは分けられ、終生保護と教育機能は分化されはじめていた。また、年少者も、年少児（学校部門）と年長児（職業部門）とに分けられていた（高野［二〇一三］一二二―一二三頁）。

第六章

1 主要国の当時の義務教育期間は、アメリカ九年（州により異なる）、イギリス一一年、ドイツ九年。

2 たとえば、雷風は、大正八年二月、日本の代表的な初等教育誌だった東京高等師範学校附属小学校「初等教育研究会」機関誌『教育研究』の巻頭言「主張」において、欧米国際政治および国内政治における複雑なデモクラシー概念の利用のされ方について解説しているが、なかでも、デモクラシー宗主国であるアメリカとイギリスの資本主義の横暴を指摘していて、そのデモクラシー提唱の政治的意図を冷静に観察している。また、議論の一部で、デモクラシー関連のイデオロギーのもと、中国侵略を止めることを、国益から提案していることも興味深い（雷風［一九一九・二］）。

3 昭和五年になっても、新教育的理念が題目だけで、事態はそれほど改善されなかった地方があったようである。宮城県ではつぎのような文章がみられた。「画一教育打破の声を聞いて一昔になります。而しまださけびが足りないやうです。知識偏重の教育のそしりを聞くこと久しくあります。而しその実があがらないやうです。応用のない教育や注入教授の改善に向ひつつありますがまだまだ旧套を脱しません」（郷土教育研究会［一九三〇・二］）。宮城県教育会では「初等教育学会」を結成し、郷土教育研究会を開催していたほどだから、改善の努力には熱心な地方だったといえる。

4 ただし、宮崎利明は、山下のドイツ語会話力には、若干、疑問をもっている（宮崎［二〇〇三・三］六二頁）。しかし、ビゴツキーの活動期間が一〇年程度であったことを考えると、山下の敏感な感応力には驚嘆する。

5 岡田文部大臣の訓示は、以下の五項目に要約できる（岡田［一九二四・八・七］）。

一．地方財政逼迫による地方教育費の抑制と児童生徒の節約習慣の涵養
二．教育上の新主義に対する抑制
三．学校劇の抑制
四．義務教育年限延長に対する小学校教員養成機関の拡張と現職教員の学力補充
五．中学校・高等女学校への進学準備教育の抑制と適正進学

6 小澤（一九二六・一二）は、低能児の心理的発達は、高速度撮影フィルムを普通の速さで映し出す活動写真のようなもので、一般の児童の心理活動をゆっくりとみせてくれる、と比喩的に説明しているが（一八頁）、この譬えは、養護学校義務制に際して新たに教育対象となった重度・重複障害児に対して、国立特殊教育総合研究所長の辻村泰男も用いていた（辻村［一九七八］七九頁）。偶然にも、二人は五〇年の時間を経て類似の譬えに至ったのである。

7 辻本の記憶によれば、明治四二年には手真似を止めて、発音を指向していたというから池田の記述と一致する（辻本［一九四一］一五八頁）。なお、小樽の小林運平は、早くも明治三七年には、口話法を試みていた（財団法人小樽盲唖学校概覧［一九〇九］二頁）。小林は、伊澤修二から直接、指導を受けていた。

8 この器械は、大阪師範学校と岩手県師範学校の附属小学校でも使用されたという（玉村［一九九三・一二］五二頁）。しかし、少なくとも岩手県師範学校附属小学校で用いた器械は、特別学級担当の訓導・太田代久穂（岩手県師範学校明治三三年三月卒業）が、元良モデルを改作したり、「精神操練器」「筋肉練習器」を製作している（金港堂編輯部［一九一〇］一三九頁）。もっとも、元良は、手回しによる操作法を批判しているが（元良［一九〇八・六］一六頁。佐藤［二〇〇四］一五九頁）、太田代はその批判を承知していて、動力式は高価で購入できないため、教師の熟練で補っていたという（金港堂編輯部［一九一〇］一五二頁）。

9 ここで、劣等児や低能児の教育における分離問題を整理しておく。石川衣紀（二〇一四・一二）では、現代的関心から、通常教育における「特別な教育的配慮の拡充」がめざされており、戦前の「「劣等児」「低能児」のための特別学級が、「精神薄弱児」教育ではなく通常教育の枠組みにおける促進教育の一形態として設定できる」という前提に立っている。また、小川太郎の昭和四八年の著作を引用して、授業についていけない子どもの早朝や放課後における補充的な指導に基づく「固定的・閉鎖

的な低能力学級の編成」とは異なる「促進教育」を、おそらく現代的関心との関連からその支持を示唆している。小川のこのような発想は、第二章で触れたとおり、明治三〇年代にすでに劣等児への対処に悩む小学校教師が繰り返し試行し、その学力補充上の有効性と一般児童からの分離の弊害を究明してきた問題であった。しかし石川の分離問題の提示と主流化を目ざすその指向は、指導問題ならびに歴史的な事実を過度に単純化し、その結果、問題解決を画一化する結果になることを危惧する。石川は、現代的問題意識に基づいて、歴史的に形成されてきた分離問題の発展過程とそれぞれの段階における独自性を一元的に理解しており、歴史研究としては相当に問題があるといわざるをえない。そこで、ここでは分離についての歴史的理解をまとめて、つぎの観点から整理しておく。

1．分離の是非と分離の可否を混同しない。2．分離形態の採用には、指導や教育の観点だけがあるわけではない。3．分離の意義を否定したら特殊教育は成立し得ない。この観点に関連する記述は、本書の随所で記述されている。

1．明治三〇年代以降に、劣等児や低能児の指導において、分離の意図の有無を問題にする制度に欠けていた。ただし、特別教授を奨励する県令があった場合と、特別学級を設置する余裕がある大規模な小学校の場合を除けば、小学校では、分離ができにくい制度だったのであり、結果として、一般に分離しなかったのである。このような制度下では、一般児童を視野に入れた形態を意図していたかどうかというよりも、分離を発想する前提がなかったのである。それにもかかわらず、現実には、(一)分離が必要であると考えるケースはあったと思われる。一時的な分離であり、問題が解決すれば、通常学級に復帰する。(二)長期的分離で、低能児（精神薄弱児）のように長期的分離が教育上必要で、結果も、分離を支持する場合があった。子守教育も、この範疇に入るであろう。

2．分離には、指導上・教育上の分離だけではなく、社会的分離、心理的分離、補足的分離がある。分離問題の内容は、時代にとって異なる。いずれか一つを抽出選択して超時代的に是非を判断しても意味がない。

3．分離の意義を完全否定すれば、特殊教育は成立しなかった。義務教育が成立する以前に、盲や聾唖の教育は始まっている。したがって、通常教育からの分離を前提にしないと、盲・聾唖教育は存在し得なかった。石川のように、非分離が絶対善であるという前提で考えると、特殊教育は成立しないし、小学校の教育問題の内容が時代によって異なったように、分離の意味も異なってくる。このような経緯を無視して、分離を一律に否定しても意味がないし、問題解決に役立つこともない。また、分離を必要条件とする特殊教育の枠組みを問題にするが、それが問題になるのは、特殊教育（制度）が確立してからの問題意識であり、特殊教育が確立しなければ、分離が問題になることもなかった。現代を到達点として最良・最善を含意して、歴史的過去を裁断したり、取捨選択したり、あるいは恣意的に再構成したりするのは歴史的研究になじまない。インクルージョンの行き過ぎは、早晩、分離の妥当な必要性の認識に至るであろう。

なお、このような研究上の問題点は、石川衣紀・高橋智（二〇〇七・二）等の一連の研究にも看取される。

10　この著書は共著になっているが、阿部七五三吉（一八七六－一九四一）は大分県師範学校卒業の後、明治三四年三月に東京高等師範学校手工専修科を卒業している。東京高等師範学校附属小学校の図画・手工の担当訓導として、この分野では全国的な名声があった。本書を出版した時点では、東京高等師範学校助教授で第五部長でもあった。本書の内容は、教育学的な概説の部分では阿部（第四部長でもあった）の関与があったかもしれないが、全体として実質的に小野の執筆によるものと思われる。なお、小野が補助学校担任だったのは約三年に過ぎなかったし、『教育研究』に発表された論文も知能検査に関する研究が多かった。そのうえ、補助学校を担任することは、（初期の担任の多くもそうであったと思われるが）本人の発意ではなかったし、低能児教育は、阿部を含めて「元来素人」だった（阿部・小野［一九二二］阿部の自序、二頁。小野の自序、二頁）。それゆえ、実践的な研究ではなく、知能検査をテーマとしたことに違和感をもつが、それは当時、知能検査が「唱導実行されつつ」（小野の自序、三頁）あったこともあるが、低能の得体を把握しにくいために指導法もまた計画しにくいということから、小野は、科学的とみた知能諸検査研究の整理によって実態把握の手段としたかったのだと思われる。

また、小野の「低能児Ｆ・Ｋの話方を叙述す」は、入学当初は人前で話すことを峻拒していた「唯出鱈目に際限なく痙攣的に話」を続ける二人の児童の事例紹介であり、「劇の暗示と弱者の教育」では、低能児の教育の意義を再考するに至った苦闘の経緯を記述しているが、研究的実践者としての小野の能力の並々ならぬ片鱗を示しているようには思われる（小野［一九二〇・七］、［一九二一・八］）。

11　本書の構成は、以下のとおりである。久保良英「就学児童保護の諸問題」、楢崎淺太郎「低能児の特徴並に其鑑別法」、黒沼勇太郎「劣等児教育の実際」、古瀬安俊「病弱児童の教養に就きて」、三田谷啓「児童相談及職業指導」、寺澤巖男「児童の身体と精神発達の関係」、東京市林町尋常小学校「我が校における促進学級施設の概要」、文部省社会教育調査室「職業指導に関する調査」。なお、第六章第五節註（川本）参照。

12 川本宇之介の功績は、もう少し慎重かつ分析的に検討されるべきであろう。川本評価の根拠は、ほとんどが昭和二九年（一九五四b）『総説特殊教育』の川本自身の主張に基づいている。しかし、「就学児童保護施設講習会」開催の主唱や講義録『就学児童保護施設の研究』編集といった個々の記述は川本の主張するとおりであっても、文脈では大きな疑問がある記述である。たとえば、この講義録の内容には、「新しい心理学の分野とその応用等がよく纏まっていて」（一〇八頁）とあるが、心理学関連の記述は知能検査だけである。そのうえ、この講義録の「多大な」効果の証拠として、文部省社会教育課発行雑誌『社会と教化』の影響と相まって「精神遅滞児の学級」が数学級から七五学級に増加し、虚弱児養護学級はゼロから二〇九学級になったことを挙げる。『社会と教化』（川本が編輯主任）が、特殊教育関連の多数の情報を掲載したことで、文部省社会教育課（川本は調査係長）の活動とともに、「いかに本邦における特殊教育の発達に貢献したかは、想像できるであろう」。東京市における大正一一年の「精神遅滞児の学校（級か）を一八も増設」、大正一五年の「精神遅滞児学級」の二五学級への増設、「養護学級一、言語矯正学級一を、新に設置したごとき、その証拠と言ってよいだろう」（一〇九－一一〇頁）。また、特別学級数の増加については、樋口長市『特殊教育学』の記述の「誤り」を二箇所（一一〇頁、一三二頁）で指摘することで、川本の功績を強調する構成となっている。しかし、戦前昭和期特別学級数の増加に関する樋口の記述は、川本が主張するように、明治四〇年文部省訓令の効果であると直接的に述べているわけではない（樋口［一九三九］一三七－一三八頁）。

「就学児童保護施設講習会」の開催自体は、心身に特別な問題をもつ児童の教育・保護に関連して理論的・実践的に専門家が講演するという意味で画期的だったことは認められるとしても、この講習会の影響や効果によって特別学級の増加が生まれたというのは、誇張した記述であるといわざるを得ない。川本の特別学級の増加説では、地方教育行政（とくに学校衛生）や実践家の努力を軽視することになるし、中央官庁において具体的な政策の立案・実施過程は単純ではなく、個人的な力だけによるわけではないことは、川本自身が承知のはずである。『総説特殊教育』は、『ろう言語教育新講　退職記念』とともに、川本の退職記念の著作である。自分が何らかの関与をした事業や活動には讃美的で、それ以外の人物や活動には否定的か、言及しない記述が目立つ。盲学校及聾唖学校令についてのこれまでの川本主導説に対する疑問については、第四章で述べた。

13 三村安次の講演は、劣等児学級児童・保護者と他の児童・保護者との関係および改善方法、編制方法、教育内容の設定と指導法、劣等の身体的基盤等、重要な内容を含んでいる。

14　皮肉なことに、及川平治に対する現代的関心と評価は高い。彼に対する教育学界における正当な評価は戦後になってからである。幼児教育に焦点化されているが、その先鞭をつけたのは、昭和四〇年代前半の久保いと（一九二七－？）であろう（久保［一九七〇］六六）。なかでも、昭和四七年の中野光による『分団式動的教育法』の解説「及川平治の教育理論と実践」は詳細で公平である。なお、現代において及川平治の教育論を最も体系的に追究している橋本美保は、「『分団式動的教育法』の内容は、及川の独創的な教授論ではなく、翻訳による紹介」であるとし（橋本［二〇〇五・六］二二九頁）、「洋書の翻訳をモザイク的に構成した」ものに過ぎないとしている（橋本［二〇〇六］二九頁）。しかし、橋本（二〇一五）では、肯定的評価が強く示されている。

15　奈良女子高等師範学校教授で附属高等女学校主事の眞田幸憲もその一人である。彼は、「実際的」とされた、二年間のアメリカ留学経験のある教育学者であったが、大正七年の『分団教授原義』の「緒言」の冒頭で「分団教授は、本邦某氏の考案にして、米国教育界、之を模倣するに至れり」という伝聞を紹介し、及川創案説を根本から否定している。「動的教育」という表現もあるから、某氏が及川平治を指していることは明白であるが、本文でも一切、氏名に言及しないところに、言及に値しないという眞田の及川評価が現れている（眞田［一九一八］緒言一頁）。また、樋口長市も、大正一一年に、及川の種本の一つである原著者が校長をしているニューヨーク市の第一二〇公立小学校に、O・M・ジョーンズ（Jones, Olive Mary）を訪問し、かねて疑問に思っていた分団教授についての疑問を尋ねて、及川のいう分団教授が、人為的・偶発的であって、自然的・必然的な教育ではないことを改めて認識し、批判した（樋口［一九二二・五］八一頁）。ジョーンズの共著は、*Teaching children to study: group system applied* であった。もっとも、及川は本書を参考にしたことは公表している。

16　知能指数七〇以下で白痴ほど低くない児童を主な対象としたが、県内小学校や家庭の要望により劣等児も研究対象として入級させた（安部［一九三六］一九頁）。

17　石原榮壽は、後に成城学園で特殊教育に従事し、昭和五年四月には、東京市外雪ヶ谷に開校した児童中心主義を標榜する清明学園（野田義夫校長）に勤務し（清明学園の誕生［一九三〇・三］）、光明学校の創設とともに訓導を務めた。なお、精神薄弱教育については、キリスト教的愛と新教育の特殊教育への応用をテーマにした論文（石原［一九二八・七］、［一九二九］、

［一九二九・三］、［一九二九・七］、［一九二九・一〇］）のほかに、東京高等師範学校附属小学校の補助学級教員や藤倉学園等を念頭に置いたと思われる批判論文（石原［一九三〇・二］）がある。これらから、彼がキリスト教徒らしい強い信念をもった教師だったことが分かる。成城学園では外国人の子弟、帰国子女、身体虚弱児等を、一時在籍児を含めて、特別学級で担当した（石原［一九二九］）。

18 安部丑亥は、昭和一一年に『精神薄弱児の育て方教へ方』を刊行している。

19 樋口（一九三九）は、共学または共生活という語を使用しているが、「共学」は「正常児童」と同一の教室における同一の指導を、共生活は教授以外の学校生活を、共有することを意味しているように思われる。そして、特別学校への就学ではなく、小学校単位で設置されるセンター方式の特別学級（「中心学級」）を設置する等の方法により、「正常教育学校」への教育措置を可能な限り推奨していて、特別学級児童の場合でも、「正常児童」との分離は、できるだけ少なく、かつ小さくするように考えていたようである。「正常教育学校」対象の障害児の選択基準は、障害児との共学によって「正常児童」が不利を被らないこと、同時に、障害児にとって特殊教育専門の学校よりも、より大きな利益を享受できる児童である。具体的には、下肢障害児、吃音児、言語発達障害児、虚弱児（常設と臨時）、軽度難聴児、弱視児、神経質児、軽度ヒステリー児、劣等児、低能児（学校行事のみ）、行動問題（難度）児が対象である（樋口［一九三九］三〇二頁）。

20 間人寺子屋の掟書五箇条は、以下のとおりである（神戸小学校開校三〇年記念祝典会［一九一五］八五頁）。

一．親の言付けにそむくべからず。
二．喧嘩口論を慎むべき事。
三．偽りをいふべからざる事。
四．生徒の交を厚くすべし。
五．勝負事一切なすべからず。

21 佐世保市小学校の児童心得が詳細かつ家庭のしつけの内容にまで立ち入っている理由の一つに、佐世保市の社会的変化を反映していることが挙げられよう。明治二九年に、日本海軍の拠点である鎮守府が佐世保に設けられたことで、軍港および海軍施設建設のために「九州各地から多数の労務者が家族連れで移住し」、人口が急増し、小学校も新築・増設された。しかし欠席者が多いことが問題になった（佐世保市史［一九五三］六八、七二頁）。児童の生活を律するような詳細な児童心得とその内容も、このような社会的変化の反映であろう。

22 大正末期以降の倉敷小学校では、独自性ある実践が行われ、また、改善された。「倉敷小学生道徳内省要領」では、その内容が、他の小学校にはみられない、「共益」「共同互助」「責任」「寛容」「信義」「克己」のような見出しとなっており、指導の仕方も命令ではなく、児童が自発的な判断と行動を身につけるような「したい」「ありたい」「しよう」という児童の自発性を込めたいい方になっている。なお、「要領」には同時期の「道徳実践道徳綱目」に現れる不具者等への言及はないが、「弱い友だちをいじめるやうなことはすまい」はある（齊藤［一九二五］五九－六五頁）。「要領」と「綱目」との関連は、前者が児童用、後者が教師用であろう。二年後の昭和二年版では、「道徳内省要領」は「学級実行信条」と「家庭実行信条」になり、「します」という表現になっている。また、尋常三年以下では教師の指導により、尋常四年以上で組織されていた児童自治会で実行方法を協議させ、実行させることに変化している（斎藤［一九二七］三八－四〇頁）。

23 明治三四年五月の第三回全国連合教育会において、文部省諮問「小学校及中学校に於て公徳を養成するには左の諸件に注意すること」に対する答申は、（二）学校内外に於ける生徒の行為をして常に公徳を実行せしむること、（三）公徳に関する知識を与ふることであった（第三回全国連合教育会概況［一九〇一・七］二五頁）。また、帝国教育会は、明治三五年九月に『公徳養成』を刊行している。その内容は、西洋、とくにイギリス的内容となっている。

24 昭和一七年の京都府女子師範学校附属国民学校の「児童心得」では、冒頭の「限りなく皇恩をかしこみ、お国に役に立つ人になれ」（京都府女子師範学校附属国民学校［一九四二］二三七頁）から始まり、家族主義と封建的関係が強化された内容になっている。

25 上記の規程は、明治四一年制定、大正一五年再修正の分として示されており、どの箇所が「再修正」であるのかは明確ではない。しかし、第一条の「規程」違反を目撃した児童に義務づけられた自校校長に対する報告様式の年が「大正」となっていることから、この箇所のみが「再修正」であり、それ以外は、明治四一年制定であると思われる。

26 欧米諸国によるアジア・アフリカを中心とする「侵略史」が記述されるようになるのは、昭和戦前期前半である。このような著作の存在が（改めて）注目されたのは、最近、ＧＨＱ（General Headquarters Supreme Commander：連合軍最高司令部）

と日本の知識人による焚書事件を西尾幹二が発掘したことにより、これまで存在が知られていなかった欧米諸国によるアジア・アフリカの侵略史が日本人の著者により刊行されていたためである（西尾［二〇一四］四八-五三頁）。紹介されている著作以外にも侵略史が存在する可能性があるという。

第七章

1　この決議録は帝国教育会の著作となっているが、同会機関誌『帝国教育』の同時期の号には、この会議録は見当たらない。第二回会議が、大正一一年九月に同じ帝国教育会主催により開催されているから（帝国教育会［一九二二・九］九六頁）、『愛媛教育』掲載の論文は第一回の会議となる。

2　大正一一年に刊行された京都市の藤井高一郎の調査では、低能児童が一三六八名、白痴児童が五九名、精神低格児童が一七三名（男子のみ）、癲癇児童が九名（男子のみ）、身体薄弱児童が三五三七名、盲児が一四名、盲唖児が一名、聾児・聾唖児が五八名、吃音児が三七六名、其の他四肢等不具児二六四名が、市内の尋常小学校に在籍していた。また、診断は、一部を除いて医師の診断・知能検査・教員の観察および学業成績からなされていた（藤井［一九二二］凡例一、五-九頁）。昭和期になっても、小学校に盲児や聾唖児が在学していた例はある。これらの小学校には盲唖学校が附設されていなかったので、盲唖児は通常学級に在籍していたことになる。鹿児島県離島の小学校の代用教員（後に訓導）は、九歳の聾女児の入学を切望する親の懇請を受けた校長の依頼により、昭和三年から二年間指導したという（名島［一九三四］一二三-一三〇頁）。群馬県にも例がある。岡山県では、昭和初期に、近隣の小学校長に親が盲児の入学を求めたが、校長が受け入れなかった事例があるという（柳島［二〇一五］）。この親は、盲の子どもが学齢に達した時点で、自宅で点字の読み書きを学習させている。親のなかには、教育への意欲や願望を明確にもっている人々があり、同時に、その親の願望を受け入れる学校が例外的であったかもしれないが存在したことを示す。このような例は、精神薄弱であることが明白な児童でも例外ではないと思われ、昭和四年の奈良県に例があるという（前尾［一九二九・八］）。この教師の精神薄弱児に対する感情は複雑であるが、少なくとも児童に対する共感はある。

3　伴食大臣という侮蔑的な呼称はしばしば用いられた。ジャーナリストで衆議院議員に転じた荒川五郎（一八六五-一九四四）

は教育に関する発言も多かった人物であるが、明治四二年に、この呼称は文部大臣の器の問題ではなく、議会の問題であるとの観点を提示している。教育問題の社会におけるインパクトの程度の違いが、そのまま議会に反映しているというのである（荒川［一九〇九・六］）。しかし昭和戦前期には、文部省行政には「沈滞」の評価が定着していたようである（教育行政の沈滞［一九三三・五］）。また、『教育』の編集者・留岡清男は、昭和一二年に「文部省をあばく」として、その「沈滞」に関連して、文部省は「社会の動きの後ばかりを追って、愚にもつかぬ屁理屈を訓令にしたり、通牒にしたりしているが」、文部省の役人は、他の省に比べて「素質が見劣り」しているのではないか、と疑問を呈している（留岡［一九三七・三］四四四頁）。

4 石川ふさは、女性校長の勤務校はすべて、地方の「小さい辺鄙の（小）学校」であるというが（石川［一九三一・八］一三頁）、必ずしもそうではない（高野［二〇〇六］四三－五〇頁）。大正末期の山梨県では、一挙に三人の女性校長が誕生したが、在任期間は短かった。しかし県当局には、女性校長に対して適任者としての期待があった（山梨県［二〇〇二］一八八－一九四頁）。石川は、木内とともに、全国小学校女教員会の指導者の一人だった（志垣［一九二七］三〇九－三一二頁。新井［一九九六］八九六頁以下）。

5 大正七年五月には、東京府多摩地方の町村では、数カ月から一二カ月にわたって、俸給を支給していないことが報じられている（噫村落小学校教員［一九一七・五・一五］）。

第八章

1 『教育論叢』は、河野清丸が創刊し、瀬川頼太郎とともに編集していたが、昭和初期には瀬川中心の体制となった。そのころから筆者は、小学校教員が主になったという。吉村は、「担任学級の子どもの生活を対象とした、教師による事例研究が進められた事実」も本誌の特徴であるとする（吉村［二〇一四・一］二八二頁、註一）。また河野中心だった時代の本誌に、柳田謙十郎の批評がある。余り読んだことがないという前提であるが、「河野氏の奮闘的態度には感心するが、しかし可成りコヂツケた議論も多いように思はれる」とし、末尾では「瀬川氏の研究的態度」に敬意を表している（柳田［一九二二・三］九三頁）。後述するように、特殊教育対象児の実践に関する議論にも、瀬川は参加している。

2 救護法の対象について、救護法第一条第四項の精神・身体条項に対応するのは、救護施行令第二条第四項の「精神耗弱又ハ身体虚弱」なので、盲唖児には該当しないと思われる。救護法を活用して盲学校等寄宿舎を救護施設とする方式は、他の地方での状況は不明である。昭和一四年度に神戸市立盲学校が設置されたが、一五年度現在でみると、本校は、救護施設になっていない（神戸市社会部［一九四二］八頁）。救護法は、児童保護法としての側面があった点では画期的だったが、そもそも、盲学校寄宿舎が救護施設に該当すると解するのは困難だったのではなかろうか。救護法第六条では、救護施設の例として、養老院、孤児院、病院その他の救護目的の施設としている。また、盲学校等の寄宿舎を救護施設とすることは、国庫負担を考慮しても、県と市の負担が増加することになることから、財政難に悩む地方公共団体が積極的に採用する方策ではなかったであろう。

3　不当性は、この時点では親に向けられており、就学できる心身状態の学齢児を就学させない保護者に対する罰則規定が提案された。ただし、香川県教育会の提案は、市町村による学資補助制度の必要性も認識している（五七頁）。もっとも、市町村は教育費財源に悩んでいたから、学資補助が必要な学齢児童に対する就学奨励経費の支給は、後述するように、昭和三年には国の制度になるが、完全実施は不可能だった。

4　荒木貞夫文部大臣は、義務化を実施するつもりだったようで、普通学務局に具体案を作成させていたという（盲聾唖児の義務教育［一九三九・七］四六頁）。

5　長崎市の佐古小学校長、市川庄次郎は、特殊教育の基本的な考え方について注目すべき見解を示している。それは、白痴児・病弱児・感化矯正が困難な不良児は独立学校で教育するが、盲児・聾唖児・感化矯正が困難でない不良児は、通常の小学校で教育すべきであると述べているからである（市川［一九二六・四］四七―四八頁）。後者の子どもの教育形態は独立の学校または特別学級の場合もありうるが、要は、子どもが居住する市町村立小学校が、教育を行うことが制度の基本であると考えていると思われる。この考え方が、大戦前では、第八章で示したように、樋口長市以外に体系的に主張されることはなかったと思われるが、小西信八による盲唖学校の小学校附設論のある段階やその素朴な支持者の考え方（表2―2―2）があった。しかし、大戦後になると、精神薄弱教育について三木安正や辻村泰男が、特殊学級中心、すなわち市町村主体を強調するようになり、昭和四八年までは、養護学校数の設置者は、道府県立よりも市町村立の養護学校数が凌駕していたのである（中村・岡［二〇一五・二］八二頁）。

6　その理由として、帝都教育会最終案では特殊学校と表記されているのに、系統図では特殊教育所になっている（帝都教育［一九二八・一一］六七頁）、四月案では特殊教育の中等段階だけが「特殊職業教育」と表記されている（初等段階は「特殊教育」）、委員間において特殊教育に対する関心や知識の差異が大きい（帝都教育［一九二八・九］五五―五六頁）ことが挙げられる。

7 菅野和太郎の大阪市での経歴については、大阪市立中央図書館のご教示による。

8 染井貞子は昭和一一年度『大阪府学事職員録』には、職位は代用教員、俸給月額四五円で、一般教員名簿の最末尾にある。一二年度には訓導になっている。昭和一五年度には、給与表一二級となっているので、月額五〇円に昇給したが、序列には変化がない（教育通信社［一九三六］四八頁、［一九四〇］三二頁）。染井は、「大女専」（大阪府女子専門学校か）の出身で、検定によって本科正教員資格を取得したものと思われる。このようなキャリアの教員が、特別学級を担当していた一事例である。染井の勤務校については、大阪市立中央図書館のご教示による。

9 『教育論叢』翌月号（一九三八・六）で、二七～五五頁まで六人の教員が賛辞・疑問・注文等を述べている。

10 『教育』第五巻第一号の編輯後記において、「我が教育界」は、「今日尚、一般の教育研究に於てアマチュアの域を脱し切らない」とする編集部のT・Y生（山下徳治）のコメントにより、本誌の焦点は、新しい方法（ここでは教育研究法）の開発にあったことが理解される（T・Y生［一九三七・一］）。実際に、他の教育雑誌ではみられない学術的な価値のある論文が、『教育』には掲載されている。また、小学校教員のなかには、編集方針の斬新さを歓迎する声があった（一誌友［一九三七・四］。今見［一九三七・六］）。

11 「設立願」に添付された「日本聾話学校規則」第二条の教科目は「感覚練習、読唇法、視話法、会話、手技、遊戯、作法」となっていて、設立願で示された学科課程とはやや異なる（東京都立教育研究所［一九七四］三四〇―三四一頁）。

12 卒業後の進路は、印刷、裁縫、工芸と、他の聾啞学校と変わらなかったと推測される（日本聾話学校史編集委員会［一九九〇］二五頁）。保護者会の結束の強さは、就職先の確保にも有益だったであろう。

13 アメリカでは、初等カレッジ卒業者一五名、カレッジまたは大学卒業者が一六七名いたという（米国に於ける大学中学校等を卒業した聾者［一九四一・一］）。

14 機関誌における親向けの記事では、平仮名のルビが付されるようになる（たとえば、松浦泰子［一九三八・五］入学した聾児のお母様がたへ）。これは、識字力の低い読者を意識した措置であろう。

15　昭和一〇年度の名誉会員は、徳川義親会長以外は、法人・個人名を含めて三井・三菱・住友・安田の財閥系と原田積善会・森村豊明会・服部奉公会および秋田盛太郎であった（名誉会員・特別会員［一九三六・一〇］五四―五六頁）。また、徳川義親会長と田所美治理事の尽力と思われるが、昭和一一年六月二三日の第一回婦人部座談会出席者（の夫）は、華族五、政府高官二、財閥一、医師二、女医四、大学等学長・教授三、女学校校長一、海軍高官三である。このほかに、日本聾話学校のクレーマー、市川房枝、二葉保育園の藤井琴、婦人同志会の佐久千代、また、主催者の田所・樋口・川本の夫人がいた（聾教育振興会婦人部［一九三六・八］四六―四七頁）。

16　これ以外の発起人は、田中譲（一八七五―？　実業家、大阪市会議員、衆議院議員）、村地久治郎（大阪商事、証券）、山本重藏（山本絹綿紡績）、高津久右衛門（阪神糖業組合長）、佐渡島伊兵衛（佐渡島伊兵衛商店）、金原與吉（合同毛織）、杉本又三郎（一八六五―一九四〇。鮮魚販売・流通業、府会議長）、井澤清兵衛である。

17　当時の聾唖学校教員が圧倒的に口話法支持であるという先行説に対して、佐々木順二（二〇一三）は、口話法が困難と時間が大きい指導法であることはすでに自明であったから、聴力・教育歴・年齢・知的能力等で多様であった聾唖児に対して口話法中心の指導は困難ではなかったかと疑問を提起し、口話法転換は、コミュニケーション良否だけの問題だけではなく、聾唖学校および聾唖教育の質の改善に対する期待があったのではないかとする（岡ほか［二〇一三］一三八頁）。本章では、口話法運動の急激な隆盛について、質の改善を含む複雑な背景について詳論している。

18　西川の「遺書」とされる記述のなかの以下の部分が、濱子に口話法のモデルを止めさせる決心をしたのだろうか。「或者」は濱子か。「相当に堅い信仰を持って居ると信じる彼等の或者に、時に従へ、良心を胡麻かせ､それが現実に生きて行く道であるとは私はドウしても言ひ切れぬ……私は彼等が自己の良心の命ずる処によって思ふ様にしてくれゝばよいと思ふのである。只私は彼等が私の希望に従って事を決行しても、或いは之を彼等の便宜より時流に背きたる不幸の行ひをなしたるもの､如く評隲さるゝを恐れ、且憐む」（近松生［一九四〇・九］三四頁）。なお、濱子の口話法が素晴らしいことを実見したことが、徳川義親と田所美治を日本聾口話普及会・聾教育振興会の中心メンバーにさせたことはよく知られている。なお、西川が相当な通人だったこと、財政的に余裕がなかったことは、「遺書」の前半部分の文章で理解できる（孤筍生［一九三八・五・九］）。また、自己顕示をしない人柄とバランスのとれた西川の言動は、賞賛された。彼は、口話法運動にしばしばみられる、頑で形式主義的な口話主義者ではなかった。

19 聾唖学校やその教師と聾唖児との関係は、手話法の教員と口話法の教員とでは違っていたかもしれない。清野によれば、聾唖学校や教師は、（手話を用いる）聾唖児にとって学校時代だけのつながりではなく、卒業後も、さらには「生涯の拠所であった。学校は結婚式場であり、聾唖者運動のセンターであり、文化活動のための集会場であった」という（清野［一九九七］六七頁）。

20 この時期に多くの教育関係者がアメリカの教育視察に行くことにより、当時のアメリカの特殊教育事情がわが国の特殊教育に与えた影響は大きいと考えられる。実際、昭和七年一一月に光明学校が発行した『東京市立光明学校概要　第一輯』には、ドイツの特殊教育事情ならびに療育施設であるクリュッペルハイム（Krüppelheim）について説明がなされると同時に、アメリカの特殊教育や肢体不自由児の就学・進路、学校のスクールバスについても詳細に言及がなされており（東京市立光明学校［一九三二］四-八頁）、教育関係者の中にはアメリカの特殊教育を参考にしようした者がいたことが分かる。
また、松本（一九五五）は、「肢体不自由児の更生対策が、学校と療育施設との二つに分かれるのは、教育を主とするか医療に重点を置くかの考え方の相違による。アメリカが肢体不自由児救護について我国に教えたものは、この学校教育の制度であるといえよう。肢体不自由児学校の目的は、教育を中心にして、不自由な部位の機能訓練をしながら、職業能力を附与することである」（松本［一九五五］一四三頁）と述べ、当時のわが国の肢体不自由教育に対するアメリカの特殊教育の影響について言及している。

21 クリュッペルハイムは、ドイツにおいて、肢体不自由児に教育、治療ならびに職業指導の三つの機能を行っていた療育施設であり、肢体不自由者の自立更生を目指すものであった。クリュッペルハイムの前身は、一八七二年にドイツのミュンヘンに、クルツ（Johann Nepomuk von Kurz 一七八三-一八六五）の代表する宗教団体の手によって設立されたErziehungsanstalt für Krüppelであり、職業教育が中心であった。同施設には、翌七二年に肢体不自由技芸学校が併設され、さらに一八五九年以降整形外科医療施設も付設された（松本［一九五五］一三九頁。村田［一九九七］八頁）。松本（一九五五）によれば、ドイツの肢体不自由児教育の歴史的な発展に関して、ドイツにおいて発達したのは養護学校であるクリュッペルシューレ（Krüppelshule）よりも療育施設であるクリュッペルハイムであり、「治療すると共に職業能力を授けることを目的とした肢体不自由施設の生き方である（もっとも我国の施設はドイツに倣ったものであるが）。これはこの国の救済事業が医術という基盤の上に、伝統的に整形外科医を中心にして発達したからに外ならない。したがって、ドイツの肢体不自由児教育史は、この意味において整形外科の発展史であり、療育史であるということができる」と述べており、わが国のおける肢体不自由児教育における、ドイツの整形外科医を中心とした影響について言及している（松本［一九五五］一四〇頁）。

22 岸邊福雄は、大正六年の実業之日本社派遣渡米小学校団の副団長としてアメリカに教育視察に行き、さらに市会議員時代にも欧米視察の経験があり、この種の教育施設の必要性を痛感していたとされ、岸邊の子弟にも小学校入学前に早世した小児まひ児がいたともされる（村田［一九九七］四九頁）。

23 光明学校の『創立十周年記念誌』等の周年誌の沿革には肢体不自由児学校設立案が、昭和五年の東京市会本会議において理解が得られず否決されたとしている（東京市立光明国民学校［一九四二］八頁）。しかし、村田（一九九〇）によれば、肢体不自由児学校設立案が市会に提出され否決されたという事実は東京市会関係の資料を見る限りでは確認できず、なかったものと推定している（村田［一九九〇］一四頁）。

24 結城捨次郎は、光明学校に赴任する以前の大正一一年から同一三年まで新教育が盛んであった成城小学校に在職しており、成城小学校のカリキュラムを参考にして光明学校のカリキュラムを作成したとされる（村田［一九九七］五五頁）。実際に光明学校では聴方や読書を特設したり、算術を数学、唱歌を音楽と称したりしている点は成城小学校における教科目の編成を参考にしていることがうかがえる（村田［一九九七］五八頁）。

25 適性教育は、戦前における光明学校独自の教育であり、本人の特殊な才能を発見し、それを伸ばし、将来の職業選択につなげようとするところに特徴があったとされ、現在でいうクラブ活動に似た児童の興味のある分野を自身で学習するというものであった（杉浦［一九九一］七六頁）。当時の成城小学校ではヘレン・パーカーストのダルトン・プランを取り入れて、研究室を設け、児童が自分の研究科目を選んで自由に研究する「特別研究」の時間が設けられていたが、光明学校においても「児童研究室」を設けて、昼食後の休養の時間（自由時間）、およびその後の適性指導（ひとりずつ呼び出して別室で行う）の時間に、適性指導を受けていない児童にこれを利用させて自由な学習をさせるようになっており（東京市立光明学校［一九三二］二四頁）、光明学校の教育内容の一部には結城がかつて在籍した成城小学校の影響を読みとることができる（村田［一九九七］五八頁)。光明学校の卒業生である花田政國(一九二五－二〇一七)は、適性指導がクラブ活動というところと評し、学年の枠を超えて文・理・手芸・音楽・補導のいくつかの科に分かれて、各自が思い思いの科で学習することができたと述べている(花田[一九六九]六五三－六五四頁)。

26 リットル氏病と痙攣性小児まひとは、現在における脳性まひにあたり、弛緩性小児まひとは、現在における小児まひ(ポリオ)にあたる(松本[二〇〇五]八八頁)。

27 学童疎開時における光明学校の学校通信・卒業生通信である「学寮通信」・「仰光通信」については、「学寮通信」が学童疎開時において光明学校で発行された保護者に向けた学校通信であり、「仰光通信」は、「仰光会」という卒業生にあてた機関紙のようなものである。両者とも発行が始まったのは不明であるが、疎開時だけでなく、東京への引き揚げ後にも発行されている(松本[一九九三]八一頁)。そのため、疎開時および戦後の光明学校の教育活動を把握する上で非常に重要な資料である(平成二九年に六花出版から復刻版として刊行予定)。

28 大阪市には、市立児童相談所と附設の特別学校の先例があり、戸崎(一九九二・六)の研究がある。三田谷啓は大正七年四月、大阪市に医員として赴任し、九年四月には社会部児童課の初代課長となった。当時の大阪市は児童の死亡率が高く、乳幼児の育児法にも問題があったことを根拠として、彼の主唱により、大正八年七月、日本最初の公立児童相談所として市立児童相談所が開設され、九年五月には「身体、精神の弱い者、即ち精神の薄弱なる子供」を対象とする「学園」を付置した(第六章参照)。

29 岡田和一郎は、明治三五年七月に京都市立盲唖院に出張し、聾唖者の残聴利用の必要性を説き、生徒の聴力の「試験」(検査)も行った(丸川[一九二九]一〇九頁)。

30 約一一四cmよりも近い距離で、普通よりもやや大きめの声を聴取できる。

31 岡正文は、当初、平安高等女学校寄宿舎の舎監。松山初子とともに、聾児発音学園という日曜学校を組織していたが(大正一四年五月一〇日)、そこに京都帝国大学文学士である加来倉三および堀江貞尚、女子基督教青年会有志が加わり、さらに財団法人京都盲唖児前回会長小篠長兵衛らの了解と協力によって、京都盲唖保護院内に、京都聾口話幼稚園を開園させた(盲聾教育開学百周年記念事業実行委員会編集部会[一九七八]二一七－二一八頁)。

32　石川文平は、明治四二年六月からから訓導を一年間、四三年から昭和三年度まで教諭兼訓導、昭和四年度から六年三月二四日の逝去まで教諭だった。倉次は、大正一三年度まで教諭兼訓導だったから（小西と同時退職）、親子で同職していたことになる（東京聾啞学校［一九三五ｂ］一八二―一八三頁）。なお、文平は明治四三年四月から三年間、ドイツとアメリカに聾啞教育の留学をしている。また、日本聾啞教育会の副会長でもあった。

33　大正一二年に設置申請した書類のなかに追加書類があるが、「一学年最劣等児」（口話法が最劣等という意味）三名が挙げられ、予科一年、二年、普通科一年となっているが、固定教科書読方一・二巻の「用語ヲ解釈発音」する程度であった。同じ申請書類の中に、モンテソーリ教具は一、フレーベルの恩物は一〇あるとし、予科でリズムを担当したクレーマーは幼児教育専門家であった（日本聾話学校資料［一九二三・一二・一五］）。

34　恩賜財団愛育会は、昭和八年一二月の皇太子誕生の下賜金と寄附金によって昭和九年に設立された。

35　戸崎・竹内（二〇〇四・三）は、当時の報告書等には「特殊幼稚園」、「特別幼稚園」、「第二研究室幼稚園」、「異常児幼稚園」、「特別保育室」など多様な名称で記述されており、当時一定した呼称はなかったと推測している（戸崎・竹内［二〇〇四・三］二二五―二二七）。

36　三木安正は昭和一八年一〇月に治安維持法違反容疑で検挙・拘留されており（昭和一九年七月釈放）、三木不在の中で異常児保育室が運営されていた（河合［二〇一二］二〇六―二〇八頁）。

37　保育問題研究会は、昭和一一年一〇月に結成され、昭和一二年二月の第四回例会の会員の提案から、第一～第五部会を設けて活動することになり、昭和一三年一月には部会数は七つになる。このうち、第三部会が「困った子供の問題」であり、三木安正をチューターとして設けられた（河合［二〇一二］九六―九七頁）。

38　東京市教育関係者が、特殊教育に関心が薄かったわけではない。その事例をいくつか示す。東京市教育会調査部長で文部省高官の経歴のある寺田勇吉（一八六三―一九二一）は、明治三三年に、東京市が首都であり東洋最大の都市であるにもかかわらず、京都市・大阪市に比べて小学校教育が劣悪である現状を具体的に示し、東京市が将来経営すべき一二件の改善策のなかに、感化院設置と不具者教育を含めている（寺田［一九〇〇］二頁）。三三年一〇月三一日の東京市教育会調査部会議では、感化院設置の方法、不具者教育の方法についても担当者各三人を決定し、三四年七月の東京市教育会では、痴人教育、感化院設置、盲唖教育（小西信八・石川倉次に立案依頼）について、痴人教育（既設校に委託）を除いて詳細な創設計画を策定していた。とくに盲人学校と唖人学校を別置としているが（総集会臨時委員［一九〇一・五］。東京市教育会［一九〇一・八］五四－五七頁）、国内では最新の考え方を反映していた（第二章参照）。しかし、この段階では決定に至らなかった。また、『東京市教育時報』には、特殊教育関係の国内外の記事がしばしば掲載されている。これは、他の教育雑誌よりも目立つほどである。結局、特殊教育の着手に遅れたのは、東京市が行うべき教育施策の基幹部分（たとえば貧児教育直轄事業）が脆弱で、社会の発展とともに拡大すべき教育事業（たとえば実業補習学校）が優先させざるをえなかったためであろう。大正九年九月には、東京市の小日向台町小学校に聾唖生徒四二名の特別学級四学級が開設された。この学級には難聴児だけでなく、重度の聴覚障害児も含まれていたと思われるが、聾唖児は聾唖学校という特別学校で教育するという伝統的な制度とは異なる日本としては新規の制度であり、重要かつ重大な変革になる可能性があった。この特別学級群と同等の規模の聾唖学校は、地方では珍しくなかった。昭和一七年一二月末現在までに四四名の卒業生を出している（手話口話生徒状況調査［一九四三・八］三〇頁）。

39　鈴木そよ子（一九九〇・六）によれば、廣田傳藏は、一九二〇年代東京市の公立学校における新教育の広がりに大きな影響を与えた人物であるという。青森県師範学校、東京高等師範学校を卒業後、沖縄県師範学校教諭を経て、コロラド州立大学で教育学と社会学を学び、修士号を取得している。帰国後、文部省で教育制度調査に従事した後に、東京市視学に転じた。アメリカ教育に関する著書も二点ある。

40　いいかえれば、大半の地方小都市には心理学者はいなかったのである。すでに大正中期に、師範学校には心理学研究室もなく実験用具もないことが、教育現場における日本独自のデータの収集が行われず、そのデータに基づく日本の教育学が構築されなかった理由であることが指摘されていた（祝［一九一八・一二］二一－三頁）。日本では大学での心理学の設置と拡大は、教育学に比べて小規模で遅れていた。東京と京都の帝国大学文科大学に心理学講座が設けられ、その後、東北と九州の帝国大学法文学部にも心理学講座が開設された。東京と広島の文理科大学でも心理学講座が開設されており、私立大学にも心理学の教員が配置されている（高砂美樹［一九九七］）。これらの講座等すべてが、障害や児童を対象としたわけではないから、心理学の特殊教育に対する貢献も限定的にならざるをえなかった。心理学と比べると、教育学のほうが整備された。例外的な事例ではあるものの、東京帝国大学文科大学哲学科の一講座に過ぎなかった教育学講座は、大正八年、一挙に五講座に拡大し、教育学科として独立した。これは、中学校、そしてこれ以降、増加する高等学校教員養成を目的としていた（川村［一九九二・三］）。

41　小児科医・小林提樹（一九〇八－一九九三）が障害児の医療を始めたのがこの時期、昭和一三年だった（小林［一九七三］）。

42　地方教育行政でも、特殊教育関連の政策が緩慢ながら立案されていったものとみられる。鹿児島県では、昭和四年四月に、視学と主事は、それまでの担当地域だけでなく、「担任事項」も分担することにした。その時点では、学校衛生・就学猶予免除検閲・養護指導学校等の担当は衛生技師が、盲唖教育・実業教育・成人教育等は主事補に委任された（県学務課事務分担［一九二九・四］）。七月には分掌事項が整理されたようで、「特殊教育並幼稚園、校舎及学校園」の研究は一視学に委任された。このような動きは、鹿児島県における特殊教育の存在と関連するであろう（視学主事の研究分担［一九二九・七］）。昭和五年度県教育計画には、「衛生養護設備ノ充実－衛生教育訓練ノ徹底」と、研究し、漸次実現する事項として、「学校治療所ノ施設」「特別学級ニ関スル施設」が挙げられ（昭和五年度鹿児島県教育計画［一九三〇・二］）、視学の観察事項として「特種教育及保育並ニ其成績ノ状況」が定められている（学務課便り［一九三〇・五］）。なお、昭和四年には、「学校養護特定指導学校ノ設定及施設要項」が決定され、その目的は、「学校衛生ノ達成養護教育ノ研究ヲ促進セムタメ学校養護特定指導学校ヲ設置ス」となっており、具体化に実施する学校施設には、「第六．特別学級ノ施設　一．精神薄弱児童ノ教育及養護　イ．促進学級ノ編制　二．身体虚弱児童ノ教育及養護　イ．開放学級、養護学級ノ編制　ロ．林間学校ノ設置　ハ．休暇聚落ノ実施」が挙げられている（学校養護特定指導学校ノ設定及施設要項［一九二九・四］）。この県計画は、文部省の方針に対応した、かなり作文的ではあるが、早晩実施されるべき特殊教育の課題として認識されていたのであろう。

43　もっともヘレン・ケラーは、かなり早くから日本では知られた存在であり、驚異の的にはなっていた。たとえば、『教育壇』一（九）（一八九七・一〇）では、教育の力と教師の努力を讃美している。乙竹岩造も、明治四〇年のアメリカ滞在時に、ケラーに面会したことを後日述べている（乙竹［一九一三・四］二一－二二頁）。飯島雨山が東京盲唖学校盲同窓会の点字雑誌『むつぼしのひかり』［一九〇八］に「日本に於けるケラー嬢の出現を望む」と題して、日本での盲女性の向上運動の檄を飛ばしている。

44　今井信正は、初等教育界を代表するような校長であった。茨城県師範学校卒業、郡視学を歴任し、大正一二年に水戸市上市第一尋常小学校長を経て、昭和四年に茨城県立盲唖学校長となった（茨城県立盲唖学校長の更迭［一九二九・一二］）。

45　このことは、日本の精神薄弱児施設が、学校教育に貢献しなかったことを意味するわけではない。たとえば、伊豆大島の藤倉学園には、教育関係者が訪問して、川田貞治郎園長から懇切な指導を受けている。大正末期から精神薄弱児教育の構築と発展に尽力した教育心理学者・青木誠四郎は、昭和六年に刊行した『劣等児低能児心理と其教育』（中文館）の自序（二）で藤倉学園の川田貞治郎に謝辞を捧げている。

46　京都府教育会では、大正七年から昭和五年度まで、週一回、二年間の課程を設けた。その目的は、各教科や教育学を深めることで、小学校教員の実力を高めることにあった（京都府教育会［一九三〇］五二、一二一―一二六頁）。

47　このような例は各地に存在する。これらの学校は、文部省調査（文部省［一九二五］、［一九二七］、［一九三一］、［一九三五］、［一九三七―一九三九］）で挙げられている。ただし、大正一四年調査は、盲唖教育令を基準としているのではなく、認可校と非認可校という区分である。山形県の羽陽講習所は文部省の認可校になっているが、予算規模は最も少ない学校の一つである。これ以外にも、文部省調査には掲載されていない広義の盲学校が存在していたようである。大正四年には静岡県江尻町に「大正盲人教育慈善会」が結成され、「鍼灸按摩其他必須の教育を施し独立自営の基礎を鞏固ならしむるを目的」としていた（静岡県江尻大正盲人教育慈善会［一九一五・一〇］）。また、大阪市統計書では、昭和二年版では、「鍼按」の「私立各種学校」が三校、教員数八、生徒数一一〇とあり（大阪市役所［一九三三］三一頁）、昭和七年版以降では「盲人マッサージ」の「其他私立各種学校」（大阪市役所［一九三九］五二―五三頁）として掲載されている（「医薬学校」と同じ項目のため、学校数等の細目は不明）。大正三年に業務を開始した北区の北盲人保護会は設置目的が保護教育と自活手段の育成であり、万福寺の住職・渓間浄観が講習所を経営し、按摩術試験に合格させるための教育を行った。東区でも大正四年に東盲人保護会が廣瀬政吉により結成され、本覚寺内の講習所で、盲唖学校教員の協力を得て、貧困層の盲人に職業教育を行っている（中江［一九七〇］三三―三六頁）。このような例は、山形県（武田［一九八六］）等、他の県でも同じであろう。

また、盲唖教育令によらない聾唖学校開設については、盲学校とはやや異なる重要な趣旨をもっている。東京市の聾唖教育の各種学校だけに限定してみると、第一の類型とその意味が明瞭になる。盲唖教育令によらない東京市の私立聾唖学校については、根本匡文の研究がある（根本［二〇〇八・六］、［二〇〇九・五―八］）。根本によれば、私立学校令に基づく聾唖機関および法的根拠をもたない私立聾唖教育機関が、盲唖教育令に基づく公的聾唖学校の不足および就学奨励制度の不備を補完する役割を果たした。そのうえ、言語習得には必要不可欠であるにもかかわらず官立東京聾啞学校にしか設置されていなかった聾啞幼児教育機関が、財源難に苦しみながら私立学園という形態で開設され続けたのである。これらの私立機関の特長と制約も根本が示すとおりであるが、その制約は創設者や経営者の責任を超えるものである。

48 神都訓盲院の設立を各種学校として認可した私立学校令は、昭和二二年三月三一日で失効したために、神都訓盲院は、法律上の根拠を喪失している。それに先立ち、須藤院長は敗戦後間もなく逝去している。これらのことから、神都訓盲院に在籍していた生徒は、県立校に移籍したものと思われる。神都訓盲院について、三重県教育史第二巻は、一次史料を用いてその成立から大正期の経営困難について簡潔に記述している（三重県総合教育センター［一九八一］三二九－三三一頁）。伊勢市史［一九六八］、宇治山田市史（一九二九）にも、簡単な記述がある。平成二二年には、小冊子『光を求めて—度会盲人鍼按協会から百年—度会盲人鍼按協会、神都訓盲院の成り立ちと現在までの変遷』が刊行された（伊勢市視覚障害者福祉会［二〇一〇］）。この小冊子には、神都訓盲院および県内視覚障害関連情報の簡単な記述とともに、牛江卯助の子孫が保存する訓盲院関係資料の表紙が掲載されている。

49 三重県内には、これ以外にも、同じ時期に盲人救済・教育事業があった。その一つは、津市の小林捨松が主催する「慈善公徳会」（三重公徳会）による孤児事業が明治三三年四月以降行われていたようで、少なくとも大正六年七月の頃の主な活動は、盲の孤児を対象とする救済・教育活動であったようである。公徳会は、孤児で四歳以上、一六歳未満の盲児を収容し、「点字学と按摩術を教授し自活の道を得せしむる」ことを目的としていた（『救乃友』改第一号、一頁）。しかし実態等、詳細は不明である。第二は、四日市市仏教会の事業として、鍼灸按術による自活のための技能教育および普通教育を行う収容施設「慈光園」が大正八年五月に西福寺に開設され、昭和三年には二〇人の入所者があり、昭和五年には県の認可を受けたが、戦災により消失・閉鎖されたという。詳細は不明である（三重県総合教育センター［一九八一］三三〇－三三一頁）。

50 牛江家保存文書一二〇点の目録は、平成二二年に三重県史編さん室の服部久士氏により作成され、三重県史編さん収集資料『神都訓盲院関係資料』（牛江家所蔵）としてまとめられている。

51 伊勢市役所．平成二四年伊勢市観光統計【資料編】参宮客の変遷（三）。
http://www.city.ise.mie.jp/secure/12124/24siryouhenn.pdf（二〇一四・三・五閲覧）

52　協会が職業技術向上を目ざそうとしたのは、内務省令改正への対応だけではなく、別の動機があったものと思われる。ここでは、二点を示しておく。①協会は、ともすれば賤業視される鍼按業の地位向上をも意図していたものと思われる。明治四一年一二月二八日発行の『伊勢新聞』（津市）が冒頭の論説で「盲唖に対する設備」を掲載したが、筆者の安生は、「按摩、鍼治等の賤業」とその自活困難を指摘していたからである。盲人の職業として鍼按を想定しない立場は、初期の楽善会訓盲院にも存在し、その根拠は欧米に求められていたが、この論説でも、評価基準を欧米に求めている点で興味深い。ただし、安生の主張の本旨は、盲唖者の社会的寄生生活の否定、盲唖有能論と職業自立による幸福の達成であり、その達成手段としての盲唖学校の整備を支持し、盲唖者に対する「新職業」の開拓によって、多く見られる盲唖者の犯罪も減少するという主張である（安生［一九〇八・一二・二八］一頁）。この論説は、時間的な符合から、三重県師範附属小学校の盲生学級設置にもある程度寄与したと評価されている（三重県教育史［一九八一］三二九頁）。②やや間接的な動機ではあるが、明治三八年に始まった盲人保護や盲人専業に関する帝国議会への建議・請願運動（杉野［一九九九］）との関連である。この建議・請願運動は、宇治山田にも波及していて、当地方の鍼按業の盲人集団による建議・請願運動の事情調査と報告の時期が、渡會鍼按協会の結成時期と一致している。その後も、明治三九年一〇月に名古屋鍼按協会、明治四四年二月一三日に東京盲人協会（千葉勝太郎）の請願運動を支持していたが、明治四五年一月二二日の役員会では、東京盲人協会の盲人専業の請願を否決している（『記録簿』）。

53　協会内部には統制を乱す個人や集団の動きが時折生じて、それに対する協会の対処が記録として残されている。

54　二名の反対があったと注記されているが、反対者は従来の徒弟制である親方による伝習制を支持していたのであろう。

55　大正二年一二月号『淑徳』には現職員（三〇頁）、大正三年一二月の『淑徳』では旧職員（二八頁）として、牛江の氏名が確認できる。

56　昭和七年の数字であるが、山口県教育会の調査による三〇府県の小学校男女教員の「平均給」は五六・一〇円であった（山口県教育会［一九三二・八］九四－九五頁）。もっとも、牛江の給与だけが低かったわけではなく、専任教員三名の給与額は、実技担当の須藤が月三五円（大正一四年では二五円）、同じく町野きぬが三〇円、教科担当の濱崎弘は一〇円だった。須藤・町野は、鍼按治療による収入源があったが、濱崎は昭和九年九月に任用された法政大学出身の中等教員免許をもつ三二歳の男性である。

57　執筆時期は明記されていないが、内容から大戦後と推測される。

58 昭和一〇年発行と推定される神都訓盲院学則では、週の授業時数が一四〜一八とされているので、神都訓盲院の授業は、毎日、三時間であったことが分かる。なお、発足当初の盲唖学級の教員・中山哲三は、明治三九年三月、東京盲唖学校尋常科・鍼按科卒業、明治四一年三月、同校教員練習科第五回卒業の新潟県出身の盲人である。

59 神都訓盲院でも、徒弟の年長盲生徒が、放課後に按摩をして親方に稼ぎを提供することが行われていた。

60 文部省普通学務局（一九二五）、（一九二七－一九二九）、（一九三四－一九三八）。長野県松本ろう学校（一九八八）。

61 職業教育が目的で盲人を対象とする学校の全貌は分からない。たとえば、名古屋市には名古屋盲人技術学校（河村作男校長）が昭和八年に創立されている。四年課程鍼灸・按摩・マッサージ各科と二年課程の乙種按摩科が設置され、昭和一七年度で生徒数八五名、入学者三二名、卒業者一四名だった。また、名古屋市内には、愛知鍼灸学校（昭和六年創立）と名古屋鍼灸学校（昭和七年創立）があり、生徒数はそれぞれ一九〇名と二一六名だった。晴眼者対象の学校と思われる（名古屋市教育局［一九四二］一一七頁）。大阪市では、大正三年一月から事業を開始した北盲人保護協会が戦時末まで活動していたが、対象は盲成人と思われるが、講習所をもっていた。東盲人保護協会は大正四年二月から活動を開始した盲人保護施設であるが、二年課程の鍼灸科と六カ月課程の按摩科があった。西区には大阪盲人会、住吉区には大阪盲人協会という盲人保護団体の名もある（大阪市立盲学校［一九七〇］三三－三七頁。大阪市社会部［一九三六］九〇頁、［一九三九］一一五、一二一頁）。

62 牛江は、訓盲院で修身と国語を担当していたが、彼の最大の目的は、「人格の完成」にあった。しかし同時に、「教授難」は、彼の訓盲院経営の三つの苦心のうちの一つでもあった（卯助回想）。

63 小林義宥は、大正二年三月、東京高等師範学校国語漢文部卒業、昭和五年三月三一日、私立大成中学校、東京第二中学校教諭の後、本校教諭として着任（東京高等師範学校［一九一九］三八七、五五四頁）。秋葉校長海外出張時には、事務代理であった（東京盲学校［一九三五］三五七頁）。

64 秋葉馬治を町田則文と比較するのは、秋葉にはやや酷かもしれない。町田が東京盲学校長に就任したのは五三歳、秋葉は四八歳だった。年齢の点だけでなく、東盲校長就任時には町田はすでに日本を代表する教育学者の一人であったし、権威性が高かった時代の東京師範学校の初期卒業生であり、師範学校長や高等師範学校教授、文部省の依頼による台湾総督府国語学校長を歴任した。また、その交友範囲は大学を含む教育界はもとより、官界だけでなく上層に広く深く拡大していた（町田則文先生謝恩事業会［一九三四］一一－一四五頁）。したがって、町田を校長とする東京盲学校もまた、権威性を高めることができたのである。東京盲学校・東京聾唖学校が皇室との関係も深いことは、第一章ですでに述べた。東京聾唖学校長を務めていた樋口長市との比較でも、ほぼ同じ図式である。彼が校長になったのは五三歳で、多くの単著がある実践に関心をもつ教育学者であった。秋葉が選抜された最大の理由は、東京高等師範学校卒業生であったことに尽きるだろう。

65　秋葉排斥運動があったことは確かである。高橋豊治（一八九四－一九七六）は、秋葉が町田校長に対して辞職勧告文を送付したことを聞いた東京盲学校卒業生が、秋葉の排斥運動を起こしたと詳細な記述をしている。しかし、秋葉の在職時が「戦時中」になっている、女教員名が東京盲学校職員名簿にない、町田が七〇歳にしてドイツ語を学び始めた等、正確さに大きな疑問が残る記述があるが（高橋［一九七七］一〇九－一一二頁）、大筋では、志垣の記述と一致する。町田は、昭和二年九月一四日には発病し、不調が続いていた（町田則文先生謝恩事業会［一九三四・二］一三二頁）。秋葉は、上述のように、校長就任を予定されていたから、町田校長に辞職勧告をする理由がないし、その立場にもない。したがって、この事件は秋葉排斥が目的であり、金銭問題が仮にあったとしてもそれは理由づけのためであって、排斥の真の理由は別の所にあったと考えられる。秋葉事件は、排斥側には個人的な憤懣解消にはなったかもしれないが、秋葉が、盲教育の実践の科学化あるいは学術化を夢想していた時代にあって、失うものが大き過ぎたといえよう。高橋豊治は、大正六年三月・東京盲学校普通科、大正七年三月・同技芸科鍼按科、大正九年三月・同師範科鍼按科の課程を卒業した。その前に、明治三九年二月に鍼按業の石塚茂吉によって宇都宮市に創設された下野盲唖学校に入学したが、四年で退学している（高橋［一九七七］三五－五二、二二二頁。創立五十周年記念誌編集委員会［一九五九］一〇－一八頁）。なお高橋は、優れた鍼医であったという。昭和五年社団法人・桜雲会を創設したほか、盲人運動に貢献している（高橋［一九七七］参照）。

66　飯塚希世らによる筑波大学視学特別支援学校資料室における近年の調査によって、『日本盲教育』第四号（昭和二年一月）から第七号までの原本が確認された。『日本盲教育』第四号に発表されたと思われる熊谷鐵太郎「新しい点字器のいろいろ」（熊谷［一九二七・一］）と題するエッセイ（墨字訳は下田）が遺されている。下田は、熊谷鐵太郎「点字器のいろいろ」紹介の末尾で、『日本盲教育』は一九二五年に結成された大日本盲教育会（兵庫県立盲学校内）の機関誌、一九二九年帝国盲教育会と合併する」としている。

67 『盲教育』三（一）の原本は点字版であり、下田知江らの努力により墨字化され、復刻された（下田［一九九八］二頁）。また、「年頭言」には筆者名がないが、筆者は、長年の盲啞教育の経験があり、大局的に盲教育を観察していないと記述できない内容であり、巻頭言を書く立場にある帝国盲教育会長であった川本宇之介であろう。

68 大河原欽吾は群馬県出身、東京高等師範学校明治四四年三月本科国語漢文部卒業、高崎中学校・群馬県女子師範学校教諭等を歴任。元駐米大使・大河原良雄（一九一九－現在）は欽吾の子息。

69 この数には、女性も含まれていたと思われる。このような欧米における盲人の高等教育情報は、早くから伝えられていたようである。オーストラリアの一七歳女性について、メルボルン大学の入試の特別な方法、優秀な入試成績、勉学の同等の内容、有志による学資の確保まで紹介されている（盲女の大学入校［一八九一・一二］）。

70 なお、正規の関西学院学生としての記録があるのは、大村と内山、古武である。関西学院盲学生の情報については、関西学院史編纂室・花田司氏にご教示いただいたことに感謝申し上げます。ただし、情報の取捨選択等の著者の判断と責任に基づいている。

71 この盲学校は、当初は貧しい盲児対象であったが、六〇〇人以上の卒業生はオルガニスト、音楽教員、ピアノ調律師、聖職者、教員、速記者として自立しているというその成果ゆえに、富裕層の盲子弟も入学するようになったという。学費は年に六五ポンドが必要だった（Royal Normal College and Academy of Music for the Blind［一九一八］三頁）。なお、College は校名であって高等教育機関を意味するわけではない（Academy も同じ）。アメリカにも、Institute を校名とする盲学校があった。

72 『星影』は、明治三七年、森巻耳院長により『同窓会報告書』を改題された。また、本誌は一時期、左近允孝之進の六光社で印刷されていたという（岐阜県立岐阜盲学校［一九九四］四〇頁）。

73 「紅灯生」は「紅燈生」の今井高次郎である。今井は、東京盲啞学校盲部卒業生による『むつぼしのひかり』の創刊号から第一九号までの編集兼発行人をつとめた（点字雑誌『むつぼしのひかり』［二〇一六］二一一、二二七頁）。今井は、岐阜県出身、明治三六年三月、東京盲啞学校尋常科・鍼按科卒業、三九年三月、教員練習科（第三回）卒業、三七年四月から明治四五年度末まで東京盲（啞）学校普通科教員だった（東京盲学校［一九三五］四七〇頁）。岐阜訓盲院には明治四五年四月から大正五年一一月まで在職していた（伊佐治［一九五四］九二頁）。その後は自宅営業の生活だったようである。

74 畑山の役回りが川井訓導の摘発役を予め設定されていたことは、畑山が県学務課長だったのが、この年だけだったことからも分かる（西尾［一九二三］二四五頁、［一九二四］二五〇頁、［一九二五］二七八頁）。畑山は長野県での役目を首尾良く果たして、岐阜県書記官に栄転した。畑山の経歴は、典型的な内務官僚のそれであり、出世街道を驀進した。大正四年、東京帝国大学独法科を卒業、同年高等文官試験に合格して、宮城県属を振り出しに、昭和八年には福島県知事、九年から一二年まで福岡県知事、その後、東京市教育局長を経て、昭和一四年一月から昭和二一年五月まで福岡市長を務めた。長野県時代は理事官である。長野県立長野図書館の調査による。

75 長野県の初等教育に対して、少数であるが、唯我独尊的であるとの批判的な評価もあった。また、昭和初期になると、長野県でも教員給与の支払い遅延が生じる。長野県は、明治三〇年代後半には、教員の俸給も校舎にも金を惜しまないと評判の県だった（渡邊［一九〇四・一］二一頁）。しかし長野県は、明治初期から日本の教育を牽引した名だたる教育学者が輩出した県であり、明治三〇年代には長野県の初等教育は教育熱心とレベルの高さがいわば神話化して、明治末期前には他県教育視察先に選ばれる常連県だった。給与が高い教員がいることでも評判で、しばしば言及した渡邊敏は日本一高給の小学校長とされた。また、渡邊のように他県から有能な教員を招請することは、珍しいことではなかった。

76 川井訓導事件に関する従来の評価に立つ論文中の資料でも、教授学的観点から再検討すれば異なる評価が可能であろうと思われる。たとえば、山﨑一穎（一九九五・五）が示す新聞記事（山﨑論文七九－八〇頁の注二）は、樋口が教授学的からのみ行動していることを窺わせる。樋口の附属小学校での研究分掌は修身科であった（東京高等師範学校附属小学校［一九一二］二九頁）。なお伊藤寿彦［一九九三・一二］は、樋口の東京高等師範学校附属小学校における実践について、新教育運動および「共学」との関連において、詳細に検討しているが、このような研究成果は、樋口評価には反映されてこなかった。

77 昭和八年、鳩山一郎文部大臣は、国語教育の観点から、「全国聾唖学校に於ては聾児の口話教育に奮闘努力」することを訓示したことと関連させて、昭和一三年の荒木文部大臣の訓示では、「此ニ熱心ナル余リ、苟モ口話法ニ適セザル者ニモ此ヲ強ヒ、為ニ却ヘツテ教育ノ効果ヲ阻害スルガ如キコトノナイヨウ、適当ナル省察ヲ加ヘラレンコトヲ希望」した（文部大臣訓示－昭和八年一月［一九四二］二三頁。全国盲唖学校長会議ニ於ケル文部大臣訓示要領［一九三九］五頁）。

78 佐藤在寛は、政次郎として徳島県で出生。徳島県師範学校を卒業後、苦学して哲学館を卒業し、教育界で活躍した人物であるが、明治三五年、『実験教育指針』を創刊・経営(明治四三年廃刊)、函館毎日新聞社の記者の経験があるキリスト教徒であった。初代の函館師範学校長・和田喜八郎とは記者時代に交流があり、和田が沖縄師範学校長へ転任の際に、連載記事「一日一言」に七回にわたって登場した(佐藤在寛先生顕彰会[一九九五]四五八-四六五頁)。佐藤については、清野(一九九四)、(一九九五)を参照。

79 この論文で樋口が強調していて、他の論者が提起しなかった問題に、鑑別機関の設置がある。主として聴覚の鑑別診断を目的とする機関であるが、教育を始める時点において不可欠な過程であり、重要な問題提起であろう。

80 日本聾唖教育会の幹部も、「総会が建議や協議に多くの時間を費して多少お祭り騒ぎの傾向があった」ことを認めている(山岡・佐々木[一九三九・五])。

81 日本聾唖教育会機関誌『聾唖教育』の別冊『共同研究会記録』刊行も、会長としての樋口の功績である。研究の方法とその成果の提示に関する彼の考え方を具体化したものである。一つは、研究発表を資料に基づいて発表し、同時に資料として残すことで、発表者の発表内容についての責任を要求すること、第二は、研究会参加者が事前に味読して、責任ある質問を行うように要求することである。要は、樋口は、効率的な発表と有意義な質疑応答を期待したのである。しかし樋口の期待にもかかわらず、実際には改善困難だった(松永[一九四〇・一]八-九頁)。

82 川井訓導事件については、素朴な疑問が直ちに浮かぶ。たとえば、川井が修身教科書を使用していないことを、県学務当局はなぜ知っていたのか、視察委員が授業を参観するのに、川井が法令上義務づけられていた修身教科書をなぜ使用しなかったのか、信濃教育会が、事件後に長野県出身の著名な教育学者一五名に三項目の川井訓導事件に関する質問を送り、樋口の言動についても尋ねているが(篠原助市を除けば全員が樋口批判だった)、当時の情報流通や通信手段という条件において、回答者は事件についてどのような情報をどのように得ていたのか。一方的な情報のみを得ていた可能性はないのだろうか。

83 日本聾学校長協会・日本聾唖教育会・財団法人聾教育振興会・社団法人日本聾唖協会は統合されて、財団法人聾唖教育福祉協会が誕生する。機関誌も、『聾唖教育』『聾口話教育』『聾唖界』は廃刊となり、『聾唖の光』が昭和一七年五月に創刊号が刊行される。『聾唖の光』は、教育号と福祉号が交互に刊行されたが、教育号は『聾唖教育』と『聾口話教育』の、福祉号は『聾唖界』の後継誌であった(橋本[一九四二・五])。

84 『聾唖の光』教育号編輯室は東京聾唖学校内に、福祉号編輯室は大阪市立聾唖学校内におかれた。福祉号編輯室のメンバーは、主任が藤本敏文、藤井東洋男、三浦浩、西川はま子らから構成されていた。なお、福祉部長は高橋潔である。

85 口話法主義者からの反撃はむしろ強まったといえる。その一つの理由は、言語指導法をめぐる聾唖学校長の動揺であろう（清水［一九四三・二］四五－四七頁）。それゆえ、口話法主義者は危機意識を強め、より攻撃的になったといえる。たとえば、東京市立聾学校の清水清幸「口話は常に正道に在り」および古谷史映「皇国民の錬成と言語」、東京聾唖学校訓導・萩原浅五郎「手話再燃論を絶つ」が挙げられる。全国聾唖学校の言語指導法は、数値上はますます口話法が手話法を圧倒していた。昭和一七年一二月末現在において、六六の聾唖学校のうち、手話法を採用している学校は一一校（うち手話法のみは三校）、口話法のみが五七校であり、生徒数では、手話法生徒数が四三三名（約五・三％）に対して、口話法生徒数は八二〇九名だった（手話口話生徒状況調査［一九四三・八］）。しかし、清水が示しているように、校長自身に口話法を絶対的基準とすることに確信がもてなくなっていたのだから、口話法絶対優位に見えるこの数値は、必ずしも実態を示すものではなかったし、それほど安定したものではなかったのであろう。

86 昭和一四年一〇月の全国児童保護大会での決議に反映された（昭和一四年全国児童保護大会の決議［一九三九］参照）。長岡聾唖学校の吉田正元は、公法（刑法・陪審法・刑事訴訟法・所得税法）および私法（民法）における聾唖者の地位を詳細に示し、その撤廃を要求している（一九四〇・三）。

87 川本は、藤井東が自死した際の追悼文で、藤井の論述が芸術的で学理的でない、欧米著述の転用であるという意味の批判をしている（川本［一九五五］一四八頁）。追悼文で故人を批判する行動は、日本人の習慣としては珍しい。川本のいくつかの追悼文は、彼の口話法運動の同調者でなかったとはいえ、故人への痛惜の感情が欠けている点で共通している。小西信八に対する追悼文も、正直といえばその通りであるが、観察が表面的で釈然としない感が残る（川本［一九三八］）。藤井への追悼では、同志という立場からではあるが、「馬鹿なことをしてくれた」（高橋［一九五五］一五六頁）という言葉以外に自死への感情を見出し得なかったのは高橋潔の真情であろう。

88 川本宇之介は、聾唖者の職業教育の必要性が顕在化し始めると、いち早く、それを連続論文として詳細に取り上げている（川本［一九三九・九］）。彼は日本の現状の問題点を鋭く指摘はするが、その場合でも、その対照として先進国の状況を示すだけであり、日本の聾唖者の職業を巡る現実と産業発展の現状とを関連づけながら改善する方法論をもたなかったから、具体的な緒を探る方向には展開しなかった。

89　加藤は長野盲唖学校教員で、江戸末期の儒者・谷三山（一八〇二－一八六七）の伝記、『聾鴻儒谷三山』『聾碩学谷三山』がある（いずれも［一九二九］、長野盲唖学校刊行。国会図書館の情報による）。このような著作を刊行した加藤の心境には、聾唖の教え子に対する日常の自らの実践を、この偉大な聾唖学者を見上げて行おうとする自己奮起なのであろうか。なお、谷三山には多くの伝記があるが、特殊教育界関係だけでも、大伴茂『聾儒谷三山』（平凡社）と川本生（宇之介）「聾儒谷三山略伝」［一九四〇・二］がある。川本版は名文である。谷は一〇代に失聴し、筆談で交信をしていたというが、川本の谷紹介の意図はどこにあったのだろうか。なお、谷は晩年に失明する。

90　荒木善次は、昭和一二年、自宅に白王学園を開設し、四三年、彼の死去によって閉鎖されるまで、少数の精神薄弱者との共同生活を続けたという（喜田［一九七〇・一〇］。篠崎［一九八七］八八頁）。長沼幸一は、補助学級教員を辞して、東京市養育院の石神井学園少年部を担当し（二割ほどは精神薄弱だった）、戦後は郷里に戻って、大笹生学園、そして総合施設・東洋学園の創設に関与し、東洋学園の園長を務めた（星［一九六六］。菊池［一九七五・三］）。

91　城戸幡太郎については、高橋智（一九九八）のように「学派」の祖と崇める評価もあり、「学派」に列なる多数の研究者や実践家を列挙する。しかし「学派」とは、学的体系と独自の方法論があること、始祖と弟子との間に継承される一貫性があることが不可欠の条件であろうが、城戸において着想と時代性の洞察および広範な問題意識は非凡であり、そのような彼の魅力が、研究者仲間や現場の人々を魅了したとは思われるが、上記の「学派」の条件に当てはまるとは思われない。城戸の魅力とは、たとえば、特殊教育の拡大を考える場合、彼は、障害等の対象範囲を増やしていくという単純な発想ではなく、保護児童の一部として捉え、さらに貧困問題との関連を洞察することで、保育から施設収容まで、幼児から青年期まで、社会事業から医療・司法事業まで、保護・教育から研究・職員養成まで、一体かつ構造として問題を理解し、解決策を展望するようなことである。その実体化はともかく、城戸の活動は児童問題の総合化と構造化を試みるとでもいうべき作業であった。もっとも、この発想の起点は外国情報のようではあるし（城戸［一九四二・一二］一一四－一一五頁）、すべてが彼の独自性ではなく、部分的な着想や計画は同時代から援用していると思われる。

なお、城戸も青木誠四郎と同じく、東京帝国大学文学部心理学科撰科卒業生（青木は本科に編入）であり、学派を形成する環境にはいなかった。また、高橋は、青木等を弟子に含めているが、平田（二〇〇〇・六）および鈴木・廣川（一九八四・三）による城戸の著作目録をみると、城戸が青木と連名の著作は、昭和一四年刊行の岩波書店『教育学辞典』「補助学校及び補助教育」（城戸・松本金壽・青木誠四郎）しかなく、青木と著作上の接点がない。城戸と青木はほぼ同年齢で、青木が撰科に入学した時には、城戸は卒業していた。高橋が「学派」と主張する人々は、城戸とは師弟関係ではなく、城戸の研究・実践仲間だったのではなかろうか。

高橋のこのような研究方法は一貫している。市澤豊は高橋の奥田三郎に関する記述を「貴重なものがある」とする一方で、「著名人光背効果による歴史的シンパシーに傾斜し史資料に基づく合理的理解を経なかったことによる誤認」と評している（市澤［二〇〇一・六］二七頁）。高橋「学派」の同じ手法は、鈴木治太郎、關一、後藤新平等著名人の氏名を冠した論文でも顕著である（石川・高橋［二〇一一・二］。石井・石川・高橋［二〇一五・二］参照）。

92 この主張は、盲学校及聾唖学校令第一条には、小学校令第一条の「国民教育ノ基礎」の語句がないので、盲児・聾唖児が国民教育から排除されているという、一見、もっともらしい指摘であるが、盲学校・聾唖学校は初等部と中等部が原則必置であるために、小学校令の文言を援用できなかった法技術上の問題であろう。ちなみに、中学校令（明治一九年、三二年改正）第一条、二四年の中学校令改正における高等女学校規程（第一四条）の目的条項においても「国民教育」の表現はない。

93 岡山県では、明治三八年七月に山本厚平により岡山盲人会が結成されている（第四章）。また、大正一〇年一〇月には、岡山県盲人技術協会が結成されている。鍼灸按が中心ではあるが、盲教育の普及・徹底、盲人福利にも関心が拡大している（大原社会問題研究所（一九二二）九三－九四頁）。

94 大正九年に新設された第五部は実際には補助学級二学級しかなかったが、虚弱児学級を含む補助学校として独立する計画があったための名称のようである（中村［一九九〇b］三九頁）。

95 長沼幸一については、菅田洋一郎・清水寛（一九六三）、中村勝二（一九九〇b）、高橋智（一九九三・一）、平田勝政（一九九三・六b）、戸崎敬子（一九九四）、（一九九六）、菊池義昭（一九七五・三）による優れた研究や資料があるが、共通する観点は少ない。とりわけ戸崎の論文は、先行研究を玩味して、長沼の理論的基盤と背景を把握しながら長沼の実体に迫ろうとしている。なお長沼幸一は、福島県師範学校附属小学校主事・野口彰（一八九四－一九五五）に私淑していた。

96 「小さな分担」という表現は、昭和八年一月から使用している（長沼［一九三三・一］一三六、一三七頁）。

97 精神薄弱児施設・藤倉学園長の川田貞治郎も、同じ時期に（大戦直前の執筆であろう）精神薄弱児の無能力から有能者への育成論を提起しているが（川田［一九四一・一二］）、少なくとも二点で異なる。一つは、川田のいう大収容所とは、大東亜共栄圏の精神薄弱者を対象とする（二五万人と推定）大収容所である。設立費は三億円と試算されていた。昭和一六年度の一般会計歳出予算額は約八六六億円であった（財務省HP）。第二は、施設内における教育によって、施設内で生産労働に従事させ、人的資源に育成することを想定している。施設の精神薄弱児のほうが補助学級児童より重度であるから、川田の対象児（者）と主張する内容は類似していても、長沼のそれとは範囲と次元が異なる。

98 長沼は、東京高等師範学校附属小学校補助学級への転任を懇望された時、猛然とした態度で野口彰主事に辞退したという。野口は、長沼が転任を了承するまでに相当苦労したという（野口［一九三二］一一頁）。なお野口は、後に東京市の公立小学校長や視学を務めることになる

99 森田榮次は、大正九年に和歌山県師範学校を卒業後、代用附属小学校訓導を経て、大正一二年に和歌山県立盲唖学校（大正七年四月発足）の中枢的教員として嘱望され（兼師範学校附属小学校訓導）、昭和三年まで在職し、盲唖学校の教育の質改善に尽力した（滋賀県立聾話学校にも在職）。昭和九年に本校教員に復帰し、一三年四月に開校した和歌山県立和歌山聾学校の初代校長を務めた（辻本［一九二四］一四、二一－二二頁。和歌山県立和歌山聾学校［一九五三］一七頁）。

100 きわめて緩慢な動きながら、地域における教育は、存在していた。昭和一〇年度には、肢体不自由児の特別学級は茨城県に二学級あり、「身体虚弱児童並精神薄弱児童の特別学級と併置せるものには三重（一学級）、大阪（六）、熊本（二）、沖縄（五）」あり、不具児童の特別学級数は、昭和一〇年四月末日現在で一四学級となり生徒数は男二〇名、女二三名、合計四三名である」という。併置が、混合学級を意味するのか、分からないが、肢体不自由児の教育は動き出していたのである（財団法人中央社会事業協会［一九三六］二一九頁）。

1　その後も、同じ傾向の学校衛生論が消えることはない。たとえば、学校衛生取調嘱託だった古瀬安俊『学校衛生』は、海外の学校衛生関係論文に解説文を付した翻訳選集である（古瀬［一九一七］）。彼は、精神衛生の範囲に入る論文も紹介しているが（二〇八－二一四頁）、その論文は生物学的基盤の論文であり、まもなく述べる学校衛生の方針転換にみられる教育的動機もない。

2　私立岡山県教育会雑誌（井上［一八九六・五］、トラホーム新療法［一八九八・四］）。京都府教育雑誌（第二回関西各市小学校連合会［一八九九・六］、増田［一八九九・一一］）。長崎県教育雑誌（トラホーム予防心得［一八九九・八］）、山陰之教育（トラホーム予防法［一八九九・八］、トラホーム予防心得［一八九九・一〇］）。

3　厳手県師範学校（一九〇九）一六一－一六五頁。「トラホーム」予防訓令（一九〇七・一二）。高野（一九〇九）三五－三六頁。秋田県立本荘中学校一覧四（一九一二・五）三六－四〇頁。大分市教育史（一九二九）四九九頁。鹿児島県教育会（一九二四・四）三四一－三四五頁。

4　この時期に近い他の例を挙げる。昭和一〇年四月に呉市主催で開催された第三四回全国都市小学校連合会で、第二協議題「都市小学校児童ノ体育上特ニ留意スベキ事項如何」の調査案には、虚弱児童養護学級の特設とともに、林間臨海学校の開設が挙げられている（第三四回全国都市小学校連合会［一九三五・六］一三三頁）。

5　しかし大正七年に終結した第一次世界大戦になると、しだいに総力戦形態となり、兵士には、ある程度の教育程度が要求される。これが壮丁教育調査の実施とその結果に基づく教育改善に結果する。

6　鳥取盲唖学校では、「臨海学校はその開始を大正一四年頃とされている」という記述がある（鳥取聾学校［二〇一一］八五頁）。戦時期の昭和一七年七月には、静岡県立盲唖学校が、「心身鍛錬臨海生活」として、全児童生徒参加による一週間の臨海学校を実施している。海水浴は、盲人の強き者にも弱き者にも男女と年齢を問わず「非常なる歓喜の内に行はれ」、有意義な体験をしたという（静岡県立盲学校［一九四三・二］二三－二四頁）。

7　虚弱児対象のフェリエンコロニーが、いつ、どこで始まったのかについては、情報入手の経路によって異なる。日本赤十字社嘱託の小林省三は、一九世紀半ばのデンマークで発祥し、一八七六年にスイスの貧困層の虚弱児を対象に夏季聚落を開始したW・ビオンに創始者を求めている（小林［一九三二］四九頁）。上記の小原頼之は、宣教師・ビオンの虚弱児の転地休養の創始と慈善的基盤による欧米への拡大および日本への導入の困難に触れながらも、日本でも実施できる段階になったとしている（小原［一九〇七・一二］二三－二五頁、［一九〇八］二九一－二九五、一三三頁）。

8　玉井（二〇〇〇）は、明治中期から末期における岡山県において、不就学理由のなかで最も高い割合を占める貧窮を分析するなかで、「疾病」「その他」を理由にする不就学にも、本来は貧窮が主原因であったと推測している（玉井［二〇〇〇］一〇五頁）。

9　藤井は、京都市特殊児童調（一九二二・七）では、成徳小学校訓導で京都市嘱託となっている。なお、この紹介記事で川本宇之介は、個人能力が大きな障害児の分離的指導を勧奨している（八三頁）。

10　藤井著五－九頁の一覧には、「二．優良児童」のつぎに入るべき「中等児童」の行が欠けている。男女別の数は不明であるが、二八によれば中等児童数は三万七八一六名である。また、六頁の劣等児童の合計数は、二八によれば、六万七三〇五ではなく、六七三〇が正しい。

第一〇章

1　本章では教育事業という観点から、肢体不自由の児童についても記述するが、年少者対象の事業は、成人対象の事業からも派生していったものと思われる。つぎの昭和五年の青森市の事例は、その一つであろう。大正一二年九月の関東大震災によって発生した多数の不具廃疾者に対して収容所・授産場の経営が、同潤会により同潤啓成社事業として大正一四年から始まり、翌一五年には「工場廃疾者」「一般不具者」に拡大され、職業再教育を実施した。暁星学園を青森市内に開設した工藤三郎には下肢障害があり、啓成社で学んだ。暁星学園は、啓成社出身の女性とともに、「不具の子供に普通学を授け」るとともに、成人には「婦人子供服及び和服の裁縫を教授する」目的で、五月に開設予定であった（青森県教育史編集委員会［一九七一］六六四頁）。

2　その他、後援に名を連ねた官公署は陸軍省、海軍省、逓信省、拓務省、東京市であった（財団法人中央社会事業協会［一九三六b］二五頁）。

3　愛護協会から五名（桃花塾の岩崎、旧筑波学園の岡野、八幡学園の久保寺、カルナ学園の林、滝乃川学園の藤本）が出席し、

その他に内務省（青木延春、西野隆夫）、社会事業施設（西伊三次、谷貞信、山下俊郎）、教員（喜田正春、三隅一成）、医療（奥田三郎）、研究者（城戸幡太郎、戸川行男、留岡清男、内田勇三郎、牛島義友）の計一八名が参加した。

4 厚生省社会局児童課によって、昭和一三年九月に「児童調査」が実施された。調査の目的は、「将来における心身（精神並に身体）異常児並びに多子家庭における子女の保護対策上の参考に資する」ためであり、①埼玉県日勝村（農村）、②宮城県愛島村（農村）、③神奈川県高部屋村（山村）、④千葉県富崎村（漁村）で行った（厚生省社会局児童課調［一九三八・一二］四〇頁）。①、③、④は愛育会指定の愛育村で、②は中央社会事業協会指定の村で保健上注意を要する村であった（厚生省社会局児童課［一九三八・一二］四〇頁）

5 八幡学園は精神薄弱児施設として創設されたが、創設直後の八幡学園はセツルメント（隣保事業）を主たる事業としていた。久保寺は創立から三年後の昭和六年一一月、北八幡保育園を「閉鎖」し、「特殊教育機関養護施設として精神薄弱児童を処遇」すると宣言した（高野［二〇一三・三］一九七頁）。

6 久保寺は昭和一四年七月二七日〜九月一日までのおよそ一箇月、大連市（七月三一日〜八月七日）、奉天市（八月八日〜一二日、一九日）、新京市（八月一三日〜一五日）、吉林市（八月一六日）、ハルピン市（八月一七、一八日）、京城府（八月二〇日〜二七日）を巡っている。

7 さらに大連市では「世界紅卍字会大連分会」（八月二日、「棄児養育」の視察）、「智光院」（八月二日、無料宿泊所）、「鎌倉保育園」（八月三日）、「聖愛病院」（八月三日、軽費診療事業）、「救世軍ホーム」（八月三日、婦人・乳幼児保護）、奉天市では「同善堂附属病院」（八月一〇日）を視察し、京城府では「西大門刑務所」（八月二四日）、「徳壽小学校（八月二四日）、「仁川少年刑務所」（八月二五日）を視察しており、児童や少年のみならず多岐に渡る社会事業施設を視察している。

8 講習会の講師は久保寺の他に東洋大学教授の高島米峰（べいほう）（一八七五－一九四九）が務めており、三日間、交互にそれぞれが三回の講演を行った。講習会終了後の午後七時半からは三日間とも座談会などが開かれ、一日目（八月一日）には高島を囲んだ座談会が、二日目には先述の大衆講習会（国民精神総動員講習会）が、三日目には久保寺を囲んだ座談会（テーマは「秘められたる才能の発見とその啓培」）が開かれた。

9 それは、①「興亜大業達成のための児童問題新動向」、②「皇室の児童愛護に関する御仁慈」、③「児童保護事業各部門の有機的関連と総合的なる法的活動の要」、④「特殊児童の人的資源観点より再検討」、⑤「精神異常児に関する究明と対策」、⑥「真の天才と所謂「賢き白痴（イデオサバン）」、⑦「学園教養上の理念と取扱事例」、⑧「東亜協同体に於ける日本の使命と児童問題」であった（久保寺［一九三九］一－二頁）。

10　白川学園は昭和二〇年六月に島津製作所の精密機械倉庫になり、ほとんどの児童は家庭に引き取られ、三名が残ったが事実上の一時閉園であった（脇田［二〇一三］五三頁）。

11　六方学園は原爆の爆心地から三kmに位置しており、学園は半壊し、屋外にいた児童六名は二日月後に発病した（村井［二〇一三］一八四－一八五頁）。

12　清里村での米の配給は一人二合三尺の配給であった。しかし、伊豆大島では三合五勺だったため、昭和一九年一一月一五日、川田は知事に陳情し、結果として一合二勺については東京より貰う手続きをした（藤倉学園昭和一九年日記女子部・日記男子部昭和一九年）。

13　東洋大学心理学会と同学会が設立した児童相談所の支援もあった（高橋・清水［一九九八］二〇三－二〇四頁）。

14　その他、顧問には東洋大学教授の高島平三郎、後援者には東洋大学教授の関寛之、東京帝国大学の荒木直躬、神奈川県戸塚脳病院院長が名を連ねた（高橋・清水［一九九八］二〇五頁）。

15　法政大学児童研究所は、昭和四年九月に法政大学心理学研究室に設置された。

16　三つの建議案は、いずれも内閣総理大臣、大蔵大臣にも提出された。委員は一六名でその他藤倉学園の川田とカルナ学園の林も含まれていた。

17　なぜ、城戸は三つの側面（教育、社会事業、司法）から精神薄弱児・者の処遇を捉えたのだろうか。高橋・清水（一九九八）は、城戸の構想に影響を与えた要因として次の二つあげている。一つは、先述した愛護協会主催の「精神薄弱児問題座談会」での議論、もう一つは昭和一二年二月に城戸と留岡が作成した（雑誌『教育』編集部の名前で発表）「教育改革案」に対する反応・批判であった（高橋・清水［一九九八］一八二－一八六頁）。

1　大正時代が間もなく終わる大正一五年一〇月に、「奚疑生」は、フランシス・ベーコン（Francis Bacon 一五六一－一六二六）の学者の三分類説を紹介する。蟻学者（無暗に集めて貯える）、蜘蛛学者（他者に材料を求めず、自分で捻って作成したものを発表して偉がる）、蜂学者（他者の材料を加工して発表する）である。さらにバッタ学者（やたらに立場を変える）、雷鳥学者（その時々の流行を「学商」として先導する）、船学者（欧米の学者の学説を復誦する）も挙げている（奚疑生［一九二六・一〇］）。

2　しかし、翌月には、静岡県西端の田方郡奨弘尋常高等小学校で「日本精神顕揚を主としたる学校経営研究会」が開催され、同じように華々しい発表があったことからみると、時流に乗っているのは日本精神主義であるから、全体主義的な教育に抵抗し、個を活かそうとした大谷小学校の実践活動を評価すべきであろう。

3　school survey は、一九一〇年代から一九三〇年代にかけて、アメリカ各地で実施されていた教育の効果と効率性や課題に関する調査研究であるが、その特徴は、調査者が、教育（学校）委員会外部の教育（学）専門家または非専門家によることが多かった点にある。さまざまな理由で効率的でなかった日本の初等教育への影響も大きく、文部省は、大正八年一一月に『時局に関する教育資料　第廿七集』として、オレゴン州レイン郡の学校調査と方法を翻訳・出版している（文部省［一九一九］）。たとえば、日本の初等教育界で有名人だったシカゴ大学のチャールズ・H・ジャッド（Charles Hubbard Judd 一八七三－一九四六）らによるセントルイス公立学校調査［一九一七］が知られていた（Judd. C. H. et al.［一九一七］）。

4　石山脩平は京都帝国大学出身の教育学者であり、敗戦後、文部省幹部の総入れ替えのなかで、戦時中、国粋的な活動が顕著でなかったためか、文部省教科書局第二編修課長となり、昭和二一年五月に刊行された『新教育指針』（文部省［一九四六］）により、戦後の新教育の方向を明示した（この『新教育指針』は、日本人の自己卑下的な表現が目立つ文書であり、『戦後編』第一章で言及する）。また石山は、コア・カリキュラム運動を主導した。石山の昭和一三年の提言はその後の著作には活かされず、日本教育学への傾向を帯びることになる（石山［一九三八］）。彼が辿った自由主義－国家主義－戦後民主主義というコースは、戦時下体制以前は自由主義的教育学者だった長田新とまったく同じである。長田も「民族教育学」（長田［一九三八］三頁）という用語によって、日本の教育学を先導する役割を担っていた。

5　敗戦後において、師範タイプという表現で、小学校教師の能力の低さ、視野の狭さ、あるいは狭量等を暗示する批判が、再度盛んになるが、師範学校が、小学校高等科の第二ないし三年という低年齢から入学し、大学進学者が経由する中学校や高等学校等の教育を欠いている者が多かった事実を考慮に入れなければ、その批判は公平さを失う。師範タイプを批判する側の多くは大学卒業者であり、彼らは、結果として、師範学校のより高度な学校への脱皮を阻害した勢力に含まれる。師範タイプは、まさに社会的属性化の問題でもあった。日本の社会的属性重視は植民地にも拡大する。勤続歴の長い朝鮮人の公立学校長の給与は、日本の師範学校を卒業した日本人教員の初任給より低かったという。これは、日本人教師には手当があったために生じた矛盾であった。また、日本人教員の場合は、男女の給与格差がなかったという(崔［二〇〇七］一五八－一六一頁)。

6 戦前では基盤が弱体だった特殊教育分野に、大戦後間もない時期においてその意義を認めて積極的に参入あるいは側面から支持した人々のなかに、比較的高度な大学教育をうけていた人々がいた。これは、個人の問題でもあるが(時流に乗る人もいた)、より高度な教育には、新しい時代の要求に対する感応力を形成する機能が、必要条件として含まれていたのではなかろうか。

7 戦前と戦後の連続性と不連続性を考察する場合、児童生徒の学校教育だけに限定すると、連続性が大きい。しかし、障害児就学の思想的・制度的根拠と大学における特殊教育研究および教員養成までを含めて相対的に比較すれば、その相違は歴然としている。しかしそれが、日本人自身による問題提起ではなかった点に特徴がある(『戦後編』参照)。

文献

凡例

・邦語文献は、著者名を、無署名の場合は記事表題を、五〇音順で、英語文献はアルファベット順で配列している。
・単行本は発行年を、定期刊行物は発行年月または年月日・巻号・掲載ページを、ｎｄは刊行時期不明を、ｃはおよそを示す。
・国立国会図書館ＤＣは、国立国会図書館デジタルコレクションを示す。
・復刻版が複数ある場合、原則として出版年が古い版を優先して示す。

【あ行】

愛育研究所編（一九四三）『異常児保育の研究』目黒書店（国立国会図書館ＤＣ）。

ＩＷ生（一九一六・九）邑久行『岡山県教育会誌』一三六、五〇－五一頁。

愛知県教育委員会（一九七五）『愛知県教育史四』愛知県教育委員会。

愛知県特殊教育の歩み編集委員会（一九七七）『愛知県特殊教育の歩み』愛知県特殊教育の歩み編集委員会。

愛知県農会（一九一〇）『全国篤農家列伝』愛知県農会（国立国会図書館ＤＣ）。

愛知県立豊橋聾学校八十年史編集委員会（一九七八）『拓く径　愛知県立豊橋聾学校八十年史』愛知県立豊橋聾学校八十年史編集委員会。

愛知県立名古屋盲学校記念誌編集委員会（一九八一）『愛知県立名古屋盲学校八十周年記念誌』愛知県立名古屋盲学校記念誌編集委員会。

愛知県聾学校（一九四〇）『愛知県聾学校二十五年史』愛知県聾学校。

愛知淑徳女学校（一九一三・一二）会員名簿『淑徳』一〇三、三〇頁（愛知淑徳中学校・高等学校蔵）。

愛知淑徳女学校（一九一四・一二）会員名簿『淑徳』一一四、三〇頁（愛知淑徳中学校・高等学校蔵）。

敢て苦言を呈す（巻頭言）（一九四二・四）『帝都教育』四五七、二－五頁。

青木誠四郎（一九二二）、（一九三一）『劣等児低能児の心理と其教育』中文館書店（国立国会図書館ＤＣ）。

青木誠四郎（一九三三）低能児及び低能児教育『教育科学』二〇、岩波書店、一－三八頁。

青木義作・村松常雄（一九二七・四）東京市立小学校ニ於ケル補助学級全児童ノ医学的検査『神経学雑誌』二七（七）、四一一－四四三頁。

青森県教育史編集委員会（一九七一）『青森県教育史四（資料編二）』青森県教育委員会。

青森県尋常師範学校（一八九三）『青森県尋常師範学校附属小学校管理規則』青森県尋常師範学校（国立国会図書館ＤＣ）。

青森県尋常師範学校附属小学校教務研究会（一九一〇）『小学校の実際に関する適切なる諸問題の研究』宝文館（国立国会図書館ＤＣ）。

青森県立八戸盲学校・八戸聾学校（一九六二）『創立七十周年記念誌』青森県立八戸盲学校・八戸聾学校。

青山新一（一九〇九・四）マンハイム式小学校『岐阜県教育』一七五、二七－三一頁。

青谷角太郎（一九一一・九）算術教授上の注意三十則『岐阜県教育』二〇四、一〇－一二頁。

青谷生（一九〇九・三）低能児教育問題につきて『岐阜県教育』一七四、五－六頁。

青山雅子（一九三七）痙攣性小児麻痺に就て『東京市立光明学校紀要』四、一九－二二頁。

赤井米吉（一九三七・一）欧米の教育を視て『帝国教育』六九九、一〇二－一〇三頁。

赤井米吉（一九三七・五）ヘレン・パーカスト女史とドルトン案『帝国教育』七〇三、七一－七六頁。

赤座憲久（一九八九）『デイゴの花かげ』小峰書店。

赤坂茂男（一九二六・四）現今盲教育界私見『帝国盲教育』六（一）、一一－一四頁。

秋田喜三郎（一九二七）『読本全課発展的読方の実際　尋四』明治図書（国立国会図書館ＤＣ）。

秋田県北秋田郡木戸石尋常小学校劣等児取扱方法（一九〇七・七）『秋田県教育雑誌』一九〇、四〇頁。

秋田県教職員録（一九一六・一二）『秋田県教育雑誌』三〇三、六－七頁。

秋田県教職員録（一九二二・八）『秋田県教育雑誌』三五六、六二一－六五頁。

秋田県社会福祉協議会（一九七九）『秋田県社会福祉史』秋田県社会福祉協議会。

秋田県立本荘中学校（一九一二・五）『秋田県立本荘中学校一覧四』秋田県立本荘中学校。

秋葉馬治（一九二六・三）人格尊重と盲人教育『帝国盲教育』五（三）、一四三頁。

秋葉馬治（一九二九・一二）発刊の辞『盲教育の友』一、一頁（国立国会図書館ＤＣ）。

秋葉馬治（一九三〇・一）盲教育の科学的研究『盲教育の友』二（一）、三－九頁（国立国会図書館ＤＣ）。

秋葉馬治（一九三〇・三）盲人新職業に関する件『盲教育』五、六二一－六三頁。

秋葉馬治（一九三三）『欧米に於ける弱視児童教育　昭和八年三月二十日』東京市教育局。

秋葉馬治先生祝賀会（一九六四）『秋葉馬治先生伝』秋葉馬治先生祝賀会（国立国会図書館ＤＣ）。

秋吉基治（一九〇二）『帝国遊泳術示教』石敢堂（国立国会図書館ＤＣ）。

秋吉基治（一九〇五）『踏海流遊泳術教科書上巻・下巻』周文館（国立国会図書館ＤＣ）。

浅尾紘也（一九六七・五）精薄児教育における分団教育の歴史的考察―大正新教育との接点において―『精神薄弱者問題史研究紀要』五、六九－七四頁。

阿佐博（一九九三）石松量蔵　神に仕えた生涯『道ひとすじ―昭和を生きた盲人たち―』あずさ書店、三九－四四頁。

阿佐博（一九九三）中村京太郎　点字毎日の初代編集長『道ひとすじ―昭和を生きた盲人たち―』あずさ書店、四一七－四二二頁。

足利盲学校（一九二六）『足利盲学校概況』足利盲学校。

唖児教育に就て（里村師範学校長談）（一九〇二・一〇・一六）『河北新報』明治三五年一〇月一六日、二面。

芦田千恵美（一九八八）戦前学校衛生の展開と児童養護―「特殊児童」の教育をめぐって―『教育学雑誌』二二、一六－二三頁。

唖児幼稚園の設立（一九二七・一）『教育思潮研究』一（一）、四八〇頁。

足立洋一郎（一九九六）東海訓盲院の設立と初期盲教育をめぐる状況『静岡近代史研究』二二、一七－三三頁。

足立洋一郎（一九九九）静岡県社会事業の先駆け松井豊吉『近代静岡の先駆者　時代を拓き夢に生きた一九人の群像』静岡新聞社、一七三－一九〇頁。

足立洋一郎（二〇一四）『愛盲――小杉あさと静岡県の盲教育』静新新書。

天晴れな「読唇口答」（一九四一・六）聞えぬ世界から女学校へ　もうみんなと仲よしよ『聾唖界』九五、二三－二四頁。

厚海卯喜太（一九一六・五）動的教育と分団教授に就て『防長教育』一九八、一三－一七頁。

阿部彰（一九七七・三）大正・昭和初期教育政策史の研究（二）――プレッシャーグループとしての帝国教育会、教育擁護同盟『大阪大学人間科学部紀要』三、八三－一〇五頁。

阿部重孝（一九三五）学制改革の着眼点『新教育研究』五（一）、四－八頁。

阿部重孝・岡部彌太郎（一九二二）『小月小学校外三校学校調査』東京帝国大学。

安部丑亥（一九三六）『精神薄弱児の育て方教へ方』東宛書房（国立国会図書館ＤＣ）。

阿部七五三吉・小野秀瑠（一九二一）『智能査定を主とせる促進教育之新研究』培風館（国立国会図書館ＤＣ）。

天崎紹雄（一九三八）『面影』中馬興丸翁追悼記編纂会（国立国会図書館ＤＣ）。

アミーチス、エドモンド・デ（前田晁訳）（一九三六）『クオレ（愛の学校）』岩波文庫。

雨邨小史（一九〇八・六）県下小学校に於いて目下施設すべき重要事項を論ず『徳島県教育会雑誌』一二四、一一－一三頁。

新井アキヱ（一九三五）玩具治療に就いて『東京市立光明学校紀要』三、五八－六二頁。

新井たか子（二〇一四）『愛情の庭（若き盲女の日記）』（一九四二復刻版）社会福祉法人桜雲会点字出版部。

荒井不二男（一九三八・五）特殊学級の精神分析とその経営実践記録『教育論叢』三九（五）、八九－一〇〇頁。

新井淑子（一九九六）東京における女教員の意識と生活。東京都立教育研究所編『東京都教育史　通史編三』東京都、八九六－九〇八頁。

荒川勇（一九七〇）『欧米聾教育通史』峯文閣。

荒川勇（一九七三・五）戦前の文部省官制に見る特殊教育『精神薄弱問題史研究紀要』一三、二五－三三頁。

荒川勇（一九七四）聾教育史。世界教育史研究会編『世界教育史大系　33障害児教育』講談社、八〇－一四六頁。

荒川勇・大井清吉・中野善達（一九七六）『日本障害児教育史』福村出版。

荒川五郎（一九〇九・六）果たして文部省の無勢力か『帝国教育』三二三、三六－三八頁。

荒木善次（一九三五）『低能児教育の実際』文川堂書房（国立国会図書館DC）。

荒木善次（一九五一）『白王学園』鱒書房。

有岡末太郎（一八九二・七）〜（一八九二・八）注意力の重要なるを論ず『岡山教育雑誌』二、二一-六頁、三、一四-一七頁。

有田喜太郎（一九三二・一一）盲教育上の本質上より見たる治療所の経営『盲教育』四（二）、三一-三五頁。

有田喜太郎（一九三三・一一）盲教育の建設『盲教育』五（二）、三九-四一頁。

有田喜太郎（一九三四・六）社会に要求したき盲教育の再認識『盲教育』六（一）、五-七頁。

有田喜太郎（一九三四・一一）盲教育の再認識『福岡県教育』四四四、一一-一三頁。

有田喜太郎（一九三七）『改訂増補　盲教育の建設』福岡県福岡盲学校研究会（国立国会図書館DC）。

有馬清一（二〇〇二）『南雲總次郎の生涯・本校創設者・初代校長　改訂版二版』鹿児島県立盲学校同窓会。

粟津キヨ（一九八六）『光に向って咲け――斎藤百合の生涯』岩波新書。

安在邦夫（一九九一・三）左近允孝之進研究ノート―視覚障害者教育に尽力した隠れた「校友」―『早稲田大学史紀要』二三、七七-九六頁。

安藤基平（一九一七・六）憤悱録『京都教育』三〇〇、四四-四五頁。

安藤房治（一九八四・三）青森県障害児教育史―盲・聾教育の創始と八戸盲唖学校の設立―『弘前大学教育学部紀要』五一、一一-一〇頁。

安藤房治（一九八九・四）義務教育制度の確立と障害児の就学義務の猶予・免除『障害者問題史研究紀要』三二、九-二三頁。

安藤房治（二〇〇一）『アメリカ障害児公教育保障史』風間書房。

安藤房治（二〇一七）『青森県障害児教育史』北方新社。

飯島雨山（一九〇八・一一）日本に於けるケラー嬢の出現を望む『むつぼしのひかり』六三（点字雑誌『むつぼしのひかり』点字版）東京盲唖学校盲生部同窓会。

飯田生（一九二六・九）現代教育の欠陥と其の救済『静岡県教育』三五三、三八-四一頁。

飯塚希世（一九九五）盲聾教育における教員養成の開始。東京都立教育研究所編『東京都教育史　通史編二』東京都立教育研究所、八七五－八七三頁。

委員嘱託（一九〇七・二）『帝国教育』三一六、八頁。

家原毅男（一九三五・八）学校健康相談施設に就て『学校衛生』一五（八）、五四九－五六二頁。

家原毅男（一九三六・九）大阪市学校衛生の概況『学校衛生』一六（九）、六〇一－六二一頁。

井口省吾（一九一四・二）国民精神教育についての卑見『愛知教育雑誌』三一六、二一－二四頁。

池上弘・松下友一・兼子鎮雄（一九一三）『児童個別的取扱の実際研究』廣文堂書店。

池田小菊（一九二七）『文の指導と其の教室経営』明治図書（国立国会図書館ＤＣ）。

池田千年（一九一五・一一）保護児童の研究『救済研究』三（一一）、一一三－一六〇頁。

池田千年（一九三九・七）少年教護院に於ける精神薄弱児童の問題『児童保護』九（七）、七〇－七三頁。

池田千年編（一九三九）京城に於ける関西少年教護院々長協議会速記録。二井仁美編（二〇〇九）『子どもの人権問題資料集成　戦前編　第六巻』不二出版、二四八－二七五頁。

池田実道（一九三九・一二）少年教護院職員の私生活並教養問題『児童保護』九（一二）一七－二〇頁。

池田鐵之助（一九〇二）『最近学校衛生学』南江堂（国立国会図書館ＤＣ）。

池田敬正（一九九四）『日本における社会福祉のあゆみ』法律文化社。

池本喜代正・津曲裕次（一九八二・二）戦前における旧筑波学園在園児の就学実態について『心身障害学研究』六（一）、三七－四八頁。

生駒郡小学校長会の諮問案（一八九八・六）『奈良県教育会雑誌』三六、二〇頁。

伊佐治清市（一九五四）『岐阜盲学校六十年史』岐阜県立岐阜盲学校。

伊澤修二（一八八八・九）視話法ノ話『大日本教育会雑誌　総集会記事第二』一、一三頁。

伊澤修二（一八九〇・一一）視話法及啞生ノ発音『全国教育者大集会報告』二、七〇－一〇三頁。

伊澤修二（一九〇一）『視話法　二版』大日本図書（国立国会図書館ＤＣ）。

伊澤修二（一九一二）『楽石自伝教界周遊前記』伊澤修二君還暦祝賀会（国立国会図書館ＤＣ）。

井澤政治・今井進（一九二七・九）第三一回石川県教育会総会記事『石川教育』二六〇、六四－七二頁。

石井智也・石川衣紀・高橋智（二〇一三・一〇）大正期の東京市における教育救済事業と多様な困難をもつ子どもの特別学級編制『SNEジャーナル』一九（一）、一四四－一六〇頁。

石井智也・石川衣紀・高橋智（二〇一四・二）大正期の東京市における小学校特別学級編制――特別学級の児童実態と教育実践を中心に『東京学芸大学紀要総合教育科学系Ⅱ』六五、一一三－一二四頁。

石井智也・石川衣紀・高橋智（二〇一四・三）関東大震災後の東京市の教育復興計画と多様な教育困難を有する子どもの特別学級編制『日本教育史学会紀要』四、六八－八七頁。

石井智也・石川衣紀・高橋智（二〇一五・二）一九二〇年代における東京市長・後藤新平の児童保護施策と教育改善事業『東京学芸大学紀要総合教育科学系』六六（二）、一八一－一九一頁。

石井盛雄（一九二五・三）学級経営案『神奈川県教育』二一八、八七－九五頁。

石井亮一（一九〇四）『白痴児　其研究及教育』丸善。

石井亮一（一九二三）瀧乃川学園について。石井亮一全集刊行会監修（一九九二）『増補石井亮一全集』一、大空社、一八九－一九八頁。

石尾翠峯（一九一二・二）児童取扱上考慮を要する問題二『因伯教育』二〇二、二八－三四頁。

石川衣紀（二〇一四・一二）日本特別学級史研究の動向と課題『特殊教育学研究』五二（四）、二九七－三〇四頁。

石川衣紀・高橋智（二〇〇七・二）戦前における鈴木治太郎の「適能教育」論と特別な教育的配慮に関する研究『東京学芸大学紀要総合教育科学系』五八、一九一－二〇二。

石川衣紀・高橋智（二〇〇八・二）大阪市視学・鈴木治太郎と知能測定法標準化の実践――一九二〇年代を中心に『東京学芸大学紀要総合教育科学系』五九、三六三－三七八頁。

石川衣紀・高橋智（二〇一一・二）戦前における関一大阪市政の都市教育施策と視学・鈴木治太郎の教育改善事業の実践『東京学芸大学紀要総合教育科学系』六四（二）、一〇九－一二四頁。

石川衣紀・高橋智（二〇一一・三）戦前における鈴木治太郎の「適能教育」論の特徴と意義『白梅学園大学・短期大学紀要』四七、

三一－四六頁。

石川衣紀・高橋智（二〇一三・二）二〇世紀初頭大阪の小学校教育の実相と鈴木治太郎の「個性の差」に応じた教育実践――大阪府師範学校附属小学校「特別教室」の実践を中心に『東京学芸大学紀要総合教育科学系』六四（二）、八七－一〇〇頁。

石川衣紀・高橋智（二〇一三・三）明治期の「個性」「個性教育」論の動向と鈴木治太郎の「個性の差」に応じた教育実践――大阪府師範学校附属小学校「特別教室」の実践を中心に『白梅学園大学・短期大学紀要』四九、一七－二九頁。

石川県教育史編さん委員会（一九七四、一九七五）『石川県教育史　一・二』石川県教育委員会。

石川県特殊教育百年史編さん委員会（一九八一）『石川県特殊教育百年史』石川県特殊教育センター。

石川県松任尋常高等小学校（一九三七）『皇国日本教育の実践』石川県松任尋常高等小学校（国立国会図書館ＤＣ）。

石川県立盲学校（一九六八）『あゆみ　石川県立盲学校六十周年記念』石川県立盲学校。

石川繁（二〇〇六）及川平治と『分団式動的教授法』『栗原史発掘』宝文堂、三七六－三八八頁。

石川重幸（一九〇二）『盲人教育』育成会（国立国会図書館ＤＣ）。

石川忠作（一九一三）涙の人、信仰の人。藤本敏文編（一九一三）『故福田よ志子女史回顧録』島根県立盲学校、二九－三二頁。

石川半山（一九〇六）クラーク大学総長ホール氏『教育界』五（一）、巻頭、六八－七三頁。

石川ふさ（一九三一・八）木内キヤウ女史東京府北豊島郡志村第一小学校長となる『教育女性』七（八）、一一－一四頁。

石川文平（一九三〇）中文館書店編『文部省視学復命書　各科視学要領批判』中文館書店、三七一－三七四頁。

石崎庸（一九三一・一二）黎鐘?・晩鐘?『聾唖教育』一五、一〇四－一〇六頁。

石崎庸（一九三五）『難聴児教育方法（難聴児教育叢書第二輯）』石崎庸。高橋淳子・平田勝政編（二〇〇五）『知的・身体障害者問題資料集成　戦前編』八、不二出版。

石原榮壽（一九二八・七）特殊教育の宗教的意義―師範新卒業生に与ふ―『教育問題研究・全人』二三、三七－四四頁。

石原榮壽（一九二九）特殊教育の実際。小原國芳編『高学年の教育の実際』イデア書院、五四五－五七五頁。

石原榮壽（一九二九・三）特殊教育の諸問題『教育問題研究・全人』三二、七－二八頁。

石原榮壽（一九二九・七）ある特殊教育者の手記『教育問題研究・全人』三六、七九―八六頁。

石原榮壽（一九二九・一〇）体験記録　特殊教育日記『教育問題研究・全人』四〇、一〇三－一一〇頁。

石原榮壽（一九三〇・二）日本の特殊教育に与ふ『教育問題研究』四三、二五－三五頁。

石原喜久太郎（一九一六・三）学校衛生の現状及革新の方針『現代教育』三一、二一－二九頁。

石原喜久太郎（一九一六・四）学校衛生の現状及革新の方針『日本学校衛生』四（四）、二二五－二二六頁（国立国会図書館ＤＣ）。

石原喜久太郎（一九一七・八）都市の学校衛生『愛知教育雑誌』三五八、一－一四頁。

石原忍（一九四一・七）弱視児童の教育について『学童の保健』一二（一三四）、一六－一頁七頁。

石部元雄（一九七〇）日本肢体不自由教育史素描『運動・知能障害研究』一、一〇七－一一八頁。

石部元雄（一九七四）肢体不自由教育史。梅根悟監修『世界教育史大系33　障害児教育史』講談社、一四七－二〇〇頁。

石部元雄（一九八八）高木憲次。精神薄弱問題史研究会（編）『人物でつづる障害者教育史（日本編）』日本文化科学社、一二六－一二七頁。

石山脩平（一九三八）新学習指導形態の建設。国民訓育連盟・国民訓育連盟編『戦時体制教育革新方策』第一出版協会、三九－九五頁（国立国会図書館ＤＣ）。

石山脩平（一九三八・四）日本教育学の要望『教育研究』三九（四）、一－六頁。

異常児保護方策樹立懇談会の開催（一九三八・六）『社会事業彙報』一二（三）、二三－二五頁。

椅子売買の被告三六名に求刑（一九三五・五・一二）『報知新聞』（神戸大学電子図書館）。

石松量藏（一九二一）『盲目の半生』石松量藏。

石松量藏（一九二五）『盲人心理の研究』日本福音・ルーテル熊本教会。

石松量藏（一九五六）『盲人心理の研究　改訂版』石松量藏。

伊勢市視覚障害者福祉会（二〇一〇）『光を求めて――度会盲人鍼按協会から百年』伊勢市視覚障害者福祉会。

磯直道（二〇〇九）『ほんとうの空の下で』朝日新聞出版。

居田泰輔（一九〇四・二・二五、一九〇四・三・一〇、一九〇四・三・二五）実験上の瑣談　五則『防長教育』二一二、四頁、二一三、四頁、二一四、四頁。

市川市郎（一九一三）『木山熊次郎遺稿』内外教育評論社（国立国会図書館ＤＣ）。

市川源三（一九一四・一〇）稲垣教授の所論を読みて『現代教育』一四、七－八頁。

市川庄次郎（一九二六・四～六）特殊児童教育施設状況一～三『学校衛生』六（四）四四－五八頁、六（五）五七－六一頁、六（六）三〇－四二頁。

市川信夫（一九八八）障害者教育の先覚者・大森隆碩略伝『頸城文化』四五、一三三－一三六頁。

市川信夫（一九八九）大森隆碩『新潟県人物群像』五、新潟日報事業社、二六一－二九七頁。

一記者（一九一二・一〇）エリオット博士の日本の教育制度観『都市教育』九七、一四－一六頁。

一隅子（一九一七・五）一隅より『京都教育』二九九、二六－二七頁。

市澤豊（二〇〇二・六）北海道の知的障害児教育実践史研究――第二次大戦前における劣等児等の特別教育（Ⅰ）『北海道大学大学院教育学研究科紀要』八六、六五－一四九頁。

市澤豊（二〇〇二・一二）北海道の知的障害児教育実践史研究――第二次大戦前における劣等児等の特別教育（Ⅱ）『北海道大学大学院教育学研究科紀要』八七、九三－一五五頁。

一誌友（一九三七・四）果たして教育界は明朗か『教育』五（四）、六三八－六三九頁。

一楽老人（一九〇六・三）教育学研究に就いて『愛知県教育雑誌』二二七、五八－五九頁。

逸見勝亮（一九八二・三）傷痍軍人小学校教員養成所の成立『北海道大学教育学部紀要』四〇、一－二九頁。

逸見勝亮（二〇〇〇・六）戦歿者寡婦特設教員養成所の設置『北海道大学教育学部紀要』八〇、二九七－三二六頁。

伊藤彰浩（一九九二・三）五校昇格問題―大正期における官立大学昇格問題―『広島大学大学教育研究センター大学論集』二一、一四一－一六二頁。

伊藤一三（一九一四・四）劣等児の取扱に関する研究（一）『秋田県教育雑誌』二七一、一〇－一五頁。

伊藤照美（二〇〇九）横浜監獄内にあった盲啞懲治場をめぐって『日本聾史学会報告書』八、八二－九二頁。

伊藤寿彦（一九九三・一二）新教育論における障害者の「共学」論の誕生―戦前日本における樋口長市の共学論の形成―『障害者問題史研究紀要』三六、一－一二頁。

伊藤寿彦（一九九五a）東京市直営「特殊小学校」での「特別学級」の教育。東京都立教育研究所『東京都教育史　通史編二』東京都立教育研究所、二九五－二九七頁。

伊藤寿彦（一九九五b）東京市養育院における「特殊児童」の保護と教育。東京都立教育研究所編『東京都教育史　通史編二』東京都立教育研究所、八三〇－八三八頁。

稲木時次郎（一九二五・三）学級経営案『神奈川県教育』二一八、一〇一－一〇九頁。

稲毛詛風（一九三〇）『教育学概論』早稲田大学出版部。

稲澤勝智（一九一四・一二）『学事視察報告書』稲澤勝智。

乾恵應（一九一六・八）適能教育を論ず『普通教育』七（八）、五一－五二頁。

井上寿一（二〇一一）『戦前日本のグローバリズム』新潮選書。

井上卓美（一九五七）『創立五十年誌』愛媛県立松山盲学校。

井上久雄（一九六三）『学制論考』風間書房。

井上久之丞（一九一八・八）我が校の臨海学校『岡山県教育会誌』一四七、六九－七二頁。

井上久之丞（一九一八・一〇）我が校の臨海学校『内外盲人教育』七（秋）、三一－三四頁。

井上通泰（一八九六・五）学校に於けるトラホーム『私立岡山県教育会雑誌』一七、一－五頁。

茨城県（一九三二）『茨城県統計書　第二編　昭和五年』茨城県（国立国会図書館ＤＣ）。

茨城県（一九三九）『茨城県統計書　第二編　昭和十二年』茨城県（国立国会図書館ＤＣ）。

茨城県教育会（一九二五）『茨城県教育改善案　全』茨城県教育会。

茨城県教育会主催教育改善発表会記事（一九二四・四）『茨城教育』四七六、七八－七九頁。

茨城県猿島郡教育会（一九〇二）『学務委員必携』茨城県猿島郡教育会（国立国会図書館ＤＣ）。

茨城県師範学校附属小学校（一九〇九）『茨城県師範学校附属小学校研究要録　第二輯』茨城県師範学校附属小学校（国立国会図書館ＤＣ）。

茨城県土浦盲学校（一九二四）『茨城県土浦盲学校一覧表』高橋淳子・平田勝政編（二〇〇五）『知的・身体障害者問題資料集成　戦

前編』三、不二出版。

茨城県立盲唖学校長の更迭（一九二九・一二）『聾唖教育』九、六四頁。

今井三六（一九三〇・七）広島県盲人調査『盲教育』六、八－一一頁。

今井信正（一九三三・六）貧困盲・聾児補助調『盲教育』五（一）、一七－一九、二二－二五頁。

今井信正（一九三三・一一）貧困盲聾児救済に就て『盲教育』六、二一－二六頁。

今見大木（一九三七・六）教育者よ覚醒せよ『教育』五（六）、九二六－九二七頁。

今村幾太（一九三九・二）明るい盲幼児の教育―十五年の体験に訴ふ―『帝国盲教育』一〇（一）、六五－六九頁。

今村和己（一九七四・一〇）渡辺千治郎　人と思想『徳島教育』七五一、三〇－四〇頁。

今村鎮夫（一九八二）『ドレーパー　横浜訓盲院の創設者』教会新聞社。

今村鎮夫（一九八七）『今村幾太の全力投球人生　白寿記念』今村鎮夫。

居森藤一郎（一九〇三・七）言語矯正の数へ歌『私立岡山県教育会雑誌』五七、五〇頁。

入澤宗壽（一九三一）『教育学概論』甲子社書房。

入澤宗壽（一九四二）『教育学概要』春秋社。

岩井瓦全堂主（一九一二・六）教育界のバーズ・アイ・ビウ（ケバー）『京都教育』二四〇、一七－二一頁。

祝光次郎（一九一八・三）教育者の転職『愛媛教育』三七〇、一－五頁。

祝光次郎（一九一八・六）次には精神的糧食問題『愛媛教育』三七三、一－三頁。

祝光次郎（一九一八・七～一九一八・九）支那親善論の帰趨（時言）（上）（中）（下）『愛媛教育』三七四、一－二頁、三七五、一－三頁、三七六、一－三頁。

岩内誠一（一九〇九）京都府教育会にて調査したる不完全なる心意を有する児童につきての調査。脇田良吉『小学校に於ける成績不良児教育法』修学堂、一三七－一五三頁。

岩城謙（一九八六）『聴覚障害児の言語とコミュニケーション』教育出版。

岩﨑佐一（一九一三・一二）低能児教育に就て『救済研究』一（五）、六一－七二頁。

岩﨑佐一（一九一七・二）『桃花塾第一回報告』桃花塾。

岩﨑佐一（一九一七・八）『桃花塾第二回報告』桃花塾。

岩﨑佐一（一九一七・八）異常児教育の一班『救済研究』五（八）、三八－四九頁。

岩﨑佐一（一九一八・八）『桃花塾第四回報告』桃花塾。

岩﨑佐一（一九三五・一〇）取り残された社会事業『社会事業研究』二三（一〇）、二一〇－二一八頁。

岩﨑佐一（一九三五・一一）精神薄弱児童の救護徹底策『公衆衛生』五三（一一）、三－一二頁。

岩﨑佐一（一九三六・七）大教育家の追憶『社会事業研究』二四（七）、六五－七〇頁。

岩﨑正子（二〇一三）岩﨑佐一―生の理解に基づく教育とは。津曲裕次監修―『天地を拓く―知的障害福祉を築いた人物伝―』財団法人日本知的障害者福祉協会、六一－八一頁。

岩田鎌太郎（一九〇八・一二）聾啞の職業について『口なしの花』四、七－一〇頁（明石書店［二〇一二］）。

厳手県（一九一六）『巖手県統計書　大正三年　教育編』厳手県（国立国会図書館ＤＣ）。

厳手県師範学校（一九〇九）『厳手県師範学校一覧』厳手県師範学校（国立国会図書館ＤＣ）。

岩手県教育委員会（一九八一ａ）『岩手近代教育史　一』岩手県教育委員会。

岩手県教育委員会（一九八一ｂ）『岩手近代教育史　二』岩手県教育委員会。

岩手県師範学校（一九〇九）『岩手県師範学校一覧』岩手県師範学校（国立国会図書館ＤＣ）。

岩手県師範学校附属小学校（一九〇七・一一）低能児童教育研究『小学校　初等教育研究雑誌』四（二）、三一－三三頁、四（三）、三六－三九頁、四（六）、四〇－四二頁。

岩手県立盲学校創立七〇周年記念誌編集委員会（一九八一）『岩手県立盲学校創立七〇周年記念誌』岩手県立盲学校。

岩手県連合教育会問題（一九〇四・四）『岩手学事彙報』六八八、三八頁。

岩本豊（一九一九）露天学校と田園学校。佐々木吉三郎『実業之日本社派遣渡米小学校長団視察報告』実業之日本社、三九四－四〇六頁。

上田小県誌刊行会（一九六八）『上田小県誌第三巻』小県上田教育会。

上田守一（一九一八・一〇）何故の沈黙ぞ『高知教育』四三五、二五－二八頁。

上田信一（一九三一・九～一〇）個性を生かす教育（一～二）『奈良県教育』二二一、一七－二三頁、二二二、一九－三二頁。

上田信一（一九三二・二）応個教育の根本精神『奈良県教育』二二六、一－八頁。

上田信一（一九三三・一）学習に於ける自発活動と応個教育『奈良県教育』二三七、八－一四頁。

上田信一（一九三三・二～三）生活教育に関する考察と応個教育主義に立つ教育改革的見解『奈良県教育』二三八、一－一三頁、二三九、一－一六頁。

上野貞一（一九三一・一〇）余りに憂鬱な話だ『帝国教育』五九一、六〇－六一頁。

上野益雄・野呂一（二〇〇一）藤本敏文（一八八三－一九七六）の手話についての考え方『つくば国際大学研究紀要』七、九七－一一八頁。

上野益雄・野呂一・清野茂（二〇〇二）大阪市立聾唖学校手話教師たちの手話についての考え方『つくば国際大学研究紀要』八、五三－七四頁。

上野又十（一八八九・九～一八八九一〇）、（一八八九・一二）唖童教育の実験『熊本県教育月報』一〇、二〇－二一頁、一一、一七－一九頁、一三、一九－二二頁。

上原貞雄（一九九七）日本教育令案に見るマレーの学監考案日本教育法のかかわり―両案における規定内容の比較検討を通して―『教育行政学研究』一八、三八－五三頁。

上山和雄（一九八八a）養蚕・養種業の発展。長野県編『長野県史　通史編　七　近代一』信毎書籍印刷、二六二－二八二頁。

上山和雄（一九八八b）器械製糸の発展。長野県編『長野県史　通史編　七　近代一』信毎書籍印刷、二八三－三一〇頁。

鵜飼盈治（一九二三）『日本アルプスと林間学校』同文館（国立国会図書館ＤＣ）。

宇治山田市役所（一九二七、一九三二）『宇治山田市の社会事業』宇治山田市役所。

臼田徳衛（一九三〇・一）我が校の特別学級『学習研究』九（二）、一六三－一六六頁。

宇田三郎（一八九八）教育者ト慈善事業『福島教育』四五、八－一〇頁。

宇田三郎（一九〇〇a）盲人の教育『福島教育』五八、三－七頁。

宇田三郎（一九〇〇b）商業教育の必要『福島教育』六一、四－六頁。

宇田三郎（一九〇二）私立福島訓盲学校一覧表『福島教育』八七、二一－二三頁。

内田武雄（一九三二・五）悩みつ、行く『神奈川県教育』二八五、一八－三四頁。

内田暢一（二〇一三）『昭和三〇年代初頭までの光明学校における「治療」に関する研究』上越教育大学大学院　平成二四年度修士論文（未発表）。

宇野九八郎（一八九〇・八）全国教育者大集会ニ臨ム『大分県共立教育会雑誌』六八、一七－二五頁。

梅澤英造（一九一四・八～一九一四・一二）劣等児の提供したる国語教授上の諸問題（一）～（五）『岐阜県教育』二四一、二四－二六頁、二四二、二三－二五頁、二四三、一六－一八頁、二四四、一八－二〇頁、二四五、二〇－二二頁。

海野昇雄（一九七五）『福島県特殊教育史』福島県特殊教育史出版後援会。

梅田九榮（一九一五・三）明治初年の開校式『石川教育』一三三、二七－二九頁。

梅田九榮氏逝く（一九一八・二）『石川教育』一六六、二七頁。

梅根悟（一九七〇・一〇）教育史研究の意義と視点『精神薄弱問題史研究紀要』八、一－七頁。

梅村佳代（一九九一）『日本近世民衆教育史研究』梓書房。

瓜生了観（一九四三・二）時局に関する施設『帝国盲教育』一三（一）、四七－五八頁。

エー・ケー・ライシャワー博士伝刊行会（一九六一）『準縄は楽しき地に落ちたり――エー・ケー・ライシャワー博士伝』教文館。

栄沢幸二（一九九〇）『大正デモクラシー期の教員の思想』研文出版。

H・I・（一九二四・五）盲教育の第一歩と理想『帝国盲教育』三（四）、九五－九八頁。

永生（大西永次郎）（一九三二・八）論説『学校衛生』一二（八）、三六頁。

SH（一八九〇・四）熱心とは何を云ふや『大分県共立教育会雑誌』六四、二九－三二頁。

S・N生（一九一九・六）デモクラシーとは何ぞや『島根県私立教育会雑誌』三三一、一四－一八頁。

XYZ生（一九三四・四）特殊教育余論『職業指導』七（四）、六〇－六二頁。

N生（一九三三・七）信賞必罰『島根教育』四五七、一頁。

江藤淳（一九八九）『閉ざされた言語空間』文藝春秋。

江原素六（一九〇一・四）公徳之基礎『東京市教育時報』八、六－一〇頁。

愛媛県（一九〇三）『愛媛県統計書　明治三四年』愛媛県（国立国会図書館ＤＣ）。

愛媛県（一九一六）『愛媛県統計書　第二編（学事編）　明治四十四年』（国立国会図書館ＤＣ）。

愛媛県史編さん委員会（一九八六ａ）『愛媛県史　近代　上』愛媛県。

愛媛県史編さん委員会（一九八六ｂ）『愛媛県史　教育』愛媛県。

愛媛県立松山聾学校創立百周年記念誌編集委員会（二〇〇八）『創立百周年記念誌』愛媛県立松山聾学校創立百周年記念事業推進委員会。

愛媛盲人協会大会（一九三四・六）『盲教育』六（一）、八九－九三頁。

遠藤大太郎（一九一九・七）京都東山夏期林間学校に就いての所感『京都教育』一六、二四頁。

及川平治（一九一二）『分団式動的教育法』弘学館書店。

及川平治（一九三一・一）「レサーチ」を欠く教育の効果を疑ふ『兵庫教育』五〇七、三四－三七頁。

大泉溥編（一九九六～二〇〇〇）『文献選集　教育と保護の心理学』クレス出版。

大泉溥編（二〇〇三）『日本心理学者事典』クレス出版。

大泉溥編（二〇〇九）『日本の子ども研究─明治・大正・昭和─』一～八、クレス出版。

大分県教育会第七回代議員会記事（一九一一・六）『大分県教育雑誌』三一六、二一－四四頁。

大分県教育百年史編集事務局（一九七六）『大分県教育百年史第一巻通史編（一）』大分県教育委員会。

大分市（一九二九）『大分市教育史』大分市教育会。

大内清巒（一九一三・二）本邦盲人教育に関する講話『内外盲人教育』一・冬、一－一二頁。

大岡紀理子（二〇〇九・九）近代日本における幼稚園制度と保姆養成制度の成立過程『早稲田大学大学院教育学研究科紀要　別冊』一七（一）、一八一－一九一頁。

大河原欽吾（一九三七）『点字発達史』培風館（国立国会図書館ＤＣ）。

大河原欽吾（一九三八）『盲教育概論』培風館（国立国会図書館ＤＣ）。

大久保利謙編（一九七五）『明治文化資料叢書　第八巻　教育編』風間書房。

大隈重信（一九一一）誤れる現今の国民教育『教育界』一〇（八）、二七－二八頁。

大熊泰治（一九二三）低能児学級に行へる智能測定『児童研究所紀要』七、二六一－二七二頁。

大倉良材（一九一八・一〇ａ）憂ふべき国民の思想一『高知教育』四三五、五－九頁。

大倉良材（一九一八・一〇ｂ）憂ふべき国民の思想二『高知教育』四三六、六－一〇頁。

大阪市（一九一一）『大阪市会史』三、大阪市。

大阪市（一九三三、一九三九）『大阪市統計書　第三一回（昭和七年）』『大阪市統計書　第三六回（昭和一二年）』大阪市役所（国立国会図書館ＤＣ）。

大阪市（一九三四）『明治大正大阪市史一　概説編』日本評論社。

大阪市（一九五三）『昭和大阪市史　文化編』大阪市役所。

大阪市育英第二高等小学校の山中寮（一九一〇・九）『岡山県教育会誌』一〇〇、五頁。

大阪市教育委員会（一九七〇）『特殊教育七〇年史　大阪市における特殊教育のあゆみ』大阪市教育委員会。

大阪市教育部（一九三一）『大阪市学事統計　昭和五年度』大阪市教育部。

大阪市教育部（一九三九）『大阪市に於ける学業不進児の調査　昭和十四年二月』大阪市教育部。大泉溥編（二〇一〇）『文献選集　教育と保護の心理学』一一、クレス出版。

大阪市社会部（一九二九）『六大都市市営社会事業概要』大阪市社会部（国立国会図書館ＤＣ）。

大阪市社会部（一九四一）『大阪市社会事業要覧　昭和十六年度』大阪市社会部（国立国会図書館ＤＣ）。

大阪市社会部（一九三三、一九三五、一九三七、一九三九）『大阪市設社会事業要覧』大阪市社会部（国立国会図書館ＤＣ）。

大阪市道仁尋常小学校特殊教育研究部（一九三五）『本校ニ於ケル特殊教育ノ概観』大阪市道仁尋常小学校特殊教育研究部。高橋智・前田博行・石川衣紀編（二〇一〇）『特別支援・特別ニーズ教育の源流』六、緑蔭書房。

大阪市特殊教育研究会（一九三〇か）『大阪市特殊教育概況一覧表　昭和五年度』高橋淳子・平田勝政編（二〇〇五）『知的・身体

障害者問題資料集成　戦前編』六、不二出版。

大阪市難波元町尋常小学校（一九三三）『大阪市難波元町尋常小学校特別学級経営の実際』大阪市難波元町尋常小学校。高橋智・前田博行・石川衣紀編（二〇一〇）『特別支援・特別ニーズ教育の源流』六、緑蔭書房、付表八。

大阪師範学校（一八七六）『附属小学校規則』（国立国会図書館ＤＣ）。

大阪市汎愛小学校の臨海学舎（一九一〇・九）『岡山県教育会誌』一〇〇、五頁。

大阪市東区役所（一九八二）『東区史二』清文堂出版（復刻版）。

大阪市日吉尋常高等小学校特殊教育研究部（一九三三）『促進学級の一考察』大阪市日吉尋常高等小学校特殊教育研究部・高橋智・前田博行・石川衣紀編（二〇一〇）『特別支援・特別ニーズ教育の源流』六、緑蔭書房。

大阪市南区永堀橋筋一丁目外九十一ヶ町区（一九二八）『南区誌』大阪市南区役所（国立国会図書館ＤＣ）。

大阪市立思斉養護学校（一九七〇）『思斉学校史　創立三十周年』大阪市立思斉養護学校。

大阪市立盲学校（一九六〇）『大阪市立盲学校六十年史』大阪市立盲学校。

大阪市立盲学校七〇年史編集委員会（中江義照）（一九七〇）『大阪市盲教育七〇年史』大阪市立盲学校。

大阪市立盲学校八〇年史編集委員会『創立八〇周年』大阪市立盲学校。

大阪市立聾学校記念誌委員会（二〇〇〇）『創立百周年記念誌』大阪市立聾学校。

大阪日吉教育会（一九三三）『児童調査とその運用の経験』大阪日吉教育会・高橋智・前田博行・石川衣紀編（二〇一〇）『特別支援・特別ニーズ教育の源流』六、緑蔭書房。

大阪府（一九〇三）『大阪府誌　教育』大阪府。

大阪府（一九〇三）『大阪府統計書　明治三四年』大阪府（国立国会図書館ＤＣ）。

大阪府教育委員会（一九七一）『大阪府教育百年史　二（史料編一）』大阪府教育委員会。

大阪府教育委員会（一九七三）『大阪府教育百年史　一』大阪府教育委員会。

大阪府天王寺師範学校（一九〇八）『大阪府天王寺師範学校一覧』大阪府天王寺師範学校（国立国会図書館ＤＣ）。

大阪府立盲学校（一九三〇・三）盲人保護法に関する件『盲教育』五、六三－六四頁。

大阪府立盲学校（一九四三・二）盲人教育上時局に関する施設『帝国盲教育』一三（二）、三五－四七頁。

大阪府立盲学校（一九五五）『大阪府立盲学校四十年誌』大阪府立盲学校。

大阪府立聾口話学校（一九四一）『春秋十五年』大阪府立聾口話学校（国立国会図書館DC）。

大阪養護教育史養護研究会（一九八二・一一〜一八九〇・一一）『大阪養護教育史』一〜九、大阪養護教育史養護研究会。

大阪聾唖福祉会趣意書（一九三七）『聾唖界』七九、二二－二七頁。

大阪聾口話学校（一九三七・一二）能動学習の提唱『聾唖教育』四二、四六－五八頁。

大阪聾口話教員養成会入会者（一九三七・一〇）『聾口話教育』一三（一〇）、五二頁。

大嶋功（二〇〇〇）『可能性は空の極みまで』キリスト教新聞社。

大島正徳（一九三三・八）小学校長異動の批判と其の対策『秋田教育』一〇一、一－三頁。

大島正徳（一九六七）京都市に於ける精薄児教育の成立過程『精神薄弱者問題史研究紀要』五、四四－四九頁。

大島真理夫（一九九二）確立期日本資本主義の構造。山本義彦編『近代日本経済史――国家と経済』ミネルヴァ書房、二九－六四頁。

応接室（一九四一・四）『和歌山県教育』八、一〇三－一〇四頁。

大曽根源助（一九三〇・七）米国に於ける聾唖教育『聾教育』二、一一－二二頁。

大曽根氏帰朝（一九三〇・七）『聾唖教育』一〇、九〇頁。

太田代久穂（一九〇九）岩手県師範学校の実験報告。脇田良吉『小学校に於ける成績不良児教育法』修学堂、二〇三－二二八頁。

太田保太郎（一九一五）『神戸区教育沿革史』神戸小学校開校三〇年記念祝典会。

太田政徳（一九〇一・七）国民の短所に注意せよ『愛知教育雑誌』一七一、一－六頁。

大谷尋常高等小学校（一九三五・四）実相に立つ適性応個教育研究発表会『静岡県教育』四五七（臨四）、七二－一〇四頁。

大東重善先生編輯所（一九三六）『大東重善先生』大東重善先生編輯所（国立国会図書館DC）。

大塚美紀（二〇一六・二）『むつぼしのひかり』刊行の歴史的意義と第一〇号までの概要。点字雑誌『むつぼしのひかり』データ化・研究プロジェクト編『むつぼしのひかり墨字訳第一集』社会福祉法人桜雲会点字出版部、一一－一五頁。

大津郡教育会（一九〇八・七）『防長教育』一〇四、一四－一五頁。

大伴茂（一九二八・一）日本教育の科学的構成『徳島教育会雑誌』二四九、一－一〇頁。

大西永次郎（一九二三・七）高地聚落と虚弱児童『芸備教育』二一五、九－一三頁。

大西永次郎（一九二九・八）林間学校は貧困者と虚弱者に『大分県教育』五二六、四八頁。

大西永次郎（一九三〇・一）学校衛生の新傾向『学校衛生』一〇（一）、一－一二頁。

大西永次郎（一九三六・九）編輯余滴『学校衛生』一六（九）、六三〇頁。

大西永次郎（一九四一）『学校体育と学校衛生』保健衛生協会。

大西永次郎（一九四一・一一）国民学校と養護教育―養護学級を中心として―『学校衛生』二一（一一）、二－一五頁。

大西永次郎（一九四二・六）新なる学校衛生の構想『学校衛生』二二（六）、一頁。

大西永次郎監輯（一九三二）『施設中心虚弱児童の養護』右文館（一九三七年四版）。

大野竹水（一九一一・一〇）劣等児童の教育に就て『岐阜県教育』二〇五、三六－三七頁。

大橋重省（一九一二・四）明日の市民『都市教育』九一、二五－二七頁。

大原社会問題研究所（一九二〇、一九二一、一九二三～一九二六）『日本社会事業年鑑』同人社書店（国立国会図書館ＤＣ）。

大原孝道（一九四〇・三）沼に咲く蓮『聾唖教育』五六、五六－五八頁
大村榮（二〇〇三）すべての人のために新教育の幕を開こうとした――及川平治先生。田中武雄・春日辰夫『すばる教育研究所大村榮ののこしたもの』きた出版、三四九－三五八頁。

大矢透（一八八四・一〇）唖者発音ノ経験『茨城教育協会雑誌』八、一〇－一五頁。

大矢暹（二〇〇八）手話「尼崎考」――戦中の聾者徴用工（記念講演）『日本聾史学会報告書』一一、三五－四三頁。

岡崎盲学校創立一〇〇周年記念誌編集委員会（二〇〇三）『創立一〇〇周年記念誌』愛知県立岡崎盲学校創立一〇〇周年記念事業実行委員会。

小笠郡下小学校児童身体状況（一九二六）静岡県小笠郡地方改良会『静岡県小笠郡勢要覧』一〇八－一一〇頁。

小笠原慶彰（二〇一二・一二）視聴覚障害児教育の曙における企業家フィランソロピー―大阪盲唖院と五代五兵衛を中心に―『京

都光華女子大学研究紀要』五〇、一七－二七頁。

岡田計介（一九三七・一）小学校教員俸給道府県負担に就て『静岡県教育』四八〇、五六－六八頁。

岡田道一（一九二三）『学校衛生』内外出版（国立国会図書館ＤＣ）。

岡田良平（一九二四・八・七）大正十三年八月七日地方長官会議ニ於ケル岡田文部大臣訓示要項『大正十三年地方長官会議資料』新潟県立文書館。

岡西喜治（一九三六・四）このごろ思ふこと『奈良県教育』二七六、四一－四三頁。

岡典子（二〇〇四）『視覚障害者の自立と音楽　アメリカ盲学校音楽教育成立史』風間書房。

岡典子・中村満紀男（二〇一四・三）大正時代中期までの中国地方初等教育界における劣等児問題への認識と対処『障害科学研究』三八、一五－三二頁。

岡典子・中村満紀男（二〇一五・三）私立神都訓盲院（一九一九－一九四八）の各種学校としての教育的・社会事業的意義『社会事業史研究』四七、五－一九頁。

岡典子・中村満紀男・吉井涼（二〇一二・三）日本の初期盲学校の創設理念とその達成状況に関する検討――高田・福島・東海三校の比較『障害科学研究』三六、一－一七頁。

岡典子・佐々木順二・中村満紀男（二〇一三・三）大正十二年盲学校及聾唖学校令の教育の質の改善に対する効果――公布前・後の盲唖学校の実態比較『障害科学研究』三七、一二九－一四三頁。

岡正文（一九二九・一〇）京都聾口話学園後援会趣意書『口話式聾教育』五（一〇）、三四－三五頁。

岡本稲丸（一九九七）『近代盲聾教育の成立と発展　古河太四郎の生涯から』日本放送出版協会。

岡本助左衛門（一九一三・五）誤りたる落第生『京都教育』二五一、五二頁。

岡本藤治郎（一九八一・三）障害児教育萌芽期における岩崎佐一の思想と実践『障害児教育研究紀要』三、一二三－一三五頁。

岡安末吉（一九〇一・六）遅鈍なる児童を如何に取扱ふべき乎『日本之小学教師』三〇、四〇四－四〇七頁。

岡山県（一九一二ａ）『岡山県統計書　明治三十五年』岡山県（国立国会図書館ＤＣ）。

岡山県（一九一二ｂ）『岡山県統計書　明治三十九年』岡山県。

岡山県（一九一二c）『岡山県統計書　明治四十三年』岡山県（国立国会図書館ＤＣ）。

岡山県（一九一九）『岡山県統計書　明治四十五年』岡山県。

岡山県教育史刊行会（一九六一）『岡山県教育史　下巻』岡山県教育史刊行会。

岡山県国民教育の普及に就て（一九〇四・九）『私立岡山県教育会雑誌』六四、七一－七六頁。

岡山県社会課（一九三一・九）『本県下ニ於ケル聾唖者生活現況』高橋淳子・平田勝政編（二〇〇五）『知的・身体障害者問題資料集成　戦前編』七、不二出版。

岡山県女子師範学校附属小学校（一九〇七・七）二部教授と劣等児童の取扱法『日本之小学教師』九（一〇三）、四一一－四一二頁。

岡山県女子師範学校附属小学校初等教育研究会（一九三一）劣等生教育の目標『教育教授の要訣』細謹舎書店、五〇－五五頁。

岡山県精神薄弱者育成会（一九八八）『児玉俊夫先生小松原次郎先生遺稿集』岡山県精神薄弱者育成会。

岡山県の貧窮者就学奨励（一九〇二・九）『愛知教育雑誌』一八五、三四－三五頁。

岡山県盲人協会（一九三二）『岡山県盲人協会概覧　昭和七年十二月』岡山県盲人協会。高橋淳子・平田勝政編（二〇〇五）『知的・身体障害者問題資料集成　戦前編』七、不二出版。

岡山県立岡山盲学校（一九五八）『五十年のあゆみ』岡山県立岡山盲学校。

岡山県立岡山盲学校（二〇〇八）『岡山県立岡山盲学校創立百周年記念誌』岡山県立岡山盲学校。

岡山県立岡山聾学校（一九八八）『創立八十周年記念誌』岡山県立岡山聾学校。

岡山市学務課の弱視児童調査（一九三四・一）『教育』二（一）、一六八－一六九頁。

岡山大学教育学部附属小学校（一九六六）『附属小学校九十年史』岡山大学教育学部附属小学校。

小川克正（一九八一）特殊教育概念の変遷―わが国心身障害児教育研究史における樋口長市の地位について―『世界教育史体系33　障害児教育史』講談社、三二三－三三九、三七五－三七六頁。

小川克正（一九九五）小西信八年譜稿『治療教育研究紀要』一六、一五－三四頁。

小川克正（二〇〇五）『共通教育と特別教育』角川学芸出版。

小川謹二郎（一九四三・一）僕等はどうしたら良いのか『近江教育』五六三、三四－三五頁。

小河重右衛門（一九四〇・一〇）入学後四、五年の聾児教育の跡を省みて『聾口話教育』一六（一〇）、三六―三九頁。

小川鉦太郎（一八九九・三）盲唖教育談『琉球教育』三六、二〇八頁。

小川澄江（二〇〇〇）東京女子師範学校附属幼稚園の創設と中村正直の幼児教育観（二）―田中不二麿の東京女子師範学校附属幼稚園開設の建議から中村正直の東京女子師範学校附属幼稚園の創設へ―『国学院大学栃木短期大学紀要』三五、四七―七一頁。

小川澄江（二〇〇四）『中村正直の教育思想』小川澄江。

小川英彦（一九九八・一〇）愛知県における知的障害問題の成立に関する研究『社会事業史研究』二六、一三一―一四一頁。

沖縄県（一九一四、一九二三、一九二七）『沖縄県統計書　第三編（学事）大正二年、大正九年、昭和四年』沖縄県（国立国会図書館ＤＣ）。

沖縄盲学校創立六十周年記念事業実行委員会（一九八三）『沖縄県立沖縄盲学校創立六十周年記念誌』沖縄県立沖縄盲学校。

奥田三郎（一九二七・一）石井先生への御礼とお詫『あいご』一（二／三）、一一頁。

奥田三郎（一九三五・一二）皇氏の論文を読む『教育』三（一二）、一九四七―一九四九頁。

奥西喜治（一九三六・四）このごろ思ふこと『奈良県教育』二七六、四一―四四頁。

奥村三策（一八八九）『鍼用人体略説』奥村三策（国立国会図書館ＤＣ）。

奥村三策（一九〇二）『普通按鍼学』奥村三策（国立国会図書館ＤＣ）。

奥村三策（一九〇四）『普通按鍼灸学』誠之堂（国立国会図書館ＤＣ）。

奥村三策（一九一二）『改訂按摩鍼灸学』誠之堂（国立国会図書館ＤＣ）。

小此木修三（一九二四・一〇）耳鼻咽喉科疾患の学童に及ぼす影響『日本学校衛生』一二（一〇）、一―一〇頁。

長田新（一九二三）序。亀島晟・石原正明（一九二三）『日本に於ける常設林間学校之実際』新教社（国立国会図書館ＤＣ）。

長田新（一九三八）民族教育学の根本問題。国民訓育連盟・国民訓育連盟編『戦時体制教育革新方策』第一出版協会、一一―三八（国立国会図書館ＤＣ）。

長田三男（一九九五）『子守学校の実証的研究』早稲田大学出版部。

尾崎章一（一九一八）『増補改訂工場法関係法規解説』工場法解説出版部（国立国会図書館ＤＣ）。

尾崎行雄（一九一一・七）市民教育者の注意すべき箇条『都市教育』八二、二－五頁。

尾崎行雄（一九一二・一）我国民発展の要素『都市教育』八八、二－七頁。

尾崎行雄（一九一二・三）世界的国民の自覚『都市教育』九〇、一－三頁。

尾崎行雄（一九一三・二）本市教育の病源は何所に在るか『都市教育』一〇一、一－三頁。

尾崎行雄（一九一三・六）日本の病処―告東京市民―『都市教育』一〇五、一－三頁。

尾崎行雄（一九一六・六）責任観念と商業道徳『都市教育』一四一、一－二頁。

尾崎行雄（一九一七・二）日本及日本人の短所『都市教育』一四九、一－二頁。

小澤恒一（一九二六・一一）特殊児童の教育問題『小学校　初等教育雑誌』四二（二）、一三－一九頁。

小澤恒一（一九二六）『我が国民性の新研究』京文社（国立国会図書館ＤＣ）。

唖の学校（一九三三）文部省『尋常小学国語読本　巻八』（昭和八年修正版）文部省、八三－九五頁（国立国会図書館ＤＣ）。

織田勝馬・白土千秋（一九〇六）『小学児童劣等生救済の原理及び方法』弘道館。

織田顕信（一九七〇）東本願寺における特殊教育活動について―明治期の盲人教育―『仏教学会年報』三六、一三九－一五三頁。

小樽盲唖学校（一九二二）『財団法人小樽盲唖学校概覧　大正一一年七月』小樽盲唖学校。

乙竹岩造（一九〇八）『低能児教育法』目黒書店（国立国会図書館ＤＣ）。

乙竹岩造（一九一二ａ）『頴才教育』目黒書店（国立国会図書館ＤＣ）。

乙竹岩造（一九一二ｂ）『更訂低能児教育法』目黒書店（国立国会図書館ＤＣ）。

乙竹岩造（一九一二・四ａ）普通教育の拡充『帝国教育』三五七、六－一〇頁。

乙竹岩造（一九一二・四ｂ）補助教育『都市教育』九一、三－五頁。

乙竹岩造（一九一三・四～一九一三・五）特殊教育問題『日本学校衛生』一（一）、一八－二二頁、一（二）、三一－三四頁。

乙竹岩造（一九二九）『日本庶民教育史　中巻・下巻』臨川書店（復刻版［一九七〇］）。

乙竹岩造（一九三四）『三訂　新学校管理法教授用参考書』培風館。

乙竹岩造（一九三九）『日本教育史の研究　二』目黒書店。

尾上圓太郎（一九三六）『視力保護に就て』電気普及会（国立国会図書館ＤＣ）。

小野勲（一九八一）昭和一〇年の話。全国肢体不自由養護学校長会編『肢体不自由教育の発展　改訂増補版』日本肢体不自由児協会、六五〇－六五一頁。

小野直（一九二一・六）思へば教育者は眠っている『大分県教育雑誌』四二九、八－一一頁。

小野秀瑠（1九二〇・七）低能児Ｆ・Ｋの話方を叙述す『教育研究』二〇八、七六－七九頁。

小野秀瑠（一九二一・八）劇の暗示と弱者の教育『教育研究』二二七、二二一－三一頁。

小畑修一（一九八五・一一）我が国における聴覚障害者の言語教育の歴史『リハビリテーション研究』五〇、二－八頁。

小幡啓靖（一九九五・八）初期修養団における学校教育への問題提起『東京大学大学院教育学研究科研究紀要』三五、三一五－三二四頁。

小原頼之（一九〇七・一二）児童の楽園『児童研究』一〇（一二）、二三－二五頁。

小原頼之（一九〇八）『親ごころ　育児日記』文陽堂（国立国会図書館ＤＣ）。

重栖啓子（二〇〇二・一〇）一九一〇年前後における学級編制の諸形態―群馬県館林尋常高等小学校を事例として―『日本の教育史学』四五、六四－八二頁。

【か行】

会員森田榮次氏（一九三三・一二）『聾啞教育』二三、一〇三頁。

海気学校創立事務所（ｎｄ）『海気学校創立私案の梗概』海気学校創立事務所。

海後宗臣（一九四二・七）国民教育建設論『福島県教育』五八（七）、四－五頁。

海浜夏季講習会細則及要項説明（一八九九・六）『私立岡山県教育会雑誌』三四（広告）。

会報（一九〇七・三）『帝国教育』一一七、七頁。

会報（一九〇九・六）『京都府教育会雑誌』二〇五、三八－四〇頁。

会報　議員会議事（一九一八・四）『高知教育』四二九、三二－四五頁。

会務雑事（一九〇九・七・一〇）『帝国教育』三二四、一一一―一一二頁。

香川県立盲学校創立七十周年記念誌編集委員会（一九七八）『香川県立盲学校創立七十周年記念誌』香川県立盲学校。

香川県立盲学校創立一〇〇周年記念誌編集委員会（二〇〇八）『香川県立盲学校創立一〇〇周年記念誌』香川県立盲学校。

香川等（一九三〇・七）外語中毒『芸備教育』三〇六、三四―三五頁。

夏季講習会一束（一九一六・七）『京都教育』二八九、五二頁。

夏期臨海学校（一九〇八・七）『茨城教育』二九〇、四四頁。

各府県教育便り（一九三二・二）『鹿児島教育』九九―一〇二頁。

学務課便り（一九三〇・五）『鹿児島教育』四三九、一六八―一七〇頁。

学力補習講習会の今後（一九〇八・一〇）『防長教育』一〇七、一〇頁。

学齢児童ニ関シ調査回答ノ件（一九一二・一・九）岩手県知事発文部省普通学務局長宛（岩手県総務部法務学事課文書）。

学齢児童保護会（一九〇二・三）『秋田県教育雑誌』一一六、六〇頁。

掛川市史編纂委員会（一九九二）『掛川市史下巻』掛川市。

景山英俊（一九二九・五）尋五の学級経営『神奈川県教育』二五六、五三―五七頁。

鹿児島県警察部（一九二三）『盲人ニ関スル調査』鹿児島県警察部。

笠原道夫（一九一二）『教育病理学』京都府教育会（国立国会図書館ＤＣ）。

柏倉松蔵（一九五六）『肢体不自由児の治療及学校』柏学園。

学齢児童保護会準則（一九〇八・一二）『防長教育』一〇九、三五頁。

鹿児島県学務部学務課（一九二六）『鹿児島県教育概要』鹿児島県学務課。

鹿児島県（一九四三）『鹿児島県史　四』鹿児島県。

鹿児島県教育会（一九二四・四）『教員必携教育法規集』鹿児島県教育会。

鹿児島県教育委員会・鹿児島県特殊諸学校長会（一九七九）『鹿児島の特殊教育　全国一〇〇周年記念　鹿児島五〇周年記念特別号』鹿児島県教育委員会・鹿児島県特殊諸学校長会。

鹿児島県師範学校（一九一一）『鹿児島県師範学校施設要項』鹿児島県師範学校（国立国会図書館ＤＣ）。

鹿児島県社会課（一九二三）『鹿児島県社会事業概要』鹿児島県社会課。

鹿児島県社会課（一九二九）『鹿児島県社会事業概要』鹿児島県社会課。

鹿児島県立鹿児島盲学校（二〇〇三）『創立百周年記念誌』鹿児島県立鹿児島盲学校創立百周年記念事業実行委員会。

鹿児島県立盲唖学校（一九三六）『記念誌　侍従御差遣　改築落成』鹿児島県立盲唖学校。

笠間賢二（二〇〇九）地方教育会の教員養成講習会に関する研究――講習会による教員養成『宮城教育大学紀要』四四、一八三－一九七頁。

梶本勝史・楠木実（一九八〇）ある公立盲唖学校の開設と閉鎖――紀南盲唖学校を通して『ろう教育科学』二二（三／四）、一六一－一七二頁。

梶山雅史（二〇〇七）『近代日本教育会史研究』日本図書センター。

梶山雅史（二〇一〇）『続　近代日本教育会史研究』日本図書センター。

梶山雅史・須田将司（二〇〇六）都道府県・旧植民地教育会雑誌　所蔵一覧『東北大学教育学部研究年報』五四（二）、四四五－四八七頁。

梶山雅史・竹田進吾（二〇〇五）教育会研究文献目録一『東北大学大学院教育学研究科研究年報』五三、三〇一－三二七頁。

柏木敦（二〇〇五・一〇）一九〇〇年代における初等教育政策展開に関する考察『日本の教育史学』四八、一七－二七頁。

学校衛生刷新奨励（一九一七・四）『教育時論』一一五三、一五頁。

学校衛生叢話（一九〇〇・二）『島根県私立教育会雑誌』一五九、二五－二九頁。

学校衛生は学校の衛生に非ず（一九二〇・三）『大分県教育雑誌』四一六、三三－三五頁。

学校系統改正案に関する調査会（一九二八・九）『帝都教育』二八二、四六－四九頁。

学校系統改正案に関する調査会（一九二八・一一）『帝都教育』二八四、六五－六九頁。

学校養護特定指導学校ノ設定及施設要項（一九二九・四）『鹿児島教育』四二六、二〇三－二〇五頁。

活堂（田中筆次）（一九二四・八）巻頭言　学校劇の取締に就て『備作教育』二一三、一頁。

活堂（田中筆次）（一九二五・四）巻頭言『備作教育』二二一、一頁。

鹿角郡通信（一九〇一・六）『秋田県教育雑誌』一〇六、五二―五六頁。

加藤覺亮（一九四二・三）戦没者未亡人の小学校教員養成に就て『帝都教育』四三一、三六―三七頁。

加藤俊三（一九一一・一二）劣等児取扱法『秋田県教育雑誌』二四二、一六―二〇頁。

加藤正一（一九三〇・一〇）聾唖生の日記『信濃教育』五二八、一一九―一二七頁。

加藤高明（一九〇三・五）英国人の性向『愛知教育雑誌』一九三、三四―三五頁。

加藤高明（一九一二・一）日英習慣の相違中より学ぶべき事なき乎『実業之日本』一五（二）、一九三―一九五頁。

加藤亨（一九二八）『創立より新校舎の竣工に至るまで』大阪聾口話学校。

加藤政太（一九二二・一）特別教育の試み『山口県教育』二六四、四二―四四頁。

加藤光照（一九三八・六）特殊学級経営実践の熱に動かされて『教育論叢』三九（七）、二七―三二頁。

加藤康昭（一九六五・三）明治初期における盲・聾教育の発足過程について『東京教育大学教育学研究集録』四、四七―五五頁。

加藤康昭（一九六七）、（一九九一）明治初期における特殊教育の成立中野善達・加藤康昭『わが国特殊教育の成立』東峰書房、一三七―三八九頁。

加藤康昭（一九七四・三）日本の障害児教育における統合への志向―岡山県下小学校の盲・聾教育について―『特殊教育学研究』一一（四）、一二―二三頁。

加藤康昭（一九七三・一一）障害児教育史研究の課題―障害者の生活と教育要求―『精神薄弱問題史研究紀要』一四、一―七頁。

加藤康昭（一九七二）『盲教育史研究序説』東峰書房。

加藤康昭（一九八一）日本の障害児教育における統合の思想『世界教育史体系33　障害児教育史』講談社、三一一―三二一頁、三七三―三七五頁。

加藤康昭（一九九四・三）日本の障害児教育成立史に関する研究―成立期の盲・聾唖者問題をめぐる教育と政策―『茨城大学教育学部紀要』四三、一二五―一四二頁。

加藤康昭・内海淳・高橋智・山本邦子（一九八〇夏）学校教育法における障害児教育規定の成立とその意義『教育法』三六、一五四－一七二頁。

香取俊光編（二〇一六）『愛盲の光と情熱　群馬県立盲学校創立一一〇週年記念回顧録』社会福祉法人桜雲会点字出版部。

神奈川県立教育センター（一九七四）『神奈川県教育史　通史編下巻』神奈川県教育委員会。

神奈川県立教育センター（一九七八）『神奈川県教育史　通史編上巻』神奈川県教育委員会。

神奈川県社会事業協会（一九三一）『神奈川県社会事業便覧　昭和六年十月一日現在』神奈川県学務部社会課。

金沢大学五十年史編纂委員会（一九九九）『金沢大学五十年史通史編』金沢大学創立五〇周年記念事業後援会（http://hdl.handle.net/2297/3178）。

金谷鼎『ドルトン式自律学習』岸田書店（国立国会図書館ＤＣ）。

金生喜造（一九三一・一〇）四十、四五歳位で退職とは『帝国教育』五九一、六一－六一頁。

兼清正徳（二〇〇三）『山尾庸三傳——明治の工業立国の父』山尾庸三顕彰会。

釜瀧忠作（一九三〇・七）聾唖教育の普及に就いて『聾唖教育』一〇、一三頁。

亀井静香（一九二六・九）危ない!!教育者!!『大分県教育』四九一、二三－三一頁。

亀井ヨシ（一九二五・三）尋常科第六学年学級経営梗概『神奈川県教育』二一八、一〇九－一一五頁。

亀島晟・石原正明（一九二三）『日本に於ける常設林間学校之実際』新教社（国立国会図書館ＤＣ）。

亀島晟・石原正明（一九二四）『日本に於ける常設林間学校之実際』新進社。高橋淳子・平田勝政編（二〇〇五）『知的・身体障害者問題資料集成　戦前篇』三、不二出版。

亀田啓二（一九二〇・三）大都市連合教育会瞥見（承前）『京都教育』三三三、一六－一七頁。

亀山亀之助（一九一九・一）劣等児論『茨城教育』四一五、二七－三一頁。

加茂郡第二部教育研究会（一九〇九・三）『岐阜県教育』一七四、五二－五四頁。

鴨堂（一九一九・三）誤解多きデモクラシー『京都教育』一二（三二一）、一頁。

狩野兼雄（一九三五・八）劣等児教育の体験『宮城教育』四三一、四四－四九頁。

河合哲（二〇一七）『愛知県の聾教育物語―百年を超えて―』河合哲。

川井清一郎（一九二四・一〇）修身書の取扱ひついて『信濃教育』四五六、八－一一頁。

川井清一郎（一九二五・五）経過と感想『信濃教育』四六二、一四－三六頁。

河合康（一九九一・九）イギリスにおける視覚障害教育の史的発達『上越教育大学研究紀要』一一（二）、一〇一－一一四頁。

河合康（一九九二・九）新潟県盲教育史─明治・大正期における高田盲学校を中心に─『上越教育大学研究紀要』一二（一）、三二五－三三八頁。

河合隆平（二〇一二）『総力戦体制と障害児保育論の形成─日本障害児保育史研究序説─』緑蔭書房。

川田貞治郎（一九四一・一二）将来に於ける精神薄弱者の大収容所の運用『心理学研究』一五（五／六）、四〇七－四〇八頁。

河圖次郎（一九一二・七）教育者の不作法問題『都市教育』九四、一五－二四頁。

川津貴司（二〇一〇）城戸幡太郎の教育技術論と総力戦体制の構築─大衆教育システムの構想とその挫折─『近代教育フォーラム』一九、一八七－二〇一頁。

川野楠己（一九八四）『人と業績　盲先覚者の偉業をたずねて』日本盲人福祉研究会。

川原春作（一九三五・六）尊重すべき教育『聾口話教育』一一（六）、二－三頁。

河原宏（二〇〇八）『日本人の戦争古典と死生の間で　新版』ユビキタ・スタジオ。

川村生（一九三八・六）教師を主として考へてみる『教育論叢』三九（七）、三九－四二頁。

川村隆重（一九三八・六）偉大なる実践──荒井氏の記録を読んで『教育論叢』三九（七）、三一－三五頁。

川村肇（一九九二・三）東京帝国大学教育学科の講座増設に関する一研究（一）─中等教員養成史および教育学説史と東京大学─『東京大学史紀要』一〇、一三－二八頁。

河村幹雄（一九二四）『国防の将来』福岡県教育会（国立国会図書館ＤＣ）。

河村幹雄（一九二七・七）国民教育革新の原理『備作教育』二五一、六－一五頁。

川本宇之介（一九二〇・一〇）不就学者絶滅策と其の準備『帝国教育』四五九、三一－四五頁。

川本宇之介（一九二五）『聾教育概説』中文館書店（国立国会図書館ＤＣ）。

川本宇之介（一九二五・二）聾並に盲教育の発展に就いて『備作教育』二一九、一七－二一頁。

川本宇之介（一九二六）『都市教育の研究』東京市政調査会。

川本宇之介（一九二八）『盲教育概観』盲人信楽会（国立国会図書館ＤＣ）。

川本宇之介（一九三〇・三）横浜訓盲院を訪ふ『盲教育』五、四－一三頁。

川本宇之介（一九三五・一〇）難聴児とその教育の意義並に方法『聾口話教育』一一（一〇）、五四－六四頁。

川本宇之介（一九三五）『内外盲教育史概要』川本宇之介（孔版印刷）。

川本宇之介（一九三九・九～一九三九・一〇、一九三九・一二～一九四〇・四）聾者の職業教育と指導施設（一～七）『聾口話教育』一五（九）、二－一六頁、一五（一〇）、二－一六頁、一五（一二）、三四－四五頁、一六（一）、八－一七頁、一六（二）、七－一五頁、一六（三）、四〇－四四頁、一六（四）、四－一九頁。

川本宇之介（一九三五・一二）概説『聾唖教育』三二、五－一四六頁。

川本宇之介（一九三八）純朴温厚無私無欲。橋本鋼太郎編『盲唖教育の師父　小西信八先生　小伝と追憶』日本聾唖教育会・財団法人日本聾唖協会・東京聾唖学校同窓会（国立国会図書館ＤＣ）、六〇－六二頁。

川本宇之介（一九四〇・六）聾者の法的地位を向上せよ『聾口話教育』一六（六）、一頁。

川本宇之介（一九四〇・七～一九四〇・八）財団法人聾教育振興会小史（一～二）『聾口話教育』一六（七）、三－五三頁、一六（八）、二二－五三頁。

川本宇之介（一九四〇）『聾教育学精説』信楽会（国立国会図書館ＤＣ）。

川本宇之介編（一九四二）『創立十五年記念撰集』聾教育振興会（国立国会図書館ＤＣ）。

川本宇之介（一九四八・八）盲聾教育義務制実施の回顧と意義『特殊教育』四、二－七頁。

川本宇之介（一九五四ａ）『ろう言語教育新講　退職記念』全国聾学校長会（川本口話賞会復刻版　一九八一）。

川本宇之介（一九五四ｂ）『総説特殊教育』青鳥会。

川本宇之介（一九五五）藤井さんへの雑感。藤井ツヤコ編『聾教育に関する論文集　藤井東洋男遺稿――随筆・書簡』藤井東洋男遺稿刊行会、一四七－一四九頁（国立国会図書館ＤＣ）。

川本生（一九三六・二）思ひ出づるまゝに『聾口話教育』一二（二）、一頁。

川本生（一九三九・一二）聾教育界に於ける長期建設『聾口話教育』一四（一二）、一頁。

川本生（一九四〇・二）聾儒谷三山『聾口話教育』一六（二）、二六－三〇頁。

川本生（一九四〇・二）口話方式の根本主義を貫徹せよ『聾口話教育』一六（二）、一頁。

川本生（一九四〇・四）我等の覚悟『聾口話教育』一六（四）、一頁。

川本生（一九四〇・五）発音法より口話法へ口話法より口話方式へ『聾口話教育』一六（五）、一頁。

川本生（一九四〇・六）聾者の法的地位を向上せよ『聾口話教育』一六（六）、一頁。

川本生（一九四〇・七）創立十五年を迎へて『聾口話教育』一六（七）、一－二頁。

川本生（一九四〇・八）新言語教授指針の研鑽『聾口話教育』一六（八）、一頁。

川本生（一九四三・三）師魂の錬成『聾唖教育』一（一一）、二頁（国立国会図書館ＤＣ）。

川本生（一九四三・六）勤労報国運動と吾人の覚悟『聾唖教育』二（二）、二（国立国会図書館ＤＣ）。

川本生（一九四三・八）学道一如としての教育行『聾唖教育』二（四）、一頁（国立国会図書館ＤＣ）。

川本生（一九四三・一〇）脚下を照顧せん『聾唖教育』二（六）、一頁（国立国会図書館ＤＣ）。

川本生（一九四三・一二）我等の反省（巻頭言）『聾唖の光』二（八）、一頁（国立国会図書館ＤＣ）。

川本生（一九四四・二）身も心も倍に働かさん『聾唖の光』二（一〇）、一頁（国立国会図書館ＤＣ）。

川本生（一九四四・五）教法と食『聾唖の光』三（二）、一頁（国立国会図書館ＤＣ）。

感化教育会（一九二七・四）第五回愛知以西二府十六県感化院長会議事録『感化教育』八、二七－五五頁。

感化救済事業と普通教育（一九〇九）内務省地方局『感化救済事業講演集　下』社会福祉調査研究会（一九八五）『戦前期社会事業史料集成』一九、日本図書センター、二八三－三四七頁。

管賀江留郎（二〇〇七）『戦前の少年犯罪』築地書館。

関西教育大会の概況（一九一九・七）『兵庫教育』三五七、三六－四〇頁。

関西教育大会要報（第一報）（一九〇一・一一）『阿波国教育会雑誌』四七、二一－二三頁。

神崎清（一九四〇）『現在婦人伝』中央公論社。

神田尋常小学校（一九三〇・一〇）夏季学校開放について『帝都教育』三〇九、六二―六八頁。

巻頭言（一九〇八・七）『小学校』五（七）、一頁。

巻頭言（一九一二・一）『小学校』一二（八）、一頁。

巻頭言　聾唖教育上のアクティヴィズム（一九三六・三）『聾唖教育』三四、二―五頁。

巻頭小言（一九二六・五）『佐賀県教育』三三二、一頁。

関東州庁民生課（一九四二）『関東州社会事業概要昭和一四・一五年度』沈潔・永岡正己監修（二〇〇五）『植民地社会事業関係資料集「満州・満州国」編四』近現代資料刊行会、五―一六九頁。

関東部会（一九三二・一〇）『聾唖教育』一八、九七―九八頁。

菅野博（一九三二・六）信念を失ひつゝあるもの『福島県教育』四八（六）、五〇―五五頁。

蒲原宏（一九六六）日本整形外科の歴史『日本整形外科学会雑誌』四〇（五）、五〇五―五二五頁。

議員会議事録（一九一八・四）『高知教育』四二九、三四―四五頁。

菊川忠夫（一九八四・三）大島正徳の生涯と思想『幾徳工業大学研究報告A、人文社会科学編』八、一六―三〇頁。

菊川町五〇周年記念誌編さん委員会（二〇〇四）『みのり　菊川町五〇周年記念誌』静岡県菊川町。

菊池俊諦（一九三九・一二）武蔵野学院に於ける社会事業職員養成所を語る『児童保護』九（一二）、四三―六六頁。

菊池義昭（一九七五・三）長沼幸一先生のあゆみ『精神薄弱問題史研究紀要』一七、一六―三四頁。

菊池義昭（一九八六・三）明治後期の福島県における盲人教育の実態に関する研究―私立郡山訓盲学校、私立磐城訓盲院、私立喜多方訓盲学校、私立会津訓盲院の設立過程を中心に―『障害者問題研究』四四、五八―六九頁。

菊池林司（一九三五・二～三）寄宿舎経営の研究『聾口話教育』一一（二）、一五―二二頁、一一（三）、四一―四七頁。

菊池林司（一九三六・二）此の後に来るもの『聾口話教育』一二（二）、六三頁。

紀元二千六百年記念全国社会事業大会事務局（一九四一）『紀元二千六百年記念全国社会事業大会報告書』紀元二千六百年記念全国社会事業大会事務局（国立国会図書館DC）。

岸博実編（二〇一〇）『歴史の手ざわり　新聞・雑誌が描いた盲唖院・盲学校　京都盲唖院～京都府立盲学校（誕生から義務化ま

で）『資料室だより』（創刊号～五〇号）」岸博実。

岸博実（二〇一一・一一・二九）歴史の手ざわりもっと　二三二『点字毎日活字版』毎日新聞社点字毎日部、五頁。

岸田源吾（一九三一・一〇）就学免除児童の学籍『近江教育』四三一、六九－七五頁。

岸高丈夫（一九三三・六）貧困盲、聾児補助調『盲教育』五（一）、一四－一七頁。

岸高丈夫（一九二〇・一〇）欧米の盲人高等教育を述べ日本の盲人教育制度を論ず『内外盲人教育』九（秋）、六〇－六二頁。

岐師附属学校主催算術科研究会（一九一六・一）『岐阜県教育』二五八、九三－九五頁。

岸邊福雄（一九一八・七）盲で唖で聾の子供を教育する学校『聾唖界』一八、二一－二四頁。

貴族院（一九〇〇・二・二三）「第十四回帝国議会貴族院議事速記録第三十二号」七〇七－七三一頁（帝国議会会議録検索システム、二〇一六年八月二三日閲覧）。

貴族院感化法中改正法律案特別委員会（一九〇八・三・二四）「第二十四回帝国議会貴族院感化法中改正法律案特別委員会議事速記録第二号」七－一四頁（帝国議会会議録検索システム、二〇一六年九月一日閲覧）。

喜田正春（一九七二・一〇）荒木善次先生と精薄教育『精神薄弱問題史研究紀要』八、六七－七一頁。

喜田正美（一九八六）『喜田正春遺稿集』喜田正美。

喜多方市史編纂委員会（二〇〇〇）『喜多方市史　第六巻（上）』喜多方市。

北沢清司（一九六七・五）劣等児・低能児教育の成立過程に関する一考察―信州の公教育を中心にして―『精神薄弱者問題史研究紀要』五、一－一五頁。

北沢清司（一九八五・二）昭和戦前期精神薄弱者保護法制定運動の検討『大正大学研究紀要佛教学部・文学部』七〇、一二一－一四三頁。

北澤種一（一九一一・五）劣等児教育上の所感『日本之小学教師』一四九、三二－三五頁。

北野与一（一九七九・一〇）私立金沢盲唖院に関する一考察―設立者松村精一郎を中心に―『特殊教育学研究』一七（二）、一－八頁。

北野与一（一九八一・三）石川県の障害児教育成立に関する一考察―障害児学校及び障害児学級の成立事情について―『特殊教育

学研究』一八(四)、四九−五八頁。

北野与一(一九八五)私立金沢盲唖院と聾才子松村精一郎」津曲裕次・清水寛・松矢勝宏・北沢清司編『障害児教育史　社会問題としてたどる外国と日本の通史』川島書店、一七一−一七七頁。

北野与一(一九九一)日本における心身障害者体育の史的研究(第二〇報)——小学校令時代の開放学校及び特別学級における病弱児体育について『北陸大学紀要』一五、二七九−三〇三頁。

北野与一(一九九七)『障害教育・福祉の源流』不昧堂書店。

北豊吉(一九二〇)『学校衛生概論』右文館(国立国会図書館ＤＣ)。

吃の匡正法(一八九二・六)『岡山教育雑誌』二、二六頁。

城戸幡太郎(一九三五・六)美濃部問題の教育的意義『帝国教育』六七五、六−一三頁。

城戸幡太郎(一九三七・一)特殊児童保護事業に就て『社会事業研究』二五(一)、一一四−一一八頁。

城戸幡太郎(一九三七・七)石井亮一先生を偲ぶ『社会事業』二一(四)、四二−四五頁。

城戸幡太郎(一九三八・一二)貧困児童の教育問題『社会事業研究』二六(一二)、一−七頁。

城戸幡太郎(一九三九・二)教育改革の根本問題『改造』二一(二)、二四−三三頁。

城戸幡太郎(一九三九・七)精神欠陥者保護法制度の必要『児童保護』九(七)、二−七頁。

城戸幡太郎(一九三九・八)精神欠陥者保護法制定に対する要望『精神衛生』一四(四)、二−五頁。

城戸幡太郎(一九四二・一二)特殊児童保護事業に就て—保護教育と生活協同体の問題—『社会事業研究』三〇(一二)、一一四−一一八頁。

岐阜県教育委員会(一九九九)『岐阜県教育史　史料編　近代五』岐阜県教育委員会。

岐阜県教育委員会(二〇〇三ａ)『岐阜県教育史　通史編　近代二』岐阜県教育委員会。

岐阜県教育委員会(二〇〇三ｂ)『岐阜県教育史　通史編　近代三』岐阜県教育委員会。

岐阜県教育会総会記事(一九〇七・七)『岐阜県教育雑誌』一五三、一〇−三六頁。

岐阜県師範学校(一九〇九)『岐阜県師範学校一覧』岐阜県師範学校(国立国会図書館ＤＣ)。

岐阜県師範学校（一九三四）『学校要覧』岐阜県師範学校（国立国会図書館ＤＣ）。

岐阜県小学校長会（一九一二・二）『岐阜県教育』二二〇、四三‐四四頁。

岐阜県師範学校附属小学校劣等児童救済法内規（一九〇八・二）『岐阜県教育雑誌』一六一、一五‐一七頁。

岐阜県立岐阜盲学校（一九九四）『岐阜盲学校百年史』岐阜県立岐阜盲学校百周年記念事業実行委員会。

木野崎吉辰・大窪敬治（一九〇一）『小学各科教授細目並教授法』水野書店（国立国会図書館ＤＣ）。

木下一雄（一九四二・三）傷痍軍人小学校教員養成に就て『帝国教育』四三一、三五‐三六頁。

木村幸助（一九二六・八）国民教育実際上の最大欠陥『大分県教育』四九〇、二四‐三三頁。

木村貞雄（一九三一・一一）教育界への希念『帝国教育』五九一、五〇‐五三頁。

木山熊次郎（一九一一）『国勢と教育』博文館（国立国会図書館ＤＣ）。

木村素子（二〇〇八）創設期の通学制聾学校における統合と排除―一九世紀末シカゴ市の教育の実態を中心に―　岡典子編『二〇世紀特殊学級における統合と排除の両義性とインクルーシブ教育の源泉』（課題番号：一七三三〇二〇〇）平成一七年度～一九年度科学研究費補助金（基盤研究［Ｂ］）研究成果報告書、二七‐四六頁。

客員会員消息（一九〇六・三）『口なしの花』一、三八‐四〇頁。（明石書店［二一〇二］）。

九州沖縄八県連合教育会記録（一九二一・六）『大分県教育雑誌』四二八、一〇‐二三頁。

九州日日新聞（一九二八・四・一五）噂に上る婦人を訪ねて　悲しく日を送る寂しい人の子に　愛と涙を傾けて来た聾唖学院長石原ヱイ子女史（夕刊・二面）。

教育改革同志会（一九三七）『教育制度改革案』教育改革同志会（国立国会図書館ＤＣ）。

教育機関調査会設置並調査状況（一九二六・一〇）『長崎教育』四〇一、一‐一二〇頁。

教育行政の沈滞（一九三三・五）『教育』一（二）、二八六‐二八七頁。

教育施設の根本的改善要綱　新内閣の文政方針（一九三二・三）『鹿児島教育』七六‐七七頁。

教育大辞書編纂局編（一九〇八）『教育大辞書合本版』同文館。

教育学術研究会（山松鶴吉）（一九〇四）『小学校事彙』同文館（国立国会図書館ＤＣ）。

教育問答（一九〇九・一〇）低能児童と劣等児童の差異点『防長教育』一一九、二一頁。

『教育論叢』の信条！（一九三四・一二）『教育論叢』三二（六）、頁なし。

教員の学力問題に就て（一九一二・七）『防長教育』一五二、一－二頁。

教員は内職（一九〇七・一一）『徳島県教育会雑誌』一一七、三六頁。

教員不足問題（一九一二・一二）『京都教育』二四六、四九頁。

教員俸給支払状況調査（一九三二・一二）『教育思潮研究』六（四）、二八〇頁。

教員俸給未払校調（一九三三）『教育思潮研究』七（一）、二六三頁。

京都市児童院（一九三七）『教育調査の結果』京都市児童院（国立国会図書館ＤＣ）。

京都市特殊児童調（一九二三・七）『社会と教化』二（七）、八二－八三頁。

京都市特別児童教育研究会（一九三三・七）『異常児教育　創刊号』高橋淳子・平田勝政編（二〇〇五）『知的・身体障害者問題資料集成　戦前編』七、不二出版。

京都市の不就学（一九一三・八）『京都教育』二五四、四八頁。

京都市盲唖院（一九〇七・一〇）『京都市盲唖教育革新ノ議』高橋淳子・平田勝政編（二〇〇五）『知的・身体障害者問題資料集成　戦前編』一、不二出版。

京都市役所学務課（一九二四、一九二六）『京都市学事要覧（大正十二年度、十五年度調査）』京都市役所学務課（国立国会図書館ＤＣ）。

京都市立盲唖院（一九〇三a）『盲唖教育論　附瞽盲社会史』京都市立盲唖院（国立国会図書館ＤＣ）。

京都市立盲唖院（一九〇三b）『京都市立盲唖院一覧　創立二十五年紀年』京都市立盲唖院（国立国会図書館ＤＣ）。

京都市立盲唖院（一九一二）『京都市立盲唖院一覧（大正六年度）』京都市立盲唖院。高橋淳子・平田勝政編（二〇〇五）『知的・身体障害者問題資料集成　戦前編』一、不二出版。

京都市立盲唖院（一九一七）『第六回全国盲唖教育大会報告』。

京都市立聾唖学校（一九三〇・一二）京都吃音矯正第一回講習会『口話式聾教育』六（一二）、三〇頁。

京都帝国大学第三回講演会（一九一二・七）『帝国教育』三六〇、一一二頁。

京都府（一八八〇・四）『京都盲唖院規則通則』高橋淳子・平田勝政編（二〇〇五）京都市盲唖教育革新ノ議『知的・身体障害者問題資料集成　戦前編』一、不二出版。

京都府会事務局（一九五一）『京都府会史　大正時代総説』京都府会。

京都府学務部第二課（一九〇六・三）『京都府初等教育優良事蹟　第一篇』京都府第二部学務課。寺﨑昌男・久木幸男編（一九九七）『日本教育史基本文献・史料叢書三九』大空社、二八－二九頁。

京都府教育会（一九〇九・七）論説　白川学園の創設・避暑的校外教授『京都府教育会雑誌』二〇六、一一二頁。

京都府教育会（一九三〇）『京都府教育会五十年史』京都府教育会（国立国会図書館ＤＣ）。

京都府教育会記事（一九一三・一）『京都教育』二四七、五一－五三頁。

京都府教育会記事（一九一三・三）『京都教育』二四九、五一－五三頁。

京都府教育会研究部（一九一七・六）穎才教育方案『京都教育』三〇〇、四一－四二頁。

京都府教育会第二十九回総集会概況（一九〇九・五）二〇四、二一－二六頁。

京都府師範学校（一九一〇）『京都府師範学校一覧』京都府師範学校（国立国会図書館ＤＣ）。

京都府師範学校（一九三八）『京都府師範学校沿革史　昭和十三年三月』京都府師範学校（国立国会図書館ＤＣ）。

京都府師範学校附属小学校（一九〇九・一〇）尋常科第一二学年の教育に関する研究問題『京都府教育会雑誌』二〇九、一九－二六頁。

京都府師範学校附属小学校（一九一〇・三）尋常一、二学年の教育に関する研究の一部　算術科『京都府教育会雑誌』二一四、二四－三〇頁。

京都府女子師範学校附属国民学校（一九四二）『教育要諦』京都府女子師範学校附属国民学校（国立国会図書館ＤＣ）。

京都府立聾学校舞鶴分校同窓会設立二〇周年記念誌編集委員会（二〇〇三）『五郎ヶ岳　同窓会設立二〇周年記念号――京都府北部・聾者の歴史』古高雅明。

京都盲唖院（一八八〇）『京都盲唖院規則　教則』京都府。高橋淳子・平田勝政編（二〇〇五）『知的・身体障害問題資料集成　戦前編』一、不二出版。

京都聾口話学園（一九二九・八）『口話式聾教育』五（八）、二一‐二二頁。

郷土教育研究会（一九三〇・二）『宮城教育』三六八、七二頁。

郷土軍将士慰問金募集について（一九三二・二）『兵庫教育』五〇八、一四四頁。

『京橋区健康学園五週年回顧』（一九四一）室田保夫・蜂谷俊隆編『子どもの人権問題資料集成　戦前編』九、不二出版。

吉良侑（一九八一）我が国におけるダルトン・プランによる教育の研究―斎藤諸平と倉敷小学校―『熊本大学教育学部紀要　人文科学』三〇、二四七‐二五六頁。

桐井凌雪（一九一三・九）国民性の危機―教育勅語の権威―『都市教育』一〇八、三‐六頁。

桐山直人（一九九九）『茅ヶ崎の小さな学校　旧白十字会林間学校の三二年』草土文化。

桐山直人（二〇〇二・六）花岡学院と花岡和雄・忠男（父・子）『育療』二五、五六‐五九頁。

桐山直人・香川邦生（二〇〇一・七）熱海外気学校が一九三〇年代東京市・区の養護学園設立に与えた影響『筑波大学自立活動研究』一四、二七‐三五頁。

近現代史資料刊行会（一九九六）『大阪市社会部調査報告書昭和七年（三）、昭和八年（一）』近現代史資料刊行会（復刻版）。

金港堂編輯部編（一九一〇）『全国附属小学校の新研究』金港堂書籍。

銀峯（一九〇五・二）劣等生の処置法『島根県私立教育会雑誌』二一九、二七‐三三頁。

偶感数則（一九〇九・七）『東京教育』二三二、一‐二頁。

久保いと（一九七〇）及川平治の幼稚園保育（一）『幼児の教育』六九（一）、六四‐七一頁。

久保田嘉雄（一九二〇・二）尋常五六学年綴方に於ける韻文『岡山県教育会誌』一五九、二九‐三七頁。

久保寺保久（一九三五・一）精神異常児の処遇に就て『育児事業研究』二、一九‐三〇頁。

久保寺保久（一九三九）『人的資源確保と児童保護』昭和一四年度社会事業講習及び社会講習会配布プリント（社会福祉法人春壽会八幡学園所蔵）。

久保寺保久（一九四〇・二）人的資源確保と児童保護―主として精神異常児の観点より―財団法人満州社会事業協会編『社会事

業講習会速記録』五七－一一〇頁。

久保寺保久（一九四〇）『特異児童を護れ』八幡学園（社会福祉法人春壽会八幡学園所蔵）。

久保寺保久（c一九三五）精神薄弱児童に対する教育的考慮と近代的社会督制『精神薄弱児童教育養護施設児童教化八幡学園要覧』一三－一六頁（社会福祉法人春壽会八幡学園所蔵）。

熊内渓水（一九〇六・一二）劣等生に就て『京都府教育会雑誌』一七五、二五－二八頁。

隈江信光（一九二五・一）特殊教育に対する社会的見解『教育研究』二八二、一四七－一五三頁。

隈江信光（一九三〇）『子供の教育に悩む世の母に答へて』実業之日本社（国立国会図書館ＤＣ）。

熊谷鐵太郎（一九〇六）多忙なる将来（大塚美紀・墨字訳）『東京社会事業史研究』創刊号、四〇－四二頁（『六星の光』四〇、八－一八頁）。

熊谷鐵太郎（一九二七・一）点字器のいろいろ『日本盲教育』四（筑波大学附属視覚特別支援学校下田文庫）。

熊谷鐵太郎（一九三一）『闇を破って　盲人牧師自叙伝』教界時報社。

熊毛郡教育会（一九三三・一〇）時局教育対策実施要項『山口県教育』三六〇、一〇五－一〇六頁。

熊野隆治（一九四一・八）教護院に於ける実科教育の新使命『児童保護』一一（八）、七－一五頁。

熊本県教育会（一九三一）『熊本県教育史　中巻』熊本県教育会（臨川書店［一九七五］）。

熊本県立熊本聾学校（一九九二）『八十年史』熊本県立熊本聾学校。

熊本県立盲唖学校（一九二七）『熊本県立盲唖学校要覧』熊本県立盲唖学校。

倉敷労働科学研究所（一九二四・一一～一九二四・一二）岡山県神島に於ける臨海児童保護の状況（上）（下）『学校衛生』四（一二）、七八九－八〇〇頁、八六七－八七二頁。

倉橋惣三（一九五〇・八）石井亮一先生のこと『児童心理と精神衛生』一（二）、六六－六七頁。

倉橋惣三・新庄よし子（一九三四）『日本幼稚園史』東洋図書（フレーベル館［一九五六］）。

藏光工（一九三三・一〇）臨海学校を語る『因伯教育』四七〇、五一－五六頁。

黒沼勇太郎（一九二一）劣等児教育の実際。文部省普通学務局編『就学児童保護保護施設の研究』中文館書店、一九五－二四〇頁

（国立国会図書館ＤＣ）。

栗原光沢吉（一九八六）『大正の東京盲学校』あずさ書店。

群馬県教育会（一九二七）『群馬県史　四』群馬県教育会。

群馬県内務部第三課（一九一〇）『群馬県教育事績』群馬県内務部第三課。

群馬県盲教育史編集委員会（一九七八）『群馬県盲教育史』群馬県盲教育七十周年記念事業実行委員会。

群馬県立盲学校（一九六七）『あゆみ　群馬県盲教育六〇年誌』群馬県立盲学校。

訓盲教唖調査部（一九〇七・二・一五）『帝国教育』三一六、七－八頁。

訓盲及教唖調査部（一九〇七・四）『帝国教育』三一八、一五頁。

訓盲教唖調査部設置（一九〇七・三）『帝国教育』三一七、七頁。

訓盲調査部規程教唖調査部規程（一九〇七・三）『帝国教育』三一七、七頁。

訓盲教唖両調査部報告（一九〇九・三）『帝国教育』三二〇、五九頁。

訓盲教唖令制定（一九〇七・一〇・二五）『教育時論』三二〇、三〇頁。

郡視学会問題（一九〇三・三）『京都府教育会雑誌』一三一、三四頁。

Ｋ生（一九三一・四）教育界行詰り打開は如何『帝国教育』五八四、九二頁。

Ｋ生（一九三一・一一）須く積極的なるべし『帝国教育』五九一、五六－五七頁。

奚疑生（一九二六・一〇）学者の種類『教育論叢』一六（四）、一三三－一三六頁。

奚信生（一九〇七・一一）劣等児の教育につきて『教育研究』四四、九〇－九一頁。

奚信生（一九二九・一二）聾唖教員の将来　巻頭言『聾唖教育』九、一頁。

敬曜会編（ｎｄ）『馬渕曜先生小伝』敬曜会。

桂流生（一九一一・三）教育学研究法『国民教育』二（三）、一二－一四頁。

県学務課事務分担（一九二九・四）『鹿児島教育』四二六、一九五－二〇二頁。

研究部会記事（一九三九・九）『教育科学研究』一、六－七頁。佐藤広美・高橋智編『戦前　教育科学運動史料』一、緑蔭書房。

研究部記事（一九〇七・七）『京都府教育会雑誌』一八二、三〇－三二頁。

研究部記事（一九〇九・六）『京都府教育会雑誌』二〇五、三八－四〇頁。

研究部報告（一九〇四・五）『京都府教育会雑誌』一四五、一七－一八頁。

県指定網干尋常高等小学校経営研究発表の状況（一九三三・三）『兵庫教育』五二一、四一－五五頁。

県盲学校報国隊農山村出張奉仕成績治療報告（一九九九）岐阜県教育委員会編『岐阜県教育史　史料編　近代五』岐阜県教育委員会、四七七頁。

小池文英（一九六一）整肢療護園の歴史。日本肢体不自由児協会編『整肢療護園のあゆみ』日本肢体不自由児協会、一－一二頁。

故伊澤先生記念事業会編纂委員（一九一九）『楽石伊澤修二先生』故伊澤先生記念事業会（国立国会図書館ＤＣ）。

故石川副会長を偲ぶの記（一九三二・六）『聾唖教育』一三、八八－九二頁。

小泉竹雨庵（一九三七・三）小西信八翁を訪ふ『帝国教育』七〇一、一一八－一二二頁。

小泉又一（一九〇四）『教育学』大日本図書。

小泉又一（一九一一・二）教育雑感『大分県教育雑誌』三二二、二四－二七頁。

高座郡教育会教育問題調査部（一九二五・三）学校経営案『神奈川教育』二一八、四〇－四一頁。

興譲小学校（一九〇九・九～一〇）劣等児童取扱法『山形県教育雑誌』二三四、一一－一四頁、二三五、一一－一三頁。

厚生省社会局児童課調（一九三八・一二）児童調査概況『社会事業彙報』一二（九）、四〇－四四頁。

高知県教育史編集委員会（一九六四）『近代高知県教育史』高知県教育研究所。

高知県立盲学校（一九八二）『高知県立盲学校創立五十周年記念誌』高知県立盲学校。

高知師範学校略史編集委員会（一九七四）『高知師範学校略史』高知師範学校百年祭実行委員会。

高知大学教育学部附属小学校創立百周年記念事業実行委員会（一九七七）『高知附小の百年』高知大学教育学部附属小学校創立百周年記念事業実行委員会。

篁南（一九二一・五）行き詰まりの説『高知教育』四六六、一－四頁。

篁南生（一九二一・一）積極的教育政策『高知教育』四六二、一－四頁。

河野勝行（一九七四）『日本の障害者　過去・現在および未来』ミネルヴァ書房。

河野勝行（二〇一〇）『肢体不自由児教育の出発―大阪府立堺養護学校の草創と開拓者たち―』河野勝行。

甲府市琢美学校同窓会（一九二四）『記念会誌　創立五十周年』甲府市琢美学校同窓会。

甲府市の盲人教育（上・下）（一九〇九・七・二六、一九〇九・七・二七）『山梨日日新聞』。

神戸市教育課（一九二七）『神戸市小学校ニ於ケル低能児調査』神戸市教育課。

神戸市社会部（一九四二）『神戸市社会事業要覧　昭和十五年度』神戸市社会部庶務課（国立国会図書館ＤＣ）。

神戸小学校開校三十年記念祝典会（一九一五）『神戸区教育沿革史』神戸小学校開校三十年記念祝典会（第一書房［一九八二］）。

公認精神薄弱児童救護施設八幡学園（ｃ一九三八）『公認精神薄弱児童救護施設八幡学園』（社会福祉法人春濤会八幡学園所蔵）。

光明学校の学童疎開を記録する会（一九九三）『信濃路はるか』田研出版。

湖岸生（一九三一・四）呪うべき学級整理『帝国教育』五八四、九二頁。

国民教育研究会（一九二一）『形式の解説を主としたる最新教授日案』東京出版社（国立国会図書館ＤＣ）。

国民新聞社編輯局編『教育改造論』啓成社（国立国会図書館ＤＣ）。

呉宏明（二〇〇四）伊沢修二と視話法―楽石社の吃音矯正事業を中心に―『京都精華大学紀要』二六、一四六－一六一頁。

小酒井儀三（一九一四・六）強国の要素『京都教育』二六四、六－一一頁。

小坂井桂次郎（一九四二）財団法人岐阜訓盲協会事業案内。岐阜県教育委員会『岐阜県教育史　史料編　近代五』岐阜県教育委員会、四七一－四七一頁。

孤筍生（一九三八・五・九）咿唔軒贅語（二）『太湖』一四八、三頁。

小島省三（一九二五・三）学級経営案『神奈川県教育』二一八、一一五頁。

小島留蔵（一九三一）『福岡盲唖教育の起源と福岡盲学校設立の由来』小島留蔵。

小菅吉藏（一九三二）養護学級。大西永次郎監輯（一九三二）『施設中心虚弱児童の養護』右文館、一五七－一八四頁（一九三七第四版）。

小杉視学官演説（一八八九・四）『広島県私立教育会雑誌』一八、一三－一八頁。

小杉長平先生言行録出版刊行会（一九七〇）『小杉長平先生言行録』小杉長平先生言行録刊行会。

小杉長平先生を偲ぶ会（一九八五）『愛と生活の教育—小杉長平先生遺稿集—』小杉長平先生を偲ぶ会。

古瀬安俊（一九一七）『児童保健学校衛生講話資料』南山堂（国立国会図書館ＤＣ）。

小平千文・山岸周作（二〇〇五）長野県上田点字図書館のあゆみ—全国最初の公立点字図書館—『上田小県近現代史研究会ブックレット』12、上田小県近現代研究会。

故高木慎之助氏小伝（一九〇六・三）『口なしの花』一、二〇—二一頁、口絵（明石書店［二〇一二］）。

後藤綾子（一九五八・九）特殊教育の効果はあがったか『児童心理』一二（九）、八二—九一頁。

後藤新平（一九二七・一）政治の倫理化につきて『帝国盲教育』六（三）、六〇—六七頁（国立国会図書館ＤＣ）。

梧桐（一九三三・一）反射鏡『教育研究』三九七、一三八頁。

小西明（二〇〇七）越後上越で視覚障害教育に生涯を捧げた先覚者たち。丸山昭生・小杉敏勝編『教育０の解消—特別支援教育に引き継ぎたい開学の精神—』北越出版、一一—三六頁。

小西重直（一九〇七）『教育学』中野源治郎（国立国会図書館ＤＣ）。

小西重直（一九一二）『現今の教育』同文館。

小西信八（一八八九・二）聾唖教育附発音教授『大日本教育会雑誌』八二、一二三—一四一頁。

小西信八（一八九〇・一一）盲唖教育『全国教育者大集会報告』二、七八—一〇二頁。

小西信八（一九〇二・一二）日本盲唖教育の起源『教育時論』六三五、二六—二九頁。

小西信八（一八九三・一二）盲唖教育『福島県教育雑誌』三〇、七—一五頁。

小西信八（一九〇〇・九）盲唖教育『奈良県教育会雑誌』四九、一—一〇頁。

小西信八（一九〇〇・一二）盲唖学校を分設するに付意見『東京市教育時報』四、六〇—六一頁。

小西信八（一九〇三・五ａ）盲唖教育ニツイテ『奈良県教育会雑誌』六六、五—九頁。

小西信八（一九〇三・五ｂ）盲唖教育雑録『奈良県教育会雑誌』六七、二二—二六頁。

小西信八（一九〇三・五ｃ）小学校に盲唖学校を附設するにつき参考書（承前）『奈良県教育会雑誌』六八、一七—二一頁。

小西信八（一九〇三・六）小学校に盲唖学校を附設するにつきて『教育実験界』一一（一二）、四五－四八頁。

小西信八（一九〇三・七）小学校に盲唖学校を附設するにつきて（承前）『教育実験界』一二（一）、四七－五〇頁。

小西信八（一九〇四・一）小学教師諸君に望む『日本之小学教師』六（六一）、六－八頁。

小西信八（一九〇四・二）小学校に盲唖学校を附設するについて『むつぼしのひかり』七、八－一一頁。

小西信八（一九〇四・三）小学校に盲唖学校を附設するについて『むつぼしのひかり』八、一－六頁。

小西信八（一九〇五・四）盲唖教育は慈善事業にあらず『日本之小学教師』七（七六）、四六－四七頁。

小西信八（一九〇六・六）小西信八氏の盲教育談（上）『教育時論』七六三、二六－二七頁。

小西信八（一九〇六・七）小西信八氏の盲教育談（中）『教育時論』七六五、二六－二七頁。

小西信八（一八九七・七）小西氏の英京通信『教育時論』四七六、二二－二五頁。

小西信八（一九一二・一一）聾唖教育の理想『人道』九一、三－四頁。

小西信八（一九一八・一一）盲唖の教育は慈善に非ず『帝国教育』四三六、五－八頁。

小西信八（一九一八・一二）盲唖の教育は慈善に非ず『聾唖界』一九、五－八頁（国立国会図書館ＤＣ）。

小西信八先生存稿刊行会（一九三五）『小西信八先生存稿集』小西信八先生存稿刊行会（国立国会図書館ＤＣ）。

小橋実之助（一九一四・六）土山学園を観る『救済研究』二（六）、四四－四六頁。

小林一弘（一九八四）『南山小学校視力保存学級に関する研究』あずさ書店。

小林一弘（一九八五）南山小学校弱視学級の沿革。津曲裕次・清水寛・松矢勝宏・北沢清司編『障害者教育史』川島書店、二〇五－二一〇頁。

小林佐源治（一九〇九・一）低能児教育の実況『教育研究』五八、一〇二－一〇八頁。

小林佐源治（一九一二・五～一九一二・六）我国現時の学級編制に就いて『教育研究』九八、六六－七三頁、九九、六九－七七頁。

小林佐源治（一九二〇・六）教育上の新傾向私見『教育研究』二〇六、五四－六一頁。

小林省三（一九三一）虚弱児童と聚落事業。大西永次郎監輯『施設中心虚弱児童の養護』右文館、四七－七三頁。

小林提樹（一九七三）心身障害児と私『三田評論』七二八、六二－六七頁。

虎峯生（一九三三・四）巻頭言『芸備教育』三三九、一頁。

虎峯生（一九三三・一〇）巻頭言『芸備教育』三四七、一頁。

虎峯生（一九三三・一二）巻頭言『芸備教育』三五一、一頁。

小松昭雄（一九九〇）戦争と肢体不自由教育――第二次大戦末期の肢体不自由学校・養護学級の実態から。松本昌介（編）『肢体不自由児とともに』田研出版、五九－六八頁。

小松教之（一九八九）旧満州国赤十字社新京聾啞学院・初代学院長「田代清雄」について『宮城教育大学紀要第二分冊　自然科学・教育科学』二四、一二七－一四〇頁。

小松教之（一九九四）宮城県師範学校附属小学校特別学級「第十三学級」について『発達障害研究』一六（一）、六七－七三頁。

小松原英太郎君伝記編纂実行委員会編（一九二四）小松原英太郎君年譜『小松原英太郎君事略』小松原英太郎君伝記編纂実行委員会、二八一－二九三頁。

小松原文相訓示要領（一九〇九・六）『帝国教育』三二三、一－一〇頁。

駒峯末治郎（一九三二・四）吾が心境を語る一　就職の動機と今昔の感『聾口話教育』八（四）、六九－七一頁。

小山心平（二〇〇一）『北海道の盲・聾教育の草分け』北海道科学文化協会。

小柳美三（一九三〇・三）弱視児童ニ対スル特殊教育ノ必要『日本学校衛生』一八（三）、一七二－一七六頁。

近藤兼市（一九三三・四）大日本聾啞実業社『聾口話教育』九（四）、四五－四九頁。

近藤壽治（一九三五）『日本教育学』宝文館（国立国会図書館ＤＣ）。

近藤真庸（一九八二・三）養護教諭成立史研究序説―第一回連合大都市教育会（一九一六年）と一校一名専任駐在制学校看護婦―『人文学報　教育学』一七、六七－八八頁。

近藤真庸（二〇〇三）『養護教諭成立史の研究　養護教諭とは何かを求めて』大修館書店。

【さ行】

艮の閑者（一九三七・一）小学校教員の笑顔―俸給が県費負担となれば―『静岡県教育』四八〇、六九－七四頁。

西条教育同志会調査（一九〇一・一）小学校教員の品位を高むる方法『愛媛教育雑誌』一五一、三九－四〇頁。

埼玉県（一九八四）『新編埼玉県史　資料編二五』埼玉県。

埼玉県立盲学校（二〇一〇・一〇・三一閲覧）(http://www.mo－sb.spec.ed.jp/99openspace/enkaku.htm)。

財団事業概要（一九一七・五）『救済研究』五（五）、一〇八－一〇九頁。

財団法人小樽盲唖学校（一九〇九）『財団法人小樽盲唖学校概覧　明治四十二年十二月』小樽盲唖学校。高橋淳子・平田勝政編（二〇〇五）『知的・身体障害者問題資料集成　戦前編』一、不二出版。

財団法人小樽盲唖学校（一九二二）『財団法人小樽盲唖学校概覧　大正十一年七月』小樽盲唖学校。

財団法人岐阜訓盲院（一九一九）『創立満二十五年記念報』財団法人岐阜訓盲院（国立国会図書館ＤＣ）。

財団法人矯正協会（一九八四）『少年矯正の近代的展開』財団法人矯正協会。

財団法人心身障害児教育財団（一九八一）『特殊教育三十年の歩み―戦後を支えた人と業績―』教育出版。

財団法人中央社会事業協会（一九四一）『日本社会事業年鑑昭和十四・五年版』財団法人中央社会事業協会（国立国会図書館ＤＣ）。

財団法人日本精神薄弱者愛護協会編（一九八四）『日本愛護五十年の歩み』財団法人日本精神薄弱者愛護協会。

財団法人中央社会事業協会（一九三三～一九三八、一九四〇～一九四一、一九四五）『日本社会事業年鑑』中央社会事業協会（国立国会図書館ＤＣ）。

財団法人中央社会事業協会（一九三一）『第二回全国児童保護事業会議報告書』財団法人中央社会事業協会。

財団法人中央社会事業協会（一九三四）『第三回全国児童保護事業大会報告書』財団法人中央社会事業協会。

財団法人中央社会事業協会（一九三六・七・二五ａ）『第八回全国社会事業大会議事録』財団法人中央社会事業協会（国立国会図書館ＤＣ）。

財団法人中央社会事業協会（一九三六・七・二五ｂ）『第八回全国社会事業大会報告書』財団法人中央社会事業協会（国立国会図書館ＤＣ）。

財団法人聾唖教育振興会（一九三一・三）『聾唖教育』一二、六頁。

齋藤研一（一九二六・六）第二四回全国各市小学校連合会ノ建議ニ関スル件『鹿児島教育』三九二、七六－七七頁。

齋藤千栄治（一九一三・一一～一九一四・三）「劣等児及低能児教育の実際的研究（一）～（五）」『小学校　初等教育研究雑誌』一六（三）、五五－五九頁、一六（五）、二九－三一頁、一六（八）、三四－三九頁、一六（一〇）、五五－五八頁、一六（一二）、一五－二〇頁。

斎藤諸平（一九二三）『改造教育批判要諦』児童教育研究会。

斎藤諸平（一九二五）『倉敷小学教育実際要覧』岸田書店。

斎藤諸平（一九二七）『倉敷小学教育実際要覧　昭和二年度』田本屋書店。

斎藤諸平（一九二九）『教育診断に基調する学級教育の実際』大森隆文堂。

齋藤諸平（一九三三）岡山県教育五大綱領要解『岡山県公立小学校特定研究学校施設概観』岡山県教育会（頁なし）。

齋藤諸平（一九五六）『明宝荘の回顧』齋藤諸平。

齋藤諸平・清水甚吾（一九一五）『分団教授の実際』弘道館（国立国会図書館ＤＣ）。

齋藤諸平・兒子喜六（一九一九）『発動主義分団教授一班』中文館書店・金正堂（国立国会図書館ＤＣ）。

齊藤老川（一九三九・七）市教育研究所の新設と教育の向上刷新『帝都教育』四二四、一四－一五頁。

財務省明治初年度以降一般会計歳入歳出予算決算明治初年度以降一般会計歳出所管別決算（二〇一五年一〇月二一日閲覧）（https://www.mof.go.jp/budget/reference/statistics/data.htm）。

酒井虎藏（一九三六・五）吾が校臨海学園の成跡及所感『門司市教育』九、一二八－一三四頁。

坂井美恵子・中道勝久・廣田栄子（二〇一三）大正・昭和初期の口話式聾教育を受けた聾児の音声の検討『AudiologyJapan』五六（五）、七二三－七二四頁。

坂井美恵子・村岡輝雄・伊福部達（二〇一〇・九）教員練習科の設置から盲学校聾唖学校の分離令まで―「大阪聾口話学校創立一カ年口話成績の復刻について」―『ろう教育科学』五二（二）、四五－七〇頁。

坂井美恵子・村岡輝雄・三浦貴大・中道勝久・伊福部達（二〇一一・九）日本初の電気式補聴器リッカフォンについて―加藤亨と聴話教育―『AudiologyJapan』五四（五）、四六三－四六四頁。

佐賀枝夏文（二〇〇一）運動障害福祉のパラダイム―高木憲次の療育体系と中途障害者の障害受容を手がかりとして―『哲学論

集』四八、一六―二八頁。

榊保三郎（一九〇九、一九一〇）『教育病理及治療学　異常児ノ病理及教育法　上・下』榊保三郎。

阪口芳郎（一九四三・二）盲教育者として斯く考える『盲教育』一三（二）、二五―三〇頁。

佐賀県（一八八六・九・四）学齢児童就学取扱規則心得を定めること（佐賀県令第五十一号）。

佐賀県教育史編さん委員会（一九九〇ａ）『佐賀県教育史一　資料編（一）』佐賀県教育委員会。

佐賀県教育史編さん委員会（一九九〇ｂ）『佐賀県教育史二　資料編（二）』佐賀県教育委員会。

佐賀県教育史編さん委員会（一九九一）『佐賀県教育史四　通史編（一）』佐賀県教育委員会。

佐賀県特殊教育百年記念会（一九七八）『佐賀県特殊教育史』佐賀県特殊教育百年記念会。

佐賀県内務部学務課（一九一一・三）教育上特に留意すべき施設事項。佐賀県教育史編さん委員会（一九九〇ｂ）『佐賀県教育史二　資料編（二）』佐賀県教育委員会、五七二―五七九頁。

阪中倉一（一九二八・七～一九二八・八）特殊教育に就て『紀伊教育』三〇〇、二六―三〇頁、三〇一、二六―三〇頁。

坂本忠次（一九九六）『日本における地方財政の展開―大正デモクラシー期地方財政史の研究―』御茶の水書房。

阪本美江（二〇一一・三）大正期末の文部省調査に見る特別学級推奨校の実態―奈良県治道尋常高等小学校の場合―『人間文化研究科年報』二六、二九五―三〇七頁。

阪本美江（二〇一二・三）戦前における特別学級尊重論の比較検討――文部省特殊教育関係者と現場の特別学級担任教師の事例『人間文化研究科年報』二七、二三九―二五一頁。

阪本美江（二〇一四）『大正期から昭和初期にかけての奈良県における劣等児特別学級の思想と実践――「新教育」との関係に着目して』（奈良女子大学博士論文）（二〇一五・五・五閲覧）（http://hdl.handle.net/10935/3594）。

阪本美江（二〇一六・三）奈良女高師附小訓導斎藤千栄治の劣等児低能児論とその展開『日本教育史学会紀要』六、二〇―三九頁。

作道好男・作道克彦（一九八四）『愛媛大学教育学部百年史』教育文化出版教育科学研究所。

桜井強（二〇〇六）全日本聾唖連盟前身の日本聾唖協会創立の経緯について『日本聾史学会報告書』四、三八―四三頁。

櫻井規順（二〇一二）『静岡県と「満州開拓団」』静岡新聞社。

櫻井利平（一九三八・一）大国民の教育『奈良県教育』二九七、二一‐六頁。

迫ゆかり（一九八九・九）「劣等児・低能児」学級史研究の動向『特殊教育学研究』二七（二）、一〇五‐一一〇頁。

迫ゆかり・清水寛・志賀兼充（一九八七）岡山県における「劣等児・低能児」教育問題の顕在過程『精神薄弱問題史研究紀要』二九、一五‐三四頁。

迫ゆかり・清水寛（一九八九・一二）大正新教育下における岡山県の「劣等児・低能児」教育の特徴『特殊教育学研究』二七（三）、三一‐四三頁。

左近允孝之進（一九〇五）『盲人之教育』左近允孝之進（国立国会図書館ＤＣ）。

左近允孝之進（一九〇五、一九一〇）『盲人点字独習書　全一名　点字教授法（点字教科書練習板附属）』六光社（国立国会図書館ＤＣ）。

佐々木吉三郎編（一九一九）『渡米小学校長団視察報告』実業之日本社。

佐々木順二（二〇〇五）和歌山県立盲唖学校の創設期（大正四年〜大正一一年）の教育的課題と和歌山聾唖興業会設立の経緯『心身障害学研究』二九、一‐一六頁。

佐々木順二（二〇〇六）和歌山県立盲唖学校における教育組織・方法の確立と保護機能の分離『聴覚言語障害』三四（三）、一〇三‐一一一頁。

佐々木順二（二〇一〇）明治末期から昭和戦前期の耳鼻咽喉科医師による聾唖教育への関与―九州帝国大学医学部耳鼻咽喉科学教室を中心に―『障害科学研究』三四、二二一‐二三〇頁。

佐々木順二・岡典子（二〇〇六）大正期の聾唖者による東京楽善合資会社設立の経緯と理念―その事業の性格と聾唖者教師・三浦浩の自立像―『東京学芸大学紀要総合教育科学系』五七、二九一‐三〇一頁。

佐々木順二・中村満紀男（二〇〇一）大正期の福岡盲唖学校における株式会社聾唖工芸品製作所設立の経緯と理念『心身障害学研究』二五、二一一‐二二六頁。

佐々木順二・中村満紀男（二〇〇四）聾唖学校における専門的教員の増加および口話法の導入と保護機能の分離―大正期から昭和戦前期の福岡盲唖学校を事例として―『心身障害学研究』二八、八一‐九七頁。

佐々木惣一（一九一四・二）嗚呼一等国『京都教育』二六〇、七－一四頁。

佐々木仁三郎（一九九二）『近世郷土の先賢　根本貞路・阿保友一郎・相澤英次郎』三重県良書出版会。

佐々木光郎（二〇一二a）『昭和戦前期の少年教護実践史（上）』春風社。

佐々木光郎（二〇一二b）『昭和戦前期の少年教護実践史（下）』春風社。

佐世保市市史編さん室（一九八二）『佐世保市史　教育編』国書刊行会。

佐田敏（一九二九）手話の発生論的研究。藤本敏文編『聾唖教育研究叢書　大阪市立聾唖学校』一、大阪聾唖教育後援会、一－七二頁（国立国会図書館DC）。

佐竹政次郎（一九二六・一〇）盲唖児不就学の絶滅運動『帝国盲教育』六（二）、二八－二九頁。

雑報（一九二二・九）『社会と教化』二（九）、八七頁。

佐藤以登子（一九四三・六）学校も戦場なり『近江教育』五六八、五頁。

佐藤馬吉（一九一四）『福島県人名辞典』時事通信社。

佐藤一三（一九二八・六）、（一九二八・八）疲弊せる哉小学校教員（一～二）『秋田教育』四四、一五－二〇頁、四六、三一－三六頁。

佐藤兼雄（一九三五・八）涙の甦生『宮城教育』四三一、四九－五一頁。

佐藤敬三郎（一九〇〇）『小学校令施行規則』佐藤幸也（国立国会図書館DC）。

佐藤聖（二〇〇三）中越盲唖学校と宮川文平『日本聾史学会報告書』一、七七－七八頁。

佐藤在寛（一九三六・一一）理想と実際―敢て梓渓生に教を乞ふ―『聾唖教育』三七、八－一七頁。

佐藤在寛先生顕彰会（一九九五）『佐藤在寛新聞論談集』佐藤在寛先生顕彰会。

佐藤静雄（一九七二）明治時代における岩手県の劣等児教育――菊地辰三郎「劣等児教育の大要」を中心として『精神薄弱問題史研究紀要』一〇、二一－二八頁。

佐藤末吉（一九二五・一）特殊児童の権利『教育研究』二八二、一四一－一四六頁。

佐藤善次郎（一九〇二・三）算術科教授に就きて『神奈川県教育会雑誌』二二、四一－四五頁。

佐藤達哉（二〇〇四）『日本における心理学の受容と展開』北大路書房。

佐藤忠道（二〇〇二）『近藤兼市先生年譜―札幌における特殊教育の嚆矢―』佐藤忠道。

佐藤忠道（二〇一四）『小林運平／近藤兼市』大空社。

佐藤信直（一九〇一）『普通学校衛生学』南江堂（国立国会図書館ＤＣ）。

佐藤秀夫（一九七一）大正・昭和前期。海後宗臣編『日本近代教育史事典』平凡社、一七四―一七六頁。

佐藤秀之助（一九〇九・五、一九〇九・七、一九〇九・八、一九〇九・九）盲唖簡易教授の方法『芸備教育』六一、三頁、六三、六頁、六四、四頁、六五、四頁、六六、三―四頁。

佐藤弘（澤弘吉編）（一九六七）『知恵のおくれた子の指導――島根のある教師の実践記録』報光社。

佐藤弘・片岡ヒデ（一九三三）全体観に立つ生活教育の実際（其の三）――異常児教育の形態。津田萬夫編『全体観に立つ生活教育の理論と実際』明治図書、二七四―三五六頁。

佐土原学校聾唖生教育（一九〇〇・一〇・二八）『琉球教育』五五、一七頁。

佐土原俊惠（一九一一）序。松元四郎平『鍼灸経穴学　附臨床治方録』誠之堂、一―二頁（国立国会図書館ＤＣ）。

佐土原すゑ子女史（一九〇〇・一〇・九）『琉球教育』五四、一四一―一四二頁。

里村勝次郎（一九一〇・八）教授訓育に関する注意『帝国教育』三三七、七〇―七一頁。

眞田正一郎（一九一八・二）我校の教育『岡山県教育会誌』一四四、四七―五一頁。

眞田幸憲（一九一八）『分団教授原義』目黒書店（国立国会図書館ＤＣ）。

眞田幸憲（一九二四）『新時代の教育』目黒書店（国立国会図書館ＤＣ）。

澤柳政太郎（一九一〇）我国将来の教育界『教育界』一〇（一）、九八―一〇〇頁。

澤柳政太郎（一九一三・四）小学校問題（続）『福島県教育』二九（四）、三―八頁。

澤柳政太郎（一九一四・九）国民の国際的地位と教育『愛知教育雑誌』三三三、一―一九頁。

澤柳政太郎（一九一六・三）小学教育に関する調査『防長教育』一九六、一二九頁。

澤柳政太郎（一九一六・四）小学教育上重大なる欠点『帝国教育』八六、一―五頁。

澤柳政太郎（一九一八・一一）盲唖教育について『帝国教育』四四〇、一―三頁。

澤柳政太郎（一九一九・三）姑息なる教育問題解決法を排す『帝国教育』四、四頁。

澤山信一（二〇〇四）トラホームと学校衛生。澤山信一編『学校保健の近代』不二出版。

山間女教員の声（一九三五・一〇）『福島県教育』五一（一〇）、五〇頁。

三県連合児童教育研究会（一九二二・一一）『備作教育』一九三、五〇－五三頁。

算術科の成績悪しき所以及びこれに応じる方法（一八九七・八）『奈良県教育会雑誌』三一、一九頁。

三田谷啓（一九二九・九）恥しい一等国『鹿児島教育』四三一、九八－九九頁。

三位一体（一九三九・一二）『聾口話教育』一五（一二）、目次頁。

椎名亀之助（一九三〇・六）夏季聚落の実施『学校衛生』一〇（六）、一－一二六頁。

椎名清和（二〇〇〇・九）戦前精神薄弱施設概念に関する一考察―旧筑波学園の事例を通して―『障害者問題史研究紀要』三九、一－一九頁。

椎名清和（二〇〇四・三）岡野豊四郎の実践を問い直す―戦前の知的障害児施設における事業構想―『つくば国際大学研究紀要』一〇、一五五－一六四頁。

塩井時平（一九三九・一〇）寂しさのはてなむ国ぞ『教育論叢』四二（四）、四二－四四頁。

塩出環（二〇〇八・一二）河村幹雄の思想と運動『キリスト教社会問題研究』五七、一八三－二〇三頁。

塩田健夫（二〇〇八）『遠藤董と盲・ろう教育』今井書店鳥取出版企画室。

志賀重昂（一九一三・六）加州問題と教育『都市教育』一〇五、二〇－二四頁。

志垣寛（一九二七）『教育界の新人旧人』教育研究会。

志垣寛（一九五六）『教育太平記　教育興亡五十年史』洋々社。

志垣寛編（一九六四）『秋葉馬治先生伝』志垣寛。

視学主事の研究分担（一九二九・七）『鹿児島教育』四二九、一三七－一三八頁。

滋賀県教育会（一九三六・一〇）盲唖児童義務教育制度実施方建議『近江教育』九四頁。

滋賀県教職員録（一九二七・九）『近江教育』三八三（全頁）。

滋賀県教職員録（一九三一・六）『近江教育』四四〇（全頁）。

滋賀県師範学校附属小学校（一九〇二）『滋賀県師範学校附属小学校一覧』滋賀県師範学校附属小学校（国立国会図書館ＤＣ）。

滋賀県立盲学校（一九八八）『滋賀県立盲学校創立八十周年記念誌』滋賀県立盲学校。

市学校衛生改善施設要綱（一九二三・二）『日本学校衛生』一一（二）、九〇－九一頁。

鹿田哲彌（一九四〇・五）吾等の誇り『聾口話教育』一六（五）、四六－四七頁。

時局と教育（一九〇四・九）『徳島県教育会雑誌』七九、二一－二二頁。

重田定正（一九四一・七）国民学校に於ける特別養護に就いて『学校衛生』二一（七）、四六五－四七四頁。

重田定正（一九六一・二）戦時中の学校保健（一）『学校保健研究』三（二）、四三－四五頁。

静岡県（一九〇一、一九〇三、一九〇六～一九一二、一九二〇）『静岡県統計書』静岡県。

静岡県（一九一三）『静岡県統計書明治四五・大正元年第二編』静岡県（国立国会図書館ＤＣ）。

静岡県（一九二四）『静岡県人物志』静岡県（臨川書店、一九七四）。

静岡県江尻大正盲人教育慈善会（一九一五・一〇）『内外盲人教育』四（秋）、一〇八－一一〇頁。

静岡県学務課（一八八一）『児童心得』文林堂（国立国会図書館ＤＣ）。

静岡県教育会（一九二二）『静岡県学事関係職員録』吉見書店（国立国会図書館ＤＣ）。

静岡県社会事業協会（一九二一）『県下の社会事業　会報』一、三二－三九頁。

静岡県社会事業要覧（一九二五）富士育児院。

静岡県立静岡盲学校（一九五八）『静岡県立静岡盲学校六十年誌』静岡県立静岡盲学校。

静岡県立浜松盲学校（ｎｄ）『学校案内』静岡県立浜松盲学校。

静岡県立盲学校（一九四三・二）時局に処する本校の教育行事『帝国盲教育』一三（一）、三一－三四頁。

施設後の教育（一九二四・一・一二）『九州日日新聞』新熊本市史編纂委員会『新熊本市史　史料編　第七巻　近代Ⅱ』熊本市、九二三－九二四頁。

慈善公徳会（一九一七・七）『救乃友　改第一号』慈善公徳会（三重県史編さん室）。

肢体不自由教育史料研究会（一九六九）『証言で綴る戦後肢体不自由教育の発展』社会福祉法人日本肢体不自由児協会。

失業の惨苦を他に楽しい作業――好評な工芸作品（一九二三）『聾唖界』二八、一四―一五頁。

児童愛護会（一九二七）『一宮学園概要（第一輯）』児童愛護会。室田保夫・蜂谷俊隆編『子どもの人権問題資料集成　戦前編九』不二出版。

児童教化八幡学園（一九二九）『雛（創刊号）』児童教化八幡学園（社会福祉法人春壽会八幡学園所蔵）。

児童教化八幡学園（c一九三五）『児童教化八幡学園事業要覧』児童教化八幡学園（社会福祉法人春濤会八幡学園所蔵）。

児童研究所記事（一九〇九・七）『京都府教育会雑誌』二〇六、三九―四〇頁。

児童自立支援施設運営ハンドブック編集委員会編（二〇一四）『児童自立支援施設運営ハンドブック』厚生労働省雇用均等・児童家庭局家庭福祉課。

児童の権利（一九〇七・三）『児童研究』一〇（三）、一―三頁。

信濃教育会（一九三五）『教育功労者列伝』信濃教育会。

篠崎久五（一九八七）熊本市立山崎尋常小学校の特別学級（明治四二年）。森清先生喜寿記念世話人会『熊本の精神遅滞児教育の歩み』森清先生喜寿記念世話人会、八五―八八頁。

篠崎平和（一九六六）『北海道函館盲学校　北海道函館聾学校　沿革史』北海道函館盲学校・北海道函館聾学校。

篠田利英（一八八八・一一）米国通信『東京茗渓会雑誌』七〇、四五―五六頁。

篠田利英（一八九七・六）小西信八君の書翰抄『東京茗渓会雑誌』一七四、五五―六一頁。

篠田利英（一九三八）思ひ出。橋本鋼太郎編『小西信八先生　盲唖教育の師父　小伝と追憶』橋本鋼太郎、四四―四六頁。

篠田享二（一九三一）開放学級。大西永次郎監輯『施設中心虚弱児童の養護』右文館（一九三七年四版）、一〇三―一一四頁。

篠原英太郎（一九三五・五）優良教育の要請と聾教育の振興『聾口話教育』一一（五）、二頁。

新発田市史編纂委員会（一九八一）『新発田市史　下巻』新発田市。

柴崎鐵吉（一九〇五）『法規適用学校管理法』宝文館（国立国会図書館DC）。

師範予備校生徒募集（一九一九・九）『京都教育』三二七、一九頁。

師範生徒の激減（一九一七・二）『教育時論』一一四七、四七頁。

師範校不振の救済（一九一七・三）『教育時論』一一四八、一五頁。

澁木重庵（一八九八・九）訓盲事業『福島教育』四二、五－七頁。

澁谷徳三郎（一九二〇）『小学教育改造論』右文館（国立国会図書館ＤＣ）

澁谷徳三郎（一九二二）『教育行政上の実際問題』敬文館（国立国会図書館ＤＣ）。

司法省保護課（一九三三）『少年保護団体要覧』財団法人日本少年保護協会。

島田民治（一九一九・六）デモクラシーの批判『大分県教育雑誌』四一一、四－九頁。

島根県近代教育史編さん事務局（一九七九）『島根県近代教育史二　通史』島根県教育委員会。

島根県女子師範学校附属小学校（一九一五）『初等教育重要問題の研究１』武永貞助（国立国会図書館ＤＣ）。

島根県内務部（一九二五）『島根県社会事業』島根県内務部（国立国会図書館ＤＣ）。

島根県立松江ろう学校（一九九五）『創立八十周年記念誌』島根県立松江ろう学校。

島根県立松江ろう学校創立百周年記念誌編集委員会（二〇〇六）『創立百周年記念誌松江ろう学校』島根県立松江ろう学校。

島根県立盲学校編（二〇〇五）『福田与志伝　改訂復刻版』島根県立盲学校。

清水清幸（一九四三・二）口話は常に正道に在り―身振手真似奨励説の妹尾先生へ―『聾唖の光』一（九）、四五－五一頁（国立国会図書館ＤＣ）。

清水中四郎（一九三六）『新発田町教育史』新発田町教育会。

清水寛編（二〇〇四）『セガン　知的障害教育・福祉の源流――研究と大学教育の実践』日本図書センター。

清水寛・飯塚希世・伊藤寿彦（一九九四）障害児教育。東京都立教育研究所編『東京都教育史　通史編一』東京都、六七九－七一三頁。

清水寛・迫ゆかり（一九八九）大正自由教育と障害児教育『埼玉大学紀要教育学部（教育科学）』三八（二）、三九－五九頁。

志村聡子（二〇〇二・三）一九三〇年代における受験競争と「家庭教育相談」―母親たちに向けた青木誠四郎の啓蒙活動から―『学校教育学研究論集』五、一－一一頁。

志村廣明（一九八二・三）茨城県における自由教育抑圧事件―一九二〇年代初頭に千葉岸衛が遭遇した事件をめぐって―『教育学研究』四九（二）、一二〇－一二九頁。

志村廣明（一九九八）『日本の近代学校における学級定員・編制問題』大空社。

下市尋常小学校（ｎｄ）第六章　特別学級教授『学校沿革史』水戸市立浜田小学校所蔵（頁なし）。

下田曲水（一九二七・九）熊本県に於ける低能児教育『小学校　初等教育研究雑誌』四三（六）、四一－四七頁。

下田知江（二〇〇〇・五・二一）『盲教育』の復刻版について（筑波大学附属視覚特別支援学校下田文庫）。

下田知江（一九九八）『盲教育』復刻に当たって『盲教育　障害教育・福祉資料一』日本図書センター、一－三頁、。

下田元（一九三三・六）教育界の無反省『教育』一（三）、四四三－四四四頁。

下村海南（一九四〇・九）海外進出『和歌山県教育』二－三頁。

下村壽一（一九三六・八）軍備の対等、教育の対等『帝国教育』六九四、六－九頁。

社会福祉法人滝乃川学園監修・津曲裕次（編集代表）（二〇一一）『知的障害者教育・福祉の歩み　滝乃川学園百二十年史　上』大空社。

弱視児童の為に（一九二五・六）『帝国盲教育』五（一）、一〇四－一〇五頁。

弱視児童に特殊教育（一九三三・一）眼科医師会から建議『帝国教育』六一七、八三頁。

弱視児特殊学校設立建議（一九三三・三）『学校衛生』一三（三）、一八八－一八九頁。

就学児童成績と出席日数（一八九八・八）『私立岡山県教育会雑誌』三〇、四八－四九頁。

就学免除児童ノ取扱（一九三一・八）『近江教育』四三〇、三三－三四頁。

衆議院事務局（一九〇〇・七・二三）盲唖教育に関する建議案委員会会議録『衆議院委員会会議録第一四回帝国議会』八一一－八一三頁。

就職難に苦しむ聾唖児救済の為に――小西翁の涙ぐましい心の現はれ（萬朝報抄）（一九二五）『聾唖界』三三、五八－五九頁。

修身教育研究会（一九三六）『教材精説生活修身指導の実際　高二の部』同文書院（国立国会図書館ＤＣ）。

修身教育編輯部（一九三四）『新修身教授細目　改訂修身書の精神具体化』文化書房（国立国会図書館ＤＣ）。

十大家論叢（一九〇五・四）東京盲唖学校長小西信八君―盲唖教育は慈善事業にあらず―『日本之小学教師』七六、二五八―二五九頁。

十明会（一九三五）『淺水十明概伝』十明会（横浜市立盲学校［一九七〇］）。

重要文化財旧開智学校所蔵文書。

開智學校宮淵支校日誌、明治一九年五月二四日より施行。

協議会日誌、開智学校、自明治廿一年四月。

検定準則決議案、明治二〇年代。

校会記録、松本尋常高等小学校、明治三九年度。

校会記録、松本尋常高等小学校、明治四〇年度。

小学各等科試業法、開智学校、明治一五年八月編制。

成績不良児童特殊教育状況、松本市小学校。

全般ニ亘ル決議記録、松本尋常高等小学校、明治三八年度。

田中清長、明治四三年度、成蹟不良兒学級児童調査書。

特別学級編成議案等、明治三二年。

特別学級教案、明治三三年。

西村寛一、明治四四年度末成績不良児童学級に対する受持教員意見書（五学年末）、職員意見書綴。

日誌（異動録）、松本尋常小学校、明治廿一～二四年度。

日誌異動録、松本尋常高等小学校、明治廿五年四月～二八年迄。

日誌（異動録）、松本尋常高等小学校、明治廿九年四月。

日誌、松本尋常高等小学校、明治三三年。

日誌、松本尋常高等小学校男子部、明治三三年。

日誌、松本尋常高等小學校男子部、明治三六年度。

日誌、松本尋常高等小学校男子部、明治三九年度。

平林早次郎、松本小学校沿革史、稿本残片、明治四二または四三年（平林氏寄託史料）。

部会記録男子部、松本尋常高等小学校、明治四一年度。

望月弥一郎、特別学級欠席生督促模様、明治三四年。

劣等児童取扱方法調査、明治四一年。

主張　女教師の活動（一九一八・一〇）『高知教育』四三五、一二頁。

手話口話生徒状況調査（一九四三・八）『聾唖の光』二（四）、二五－三七頁。

春風倶楽部（一九〇六）『春風倶楽部第一回報告要項』一頁。

障害児教育百年奈良県記念会（一九七九）『障害児教育百年奈良県記念誌』障害児教育百年奈良県記念会。

小学校教育効績者評伝二（一九〇九・四）『帝国教育』三三二、一〇五－一〇七頁。

小学校教員数調（一九二五・八）『徳島教育会雑誌』二三六、五五－五八頁。

小学校ノ学級数ト本科正教員トノ比較調（一九一三・六）『大分県教育雑誌』三四〇、七一－七二頁。

小学校の天才教育（一九〇一・四）『山陰之教育』七一、三六－三七頁。

『小学校令中改正ノ件』（一九二三・八・一）（国立公文書館）。

小学主事会議（一九二〇・九）『教育研究』二一二、九四頁。

小学生徒の過労（一八九〇・九）『岡山教育会雑誌』五〇、二〇頁。

小学生徒の言語（一八九〇・九）『岡山教育会雑誌』五〇、二〇頁。

小渓（一九一九・八）所謂危険思想（時言）『愛媛教育』三八七、一頁。

奨弘尋常高等小学校（一九三五・四）日本精神顕揚を主としたる学校経営研究会『静岡教育』四五七、一〇五－一二九頁。

小中等学校教員初任給及平均給調査（一九三二・八）『山口県教育』三八五、九四－九五頁。

小・中等学校長及び教員調査ほか（一九三二・八）『山口県教育』三八五、八九－九七頁。

将来は県の社会事業に――長岡昭和園を視察し主事一行の共鳴（一九三〇）『聾唖界』五一、五二頁。

昭和九年度の学校経営の努力点（一九三四・四）『宮城教育』四一八、五九－六五頁。

昭和五年度鹿児島県教育計画（一九三〇・二）『鹿児島教育』四三六、一五五－一六五頁。

昭和一一年度帝国教育会通常総会記録（一九三六・七）『帝国教育』六九三、八七－九五頁。

昭和一一年度山口県教育会事業報告（一九三七・四）『山口県教育』四四一、一四一－一四三頁。

昭和一五年度帝国教育会通常総会記録（一九四〇・七）『帝国教育』七四一、七七－八八頁。

昭和一七年度帝国教育会通常総会日程及提出議題（一九四二・六）『帝国教育』七六四、四三頁。

昭和一二年度本会通常総会記録（一九三七・六）『帝国教育』七〇四、一〇〇－一〇五頁。

『昭和一二年八幡学園日誌』（一九三七）（社会福祉法人春壽会八幡学園所蔵）。

昭和一四年全国児童保護大会の決議（一九四〇・四）『人口問題研究』一（一）、九三－一〇〇頁。

昭和一四年度帝国教育会通常総会記録（一九三九・七）『帝国教育』七二九、八七－八九頁。

昭和一六年度帝国教育会通常総会記録（一九四一・七）『帝国教育』七五三、六七－一〇二頁。

昭和七年度日本聾唖教育会経費予算（一九三二・一〇）『聾唖教育』一八、一一頁。

女教員採用程度問題（一九〇七・一一）『兵庫教育』二一七、三一頁。

女教員に望む（一九四三・九）『奈良県教育』三八七、一頁。

初任給引き下げは果して世論か（一九三一・二）『秋田教育』七六、四八－四九頁。

白石崇人（二〇〇八）日清・日露戦間期における帝国教育会の公徳養成問題―社会的道徳教育のための教材と教員資質―『広島大学大学院教育学研究科紀要　第三部』五七、一一－二〇頁。

白川学園の教育情況（一九〇九・一一）『京都府教育会雑誌』二一一、一二－一五頁。

白髭生（一九二一・七）随感余滴『教育研究』二二五、六〇頁。

市立大阪盲唖学校（一九一三）『第四回全国盲唖教育大会報告』。

私立岡山盲唖学校盲生の修学旅行（一九一三・五）『内外盲人教育』二（春）、三三頁。

私立高岡鍼灸按摩学院の廃校（一九二七・一）『帝国盲教育』六（三）、七六頁。

私立高田訓矇学校（一八九五）『全科卒業式悉皆記』（新潟県立高田盲学校旧蔵）。

私立高田訓矇学校（c一九〇七a）『私立高田訓矇学校規則』（新潟県立高田盲学校旧蔵）。

私立高田訓矇学校（c一九〇七b）『私立高田訓矇学校沿革大要』（新潟県立高田盲学校旧蔵）。

私立福島訓盲学校（一九〇六）『私立福島訓盲学校報告書　第一回』私立福島訓盲学校。高橋淳子・平田勝政編（二〇〇五）『知的・身体障害者問題資料集成　戦前編』一、不二出版。

私立福島訓盲学校一覧表（一九〇二・九）『福島教育』八七、二一－二三頁。

私立林間学校（一九一八）『本校要覧　大正七年八月』白十字会。高橋淳子・平田勝政編（二〇〇五）『知的・身体障害者問題資料集成　戦前篇』二、不二出版。

城野龜吉（一九二三・二）特殊教育に就て『学校教育』一一五、一〇三－一一二頁。

新海英行・小川利夫・片岡弘勝・高峰（一九九一）戦間期日本社会教育史の研究――視点と課題『名古屋大学教育学部紀要（教育学科）』三八、四九一－五二二頁。

新海英行・伊藤めぐみ・浅野俊和・山崎由可里・中山弘之・中嶋佐恵子（一九九七・三）戦間期日本社会教育史の研究（その二）――乗杉嘉寿の社会教育論を中心に『名古屋大学教育学部紀要（教育学科）』四三（二）、二八九－三三〇頁。

新宮市史史料編編さん委員会（一九八六）『新宮市史　史料編下巻』新宮市。

新熊本市史編纂委員会編（一九九七）『新熊本市史　史料編第六巻近代Ⅰ』熊本市、九四三－九四六頁。

梓渓生（一九三二・一〇）兼題は一夜漬にすべきではない『聾唖教育』一八、一頁。

梓渓生（一九三〇・七）実際家の研究法『聾唖教育』一〇、二－六頁。

梓渓生（一九三一・一〇）ケースメソッド『聾唖教育』一四、一－二頁。

梓渓生（一九三六・六）過渡期よ疾く去れ（巻頭言）『聾唖教育』三五、四－五頁。

震災後に於ける東京市教育会の活動（承前）（一九二四・一）『都市教育』二三一、三〇－三二頁。

新思潮（一九二二・六）『高知教育』四七九、一頁。

新修大阪市史編纂委員会（一九九四）『新修大阪市史　六』大阪市。

信州大学教育学部附属長野小学校百年史編集委員会（一九八六）『信州大学教育学部附属長野小学校百年史』信州大学教育学部附属長野小学校百周年記念事業実行委員会。

尋常小学校特別教授規程（一九一〇）茨城県猿島郡教育会『学務委員必携』茨城県猿島郡教育会、七一－七二頁。

神都訓盲院関係資料（牛江家文書）。

牛江卯助『履歴書』（昭和十六年一月、手書き、三枚）。

牛江卯助『妻回想』表題。執筆時期不明（手書き、二枚）。

牛江卯助『牛江卯助回想』表題不明（手書き、三枚）。

宇治山田鍼按協会『明治四十年記録簿　第一号　宇治山田鍼按協会』（発行年月日不明、手書き、三〇枚）。

宇治山田鍼按協会『明治四十一年宇治山田鍼按協会規約』（日付不明、手書き、一二枚）。

『神都訓盲院学則』（昭和十年四月、活字、一枚）。

『神都訓盲院経営ニ関スル契約書』（大正八年一〇月二六日付け、手書き、二枚）。

神都訓盲院『公私立盲聾唖学校教員組織調』（昭和一一年五月、手書き、一枚）。

『神都訓盲院賛助金募集要旨』（表題なし、孔版、一枚）昭和五年。

『神都訓盲院賛助金募集要旨』（活字版、一枚）大正一五年。

神都訓盲院『趣旨書』（孔版、一枚）　刊行時期（大正一五年か）。筆者とも不明。

神都訓盲院『職員名簿　大正十四年三月一日現在』（手書き、一枚）。

神都訓盲院『大正七年七月神都訓盲院寄付金芳名帳　宇治山田鍼灸按協会賛助員名簿』（手書き、一一枚）。

神都訓盲院『大正八年拾月　入学願書綴　附履歴書誓約書　神都訓盲院』（最後の入学願書提出年月日は昭和一六年六月二四日）。

神都訓盲院『要書綴』訓盲院　昭和十八年まで。

三重県（一九二〇・一一・四）『三重県知事認可書』学第二九〇〇ノ一。

三重県（一九三六・四・八）『三重県知事明治四十四年内務省令十号、十一号第一条学校指定通知』衛収二四三五号ノ四（タイプ印刷、二枚）。

渡會盲人鍼按協会『明治三十八年七月創立　渡會盲人鍼按協会規約　附会員心得』（明治三八年一二月、手書き、一六枚）。

新入学児童の予備身体検査注意書（一九二八・三）『幼児の教育』二八（三）、八頁。

枢密顧問官審査委員会（一九二三・七・二八）『盲学校及聾唖学校令外二件審査報告』（国立公文書館）。

末方鐵郎「尼崎訓盲院」『Web版尼崎地域史事典』（二〇一〇・一〇・三一閲覧）（http://www.archives.city.amagasaki.hyogo.jp/apedia/index.php?key=%C6%F4%BA%EA%B7%B1%CC%D5%B1%A1）。

末吉重人（二〇〇四）『近世・近代沖縄の社会事業史』榕樹書林。

菅達也（二〇一七）『明治・大正期における盲唖学校の支援組織に関する歴史的研究』長崎純心大学大学院人間文化研究科。

菅田洋一郎・清水寛（一九六三）東京高師附小特殊学級における教育方法上の変遷『教育学研究集録』二、東京教育大学教育学研究科、二一－三三頁。

菅田洋一郎・玉村公二彦（一九八八）戦前の京都における障害児教育成立の諸前提　一―明治三〇年代における「特殊教育」の模索と提案を中心に―『京都教育大学教育実践研究年報』四、九七－二〇九頁。

菅並茂樹（一九九七）戦前における貧困児童就学奨励策の結論―大正期社会事業を中心として―『東北生活文化大学三島学園女子短期大学紀要』二八、四七－五二頁。

菅並茂樹（二〇〇二）小学校令及び工場法の学齢児童就学規定をめぐる論議の検討『東北生活文化大学三島学園女子短期大学紀要』三三、一一三－一一九頁。

菅並茂樹（二〇〇三）大正期社会事業における教育機会保障の視点『東北生活文化大学三島学園女子短期大学紀要』三四、一〇五－一一〇頁。

杉浦四郎（一九五四・一）本県盲教育の創始者　五宝翁太郎先生を偲ぶ『徳島教育』一三四、六七－七〇頁。

杉浦恂太郎（一九〇九・六）教授管理訓練の実際『帝国教育』三二三、九六－一〇三頁。

杉浦洋（一九三六・四）教員俸給不払根絶策『帝国教育』六九〇、七〇－七七頁。

杉浦守邦編（一九七八）『山形県特殊教育史　精薄・虚弱篇』山形県特殊教育史研究会。

杉浦守邦（一九八三・三）北豊吉と学校衛生『学校保健研究』二五（三）、一〇二－一〇八頁。

杉浦守邦（一八八五）学校衛生と特殊教育。津曲裕次・清水寛・松矢勝宏・北沢清司編『障害者教育史――社会問題としてたどる外国と日本の通史』川島書店、二三三－二三九頁。

杉浦守邦（一九八六）『日本最初の肢体不自由学校　柏学園と柏倉松蔵』山形県特殊教育研究会。

杉浦守邦（一九九一）『初代光明学校校長　結城捨次郎』東山書房。

杉田直樹（一九三五）『治療教育学』叢文閣。

杉田裕・飯森義次（一九六二）精神薄弱教育の成立―長野県と精神薄弱教育―『信濃教育』九〇三、二〇－二五頁。

杉野昭博（一九九九）『「盲人保護法案」に関する帝国議会資料（一九〇四～一九一四）――視覚障害者によるあんま専業運動』調査と資料九一、関西大学経済・政治研究所。

鈴木和正（二〇一一）岡山県倉敷小学校における大正新教育実践の展開―地域社会が抱える問題とその対応をめぐって―『教育学研究ジャーナル』九、五一－六〇頁。

鈴木和正（二〇一二）特別学級における大正新教育実践の展開―倉敷・内山下小学校の劣等児問題への対応―『教育学研究紀要』五八、四七－五二頁。

鈴木静夫（一九八二）『郷土の開発に尽くした人々　第二集』掛川市教育委員会。

鈴木秀一・廣川和市（一九八四・三）城戸幡太郎先生著作・論文目録　城戸幡太郎先生卒寿記念『北海道大学教育学部紀要』四四、九一－一〇九頁。

鈴木そよ子（一九九〇・六）公立小学校における新教育と東京市の教育研究体制―一九二〇年代を中心に―『教育学研究』五七（二）、一三－二二頁。

鈴木泰三（一九八八）『秋田・障害児教育の歩み』秋田魁新報社。

鈴木治太郎（一九〇七・八・二二、八・二六～二七）小学校児童取扱方実験報告『官報』七二四五、四六五－四六六頁、七二四八、五八〇－五八六頁、七二四九、六〇八－六一一頁。

鈴木治太郎（一九〇七・六）劣等生取扱ひに関する一カ年の実験結果『教材研究　初等教育』五（六）、三八－五四頁。

鈴木治太郎（一九一〇）『初等教育最近実際問題の研究』宝文館（国立国会図書館ＤＣ）。

鈴木治太郎（一九一一）『初等教育最近実際問題の研究』（増補版）宝文館（国立国会図書館ＤＣ）。

鈴木治太郎（一九二九）『智能測定と児童の適能教育』大阪市教育部。高橋淳子・平田勝政編（二〇〇五）『知的・身体障害者問題史料集成　戦前編』六、不二出版。

鈴木勇夫（一九三六・二）就学前の視力欠陥児童『帝国盲教育』七（二）、二〇－二四頁。

鈴木正夫（一九三一・九）Winnetka System と算術教育『静岡県教育』四一三、五〇－五八頁。

鈴木力二（一九六一）『石川倉次先生伝』日本点字七十周年記念事業実行委員会。

鈴木力二（一九六八）『古河太四郎と京都盲唖院　日本盲教育史資料第二集』あをい会。

鈴木力二（一九八三）『東都盲人教育事始め――高津柏樹の一生』鈴木力二。

鈴木力二（一九八五）『図説盲教育史事典』日本図書センター。

鱸三佐男（一九七二）『六十年の歩み』千葉県立盲学校。

須田赫二（一九三四・六）教育五十年の回顧『福島県教育』五〇（六）、三一－五九頁。

スタンレー、ホール（口絵）（一九〇七）『教育界』六（七）。

スタンレーホール氏（一八九八・一二）『児童研究』一（二）、九一－九二頁。

砂原茂一（一九八〇）一人の療法士の軌跡―わが国におけるリハビリテーション事始―『理学療法と作業療法』一四（三）、二〇二－二〇六頁。

駿河尚庸（一九〇七・三）学校衛生学『茨城教育協会雑誌』二七四、一〇－一四頁。

駿河尚庸（一九一〇）『最新学校衛生学』吐鳳堂（国立国会図書館ＤＣ）。

駿河尚庸（一九二三・九）就学の免除『学校衛生』二（九）、三七－三八頁。

寸墨（一九一五・二）『京都教育』二七二、六〇－六一頁。

正教員配置及教員待遇情況（一九一五・一）『愛媛教育』三三二、五〇－五一頁。

成城小学校教育問題研究会（一九二六・一〇）『教育問題研究　異常児教育研究号』成城小学校教育問題研究会。

整肢療護園（一九六一）『整肢療護園のあゆみ』日本肢体不自由児協会。

精神薄弱児育成会（一九五四）『ひかりまつ子ら—精神薄弱児の指導のために—』国土社。

精神薄弱児研究部会（一九四一・一）新しい働きかけ『教育科学研究』三（一）、一六－一七頁。佐藤広美・高橋智編（一九九七）『戦前　教育科学運動史料』一、緑蔭書房。

精神薄弱児研究部会よりの草案（一九四〇・六）『教育科学研究』二（六）、一一－一三頁。佐藤広美・高橋智編（一九九七）『戦前教育科学運動史料』一、緑蔭書房。

精神薄弱児施設一覧（一九三七・一二）『愛護』一（四－七）、一八頁。

精神薄弱児童研究会の組織（一九三二・三）『学校衛生』一二（三）、二一七頁。

精神薄弱児童養護施設講習会（一九三一・三）『学校衛生』一一（三）、一二八－一二九頁。

精神薄弱児童養護施設講習会概況（一九三一・三）『学校衛生』一一（三）、二〇六－二〇九頁。

精神薄弱児童養護施設協議会（一九三一・五）精神薄弱児童養護施設に関する方案『学校衛生』一一（五）、三〇八－三一七頁。

精神薄弱児問題座談会記事（一九三七・一二）『愛護』一（四－七）、一九－二一頁。

精神薄弱者研究委員会（一九三九・八）『心理学研究』一四（特輯）、一一九－一二七頁。

精神薄弱者を如何にするか（一九三八・一二）『日本医事新報』八四九、三三一－三三三頁。

生徒卒業（一八九三・四・二〇）『官報』二九三九、二四四－二四五頁（国立国会図書館ＤＣ）。

生徒卒業（一九〇〇・五・二五）『官報』五〇六六、三六六－三六七頁（国立国会図書館ＤＣ）。

生徒卒業（一九〇一・四・二二）『官報』五三三七、四五一－四五四頁（国立国会図書館ＤＣ）。

生徒卒業（一九〇二・五・二八）『官報』五六六七、五八五－五八八頁（国立国会図書館ＤＣ）。

清野茂（一九九四）佐藤在寛と私立函館盲啞院『北海道社会福祉史研究』一一、一－二八頁。

清野茂（一九九五）私立函館盲啞院長・佐藤在寛と昭和初期聾啞教育『ろう教育科学』三六（四）、一七一－一八三頁。

清野茂（一九九七・三）昭和初期手話——口話論争に関する研究『市立名寄短期大学紀要』二九、五七－八〇頁。

清野茂（二〇〇五・七）梓渓生・樋口長市の人物像と教育に関する一考察『ろう教育科学』四七（二）、八五－九八頁。

西部盲啞教育協議会（一九一二・一一）『内外盲人教育』一（秋）、四八－五二頁。

清明学園の誕生（一九三〇・三）『宮城教育』三六九、五〇頁。

棲鸞生（一九一三・六）我が校に於て実施せる暑中休暇中の林間教授『都市教育』一〇五、一三－一六頁。

瀬川昌耆（一八九三）『学校衛生法綱要』瀬川昌耆（国立国会図書館ＤＣ）。

関以雄（一九〇一）『学校衛生講話材料』誠之堂（国立国会図書館ＤＣ）。

関根熊吉（一九〇三）『関根訓盲算盤説明書』宇田三郎（国立国会図書館ＤＣ）。

関野宗平（一九二九・五）学級経営（尋五）『神奈川県教育』二五六、四一－四五頁。

関野宗平（一九三〇・四）学級経営基調の考察『神奈川県教育』二六四、三二－三五頁。

Ｚ・Ｏ（一九三六・四）感想『備作教育』三五五、一〇五－一〇六頁。

瀬戸山正義（一九三四）『大阪府立盲学校一覧　昭和九年三月』大阪府立盲学校。

妹尾熊男（一九三三・一二）我が校の今昔と今後の方針『聾啞教育』二三、一〇－二一頁。

妹尾熊男（一九三四）聾啞保護事業『聾啞教育』二四、三八－四一頁。

妹尾熊男（一九四二・七、一九四二・九）皇国民錬成に関して『聾啞の光』一（三）、一一－一五頁、一（五）、八－一五頁。

妹尾生（一九三〇・七）中国四国の盲啞教育の近況と雑感『聾啞教育』一〇、八一－八二頁。

妹尾生（一九四八・五）盲教育の過去と将来『特殊教育』三、一二－一四頁。

世良長造（一九〇八・八）低能児童の取扱に就て余の卑見『岡山県教育会誌』八七、二二－二四頁。

世良長造（一九三六・四）感想『備作教育』三五五、三〇－三一頁。

前会長樋口先生を送る（一九三七・一二）『聾啞教育』四二、八－四五頁。

千幹（一九〇八・八）ア、低能児『教育研究』五三、八五－八八頁。

全国各市小学校教育会（一九一〇・六）『愛知教育雑誌』二七四、三〇－三三頁。

全国各府県教育時事報（一九三〇・四）『鹿児島教育』四三八、一三四－一四一頁。

全国教育雑感（一九一六・一）『京都教育』二八三、六六－六八頁。

全国教育者大集会概況（一八九一・六）『大日本教育会雑誌　総集会記事第四』四、一二一頁。

全国教育大会（一九一五・七）『京都教育』二七七、六五頁。

全国教育大会（一九一六・一a）『京都教育』二八三、六五－六六頁。

全国教育大会（一九一六・一b）『帝国教育』四〇二、一六三頁。

全国教育大会（一九二九）『教育思潮研究』三（二）、四四七－四四八頁。

全国教育大会概況（一九二九・八）『帝国教育』五六四、一一－六七頁。

全国教育大会記事（一九一五・一〇）『京都教育』二八〇、六三－六四頁。

全国教育大会規則（一九一四・四）『京都教育』二六二、巻頭（頁なし）。

全国教育大会部会記事（一九二九・二）『静岡県教育』三八二、七一－八〇頁。

全国病弱・虚弱教育研究連盟病弱教育史研究委員会（一九九〇）『日本病弱児研究史』日本病弱教育史研究会。

全国肢体不自由養護学校長会（一九八一）『肢体不自由教育の発展　改訂増補版』日本肢体不自由児協会。

全国師範志望減少（一九一九・六）『教育時論』一二二一、一五頁。

全国小学校月俸平均額一覧表（一九二四・七）『神奈川県教育』二一三、巻頭（頁なし）。

全国小学校女教員大会（一九三四・七）『因伯教育』四七九、七五－八一頁。

全国女教員大会（一九三一・五）『帝都教育』三三五、六一－六四頁。

全国初等教育大会（一九三七・七）『静岡県教育』四八八、一一〇－一一五頁。

全国の学齢児童と小学教員（一九〇二・二）『阿波国教育会雑誌』五〇、三二－三三頁。

全国盲唖学校長会議録（一九二〇）『内外盲人教育』八（冬）、七九－八九頁。

全国盲唖教育会（一九一一・八）『帝国教育』三四九、七九－八一頁。

全国盲唖校長会議（一九一九・一二・一五）『教育時論』一二四九、二〇－二一頁。

全国附属小学校主事会議（一九三〇）『教育思潮研究』四（一）、三六六頁。

全国盲唖学校長会議ニ於ケル文部大臣訓示要領（一九三九）『帝国盲教育』一〇（一）、四－五頁。

全国盲唖児童学資補給状況調査（一九二八・一一）『盲教育』一（一）、三一－三三頁。

全国連合教育会臨時総会（一九三〇・五）『信濃教育』五二三、八六－八九頁。

全国連合教育会臨時総会（一九三一・四）『信濃教育』五三四、一一〇－一一二頁。

仙北郡小学校長会（一九三一・二）経済難と教育――学級整理は時代逆行『秋田教育』七六、四九－五四頁。

総会記事（一九三八・一〇）『聾唖教育』四六、三五－四六頁。

綜合教育研究会（一九三四）『綜合教育書　教科書精説・細目・教案五　尋常小学第四学年後期』帝国地方行政学会（国立国会図書館ＤＣ）。

総集会概況（一九一〇・五）『京都府教育会雑誌』二一六、二一－二九頁。

総集会臨時委員（一九〇一・五）『東京市教育時報』九、七八頁。

壮丁体格成績（一九一七・一一）『大分県教育雑誌』三九五、三八－三九頁。

創立五十周年記念誌編集委員会（一九五九）『創立五十周年記念誌』栃木県立聾学校。

創立七五周年記念誌編集委員会（一九八五）『風雪　創立七五周年記念誌』鳥取県立鳥取盲学校。

創立百周年記念誌部会（一九九八）『百年のあゆみ　福島県立盲学校創立福島県盲人教育創始百周年記念誌』福島県立盲学校。

創立百周年記念誌編集委員会（一九九八）『長崎県立盲学校一〇〇年の歩み』長崎県立盲学校。

蘇川生（一九一六・三）教育界は若く腐敗せるか『現代教育』三一、一－二頁。

曽根信一（一九八三）沖縄の中での読谷山の学校史（明治時代）『読谷村立歴史民俗資料館紀要』三、一－二八頁。

染井貞子（一九三九）『本校の特別学級に就て』刊行元不詳。高橋智・前田博行・石川衣紀編（二〇一〇）『特別支援・特別ニーズ教育の源流』六、緑蔭書房。

【た行】

第一回関東北部盲学生陸上競技大会（一九二九・七）『盲教育』二（六）、八七－八九頁。

第一回全国連合学校衛生会総会（一九三二・三）『阿波教育』二七三、九二－九六頁。

第一回帝国連合教育会議報告（一九一九・一二）『都市教育』一八二、一二―一六頁。

第一回和歌山県各郡市連合小学校長会議状況（一九二五・一二）『紀伊教育』二八八、三四―五〇頁。

大会記事（一九三九・八）『心理学研究』一四、一一七―一二七頁。

第九回全国連合教育会概況（一九一三・五）『岐阜県教育会雑誌』二二六、七五―七九頁。

第九回全国聾唖教育大会概況（一九二四・七）『聾唖界』三〇、三五―四〇頁。

第五回高等学術大講話会（低能児教育問題）（一九〇九・八）『京都府教育会雑誌』二〇七、三三頁。

第五回全国盲唖教育大会概況（一九一五・一〇）『内外盲人教育』四（秋）、九五―一〇四頁。

第五回全国連合教育会建議（一九〇五・一〇）『教育公報』三〇〇、一五―二一頁。

第五回代議員会記事（一九〇九・六）『大分県教育雑誌』二九二、二二―三一頁。

第五回大都市連合教育会記事大要（一九二一・二）『都市教育』一九七、一一―一二七頁。

第五回連合教育会（一九〇五・一〇）『教育公報』三〇〇、一五―二一頁。

第五高等学校開校五十年記念会（一九三九）医学部の附設『五高五十年史』第五高等学校（熊本大学学術リポジトリ）、九七―一〇九頁。

大国民と豊太閤！（一九一〇・一一）『口なしの花』九、二頁（明石書店［二〇一二］）。

第三回全国連合教育会概況（一九〇一・七）『奈良県教育会雑誌』五四、二二―三〇頁。

第三九回東京府連合教育会（一九三七・一二）『帝都教育』四〇五、一四―五〇頁。

第三五回東京府連合教育会総会（一九三四・二）『帝都教育』三五九、三七―五八頁。

第三二回東京府連合教育会（一九三一・一）府下に於ける特殊児童の教育施設を速に実施せられんことを其の筋に建議するの件『帝都教育』三一三、二〇―二一頁。

第三二回東京府連合教育会記事（一九三一・二）第六号議案調査報告『帝都教育』三一四、二三―二四頁。

第三八回東京府連合教育会（一九三七・二）『帝都教育』三九五、四一―七五頁。

第三四回全国都市小学校連合会（一九三五・六）『静岡県教育』四五九、一一九―一三五頁。

第一三回関東連合教育会報告（一九一七・一二）『都市教育』一五九、八－一四頁。

大正三年評議員会（一九一四・五）『京都教育』二六三、四九－六〇頁。

大正三年度本会事業報告幹事会協議事項（一九一三・五）『京都教育』二五一、五四－五五頁。

大正三年一〇月末内国盲唖学校一覧表（一九一五）『内外盲人教育』三（冬号）、付録。

大正一一年一一月現在内国盲学校並盲唖学校一覧表（一九二三）『帝国盲教育』二（四）、付録表。

泰仙（一九〇五・一）何所まで市町村教育費を節減し得るや『徳島県教育会雑誌』一六二、二六－二八頁。

第一二回全国小学校女教員会報告（一九三二・五）『帝都教育』三三五、六一－六四頁。

第一二回全国小学校女教員大会（一九三二・一二）『教育思潮研究』六（四）、二八三－二八八頁。

第一二回全国小学校女教員大会概要（一九三二・六）『教育女性』八（六）、二三－四八頁。

第一二回全国小学校女教員大会記（一九三二・七）『鹿児島教育』五一－五九頁。

太地常路（一九四〇・九）脚下照顧『和歌山県教育』一一八－一一九頁。

大都市児童の体質悪化（一九二七・一二）『児童研究』三〇（一二）、三六〇－三六一頁。

第七回全国連合教育会（一九〇九・六・一〇）『帝国教育』三三三、四五－六一頁。

第七回全国連合教育会提出問題（一九〇九・三・一五）『帝国教育』三三〇、五頁。

第七回帝国連合教育会議（一九二四・一）『帝国教育』四九七、一〇一－一〇七頁。

第七回日本聾唖教育会総会開催（一九三一・六）『聾唖教育』一三、九四－九五頁。

第二回関西各市小学校連合会（一八九九・六）『京都府教育雑誌』八六、二七－三〇頁。

第二回西部盲唖教育会報告（一九一五・二）『内外盲人教育』三（冬）、二四－三〇頁。

第二回全国師範学校附属小学校主事会概況（一九二二・九）『帝国教育』四八二、九六－一〇〇頁。

第二回全国盲唖学校長会議（一九二三）『帝国盲教育』三（四）、九八－一〇九
第二回大都市連合教育会報告（一九一七）『都市教育』一五八、四－一九頁。

第二回帝国盲教育中国四国部会報告（一九二三・一二）『帝国盲教育』三（三）、八五－八七頁（国立国会図書館ＤＣ）。

第二地方部師範附属小学校主事協議会（一八九九・一〇）『宮城県教育雑誌』五八、三六頁。

第二〇回九州沖縄八県連合教育会（一九三九・七）『帝国教育』七二九、九五－九六頁。

第二〇回全国教育連合教育会総会概況（一九三三・六）『帝国教育』六二七、六四－七五頁。

第二一回全国各市区小学校連合会（一九二一・八）『大分県教育雑誌』四三一、二六－三二頁。

第二一回全国連合学校衛生会（一九四三）『第二一回全国連合学校衛生会総会報告書』第二一回全国連合学校衛生会（国立国会図書館ＤＣ）。

第二九回関東連合教育会（一九二八・一一）『帝都教育』三五六、三三一－三九頁。

第二五回全国各市小学校連合会状況（一九二六・六）『鹿児島教育』三九二、六五－七六頁。

第二四回全国各市小学校連合会ノ建議ニ関スル件（一九二六・六）『鹿児島教育』三九二、七六－七七頁。

大日本教育会（一九〇〇）『全国教育者大集会報告』大日本教育会。

大日本学術協会（一九二七）樋口長市氏教育学『日本現代教育学大系六』モナス（国立国会図書館ＤＣ）、二〇六－三一三頁。

大日本学術協会（一九三八）『異常教育法の新研究』モナス（国立国会図書館ＤＣ）。

第八回全国教育大会状況（一九一一・八）『秋田県教育雑誌』二三九、五五－五七頁。

第八回大都市連合教育会議事要項（一九二四・四）『都市教育』二三六、一五－二一頁。

第八回広島県連合教育会（一）（一九〇八・一一）『芸備教育』五五、五頁。

第八回府下訓導研究会決議案（一九一九・一一）小学校に於ける優良児教育の最も適当なる方案如何『京都教育』三二九、一二一－一七頁。

第四回全国盲唖教育大会提案（一九一三・七）『内外盲人教育』二（夏）、四一－四二頁。

第四回大都市連合会議報告（一九二〇・一）『都市教育』一八四、二三－三〇頁。

第四回六大都市教育協議会（一九三四・一二）『帝都教育』三六九、三五－三七頁。

平盲聾学校記念誌編集係（一九七〇）『創立六十五周年創立二十五周年記念誌』福島県立平盲学校福島県立平聾学校。

第六回全国盲唖教育大会（一九一七）『内外盲人教育』六（秋）、八三－九二頁。

第六十七帝国議会衆議院委員会議録（一九三五）『第五輯　第一号　建議委員会議録　第九回　第五類　第一号　昭和十年三月二十三日』七五－九七頁。

高石史人（二〇〇〇）「感化救済事業」から「社会事業」へ――田子一民試論『筑紫女学園大学紀要』一二、一－二〇頁。

高市賢次郎（一九一七・五）小学教師の老朽問題（町村経済）『愛媛教育』三六〇、四一－四三頁。

高岡裕之（二〇一四）戦時期日本における児童保護の変容――人口政策との関連を中心に。橋本伸也・沢山美果子編『保護と遺棄の子ども史』昭和堂、二七六－三〇五頁。

高木憲次（一九二四）クリュッペルハイムに就て『国家医学雑誌』四四九、二九二－二九八頁。

高木憲次（一九三四）整形外科学ノ進歩とクリュッペルハイム『第九回日本医学会会誌』二七－七三頁。

高木憲次（一九三五a）肢体不自由児治療二十年の験得より『社会事業』一八（一一）、二五－三四頁。

高木憲次（一九三五b）「肢体不自由児」養護の要諦を述べクリュッペル学校の使命に及ぶ『光明学校紀要』三、一〇－一三頁。

高木憲次（一九四八a）肢体不自由児の療育理念『愛育』一三（一〇）、四－一〇頁。

高木憲次（一九四八b）療育の理念『日本医師学雑誌』二一、四二二－四二七頁。

高木憲次（一九四八c）肢体不自由児と共に三十有余年『厚生時報』三（六）、一六－一八頁。

高木憲次（一九五五a）肢体不自由の克服理念―欠くべからざる不自由克服のけいこ―『はげみ』一（一）、六－一一頁。

高木憲次（一九五五b）療育と不自由克服の実際『はげみ』一（二）、四－九頁。

高木政弘（一九二九・一二）A子は低能児であったか『聾唖教育』九、三八－四四頁。

高桑致芳（一八九一）『国民教育　学校衛生法』中田書店（国立国会図書館DC）。

高崎宗司（二〇〇八）『津田仙評伝』草風館。

高砂美樹（一九九七）大学における心理学研究室の開設と専門教育の拡大。佐藤達哉・溝口元編『通史　日本の心理学』北大路書房、二〇八－二一九頁。

高嶋晋史（一九九八・三）『総山文兄伝記』―生い立ちと岐阜県教育会幹事辞職時の事情を中心に―『岐阜県歴史資料館報』二一、一九五－二〇九頁。

高島平三郎（一九〇八・六）十分の準備をなせ『内外教育評論』八、一八―二〇頁。

高田いし（一九二五・六）教育雑感『静岡県教育』三三八、五五―六一頁。

高田市史編集委員会（一九五八）『高田市史　第一、第二巻』高田市役所。

高津柏樹（一九二〇）『まあ坐れ』日本図書出版（国立国会図書館ＤＣ）。

高津保雄（一九三九）『私の体験を主としたる特別学級経営案』発行元不詳。高橋智・前田博行・石川衣紀編（二〇一〇）『特別支援・特別ニーズ教育の源流』六、緑蔭書房。

高橋克三（一九三八・六）帝教総会の種々相『秋田教育』二一六、二四―二五頁。

高橋潔（一九二九）序。藤本敏文編『聾唖教育研究叢書　大阪市立聾唖学校』一、大阪聾唖教育後援会。

高橋潔（一九三一）『宗教々育に就て』大阪市立聾唖学校（国立国会図書館ＤＣ）。

高橋潔（一九四三・五）撃ちてし止まむ『聾唖の光』二（二）、一―二頁（国立国会図書館ＤＣ）。

高橋潔（一九四三・九）常在戦場『聾唖の光』二（五）、一頁（国立国会図書館ＤＣ）。

高橋潔（一九四三・一一）今ぞ一億戦闘総配置『聾唖の光』二（七）、一頁（国立国会図書館ＤＣ）。

高橋潔（一九四四・二）みたみわれ、力の限り働き抜かん『聾唖の光』二（一一）、一頁（国立国会図書館ＤＣ）。

高橋潔（一九五五）藤井東君の面影。藤井ツヤコ編『聾教育に関する論文集　藤井東洋男遺稿――随筆・書簡』藤井東洋男遺稿集刊行会（国立国会図書館ＤＣ）、一五五―一五六頁。

高橋潔（川渕依子編）（二〇〇〇）『手話讃美　手話を守り抜いた高橋潔の信念』サンライズ出版。

高橋吾良（一八八一）『諸教便覧』飯島静謙（国立国会図書館ＤＣ）。

高橋智（一九九三・一）わが国における精神薄弱概念の歴史的研究　Ⅶ―昭和戦前期の主要な著作、学説の検討を中心に―『研究紀要』（日本福祉大学）八八、一一三―二〇三頁。

高橋智（一九九七・六）戦前の城戸幡太郎学派の生活教育論と「精神薄弱概念」―「精神薄弱」概念の理論史研究『教育學研究』六四（二）、一八〇―一八九頁。

高橋智・荒川智（一九八七・三）大正新教育と障害児教育の関係と構造『季刊障害者問題研究』四八、五五―六六頁。

高橋智・石川衣紀・前田博行編（二〇一〇）『戦前における鈴木治太郎の大阪市小学校教育改革と特別な教育的配慮のシステム開発に関する研究』一〜九、別巻、緑蔭書房。

高橋智・清水寛（一九九八）『城戸幡太郎と日本の障害者教育科学　障害児教育における「近代化」と「現代化」の歴史的位相』多賀出版。

高橋修司（一九二五・三）学級経営実際案『神奈川県教育』二一八、一一九－一三〇頁。

高橋淳子・平田勝政編（二〇〇五〜二〇〇六）『知的・身体障害者問題資料集成　戦前編』第一〜一六巻、不二出版。

高橋助七翁刊行会（一九三四）『高橋助七翁』新潟公友社（国立国会図書館ＤＣ）。

高橋武三（一九九二）兵庫県聾教育の創始者を明らかにする――忘れられた創始者・松谷富吉の生涯から『研究紀要』（神戸県立聾学校）五、四〇－八九頁。

高橋環（一九一八・五）参観録『愛媛教育』三七二、三六－四〇頁。

高橋勉（一九三〇・四）学校に於ける特殊児童の研究『学校衛生』一〇（四）、一九七－二〇九頁。

高橋秀臣（一九一一・四）世界七大強国民の所得『大分県教育雑誌』三一四、二四－二五頁。

高橋真琴・佐藤貴宣（二〇一六・二）社会事業としての盲教育の展開――明治・大正期を中心として『鳴門教育大学学校教育研究紀要』三〇、一－八頁。

高橋昌郎（一九六六）『中村敬宇』吉川弘文館。

高橋昌巳（一九七七）『盲人の父　イオアン高橋豊治と共に』桜雲会。

高橋實監修（二〇〇九）『先達に学び業績を知る―視覚障害先覚者の足跡―』視覚障害者支援総合センター。

高橋實監修（二〇〇九）『石川倉次とその時代〜点字がつなぐ過去と未来〜』視覚障害者支援総合センター。

高橋宗重郎（一九二一・七）女教員諸姉に苦言を呈す『愛媛教育』四一〇、一三－一五頁。

高橋裕子（二〇一四・三）大西永次郎の初期学校衛生論―教育的学校衛生論以前の問題―『愛知教育大学研究報告人文・社会科学編』六三、一二五－一三三頁。

高橋裕子（二〇一五・一）昭和十三年の大西永次郎と竹村一による学校衛生論争『愛知教育大学研究報告　人文・社会科学編』六

四、八九－九七頁。
高橋裕子（二〇一五・三）竹村一の教育としての学校衛生論の戦前と戦後『愛知教育大学保健体育講座研究紀要』三九、三一－四三頁。

高橋義昭（一九九三）新潟県柏崎町私立中越盲啞学校について『柏崎刈羽』二五、六五－七四頁。

高橋義昭（二〇〇四）新潟県盲聾教育の偉大な指導者　宮川文平『柏崎刈羽』三一、五八－六七頁。

高畑運太（一九一三）『児童ノ体質ノ改良ヲ目的トセル避暑保養所成績』高畑運太（国立国会図書館ＤＣ）。

高野聡子（二〇一一・五）戦時下における精神薄弱児施設の苦悩―藤倉学園の疎開生活の実態―『東京社会福祉史研究』五，五三－六二頁。

高野聡子（二〇一三・三）初期八幡学園における入所児の障害と教育・保護の内容―昭和七（一九三二）年～昭和一二（一九三七）年を中心として―『障害科学研究』三七，一九七－二一一頁。

高野聡子（二〇一三・五）戦時厚生事業期における精神薄弱児施設の機能―昭和一四年の久保寺保久（八幡学園初代園長）の大連における講演内容を中心として―『社会事業史学会第四一回大会報告要旨集』五四－五五頁。

高野聡子（二〇一三）『川田貞治郎の「教育的治療学」の体系化とその教育的・保護的性格に関する研究』大空社。

高野聡子（二〇一四・五）昭和戦前期の社会事業における精神薄弱児施設の機能と役割―日本精神薄弱児愛護協会の設立と精神薄弱児保護法の制定の要望を中心として―『社会事業史学会第四二回大会報告要旨集』九六－九七頁。

高野聡子（二〇一五・三）八幡学園における入所児の実態と教育・保護の内容―昭和一二（一九三七）年～同一七（一九四二）年の処遇方法と物的・人的環境を中心として―『障害科学研究』三九，三七－五一頁。

高野聡子・松矢勝宏（二〇一三）川田貞治郎　知的障害がある子どもの教育的治療学の研究と実践。津曲裕次監修『天地を拓く―知的障害福祉を築いた人物伝―』財団法人日本知的障害者福祉協会、八五－一〇〇頁。

高野松次郎（一九〇九）『小学校施設に関する細案』松栄堂（国立国会図書館ＤＣ）。

高野良子（二〇〇六）『女性校長の登用とキャリアに関する研究――戦前期から一九八〇年代までの公立小学校を対象として』風間書房。

高松市に於ける関西教育大会（一九〇一・九）『阿波国教育会雑誌』四五、一七－一八頁。

高森良人（一九五七・一〇）正・續任命順職員在勤年表　附索引『龍南への郷愁』五高同窓会（熊本大学学術リポジトリ）（二〇一五・六・一閲覧）（http://hdl.handle.net/2298/10847）。

高室梅雪（一八九六）『静岡県現住者人物一覧』高室茂廣。

高山潔（一九二〇・一一）最近米国初等教育界大観『教育研究』二一四、八一－八九頁。

高山潔（一九三五・六）帝都教育疑獄の真相と其廓清対策─師範教育革新の警鐘─『帝国教育』六七五、二二－四四頁。

高山弘房（一九七九）『聾教育百年のあゆみ』聴覚障害者教育福祉協会。

高山弘房（一九八二）『口話教育の父　西川吉之助伝』湘南出版社。

田川大五郎（一九一一・七）特殊小学校の位置『都市教育』八二、一九－二一頁。

滝澤菊太郎（一九一三・一）実際教育家の自覚を促す『都市教育』一〇〇、二六－二七頁。

滝乃川学園（一九一〇）学園のまとゐ。社会福祉法人滝乃川学園（一九八六）『石井亮一と瀧乃川學園──石井亮一没後五〇周年記念復刻版』社会福祉法人滝乃川学園、一一六－一七一頁。

琢美学校の盲人教育（一九一〇・三）『山梨教育』一八三、五四頁。

武岡弧峯（一九〇八・二～一九〇八・三）我が実験せし盲聾唖者の教育『防長教育』九九、二二－二三頁、一〇〇、二一－二六頁。

武田洋（一九八五）私立置賜盲学校の沿革『山形大学紀要（教育科学）』九（一）、三一－四四頁。

竹中暉雄（一九七一・六）特殊教育の先覚者・脇田良吉の人と思想『文部時報』一一二八、八六－九五頁。

竹中暉雄（二〇〇六）「学制」（明治五年）の教育理念に関する諸問題──立身出世、単線型学校制度、『学問のすゝめ』との関係『桃山学院大学人間科学』三二、一－五九頁。

竹中暉雄（二〇一三）『明治五年「学制」──通説の再検討』ナカニシヤ出版。

竹原幸太（二〇一五・九）武蔵野学院職員の感化教育・少年教護実践史研究─初代院長菊池俊諦を基点として─『教育学研究』八二（三）、一四－二六頁。

竹林能彦（一九三七・三）田中不二麿子の点描『教育』五（三）、四七五－四八八頁。

武政太郎（一九三四・一）将来の国民教育に於ける根本問題『静岡県教育』四四一、一三―一五頁。

竹村一（一九一九）学齢児童不就学者に関する統計『児童研究』二二（一一）、二七四―二七八頁。

竹屋哲弘（一九八四）『庄内の盲人教育史　増補改訂』竹屋哲弘。

田口五郎作（一九〇五・一二）知能薄弱なる児童の教育に就て『茨城教育協会雑誌』二五九、一―一六頁。

田子一民（一九一五・五）最近五年自治制側面観『斯民』一〇（二）、七七―八一頁。

田子一民（一九一六・九）自治民育『愛知教育雑誌』三四七、一―二〇頁。

田子一民（一九二〇）『改造の欧米より』白水社（国立国会図書館ＤＣ）。

田子一民（一九二二）『社会事業』帝国地方行政学会（国立国会図書館ＤＣ）。

田澤薫（一九九九）『留岡幸助と感化教育―思想と実践―』勁草書房。

田代太郎次（一九二五・三）高等第二学年学級経営案『神奈川県教育』二一八、七八―八二頁。

田代義徳（一九二四）整形外科の現在及将来『医事新聞』一一四八、一〇九四―一一〇八頁。

多田房之輔（一九三〇・五）教員虐待問題『帝国教育』五七三、九九―一〇二頁。

多田房之輔（一九三三・五）地方の教育行政を文部省の手に『帝国教育』六二六、五―八頁。

立花隆（二〇一二）『天皇と東大　一（大日本帝国の誕生）』文春文庫。

橘勇一（二〇〇九）私立金沢盲唖院の松村精一郎校長が、京都府盲唖院を訪問した記録『日本聾史学会報告集』七、六一―六四頁。

橘勇一・山本靖光・種田忠繁・益塚清志（二〇〇六）日本初のろう者校長！　松村精一郎の研究『日本聾史学会報告集』四、六八―七〇頁。

橘勇一・中根伸一・内田博幸（パネラー）・好本知比路（司会）（二〇〇八）トークショー松村精一郎の生涯『日本聾史学会報告集』六、九六―九八頁。

橘勇一・山本靖光・種田忠繁・益塚清志（二〇〇八）「日本初のろう者校長！　松村精一郎」の研究『日本聾史学会報告集』六、八六―八八頁。

田所普通学務局長談（一九一一・一〇）『教育時論』九五五、三〇頁。

田所美治（一九三〇・七）所感『聾教育』二、三三－四〇頁。

田所美治（一九四〇・九a）西川先生を敬弔追慕して『聾口話教育』一六（九）、九－一一頁。

田所美治（一九四〇・九b）故西川吉之助氏追悼演説『近江教育』五三七、五七－五九頁。

田中（一九〇八・九）教育の目的と女教師『福岡県教育会々報』一一九、五二頁。

田中勝文（一九六七・一〇）児童労働と教育――とくに一九一一年工場法の施行をめぐって『教育社会学研究』二二、一四八－一六一頁。

田中亜紀子（二〇〇五）『近代日本の未成年者処遇制度―感化法が目指したもの―』大阪大学出版会。

田中一秀（一九〇五・四）小学校教員は児童を研究せざるか『愛知県教育雑誌』二一六、二三頁。

田中憲（一九六五）『甲府教育百年史』甲府教育委員会。

田中生（一九〇九・一一）特殊教育に就て『教材研究　初等教育』六（一一）、二〇三－二〇四頁。

田中不二麿（一八七五）『理事功程　巻一・二』文部省（国立国会図書館DC）。

田中不二麿（一九〇七）教育瑣談。大隈重信編『開国五十年史　上巻』開国五十年史発行所、七〇三－七四八頁（国立国会図書館DC）。

田中良健・石部元雄（一九九〇）富士育児院と院主渡辺代吉。松本昌介（編）『肢体不自由児とともに』田研出版、四四－五八頁。

田中良健・林邦雄（一九八三）肢体不自由児を収容した施設―富士育児院と渡辺代吉―『第二一回日本特殊教育学会大会発表論文集』五八六－五八七頁。

谷合侑（一九九六）『盲人の歴史』明石書店。

谷本富（一九二六）『最新教育学大全』同文館。

田部英一（二〇〇三）『〝地方〟に初めてできた雪国・高田の盲学校』大森隆碩没後百年を偲ぶ会。

田部井竹香（一九〇八・五）女教員問題『愛知県教育雑誌』二五二、四－八頁。

玉井康之（二〇〇〇）明治中期の就学率の推移と地方再編―岡山県の就学率と貧困階層の滞留を中心として―『岡山大学経済学雑誌』三二（四）、八五－一一一頁。

玉村公二彦（一九九三・一一）脇田良吉の低能児教育論の形成とその具体化―明治四〇年代初頭を中心に―『奈良教育大学紀要　人文・社会』四二（一）、四三‐五五頁。

玉村公二彦（二〇〇〇・一一）戦前京都市における特別学級の成立・展開とその実態―京都市立養成尋常高等小学校特別学級を中心に―『奈良教育大学紀要　人文・社会』四九（一）、一七九‐一九〇頁。

玉村公二彦（二〇〇四・一〇）明治末白川学園における低能児の処遇・教育実践の歴史的検討―障害による学習困難のある収容児童の事例をもとに―『奈良教育大学紀要　人文・社会』五三（一）、一一五‐一二二頁。

為藤五郎（一九二一）内務書記官、田子一民君『大正新立志伝』大日本雄弁会（国立国会図書館ＤＣ）。

為藤五郎（一九四〇・二）東京府会に於ける学校大拡張の計画・其他『帝都教育』四三一、一五‐二二頁。

田村一二（一九三六）『精神薄弱児の生活指導』京都市滋野尋常小学校（一九九六竹田謄写堂復刻版）。

田村一二（一九七九）『開墾　石山学園をはじめた頃』北大路書房。

田村肇（一九三一）『児童調査運用の経験』田村肇。高橋智・前田博行・石川衣紀編（二〇一〇）『特別支援・特別ニーズ教育の源流』六、緑蔭書房。

田村肇（一九三九・五）特殊学校の学則設備等に関する件答申『精神衛生』一四（三）、三七‐三八頁。

田村肇（一九三九・八）精神薄弱児の特殊学校設置に就ての希望『精神衛生』一四（四）、一五‐一七頁。

田村肇（一九四一・三）異常児に対する特殊教育『社会事業研究』二一（一）、四〇‐四四頁。

田村肇（一九四二・一〇・二三）精神薄弱児養護学校経営の実際。高橋智・前田博行・石川衣紀編（二〇一〇）『特別支援・特別ニーズ教育の源流』八、緑蔭書房。

田村肇（一九六七・三）鈴木治太郎先生『精神薄弱児研究』一〇二、五〇‐五三頁。

田村肇・北田米松（一九二九）『実際的体験的個性の調査と教育』文翫堂書店（国立国会図書館ＤＣ）。

田村秀穂（一八八九・七）教育時病『広島県私立教育会雑誌』二一、三‐五頁。

田村航（二〇〇三・三）昭和十年代の西田哲学―柳田謙十郎の教学官就任問題をめぐって―『学習院大学史料館紀要』一二、九九‐一五一頁。

太郎良信（二〇〇九）一九二〇年代における小学校教員会の全国組織化について『文教大学教育学部紀要』四三、五九－七〇頁。

茅ヶ崎市教育研究所（一九八七）『茅ヶ崎市教育史　資料編一』茅ヶ崎市教育委員会。

近松生（一九四〇・九）故西川氏の寄稿中遺言と題せるもの『聾口話教育』一六（九）、三三－三五頁。

筑後盲人協会検眼情況一覧（一九二九・七）『盲教育』二（一）、九二頁
竹風（一九二五・七）女教員に就て『神奈川県教育』二三一、一－三頁。

築谷生（一九〇七・一二）小学校教育の一大目的に留意して『兵庫教育』二一八、一－八頁。

千葉県教育百年史編さん委員会編（一九七一）『千葉県教育百年史三（史料編　明治）』千葉県教育委員会。

千葉県教育百年史編さん委員会編（一九七三）『千葉県教育百年史一（通史編　明治）』千葉県教育委員会。

千葉県立千葉盲学校（一九七二）『六十年の歩み』千葉県立千葉盲学校。

千葉寿雄（一九七九）大正期の初等教育。弘前市教育史編纂委員会編『弘前市教育史下巻』弘前市教育委員会、一－一八一頁。

中央盲人福祉協会（一九三八）『点字図書目録』中央盲人福祉協会（国立国会図書館ＤＣ）。

聴覚練習室（一九三五・七）『聾唖教育』三〇、一三頁。

聴覚練習室（一九三八・一〇）『聾唖教育』四七、六七頁。

聴覚練習室（一九三九・五）『聾唖教育』五一、八一頁。

嘲仙人（一九一四・三）教育家の風土『京都教育』二六一、二七－二九頁。

趙没名（二〇〇八）戦前の高木憲次の療育論形成における「公的肢体不自由者福祉法」の影響『社会福祉学』四九（二）、三〇－四三頁。

智力発達の試験（一八九一・九）『大分県共立教育会雑誌』八一、三九－四〇頁。

通商産業大臣官房調査統計部（一九六一）『工業統計五〇年史』大蔵省印刷局。

塚崎博行（二〇〇四）兵庫における障害児教育の先覚者たち―左近允孝之進・松谷富吉・三田谷啓を中心に―『人権の確立に尽くした兵庫の先覚者たち』兵庫県人権啓発協会、七六－九五頁。

筑波学園（一九二六）「筑波学園」高橋淳子・平田勝政編（二〇〇五）『知的・身体障害者問題資料集成　戦前編』四、不二出版。

筑波学園（nd）「筑波学園要覧」高橋淳子・平田勝政編（二〇〇五）『知的・身体障害者問題資料集成　戦前編』三、不二出版。

對馬敬五郎（一九三二）戸外学級。大西永次郎監輯（一九三二）『施設中心虚弱児童の養護』右文館（一九三七年四版）、一三五－一五六頁。

辻辰一（一九二七）『ドモリ　救済の叫び』吃音矯正普及会（国立国会図書館ＤＣ）。

辻村泰男（一九七二）歴史私論『精神薄弱問題史研究紀要』一二、一－二頁。

辻村泰男（一九七八）『障害児教育の新動向』日本文化科学社。

辻本與次郎（一九一〇・一〇）聾唖教育『紀伊教育』一九五、三〇－三二頁。

辻本與次郎（一九二四）『盲聾唖教育令発布記念誌　大正十三年五月』和歌山県立盲唖学校。

辻本與次郎（一九二五）聾唖児の家庭指導『口話式聾教育』一、四七－四九頁。

辻本與次郎（一九四〇・九）今は故人!!　西川先生『聾口話教育』一六（九）、二一－二三頁。

辻本與次郎（一九四一）『声なき子供たち』金星堂（国立国会図書館ＤＣ）。

津田市正（一九三四・七）知能測定に於ける鈴木式テストの発展段階と優位『教育』二（七）、一〇三八－一〇四八頁。

土屋清一（一九二六）『総合的新教育大意』女子教育研究会。

土屋忠雄（一九四三・六）日本諸学振興委員会教育学会に参加して『帝国教育』七七六、一四－一七頁。

筒井清忠（二〇一一）『帝都復興の時代　関東大震災以後』中公選書。

坪井次郎（一八九九）『学校衛生書』金港堂（国立国会図書館ＤＣ）。

津曲裕次編（二〇一四～二〇一五）『特別支援教育・福祉年史集成』一～一〇、日本図書センター。

津曲裕次（一九八五）東京市養育院と障害者処遇問題。津曲裕次・清水寛・松矢勝宏・北沢清司編『障害者教育史――社会問題としてたどる外国と日本の通史』川島書店、一六一－一七一頁。

津曲裕次編（二〇〇四）『日本の障害児教育』四、日本図書センター。

津曲裕次（二〇一二）『滝乃川学園石井亮一・筆子が伝えた社会史（一）――女子教育から知的障害者教育へ』大空社。

津曲裕次（二〇一三）石井亮一――日本の知的障害者教育・福祉の創設者。津曲裕次監修『天地を拓く――知的障害福祉を築い

た人物伝』財団法人日本知的障害者福祉協会、一五－三四頁。

津曲裕次・清水寛・松矢勝宏・北沢清司編（一八八五）『障害者教育史――社会問題としてたどる外国と日本の通史』川島書店。

津山直一（一九九三）リハ医学と歩んだ四十五年の中より『リハビリテーション医学』三〇（一）、一三－一四頁。

T・Y生（一九三七・一）編輯後記『教育』五（一）、奥付。

帝国議会衆議院『第十四議会予算委員会速記録（第一科第四号）』（二〇一五・一・三閲覧）。

帝国議会衆議院『第十六議会予算委員会第一分科会会議録第五回』（二〇一五・一・三閲覧）。

『帝国議会衆議院議事速記録一六　明治三十二年』（一九八〇）東京大学出版会。

帝国教育会（一九〇八）『第二回全国小学校教員会議録』帝国教育会。

帝国教育会（一九二一・一）全国師範学校附属小学校主事会決議録『愛媛教育』四〇四、二八－三一頁。

帝国教育会（一九二九）『全国教育大会概況』帝国教育会（国立国会図書館DC）。

帝国教育会（一九三三）『学制改革案―調査報告―』帝国教育会（国立国会図書館DC）。

帝国教育会（一九三三・三）『学制改革案調査報告』六三一、一八－四五頁。

帝都教育会（一九四〇・二）教員の不足をどうして補充す可きか？『帝都教育』四三一、二二－二六頁。

帝都教育会調査部（一九三一・六）普通教育振興上施設すべき事項　其四『帝都教育』三二一、二－三頁。

帝国教育会通常総会の開催（一九三八・五）『武相教育』九六、七－九頁。

帝国教育会に於ける小学校女教員に関する問題調査（一九〇八・三）『愛知県教育雑誌』二五〇、四五－四六頁。

帝国教育会の盲唖教育（一九〇五・一）『帝国教育』七八四、三八頁。

帝国地方行政学会編（一九三六）尋常小学校特別教授規程『加除自在現行茨城県令規全集　第二綴』帝国地方行政学会（国立国会図書館DC）、八九頁。

帝国盲教育会（一九三八・三）学齢児童中ノ盲聾唖者調『帝国盲教育』九（二）、六九－七七頁。

帝国盲教育会互助規程（一九二八・一二）『盲教育』一（一）、三三頁。

帝国盲教育会第一一回総会研究大会概況（一九四〇・六）『帝国盲教育』一一（一）、四六－五四頁。

帝国盲教育会第二回総会報告（一九二四・七）『帝国盲教育』四（一）、三－一二頁。

帝国連合教育会（一九一九・一）『帝国教育』四三八、八二－八三頁。

低能児教育講習会（一九二二・九）『社会と教化』二（九）、八七頁。

低能児教育講習会要項（一九二二・七）『社会と教化』二（七）、八八頁。

低能児教育調査会（一九二二・三）『社会と教化』二（三）、四九頁。

低能児教育方針（一九一六・一一）『教育時論』一一三七、一七頁。

低能児特別教育（一九一二・三）『茨城教育』三三四、二六頁。

低能児と女子の福音（一九一二・一一）『京都教育』二四五、四〇頁。

低能児の取扱に就て　主張（一九〇九・三）『教育学術界』一八（六）、二頁。

手島精一（一八八四・三－四）廃人教育説　痴者之部『大日本教育会雑誌』五、二六－三三頁、六、一八頁。

寺井碧水生（一九二六・一）盗みをする子供の取り扱ひ方『愛媛教育』四六四、四二－四六頁。

寺尾捨次郎（一八九四）『学校管理法付録教育法令』大日本図書（国立国会図書館ＤＣ）。

寺﨑昌男（一九七一）明治学校史の一断面―学校紛擾をめぐって―『日本の教育史学』一四、一四－四三頁。

寺田勇吉（一九〇〇・一〇）東京市の将来経営すべき教育事業『東京市教育時報』一、一－一二頁。

寺田勇吉（一九〇三・四）収賄問題『東京市教育時報』三一、一－六頁。

寺本晃久（二〇〇一）低能概念の発生と「低能児」施設―明治・大正期における―『年報社会学論集』一四、一五－二六頁。

天空生（一九二九・二）二ツノ提案『日本学校衛生』一七（二）、六〇－六二頁。

穎才教育研究特別委員会（一九一七・一）『京都教育』二九五、六九頁。

天才教育と平凡教育（一九一二・一一）『京都教育』二四五、四九－五〇頁。

点字雑誌『むつぼしのひかり』データ化・研究プロジェクト（二〇一六・二）『むつぼしのひかり』墨字訳　第一集、社会福祉法人
　桜雲会点字出版部。

天來生（一九一一・六）暑中休暇を如何に利用すべき乎『都市教育』八一、二一－二四頁。

点字の普及技芸の教育（一九〇二・二・五）『東海訓盲院季報』一三（黒田淳之助氏所蔵、静岡県立図書館歴史情報文化センターにて閲覧）。

土井郁太（一九二四・三）九州地方教育視察記（二）『備作教育』二〇八、二二一－二六頁。

東海訓盲院（一九〇〇・二）『琉球教育』四六、一八二頁。

桃花塾一〇〇年の歴史編集委員会編（二〇一六）『桃花塾一〇〇年の歴史』社会福祉法人桃花塾。

東京教育大学附属聾学校（一九七五）『東京教育大学附属聾学校の教育――その百年の歴史』東京教育大学附属聾学校。

東京高等師範学校（一九一九）『東京高等師範学校一覧』東京高等師範学校（国立国会図書館ＤＣ）。

東京高等師範学校附属小学校（一九一〇）『東京高等師範学校附属小学校規程』東京高等師範学校附属小学校。

東京高等師範学校附属小学校（一九一二）『東京高等師範学校附属小学校一覧』東京高等師範学校附属小学校。

東京市（一九三九）『東京市学事統計年報　第三十回　昭和十二年度』東京市役所。

東京市（一九三三）『東京市教育概要　昭和七年度』東京市役所（国立国会図書館ＤＣ）。

東京市（一九三〇）『東京市教育復興誌　昭和五年三月』東京市役所（国立国会図書館ＤＣ）。

東京市（一九二七）『東京市教育要覧　昭和二年』東京市役所（国立国会図書館ＤＣ）。

東京市（一九二八）『第二十回東京市学事統計年報』東京市役所（国立国会図書館ＤＣ）。

東京市（一九三五）『第二十六回東京市学事統計年報』東京市役所（国立国会図書館ＤＣ）。

東京市（一九三七）『補助学級児童ノ卒業後ノ状況　昭和十二年三月』東京市役所。大泉溥編『文献選集　教育と保護の心理学』一一、クレス出版。

東京市小日向台町国民学校（一九四二）『難聴学級の教育』東京市小日向台町国民学校。高橋淳子・平田勝政編（二〇〇六）『知的・身体障害者問題資料集成　戦前編』一五、不二出版。

東京市会事務局（一九三九）『東京市会史』七、東京市会事務局（国立国会図書館ＤＣ）。

東京市学校衛生掛（一九三三・三）小学校に於ける弱視児童の調査『学校衛生』一三（三）、一六〇－一六二頁。

東京市教育会（一九〇一・八）『東京市教育時報』一一、五四－五七頁。

東京市教育会（一九二〇）『小学校長団の観たる米国の教育』佐藤出版部（国立国会図書館ＤＣ）。

東京市教育会（一九四四）『東京都教育会六拾年史』（国立国会図書館ＤＣ）。

東京市教育会研究部（一九一九・一一）東京市小学教育改善研究『都市教育』一八二、一－一二頁。

東京市教育会研究部調査事項（一九二四・六）『都市教育』二三七、二一－五頁。

東京市教育講習所状況（一九二四・八）『都市教育』二三九、三一－三二頁。

東京市教育会の不具者教育（一九〇一・一〇）『教育時論』五九四、三三頁。

東京市教育行政機関ノ改善ニ関スル建議（一九二三・一二）『都市教育』二三一、三一－三二頁。

東京市教育局（一九二七・三）『東京市学校調査（第三輯）』東京市教育局。

東京市教育局（一九二七・一二）『東京市教育要覧　昭和二年』東京市教育局。

東京市教育局学校衛生課（一九二六）就学児童予備身体検査に関する調査『学校衛生』六、四九三－五〇〇頁。

東京市教育局学校衛生掛（一九三一・八）吃音児童の調査『学校衛生』一一（八）、五三〇－五三一頁。

東京市教育局学務課（一九二八・九）就学児童予備身体検査の実況『帝都教育』二八一、三五－四五頁。

東京市教育局学務課（一九二七・一二）『東京市学校要覧　昭和二年』東京市教育局学務課。

東京市教育疑獄の判決（一九三五・九）『教育』三（九）、一〇九頁。

東京市教育研究所（一九一三・四）『都市教育』一〇三、四四－四五頁。

東京市教育研究所評議員会（一九一三・七）『都市教育』一〇六、五〇頁。

東京市教員講習所講習員募集（一九二一・九・一）『官報』二七二六、二七頁（国立国会図書館ＤＣ）。

東京市麹町尋常小学校（一九二七・一二）開放教室ノ概要『日本学校衛生』一六（一）、四七－五四頁。

東京市麹町尋常小学校（一九二八・一）開放教室ノ概要（承前）『日本学校衛生』一五（一一）、三七－三九頁。

『東京市公報』（一九二九・六・一五）市内各小学校の補助学級一覧。一〇九二－一〇九四頁（東京都公文書館）。

『東京市公報』（一九三〇・六・七）本市小学校の補助学級現況。九九七－九九八頁（東京都公文書館）。

『東京市公報』（一九三一・六・四）本市小学校補助学級児童に関する調査（上）。一〇一〇－一〇一二頁（東京都公文書館）。

東京市社会局（一九二三）『児童保護事業に関する調査　第壱』東京市社会局。

東京市小学校教員会・東京市小学校長会（一九三七・一）悲観すべき教員俸給の将来『帝都教育』一四二、四七－五五頁。

東京市小学校長会（一九二四・三）『都市教育』二三四、二九－三二頁。

東京市月島尋常小学校（一九〇九・九）教授訓練の方針『東京教育』二三四、八－一四頁。

東京市に於ける教育の復興（一九二四・四）『都市教育』二三五、二三－二六頁。

東京市の弱視児童調べ（一九三三・八）『教育思潮研究』七（三）、二八二頁。

東京市に於けるバックワードチャイルド教育方法研究（一九二一・三）『都市教育』一九八、二一－二三頁。

東京市養育院（一九〇二か）『東京市養育院年報　明治三十四年度　第三十回報告』東京市養育院（国立国会図書館ＤＣ）。

東京市養育院（一九一七か）『東京市養育院年報　大正五年度　第四十五回』東京市養育院（国立国会図書館ＤＣ）。

東京市養育院（一九二一）『東京市養育院年報　大正九年度　第四十九回』東京市養育院（国立国会図書館ＤＣ）。

東京市立光明学校（一九三二）『東京市立光明学校概要　第一輯』東京市立光明学校。

東京市立光明学校（一九三三）『東京市立光明学校紀要　第二輯』東京市立光明学校。

東京市立光明学校（一九三七ａ）『東京市立光明学校紀要　第四輯』東京市立光明学校。

東京市立光明学校（一九三七ｂ）『東京市立光明学校概覧』東京市立光明学校（社会福祉法人春濤八幡学園所蔵）。

東京市立光明学校（一九三八）『東京市立光明学校紀要　第五輯』東京市立光明学校。

東京市立光明学校（一九三九）『東京市立光明学校紀要　第六輯』東京市立光明学校。

東京市立光明国民学校（一九四二）『創立十周年記念誌』東京市立光明国民学校。高橋淳子・平田勝政編『知的・身体障害者問題資料集成　戦前編』一五、不二出版。

東京市立光明国民学校（一九四三）『東京市立光明国民学校現況　昭和十八年五月』東京市立光明国民学校。

東京市立聾学校後援会（一九三四）『十年を語る　創立十週年記念誌』東京市立聾学校後援会（国立国会図書館ＤＣ）。

東京市霊岸尋常小学校（一九一一・八）家庭調査『都市教育』八三、六－八頁。

董樹棠（Ａ・ウィリアムソン選）奥野昌綱訳（一八八二）『基督実録（Life of Christ）』飯島静謙（国立国会図書館ＤＣ）。

東京都（一九六七）『東京の特殊教育』東京都。

東京都教育庁社会教育部（一九七六）『社会教育における心身障害教育　その二』東京都教育庁。

東京都光明国民学校（一九四四）『東京市立光明国民学校概覧　昭和十九年四月』東京市立光明国民学校。

東京都光明国民学校（一九四五）『仰光通信　第二号』東京都光明国民学校。

東京都障害児学校退職教職員の会（二〇〇八）『東京の障害児学校の学童疎開―疎開パネル解説―』。

東京都障害児学校退職教職員の会（二〇〇九）『東京の障害児学校の学童疎開第二集―証言―』。

東京都障害児学校退職教職員の会（二〇一〇）『東京の障害児学校の学童疎開第三集―図集―』。

東京都立光明小・中学校（一九五二）『創立二十周年記念誌　創立二十周年記念誌』津曲裕次編『障害児教育・福祉年史集成　第Ⅰ期』七、日本図書センター。

東京都立教育研究所（一九七四）東京市立聾唖学校『東京都教育史資料体系』一〇、三七五―三八二頁。

東京都立光明養護学校（一九五七）『創立二十五周年記念誌（昭和三十二年十月）』東京都立光明養護学校。

東京都立光明養護学校（一九六二）『光明三十年』東京都立光明養護学校。

東京都立光明養護学校内「光明学校紀要」復刻刊行委員会（一九六九）『東京市立光明学校紀要自第一輯至第七輯』（復刻版）。

東京府慈善協会（一九二〇）全国社会事業大会協議案『東京府慈善協会会報』一〇、七八―八三頁。

東京府社会事業協会（一九二三）『東京府社会事業　第三輯　管内児童保護施設ノ部』東京府社会事業協会。

東京盲唖学校（一八八九）『東京盲唖学校一覧　明治二十二年末』東京盲唖学校（国立国会図書館ＤＣ）。

東京盲唖学校（一八九二）『東京盲唖学校一覧　明治二五年十一月』東京盲唖学校（国立国会図書館ＤＣ）。

東京盲唖学校（一九〇一）『東京盲唖学校沿革略　創業二五年紀年　明治三三年末調』東京盲唖学校（国立国会図書館ＤＣ）。

東京盲唖学校（一九〇七）『内国盲唖学校一覧表　明治四十年末』東京盲唖学校。

東京盲唖学校（一九〇九）『東京盲唖学校概覧』東京盲唖学校。

東京盲唖学校（一九一〇）『東京盲唖学校概覧』東京盲唖学校。高橋淳子・平田勝政編『知的・身体障害問題資料集成　戦前編』一、不二出版。

東京盲唖学校卒業証書授与式（一八九二・一一・一二）『官報』二八一四、一二四－一二六頁（国立国会図書館ＤＣ）。

東京盲唖学校卒業証書授与式（一八九四・五・二）『官報』三二四九、二二頁（国立国会図書館ＤＣ）。

東京盲唖学校卒業証書授与式（一八九四・五・三）『官報』三二五〇、三六－三九頁（国立国会図書館ＤＣ）。

東京盲唖学校卒業証書授与式（一八九五・三・二八）『官報』三五二〇、三三四－三三六頁（国立国会図書館ＤＣ）。

東京盲唖学校卒業証書授与式（一八九六・四・二三）『官報』三八四二、三六二－三六四頁（国立国会図書館ＤＣ）。

東京盲唖学校第三回卒業証書授与式（一八九一・一一・一三）『官報』二五一三、一三三頁（国立国会図書館ＤＣ）。

東京盲唖学校第十一回卒業証書授与式（一八九九・五・二五）『教育時論』五〇八、一九－二一頁（国立国会図書館ＤＣ）。

東京盲学校（一九〇七）『東京盲学校卒業者現状一覧』東京盲学校。

東京盲学校（一九一二）『第三回全国盲唖教育会報告』東京盲学校。

東京盲学校（一九二二）『内国盲学校並盲唖学校一覧表　大正十一年十一月現在』東京盲学校。

東京盲学校（一九一六、一九一九、一九二三、一九二五、一九二七～一九四一）『東京盲学校一覧』東京盲学校（国立国会図書館ＤＣ）。

東京盲学校（一九三五）『東京盲学校六十年史』東京盲学校（国立国会図書館ＤＣ）。

東京盲学校の不祥事（一九三三・一）『帝国教育』六一八、六四－六五頁。

東京盲人教育会（一九一〇）『東京盲人教育会概覧　明治四三年一一月』東京盲人教育会。高橋淳子・平田勝政編（二〇〇五）『知的・身体障害問題資料集成　戦前編』一、不二出版。

東京連合婦人会と！（一九三七・八）『聾口話教育』一三（九）、五五－五六頁。

東京聾唖学校（一九一一）『東京聾唖学校概覧　明治四十四年三月』東京聾唖学校。

東京聾唖学校（一九一五）『第五回全国盲唖教育大会報告』東京聾唖学校。

東京聾唖学校（一九二〇）『東京聾唖学校一覧　開校満四十年　明治一三年一月ヨリ大正九年一月マデ』東京聾唖学校。

東京聾唖学校（一九二五）『東京聾唖学校一覧　大正十三年度』東京聾唖学校（国立国会図書館ＤＣ）。

東京聾唖学校（一九三〇）『東京聾唖学校紀要』一。大泉溥編『文献選集　教育と保護の心理学』九、クレス出版。

東京聾唖学校（一九三一）『東京聾唖学校一覧　昭和五年度』東京聾唖学校（国立国会図書館ＤＣ）。

東京聾唖学校（一九三五ａ）『東京聾唖学校六十年史』東京聾唖学校（国立国会図書館ＤＣ）。

東京聾唖学校（一九三五ｂ）『東京聾唖学校一覧　昭和九年度』東京聾唖学校（国立国会図書館ＤＣ）。

東京聾唖学校（一九三五ｃ）『東京聾唖学校紀要』二、東京聾唖学校（国立国会図書館ＤＣ）。

東京聾唖学校（一九四二）『東京聾唖学校一覧　昭和十七年度』東京聾唖学校（国立国会図書館ＤＣ）。

東京聾唖学校（一九四四）『東京聾唖学校紀要』三。大泉溥編『文献選集　教育と保護の心理学』九、クレス出版。

東京聾唖学校光栄略記（一九三六・一一）『聾口話教育』一二（一一）、一―三頁。

東京聾唖学校同窓会（一九三八・七）『殿坂の友』四二（特輯　樋口先生を偲ぶ）、四―一三頁（明石書店［二〇一二］）。

統計（一八九八・六）『京都府教育雑誌』七四、一五頁。

東山生（一九一四・三）教育界の新機運『京都教育』二六一、二九―三四頁。

投書規定（一九〇六・三）『口なしの花』一、奥付（明石書店［二〇一二］）。

當百老人（一九一二・四）教育閑話『都市教育』九一、一三―一五頁。

當百老人（一九一二・七）教育閑話『都市教育』九四、三八―三九頁。

道府県学校衛生主事会議事項（一九一九・八）『三重教育』二五九、三九―四三頁。

東北盲人教育岩手分会（一八九〇・九）『岩手学事彙報』二〇一、一六頁。

遠山憲美（一八七七・一二・一五）盲唖訓黌設立設立ヲ促ス建議意見書。盲聾教育開学百周年記念実行委員会編集部（一九七八）『京都府盲聾教育百年史』盲聾教育開学百周年記念実行委員会、二九―三〇頁。

東洋経済新報社（一九二九）『明治大正国勢総覧』東洋経済新報社（一九七五年復刻版）。

富樫悌三（一九一六）『新潟県総欄』新潟社。

徳島県教育会（一九二〇）『徳島県教育会沿革史』徳島県教育会。

徳島県立盲学校記念誌編集委員会編（一九八〇）『徳島県盲教育史　徳島県盲教育八十年記念　徳島県立盲学校五十周年記念』徳島県立盲学校。

特殊教育研究部（一九三四・七）補助学級研究授業『教育研究』四二二、一〇七－一二六頁。

特殊教育調査会（一九一一・一〇）『教育時論』九五五、三〇－三一頁。

特殊教育特輯号（一九三四・一一）『教育』二（一一）、四二－八四頁。

特殊教育に関する講習会（一九三四・七）『静岡県教育』四四八、七八頁。

特殊教育の調査（一九一一・一〇）『教育時論』九五三、三二－三三頁。

特殊教育の奨励を望む（一九〇六・七）『教育時論』七六六、四五頁。

特殊教育制度を調査すべし（一九〇一・一一）『教育時論』五九六、四二－四三頁。

特殊教育百年北海道記念会（一九七八）『北海道の特殊教育』特殊教育百年北海道記念会。

特殊教育の歴史（北海道）（二〇一〇・一〇・二九閲覧）(http://www4.ocn.ne.jp/~komoto/sub5 － 5b.html)。

特殊児教育号（一九三三・六）『教育診断』一（六）、二－一七頁。

特殊児童教育（一九一二・五）『教育時論』九七六、三四頁。

特殊児童の教育乃一（一九〇七・五）『鳥取県教育雑誌』一四四、九－一一頁。

禿頭生（一九二三・一）教育の改善『佐賀県教育』二九五、一一－一七頁。

戸崎敬子（一九九二・六）大阪市立児童相談所と付設学園の成立と展開『特殊教育学研究』三〇（一）、三七－四六頁。

戸崎敬子（一九九二・一二）二〇世紀初頭における特別学級の成立と展開『障害者問題史研究紀要』三五、七－一三頁。

戸崎敬子（一九九三）『特別学級史研究――第二次大戦前の特別学級の実態』多賀出版。

戸崎敬子（一九九四）長沼幸一の「精神薄弱児」教育（Ⅰ）―先行研究の検討―『高知大学教育学部研究報告　第一部』四九、一三九－一四九頁。

戸崎敬子（一九九六）長沼幸一の「精神薄弱児」教育（Ⅱ）―子ども理解の方法と精神薄弱児の捉え方―『高知大学教育学部研究報告　第一部』五一、六一－七〇頁。

戸崎敬子（二〇〇〇）『新特別学級史の研究――特別学級の成立・展開過程とその実態』多賀出版。

戸崎敬子・竹内衛三（二〇〇四・三）愛育研究所における「異常児保育」実践の検討Ⅰ『高知大学教育学部研究報告』六四、一一－一三三頁。

戸崎敬子（二〇〇七・一）沖縄県における特別学級の歴史（Ⅱ）―與那嶺惟俊と渡慶次小学校の盲唖教育―『琉球大学教育学部紀要』七〇、一五一―一二三頁。

『都市教育』（一九一一・八）（巻頭言）八二、一頁。

豊島区史編纂委員会（一九八一）『豊島区史　資料編四』豊島区役所。

豊島区史編纂委員会（一九八三）『豊島区史　通史編二』豊島区役所。

栃木県立盲学校（二〇一〇・一〇・三一閲覧）（http://www.tochigi-edu.ed.jp/mogakko/nc/）。

鳥取県（一九一二）『鳥取県統計書　明治三十九年』鳥取県（国立国会図書館ＤＣ）。

鳥取県（一九一五）『鳥取県統計書第二編（学事）大正二年』鳥取県（国立国会図書館ＤＣ）。

鳥取県立盲学校（一九八一）『創立八十周年記念誌』鳥取県立盲学校。

鳥取聾学校編集委員（二〇一一）『創立一〇〇周年記念誌』鳥取県立鳥取聾学校。

富岡達夫（一九九四）『東京の知能遅滞児教育史序説（戦前編）』大揚社。

富岡達夫（二〇〇一）『東京の知能遅滞児教育史（戦後創設期編）』大揚社。

富岡町教育委員会（一九八八）『富岡町史第一巻通史編』富岡町教育委員会。

富岡町教育委員会（一九八九）『富岡町史続編・追録編』富岡町教育委員会。

留岡清男（一九三七・二）石井亮一先生と其の事業――滝乃川学園視察記『教育』五（二）、六九―七一頁。

留岡清男（一九三七・三）文部省をあばく―督学の実いづこに在りや―『教育』五（三）、四四四―四五三頁。

留岡清男（一九四〇・四）教育科学研究関係の五大目標『教育科学研究』二（四）、二―五頁。佐藤広美・高橋智編『戦前　教育科学運動史料』一、緑蔭書房。

友納友次郎（一九一〇）第二十章　新学級編制及ビ其実際。榊保三郎編『異常児ノ病理及教育法　教育病理及治療学　下巻』榊保三郎（国立国会図書館ＤＣ）。

友納友次郎（一九二六）『各課精説国語読本の真使命　巻八』明治図書（国立国会図書館ＤＣ）。

友森繁治郎（一九一四・六）軍隊教育につきて『福島県教育』三〇（六）、三－七頁。

富山県（一九三五）『本県少年教護事業と其の実際』富山県。

富山県立盲学校（二〇〇七）『創立一〇〇周年記念誌　今、世紀を拓く』富山県立盲学校。

富山県立盲啞学校（一九三六）『富山県盲啞教育三十年史』富山県立盲啞学校。

外山正一（一八九〇・三～一八九〇・四）日本の教育『広島県私立教育会雑誌』二九、二－一二頁、三〇、二－八頁。

豊浦郡小月尋常高等小学校（一九一五・一一）『防長教育』一九二、三－九頁。

豊崎鬼子松（一九一二・五）再び劣等児取扱につきて『茨城教育』三三六、三〇－三二頁。

トラホーム新療法（一八九八・四）『私立岡山県教育会雑誌』一八、四〇頁。

トラホーム予防規程制定ノ儀ニ付建議（一九一四・一〇）『愛媛教育』三二九、五六－五七頁。

トラホーム予防訓令（一九〇七・一二）『児童研究』一〇（一二）、四七－四八頁。

トラホーム予防心得（一八九九・八）『長崎県教育雑誌』八七、二〇－二二頁。

トラホーム予防心得（一八九九・一〇）『山陰之教育』五三、三八－四二頁。

トラホーム予防の歌（一九〇六・八）『愛知県教育雑誌』二三一、二二－二五頁。

トラホーム予防法（一八九九・八）『山陰之教育』五一、三〇－三二頁。

鳥居篤治郎先生生誕百年記念事業委員会『無限を見可能性を信じた人間トリイの生涯』鳥居篤治郎先生生誕百年記念事業委員会。

鳥居篤治郎・山下徳太郎編（一九五六）『岩橋武夫　愛盲の使徒』日本盲人連合会。

鳥畑彦三（一九三五）口話法。日本聾啞教育会編『本邦聾啞教育六十年の回顧』日本聾啞教育会、七三－九九頁。

【な行】

内国盲啞学校一覧表　大正三年十月末（一九一五・二）『内外盲人教育』三（冬）付録。

直居鉄（一九八七・五）わが国における視覚障害者の大学進学その七〇年の歩み『視覚障害』八九、一四－二八頁。

内藤二郎（一九八〇・三）安達憲忠伝――憲忠と窮児（一）『駒澤大学経営学部研究紀要』一一（四）、七一五－七三六頁。

内藤二郎（一九八三・三）安達憲忠伝——憲忠と窮児（二〜三）『駒澤大学経営学部研究紀要』一三（一・二）、一一三—一四〇頁、一三（三）、五七—七〇頁。

内務省（一九一一・八・一四ａ）内務省令第一〇号　按摩術営業取締規則『官報』四八四四、二五七頁。

内務省（一九一一・八・一四ｂ）内務省令第一一号　鍼術、灸術営業取締規則『官報』四八四四、二五八頁。

内務省社会局（一九二五）『感化院収容児童鑑別調査報告』内務省社会局。

内務省社会局（一九三〇）『感化事業回顧三十年』内務省社会局。

内務省社会局社会課（一九三三）『本邦社会事業概要』内務省社会局社会課（国立国会図書館ＤＣ）。

内務省地方局（一九〇九）『感化救済事業講演集　上・下』内務省地方局（国立国会図書館ＤＣ）。

内務省地方局（一九一〇ａ）『感化救済小鑑』内務省地方局。

内務省地方局（一九一〇ｂ）『地方経営小鑑』内務省地方局。

永井優美・橋本美保・近藤優美（二〇一五・二）樋口長市の生活教育論——生命指導の影響に着目して『東京学芸大学紀要　総合教育科学Ｉ』六六（二）、六六—七八頁。

永井優美・近藤めぐみ（二〇一五・七）樋口長市の自学主義教育論。橋本美保・田中智志編『大正新教育の思想　生命の躍動』東信堂、二五六—二七七頁。

中江義照（一九六〇）『大阪市立盲学校六〇年史』大阪市立盲学校。

中江義照（一九七二）日本の盲教育の発展『世界盲人百科事典』日本ライトハウス、三〇九—三三五頁。

中尾榮次郎（一九一六）『静岡県紳士録』静岡榮一社。

中尾七郎（一九三六・二）弱視教育に対する盲学校の努力『帝国盲教育』七（二）、二四—二六頁。

中尾七郎（一九三四・四）弱視児童と職業指導『職業指導』七（四）、二六五—二六七頁。

中尾七郎（一九三四・七）弱視児童の教育事情（その一）『帝国教育』六五三、三一—四五頁。

中尾七郎（一九三五・一）弱視児童学級と其の教室照明に就て『照明学雑誌』一九（一）、七—一一頁。

中尾七郎（一九三五・二）難聴児教育について（下）『学校衛生』一五（二）、一二五—一三〇頁。

中尾七郎（一九三五・一一）如何にすれば第二国民の視力を保存し得るか『帝国教育』六八五、四〇－六五頁。

中尾七郎（一九三六・二）弱視教育に対する盲学校の努力『帝国盲教育』七（二）、二四－二七頁。

中尾七郎（一九三六・一一）斜視児童の取扱『帝国教育』六九七、七二－八一頁。

中尾七郎（一九三七・四）世界の盲人の母　ヘレン・ケラー博士を語る『帝国教育』七〇二、四四－五三頁。

中尾七郎（一九三八・七）弱視児童ノ教育事情『日本学校衛生』二六（七）、四七七－四八七頁。

中尾七郎（一九三九・五）東亜指導民族の言語――正しき日本語の教授を如何にすべきか『帝国教育』七二七、九二－九七頁。

長岡襄（一九四九）本県特殊教育の変遷『茨城教育時報』一一、一八頁。

長岡聾学校百年史編集委員会（二〇〇五）『長岡聾学校百年史』新潟県立長岡聾学校百周年記念事業実行委員会。

中川俊夫（一九三〇）聾唖者とスポーツ。藤本敏文編『聾唖年鑑　第一回　昭和十年』聾唖月報社、五〇三－五七四頁。

中頭郡初等教育沿革（一九一一・九）『沖縄教育』三一、七－一二頁。

長崎県教育会総会（一九三五・七）『帝国教育』六七七、六三－六四頁。

長崎県小学校職員会（一九二五）『明治維新以後の長崎』長崎県小学校職員会（臨川書店）。

長崎市立勝山小学校（一九五三）『長崎市立勝山小学校沿革史』長崎市立勝山小学校。

中澤留（一九三五・一〇）選挙粛正と教育『帝都教育』三七九、二頁。

永澤義憲（一九三六・七）教育界流行標語『阿波教育』三一九、一－二頁。

永澤義憲（一九三七・七）共に聴く教育『阿波教育』三三二、一－二頁。

中嶋忍・河合康（二〇〇六・九）長野県松本尋常小学校の「落第生」学級に関する史的研究―落第生学級の設置・廃止の経緯と成績不良の考え方について―『発達障害研究』二八（四）、二九〇－三〇六頁。

中嶋忍・河合康（二〇〇九・七）長野県の「尋常小学校特別学級規程」に関する史的研究―特別学級規程の策定と発展について―『発達障害研究』三一（三）、二二一－二三四頁。

中嶋忍・河合康（二〇一二・五）明治三二年における長野県松本の特別学級制度に関する史的研究―就学猶予・免除者の状況と「特別学級編製議按」の規定について―『発達障害研究』三四（二）、一九五－二〇六頁。

中嶋忍・河合康（二〇一四）明治三三年における長野県松本尋常高等小学校特別学級の開始と授業状況に関する史的研究『上越教育大学研究紀要』三三、一一五－一二三頁。

中嶋忍・河合康（二〇一五）明治四一～四二年の長野県松本尋常高等小学校における成績不良児童教育に関する史的研究『上越教育大学研究紀要』三四、一二九－一三八頁。

永田泰嶺（一九九二）盲教育の先駆者　松井豊吉氏。しずおか福祉セミナー編集委員会『跡導（みちしるべ）―静岡の福祉をつくった人々―』静岡県社会福祉協議会、二六－三〇頁。

中谷政逸（一九三三・七）小学校教育の癌　入試問題『教育』五（七）、一一一－一一二頁。

中西麻太郎（一九一九・五）デモクラシーと教育『徳島県教育会雑誌』二〇〇、三五－四〇頁。

中西啓（一九六一）第五高等学校医学部『長崎医学百年史』六四一－六五三頁。長崎大学医学部（長崎大学学術研究成果リポジトリ）。

中西良雄（二〇一二・三）聖ヒルダ・ミッションの慈善事業（二）―濃尾震災救援と孤児院事業―『人間発達学研究』二、二一－三〇頁。長沼幸一（一九三〇・一）特殊教育の源泉『教育研究』三五二、一八〇－一八六頁。

長沼幸一（一九三一・一）特殊児童に関する一考察『教育研究』三六七、一八九－一九五頁。

長沼幸一（一九三一・八）特殊児童の生活訓練と根本的転回『教育研究』三七六、九六－一〇二頁。

長沼幸一（一九三一・一〇）精神薄弱児の情意的傾向『教育研究』三七八、七一－七六頁。

長沼幸一（一九三一・一二）精神薄弱児の学習意欲（強いて学ばしめんとする事を止めよ）『教育研究』三八〇、八八－九四頁。

長沼幸一（一九三二・一）教育精神の源泉と特殊教育『教育研究』三八二、六七－七二頁。

長沼幸一（一九三二・二）補助学級に収容すべき特殊児童『教育研究』三八三、六一－六八頁。

長沼幸一（一九三二・三）精神薄弱児の職業指導に関する一考察『教育研究』三八四、六七－七二頁。

長沼幸一（一九三二・六）精神薄弱児　良吉の将来『教育研究』三八八、一〇六－一一一頁。

長沼幸一（一九三二・七）精神薄弱の生活指導『教育研究』三八九、一二二－一二八頁。

長沼幸一（一九三三・一）特殊教育の要諦『教育研究』三九七、一三一－一三七頁。

長沼幸一（特殊教育研究部）（一九三四・一）特殊教育児童を担当するものの愚見『教育研究』三八九、二六八－二七三頁。

長沼幸一（特殊教育研究部）（一九三四・四）精神薄弱児の教養『教育研究』三八九、二一九－二二五頁。

長沼幸一（一九三四・七）精神薄弱児に対する禁止と命令『教育研究』四二〇、一一四－一一八頁。

長沼幸一（一九三四・九）補助学級に於ける第二学期の実践事項『教育研究』四二三、八九－九五頁。

長沼幸一（一九三五・一）精神薄弱児の生活とその発展的教養『教育研究』四二九、二四五－二五〇頁。

長沼幸一（一九三五・三）異常児の環境『教育研究』四三二、一〇二－一〇六頁。

長沼幸一（一九三五・四）弱者をも活かさんとする学級経営『教育研究』四三三、一〇六－一一一頁。

長沼幸一（一九三六・一）特殊教育方法学の建設―精神薄弱児の筋肉を緊張させるまで―『教育研究』四四四、二七五－二七九頁。

長沼幸一（一九三七・一）教育内容の改善と特殊教育―中核を狙ふ鍛錬―『教育研究』四六〇、二二四－二三〇頁。

長沼幸一（一九三七・一〇）緊張面への移調『教育研究』四七一、一〇二－一〇六頁。

長沼幸一（一九三七・一二）精神薄弱児の行動面にみる膠着性『教育研究』四七四、七二－七八頁。

長沼幸一（一九三八・一）小さき分担をとほして生きる『教育研究』四七六、三〇一－三〇六頁。

長沼幸一（一九三八・三）遅れがちな子供について『教育研究』四七八、四一－四六・

長沼幸一（一九三八・四）小さき分担をめざしての営為『教育研究』四七九、二五七－二六一頁。

長沼幸一（一九三八・五）薄弱児にみる神経病質傾向『教育研究』四八〇、一一二－一一六頁。

長沼幸一（一九三八・九）薄弱児の行動面とその省察『教育研究』四八六、七六－八〇頁。

長沼幸一（一九三九・一）単一作業と精神薄弱の感性―長期建設と特殊教育―『教育研究』四九二、二六三－二六八頁。

長沼幸一（一九三九・七）精神薄弱児と数観念『教育研究』四九九、八八－九二頁。

長沼幸一（一九三九・一〇）精神薄弱者と営農『教育研究』五〇三、二〇三－二〇七頁。

長沼幸一（一九四〇・一）国民学校案の道念『教育研究』五〇八、一九一－一九五頁。

長沼幸一（一九四〇・二）精神薄弱者と手仕事の稽古『教育研究』五〇九、八五－八七頁。

長沼幸一（一九四〇・三）特殊児童と児童研究『教育研究』五一〇、八七－九一頁。

長沼幸一（一九四一a）『国民学校　訓練精義』教育科学社。高橋淳子・平田勝政編（二〇〇六）『知的・身体障害問題資料集成　戦前編』一四、不二出版。

長沼幸一（一九四一b）『国民学校皇民錬成の消極道』教育科学社（国立国会図書館DC）。

長沼幸一（一九五〇）『遅れた子供の教育』教育科学社（国立国会図書館DC）。

長沼幸一（一九七三）昭和（戦前・戦中）における第五部。東京教育大学附属小学校創立百周年記念事業委員会『東京教育大学附属小学校創立百年史─沿革と業績─』東京教育大学附属小学校創立百周年記念事業委員会、七四一－七四三頁。

長沼友兄（一九九七・二）明治十年代の感化事業への胎動『非行問題』二〇三、七六－九二頁。

長沼友兄（二〇一一）『近代日本の感化事業のさきがけ─高瀬真郷と東京感化院─』淑徳大学長谷川仏教文化研究所。

中根伸一（二〇〇六）大日本聾啞実業社と小樽聾啞授産場─戦前における私立札幌聾話学校の職業教育と施設設置の背景を巡って─『第九回日本聾史学会札幌大会論文集』七五－七九頁。

中野聡（二〇〇五～二〇〇六）高田盲学校創立者・大森隆碩（一）（二）『頸城文化』五三、一四四－一五二頁、五四、一一八－一三六頁。

中野光（一九七二）解説　及川平治の教育理論と実践。及川平治『分団式動的教育法』明治図書、三一七－三三六頁。

中野善達・加藤康昭（一九六七、一九九一）『わが国特殊教育の成立』東峰書房。

長野県教育史刊行会編（一九七二）『長野県教育史　史料編』七、長野県教育史刊行会。

長野県師範学校（一八九九）『長野県師範学校附属小学校作法大意』堀賢吉（国立国会図書館DC）。

長野県県令第四六号尋常小学校特別学級規程（一八九九）『小学校　公文編冊　参（五冊ノ内）』長野県立歴史館所蔵行政文書。

長野県県令第六二号尋常小学校特別学級規程中改正（一九〇〇・九・一）『県令（長野県報号外）』長野県立歴史館所蔵行政文書。

長野県県令第二五号尋常小学校特別学級規程中改正（一九〇一・四・五）『県令（長野県報第三五六号）』長野県立歴史館所蔵行政文書。

長野県特殊教育百年記念事業会（一九七九）『長野県特殊教育史』信濃教育会出版部。

長野県長野盲学校編（二〇〇〇）『長野県長野盲学校創立百周年記念誌』長野県長野盲学校。

長野県長野ろう学校創立百周年記念事業実行委員会（二〇〇三）『長野県長野ろう学校創立百周年記念誌』長野県長野ろう学校創立百周年記念事業実行委員会。

長野県にて観察調査せる学校（一九二四・四）『岩手教育』二（四）、二八－四二頁。

長野県松本ろう学校（一九八八）『長野県松本ろう学校開校六〇周年記念誌』長野県松本ろう学校。

中村歌子（一九九三）小杉あさ　理想を追い求めて『道ひとすじ　昭和を生きた盲人たち』あずさ書房、二一三－二一八頁。

中村一雄（一九八七）監修の辞─渡辺敏の業績。渡辺敏全集編集委員会『渡辺敏全集』長野市教育会、三－一三頁。

中村勝二（一九八五）知能検査の導入と改訂。津曲裕次・清水寛・松矢勝宏・北澤清司編『障害者教育史――社会問題としてたどる外国と日本の通史』川島書店、二二二－二二七頁。

中村勝二（一九八五・三）障害児教育における〝分離〟について『三重大学教育学部研究紀要教育科学』三六、八三－八九頁。

中村勝二（一九九〇ａ）師範学校附属小学校（特別学級）の成立と展開。津曲裕次・清水寛・松矢勝宏・北澤清司編『障害者教育史─社会問題としてたどる外国と日本の通史─』川島書店、一八九－一九三頁。

中村勝二（一九九〇ｂ）戦前の歩み。筑波大学附属大塚養護学校『筑波大学附属大塚養護学校創立三十周年紀年誌─東京高等師範学校特別学級開設八十年』筑波大学附属大塚養護学校、二一－四七頁。

中村京太郎（一九一三・一〇）ヘンショー訓盲院教授細目『内外盲人教育』二・秋、九－一三頁。

中村京太郎（一九一四・一）東洋盲唖教育会議『内外盲人教育』三・秋、四〇－四一頁。

中村京太郎（一九二六・三）第一回関西盲学生体育大会の記『帝国盲教育』五（三）、一八三頁。

中村京太郎（一九二七・一）全国盲学生陸上競技大会『帝国盲教育』六（三）、七一－七三頁。

中村京太郎（一九二八・一一）第一回全国盲学生雄弁大会『盲教育』一（一）、六二－六四頁。

中村望齋（一九〇三）盲唖教育論　上之巻。京都市立盲唖院『盲唖教育論　附聾盲社会史』京都市立盲唖院、一－八四頁。

中村満紀男（一九八七）『アメリカ合衆国障害児学校史の研究』風間書房。

中村満紀男（一九九一・六）一九世紀後半アメリカ合衆国における通学制聾学校の成立とその意義について『特殊教育学研究』二九（一）、二三－三七頁。

中村満紀男（一九九三・一一）世紀転換期アメリカ公立学校制度における精神薄弱特殊学級（特殊学校）の成立とその意義について（三・完）秋田大学教育学部研究紀要　教育科学』四五、五三－八一頁。

中村満紀男編（二〇〇四）『障害者と優生学』明石書店。

中村満紀男・岡典子（二〇一一・三）新しい日本障害児教育史像の再構築のための研究序説『障害科学研究』三五、四九－六三頁。

中村満紀男・岡典子（二〇一一・三）日本の初期盲唖学校の類型化に関する基礎的検討―明治初期から一九二三（大正一二）年盲学校及聾唖学校令まで―『東日本国際大学福祉環境学部研究紀要』七（一）、一－三三頁。

中村満紀男・岡典子（二〇一二・三）新潟県内盲唖学校五校の経営困難問題と社会的基盤との関連――大正一二年勅令までの高田校と長岡校を中心に『障害科学研究』三六、三三－五一頁。

中村満紀男・岡典子（二〇一四・三）第二次世界大戦前と後の日本の特殊教育における不連続性と連続性に関する試論『福山市立大学教育学部研究紀要』二、七三－九〇頁。

中村満紀男・岡典子（二〇一五・二）昭和三七年三八〇号通達までの県と市の特殊教育分担論・対象論と就学基準の確立およびその硬直化『福山市立大学教育学部研究紀要』三、七七－九八頁。

中村満紀男・岡典子（二〇一五・三）戦後特殊教育の再建と再編成における分離問題と設置責任主体に関する検討―昭和二〇年代を中心に―『障害科学研究』三九、一－一六頁。

中村満紀男・岡典子（二〇一六・三）師範学校附属小学校特別学級設置勧奨に関する明治四〇年文部省訓令第六号の政策的再評価『福山市立大学教育学部研究紀要』四、六九－八三頁。

中森一郎（二〇〇八）新泳法流派〝踏海流〟と観海流との接点。観海流泅水会編『観海流の伝承とあゆみ』伊勢新聞社、六四－六六頁。

中屋敏夫（一九〇八・六）中学校入学受験者既往三年間トラホームの消長に就て『防長教育』一〇三、八－一〇頁。

中山文雄（一九九一・二）岩手県における精神遅滞教育の史的研究（一）『岩手大学教育学部研究年報』五〇（二）、八三－一〇二頁。

中山文雄（一九九二・二）岩手県における精神遅滞教育の史的研究（二）―明治末・大正期の水沢小学校―『岩手大学教育学部研究年報』五一（二）、一二五－一四五頁。

南雲総次郎（一九二六・四）学資補給と義務教育『帝国盲教育』六（一）、八－一〇頁。

名古屋市教育会（一九三七・七）初等教育刷新の具体策調査案『静岡県教育』四八八、一一五－一一八頁。

名古屋市教育局（一九四二）『名古屋市教育概要　昭和十七年度』名古屋市教育局（国立国会図書館DC）。

名古屋市教育部（一九四〇）『名古屋市教育概要　昭和十五年度』名古屋市教育部（国立国会図書館DC）。

名古屋市主催盲人教育講習会（一九二五・四）『帝国盲教育』七（一）、一五－一六頁。

名古屋市立盲唖学校内聾部研究会（一九二六）『増訂聾児国語教授法』交友社（国立国会図書館DC）。

名島忠顕（一九三四・四）聾唖の子を教育した体験『教育上の体験を語る懸賞論文』鹿児島県教育会、一二三－一三〇頁。

な・ち生（一九〇六・一〇～一九〇六・一二）劣等生の教授法（一）～（六）『教育時論』七七五、七－九頁、七七六、七－九頁、七七七、七－八頁、七七八、七－九頁、七七九、六－九頁、七八〇、八－一一頁。

名取郡第二部学事会小学校劣等児童取調研究並取扱方実施に関する内規準案（一九〇五・一二）『宮城県教育会雑誌』一一二、四二－四七頁。

生江孝之（一九一一・一〇）都市の良心『都市教育』八五、二〇－二四頁。

生江孝之（一九一七）育児事業『内務省主催感化救済事業地方講習会講演集』北海道慈善協会、五二－一一九頁。

生江孝之（一九二四）『社会事業綱要』厳松堂。一番ヶ瀬康子編（一九八三）『社会福祉古典叢書』四、鳳書房。

並河（一九三五・二）根本に反れ『島根教育』四七七、一頁。

並河生（一九三三・六）愛読書『島根教育』四五六、一頁。

並河生（一九三五・一）教育の自由『島根教育』四七六、一頁。

並河生（一九三七・三）文教萎靡『島根教育』五〇二、一頁。

並外居士（一九〇二・九）方言及訛語に就きて『私立岡山県教育会雑誌』五二、一二三頁。

奈良県桜井小学校（一九二七）戸外学舎、養護学級特設について、促進（劣等児）学級と衛生『我が校の教育　学校衛生と其の施設』育英館、一〇八－一四六頁（国立国会図書館DC）。

奈良県桜井小学校（一九二八）劣等児、虚弱児の教育とその救済『最近教育の重要問題の実際』育英館、三八三－四二三頁（国立国会図書館DC)。

奈良県地方教育会(一九〇〇・九)『奈良県教育会雑誌』四九、三五-四二頁。

奈良女子高等師範学校(一九一九)『奈良女子高等師範学校一覧』奈良女子高等師範学校(国立国会図書館DC)。

楢塚友喜(一九一四・一〇)~(一九一四・一二)病的児童(虚弱、脳系疾患其他)の取扱法『長崎県教育雑誌』二六五、一四-一八頁、二六六、一四-一八頁。

成田刀水(一九二三・四)、(一九二三・五)東京市教育の改善に関する諸問題『都市教育』二二四、八-一一頁、二二五、七-九頁。

成岡秀喜(一九二一・四)今後の盲唖教育制度に対する私見『高知教育』四六五、一一-一四頁。

成宮宏・木村吉次(一九九五・九・一〇)明治期における彦根尋常高等小学校の水泳指導について『日本体育学会大会号』四六、一六八頁(http://ci.nii.ac.jp/naid/110001902174)。

名和月之介(二〇〇七・三)感化救済事業と仏教—内務省救済行政と仏教との結合様式についての一考察—『四天王寺国際仏教大学紀要』四四、八九-一一三頁。

新潟県(一八九二~一九〇五、一九〇七~一九〇九)『新潟県学事年報　明治二五年度~三四年度』新潟県(国立国会図書館DC(一九〇三以降)。

二井仁美(二〇一〇)『留岡幸助と家庭学校—近代日本感化教育史序説—』不二出版。

新潟県(一九〇二)鍼灸治営業取締規則・新潟県令第四七~四八号『新潟県報』六四七(明治三五年七月四日)、三四-三六頁。

新潟県(一九〇五)鍼灸治営業取締規則改正・新潟県令第三〇号『新潟県報』八〇六(明治三八年八月一一日)、七六-七七頁。

新潟県(一九〇五)鍼灸治試験規則・新潟県令第三一号『新潟県報』八〇六(明治三八年八月一一日)、七七頁。

新潟県(一九一四)『新潟県統計書　勧業之部』新潟県。

新潟県(一九二六)『新潟県統計書　教育之部　明治四十四年度』新潟県(国立国会図書館DC)。

新潟県(一九八八a)『新潟県史　通史編七、近代二』新潟県。

新潟県(一九八八b)『新潟県史　通史編近代三』新潟県。

新潟県教育委員会(一九七九)『新潟県特殊教育の歩み』新潟県教育委員会。

新潟県教育大会（一九三一・一一）『帝国教育』五九一、五七頁。

新潟県教育百年史編さん委員会（一九七〇）『新潟県教育百年史　明治編』新潟県教育庁。

新潟県訓矇慈善会（c一九〇一）『新潟県訓矇慈善会規則』（新潟県立高田盲学校旧蔵）。

新潟県訓矇慈善会（c一九〇九）『自明治三十四年度至々四十二年度義捐金収入簿　新潟県訓矇慈善会』（新潟県立高田盲学校旧蔵）。

新潟県社会課（一九二七）『新潟県社会事業概覧　昭和二年七月』新潟県社会課（国立国会図書館ＤＣ）。

新潟県高田市教育会（一九一四）『高田市史』新潟県高田市教育会。

新潟県高田師範学校附属小学校（一九〇三）『最近小学校教授細目　尋常科』高橋書店（国立国会図書館ＤＣ）。

新潟県盲人協会長高橋君よりの通信抜粋（一九二五・四）『帝国盲教育』四（四）、八七－八八頁。

新潟県立高田盲学校記念誌編集委員会（一九七七）『創立九十周年記念誌』新潟県立高田盲学校。

新潟県立図書館『新郷土人物／雑誌記事索引データベース』（二〇一二・一二・一閲覧）（http://www.ref-lib.niigata.jp/Kyodo/）。

新潟県立長岡聾学校百年史編集委員会（二〇〇五）『長岡聾学校百年史』新潟県立長岡聾学校百周年記念事業実行委員会。

新潟県立新潟盲学校（二〇〇七）『創立百周年記念誌』新潟県立新潟盲学校。

新潟県立新潟聾学校創立五十周年記念実行委員会（一九八〇）『新潟県立新潟聾学校創立五十周年記念誌』新潟県立新潟聾学校創立五十周年記念実行委員会。

新治郡土浦尋常高等小学校教育改善案（一九二五）茨城県教育会『茨城県教育改善案　全』茨城県教育会、八五－一〇〇頁（第九茨城県市町村教育改善案ノ乙）（国立国会図書館ＤＣ）。

二階堂隆光（一九一九・六）綴方教授上二三の問題について『岡山県教育会誌』一五一、二四－二九頁。

西尾幹二（二〇一四）『ＧＨＱ焚書図書開封　一――米占領軍に消された戦前の日本』徳間文庫カレッジ。

西尾實（一九二五・一）我観本県教育の昨今『信濃教育』四五九、五－一〇頁。

西尾實（一九二五・六）県学務課長の更迭に際して『信濃教育』四六四、一－五頁。

西尾實（一九二三－一九二五）『長野県学事関係職員録　大正十二年度。大正十三年度。大正十四年度』信濃教育会事務所。

西川はま子（一九三七・一〇）思ひがけぬ喜び『聾口話教育』一三（一〇）、三二－三五頁。

西川はま子（一九四一・六）此頃思ひつゝある事ども『聾唖界』九五、六－八頁。

西川ひろ子（一九九六）野上俊夫と大正期のモンテッソーリ教育法『乳幼児教育学研究』五、六三－七一頁。

西沢安彦（一九七九）長野県における「劣等児」教育の成立過程―長野尋常小学校を中心として―『信州史学』六、一－三〇頁。

西村尚俊（一九一三・四、一九一三・五、一九一三・六、一九一三・一〇）教育の理想と実際『芸備教育』一〇八、四－五頁、一〇九、四－六頁、一一〇、四－六頁、一一四、四－六頁。

西山宗平（一九三二・一二）教育会の浄化『帝国教育』五九一、五二－五四頁。

西山悊治（一九一三）『悪教育之研究』弘学館書店（国立国会図書館ＤＣ）。

仁保亀松（一九一一・五）国民教育に就ての希望『滋賀県教育会雑誌』二一〇、一－一三頁。

日本教育研究会（一八九二・一）小児観察の主趣『私立岡山県教育会雑誌』六五、二八－三〇頁。

日本眼科医師会（一九三三・三）弱視児特殊学校設立建議『学校衛生』一三（三）、一八八－一八九頁。

日本眼科医師会（一九三八・五）弱視児童に関する建議『学校衛生』一八（五）、四一五－四一六頁。

日本児童学会沿革　一～四（一九四一・一一、一九四二・一、一九四二・三、一九四二・五）『児童研究』四一（二）、一七－一八頁、四二（二）、三六－三七頁、四二（三）、五六－五八頁、四一（四）、八二－八四頁、四一（五）、一〇九－一一〇頁。

日本児童研究会第一回総会（一九〇七・一一）『児童研究』一〇（一一）、四四－四六頁。

日本肢体不自由児協会（一九六七）『高木憲次―人と業績―』日本肢体不自由児協会。

日本少年教護協会（一九四二・五・六）少年教護に関する調査『児童保護』一九－三五頁。

日本精神薄弱児愛護協会（一九三五・三）『精神薄弱児問題』日本精神薄弱児愛護協会。

日本精神薄弱児愛護協会（一九三五・一〇）『精神薄弱児保護法制定に関する要望と其理據』（社会福祉法人春濤会八幡学園所蔵）。

日本精神薄弱児愛護協会（一九三七・一二）『愛護』一（四～七）、日本精神薄弱児愛護協会。

日本精神薄弱児愛護協会・千葉県八幡学園（一九三五・一二）精神薄弱児保護法制定に関する要望と其理想（第八回社会事業大会に於ける提案）『穭穂』一、五－六頁。

日本精神薄弱児愛護協会幹事（一九三六・六）薄幸なる精神欠陥児のため明朗自由の天地を拓け『愛護』創刊号，一頁。

日本盲唖教育始祖故古川太四郎先生略歴（一九三五）『小西信八先生存稿集』小西信八先生存稿刊行会（国立国会図書館ＤＣ）一〇四－一〇九頁。

日本盲教育会総会（一九二八・一一）『盲教育』一（一）、四八－五五頁。

日本盲教育会第四回総会並第三回研究大会概況（一九二八・一一）『盲教育』一（一）、四八－五五頁。

日本盲教育同志倶楽部（一九二五・一〇）『帝国盲教育』五（二）、一三八－一四〇頁。

日本聾唖教育会（一九三八）『日本聾唖学校諸調査　昭和十二年度』日本聾唖教育会（国立国会図書館ＤＣ）。

日本聾唖教育会（一九三九）『日本聾唖学校諸調査　昭和十三年度』日本聾唖教育会（国立国会図書館ＤＣ）。

日本聾唖教育会第五回総会（一九二九・一二）『聾唖教育』九、四六－六四頁。

日本聾唖教育会第十一回総会概況（一九三六・二）『聾唖教育』三三、九四－一〇〇頁。

日本聾唖教員協会第一回研究会（一九二九・一二）『聾唖教育』九、八四－八五頁。

日本聾話学校史編集委員会（一九九〇）『日本聾話学校七十年史』キリスト新聞社。

日本聾話学校資料　東京都公文書館
『指令案』（一九二三・一二・一五）。

『移転ニ関スル件開申』（一九三〇・一一・八）。

『聾唖学校設置ノ件』（一九三三・一〇）。

『聾話学校設置並授業聾等ノ件』（一九三三・一〇・一五）。

『研究科設置及授業料額変更等ノ件』（一九三六・六・二二）。

丹羽元三郎（一九〇七・九）義務教育延長後の吾人小学教師（実力不足）『愛知県教育雑誌』二四五、二九－三一頁。

根岸貫（一九〇二）『小学校実験管理談』東洋社（国立国会図書館ＤＣ）。

沼津市誌編纂委員会（一九五八）『沼津市史下巻』沼津市。

熱心な教育者（一八八九・四）『大分県共立教育会雑誌』五一、四一－四二頁。

根本匡文（二〇〇八・六、二〇〇九・五～二〇〇九・八）昭和戦前期の東京における聾唖児教育施設一～五『聴覚障害』六三（六）、二六－三四頁、六四（五）、四二－四八頁、六四（六）、四一－四八頁、六四（七）、二九－三四頁、六四（八）、四三－四八頁。

年長児童就学規程（一九〇二・五）『秋田県教育雑誌』一一八、四七頁。

年頭言　盲教育の合理化問題（一九三〇・一）『盲教育』三（一）、一－五頁（日本図書センター［一九九八・六］）。

野上俊夫（一九一九・一〇）優良児選定の標準に就いて『京都教育』三二八、三七－四三頁。

野口彰（一九三一）『形態学的生活観と教育の新建設』教育実際社（国立国会図書館ＤＣ）。

野口彰（一九三九）『学校経営論』春陽堂書店（国立国会図書館ＤＣ）。

野口援太郎（一九二三・五）都市教育の調査会を起せ『都市教育』二二四、三－七頁。

野澤正浩・嶋田牛稚（一九一七）『小学校に於ける校外教授と遠足』目黒書店（国立国会図書館ＤＣ）。

延岡市史編さん委員会（一九六三）『延岡市史』延岡市役所。

延川靖（一九四一）『学校衛生の実際』信濃毎日新聞社。

野宮達麿（一九三七・五）第一回教育学会に現はれたる教学論叢『教育』五（五）、七二七－七三三頁。

野村良和（一九八六）明治前期の学校衛生の検討―種痘および学校環境衛生を中心に―『筑波大学体育科学系紀要』九、二七五－二八一頁。

野村良和（一九九四）「帝国学校衛生会」の設立経緯に関する研究『筑波大学体育科学系紀要』一七、二一七－二二三頁。

乗杉嘉壽（一九一九・三）米英両国教育界の大勢『京都教育』三二一、八－一二頁。

乗杉嘉壽（一九二二）『社会教育に就て』財団法人日本青年館（国立国会図書館ＤＣ）。

乗杉嘉壽（一九二三）『社会教育の研究』同文館（国立国会図書館ＤＣ）。

乗杉嘉壽（一九二四）社会教育『北海道庁主催社会改造講習会講演集』北海道社会事業協会、二六〇－三二一頁（国立国会図書館ＤＣ）。

乗杉嘉壽（一九二四・二）貧困児童就学奨励資金御下賜に就て『岐阜県教育』三五四、五－八頁。

乗杉嘉壽（一九二四・三a）貧困児童就学奨励資金御下賜に就て『島根教育』三五六、一七－二一頁。

乗杉嘉壽（一九二四・三b）貧困児童就学奨励資金御下賜に就て『佐賀県教育』三〇七、三四－三七頁。

乗杉嘉壽（一九二四・四）貧困児童就学奨励資金御下賜に就て『社会教育』一（二）、一－五頁。

乗杉嘉壽（一九二四・五）貧困児童就学奨励資金御下賜に就て『宮城教育』二九九、四四－四六頁。

野呂一（二〇〇四）聾唖教授手話法『日本聾史学会報告書』二、一一四－一二〇頁。

野呂ユシヌ（一九三二・五）第十二回全国小学校女教員大会に出席して『盲教育の友』四（五）、三〇－三六頁。

【は行】

バックストン（一九〇一）『赤山講話』松江育児院活版部（国立国会図書館ＤＣ）。

肺結核と低能児（一九一二・四）『都市教育』九一、三八頁。

萩原淺五郎（一九四三・二）手話再燃論を絶つ――妹尾説への反駁『聾唖の光』一（九）、三七－四四（国立国会図書館ＤＣ）。

白雲生（一九二一・一一）随想余滴『教育研究』二三〇、五五頁。

白十字会林間学校（一九二五）『復興記念』白十字会。室田保夫・蜂谷俊隆編『子どもの人権問題資料集成　戦前編九』不二出版。

白十字会林間学校（ｎｄ）『寄宿制度の白十字会林間学校附属幼稚園』白十字会林間学校（社会福祉法人春濤会八幡学園所蔵）。

橋場兼吉（一九〇九）群馬県館林尋常小学校低能児教育。脇田良吉『小学校に於ける成績不良児教育法』修学堂、一二六－一三七頁。

橋村徳一（一九二五・一〇～一九二五・一一）口話法に於ける読唇と発音の関係に就いて『口話式聾教育』五、一五－一九頁、二三－二七頁。

橋村徳一（一九四〇・九）感慨無量『聾口話教育』一六（九）、三〇－三三頁。

橋本勇（一九〇八・九）理想之小学教師『大分県教育雑誌』二八三、三四－三六頁。

橋本熊太郎（一九一三・一〇）林間教授に就きて『都市教育』一〇九、四九－五四頁。

橋本鋼太郎（一九四二・五）発刊の辞『聾唖の光』一、一頁橋本生（一九三九・五）巻頭言『聾唖教育』五一、一頁。

橋本生（一九三九・一二）巻頭言『聾唖教育』五四、一頁。

橋本文壽（一九一九・一〇）人種差別撤廃問題に就て『帝国教育』四四七、七一－七四頁。

橋本美保（一九九八）『明治初期におけるアメリカ教育情報受容の研究』風間書房。

橋本美保（二〇〇〇・一〇）教育令制定過程における田中不二麿のアメリカ教育情報受容―アメリカ教育制度の研究とウィリアム・T・ハリスの影響を中心に―『日本の教育史学』四三、二四－四一頁。

橋本美保（二〇〇五・六）及川平治「分団式動的教育法」の系譜―近代日本におけるアメリカ・ヘルバルト主義の需要と新教育―『教育学研究』七二（二）、四八－六〇頁。

橋本美保（二〇〇六）及川平治による個別化教授プランの需要とその実践『東京学芸大学紀要　総合教育科学系』五七、二九－三七頁。

橋本美保（二〇一五）及川平治の動的教育論――生命と生活。橋本美保・田中智志編『大正新教育の思想　生命の躍動』東信堂、二〇三－二二一頁。

橋本美保・田中智志（二〇一五）『大正新教育の思想　生命の躍動』東信堂。

長谷川乙彦（一九三六）『師範教育制度を如何に改善すべきか』師範学校長協会（国立国会図書館ＤＣ）。

長谷川千恵美（一九九二）身体虚弱児教育形成史の研究―Open-air School・Class の受容過程を中心に―『日本大学人文科学研究所研究紀要』四三、一二九－一四二頁。

長谷川千恵美（一九九五）明治～大正中期における児童の疾病・健康問題―身体虚弱児教育形成前史の一考察―『教育学雑誌』二九、八〇－九二頁。

長谷川益三（一九一〇・二～一九一〇・四）能才教育論一～三『京都府教育会雑誌』二一三、一九－二二頁、二一四、一八頁、二一五、一二－一四頁。

巴仙洞（一九二九・七）重要性―提唱片言―独自性（巻頭小言）『神奈川県教育』二五八、一頁。

羽田新（一九八四）福島商業学校の設立と発展。豊田俊雄編『わが国産業化と実業教育』国際連合大学、一四一－一八一頁。

八県連合教育会議題（一九一〇・三）『大分県教育雑誌』三〇一、三六－三七頁。

八十年史編集委員会（一九九二）『八十年史』熊本県立熊本聾学校。

服部教一（一九〇六・一〇・三一）目下独逸ニ行ハル、新小学校編制法『官報』七〇〇二、八四〇－八四四頁。

服部教一（一九〇六・一一～一二）目下独逸に行はる、新小学校編制法（一）（二）『岐阜県教育雑誌』一四六、三〇－三四頁、一四七、二六－三〇頁。

服部教一（一九〇六・一一～一二）独逸に於る盲唖教育の普及を述べ併せて我日本の盲唖教育制度に及ぶ『教育公報』三一三、二〇－二四頁、三一四、八－一二頁。

服部教一（一九二八）『日本の将来』日本植民学校。

服部久士「視覚障害の子供を支援――慈善公徳会の設立と会誌救乃友」（二〇一三・七・二五閲覧）（http://www.bunka.pref.mie.lg./rekishi/kenshi/asp/hakken2/detail.asp?record=382）。

歯と知慧との関係（一八九二・七）『岡山教育雑誌』二、一八－一九頁。

花田春兆（一九八一）日本一の学校。全国肢体不自由養護学校長会編『肢体不自由教育の発展　改訂増補版』日本肢体不自由児協会、六五三－六五四頁。

浜岡人物誌編集委員会（一九九七）『郷土の歴史と沿革　浜岡人物誌　池新田・高松編』静岡県浜岡町教育委員会。

林鎌次郎（一九一九・六）特殊教育問題『内外教育評論』一三（六）一三－一六頁。

林止（一九三一）林間学校。大西永次郎監輯『施設を中心虚弱児童の養護』右文館、二一三－二三二頁（一九三七第四版、国会図書館ＤＣ）。

林止（ｎｄ）『林間学校』白十字会林間学校（社会福祉法人春濤会八幡学園所蔵）。

林博太郎（一九三〇・三）我が国の初等教育を如何に改善すべきか『帝国教育』五七一、一－一二頁。

原澄治（一九二三）『倉敷尋常高等小学校ニ於ケル優等児並ニ劣等児ニ関スル研究』原澄治。

春山作樹（一九二四）『教育学概論』帝国学校衛生会。

光は東方より（一九二一・六）『福島県教育』一七（五）、一頁。

簸川郡教育会（一九三三・八）『島根教育』四五八、一九–二〇頁。

樋口長市（一九〇六・六、（一九〇六・八）劣等児の教育『教育研究』二七、一–四頁、二八、三二頁、六–八頁。

樋口長市（一九一四・六～一九一四・八、一九一五・二～一九一五・四）小学校における治療教育学的事実『教育研究』一二四、一一–二〇頁、一二五、一〇–一五頁、一二六、二一–三〇頁、一三二、一〇–一四頁、一三五、九–一三頁、一三六、一〇–一三頁。

樋口長市（一九二一・一一）異常児の幼稚園『幼児教育』二一（一一）、三五〇–三六〇頁。

樋口長市（一九二二・四）モンテッソーリ幼稚園を観る『幼児教育』二二（四）、一〇四–一〇九頁。

樋口長市（一九二二・二–六、一九二二・八–九）欧米の特殊教育（一～七）『児童研究』二五（六）、一四五–一四九頁、二五（七）、一七三–一七六頁、二五（八）、二〇三–二〇九頁、二五（九）、二三五–二三九頁、二五（一〇）、二六七–二七一頁。

樋口長市（一九二四a）『特殊児童の教育保護』児童保護研究会。

樋口長市（一九二四b）『欧米の特殊教育』目黒書店。

樋口長市（一九二八・一）特殊教育の将来『教育研究』三三二、九〇–九九頁。

樋口長市（一九二九・七）「国語初歩」の刺激によって実際界に惹起せらる、興奮『聾唖教育』八、一一–一八頁。

樋口長市（一九三〇・七）寄宿舎から生徒を救へ『聾唖教育』一〇、一頁。

樋口長市（一九三一・六）義務就学制度の前提『聾唖教育』一三、一頁。

樋口長市（一九三一・六）中等部の設置『聾唖教育』一三、一一–一五頁。

樋口長市（一九三五・一）余の教員生活と教育上の些細な仕事『教育』三（一）、二二六–二四〇頁。

樋口長市（一九三六・六）過渡期よ疾く去れ『聾唖教育』三五、四–五頁。

樋口長市（一九三九）『特殊教育学』建文館。

久木幸男（一九八六・一二）一八九〇年前後における文部省廃止問題—天皇制教育体制確立過程における試行錯誤—『横浜国立大学教育紀要』二六、一〇五–一二六頁。

久田信行（二〇一四・三）盲唖学校の成立と山尾庸三（補遺）——建白書と暗殺事件『群馬大学教育実践研究』三一、一一七–一二六頁。

久松国民学校（一九四一・七）夏季心身鍛錬期間施設概要『因伯教育』五六三、七二－七五頁。

久松寅幸編（二〇一二）『視覚障害教育の歴史・現状・課題─職業教育・進路保障と地域支援の充実を願って─』岡山ライトハウス。

土方苑子（二〇〇二）『東京の近代学校「国民」教育制度の成立過程』東京大学出版会。

非常時教育方針を決議せる第二十回全国連合教育会（一九三三・六）『帝国教育』六二七、五四－七〇頁。

避暑的校外教授（一九〇九・七）『京都府教育会雑誌』二〇六、一－二頁。

日高幸男（一九七九・三）社会教育の学的体系化をめざした川本宇之介『社会教育』三四（三）、三七－四一頁。

兵庫県（一九〇三）『兵庫県統計書　明治三四年』兵庫県（国立国会図書館ＤＣ）。

兵庫県社会福祉協議会（一九七一）中馬興丸『福祉の光　兵庫県社会事業先覚者伝』兵庫県社会福祉協議会、二一〇－二一八頁。

兵庫県立盲学校編（一九九五）『兵庫県立盲学校九〇周年記念誌』兵庫県立盲学校。

兵庫県立盲学校記念誌編纂小委員会（二〇〇五）『創立百周年記念誌』兵庫県立盲学校創立百周年記念事業実行委員会。

兵庫県社会福祉協議会（一九七一）森泰蔵『福祉の灯　兵庫県社会事業先覚者伝』兵庫県社会福祉協議会、二三八－二四八頁。

兵庫県社会福祉協議会（一九七一）左近允孝之進『福祉の灯　兵庫県社会事業先覚者伝』兵庫県社会福祉協議会、二〇〇－二〇九頁。

平井行男（一九九三）『幕末開拓士族と土──牧之原開墾ものがたり』歴史文庫刊行会。

平岩繁治（一九〇七）岡山県事業トシテノ盲唖教育状況『神奈川県教育会雑誌』二八、五二－五六頁。

平岩繁治（一九二三・二）学制頒布五十年に際し盲唖教育界の所感『帝国盲教育』二（四）、一四五－一四七頁（国立国会図書館ＤＣ）。

平岩繁治（一九二三・一二）聾唖教育令発布に就ての所感『帝国盲教育』三（三）、八三－八五頁（国立国会図書館ＤＣ）。

平岩繁治（一九三〇・九）一般救済的聾唖教育及義務教育としての聾唖教育法──口話並に手話両式の教育方法に依らざれば其の目的を達し難きこと『神奈川県教育』二六八、五九－六一頁。

平岡吉治（一九〇六・一）劣等児童取扱法『秋田県教育雑誌』一七一、三二－三六頁。

平川文二（一九〇〇・四）年齢六歳一月ヨリ満十四歳マデノ児童中盲唖者地方別（明治三十一年末調）『統計集誌』二二九、一七二

―一七四頁（国立国会図書館ＤＣ）。

平田勝政（一九八五・七）大正デモクラシー期における川本宇之介の公民教育論と特殊教育『教育科学研究』四、一三―二二頁。

平田勝政（一九八六・七）大正デモクラシー期の文部省社会教育課と特殊教育―一九二〇年代における就学児童保護事業の成立と劣等児・低能児教育振興策の展開―『教育科学研究』五、四九―六五頁。

平田勝政（一九八七・六）大正デモクラシー期における青木誠四郎の特殊教育観『教育科学研究』六、一二―二二頁。

平田勝政（一九八九・六）大正デモクラシーと盲聾教育―「盲学校及聾唖学校令」の成立過程の分析を通して―『長崎大学教育学部教育科学研究報告』三七、二一―四四頁。

平田勝政（一九九〇）戦前日本の「精神薄弱」関係資料目録（１）―教育雑誌を中心に―『長崎大学教育学部教育科学研究報告』三九、一〇七―一三一頁。

平田勝政（一九九二）戦前の教育学分野における「精神薄弱」概念の歴史的研究―教育学者の乙竹岩造と樋口長市の検討を中心に『長崎大学教育学部教育科学研究報告』四四、五九―七八頁。

平田勝政（一九九三・六ａ）戦前の教育実践分野における「精神薄弱」概念の歴史的研究Ⅰ（上）―東京高師附小「特別学級」歴代担任教師の検討を中心に―『長崎大学教育学部教育科学研究報告』四五、一三九―一五二頁。

平田勝政（一九九三・六ｂ）戦前の教育実践分野における「精神薄弱」概念の歴史的研究Ⅰ（下）―東京高師附小「特別学級」歴代担任教師の検討を中心に―『長崎大学教育学部教育科学研究報告』四五、一五三―一六七頁。

平田勝政（一九九五）盲唖教育運動と政府の特殊教育への施策。東京都立教育研究所編『東京都教育史　通史編二』東京都立教育研究所、二九七―三〇四頁。

平田勝政（一九九五・六）戦前の社会事業分野における「精神薄弱」概念の歴史的研究Ⅱ（下）―全国社会事業大会等における精神薄弱関係用語・概念の検討―『長崎大学教育学科研究報告』四九、五九―七六頁。

平田勝政（一九九七）『小西信八先生存稿集』解説『日本教育史基本文献・史料叢書』四六、大空社、一―一六頁。

平田勝政（一九九七・二）近代日本における「特殊教育」概念の形成『障害者問題研究』二四（四）、四―一七頁。

平田勝政（一九九七・三）樋口長市文献目録『長崎大学教育学部教育科学研究報告』五二、二五―三九頁。

平田勝政（一九九九）近代日本における「特殊教育」概念の形成。高橋智・渡部昭男編『特別なニーズ教育と学校改革—歴史と今日の課題—』『講座　転換期の障害児教育』一、三友社出版、一－二二頁。

平田勝政（二〇〇〇）『聾教育振興会創立十五年記念撰集』『東京聾唖学校紀要』解説。大泉溥ほか『文献選集　教育と保護の心理学　別冊解題』クレス出版。

平田勝政（二〇〇〇・六）城戸幡太郎文献目録（戦前編）『長崎大学教育学部紀要—教育科学—』五九、一七－三二頁。

平田勝政（二〇〇三）日本障害児教育史の時期区分・試論。中村満紀男・荒川智編『障害児教育の歴史』明石書店、一八一－一八六頁。

平田勝政・菅達也（一九九八）長崎県障害児教育史研究（第Ⅰ報）—一八九八年創立の私立長崎盲唖院を中心に—『長崎大学教育学部教育科学研究報告』五五、二五－三四頁。

平田勝政・菅達也（一九九九・三）長崎県障害児教育史研究（第Ⅱ報）—明治三〇－四〇年代の長崎県盲・聾教育を中心に—『長崎大学教育学部教育科学研究報告』五六、一一－二六頁。

平田勝政・菅達也（一九九九・六）長崎県障害児教育史研究（第Ⅲ報）—大正期の長崎県盲・聾教育を中心に—『長崎大学教育学部教育科学研究報告』五七、三三－四八頁。

平田勝政・橋本亜沙美（二〇〇七・三）戦前日本の聴覚障害児教育における職業教育と進路保障に関する歴史的考察—明治末～昭和戦前期の各種聾唖教育大会等の議論の検討を通して—『長崎大学教育学部教育科学研究報告』七一、一－一一頁。

平田勝政・久松寅幸（二〇〇三・六）戦前日本の盲学校教育における職業教育と進路保障に関する歴史的考察—明治末～昭和戦前期の各種盲教育大会等の議論の検討を通して—『長崎大学教育学部紀要—教育科学—』六五、二九－四四頁。

平田宗史（一九七五）福岡県教員養成史（五）『福岡教育大学紀要』二九（第四分冊）、六五－七六頁。

平中忠信（一九九六）小林運平と小樽盲唖学校　明治期の盲唖教育『北海道社会福祉史研究』四、一－五三頁。

平中忠信（一九九七）小林運平と小樽盲唖学校——明治期の盲唖教育『創立者　小林運平先生と小樽盲唖学校』北海道小樽盲学校創立九〇周年記念・校舎増築記念事業協賛会、一三一－六〇頁。

平松秋夫（一九七五）『明治時代における小学校教授法の研究』理想社。

廣池千九郎（一八八九・九）性質遅鈍及意行不正生徒原因調査『大分県共立教育会雑誌』五六、一一八－一一九頁。

広島県（一九一三）『広島県統計書明治四四年第二編』広島県。

広島県（一九一七）『広島県統計書大正六年第二編』広島県。

広島県（一九二六a）『広島県統計書大正四年第二編』広島県（二〇一三・一二・一九閲覧）（http://dl.ndl.go.jp/info:ndljp/pid/974060）。

広島県（一九二六b）『広島県統計書大正一二年二編』広島県（二〇一三・一二・一九閲覧）（http://dl.ndl.go.jp/info:ndljp/pid/974079）。

広島県（一九八〇）『広島県史　近代一　通史Ⅴ』広島県。

広島県内務部学事兵事課（一九一五）『広島県教育概要』広島県内務部学事兵事課。

広島県内務部学事兵事課（一九一七）『広島県教育概要　大正六年三月』広島県内務部学事兵事課。

広島県学校教育センター（一九九〇）『広島県学校教育史』広島県学校教育センター。

広島県立盲学校（一九六六）『広島県盲教育五十年のあゆみ　広島県盲学校創立五十周年記念』広島県立盲学校。

広島県立盲学校創立八十周年記念誌編集委員会（一九九五）『広島県立盲学校創立八十周年記念誌』広島県立盲学校創立八十周年記念事業実行委員会。

広島師範学校（一八八二・四）『小学生徒心得』（国立国会図書館ＤＣ）。

広島師範学校（一八八二・六）『小学生徒心得』村上常（国立国会図書館ＤＣ）。

広島師範学校（一八八二・一一）『小学生徒心得』文明堂書肆（国立国会図書館ＤＣ）。

廣瀬生（一九〇九・五）我が校の工女教育（上・下）『岐阜県教育会雑誌』一七六、二三－二六頁、一七七、二一－二三頁。

廣瀬為四郎（一九一八・一一）盲教育の将来『帝国教育』四三六、五五－五六頁。

廣瀬興（一九三二・一〇）臨海団の児童に対する影響『帝都教育』八九、一一－一三頁。

廣中市藏（一九〇四・一二）教師の注意『防長教育』二四、二頁。

ヒルド、ハンス（一九三一・一二）低能聾唖児の教育『聾唖教育』一九、九二－九四頁。

貧窮者児童就学奨励法（一九〇二・八・四）『官報』五七二五、四五頁。

貧困児童保護就学施設奨励に就て（一九二六・一）『鹿児島教育』三八七、一〇〇－一〇二頁。

貧困・身心異常に由る本県下の不就学児童（一九二五・一二）『鹿児島教育』三八五、六九頁。

貧児の就学奨励（一九二八・一二）『教育女性』四（一二）、一〇〇－一〇一頁。

貧民児童就学奨励法（一九〇八・七）『防長教育』一〇四、一四－一五頁。

貧民児童の就学奨励（一九〇五・八）『鳥取県教育雑誌』一二三、三五－三六頁。

府市当局の反省を臨む（一九四一・一二）『帝都教育』二〇〇、一頁。

不安な教員生活（一九三一・一〇）『帝国教育』五九〇、六〇－六九頁。

深宮友仁（一九三九）厚生社の事業『北海道社会事業』八八、三八－四一頁。

深宮友仁（一九七八）『わが夢五十年の歩み』深宮友仁。

福應昶（一九四〇・二）難聴学校創設の必要『聾口話教育』一六（二）、二－七頁。

福士醇（二〇〇七）『新柴内魁三伝　青少年のための柴内魁三伝』熊谷印刷出版部。

不具者教育に関する調査（一九〇一・七）『教育時論』五八四、三四頁。

不具者教育に関する調査（一九〇一・八）『上野教育』一六六、四二－四四頁。

福井県文書館『福井県史年表（一九二一～二五年）』福井県文書館（二〇一〇・一〇・三一閲覧）(http://www.archives.pref.fukui.jp/fukui/07/nenpyo/rekishi/chrn46.html)。

福井県立盲学校（一九六三）『福井県立盲学校五十年誌』福井県立盲学校。

福井県立ろう学校『福井県立ろう学校七十年史』福井県立ろう学校。

福井保（一九二四）『学習としての教室劇の新研究』富田文陽堂（国立国会図書館ＤＣ）。

福應昶（一九三九・一）難聴児の教育『聾唖教育』四九、六二－六七頁。

福應昶（一九三九・五）難聴児の教育『聾唖教育』五一、二四－四八頁。

福岡県教育百年史編さん委員会（一九八〇）『福岡県教育百年史　五　通史編（Ｉ）』福岡県教育委員会。

福岡県教育百年史編さん委員会（一九八一）『福岡県教育百年史　六　通史編（Ⅱ）』福岡県教育委員会。

福岡県福岡師範学校附属小学校（一九一〇）我が校経営の実際金港堂編輯部編『全国附属小学校の新研究』金港堂書籍、一〇〇五

－一〇一七頁。

福岡県福岡聾学校（一九三八・二）基本的叙述形式の語法指導『聾口話教育』一四（二）、二－五頁。

福岡県福岡聾学校（一九四〇）『福岡聾学校三十年史』福岡県福岡聾学校

福岡県立福岡盲学校（一九六〇）『開校五十年記念誌』福岡県立福岡盲学校。

福岡県立福岡盲学校（一九八〇）『開校七十周年記年誌』福岡県立福岡盲学校。

福岡県立柳川盲学校（一九八九）『創立八十周年記念誌』福岡県立柳川盲学校。

福岡県立柳川盲学校（一九九八）『学校創立八十八周年同窓会設立八十周年記念誌』福岡県立柳川盲学校。高橋淳子・平田勝政編（二〇〇五）『知的・身体障害問題資料集成　戦前編』一一、不二出版。

福澤諭吉（一八六六）『西洋事情　初編』尚古堂（慶應義塾大学デジタル・ギャラリィ）。

福島大学教育学部附属小学校百年史編集委員会（一九八〇）『福島大学教育学部附属小学校百年史』福島大学教育学部附属小学校創立百周年記念事業協賛会。

福島県（一九〇七－一九〇九、一九〇一－一九一四）『福島県学事年報』第二六次－二八次、第三〇次－三二次、福島県。

福島県立盲学校創立百周年記念誌部会（一九九八）『福島県立盲学校創立福島県盲人教育創始百周年記念誌　百年の歩み』福島県立盲学校。

福島彦次郎（一九三七）『五代五兵衛』五代五兵衛頌徳会（国立国会図書館ＤＣ）。

福島彦次郎ほか（一九三八）『五代五兵衛翁頌徳誌（別冊）』（国立国会図書館ＤＣ）。

福島民友新聞社編（一九六八）『福島百年の人びと』福島民友新聞社。

福田秀太郎（一八八七［一八九七の誤りか］）『松江育児院報告　第一回』松江育児院（国立国会図書館ＤＣ）。

福田玉吉（一九二三）『盲唖教育概覧　島根県立盲唖学校　大正十二年八月』島根県立盲唖学校（国立国会図書館ＤＣ）。

福田弘子・佐々木浩子（一九九五）丸山千代－ともしびをかかげて－　豊島区立男女平等推進センター編『風の交叉点3――豊島に生きた女性たち』ドメス出版、九〇－一〇七頁。

福田ヨシ（一九〇三・一一）盲唖教育談『島根県私立教育会雑誌』二〇四、一六－二一頁。

福原良二（一九三五・一）全盲に適切なる運動競技としてのスキーに就いて『盲教育』六（二）、一二－一九頁。

府市教育会連合会全国教育大会（一九一四・一）『京都教育』二五九、六九－七〇頁。

『藤倉学園昭和十九年日記女子部。日記男子部昭和十九年』（一九四四）社会福祉法人藤倉学園所蔵。

藤井東（一九二九）聾唖教育に於ける心の方法。藤本敏文編『聾唖教育研究叢書　大阪市立聾唖学校』一、大阪聾唖教育後援会、九四－一九六頁（国立国会図書館ＤＣ）。

藤井東洋男（一九三八・五）盲唖院創業『社会事業研究』二六（五）、二八－三六頁。

藤井東洋男（一九三八・一〇）聾唖教育と演劇『聾唖教育』四六、四二頁。

藤井喜久雄（一九七四）『大分県立盲学校史』校史刊行委員会。

藤井高一郎（一九二二）『京都市に於ける特殊児童調査調　京都市社会課叢書第二編』京都市社会課（国立国会図書館ＤＣ）。

藤井新一（一九三三・八）政争に因る小学校長の異動と其の対策『秋田教育』一〇一、八－一一頁。

藤井利誉（一九二〇・三）英米の国民性と我国民性とを比較して教育上の注意に及ぶ『都市教育』一八六，八－一〇頁。

藤井利誉（一九三六・一〇）教員給未払の現状と対策―秋田県の実情について―『帝国教育』六九六、六二－六七頁。

富士育児院（一九一四）『静岡県富士郡史』富士郡役所、二一五－二二二頁。

富士育児院（一九二五）静岡県社会課『静岡県社会事業要覧』静岡県社会課、二一－二三頁。

藤屋利胤（一九三一・九）山口市教育会主催山口臨海学園雑記『山口県教育』三七二、九〇－九四頁。

藤岡眞一郎（一九一一・一一）細民子弟の教育と特別作業『都市教育』八六、一四－二二頁。

藤岡眞一郎（一九一一・一二）白痴児と低能児と通常児とは如何にして区別するか『都市教育』八七、四－一一頁。

藤岡眞一郎（一九二一・五～七）我が校に於ける促進学級施設の概要（其の一）『明日の教育』一（一）、六八－七二頁、一（二）、六三－六九頁、一（三）、五四－五九頁。

藤岡眞一郎（一九二一・一二）促進に於ける学力調査の結果と教育方法の実際『明日の教育』一（一二）、五八－六七・

藤岡眞一郎（一九二二）『促進学級の実際的研究』東京啓発舎。高橋淳子・平田勝政編（二〇〇五）『知的・身体障害者問題資料集成　戦前編』三、不二出版。

藤岡大拙編（二〇〇四）『松江人物ものがたり』松江市教育委員会。

藤岡天來（一九二三・五）新教育への一歩『都市教育』二二四、一－二頁。

藤岡天來（一九三〇・七）夏季施設の焦点『帝都教育』三〇五、一頁。

藤川華子（二〇〇八・二）川本宇之介の教育構想―盲学校及聾啞学校令起草時を中心に―『大学院研究年報』三七、六五－七八頁。

藤川華子・高橋智（二〇〇五）一九二〇年代における川本宇之介の聾教育システム構想と官立東京聾啞学校改革『東京学芸大学紀要一部門』五六、二〇一－二〇六頁。

富士川游・呉秀三・三宅鑛一（日本児童研究会編）（一九一〇）『教育病理学』同文館（国立国会図書館ＤＣ）。

藤田廣作（一九三七）『本校の特別学級』大阪市中大江東尋常小学校。高橋智・前田博行・石川衣紀編（二〇一〇）『特別支援・特別ニーズ教育の源流』六、緑蔭書房、付表二頁。

藤田惜三（一九二六・三）盲学校生徒の燕岳登山『帝国盲教育』五（三）、一八四－一八五頁。

藤波銀治郎（一九三五・四）実相に立つ適正応個教育『静岡県教育』四五七、七三－八九頁。

藤村文雄（一九九五）『岐阜県障害児教育人物史』履信文庫。

藤本瀧江（一九一五・四）低能児童取扱方に就て『防長教育』一八五、二〇－二三頁。

藤本敏文（一九三三）編集室より『聾啞界』六二、七三頁。

藤本敏文（一九四〇・三）手話法に就いての一考察『聾啞教育』五六、五〇－五六頁。

藤本敏文編（一九一三）『故福田よ志子女史回顧録』島根県立盲学校。

藤本敏文編（一九二九）『聾啞教育研究叢書　大阪市立聾啞学校』一、大阪聾啞教育後援会。

藤本敏文編（一九三五）『聾啞年鑑　第一回版　昭和十年』聾啞月報社（国立国会図書館ＤＣ）。

藤本萬治（一九二六）国定小学修身書に於ける道徳観念の系統に就いて。国民教育奨励会『修身科　師範大学講座第一輯』民友社（国立国会図書館ＤＣ）。

不就学児童調査票（一九二〇・一）『大分県教育雑誌』四一五、三二頁。

不就学者の督励規程（一九〇八・五）『防長教育』一〇二、二二－二三頁。

不就学者を生じる原因と其の救済方法調査（一九〇九・二）『防長教育』一一一、二五−二六頁。

撫松生（一八九七・一〇、一八九七・一二）流行教育に就いて『京都府教育雑誌』六六、九−一一頁、六八、九−一〇頁。

藤原喜代藏（一九一一・一）文部省視学官総評（下）『教育界』一〇（三九）、五四−六二頁。

藤原喜代藏（一九一四・六）教育界の西洋崇拝熱を打破せよ『帝国教育』三八三、一−七頁。

藤原喜代藏（一九一四・八）精神上の国産を奨励せよ『帝国教育』八九、一−五頁。

藤原春太（一九二四・五）九州地方視察報告『備作教育』二一〇、七四−八〇頁。

附属小学校近況（一九〇九・五）『岐阜県教育雑誌』一七六、三三一−三三三頁。

附属小学校に天才学級設置（一九〇一・四）『大分県教育雑誌』一九四、一〇〇頁。

二荒芳徳（一九二四・一〇〜一二）若き日本の行くべき道『佐賀県教育』三一四、二一−八頁、三一五、一−七頁、三一六、二一−七頁。

仏教徒社会事業研究会（一九二〇）『仏教徒社会事業大観』仏教徒社会事業研究会。

仏国巴里訓盲院卒業ルーイ・ブレイユ原案　日本東京盲唖学校助教諭石川倉次翻案　日本訓盲点字清音・濁音及漢字　日本訓盲点字拗音（一九〇一・四・二二）『官報』五三三七、四五三−四五四頁。

船越源一（一九三五）『小学校教育行政法規精義』東洋図書。

船越茂傳治（一九〇七・九）算術科劣等児童の取扱『岡山県教育会誌』八二、二五−二七頁。

船橋秀彦（一九八八）大正期茨城県における特殊教育・特殊学級―劣等児低能児精神薄弱児を中心として―『茨城近代史研究』三、五二−六九頁。

船橋秀彦（一九九七）『茨城県障害児教育史の研究（戦前）』全障研茨城支部出版。

船寄俊雄（一九九七・三）文理科大学・高等師範学校の存廃問題『神戸大学発達科学部研究紀要』四（二）、一三一−一四六頁。

船寄俊雄・土井徳生（一九九一）大坂府師範学校附属小学校の教育治療室について『大阪教育大学教育研究所報』二六、一九−二五頁。

不払四、五年で飢に泣く沖縄県教員（一九三五・五）『教育』三（五）、九七六−九七七頁。

古河太四郎（一八七七・一〇）京都府下大黒町待賢校－唖生教授手順概略『教育雑誌』六四号付録。

古河太四郎依願免官ノ件（一八八九・一一・二、一八八九・一二・三）国立公文書館蔵。

古澤聡司（一九八七）青木誠四郎の場合。波多野誼余夫・山下恒男編『教育心理学の社会史　あの戦争をはさんで』有斐閣、四〇－五一頁
古谷史映（一九四三・三）皇国民の錬成と言語『聾唖の光』一（一一）、三－一一頁（国立国会図書館ＤＣ）。

古谷史映（一九四三・一〇）非常時局下に於ける聾教育の方向『聾唖の光』二（六）、二－九頁（国立国会図書館ＤＣ）。

古屋宗作（一八八五）『類聚大阪府布達全書』龍雲舎（国立国会図書館ＤＣ）。

米国教育局年報抄　盲者教育論・高木怡荘訳（一八七六・一一・二五）『教育雑誌』二一、一－一九頁。

米国に於ける大学中学校等を卒業した聾者（一九四一・一）『聾口話教育』一七（一）、六頁
別役厚子（一九九五・一〇）東京市「特殊小学校」の設立過程の検討―地域との葛藤に視点をあてて―『日本の教育史学』三八、一五四－一七三頁。

ヘレン、ケラー嬢（一八九七・一〇）『教育壇』一（九）、九一－九五頁。

ヘレン・ケラーは……（巻頭言）（一九三七・九）『帝国盲教育』九（一）、一頁。

編輯子（一九〇五・二）片々録『愛知県教育雑誌』二一四、四八－五〇頁。

保育問題研究会（三木安正）（一九三八・四）幼稚園・託児所に於て取扱ひに困る子供の調査『教育』六（四）、八四－一〇四頁。

俸給表（一九一九・六）『紀伊教育』二五八、表紙裏。

俸給不払の現状について（一九三四・八）『秋田教育』一一八、一頁。

北条茂彦（一八九一・一〇）唖生教育に関する報告書『大分県共立教育会雑誌』八〇、一八－三二頁。

北越新報社（一九一二）『北越新報一万号記念志』北越新報社。

北鶴（一九一〇・六）落第論『京都府教育会雑誌』二一七、二七－二九頁。

保坂直枝・関矢晃（一九九一）『私立高崎聾唖学校沿革史』保坂直枝（あかぎ出版）。

星一彰（一九六六）精薄総合施設の建設者。長沼幸一『思想の科学』五二、六二－六四頁。

星菊太（一九一四・六）教育者の向上心『福島県教育』三〇（六）、一〇－一三頁。

星野行恒（一九三四・四）歯牙伝導聴話器『ホシノフォン』に就て『醫科器械学雑誌』一二（一九）四八四－四八七（二〇一五・六・一閲覧）(http://ci.nii.ac.jp/naid/110002532598)。

補助教育研究部（一九二〇・一）補助教育の提唱『教育研究』二〇〇、一七六－一七九頁。

細貝隆司（一九九一）私立長岡盲唖学校創立にかかわった人びと『長岡郷土史』二八、一三八－一五二頁。

細川益之（一九一七・七）数と性と優劣から『芸備教育』一五九、一一－四頁。

細野重勝（一九三〇）現制教育問題の検討（応募論文に表現されたる各問題の分解的調査）。国民新聞社編輯局編『教育改造論』啓成社、二九七－三五四頁（国立国会図書館ＤＣ）。

細谷雄一（二〇一五）『歴史認識とは何か　日露戦争からアジア太平洋戦争まで　戦後史の開放Ⅰ』新潮社。

北海道小樽盲学校創立九〇周年記念・校舎増築記念事業協賛会編（一九九七）『創立者　小林運平先生と小樽盲唖学校』北海道小樽盲学校創立九〇周年記念・校舎増築記念事業協賛会。

北海道教育大学附属札幌小学校（一九七七）『附属　開校九十周年記念誌―一九七六―』北海道教育大学附属札幌小学校。

北海道札幌師範学校（一九三六）『北海道札幌師範学校五十年史』北海道札幌師範学校。

北海道函館盲・聾学校創立百周年記念事業協賛会事業部（一九九五）『北海道函館盲学校・北海道函館聾学校創立百周年記念誌』北海道函館盲・聾学校創立百周年記念事業協賛会事業部。

洞口かほる（一九三五・八）性癖児童の矯正体験『宮城教育』四三一、五四－五七頁。

堀健吾（一九一〇・四～一九一〇・五）成績不良なる児童の取扱・成績不良児取扱（承前）『茨城教育』三二一、一三－一六頁、三二二、一一－一四頁。

堀智久（二〇一一・三）教育心理学者・実践者の教育改革運動と精神薄弱児の社会生活能力への着目―精神薄弱教育の戦時・戦後占領期―『社会学ジャーナル』三六、八一－一〇〇頁。

堀池英一（一九三五・四）不学の聾者なからしめよ『聾口話教育』一一（四）、六－七頁。

堀桑吉（一九二一・九）驚くべき臨海聚落の効果『岐阜県教育』三二四、九－一〇頁。

本県の低能児特別取扱法（一九一二・一）『防長教育』一四六、三九‐四〇頁。

本会第二十七回総集会（一九一四・一二）『芸備教育』一二八、二四‐二六頁。

本県学齢児童の就学並に出席の奨励に関する施設状況（一九一一・五）『芸備教育』八五、七‐一〇頁。

本県教育の刷新に就て（一九一三・九）『防長教育』一六六、三‐四頁。

本郷兵一（一九二七・一一）北日本連合教育大会記『宮城教育』三四一、七七‐八三頁。

本田親二（一九二三・一）劣等児及び低能児の教育に就いて『教育時論』一三五八、一四‐一八頁。

本田親二（一九二五・四）東京市補助学級研究科に就いて『教育時論』一四三五、六‐九頁。

本田正信（一九三八・六）荒井氏の実践記録を読む『教育論叢』三九（七）、四五‐五一頁。

本年度盲学校教員講習会状況（一九一二・一一）『内外盲人教育』一（秋）、四六‐四七頁。

【ま行】

前尾房太郎（一九二九・八）要求―白痴正一君に―『奈良県教育』一九六、二四‐二五頁。

前田朋子（一九九三）日本聾話学校におけるアメリカ口話法の受容とその教育史的意義『日本の教育史学』三六、九五‐一〇八頁。

前田朋子（一九九四）小西信八の聾教育論―言語教育方法を中心に―『広島大学教育学部紀要　第一集（教育学）』四三、五七‐六四頁。

前田朋子（一九九五）戦前広島県における障害児学級に関する考察『広島大学教育学部紀要　第一集（教育学）』四四、二三‐三一頁。

前田朋子（一九九六・九）昭和初期名古屋聾学校における教員養成講習会―その講習内容と資格―『特殊教育学研究』三四（二）、四一‐四七頁。

前田晶子（二〇一〇・一二）山下徳治における発生論の形成（一）成城小学校訓導時代を中心に『鹿児島大学教育学部教育実践研究紀要』二〇、一五三‐一六〇頁。

前田晶子（二〇一一・一二）山下徳治における発生論の形成（三）ドイツ留学からソヴィエト訪問へ『鹿児島大学教育学部教育実

践研究紀要』一二、一三七－一四五頁。

前田博行・高橋智（二〇〇二）戦前期大阪市の特別学級編制とその基本的性格―日本促進教育史研究序説―『東京学芸大学紀要一部門』五三、一五一－一七五頁。

牧賢一（一九三三・七）丸山千代女史を語る『幼児の教育』五一－五七頁。

牧野虎治（一九三一）『大阪社会事業年報　昭和六年版』大阪社会事業連盟。

槇山榮次（一九〇七・一二・一一）マンハイム小学校組織調査報告『官報』七三三七、二二一－二二四頁。

槇山榮次（一九一〇）序。金港堂編纂部編『全国附属小学校の新研究』金港堂書籍、一頁。

牧山建吉（一八九八）『学校衛生学』吐鳳堂（国立国会図書館ＤＣ）。

増田善次郎（一八九九・一一）『京都府教育雑誌』九一、一三－一四頁。

増田実（一九七〇）『教育と人物』高天神城戦史研究会。

増田守男（二〇〇七・一二）視覚障害者の新時代を啓いた左近允孝之進『視覚障害』二三五、二五－三三頁。

町田則文（一九八八・六）東京盲唖学校参観雑記『愛媛教育協会雑誌』一一、二九－三二頁。

町田則文（一九〇三）『学校管理法』同文館（国立国会図書館ＤＣ）。

町田則文（一九一二・五）発刊の旨趣『内外盲人教育』一（春）、一－二頁。

町田則文（一九二〇・六）盲児童の観察『幼児教育』二〇（六）、一八九－一九八頁。

町田則文（一九二一・四）帝国盲教育会の成立『帝国盲教育』一、五－七頁。

町田則文（一九二一・一二）盲児に幼稚園が必要なる所以『幼児教育』二一（一二）、三八七－三九〇頁。

町田則文（一九二五）『盲教育五十年記念誌』富岡兵吉。

町田則文（一九二八）『明治国民教育史』昭和出版社（国立国会図書館ＤＣ）。

町田則文訳（一九一三・七）墺帝国々立ヴィーン訓盲院教授細目附同院職員表『内外盲人教育』二（夏）、一－一三頁。

町田則文訳（一九一三・八）普国王立ステグリッツ訓盲院教授細目『内外盲人教育』三（夏）、一－一五頁。

町田則文訳（一九三三）『盲人心理学』町田先生謝恩事業会（Theodor Heller（1895）*Studien zur Blinden Psychologie*）（国立国会

図書館ＤＣ）。

町田則文先生謝恩事業会（一九三四）『町田則文先生伝』町田則文先生謝恩事業会。

松井繁（二〇〇四）『奥村三策の生涯　近代鍼灸教育の父』森宮医療学園出版部。

松井豊吉（一九〇〇）『東海訓盲院』季報社（静岡県立総合教育センター所蔵、静岡県立図書館歴史情報文化センターにて閲覧）。

松井豊吉（一九〇一）『立志美談盲生福地継次郎』季報社（国立国会図書館ＤＣ）。

松井豊吉（一九〇一・四・二四）広告『静岡民友新聞』第五面広告欄最下段。

松井豊吉（一九三八）『盲唖の黎明』小杉あさ。

松井豊吉（ｎｄ）『東海訓盲院目録』松井豊吉。

松浦泰子（一九三八・五）入学した聾児のお母様がたへ『聾口話教育』一四（五）、五三－五九頁。

松浦守衛（一九一七・三）分団教授瞥見記『島根県私立教育会雑誌』三一九、一九－三四頁。

まつえ女性史を学ぶ会（二〇〇一）『福田与志資料集』松江市総合女性センタープリエール。

松岡功（一九〇五・二）学級に於ける児童学力の不平均を平均ならしめんとしたる実験『島根県私立教育会雑誌』二一九、一九－二一頁。

松岡若義（一九三五・五）成績不良児の防止救済法に就て『聾口話教育』一一（五）、三八－四九頁。

松田武雄（二〇〇〇）乗杉嘉壽の教育改革論の検討『九州大学大学院教育学研究紀要』三、一－二一頁。

松田徳太郎（一九三三）『大阪社会事業年報　昭和七年版』大阪社会事業連盟。

松田龍一（一九四〇・六）医師は聾児を如何に取り扱ふべきか『聾口話教育』一六（六）、三六－四三頁。

松永榮重（一九四〇・一）日聾研究会に対する卑見『聾唖教育』五五、六－一一頁。

松永端（一九二九）手話の創造――或はその形成に就いて。藤本敏文編『聾唖教育研究叢書　大阪市立聾唖学校』一、大阪聾唖教育後援会、七三－九三頁（国立国会図書館ＤＣ）。

松村精一郎（一八八〇・一〇）盲唖院設立ノ議『交詢雑誌』二六、六－八頁。

松本和明（二〇〇八）創設期から大正後期における長岡商工会議所に関する資料―『長岡商業会議所設立二十周年記念誌』を中心

に―『地域研究』八、一三五―一四七頁（二〇一一年八月一七日閲覧）(http://www.nagaokauniv.ac.jp/m-center/chiken/pdf/vol18/135_shiryo.pdf)

松本市教育百年史刊行委員会編（一九七八）『松本市教育百年史』電算印刷。

松本昌介（一九九〇）松本保平先生の生涯。松本保平先生遺稿集刊行委員会編『肢体不自由児とともに　松本保平先生遺稿集』田研出版、六九―一二四頁。

松本昌介（一九九三）疎開の記録。光明学校の学童疎開を記録する会編『信濃路はるか　光明学校の学童疎開』田研出版、七七―一六〇頁。

松本昌介（二〇〇五）『竹澤さだめ――肢体不自由児療育事業に情熱を燃やした女医』田研出版。

松本昌介・飯塚希世・松下忠彦・中村尚子・細渕宮雄（二〇一七）『障害児学童疎開資料集一（光明学校Ⅰ）、二（光明学校Ⅱ）』六花出版。

松元四郎平『鍼灸経穴学　附・臨床治方録』誠之堂（国立国会図書館ＤＣ）。

松本博史（二〇〇五）池田小ぎくの合科学習―奈良女子高等師範学校附属小学校における最初期合科学習の実践―『神戸女子大学文学部紀要』三八、八五―九七頁。

松本博史（二〇一一ａ）池田こぎくの特別学級（一）―一九一八年以前の実践を中心として―『神戸女子大学文学部紀要』四四、七五―九一頁。

松本博史（二〇一一ｂ）池田こぎくの特別学級（二）―一九二一―二二年度の実践を中心として―『教育諸学研究』二五、三―二〇頁。

松本博史（二〇一八・三［印刷中］）奈良女子高等師範附属小学校の「特別学級」『神戸女子大学文学部紀要』五一、一―一二頁。

松本眞英（一九一九・六）デモクラシーの根本精神と教育『因伯教育』二九七、一〇―一三頁。

松本亦太郎（一九一二・一一）教育革新運動『京都教育』二四五、一〇―一一頁。

松本保平（一九五五）日本肢体不自由児教育史。石山脩平他編『教育文化史大系』七、金子書房、一三六―一七〇頁。

松本保平（一九八一）太平洋戦争と光明学校。松本保平先生遺稿集刊行委員会（編）（一九九〇）『肢体不自由児とともに　松本保平先生遺稿集』田研出版、一八九-一九九頁。

松本保平先生遺稿集刊行委員会（一九九〇）『肢体不自由児とともに　松本保平先生遺稿集』田研出版。

松本閲薫（一九一二・六）余の実見せる英国人の大国民的気風『大分県教育雑誌』三二八、三三-三四頁。

松山誠二（一八八三）『学校衛生論』松山誠二（国立国会図書館ＤＣ）。

馬淵本県知事の訓示（一九一三・九）本県教育の刷新に就て『防長教育』一六六、三-四頁。

馬淵鋭太郎（一九一九・七）外来思想批判の規準―教育会総会に臨みて―『京都教育』一六、一〇-一三頁。

丸川仁夫（一九二九）『日本盲唖教育史』京都市立盲学校・京都市立聾唖学校同窓会。

丸山千代（一九三五）聾唖及び聾唖教育についての希望『教育』三（四）、二一七-二二〇頁。

馬渡尚子（一九八二）わが国における肢体不自由児保護構想に関する一考察『障害児教育学研究――荒川勇教授退官記念論文集』八七-一〇一頁。

マンハイム式の学級編制（一九〇八・一）『因伯教育』一五一、三六頁。

ミアーズ、ヘレン（伊藤延司訳）（一九九五）『アメリカの鏡・日本』アイネックス（角川ソフィア文庫［二〇一五］）。

三浦喜雄・橋本留喜（一九二一）『尋常小学国語読本教授書　教材精説実際教法第四学年後期用』東京宝文館（国立国会図書館ＤＣ）。

三浦茂一（一九七三）特殊教育への努力――盲唖教育の端緒。千葉県教育百年史編さん委員会『千葉県教育百年史一通史編（明治）』千葉県教育委員会、一三三四-一三四五頁。

三浦修吾（一九二六）『生命の教育』イデア書院（国立国会図書館ＤＣ）。

三浦浩（一九〇六）世の博愛家に望む『口なしの花』一、一五-一六頁。

三浦浩（一九〇九）聾唖の正月『口なしの花』五、五-七頁。

三浦浩（一九一〇ａ）聾唖者ノ処世法ヲ論ズ『口なしの花』七、九-一四頁。

三浦浩（一九一〇ｂ）健全なる身体!!『口なしの花』八、三-四頁。

三浦浩（一九一一）新卒業生諸君に『口なしの花』十、二〇頁。

三浦浩（一九一四a）発刊の辞『殿坂の友』一四、一－二頁。

三浦浩（一九一四b）思ひいづるまま『殿坂の友』一四、三七－三八頁。

三浦浩（一九一五）蛍雪の効『殿坂の友』一五、二九－三〇頁。

三浦浩（一九一六a）忍耐力の必要『聾唖界』一三、七－八頁。

三浦浩（一九一六b）聾唖者を大いに働かしめよ『聾唖界』一四、一五－一六頁。

三浦浩（一九一六c）斯界の刮目を要す『聾唖界』一五、一〇－一一頁。

三浦浩（一九一八）必要なる筆談の能力『殿坂の友』一九、二－三頁。

三浦浩（一九一九）修養『殿坂の友』二一、三〇－三一頁。

三浦善雄（一九〇九・六）劣等児童の取扱に関する研究『秋田県教育雑誌』二一三、四－一四頁。

三浦保行（一九一四・五）算術科に於ける分団教授の研究『三重教育』一九七、二四－三〇頁。

三浦保行（一九一八・六）算術教授刷新の綱領（一）『三重教育』二四六、一四－一七頁。

三重県（一九〇四）『三重県統計書　明治三五年　全』三重県（国立国会図書館ＤＣ）。

三重県（一九二四～一九四二）『三重県統計書　大正一一年－昭和一五年　第三編』三重県（国立国会図書館ＤＣ）。

三重県総合教育センター（一九八一）『三重県教育史二』三重県学校生協組合。

三重県盲唖者に関する調査（一九一三・七）『内外盲人教育』二（夏）、三九－四〇頁。

三重県立盲学校記念誌編集委員会（一九七〇）『創立五十周年校舎落成記念誌』三重県立盲学校。

三重県立盲学校創立六五周年記念誌編集委員会（一九八四）『三重県立盲学校創立六五周年記念誌』三重県立盲学校。

三木安正（一九三九・二）特殊幼稚園の必要について『教育』七（二）、一五－一八頁。

御厨規三（一九四〇）石井亮一伝。社会福祉法人滝乃川学園（一九八六）『石井亮一と瀧乃川學園――石井亮一没後五〇周年記念復刻版』社会福祉法人滝乃川学園、一八－一〇九頁。

三澤糺（一九一四）米国に於ける異常児研究の一面『学校教育』一（六）、七四－七八頁。

三島通良（一八九三）『学校衛生学』博文館（一八九七増訂四版）（国立国会図書館ＤＣ）。

三島通良（一九〇三）学校衛生学。教育学術研究会編『教育辞書』一一六－一三〇（国立国会図書館ＤＣ）。

水野惟之（一九二六）『日本主義の哲学』大分国民新聞社出版部（国立国会図書館ＤＣ）。

水野惟之（一九三九・六）教育者は宣しく非流行的であれ『大分県教育』六四四、一頁。

水野生（一九三五・九）巻頭言『福島県教育』五一（九）、一頁。

水野節夫（一九九七・六）田中不二麿と教育令制定『中京大学教養論叢』三八（一）、六一－八六頁。

水野練太郎（一九一五・三）地方青年の教養『京都教育』二七三、六－九頁。

未超人（一九二八・一）一杯気嫌『教育研究』三三二、一〇〇頁。

三井登（二〇〇一・六）一九一〇年代の学齢児童のトラホームの状態と学校医の治療をめぐる問題『北海道大学大学院教育学研究科紀要』八三、一一七－一五七頁。

三橋傳藏・金成龜次郎（一九〇四・一一）小学校に於ける劣等児童取扱方法『東京市教育会雑誌』四（付録）、一頁。

密本勝之助（一九三二・八）帝国盲教育会総会雑感『盲教育の友』四（八）、一一－一三（国立国会図書館ＤＣ）。

密本勝之助（一九三四・一一）盲教育『教育思潮研究』八（四）、一二三五－一二三七頁。

水戸クニエ（一九三九）聾唖者と授産『北海道社会事業』九〇、三一－三五頁。

水戸市下市尋常小学校（ｎｄ）『水戸市郷土誌三現在ノ部』水戸市下市尋常小学校（水戸市立中央図書館所蔵、頁なし）。

水戸市史編さん近現代専門部会（一九九三）『水戸市史　下巻（一）』水戸市役所。

水戸市下市尋常小学校（一九二四）『水戸市下市尋常小学校沿革誌』水戸市下市尋常小学校（水戸市立浜田小学校所蔵）。

峰島厚（一九八五）東京市補助学級と国民学校令施行規則の制定。津曲裕次・清水寛・松矢勝宏・北沢清司編『障害児教育史社会問題としてたどる外国と日本の通史』川島書店、二四〇－二四六頁。

簑島浩一（一九八六・七）戦前の精神薄弱者施設小金井学園（小金井治療教育所）に関する一考察『精神薄弱問題史研究紀要』三〇、三一－二〇頁。

箕作佳吉（一九〇一・八）公の場所に於ける礼儀『東京市教育時報』一一、二〇－二二頁。

三村安次（一九〇六）劣等児ノ教育。帝国教育会『第一回全国小学校教員会議録』一五一－一五四頁。

三村安治（一九〇九）長野市後町尋常高等小学校に於ける低能者の教育。脇田良吉『小学校に於ける成績不良児教育法』修学堂、九八－一二六頁。

宮城県教育委員会（一九七六～一九七七）『宮城県教育史　一・二』宮城県教育委員会。

宮城県教育会中央部（一八九二）『小学校に関する法令　附参照説明』宮城県教育会中央部（国立国会図書館ＤＣ）。

宮城県師範学校附属小学校（一九〇四・二）我校の唖生部一汎『教育界』三（五）、四六－四八頁。

宮城県師範学校附属小学校（一九三一・七）当校の夏期臨海学校施設の実際『宮城教育』三八五、五六－六七頁。

宮城県の低能児童教育方針（一九〇八・二）『内外教育評論』四、六九頁。

宮城県立盲唖学校（一九三九）『創立二十五年』宮城県立盲唖学校。

宮城県立盲学校（一九六五）『創立五十周年誌』宮城県立盲学校。

宮城県立聾学校（一九七四）『六十年誌』宮城県立聾学校。

三宅鑛一（一九一九・八）誤られたる低能教育『帝国教育』四四五、一九－二一頁。

三宅鑛一・池田隆徳（一九〇八・一一）不良少年調査報告『国家医学会雑誌』二五九、六七七－七一五頁。

都城市史編さん委員会（二〇〇六）『都城市史　通史編近現代』都城市。

宮崎県立盲学校（一九六〇）『記念誌創立五十周年』宮崎県立盲学校。

宮崎利明（二〇〇・三）山下徳治にみるドイツ教育学の受容問題―一九二三～二六年のマールブルク大学での遺稿ノートを手がかりに―『鹿児島大学教育学部研究紀要　教育科学編』五一、五九－八六頁。

宮田修（一九一七・八）女教員問題『教育時論』一一六五、二九頁。

宮田丈夫（一九五三）単級学校の成立過程とその学級編制史的意義『教育学研究』二〇（四）、六三－七八頁。

三好一成（一九八〇）私立成田清聚学院の設立と展開（上）『千葉県社会事業史研究』二、五－二一頁。

三好一成（一九九九）私立中郡盲人学校の設立と展開『大乗淑徳学園長谷川仏教文化研究所年報』二三、四一－一一八頁。

三好孝造（一九三五）京都部会授産所の心『聾唖界』七三、二六－二八頁。

ミル、ジョン・Ｓ（町田則文訳）（一九〇〇）『弥爾言行録』開発社（John Stuart Mill [1873] *Autobiography*）（国立国会図書館ＤＣ）。

三善貞治（二〇〇〇）『大阪人物辞典』清文堂出版。

三輪田元道（一九一一・一二）女教師の長所短所『大分県教育』三二一、三五－三六頁。

三輪田元道（一九一九・一〇）教育の改善『都市教育』一八一、三－五頁。

民友社編（一八九四）『平民叢書　第四巻　教育と遺伝』民友社。

牟田口辰己（二〇〇七）『盲児童用点字教科書発行の変遷と今後の編集システムの在り方に関する研究』平成一六～平成一八年度科学研究費補助金（基盤研究［C］）（課題番号一六五三〇六三三）研究成果報告書。

宗像誠也（一九四〇・七）国民学校の基本問題『教育科学研究』二（七）、一二－一三頁。佐藤広美・高橋智編（一九九七）『戦前教育科学運動史料』一、緑蔭書房。

宗像浩洋（一九三九・一二）教護職員と私生活『児童保護』九（一二）、一三－一七頁。

村井龍治（一九八七・三）岩崎佐一の生涯と精神薄弱児施設桃花塾に関する一考察『美作女子大学・美作女子大学短期大学部紀要』三二、二〇－二七頁。

村井龍治（二〇一三）田中正雄　誓いと「六方」にかけた想い。津曲裕次監修『天地を拓く―知的障害福祉を築いた人物伝―』財団法人日本知的障害者福祉協会、一七五－一九四頁。

村岡輝雄・坂井美恵子・三浦貴大・伊福部達（二〇一一・九）日本初の電気式補聴器リッカフオンについて―修復と特性測定―『Audiology Japan』五四（五）、四六五－四六六頁。

村上求馬（一九一〇・一一）一等国の意義より体育の必要を論ず『口なしの花』九、一〇－一四頁（明石書店［二〇一二］）。

村田茂（一九六八）我が国における肢体不自由教育の発足――東京市立光明学校設立に至るまでの覚え書き『療育』九、八〇－九三頁。

村田茂（一九七七）『日本の肢体不自由教育――その歴史的発展と展望』慶応通信。

村田茂（一九七九ａ）肢体不自由教育成立の背景。全国肢体不自由養護学校長会編『肢体不自由教育の発展　改訂増補版』日本肢体不自由児協会、三－一三頁。

村田茂（一九七九ｂ）肢体不自由教育の発足。全国肢体不自由養護学校長会編『肢体不自由教育の発展　改訂増補版』日本肢体不自由児協会、一四－二五頁。

村田茂（一九九〇）松本保平先生と肢体不自由児教育史研究。松本保平先生遺稿集刊行委員会編『肢体不自由児とともに　松本保平先生遺稿集』田研出版、一二－一五頁。

村田茂（一九九七）『新版　日本の肢体不自由児教育　その歴史的発展と展望』慶應義塾大学出版会。

村田茂（一九九八）『高木憲次―シリーズ福祉に生きる―』八、大空社。

村田茂（二〇〇一）肢体不自由教育の歴史から学ぶもの。下山直人編『肢体不自由教育ハンドブック』社会福祉法人全国心身障害児福祉財団、二三九－二五〇頁。

村田文夫（一八六九）西洋聞見録『明治文化全集第七巻外国文化篇』日本評論新社、一八九－二七六頁。

室田保夫（二〇〇九・三）岩橋武夫研究覚書―その歩みと業績を中心に―『関西学院大学人権研究』一三、二七－四六頁。

室田保夫（二〇一三・四）大村善永研究ノート――その生涯と事績『関西学院史紀要』一九、七－五二頁。

明治三七年八束郡壮丁学力検査の結果（一九〇四・一〇）『島根県私立教育会雑誌』二一五、四九－五四頁。

明治三八年四月末日現在就学歩合表（一九〇五・九）『鳥取県教育雑誌』一二四、三八頁。

名誉会員・特別会員（一九三六・一〇）『聾口話教育』一二（一〇）、五四－五八頁。

盲唖教育会（一九一一・七）『教育界』一〇（六）、一一一頁。

盲唖教育費補助削減復活特別委員運動経過報告（一九二九・一二）『聾唖教育』九、五五－六〇頁。

盲唖教育に補助（一九三四・一）『教育』二（一）、一六八頁。

盲唖学校令制定（一九〇九・九）『教育学術界』一九（六）、一二六頁。

盲唖教育令（一九〇七・一〇）『愛知教育雑誌』二四六、五二頁。

盲唖教育令の行悩み（一九〇九・二）『教育時論』八五七、三八頁。

盲唖教育の奨励（一九一九・一二）『芸備教育』一八六、三一頁。

盲唖教育の励奨（一九一九・一一・二五）『教育時論』一二四六、一七－一八頁。

盲唖教育の普及（一九〇四・四）『奈良県教育会雑誌』七六、三二頁。

盲唖教育令調査（一九一一・九）『都市教育』八四、五一－五二頁。

盲唖教育を府県事業として強行すべし（一九〇二・一〇）『岩手学事彙報』六三三、一－二頁。

盲唖児童義務教育制度実施方建議（一九三六・一〇）『近江教育』四九一、九三－九四頁。

盲唖児童教育（一九〇八・一二）『兵庫教育』二二九、二二頁。

盲唖生（一九〇四・五）盲唖教育に就き『岩手学事彙報』六九一、八－一三頁。

盲学校並聾唖学校長会の開催（一九三八）神奈川県教育会『神奈川県教育会五十年史』神奈川県教育会、四六九－四七二頁。

盲女の大学入校（一八九一・二）『京都教育会雑誌』六二、五四頁。

盲人学校（一八九〇・八）『岩手学事彙報』一九九、一五頁。

盲人教育の開始（一九〇九・七）『山梨教育』一七六、三七頁。

盲人教育の好実例（一九〇九・一〇）『防長教育』一一九、一九－二〇頁。

盲人の論理学聴講（一九〇三・二）『東京市教育時報』二九、四五頁。

盲人保護ニ関スル建議案（一九〇五・二・一八）第二一回帝国議会衆議院速記録一八『官報』号外、二七八－二八〇頁。

盲人保護ニ関スル建議案（一九〇五・二・二二）第二一回帝国議会衆議院速記録一九『官報』号外、三一二－三一三頁。

もうひとつの学童疎開――光明学校の障害児たち④（二〇一〇・八・一三）『毎日新聞』朝刊、第一四面。

盲聾唖教育の励奨（一九一九・一二）『教育時論』一二四六、一七－一八頁。

盲聾唖児の義務教育――実施方針をとる荒木文相（一九三九・七）『聾口話教育』一五（七）、四六頁。

盲聾教育開学百周年記念実行委員会編集部（一九七八）『京都府盲聾教育百年史』盲聾教育開学百周年記念実行委員会。

盲聾苦生（一九三一・六）聾唖教育の漫談（二）『聾唖教育』一三、七五－七七頁。

最も進んで居る英国の盲教育（一九一五・一一）『婦人週報』五（三）、七頁（国立国会図書館ＤＣ）。

元良勇次郎（一九〇八・四）遅性児童教育研究所設立趣意『実験教育指針』七（四）、七一－七八頁。

元良勇次郎（一九〇八・六）低能児学校を設くるを理想とす『内外教育評論』八、一五－一六頁。

元良勇次郎（一九〇九）東京市楽石社にて実験せる報告。脇田良吉『小学校に於ける成績不良児教育法』修学堂、一七三－二〇三

（東京市教育会雑誌三五～三六号から転載）。

本落壽賀治（一九一三・一一）高学年算術科教授の研究『岡山県教育会誌』一一九、三一－三五頁。

森井岩太郎（一八九一・七）脳力の経済的使用法『私立岡山県教育会雑誌』六〇、一四－一七頁。

森岡常藏（一九一九・九）教育学講義『徳島県教育会雑誌』二〇一、二一－六三頁。

森秀一（一九三八・一〇）所謂劣等児指導の体験と其の反省『聾口話教育』一四（一〇）、三二－三七頁。

森川輝紀（一九八七）『近代天皇制と教育　その問題史的検討』梓出版社。

森川政一（一九九〇）『明治・大正上越医界史』北越出版。

森清（一九六七・二）精神薄弱教育の問題（Ⅴ）―精神薄弱特殊学級の成立過程『熊本大学教育学部紀要』一五、一一四－一一七頁。

森清先生喜寿記念世話人会（一九八七）『熊本の精神遅滞児教育の歩み』森清先生喜寿記念世話人会。

森清克（一九一二・一二）内外盲人教育第一号を読みて『内外盲人教育』一（秋）、一頁。

森清克（一九二三・一〇）大分県立盲唖学校沿革『帝国盲教育』二（三）、一一〇－一一一頁。

森清克（一九二五・一〇）帝国盲教育会第三回　日本聾唖教育会第一回総会通知『帝国盲教育』五（二）、一三二－一三八頁。

森清克（一九二六・三）第三回帝国盲教育会　第一回日本聾唖教育会総会報告『帝国盲教育』五（三）、一五二－一七三頁。

森巻耳（一九一二・五）発刊を祝す『内外盲人教育』一（春）、二－三頁。

森恒太郎（一九〇八）『一粒米』博文館（国立国会図書館ＤＣ）。

森田榮次（一九四一・二）国民学校と盲唖教育問題『和歌山県教育』六、二四－二九頁。

森田昭二（二〇一五）『盲人福祉の歴史　近代日本の先覚者たちの思想と源流』明石書店。

森本九平『学級教育の真諦』岸田書店（国立国会図書館ＤＣ）。

守屋東（一九三二）『クリュッペルハイムの設立について』高橋淳子・平田勝政編（二〇一五）『知的・身体障害者問題資料集成　戦前編』七、不二出版。

守屋東女史の東星学園創設―不具児童のホーム（一九三二・八・一四）『婦女新聞』一六七九号　一三頁。

守屋東（一九三四・一）今年中に実行したきこと『婦女新聞』一七五一、四頁。

守屋東（一九三五）このごろ『婦人新報』四五一、二八－三一頁。

守屋東（一九三八ａ）クリュッペルハイムにおける看護婦の地位と学校衛生婦『このごろ』二（二）、一－二頁。

守屋東（一九三八ｂ）第三回学校看護婦生徒募集について『このごろ』二（六）、一－二頁。

守屋東（一九四〇）守屋東。神崎清編『現代婦人伝』中央公論社、四七九－五一四頁。

守屋弘太（一九一五・九）異常児童に関する研究『岡山県教育会誌』一三〇、四－一四頁。

森山治（二〇一〇）戦前期における我が国の肢体不自由児政策と高木憲次の影響『福祉図書文献研究』九、七三－八九頁。

門外漢（一九一一・七）特殊教育の意義を究めて吾人の希望を述ぶ『都市教育』八二、二四－二六頁。

文部次官通牒（一九二四・一・二九）児童就学奨励御下賜金交付ニ関シ施設上注意。

文部省（一八七七）『米国百年期博覧会教育報告巻三』文部省（国立国会図書館ＤＣ）。

文部省（一八七九）教育令布告ノ件『公文録・明治十二年・第百十三巻・明治十二年七月－九月・文部省』国立公文書館デジタルアーカイブ（二〇一六・八・二三閲覧）

文部省（一九一四）『日本帝国文部省年報　第二　明治七年』（国立国会図書館ＤＣ）。

文部省（一九一四）『日本帝国文部省年報　第三　明治八年　第一冊』（国立国会図書館ＤＣ）。

文部省（一九一四）『日本帝国文部省年報　第四　明治九年度』（国立国会図書館ＤＣ）。

文部省（一九一四）『日本帝国文部省年報　第五　明治十年　第一冊』（国立国会図書館ＤＣ）。

文部省（一九一四）『日本帝国文部省年報　第六　明治十一年』（国立国会図書館ＤＣ）。

文部省（ｎｄ）『文部省第七年報　明治十二年』（国立国会図書館ＤＣ）。

文部省（一九一四）『日本帝国文部省第三十四年報　明治三十九－四十年』文部省（国立国会図書館ＤＣ）。

文部省（一九二七）『日本帝国文部省第五十一年報』文部省（国立国会図書館ＤＣ）。

文部省（一九三一）『日本帝国文部省第五十五年報』文部省（国立国会図書館ＤＣ）。

文部省（一九三三）『日本帝国文部省第五十六年報』文部省（国立国会図書館ＤＣ）。

文部省（一九三四）『日本帝国文部省第五十七年報』文部省（国立国会図書館ＤＣ）。

文部省（一九三六ａ）『日本帝国文部省第五十八年報』文部省（国立国会図書館ＤＣ）。

文部省（一九三六ｂ）『日本帝国文部省年報第五十九年報』文部省（国立国会図書館ＤＣ）。

文部省（一九三七ａ）『日本帝国文部省年報第六十年報』文部省（国立国会図書館ＤＣ）。

文部省（一九三八ａ）『大日本帝国文部省年報第六十一年報』文部省（国立国会図書館ＤＣ）。

文部省（一九三八ｂ）『大日本帝国文部省年報第六十二年報』文部省（国立国会図書館ＤＣ）。

文部省（一九三九）『大日本帝国文部省年報第六十三年報』文部省（国立国会図書館ＤＣ）。

文部省（一九四三ａ）『大日本帝国文部省年報第六十四年報』文部省（国立国会図書館ＤＣ）。

文部省（一九四三ｂ）『大日本帝国文部省年報第六十五年報』文部省（国立国会図書館ＤＣ）。

文部省（一九七九ａ）『文部省第六十七年報』印刷局朝陽会。

文部省（一九七九ｂ）『文部省第六十九年報』印刷局朝陽会。

文部省（一九七九ｃ）『文部省第七十年報』印刷局朝陽会。

文部省（一九七九ｄ）『文部省第七十一年報　昭和十八年度』印刷局朝陽会。

文部省（一九二〇・一二・二一）学校医ノ資格及職務ニ関スル規程『官報』八四五、一九二九・一〇・二三（再録）（国立国会図書館ＤＣ）。

文部省（一九二八・一一）貧困児童の就学奨励『盲教育』一（一）、七〇－七一頁。

文部省（一九一九ａ）『盲唖学校ニ関スル調査』文部省。

文部省（一九一九ｂ）『時局に関する教育資料第廿七集』文部省。

文部省（一九三七ｂ）『学制改革諸案』文部省教育調査部（国立国会図書館ＤＣ）。

文部省（一九四一・五・八）文部省令第五十五号　国民学校令施行規則第五十三条ノ規定ニ依ル学級又ハ学校ノ編制ニ関スル規程『官報』四二九七、二五八（国立国会図書館ＤＣ）。

文部省（一九四六）『新教育指針　第一分冊―第一部　前ぺん　新日本建設の根本問題―』文部省（国立国会図書館ＤＣ）。

文部省（一九七二）『学制百年史』文部省。

文部省（一九七三）『学校保健百年史』第一法規出版。

文部省（一九九二）『聴覚障害教育の手引き―聴覚を活用する指導―』海文堂出版。

文部省開設盲唖教育講習会状況（一九一五・一〇）『内外盲人教育』四（秋）、一〇一―一〇四頁。

文部省学校衛生指定視察協議会（一九三六・一二）『学校衛生』一六（一二）、八三三頁。

文部省教育調査部（一九四〇・三）『師範学校ニ関スル調査』文部省教育調査部（国立国会図書館ＤＣ）。

文部省教育調査部審議課（一九三九・九）教育審議会紀要『文部時報』六七〇（付録）。

文部省講習会（一九一二・七）『帝国教育』三六〇、一〇六―一一一頁。

文部省主催全国小学校長会議概況（一九三三・一）『山口県教育』三九〇、七八―八四頁。

文部省体育課（一九二八・七）開放学級制度ニ就イテ『日本学校衛生』一六（七）、五二一―六一一頁。

文部省体育課（一九三〇・一二）学生生徒児童最近十ヶ年トラホーム累年比較調査『学校衛生』一〇（一二）、一五一―一七頁。

文部省調査局（一九六二）『日本の成長と教育』文部省（国立国会図書館ＤＣ）。

文部省普通学務局（一八九一）『明治二十四年十一月学事法令説明書』文部省普通学務局（国立国会図書館ＤＣ）。

文部省普通学務局（一九一七ａ）『第二回全国学校衛生主事会議録　大正六年十月』文部省普通学務局（国立国会図書館ＤＣ）。

文部省普通学務局（一九一七ｂ）『教育会等に対する諮問事項並答申要領』文部省普通学務局。

文部省普通学務局（一九二〇）『大正八年六月　学校衛生主事会議録』文部省普通学務局。

文部省普通学務局（一九二一）『就学児童保護施設の研究　文部省講習会』中文館書店（国立国会図書館ＤＣ）。

文部省普通学務局（一九二四）『全国特殊教育状況　社会教育叢書　第八輯』文部省（国立国会図書館ＤＣ）。

文部省普通学務局（一九二五ａ）『特殊教育参考資料　社会教育叢書　第十一輯』文部省普通学務局（国立国会図書館ＤＣ）。

文部省普通学務局（一九二五ｂ）『全国盲学校及聾唖学校ニ関スル諸調査』文部省普通学務局。

文部省普通学務局（一九二六）『全国盲学校及聾唖学校ニ関スル諸調査　大正十四年五月一日現在』文部省普通学務局。

文部省普通学務局（一九二七）『全国特殊教育状況　社会教育叢書　第十五輯』文部省。高橋淳子・平田勝政編（二〇〇五）『知的・身体障害者問題資料集成　戦前編』四、不二出版。

文部省普通学務局（一九二七～一九二九）『全国盲学校及聾唖学校ニ関スル諸調査　昭和二年五月一日現在－昭和四年五月一日現在』文部省。

文部省普通学務局（青木誠四郎）（一九二八）『特殊児童の精神的素質とその教育　社会教育叢書　第二十輯』文部省普通学務局（国立国会図書館ＤＣ）。

文部省普通学務局（一九三一～一九三八）『全国盲学校及聾唖学校ニ関スル調査　昭和五年五月一日現在－昭和一二年五月一日現在』文部省。

文部省普通学務局（一九三六・一二）小学校教員俸給の道府県負担『宮城教育』四五〇、二－五頁。

文部省普通学務局（一九三七・一）小学校教員俸給の道府県負担『静岡県教育』四八〇、五三－五五頁。

文部省普通学務局（一九三七・六）『児童就学奨励概況』文部省普通学務局。

文部省普通学務局（一九四二）『全国盲学校聾唖学校ニ関スル諸調査　昭和十五年五月一日現在』文部省普通学務局。

文部省盲学校教員講習会要項（一九三四・六）『盲教育』六（一）、一〇四－一〇五頁。

文部省訓令第六号（一九〇七・四・一七）『官報』七一三六、四八二－四八三頁。印刷局。

文部省令第十二号（一九〇七・四・一七）『官報』七一三六、四七五－四八一頁。印刷局。

文部大臣官房学校衛生課（一九二一）『大正九年大正十年全国学校衛生主事会議録』文部省大臣官房学校衛生課（国立国会図書館ＤＣ）。

文部大臣官房学校衛生課（一九二二）『大正七、八、九　三箇年に於ける全国夏季体育的施設』文部省大臣官房学校衛生課（国立国会図書館ＤＣ）。

文部大臣官房学校衛生課（一九二四）『特別学級編制に関する調査　大正十三年六月』文部大臣官房学校衛生課（国立国会図書館ＤＣ）。

文部大臣官房学校衛生課（一九二四・九）学校衛生と林間学校の新らしき任務『学校衛生』四（九）、六七八－六九〇頁。

文部省大臣官房学校衛生課（一九二六）『夏季に於ける体育的施設の状況調査』文部省大臣官房学校衛生課（国立国会図書館ＤＣ）。

文部省大臣官房学校衛生課（一九二六・三）米国公立小学校に於ける特別学級『学校衛生』六（三）、五六－六五頁。

文部大臣官房学校衛生課（一九二七・二）視力保護学級に就て『学校衛生』七（八）、八－一〇頁。

文部大臣官房学校衛生課（一九二七・六）特別学級編制に関する調査『学校衛生』七（六）、三九二－四〇〇頁。

文部大臣官房学校衛生課（一九二八・六）諮問・答申並特に協定せる事項『学校衛生』八（六）、五〇〇－五〇七頁。

文部省大臣官房体育課（一九三六・三）弱視児童に関する調査『学校衛生』一六（三）、一五五－一七一頁。

文部大臣官房文書課（一八九七）『大日本帝国文部省年報第二五』文部大臣官房文書課（国立国会図書館ＤＣ）。

文部大臣訓示－昭和八年一月（一九四一）聾教育振興会『創立十五年記念撰集』聾教育振興会、二〇－二三頁。

【や行】

矢上克己（一九九三・三）富山県社会事業年表『清泉女学院短期大学研究紀要』一一、二三－五三頁。

柳島信男（二〇一五・七・二四閲覧）永遠に不滅の岡山盲学校（http://www.okamo.okayama-c.ed.jp/enkaku/eien2.htm）。

役員懇談会（一九一九・二）『都市教育』一七三、一四－一六頁。

八坂信男編（一九七七）『大分県特殊教育史　底辺を支えた人びと』八坂信男。

安生（一九〇八・一二・二八）論説　盲唖に対する設備『伊勢新聞』一頁。

安田親治（一九一四・七）日本化せるマンハイム方式『防長教育』一七六、一一－一三頁。

安田親治（一九一四・一〇）一学級内に於ける独立マンハイム方式『防長教育』一七九、八－一二頁。

安田親治（一九一五・六）課外教授に応用したるマンハイム方式『防長教育』一八七、二四－三〇頁。

矢頭吉太郎（一八九六・二）好機失ふべからず『愛知県教育雑誌』一〇六、六－七頁。

柳田謙十郎（一九一九・九）自我に立脚せる生活―教育者の立憲的精神を論ず―『備作教育』一五四、一七－二一頁。

柳田謙十郎（一九一九・一二）社会改造の叫びと教育『備作教育』一五七、一二－一六頁。

柳田謙十郎（一九二〇・三）巻頭短語『備作教育』一六〇、一頁。

柳田謙十郎（一九二〇・三）御別れに際して『備作教育』一六〇、四六頁。

柳田謙十郎（一九二一・三）教育雑誌界の側面観『帝国教育』四六四、八七-九三頁。

柳田謙十郎（一九二一・七）幸福なる教育者の一団に告ぐ『帝国教育』四六八、八二-八七頁。

柳田謙十郎（一九五一）『わが思想の遍歴』創文社（国立国会図書館ＤＣ）。

柳本雄次（一九九〇）『群馬の障害教育を創めた人々』あずさ書店。

柳本雄次（一九九二）『神奈川の障害教育・福祉の諸相』あずさ書店。

柳本雄次（二〇〇〇）明治後期・大正初期の館林小の特別学級―設置・廃止の背景を中心に―『運動障害教育・福祉研究』四、九一-一〇〇頁。

矢野許司（一九一五・一）珠算教授上劣等児童の取扱『岐阜県教育』二四六、三二-三四頁。

八幡ゆかり（二〇一〇）徳島県の明治期における障害児の就学実態について『鳴門教育大学研究紀要』二五、一〇一-一一四頁。

山家さかえ（一九三五・八）一つの体験『宮城教育』四三一、五一-五四頁。

山岡勘一（一九三七・一二）特殊教育者としての先生『聾唖教育』四二、一九-二八頁。

山岡勘一（一九三九・一）聾児の立場となりて『聾唖教育』四九、二一-一〇頁。

山岡・佐々木（一九三九・五）後記『聾唖教育』五三、二五三頁。

山県郡小学校長会同に於ける訓示及訓示事項（一九一三・九）『芸備教育』一〇七、一九-二〇頁。

山口県（一九〇九ａ）『山口県教育資料一』山口県。

山口県（一九〇九ｂ）『山口県教育資料三』山口県。

山口県教育会（一九三二・八）小中学校教員初任給及平均給調査（昭和七年四月一日現在）『山口県教育』三八五、九四-九五頁。

山口県師範学校附属小学校（一九〇三）『作法実習標準及細目』山口県師範学校附属小学校（国立国会図書館ＤＣ）。

山口県女子師範学校附属小学校（一九三六）『小学校訓練の実際』山口県女子師範学校附属小学校（国立国会図書館ＤＣ）。

山口県立盲学校創立八〇周年史編纂委員会（一九八五）『創立八〇年史』山口盲学校。高橋淳子・平田勝政編（二〇〇五）『知的・身体障害問題資料集成　戦前編』一〇、不二出版。

山口県立盲学校校史編纂委員会（二〇〇五）『創立百周年記念誌（山盲百年のあゆみ）』山口県立盲学校。

山﨑一穎（一九九五・五）信濃教育界における森鴎外――〈川井訓導事件〉の波紋『跡見女子学園大学紀要』二八、五三－八三頁。

山崎隆（一九〇八・六）何故に綴り方教授の成績は不良なるか『京都府教育会雑誌』一九三、二一－二四頁。

山崎彦八（一九〇七・一一）低能児童特別教授に就て『日本之小学教師』九（一〇七）、二六－二七頁。

山崎博（一九三〇）『小学教育の破壊』郁文書院（国立国会図書館ＤＣ）。

山崎由可里（一九九六・九）感化教育における障害児問題の顕在化と展開に関する研究（一）『名古屋大学教育学部紀要（教育学科）』四三（一）、一四九－一五九頁。

山崎由可里（一九九七・三）特殊児童保護教育論。新海英行ほか　戦間期日本社会教育史の研究（その二）―乗杉嘉寿の社会教育論を中心に―『名古屋大学教育学部紀要（教育学科）』四三（二）、三〇四－三一〇頁。

山崎（伊藤）由可里（一九九九・九）感化院長会議等にみる障害問題の展開―国立感化院設立（一九一九年）から少年教護法制定（一九三三年）まで―『特殊教育学研究』三七（二）、一－一二頁。

山崎由可里（二〇〇一・九）池田千年の保護教育論（一）『和歌山大学教育学教育実践総合センター紀要』一一、一一五－一二四頁。

山崎由可里（二〇〇二・二）少年救護法案成立経緯に関する研究―法案内容の変遷に着目して―『和歌山大学教育学部紀要・教育科学』六二、一〇一－一〇七頁。

山路一遊（一九二〇・一二）師範学校長会議に列したる山路校長の講演『愛媛教育』四〇三、一一－一八頁。

山下愛雄（一九一五・五）能力を顧慮したる筆算初歩の教授と余が企画『岡山県教育会誌』一一八、三二－三七頁。

山下徳治（一九三七・七）教師論『教育』五（七）、九八二－九九二頁。

山下徳治（一九三九）『明日の学校』厚生閣（国立国会図書館ＤＣ）。

山下俊郎（一九六五・四）青木誠四郎先生『精神薄弱児研究』七九、四四－四八頁。

山住正己（一九九〇）『教育の体系』岩波書店。

山田竹三郎（一九〇四・二）劣等生の救済策『防長教育』二二、四頁

山田明（一九七九・一二）大正末期、昭和初期における精神薄弱者施設経営の特質―旧筑波学園の展開に即して―『精神薄弱問題史研究紀要』二三、一五－三三頁。

山田明（一九八〇・三）戦前精神薄弱者施設における処遇の特質と規定条件―旧筑波学園における生活、教育、施設経営の諸側面の分析を通して―『日本社会福祉学会関東部会紀要』一、五二―七三頁。

山田明（二〇〇九）『戦前知的障害者施設の経営と実践の研究』学術出版会。

山田明（二〇一三）岡野豊四郎―目指した道、汗した道、継承した道、筑波学園の歩み。津曲裕次監修『天地を拓く―知的障害福祉を築いた人物伝―』財団法人日本知的障害者福祉協会、一〇五―一三一頁。

山田紀一（一九一九・一二）現代学校教育の大欠陥『岐阜県教育』三〇四、一〇―一一頁。

山田菊三郎（一九一二・三）山崎彦八君を憶ふ『都市教育』九〇、四九―五三頁。

山田孝・西川健一・藤本文朗（一九九五）西川吉之助の生涯と口話式聾教育運動『障害者問題研究』二二（四）、三九―五〇頁。

山中鹿太郎（一九三一・一一）不満も希望もない『帝国教育』五九一、五五頁。

山梨県（二〇〇二）女性の教職参入『山梨県史　資料編一九　近現代六』山梨県。

山梨県教育委員会（一九七八）『山梨教育百年史　第二巻　大正・昭和前期編』山梨教育委員会。

山梨県北巨摩郡塩崎小学校（一九〇九・八）劣等児取扱法の大要『教育実験界』二四（五）、三一―三四頁。

山松鶴吉（一九一三）『尋常小学校管理教授及訓練の実際　第五学年』同文館（国立国会図書館DC）。

山本清一郎（一九三八・三）盲聾唖学齢児童義務教育請願『近江教育』五〇七、二一五―二一七頁。

山本仙之助（一九三五・一）少年教護法の実施に就て（一）『社会』五（一）、一三―二二頁。

山本拓司（一九九九・七）国民化と学校身体検査『大原社会問題研究所紀要』四八八、三〇―四三頁。

山本忠壮（一九三〇・三）盲唖教育上より将来の小学教育を論ず『岩手教育』八（三）、四―一一頁。

山本優子（二〇〇五）『見果てぬ夢を――「視覚障害者」の新時代を啓いた左近允孝之進の生涯』燦葉出版社。

山守国民学校（一九四一・七）夏季心身鍛錬歴『因伯教育』五六三、六三―六六頁。

結城捨次郎（一九三五）我が国に発達すべき肢体不自由児の教療施設『東京市立光明学校紀要』三、一―一〇頁。

結城捨次郎（一九三八）創立満六年『東京市立光明学校紀要』五、巻頭。

優良児教育研究（特集）（一九一九・一〇）『京都教育』三三八、一一―三六頁。

優良児童教育研究会（一九一九・九）『京都教育』三二七、一九頁。

湯原元一（一九一三・四）都市教育論『都市教育』一〇三、四―一二頁。

湯原元一（一九一三・七）首都の世界的関係『都市教育』一〇六、一七―二一頁。

湯原元一（一九一三・一二）市民たるべき第一義『都市教育』一一一、三三―三六頁。

湯原元一（一九一三）『都市教育論』金港堂書籍（国立国会図書館ＤＣ）。

柚山俊夫（二〇〇八）『稿本　近代愛媛盲唖教育史料』近代愛媛盲唖教育史料刊行会。

由良国民学校（一九四一・七）夏季身心鍛錬の施設計画『因伯教育』五六二、六一―六三頁。

養護学級編制の奨励（一九四三・一一）『学校衛生』二三（一一）、四〇―四一頁。

養成科講習員募集（一九二五・三〇・三〇）『官報』三七七八、七三一頁（国立国会図書館ＤＣ）。

洋浪（一九二五・五）随感余滴『教育研究』二八七、五五頁。

横須賀市立ろう学校（一九七九）『道・横須賀市立ろう学校五十周年記念誌』横須賀市立ろう学校。

横浜訓盲院・横浜訓盲学院（一九七九）『光を求めて九十年』横浜訓盲院・横浜訓盲学院。

横浜市教育課（一九三五）『横浜市教育概要　昭和九年度版』横浜市教育課。

横浜市教育部（一九四二）『横浜市教育概要　昭和十七年度』横浜市教育部。

横浜市本町小学校聾部概要（一九二九・七）『神奈川県教育』二五八、七六―七八頁。

横浜市立聾学校（二〇〇七）『横浜市立聾学校要覧』横浜市立聾学校。

横浜市立盲学校（一九九〇）『横盲教育　創立一〇〇周年記念特別号』三五・三六、横浜市立盲学校。

吉川砥直（一九二八・三）難聴児童治療に関する調査報告『学校衛生』八（三）、一六六―一七八頁。

吉田角太郎（一九三五・一）自己の真使命を確認しつ、『聾口話教育』一一（一）、二一―三頁。

吉田角太郎（一九三六・二）私の口話教育十四年の回顧『聾口話教育』一二（二）、三九―四二頁。

吉田圭（一九一九）貧民児童の手癖『変態心理』三（二）、一五〇―一五一頁。

吉田正元（一九四〇・三）聾唖者の法上の地位『聾唖教育』五六、一四―一三頁。

吉田律堂（一九三九・五）更生聾教育『聾唖教育』五一、八―一五頁。

吉村保（一九一〇・三）経験上優良と認めたる学級編制案策『京都府教育会雑誌』二一四、三〇―三三頁。

吉村敏之（二〇〇七）雑誌『教育論叢』における事例研究―学級の事実から理論を創る―『宮城教育大学紀要』四二、二一七―二二七頁。

吉村敏之（二〇一〇）雑誌『教育論叢』における学習指導法研究―教師による教科学習の改善―『宮城教育大学紀要』四五、二四一―二四八頁。

吉村敏之（二〇一三）雑誌『教育論叢』における学習指導法研究―教師による学級集団の観察と記録―『宮城教育大学紀要』四八、二八一―二九三頁。

依田新（一九三七・一）特殊児童の研究法『教育』五（一）、五〇―五五頁。

依田直也・依田和子（二〇〇五）『愛は決して亡びない　アメリカ人女性ロイス・クレーマーをめぐる人々』教文館。

與那嶺惟俊（一九〇四・二）作物病理の一二節『沖縄教育』九二、四九―五三頁。

與那嶺惟俊（一九〇四・四）作物病理の一二節『沖縄教育』九四、一三九―一四四頁。

與那嶺惟俊（一九〇四・九）少年兵士吟『沖縄教育』九九、五〇三頁。

與那嶺惟俊（一九〇四・一〇）陸軍々歌・日露戦争数へ歌『沖縄教育』一〇〇、五七七頁。

米山昌央（二〇〇八）小田信樹との出会い静岡点訳奉仕の会『創立四五周年記念誌むつぼし』七五―八二頁（二〇一〇・一〇・一三閲覧）(http://www2s.biglobe.ne.jp/~akio－k/kinensi.pdf)。

【ら行】

雷風（一九一九・二）デモクラシイの逆襲『教育研究』一八七、一―二頁。

雷風（一九一九・一〇）改悪始末『教育研究』一九七、一―二頁。

リール、A・フランク（下島連訳）（一九五二）『山下裁判　上・下』日本教文社。

琉球政府（一九六六）『沖縄県史　第一八巻資料編八新聞集成（教育）』琉球政府。

柳水生（一九〇八・二）劣等生及之が救済に関する研究『防長教育』九九、三三頁。

両丹教育会景況（一八九八・一）『京都府教育会雑誌』六九、二〇－二三頁。

蔆萍生（一九一四・一）大正二年に於ける市初等教育界の回顧『都市教育』一一二、一一一－一六頁。

臨海学校の児童身体に及ぼす影響調査（一九三三）『教育思潮研究』七（一）、二八七－二八八頁。

林間学校計画（一九一五・七）『京都教育時報』八六、六、一七頁。

林間学校と臨海学校（一九二四・一〇）『島根教育』三五九、五〇－五六頁。

歴代文部大臣一覧（一九七二・一〇）『文部時報』一一四五、三四八－三五一頁。

劣等児教育上唯一の根抵（ファウンデーション）（一九一〇・一〇）『普通教育』一（二）、六頁。

劣等児教育調査情況報告事項（一九二一・三）『都市教育』一九八、二三頁。

劣等児童取扱規程（一九〇三・六）『日本小学之教師』五四、三八三頁。

劣等児童取扱方法（一九〇八・一二・二〇）『岐阜日日新聞』一四頁。

劣等児取扱方法ニ関シ回報ノ件（一九〇八・一二・一九）岩手県知事発文部省普通学務局長宛（岩手県総務部法務学事課文書）。

劣等生取扱法（一九〇四）教育学術研究会・山松鶴吉『小学校事彙』同文館、第五編、三三六－三三九頁（国立国会図書館ＤＣ）。

劣等生の救済策（一九〇四・三）『奈良県教育雑誌』七五、三五－三七頁。

蓮佛重壽（一九三三・一〇）夏季林間聚落『因伯教育』四七〇、四六－五一頁。

聾唖倶楽部（一九一四・一）『聾唖界』一、一－二〇頁。

聾唖学校設立（一九一五・七）『殿坂の友』一五、五八頁。

聾唖学校教員養成講習会（一九三五・七）『聾唖教育』三〇、一一五頁。

聾唖学校組織体系案（校長協会作成）（一九三九・七）『聾唖教育』五二、八一－八二頁。

聾唖学校の認可（一八九四・五・二四）『九州日日新聞』二頁、雑報欄。

聾唖教育界へ示唆　栄冠輝く努力賞（一九四一・四）正則中学卒業の岡澤君『聾唖界』九四、三〇－三二頁。

聾唖産業戦士の職場めぐり――奈良県立校学授産工場の巻（一九四三）『聾唖の光』一（一〇）福祉号、五三－五六頁。

聾唖社会教育研究所入所生募集（一九四一・四）『聾唖界』九四、奥付。

聾唖者の才能を活かす（一九四一・六）東京に珍しい夜間学校『聾唖界』九五、一二三頁。

聾唖者も産業戦線へ――国策推進にひと役買ふ（一九四二）『聾唖の光』福祉創刊号、五四頁。

聾唖幼稚園設置建議案（一九一八・七）『聾唖界』一八、三七頁。

ろう教育科学会編（一九六四・六）『西川はま子集』ろう教育科学会。

聾教育振興会婦人部（一九三六・八）婦人部座談会『聾口話教育』一二（八）、四六－五二頁。

聾児臨海学舎（一九三二・七）『聾口話教育』八（七）、六六頁。

浪波生（一九二一・一一）地方教育の現状暴露『帝国教育』五九一、五六頁。

聾幼稚園保姆の養成（一九三〇・八）『口話式聾教育』六（八）、一頁。

六〇年史編集委員会（一九七四）『六〇年史』宮城県立聾学校。

【わ行】

ワイエス生（一九〇六・五）算術科劣等生取扱方『教育研究』二六、五八－五九頁。

我国最初の難聴児学級（一九三五）『教育思潮研究』九（四）、二二五頁。

和歌山県教育史編纂委員会（二〇〇七）『和歌山県教育史　第一巻　通史編Ⅰ』和歌山県教育委員会。

和歌山県史編さん委員会（一九八九）『和歌山県史　近現代一』和歌山県。

和歌山県師範学校（一九三六）『和歌山県師範学校規程要覧』和歌山県師範学校。

和歌山県湊尋常高等小学校（一九三六）『学校衛生研究』和歌山県湊尋常高等小学校（国立国会図書館ＤＣ）。

和歌山県立盲学校記念誌編集委員会（一九六八）『和歌山県立盲学校創立五十周年記念誌』和歌山県立盲学校。

和歌山県立和歌山聾学校三十五周年記念事業委員会（一九五三）『和歌山県立和歌山聾学校三五週年記念誌』和歌山県立和歌山聾学校。

和歌山高等小学校（一九三五）『学校衛生調査並に研究』和歌山高等小学校。

脇田良吉（一九〇六・二）小学校に於ける特殊教育について『京都府教育会雑誌』一六五、五－七頁。

脇田良吉（一九〇八・六）教育上より観たる児童の分類『児童研究』一一（六）、一〇－二〇頁。

脇田良吉（一九一〇・一〇）天才教育と低能児教育『京都府教育会雑誌』二二一、八－一三頁。

脇田良吉（一九一二・六～一九一二・七、一九一二・九～一九一二・一二）低能児教育の研究（一～六）『日本之小学教師』一六二、一九－二三頁、一六三、一二－一四頁、一六五、一六－一九頁、一六六、七－九頁、一六七、一二－一四頁、一六八、一一－一二頁。

脇田良吉（一九二三・六）適才教育の徹底『児童研究』二六（六）、一－三頁。

脇田良吉（一九二六）『白川学園』日乃丸会。

脇田良吉（一九三五）『異常児教育三十年』日乃丸会（国立国会図書館ＤＣ）。

脇田豊（二〇〇九）『百年のあゆみ　百萬遍から鷹峯』津曲裕次監修『特別支援教育・福祉年史集成　第Ⅱ期　第九巻』日本図書センター。

脇田宣（二〇〇八・五）脇田良吉と白川学園『さぽーと』六一六、四八－五三頁。

脇田宣（二〇一三）脇田良吉―適材教育それぞれの使命を果させる―。津曲裕次監修『天地を拓く―知的障害福祉を築いた人物伝―』財団法人日本知的障害者福祉協会、三七－六〇頁。

和気郡通信（一九〇二・九）『私立岡山県教育会雑誌』五二、八一－八五頁。

和崎光太郎（二〇〇七・一〇）大正自由教育と「赤化思想」『信濃（第三次）』五九（一〇）、七五〇－七七〇頁。

和田佐市郎（一九〇四・七）小学校の算術教授上に多く存する欠点并に其改良方法『京都府教育会雑誌』一四七、一二－二六頁。

和田八重造（一九一七・一）米国の学校と通俗教育との連絡『奈良県教育』五四、一〇－二三頁。

和田八重造（一九一七・二）米国に於ける公徳に関しての目撃談『奈良県教育』五五、二－一二頁。

渡部昭男（一九七九・一二）戦前日本の児童保護事業における義務教育機会の保障理念の生成―内務行政官の主張の分析を中心に―『教育学研究』四六（四）、三一四－三二三頁。

渡部昭男（一九九三・三）米国教育使節団報告書における特殊教育記述――教育的インテグレーションの視点から『鳥取大学教

育学部教育実践研究指導センター研究年報』四、六五－七六頁。

渡邊一郎（一九三二・五）吾が心境を語る二　その頃と現在を語る『聾口話教育』八（五）、二九－三九頁。

渡邊清吉（一九〇六・一一）劣等児童取扱ひに関する研究『茨城教育協会雑誌』二七一、一一－一四頁
渡邊孟司（一九〇三）『医家列伝』渡邊孟司。

渡邊辰次郎（一九〇四・一）他府県通信・長野県『愛知教育雑誌』二〇一、二一－二三頁。

渡邊頼母（一九二三）『岡山県教育史』渡邊頼母。

渡辺敏全集編集委員会編（一九八七）『渡辺敏全集』長野市教育会。

渡邊平之甫（一九〇六）『盲唖教育』松田尚友堂（国立国会図書館ＤＣ）。

渡邊平之甫編（一九一二）『古川氏盲唖教育法』文部省図書局（国立国会図書館ＤＣ）。

渡辺弘（一九九九・四～二〇〇一・四）川井訓導事件の真相（一）～（三）『宇都宮大学教育学部教育実践センター紀要』二二、一三一－一四五頁、二三、一六二－一七一頁、二四、一六八－一七六頁。

渡邊祐介（二〇〇八・一〇）社会起業家・五代五兵衛と私立大阪盲唖院――松下幸之助のレファレント・パーソンとして『論叢　松下幸之助』一〇、六七－九〇頁。

渡邊祐介（二〇〇九・四）私立大阪盲唖院が松下幸之助に与えた影響――社会起業家・古河太四郎の教育観を中心に『論叢　松下幸之助』一一、六六－八七頁。

綿貫哲雄（一九三七・一二）教へられる数々『聾唖教育』四二、一三頁。

われらが当面の研究課題（一九四一・四）『教育科学研究』三（二）、三九－四二頁。佐藤広美・高橋智編（一九九七）『戦前教育科学運動資料』一、緑陰書房。

【英文】

Allen, Edward Ellis（1911）Frank H. Hall. *Outlook for the Blind*, 4（4）p. 157-158.

Annual Report of American Asylum for the Education and Instruction of the Deaf and Dumb, 61st of Directors and Officers（1877）.

Annual Report of Clarke Institution for the Deaf Mutes, at Northampton, Mass., for the Year Ending, September of 1872.

Annual Report of Clarke School for the Deaf, at Northampton, Mass., for the Year Ending, August 31 of 1896.

Ayres, Leonard Porter（1910）Open-air School. New York: Doubleday, Page & Co. エイヤース’青地半治郎訳（一九一三）『露天学校――最近欧米教育施設』弘道館。

Best, Harry（1934）Blindness and the Blind in the United States. New York: The Macmillan Co.

Burk, Frederick Lister（1913）Lock-Step Schooling and a Remedy. State Normal School at San Francisco Monograph Series A.

Cho, W.（2004.3）The Relation between Medical Care and Education in the Massachusetts State Hospital School for "Crippled Children" in the Early 20th Century. *Japanese Journal of Special Education*, 41（6）, p.641-649.

Editorial（1899.3）In Japan. *Journal of Psycho-Asthenics*, 3（3）, p.147-148.

Irvine, Paul (1980 Summer) Helen Parkhurst（1887-1973）, A Biographical Sketch. *Journal of Special Education*, 14（2）, p.1-2.

Judd, Charles H. et al.（1917）Survey of the St. Louis Public Schools. Board of Education of St. Louis, Mo.

Maddison, A. "Historical Statistics for the World Economy: 1-2003 AD" .http.://www.ggdc.net/maddison/Historical_Statistics/horizontal-file_03-2007.xls（2010.10.17）

Mr. Ryoichi Ishii（1938）*Journal of Psycho-Asthenics*, 43（1）, p.243.

Nakamura, M. and Oka, N.（2008.3）Eugenicists' views on democracy in relation to the "feebleminded" in Pre-World War II America. *Japanese Journal of Special Education*, 45（6）, p.459-471.

News and Notes（1912.3）*Journal of Psycho-Asthenics*, 17（3）, p.117-118.

Report of the Superintendent of Public School (of Boston) for the Year Ending August 31 1872.

Royal Normal College and Academy of Music for the Blind (1918) Fourty-fifth Annual Report, 1917 (Internet Archives).

別表　明治 7 年から大正 12 年までを中心とする盲唖学校創設の計画と開設

年	開設等の場所	計画・開設等の内容
明 8	（東京府）盲学校開設申請	中橋鞘町の盲人・大石松八郎、集議院に盲学校開設申請（加藤［1972］）
明 7	（京都府）小学校で唖児・盲児教育	上京第 19 番校教員・古河太四郎、瘖唖教場を開設、明治 10 には、盲男児 1 人の教育にも着手。上京第一九区区長で京都一の砂糖問屋、熊谷伝兵衛の働きかけ（中野・加藤［1967］、京都府盲聾教育百年史［1978］）
明 8	（敦賀県福井町）「盲輩授業所」計画	按摩渡世桜井国尾一ほか一名により、「盲輩授業所」計画（中野・加藤［1967］）
	（東京府）「鍼治学校」開設申請	浅草吉野町の盲人相沢元庭ほか 2 名により、「鍼治学校」開設願（中野・加藤［1967］）
	（京都府）唖児発音指導	天橋義塾創設者で自由民権運動家、小笠原長道、11 歳の唖児に発音法を試みる（京都府盲聾教育百年史［1978］、岡本［1997］）
	（東京府）楽善会結成・訓盲所	5.22 古川正雄、津田仙、中村正直、岸田吟香、ルター派教会聖職者ボルシャルト、スコットランド長老派教会宣教医 H. フォールズ宅で、東京に訓盲所設立の目的で楽善会を結成。明治 9.3.15、「訓盲所」設立認可。12.22、天皇より内帑金 3 000 円下賜。明治 12.2.13、授業開始。明治 17.5.26「訓盲唖院」と改称。明治 18.11.21、文部省直轄学校となる（東京盲学校［1935］）
	（石川県）二小学校で唖児指導	第九大区加賀国向粟ヶ崎小学校の教師金岩安二郎が唖女生 1 人を担任して成果をあげ、同じ頃、同県第 8 大区能登国磨知小学校の教師吉田守貞が唖女生 1 人を指導（中江［1972］）
	（京都府）盲唖学校創設案	京都在住の愛媛県士族遠山憲美から府知事槇村正直宛「盲唖訓校設立ヲ促ス建議意見書」提出（中野・加藤［1967］）
明 9	（東京府）盲学校	筑摩県（長野県）出身の盲人、熊谷實彌、東京府から盲人学校の開業許可を受け、第 3 大区 2 小区麹町元園町 1 丁目 3 番地の私宅に開設。盲生約 20 人を集め、教師平野知雄が読書・習字・算術を教授したが、1 年あまりで廃業（中野・加藤［1967］）
明 11	盲・聾学校開設案	日刊「内外教育新報」社長・田中義廉、創刊以来、盲聾等の学校設立を社告で掲載（中江［1972］）
	（京都府）盲唖院	5.21 開業式。府の直轄学校となるが、経費はこれまで通り寄付等に依存。明治 12.4、京都府立盲唖院、明治 22.12.17、京都市盲唖院と改称（中江［1972］ほか）
明 12	（大阪府）大阪府立模範盲唖学校	大阪府学務課長日柳政愬、渡邊昇知事ほかによる。明治 12.10.3、府は府立模範盲唖学校の設置を告示。師範学校内に開設。生徒約 40 名（盲生 15）。明治 13.6、府会で経費全廃のため廃校。日柳、私立校を開設するが、まもなく閉鎖（中江［1972］）
明 13	（石川県金沢区）金沢盲唖院	6 月、聾唖者・松村精一郎により開設、明治 15.4、私立金沢教育社に継承。明治 16.9、金沢教育社解散に伴い閉院。県令千坂高雅、第一師範学校教諭梅田九榮、友人で資産家の谷村友吉、東本願寺派、中村正直等が関与。松村は、六歳の時に天然痘にかかり、奇病も併発したため、12 歳までの間に耳、口、足が不自由になった（北野［1979］、石川県特殊教育百年史［1981］）
	（鹿児島県）盲唖学校計画	遠山憲美、明治 13.3、大阪模範学校辞職後、学校設立を計画か？（中江［1972］）
明 14	（滋賀県大津京町）盲唖学校計画	白川甚七郎ら盲唖学校開設計画？（中江［1972］）
明 15	（大分県日田郡）小学校で唖児指導	東学校教員の宿理政太、唖生の指導。実物 280 点余により名称、文字・数、数え方等を指導（八坂［1977］）
明 16	（埼玉県入間村）明心会導盲院	杉山猛雄ら 3 人の盲人により、明心会導盲院開設。生徒数も増加し，寄付金も集まり，明治 19 には洋風の校舎を建築したが，間もなく廃校になった？（中江［1972］）
	（兵庫県神戸区）盲学校開設計画	小林如雲、光村弥兵衛の計画。小林は兵庫県で郡長を歴任、光村は実業家、ともに中途失明者。実現に至らず（中江［1972］）
明 18	（新潟県新潟区）盲人教育会	関口寿昌による盲人教育会実施。新潟神宮教会で医師の鏡淵意伯を講師とする。関口が明治 27 死去とともに終了（町田［1925］）
	（群馬県前橋町）私塾	伊藤詮吉、自宅で私塾を起こし、点字器を初めて使用（群馬県盲教育史［1978］）

別表　明治7年から大正12年までを中心とする盲唖学校創設の計画と開設

明21	（横浜区）鍼治揉按医術講習学校	6月、眼科医でキリスト教徒の淺水進太郎（十明）が「鍼治揉按医術講習学校」開設。基盤として、鍼按摩業の盲人の研究会→明治19、伝習会を組織し、医師から解剖・生理・病理を学ぶ。明治20から、淺水医師、西洋医学を指導（横浜市立盲学校［1990］、十明会［1935］）
	（高知県高知街）盲唖学校	5.10主導者の盲人・上田常雄都と野村石見都による。県知事の認可を得て、追手筋22の深井邸に開設、まもなく廃校。これ以前にも、士族波越四郎は明治18.9-11まで盲唖学校設立を計画して京都盲唖院に滞在。明治19.7には土佐郡水道町の宮崎九一が盲唖院を訪問（中江［1972］）
	（東京府京橋区）盲学校	盲人でキリスト教徒・出版業の飯島静謙、日吉町4番地に開設したが明治22には廃校（中江［1972］ほか）
明22	（横浜市）盲人福音会	9月、メソジスト派宣教師G. F.ドレーパー、南区中村町に、母C.P.ドレーパーの命名による「盲人福音会」を結成。明治33、県より私立学校として「横濱基督教訓盲院」認可。大正3、財団法人。大正9、今村幾太院長、成人盲教育より盲児教育へ転換（横浜訓盲学院［1979］）
	（大分県中津町）小学校で唖児指導	金谷尋常小学校教員・稲荷山洵吾、視話法により、発音を指導（八坂［1977］）
明23	（群馬県前橋町）上毛盲目衛生会	鍼按業者が上毛盲目衛生会を組織、明治24に前橋鍼按組合となる。群馬県医学校医師、仏教系前橋積善会が協力、橋林寺を教場とする上毛訓盲院開設（群馬県盲教育史［1978］）
	（岩手県盛岡市）盲人学校	8月ごろ、市内三戸町の川村金蔵宅で開校、間もなく、宮城県に設立された東北盲人教育会の一部として、「東北盲人教育岩手分会」と改称。発起人は熊谷素行と阿部良清、支持者に県知事・部長・郡長、市長ほか有力者。目的は、学事研究と生業の獲得。詳細は不明。12月には鍼按業者と思われる盲人により、盲人教育会の設置を県知事に届出（岩手県教育委員会［1981］）。
明24	（青森県八戸町）東奥盲人教訓会	永洞清吉、幼少時に失明、八戸藩の按摩師・森の一坊のもとで按摩・鍼灸を学ぶ。盲人の按摩、鍼灸の技術向上をめざし、八戸市大字朔日町に盲人の教養を目的として、明治24.2.4、東奥盲人教訓会を開設。明治44、東奥盲人学校と改称、初代校長となる（安藤［1984a］）。大正14.6、八戸盲学校。昭和2.4、八戸盲唖学校。昭和12.4、県立八戸盲唖学校（青森県立八戸盲学校・八戸聾学校［1962］）
	（神奈川県横須賀町）鍼治揉按医術講習学校横須賀支部	4月、医師の淺水十明が鍼治揉按医術講習学校横須賀支部を開設。明治10頃から、鍼按摩業の盲人の研究会を市内数カ所で開催。大正2、横須賀盲人学校。大正14.5、横須賀市立盲学校（十明会［1935］、横浜市立盲学校［1990］、神奈川県立教育センター［1978］）
	（秋田市）盲人明導館	4.14鍼灸業の樋渡昌兼が盲人明導館を開設。教師は昌兼の長男昌源。開業医の嵯峨謙利の協力。生徒7人。明治27、経営難で廃校（鈴木［1888］）
	（新潟県・高田）私立訓矇学校	眼科医の大森隆碩（キリスト教徒）、明治19、失明の危機。ダンロップ牧師らキリスト教徒の援助、仏教徒の協力。明治19、大森ら「訓盲談話会」結成。明治20に山本貞治・丸山謹静ら盲人の主唱により「盲人矯風研技会」に改称、光樹寺で組織的な学校教育を開始（鍼按・琴）。明治22、盲人矯風研技会附属訓矇学校。大森隆碩、杉本直形を設置代表者として県に学校開設を申請。組織不完全（明治22）、教科書不備（明治23）、施設・設備等不備（明治24）として却下。明治24.7.22、開設認可、私立訓矇学校と改称（新潟県立高田盲学校［1977］、新潟県立新潟盲学校［2007］）
明25	（前橋市）私塾	瀬間福一郎（東京盲唖学校卒）、一般教養から鍼按教育まで指導（群馬県盲教育史［1978］）
明26	（東京市）訓盲院	聖公会会員・大澤鼎三、キリスト教主義に基づく訓盲院開設計画（岐阜盲学校［1994］）
明27	（長野県松本町）鍼按業「業友会」	明治24、鍼按業の「業友会」結成、明治26、東筑摩郡会で訓盲院設立と建物敷地無償貸与可決。明治27、授業開始、鍼按と点字のほか、木村甚平医師が生理・解剖・病理を、松本小学校長・三村寿八郎が修身・国語・歴史を担当。明治43、閉鎖（明治45、三村と教員の藤田惜三により「松本盲人教育所」として再興）（長野県特殊教育史［1979］）
	（岐阜市）岐阜聖公会訓盲院	3.9森巻耳により岐阜聖公会訓盲院創設。明治28、教育開始。明治21、森、英国聖公会宣教師A. F.チャペルにより受洗、眼疾のため県尋常中学校教諭を辞職。明治24、濃尾大地震による被災盲人援護のため、チャペルらと「鍼按講習所を開設。明治26、閉鎖。森、明治27.8－28.2、東京盲唖学校で点字、マッサージ、盲教育法を学ぶ。明治38、岐阜訓盲院に改称。明治40、私立岐阜訓盲院となる。大正13、県立代用校、昭和15、県立となり、岐阜県盲学校と改称（財団法人岐阜訓盲院［1919］、伊佐治［1954］、岐阜盲学校［1994］）

明 27	（熊本市）熊本聾啞学校	5.16 秋吉基治により開校。5.24、九州日々新聞に開設認可と生徒募集の記事。12.22、閉校届（熊本聾学校［1992］）
明 28	（北海道）函館訓盲会	宣教師の妻、M. ドレーパーが会長。盲人の状態に同情し、青柳町に教場を設置、点字・按摩を教授。明治 34、「米国匿名婦人団体」の経営となり、「函館訓盲院」と改称、ワドマン夫人、院主に就任（慈善に趣旨）、教員 4 名、生徒 16 名。明治 35、啞生部設置。明治 37、卒業生で盲人の篠崎清次、院長となる。明治 45、函館訓盲院後援会設立（会員 44 名）、慈善事業から教育事業へ。明治 45、私立函館訓盲院。昭和 22、函館市立盲啞学校。大正 4 以降、函館区役所をはじめ、官民団体から寄付（篠崎平和［1966］）
	（北海道札幌）北盲学校	1 月、大澤銀之進（校長）により札幌市南 2 条二子丁目 11 番地に開設し、教育開始。明治 31、卒業生 1 人、明治 32 に 3 人、明治 33 には 3 人。明治 34、教員 2 人、男生徒 3 人。明治 35 廃校（中江［1972］）
明 30	（長野県上田町）盲人講習会	地方の有力医師・金子直躬が、田町の浄念寺で盲人講習会を開催し、生理・衛生・解剖・消毒方法等を指導→上田盲人協会結成、金子医師、按摩治療や伝染病に関する講義を行う（長野県特殊教育史［1979］）
	（秋田県北秋田郡）点字講習	郡教育会新教育講習会で高等師範学校生徒、和田喜八郎、付近の盲人約 20 人に点字を指導（鈴木［1888］）
明 31	（愛知県塩津村）拾石訓啞義塾	7.8 木俣峯吉・成瀬文吾等数名有志による。明治 32、豊橋町の小山与作らの発議により、宝飯郡塩津村から豊橋町に移転（愛知県立豊橋聾学校［1978］、愛知県特殊教育の歩み［1977］）
	（福島県福島町）福島訓盲学校	明治 25、「福島盲育会」を結成し、明治 31.2、渋木重庵、長澤正太郎（東京盲啞学校卒）、遠藤金七（キリスト教徒）が首唱、盲学校設立を企画。福島第一尋常小学校長・宇田三郎の協力。維持会と寄付で運営。2.1 福島保嬰学校で開校式→明治 34 福島第一尋常高等小学校内で授業開始（明治 34 に私立学校令により認可）→明治 40 市有地を無償貸与、移転。宇田校長が病死（1907.11.30）の後は、福島市立商業学校長（福島第一小学校長兼務）、近藤節太郎（昭和 5 福島市助役）が校長兼務。明治 39 以降、県と市から補助金。昭和 4、聾啞部附設し私立福島盲啞学校、昭和 19 県立移管（海野［1975］、福島県立盲学校［1998］）
	（長崎市）長崎盲啞院	9.12「独立自活ニ必須ナル教育ヲ施ス」目的で京都盲啞院明治 25 卒の野村惣四郎宅で発足（野村の按鍼講習所は閉鎖）。院長は長崎高等小学校長、北野孝冶に嘱託。開院時の生徒数は 13 人。経営は、長崎慈善会（安中半三郎市会議員が主導）。盲啞生徒の寄宿料補助のための長崎婦人慈善会組織。明治 33 小学校令の改正に基づき「私立長崎盲啞学校」、大正 8「長崎盲啞学校」と改称。市補助は明治 33 以降、県補助は明治 42 以降（長崎県立盲学校［1998］、平田・菅［1998］）
	（静岡県掛川町）東海訓盲院	松井豊吉（一時、重度視覚障害、キリスト教徒。東京盲啞学校に 1 年間学ぶ）、旧知の獣医・新聞販売・町議だった飯塚仙太郎が中心。衆議院議員・杉山東太郎、大池村村長・平尾平十が協力。明治 30、東海慈善会を結成、松井の借家で指導を予備科から開始。院長の小田信樹は小学校創設・同校長、郡会議員・郡参事会員を歴任した地域名士。明治 31.3.2、開設認可。明治 32 ～ 33、県・郡、補助金支出決定。小田は北海道開墾の指導者になるため辞任、松井も辞職。この頃から、極度の経営困難となり、小杉あさ、榛葉政吉の尽力と小西信八、静岡師範学校長・星菊太、静岡市や掛川町の市民の資金的な援助もあり、大正 6.1.15、安倍郡安東村北安東（現在の静岡市葵区）熊野神社前に移転し、経営安定（松井［1938］）
	（長野県）盲学校	カナダ・メソジスト長野教会が主導。週 2 回開催、慈善と布教が主たる目的。学科教育と職業教育にも言及（長野県特殊教育史［1979］）
明 33	（愛知県）盲人教育慈善会	医師・鈴木講一郎ら数名の有志と盲人・佐竹政次郎らが、盲人教育慈善会を組織。複数の医師、盲人、慈善会が基盤。拾石訓啞義塾と合体して、私立豊橋盲啞学校となる。鈴木講一郎と粟屋道章の両医師、木俣峯吉、木俣春三郎、小山与作、辻村八尾四郎、児島徳、菅沼忠人、拾石訓啞義塾創設に関与した成瀬文吾の子息で公立小学校教員（後に校長）の成瀬涓らの尽力。明 33、授業開始、盲啞教育慈善会を設立。明 36 以降、町・郡・県・国から補助金（愛知県立豊橋聾学校［1978］）

別表　明治7年から大正12年までを中心とする盲唖学校創設の計画と開設

明33	（長野市）小学校に長野盲人教育所	3月、長野尋常小学校南支校訓導、鷲沢八重吉、渡邊敏校長の尽力による。鷲沢は明治29、晩熟生学級を開設、就学勧誘の過程で感覚・身体障害児の多いことに驚き、盲唖教育の必要性を痛感し、渡邊校長に相談。小西信八、篤志家・宮下甚十郎、山路愛山（信濃毎日主筆）等に協力要請。長野師範学校在学中の明治29に失明した病院マッサージ師、花岡初太郎（東京盲唖学校研修）が教員となる。明治35、皇太子行啓を記念して長野楽善会を結成（渡辺、鷲沢、宮下、高坂金太郎が発起）。長野尋常小学校南支校内に設置。明治34私立学校令による認可、私立長野盲人学校と改称。修業限3年、普通科・技芸科、長野楽善会が経営。明治35、渡辺敏が校長兼任。長野唖人教育所附設、明治37、三村安治校長（兼任）。明治39、長野盲人学校と長野唖人教育所合併し、私立長野盲唖学校と改称。対象は学齢で就学免除者を基本、課程は小学校に準じる。明治41、小林照三郎初代専任校長。大正3、長野市に移管、県立代用校、昭和8、長野県に移管、長野県長野盲唖学校（長野県特殊教育史［1979］、長野ろう学校［2003］）
	（鹿児島市）佐土原（聾唖）学校	7.16佐土原すゑ（東京盲唖学校研修）開設。明治42、鹿児島盲聾唖学校。大正9前後に廃校（中江［1972］、琉球教育［1900.10］）。同校で教師をしていた石原エイが聾唖教育事業を継承し、大正10年1 12月創設、昭和4年の県立移管で吸収されるまで聾唖学校を経営（鹿児島県（［1979］。鹿児島県社会課［1923］31頁）
	（東京市養育院）盲唖生科	附属小学校に開設（内外盲人教育［1915］）
明34	（名古屋市）名古屋盲学校	盲人の長岡重孝（東京盲唖学校卒）、名古屋盲学校を開設。明治35、唖生も収容して名古屋盲唖学校と改称。長岡校長、明治37、死去。明治45、名古屋市立盲唖学校。大正3、橋村徳一校長となる（愛知県立名古屋盲学校［1981］）
	（岡山県上道郡）小学校で聾児指導	成始小学校訓導・松浦善太郎、3名の聾児指導（加藤［1974］）
	（岡山県和気郡）小学校で盲児指導	日生小学校訓導・亀井鉄太郎、京都市立盲唖院で講習を受けた後、盲児（3人）の教育を始める（加藤［1974］）
	（大分市）訓盲学校	高野太吉（鍼医）、訓盲学校校長。明治20以降、盲人鍼医による学術講習会、私塾では鍼按の学説と実技を指導。尋常科は修業年限5年、修身、国語、算術、講話。明治38、私立大分盲唖学校と改称（聾者は入学せず）（藤井［1974］）
	（金沢市）和田訓盲院	京盲卒の和田文右衛門が、和田訓盲院を金沢市高岡町に開設。点字、解剖、生理、鍼術、按摩を教授。野村政明知事の知遇を得て県立盲唖院設立を計画するが、知事の転任で消滅。明治39に小松に帰った後も訓盲事業を継続（北野［1981］）
	（東京府）聾唖授産院	小野田範司院長（大分訓盲学校二代目校長）、聾唖授産院を麻布本村町に開設（東京盲唖学校［1907］）
明35	（仙台市）宮城県師範学校附属小学校唖生部	菅原通が宮城県師範学校附属小学校唖生部で指導。「試験ノ為ニ唖生ヲ集メテ教授ヲ始ム」、明治39、廃止（宮城県立盲唖学校［1939］、宮城県立聾学校［1974］）
明36	（大阪府）大阪盲唖院	実業家・五代五兵衛は17歳で失明、大阪盲唖院を、本町4丁目の浄土真宗・浄久寺の本堂に開設。校長は古河太四郎、教員に遠山憲美（大阪市立盲学校［1960］）
	（鹿児島市）鹿児島慈恵盲唖学院	南雲總次郎、16歳で失明し、徒弟制度で鍼按術を修得、明治33、東京盲唖学校鍼治按摩科卒。明治32、鹿児島市伝春病院でマッサージ師。地域社会・名士の協力で鹿児島慈恵盲唖学院を開設。明治36、生徒5名で開校式。3.16設立認可。明治42以降、各種の補助金（大正7には県費7千円）。明治43、私立鹿児島盲学校。大正5、財団法人。大正8、私立鹿児島盲唖学校。昭和4、県立移管（鹿児島県立鹿児島盲学校［2003］）
	（長野県）長野唖人教育所	渡邊敏校長、長野尋常小学校に長野唖人教育所附設。明治39.4に長野盲人教育所と合わせて私立盲唖学校となる（長野県特殊教育史［1979］）
	（愛知県）岡崎盲唖学校	佐竹政次郎が岡崎盲唖学校を開設。明治33開設の豊橋盲唖学校教員を務める。仏教寺院を支持基盤として開設（岡崎盲学校［2003］）
	（米沢市）米沢盲学校	遠藤良鍼により米沢盲学校開設。大正11調査では校長は吉野啓治、市から50円補助。入学年限は15歳、卒業年限は6年（内外盲人教育［1915］、帝国盲教育［1923］）
明37	（東京市）盲人鍼按講習所	京橋区八丁堀長島町に開設し、一般盲人子弟を対象とし、鍼按に必要な学術技芸を教授。明治41.9、築地本願寺に移管し、盲人技術学校となる（豊島区史）
	（大分県）啓盲学校	志柿佐吉（強度弱視）、堤亮雪の温知分舎を基として啓盲学校開設。本科は修業年限1年で教科は修身、読方、書方。20-30名程度の生徒（藤井［1974］）
	（岡山県）小学校で巡回教師による盲唖児教育	亀井鉄太郎が日生小学校で盲児の教育を始めたことから、岡山県知事・檜垣直右は県下の小学校で盲唖教育を行うことを決意し、明治37、小学校訓導・山本厚平を東京盲唖学校教員練習科に入学させる。明治38から県下の小学校を巡回させ、小学校教師に盲唖教育の講習。一時は89小学校に102人の盲唖児が入学。明治39.7檜垣知事の退職に伴い、巡回教師を廃し、男女師範学校生徒に聾唖盲生教授法を授けたが、成績あがらず（岡山県教育史刊行会、中江［1972］、加藤［1974］）

<table>
<tr><td rowspan="3">明 37</td><td>（宮崎県延岡町）延岡聾唖私塾</td><td colspan="2">谷仲により延岡聾唖私塾開設（東京盲唖学校［1907］）</td></tr>
<tr><td>（東京府）同愛訓盲院</td><td colspan="2">指導的なキリスト教牧師・大儀見元一郎が同愛訓盲院を開設。アメリカ美普教会伝道会社の経営。大正 9.5、キリスト教牧師・和田秀豊、院長となる。大正 13.7、東京同愛盲学校、昭和 5.12、和田に譲渡され、校主となる（東京盲唖学校［1907］、東京同愛盲学校［1933］）</td></tr>
<tr><td>（横浜市）盲唖懲治場</td><td colspan="2">典獄・有馬四郎助が盲唖懲治場を横浜監獄内に開設（東京盲唖学校［1907］、伊藤［2009］）</td></tr>
<tr><td rowspan="7">明 38</td><td>（松江市）松江盲唖学校</td><td colspan="2">師範学校卒で小学校教員だった福田ヨシにより、松江盲唖学校創設。兄の実業家・平治とともにキリスト教徒。平治は明治 29、松江育児院を開設。明治 40、松江婦人会「私立松江婦人会盲唖学校」。明治 42、聾唖部開設、山陰盲唖保護会の経営「財団法人私立盲唖学校」。大正 12、県立移管（福田与志伝［2005］）</td></tr>
<tr><td>（大分市）誨盲学校（誨蒙学校）</td><td colspan="2">佐藤周平（強度弱視）により、誨盲学校開設、誨蒙学校から改称。当初は本科 3 年、別科 6 ヶ月の修業年限で、教科は両科とも、修身、算術、解剖、生理、病理、診断、鍼学、按摩、点字。生徒数は毎年 7 名程度（藤井［1974］）</td></tr>
<tr><td>（神戸市）神戸訓盲院</td><td colspan="2">創設者・左近允孝之進、東京専門学校を中退、26 歳で失明。明治 32、神戸で鍼按業を開業、その後キリスト教徒となる。神戸訓盲院を創設。開校から移転を繰り返す。開校時の教員は左近允（修身、国語、地理、歴史）と伝道師の神妙正子（賛美歌）。明治 39 から、大阪盲唖院第 1 回卒業生の森泰蔵が加わり、マッサージ指導（5 年の普通科と 2 年の按摩科）。孝之進、明治 42 死去。孝之進と増江夫人は職業教育中心よりも教養を高めるため普通教科を重視。孝之進亡き後、自活力の育成を不可欠とする森と対立し、森は退職。院長後任は東京盲学校師範科第 1 回卒業生、今関秀雄、昭和 2、校長。大正 13、神戸盲学校→大正 14、神港盲学校と合併し、兵庫県立盲学校。盲学校隣家の光村印刷社員の安雲宗一の資金援助、大正 5 以降神戸市等から補助金あり（兵庫県立盲学校［1995、2005］、増田［2007.12］）</td></tr>
<tr><td>（新潟県長岡町）長岡盲唖学校</td><td colspan="2">金子徳十郎が長岡盲唖学校を創設、長男・進太郎が重度難聴で東京盲唖学校に入学。校長・小西信八に創設を慫慂される。教員は東京盲唖学校教員練習科第 2 回生の高取易太郎。大正 11、県立移管（新潟県特殊教育の歩み［1979］）</td></tr>
<tr><td>（前橋市）上野教育会附属訓盲所</td><td colspan="2">群馬県第二部長大東重善の唱導、日露戦争戦捷記念として上野教育会附属訓盲所を創設。当初は、失明軍人と遺家族失明者を教育して生活の途を授ける趣旨→開設後間もなく一般の盲人も対象。明治 41、群馬県師範学校附属訓盲所に移管、大正 3、前橋市立訓盲所（桃井小学校）、大正 4、医師・後藤源九郎→大森房吉の私立前橋盲学校。大正 14.4、教員数 6、生徒数 30（23/7）。昭和 2、私立前橋盲学校、私立桐生盲学校、私立高崎聾唖学校を統合して、群馬県立盲唖学校となる（群馬県盲教育史［1978］）</td></tr>
<tr><td>（徳島市）徳島県師範学校附属小学校盲唖学級</td><td colspan="2">小学校訓導、五寶翁太郎により徳島盲唖学校創設。明治 27、寺町安住寺で盲唖生徒数名を集めて特別指導を行っていた。明治 41、文部省訓令 6 号に基づく徳島県師範学校附属小学校盲唖学級が設置され、五寶、担当訓導となる。昭和 6、県立となり、五寶が校長となる（徳島県盲教育史［1980］）</td></tr>
<tr><td>（下関市）今富盲学館</td><td colspan="2">鍼灸業の今富八郎、自宅に今富盲学館を設立。明治 40、下関博愛婦人会が継承し、聾唖生を加えて下関博愛盲唖学館となり、県知事認可。大正 12、愛国婦人会山口支部経営となり、私立愛国婦人会山口支部下関盲唖学校となる。昭和 4、県立下関盲唖学校となる（山口県立盲学校［1985］）</td></tr>
<tr><td rowspan="4">明 39</td><td>（宇都宮市）下野盲学校</td><td>明治 29、石塚茂吉の鍼按研修会「盲人共向会」。下野盲学校発起人 6 人の内 3 人は盲人。明治 38、下野盲唖学校開設認可。最初から唖生</td><td rowspan="2">明治 42、私立宇都宮盲唖学校として統合。市長の本多鏻吉の斡旋、船田兵吾・渡甚三郎（校医となる）・篠崎秀吉ら有力者により、合併。校長は教育界の有力者であった小学校長、篠崎秀吉が昭和 8 まで。専任教員は松田元一郎。兼任教員で教科担当は小学校から。校舎は小学校から 1 教室借用（栃木県立聾学校）</td></tr>
<tr><td>（宇都宮市）野洲盲唖学校</td><td>上野鉄平（盲）、宮島町能延寺に野洲盲唖学校開設、盲生のみ。明治 38、認可</td></tr>
<tr><td>（岡山市）岡山盲唖学校</td><td colspan="2">明治 39.2、元巡回教師山本厚平が岡山盲唖学校、市内に開設、12 月閉鎖（岡山県立盲学校［1958、2008］）</td></tr>
<tr><td>（仙台市）唖人学校</td><td colspan="2">菅原通は師範唖生部の教員、唖生部廃止に伴い、私立唖人学校を自宅に開設。大正 3、私立東北盲人学校と私立仙台唖人学堂を移管合併して宮城県立盲唖学校が県師範学校校内に創立。1924 まで県師範学校長が校長兼任（宮城県立盲唖学校［1939］、宮城県立聾学校［1974］）</td></tr>
</table>

別表　明治７年から大正 12 年までを中心とする盲唖学校創設の計画と開設

明 39	（北海道小樽区）小樽盲唖学校	明治 36、量徳尋常高等小学校首席訓導の小林運平、住吉貞之進校長の了解のもと、３名の聾唖児の指導を学級内で開始。明治 37、下宿でさらに他の聾唖児を指導。明治 38、盲唖私塾々則を定める。明治 39、小樽区有地に校舎新築（後に無償貸与）、道庁長官より「小樽盲唖学校」開設認可。明治 39.6.3、唖生 12 名で開校式。明治 40、東京盲唖学校教員練習科卒の小川大助を任用し、盲生部開設。明治 42、財団法人、小林は、小学校教員を辞職し、本校経営に専念。明治 43、北海道より初めて地方費 50 円の補助（小樽盲唖学校［1922]、北海道小樽盲学校唖［1997]）
	（新潟県柏崎町）柏崎鍼按講習所	医師の宮川文平と刈羽郡鍼灸治組合により、柏崎鍼按講習所開設。教員は姉崎惣十郎、平野藤太郎。学校は専福寺。明治 41、私立中越盲唖学校の認可、明治 42、妙行寺境内七面堂→連隊区司令部跡→柏崎神社大門。当初の修業年限は３年、明治 43 から５年。明治 44、鍼灸治組合解散により、経営は宮川医師のみとなる。明治 45、県の指定校。大正 10、盲生は 13 名、修業年限は普通科５年、授業時数は１週 24 時間で修身、国語、算術、地理、歴史、理科、唱歌、体操、技芸科は修業年限５年、１週 12 時間、按摩、解剖、生理、病理、鍼、鍼治。大正 12、廃校（新潟県特殊教育の歩み［1979]）
	（福島県平町）磐城訓盲院	福島県教育会石城会による日露戦争戦捷記念事業として磐城訓盲院開設。昭和 6、県立代用校、昭和 19、市立移管（海野［1975]、菊池［1986.3]、福島県立盲学校［1998]）
	（佐賀市）佐賀盲唖学校	宮崎正木（片眼失明）鍼灸按を学ぶ。明治 29、「大日本鍼按研究所」で盲人子弟を育成。明治 35、福岡県に盲唖学校設立願、類似の運動があったため取り下げ。佐賀県庁有力者の助力に、県から佐賀盲唖学校開設認可。生徒数は十数名。聾者の就業問題に尽力。校舎倒壊により経営困難となって大正 4、廃校（佐賀県特殊教育史）
	（東京市）盲人技術学校	仏教系の事業。明治 37、吉田弘通が同業者と日本橋区で鍼按講習所、東京盲人教育会財団で東京門人教育会盲人技術学校を経営→築地本願寺の盲人技術学校へ継承（東京盲人教育会経営）。校長は文学博士・前田慧雲（東京盲人教育会）
	（沖縄県中頭郡）小学校で盲唖児指導	渡慶次小学校の興那嶺惟俊校長、盲児２名、唖児４名に特別教育を行う（戸崎［2007]）
	（金沢市）盲人の個人的指導	東京盲唖学校卒の成瀬哲、金沢市高岡町で 7-8 人の青年に、点字、国語、算術、地歴、鍼按を指導。後に金沢盲唖院の教員となる（石川県立盲学校）
	（甲府市）島津盲人学校	島津源義が島津盲人学校を創設。生徒盲 5。普通科・鍼按科、3 年制。大正 3 年度閉鎖（東京盲唖学校［1907]）
明 40	（北海道）北海道札幌師範学校附属小学校	10.15 から唖生２名の入学許可、間もなく休止。大正 12、復活、昭和５まで継続（盲児の記述なし）（北海道札幌師範学校）
	（仙台市）東北盲人学校	折居松太郎、20 歳で失明、キリスト教徒。明治 36、盲人日曜学校を東六番丁日本キリスト教会に開設→私立東北盲人学校を東二番丁仙台青年会館に開設、以後、移転を繰り返す。大正 3、私立東北盲人学校と私立仙台唖人学堂、宮城県立盲唖学校の県師範学校敷地内に創立に伴い、移管合併（宮城県立盲唖学校［1939]）
	（富山市）富山訓盲院	4.25、社会事業家の並木文右衛門が富山訓盲院を開設。院長は小学校長・中井初太郎に長年委託。京都盲唖院、明治 38 卒の舘井文治郎が教育の中心。12 歳以上普通科３年、鍼按科３年。普通教育と自立を目ざす（富山県立盲学校）
	（千葉県）木更津訓盲院	視覚障害者の大野三五郎と鈴木敬信が木更津町成就寺内の借家に木更津訓盲院を開設。生徒数男子６名、必須学科＋生理・解剖・病理等の初歩。明治 43、町立となる。男４女２（千葉県教育百年史１）
	（新潟市）新潟盲唖学校	鍼按家盲人の主導により新潟盲唖学校開設、地域の財政支援により存続。明治 37、東堀前通蛍雪校の一部を借りて授業開始。明治 38.10-39.1、盲人の運動により、新潟貯蓄銀行の市への寄付金の利子千円を受ける。明治 40、医学町通一番町借家で、校長と３名の教員により開校。生徒は盲生 19、唖生 8。大正 7、学校後援会結成し、学資補助等。卒業生盲生 55、唖生 18、鍼按業と裁縫等により自活。大正 14.4、県立移管。学資補助が県と民間団体から提供（新潟県立新潟盲学校［2007]）
	（松山市）愛媛盲唖学校	愛媛県教育協会と盲人村長、森恒太郎の尽力で愛媛盲唖学校開設。県教育幹部が協会幹事。補助金は県から明治 40 年度 1200 円、41 年度以降、1500 円に増額。愛国婦人会愛媛支部、名士、国から奨励金・補助金。発足当初の教員は露口ほか５名、生徒は盲 6、唖 13。昭和 4、県立移管（愛媛県史［1986b]）

明 40	（静岡県沼津町）沼津訓盲院	4月、平田松軒により、普通科・別科が創立され、職業教育が行われた。明治45年度には、教員1、男子9名在籍。廃止時期不明であるが、昭和3文部省調査までは掲載。なお、大正12年勅令の対象校ではなく、私立学校令として存続（沼津市誌編纂委員会、静岡県統計書、静岡県教育会［1919, 1922］、文部省普通学務局［1928］）
	（金沢市）北陸訓盲院	栗山富栄は石川県属、羽咋郡長、鳳至郡長等を歴任、盲人小形和吉郎、小米平吉、岡乙吉、内山恒治郎、吉岡径らと技術・芸能、普通教育を目的とする北陸訓盲院開設を願い出る。金沢市西町藪の内三番地、覚心院内に開設。半年後に金沢盲啞院に併合（北野［1981］）
明 41	（千葉県千葉町）鍼按講習所	板倉長清ら盲人鍼按業者と飛田良吉病院長による。鍼按講習所を母体。明治43、千葉訓盲院（飛田院長）となり、東京盲啞学校教員練習科出身の小川大助を雇用、借家で授業を開始。明治45、千葉県教育会千葉訓盲院、県教育会会長が校長を兼任。旧教育会館で授業を開始、私立学校令により認可。大正4、内務省令の指定学校。大正13、千葉盲学校と改称、昭和8、県立移管（千葉県教育百年史）
	（福島県郡山町）郡山訓盲学校	盲人の荒川兼太郎、三浦庸が、聖公会牧師・鯨岡寅吉宅を校舎として郡山訓盲学校開設。明治38には荒川・三浦は安積訓盲会を荒川宅に発足。郡長・町長・助役、視学、第一・第二尋常高等小学校長、郡山学務委員を評議員にする。慈善を財政基盤とする。大正13、市立移管、昭和6、県立代用校（海野［1975］、菊池［1986.3］、福島県立盲学校［1998］）
	（高知市）高知県師範学校附属小学校盲啞部	盲啞部設置するが、盲生入学せず。昭和3廃止（高知師範学校）
	（沖縄県那覇区）沖縄県師範附属小学校で盲啞教育計画	盲啞児童の教育計画（実施？）（沖縄県立沖縄盲学校）
	（滋賀県彦根町）彦根訓盲院	山本清一郎（17歳で失明、キリスト教徒、京盲明治36卒）により、彦根訓盲院開設。大正2、鍼灸学校として指定。大正13、私立学校「訓盲院」として認可、私立彦根盲学校と改称、昭和3、県立移管（滋賀県立盲学校）
	（大分市）盲啞学校	森清克（元軍獣医。日露戦争で失明後、東京盲啞学校教員練習科卒）、明治40、県教育会総会で完備した盲啞学校設立の必要性を力説。市内で治療用針を製作販売していた矢野権平と矢野平六が、森に3校が並立していた小規模・私塾的盲教育機関の調整を依頼し、私立盲啞学校開設。初代校長を最年長の志柿佐吉とする。明治43、森が二代目校長となり、志柿は校務主任となる。明治44、大分県教育会附属大分盲啞学校となる（聾啞部なし）。大正8、寄付金と県資金により新築移転。大正10、県立盲啞学校となる（藤井［1974］）
	（福島県須賀川町）鍼按講習会	岩瀬鍼按同業組合の盲人が勝誓寺住職岡部霊城には講習の場として本堂の貸与を、按摩鍼灸術の教授を佐藤亀之助と太田貞喜に依頼、町内寺院・医師の後援了解あり、岩瀬郡盲人協会結成。小学校教員の三沢千里は音楽その他修身科の指導。いずれも無報酬。講習回数は月3→6回に（海野［1975］、福島県立盲学校［1998］）
	（福島県喜多方町）喜多方訓盲学校	6月、私立喜多方訓盲学会創立。盲人の発起により、按摩鍼灸術の研鑽錬磨と年少盲児に普通学と按摩鍼灸術の教授を目的とする私立喜多方訓盲学校を消防屯所に開設。明治43より郡・町の補助、生徒数男5女3。昭和9、廃校か（海野［1975］、菊池［1986.3］、福島県立盲学校［1998］）
	（金沢市）金沢盲啞学校	公立盲啞学校の設立運動をしていた市会議員・上森捨次郎は私立金沢盲啞学校を創設。明治41、私立北陸訓盲院を併合。他方で、明治39、県教育会、盲啞学校の事業を決議。大正2、県教育会附属私立盲啞学校となる。上森は校長を辞職。大正11、県立となる（石川県特殊教育史、石川県立盲学校）
	（岡山市）岡山県教育会附設盲啞院	11.25 岡山県教育会附設盲啞院開設、院長は関新吾・県教育会会長、平岩繁治が指導責任者。普通科4年と技芸科。明治43、岡山盲啞学校と改称、大正12、岡山盲啞学校と改称、岡山県代用校となる。昭和2、県立。大正9までに内務省助成金や県補助があり、必要経費は教育会より充当。授業料なし。修業年限盲生普通科6年、按摩速成科2年。鍼灸按摩科4年。啞生普通科6年、裁縫科5年。大正3現在盲生4、啞生12。明治44、東京盲啞学校教員練習科卒の葛山覃着任（岡山県立盲学校［1958、2008］）
	（埼玉県川越町）和協会附属事業訓盲学校	川越町内各宗寺院が私立和協会附属事業訓盲学校を開設。大正5、埼玉盲学校と改称。大正12.4.1 啞部併設し、埼玉盲啞学校。大正13、県から按摩術・鍼術・マッサージ術・灸術師養成学校の指定。昭和6、県立代用校、昭和12、県立移管、埼玉県立盲啞学校（埼玉県立盲学校）

別表　明治7年から大正12年までを中心とする盲唖学校創設の計画と開設

明41	（水戸市）茨城盲人学校	2.11 開校。森正隆知事の主導、また、盲人の運動により、県立盲唖学校設立を計画するも社会的支持乏しく、行政的ルートを利用して資金調達するが成功せず。入学時に盲児6名、9月に唖児3名入学。明治45、財団法人化。盲生は4年制、唖生は5年制。唖生の職業教育は建具屋に委託（長岡）
	（千葉県千葉町）千葉県師範学校附属小学校盲学級	盲学級で盲児4人を教育したとみられる以外は不詳（千葉県教育百年史）
明42	（和歌山市）和歌山県師範学校附属小学校で唖生部	和歌山県師範学校附属小学校唖生部設置。東京盲唖学校教員練習科第6回生で、後に東京聾話学院長となる金谷末松着任するが半年後に退職したため辻本與次郎が中心となる。大正4、紀伊教育会附属盲唖学校、旧和歌山城内の紀伊教育会館が教室、県費補助を受ける。当初は唖生のみで盲人教育部を大正5から併置、入学者5名。尋常小学校と同等の教育を重視。技芸科では盲生に鍼按と音楽、唖生には木工と裁縫を指導、大正7、和歌山県立盲唖学校（県教育会館無料使用）、東京盲唖学校出身の金成甚五郎（19歳）が着任（辻本）
	（大阪府）大阪盲人技術学校	大阪盲人会（吉田多市・志岐与市ら）、中林友伝代議士が顧問で、大阪盲人技術学校開設。明治39、阿波座町常源寺で大阪盲人会設立、市内18箇所に講習所設けて、巡回教師による職業指導。運営方針を巡り、盲人会と中林代議士が対立、盲人側手を引き、明治44.6 廃校。巡回教授再開し、点字や一般教養を含む職業教育を主とする（大阪府立盲学校）
	（山梨県）琢美尋常高等小学校内盲人教育所	7.9 手塚語重校長により、琢美尋常高等小学校内で約20名の盲人に教育開始、大正2.3、児童数減少のため廃止（山梨県教育委員会）
	（福岡県柳河町）柳河訓盲院	大淵清庵、山門郡役所学務主任友清辰雄、柳川新報社長光行次雄らにより、柳河訓盲院開設。明治41、訓盲院設立認可。院長は大淵。明治43、普通科設置するが半年後に廃し、1年の予科と4年の技芸科を設置（生徒数男24、女3）。大正10、財団法人福岡県柳河訓盲院となる。大正13、県に移管し、福岡県柳河盲学校（福岡県立柳河盲学校）
	（鳥取市）鳥取盲唖学校	遠藤董は初等教育界をはじめ、女子教育･図書館開設に尽力、円井邦次郎県議、仏教・積善会の協力で、梅岑院に鳥取盲唖学校を開設。教員の戸田は修立小学校長を辞職しての就任。盲部主任は京都盲唖院明治37卒の上田ツナ。明治43、設立許可（鳥取県立鳥取聾学校、塩田）
明43	（津市）三重県師範学校附属小学校盲生学級	三重県内務部長稲葉健之助、師範学校長相沢英二郎により県師範学校附属小学校盲生学級を開設→盲生学級廃止→大正8、県社会課主事大久保銑三により、三重県慈善（社会事業）協会経営の三重盲唖院。院長は県内務部長で慈善協会長の岸本康道、主事は僧侶の明野観海と光元清十郎（会計係兼任）、教員は盲生学級嘱託中山哲三（附属時代技芸科嘱託、東京盲唖学校教員練習科卒）。教科は修身・国語・算術・体操、盲生には鍼按術、唖生には裁縫、修業年限は5カ年で入学年齢は10歳以上16歳以下、授業料は無償。大正9、会員組織の経営、聾唖部設置。生徒は盲生8人、聾唖生9人。経費は仏教会と各地の有力者による。大正9、県議会1万円、津市等から補助金・奨励金。大正10、私立三重盲唖学校と改称（校長は社会事業協会から）。大正11、四日市の実業家、熊澤一衛により校舎新築・寄付。大正14、三重県立盲唖学校、口話学級を開設（三重県立盲学校）
	（神奈川県金目村）中郡盲人学校	13歳で病気により失明し、鍼按の技術が評判だった秋山博、医師、地方名望家により中郡盲人学校を開設。大正13、平塚町に新築・移転、大正14、中郡聾学校併設、昭和6、県代用校、昭和8、県立移管し、県立中郡盲唖学校（三好）
	（福岡市）福岡盲唖学校	事故により失明した小島留蔵、東京盲唖学校卒業後、福岡病院マッサージ技手に従事しつつ、盲唖学校創設運動。明治35、県教育会代議員会で盲唖学校設立を満場一致で採択、しかし実現は日露戦争の勃発で延期。盲唖教育慈善会により設立の財源確保と社会的意義の広報を行う。地方高官や県教育幹部を含む社団法人盲唖教育慈善会認可。明治43、福岡盲唖学校開設。大正2より市から、大正5より県から補助金。貝島家の寄付。大正13、県立移管、福岡県立福岡盲唖学校（小島、福岡県立福岡聾学校）
	（宮崎県宮崎町）日向訓盲院	関本健次、4歳で失明、明治39、京都盲唖院卒。明治43.7、日向訓盲院開設し、宣教師クラーク宅で指導開始。明治44、開校、訓盲院賛助会結成。名望家、県官僚支援。昭和10.4、県立移管（宮崎県立盲学校）
	（高松市）盲学校	松村熊雄ほか？盲唖教育会を創設し、明治41、開始？鍼按業者の運動が先行。香川教育会が会員の会費から、盲唖学校教員の講習費と運営費を拠出。大正13、県立移管。校長事務取扱鵜川芳太郎、明治40、京都盲唖院で研修（香川県立盲学校）

明 43	（高松市）盲学校	松村熊雄ほか盲唖教育会を創設し、明治 41、開始？鍼按業者の運動が先行。香川教育会が会員の会費から、盲唖学校教員の講習費と運営費を拠出。大正 13、県立移管。校長事務取扱鵜川芳太郎、明治 40、京都盲唖院で研修（香川県立盲学校）
	（山形県長井町）置賜盲学校	盲人の竹田嘉蔵、長井町に開設。郡からの補助金 120 円、生徒男 8 女 2（武田）
	（秋田市）私塾開設	盲唖私塾、慈善家による設立の試み（秋田県社会福祉史）
	（新潟県新発田町）新発田訓盲院	城戸新石牧師、高山誠治らが発起人で新発田訓盲院開設。町内・郡内の有志の寄付金で運営。学校は、八軒町城戸氏居宅→寿昌寺→大善寺→五泉屋の機場→東林庵→大善寺。初代院長は長谷川昌敬→清水中四郎。講師は普通科が城戸牧師、田中隆、技芸関係は盲人。講師の一部を除けば無給。経営困難。生徒数は 16 ～ 17 名。普通科は修身・国語、点字教科書を使用。技芸科は按摩、鍼灸治療術、技芸実地を主に指導。小学校令による県の認可を得なかった。大正 12、新潟県立盲学校の県立移管に伴い閉校（新潟県特殊教育の歩み［1979］）
	（長野県）上田鍼按講習所	医師の金子直躬を講師に、浄念寺で生理衛生、解剖などの講習を盲人に週 1 回、上田鍼按講習所として実施。明治 32 からは上田尋常小学校長秋野太郎ら、尋常高等小学校の教員も一般教養等を指導。明治 33、上田盲人教育会、盲人教育の場として発足するが、経営的に行き詰まり、明治 34 中止。明治 43、上田女子小学校舎の一部を借用。明治 45、私立上田訓盲学校と改称、祖山元春を講師に加える。校長は、柳原・女子小学校長。大正 4、盲人協会経営となり、協会長には細川吉次郎町長を推戴。大正 15、上田市に移管し、上田市立上田盲学校と改称、上田尋常高等小学校本部校に併設し、校長・斉藤節が校長を兼務。昭和 2、中等部鍼按科が県指定学校となる。昭和 25、県立長野盲学校に併合し廃校（長野県特殊教育史［1979］、長野県長野盲学校［2002］）
明 44	（富山県魚津町）魚津訓盲院	4 月、稲坂三吉、魚津訓盲院を創設（大正 9、私立舟見訓盲院）
	（福島県若松市）会津訓盲学会	盲人の林平吉他により、会津訓盲学会開設。昭和 6、県立代用校、昭和 8、若松市立会津盲学校（海野［1975］、菊池［1986.3］）
	（盛岡市）岩手盲唖学校	柴内魁三は職業軍人（日露戦争で失明、25 歳）。明治 42、29 歳で東京盲唖学校教員練習科入学、明治 43 同卒業、地元の有力者、地方高級官僚の支持を受けて岩手盲唖学校開校認可、明治 44.9 授業開始（岩手県立盲学校）
	（熊本市）熊本盲唖技芸学校	黒髪小学校初代校長で明治 40 に失明した伊津野満仁太、家庭新聞社長・安藤丑熊、同病院マッサージ師で京都盲唖院卒の山本傳三郎による。県会議長村上一郎等の有力者。後に細川侯爵に校舎建築の寄付を依頼。伊津野は県立病院入院中に山本と知り合う。初代校長・伊津野満仁太、民家にて、熊本盲唖技芸学校開校。生徒数 35（盲生 27）。大正 3、盲唖保護会（熊本県立聾学校）
	（高知市）盲学校	6 月、盲人鍼按業の榊原安太郎、宇藤栄、下元美水らにより、約 20 名を生徒として土佐キリスト教会に私立盲学校を開設するが、間もなく衰微（高知県立盲学校）
	（神戸市）神戸盲人技術学校	森泰蔵（28 歳ごろ失明）が開設。明治 39、大阪盲唖院卒業後直ちに神戸訓盲院に就職。明治 39.8.15 神戸盲教育協会を設立して、神戸訓盲院で教える盲人を慈善救済、大正 12、協会の名称を神戸盲唖院と改称、昭和 20、戦火による焼失まで継続。明治 44、神戸盲人技術学校を開校し、校長となる。最大で生徒数 150 名に達する。職業自立を重視。大正 13、私立神港盲学校となる（神戸盲学校とともに県立代用校）。財源は、後援会会費と篤志家の寄付金。大正 14 で廃校とし、神戸盲学校ととともに県立盲学校として県立に移管、昭和 2 まで校長（兵庫県立盲学校［1995、2005］、兵庫県社会福祉協議会）
	（秋田市）盲導院	秋田市の鍼按会長・相場重一郎の自宅で私立盲導院を開設。秋田魁新報記者、石田望天の援助と各寺院から 70 円の寄付。明治 42、盲人教育を志して上京していた横手町栄泉寺住職五十嵐元弘は、相場とともに、秋田市長大久保鉄作に市立盲唖学校の設立を陳情。明治 44、慈善家の寄付による創設を考えたが、一時計画が頓挫していた。教師は五十嵐元弘、相場重一郎、生徒 4 人（秋田県社会福祉史）
	（千葉県匝瑳郡）匝瑳鍼按協会講習会	鍼按業盲人により匝瑳鍼按協会結成、講習会開催、大正 5、匝瑳鍼按協会学校に改称。昭和 6、匝瑳盲学院に改称。昭和 14 閉鎖（千葉県立盲学校）

別表　明治７年から大正12年までを中心とする盲啞学校創設の計画と開設

明45/大１	（千葉県成田町）成田清聚学院	約60名の鍼灸按摩業者→明治39、成田鍼按術研究会結成し、成田山貫首、町長等の地元有力者が参加して開会式。三医師と成田図書館主任高津親義から、解剖学等の大意、修身講話・日本史の梗概・俳句練習等、鍼灸按摩術の起源沿革の授業を月２回開始。明治44内務省令をきっかけに、高津親義に学校設立・経営者を依頼し、私立学校令による私立成田清聚学院設立を決定。明治45、貫首はじめ地元有力者と生徒56名で開院式。東京盲啞学校卒の酒井泰作を主任とし、福島訓盲卒を助教員として、明治45、県知事指定校の認可。昭和23まで存続。町・成田盲人教育援護会による募金・職員からの募金で毎年600円（三好、千葉県教育百年史）
	（秋田市）秋田県立盲啞学校	明治44、県議会に県立の秋田県盲啞学校設立を提案、満場一致で可決。明治42、小西信八、松田宇一郎（東京盲啞学校教員・秋田盲人明導館出身）、柴内魁三が、森正隆県知事に盲啞学校設立を請願。五十嵐元弘（横手町栄泉寺住職）、相場重一郎（鍼按会長）、金子徳治と市議の田中栄蔵が秋田市長に請願。聾者の山中忠太郎が教員になるのを条件に東京盲啞学校に入学。募集は盲生・啞生各10名。小坂鉱山の松下文太郎所有の民家賃借。教員として、三浦浩（東京盲啞学校卒の聾者）と松田、五十嵐。校長は女子師範校長が兼務。生徒は盲生13、啞生6。技芸科・普通科。大正7、長野下新町南丁に新築移転（鈴木泰三）
	（山形県長井町）羽陽鍼灸按講習所	三浦多膳ほか羽陽鍼灸按講習所開設。校長は井上清光。郡から50円、村から30円の補助、生徒数男16、女９（武田）
	（兵庫県洲本町）淡路訓盲院	中村重次郎ほか２名、兵庫県津名郡洲本町に淡路訓盲院開設。校長は紀田文平。県50円、郡250円、町50円の補助。生徒男16女９（内外盲人教育［1915］）
	（松本市）松本盲人教育所	三村寿八郎（松本尋常高等小学校校長）、藤田惜三（源池部小学校訓導）により松本盲人教育所開設、明治43に閉鎖した松本訓盲院の再興。学校は源池部校教具室を充てる。藤田が午前は源池部校で授業、午後は盲人教育所を指導。通常の教育内容のみ。大正３、三村が院長を兼任。大正4.2、松本市議会で技芸科設置が可決、４月に設置。大正５、市立。大正13、盲教育普及後援会発足。大正15、卒業生山本勇一、東京盲学校師範科を卒業し、着任（長野県特殊教育史［1979］）
大２	（高知市）高知盲学校	３月、鍼按業の盲人・宇藤栄は町田長祥、金沢梅次郎などの盲人により、高知慈善協会に私立高知盲学校を開設。生徒６名、宇藤栄が校長。９月，八軒町に移転し，普通科と技芸科の二部をおく。12月に町田長祥が校長となる。昭和4.6、県立盲啞学校の開設に伴い、大半の生徒は県立校に転校したため廃校となる（高知県立盲学校）。
	（三重県鳥羽町）鳥羽鍼灸組合鍼灸按摩講習所	鳥羽鍼灸組合鍼灸按摩講習所（三重県教育史）
	（福井市）福井訓盲学舎	福井県教育会（長澤小作）により、福井訓盲学舎開設。大３調査で、普通科・鍼治科・マッサージ科、10歳以上、卒業年限２年間。県から500円の補助金。普通教員５（内盲１）、助教員１、技芸科教員４（全員盲）。生徒男15女１。大正14、福井県教育会設置の福井盲学校を県立盲学校に代用（内外盲人教育［1915］、福井県文書館）
	（山形市）山形盲学校	玉津多介他23名により、山形盲学校、平沢高岳校長。県から100円、市から100円の補助金（帝国盲教育［1923］）
大３	（大阪市）大阪訓盲院	吉田多市・志岐与市らにより大阪訓盲院開設。大阪市西区北堀江通に開校（移転を繰り返す）、大正14、天王寺区大道４丁目府有地に新築移転、社団法人天王寺盲学校と改称。昭和３、大阪府に移管、大阪府立盲学校となる（大阪府立盲学校）
	（広島市）広島盲啞学校	広島県盲啞教育慈善会、実業家・松浦泰次郎らにより広島盲啞学校。大正３、第１回発起人会、加藤多市、堀切善二郎、澄川徳（病院長）、保田大吉、今井亥三松、佐藤熊次郎、山崎吉次郎、外山一郎、名柄勝之助。準備委員は松浦・堀切・名柄→広島盲啞教育慈善会（会長・幣原担広島高等師範学校長、副会長・澄川、常任理事・松浦および安芸婦人会長で真行寺住職・中原光元。基金は幣原400円、澄川300円、松浦千円。大正10、県立（広島県立盲学校）
	（高知市）高知県慈善盲啞学校	福田鐵蔵ほか８名、校長は入野春馬。生徒は男10女０（内外盲人教育［1915］）
	（新潟県五泉町）五泉聾啞学校	11.20東京盲啞学校卒業生・豊島良作、私立聾啞学校設立認可される（殿坂の友）
	（高岡市）高岡鍼灸按摩学院	室崎六次郎により高岡鍼灸按摩学院を開設。技芸科のみ、生徒は男11女３、卒業年限４年。大正15.10.1廃校（帝国盲教育［1927.1］、矢上）

大 4	（福井県東藤島村）福井聾啞学校	正願寺住職廣岡善壽により境内にて福井聾啞学校開設。東聾師範科出身の岩田鎌太郎を雇用。大正 6、本願寺派教区より毎年 50 円。大正 7 から県より 100 円。大正 8、廣岡、福井県社会救済団結成。大正 10、福井市に新築移転、大正 14、県立代用校、昭和 4、県立となり、中等部開設（福井県立ろう学校）
	（佐賀市）佐賀盲啞教育所	西田喜平により佐賀盲啞教育所開設。長崎県出身。水ヶ江枳小路。大正 13.10.23 まで（佐賀盲学院と合併して佐賀盲啞学校となる）（佐賀県特殊教育史）
	（神戸市）神戸聾啞学校	大正 4.9.14 神戸聾啞学校創設、大正 8.11 神戸盲啞学校となるが、盲児の入学なし。新校舎と新校地は藤田松太郎等の篤志家による。男 48 女 20、教員 9 名（うち聾者 1）。普通科の修業年限 6 年に延長。大正 11、高等科（2 年課程）と技芸科（4 年課程、大正 12 に裁縫科を改称）。大正 12、男 52 女 43、教員 13（うち聾者 6）。大正 13、神戸聾啞学校と改称、県立代用校となる。大正 14、純口話学級、大正 15、予科（幼稚部）開設。昭和 4、手話部廃止し、聾教員解雇。昭和 7、廃校（高橋）
	（東京府）杉山鍼按鍼按学校	二代目盲人鍼按協会会長・千葉勝太郎創設、校長となる。12.13 認可。鍼・灸術、マッサージ、按摩の手技と奥義を研究教授する。修了年限は簡易科 2 年、本科 3 年、研究科 2 年。本科の学科課程には、修身・作文、聾の基礎教育を含む。生徒は主に東京市養育院在院者、年齢は 10 歳以上 50 歳以下の男女を対象。四年間の生徒数は 44、うち女性は 10 名（豊島区史［1981］）
大 5	（足利市）足利鍼灸按講習所	沢田正好（三療家・盲教育義務運動・盲卓球の発明者）により、足利鍼灸按講習所開設。大正 6、私立足利盲学校と改称。大正 13、県代用校となる。昭和 10、栃木県立足利盲学校となる。昭和 14、宇都宮盲啞学校盲部を足利盲学校に合併し栃木県立盲学校と校名変更（足利盲学校、栃木県立盲学校）
	（大阪市）大阪朝日盲人学校	4 月、北区安倍川通一丁目に山田福壽郎により大阪朝日盲人学校創設、大正 11、西九条朝日橋に移転、大正 14、此花区四貫島宮居町 4 に移転。事業は盲人教育と鍼按業者の養成。個人経営（近現代資料刊行会）
	（山形県）庄内盲人教育所	庄内盲人教育会により庄内盲人教育所開設。大 11 調査では黒川郡長ほか 36 名。盲人キリスト教徒で米沢盲学校教員、東京盲学校師範科鍼按科卒の寺田福太郎、若葉町キリスト教会牧師の白井為次郎、鍼按を開業し後進を育成する富樫林弥、鍼按業で仏教信心篤く大正 3、東京盲学校卒で福岡盲学校教員を病気退職した遠藤栄治。黒川良知郡長が会長、警察署長、町長、町議会議員、小・中学校長、染織学校長、医師、記者、実業家、宗教家 37 人。財源は会費と寄付金、慈善演芸会の益金等。郡補助金もなく、教職員は無報酬。開設当初の教員は、白井牧師、清野助次郎（郡役所職員）、遠藤栄治、寺田福太郎、酒井勝貫医師（と大山茂医師）。開設当初の学校は西田川郡医事講究所（医師会館）→大正 9、朝陽第一尋常小（致道館）→遠藤栄治宅、大正 10、朝陽第一尋常小→大正 12、金浄寺（昭和 23 まで）。大正 13.7.3、文部省認可「私立荘内盲学校」と改称（竹屋）
大 7	（沖縄県那覇区）教育会による盲啞教育計画	那覇区教育部会、与那嶺惟俊に委嘱し、盲啞教育を計画（実施？）（沖縄県立沖縄盲学校）
大 8	（三重県）慈光園	四日市仏教会により西福寺に慈光園開設。盲人に技能教育と普通教育を授ける目的。昭和 3 年度の入学者は 20 人、大正 10、善光寺住職、三枝樹弘が園長となり、昭和 5、県認可（三重県教育史）
	（山梨県）山梨訓盲院	連雀町山梨基督教会内に山梨訓盲院開設。大正 11、聾啞部を開設し、私立山梨盲啞学校と改称。大正 13、百石町に新築移転。昭和 17、県立移管（山梨県教育委員会）
	（三重県）神都訓盲院	徒弟養成のため鍼按灸業の盲人の主導。明治 38、三重県度会盲人鍼按協会講習会、明治 41、宇治山田鍼灸協会。名望家を賛助会員として、明治 45、宇治山田鍼灸按協会と改称。大正 5 には受講者の急増によって経営困難。大正 6、協会役員会で神都訓盲院の設立を議決、院長に中村午三郎（明倫尋常小校長）を選出、800 円の寄付願を警察に申請・認可。大正 7、牛江卯助が院長となり、神都訓盲院の設置許可。院舎は榊原みさ宅→新校舎建設。教員は牛江ほか 4 人。大正 9 ～ 15 までの生徒数は 15 人程度。入学年齢は 14 歳以上で初等部はない。財源は篤志家と賛助院と授業料。後に下賜金、文部省、県、市の補助金（三重県教育史）
	（静岡県庵原郡江尻町）江尻盲学校	この頃、杉山房太郎を設立者として、現在の静岡市清水区に創設。その後の状況不明（静岡県教育会［1919］）。
	（兵庫県）尼崎訓盲院	中馬興丸により尼崎訓盲院開設、その後石田常吉らにより、大正 8 創立の私立尼崎鍼灸学館を改称。創立当時は職員 5 人、修業年限 6 カ月生徒数 30 － 40 人、教科は専門のみ、市内および近辺から通学。昭和 19、空襲危機で閉鎖（末方鐵郎）

別表　明治7年から大正12年までを中心とする盲唖学校創設の計画と開設

大9	（奈良県）奈良盲唖学校	奈良盲唖学校開設。校長は、京都盲唖院明治40卒で神戸訓盲院・淡路訓盲院の教員を歴任した小林卯三郎。大正12、私立盲学校と改称。大正14、校主が山田安民（ロート製薬創業者）より天理教真柱中山正善に代わり校舎を高畑町に移転。昭和6.4、奈良県立盲唖学校（障害児教育百年奈良県記念誌）
	（東京府）日本聾話学校	A.K. ライシャワーにより日本最初の口話法学校、日本聾話学校開設（日本聾話学校）
大10	（佐賀市）佐賀盲学院	犬塚竹次により佐賀盲学院開設。宮崎正木の佐賀盲唖学校卒業→東京盲学校卒。水ヶ江新道の民家に開設。大正13、佐賀盲唖教授所との合併による佐賀盲唖学校開設まで存続。県立移管は昭和9（佐賀県特殊教育史）
	（桐生市）桐生訓盲院	大蔵院住職静谷暢純、桐生積善会の事業として桐生訓盲院開設。下久方町大蔵院内に創立。大正14の教員数3、生徒数7（4/3）、大正13年度決算額1648円。昭和3、前橋に県立盲唖学校設立に伴い、廃校（群馬県盲教育史［1978］：群馬県史）
	（那覇市）沖縄訓盲院	高橋福治は、大分盲唖学校卒業生、バプテスト教会で受洗。大正9、市公会堂の一隅で3人の盲児に点字指導。10、沖縄訓盲院開設、13、私立盲学校として認可。昭和7、首里に分校。昭和8、那覇に移転。12、八重山分校開設。13、私立沖縄盲学校。18、沖縄県立盲聾唖学校。29、琉球政府立沖縄盲聾学校。34、琉球政府立沖縄盲学校。47、沖縄県立盲学校（沖縄県立沖縄盲学校）
	（茨城県土浦町）土浦盲学校	田崎千勝は先天盲で茨城盲唖学校卒、町長・土浦小学校長の協力で土浦盲学校開設。秋元梅峰・神龍寺住職らの賛助を得て、大正9、開設申請、13文部大臣認可、14には新校舎、18廃止（船橋）
	（浜松市）浜松盲学校	泉亀太郎、湯浅輝夫、浜松鍼灸組合により、浜松盲学校創設、大正12、浜松聾唖学校を併設、13、開設許可、15、県立代用校となる（浜松盲学校）
大11	（高崎市）高崎盲学校	眼科医の小林春造（校長）、設立者・法輪寺住職の三浦興泰、鍼按組合員の寄付金により、高崎鍼按学校開設。大正5頃から、眼科医・小林春造、外科医・秋田聰太郎などが鍼灸師や弟子に基礎医学を講義、この実績をもとに、鍼按組合員の寄付金により、法輪寺に設立。大正13、文部省認可、私立高崎盲学校となる。大正14.4、生徒数男13女10、教員5。昭和32、廃校となる（群馬県盲教育史［1978］）
	（高崎市）高崎聾唖学校	仏教僧侶・保坂元哉により高崎聾唖学校開設、県知事から認可をうけ、生徒8人（6/2）、北小学校内樹徳子守学校教室で開始。後に寄宿舎を長松寺とした。東聾唖学校師範科普通科卒。大正14、教員数4、生徒数男24女7（保坂・関矢）
	（旭川市）旭川盲唖学校	南雲總次郎（鹿児島盲唖学校創設、16歳で失明、キリスト教徒）、旭川教育会館附属図書館を校舎とし，旭川盲唖学校を開校、大正14、文部省より開設認可、昭和23、道立に移管（特殊教育百年北海道記念会）
	（静岡県田方郡中郷村）田方按鍼術講習所）	この頃、現在の三島市に、鍼按業の青木敬齊を設立者として田方鍼術講習所を開設、その後、田方按鍼術学校と改称。昭和6の文部省調査まで掲載、実態不明。なお、大正12年勅令の対象校ではなく、私立学校令として存続（静岡県教育会［1919, 1922］、文部省［1928］）
大12	（和歌山県新宮町）新宮町盲人教授所	新宮町盲人教授所開設、寄口久太郎が初代校長。昭和3、新宮訓盲院と改称。昭和18ごろ閉鎖（和歌山県教育史）
	（和歌山県田辺町等の組合立）田辺盲唖学校	田辺・湊・西ノ谷三町村組合立による田辺盲唖学校開設。大正14、町村合併により、田辺町立となる。紀南盲唖学校と改称。那須孫次郎町長の主導。昭和3、他町村からの入学生教育の経費問題と寄宿舎建設資金に絡む訴訟問題で町議会において廃止決定、那須の努力で田辺第一小学校の分教場として存続するも昭和13、閉鎖（梶本・楠［1980］、和歌山県教育史編纂委員会［2007］）
大15	（福島県二本松町）二本松聾唖学校	龍泉寺僧侶・武田喚随により、1月22日、二本松聾唖学校開設認可、12月5日開校。昭和19.4、県立移管するため、福島盲唖学校と統合して、県立盲唖学校となる（海野［1975］）
	（横浜市）横浜聾話学院	3月、山崎善次郎、袴田集義、久保田馬太郎、浅野寿三郎氏等の篤志家により、横浜第一隣保館内に私立横浜聾話学院を創立、4月開校。昭和2、横浜市に移管、本町尋常高等小学校特別学級、12月、同小学校敷地内に校舎を新築・移転し、本町尋常高等小学校聾部と改称、昭和8.3、横浜市立聾話学校、昭和24、横浜市立聾学校（横浜市立聾学校要覧）
	（大阪市）大阪聾口話学校	5月、前大阪医科大学教授・加藤亨により大阪聾口話学校創設。昭和8.3、大阪府立聾唖学校

昭 2	（新潟市）新潟聾口話学校	5 月、実業家・高橋助七が中心となり私立新潟聾口話学校開校。昭和 21.5、新潟県立新潟聾口話学校、昭和 23.4、新潟県立新潟聾学校（新潟県立新潟聾学校）
	（鹿児島県都城町）都城市聾話学院	9 月、富田保助、自宅に都城市聾話学院を設立・口話式聾教育開始。昭和 4.2、県知事より私立学校認可、都城聾話学校と称す。昭和 6.1、都城聾話学校、私立学校として開設認可、設立者・富田保助。昭和 10.4、県立移管（都城市）
昭 3	（宮崎県延岡町）延岡訓盲学舎	元海軍省司法局等に勤務し、大正 8 に退職した中途失明の山口徳之助（1873-1931）により、昭和 3.7、延岡訓盲学舎創設。旧内藤藩主・内藤家から土地・建物等の寄贈による昭和 4 に聾唖部を設置して、私立学校として延岡盲唖学校の認可を受け、校長となる。運営費は、東臼杵郡内１８町村からの補助金と内藤家、賛助会員からの寄付金。県立移管は昭和 23.4（延岡市史偏さん委員会）
昭 4	（横須賀市）馬淵聾学校	5 月、実業家・馬淵曜が馬淵聾学校創設。昭和 28、横須賀市立聾学校（横須賀市立ろう学校）
	（高知市）高知県立盲唖学校	6 月、県立聾唖学校開設、私立高知盲学校の大半の生徒を吸収（高知県立盲学校）

注：各項目末尾のかっこは主要な典拠を示す。生徒数は、男／女を示す

【ら行】

【わ行】

【や行】

【ま行】

【は行】

【な行】

【た行】

【さ行】

【か行】

索　引

【あ行】

◉執筆者紹介（50 音順）

内田　暢一（うちだ　よういち）
埼玉県立秩父特別支援学校小学部教諭

岡　典子（おか　のりこ）
筑波大学人間系教授

河合　康（かわい　やすし）
上越教育大学大学院学校教育研究科教授

佐々木　順二（ささき　じゅんじ）
九州ルーテル学院大学人文学部准教授

高野　聡子（たかの　さとこ）
東洋大学文学部准教授

立浪　朋子（たちなみ　ともこ）
筑波大学大学院人間総合科学研究科

中嶋　忍（なかじま　しのぶ）
無所属

吉井　涼（よしい　りょう）
福山市立大学教育学部講師

◉編著者紹介

中村　満紀男（なかむら　まきお）

福山市立大学教育学部名誉教授、筑波大学名誉教授
専門分野：障害原理論、障害児教育学
主要著書：『アメリカ合衆国障害児学校史の研究』風間書房、1987年。『優生学と障害者』（編著）、明石書店、2005年。『障害科学とは何か［シリーズ障害科学の展開 第1巻］』（共編）、明石書店、2007年。『障害児教育の歴史』（共編）、明石書店、2010年。『障害者権利擁護運動事典』（監訳）、明石書店、2015年。

日本障害児教育史【戦前編】

2018年2月28日　初版第1刷発行

編著者　中村　満紀男
発行者　大江　道雅
発行所　株式会社明石書店
〒101–0021 東京都千代田区外神田6-9-5
電話 03（5818）1171
FAX 03（5818）1174
振替　00100-7-24505
http://www.akashi.co.jp/
装丁　明石書店デザイン室
印刷／製本　モリモト印刷株式会社

（定価はカバーに表示してあります）　ISBN978-4-7503-4615-1